Politische Vierteljahresschrift   Sonderheft 31/2000

Deutsche Vereinigung für Politische Wissenschaft

Politik und Technik

Analysen zum Verhältnis von technologischem, politischem und staatlichem Wandel am Anfang des 21. Jahrhunderts

Herausgegeben von
Georg Simonis, Renate Martinsen
und Thomas Saretzki

Westdeutscher Verlag

Die Deutsche Bibliothek – CIP-Einheitsaufnahme
Ein Titeldatensatz für diese Publikation ist bei
Der Deutschen Bibliothek erhältlich

1. Auflage Februar 2001

Alle Rechte vorbehalten
© Westdeutscher Verlag GmbH, Wiesbaden, 2001

Der Westdeutsche Verlag ist ein Unternehmen der Fachverlagsgruppe BertelsmannSpringer.

Das Werk einschließlich aller seiner Teile ist urheberrechtlich geschützt. Jede Verwertung außerhalb der engen Grenzen des Urheberrechtsgesetzes ist ohne Zustimmung des Verlags unzulässig und strafbar. Das gilt insbesondere für Vervielfältigungen, Übersetzungen, Mikroverfilmungen und die Einspeicherung und Verarbeitung in elektronischen Systemen.

www.westdeutschervlg.de

Höchste inhaltliche und technische Qualität unserer Produkte ist unser Ziel. Bei der Produktion und Verbreitung unserer Bücher wollen wir die Umwelt schonen: Dieses Buch ist auf säurefreiem und chlorfrei gebleichtem Papier gedruckt. Die Einschweißfolie besteht aus Polyäthylen und damit aus organischen Grundstoffen, die weder bei der Herstellung noch bei der Verbrennung Schadstoffe freisetzen.

Satz: ITS Text und Satz GmbH, Herford
ISBN-13: 978-3-531-13569-4   e-ISBN-13: 978-3-322-80387-0
DOI: 10.1007/978-3-322-80387-0

Inhaltsverzeichnis

Renate Martinsen / Thomas Saretzki / Georg Simonis
Einleitung IX

1. Theoretische Konzeptionen zur Analyse des Verhältnisses von Politik und Technik

Renate Mayntz
Triebkräfte der Technikentwicklung und die Rolle des Staates 3

Horst Hegmann
Die Konsequenzen des wissenschaftlich-technischen Fortschritts für die
normative Demokratietheorie 19

2. Das Umfeld staatlicher Technikpolitik

2.1 Innovationswettbewerb

Ulrich Dolata
Risse im Netz – Macht, Konkurrenz und Kooperation in der Technikentwicklung und -regulierung 37

Josef Esser / Ronald Noppe
Von nationalen Technologienormen zur transnationalen Technologienormenkonkurrenz. Das Beispiel Telekommunikation 55

Ulrich Hilpert
Zwischen Kompetenz und Umsetzung. Zu den Möglichkeiten und Grenzen
befähigender staatlicher Politik. Das Beispiel Deutschlands nach der
Wiedervereinigung 71

Sylke Nissen
Global Cities: Technik und Stadtentwicklung 91

2.2 Wandel der politischen Kommunikation

Rainer Schmalz-Bruns
Internet-Politik. Zum demokratischen Potenzial der neuen Informations- und
Kommunikationstechnologien 108

Hans J. Kleinsteuber
Neue Medien im Prozess der Globalisierung. Zum Verhältnis von Medientechnik
und Politik am Beispiel des Deutschen Auslandsrundfunks 132

2.3 Technisierungskonflikte

Frank Marcinkowski
Öffentliche Kommunikation als präventive Risikoerzeugung –
Politikwissenschaftlich relevante Ansätze der Risikokommunikationsforschung
und neue empirische Befunde 147

Wolfgang Fach
Der umkämpfte Fortschritt – Über die Codierung des Technikkonflikts 167

Thomas Saretzki
Entstehung, Verlauf und Wirkungen von Technisierungskonflikten: Die Rolle
von Bürgerinitiativen, sozialen Bewegungen und politischen Parteien 185

3. Veränderungen im politisch-administrativen System

3.1 Informatisierung staatlicher Institutionen

Stephan Bröchler
Does technology matter? Die Rolle von Informations- und Kommunikationstechniken in Regierung und Parlament 213

Klaus Grimmer / Martin Wind
Wandel des Verhältnisses von Bürger und Staat durch die Informatisierung der
Verwaltung 232

Frank Nullmeier
Zwischen Informatisierung und Neuem Steuerungsmodell. Zum inneren Wandel
der Verwaltungen 248

3.2 Verwaltung und Staat in der Risikogesellschaft

Hans-Jürgen Lange / Volker Mittendorf
Innere Sicherheit und Technik – Die Bedeutung technologischer Adaptionen im Hinblick auf Spezialisierung und Aufgabenwandel der Polizei 268

Ulrich Albrecht
Neue Technologien der Kriegsführung und ihre Auswirkungen auf die internationale Ordnung. 293

3.3 Anwendungspotenziale und Einsatzformen neuer Sicherheitstechnik

Nils C. Bandelow
Systeme der Zulassung und Überwachung riskanter Techniken: Machtverluste diskursiver Verwaltung und Gegenstrategien 302

Roland Czada
Legitimation durch Risiko – Gefahrenvorsorge und Katastrophenschutz als Staatsaufgaben. 319

4. Vertikale Ausdifferenzierung der Handlungsebenen

Daniel Barben / Maria Behrens
Internationale Regime und Technologiepolitik 349

Edgar Grande
Von der Technologie- zur Innovationspolitik – Europäische Forschungs- und Technologiepolitik im Zeitalter der Globalisierung 368

Antje Blöcker / Dieter Rehfeld
Regionale Innovationspolitik und innovative Regionalpolitik 388

5. Wandel der politischen Techniksteuerung

5.1 Neue Formen der Techniksteuerung

Raymund Werle
Liberalisierung und politische Techniksteuerung. 407

Georg Simonis
Die TA-Landschaft in Deutschland – Potenziale reflexiver Techniksteuerung 425

Weert Canzler / Meinolf Dierkes
Informationelle Techniksteuerung: öffentliche Diskurse und Leitbildentwicklungen 457

5.2 Das Subjekt als Grenze der Techniksteuerung?

Wolfgang van den Daele
Gewissen, Angst und radikale Reform – Wie starke Ansprüche an die
Technikpolitik in diskursiven Arenen schwach werden 476

Renate Martinsen
Ethikpolitik als mentale Steuerung der Technik – Zur Kultivierung des Gewissens
im Diskurs 499

Zusammenfassungen 526

Abstracts 537

Autorenverzeichnis 547

Einleitung

Renate Martinsen / Thomas Saretzki / Georg Simonis

Im 20. Jahrhundert war wiederholt von einem „technischen Zeitalter" die Rede, wenn Zeitgenossen versucht haben, die prägenden Züge der Epoche zu charakterisieren. Aus einer technikgeschichtlichen Perspektive mag eine solche historische Selbstbeschreibung zwar wie eine nichtssagende Leerformel erscheinen, da – objektiv gesehen – jede Zeit über Techniken verfügte und insofern jedes Zeitalter immer auch ein „technisches" gewesen ist. Gleichwohl: Zu Beginn des 21. Jahrhunderts gelten Technologien bei vielen heute lebenden Zeitgenossen erneut als besonders wirkungsmächtige, wenn nicht als entscheidende Größen für die zukünftige Entwicklung moderner Gesellschaften. Während der Politik kaum noch grundlegende Veränderungen zugetraut werden und selbst kleinere Reformen nur unter großen Schwierigkeiten auf den Weg zu bringen sind, werden vor allem neuen, aus der naturwissenschaftlichen Forschung hervorgegangenen Technologien vielfach geradezu revolutionäre Qualitäten zugeschrieben. In Forschung und Entwicklung werden in immer rascherer Folge grundlegende „technologische Revolutionen" ausgerufen, die – daran haben ihre Promotoren keinen Zweifel – weder die Gesellschaft noch die Politik unberührt lassen. In Zukunft dürfte sich, so die Hoffnung der einen und die Befürchtung der anderen, die gesellschaftsverändernde Wirkung von wissenschaftlich-technischen Neuerungen eher noch ausweiten, verstärken und beschleunigen. Von der Arbeits- bis zur Lebenswelt – kaum ein Bereich der materiellen und kulturellen Reproduktion moderner Gesellschaften, der nicht von den Folgen einer rasch fortschreitenden Verwissenschaftlichung und Technisierung beeinflusst wäre. Die Gegenwartsgesellschaft scheint in ihrer weiteren Entwicklung maßgeblich durch die Produktion, Verbreitung und Anwendung von wissenschaftlichem Wissen und technischen Innovationen geprägt zu sein. Sie wird vor diesem Hintergrund auch im politischen Raum als „Wissens-", „Wissenschafts-" oder „Technikgesellschaft" beschrieben – also als eine Gesellschaft, in der wissenschaftlich fundiertes Wissen und neue Technologien als zentrale Ressourcen angesehen werden.

Neues Wissen und neue Technologien erweitern die Denk- und Handlungsmöglichkeiten in modernen Gesellschaften. Vieles von dem, was vorher einfach als gegeben, unveränderbar und unverfügbar galt, erscheint nun als beherrschbar, konstruierbar, planbar, entscheidbar. Zugleich bringen Verwissenschaftlichung und Technisierung aber auch neue Denk- und Handlungszwänge mit sich. Wo etwas neu entworfen und geplant werden kann, da wächst nicht nur die Möglichkeit, sondern auch der Zwang zu bewerten und zu entscheiden. Und das heißt zunächst, sich darüber klar zu werden, wie bewertet und entschieden werden soll. Denn auch der Verzicht auf verfügbare oder entwickelbare Optionen erscheint in einem solchen Zusammenhang als Wahl: als Entscheidung für eine Option und gegen eine andere, ebenfalls denk- und machbare. Gleich wie sie entscheiden: Nach traditionellem Verständnis fällt denen, die entscheiden können, auch die Verantwortung für ihre Entscheidungen zu. Und das schließt eine Vergegenwärtigung der verfügbaren Optionen und ihrer voraussehbaren Folgen ein.

Politisch relevant wird das viel beschriebene Doppelgesicht von Technisierungsprozessen nicht zuletzt dann, wenn neue Optionen und neue Zwänge in der Gesellschaft ungleich verteilt sind, wenn handlungsermöglichende und -beschränkende Effekte also nicht die gleichen sozialen Gruppen treffen. Technisierungsprozesse können so zu neuen Disparitäten, Machtverschiebungen und institutionellen Restrukturierungen beitragen: Für die einen wirken neue Technologien in der Gesellschaft wie „enabling structures", von denen ein „empowerment" ausgeht, während andere mit neuen „constraints" konfrontiert sind, die ihre Handlungsspielräume einschränken. Bei vielfältig verwendbaren „Querschnittstechnologien" wie den Informations- und Kommunikationstechniken oder den neuen Biotechnologien können neue Optionen und neue Zwänge auch dieselben Akteure betreffen, allerdings in unterschiedlicher Art und Weise, in unterschiedlichen Rollen, in unterschiedlichen Lebenslagen oder – wie in der Biomedizin – zu unterschiedlichen Lebenszeiten. Solche multiplen und diskontinuierlichen Wirkungsmuster erschweren eindeutige Wahrnehmungen und Bewertungen.

Gleichwohl: Neue Technologien ermöglichen neue gesellschaftliche Öffnungs- und Schließungsprozesse, von denen die Bürger nicht nur als private Wirtschaftssubjekte betroffen sind. Die möglichen Folgen des wissenschaftlich-technischen Wandels geben vor diesem Hintergrund zu politischen Kontroversen Anlass, die nicht mehr ohne weiteres „privatisiert" werden können. Das gilt insbesondere dann, wenn sie als „Risiken" wahrgenommen werden, die in Rechte der Bürger eingreifen oder doch eingreifen könnten. Die Politik bleibt von der fortschreitenden Verwissenschaftlichung und Technisierung der Gesellschaft also nicht unberührt. Denn ihr wird die Verantwortung für die Schaffung der Voraussetzungen, aber auch für die Bewältigung der Folgen von Technisierungsprozessen zugewiesen. Beide Aufgaben stehen zwar in einem Zusammenhang. Ihre Bearbeitung stellt die Politik allerdings vor unterschiedliche Anforderungen.

Als die Deutsche Vereinigung für Politische Wissenschaft sich auf ihrem 16. wissenschaftlichen Kongress an der Ruhr-Universität Bochum zum ersten Mal auf einem an das ganze Fach gerichteten Forum mit dem Thema „Technik" beschäftigt hat, stand die Tagung unter dem Titel „Politik und die Macht der Technik". Der hier vorliegende Band verzichtet auf die Heraushebung einer klassischen analytischen Kategorie der Politikwissenschaft und fragt statt dessen allgemeiner nach dem Verhältnis von technologischem, politischem und staatlichem Wandel.[1] Damit soll nicht gesagt werden, dass die Frage nach der Macht in diesem Zusammenhang an Bedeutung verloren hätte. Das gilt auch für die anderen, „der Politikwissenschaft eigenen Analysekriterien" wie Inte-

---

[1] Es sei nicht verschwiegen, dass die Initiative zur Herstellung dieses PVS-Sonderheftes von einem Arbeitskreis der DVPW ausging, der den gleichen Titel trägt wie dieser Band. Der Arbeitskreis „Politik und Technik" wurde 1988 auf dem 17. wissenschaftlichen Kongreß der DVPW in Darmstadt auf Initiative von Klaus Grimmer gegründet. Aus den Diskussionen dieses Arbeitskreises ist eine ganze Reihe von Publikationen hervorgegangen, vgl. Grimmer u.a. (1992), Süß/Becher (1993), Martinsen/Simonis (1995), Martinsen (1997), Martinsen/Simonis (2000) und Abels/Barben (i.E.).

resse oder Legitimität, auf die Hans-Hermann Hartwich (1986: 10) in seinem Vorwort zu dem Tagungsbericht des Bochumer Kongresses hingewiesen hat, um die Aufgaben der Politikwissenschaft bei der Analyse der von komplexen technischen Entwicklungen ausgelösten politischen Probleme zu charakterisieren. Allerdings hat sich zwischenzeitlich nicht nur die Disziplin insgesamt, sondern auch die politikwissenschaftliche Forschung zu Problemen der Technik so weit ausdifferenziert, dass es immer schwieriger wird, einen übergeordneten begrifflichen und konzeptionellen Rahmen zu finden, unter dem sich alle Ansätze und Forschungszweige wiederfinden können.

Der vorliegende Band rückt deshalb die Frage nach Veränderungen im Gegenstandsbereich einer Technikpolitologie in den Vordergrund, gewinnt seine Struktur also in erster Linie aus dem Gegenstandsbezug. Übergreifender analytischer Bezugspunkt bleibt die im Obertitel angesprochene Frage nach dem Verhältnis von Politik und Technik. Der Untertitel setzt drei – zugegeben eher schwache – Akzente, auf die aber wenigstens hingewiesen werden soll. In vielen Betrachtungen zum Verhältnis von Politik und Technik wird besonders hervorgehoben, dass es in erster Linie eine Seite dieses Verhältnisses ist, die sich in einem Prozess dynamischer Veränderung befindet (nämlich die Technik), während ihre Gegenseite (die Politik) oft als relativ statisch und unbeweglich erscheint. Demgegenüber verweist der Untertitel dieses Bandes darauf, dass hier in beiden Richtungen nach einem möglichen Wandel gefragt werden soll. In vielen aus heutiger Sicht schon klassischen Analysen zum Verhältnis von Politik und Technik – etwa in der Technokratiedebatte zu Beginn der 1960er Jahre – wird die Seite der Politik mehr oder weniger umstandslos mit dem Staat identifiziert. Demgegenüber differenziert der Untertitel dieses Bandes ausdrücklich zwischen staatlichem und politischem Wandel. Diese Differenzierung soll nicht nur einem etatistisch verengten Politikverständnis und einer ausschließlichen Ausrichtung auf die staatliche Technologiepolitik entgegenwirken, bei der andere politisch relevante Voraussetzungen und Folgen des technologischen Wandels aus dem Blick geraten. Sie soll auch dazu anregen, bei der Analyse des Verhältnisses von Politik und Technik auf der Seite der „Politik" die Unterschiede zwischen dem Kernbereich der staatlichen Verwaltung und dem politischen Vermittlungssystem im Auge zu behalten und so spezifischer nach möglichen Wechselwirkungen fragen zu können. Schließlich hat das Thema „Politik und Technik" sehr oft Anlass zu allgemeinen, von den historischen Bedingungen abstrahierenden und damit sowohl technologisch als auch politologisch eher unspezifischen Reflexionen gegeben, bei denen der jeweils erreichte Entwicklungsstand der Technik und die geschichtliche Situation der Politik aus dem Blick gerieten. Demgegenüber verweist der Untertitel dieses Bandes darauf, dass sowohl die hier betrachteten Veränderungen im Bereich von Technologie, Staat und Politik als auch die vorgestellten politikwissenschaftlichen Analysen dieses Zusammenhanges einen historischen Index haben: wir stehen am Anfang eines neuen Jahrhunderts – und damit auch vor all den überschießenden Erwartungen und Projektionen positiver wie negativer Art, die mit solchen Zeitenwenden verbunden sind.

Die Thematisierung des Verhältnisses von Politik und Technik erfolgt in fünf Schritten; dementsprechend ist der Band in fünf Kapitel gegliedert. In dem ersten Kapitel geht es um grundlegende Aspekte der Technisierung und Verwissenschaftlichung moderner Gesellschaften, gefragt wird nach der Rolle des Staates bei der Technikentwicklung und nach den Konsequenzen des wissenschaftlichen Fortschritts für die Demokratie. Im zweiten Schritt werden Veränderungen im Umfeld der staatlicher Technologiepolitik in den Blick gerückt: der verstärkte Innovationswettbewerb, der Wandel der politischen Kommunikation durch neue Medien und die Diskussion um die zunehmende Konflikthaftigkeit von Technisierungsprozessen. Mit dem dritten Schritt richtet sich der Blick auf das politisch-administrative System. Gefragt wird zunächst nach technologisch vermittelten Veränderungen innerhalb von Staat und Verwaltung, insbesondere durch die Informatisierung staatlicher Institutionen, durch die Anwendungspotenziale und Einsatzformen neuer Sicherheitstechniken und durch veränderte Staatsaufgaben im Bereich der Risikokontrolle. Im vierten Schritt wird die vertikale Ausdifferenzierung der Handlungsebenen in dem entstandenen Mehrebenensystem der Technologiepolitik in den Blick genommen. Gefragt wird nach den technologiepolitischen Handlungskapazitäten auf der internationalen, der europäischen und der regionalen Handlungsebene. Schließlich geht es im fünften Schritt um den Wandel der politischen Techniksteuerung, wobei vor allem neue Formen und Strategien einer stärker gesellschaftsbezogenen Steuerung in den Blick geraten. Gefragt wird einerseits nach dem Verhältnis von Liberalisierung und regulativer Techniksteuerung, nach den Optionen einer reflexiven Techniksteuerung durch Institutionen der Technikfolgenabschätzung, nach einer informationellen Techniksteuerung durch Leitbilder, andererseits nach den Erwartungen und Effekten einer diskursiven Techniksteuerung in partizipativen Verfahren sowie den dabei erkennbar werdenden Möglichkeiten und Grenzen einer über Ethikpolitik vermittelten Techniksteuerung, d.h. nach der Rolle des subjektiven Faktors in Technisierungsprozessen.

Betrachtet man nun die einzelnen Beiträge etwas näher, so geht es in dem *ersten Kapitel* zunächst um eine historische Dimensionierung und Bestandsaufnahme der Diskussionen in der sozialwissenschaftlichen Technikforschung. Am Anfang steht ein Überblicksaufsatz von *Renate Mayntz*, in dem die sozialwissenschaftliche Diskussion der vergangenen 25 Jahre über die Triebkräfte der Technikentwicklung zusammengefasst und im Hinblick auf die Rolle des Staates bei der Genese und Steuerung der Technikentwicklung resümiert wird. Dieser Überblick dient in vielen folgenden Beiträgen als Ausgangs- und Bezugspunkt für speziellere Analysen, da er grundlegende Aspekte der bisherigen sozialwissenschaftlichen Diskussion über Technik gegenstandsbezogen nachzeichnet und bilanziert. Der wissenschaftlich-technische Fortschritt geht nicht nur mit einer – mehr oder weniger rasch – fortschreitenden Technisierung aller Lebensbereiche einher. Er wird auch von einer deutlichen Zunahme wissenschaftlichen Wissens begleitet. Die Explosion des „Wissens" in der „Wissensgesellschaft" führt paradoxerweise dazu, dass die einzelnen – Laien wie Experten – relativ gesehen immer „unwissender" werden. Welche Implikationen sich aus der „Wissensexplosion" für eine normativ ausgerichtete Demokratietheorie in dieser „Unwissenheitsgesellschaft" ergeben, diskutiert *Horst Hegmann* in dem zweiten Beitrag des ersten Kapitels.

Im *zweiten Kapitel* geht es um die raschen Veränderungen, die sich im Umfeld der staatlichen Technologiepolitik vollziehen und die neue Bedingungen für staatliches Handeln in diesem Politikfeld schaffen. Drei Entwicklungen sind besonders auffällig: die verstärkte Konkurrenz um wirtschaftlich verwertbare Innovationen, die in der Öffentlichkeit meist unter den Stichworten Globalisierung, technologische Führerschaft und wirtschaftliche Wettbewerbsfähigkeit diskutiert wird, die wachsende Bedeutung neuer Medien für die politische Kommunikation, die selbst durch neue Informations- und Kommunikationstechnologien ermöglicht und gefördert wird, und die Zunahme von politischen Konflikten über Einführung und Anwendung neuer Technologien, die ihrerseits zu Kontroversen über die Ursachen der zunehmenden Konflikthaftigkeit von technologischen Neuerungen Anlass gibt. Diese drei Veränderungen im Umfeld staatlicher Technologiepolitik werden jeweils in eigenen Unterkapiteln näher untersucht.

Im ersten Abschnitt steht der verstärkte Innovationswettbewerb im Vordergrund. Der steigende Wettbewerbsdruck führt im Bereich industrieller Forschung und Entwicklung zugleich zu neuen Formen der sozialen Interaktion zwischen den beteiligten Akteuren, die in der sozialwissenschaftlichen Technikforschung immer häufiger als „Netzwerke" beschrieben und analysiert werden. *Ulrich Dolata* gibt einen Überblick über die Versuche, solche neu entstandenen Arrangements im Bereich der industriellen Technikentwicklung und politischen Technikregulierung mit Hilfe der Netzwerk-Kategorie zu konzeptualisieren. Dolata wendet sich kritisch gegen Interpretationen der real existierenden Netzwerke, bei denen Momente der Kooperation zu sehr in den Vordergrund rücken, fortbestehende Aspekte von Konkurrenz und Macht aber aus dem Blick geraten. *Josef Esser* und *Ronald Noppe* identifizieren eine Abkehr von nationalen Innovationssystemen und Technologienormen hin zu einer transnationalen Technologienormenkonkurrenz am Beispiel der Telekommunikation. Aus der Perspektive der Regulationstheorie interpretieren sie den beobachtbaren Umbruch im Telekommunikationssektor als Effekt ökonomischer und politischer Strategien zur Lösung der Krise des Fordismus. Prozesse der Globalisierung und Europäisierung stellen die ehemals planwirtschaftlich organisierten Transformationsgesellschaften Mittel- und Osteuropas vor besondere Anpassungsprobleme. *Ulrich Hilpert* untersucht die Möglichkeiten und Grenzen einer „befähigenden" staatlichen Innovationspolitik am Beispiel der Bundesrepublik Deutschland nach der Wiedervereinigung. Dabei geht er insbesondere der Frage nach, ob eine solche, zur Innovation befähigende staatliche Industriepolitik sich auf den Aufbau wissenschaftlich-technischer Kompetenzen beschränken kann oder ob sie außerdem auch die Fähigkeiten zur marktbezogenen Umsetzung fördern muss. Prozesse der Globalisierung verändern die räumlichen Bezugspunkte von Politik. Allerdings sind nicht alle traditionellen Gebietskörperschaften in gleicher Weise betroffen. Wichtige Knotenpunkte der Globalisierung stellen urbane Zentren, insbesondere die neuen Weltmetropolen dar. *Sylke Nissen* fragt in ihrem Beitrag danach, wie sich die Technikentwicklung auf Entstehung und Entwicklung von „Global Cities" auswirkt. Dabei stellt Nissen sowohl Forschungsdefizite als auch analytische Probleme in der „Global-Cities-" und der übrigen sozialwissenschaftlichen Stadtforschung im Hinblick auf eine angemessene Erfassung und Erklärung der Wechselwirkungen zwischen Technik und Stadtentwicklung fest.

Der Wandel der politischen Kommunikation in der Mediengesellschaft verändert das Umfeld des gesamten politischen Systems und wirkt sich damit auf alle Politikfelder aus. Da die Veränderungen in den Kommunikationsbedingungen selbst in hohem Maße durch neue Technologien vermittelt werden, ergibt sich ein besonderes Verhältnis zur staatlichen Technologiepolitik. Denn die staatliche Technologiepolitik hat es in ihrem Umfeld mit den Wirkungen von Technologien zu tun, deren Entwicklung und

Verwendung sie in ihrem eigenen Ressort zum Gegenstand staatlicher Programme machen kann (oder auch nicht). Im Zentrum der öffentlichen Aufmerksamkeit steht gegenwärtig allerdings die rasche Ausbreitung eines Kommunikationsmediums, das als eher „staatsfern" gilt: das Internet. Von keiner anderen Informations- oder Kommunikationstechnologie werden heute so nachhaltige Wirkungen erwartet – nicht nur für die Wirtschaft, sondern auch für Politik und Demokratie. *Rainer Schmalz-Bruns* untersucht in seinem Beitrag, ob die vielfach vertretene Annahme einer grundlegenden Transformation der politischen Kommunikationsverhältnisse durch das Internet hin zu mehr Demokratie berechtigt ist. Dabei zeigt sich, dass die Ausschöpfung des demokratischen Potenzials einer netzvermittelten politischen Kommunikation von zahlreichen gesellschaftlichen und politischen Bedingungen abhängig ist, die der Einsatz einer neuen Technologie allein nicht gewährleisten kann. Darüber hinaus wird deutlich, dass die Transformationsthese auch in normativer und institutioneller Hinsicht implizit von demokratietheoretischen Annahmen ausgeht, die ihrerseits der Reflexion und Diskussion bedürfen. Im Beitrag von *Hans J. Kleinsteuber* rückt ein anderer Aspekt der veränderten Kommunikationsverhältnisse in den Blick, nämlich die Globalisierung der politischen Kommunikation, die neben dem Internet heute auch durch andere Medientechniken vermittelt wird. Diese Medientechniken haben sich zu keinem Zeitpunkt „staatsfrei" entwickelt, wie Kleinsteuber in einem historischen Überblick über das Verhältnis von Medientechnik und Medienpolitik verdeutlicht. Der Staat wirkte dabei sowohl als Förderer wie als Regulierer neuer Medientechniken. Am Beispiel des deutschen Auslandsrundfunks zeigt Kleinsteuber, wie Politik – in diesem Fall: parteipolitische Proporzpolitik – unter bestimmten Bedingungen auch dazu führen kann, dass das technologische Potenzial neuer (interaktiver) Medientechniken nicht ausgeschöpft wird, obwohl es grundsätzlich sehr gut geeignet wäre, die erklärten Zielen der auswärtigen Kulturpolitik zu unterstützen.

Folgt man der öffentlichen Diskussion über technologische Innovationen in der Bundesrepublik, dann gehören zunehmende Akzeptanzprobleme, Kontroversen und Konflikte zu den markanten Veränderungen im Umfeld der staatlichen Technologiepolitik. In der Wahrnehmung der „technological communities", die an der Forschung und Entwicklung, Anwendung und Vermarktung neuer Technologien interessiert sind, gibt es im gesellschaftlichen und politischen Umfeld der staatlichen Technologiepolitik in der Regel drei den technischen Fortschritt und seine staatliche Förderung behindernde und insofern konfliktgenerierende Größen: die Medien, die Bürger und die Politik. Die Medien erzeugen mit ihrer oft „unsachlichen", negativ gefärbten und mögliche Risiken dramatisierenden Berichterstattung über neue wissenschaftlich-technische Entwicklungen Unsicherheit. Die Bürgerinnen und Bürger reagieren wegen ihrer meist unzureichenden naturwissenschaftlich-technischen Kenntnisse primär „emotional" auf solche Berichte und gelangen so zu einer überwiegend ablehnenden Haltung gegenüber neuen Technologien. Vertreter von Bürgerinitiativen und sozialen Bewegungen instrumentalisieren die Akzeptanzprobleme der verunsicherten Bürger, um für ihre partikularen Anliegen zu mobilisieren; Repräsentanten der politischen Parteien greifen solche Anliegen und Ängste aus opportunistischen wahlstrategischen Überlegungen heraus auf und transportieren sie ins politische Entscheidungssystem, wo sie zu einem praktisch relevanten Hindernis für die ungebremste Verbreitung und weitere Förderung neuer

Technologien werden. Ob diese verbreitete Sichtweise von Technisierungskonflikten angemessen ist, wird in drei Beiträgen näher untersucht. *Frank Marcinkowski* gibt einen Überblick über Ansätze und Ergebnisse der Forschung zur Risikokommunikation und präsentiert einige neue empirische Befunde zur Technikberichterstattung in der deutschen Medienlandschaft. Gestützt auf systemtheoretische Überlegungen entwickelt Marcinkowski ein Konzept öffentlicher Kommunikation, in dem die Kommunikation über Technik stärker konstruktiv – nämlich als präventive Risikoerzeugung – verstanden wird. *Wolfgang Fach* fragt nach der Codierung des Konfliktes um den technischen Fortschritt in gesellschaftlichen Kontroversen: welcher Charakter wird diesem Konflikt zugeschrieben, welche Kräfte prallen aufeinander, was steht gegen die Technik? Fach rekonstruiert die Kontroversen, die in den letzten 40 Jahren um den technischen Fortschritt geführt wurden, als einen Prozess, der sich in drei Stadien vollzogen hat. Die Codierung des Technikkonfliktes erfolgte danach zuerst als „Krieg der Kulturen", dann als „Kampf um Macht", schließlich als „Dialog über Risiken". In dem Beitrag von *Thomas Saretzki* geht es um die Rolle von Bürgerinitiativen, sozialen Bewegungen und politischen Parteien in Technisierungskonflikten. Manifeste Technisierungskonflikte, in denen diese Akteure eine größere Rolle gespielt haben, lassen sich in der Bundesrepublik vor allem im Bereich der Energietechnologie beobachten. Der Kernenergiekonflikt stellt hier den herausragenden, in vielerlei Hinsicht aber auch sehr speziellen Fall dar, der gerade nicht typisch für Technisierungsprozesse schlechthin ist. Daraus ergibt sich die Frage nach den Konsequenzen, die aus der bisherigen Diskussion um die Rolle ausgewählter Akteure für die politikwissenschaftliche Analyse von Technisierungskonflikten zu ziehen sind.

Im *dritten Kapitel* geht es um Veränderungen in Politik und staatlicher Verwaltung, die durch neue Technologien ausgelöst, ermöglicht oder erzwungen werden. Drei Aspekte werden besonders hervorgehoben und in einzelnen Unterkapiteln näher untersucht: die Informatisierung staatlicher Institutionen, die staatliche Aneignung neuer Sicherheitstechniken im Bereich der inneren und äußeren Sicherheit und die veränderten Aufgaben von Staat und Verwaltung bei der Kontrolle risikoreicher Technologien.

Im ersten Abschnitt geht es um die Informatisierung staatlicher Institutionen. *Stephan Bröchler* diskutiert die Frage, welche Rolle die Informations- und Kommunikationstechniken für die Arbeit von Regierung und Parlament spielen. Am Beispiel von Regierungskanzleien und Parlamentsdiensten in der Bundesrepublik Deutschland und in der Schweiz wird vergleichend untersucht, in welchem Ausmaß es zum Einsatz von Informationstechniken bei der Aufgabenerfüllung von Regierung und Parlament kommt. *Klaus Grimmer* und *Martin Wind* gehen der Frage nach, ob die Informatisierung der Verwaltung zu Veränderungen im Verhältnis von Staat und Bürgern führt. Die Nutzung von Informations- und Kommunikationstechniken hat tiefgreifende Auswirkungen auf Arbeitsprozesse und Leistungen der öffentlichen Verwaltung. Die Informatisierung der Verwaltung bleibt damit nicht ohne Folgen für die staatliche Bearbeitung gesellschaftlicher Probleme. Grimmer und Wind geben einen Überblick über die bisherigen Phasen der Informatisierung öffentlicher Verwaltung, untersuchen die gegenwärtige Verwaltungsinformatisierung durch das Internet und diskutieren unterschiedliche Pfade, auf denen sich das Zusammenspiel von technischen Potenzialen, organisatorischen Reformkonzepten und gesellschaftlichen Bedingungen in Zukunft entwickeln kann – mit unterschiedlichen Konsequenzen für das Verhältnis von Behörden und Bürgern. In dem Beitrag von *Frank Nullmeier* geht es um den Zusammenhang von Informatisierung und Reform der öffentlichen Verwaltung. Im Zentrum stehen dabei insbesondere solche Bemühungen um eine Verwaltungsreform, die sich an dem neuen Steuerungsmodell einer dienstleistungsorientierten öffentlichen Verwaltung ausrichten. Nullmeier gibt einen Überblick über den Forschungsstand in der Verwaltungsinformatik und geht der Frage nach, wie der allgemeine Trend der Informatisierung in öffentlichen Verwaltungen und die unterschiedlichen Pfade und Erfolge der Informatisierung erklärt werden können. Zwischen Informatisierung und neuem Steuerungsmodell gibt es sowohl ein gleichgerichtetes Zusammenspiel als auch gegensätzliche Entwicklungen. Weitreichende Visionen, die einen umfassenden Wandel der Bürokratie zur „Infokratie" erwarten, sind vor diesem Hintergrund mit Skepsis zu betrachten.

Thema des zweiten Abschnitts sind die Anwendungsmöglichkeiten und Einsatzformen neuer Technologien in den Bereichen innere und äußere Sicherheit. *Hans-Jürgen Lange* und *Volker Mittendorf* untersuchen die Anwendung neuer Technologien im Politikfeld innere Sicherheit vor dem Hintergrund eines Aufgabenwandels der Polizei. Sie identifizieren zentrale Akteure diese Politikfeldes und beschreiben ihr Aufgabenverständnis, geben einen Überblick über aktuelle Technikanwendungen, fragen nach intendierten und nicht-intendierten Effekten des Technikeinsatzes, nach den Wechselwirkungen zwischen technischen und politischen Variablen und nach den Konsequenzen für Bürger und Demokratie. Neue Technologien beeinflussen nicht nur die innere Sicherheit. Auch im Bereich der äußeren Sicherheit ergeben sich neue technologische Dispositive. *Ulrich Albrecht* beschäftigt sich mit neuen Technologien der Kriegführung und ihren Auswirkungen auf die internationale Ordnung. Ausgangspunkt seines Beitrages ist die These einer neuen Revolution in der Militärtechnik, bei der die Anwendung neuer Informations- und Kommunikationstechnologien eine besondere Rolle spielt. Im Zentrum seines Beitrages steht die Frage nach der Wahrnehmung dieser Entwicklungen hin zu einem „Informations-Krieg" in der Bundesrepublik, wie sie etwa in einer Studie des Büros für Technikfolgenabschätzung beim Deutschen Bundestag erkennbar wird.

Im dritten Abschnitt geht es um die neuen Aufgaben, vor denen Staat und Verwaltung in der Risikogesellschaft stehen. Gegenstand des Beitrags von *Nils Bandelow* sind die Systeme der Zulassung und Überwachung risikoreicher Technologien. Bandelow gibt einen Überblick über die Behandlung dieses Gegenstandes in der politikwissenschaftlichen Forschung und in der Risikosoziologie und analysiert die relevanten Akteure und Konfliktfelder von Zulassungs- und Überwachungssystemen am Beispiel der Atom- und der Gentechnik. Diese Systeme sind durch eine enge Einbindung von Experten und Regelungsadressaten gekennzeichnet. Bandelow charakterisiert diese Zulassungs- und Überwachungssysteme wegen der besonderen Bedeutung von wissenschaftlichen Argumenten als „diskursive Verwaltung". Da dieser wissenschaftsbasierte Typ der Risikoverwaltung aus demokratietheoretischer Sicht problematisch ist, formuliert der Autor auf der Grundlage eines konstruktivistischen Risikokonzeptes abschließend verschiedene Strategien zur Verbesserung seiner demokratischen Legitimität. *Roland Czada* untersucht in seinem Beitrag, wie der Staat auf wachsende technische Risiken, Unfälle und ökologische Katastrophen reagiert. Gefahrenvorsorge und Katastrophenschutz erhalten nicht nur einen neuen Stellenwert unter den Staatsaufgaben. Technische Risiken führen auch zu neuen Formen regulativer Staatlichkeit. Czada verdeutlich die neue Wertschätzung des regulativen Ordnungsstaates am Beispiel der Reaktionen auf Störfälle in Kernkraftwerken, am Wachstum regulativer Umweltpolitik und an der Regierungspraxis grüner Umweltminister in Bund und Ländern.

Im *vierten Kapitel* wird die vertikale Ausdifferenzierung der Handlungsebenen in der Technologiepolitik untersucht. Sowohl „oberhalb" als auch „unterhalb" der nationalstaatlichen Ebene haben sich neue Handlungsebenen herausgebildet, die die nationalstaatlichen Handlungskapazitäten ergänzen, teilweise auch ersetzen sollen. Drei Ebenen in dem entstehenden Mehrebenensystem der Technologiepolitik werden näher betrachtet: Internationale Regime, die Europäische Union und die Region als räumliche Handlungseinheit auf der subnationalen Ebene. *Daniel Barben* und *Maria Behrens* leuchten das Verhältnis von technologischen Entwicklungen und internationalen Regimen in beiden Richtungen aus: sie fragen einerseits danach, ob technologische Entwicklungen Veränderungen in der Konfiguration internationaler Regime hervorrufen und welche spezifischen Eigenschaften von Technologien zu einem solchen Regimewandel beitragen können. Andererseits wird auch danach gefragt, wie ein Regime sich auf die technologische Entwicklung auswirken kann. Im Rahmen eines Vergleiches von zwei Technologiefeldern (Informations- und Kommunikationstechnologie sowie Biotechnologie) werden unterschiedliche technologie- und ebenenspezifische Technologieregime herausgearbeitet. *Edgar Grande* untersucht die Frage, welche Rolle die Europäische Union in dem entstandenen Mehrebenensystem staatlicher Techniksteuerung spielen kann und spielen sollte. Dabei diagnostiziert er einen Wandel in den grundlegenden Strategien der EU seit Beginn der 1980er Jahre, der sich als Wechsel von einer industrieorientierten Technologiepolitik hin zu einer umfassender angelegten Innovationspolitik beschreiben lässt. Wie die erste, so stößt allerdings auch die zweite Strategie auf der europäischen Ebene auf Implementationsprobleme, sodass die EU in der Forschungs- und Technologiepolitik nach wie vor keine angemessene Rolle und keine geeignete Strategie gefunden hat. Nicht zuletzt die europäische Integration hat auch in dem föderalistisch aufgebauten System der Bundesrepublik Deutschland dazu geführt, dass jenseits der festgefügten Grenzen von Gebietskörperschaften der Länder nun die Regionen als neue Handlungsebenen in den Blick geraten. Seit Mitte der 1970er Jahren wurde die Region langsam als technologiepolitisches Handlungsfeld entdeckt. *Antje Blöcker* und *Dieter Rehfeld* unterscheiden in ihrem Beitrag zwischen regionaler Innovationspolitik und innovativer Regionalpolitik. Erstere ist eher wachstums-, letztere eher ausgleichsorientiert. In einer historischen Analyse der letzten 25 Jahre gehen Blöcker und Rehfeld dem Wechselspiel zwischen diesen beiden Polen in unterschiedlichen Phasen nach, bevor sie abschließend Perspektiven einer breiter angelegten regionalen Innovationspolitik skizzieren, in der Regionalisierung und Globalisierung als komplementäre Entwicklungen begriffen und die daraus entstehenden Potenziale genutzt werden.

Im *fünften Kapitel* wird nach einem Wandel der politischen Techniksteuerung gefragt. Wandel heißt hier zunächst einmal: Abkehr vom traditionellen etatistischen Ansatz einer hierarchisch-zentralistischen Steuerung nach dem Modell von „command and control". Neben der Liberalisierung rücken dabei vor allem solche neuen Formen und Strategien der Techniksteuerung in den Blick, die auf Information, Reflexion, Partizipation und Diskurs setzen. *Raymund Werle* unterscheidet in seinem Beitrag zwischen einer koordinierenden und einer regulierenden Steuerung von Technik. Am Beispiel der Liberalisierung der technischen Infrastruktur zeigt Werle, dass der Staat sich zwar aus der Koordination, nicht aber aus der Regulierung von Technik zurückziehen kann, wenn negative externe Effekte vermieden werden sollen. Im Bereich der technischen Infrastruktur muss der Staat dabei neben der Risikoregulierung auch die Aufgabe der Marktregulierung übernehmen, um Wettbewerb zu sichern und eine ausreichende Versorgung mit Infrastrukturdienstleistungen zu gewährleisten. Informierte Abschätzung und Bewertung möglicher Technikfolgen gilt bei rationaler Betrachtung als notwendige Voraussetzung für angemessene Entscheidungen in der Technologiepolitik. *Georg Simonis* gibt in seinem Beitrag zunächst einen differenzierten Überblick über die Herausbildung des nationalen Systems der Technologiefolgenabschätzung (TA) in der Bundesrepublik Deutschland. Während die TA-Forschung relativ gut entwickelt ist, zeigen sich bei den institutionalisierten TA-Verfahren unterschiedliche Funktionsprobleme. Simonis unterscheidet dabei zwischen fünf verschiedenen Typen von TA-Verfahren und verdeutlicht ihre jeweiligen Funktionsprobleme im Rahmen einer vergleichenden Betrachtung ihrer spezifischen Institutionalisierung und Leistungsfähigkeit. Aktuelle Vorschläge zur Umstrukturierung des nationalen TA-Systems in der Bundesrepublik, die sich ausschließlich an einem institutionellen Muster und einem homogenen Funktionsmodell orientieren, werden der Vielfalt von Aufgaben und Institutionalisierungsformen der TA nicht gerecht. *Weert Canzler* und *Meinolf Dierkes* gehen in ihrem Beitrag auf die Möglichkeiten einer informationellen Techniksteuerung durch die diskursive Entwicklung von Leitbildern ein und erläutern diese an Fallstudien aus dem Bereich der Informations- und Verkehrstechnologien. Technische Leitbilder und ihre Entwicklung in öffentlichen Diskursen, so die übergreifende These, können einen verbindlichen Fokus und ein motivierendes Framing für öffentliche Technikdebatten schaffen und damit zur Optimierung von Entscheidungsprozessen über technische Entwicklungen beitragen. Während die informationelle Techniksteuerung durch Leitbilder auf eine diffuse, aber breitenwirksame und durch Medien vermittelte Öffentlichkeit verweist, geht es bei den meisten Ansätzen einer diskursiven Techniksteuerung zunächst einmal um partizipativ und deliberativ angelegte, aber gleichwohl thematisch und sozial begrenzte Verfahren, in denen Kontroversen über neue Technologien nach bestimmten methodischen Regeln ausgetragen werden. *Wolfgang van den Daele* zeigt in seinem Beitrag am Beispiel eines diskursiven Verfahrens zur Regulierung der Gentechnologie, dass die Erwartung, man könne möglichen Ansprüchen auf Anerkennung von Geboten des Gewissens, von Emotionen und Ängsten und von grundlegenden politischen Reformen in diesen diskursiven Verfahren zur Geltung verhelfen, einem Realitätstest nicht stand hält. Hinweise auf das individuelle Gewissen, auf starke Emotionen und Ansprüche auf weitreichende politische Veränderungen, so seine These, werden in solchen diskursiven Arenen am Ende „schwach". Statt dessen vervielfältigen diskursive Verfahren eher die Gesichtspunkte, die in einem technologiepolitischen Entscheidungsprozess zu berücksichtigen sind. Zur Konsensbildung über starke Ansprüche sind sie nicht geeignet. Mit Bezug auf das gleiche Beispiel eines TA-Verfahrens zur Gentechnologie entwickelt *Renate Martinsen* demgegenüber die kritische These, dass TA-Diskurse am Ende darauf hinauslaufen, den „subjektiven Faktor" aus der Steuerung von Technik „herauszufiltern". Sie stellen moralische Aspekte zwar in Rechnung, versuchen aber, die moralischen Dispositionen der Bürgerinnen und Bürger „bedarfsgerecht zu modellieren". Indem sie auf eine rationale „Kultivierung des Gewissens" zielen, erhalten konsensorientierte TA-Diskurse danach Züge einer „mentalen Techniksteuerung" in Gestalt einer Moral- und Ethikpolitik, die sich als Fortsetzung der herkömmlichen politischen Steuerung in Gestalt einer Moral- und Ethikpolitik begreifen lässt. Um die Möglichkeiten grundlegender Kritik zu erweitern, plädiert Martinsen für einen sozialwissenschaftlichen Paradigmenwechsel, der mehr Raum schafft für Ambivalenzen, Dissense, Paradoxien, Heterologie und Disparität.

Die in dem vorliegenden Sonderheft versammelten 26 Beiträge sind so abgefasst, dass sie den Forschungsstand beleuchten, einen empirischen, konzeptionellen, analytischen oder theoretischen Forschungsbeitrag leisten und auf offene Fragen hinweisen. Die Herausgeber hoffen, dass mit dieser Anlage des Bandes der reiche Ertrag der jüngeren Forschung in dem Querschnittsbereich „Politik und Technik" benutzerfreundlich dokumentiert wird, um der künftigen Forschung in diesem Feld als Basis zu dienen.

Die meisten der in diesem Sonderheft publizierten Artikel wurden auf einer an der FernUniversität Hagen im März 2000 durchgeführten Fachtagung vorgetragen und diskutiert. Für die finanzielle Unterstützung dieser Tagung sei an dieser Stelle insbesondere der DFG, aber auch der DVPW herzlich gedankt. Dank gebührt auch Annette Kämmer vom Lehrgebiet Internationale Politik / Vergleichende Politikwissenschaft der FernUniversität, die es verstand, alle bei der Edierung eines Sammelbandes anfallenden technischen Probleme trefflich zu meistern. Schließlich möchten wir uns auch bei allen Autorinnen und Autoren für die hervorragende Zusammenarbeit bedanken und uns gleichzeitig für einige rigide Vorgaben nachhaltig entschuldigen.

Literatur

Abels, Gabriele/Barben, Daniel (Hrsg.), 2000: Biotechnologie – Globalisierung – Demokratie. Politische Gestaltung transnationaler Technologieentwicklung. Berlin.
Grimmer, Klaus/Häusler, Jürgen/Kuhlmann, Stefan/Simonis, Georg (Hrsg.), 1992: Politische Techniksteuerung. Opladen.
Hartwich, Hans-Hermann, 1986: Vorwort, in: Ders. (Hrsg.), Politik und die Macht der Technik. 16. wissenschaftlicher Kongreß der DVPW. Tagungsbericht, Opladen, 9–11.
Martinsen, Renate/Simonis, Georg (Hrsg.), 1995: Paradigmenwechsel in der Technologiepolitik? Opladen.
Martinsen, Renate (Hrsg.), 1997: Politik und Biotechnologie. Die Zumutung der Zukunft. Baden-Baden.
Martinsen, Renate/Simonis, Georg (Hrsg.), 2000: Demokratie und Technik – (k)eine Wahlverwandtschaft? Opladen.
Süß, Werner/Becher, Gerhard (Hrsg.), 1993: Politik und Technologieentwicklung in Europa. Analysen ökonomisch-technischer und politischer Vermittlung im Prozeß der europäischen Integration. Berlin.

1.

Theoretische Konzeptionen zur Analyse des Verhältnisses von Politik und Technik

Triebkräfte der Technikentwicklung und die Rolle des Staates

Renate Mayntz

1. Zum Thema

Der Begriff „Technik" ist relativ jung: erst seit dem 19. Jahrhundert wird er verbreitet benutzt. Sprach man in Mittelalter und Renaissance eher von den praktischen oder nützlichen Künsten, dann wurden vom 17. Jahrhundert ab Mechanik und Maschine zu neuen Leitbegriffen. Heute sind die Begriffe Technik und Technologie selbst in der Alltagskommunikation gebräuchlich und geben keinen Anlass zu Verständigungsschwierigkeiten, ohne allerdings präzise voneinander abgegrenzt zu sein. Zwar wäre es möglich, analog zu Begriffspaaren wie Psyche – Psychologie mit Technik ein Realphänomen und mit Technologie das Wissen über bzw. die Wissenschaft von diesem Wirklichkeitsbereich zu bezeichnen, aber eine solche Trennung wird in keiner Sprache systematisch durchgeführt. Hier jedenfalls soll von Technik als Realphänomen die Rede sein, wobei dieser Begriff relativ eng verstanden wird. Ein weiter Technikbegriff, der alle Formen zweckorientierten Handelns umfasst, das sich irgendwelcher Mittel oder eines speziellen Wissens bedient, eignet sich kaum zur Abgrenzung eines besonderen Forschungsgebiets. Der hier verwendete Begriff von Technik setzt die Existenz von Artefakten voraus, die von Menschen hergestellt und im Rahmen zweckorientierten Handelns benutzt werden, schließt aber auch Verfahren mit ein; so umfasst z.B. die Produktionstechnik in der chemischen Industrie sowohl spezielle technische Anlagen (Artefakte) wie spezielle Verfahren.

Das Thema Technik wurde sozialwissenschaftlich aktuell, als das Realphänomen Technik zum Gegenstand einer Reihe öffentlich diskutierter Probleme wurde. Dazu gehören der Einfluss der technischen Entwicklung auf die Menge und die Qualität von Arbeitsplätzen, das zunehmend bewusst werdende Risikopotential moderner Technik, sowie die Bedeutung der Technikentwicklung für das wirtschaftliche Wachstum, das man als abhängig von der (ihrerseits technisch bestimmten) internationalen Wettbewerbsfähigkeit einer nationalen Ökonomie betrachtete. Sozialwissenschaftliche Technikforschung, eine bewusste Technologiepolitik und systematische Versuche zur Entwicklung und Institutionalisierung von Technikfolgenabschätzung (technology assessment) sind drei parallele und sich teilweise gegenseitig verstärkende Reaktionen auf diese Problemwahrnehmung.

Die verschiedenen theoretischen Ansätze der sozialwissenschaftlichen Technikforschung unterscheiden sich u.a. danach, ob Technik primär als abhängige oder als unabhängige Variable fungiert. Wo Technik die unabhängige Variable ist, stehen ihre – ökonomischen, sozialen usw. – Folgen im Mittelpunkt des Interesses. Diese Perspektive dominierte lange Zeit, wurde dann aber in den achtziger Jahren des 20. Jahrhunderts von dem stark gewachsenen Interesse an den sozialen Faktoren der Technikentwicklung abgelöst; hier fungiert Technik als abhängige Variable. Dies ist die Perspektive der folgenden Ausführungen. Dabei setzt die Frage nach den sozialen Faktoren der

Technikentwicklung voraus, dass es beim Entstehen einer neuen Technik Gestaltungsspielräume gibt, die Auswahlentscheidungen nicht nur erlauben, sondern geradezu verlangen. Damit ist das Verhältnis zwischen technikimmanenten und außerhalb der Technik liegenden Triebkräften angesprochen, eine Frage, die den Rahmen für die folgenden Erörterungen abgibt. Der Staat bzw. die Politik ist dabei nur einer unter mehreren externen Faktoren der Technikentwicklung, was es wiederum erlaubt, das relative Gewicht dieses besonderen Faktors besser abzuschätzen, als es bei einer isolierten Betrachtung des Verhältnisses zwischen Technik und Politik möglich ist.

2. Phasen der Technikentwicklung – Grobskizze

Technik in dem weiten Sinne regelgeleiteten, auf bestimmte praktische Zwecke gerichteten Handelns unter Verwendung von Werkzeugen gibt es so lange, wie die Gattung ‚homo sapiens' existiert. Eine ganze Reihe von Vorkehrungen zur Ersetzung von menschlicher Muskelkraft durch mechanische Hilfen, Flaschenzüge, archimedische Schrauben, Wasserräder, Zahnradgetriebe und Pumpanlagen gab es bereits im Altertum (Giedion 1948). Die praktischen Fortschritte bei der Mechanisierung, der Metallherstellung und der Erschließung neuer Energiequellen waren, wie Braudel (1979) betont, außerordentlich langsam und immer wieder von Perioden der Stagnation unterbrochen. Vor allem fand bis gegen Ende des 16. Jahrhunderts keine nennenswerte Mechanisierung der Produktion statt, und auch das für die wirtschaftliche Entwicklung so wichtige Transportwesen blieb wenig effektiv. Holz und die Muskelkraft von Tieren waren und blieben noch bis ans Ende des 18. Jahrhunderts die mit Abstand wichtigsten Energiequellen. Die großen technischen Umwälzungen zwischen dem 15. und 18. Jahrhundert fanden in der Kriegstechnik (Artillerie), durch den Buchdruck und die Hochseeschiffahrt statt (Braudel 1979: 325, 337).

Das Zeitalter der modernen Technik beginnt mit der industriellen Revolution, die gegen Ende des 18. Jahrhunderts einsetzte. Die wesentlichen Kennzeichen dieser Revolution waren die Mechanisierung und fabrikmäßige Organisation der Produktion (zunächst vor allem im Bereich der Textilindustrie), die Erschließung einer neuen Energiequelle (Dampfkraft), die Einführung neuer Verfahren zur Erzeugung und Verarbeitung von Rohstoffen (vor allem Eisen, Stahl) und schließlich, mit einigem Abstand, die Entwicklung eines leistungsfähigen Transportwesens (Dampfschiffahrt, Eisenbahn) (Landes 1968).

Waren Kohle, Eisen, Stahl und von Dampfkraft getriebene Maschinen das Kennzeichen der ersten industriellen Revolution, dann stellen Öl, Elektrotechnik, die chemische Industrie und der 1876 von Otto entwickelte Viertakt-Verbrennungsmotor die Marksteine der zweiten industriellen Revolution dar, die im späten 19. Jahrhundert begann und im 20. Jahrhundert zur Blüte gelangte. Aufbauend auf den schon in der ersten Hälfte des 19. Jahrhunderts entdeckten elektromagnetischen Effekten entstanden Telegrafenanlagen und wurden starke Elektromotoren gebaut. 1879 stellte Siemens die erste elektrische Lokomotive vor. Kernkraft, Elektronik und die moderne Informations- und Kommunikationstechnik schließlich kennzeichnen die jüngste Welle technischer Innovation, die nach dem Zweiten Weltkrieg einsetzte. Obwohl man in diesem

Zusammenhang gelegentlich von einer dritten industriellen Revolution spricht, handelt es sich eigentlich nicht mehr so sehr um eine *industrielle* Revolution, da die prägende Kraft der Industrie auf dem Weg in die Dienstleistungsgesellschaft geschwächt wurde.

Das Spezifikum der mit der (ersten) industriellen Revolution beginnenden Technisierungsprozesse war eine enorme Leistungssteigerung – sowohl im Maß der erzeugten und verbrauchten Energie, in der Gebrauchsgüterproduktion, dem Transportvolumen und der Zerstörungskraft von Waffen. Technisierung hieß aber nicht nur Verbreitung und Nutzung einzelner technischer Artefakte wie Dampfmaschinen, Hochöfen, Autos oder elektrischen Bügeleisen, sondern bedeutete zugleich das Entstehen immer größerer, vernetzter technischer Systeme. Das Entstehen von technischen Systemen, die sich nicht nur über das gesamte Territorium eines Nationalstaates ausdehnen, sondern sogar international verflochten sind, ist ein wichtiges Kennzeichen der modernen Technikentwicklung. Moderne Technik lässt sich deshalb nur unzureichend als Verbreitung einzelner Artefakte erfassen, sondern verlangt es, den Blick auf komplexe Systeme miteinander vernetzter und funktional aufeinander bezogener Artefakte zu richten (Rammert 1982: 34).

Große technische Systeme treten in drei verschiedenen Formen auf: als Großanlagen (z.B. Kernkraftwerke), als Großvorhaben (z.B. das Manhattan-Projekt zur Entwicklung der amerikanischen Atombombe) und als große technische Infrastruktursysteme. Die Entwicklung der modernen technischen Infrastruktursysteme ist von Technisierungsprozessen zu unterscheiden, die – ebenfalls mit gesteigerter Intensität seit dem 19. Jahrhundert – in gesellschaftlichen Bereichen stattfinden, die sich bereits früher ausdifferenziert haben. Besonders tiefgreifend hat die moderne Produktionstechnik die Strukturen und Verfahren in der Wirtschaft verändert. Ähnlich umfassend hat sich die moderne Militärtechnik auf das Militär und die Art, Krieg zu führen, ausgewirkt. Schließlich hat sich auch das Wissenschaftssystem unter dem Einfluss moderner Mess-, Beobachtungs- und Rechentechnik entscheidend verändert, ja man kann sagen, dass die Entwicklung der modernen Natur- und Ingenieurwissenschaften ohne diese technischen Voraussetzungen nicht hätte stattfinden können. Das Gesundheitssystem ist dagegen später und nicht ganz so tiefgreifend durch die moderne Medizintechnik verändert worden. Am wenigsten wurden das religiöse Teilsystem, das Bildungssystem und das politisch-administrative System in ihren internen Abläufen von technischen Innovationen betroffen. In allen diesen Fällen haben Technisierungsprozesse einzelne Abläufe in *bereits bestehenden* gesellschaftlichen Teilsystemen beeinflusst. Die großen technischen Infrastruktursysteme sind dagegen erst auf der Basis spezifischer technischer Innovationen *entstanden.* Die Technik hat in diesen Fällen in einem sehr konkreten Sinn systembildend gewirkt.

Die Entwicklung und Nutzung der großen technischen Infrastruktursysteme hat die bereits ausdifferenzierten gesellschaftlichen Teilsysteme wie Politik, Wirtschaft, Wissenschaft usw. mindestens so stark, wenn nicht stärker beeinflusst als Prozesse der immanenten Technisierung. Politische Entscheidungsprozesse etwa sind besonders stark durch die Nutzung der modernen Telekommunikation und die Existenz der modernen Massenmedien beeinflusst worden. Eine ebenso bedeutsame Rolle haben Telefon- und Eisenbahnsystem für das moderne Militär und die Kriegführung gespielt. Ohne die modernen Systeme der Energieversorgung, des Transports und der Telekommunikation wäre das Wirtschaftswachstum der letzten hundert Jahre nicht möglich gewesen. Nicht die Nutzung der Dampfmaschine in der Produktion führte, wie James Beniger (1986) argumentiert, zur industriellen Revolution; entscheidend waren vielmehr die verbesserten Transportmöglichkeiten durch Dampfschiffahrt und Eisenbahnen, und ohne die moderne Telekommunikation wären die Koordinationsprobleme, die durch das wachsende Volumen und die räumliche Expansion der Rohstoff-, Waren- und Kapitalflüsse entstanden, nicht möglich gewesen. Eine ähnlich entscheidende Rolle spielt die moderne Telekommunikation heute für die Globalisierung der Wirtschaft.

3. Technikentwicklung: endogen oder exogen bestimmt?

Der starke Technisierungsschub im 19. Jahrhundert lenkte zum ersten Mal die Aufmerksamkeit nicht nur von Gelehrten, sondern auch einer breiteren Öffentlichkeit auf das Phänomen Technik. Die Bewertung der technischen Entwicklung war immer ambivalent: Für die einen Anlass zu grenzenlosem Fortschrittsoptimismus, sahen andere darin eine Bedrohung für die europäische Kultur. Auch im 20. Jahrhundert hat es noch Phasen technisch begründeter Fortschrittsgläubigkeit gegeben, etwa unmittelbar im Anschluss an den Zweiten Weltkrieg, als die friedliche Nutzung der Kernkraft den Weg in eine goldene Zukunft zu weisen schien. Schon in den fünfziger Jahren jedoch erhoben Technikkritiker wie Jacques Ellul und Lewis Mumford ihre Stimme. In seinem 1954 publizierten Buch *La Technique* behauptete Ellul, dass die auf einer mechanistischen Denkweise beruhende Technik zu einer autonomen Kraft geworden ist, deren Einfluss sich keine menschliche Aktivität mehr entziehen kann. Ähnlich kritisch sah Lewis Mumford die technische Entwicklung. „Like a drunken locomotive engineer on a streamlined train, plunging through the darkness at a hundred miles an hour", so schrieb er in *Art and Technics*, „we have been going past the danger signals without realizing that our speed, which springs from our mechanical facility, only increases our danger and will make more fatal the crash" (zitiert nach Smith 1994: 29).

Autoren wie Ellul und Mumford gelten als Vertreter des Technikdeterminismus, dem zufolge die technische Entwicklung endogen bestimmt ist; das heißt dass sie einer eigenen, ihr immanenten Logik folgt und sich von außen allenfalls verzögern oder beschleunigen, nicht jedoch in ihrer Richtung steuern lässt. In jüngerer Vergangenheit hat Langdon Winner die Vorstellung von einer eigendynamischen technischen Entwicklung vertreten. *Autonomous Technology*, der Titel seines Buchs, bedeutet, dass die technische Entwicklung außer Kontrolle geraten ist und, menschlicher Steuerung unzugänglich, nur ihren eigenen Impulsen folgt (Winner 1977). Dass technikdeterministische Auffassungen sich so stark verbreiten konnten, mag mit dem in der Aufklärung verwurzelten Rationalitätsmythos zusammenhängen. Dieser Rationalitätsmythos besteht in der Annahme, dass es auf jede Frage *eine* richtige Antwort, für jedes Problem *eine* beste Lösung gibt. Dieser Mythos des ‚one best way' hat auch das Denken über Technik geprägt: So gilt dem einzelnen Forscher oder Ingenieur der von ihm entwickelte Prototyp als die (zu dieser Zeit) bestmögliche Lösung eines sachlichen Konstruktionsproblems, und die Weiterentwicklung eines neuen Artefakts wie des Automobils oder des Computers erscheint als einfacher Reifungsprozess, in dessen Verlauf die Artefakte immer effektiver, sicherer und billiger werden.

Auch wenn diese rein endogene Interpretation der Technikentwicklung sich zumal in den Sozialwissenschaften niemals durchgesetzt hat, muss eine tragfähige Erklärung der technischen Entwicklung ohne Zweifel nicht nur verschiedenartige externe Faktoren, sondern auch ihre interne Dynamik berücksichtigen. Deren Bedeutung wird in Vorstellungen von ‚autonomer Technik' zwar übertrieben, aber nicht völlig falsch gesehen. Die technische Entwicklung stellt tatsächlich wenigstens insofern eine feste Sequenz von Schritten dar, als jede neue Erfindung auf der Meisterung früherer Techniken beruht, die Dampfmaschine z.B. auf der Fähigkeit, gusseiserne Zylinder beachtlicher Größe hinreichend präzise fertigen zu können. Dementsprechend gibt es in der technischen Entwicklung auch keine Sprünge (z.B. von der Windmühle zum Kernkraftwerk), denn der jeweilige Stand des technischen Wissens und Könnens beschränkt, was zu einem bestimmten Zeitpunkt neu erfunden und konstruiert werden kann (Heilbroner, 1967). Zur gleichen Zeit ist das jeweilige Wissen und Können jedoch auch eine Triebkraft der technischen Innovation. Indem der je verfügbare *technology pool* aufzeigt, was *noch nicht* gewusst und gekonnt wird, fordert er den *homo faber* zur Grenzüberschreitung heraus, treibt ihn an zur Realisierung des im Augenblick noch nicht Möglichen.

In scharfem Gegensatz zur technikdeterministischen Vorstellung einer nur von technik-internen Kräften angetriebenen Entwicklung steht die Auffassung, dass die Technikentwicklung vollständig durch ökonomische Kräfte, also extern determiniert ist. Eine derartige Meinung wurde sowohl von neoklassischen wie von marxistischen Ökonomen vertreten. In der marxistischen Variante dieses ökonomischen Determinismus erscheint die Technik als Produktivkraft, die vom Kapital im Profitinteresse nachgefragt und eingesetzt wird. Dem Motiv der Profitmaximierung schreibt auch Robert Heilbroner (1994) eine zentrale Rolle zu; eine allgemeine Erwerbsorientierung, ein ‚acquisitive mind-set' ist für ihn die zentrale Triebkraft der technischen Entwicklung. Im ‚labor control'-Ansatz von Braverman (1974) und Edwards (1979) wird die Entwicklung der Produktionstechnik als Prozess kontinuierlicher Ausweitung der (kapitalistischen) Kontrolle über die Arbeitskräfte interpretiert. In der neoklassischen Variante des ökonomischen Determinismus wird unterstellt, dass die technische Entwicklung den jeweils auf den Märkten als Nachfrage auftretenden Bedürfnissen nach Gütern und Dienstleistungen folgt.

Die Theorie vom Nachfragesog als prägendem Faktor der Technikentwicklung besitzt angesichts der Tatsache, dass neue technische Anwendungen überwiegend in den Labors der Industrie entstehen, eine gewisse Plausibilität. Jedoch negiert ein reines ‚demand pull'-Modell extreme internalistische Behauptungen auf eine ebenfalls extreme Weise. In der neueren sozialwissenschaftlichen Technikforschung werden alle deterministischen Ansätze abgelehnt, gleichgültig, ob nun die Technikentwicklung als reiner Reflex ökonomischer Kräfte oder als ausschließlich von innertechnischen Faktoren bestimmt erscheint. Demgegenüber wird betont, dass sowohl interne als auch externe, geistig-kognitive ebenso wie sozio-ökonomische Faktoren bei der Technikentwicklung eine Rolle spielen. Dieses ‚sowohl als auch' verwirrt allerdings leicht durch die Vielzahl möglicher Einflussfaktoren, die bei der Abkehr von simplen deterministischen Modellen ins Gesichtsfeld geraten. Tatsächlich haben Technikhistoriker eine grosse Zahl verschiedener, jeweils gut begründeter Antworten auf die Frage nach dem entscheidenden Faktor der modernen Technikentwicklung gegeben: „Some focus on the particular efficacy of certain material, geographic, demographic, and socio-economic preconditions: Access to raw materials or markets; the existence of a mercantile capitalist economy; the operation of the profit motive; the accumulation of capital; the availability of a needy, teachable, exploitable labour force. Others attribute causal primacy to intellectual, cultural, or ideological factors: the extent of secular learning; the existence of a reservoir of entrepreneurial or financial skills; the presence of scientific rationalism, Christianity, the Protestant work ethic or an artisanal ethos. Indeed, almost every identifiable attribute of early modern Western societies has been proposed as the putatively critical factor" (Smith/Marx 1994: XIII).

David Landes (1968) hat die Vielzahl der externen Einflussfaktoren auf zwei Faktoren zu reduzieren versucht, die er für die moderne technische Entwicklung, die *Entfesselung des Prometheus* für ausschlaggebend hält. Der erste Faktor sind bestimmte politische, rechtliche und institutionelle Entwicklungen im Europa des 18. und 19. Jahrhunderts: der aufkommende Verfassungs- und Rechtsstaat, rechtliche Voraussetzungen für die Entwicklung privater Initiative und die allgemeine Rationalisierung von Politik und Wirtschaft (wie sie im übrigen auch Max Weber beschrieben hat). Der zweite wesentliche Faktor ist für Landes das Profitstreben des modernen kapitalistischen Unternehmers, das sich innerhalb dieses institutionellen Rahmens entfalten konnte. Es sind aber nicht nur *ökonomische* Interessen, die die Technikentwicklung beeinflussen. Autoren wie David Noble (1984) versuchen zwar auch, die technische Entwicklung – bis hin zu Details in der Konstruktion von Werkzeugmaschinen – durch Interessen zu erklären, beschränken sich dabei aber nicht auf ökonomische Interessen, sondern beziehen auch politische Interessen (wie die militärischen Anstrengungen im Zweiten Weltkrieg, die eine beschleunigte Entwicklung der Elektronik motivierten) und die Interessen der organisierten und nach Geld, Reputation und Einfluss suchenden Wissenschaft ein.

Bei aller offensichtlichen Bedeutung externer Einflüsse bleibt jede konkrete Technikentwicklung unabdingbar an das Vorhandensein eines bestimmten Wissensbestands gebunden, an den jeweiligen *technology pool*, der seinerseits zwar nicht völlig, aber doch immer mehr vom Stand der Grundlagenforschung abhängt. Jedoch gibt es am Übergang von der Grundlagenforschung zur angewandten Forschung ebenso wie beim Übergang von der technischen Innovation zur kommerziellen Produktion und schließlich zur Nutzung jeweils einen gewissen *Spielraum* für Auswahlhandlungen. Bei der Transformation von Wissen in konkrete technische Anwendungen haben die Konstrukteure in der Regel mehrere Möglichkeiten; ein bestimmtes Grundlagenwissen z.B. der Festkörperphysik kann mehr als eine Technologie begründen, und eine bestimmte Technologie erlaubt ihrerseits mehr als nur eine technische Anwendung. Von diesen Möglichkeiten wird jeweils nur ein Teil realisiert. Aber die Spielräume sind durchaus begrenzt: eine bestimmte Basistechnologie erlaubt zwar in der Regel mehrere verschiedene, aber keineswegs beliebige Anwendungen. Ähnlich lässt sich eine gegebene technische Anwendung, ein Artefakt wie ein Auto oder ein Telefon etwa, in aller Regel für manche vom Konstrukteur nicht eingeplanten Zwecke nutzen – das Auto etwa nicht nur als Transportmittel, sondern auch als Liebeslaube und Hotelersatz –, aber wieder sind die möglichen Nutzungen begrenzt; fliegen und schwimmen tut ein normales Auto eben nicht. Die von der Grundlagenforschung bis zur Nutzung eines konkreten Artefakts laufende Technikentwicklung stellt sich damit als ein mehrstufiger Selektionsprozess dar – ein Prozess, bei dem gewissermaßen an mehreren Stellen Verzweigungspunkte auftreten. An diesen Verzweigungspunkten bestimmen ökonomisch, politisch und kulturell begründete Entscheidungen, in welche der möglichen Richtungen die Entwicklung tatsächlich weiterläuft. Diese Auffassung der Technikentwicklung kommt auch in Dosis Konzept der ‚technological trajectories' zum Ausdruck. ‚Technological trajectories' sind spezifische Muster technischer Problemlösungsaktivitäten, die sich jeweils auf ein bestimmtes ‚technological paradigm' stützen, ein „... ‚pattern' of solution of *selected* technological problems, based on *selected* principles derived from natural sciences and on *selected* material technologies" (Dosi 1982: 152; Hervorhebung im Original).

4. Technik und Wissenschaft

Die schnelle neuzeitliche Technikentwicklung wird oft mit ihrer Verwissenschaftlichung erklärt. Das derartigen Vorstellungen zugrundeliegende simple lineare Modell ist nicht nur rein internalistisch und vernachlässigt wichtige ökonomische und politische Triebkräfte der Technikentwicklung, sondern es konstruiert auch eine historisch so nicht haltbare, einseitige Abhängigkeitsbeziehung der Technik von Wissenschaft. Tatsächlich liefen Wissenschafts- und Technikentwicklung lange Zeit relativ unverbunden nebeneinander her. Die an den Universitäten beheimatete Wissenschaft war bis ins späte Mittelalter hinein scholastisch geprägt und stützte sich auf Buchwissen. Daran änderte auch die Rückbesinnung auf die Klassiker der Antike in der Renaissance zunächst wenig. Die Humanisten waren normalerweise keine Empiriker. Als Tatsache galt ihnen, was die Buchgelehrten (‚litterati') berichteten, und die Vernunft (‚ratio', ‚via rationis'), nicht Erfahrung (‚experientia') galt als Königsweg der Erkenntnis.

Technisches Wissen und Können wurden demgegenüber jahrhundertelang hauptsächlich mündlich übermittelt und durch praktische Anleitung gelernt. Die Zünfte, aber auch mittelalterliche Klöster, waren zentrale Orte mittelalterlicher Technikentwicklung. Vor allem nach Erfindung des Buchdrucks wurde technisches Wissen aber auch zunehmend durch die Schrift verbreitet. Eine beliebte Art technischer Rezeptbücher waren die im 15. und 16. Jahrhundert verbreiteten Bücher über Geheimnisse der Natur (‚secreta', ‚arcana naturae'), die sich zunehmend weniger mit okkulten und magischen Praktiken als mit technischen Anweisungen z.B. für das Härten von Eisen, das Gerben von Leder, den Anbau von Wein und die Behandlung von Krankheiten beschäftigten (Eamon 1994).

Eine engere Verbindung von wissenschaftlicher und technischer Entwicklung konnte nur auf der Grundlage eines tiefgreifend veränderten wissenschaftlichen Denkens entstehen. Diese wissenschaftliche Revolution hatte im 17. Jahrhundert ein wichtiges Zentrum in England (Merton 1970). Als Wegbereiter des modernen wissenschaftlichen Denkens gilt Sir Francis Bacon, dessen Hauptwerk *Novum Organum Scientiarum* 1620 erschien. Aufbauend auf den schon in der Renaissance immer wichtiger gewordenen Kategorien Fortschritt, Gesetz und Experiment (Böhme/van den Daele/Krohn 1977) propagierte Bacon den Empirismus und insbesondere das systematische Experimentieren als neue Methode der Erkenntnisgewinnung. Experimentiert wurde zu jener Zeit vor allem mit Magnetismus, in der Chemie, der Metallurgie und der Militärtechnik (Eamon 1994: 7); bald jedoch durchdrang die neue Methode auch die damals als Naturphilosophie firmierende Physik. Ein wichtiges Beispiel ist Robert Boyle, der ein Jahr nach Bacons Tod geborene englische Physiker, der durch seine Experimente mit der von ihm entworfenen Vakuumpumpe den Zusammenhang zwischen Druck und Volumen von Gasen entdeckte: Boyle übertrug den von Bacon theoretisch entwickelten Empirismus in die Praxis systematischen Experimentierens (Shapin/Schaffer 1985). Die zu den universitätsbasierten liberalen Künsten zählenden humanistischen Gelehrten hatten mit der Rückkehr zu den Klassikern zwar gegen die Scholastik rebelliert, sie gaben der logischen Beweisführung aber weiterhin Vorrang vor dem Experimentieren. Es war erst der von Bacon propagierte und von Forschern wie Boyle praktizierte Empirismus, der hier zur Wende führte.

Mit der empirischen Wende der Wissenschaft intensivierten sich die Kontakte zwischen zwei bislang klar voneinander getrennten sozialen Gruppen, den Handwerker-Ingenieuren und den theoretischen Wissenschaftlern. Dabei lernten letztere zunächst oft mehr von den ersteren als umgekehrt. Eamon z.B. schreibt: „Nonacademics, amateurs, and craftsmen made important contributions to the development of the Baconian sciences. William Gilbert's experimental studies in magnetism, for example, appear to have owed more to navigators and instrument makers than to medieval natural philosophy" (Eamon 1994: 8). Auch Boyle war für den Bau seiner Pumpe auf die Hilfe geschickter Handwerker angewiesen. Nach und nach wurde so nicht nur die soziale Grenze zwischen theoretischen Wissenschaftlern und technischen Praktikern durchlässig; auch ihre verschiedenen Denkweisen begannen sich gegenseitig zu durchdringen. Durch diesen Brückenschlag entstand auf der einen Seite die moderne Naturwissenschaft, auf der anderen Seite die schrittweise Verwissenschaftlichung der Technikentwicklung. Seit dieser Zeit lässt sich auch ein gewisser zeitlicher Zusammenhang zwischen wissenschaftlichen und technischen Innovationen feststellen, die – soweit sich das anhand historischer Daten rekonstruieren lässt – nunmehr etwas zeitversetzt, aber gleichläufig fluktuieren. So lassen sich im Zeitraum von 1770 bis 1950 sechs größere Wellen von wichtigen wissenschaftlichen Entdeckungen identifizieren, denen jeweils im zeitlichen Abstand von etwa 20 bis 30 Jahren eine Welle wichtiger technischer Innovationen folgte (Wagner-Döbler 1997: 76–82).

Die empirische Wende der Wissenschaft stand von Anfang an auch, aber keineswegs ausschließlich im Zeichen von Naturbeherrschung und nützlichen Anwendungen. Schon Francis Bacon, der die potentielle Nützlichkeit wissenschaftlichen Wissens betonte, unterschied zwischen einer anwendungsbezogenen und einer erkenntnisbezogenen Wissenssuche („experimenta fructifera' versus ‚experimenta lucifera'; Eamon 1994: 289). Die wissenschaftlich fundierten technischen Anwendungen waren allerdings in der Mitte des 17. Jahrhunderts noch recht begrenzt; sie lagen vor allem im Bergbau, der Seeschiffahrt und beim Militär.

Die vom 17. Jahrhundert ab immer enger werdenden Beziehungen zwischen wissenschaftlicher Forschung, technischer Entwicklung und praktischer Nutzung schlugen sich in übertriebener Form in der populären Vorstellung einer linearen und nur in einer Richtung laufenden Verknüpfung von Grundlagenforschung, angewandter Forschung und Praxis nieder. In diesem Modell erscheint Technik fälschlicherweise nur noch als angewandte Wissenschaft. Damit wird zum einen negiert, dass die wissenschaftliche Forschung sich nicht autonom entwickelt; viele ihrer Fragestellungen stammen aus der technischen Praxis. Zum anderen wird ignoriert, dass nicht jede technische Entwicklung auf Wissenschaft basiert. Auch heute noch können wir, wie vor Jahrhunderten, manche neu entdeckten Mechanismen (wie z.B. die Hochtemperatursupraleitung) erfolgreich manipulieren, ehe wir sie theoretisch verstanden haben. Das Bild einer linearen Verknüpfung von wissenschaftlicher Forschung und technischer Anwendung wird deshalb heute immer mehr von der Vorstellung ihrer wechselseitigen Abhängigkeit abgelöst.

5. Nachfrage als Triebkraft

Die Kontroverse darüber, ob die Technikentwicklung endogen bestimmt oder durch externe Faktoren geprägt ist, kann heute als überwunden gelten. Aber die Tatsache, dass interne und externe, kognitive und sozio-ökonomische Faktoren bei der Technikentwicklung zusammenwirken, bedeutet nicht, dass ihnen immer das gleiche Gewicht zukommt. Das gilt auch für ökonomische Faktoren, deren Gewicht im Zyklus technischer Innovation auf charakteristische Weise zu variieren scheint. Bisherige Untersuchungsergebnisse grob zusammenfassend kann man sagen, dass die Erklärungskraft einer artikulationsfähigen und zahlungsfähigen Nachfrage in den erfinderischen Anfangsphasen der Technikentwicklung am geringsten ist, in den späteren Phasen aber wächst. In der Erfindungsphase einer neuen Technik tritt die Nachfrage oft nur im Gewand der Vorstellungen auf, die sich Erfinder und Konstrukteure von möglichen Nutzungen machen. Diese Nutzungsvorstellungen haben oft utopischen Charakter und verkennen nicht selten die später tatsächlich vorherrschenden Nutzungen. So galt das Telefon anfänglich als eine Art technisches Spielzeug und wurde zur Übertragung von Musik benutzt, ehe man seine Bedeutung als Mittel der Sprachkommunikation speziell auch im privaten Bereich erkannte. Stärker als von irgendwelchen Nutzungsvorstellungen wurde die Erfindung des Telefons von dem wissenschaftlichen Interesse der Naturforscher bestimmt, die um die Mitte des 19. Jahrhunderts versuchten, künstliche Organe zu bauen, um mit dem Nachweis ihres technischen Funktionierens die Gültigkeit ihrer physiologischen Theorien des Sprechens und Hörens zu beweisen (Rammert 1989). In der Gestaltungsphase einer Erfindung wird schließlich neben solchen wissenschaftlichen (kognitiven) Interessen auch ein kultureller Faktor wirksam, nämlich ingenieurwissenschaftliche Konstruktionstraditionen, überlieferte und auch gegen Abweichungen verteidigte ‚Regeln der Kunst'.

Hat die Technikentwicklung ein Stadium erreicht, in dem künftige Anwender sich selbst als solche unmittelbar artikulieren können, gewinnt der Nachfragefaktor an Bedeutung. Man muss sich aber von idealisierten Marktvorstellungen und der Annahme eines quasi mechanisch wirkenden Nachfragesogs trennen. MacKenzie warnt ganz generell davor, dem Motiv der Profitmaximierung eine zu große Bedeutung für die Technikentwicklung zuzumessen, denn die ökonomischen Konsequenzen einer technischen Innovation sind ex ante kaum absehbar: „Any significant technological change ... involves deep uncertainty as to future costs and therefore profits ..." (MacKenzie 1992: 29). Tatsächlich stammen die ökonomisch ertragreichsten technischen Innovationen zum guten Teil aus einer gerade *nicht* ökonomisch motivierten Forschung (Krohn/ Rammert 1985: 426). Das spricht aber nicht gegen die Annahme, dass eine allgemeine Profitorientierung eine wichtige Triebkraft technischen Wandels ist, auch wenn die künftige Nachfrage, die Bereitwilligkeit der Kunden, den erforderlichen Preis zu zahlen, und das Verhalten potentieller Konkurrenten von den Herstellern eines neuen technischen Artefakts nur geschätzt werden können, und oft genug falsch geschätzt werden.

Je nachdem, welche Art von Nachfragern in der Interaktion zwischen Technikherstellern und künftigen Anwendern dominiert, sehen die resultierenden technischen Artefakte durchaus verschieden aus. Ein gutes Beispiel bietet hier die Entwicklung NC-gesteuerter Werkzeugmaschinen, die sowohl von deutschen wie von amerikanischen Sozialforschern untersucht wurde (vgl. Noble 1984; Hirsch-Kreinsen 1993). In den USA spielten militärische Interessen in der Konstellation von Entwicklern und Anwendern eine große, ja zeitweise dominierende Rolle; das führte zu einer komplexen und technisch überaus anspruchsvollen Konfiguration der Maschinensteuerung, während in Europa, wo bei parallelen Entwicklungen die Interessen kleiner und mittlerer Unternehmen stärker zum Zuge kamen, eine technisch anspruchslosere, aber vielseitiger verwendbare Variante dieses Typs von Werkzeugmaschinen entstand.

Was für einzelne Artefakte wie Telefon oder Werkzeugmaschine gilt, wird bestätigt, wenn man die Einwirkung von Nachfragefaktoren auf die Entwicklung der Elektrizitätsversorgung, der Eisenbahn oder der Telekommunikation betrachtet (Mayntz/ Hughes 1988; Mayntz/Schneider 1995). In der Entstehungsphase dieser Systeme spielte eine artikulierte Marktnachfrage meist nur eine geringe Rolle. Neue technische Systeme entstehen in der Regel durch eine Kombination mehrerer technischer Innovationen. Diese Kombination wird von kreativen und oft von einer Vision getriebenen Individuen vorgenommen, die sich dabei bestenfalls an ihren eigenen Nutzungsvorstellungen, jedoch nicht an einer artikulierten Nachfrage orientieren können. Die aktuelle Nachfrage nach bestimmten Infrastrukturleistungen – nach Beleuchtung, Transport- oder Kommunikationsmöglichkeiten – wird nämlich in der Erfindungsphase einer neuen Technik in aller Regel durch die bereits existierenden Infrastruktursysteme erfüllt. So ließ die hochentwickelte Gasbeleuchtung zunächst kein akutes Bedürfnis nach elektrischem Licht aufkommen; ähnliches galt für das leistungsfähige Telegrafennetz im Verhältnis zum aufkommenden Telefon. Die bereits existierenden Infrastruktursysteme können die betreffenden Dienstleistungen zunächst auch billiger und sicherer zur Verfügung stellen als die neuen technischen Erfindungen mit ihren unvermeidbaren Anfangsdefekten und Risiken. In der Anfangsphase der Systementwicklung ist es zudem nicht sicher, dass diese Schwächen in absehbarer Zeit zu überwinden sind. Deshalb wird eine neue Technik oft nur als Mittel angesehen, bereits bestehende technische Systeme auszubauen und zu verbessern. So betrachtete man die Eisenbahn zunächst als

Mittel, um fehlende Kanalverbindungen zu ersetzen, und das Telefon wurde zuerst genutzt, um das Telegrafennetz an seinen Endpunkten zu erweitern. Erst in der Wachstumsphase einer neuen Infrastrukturtechnik wird die Existenz einer ausreichend großen Nachfrage entscheidend. Auch für das Wachstum technischer Systeme ist allerdings ein guter Markt für die neuen Dienstleistungen nur eine notwendige und noch keine hinreichende Ursache; angesichts des hohen Finanzbedarfs für den Aufbau großer technischer Systeme sind vielmehr Institutionen nötig, die fähig sind, das erforderliche Kapital aufzubringen und vorzustrecken. Deswegen war z.B. bei der Eisenbahnentwicklung das Engagement von Privatbanken, die neue Rechtsform der Aktiengesellschaft oder auch (vor allem in Europa) die Intervention des Staates von zentraler Bedeutung.

6. Technikentwicklung und staatliches Handeln

Der Einfluss des Staates auf die Technikentwicklung hat sich zur Gegenwart hin deutlich verstärkt, ist aber zumindest in privatwirtschaftlich verfassten Gesellschaften wohl immer noch geringer als der Einfluss ökonomischer Faktoren. Über Jahrhunderte waren Herrscher vor allem an der Militärtechnik interessiert, die sie nachdrücklich förderten. Diese höchst selektive Beziehung zur Technikentwicklung änderte sich mit der Entwicklung moderner Nationalstaaten und ihrem sich stetig erweiternden innenpolitischen Aufgabenkatalog. So hat der Staat in Europa zur Stimulierung des wirtschaftlichen Wachstums und im Interesse einer höheren Lebensqualität der Bürger die Entwicklung technischer Infrastruktursysteme nicht nur gefördert, sondern die betreffenden technischen Dienstleistungen oft genug in eigener Trägerschaft angeboten. Auf diese Weise sind in Europa die staatlichen Eisenbahnen und die Telefonsysteme entstanden. In den USA dagegen entwickelten sich diese Infrastruktursysteme auf privatwirtschaftlicher Basis; eine aktive Rolle des Staates bei der Technikentwicklung ist eng mit einem bestimmten Staatsverständnis (Staat als Wohlfahrtsgarant, Interventionsstaat) verbunden.

Der moderne Staat hat auch relativ früh begonnen, im Interesse seiner Bürger die Anwendung neuer Techniken zu regulieren. Das hauptsächliche Regulierungsziel war und ist die Vermeidung unerwünschter Nebenfolgen (negativer Externalitäten) der Einführung und Nutzung bestimmter Techniken. Die Geschichte der staatlichen Technikregulierung, die in Deutschland mit der Entwicklung der staatlichen Gewerbeaufsicht verbunden ist, reicht ins frühe 19. Jahrhundert zurück und hängt eng mit der Einführung der Dampfmaschine und den von ihrer Nutzung zunächst ausgehenden Gefahren zusammen (Weber 1986). Nicht technische Effektivität, sondern Schutz der Bürger vor Gefahren war die zentrale Aufgabe technischer Aufsicht. Auch die Eisenbahn wurde Gegenstand technischer Aufsicht, die der Risikoregulierung diente. Später geriet die chemische Industrie und in jüngster Zeit die Nukleartechnik und die Biotechnologie ins Visier staatlicher Regulierung. Als Regulierungsziel gewann dabei neben dem Schutz menschlicher Gesundheit der Umweltschutz an Gewicht. Die staatliche Regulierung wirkt sich in erster Linie restriktiv aus. Je größer dabei der Wissensvorsprung der Regelungsadressaten vor der staatlichen Aufsichtsbehörde und je mehr wissenschaftlich-technischer Sachverstand nötig ist, um Risiken und die Möglichkeiten ihrer Minderung einzuschätzen, um so mehr nähert sich die staatliche Regulierung dem Modell regulierter Selbstregelung an. Indirekt kann staatliche Regulierung die Technikentwicklung auch fördern. Die Umwelttechnik z.B. hätte sich schwerlich zu ihrem heutigen Stand entwickelt, wenn nicht die den Haushalten und Unternehmen gemachten Auflagen diese zu einer massiven Nachfrage nach Vorkehrungen zur Abgas- und Abwasserreinigung, nach schadstoffarmen Autos und nach Ersatzstoffen für FCKWs motiviert hätten.

Der Staat greift aber nicht nur regulierend, sondern auch aktiv fördernd in die Technikentwicklung ein. In den westlichen Demokratien geschah und geschieht das überwiegend durch die finanzielle Förderung von Forschungseinrichtungen bzw. Forschungsprojekten. Der Staat kann jedoch auch eine eigene staatliche Forschungskapazität aufbauen, was in Deutschland z.B. in Form von Ressortforschungseinrichtungen geschieht; diese spielen jedoch für die Technikentwicklung nur eine nachgeordnete Rolle. Das war in den staatssozialistischen Ländern grundsätzlich anders, denn dort war praktisch das gesamte Forschungssystem staatlich (Mayntz/Schimank/Weingart 1995). Sowohl die in den wissenschaftlichen Akademien stattfindende angewandte Forschung wie die in Brancheninstituten organisierte Industrieforschung waren nicht nur staatlich finanziert, sondern unterlagen auch der staatlichen Planung und Aufsicht. Selbst in diesen Ländern ließ sich aber die angewandte Forschung und die Entwicklung neuer Technik nicht flächendeckend planen, wenn auch einzelne Großvorhaben etwa in der Militärforschung und der Weltraumforschung erfolgreich waren. Gleichzeitig ließ sich jedoch nicht verhindern, dass die Industrieforschung unter dem wachsenden Druck wirtschaftlicher Probleme mehr und mehr produktionsunterstützende Aufgaben übernahm und selbst innovative Angebote der angewandten Forschung, deren praktische Umsetzung kostspielig, zeitraubend und risikoreich war, von den staatlichen Betrieben nicht aufgegriffen wurden (Mayntz 1998). In westlichen Demokratien und zumal in der Bundesrepublik Deutschland ist die angewandte, auf technische Innovation zielende Forschung selbst dort, wo sie staatlich finanziert oder mitfinanziert wird, wesentlich stärker selbstbestimmt und kann, wie etwa in den staatlich mitfinanzierten Fraunhofer-instituten, auf Nachfrageimpulse aus der Industrie und anderen Bereichen der Praxis reagieren.

Dass der Staat sich gezielt und unter Einsatz erheblicher finanzieller Mittel um die Förderung bestimmter Linien der technischen Entwicklung bemüht, ist ein relativ neues Phänomen. Es war der in den 60er Jahren dieses Jahrhunderts beginnende ‚technologische Wettlauf', der die meisten modernen Industriestaaten zur technologiepolitischen Aktivität motivierte (Braun 1997). Technologiepolitik aber hieß und heißt immer noch vor allem selektive finanzielle Förderung von (angewandter) Forschung und Entwicklung. Dabei dient die staatliche Förderung in den entwickelten Industriestaaten (im Gegensatz zu manchen Entwicklungsländern) selten primär der Pflege des nationalen Images, sondern wird vor allem als Instrument der Wirtschaftspolitik und speziell der Industriepolitik eingesetzt. Gefördert werden vor allem solche Technologien, die als wachstumsträchtig angesehen werden, von der Industrie aber aus eigener Initiative und mit eigenen Mitteln nicht mit der für notwendig gehaltenen Intensität entwickelt werden.

Wie Grande und Häusler (1994) in einer umfangreichen empirischen Untersuchung gezeigt haben, ist der Einfluss der staatlichen Forschungspolitik auf die Industrieforschung jedoch durchaus begrenzt. Finanzielle Anreize können die Unternehmen selten motivieren, Forschungslinien aufzubauen, die nicht ins Konzept ihrer Unternehmensstrategie passen. Das gilt u.a. schon deshalb, weil es erheblicher eigener Investitionen bedarf, um zunächst die Forschungskapazität und die Forschungskompetenz in einem bestimmten Feld aufzubauen, ehe man sich erfolgreich um staatliche, neuerdings auch europäische Forschungsmittel bewerben kann. Auf Seiten der Industrie ist also sowohl ein aktives Interesse als auch einschlägige Forschungserfahrung nötig, damit das Instrument des finanziellen Anreizes durch den Staat „greift". Dagegen kann die Möglichkeit, staatliche Gelder einzuwerben und sich damit von der Unternehmensfinanzierung mehr oder weniger unabhängig zu machen, innovativen Forschern bzw. Forschungsgruppen in den großen Labors der Unternehmen helfen, an Entwicklungen zu arbeiten, die das Unternehmen selber zur Zeit nicht aktiv fördert. Auf diese Weise kann staatliche Forschungsförderung durchaus die technische Innovation unterstützen.

Neben der finanziellen Förderung der privaten Industrieforschung und der öffentlichen Finanzierung von Forschungseinrichtungen, die technische Innovationen in Schwerpunktbereichen staatlicher Daseinsvorsorge suchen, wird auch das Instrument staatlicher Nachfrage nach bestimmten technischen Artefakten im Interesse industrie- und wirtschaftspolitischer Ziele eingesetzt. Beispiele sind staatliche Beschaffungsprogramme für Großrechner, bei denen nur heimische Produzenten zum Zuge kommen, oder auch staatliche Grossaufträge z.B. für Telefonapparate oder Videotextgeräte. Der Vergleich der deutschen mit der französischen Politik bei der Einführung von Bildschirmtext hat gezeigt, wie wirksam sich das Instrument staatlicher Nachfrage – in diesem Fall nach einem an die Bürger verteilten, videotextfähigen elektronischen „Telefonbuch" (minitel) – einsetzen lässt (Schneider 1989).

Allerdings ist die staatliche Förderung der Technikentwicklung nicht unbedingt primär an *politisch* gesetzten Prioritäten orientiert. Über die Politik wirken oft wissenschaftliche und vor allem ökonomische Interessen, deren Repräsentanten an der Entwicklung staatlicher Förderpolitik beteiligt sind, auf die Technikentwicklung ein. Insofern ist eine säuberliche Trennung zwischen wissenschaftlichen, ökonomischen und politischen Faktoren der Technikentwicklung schwer möglich: Die verschiedenen Faktoren stehen in Wechselwirkung miteinander, und die Technikentwicklung selber wirkt ihrerseits auf jeden ihrer Faktoren zurück. Diese komplexe Interdependenz lässt sich auch am Verhältnis zwischen Technikentwicklung und modernem Staat aufweisen (Mayntz 1993). Bei der Entwicklung des modernen Staates spielten die Militärtechnik und die modernen technischen Infrastruktursysteme eine entscheidende Rolle. Militär, staatliche Exekutive und technische Infrastruktursysteme sind hochgradig formal organisiert und dabei hierarchisch strukturiert; bei den netzgebundenen technischen Systemen wie Eisenbahn, Telefon und Elektrizitätsversorgung hängt das mit technisch bedingten Koordinations- und Kontrollnotwendigkeiten zusammen. Der moderne Zentralstaat und die großen technischen Systeme haben sich wechselseitig in ihrem Wachstum stimuliert und in ihrer Zentralisierung gefördert. Telegraph und Telefon etwa haben die Expansion der Zentralverwaltungen und mithin die politisch-administrative Hierarchisierung begünstigt. Umgekehrt hat der Staat den Aufbau großer privater Monopole bei den technischen Infrastruktursystemen ermöglicht, wenn er sie, wie in Europa, nicht sogar wegen ihrer Bedeutung für die staatliche Verwaltung (Telegraph, Telefon) und für militärische Operationen (Eisenbahn) sogar in eigener Regie aufgebaut hat. Indem große technische Systeme wegen ihrer hohen positiven Bedeutung ebenso wie wegen ihres hohen Störpotentials eine staatliche Regelung provozieren, förderten sie wiederum den starken, den Interventionsstaat.

Die großen technischen Systeme haben aber nicht nur die Entwicklung des starken Staates gefördert, sondern auch zur Hierarchisierung in der Industrie beigetragen, indem sie unter anderem die Ausbildung vertikal integrierter Grossunternehmen begünstigten. In einem weiteren Entwicklungsschritt hat die Ausbildung des militärisch-industriellen Komplexes die gesellschaftliche Machtkonstellation noch verstärkt. Heute ist die auf eine Art struktureller Wahlverwandtschaft gestützte Symbiose zwischen hierarchisierten politischen, industriellen und technischen Systemen prekär geworden, wobei es, ganz nach dem Muster des Marxschen Totengräber-Modells des Kapitalismus, ihre eigenen Wirkungen sind, die ihren Fortbestand gefährden: eine positive Wechselwirkung schlägt in eine negative um. Der mächtige hierarchische Staat wird im Namen von Föderalismus, Regionalismus und Dezentralisierung angegriffen; bei den großen technischen Systemen führt die mit einem hohen Störpotential gekoppelte Wachstumsdynamik und Verselbständigungstendenz zu Kritik. Die Abhängigkeitsbeziehung zwischen großen technischen Systemen und ihren Nutzern wird um so asymmetrischer, je weiträumiger Monopole sich erstrecken, je enger sie intern vernetzt und je hierarchischer sie organisiert sind. Solche großen technischen Systeme und die mit ihnen gemachten Erfahrungen wecken Unbehagen und motivieren Proteste, die sich im gleichen Zuge gegen eine Industrie und ein politisches System richten, die mit ihnen aufs engste liiert erscheinen. Besonders deutlich ist dieser Zusammenhang – am Begriff Atomstaat kann dies verdeutlicht werden – bei Nuklearsystemen, die wegen des hohen Risikos bei Unfällen oder Sabotage eine strikte hierarchische Kontrolle, den rigiden Überwachungsstaat zu erzwingen scheinen. Auf diese Weise trägt die Reaktion auf die wachsende Macht großer technischer Systeme zur Erosion der gesellschaftlichen Akzeptanz für hierarchische Ordnungsformen bei. In den derzeit überall beobachtbaren Deregulierungsbemühungen schlägt das dann wiederum auf die technischen Systeme zurück.

Die hier für Politik und Technik etwas genauer nachgezeichnete Interdependenz wurde für die Beziehungen zwischen wirtschaftlicher bzw. wissenschaftlicher Entwicklung und Technik nur angedeutet, ließe sich aber ebenso ausführlich darstellen. Technikentwicklung ist eingebunden in einen facettenreichen historischen Prozess, sie treibt und wird getrieben. Die für diesen Beitrag gewählte Konzentration auf *einen* dieser Aspekte sollte diese Einbindung nicht vergessen lassen.

Literatur

Beniger, James, 1986: The Control Revolution. Cambridge, Mass.
Böhme, Gernot/van den Daele, Wolfgang/Krohn, Wolfgang, 1977: Experimentelle Philosophie. Ursprünge autonomer Wissenschaftsentwicklung. Frankfurt a.M.
Braudel, Fernand, 1979: Civilisation Materielle, Economie et Capitalisme. XVe – XVIIIe Siècle, Band 2. Paris.
Braun, Dietmar, 1997: Die politische Steuerung der Wissenschaft. Frankfurt a.M./New York.
Braverman, Harry, 1974: Labor and Monopoly Capital: the Degradation of Work in the Twentieth Century. New York.
Dosi, Giovanni, 1982: Technological Paradigms and Technological Trajectories. A Suggested Interpretation of the Determinants and Directions of Technical Change, in: Research Policy 11, 147–162.
Eamon, William, 1994: Science and the Secrets of Nature. Books of Secrets in Medieval and Early Modern Culture. Princeton.
Edwards, Richard, 1979: Contested Terrain: the Transformation of the Workplace in the Twentieth Century. New York.
Ellul, Jacques, 1954: La Technique ou l'Enjeu du Siècle. Paris.
Giedion, Sigfried, 1948: Mechanization Takes Command. Oxford.
Grande, Edgar/Häusler, Jürgen, 1994: Industrieforschung und Forschungspolitik. Staatliche Steuerungspotentiale in der Informationstechnik. Frankfurt a.M.
Heilbroner, Robert L., 1967: Do Machines Make History?, in: Technology and Culture 8, 335–345.
Heilbroner, Robert L., 1994: Technological Determinism Revisited, in: *Merrit Roe Smith/Leo Marx* (Hrsg.), Does Technology Drive History? The Dilemma of Technological Determinism. Cambridge, Mass., 67–78.
Hirsch-Kreinsen, Hartmut, 1993: NC-Entwicklung als gesellschaftlicher Prozess. Amerikanische und deutsche Innovationsmuster der Fertigungstechnik. Frankfurt a.M.
Landes, David S., 1968: The Unbound Prometheus. Technological Change and Industrial Development in Western Europe from 1750 to the Present. Cambridge.
MacKenzie, Donald, 1992: Economic and Sociological Explanation of Technical Change, in: *Rod Coombs/Paolo Saviotti/Vivien Walsh* (Hrsg.), Technological Change and Company Strategies: Economic and Sociological Perspectives. London, 25–48.
Mayntz, Renate, 1993: Große technische Systeme und ihre gesellschaftstheoretische Bedeutung, in: Kölner Zeitschrift für Soziologie und Sozialpsychologie 45, 97–108.
Mayntz, Renate, 1998: Socialist Academies of Sciences: the Enforced Orientation of Basic Research at User Needs, in: Policy Research 27, 781–791
Mayntz, Renate/Hughes, Thomas P. (Hrsg.), 1988: The Development of Large Technical Systems, Frankfurt a.M.
Mayntz, Renate/Schneider, Volker, 1995: Die Entwicklung technischer Infrastruktursysteme zwischen Steuerung und Selbstorganisation, in: *Renate Mayntz/Fritz W. Scharpf* (Hrsg.), Gesellschaftliche Selbstregelung und politische Steuerung. Frankfurt a.M., 73–100.
Mayntz, Renate/Schimank, Uwe/Weingart, Peter (Hrsg.), 1995: Transformation mittel- und osteuropäischer Wissenschaftssysteme. Länderberichte. Opladen.
Merton, Robert K., 1970: Science, Technology and Society in Seventeenth-Century England. New York.
Noble, David F., 1984: Forces of Production. A Social History of Industrial Automation. New York.
Rammert, Werner, 1982: Soziotechische Evolution: Sozialstruktureller Wandel und Strategien der Technisierung, in: *Rodrigo Jokisch* (Hrsg.), Techniksoziologie. Frankfurt a.M., 32–81.
Rammert, Werner, 1989: Der Anteil der Kultur an der Genese einer Technik: Das Beispiel Telefon, in: Telefon und Gesellschaft – Beiträge zu einer Soziologie der Telekommunikation. Berlin, 87–96.
Schneider, Volker, 1989: Technikentwicklung zwischen Politik und Markt. Der Fall Bildschirmtext. Frankfurt a.M.

Shapin, Steven/Schaffer, Simon, 1985: Leviathan and the Air-Pump. Hobbes, Boyle, and the Experimental Life. Princeton.
Smith, Merritt Roe, 1994: Technological Determinism in American Culture, in: *Merrit Roe Smith/ Leo Marx* (Hrsg.), Does Technology Drive History? The Dilemma of Technological Determinism. Cambridge, Mass., 1–36.
Smith, Merrit Roe/Marx, Leo (Hrsg.), 1994: Does Technology Drive History? The Dilemma of Technological Determinism. Cambridge, Mass.
Wagner-Döbler, Roland, 1997: Wachstumszyklen technisch-wissenschaftlicher Kreativität. Frankfurt a.M.
Weber, Wolfhard, 1986: Technik und Sicherheit in der deutschen Industriegesellschaft 1850 bis 1930. Wuppertal.
Winner, Langdon, 1977: Autonomous Technology. Cambridge.

Die Konsequenzen des wissenschaftlich-technischen Fortschritts für die normative Demokratietheorie

Horst Hegmann

„Etwa alle zwölf Jahre verdoppelt sich die Menge wissenschaftlicher Informationen. Der aktuelle Wissensbestand ist heute 16-mal so groß wie vor fünfzig Jahren; in noch einmal 50 Jahren wird er 256-mal so groß sein müssen." So skizzierte der Wissenschaftsjournalist Dieter E. Zimmer (2000: 45) jüngst die Dynamik der Wissensgesellschaft (zum Begriff der Wissensgesellschaft siehe auch Stehr 1994). Diese „Zumutung der Zukunft", um mit Renate Martinsen (1997) zu sprechen, lässt uns paradoxerweise immer häufiger spüren, dass wir, gemessen am eigentlich vorhandenen Wissen, in der Regel unzureichend informiert sind. Man sollte deshalb eher von einer Unwissens- als von einer Wissensgesellschaft sprechen.

Wenn diese Entwicklung schon auf individueller Ebene zu mannigfaltigen Orientierungsproblemen führt (Berger 1996), stellt sie auf kollektiver Ebene insbesondere demokratische Gesellschaften vor gänzlich neue Herausforderungen. Vor allem politische Steuerung ist unter den Bedingungen zunehmender Komplexität nur noch über vielfältige institutionelle und organisatorische Innovationen zu gewährleisten (siehe etwa Mayntz 1997a oder Kenis/Schneider 1996). Spätestens seit Max Weber (1922/1980) thematisiert eine empirisch ausgerichteten Staatssoziologie (Mayntz 1997b) diesen Zusammenhang, der in der Demokratietheorie auch normativ reflektiert wird (für einen Überblick siehe Schmidt 1997b).

Der institutionelle Umgang mit funktionaler Differenzierung (zum aktuellen Stand siehe Voelzkow 2000) soll aber nicht im Mittelpunkt der folgenden Ausführungen stehen. Stattdessen wird ganz im Sinne der Leitbildkonzeption von Meinolf Dierkes (Dierkes/Hoffmann/Marz 1992) gefragt, was Bürger moderner Gesellschaften als gleichermaßen plausible wie wünschenswerte Fortentwicklung ihrer demokratischen Institutionen anstreben und anstreben sollten. Dabei wird Demokratie mit Giovanni Sartori als Unternehmen aufgefasst, das deskriptive und normative Elemente eng miteinander verknüpft. In seiner schon klassischen Studie zum Thema fasst Sartori den Zusammenhang beider Elemente folgendermaßen: „Demokratien sind ... in gewissem Sinne noch auf dem Wege ... die Ziele werden über den demokratischen Prozess festgelegt, im Rahmen der demokratischen Verfahrensweisen und im Zuge einer demokratischen Entwicklung. ... Obwohl (der Name ‚Demokratie' gegenwärtig; H.H.) deskriptiv unrichtig ist, trägt er dazu bei, uns immerdar das Ideal vorzuhalten – was Demokratie *sein sollte*" (Sartori 1987/1997: 16–17).

Welche neuen Probleme bringt nun der wissenschaftlich-technische Fortschritt den demokratischen Gesellschaften und wie sollen sie darauf reagieren? In dem von ihm herausgegebenen Sammelband „*Demokratie am Wendepunkt*" identifiziert Werner Weidenfeld drei Problembereiche: Zum Ersten sei „eine schleichende Auszehrung von innen" zu beobachten, eine „wachsende Distanz des Bürgers zum Staat, schwindende Bindung, Entsolidarisierung, Reduzierung des Sorgehorizonts auf die persönliche Betroffenheit." Zum Zweiten seien die Probleme komplexer, die Handlungsspielräume enger und die Abhängigkeiten größer geworden. Zum Dritten schließlich führe die Globalisierung zu einer „Auszehrung staatlicher Zuständigkeit", womit eine „Entleerung demokratischer Substanz" einhergehe (Weidenfeld 1996: 10).

Diese Diagnose, die prägnant zusammenfasst, was sich seit dem Zusammenbruch des real existierenden Sozialismus als Situationsbeschreibung allgemein durchgesetzt hat, führt zu der Frage, was die dreifache Krise der Demokratie mit dem wissenschaftlich-technischen Fortschritt zu tun hat. Ihr soll in den beiden Hauptteilen des Aufsatzes nachgegangen werden, wobei es im ersten Teil um die veränderte Art und Weise geht, in der die Bürgerinnen und Bürger demokratischer Gesellschaften einander und ihre Umwelt wahrnehmen. Der zweite Teil wird dann die Auswirkungen des Wandels auf das Verhältnis der Menschen zu den von ihnen beauftragten Experten und Repräsentanten thematisieren. In der Konklusion schließlich werden Konsequenzen der Entwicklung für die normative Demokratietheorie gezogen.

1. Demokratie und der Umgang mit der Wissensexplosion

Um die These zu belegen, dass die von Weidenfeld skizzierten Krisenphänomene zumindest mittelbar Folgen des wissenschaftlich-technischen Fortschritts sind, ist es zweckmäßig, seine Auswirkungen auf den Gegenstandsbereich demokratischer Meinungs- und Willensbildung zu untersuchen. Hierbei bietet sich eine wissenssoziologische (als Überblick zur neueren Forschung siehe Maasen 1999) Interpretation eines berühmten Bildes von Hannah Arendt an. In einer Schlüsselstelle der *Vita activa* beschreibt Arendt das Verhältnis politisch Handelnder zueinander und zu ihrer Umwelt mit den folgenden Worten: „In der Welt zusammenleben heißt wesentlich, dass eine Welt von Dingen zwischen denen liegt, deren gemeinsamer Wohnort sie ist, und zwar in dem gleichen Sinne, in dem etwa ein Tisch zwischen denen steht, die um ihn herumsitzen; wie jedes Zwischen verbindet und trennt die Welt diejenigen, denen sie jeweils gemeinsam ist" (Arendt 1967/1997: 65–66). Wirklich wird eine so konzipierte die Welt erst, wenn sie aus unterschiedlichen Perspektiven wahrgenommen wird (Arendt 1967/1997: 71–72).

Auch wenn es Arendts eigener durchaus ziviler Grundhaltung widersprechen mag, ist es für den vorliegenden Zusammenhang zweckmäßig sich ihren Tisch wie einen militärischen Sandkasten vorzustellen, der die Situation der Gesellschaft im Detail abbildet und die Probleme zeigt, mit denen die Menschen konfrontiert sind und die sie möglicherweise über kollektives Handeln beseitigen können. Dazu müssen sie freilich zwei deutlich unterscheidbare Aufgaben bewältigen: zum einen müssen sie sich einig werden, was überhaupt der Fall ist und zum anderen müssen sie Mittel und Wege finden, die so erkannte Sachlage in ihrem Sinne zu verbessern (Hegmann 1999: 149–218).

Die Wissensexplosion führt nun dazu, dass der Tisch mit außerordentlicher Geschwindigkeit wächst und die auf ihm dargestellte Lage dramatisch an Detailfülle und Komplexität gewinnt. Zwar steigern die Menschen ihre Informationsverarbeitungskapazitäten über externe Hilfsmittel und über die Verinnerlichung von immer leistungsfähigeren Theorien (Polanyi 1966/1985: 24–25), das aber führt nicht etwa dazu, dass sie sich über die zunehmende Qualität ihres Wissens beruhigen können. Im Gegenteil wird ihnen immer schmerzlicher bewusst, wie wenig sie im Vergleich zum prinzipiell verfügbaren Informationsstand tatsächlich aufnehmen und adäquat nutzen können.

Die von Weidenfeld angeführten Krisentendenzen entsprechen drei Prozessen, durch die der wissenschaftlich-technische Fortschritt kollektive Entscheidungssituationen kompliziert. Der letzte dieser Prozesse ist vielleicht der offensichtlichste: Die Entwicklung speziell der Transport- und Kommunikationsmittel verknüpft das Leben von immer mehr Menschen über immer längere Ketten unintendierter Handlungsfolgen (für eine Reihe theoretischer Zugriffe auf dieses Thema siehe Beck 1998, für einen Versuch diesem Umstand normativ gerecht zu werden siehe auch Held 1998). Wo dies negative Resultate hervorbringt, die unter Umständen politisch kontrolliert werden müssen, ist eine handlungsfähige Öffentlichkeit im Sinne von John Dewey (1927/1996: 44) gefragt.

Der zweite Prozess, der die kollektive Entscheidungssituation kompliziert, speist sich aus der Tatsache, dass heute zunehmend auch solche Aspekte des menschlichen Lebens beeinflusst werden können, die bisher ganz fraglos als hinzunehmendes Schicksal erschienen. Schon 1970 hat Fritz Scharpf betont, dass Konzeptionen partizipatorischer Demokratie nicht „in erster Linie an der Größenordnung moderner politischer Systeme (scheitern), sondern an der Ausdehnung und Differenzierung des politischen Bereichs" (Scharpf 1970: 56). Weil Politik immer weniger auf einer soliden Grundlage fragloser Gegebenheiten ruht, kann mit Michael Th. Greven auch von einer „Fundamentalpolitisierung" (Greven 1999: 54–60) gesprochen werden. Vieles von dem, was früher selbstverständlich war, erscheint heute jedenfalls potenziell als veränderbar. Langfristig wird damit alles Wissen prekär.

Der dritte Grund für die Erschwernis demokratischer Meinungs- und Willensbildung hängt unmittelbar mit den beiden vorangegangenen zusammen. Die Wissensexplosion kann nur noch über epistemische Arbeitsteilung in wissenschaftlichen Forschungsprogrammen (Lakatos 1982a) und ihren politischen Entsprechungen (Majone 1991) bewältigt werden. Wenn aber spezialisiertere Wissensgemeinschaften die vorgefundenen Probleme auf zunehmend selektivere Weise in Angriff nehmen, entfernen sie sich in ihren Entscheidungen immer weiter von den konkreten Lebensumständen der Betroffenen. Weil diese die systemischen Prozesse im Normalfall nicht nachvollziehen können, müssen sie in der Tat mehr und mehr davon ausgehen, dass den Verantwortlichen mehr an der Eigenlogik der jeweiligen Systeme liegt, als an der Lösung ihrer konkreten Probleme.

Im Bilde des Tisches können wir die drei Krisenerscheinungen folgendermaßen reformulieren: Je größer und detailreicher die auf dem Tisch abgebildete Lage wird, desto weniger hat die einzelne Kollektiventscheidung mit der unmittelbaren Lebenssituation der Bürger zu tun. Je mehr Wissen zumindest potenziell in den kollektiven Meinungs- und Willensbildungsprozess einfließt, desto komplexer wird die dargestellte Lage und desto voraussetzungsreicher werden angemessene Kollektiventscheidungen. Je mehr Menschen schließlich als Betroffene oder Beteiligte um den Tisch sitzen, desto schwieriger wird es, sich mit der je eigenen Sichtweise im kollektiven Meinungs- und Willensbildungsprozess wiederzufinden.

Wer die genannten Krisentendenzen mit der modernen Demokratietheorie konfrontieren will, muss erst einmal hinnehmen, dass sich noch kein allgemein anerkannter Kern der Demokratietheorie herausgebildet hat. Ganz unterschiedliche Schulen stehen einander zum Teil völlig verständnislos gegenüber (für einen Überblick siehe Schmidt 1997a) Nimmt man eine Unterscheidung von Galtung (1997; siehe auch Elster 1986[1]) auf, so lassen sich die existierenden Ansätze allerdings recht gut zwischen zwei Polen anordnen. Beide stehen jeweils idealtypisch für eine Strategie, mit deren Hilfe sich die Komplexität politischer Meinungs- und Willensbildung reduzieren lässt.

Die erste Strategie geht im Wesentlichen auf die Sozialvertragstheorie Jean-Jacques Rousseaus (1762/1980) zurück und vereinfacht die Situation dadurch, dass sie die Demokraten in erster Linie als *citoyens* auffasst, als Menschen also, die aus einem genuinen Interesse am Gemeinwohl heraus in offener Diskussion zu klären suchen, welches kollektive Handeln sich in einer bestimmten Lage als richtig und zweckmäßig empfiehlt. Empirisch vorfindbare Bürger mögen zwar nicht nur *citoyens*, sondern auch *bourgeois* sein, also nicht nur gemeinwohl-, sondern auch eigennutzorientiert, aus politisch-theoretischer Sicht wird diese Seite aber zumindest in einem ersten Schritt ausgeblendet. Autoren wie Höffe (1999) und Habermas (1999: 277–292) lassen sich diesem Pol ebenso zuordnen, wie Rawls (1971/1988) oder selbst Gauthier (1986).

Der zweite Pol, der die Bandbreite demokratietheoretischer Ansätze begrenzt, wird vielleicht am ehesten durch den Machiavelli der *Discorsi* (1531/1966) repräsentiert. Nicolló Machiavelli reduziert die Komplexität der gesellschaftlichen Entscheidungssituation durch die Annahme, dass die Menschen zumindest in groben Zügen schon recht genau wissen, was sie wollen. In diesem Fall besteht der demokratische Meinungs- und Willensbildungsprozess vor allem darin, zweckmäßige Kompromisse auszuhandeln. Diese Strategie findet ihren konsequentesten Ausdruck heute sicherlich in der auf Schumpeter (1942/1972) und Downs (1957) zurückgehenden Ökonomischen Analyse der Demokratie (zur Einführung siehe Kirsch 1997a; für einen Überblick zu ökonomischen Konzepten in der Politikwissenschaft generell siehe Miller 1997). Auch wenn speziell dieser Zweig der politischen Theorie in der Tendenz eher auf Beschreibung und Vorhersage zielt (siehe den diesbezüglichen Überblick von Ordeshook 1993), wird das ökonomische Instrumentarium vor allem in der Finanzwissenschaft durchaus auch normativ genutzt (für einen Einstieg siehe Rosen/Windisch 1992: 93–124 und für eine konsequent durchgeführte normative Demokratietheorie Homann 1988).

Die verbreitete Unterscheidung zwischen In- und Outputorientierung (Scharpf 1998, 1999) aufnehmend lassen sich beide Pole auch folgendermaßen unterscheiden: Bei einer gemeinwohlorientierten Demokratiekonzeption entscheidet der Output, das Ergebnis des demokratischen Meinungs- und Willensbildungsprozesses, über die Legitimität des Prozesses. Der Input in Form individueller Interessen ist im Verhältnis dazu eher zweitrangig. Bei der interessenorientierten Demokratiekonzeption gilt das Umge-

---

1 Elster nennt zwar in seinem Aufsatz noch einen dritten Ansatz, der nicht auf möglichst zweckmäßige Resultate zielt, sondern die Teilnahme an der politischen Auseinandersetzung als Selbstzweck begreift, da dieser aber eine bestimmte allgemein geteilte Vorstellung vom guten Leben impliziert, zu der politisches Handeln notwendig dazugehört, lässt er sich für unsere Zwecke unter die erste der im Folgenden zu erläuternden Strategien subsumieren.

kehrte. Hier ist der demokratische Prozess ergebnisoffen konzipiert und seine Legitimität hängt allein davon ab, ob er die Interessen der Bürgerinnen und Bürger möglichst verzerrungsfrei in kollektives Handeln überträgt.

1.1 Bei Gemeinwohlorientierung: Wie finden die Bürger zu übereinstimmenden Gemeinwohlvorstellungen?

Wer in der Rousseauschen Tradition davon ausgeht, dass die Menschen diskutierend Wege zum adäquaten Umgang mit übereinstimmend identifizierten Problemen finden wollen, dessen Menschen werden durch die mit dem wissenschaftlichen Fortschritt einhergehende Vergrößerung des Tisches und seine zunehmende Detailfülle vor das Problem gestellt, dass sie immer weniger wissen können, worin denn das Gemeinwohl überhaupt besteht. Je größer der Tisch wird, desto weniger können sie wissen, was weit von ihnen entfernt sitzende Mitmenschen wollen oder brauchen und desto mehr sind sie darauf angewiesen, ihre eigenen partikularen Erfahrungen zu Aussagen über die Gesamtgesellschaft zu verallgemeinern. Da diese Verallgemeinerungen nur in Ausnahmefällen mit denen der anderen übereinstimmen werden, wird es ihnen immer weniger gelingen, sich mit anderen auf den Output zu einigen, den das politische System produzieren muss, um sich als legitim auszuweisen.

Wenn die Bürgerinnen und Bürger einer Gesellschaft vor allem mit ihren unmittelbaren Nachbarn kommunizieren, werden sie im Laufe der Zeit separate Interaktionszusammenhänge erzeugen, die jeweils eigene Vorstellungen davon hervorbringen, wie die Welt beschaffen ist und in welcher Weise und auf welches Ziel hin sie weiterentwickelt werden soll. Sicher ermöglichen es die modernen Kommunikationsmedien, dass auch weit voneinander entfernte Menschen miteinander in Kontakt treten können, das sollte aber nicht zu der Illusion verführen, dass sie die Komplexität der Wissensgesellschaft auf diese Weise langfristig unter Kontrolle bringen könnten.

Im Kontext der Globalisierungsdiskussion hat Yehezkel Dror zu Recht darauf hingewiesen, dass die Metapher vom globalen Dorf systematisch in die Irre führt: „Eines der Hauptcharakteristika eines Dorfes ist doch", so schreibt Dror, „dass sich alle kennen und dass die Interaktion weitgehend transparent ist. Für die Globalisierung trifft das aber gerade nicht zu. Hier mangelt es an gegenseitiger Kenntnis" (1996: 372–373). Die Vorstellung, dass die Welt vermittels der neuen Technologien zu einem globalen Dorf zusammenwachsen könnte, ist ebenso falsch, wie es die Vorstellung gewesen wäre, dass die Stadt Paris seit dem 19. Jahrhundert über den Bau der Untergrundbahn, der Rohrpost und schließlich des Telefons zu einer Art metropolitanem Dorf hätte zusammenwachsen können. Das Gegenteil war in Paris der Fall und gilt auch heute: die Vereinfachung der Kontaktaufnahme mit Gleichgesinnten führt nicht zu mehr Übersichtlichkeit, sondern zu einer Explosion der Subkulturen, zu immer spezifischeren Wissensgemeinschaften, die intern zwar durchaus denselben Blick auf die Welt pflegen, untereinander aber immer weniger zu Gemeinsamkeiten finden können.

Wenn das so ist, wird es in großen und heterogenen Gesellschaften immer unwahrscheinlicher, dass alle dasselbe Problem im Blick haben, wenn sie über angemessene Wege zum Gemeinwohl beraten. Manche Teilnehmer beispielsweise beseitigen das

Ökologieproblem schlicht dadurch, dass sie es als Scheinproblem entlarven (z.B. Maxeiner/Miersch 1996). Andere erledigen auf diese Weise die Frage, wie soziale Gerechtigkeit zu realisieren sei (Hayek 1981). Will man den Protagonisten solcher Positionen nicht von vornherein ein genuines Interesse am Gemeinwohl absprechen, muss man von der Tatsache ausgehen, dass verschiedene Interaktionszusammenhänge unterschiedliche Vorstellungen bezüglich der anstehenden Probleme und ihrer Lösung hervorbringen.

Von der auf gegenseitiger Ignoranz beruhenden Koexistenz verschiedener Wissenssysteme bis zur gezielten Manipulation der unverstandenen anderen ist es nur ein kleiner Schritt. Wenn eine konkrete Wissensgemeinschaft bezüglich des anzustrebenden Ziels einig ist, wird sie sich ihr in der Auseinandersetzung mit anderen gleichermaßen selbstgewissen Gruppen irgendwann die Frage stellen, ob sie sich überhaupt noch auf eine ehrliche Auseinandersetzung einlassen kann, oder ob sie nicht zum Wohle der Allgemeinheit auf *spin doctors,* geheime Kriegskassen oder Schlimmeres zurückgreifen muss. Manipulation zur Durchsetzung der eigenen Vorstellungen ist nicht das Privileg eigennütziger Akteure im engeren Sinne. Im Gegenteil dürfen die Parteigänger einer „gerechten Sache" diesbezüglich noch weiter gehen als ihre egoistischen Zeitgenossen. Schließlich können sie ihr Verhalten vor sich selbst und ihren Mitstreitern guten Gewissens als wahrhaft gemeinwohlorientiert vertreten.

1.2 Bei Interessenorientierung: Wie können die Bürger herausfinden, was sie wollen sollen?

Auch die interessenorientierte Demokratie wird durch den technischen Fortschritt zunehmend vor neue Herausforderungen gestellt. Hier ist es nicht der Output, sondern der Input, die individuellen Interessen, die immer schwieriger bestimmbar sind. Schon wenn die Individuen zunehmend weniger die Bedingungen kennen können, unter denen ihre Mitmenschen bereit sind, in ihrem Sinne zu handeln, werden sie den bloß strategischen Umgang mit ihresgleichen nicht mehr ohne weiteres planen können. Die übliche Annahme von Spieltheoretikern, dass sich die Spieler im selben Spiel befinden oder sich ihre Lage zumindest von unabhängigen Beobachtern als ein solches beschrieben werden könnte, lässt sich unter diesen Umständen immer weniger aufrechterhalten (Hechter 1992; Scharpf 1990).

Wichtiger aber noch als diese Komplizierung strategischen Handelns ist der Umstand, dass Individuen auch hinsichtlich ihrer eigenen Interessen und den ihnen zu Grunde liegenden Präferenzen und Kognitionen zunehmend unsicherer werden. Wenn sie angesichts der Wissensexplosion immer weniger davon ausgehen können, dass sie im Wesentlichen schon wissen, was gut für sie ist, sind sie mehr und mehr darauf angewiesen, miteinander zu reden. Jenseits des bloß strategischen Umgangs mit anderen müssen sie genuine Kommunikationsbeziehungen etablieren, um sich in ihrer unübersichtlicher werdenden Umwelt noch zurechtzufinden. Nur gemeinsam können sie lernen, worin ein sinnvolles Leben bestehen mag und was zu tun ist, um die notwendigen Voraussetzungen dafür zu schaffen (für eine systematische Zusammenschau überwiegend wirtschaftswissenschaftlicher Ansätze zu diesem Thema siehe auch Penz 1999: 99–142).

So wie für Thomas Hobbes (1651/1991) keiner der durch die anarchischen politischen Umstände seiner Zeit auf ihr individuelles Selbst zurückgeworfenen Menschen allein stark genug war, sich im Urzustand lange zu erhalten, so ist angesichts der Wissensexplosion heute keiner mehr in der Lage, allein auf der Grundlage seines individuellen Wissensschatzes angemessens Entscheidungen zu treffen. So wie Hobbes aus seiner Situationsanalyse schloss, dass Individuen schon aus Eigennutz Kooperationsbeziehungen eingehen sollten, kann man ihnen heute angesichts des zunehmenden Missverhältnisses zwischen prinzipiell verfügbarer Informationsfülle und begrenzten individuellen Informationsverarbeitungskapazitäten nur zu Kommunikation raten, wenn sie mittel- oder langfristig nicht an ihrer Umwelt scheitern wollen.

Die Schwierigkeiten sowohl des gemeinwohl- als auch des eigennutzorientierten Ansatzes führen dazu, dass beide Ansätze in überraschendem Maße konvergieren. Die Vertreter einer gemeinwohlorientierten Demokratiekonzeption müssen bei ihren Mitmenschen immer stärker damit rechnen, dass diese sich zur Förderung spezifischer Vorstellungen auch in rein strategischer Weise am politischen Meinungs- und Willensbildungsprozess beteiligen. Andererseits müssen Menschen, die von interessenbasierten Ansätzen ausgehen, zunehmend in Rechnung stellen, dass Individuen und Kollektive genuine Kommunikationsbeziehungen brauchen, um sich mittel- oder langfristig in der Welt zurechtzufinden.

2. Die Wissensexplosion und die demokratische Legitimation von Experten

Das skizzierte Problem erhält zusätzliche Brisanz, wenn die Demokraten den kollektiven Meinungs- und Willensbildungsprozess zu entlasten suchen, indem sie Expertenwissen einholen und/oder bestimmte Entscheidungen gleich ganz delegieren. Im vorliegenden Zusammenhang sollen unter Experten ganz allgemein Menschen verstanden werden, die über zumindest potenziell gesellschaftlich relevante Wissensvorsprünge verfügen (zur wissenssoziologischen Einordnung des Experten siehe auch Hitzler 1994). Auf das Beispiel vom Tisch bezogen mag es sein, dass bestimmte Teilnehmer am demokratischen Meinungs- und Willensbildungsprozess auf Grund ihrer besonderen Position Aspekte überblicken, die den Versammelten individuell oder kollektiv besonders wichtig sind. Dann liegt es nahe, ihnen diese Aufgaben zu übertragen, um sie möglichst qualifiziert erledigt zu bekommen.

2.1 Bei Gemeinwohlorientierung: Wie finden Bürger und Experten zu übereinstimmenden Urteilen?

Für ein Demokratieverständnis, das den Kern der Sache in der offenen Diskussion über das Gemeinwohl und seine Voraussetzungen sieht, besteht kollektive Meinungs- und Willensbildung im Wesentlichen darin, ein gemeinsames Bild der Lage zu erzeugen, übereinstimmend Probleme zu identifizieren und miteinander zu überlegen, was getan werden muss um sie zu lösen. Expertenwissen wird in eine derart sozial konstruierte Wirklichkeit nur soweit eingespeist, wie die Expertinnen und Experten in der Öffentlichkeit Gehör finden. Nur dann resultieren gleichermaßen problemadäquate und demokratisch legitimierte Kollektiventscheidungen.

Schwierigkeiten treten auf, wenn das Expertenwissen in der demokratischen Öffentlichkeit nicht ankommt. Dann stellt sich die Frage, wer das letzte Wort haben soll, die Expertengemeinschaft oder die demokratische Öffentlichkeit. Selbst genuin am Gemeinwohl interessierte Experten können diese Frage nicht eindeutig beantworten. Zwar mögen sie sich hinsichtlich ihrer Diagnose und Therapieempfehlung sehr sicher sein, weil sie aber auf Grund ihrer fachspezifischen Sozialisation die Welt selbst nur selektiv wahrnehmen und diese Wahrnehmung von gleichartig sozialisierten Kollegen auch noch regelmäßig bestätigt bekommen, können sie Betriebsblindheit nicht ausschließen. Ihre spezifische Weltsicht ist deshalb der demokratisch hervorgebrachten nicht notwendig überlegen. Andererseits kann die Gesamtgesellschaft nicht entscheiden, ob von Experten vorgebrachte abweichende Handlungsempfehlungen auf deren Wissensvorsprünge zurückgehen, oder nur gruppenspezifischen Sichtweisen geschuldet sind.

Schon bei einer unspezifischen Beauftragung allgemeiner Repräsentanten des Volkswillens (zum Problem demokratischer Eliten siehe Röhrich 1991) stellt sich das Problem immer dann, wenn die Repräsentanten in der Ausübung ihrer Aufgabe Wissen erwerben, das ihren Auftraggebern nicht zur Verfügung steht. Dann lässt sich die Repräsentation nicht mehr als imperatives Mandat (siehe hierzu nach wie vor Guggenberger u.a. 1976) begreifen, als klar definierter Auftrag also, der bloß noch auszuführen wäre. Die zunehmende Komplexität des Gegenstandes demokratischer Meinungs- und Willensbildung führt dann vielmehr zu dem Problem, dass die Beauftragten nicht mehr wissen können, worin ihr Auftrag eigentlich besteht.

Dieses Problem verschärft sich noch, wenn sich die allgemeinen Repräsentanten der Bürger zu Fachleuten für bestimmte Sachfragen fortentwickeln. Für Paul A. Sabatier (1988) teilen solche Fachleute irgendwann mit anderen Experten bestimmte *belief systems*, bilden Wissensgemeinschaften, die auch formale Institutionen und Organisationen transzendieren. Demokratietheoretisch besonders schwierig wird es, wenn aus solchen Wissensgemeinschaften konstitutionell abgesicherte Expertengremien hervorgehen wie das Bundesverfassungsgericht (Guggenberger 1998) oder die Zentralbank (Duwendag 1973). Solche Gremien bekommen im Konflikt mit demokratisch zu Stande gekommenen Mehrheiten einen institutionell garantierten Vorrang eingeräumt, was in dem Maße gefährlich wird, wie es sie von der Aufgabe befreit, ihre Überzeugungen auch einer breiten Öffentlichkeit gegenüber zu vertreten. Dann droht die Herausbildung einer Binnenkultur, was es irgendwann auch genuin am Gemeinwohl interessierten Angehörigen unmöglich macht, über die epistemischen Grenzen der eigenen Wissensgemeinschaft hinweg die Konsequenzen ihrer Entscheidungen für die Gesamtgesellschaft in den Blick zu bekommen (für die Verfassungsgerichtsbarkeit siehe z. B. Lietzmann 1988; zur Europäischen Zentralbank etwa Marshall 1999: 277–282).

Die Wissensexplosion kompliziert die Einschaltung von Experten noch einmal zusätzlich. Vor allem drei demokratietheoretisch relevante Konsequenzen sind zu nennen: Zum Ersten hat sich zumindest in den westlichen Industriegesellschaften seit den Erfolgen der Ökologiebewegung die Überzeugung durchgesetzt, dass Experten nicht notwendigerweise an der Spitze des Fortschritts marschieren. Eine solche Vorstellung, die im 20. Jahrhundert fast idealtypisch von dem einflussreichen marxistischen Molekularbiologen und Wissenschaftspolitiker John Desmond Bernal (1939/1986) vertreten wurde, ist paradoxerweise gerade durch den wissenschaftlich technischen Fortschritt überholt worden. Die schiere Menge des mittlerweile verfügbaren Wissens hat das von Bernal zu Grunde gelegte Idealbild einer arbeitsteiligen und in sich konsistenten Wissenschaftsfront zur völlig inadäquaten Beschreibung der Realität werden lassen.

Schon die Tatsache, dass Thomas Kuhns (1976) Paradigmenbegriff inzwischen nahezu Gemeingut geworden ist und dass er sich in den Diskussionen der Technologiepolitik (z. B. Hofmann 1993; Martinsen/Simonis 1995) ebenso findet wie in der Erörterung makroökonomischer Lehrmeinungen (Hall 1989), weist darauf hin, dass sich bei der Bewertung von Expertise sowohl wissenschaftsintern als auch in der öffentlichen Debatte langsam die Einsicht durchgesetzt hat, dass auch und gerade Experten die Welt auf eine ganz spezifische Weise wahrnehmen, die ihnen zwar in Bezug auf bestimmte Fragestellungen eine hohe Problemlösungskapazität liefert, ihnen dafür aber viele weitere, von anderen Disziplinen durchaus gesehene Aspekte der real auftretenden Probleme systematisch vorenthält.

Ein zweiter sich aus dem ersten ergebender Aspekt ist die zunehmende Bedeutung interdisziplinärer Zusammenarbeit. Während sich die wissenschaftlichen Disziplinen einerseits intern so sehr ausdifferenzieren, dass schon Fachkollegen Schwierigkeiten haben, einander zu verstehen, erzwingt die adäquate Reaktion auf öffentliche Probleme andererseits disziplinübergreifende Zusammenarbeit. Anwendungsorientierte Denkfabriken zur Versorgung von Öffentlichkeit und Regierung mit wissenschaftlicher Expertise tragen dazu bei, dass Experten ihr Wissen über verschiedene Aspekte eines Problems zusammenlegen, um so adäquate Kollektiventscheidungen vorzubereiten.

Die dritte Tendenz schließlich besteht in einem Vertrauensverlust in Experten generell. Wo Spezialisten zugestehen müssen, dass sie nur einzelne Aspekte der Probleme in den Blick bekommen und hinsichtlich vieler anderer genauso Laien sind wie ihre Mitbürger, wird der Unterschied zwischen Experten und Laien zunehmend nivelliert. Nicht dass dabei in Frage gestellt würde, dass überall Expertenwissen benötigt wird. Es breitet sich aber die Überzeugung aus, dass Experten wie Laien notwendig immer zu wenig wissen. Die mit der Wissensexplosion einhergehende radikale Zunahme an Unwissen relativiert also den berühmten Satz Hippolyte Taines, dass zehn Millionen Unwissende einen Wissenden nicht aufwögen (zit. in Sartori 1987/1997: 144), indem sie die Menschen hinsichtlich des Wissens dieses einen zunehmend skeptischer werden lässt.

2.2 Bei Interessenorientierung: Wie können Bürger ihre Experten kontrollieren?

In der interessenorientierten Demokratie wirkt sich die Wissensexplosion zwar anders auf das Delegationsproblem aus, führt aber wiederum zu konvergierenden Resultaten. Hier geht jeder zu Beginn schon davon aus, dass Mitbürger und Experten möglicherweise ganz andere Interessen im Hinterkopf haben, als dasjenige, dem Gemeinwohl zu dienen. Wenn bei einem solchen Demokratieverständnis das Ideal darin besteht, individuelle Interessen möglichst verzerrungsfrei in kollektives Handeln zu übersetzen, tritt solange kein Problem auf, wie die Repräsentanten im Wesentlichen über dasselbe Wissen verfügen wie die von ihnen repräsentierten Bürgerinnen und Bürger. Dann sorgt die Konkurrenz um Wählerstimmen (Schumpeter 1942/1972: 397–450) dafür, dass sich die Experten im eigenen Interesse für die Wohlfahrt ihrer Wähler einsetzen. Erst wo Experten über Informationsvorsprünge verfügen, treten Probleme auf. Dann sind es nicht, wie im Falle der gemeinwohlorientierten Demokratie, die Delegierten, denen das erforderliche Wissen zur Förderung des Gemeinwohls fehlt, vielmehr können nun die Delegierenden nicht mehr sicher sein, ob ihre Agenten auch tatsächlich in ihrem Sinne handeln.

In der Institutionenökonomik wird dieser Komplex in der Prinzipal-Agenten-Theorie diskutiert (Richter/Furubotn 1996: 201–241). Ziel dieses Forschungszweigs ist die Entwicklung möglichst zweckmäßiger Anreizsysteme für Agenten, deren Aktivitäten von ihren Auftraggebern nicht unmittelbar überwacht werden können. Zwar ist es möglich, dass sich die Prinzipale das Spezialwissen ihrer Agenten sorgfältig aufbereitet präsentieren lassen. Dann aber stehen sie dem Resultat ebenso hilflos gegenüber, wie der durchschnittliche Patient den medizinischen Erläuterungen seines Arztes. Gesundheitsökonomen sprechen in diesem Fall von angebotsinduzierter Nachfrage (Schulenburg/Greiner 2000: Kap.5), womit sie die Tatsache meinen, dass es die Anbieter der Gesundheitsleistungen sind, die in der Regel den Nachfragern sagen, was diese im eigenen Interesse wollen sollen.

Prinzipal-Agenten-Probleme können in Grenzen über Wettbewerbsmechanismen kontrolliert werden. Wenn Prinzipale die Leistung mehrerer parallel arbeitender Agenten miteinander vergleichen können, sind sie in der Lage, sich die Möglichkeiten ihrer Agenten indirekt zu erschließen. In der Demokratietheorie hat sich dieser Gedanke in der Theorie der demokratischen Elitenherrschaft (Bachrach 1970) niedergeschlagen, zu der in Teilen auch die ökonomische Demokratietheorie gehört. Auch diese Konzeption ist freilich fehleranfällig. So mögen die Wissensdefizite der Wähler dazu führen, dass ihre Beurteilung der Repräsentanten nicht mit deren wirklicher Leistung übereinstimmt. Dann werden sich möglicherweise nicht diejenigen in der Elitenkonkurrenz durchsetzen, die bessere Leistungen vorweisen, sondern diejenigen, die am ehesten dem gerecht werden, was relativ ignorante Bürger goutieren. Schlimmer noch ist, dass die Experten hinter dem Rücken der Bürger Kartelle bilden können, die ihre Abweichungen vom Gemeinwohl unbemerkt lassen. Die Wissensexplosion macht es allerdings immer schwieriger, solche Kartelle auf Dauer durchzuhalten. Wenn mit der Menge an verfügbarem Wissen die Bandbreite wissenschaftlich fundierbarer Politikempfehlungen zunimmt, werden vordem unangefochtene Expertenmeinungen in Frage gestellt. Der Chor der Experten wird vielstimmig und das Vertrauen in die einzelne Expertise nimmt ab. Diese Entwicklung lässt sich von zwei einander entgegengesetzten Blickwinkeln aus betrachten. Einerseits ist es sicher nützlich, wenn die Verkrustungen verselbstständigter Expertenkulturen durch divergierende Expertise als nicht immer sachgerecht entlarvt werden. Andererseits droht die Öffentlichkeit, das Kind mit dem Bade auszuschütten wenn sie zunehmend davon ausgeht, dass alle Bürger, Experten wie Laien, immer gerade das behaupten, was ihnen selbst den größten Vorteil bringt (siehe hier auch die durchaus selbstkritischen Anmerkungen eines Ökonomen: Kirchgässner 1996).

Im Ergebnis führt der wissenschaftliche Fortschritt jedenfalls sowohl bei Gemeinwohl-, als auch bei Interessenorientierung zu einer Entwertung der Sonderstellung von Experten. Welche Wissensgemeinschaft traditionell auch immer besonderes Prestige genoss, unter dem Eindruck des wissenschaftlichen Fortschritts wird sie zunehmend nur noch als eine unter vielen Gruppen mehr oder weniger beschränkter Spezialisten wahrgenommen, denen man zudem immer weniger abnimmt, dass sie dem Gemeinwohl dienen, wie man selbst es versteht. Ganz wie die Theologen in den Religionskriegen in dem Maße an Bedeutung verloren, wie sie einander, ob berechtigt oder nicht, als Ideologen entlarvten (Lecler 1965), verlieren die wissenschaftlichen Experten heute auf Grund der Vielfalt prinzipiell vertretbarer Meinungen an Bedeutung. Das neue Verhältnis der Öffentlichkeit zu ihren Experten beschreibt Paul Feyerabend anschaulich, wenn er sich in der Auseinandersetzung mit den wissenschaftstheoretischen Abgrenzungstheoretikern (Lakatos 1982b: 105) gegen Platon die Position des Protagoras zu Eigen macht:

„Nach Protagoras entdecken die Bürger einer freien Gesellschaft, in der die Information ungehindert nach allen Richtungen fließt, bald die Stärke und die Schwächen ihrer Fachleute. Wie die Geschworenen bei einer Geschworenenverhandlung entdecken sie, dass die Fachleute die Wichtigkeit ihrer Arbeit übertreiben; dass verschiedene Fachleute oft zu verschiedenen Ansichten kommen; dass sie gut informiert sind auf einem engen Gebiet, aber außerhalb dieses Gebiets einfach nichts wissen; dass sie diese Unwissenheit nur selten zugeben, ja sich ihrer oft gar nicht bewusst sind, sondern die Lücken mit hochtrabenden Worten überbrücken und so sowohl sich als auch andere täuschen; dass sie nicht abgeneigt sind, ihren guten Ruf bei der Durchsetzung von Interessen auszunützen; dass sie vorgeben, nach der Wahrheit zu suchen und sich an die Vernunft zu halten, wenn Ruhm und nicht Wahrheit, Vorurteile und nicht die Vernunft ihre Leitsterne sind – und so weiter" (Feyerabend 1984: 138–39).

Die von Clarence Ayres (1927/1973) so eloquent beschriebene Entwicklung einer Wissenschaft, die sich als quasi-religiöser Sinnstifter an die Stelle der von ihr zunehmend ausgehöhlten tradierten politischen, sozialen und kulturellen Institutionen setzt, scheint so langsam an ihr Ende zu kommen. Nachdem die von der Wissenschaft hervorgebrachte Informationsmasse alle anderen Institutionen als kontingent entlarvt hat, überrollt sie nun ihre Schöpfer.

Eine Folge dieser Entwicklung sind etwa die Vorschläge zur organisierten Gegenüberstellung von Experten aus unterschiedlichen Lagern im Rahmen von Wissenschaftsgerichtshöfen (Wenz 1983) oder gar zu einer „Demokratisierung von Expertise", wie Thomas Saretzki (1997) sie thematisiert, wenn er nach neuen Wegen sucht, um möglichst fundiertes Wissen in den demokratischen Meinungs- und Willensbildungsprozess einzuspeisen. Das Bemühen um Runde Tischen oder Mediationsverfahren (Pelikan 1999) gehören in dieselbe Kategorie, wobei freilich nicht übersehen werden darf, dass die dort angestrebte Einigung leicht auf Kosten Dritter geht (Kirsch 1997b).

Diese Gefahr lässt sich freilich ebenso in solchen Ansätzen berücksichtigen, wie die von Renate Martinsen (2000) in diesem Band thematisierte Sorge, dass die moralische Dimension von Konflikten in diskursiven Prozessen systematisch ausgeblendet wird. Beides lässt sich zumindest im Prinzip als kollektives Problem formulieren und dann über adäquates Institutionendesign abarbeiten. Deshalb weisen Versuche, in dieser Weise die parlamentarische Demokratie insgesamt zu verbessern (z.B. Dienel 1992) oder gar zu ersetzen (Burnheim 1985) durchaus in die richtige Richtung. Allerdings werfen sie bisher noch mehr Fragen auf, als sie beantworten können.

Ob das eingangs erwähnte Leitbild dann mit assoziativer (Cohen/Rogers 1992), deliberativer (Fishkin 1991), diskursiver (Dryzek 1990) oder partizipativer (Dahl 1994) Demokratie bezeichnet wird, kann an dieser Stelle getrost offen bleiben. Wichtig ist nur, dass adäquate Ansätze nicht umhinkommen, Präferenzen und Kognitionen als konstitutive Bestandteile individueller Interessen zu problematisieren und dass sie zum anderen strategisches Handeln im kollektiven Meinungs- und Willensbildungsprozess stets mitdenken müssen. Demokratie muss, um einen Begriff von Frank Nullmeier (1994) aufzugreifen, zunehmend wissenspolitologisch analysiert werden und dies unabhängig davon, ob ein interessenbasierter oder ein gemeinwohlorientierter Ansatz zu Grunde gelegt wird.

3. Resümee: Pragmatismus als Demokratietheorie der Unwissensgesellschaft

Zusammenfassend lässt sich festhalten, dass die Wissensexplosion die Situation demokratischer Gesellschaften dadurch erschwert, dass sie das relative Unwissen der Bürgerinnen und Bürger radikal vergrößert und zwar sowohl im Hinblick auf ihresgleichen, als auch in Bezug auf die von ihnen beauftragten Experten. Dieselbe Entwicklung erlaubt es den Menschen allerdings, bei der demokratischen Meinungs- und Willensbildung zunehmend von einem Umstand auszugehen, der immer sicherer für alle modernen Gesellschaften gilt, dem Umstand nämlich, dass jeder, wo immer er auch lokalisiert ist, einen zunehmend kleineren Ausschnitt des Ganzen überblickt.

Die Tatsache, dass der gesellschaftlich akzeptierbare Wissensbestand immer stärker auf einer solcherart egalisierten Basis ruht, bedeutet übrigens keineswegs, dass es nicht nach wie vor sinnvoll sein mag, bestimmte Aufgaben an Experten oder Expertengruppen zu übertragen. Es ist einfach unzweckmäßig, beispielsweise über die Sicherheit neuer Medikamente oder den Nutzen geldpolitischer Instrumente demokratisch abzustimmen.

Entscheidend ist freilich, dass die sich in solchen Fällen nach wie vor empfehlende Delegation kein Selbstläufer ist, sondern sich ausschließlich durch demokratischen Beschluss legitimiert. Wo „die Sache" immer weniger ein bestimmtes Vorgehen erzwingt, ist der Umstand, dass die Entscheidung demokratisch zu Stande kommt, das einzige Indiz dafür, dass sie auf einer breiten Wissensbasis ruht. Es ist kein Zufall, wenn der Pragmatismus zurzeit eine unerwartete Renaissance erlebt und inzwischen auch in der Demokratietheorie wieder angekommen ist (Knight/Johnson 1999; Bohman 1999). Wo Bürgerinnen und Bürger von immer heterogeneren Wissensbeständen ausgehen und die Expertise der Spezialisten ständig an Bedeutung verliert, gewinnt die Konsensfähigkeit im Vergleich zur Wahrheit als Kriterium für angemessene Politik neue Plausibilität.

Literatur

Arendt, Hannah, 1967/1997: Vita Activa. München.
Ayres, Clarence, 1927/1973: Science: The False Messiah. Clifton (NJ).
Bachrach, Peter, 1970: Die Theorie demokratischer Elitenherrschaft. Frankfurt a.M.
Beck, Ulrich (Hrsg.), 1998: Politik der Globalisierung. Frankfurt a.M.
Berger, Peter, Demokratie und geistige Orientierung – Sinnvermittlung in der Zivilgesellschaft, in: *Werner Weidenfeld* (Hrsg.), Demokratie am Wendepunkt. Die demokratische Frage als Projekt des 21. Jahrhunderts. Berlin, 450–468.
Bernal, John D., 1939/1986: Die soziale Funktion der Wissenschaft. Köln.
Bohman, James, 1999: Democracy as Inquiry, Inquiry as Democratic: Pragmatism, Social Science and the Cognitive Division of Labor, in: American Journal of Political Science 43/2, 590–607.
Burnheim, John, 1987: Über Demokratie. Alternativen zum Parlamentarismus. Berlin.
Cohen, Joshua/Rogers, Joel, 1992: Secondary Associations and Democratic Governance, in: Politics and Society 20, 393–472.
Dahl, Robert A., 1994: A Democratic Dilemma: System Effectiveness versus Citizen Participation, in: Political Science Quarterly 109, 23–34.
Dewey, John, 1927/1996: Die Öffentlichkeit und ihre Probleme. Darmstadt.
Dienel, Peter C., 1992: Die Planungszelle. 3. Aufl., Opladen.
Downs, Anthony, 1957: An Economic Theory of Democracy. New York.
Dryzek, John S., 1990 Discursive Democracy. Cambridge.
Dror, Yehezkel, 1996: Demokratie unter Globalisierungsdruck, in: *Werner Weidenfeld* (Hrsg.), Demokratie am Wendepunkt. Die demokratische Frage als Projekt des 21. Jahrhunderts. Berlin, 370–388.
Duwendag, Dieter (Hrsg.), 1973: Macht und Ohnmacht der Bundesbank. Frankfurt a.M.
Elster, Jon, 1986: The Market and the Forum, in: *Jon Elster/Aanund Hylland* (Hrsg.), The Foundations of Social Choice Theory. Cambridge, 103–132.
Feyerabend, Paul, 1984: Wissenschaft als Kunst. Frankfurt a.M.
Fishkin, James, 1991: Democracy and Deliberation. New Haven.
Galtung, Johan, 1997: Demokratie: Dialog für einen Konsens, Debatte um eine Mehrheit oder beides?, in: *Carsten Schlüter-Knauer* (Hrsg.), Die Demokratie überdenken. Festschrift für Wilfried Röhrich. Berlin, 491–503.
Gauthier, David, 1986: Morals by Agreement. Oxford.
Greven, Michael Th., 1999: Die Politische Gesellschaft. Opladen.
Guggenberger, Bernd (Hrsg.), 1998: Hüter der Verfassung oder Lenker der Politik. Das Bundesverfassungsgericht im Widerstreit. Baden-Baden.
Guggenberger, Bernd, u.a. (Hrsg.), 1976: Parteienstaat und Abgeordnetenfreiheit zur Diskussion um das imperative Mandat. München.
Habermas, Jürgen, 1992: Faktizität und Geltung. Frankfurt a.M.
Habermas, Jürgen, 1999: Drei normative Modelle der Demokratie, in: *ders.*, Die Einbeziehung des Anderen. Frankfurt a.M., 277–292.
Hall, Peter A. (Hrsg.), 1989: The Political Power of Economic Ideas: Keynesianism across Nations. Princeton.
Hayek, Friedrich A. von, 1981: Die Illusion der sozialen Gerechtigkeit, in: *ders.*, Recht, Gesetzgebung und Freiheit, Bd. 2. Landsberg a. Lech.
Hechter, Michael, 1992: The Insufficiency of Game Theory for the Resolution of Real-World Collective Action Problems, in: Rationality and Society 4/1, 33–40.
Hegmann, Horst, 1999: Die Verfassung der kulturell fragmentierten Gesellschaft. Hamburg (unveröffentliche Habilitationsschrift).
Held, David, 1998: Changing Contours of Political Community: Rethinking Democracy in the Context of Globalisation, in: *Michael Th. Greven* (Hrsg.), Demokratie – eine Kultur des Westens? Opladen, 249–261.

Hitzler, Ronald, 1994: Wissen und Wesen des Experten. Ein Annäherungsversuch, in: *Ronald Hitzler/Anne Honer/Christoph Maeder* (Hrsg.), Expertenwissen. Die institutionalisierte Kompetenz zur Konstruktion von Wirklichkeit. Opladen, 13–30.
Hobbes, Thomas, 1651/1991: Leviathan. Frankfurt a.M.
Höffe, Otfried, 1999: Demokratie im Zeitalter der Globalisierung. München.
Hofmann, Jeanette, 1993: Implizite Theorien in der Politik. Interpretationsprobleme regionaler Technologiepolitik. Opladen.
Homann, Karl, 1988: Rationalität und Demokratie. Tübingen.
Kenis, Patrick/Schneider, Volker (Hrsg.), 1996: Organisation und Netzwerk. Institutionelle Steuerung in Wirtschaft und Politik. Frankfurt a.M.
Kirchgässner, Gebhard, 1996: Ideologie und Information in der Politikberatung: Einige Bemerkungen und ein Fallbeispiel, in: Hamburger Jahrbuch für Wirtschafts- und Gesellschaftspolitik 41, 9–41.
Kirsch, Guy, 1997a: Neue Politische Ökonomie. Düsseldorf.
Kirsch, Guy, 1997b: Runde Tische sind gefährliche Möbelstücke, in: Die Welt am Sonntag vom 22.4.1997, 54.
Knight, Jack/Johnson, James, 1999: Inquiry into Democracy: What might a Pragmatist Make of Rational Choice Theories?, in: American Journal of Political Science 43/2, 566–589.
Kuhn, Thomas, 1976: Die Struktur wissenschaftlicher Revolutionen. Frankfurt a.M.
Lakatos, Imre, 1982a: Falsifikation und die Methodologie wissenschaftlicher Forschungsprogramme, in: ders., Die Methodologie der wissenschaftlichen Forschungsprogramme Philosophische Schriften, Bd. 1., hrsg. von *John Worrall/Gregory Currie*. Braunschweig/Wiesbaden, 7–107.
Lakatos, Imre, 1982b: Das Problem der Beurteilung wissenschaftlicher Theorien: drei Ansätze, in: ders., Mathematik, empirische Wissenschaft und Erkenntnistheorie. Philosophische Schriften, Bd. 2., hrsg. von *John Worrall/Gregory Currie*. Braunschweig, 103–116.
Lecler, Joseph, 1965: Geschichte der Religionsfreiheit im Zeitalter der Reformation. Stuttgart.
Lietzmann, Hans, 1988: Das Bundesverfassungsgericht. Opladen.
Maasen, Sabine, 1999: Wissenssoziologie. Bielefeld.
Machiavelli, Niccolò, 1531/1966: Discorsi. Gedanken über Politik und Staatsführung. Stuttgart.
Majone, Giandomenico, 1991: Research Programmes and Action Programmes, or can Policy Research Learn from the Philosophy of Science?, in: *Peter Wagner/Carol Hirschon Weiss/Björn Wittrock/Hellmut Wollmann* (Hrsg.), Social Sciences and Modern States. National Experiences and Theoretical Crossroads. Cambridge, 290–306.
Marshall, Matt, 1999: Die Bank. München/Blessing.
Martinsen, Renate/Simonis, Georg, 1995: Paradigmenwechsel in der Technologiepolitik? Opladen.
Martinsen, Renate, 1997: Politik und Biotechnologie. Die Zumutung der Zukunft. Baden-Baden.
Martinsen, Renate, 2000, Ethikpolitik als mentale Steuerung der Technik – zur Kultivierung des Gewissens im Diskurs, in diesem Bande.
Maxeiner, Dirk/Miersch, Michael, 1996: Öko-Optimismus. Düsseldorf/München.
Mayntz, Renate, 1997a: Soziale Dynamik und Politische Steuerung. Frankfurt a.M.
Mayntz, Renate, 1997b: Soziologie der öffentlichen Verwaltung. Heidelberg.
Miller, Gary J., 1997: The Impact of Economics on Contemporary Political Science, in: Journal of Economic Literature XXXV, 1173–1204.
Nullmeier Frank, 1994: Wissen und Policy Forschung. Wissenpolitologie und rhetorisch-dialektisches Handlungsmodell, in: *Adrienne Héritier* (Hrsg.), Policy-Analyse (PVS-Sonderheft 24). Opladen.
Ordeshook, Peter C., 1993: The Development of Contemporary Political Theory, in: *William A. Barnett/Melvin J. Hinich/Norman J. Schofield* (Hrsg.), Political Economy: Institutions, Competition and Representation. Cambridge, 71–104.
Pelikan, Christa, (Hrsg.) 1999: Mediationsverfahren: Horizonte, Grenzen, Innensichten. Baden-Baden.
Penz, Reinhard, 1999: Legitimität und Viabilität. Zur Theorie der institutionellen Steuerung der Wirtschaft. Marburg.
Polanyi, Michael, 1966/1985: Implizites Wissen. Frankfurt a.M.

Rawls, John, 1971/1988: A Theory of Justice. Oxford.
Richter, Rudolf/Furubotn, Eirik, 1996: Neue Institutionenökonomik. Tübingen.
Röhrich, Wilfried, 1991: Eliten und das Ethos der Demokratie. München.
Rosen, Harvey/Windisch, Rupert, 1992: Finanzwissenschaft I. München/Wien.
Rousseau, Jean-Jacques, 1762/1980: Vom Gesellschaftsvertrag. Stuttgart/Frankfurt a.M.
Sabatier, Paul, 1988: An Advocacy Coalition Framework of Policy Change and the Role of Policy-Oriented Learning therein, in: Policy Science 21, 129–168.
Saretzki, Thomas, 1997: Demokratisierung von Expertise? Zur politischen Dynamik der Wissensgesellschaft, in: *Ansgar Klein/Rainer Schmalz-Bruns* (Hrsg.), Politische Beteiligung und Bürgerengagement in Deutschland. Bonn, 277–313.
Sartori, Giovanni, 1987/1997: Demokratietheorie. Darmstadt.
Scharpf, Fritz, 1970: Demokratietheorie zwischen Utopie und Anpassung. Konstanz.
Scharpf, Fritz, 1990: Games Real Actors Could Play. The Problem of Mutual Predictability, in: Rationality and Society 2/4, 471–494.
Scharpf, Fritz, 1998: Demokratische Politik in der internationalisierten Ökonomie, in: *Michael Greven* (Hrsg.), Demokratie – eine Kultur des Westens? Opladen, 81–103.
Scharpf, Fritz, 1999: Regieren in Europa. Effektiv und demokratisch? Frankfurt a.M.
Schmidt, Manfred G., 1997a: Demokratietheorien. Opladen.
Schmidt, Manfred G., 1997b: Komplexität und Demokratie. Ergebnisse älterer und neuerer Debatten, in: *Ansgar Klein/Rainer Schmalz-Bruns* (Hrsg.), Politische Beteiligung und Bürgerengagement in Deutschland. Bonn: Bundeszentrale für Politische Bildung, 41–58.
Schulenburg, J.-Matthias Graf von der/Greiner, Wolfgang, 2000: Gesundheitsökonomik. Tübingen.
Schumpeter, Joseph A., 1942/1972: Kapitalismus, Sozialismus und Demokratie. München.
Sen, Amartya K., 1992: Inequality Re-examined. Oxford.
Stehr, Nico, 1994: Arbeit, Eigentum und Wissen. Zur Theorie von Wissensgesellschaften. Frankfurt a.M.
Voelzkow, Helmut, 2000: Von der funktionalen Differenzierung zur Globalisierung: Neue Herausforderungen für die Demokratietheorie, in: *Raymund Werle/Uwe Schimank* (Hrsg.), Gesellschaftliche Komplexität und kollektive Handlungsfähigkeit. Frankfurt a.M., 270–296.
Weber, Max, 1922/1980: Wirtschaft und Gesellschaft. Tübingen.
Weidenfeld, Werner, 1996: Vorwort, in: *Werner Weidenfeld* (Hrsg.), Demokratie am Wendepunkt – Die demokratische Frage als Projekt des 21. Jahrhunderts. Berlin, 9–11.
Wenz, Edgar M. (Hrsg.), 1983: Wissenschaftsgerichtshöfe. Mittler zwischen Wissenschaft, Politik und Gesellschaft. Frankfurt a.M.
Zimmer, Dieter E., 2000: Die Welt ist eine Scheibe, in: Die Zeit vom 10.02.2000, 45.

2.

Das Umfeld staatlicher Technikpolitik

2.1 Innovationswettbewerb

Risse im Netz – Macht, Konkurrenz und Kooperation in der
Technikentwicklung und -regulierung

Ulrich Dolata

Industrielle Technikentwicklung und politische Technikregulierung finden längst nicht mehr vornehmlich innerhalb einzelner Organisationen und Instanzen statt, sondern sind hochgradig interaktiv betriebene Unterfangen, bei denen sich alle relevanten Akteure eines Technikfeldes in der einen oder anderen Weise aufeinander beziehen. Während die sozialwissenschaftliche Technikforschung dies ausgangs der achtziger Jahre noch eher unspezifisch als ebenso kontingenten wie komplexen sozialen Prozess thematisierte (vgl. z.B. Bijker u.a. 1987; Weingart 1989), werden mittlerweile ausgreifende industrielle, politische oder soziale Netzwerke, in denen sich deutlich mehr als zwei Akteure systematisch, stabil und vertrauensvoll aufeinander beziehen, als zentrale Orte und Organisationsformen technischer Genese- und Formierungsprozesse ausgemacht. Damit einher geht in der Regel eine starke Fokussierung auf die kooperative Dimension von Technikentwicklung und -regulierung sowie eine große Bedeutungszuschreibung so genannter „weicher" Faktoren – Vertrauen, Fairness, Lernen, Informalität, persönliche Beziehungen u.ä. – als konstitutiver Elemente innovationsbezogener sozialer Interaktionen (vgl. z.B. Hakansson 1987; Forsgren u.a. 1995; Lundvall 1988, 1993; Asdonk u.a. 1991, 1994; Kowol/Krohn 1995; Kowol 1998; Picot u.a. 1996; Rammert 1997; Weyer u.a. 1997).

In diesem Aufsatz soll überprüft werden, wie tragfähig der seit einigen Jahren so populäre Netzwerk-Begriff als interpretierende Kategorie für sozialwissenschaftliche Technikanalysen ist.[1]

1. Netzwerke als Orte der Technikentwicklung und -regulierung?

Netzwerk-Konzeptualisierungen der Technikentwicklung und -regulierung greifen zumeist auf zwei wesentliche Quellen zurück:
– In der neueren *wirtschaftswissenschaftlichen Innovationsforschung* wird angesichts der außerordentlichen Dynamik der Wissensgenerierung, der engen Kopplung von Grundlagen- und Anwendungswissen, dem schnellen technischen Wandel und der damit verbundenen hohen technologischen Unsicherheit und Marktintransparenz in-

---

1 Der Text ist im Zusammenhang des DFG-Projekts „Akteure und Institutionalisierungsmuster in der Gentechnik" entstanden – und fasst die Ergebnisse einer umfangreicheren Studie zum Thema zusammen (vgl. Dolata 2000).

dustriellen Kooperations- und Netzwerkbeziehungen eine prominente Rolle im gesamten Innovationsprozess – von der Ideenproduktion bis zur Implementierung – zugewiesen: Hersteller entwickeln hiernach neue Angebote keineswegs als autonome und atomisierte Akteure, sondern in vielfach rückgekoppelten, rekursiven Austauschprozessen sowohl untereinander als auch mit Kunden und Zulieferern oder (akademischen) Forschungseinrichtungen und innovativen Kleinfirmen (vgl. Powell 1996 sowie die Übersichten bei Freeman 1991, 1994; Mahnkopf 1994; Biemans 1998). Die innere Strukturierung, Reichweite und Arbeitsgrundlage derartiger Netzwerke wird allerdings unterschiedlich reflektiert: Als strategische Netzwerke, die sich in der Regel um dominierende Kernunternehmen gruppieren (vgl. Sydow 1992; Sydow/Windeler 1994, 1999a; Jarillo 1993), als eher gleichberechtigte, vertrauensbasierte Innovationsnetzwerke zwischen Herstellern, Anwendern und Zulieferern (vgl. Lundvall 1988, 1993; Asdonk u.a. 1991; Kowol/Krohn 1995; Kowol 1998) oder als industrielle Netzwerke, in denen ganze Branchen über systematische Beziehungen der Unternehmen netzwerkartig miteinander verflochten sind (vgl. Hakansson 1987, 1989; Forsgren u.a. 1995; Axelsson/Easton 1992; Grabher 1993).

– In durchaus ähnlicher Weise wird in der neueren *politikwissenschaftlichen Forschung* die Entstehung von Politiknetzwerken und Verhandlungssystemen begründet (vgl. die Übersichten in Heritier 1993a, Jansen/Schubert 1995; Messner 1995: v.a. 168–213; Benz 1995, 1997; Perkmann 1998). In diesem Fall sind es die funktionale Ausdifferenzierung und polyzentrische Ausrichtung der Gesellschaft, die Komplexität politischer Regelungsbereiche und die gleichzeitige Auffächerung politischer Entscheidungsebenen, die die Möglichkeiten hierarchischer Anweisungen durch einen starken Staat zu Gunsten von kooperativen Aushandlungsprozessen zwischen staatlichen und außerstaatlichen Akteuren zurückgedrängt haben. Im Unterschied zu Prozessen eigendynamischer Marktsteuerung auf der einen und hierarchischer Anweisung auf der anderen Seite sind in Politiknetzwerken „sowohl auf Seiten des politisch-administrativen Systems als auch auf Seiten der gesellschaftlichen Selbstorganisation mehrere interaktiv verbundene Akteure mit jeweils eigenen Handlungsorientierungen und Handlungsressourcen an der Hervorbringung effektiver Regelungen beteiligt" (Mayntz/Scharpf 1995: 26; vgl. auch Mayntz 1997; Kenis/Schneider 1996a: 14–25). Grundlage derartiger Beziehungen ist auch hier die wechselseitige Abhängigkeit (Interdependenz) der beteiligten Akteure voneinander, ihre wesentliche Operationslogik die vertrauensbasierte Verhandlung, über die divergierende Interessen, Denkweisen und Handlungsorientierungen miteinander abgeglichen werden. Teils wird den Netzwerkteilnehmern eine grundsätzliche Gleichheit unterstellt (vgl. Weyer u.a. 1997: 76f.; Rammert 1997), teils jedoch auch auf gravierende Machtunterschiede zwischen den Beteiligten hingewiesen (vgl. Mayntz 1997: 245; Scharpf 1993).

Mit Blick auf Technikentwicklungs- und regulierungsprozesse ergeben sich drei Einwände gegen den Gebrauch des Netzwerk-Begriffs als zentraler Kategorie zur Interpretation sozialer Interaktionsmuster, denen in diesem Aufsatz nachgegangen werden soll: *Erstens* gerät mit dem Bemühen, netzwerkartige Organisationsmuster als „allgemeines Modell der Technikgenese" auszuweisen (Weyer u.a. 1997: 19; ähnlich Asdonk u.a. 1994; Kowol/Krohn 1995), leicht aus dem Blick, dass relativ dauerhafte multilaterale

Beziehungsnetzwerke lediglich eine Teilmenge einer erheblich zerklüfteteren Gesamtheit vorfindlicher Kooperationsformen und Aushandlungsprozedere bilden. *Zweitens* scheint es vor allem angesichts der außerordentlichen technischen und sozialen Dynamik in grundlegend neuen Technikfeldern wirklichkeitsfremd, kooperative oder netzwerkartige Arrangements derart einsinnig als stabile Zusammenarbeitsverhältnisse zwischen autonomen und gleichberechtigten Akteuren zu charakterisieren, wie dies in Teilen der soziologischen Technikbetrachtung (so z.B. bei Weyer u.a. 1997: 62–70, 76f.; Rammert 1997: 411f.) geschieht: Schon die höchst ungleich verteilten Ressourcen, Einflussmöglichkeiten und Koordinationsfähigkeiten, die die beteiligten Akteure ins Feld führen können, nährt demgegenüber die Vermutung, dass sie in der Regel machtasymmetrisch figuriert sind, der Domänenerweiterung fokaler Akteure dienen und zugleich oft labile, temporäre und konfliktgeladene Binnenstrukturen aufweisen. Und *drittens* wird mit der analytischen Fokussierung auf vertrauensbasierte und verhandlungsorientierte Netzwerke sehr häufig die offenkundige empirische Tatsache ausgeblendet, dass Formen kooperativer Technikentwicklung in Milieus scharfer Konkurrenzauseinandersetzungen, Konzentrationsprozesse und Standortwettläufe, also in kompetitive Interaktionsmuster eingebettet sind.

2. Interaktionsmuster I: Pluralismus und Fragmentierung

Außer Frage steht, dass die an der Technikentwicklung beteiligten Akteure auf vielfältige Weise aufeinander bezogen sind und miteinander interagieren. Ökonomische Innovationsprozesse lassen sich angesichts der Dynamik, Heterogenität und Multidisziplinarität der technischen Entwicklung heute allein über den Aufbau starker großindustrieller in-house-Kapazitäten nicht mehr organisieren und sind nur noch über den gleichzeitigen extensiven Rückgriff auf unternehmensexternes Wissen und Know-how im Rahmen kooperativer Arrangements zu bewältigen (vgl. Freeman 1991: 502–508; Freeman/Hagedoorn 1995; Hagedoorn 1996; Dolata 1996: 69–128). Und auch für die Ebene der politischen Technikregulierung lässt sich die Bedeutung verhandlungsbasierter Abstimmungsprozesse sowohl innerhalb des Staates als auch zwischen staatlichen und außerstaatlichen Akteuren (etwa im Bereich der Forschungsförderung oder der rechtlichen Rahmung) nicht ernsthaft bestreiten (vgl. Simonis 1992; Martinsen 1992; 1995; Mayntz 1997).

Dass Technikentwicklung ein hochgradig interaktiv betriebener Prozess ist, ist also unstrittig. Daraus zu schlussfolgern, soziale, industrielle und politische Netzwerke seien die wesentlichen Orte und Träger von Technikgenese- und -formierungsprozessen, erscheint dagegen höchst problematisch. Die kooperative Interaktionslandschaft ist, so meine *erste These*, erheblich pluraler strukturiert und fragmentierter als dies Netzwerk-Konzepte nahe legen.

Industrielle Innovationsprozesse sind sowohl in traditionellen Industriezweigen als auch in neuen Hochtechnologie-Sektoren zwar über eine Vielzahl sowohl informeller Kontakte als auch vertragsbasierter Kooperationen und wechselseitiger Kapitalverflechtungen zwischen potenziellen Konkurrenten aufeinander bezogen (vgl. Freeman 1991; Dunning 1993: 190–219; Grabher 1993: 12–20; Biemans 1998: 12–16). Während sich informelle, oft personengetragene industrielle Beziehungen wie z.B. professionsbezogene Kontakte zwischen industriellen und akademischen Wissenschaftlern, Netze aus externen Konsulenten, die die unternehmenseigenen Forschungsprojekte begutachten, der Meinungsaustausch auf Tagungen, Symposien und informellen Gesprächsrunden oder die Zusammenarbeit in Fach- und Interessenvertretungsverbänden durchaus als Milieus dezentral entstehender und engmaschig verflochtener Austauschstrukturen charakterisieren lassen, in denen nicht-kompetitives Wissen und Informationen vergleichsweise frei prozessieren, greift die Netzwerk-Kategorie dort, wo sich derartige Kontakte zu vertragsorientierten Kooperationsbeziehungen verdichten, entschieden zu weit:

- *Erstens* ist der weit überwiegende Teil industrieller (und auch akademisch-industrieller) Kooperationsbeziehungen in neuen Technikfeldern (wie der Biotechnologie) oder solchen, die tief greifenden Umbrüchen unterworfen sind (wie der Informationstechnik oder der Telekommunikation) alles andere als stabil und langfristig ausgerichtet. Angesichts des dynamischen wissenschaftlichen und technischen Wandels, der schnellen Veränderung der Konkurrenz- und Marktparameter, der hohen Fluktuation kleiner Technologiefirmen und der insgesamt großen unternehmensstrategischen Unsicherheiten, die derartige Technikfelder kennzeichnen, haben die dort vorfindlichen Kooperationsbeziehungen zumeist projektzentrierten und zeitlich befristeten Charakter – und weisen überdies eine hohe Misserfolgsrate auf. Dementsprechend schnell wechseln die Kooperationspartner und -vorhaben (vgl. Grande/Häusler 1994: 414–449; Lüthje 1997; Dörrenbächer u.a. 1997; Dörrenbächer 1999; Orsenigo 1993; Dolata 1999). Dies ist nicht bloß ein Phänomen neuer wissensbasierter Technikfelder: Veränderte technische und ökonomische Kontextbedingungen – eine schnelle Zunahme neuen, v.a. informationstechnischen Wissens, die Intensivierung der internationalen Konkurrenz und die Flexibilisierung vieler Produktionsprozesse – haben auch in traditionellen Technikfeldern wie dem Maschinenbau in jüngster Zeit zur Erosion und Desintegration vormals stabiler kooperativer Beziehungsgeflechte geführt (vgl. Hirsch-Kreinsen 1997).
- *Zweitens* verfügen insbesondere Großunternehmen zwar über dichte Netze an technikbezogenen Kooperationen mit anderen Großunternehmen, Technologiefirmen, Forschungseinrichtungen oder Zulieferern. Ihre verschiedenen Kooperationspartner haben häufig jedoch nichts oder nur wenig miteinander zu tun. Oft handelt es sich eher um eine Anhäufung bilateraler Vereinbarungen, die im jeweiligen Großunternehmen zusammenlaufen – und nicht um größere, wirklich multilateral strukturierte Forschungs-, Entwicklungs- und Produktionsverbände, in denen sich die beteiligten Akteure über gemeinsame Problemlösungsanstrengungen systematisch aufeinander beziehen würden und Wissen, technisches Know-how oder Entwicklungsideen frei prozessieren könnten. Im Gegenteil: Das dort generierte Wissen und Know-how unterliegt der strikten Geheimhaltung; seine Weitergabe an projektexterne Arbeitsgruppen auch im eigenen Unternehmen, die mit anderen Kooperationspartnern zusammenarbeiten, ist vertraglich untersagt. Damit werden die vermeintlich offenen Grenzen kooperativer Beziehungen z.T. sehr rigide geschlossen (vgl. Dolata 1999a: 5–9; Pohlmann u.a. 1997: 215–269; zur Bedeutung von Organisationsgrenzen vgl. auch Ortmann/Sydow 1999: 207f.).

- *Drittens* schließlich fungieren Großunternehmen oft zwar als fokale Akteure und koordinierende Kerne auf sie zulaufender Kooperationsnetze. Ihre strategische Führung und Koordinationsfähigkeit, die etwa für Jörg Sydows Konzept strategischer Netzwerke (1992: 78–83) konstitutiv ist, sollte jedoch angesichts der Vielfalt und Unübersichtlichkeit möglicher Zusammenarbeiten in neuen Technikfeldern nicht überschätzt werden. Auch in den Großunternehmen kommen insbesondere technologieorientierte Kooperationen oft nicht top down, sondern dezentral zu Stande: Sie werden von einzelnen Abteilungen oder Forschungsgruppen initiiert und durchgesetzt, die die entsprechenden Projekte zudem eigenverantwortlich und relativ unabhängig voneinander durchführen. Ob sie die „richtigen", zum Unternehmen passenden Kooperationsvorhaben bewilligt haben, erschließt sich den Vorständen, die die Projekte fachlich oft gar nicht beurteilen können, zumeist erst im Nachhinein. Derart dezentral entstehende Kooperationsnetze ähneln oft eher versuchs- und irrtumsgeleiteten patchworks als strategisch organisierten und kohärenten Beziehungsgeflechten (vgl. Gerybadze u.a. 1997: 82–132; für die Biotechnologie Dolata 1999a: 5–9).

Die industrielle Kooperationslandschaft erscheint in diesem Licht erheblich fragmentierter, labiler und störanfälliger, als dies Netzwerkkonzepte nahe legen. Diese unterstellen kooperativen Beziehungen zumeist eine Kohärenz, Stabilität und *reale* Multilateralität, die oft nicht gegeben ist und überschätzen nicht selten zugleich die mit Kooperationsbeziehungen verbundene Öffnung der Unternehmensgrenzen – bis hin zu ihrer Auflösung „in Richtung symbiotischer Verbindungen mit externen Partnern" (Picot u.a. 1996: 263). Die angeführte Kritik an derartigen Vorstellungen bedeutet natürlich nicht, dass es nicht auch funktionierende multilateral strukturierte industrielle Netzwerke gäbe. Das hier vorgebrachte Argument ist vielmehr, dass derart voraussetzungsvolle Formen industrieller Kooperation alles andere als den verallgemeinerbaren Normalfall darstellen.

Auch *technikpolitische Interessenvermittlungsprozesse* lassen sich nur schwer auf den Begriff des Politiknetzwerks vereinheitlichen. Zwar werden etwa wissenschafts- und technologiepolitische Entscheidungen, Forschungsförderprogramme oder rechtliche Regelwerke über ein dichtes Geflecht von Ausschüssen, Arbeitskreisen, Anhörungen, Kommissionen oder (informellen) Gesprächsrunden vorbereitet und mit außerstaatlichen Akteuren vor allem aus der Wirtschaft und dem Wissenschaftssystem abgestimmt. Und zumeist sind darin auch deutlich mehr als zwei Akteure mehr oder minder systematisch aufeinander bezogen: Politikfindung ist in der Tat heute ein hochgradig vernetzter Prozess.

Derartige teils bi-, oft jedoch multilaterale Abstimmungsprozesse können jedoch nicht nur ganz unterschiedliche Formen annehmen: Sie reichen von engen, oft über Jahrzehnte verfestigten klientelistischen Beziehungen zwischen der staatlichen Verwaltung und einzelnen Verbänden oder Großunternehmen über institutionalisierte und geschlossene korporatistische Aushandlungen bis hin zu offeneren und lose verkoppelten, oft themenspezifischen politischen Kommunikationsnetzen oder Technikdiskursen, in die eine größere Zahl von Teilnehmern einbezogen ist. Sie haben überdies ein ganz verschiedenes Gewicht für die politische Entscheidungsfindung und Interessenvermittlung (vgl. van Waarden 1992; Grande/Häusler 1994: 328–341; Benz 1997: 96–107; Braun 1997: 47–65):

- Technikbezogene politische Entscheidungen werden in Ländern wie der Bundesrepublik nach wie vor ganz wesentlich über *korporatistische Austauschprozesse* vorbereitet. Dazu zählen neben konzertierten Aktionen vor allem stabile Gesprächs- und Kontaktstrukturen zwischen der Regierung bzw. den Leitungsebenen der betreffenden Ministerien und den Führungen insbesondere der Industrie- und Wissenschaftsverbände, in denen z.B. forschungspolitische Grundsatzfragen erörtert oder technologiepolitische Entscheidungen vorbereitet werden, die dann auf den Arbeitsebenen der Ministerien oft wiederum in enger Verzahnung mit Verbandsvertretern zu konkretisieren sind. Die Zahl der Teilnehmer an derartigen Verhandlungen ist begrenzt; neue Akteure (v.a. Umwelt- und Verbraucherverbände oder Bürgerinitiativen, aber auch neue Industrieverbände wie z.B. die Vertretung kleiner Biotechnologiefirmen VBU) finden zu ihnen nur schwer oder gar keinen Zugang.
- Diese korporatistisch verfassten Kernstrukturen politischer Aushandlung werden umkränzt von zahllosen offener strukturierten, dezentraler verfassten und *fluiden Kommunikationszusammenhängen*, die in erheblich stärkerem Maße von (allerdings zumeist an Organisationen rückgebundenen) Personen getragen werden. Ihre Arenen sind z.B. staatlich initiierte Ausschüsse, Arbeitskreise oder Anhörungen, außerstaatlich organisierte Tagungen, Symposien oder Diskursprojekte sowie Arbeitszusammenhänge im Rahmen intermediärer Organisationen. Es sind dies Orte, an denen Informationen ausgetauscht, Handlungsvorschläge vorgebracht und (oft allerdings eher unverbindlich) Interessen abgeglichen werden. Charakteristisch für derartige Formen des Austauschs sind eine größere Zahl, heterogene Struktur und losere Kopplung der beteiligten Akteure sowie ihr gleichzeitig z.T. erheblich lockererer Bezug zur politischen Entscheidungsfindung.

Dieser *asymmetrisch strukturierte Pluralismus (technik-)politischer Interessenvermittlung,* der in nationalen Rahmen oft immerhin noch um stabile korporatistische Kerne herum gruppiert ist, wird schließlich insbesondere dort, wo eine signifikante europäische Erweiterung politischer Regulierung und Verhandlung feststellbar ist, (bislang) ergänzt um eine starke Fragmentierung politischer Aushandlungsarenen und der daran beteiligten Akteure: Letztere unterliegen auch hier nicht selten einer starken Fluktuation, ihre Beziehungen zueinander bleiben oft punktuell und situativ und werden zudem untersetzt von ausgeprägt kompetitiven Komponenten (vgl. Streeck/Schmitter 1991; Eising/Kohler-Koch 1994; Grande 1996).

Auch im Fall technikpolitischer Interessenvermittlung ist der Vielfalt, Inkohärenz und unterschiedlichen Reichweite entsprechender Abstimmungsprozesse sowie der sie tragenden Akteurfigurationen mit der Verwendung des Netzwerk-Begriffs allein kaum beizukommen. Er ist zu unpräzise, um die hier skizzierte Vielschichtigkeit, Fragmentierung und unterschiedliche Qualität der vorfindlichen politischen Interaktionsmuster und Aushandlungsarenen unterhalb der Tatsache, dass in einem Technikfeld (fast) jeder mit jedem irgendwas zu tun hat, angemessen zu erfassen. Stattdessen scheint es sinnvoller zu sein, zwischen koexistierenden Austauschmustern von unterschiedlicher Qualität, Struktur und Reichweite zu differenzieren: In einer ersten, zugegeben groben Annäherung lässt sich zwischen vergleichsweise offenen, informellen, themenzentrierten und fluiden Kommunikationszusammenhängen mit einer größeren Anzahl wechselnder staatlicher und außerstaatlicher Akteure auf der einen und geordneteren, stabilen, korporatistisch verfassten Kernstrukturen zwischen Staat und Verbänden, die im Vergleich einen erheblich engeren Bezug zur politischen Entscheidungsebene aufweisen, auf der anderen Seite unterscheiden. Und in einer zweiten Annäherung ist zu berücksichtigen, dass mit der europäischen (und regionalen) Ausdifferenzierung von Technologiepolitik in ein Mehrebenensystem zugleich eine beträchtliche Fragmentierung politischer Aushandlungsebenen einhergeht.

Aus alldem ergibt sich für die sozialwissenschaftliche Technikanalyse das *erste Erfordernis*, kooperative Interaktionsmuster in neuen Technikfeldern nicht von vornherein auf netzwerkartige Verflechtungsmuster zu verengen, sondern letztere in eine offenere, ebenso plurale wie fragmentierte Kooperations- und Austauschlandschaft einzubetten. Netzwerkartige Verflechtungen – also reziproke, relativ offene und nur lose gekoppelte Beziehungen zwischen einer größeren Anzahl vergleichsweise autonomer Akteure – lassen sich vornehmlich in eher unverbindlichen, ökonomisch prä-kompetitiven, politisch nicht unmittelbar entscheidungsrelevanten Zusammenhängen identifizieren. Dies sind Orte des Austauschs von Ideen und Wertorientierungen, der Informationsbeschaffung und informeller Vorabsprachen. Sobald derartige Kontakte ökonomisch die Gestalt vertragsbasierter und wettbewerbsrelevanter Kooperationen annehmen, verengen sie sich dagegen nicht selten auf bilateral strukturierte Beziehungsgeflechte mit klar definierten Außengrenzen. Und je unmittelbarer politische Verhandlungssysteme an die politische Entscheidungsfindung heranrücken, umso stärker verdichten sie sich zu korporatistischen (oder gar klientelistischen) Beziehungen zwischen einer begrenzten Anzahl exklusiver Akteure. Industrielle Formen technikbezogener Zusammenarbeit, aber auch technikpolitische Aushandlungsformen in Mehrebenensystemen haben zudem häufig einen stark fragmentierten Charakter: Teils bestehen sie recht unvermittelt nebeneinander, teils überlappen sie sich, oft sind sie (schon angesichts der außerordentlichen Dynamik neuer Technikfelder) zeitlich befristet, fluid und fragil.

3. Interaktionsbasis: Vertrauen und Macht

Ein zweiter Problemkomplex, der sich mit der Analyse kooperativer oder netzwerkartiger Beziehungen auftut, betrifft die Interaktionsgrundlagen der beteiligten Akteure – und ist eng mit der weit verbreiteten Hypostasierung so genannter „weicher" Faktoren – Vertrauen und Fairness, Verhandlung und Konsens, Informalität und engen persönlichen Kontakten – zu konstitutiven Elementen kooperativen Austauschs verbunden (so z.B. bei Sydow/Windeler 1999a). Dass weiche Faktoren und insbesondere Vertrauen eine wichtige Grundlage der (In-)Stabilität und des (Miss-)Erfolgs industrieller Kooperationsbeziehungen und technikpolitischer Verhandlungen bilden, soll hier wiederum nicht bestritten werden (vgl. Bachmann 1999). Der daraus zuweilen gezogene Schluss, Kooperationen und Aushandlungen würden wesentlich getragen von freiwilligen Interaktionsbeziehungen autonomer und strukturell gleichrangiger Akteure, dienten vornehmlich der Organisierung von Lernprozessen (vgl. z.B. Weyer u.a. 1997: 62–77), beruhten „statt auf Tausch und Anweisung auf Verhandlung" und würden „statt über Geld und Macht über Vertrauen geregelt" (Rammert 1997: 411), betont allerdings nur die eine, erheblich schwächere Seite einer Dualität. Nicht nur die höchst ungleich verteilten Ressourcen, Einflussmöglichkeiten und Koordinationsfähigkeiten der beteiligten Akteure, sondern auch ihr unterschiedliches Gewicht im Innovationsprozess selbst begründen demgegenüber meine *zweite These*, dass machtasymmetrische Reziprozitätsbeziehungen und Abhängigkeitsverhältnisse sowie die Ausbildung fokaler Akteure weitaus typischer für technikbezogene Kooperationsbeziehungen und Aushandlungssysteme sind.

Macht ist, ähnlich wie Geld und Kapital auch, kein Ding oder Besitzstand, über den die einen verfügen und die anderen nicht, sondern beschreibt soziale Kräfteverhältnisse, aus denen „der eine mehr herausholen kann als der andere, bei dem aber gleichfalls der eine dem anderen nie völlig ausgeliefert ist" (Crozier/Friedberg 1979: 7–21, 39–55, hier 41). Machtbeziehungen sind also, dies ist als Erstes festzuhalten, keine Einbahnstraßen, in denen die Mächtigen den Ohnmächtigen ihren Willen aufzwingen könnten, sondern beschreiben asymmetrisch verfasste Abhängigkeiten, in denen immer auch „die Unterworfenen die Aktivitäten der ihnen Überlegenen beeinflussen können" (Giddens 1988: 67). Ihre Basis bilden strukturelle, nicht lediglich situativ vorfindliche und beliebig variierbare Machtpotenziale, die die Beteiligten als Trümpfe ins Feld führen können und die sich aus ihrer Verfügung über Ressourcen, Kompetenzen und soziale Bedingungszusammenhänge ergeben. Von diesen prinzipiell vorhandenen Machtpotenzialen lässt sich allerdings nicht umstandslos auf vorfindliche Machtbeziehungen schließen. Sie müssen vielmehr situativ mobilisierbar, relevant und anschlussfähig sein, um in Machtspielen Bedeutung zu erlangen: Ist der Mächtige dann, wenn es darauf ankommt, nicht im Bilde, verfällt seine Macht ebenso wie wenn er über Ressourcen verfügt, die keinen (mehr) interessieren – beides ist insbesondere in Umbruchsituationen, in denen sich die Handlungskontexte der Akteure rasch verändern, nicht selten der Fall. Macht basiert also auf den Ressourcen der Beteiligten, ist allerdings, dies ist als Zweites festzuhalten, kein umstandslos daraus ableitbares Gefüge, sondern ein kontingentes, weder starres noch beliebig änderbares Verhältnis, das sich in Spielen der Macht immer wieder neu zu konstituieren hat. Schließlich tritt Macht, dies ist der dritte festzuhaltende Aspekt, obgleich sie die Beziehungen zwischen Akteuren maßgeblich strukturiert, vergleichsweise selten als reine Sozialform, als schlichter Zwang, als Anweisung und Kontrolle auf. Sie mischt sich vielmehr in der Regel mit Konsens, Verständigung und Vertrauen, ohne dass damit allerdings die asymmetrischen Beziehungen der Beteiligten zueinander aufgehoben würden (vgl. Zündorf 1986; Ortmann 1992; Ortmann 1995: 29–42).

Auch technikbezogene Kooperationen und Aushandlungen sind immer auf die eine oder andere Weise machtasymmetrisch strukturiert. Macht ist keineswegs lediglich ein Bestandteil kooperativer Beziehungen und Aushandlungen neben anderen, sondern ihre Basis, auf der sich Vertrauen und Autonomie, Verhandlung und Konsenssuche als notwendige, zugleich aber brüchige, immer bedrohte Formen der Handlungskoordinierung erst entwickeln können.

Industrielle Kooperationen auf traditionellen Technikfeldern, die sich vornehmlich als Hersteller-Zulieferer-Beziehungen darstellen, sind in der Regel durch ausgeprägte Machtasymmetrien und Abhängigkeitsverhältnisse zu Gunsten der Hersteller, auf deren Aufträge der Großteil der Zulieferer existenziell angewiesen ist und deren Vorgaben sie oft ohne Umstand zu folgen haben, gekennzeichnet (vgl. Mahnkopf 1994: 77; Pohlmann u.a. 1995; Köhler 1999). Demgegenüber spielen in den für viele Hochtechnologiesektoren typischen Kooperationsbeziehungen zwischen Großunternehmen und kleinen Technologiefirmen, die wissensbasiert sind und auf noch unbekannte und kaum antizipierbare Ergebnisse zielen, Verständigung, Vertrauen, gemeinsame Problembearbeitung und z.T. beträchtliche Autonomiezugeständnisse an den kleinen Partner eine erheblich wichtigere Rolle sowohl bei der Etablierung der Zusammenarbeit als auch zur produktiven Stabilisierung der konkreten Arbeitsprozesse: Die Großunternehmen sind oft nicht nur auf die spezifischen Kompetenzen der Technologiefirmen angewiesen; die zu gemeinsamer Problembearbeitung notwendige Initiative und Kreativität lassen sich überdies nicht autoritär anweisen, sondern nur in verständigungs- und vertrauensbasierten Umgebungen aktivieren (vgl. Lawton-Smith u.a. 1991: 466f.; Grabher 1993: 6–12; Loose/Sydow 1994; Freeman 1994: 469–474).

Auch in diesem Fall werden bestehende Machtasymmetrien damit allerdings nicht eingeebnet. Auch wissensbasierte Kooperationen sind zugleich eng gekoppelt an vertraglich detailliert festgelegte Erfolgskontrollen durch die Großunternehmen, die sich mit Vertragsabschluss den Zugriff auf die dort erzielten Ergebnisse sichern, die ihre Kooperationspartner in der Regel aus einem Überangebot an kooperationswilligen Interessenten auswählen können und die mit ihren voice- bzw. exit-Entscheidungen die konkrete Zusammensetzung und Ausrichtung der interorganisationalen Beziehungen bestimmen. Demgegenüber sind die meisten der neuen Technologiefirmen, wenn sie nicht ohnehin als abhängige Zulieferer schnell wechselnder Spezialtechniken für die Großen fungieren, dringend auf externe Finanzierungsquellen angewiesen und nur in den seltensten Fällen in der Lage, eigene Entwicklungen in marktreife Produkte zu transformieren und (weltweit) zu vermarkten. Die (keineswegs nur für die Biotechnologie zu konstatierende) Konsequenz: „Often the exchange requires a smaller firm to sacrifice some degree of autonomy (for instance, over determining its goals for research and development) to gain access to markets with high barriers to entry. For many biotechnology firms, the compromise may forestall bankruptcy, merger, or acquisition" (Barley u.a. 1992: 343f.; vgl. auch Powell 1996: 226–250; Sydow 1992: 90–94; Dickson u.a. 1991; Kogut u.a. 1993: 71–75; Powell/Brantley 1992; Orsenigo 1993; Dolata 1999).

Das hier beschriebene asymmetrische Verhältnis der beiden Unternehmenstypen zueinander ist allerdings vor allem für die Phase der breiten industriellen Aneignung neuer Technikfelder charakteristisch, in der sich die zuvor fluiden Marktstrukturen bereits stabilisiert, mögliche technische Entwicklungspfade gefestigt und etablierte Großunternehmen das Feld zu dominieren begonnen haben. Die Frühphase der industriellen Erschließung derartiger Technikfelder wird demgegenüber oft in erheblich stärkerem Maße durch neugegründete Technologiefirmen geprägt, die früher und flexibler als die Großunternehmen neue technische Möglichkeiten und Kommerzialisierungspotenziale antizipieren, oft zumindest temporär exklusives Wissen und Know-how monopolisieren und diesen gewichtigen Trumpf zeitweilig auch in die Verhandlungen mit großen Partnern einbringen können (vgl. Dosi 1984: 86–196; Orsenigo 1989: 99–165; Ichbiah/Knepper 1991).

Auch auf die *politische Verhandlung und Regulierung* neuer Technikfelder besitzen gesellschaftliche, intermediäre und politische Akteure keineswegs gleiche Einflusschancen. Zum einen sind, wie bereits gezeigt, schon die Zugangsmöglichkeiten zu technikpolitischen Verhandlungen (mit der Ausnahme von für die politische Entscheidungsfindung allerdings eher irrelevanten Diskursprojekten), vor allem aber zu korporatistischen Aushandlungsgeflechten sehr ungleich verteilt. Und zum anderen sind auch Aushandlungssysteme immer von Machtbeziehungen durchzogen, in denen sich gesellschaftliche Kräfteverhältnisse konkretisieren und divergierende Interessen miteinander konkurrieren, die mit höchst ungleich verteilten Ressourcen, Droh- und Durchsetzungspotenzialen unterlegt sind (vgl. Benz 1995, 1997; Hirsch 1995: 114–121).

Vergleichsweise fließend sind die Machtbeziehungen auch in diesem Fall vor allem in den take-off-Phasen neuer Technikfelder, die mit großen Unsicherheiten über den notwendigen politischen Regelungsbedarf und noch ungefestigten Handlungsprogrammatiken der beteiligten (korporativen) Akteure einhergehen. In derartigen Umbruchsituationen konstituieren sich neue Verhandlungsthemen und Aushandlungsarenen, betreten bis dahin unbekannte (oder unbedeutende) Akteure das Feld und haben sich alte Akteure zu repositionieren. All dies verändert überkommene Machtstrukturen – bisweilen nur in Nuancen, z.T. aber auch gravierend.

Sobald neue Technikfelder ökonomisch und wettbewerbspolitisch relevant werden, erhöht sich dagegen insbesondere das Gewicht etablierter Großunternehmen und ihrer Interessenvertretungsverbände auch in der technikpolitischen Aushandlung signifikant. Sie verfügen nicht nur über enge, traditionsreiche Kontakte zur politischen Administration und (anders als etwa die Wissenschaftsorganisationen) über mit erheblichen Ressourcen ausgestattete, international agierende Verbände, die in der Lage sind, zu allen für sie relevanten technikpolitischen Themen ohne große Umstände differenzierte Expertise bereitzustellen. Sie haben in politischen Aushandlungssystemen überdies den „stummen Zwang der ökonomischen Verhältnisse" (Marx 1962: 765) auf ihrer Seite, der in zweierlei Hinsicht fokussierend auf die staatliche Moderation und Politikfindung wirkt: Einerseits können sie sich als internationalisierte Unternehmen kontrollierenden technikpolitischen Interventionen heute stärker als noch vor fünfzehn Jahren entziehen und staatliche Politik jederzeit mit der simplen Drohung der Auswanderung oder des Arbeitsplatzabbaus unter Druck setzen. Und andererseits konstituieren sie damit zugleich jene allgegenwärtigen politischen Standortkonkurrenzen, die dem Staat als vordringlichste seiner Aufgaben die Sicherung der technologischen Leistungsfähigkeit des Landes (oder der Region) und seiner Industrie zuweisen (vgl. Zündorf 1999; Altvater/Mahnkopf 1996; Simonis 1989). Vor diesem Hintergrund werden Verhandlung, Verständigung und Vertrauen zu brüchigen Kategorien auch der politischen Aushandlung: Sobald sich gravierende Interessendivergenzen auftun, treten schnell (zumindest temporär) Konfrontation, Drohung und Erpressung an ihre Stelle.

Damit ist natürlich keineswegs gesagt, dass sich ökonomische Interessen in der technikpolitischen Aushandlung bruchlos umsetzen ließen. Auch andere Akteure – die Politik selbst, die Wissenschaftsorganisationen oder, im Fall gesellschaftlich umstrittener Technikfelder, soziale Gegenbewegungen – sind am politischen Aushandlungsspiel mit eigenen Ressourcen und Interessen beteiligt und durchaus in der Lage, Einfluss auf die Gestaltung einer Technik zu nehmen. Die Einflusschancen sind allerdings, dies ist das Argument, nicht bloß situativ, sondern strukturell asymmetrisch verteilt: Mit der Aufwertung eines Technikfeldes zu einer ökonomisch relevanten Schlüsseltechnologie, der positive Arbeitsplatzeffekte und Standortsicherungsqualitäten zugeschrieben werden, erhöht sich das relative Gewicht der Wirtschaft in der technikpolitischen Aushandlung signifikant – und der Druck auf die anderen Beteiligten, dies in ihren eigenen Handlungsprogrammen zu berücksichtigen.

Aus den hier vorgebrachten Überlegungen ergibt sich für die sozialwissenschaftliche Technikforschung als *zweites Erfordernis*, die in sie eingelagerten Machtbeziehungen und Abhängigkeitsverhältnisse wieder zum Ausgangspunkt der Analyse industrieller Kooperationsbeziehungen und politischer Aushandlungsprozedere zu machen. Vertrauen, Verständigung und Konsens entwickeln sich nicht neben oder als Ersatz, sondern immer im Schatten der Macht. Nur über eine solche analytische Vorentscheidung lassen sich das relative Gewicht und der Einfluss der an der Technikentwicklung und -regulierung beteiligten Akteure unterscheiden. Und nur so lassen sich die „schlechten Wirklichkeiten" kooperativer Interaktionsmuster, insbesondere ihre internen Konkurrenzmechanismen, Hierarchiebildungen, Konfliktlinien und Störanfälligkeiten, adäquat erfassen.

4. Interaktionsmuster II: Kooperation und Konkurrenz

Zur Erfassung der sozialen Interaktionsmuster in Technikgeneseprozessen ist schließlich eine weitere Differenzierung notwendig. Ihre Dynamik und Bewegungsformen lassen sich nicht angemessen analysieren, wenn der Blick auf kooperative Strukturbildungen zwischen den beteiligten Akteuren verengt wird: Sie haben, dies wird häufig übersehen, immer zugleich eine ausgeprägte kompetitive Komponente. Kooperative industrielle Technikentwicklung ist, so meine *dritte These*, ökonomisch immer eingefasst in scharfe (internationale) Konkurrenzauseinandersetzungen um Forschungs- und Entwicklungsvorsprünge, Marktanteile oder Einflusssphären. Und kooperative politische Technikregulierung koexistiert mit ebenso scharfen Auseinandersetzungen in Aushandlungssystemen sowie Wettbewerben zwischen Nationen und Regionen um die besten Standortbedingungen. Kooperative Interaktionsmuster sind also in ihre kompetitiven Umgebungen einzubetten.

Betrachten wir dazu zunächst wiederum die *industrielle Seite*. Technologische Umbrüche wirbeln in der Regel vorhandene ökonomische Strukturen nachhaltig durcheinander und lösen neue Firmengründungen, weit reichende unternehmensinterne Restrukturierungsprozesse, industrielle Modernisierungswettläufe, Fusions- und Konzentrationswellen aus (vgl. van Tulder/Junne 1988: 28–73; Dolata 1992: 242–281; OECD 1996). Gleichzeitig erhöht sich in derartigen Umbruchsituationen in der Regel auch die industrielle Kooperationsdynamik – allerdings nicht neben dem, sondern als integraler Bestandteil dieses „fierce competitive struggle" (Freeman 1991: 509), in dem sich die Unternehmen eines Technikfeldes befinden.

Zusammen mit dem Aufbau von in-house-Kapazitäten und der Zusammenlegung von Ressourcen im Rahmen von Akquisitions- und Fusionspolitiken spielen Kooperationsbeziehungen eine wesentliche Rolle bei der Absicherung bzw. Verbesserung der (technologischen) Konkurrenz- und Wettbewerbsfähigkeit der Unternehmen. Mit technikbezogenen Kooperationen reagieren die Unternehmen zum einen auf die z.T. großen Unsicherheiten, die Heterogenität und die Multidisziplinarität des Innovationsprozesses auf neuen, aber auch auf im Umbruch befindlichen alten Technikfeldern. Ihre Konkurrenzfähigkeit hängt unter diesen Bedingungen in hohem Maße von ihrer Fähigkeit ab, für sie relevantes externes Wissen und Know-how aufzuspüren, zu bewerten und mit Hilfe kooperativer Arrangements (oder Zukäufe und Fusionen) zu rekonfigurieren (vgl. Gibbons u.a. 1994: 111–136). Der Aufwuchs technikbezogener industrieller Kooperationsbeziehungen ist allein aus diesen Komplexitäten und Unsicherheiten des Innovationsprozesses, die unternehmensintern nicht mehr zu bewältigen sind, allerdings nicht zu erklären: Sie sind zum anderen immer zugleich Elemente internationaler Wettläufe um Wissen und Know-how, Forschungs-, Entwicklungs- und Vermarktungsvorsprünge und dienen – neben Akquisitionen und Fusionen – der Domänenabsicherung bzw. -erweiterung fokaler Unternehmen auf zentralen Märkten. Über Kooperationen, Allianzen oder Konsortien bilden sich (bisweilen sehr fragile) Koalitionen in der Konkurrenzauseinandersetzung heraus, die dann nicht mehr zwischen einzelnen Unternehmen, sondern zwischen rivalisierenden industriellen Kooperationsgeflechten stattfindet. Durchaus nicht untypisch haben etwa Kogut u.a. dies für die Mikroprozessor-Industrie gezeigt: „firms that are known for competing in microprocessors are competing for technological dominance through interfirm relations" (1993: 73; ähnlich Powell 1996: 239–245; Biemans 1998: 20).

Die Bedeutung industrieller Kooperationsbeziehungen für den Innovationsprozess ist also in zweierlei Hinsicht zu präzisieren: Zum einen sind sie lediglich wichtige Bausteine innerhalb eines größeren Sets strategischer Ansatzpunkte, mit denen die Unternehmen auf technologische Umbrüche reagieren – Akquisitionen und Fusionen spielen in diesem Zusammenhang eine zumindest ähnlich bedeutsame Rolle. Und zum anderen bilden industrielle Kooperationsgeflechte oder Netzwerke lediglich (oft zudem stark fragmentierte) Substrukturen, die sich erst über die ein Technikfeld charakterisierenden Konkurrenzmuster systematisch aufeinander beziehen.

Auch die *technikpolitische Entscheidungsfindung und Regulierung* hat wie gesehen fraglos eine starke kooperative Komponente. Kooperativ formulierte Technikpolitik heißt nun allerdings keineswegs, dass die an Aushandlungssystemen Beteiligten „zu einer auf das gemeine Wohl verpflichteten Zusammenarbeit finden" (Ritter 1979: 408), nach dem Vorbild sokratischer Diskurse das bessere Argument siegen lassen und so effektive Regelungen produzieren (vgl. auch Teubner/Willke 1984; van den Daele 1997). Auch technikpolitische Aushandlungen zeichnen sich in der Regel nicht nur durch z.T. scharfe Interessendivergenzen und Konfliktlinien zwischen den Beteiligten aus, zu deren Durchsetzung sie überdies höchst ungleich verteilte Macht- und Drohpotenziale ins Feld führen können. Sie sind überdies ebenfalls in kompetitive Umgebungen eingebettet: Vor dem Hintergrund der Internationalisierung der (industriellen) Innovationsverläufe folgt die administrativ vermittelte Politikaushandlung mittlerweile einer alles andere dominierenden Leitorientierung, die die dort vorhandenen Verhandlungsspielräume und Entscheidungskorridore nachhaltig prägt und restringiert: Der Sicherung der technologischen Leistungs- und Wettbewerbsfähigkeit in der Konkurrenz mit anderen Standorten. Diese ausgeprägt kompetitive Leitorientierung findet sich auf allen Ebenen der technikpolitischen Aushandlung wieder: Sowohl in den Regionen, die etwa mit Infrastrukturangeboten um die Ansiedlung von High Tech-Unternehmen konkurrieren, als auch in nationalen Kontexten und im Rahmen von Wirtschaftsblöcken, in denen es die technologische Leistungsfähigkeit des jeweiligen Landes bzw. des Wirtschaftsraumes gegenüber anderen zu verteidigen bzw. auszubauen gilt (vgl. Seitz 1991; BMBF 1999).

Dies prägt auch die *Rolle des Staates* in der technikpolitischen Aushandlung. Staatliche Technikpolitik und -regulierung hat zwar zumal auf kontrovers diskutierten Technikfeldern (wie etwa der Biotechnologie oder der Atomtechnik), soll sie nicht tief greifende Legitimationskrisen hervorrufen, unterschiedliche Interessen im Verhandlungsprozess zu vermitteln sowie gesellschaftliche Debatten, Kräfteverhältnisse und Meinungslagen zu berücksichtigen – und also originär politische Funktionen zu übernehmen. Der Staat wird damit jedoch keineswegs zum überparteilichen Moderator, der eher unspezifisch „die Gruppenmeinungen und Gruppeninteressen als bewegende Kraft der Gemeinwohlprozesse in der pluralistischen Demokratie anerkennt" und „sich der Träger sozialer und ökonomischer Macht zur Umsetzung seiner Ziele bedient" (Ritter 1979: 408f.). Er agiert unter dem Druck einer gerade in Hochtechnologien starken internationalen Ausrichtung der Wissens- und Innovationskonkurrenz vielmehr in erster Linie als nationaler Wettbewerbsstaat, der es als seine zentrale, in allen Parteiprogrammen und staatlichen Verlautbarungen explizierte Aufgabe begreift, in der Auseinandersetzung mit anderen (nationalen) Innovationssystemen der Forschung und Produktion möglichst günstige Standortbedingungen bereitzustellen (vgl. Dolata 1992: 282–310; Altvater/Mahnkopf 1996; Hirsch 1995: 101–121; Gerybadze u.a. 1997: 196–215).

Aus alldem ergibt sich für sozialwissenschaftliche Technikanalysen schließlich ein *drittes Erfordernis*. Wenn die soziale Organisation und Dynamik von Technikentwicklung und -regulierung angemessen erfasst werden sollen, dann ist der analytische Fokus auf kooperative oder netzwerkartige Interaktionsmuster, die zweifellos an Gewicht gewonnen haben, zwar wichtig, zugleich aber entschieden zu eng: Damit wird leicht übersehen, dass bei allem Zwang zur Zusammenarbeit Wettbewerb, Wettlauf und Konkurrenz konstitutive Elemente nicht nur des ökonomischen Innovationsprozesses, sondern auch der technikpolitischen Aushandlung und der staatlichen Aufgabenzuschreibung sind. Über kompetitive Interaktionsmuster beziehen sich die verstreuten Innovationsprojekte und Verhandlungsarenen oft systematischer aufeinander als dies die in sie eingelagerten kooperativen Beziehungen leisten können – gerade wenn man (zu Recht) eine „„Pluralisierung' von Innovationsinstanzen und eine ‚Individualisierung' von Innovationsverläufen" vor dem Hintergrund einer „radikalen Entbettung und Globalisierung der Technikentwicklung" unterstellt (Rammert 1997a: 50 und 58). Zusammenarbeit in der Technikentwicklung und -regulierung findet immer im Schatten von Wettbewerb und Konkurrenz statt. Je näher sich ein neues Technikfeld an ökonomisch verwertbare Nutzungsformen annähert und je dezentraler, marktförmiger und internationaler es zudem strukturiert ist, desto systematischer werden kooperative Interaktionsmuster in kompetitive Beziehungsstrukturen eingebettet und von ihnen geprägt. Ökonomisch äußert sich dies in scharfen Innovationskonkurrenzen um Forschungs-, Produktions- und Vermarktungsvorsprünge, in die externer Know-how-Erwerb und Kooperationsbeziehungen als wichtige Elemente der unternehmerischen Strategiebildung eingelagert sind. Und politisch konkretisiert sich dies in Standortwettbewerben um die besten wissenschaftlichen, rechtlichen und gesellschaftlichen Rahmenbedingungen für die Forschung und Produktion, die zur zentralen Bezugsgröße technikpolitischer Aushandlung und Entscheidungsfindung geworden sind.

Literatur

Altvater, Elmar/Mahnkopf, Birgit, 1996: Grenzen der Globalisierung. Ökonomie, Ökologie und Politik in der Weltgesellschaft. Münster.
Asdonk, Jupp/Bredeweg, Udo/Kowol, Uli, 1991: Innovation als rekursiver Prozess. Zur Theorie und Empirie der Technikgenese am Beispiel der Produktionstechnik, in: Zeitschrift für Soziologie 4, 290–304.
Asdonk, Jupp/Bredeweg, Udo/Kowol, Uli, 1994: Evolution in technikerzeugenden und technikverwendenden Sozialsystemen – dargestellt am Beispiel des Werkzeugmaschinenbaus, in: *Werner Rammert/Gotthard Bechmann* (Hrsg.), Technik und Gesellschaft. Jahrbuch 7. Frankfurt a.M./New York, 67–94.
Axelsson, Björn/Easton, Geoffrey (Hrsg.), 1992: Industrial Networks. A New View of Reality. London/New York.
Bachmann, Reinhard, 1999: Die Koordination und Steuerung interorganisationaler Netzwerkbeziehungen über Vertrauen und Macht, in: *Jörg Sydow/Arnold Windeler* (Hrsg.), Steuerung von Netzwerken. Konzepte und Praktiken. Opladen, 107–125.
Barley, Stephen R./Freeman, John/Hybels, Ralph C., 1992: Strategic Alliances in Commercial Biotechnology, in: *Nitin Nohria/Robert Eccles* (Hrsg.), Networks and Organizations. Structure, Form and Action. Boston, 311–347.
Benz, Arthur, 1995: Politiknetzwerke in der horizontalen Politikverflechtung, in: *Dorothea Jansen/Klaus Schubert* (Hrsg.), Netzwerke und Politikproduktion. Konzepte, Methoden, Perspektiven. Marburg, 185–204.
Benz, Arthur, 1997: Kooperativer Staat? Gesellschaftliche Einflussnahme auf staatliche Steuerung, in: *Ansgar Klein/Rainer Schmalz-Bruns* (Hrsg.), Politische Beteiligung und Bürgerengagement in Deutschland. Möglichkeiten und Grenzen. Baden-Baden, 88–113.
Biemans, Wim G., 1998: The Theory and Practice of Innovative Networks, in: *W. During/R. Oakley* (Hrsg.), New Technology-based Firms in the 90s, Vol. IV. London, 10–26.
Bijker, Wiebe E./Hughes, Thomas P./Pinch, Trevor (Hrsg.), 1987: The Social Construction of Technological Systems. New Directions in the Sociology and History of Technology. Cambridge.
BMBF (Hrsg.), 1999: Zur technologischen Leistungsfähigkeit Deutschlands. Zusammenfassender Endbericht 1998. Bonn.
Braun, Dietmar, 1997: Die politische Steuerung der Wissenschaft. Ein Beitrag zum „kooperativen Staat". Frankfurt a.M./New York.
Crozier, Michel/Friedberg, Erhard, 1979: Macht und Organisation. Königstein/Ts.
Daele, Wolfgang van den, 1997: Risikodiskussion am „Runden Tisch". Partizipative Technikfolgenabschätzung zu gentechnisch erzeugten herbizidresistenten Pflanzen, in: *Renate Martinsen* (Hrsg.), Politik und Biotechnologie. Die Zumutung der Zukunft. Baden-Baden, 281–302.
Dickson, Keith/Lawton-Smith, Helen/Lloyd-Smith, Stephen, 1991: Bridge over Troubled Waters? Problems and Opportunities in Interfirm Research Collaboration, in: Technology Analysis & Strategic Management 2, 143–156.
Dolata, Ulrich, 1992: Weltmarktorientierte Modernisierung. Die ökonomische Regulierung des wissenschaftlich-technischen Umbruchs in der Bundesrepublik. Frankfurt a.M./New York.
Dolata, Ulrich, 1996: Politische Ökonomie der Gentechnik. Konzernstrategien, Forschungsprogramme, Technologiewettläufe. Berlin.
Dolata, Ulrich, 1999: Innovationsnetzwerke in der Biotechnologie?, in: WSI-Mitteilungen 2, 132–141.
Dolata, Ulrich, 1999a: Hot House. Konkurrenz, Kooperation und Netzwerkbildung in der Biotechnologie. Bremen (Forschungszentrum Arbeit – Technik – Umwelt: artec-paper Nr. 69).

Dolata, Ulrich, 2000: Die Kontingenz der Markierung. Akteure, Interaktionsmuster und strukturelle Kontexte der Technikentwicklung: Ein techniktheoretischer Analyserahmen. Bremen (Forschungszentrum Arbeit – Umwelt – Technik: artec-Paper Nr. 76).

Dörrenbächer, Christoph, 1999: Vom Hoflieferanten zum Global Player. Unternehmensreorganisation und nationale Politik in der Welttelekommunikationsindustrie. Berlin.

Dörrenbächer, Christoph/Meißner, Heinz-Rudolf/Naschold, Frieder/Renneke, Leo, 1997: Regimewandel und Prozeßketten-reengineering in der globalen Telekommunikationsindustrie, in: *Frieder Naschold/David Soskice/Bob Hancké/Ulrich Jürgens* (Hrsg.), Ökonomische Leistungsfähigkeit und institutionelle Innovation. Das deutsche Produktions- und Politikregime im globalen Wettbewerb. Berlin, 95–150.

Dosi, Giovanni, 1984: Technical Change and Industrial Transformation. The Theory and an Application to the Semiconductor Industry. London.

Dosi, Giovanni/Freeman, Christopher/Nelson, Richard/Silverberg, Gerald/Soete, Luc (Hrsg.), 1988: Technical Change and Economic Theory. London/New York.

Dunning, John H., 1993: The Globalization of Business. The Challenge of the 90s. London/New York.

Eising, Rainer/Kohler-Koch, Beate, 1994: Inflation und Zerfaserung: Trends der Interessenvermittlung in der Europäischen Gemeinschaft, in: *Wolfgang Streeck* (Hrsg.), Staat und Verbände. Opladen, 175–206.

Forsgren, Mats/Hägg, Ingemund/Hakansson, Hakan/Johanson, Jan/Mattson, Lars-Gunnar, 1995: Firms in Networks. A New Perspective on Competitive Power. Uppsala.

Freeman, Christopher, 1991: Networks of Innovators: A Synthesis of Research Issues, in: Research Policy 20, 499–514.

Freeman, Christopher, 1994: The Economics of Technical Change, in: Cambridge Journal of Economics 18, 463–514.

Freeman, Christopher/Hagedoorn, John, 1995: Convergence and Divergence in the Internationalization of Technology, in: *John Hagedoorn* (Hrsg.), Technical Change and the World Economy. Aldershot.

Gerybadze, Alexander/Meyer-Krahmer, Frieder/Reger, Guido, 1997: Globales Management von Forschung und Innovation. Stuttgart.

Gibbons, Michael/Limoges, Camille/Nowotny, Helga/Schwartzmann, Simon/Scott, Peter/Trow, Martin, 1994: The New Production of Knowledge. The Dynamics of Science and Research in Contemporary Societies. London.

Giddens, Anthony, 1988: Die Konstitution der Gesellschaft. Frankfurt a.M./New York.

Grabher, Gernot (Hrsg.), 1993: The Embedded Firm. On the Socioeconomics of Industrial Networks. London/New York.

Grande, Edgar, 1996: Das Paradox der Schwäche: Forschungspolitik und die Einflußlogik europäischer Politikverflechtung, in: *Markus Jachtenfuchs/Beate Kohler-Koch* (Hrsg.), Europäische Integration. Opladen, 373–399.

Grande, Edgar/Häusler, Jürgen, 1994: Industrieforschung und Forschungspolitik. Staatliche Steuerungspotentiale in der Informationstechnik. Frankfurt a.M./New York.

Grimmer, Klaus/Häusler, Jürgen/Kuhlmann, Stefan/Simonis, Georg (Hrsg.), 1992: Politische Techniksteuerung. Opladen.

Hagedoorn, John, 1996: The Economics of Cooperation among High Tech-Firms – Trends and Patterns in Strategic Technology Partnering since the Early Seventies, in: *Georg Koopmann/Hans-Eckart Scharrer* (Hrsg.), The Economics of High-Technology Competition and Cooperation in Global Markets. Baden-Baden, 173–198.

Hakansson, Hakan (Hrsg.), 1987: Industrial Technological Development. A Network Approach. London.

Hakansson, Hakan, 1989: Corporate Technological Behaviour. Co-operation and Networks. London/New York.

Héritier, Adrienne (Hrsg.), 1993: Policy-Analyse. Kritik und Neuorientierung. Opladen.

Héritier, Adrienne, 1993a: Policy-Analyse. Elemente der Kritik und Perspektiven der Neuorientierung, in: *Adrienne Heritier* (Hrsg.), Policy-Analyse. Kritik und Neuorientierung. Opladen, 9–36.
Hirsch, Joachim, 1995: Der nationale Wettbewerbsstaat. Staat, Demokratie und Politik im globalen Kapitalismus. Berlin/Amsterdam.
Hirsch-Kreinsen, Hartmut, 1997: Innovationsschwächen der deutschen Industrie. Wandel und Probleme von Innovationsprozessen, in: *Werner Rammert/Gotthard Bechmann* (Hrsg.), Technik und Gesellschaft. Jahrbuch 9. Frankfurt a.M./New York, 153–173.
Ichbiah, Daniel/Knepper, Susan L., 1991: The Making of Microsoft. Rockland.
Jansen, Dorothea/Schubert, Klaus (Hrsg.), 1995: Netzwerke und Politikproduktion. Konzepte, Methoden, Perspektiven. Marburg.
Jarillo, Carlos J., 1993: Strategic Networks. Creating the Borderless Organization. Oxford.
Kenis, Patrick/Schneider, Volker (Hrsg.), 1996: Organisation und Netzwerk. Institutionelle Steuerung in Wirtschaft und Politik. Frankfurt a.M./New York.
Kenis, Patrick/Schneider, Volker, 1996a: Verteilte Kontrolle: Institutionelle Steuerung in modernen Gesellschaften, in: *Patrick Kenis/Volker Schneider* (Hrsg.), Organisation und Netzwerk. Institutionelle Steuerung in Wirtschaft und Politik. Frankfurt a.M./New York, 9–43.
Kogut, Bruce/Shan, Weijian/Walker, Gordon, 1993: Knowledge in the Network and the Network as Knowledge: The Structuring of New Industries, in: *Gernot Grabher* (Hrsg.), The Embedded Firm. On the Socioeconomics of Industrial Networks. London/New York, 67–94.
Köhler, Holm-Detlev, 1999: Netzwerksteuerung und/oder Konzernkontrolle? Die Automobilkonzerne im Internationalisierungsprozeß, in: *Jörg Sydow/Arnold Windeler* (Hrsg.), Steuerung von Netzwerken. Konzepte und Praktiken. Opladen, 280–300.
Kowol, Uli, 1998: Innovationsnetzwerke. Technikentwicklung zwischen Nutzungsvisionen und Verwendungspraxis. Wiesbaden.
Kowol, Uli/Krohn, Wolfgang, 1995: Innovationsnetzwerke. Ein Modell der Technikgenese, in: *Jost Halfmann/Gotthard Bechmann/Werner Rammert* (Hrsg.), Technik und Gesellschaft. Jahrbuch 8. Frankfurt a.M./New York, 77–106.
Lawton Smith, Helen/Dickson, Keith/Lloyd-Smith, Stephen, 1991: „There are Two Sides to Every Story": Innovation and Collaboration within Networks of Large and Small Firms, in: Research Policy 20, 457–468.
Loose, Achim/Sydow, Jörg, 1994: Vertrauen und Ökonomie in Netzwerkbeziehungen – Strukturationstheoretische Betrachtungen, in: *Jörg Sydow/Arnold Windeler* (Hrsg.), Management interorganisationaler Beziehungen. Opladen, 160–193.
Lundvall, Bengt-Ake, 1988: Innovation as an Interactive Process: From User-producer Interaction to the National System of Innovation, in: *Giovanni Dosi/Christopher Freeman/Richard Nelson/Gerald Silverberg* (Hrsg.), Technical Change and Economic Theory. London/New York, 349–369.
Lundvall, Bengt-Ake, 1993: User-producer Relationships, National Systems of Innovation and Internationalization, in: *Dominique Foray/Chris Freeman* (Hrsg.), Technology and the Wealth of Nations. The Dynamics of Constructed Advantage. London/New York, 277–300.
Lüthje, Boy, 1997: Transnationale Dimensionen der „network revolution", in: *Josef Esser/Boy Lüthje/Roland Noppe* (Hrsg.), Europäische Telekommunikation im Zeitalter der Deregulierung. Infrastruktur im Umbruch. Münster, 36–77.
Mahnkopf, Birgit, 1994: Markt, Hierarchie und soziale Beziehungen. Zur Bedeutung reziproker Beziehungsnetzwerke in modernen Marktgesellschaften, in: *Nils Beckenbach/Werner van Treeck* (Hrsg.), Umbrüche gesellschaftlicher Arbeit. Soziale Welt, Sonderband 9. Göttingen, 65–84.
Martinsen, Renate, 1992: Theorien politischer Steuerung – auf der Suche nach dem dritten Weg, in: *Klaus Grimmer/Jürgen Häusler/Stefan Kuhlmann/Georg Simonis* (Hrsg.), Politische Techniksteuerung. Opladen, 51–73.
Martinsen, Renate, 1995: Der „lernende Staat" als neues Paradigma der politischen Techniksteuerung, in: *Renate Martinsen/Georg Simonis* (Hrsg.), Paradigmenwechsel in der Technologiepolitik? Opladen, 13–30.
Marx, Karl, 1962: Das Kapital, Erster Band, in: Marx-Engels-Werke, Bd. 23. Berlin.

Mayntz, Renate, 1997: Policy-Netzwerke und die Logik von Verhandlungssystemen, in: *Renate Mayntz* (Hrsg.), Soziale Dynamik und politische Steuerung. Theoretische und methodologische Überlegungen. Frankfurt a.M./New York, 239–262.
Mayntz, Renate/Scharpf, Fritz W., 1995: Steuerung und Selbstorganisation in staatsnahen Sektoren, in: Renate *Mayntz/Fritz W. Scharpf* (Hrsg.), Gesellschaftliche Selbstregelung und politische Steuerung. Frankfurt a.M./New York, 9–38.
Messner, Dirk, 1995: Die Netzwerkgesellschaft. Wirtschaftliche Entwicklung und internationale Wettbewerbsfähigkeit als Probleme gesellschaftlicher Steuerung. Köln.
Nohria, Nitin/Eccles, Robert G. (Hrsg.), 1992: Networks and Organizations. Structure, Form and Action. Boston.
OECD (Hrsg.), 1996: Globalization of Industry. Overview and Sector Reports. Paris.
Orsenigo, Luigi, 1989: The Emergence of Biotechnology. Institutions and Markets in Industrial Innovation. London.
Orsenigo, Luigi, 1993: The Dynamics of Competition in a Science-based Technology: The Case of Biotechnology, in: *Dominique Foray/Chris Freeman* (Hrsg.), Technology and the Wealth of Nations. The Dynamics of Constructed Advance. London/New York, 41–65.
Ortmann, Günther, 1992: Macht, Spiel, Konsens, in: *Willi Küpper/Günther Ortmann* (Hrsg.), Mikropolitik. Rationalität, Macht und Spiele in Organisationen. Opladen, 13–26.
Ortmann, Günther, 1995: Formen der Produktion. Organisation und Rekursivität. Opladen.
Ortmann, Günther/Sydow, Jörg, 1999: Grenzmanagement in Unternehmungsnetzwerken: Theoretische Zugänge, in: Die Betriebswirtschaft 2, 205–220.
Perkmann, Markus, 1998: Die Welt der Netzwerke, in: Politische Vierteljahresschrift, 870–883.
Picot, Arnold/Reichwald, Ralf/Wigand, Rolf T., 1996: Die grenzenlose Unternehmung. Information, Organisation und Management. Lehrbuch zur Unternehmensführung im Informationszeitalter. Wiesbaden.
Pohlmann, Markus/Apelt, Maja/Buroh, Karsten/Martens, Henning, 1995: Industrielle Netzwerke. Antagonistische Kooperationen an der Schnittstelle Beschaffung – Zulieferung. München/Mering.
Powell, Walter W., 1996: Weder Markt noch Hierarchie: Netzwerkartige Organisationsformen, in: *Patrick Kenis/Volker Schneider* (Hrsg.), Organisation und Netzwerk. Institutionelle Steuerung in Wirtschaft und Politik. Frankfurt a.M./New York, 213–271.
Powell, Walter W./Brantley, Peter, 1992: Competitive Cooperation in Biotechnology: Learning Through Networks?, in: *Nitin Nohria/Robert Eccles* (Hrsg.), Networks and Organizations. Structure, Form and Action. Boston, 366–394.
Rammert, Werner, 1997: Innovation im Netz. Neue Zeiten für technische Innovationen: heterogen verteilt und interaktiv, in: Soziale Welt 4, 396–415.
Rammert, Werner, 1997a: Auf dem Weg zu einer post-schumpeterianischen Innovationsweise. Institutionelle Differenzierung, reflexive Modernisierung und interaktive Vernetzung im Bereich der Technikentwicklung, in: *Daniel Bieber* (Hrsg.), Technikentwicklung und Industriearbeit. Industrielle Produktionstechnik zwischen Eigendynamik und Nutzerinteressen. Frankfurt a.M./New York, 45–71.
Ritter, Ernst-Hasso, 1979: Der kooperative Staat. Bemerkungen zum Verhältnis von Staat und Wirtschaft, in: Archiv des Öffentlichen Rechts 104, 389–413.
Scharpf, Fritz W., 1993: Positive und negative Koordination in Verhandlungssystemen in: *Adrienne Héritier,* Policy-Analyse. Kritik und Neuorientierung. Opladen, 57–83.
Seitz, Konrad, 1991: Die japanisch-amerikanische Herausforderung. Deutschlands Hochtechnologie-Industrien kämpfen ums Überleben. Bonn.
Simonis, Georg, 1989: Technikinnovation im ökonomischen Konkurrenzsystem, in: *Ulrich von Alemann/Heribert Schatz/Georg Simonis* (Hrsg.), Gesellschaft – Technik – Politik. Perspektiven der Technikgesellschaft. Opladen, 37–73.
Simonis, Georg, 1992: Forschungsstrategische Überlegungen zur politischen Techniksteuerung, in: *Klaus Grimmer/Jürgen Häusler/Stefan Kuhlmann/Georg Simonis* (Hrsg.), Politische Techniksteuerung. Opladen, 13–50.

Streeck, Wolfgang/Schmitter, Philippe C., 1991: From National Corporatism to Transnational Pluralism: Organized Interests in the Single European Market, in: Politics & Society 19, 133–164.

Sydow, Jörg, 1992: Strategische Netzwerke. Evolution und Organisation. Wiesbaden.

Sydow, Jörg/Windeler, Arnold, 1994: Über Netzwerke, virtuelle Integration und Interorganisationsbeziehungen, in: *Jörg Sydow/Arnold Windeler* (Hrsg.), Management interorganisationaler Beziehungen. Opladen, 1–18.

Sydow, Jörg/Windeler, Arnold (Hrsg.), 1999: Steuerung von Netzwerken. Konzepte und Praktiken. Opladen.

Sydow, Jörg/Windeler, Arnold, 1999a: Steuerung von und in Netzwerken – Perspektiven, Konzepte, vor allem aber offene Fragen, in: *Jörg Sydow/Arnold Windeler* (Hrsg.), Steuerung von Netzwerken. Konzepte und Praktiken. Opladen, 1–24.

Teubner, Gunther/Willke, Helmut, 1984: Kontext und Autonomie: Gesellschaftliche Selbststeuerung durch reflexives Recht, in: Zeitschrift für Rechtssoziologie 5, 4–35.

Tulder, Rob van/Junne, Gerd, 1988: European Multinationals in Core Technologies. Chichester.

Waarden, Frans van, 1992: Dimensions and Types of Policy Networks, in: European Journal of Political Research 21, 29–52.

Weingart, Peter (Hrsg.), 1989: Technik als sozialer Prozess. Frankfurt a.M.

Weyer, Johannes/Kirchner, Ulrich/Riedl, Lars/Schmidt, Johannes F.K., 1997: Technik, die Gesellschaft schafft. Soziale Netzwerke als Ort der Technikgenese. Berlin.

Zündorf, Lutz, 1986: Macht, Einfluss, Vertrauen und Verständigung. Zum Problem der Handlungskoordinierung in Arbeitsorganisationen, in: *Rüdiger Seltz/Ulrich Mill/Eckart Hildebrandt* (Hrsg.), Organisation als soziales System. Kontrolle und Kommunikationstechnologie in Arbeitsorganisationen. Berlin, 33–56.

Zündorf, Lutz, 1999: Dimensionen weltwirtschaftlicher Vergesellschaftung. Weltmärkte, transnationale Unternehmen und internationale Organisationen, in: *Andrea Eckardt/Holm-Detlev Köhler/Ludger Pries* (Hrsg.), Global Players in lokalen Bindungen. Unternehmensglobalisierung in soziologischer Perspektive. Berlin, 31–52.

Von nationalen Technologienormen zur transnationalen Technologienormenkonkurrenz. Das Beispiel Telekommunikation

Josef Esser / Ronald Noppe

1. Einleitung

In öffentlichen Debatten in Deutschland hat sich die Diagnose einer „technologischen Lücke", mangelhafter Standortfaktoren oder der „Eurosklerose" seit den 70er Jahren kaum verändert. Dennoch sind in forschungs- und technologiepolitischen Kontroversen und Konzepten signifikante Verschiebungen zu lokalisieren. Waren es noch vor wenigen Jahren „nationale Innovationssysteme" (Nelson 1993), die in Anknüpfung an die Aktivitäten des damals erfolgreichen japanischen Industrieministeriums MITI die institutionellen Rahmenbedingungen für innovative Tätigkeiten der Ökonomie bieten sollten und war es die gezielte Förderung von „National Champion" Unternehmen, die den Lösungsweg darstellen sollte, hat sich heute sowohl in der politischen Diskussion als auch in der sozialwissenschaftlichen Analyse der räumliche und institutionelle Fokus verschoben.

Auch die Innovationsforschung im engeren Sinne folgt eine „doppelte Aushöhlung" des Nationalstaates. Diese hat den Effekt, dass im Zuge der Mehrebenenverflechtung und vorangetrieben durch Globalisierungs- bzw. Triadisierungsprozesse verstärkt Kompetenzen nach unten auf die regionale und lokale Ebene sowie nach oben auf die Europäische Union verlagert werden. Die Innovationsforschung betont empirisch wie theoretisch den Bedeutungszuwachs europäischer Forschungs- und Entwicklungsprogramme (Grande/Häußler 1994; Esser u.a. 1997) gleichermaßen wie die zunehmende Relevanz des regionalen und lokalen sozialen Kapitals in Innovationsnetzwerken, seien es industrielle Distrikte (Pyke/Sengenberger 1992), innovative Milieus (Ratti u.a. 1997) oder industrielle Cluster (Porter 1991). Zumindest in den Sozialwissenschaften ist der „staatszentrierte Ansatz der Technologiepolitik" (Simonis 1995: 381–404) dem Vernetzungsparadigma gewichen.[1]

Kritik wurde daran aus sehr unterschiedlichen Richtungen laut: So einmal aus ökonomischer Perspektive von Paul Krugmann (1994), der darauf insistiert, dass zwar Unternehmen, nicht jedoch Regionen oder Nationen im Wettbewerb stehen, da letztere nicht untergehen können. Eher aufgrund empirischer Analysen kommen Hellmer u.a. (1999) zu dem Schluss, Innovationsnetzwerke als Mythos zu dechiffrieren. Solche Kooperationsformen seien zwar in gewissen Ballungsräumen zu identifizieren, aber keineswegs verallgemeinerungsfähig. Aus politökonomischer Sicht schließlich wendet Ulrich Dolata (1999) ein, dass zumindest für den Bereich der Biotechnologien weiterhin tra-

---

1 Obgleich dies noch geringen Einfluss auf einschlägige Berichte im Auftrag des BMBF hat (vgl. BMBF 1999).

ditionelle korporatistische Verhandlungsstrukturen dominant seien. Neue vertrauensbasierte Kooperationsformen und Vernetzungen spielten ein untergeordnete Rolle.

Nach unserer Ansicht haben sowohl die Konzepte mit nationalem Schwerpunkt als auch diejenigen, welche die regionale Ebene betonen, Defizite. An dem Ansatz der National Systems of Innovation ist zu kritisieren, dass in dem zugrunde liegenden Modell von technologischen Paradigmen und daraus resultierenden Trajekten ein latenter Technikdeterminismus beibehalten wird. Vielfältige Veränderungen und Verschiebungen in Technisierungsprozessen, die als Resultat von konfliktorischen Aushandlungen zu interpretieren sind, bleiben hier außerhalb des analytischen Rahmens. Die unterschiedlichen Konzeptionen regionaler Innovationstätigkeit wiederum vernachlässigen sowohl übergreifende Rahmen- und Strukturbedingungen wie auch gesamtgesellschaftlich vermittelte Entwicklungsdynamiken und Brüche.

Wir wollen uns im Folgenden daher dem Themenbereich der Transformation von nationalen Innovationsnetzwerken zu einem transnationalen Innovationswettbewerb aus regulationstheoretischer Perspektive nähern. Dies kann erstens davor bewahren, zu vorschnellen Verallgemeinerungen hinsichtlich der empirisch zu beobachtenden strategischen Steuerungsversuche im Spektrum zwischen Mehrebenenverflechtung und vertrauensbasierter Vernetzung zu kommen, da sich die Aktivitäten von ökonomischen und politischen Akteuren hier im wesentlichen als Krisenlösungsversuche darstellen, die keinem einheitlichem Muster folgen. Zweitens bietet der Regulationsansatz die Möglichkeit, sowohl nationale, regionale und lokale, als auch transnationale Akkumulations- und Regulationsstrategien zu thematisieren.[2] Drittens schließlich haben wir in Zusammenhang mit eigenen empirischen Untersuchungen zum Telekommunikationsbereich den Regulationsansatz für die Untersuchung von industriellen wie politischen Technologiestrategien mit der Einführung des Begriffs der Technologienormen operationalisiert und sehen darin einen sinnvollen Weg, Technologieentwicklungen und Innovationsprozesse in gesellschaftstheoretischer Perspektive zu analysieren.

Unsere Hypothese ist, dass im Zuge der Krise des Nachkriegsfordismus im Telekommunikationsbereich durch neoliberale Konzepte inspirierte Strategien der Privatisierung, Deregulierung und Transnationalisierung *institutionell* Kompetenzverschiebungen nicht nur zwischen verschiedenen Ebenen politischer Einflussnahme, sondern zuförderst zugunsten der Interessenartikulation privater bzw. privatisierter Akteure zu verzeichnen sind. Die *inhaltlich* hiermit einhergehende technische sowie soziale Flexibilisierung, das verstärkte Aufkommen regionaler Disparitäten und die Kompetenzverlagerungen weg von der nationalstaatlichen Ebene sind damit nicht als *räumliche* Effekte wertneutraler und sachzwangartiger Prozesse von Globalisierung oder technologischer Entwicklungen – wie es die herrschenden Diskurse suggerieren –, sondern als Ergebnis politisch-technischer Lösungsstrategien der Krise des Fordismus zu verstehen.

Dabei kommt der Entwicklung und Implementation neuer Technologien eine zunehmend stärker werdende Rolle im transnationalen Wettbewerb zu. Am Fallbeispiel Telekommunikation lassen sich dabei sowohl auf der bundesdeutschen wie europä-

---

2 Dies, obwohl die meisten Vertreter dieses Ansatzes die transnationale Dimension in ihren Arbeiten vernachlässigt haben (vgl. Noppe/Waringo 1996 und Waringo 1998).

ischen Ebene technische, regulierungspolitische und diskursive Strategien der Restrukturierung identifizieren.

Nach Darlegung unseres theoretischen Untersuchungsrahmens werden wir zunächst die fordistische Technologienorm der Fernmeldeeinheitstechnik in der Telekommunikation Deutschlands skizzieren. Darauf folgt eine Analyse der krisenhaften Umbrüche des fordistischen Telekommunikationssektors, in der auf die geänderte Rolle der Europäischen Kommission eingegangen wird. In einem weiteren Schritt wird der Wandel hin zur transnationalen Technologienormenkonkurrenz aus bundesdeutscher Perspektive unter Berücksichtigung politischer Initiativen und der entstandenen neuen Marktstruktur betrachtet. Abschließend werden wir einige Konturen neuer Technologienormen skizzieren.

2. Regulationstheorie und Technologienormenkonkurrenz

Sowohl die oben geschilderten Phänomene einer „doppelten Aushöhlung" nationalstaatlicher Kompetenzen und Aktivitäten nach oben im Zuge von Europäisierung und Triadisierung, wie auch nach unten – auf die regionale und lokale Ebene – lassen sich, ebenso wie die zentralen Fragestellungen der angesprochenen theoretischen Ansätze, in eine gesellschaftstheoretische Perspektive aufnehmen. Hierzu greifen wir auf verschiedene konzeptionelle Arbeiten aus der französischen Regulationstheorie zurück und ergänzen diese um einige Aspekte. Die Abkehr von nationalen Innovationssystemen und Technologienormen hin zu verflochtener regionaler und transnationaler Technologienormenkonkurrenz ist aus dieser Perspektive eng mit der Krise des Fordismus verbunden.

Grundsätzlich ist der Verlauf der Entwicklung kapitalistischer Gesellschaftsformationen aus Sicht der Regulationstheorie durch die Dominanz verschiedener Akkumulationsregime und Regulationsweisen gekennzeichnet. Das fordistische Akkumulationsregime ist durch eine synchrone Entwicklung von Produktivitäts- und Reallohnzuwächsen charakterisiert und wird bestimmt als:

„... ein Modus systematischer Verteilung und Reallokation des gesellschaftlichen Produktes, der über einen längeren Zeitraum hinweg eine bestimmte Entsprechung zwischen zwei Transformationen herstellt: einerseits der Transformation der Produktionsverhältnisse (Volumen des eingesetzten Kapitals, Aufteilung unter den Branchen und Produktionsnormen) und andererseits der Transformation der Verhältnisse der tatsächlichen Konsumtion (Konsumtionsnormen der Lohnabhängigen und anderer sozialer Klassen, Kollektivausgaben etc.)" (Lipietz 1985: 120).

Zu betonen ist hier, dass ein Akkumulationsregime eine dynamische Kategorie darstellt, die das Entsprechungsverhältnis zweier Umwälzungsprozesse beinhaltet. Es beschreibt die Veränderung der Produktionsverhältnisse gleichermaßen wie der Konsumtionsnormen im Zeitverlauf (vgl. Krebs 1996: 14). Demgegenüber ist eine Regulationsweise definiert ist als:

„... die Gesamtheit der institutionellen Formen, Netze, expliziten und impliziten Normen, die die Kompatibilität der Verhaltensweisen im Rahmen eines Akkumulationsregimes in Übereinstimmung mit den jeweiligen sozialen Verhältnissen und jenseits ihrer konfliktuellen Eigenschaften sichern" (Lipietz 1985: 121).[3]

Auf dieser allgemeinen Ebene ist eine Phase stabiler Entwicklung einer Gesellschaftsformation an die Korrespondenz von Akkumulationsregime und Regulationsweise gebunden – ein Entsprechungsverhältnis das ex-post funktional rekonstruiert werden kann, historisch konkret aber als eine in gesellschaftliche Auseinandersetzungen eingebettete „historische Fundsache" gilt. Eine stabile Artikulation von Akkumulationsregime und Regulationsweise wird zeitlich und territorial durch hegemoniale Projekte gesichert, die die Integration verschiedener gesellschaftlicher Interessen gewährleisten (Esser/Hirsch 1987; Hirsch 1990; Jessop 1990). Die Genese und Stabilisierung hegemonialer Projekte ist dabei Resultat unterschiedlicher hegemonialer Strategien, die sich wiederum in spezifischen diskursiven Praktiken manifestieren (Jessop 1999).

Zur näheren Spezifikation dieser allgemein formulierten Stabilitätsbedingungen in Hinblick auf die Technologieentwicklung bedienen wir uns der v.a. von Michel Aglietta (1979) entwickelten Begrifflichkeiten der Produktions- und Tauschnorm, mit der im Rahmen der Regulationstheorie einzelne Branchen voneinander abgegrenzt werden sowie der Konsumnorm, mit der übergreifende Charakteristika der effektiven Nachfrage erfasst werden. Auf dieser Ebene ist schließlich der für unsere Argumentation zentrale Begriff der Technologienorm verortet.

Mit diesem Begriff erfassen wir die mit einem historischen Akkumulationsregime verknüpften institutionellen Formen und Modi der Technologieentwicklung, die sich in längerfristig stabilen Konfigurationen technischer Systeme und Artefakte, in spezifischen Praktiken ihrer Erzeugung und Verwendung sowie in entsprechenden Akteurskonstellationen niederschlagen (Esser u.a. 1997; Lüthje 1999).[4]

Technologienormen können in vielfältiger Art und Weise institutionalisiert sein: formell z.B. in technischen Normen und Standards, Patenten oder auch in Plänen für die Entwicklung von Infrastruktursystemen, informell z.B. in oligopolistischen Lizenzarrangements und Marktaufteilungen zwischen Unternehmen oder in den als „Königsweg" der Technologieentwicklung geltenden Handlungsweisen von Wissenschaftlern oder Technikern.

Analytisch unterscheiden wir *vier verschiedene Dimensionen* von Technologienormen (vgl. Esser u.a. 97: 25)

1. *Genetisch* sind sie das kontingente Ergebnis konflikthafter gesellschaftlicher Aushandlungsprozesse. Verschiedene konkurrierende und z.T. antagonistische Interessen unterschiedlicher privatwirtschaftlicher Akteursgruppen, staatlicher Instanzen

---

3 Zitiert wird hier eine korrigierte Übersetzung des ursprünglichen Textes von Lipietz nach Krebs (1996).

4 Im Unterschied zu dem von Campbell u.a. entwickelten Konzept der „sektoralen governance" (Campbell u.a. 1991 und Schneider/Kenis 1996) und der im Ansatz des „akteurzentrierten Institutionalismus" geprägten Terminologie „sektoraler Leistungsstrukturen" und korrespondierenden „Regelungsstrukturen" (vgl. Mayntz/Scharpf 1995: 17 und Czada 1998: 366) rekurriert der Regulationsansatz auf die gesamtgesellschaftliche Ebene und umfasst mit dem Begriff der Regulationsweise auch nicht kodifizierte diskursive Praktiken und Handlungsroutinen.

und sozialer Organisationen werden in diesen Prozessen zu Kompromissen und Arrangements über technologische Entwicklungen verdichtet und reproduziert.
2. Die *zeitliche* Dimension der Technologienormen beinhaltet mit der Anknüpfung an historische Akkumulationsregime eine notwendige längerfristige Stabilität. Dabei ist zu berücksichtigen, dass es sich hier nicht um ein statisches Konzept von „Technik" handelt, sondern dass gerade die Regulierung und Verstetigung des technischen Wandels über bestimmte Perioden hinweg erfasst werden soll.
3. *Sachlich* ist die konkrete Ausformung und Konfiguration technologischer Artefakte sowie technischer Standards und Spezifikationen als Ergebnis von Konflikten und Aushandlungsprozessen angesprochen.
4. Als *soziale* Dimension verstehen wir die im Zusammenhang mit der Technologieentwicklung stehenden Praktiken von Forschern, Ingenieuren, Technikern, von gesellschaftlichen Gruppen und politischen Institutionen einerseits und die damit verbundenen gesellschaftlichen Implikationen und Nutzungsformen der Technologien andererseits.

Den konkreten *Prozess* der Technologieentwicklung selbst begreifen wir schließlich als einen Institutionalisierungsprozess, der im Zusammenhang gesamtgesellschaftlicher Rahmenbedingungen und Brüche stattfindet. Institutionen verstehen wir dabei einerseits als Formen der Selbstbindung des Handelns, die Stabilität und intersubjektive Verbindlichkeit gewährleisten. Andererseits muss die Geltung von Institutionen aber immer wieder durch relevante Akteure reproduziert werden – insofern sind sie zerbrechlich. Im Prozess der Technologieentwicklung findet dabei gleichzeitig eine De- und Re-Kontextualisierung statt, bei der einerseits verschiedene ökonomische und soziale Interessen und Bedürfnisse, unterschiedliche Formen wissenschaftlichen und technologischen Wissens, unternehmensspezifische Traditionen, Strategien und Kundenbeziehungen, politische Regulierungsvorstellungen etc. in technologische Probleme und Artefakte übersetzt werden. Die entstehenden Formen technischer Artefakte wiederum müssen für ihren Einsatz in ökonomisch-soziale Zusammenhänge immer wieder verändert und an konkrete Nutzungsbedingungen angepasst, also re-kontextualisiert werden. Es erschient uns dabei wichtig zu betonen, dass es sich bei der De- und Re-Kontextualisierung nicht um ein Phasenmodell handelt, sondern um analytisch unterschiedene Prozesse, die über Mechanismen der Antizipation technischer oder sozialer Gegebenheiten im Verlauf von Technologieentwicklungen gleichzeitig ablaufen (Esser u.a. 1997: 15; vgl. auch: Hack u.a. 1991; Bender 1996; Konrad 1997). Mit dieser Konzeptualisierung können wir technikdeterministische Restbestände in neo-schumpeterianischen Konzeptionen technologischer Paradigmen und Trajekte vermeiden und dennoch gegenüber Netzwerkansätzen gesellschaftsstrukturelle Aspekte betonen.

Hinsichtlich einer historischen Periodisierung charakterisiert die Regulationstheorie den Kapitalismus der Nachkriegsphase als fordistische Vergesellschaftungsform. Als besonderes Merkmal des Fordismus gilt die eng an wachsenden Massenkonsum gebundene tayloristische Massenproduktion. Stabilisiert durch institutionelle Mechanismen wie Korporatismus, Wohlfahrtsstaat und keynesianische Globalsteuerung sowie der allgemeinen Priorität von Wachstum und Vollbeschäftigung wurde in national unterschiedlichen Gesellschaftsprojekten die politische und soziale Integration der Arbeiterbewegung in jeweilige nationale Klassen- und Kräftebündnissen hergestellt (Esser u.a. 1997:

17). Eine säkulare Krise des fordistischen Kapitalismus ist seit Mitte der siebziger Jahre zu beobachten. Als Ursache hierfür gilt die politisch-ökonomische Restrukturierung des Weltkapitalismus, die die beschriebenen Regulationsformen dysfunktional werden ließ. Ein verlangsamtes Wachstum der Arbeitsproduktivität, die verstärkte Transnationalisierung der Ökonomie, das Aufkommen neuer sozialer Bewegungen und eine zunehmende Belastung sozialstaatlicher Elemente bilden Facetten der Krise, auf die – angeleitet durch neoliberale Weltanschauungen – mit einer verstärkten Suche nach technisch-ökonomischen Lösungsstrategien reagiert wurde.

Vor diesem allgemeinen Hintergrund wollen wir im Folgenden die Umbrüche im Telekommunikationssektor als herausragendes Fallbeispiel analysieren. Als besonderes Charakteristikum zeigt sich dabei, dass einerseits die Europäische Kommission als Vorreiter der Neoliberalisierung auftritt und andererseits die technologische Flexibilisierung als zentrales strategisches Moment gilt.

3. Fallbeispiel Telekommunikation in Deutschland[5]

3.1 Telekommunikation in der fordistischen Phase

Die für die Ära des Nachkriegsfordismus typische Struktur und Dynamik der Technologieentwicklung im Telekommunikationssektor war durch die Existenz meist staatlicher Monopolunternehmen und deren enge Kooperation mit national orientierten „Hoflieferantenkartellen" gekennzeichnet. Die Branche war politisch stark reguliert und unterlag der Gemeinwohlorientierung. Die Produktions- und Tauschnormen können als institutionalisierte Gewährleistung von *Universaldiensten* bezeichnet werden. Auf der Seite der Konsumenten von Telekommunikationsdienstleistungen wurden die Telefon- bzw. Fernsprechteilnehmer mit Diensten versorgt, die durch im Besitz der öffentlichen Postverwaltungen befindliche Netze, Vermittlungsknoten und Endgeräte erbracht wurden. Sowohl die Teilnehmerendgeräte als auch das öffentliche Fernsprechnetz waren an einer Technologienorm, die wir als *Fernmeldeeinheitstechnik* kennzeichnen, ausgerichtet.

Die *genetische* Dimension dieser Technologienormen bestand einerseits aus einer inkrementellen Modernisierung der Netze und Endgeräte, die sich in erster Linie an der Kompatibilität mit den bestehenden Technologien und an der Integrität des Gesamtnetzes orientierte. Andererseits wurden in enger Abstimmung mit der elektrotechnischen Industrie Großprojekte initiiert, wie z.B. die Digitalisierung der Vermittlungstechnik, die Einführung des ISDN oder die Planung eines Netzes für die integrierte Breitbandkommunikation. Verschiedene Interessengruppen wie privatwirtschaftliche Akteure, Telekommunikationsnutzer, Gewerkschaften, politische Parteien u.a.m. wurden in die Kompromissbildung über unterschiedliche technisch-soziale Entwicklungs-

---

5 Wir konzentrieren uns hier aus Platzgründen auf die Entwicklungen in Deutschland, obwohl – natürlich mit Abweichungen in der konkreten Ausgestaltung – auch in anderen Ländern Europas wie Großbritannien (vgl. Felhölter 1997) und Frankreich (vgl. Lemke/Waringo 1997) die öffentlichen Telekommunikationsnetze im Rahmen sehr ähnlicher Grundmuster aufgebaut und fortentwickelt wurden.

richtungen und Strategien einbezogen. Dem Postmonopol wurde zwar vorgeworfen sich mit zunehmender Größe immer stärker der politischen Kontrolle zu entziehen (vgl. Werle 1990: 245), dennoch waren weitreichende Entscheidungen über Technologien regelmäßig Gegenstand kontroverser Debatten des Bundestages.

Durch die Einbindung in die fordistische Produktions- und Tauschnorm des gemeinwohlorientierten Universaldienstes mit ihrer monopolistischen Regulierung durch das Bundespostministerium, das gleichzeitig Netzbetreiber war, wurde die längerfristige *zeitliche* Stabilität der Technologieentwicklung gewährleistet. Das Zusammenspiel zwischen Bundespost und „Hoflieferantenkartell", das auch durch spektakuläre Fehlentwicklungen nicht in Frage gestellt wurde, war so ausgerichtet, dass die Technologien langfristig angelegt in einem vorwiegend evolutionären Prozess weiterentwickelt wurden.

Ein hierarchisch aufgebautes, national analoges Fernmeldenetz mit standardisierten Endgeräten stellte die *sachliche* Dimension der Technologienorm dar. Allen Entwicklungen lag das Prinzip der Systemintegration zugrunde. Die Deutsche Bundespost legte gemeinsam mit der Industrie die Charakteristika der Systemkomponenten in „Pflichtenheften" so fest, dass die Austauschbarkeit von Komponenten und die Einheitlichkeit des Netzes nicht gefährdet wurde.

Als herausragende *soziale* Dimension der Technologienormen kann die nationale Ausrichtung des Netzbetreibers, der Herstellerindustrie sowie der Netze und der Netzentwicklung gelten. Die deutsche Bundespost koordinierte zwar mit anderen nationalen Fernmeldeverwaltungen die Abwicklung internationaler Telefonverbindungen, dies geschah jedoch nach dem eigentlichen Prozess der Technologieentwicklung und im wesentlichen nur in Fragen der Tarifabrechnung und der notwendigen Schnittstellen. Mit der nationalen monopolistischen Regulierung wurde weiterhin die Einbindung in die Produktions- und Tauschnorm der gemeinwohlorientierten Universaldienste gewährleistet.

3.2 Krise der fordistischen Telekommunikation und die neue Rolle der Europäischen Kommission

Mit der Krise des fordistischen Akkumulationsregimes begann ein tiefgreifender Wandel des Telekommunikationssektors, der eine völlige Ablösung der charakterisierten Technologienorm zur Folge hatte. Im Resultat führte die Transformation zu einer Fragmentierung und Transnationalisierung der Akteure des Innovationsprozesses. Die politische Regulierung wurde in die Form einer europäischen Mehrebenenverflechtung überführt, im Bereich der Netzentwicklung wurde durch die Digitalisierung und die Erarbeitung neuer Standards für Breitbandtechnologien eine neue Qualität der Flexibilisierung implementiert und die allgemeine langfristige Orientierung der beteiligten Akteursgruppen wurde durch kurzfristige Profitmaximierungsstrategien ersetzt.

Lange bevor mit der „Postreform I" von 1989 in der Bundesrepublik erste Schritte zu einer Transformation des Post- und Telekommunikationsbereichs unternommen wurden, ist der Beginn europäischer Initiativen zu verzeichnen. Als Antwort auf die deutlich gewordenen Krisenprozesse und inspiriert durch die Privatisierung der British

Telecom und die Entflechtung von AT&T in den USA fand die Europäische Kommission in der Telekommunikation ein neues strategisches Betätigungsfeld. Die Hauptursache der ökonomischen Schwäche Europas sah die Kommission einerseits im Fehlen von „kritischen Massen" in der Forschung und Entwicklung im Bereich der Informations- und Kommunikationstechnologien und andererseits in der zu geringen Größe der jeweiligen nationalen Märkte in der EU. Nach dieser Problemanalyse folgerichtig, begann die Kommission mit Initiativen im Bereich der vorwettbewerblichen Forschungsförderung, der Vereinheitlichung der national unterschiedlichen technischen Standardisierung sowie der Regulierungspolitik, die im Verlauf der 90er Jahre durch diskursive Strategien ergänzt wurden, die einen Übergang in eine „Informationsgesellschaft" konstatierten. Ziel war eine technische Harmonisierung, die eine Grundlage der Marktöffnung und des transnationalen Wettbewerbs bildet.

Zunächst initiierte die Kommission im engeren Bereich der Informationstechnologien 1982 das Programm ESPRIT (European Strategic Programme for Research and Development in Information Technology) und in der Folge für die Telekommunikation, die als prominentes Anwendungsfeld der Informationstechnologien galt, das Programm RACE (Research and Development in Advanced Communications Technologies for Europe) und darauf folgend ACTS (Advanced Communications Technologies and Services). Das Ziel des 1984 konzipierten und 1987 begonnen Programms RACE war die Einführung der integrierten Breitbandkommunikation in Europa. Auf der technischen Seite bedeutete dies – in Unterschied zu den jeweiligen national orientierten ISDN-Konzeptionen – den Aufbau europaweit vereinheitlichter Telekommunikationsnetze, in denen sowohl schmalbandige (Telefon, ISDN) wie breitbandige (Videokonferenzen, Video on Demand) Anwendungen, Festnetze wie Mobilfunknetze miteinander agieren können.

Das zweite Feld der europäischen Initiativen betrifft die Liberalisierungspolitik mit dem Zweck der Marktöffnung. Mit dem Grünbuch von 1987 über die Entwicklung des gemeinsamen Marktes für Telekommunikationsdienstleistungen und Telekommunikationsendgeräte machte die Kommission den ersten Schritt in Richtung auf die Einführung des Dienstewettbewerbs, bei dem verschiedenste private Anbieter auf der Grundlage immer noch öffentlicher Telekommunikationsnetze aktiv werden konnten. In weiteren Schritten – die hier nicht im Detail nachgezeichnet werden sollen (vgl. hierzu: Noppe 1997) – folgten weitere Grünbücher, Empfehlungen und Richtlinien, die in der Einführung des vollständigen Netz- und Dienstewettbewerb zum 1.1.1998 mündeten.

Der dritte Schwerpunkt der Aktivitäten schließlich war die Inszenierung eines öffentlich breit geführten Diskurses der „Informationsgesellschaft". Die Kommission gab verschiedene Expertenberichte in Auftrag – allen voran den Bangemann-Bericht (Bangemann 1994) – in denen die Unausweichlichkeit von technischer Revolution und ökonomischer Globalisierung betont wurde. Die Tragweite der politisch und sozial zu bewältigenden Herausforderungen wurde dabei mit denjenigen der industriellen Revolution verglichen und die vorgeschlagenen Lösungsstrategien forderten die forcierte Deregulierung und Privatisierung des Telekommunikationssektors (Bangemann 1994).

Diese hier grob skizzierten Initiativen und Prozesse auf europäischer Ebene – an deren Gestaltung bundesdeutsche Akteure und Interessen selbstverständlich beteiligt waren – stellen eine bedeutsame Hintergrundfolie für die in der BRD zu beobachtende Entwicklung dar. In unserer oben entwickelten Terminologie bilden sie Elemente einer transnationalen Regulation, die eine transnationale Technologienormenkonkurrenz fördern. Diese wurde aus national dominierten relativ homogenen Zusammenhängen in transnationale und fragmentierte Innovationsnetzwerke mit spezifischen Arenen der Politikformulierung überführt, deren herausragendes Charakteristikum die Dominanz privater ökonomischer Akteure darstellt (Esser/Noppe 1996).

3.3 Sektorale Restrukturierung in der Bundesrepublik

Im Vergleich zu anderen europäischen Staaten war der Umbruch des Telekommunikationssektors in der Bundesrepublik zunächst stark vom Fortdauern der korporatistischen Traditionen des Modell Deutschland geprägt. Bis in die 80er Jahre war die Politik eines schrittweisen Ausbaus des Fernmeldenetzes zu einer informations- und kommunikationstechnischen Universalinfrastruktur bei allen wesentlichen Akteuren unumstritten (Lüthje 1997).

Als strategische industriepolitische Initiative wurde Anfang der 80er Jahre der schrittweise Aufbau eines diensteintegrierenden digitalen Fernmeldenetzes (ISDN) angegangen. Bis zum Jahre 2010 sollte das analoge Fernmeldenetz mit einem jährlichen Aufwand von 15–20 Mrd. DM zu einer universellen, breitbandigen Informationsinfrastruktur ausgebaut werden – ein Gesamtvolumen, das den Umbau zum größten großtechnischen Projekt der Geschichte der BRD gemacht hätte (Kubicek/Rolfs 1985). Zum einen war damit bezweckt, die traditionelle Funktion des Binnenmarktes als Test- und Referenzmarkt für den Export von kommunikationstechnischen Anlagen aufrecht zu erhalten und zum anderen sollte auf das konstatierte Zusammenwachsen der Märkte für Informations- und Kommunikationstechnologien reagiert werden.

Vorhandene Telekommunikationsdienste, wie Sprach-, Daten- und Textübertragung sollten schrittweise in einem informationstechnischen Universalnetz zusammengefasst werden, dass nach einem Ausbau zu einer breitbandigen Infrastruktur – dann als Integriertes Breitbandiges Fernmeldenetz (IBFN) bezeichnet – prinzipiell auch die Übertragung von Fernsehbildern erlauben würde. Die Pläne entsprachen noch ganz dem Muster einer Netzentwicklungsstrategie, die auf eine flächendeckende Kommunikationsversorgung im nationalen Raum abstellte. Umstritten war der Ausbau vor allem aus zwei Gründen: So litt die Bundespost unter finanziellen Engpässen, u.a. weil sie zur Quersubventionierung von Postdiensten verpflichtet war. Darüber hinaus standen aber auch Großtechnologieprojekte politisch durch die Aktivitäten neuer sozialer Bewegungen stark unter Druck (Lüthje 1997: 159–161).

Gleichsam mit einem „letzten Kraftakt des Monopols" (Robischon 1999) wurde eine ähnliche Konzeption auch noch beim Aufbau eines digitalen Kommunikationsnetzes für die ehemalige DDR angewendet. Von 1990 bis 1997 investierte der bundesdeutsche Netzbetreiber hier ca. 50 Mrd. DM in das „modernste Telekommunikationsnetz der Welt" (Ron Sommer), das also unmittelbar vor der Einführung des vollen Netzwettbewerbs fertig gestellt wurde.

Dieser Netzwettbewerb und die damit einhergehende Transnationalisierung und Fragmentierung, die Durchsetzung neuer technologischer Standards und Konzepte in der europäischen Forschung und Entwicklung und Standardisierung sowie der aus dem Wettbewerb resultierende Zwang zur kurzfristigen Profitmaximierung lassen heute solche langfristig ausgerichteten Technologiestrategien obsolet werden.

3.3.1 Regulierungspolitik

Regulierungspolitisch brachte die Postreform I von 1989 zunächst moderate Veränderungen mit sich. So wurden mit dem Poststrukturgesetz der Endgerätemarkt und die Bereitstellung von Nicht-Sprachdiensten liberalisiert. Die hoheitlichen Aufgaben wurden von den betrieblichen getrennt und letztere wurden auf drei selbständige öffentliche Unternehmen übertragen. Mit der Postreform II von 1994 (Postneuordnungsgesetz) erfolgte die Umwandlung dieser Unternehmen in Aktiengesellschaften und mit dem Telekommunikationsgesetz (TKG) von 1996 – auch im Einklang mit Vorgaben der EU-Kommission – schließlich die vollständige Liberalisierung im Telekommunikationsbereich inklusive der Sprachübertragung und der Netze zum 1.1.1998. Damit endete der Monopolstatus der Deutschen Telekom AG.

In Vorfeld der politischen Auseinandersetzungen um das TKG lassen sich zwei Koalitionen (vgl. Thorein 1997a und 1997b) identifizieren, die allerdings in der grundsätzlichen Frage nach der Zustimmung zu einer Liberalisierung einig waren. Auf der einen Seite fand sich eine Position, die im wesentlichen vom Verband der Telekommunikationsnetz- und Mehrwertanbieter (VTM) dominiert wurde, in dem die Konkurrenten der Telekom zusammengeschlossen sind. Zu dieser Gruppe sind auch der BDI (Bund Deutscher Industrie) und der DIHT (Deutscher Industrie und Handelstag), die FDP-Fraktion, das Bundeswirtschaftsministerium (BMWi) und teilweise die CDU/CSU-Fraktion sowie das Bundesfinanzministerium (BMF) zu zählen. Dem gegenüber stand eine Koalition aus der Deutschen Telekom, der Deutschen Postgewerkschaft (DPG) und den Telekommunikationsexperten der SPD. Das Bundesministerium für Post und Telekommunikation (BMPT) vertrat zunächst keine eindeutige Position, tendierte aber im Verlauf der Verhandlungen stärker zur ersten Gruppe.

Umstritten war im wesentlichen das Ausmaß, in dem eine asymmetrische Regulierung zulasten der Deutschen Telekom implementiert werden sollte (Thorein 1997b: 295).

Im Anschluss an die Verabschiedung des TKG wurde zum 1.1.1998 die Regulierungsbehörde für Post und Telekommunikation (RegPT) geschaffen. Nach einigen Kontroversen um die institutionelle Angliederung dieser Organisation, die die Nachfolgerin des aufgelösten BMPT bildet, wurde in die RegPT auch das Bundesamt für Post und Telekommunikation (BAPT) integriert, das bislang die Einhaltung technischer Normen kontrollierte. Mit den 2700 Beschäftigten des BAPT hat die unter Aufsicht des Wirtschaftsministeriums stehende neue Behörde ca. 3000 Beschäftigte (Die Zeit 11.07.97).

Ihre Hauptaufgaben fasst ihr Leiter, Klaus-Dieter Scheurle, folgendermaßen zusammen:

„1. Angesichts der marktbeherrschenden Stellung des etablierten Unternehmens muss Wettbewerb zu fairen Bedingungen für alle sichergestellt werden. 2. Es muss gewährleistet sein, dass die notwendige Kooperation der miteinander konkurrierenden Anbieter bezüglich technischer Standards und Spezifikationen stattfindet und nicht zu Diskriminierungen führt. 3. Die ökonomischen und technischen Rahmensetzungen müssen dem jeweiligen Stand des technischen Fortschritts angepasst werden. Außerdem sind sie so auszugestalten, dass sie weiteren Fortschritt fördern. 4. Im Rahmen der Infrastruktursicherung ist ein flächendeckend ausreichendes und angemessenes Angebot an Telekommunikationsdienstleistungen zu gewährleisten" (Scheurle 1998).

Als ein wesentlicher Punkt der Regulierung gilt die Gewährleistung einer flächendeckenden Versorgung der Bevölkerung mit Telekommunikationsdiensten. Die dazu dienenden *Universaldienstverpflichtungen* waren bislang in der Bundesrepublik nicht formal festgelegt. Im Telekommunikationsgesetz von 1996 wird erstmals definiert, was darunter zu verstehen sei. „Universaldienstleistungen sind ein Mindestangebot an Telekommunikationsdienstleistungen für die Öffentlichkeit, für die eine bestimmte Qualität festgelegt ist und zu denen alle Nutzer unabhängig von ihrem Wohn- oder Geschäftsort zu einem erschwinglichen Preis Zugang haben müssen" (TKG 1996 § 17,1). Eine Verpflichtung, diese bereitzustellen, hat jeder Lizenznehmer, sofern er eine marktbeherrschende Stellung auf dem jeweiligen Marktsegment besitzt. Haben mehrere Unternehmen eine marktbeherrschende Stellung nach dem Gesetz gegen Wettbewerbsbeschränkungen, unterliegen sie alle diesen Verpflichtungen. Sollte keiner der in Frage kommenden Netzbetreiber bereit sein, einer spezifischen Verpflichtung nachzukommen, entscheidet die Regulierungsbehörde, welches Unternehmen damit beauftragt werden soll. In diesem Falle erhält das betroffene Unternehmen gegebenenfalls eine finanzielle Kompensation aus einem Fond, in den alle Netzbetreiber, die nach dem Gesetz an die Leistung von Universaldienstverpflichtungen gebunden sind, anteilig einzahlen (TKG 1996, § 19).

Welche Dienste in den Katalog aufgenommen werden, verfügte die Bundesregierung in der Telekomunikations-Universal-dienstverordnung (TUDLV), die im Februar 1997 in Kraft getreten ist. Danach gilt als Universaldienstleistung: „der Sprachtelefondienst auf der Basis eines digital vermittelnden Netzes und von Teilnehmeranschlussleitungen mit einer Bandbreite von 3,1 Khz und mit – soweit technisch möglich – den ISDN-Leistungsmerkmalen Anklopfen, Anrufweiterschaltung, Einzelverbindungsnachweis, Entgeltanzeige und Rückfrage/Makeln." Darüber hinaus beinhaltet er die Telefonauskunft, öffentliche Telefonzellen und bestimmte Arten digitaler Mietleitungen. Bemerkenswert hieran ist, dass die Bestimmung hinter den derzeit verfügbaren Status Quo der Telefonversorgung zurückfällt, was angesichts der Rede von der „Informationsgesellschaft" als Defizit gelten muss. Die marktorientierte Philosophie der Regulierung lautet denn auch: „Demnach sind Universaldienstleistungen nur dort vorzusehen, wo sie bereits eine universelle Nachfrage bewirkt haben und ihr Verbreitungsgrad zeigt, dass sie sich zu einem Grundversorgungsgut entwickelt haben. Eine Erweiterung der Angebotsvielfalt wird am besten durch einen funktionierenden Wettbewerb und nicht durch staatliche, wettbewerbshinderliche Vorgaben erreicht" (BMPT 1996: 1).

3.3.2 Marktstruktur

Im Vorfeld der Einführung des Netzwettbewerbs fand die im Zuge einer Kapitalerhöhung vorgenommene Teilprivatisierung der Deutsche Telekom AG 1996 statt. Nachdem das Unternehmen in eine Aktiengesellschaft überführt wurde, begann am 18.11. 1996 die Platzierung von 720 Millionen T-Aktien zum Preis von DM 28,50 an der Börse. Der Anteil des Bundes sank damit auf 74% des Unternehmens (FR und FT 12.11.1996).

Die Aktienemission erbrachte der Deutschen Telekom mehr als 20 Milliarden DM; die Eigenkapitalquote stieg von 15 auf 20%. Insgesamt zeichneten 380 000 neue Aktionäre das Papier, darunter etwa zwei Drittel der Beschäftigten der Telekom, denen Sonderkonditionen eingeräumt wurden. 67% der gesamten Emission wurden vom deutschen Konsortium und 33% vom Ausland übernommen. Deutsche Privatanleger erhielten 285 Millionen Anteile, 30 Millionen gingen an private Anleger im Ausland (Post Politische Informationen 12/1996).

Als wichtigste Konkurrenten der Deutschen Telekom etablierten sich im inländischen Markt zunächst die Unternehmen Mannesmann-ARCOR – gebildet von der Deutschen Bahn AG, Mannesmann, AT&T, Unisource und der Deutschen Bank – Viag Interkom (Viag, British Telecom und Telenor), O.tel.o (RWE, Veba) und Thyssen Telecom. Von den in den Festnetzen vermittelten täglich anfallenden über 650 Mio. Gesprächsminuten wickelten die Konkurrenten der DTAG rund 20% ab (Reg TP 1999). Diese Neueinsteiger verfügten teilweise über eigene Netze, nutzen aber vor allem für den Netzzugang beim Endkunden die Leitungen der Telekom. Im Verlauf des der Liberalisierung folgenden umfassenden – und noch nicht beendeten – massiven Restrukturierungsprozesses, schied aus dem Konsortium ARCOR 1998 die amerikanische AT&T,' deren Anteil Mannesmann kaufte, aus. Im April 1999 übernahm Mannesmann-ARCOR den Konkurrenten O.tel.o und im März 2000 wurde die Übernahme des gesamten Mannesmann Konzerns durch die britisch-amerikanische Gesellschaft Vodafone AirTouch vollzogen. Die Thyssen Telecom zog sich im Sommer 1997 aus dem Geschäft zurück, so dass sich im Jahr 2000 drei große Vollanbieter im Wettbewerb beim Sprachtelefondienst finden.

Neben den genannten großen Anbietern des vollständigen Sortiments von Telekommunikationsdiensten etablierte sich aber auch eine größere Anzahl von Unternehmen, die sich auf spezielle Teilsektoren des Marktes wie z.B. die Vermittlung von call-by-call Anrufen oder auf lokale Metropolitan Area Networks für zahlungskräftige Firmenkunden spezialisierten. Auch in diesen, stark ausdifferenzierten und fragmentierten Märkten agieren neben deutschen auch transnationale Firmen wie z.B. COLT (City of London Telecommunications) oder der US-amerikanische global player MCI Worldcom. Im Zeitraum von 1996 bis 1998 beschränkten sich diese Firmen auf den Aufbau glasfaserbasierter Stadtnetze in ausgewählten Finanz- bzw. Dienstleistungszentren der Bundesrepublik Deutschland. Seit 1998 lassen auch diese Unternehmen europaweite Glasfasernetze errichten, die sich jedoch nur auf point-to-point-Verbindungen zwischen europäischen Metropolen konzentrieren (Schiller 1999).

3.3.3 Diskurs der Informationsgesellschaft

Das zentrale bundesdeutsche Dokument zur Vorbereitung der „Informationsgesellschaft" ist der vom Bundeswirtschaftsministerium im Februar 1996 herausgegebene Regierungsbericht „Info 2000. Deutschlands Weg in die Informationsgesellschaft" (BMWi 1996b). Im Vorfeld der Abfassung dieses Berichtes waren bereits Papiere des „Gesprächskreises für wirtschaftliche und technologische Fragen der Informationstechnik" (Petersberg-Kreis) im Dezember 1995 und des „Rates für Forschung, Technologie und Innovation" im Januar 1996 (BMWi 1996a) vorgelegt worden (vgl. Thorein 1997a: 57–71). Mit dem Bericht habe sich die damalige Bundesregierung „in umfassender Weise mit dem Wandel unserer Volkswirtschaft zur Informationsgesellschaft befasst" (BMWi 1996b: 7). Er wurde gleichermaßen als Bestandsaufnahme, wie auch als Aktionsplan der Bundesregierung konzipiert.

Ähnlich wie im Bangemann-Report von 1994 wird die zunehmende Bedeutung von Informationen und wissensintensiver Produktion in der durch technischen Wandel entstehenden „Informationsgesellschaft" betont. Ein wesentlicher Faktor sei die Konvergenz von Informations- und Kommunikationstechnologien mit Unterhaltungselektronik und audiovisuellen Medien. Der Bericht prognostiziert einen lang anhaltenden Wachstumsschub auf der Grundlage der technologischen Entwicklungen. Weiterhin wird betont, dass Information ein bedeutsamer Produktionsfaktor neben Boden, Rohstoffen, Kapital und Arbeit geworden sei.

Zur Durchsetzung ihrer formulierten Ziele hat die Bundesregierung die „Initiative Informationsgesellschaft Deutschland" gebildet. Es werden verschiedene Handlungsfelder zur „aktiven" Gestaltung des Wandels beschrieben. Hierzu zählt u.a. eine Stärkung der Privatinitiative und der Flexibilität der Wirtschaft. Der Rechtsrahmen müsse an die technisch-wirtschaftliche Entwicklung angepasst werden. Die weitere Liberalisierung der Telekommunikationsmärkte solle mit Nachdruck vorangetrieben werden. Voraussetzung sei eine aufgeschlossene Grundeinstellung der Bevölkerung gegenüber der „Informationsgesellschaft", weshalb der Nutzen moderner Technik der Allgemeinheit durch öffentlichkeitswirksame Maßnahmen vor Augen zu führen sei. Auf der Qualifizierungsseite kündigt die Bundesregierung an, eine „Bildungsoffensive" zu starten, die u.a. die mit der Deutschen Telekom AG gebildete Initiative „Schulen ans Netz" umfasst. Des weiteren wird für den Bereich Forschung- und Entwicklung die Ausarbeitung eines Rahmenkonzeptes „Innovationen für das Informationszeitalter 1997–2001" angekündigt. Auch der Reform der öffentlichen Verwaltung sollen die Technologien dienen. Die Inhalte und Formen der technischen Standardisierung und Normung müssten den neuen Bedingungen angepasst werden. Durch die Förderung verschiedener Anwendungen soll eine Verkehrs- und Umweltentlastung erreicht werden. Nachdem der Bericht auf die Bedeutung internationaler Kooperation hinweist, kündigt er zur Koordination unterschiedlicher nationaler Aktivitäten die Einsetzung eines interministeriellen Ausschusses auf Staatssekretärsebene an (BMWi 1996b: 8–13).

Es zeigt sich also, dass – wie auf europäischer – auch auf nationaler Ebene ein Zusammenspiel von technologiepolitischen, regulierungspolitischen und diskursiven Strategien zu konstatieren ist. Dabei wurden gesellschaftliche und ökonomische Umbrüche, in den Begründungszusammenhängen als Sachzwänge technologischer Entwicklungen oder eines globalisierten Wettbewerbs verdinglicht und gleichzeitig durch politische Interventionen massiv gefördert. In diesem Prozess entziehen sich die neuen, privatisierten Akteurskonfigurationen immer stärker politischer Kontrolle und Einflussnahme. Die in der fordistischen Phase stark politisierten und öffentlich diskutierten technologischen Großprojekte sind räumlich fragmentierten Technologiestrategien transnationaler privater Unternehmen gewichen.

4. Fazit

Aus regulationstheoretischer Perspektive stellt sich der Umbruch im Telekommunikationssektor als Effekt politischer und ökonomischer Strategien zur Lösung der Krise der fordistischen Vergesellschaftungsform dar. Die Konstruktion von neuen Märkten, die die Basis ökonomischen Wachstums bilden sollen, ging einher mit der Suche nach einer neuen Technologienorm, die die fordistische Fernmeldeeinheitstechnik durch wesentlich flexiblere Konzepte ablösen sollte.

Auch wenn die Umstrukturierungen des Sektors noch nicht abgeschlossen sind, lassen sich doch für die oben unterschiedenen Dimensionen der Technologienorm verschiedene Charakteristika bestimmen:

In der *genetischen* Dimension sind die inkrementellen Modernisierungsstrategien der nationalen Telekommunikationsnetze ebenso wie die politisch stark diskutierten nationalen Großprojekte durch eine transnationale und entpolitisierte private Technologieentwicklung und Standardisierung ersetzt worden. Die Kompromissbildungsprozesse über die Gestalt der Technologienormen sind in private Arenen wie transnationale Forschungskooperationen oder beispielsweise das europäische Standardisierungsinstitut ETSI (European Telecommunications Standards Institute) verlagert worden. *Zeitlich* ist die Technologienorm durch eine kurzfristige Ausrichtung auf Profitmaximierung gekennzeichnet. Die technologischen Restrukturierungsprozesse weisen dabei eine hohe Dynamik auf, so dass die Frage nach einer längerfristigen Stabilität der Technologienorm offen beleiben muss. In Hinblick auf die *sachliche* Dimension ist die strikte Ausrichtung am Prinzip der Systemintegration aufgegeben worden, und es dominiert eine Orientierung an Bandbreiten- und Konfigurationsflexibilität in privaten, fragmentierten Netzen. *Sozial* schließlich ist die traditionelle nationale Gemeinwohlorientierung schwach ausgeprägten Universaldienstverpflichtungen gewichen.

Literatur

Aglietta, Michel, 1979: A Theory of Capitalist Regulation. London.
Bangemann, Martin, u.a., 1994: Europa und die globale Informationsgesellschaft. Empfehlungen für den Europäischen Rat. Brüssel.
BMBF (Bundesministerium für Bildung und Forschung), 1999: Zur technologischen Leistungsfähigkeit Deutschlands. Zusammenfassender Endbericht 1998. Bonn.
BMPT (Bundesministerium für Post und Telekommunikation), 1996: Postpolitische Informationen, Mai 1996. Bonn.
Bender, Gerd, 1996: Gegenwartserzeugung durch Zukunftssimulation. Transnationale Technologieentwicklung als eine Form der Europäischen Integration. Frankfurt a.M.

BMWi (Bundesministerium für Wirtschaft) (Hrsg.), 1996a: Ordnungspolitische und rechtliche Rahmenbedingungen der Informationsgesellschaft. Zwischenberichte zu den Ergebnissen der Arbeitsgruppe des „Petersbergkreises". Bonn.
BMWi (Bundesministerium für Wirtschaft), 1996b: Info 2000. Deutschlands Weg in die Informationsgesellschaft: Bericht der Bundesregierung. Bonn.
Campbell, John L./Hollingsworth, J. Rogers/Lindberg, Leon N. (Hrsg.), 1991: Governance of the American Economy. Cambridge.
Czada, Roland, 1998: „Modell Deutschland" am Scheideweg: Die verarbeitende Industrie, in: *Roland Czada/Gerhard Lembruch* (Hrsg.), Transformationspfade in Ostdeutschland. Frankfurt a.M., 365–410.
Dolata, Ulrich, 1999: Hot House. Konkurrenz, Kooperation und Netzwerkbildung in der Biotechnologie. Arbeitspapier Nr. 69 des Forschungszentrums Arbeit – Umwelt – Technik, Universität Bremen.
Esser, Josef/Hirsch, Joachim, 1987: Stadtsoziologie und Gesellschaftstheorie. Von der Fordismus-Krise zur „postfordistischen" Regional- und Stadtstrukutr, in: *Walter Prigge* (Hrsg.), Die Materialität des Städtischen. Basel/Boston, 31–56.
Esser, Josef/Lüthje, Boy/Noppe, Ronald (Hrsg.), 1997: Europäische Telekommunikation im Zeitalter der Deregulierung. Infrastruktur im Umbruch. Münster.
Esser, Josef/Noppe, Ronald, 1996: Private Muddling Through as a Political Programme? The Role of the European Commission in the Telecommunications Sector in the 1980s, in: West European Politics 3, 547–562.
Felhölter, Guido, 1997: Internationalsisierung und staatliche Regulierung des Netzwettbewerbs. Zum Wandel des Fernmeldewesens in Großbritannien, in: *Josef Esser/Boy Lüthje/Ronald Noppe* (Hrsg.), Europäische Telekommunikation im Zeitalter der Deregulierung. Infrastruktur im Umbruch. Münster, 78–112.
Grande, Edgar/Häußler, Jürgen, 1994: Industrieforschung und Forschungspolitik. Staatliche Steuerungspotentiale in der Informationstechnik. Frankfurt a.M./New York.
Hack, Lothar, u.a., 1991: Technologieentwicklung als Institutionalisierungsprozeß: Stand der Forschung, Lage der Dinge, gemeinsame Überlegungen. Arbeitspapier Universität Frankfurt.
Hellmer, Friedhelm, u.a., 1999: Mythos Netzwerke. Regionale Innovationsprozesse zwischen Kontinuität und Wandel. Berlin.
Hirsch, Joachim, 1990: Kapitalismus ohne Alternative? Hamburg.
Jessop, Bob, 1990: State Theory. Putting Capitalist States in their Place. Cambridge.
Jessop, Bob, 1999: Narrating the Future of the National Economy and the National State? Remarks on Remapping Regulation and Reinventing Governance, in: *George Steinmetz* (Hrsg.), State/Culture: State Formation after the Cultural Turn. Ithaca.
Konrad, Wilfried, 1997: Politik als Technologieentwicklung. Europäische Liberalisierungs- und Integrationsstrategien im Telekommunikationssektor. Frankfurt a.M.
Krebs, Hans-Peter, 1996: Fordismus: Entwicklung und Krise – Eine Grobskizze, in: *Michael Bruch/Hans-Peter Krebs* (Hrsg.), Unternehmen Globus. Facetten nachfordistischer Regulation. Münster, 11–39.
Krugmann, Paul, 1994: Competitiveness – a Dangerous Obsession, in: Foreign Affairs Issue 73(2), 28–44.
Kubicek, Herbert/Rolfs, Arno, 1985: Mikropolis. Hamburg.
Lemke, Thomas/Waringo, Karin, 1997: Frankreich: Aufstieg und Niedergang des High Tech-Colbertismus, in: *Josef Esser/Boy Lüthje/Ronald Noppe* (Hrsg.), Europäische Telekommunikation im Zeitalter der Deregulierung. Infrastruktur im Umbruch. Münster, 113–146.
Lipietz, Alain, 1985: Akkumulation, Krisen und Auswege aus der Krise, in: PROKLA 58, 109–137.
Lüthje, Boy, 1997: Bundesrepublik Deutschland: Von der „Fernmeldeeinheitstechnik" zum universellen Netzwettbewerb, in: *Josef Esser/Boy Lüthje/Ronald Noppe* (Hrsg.), Europäische Telekommunikation im Zeitalter der Deregulierung. Infrastruktur im Umbruch. Münster, 147–181.
Lüthje, Boy, 1999: Produktionsstrategien, Zuliefernetze und Arbeitsbeziehungen in der EDV-Industrie im „Silicon Valley". Habilitationsschrift Universität Frankfurt, Fachbereich Gesellschaftswissenschaften.

Mayntz, Renate/Scharpf, Fritz W., 1995: Steuerung und Selbstorganisation in staatsnahen Sektoren, in: *Renate Mayntz/Fritz W. Scharpf* (Hrsg.), Gesellschaftliche Selbstregelung und politische Steuerung. Frankfurt a.M., 9–38.

Nelson, Richard R. (Hrsg.), 1993: National Innovation Systems: A Comparative Analysis. New York u.a.

Noppe, Ronald/Waringo, Karin, 1996: Die Regulationstheorie und die Transnationalisierung der Ökonomie – Das Fallbeispiel Telekommunikation, in: *Michael Bruch/Hans-Peter Krebs*, Unternehmen Globus. Facetten nachfordistischer Regulation. Münster.

Noppe, Ronald, 1997: Europäische Arenen der Transnationalisierung von Technologiestrategien, in: *Josef Esser/Boy Lüthje/Ronald Noppe* (Hrsg.), Europäische Telekommunikation im Zeitalter der Deregulierung. Infrastruktur im Umbruch. Münster, 182–205.

Porter Michael E., 1991: Nationale Wettbewerbsvorteile. München.

Pyke, Frank/Sengenberger, Werner (Hrsg.), 1992: Industrial Districts and Local Economic Regeneration. Hrsg. ILO, Genf.

RegTP (Regulierungsbehörde für Telekommunikation und Post), 1999: Jahresbericht 1999. Mainz.

Ratti, Remigio, u.a. (Hrsg.), 1997: The Dynamics of Innovative Regions. Aldershot.

Scheurle, Klaus-Dieter, 1998: Telekommunikation in Deutschland, Regulierung in Deutschland, http://www.regtp.de/Regulierung/scheurle.htm, 1.1.1998.

Schiller, Klaus, 1999: Politische Handlungs- und Gestaltungsmöglichkeiten beim Aufbau privater Telekommunikationsnetze: Das Beispiel der Metropolitan Area Networks. Frankfurt, Diplomarbeit Universität Frankfurt, Fachbereich Gesellschaftswissenschaften.

Schneider, Volker/Kenis, Patrick (Hrsg.), 1996: Organisation und Netzwerk: institutionelle Steuerung in Wirtschaft und Politik. Frankfurt a.M.

Simonis, Georg, 1995: Ausdifferenzierung der Technologiepolitik – vom hierarchischen zum interaktiven Staat, in: *Renate Martinsen/Georg Simonis* (Hrsg.), Paradigmenwechsel in der Technologiepolitik? Opladen, 381–404.

Thorein, Thorsten, 1997a: Telekommunikationspolitik in Deutschland. Wiesbaden.

Thorein, Thorsten, 1997b: Liberalisierung und Re-Regulierung im Politikfeld Telekommunikation. Eine wissenszentrierte Policy-Analyse des bundesdeutschen Telekommunikationsgesetzes, in: Rundfunk und Fernsehen 3, 285–306.

Waringo, Karin, 1998: Die Internationalisierung der Produktion in der französischern Regulationstheorie. Frankfurt a.M.

Werle, Raymund, 1990: Telekommunikation in der Bundesrepublik. Expansion, Differenzierung, Transformation. Frankfurt a.M.

Zwischen Kompetenz und Umsetzung. Zu den Möglichkeiten und Grenzen befähigender staatlicher Politik. Das Beispiel Deutschlands nach der Wiedervereinigung

Ulrich Hilpert

1. Einführung: Marktzugänge und industrielle Kompetenzen als Rahmenbedingungen staatlicher Innovationspolitik

Nach der deutschen Vereinigung im Jahre 1990 hat sich eine interessante Situation für die Rolle staatlicher Politik ergeben. Während in den Jahren zuvor die liberal-konservative Bundesregierung massiv die Senkung des Staatsanteils betrieben und zumal die Sozialpolitik immer neue Kürzungen erfuhr, entstand nun einerseits ein erheblicher Bedarf nach staatlich geregelter Umverteilung und gleichzeitig waren den Instrumenten klassischer Keynsianischer Wirtschaftspolitik weitgehend die Voraussetzungen entzogen. Mit der Europäisierung und Globalisierung der Entwicklung war jenen Tendenzen endgültig der Durchbruch gelungen, die sich bereits in den 1980ern als Internationalisierungen zeigten. Die Produktionsbedingungen in den europäischen Industrieländern boten kaum noch Möglichkeiten zur profitablen industriellen Massenproduktion (vgl. Piore/Sabel 1984); stattdessen waren auf den globalisierten Märkten hochwertige industrielle Spezialisierungen umso erfolgreicher. Wissenschaftlicher Fortschritt und die Umsetzung industrieller Kompetenz in marktfähige Produkte wurde für die Entwicklung immer grundlegender (vgl. Hilpert 1992; Bosch 1998; Krätke 1998).

Der unerwartete Vereinigungsprozess und die Art seiner politischen Gestaltung brachte nun völlig unterschiedliche ökonomische Akteure, Kompetenzen und Orientierungen in einem politischen System zusammen, das gegenüber den globalen Wirtschaftsprozessen offen ist. Während sich Westdeutschland seit Jahrzehnten erfolgreich auf internationalen Märkten für Technologien und hochwertige Industrieerzeugnisse behauptet hat, traf dieser Zusammenhang die Wirtschaft Ostdeutschlands unvorbereitet (vgl. Sinn/Sinn 1993). Angesichts der Währungsumstellung auf die DM konnte auch die starke Position im früheren RGW-Wirtschaftsraum keine hinreichenden positiven Effekte entfalten. Der osteuropäische Markt war angesichts der Einführung der DM sowie den daraus resultierenden drastisch gestiegenen Preisen und den starken Konkurrenten aus westlichen Industrieländern mit Produkten auf dem jeweiligen Stand der Technik kaum mehr zugänglich; er verlangte weniger nach neuen Waren von den Produzenten der ehemaligen DDR als nach Ersatzteilen für im Betrieb befindliche Maschinen. Der Weltmarkt war seinerseits angesichts der Preise in DM ebenfalls nicht mehr erfolgreich zu bedienen.

In dieser Situation war die ostdeutsche Wirtschaft mit ihren Produkten sehr schnell an das Ende ihrer Möglichkeiten gelangt. Die bestehenden Kompetenzen in Industrie und Forschung waren hinsichtlich ihrer qualitativen Leistungsfähigkeiten weiterhin verfügbar, aber die bisherige Umsetzung in Produkte konnte nicht insgesamt erfolgreich fortgesetzt werden. Mit dem Mangel an Produkten und der bislang vorwiegenden Orientierung der Betriebe auf Massenprodukte, die vergleichsweise einfach herzustellen sind, wurde ein grundlegender Strukturwandel erforderlich. Diese Prozesse konnten nicht durch die Unternehmen und Forschungsinstitute selbst getragen werden; ihnen fehlte sowohl die Erfahrung zu Entwicklung international erfolgreicher Innovationsstrategien als auch die erforderlichen Grundlagen in Kapitalausstattung und häufig auch hinsichtlich des verfügbaren Know-how.

Daraus resultierte eine starke Orientierung an den weltmarktorientierten Innovationsprozessen Westdeutschlands; der staatlichen Politik wurde für entsprechende dynamische Entwicklungen eine wichtige Rolle zugewiesen. Die high tech-Prozesse, die in allen westlichen Industrieländern einen intensiven Bezug zu staatlichen Politiken aufgewiesen hatten, versprachen im Verein mit den wirtschaftlichen Konsolidierungsprozessen in den Unternehmen und der Förderung der Forschung, die erforderlichen Innovationsprozesse zu initiieren. Mittels staatlicher Befähigung zu modernen technologisch-industriellen Entwicklungen sollte die Umwandlung der Wirtschaftsstruktur erfolgen. Dabei stellt sich die Frage, ob derartige Prozesse unter den Bedingungen von Defiziten bei Marktzugängen und inkompatiblen industriellen Kompetenzen politisch induzierbar sind und welche Konstellationen dadurch politisch herbeigeführt werden müssen: Erfordert erfolgreiche Innovations- und Industriepolitik über die wissenschaftlich-technische Kompetenz hinaus auch die entsprechenden Arrangements für eine erfolgreiche und marktbezogene Umsetzung?

2. Regionalisierungsmuster globaler und europäischer Innovationsprozesse: Innovationsinseln als Adressaten staatlicher Politik

Die Bedeutung industrieller Strukturen und vorhandener Forschungspotenziale für die Realisation von Innovationsprozessen und die Partizipation an internationalen Innovationsnetzwerken führt zu einer deutlichen Differenzierung regionaler Entwicklungen. Im Unterschied zu früheren Phasen industrieller Entwicklung nimmt die Bedeutung der Rohstoffe und der Transportmöglichkeiten großer Warenmengen ab und die Verfügbarkeit von Wissen als Grundlage für wertschöpfungsintensive Produkte zu (vgl. Krugman 1991; Bosch 1998 u.v.a.). Öffentliche oder private wissenschaftliche Potenziale bilden Voraussetzungen für die Partizipation an internationalen Wissenschaftsentwicklungen und nur dort, wo diese wesentlichen Forschungen nicht durchgeführt werden kann auch ein umfassender Anschluss an den Stand der Forschung und die Nutzung dieses Wissens gelingen. In ähnlicher Weise bilden moderne industrielle Potenziale Ausgangsbedingungen für Produktion und dynamische sozio-ökonomische Prozesse. Mit diesen strukturellen Kriterien stellt sich bereits eine deutliche Differenzierung regionaler Entwicklungsmöglichkeiten ein. Wissenschaftliche Kompetenz wird so zu einem entscheidenden Kriterium innovationsorientierter Standortentwicklung und industrielle Potenziale bilden die Bedingung für die Umsetzung in dynamische Entwicklungen am Standort.

Diese innovationsbedingten Differenzierungen haben deutlich selektiven Charakter und eröffnen nur wenigen Regionen die Chance zur Fortsetzung ihrer industriellen

Entwicklung unter den neuen Bedingungen technologisch-industrieller Innovation. Unter den traditionellen und altindustriellen Industriestandorten Europas gelingt es nur etwa einem Drittel, ihre starke Position auch unter den Bedingungen beschleunigter und wissensintensivierter Prozesse aufrecht zu erhalten. Die meisten dieser Regionen sind nicht in der Lage, intensiv an neuen Forschungsprozessen und deren Umsetzung in moderne Produkte zu partizipieren. Umgekehrt gelingt die Bildung von Innovationsinseln außerhalb der bisherigen industriellen Zentren und ohne Referenzindustrie nur in Ausnahmen und über lange Zeiträume der Entwicklung. Innerhalb von zwei bis drei Dekaden gelang es z.B. München, dem Research Triangle Park in North Carolina und der Region um Seattle im Rahmen der neu entstehenden Biotechnologie zu Innovationsinseln aufzusteigen, ohne zuvor entsprechende industrielle Potenziale aufweisen zu können (vgl. Hilpert 1992).

Globale und europäische Innovationsprozesse bringen also ihre eigenen Regionalisierungsmuster hervor, die an spezifische, vor allem aus den Industrie- und Forschungsstrukturen gebildeten Bedingungen anschließen. Die Kooperationsstrukturen und ihre Dichte verweisen erneut auf die zentralen Innovationsinseln und verstärken zusätzlich deren herausragende Bedeutung für die Innovationsprozesse und die regionale Partizipation daran. Mit diesen Veränderungen der Geographie sozio-ökonomischer Entwicklungen im Zuge der wachsenden Bedeutung wissensbasierter Sektoren stellt sich eine klare Akzentuierung für innovative Prozesse an ausgewählten Standorten ein. Transnationale Unternehmen greifen diese Profilbildungen in ihren Investitions- und Standortentscheidungen auf und nutzen die regional konzentrierte Kompetenz für ihre Strategien. Damit verbindet sich an diesen Standorten die Kompetenz des regionalen Forschungs- und Industriepotenzials mit den internationalen Strukturen und den darin enthaltenen Umsetzungsmöglichkeiten. Die Integration in internationale Produktionsnetzwerke und deren Zugänge zu globalen Märkten eröffnen zusätzliche Möglichkeiten für regionale sozio-ökonomische Entwicklungen.

Innovationsinseln bieten damit regional konzentriert die Möglichkeit, Forschungs- und Entwicklungsprozesse im Rahmen neuer Technologien sowie deren Anwendungen zu beschleunigen und an internationalen Innovationsprozessen und Produktionsnetzwerken sowie an hochattraktiven internationalen Märkten zu partizipieren. Staatliche Innovationspolitik, die auf eben diese Entwicklungen zielt, findet deshalb in diesen zentralen Regionen geeignete Adressaten, um die gewünschten Prozesse in Gang zu setzen. Einerseits können die Forschungsmittel nur in solche Regionen fließen, in denen auch entsprechende Potenziale liegen, andererseits bieten die Arrangements, die sich dort gebildet haben, günstige Bedingungen, um Prozesse technologisch-industrieller Innovation und deren Bereiche durch aktive Politik zu induzieren. Die Regionalisierungsmuster globaler und europäischer Innovationsprozesse werden so zu bevorzugten Adressaten staatlicher Technologie- und Forschungspolitik.

Angesichts dieser Orientierung verschärfen erfolgreiche nationale Innovations-, Wirtschafts- und Forschungs- sowie Technologiepolitiken die bereits im Rahmen der Ausgangssituationen bestehenden regionalen Disparitäten. Regional ausgleichende Effekte sind in diesem Zusammenhang nicht mehr vorrangig durch öffentliche Investitionen in materielle Infrastrukturen zu gewährleisten, sondern es bedarf Initiativen, die auf die Entfaltung der für die Partizipation an den Innovationsprozessen erforderlichen

Arrangements zielen. Da die nationalen Politiken vorrangig auf die nationale Partizipation an den Chancen von Technologien und Innovationen zielen, ist sie mit ihrem in der Natur der Prozesse liegenden Bezug zu den Innovationsinseln für diese gestaltende Form der Regionalisierung nur in engen Grenzen die geeignete Regierungsebene. Aber erst mit einer Änderung der Standortbedingungen von Regionen stellen sich diese Möglichkeiten der Partizipation an globalen und europäischen Innovationsprozessen ein; erst dann kann es zu einer Veränderung der Regionalisierungsmuster dieser Entwicklungen kommen.

3. Partizipationsbedingungen und Netzwerke: die Rolle der Politik für die Regionalisierungsmuster innovativer Prozesse

Damit stellt sich für Deutschland nach der Vereinigung in den Neuen Bundesländern eine besonders schwierige Situation: die bestehenden Kompetenzen bedürfen zunächst der Modernisierung, bevor sie für die aktuellen Prozesse technologisch-industrieller Innovation geeignet sind und die krisenhafte wirtschaftliche Situation steht einer Umsetzung von wissenschaftlich-technischem Fortschritt weitgehend entgegen. Die regionalen technologisch-industriellen Settings Ostdeutschlands sind deshalb auch für staatliche Innovations-, Forschungs- und Technologiepolitiken überwiegend ungeeignet. Gelingt es aber nicht, die Industriestandorte in den Neuen Bundesländern umfassend zu modernisieren und an die Bedingungen Westdeutschlands anzuschließen, dann fehlen auf lange Zeit die Bedingungen für eine fortgeschrittene und wertschöpfungsintensive Wirtschaftsentwicklung und die Ausgleichszahlungen zu Gunsten Ostdeutschlands werden fortgesetzt.

Mit der Partizipation ostdeutscher Standorte an den Forschungsförderungen zur Technologieentwicklung durch das BMBF werden dann die Möglichkeiten und Grenzen der Regionen an den zukünftigen Innovationsprozessen und fortgeschrittenen sozio-ökonomischen Entwicklungen deutlich. Der Aufbau von wissenschaftlich-technischer Kompetenz in wesentlichen Technologiebereichen eröffnet die Chance für den Anschluss an kommende innovative Phasen, die Bereiche der Innovation verweisen auf die Beziehung zu Referenzindustrien bzw. das Fehlen dieser Beziehung, und die Vernetzungen im Rahmen von Forschungs- und Entwicklungskooperationen geben einen Hinweis auf die bereits bestehenden Integrationsleistungen des Wissenschafts- und Forschungssystems in Deutschland. Staatliche Politik kann für diese regionalen Arrangements wesentliche Voraussetzungen schaffen und ostdeutsche Standorte für zukünftige Beteiligungen an innovativen Prozessen befähigen.

3.1 Das Beispiel der Biotechnologie

Die Biotechnologie gilt als eine der Zukunftstechnologien des 21. Jahrhunderts (OECD 1996a). Als Querschnitttechnologie richtet sie sich an viele industrielle Anwender und hat Einfluss auf eine Vielzahl unterschiedlicher Bereiche. Sie kann die Chemie- und Pharmaindustrie nachhaltig modernisieren (Sharp 1991 und Sharp/Galimberti 1993) und ebenso in Bereichen des Apparatebaus und der Medizintechnik ihre positiven Effekte entfalten. So unterschiedlich die Umsetzungsmöglichkeiten wissenschaftlich-technischer Kompetenz auch sein mögen, so klar ist aber doch, dass es sich hierbei um eine science-based Innovation handelt[1] (vgl. OECD 1996a und 1996b). Die Entwicklung von Biotechnologiestandorten erfordert außerordentliche Anstrengungen beim Aufbau von Forschungspotenzialen (vgl. Senker/Faulkner 1992).

Eine Auswertung der Forschungsförderungen des Bundes im Bereich der Biotechnologie für den Zeitraum 1993 bis 1997 weist etwa drei Viertel aller Projekte mit mehr als vier Fünftel der Gesamtaufwendungen an lediglich sieben Standorten in Deutschland auf (siehe Abbildung 1). Von diesen sieben Innovationsinseln der Biotechnologie folgen sechs den Entwicklungen in Westdeutschland aus der Zeit vor 1990, lediglich Jena ist als neuer und in Ostdeutschland liegender Standort hinzugekommen. Dabei fällt zudem auf, dass dieser zusätzliche Standort vor allem durch den hohen Anteil öffentlicher Forschungspotenziale charakterisiert ist. Hingegen ist vor allem im Rhein-Main-Gebiet und im Rheinland – der industriellen Strukturen entsprechend – der Anteil der Wirtschaft an den Aktivitäten besonders hoch.

Damit wird zunächst die Rezeptivität der Programme auf geeignete Innovationspotenziale deutlich, auch wenn dahinter außerdem ein klarer Wille im Anschluss an die deutsche Vereinigung stand. Gleichzeitig zeigt sich aber auch die relative Bedeutung Jenas mit lediglich 6,8% der Projekte und 8,9% der ausgereichten Fördervolumen. Es gelingt eine durch einen einzelnen Standort dargestellte Beteiligung am biotechnologischen Innovationsprozess, aber die Gesamtsituation ändert sich dadurch kaum, weiterhin dominieren die in Westdeutschland seit etwa 20 Jahren in dieser Technologie bestehenden Innovationsinseln. Wesentlich ist aber auch das Spezialisierungsprofil des hinzugetretenen Jena. Es geht dabei vorrangig um das Konzept einer Bioinstrumente Region, das die neuen Möglichkeiten der Fortschritte durch die Biotechnologie mit der langen und hochentwickelten Kompetenz des Apparatebaus verbinden und zu einer innovativen Umsetzung bringen soll.

Es mag diese extreme Spezialisierung sein oder gegebenenfalls die vergleichsweise kurze Zeit seit der Vereinigung, die zu einer deutlich unterdurchschnittlichen Beteiligung an den Kooperationsstrukturen im Rahmen dieser Forschungen geführt hat. Es bleibt jedenfalls festzuhalten, dass eine Implementation in das deutsche Biotechnologie-Netzwerk bislang nur begrenzt gelungen ist. Standorte mit vergleichbarer Partizipation an den Fördermitteln und den Projekten (Braunschweig-Hannover-Göttingen, Rhein-Ruhr, Rhein-Main) weisen im Durchschnitt etwa doppelt so viele Kooperationen aus. Dabei fällt der Unterschied des neu hinzugetretenen Jena zu den anderen Regionen aus, vor allem in den Kooperationen zwischen Partnern aus Wissenschaft und Industrie bzw. wenn die Partner aus der Wissenschaft sind. Alle anderen Regionen weisen hier deutlich höhere Werte aus. Allein bei Kooperationen, an denen ausschließlich Partner aus der Industrie teilnehmen, liegen die Werte auf ähnlichem Niveau.

---

1 Im Unterschied zu technology-based Innovationen, bei denen die Anwendung neuer Technologien in traditionellen Industriebereichen im Vordergrund steht (z.B. Anwendung der Mikroelektronik im Maschinenbau).

Abbildung 1: Verbundkooperationen zwischen Standorten im Bereich Biotechnologie (Projekte im Zeitraum 1993 – 1997)

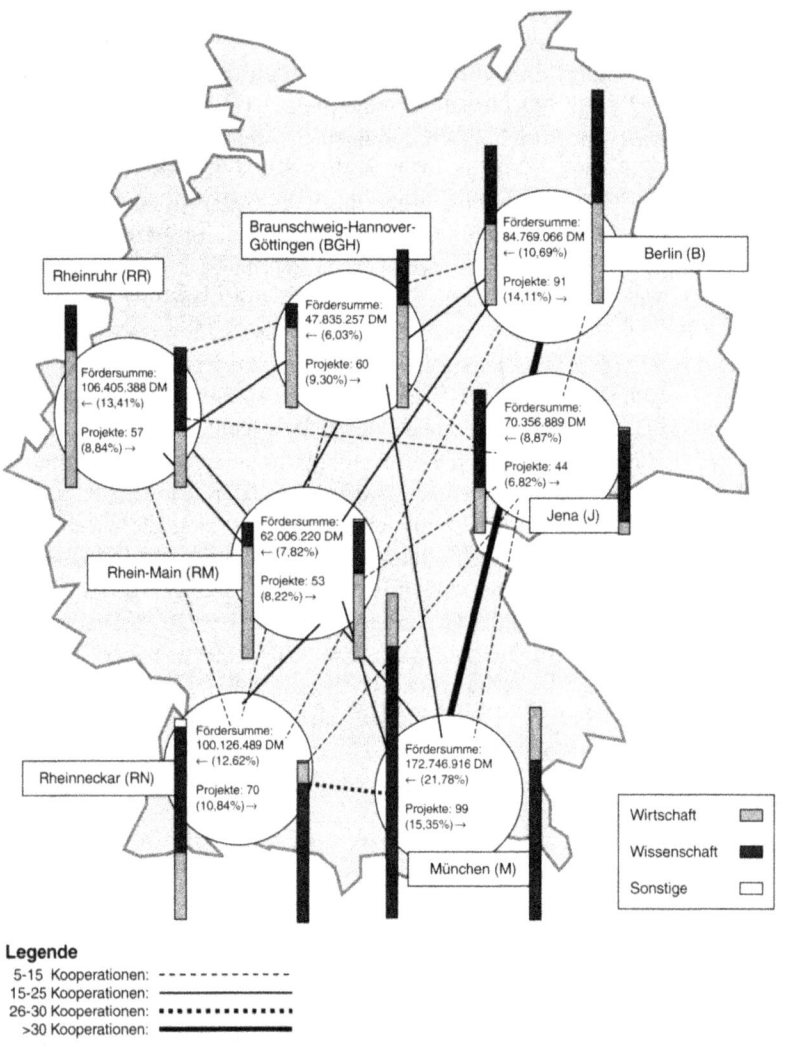

Diese begrenzte Integration in deutsche Kooperationsnetzwerke ist vor dem Hintergrund der eingeschränkten Teilhabe an den bei gemeinsamen Projekten transferierten Wissen und der geringeren Größe der Biotechnologie-Region Jena kritisch zu sehen. Das Spezialisierungsmuster mag hier zwar eine zügige Beteiligung an Industriekooperationen gewährleisten, aber die zukunftsweisende Integration in die wissenschaftlichen Netzwerke fehlt. Die begrenzten industriellen Potenziale der Stadt werden auch bei relativ hohem Gründungserfolg bescheidene Beiträge zu den biotechnologischen Innovationen in Deutschland beitragen. Beteiligungen an diesen Entwicklungen durch Regionalisierung dieser nationalen Prozesse finden in einem quantitativ und thematisch engen Rahmen statt. Damit gelingt es zwar die Partizipationsbedingungen an Innovationsprozessen der Biotechnologie durch ein ausgeprägtes Spezialisierungsprofil und mit Orientierung auf industrielle Anwendungen zu arrangieren, aber die Beteiligung an zukunftsweisenden Kooperationsstrukturen und Forschungsnetzwerken gelingt der Politik nur in eingeschränktem Maße (vgl. Peters u.a. 1998; Powell/Brantley 1992; Prevezer 1997).

3.2 Das Beispiel der Informationstechnik

Die Informationstechnologie stellt bei der Partizipation geringere Anforderungen an die Ausstattungen und die am Standort investierten finanziellen Mittel. Die Möglichkeiten zur Forschung und Entwicklung sind nicht in gleichem Umfange an teure Laboreinrichtungen gebunden (z.B. bei der Software-Entwicklung), wie das bei der Biotechnologie der Fall ist. Daraus ergibt sich ein geringerer Grad der Konzentration der Projekte und Fördermittel auf Innovationsinseln. Der geringere Schwellenaufwand macht sich auch in den Beteiligungsmöglichkeiten und Kooperationsformen neuer Standorte bemerkbar. Immerhin sind aber noch mehr als die Hälfte der im Zeitraum zwischen 1990 und 2000 vom BMBF geförderten Projekte in den Innovationsinseln München, Rhein-Neckar, Rhein-Ruhr, Berlin und Dresden-Chemnitz angesiedelt; bei den Projektmitteln steigt der Konzentrationsgrad sogar auf etwa zwei Drittel (siehe Abbildung 2).

In der Region zwischen Dresden und Chemnitz kann mit diesen Technologien an eine Kompetenz im gleichen Innovationsbereich und an entsprechende industrielle Kompetenzen angeknüpft werden, die durch die Anwendungen im Maschinenbau (mit seinem Zentrum in Chemnitz) ergänzt werden. Trotz der im Jahre 1990 bestehenden Entwicklungsabstände von fünf bis zehn Jahren zum internationalen Stand der Technik liegt hier eine wissenschaftlich-technische Kompetenz und das Potenzial zur Umsetzung in Referenzindustrien vor. Mit 6,9% der zwischen den Jahren 1990 und 2000 vergebenen Projekte ist auf diese ostdeutsche Innovationsinsel etwa jedes siebte in einer Innovationsinsel durchgeführte Projekt entfallen. Auch bei den Summen entfielen auf den Spätkommer unter den innovativen Zentren mit 5,5% der Mittel nahezu ein Zehntel der Summen, die die Innovationsinseln auf sich vereinigten. Auffällig ist dabei auch die Dominanz der Projekte, die von Unternehmen ausgeführt wurden.

Offensichtlich hat die industrielle Kompetenz der Region einen nachhaltigen Einfluss auf die erfolgreiche Beteiligung an den Innovationsprozessen und den sie tragenden Netzwerken in der Informationstechnologie. Auch bei den Kooperationsmustern und -intensitäten zeigen sich günstige Partizipationsformen. Bei den Aktivitäten, die zwischen Akteuren aus der Wissenschaft realisiert werden oder aber zwischen Wissenschaft und Unternehmen, ist Dresden-Chemnitz relativ zur Größe der Innovationsinsel angemessen beteiligt. Lediglich bei Kooperationen zwischen Partnern aus der Industrie fällt die unterduchschnittliche Einbeziehung des ostdeutschen Standortes auf; das wiegt umso stärker als Dresden-Chemnitz deutlich überwiegend Projektnehmer aus der Industrie ausweist.

Damit stellt sich für den Bereich der Informationstechnik eine günstige Beteiligung der ostdeutschen Innovationsinsel her. Auf der Grundlage der bestehenden Referenzin-

Abbildung 2: Verbundkooperationen zwischen Standorten im Bereich Informationstechnologie (Projekte im Zeitraum 1990 – 2000)

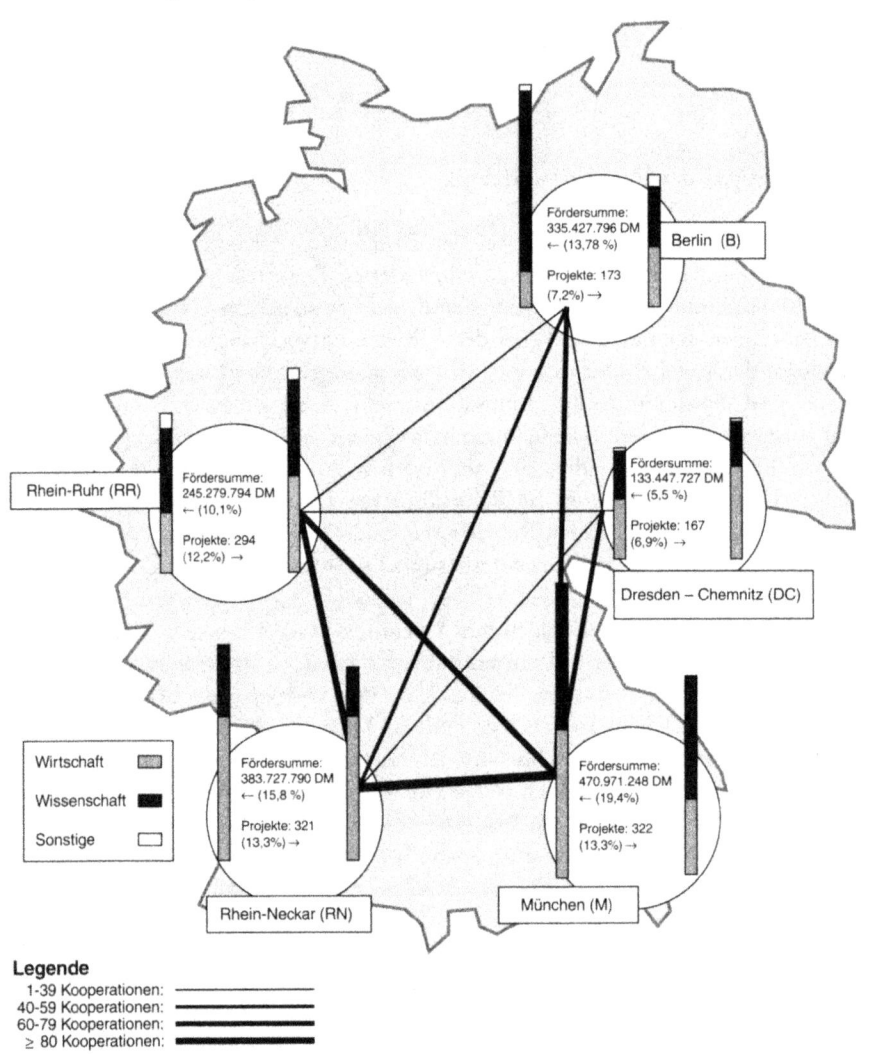

dustrien wird die Partizipation an den Prozessen technologisch-industrieller Innovation ermöglicht. Das geringere Engagement in den industriellen Netzwerken kann als Referenz auf das, aus den Zeiten früherer Kombinatsorientierungen resultierende eingeschränktere Spektrum der Bereiche der Informationstechnologie verweisen. Die industrielle Umsetzungsfähigkeit bei gleichzeitiger Partizipation an aktuellen Innovationsprozessen liegt hingegen in den Jahren nach 1990 wieder vor. Die Positionierung der wissenschaftlichen Forschung in den Netzwerken deutet auf einen anhaltenden Zugang zu wissenschaftlichem Wissen und aktuellen Forschungsergebnissen hin. Durch die intensiven Anstrengungen der Politik, in Dresden und Freiberg die Mikroelektronik auf den Stand der Technik und Forschung zu bringen und die Restrukturierungsbemühungen zum Maschinenbau in Chemnitz, haben konsolidierte Unternehmen mit traditioneller industrieller Kompetenz in den Referenzindustrien entstehen lassen. Die wissenschaftlichen Potenziale leisten einen akzeptierten Beitrag zum Innovationsprozess in der Informationstechnologie in Deutschland. Mit Blick auf diese Region ist der Politik durch die Standortbildung eine Integration in das System der deutschen Innovationsinseln und ihre Kooperationsbeziehungen innerhalb von wenigen Jahren recht weitgehend gelungen.

3.3 Das Beispiel der Umwelttechnik

Mit den Umwelttechnologien handelt es sich um Bereiche, die durch ihren besonders unmittelbaren Problembezug, kurze Umsetzungszeiten und den Bezug zu traditionellen Sektoren als Referenzindustrien charakterisiert sind (vgl. Nordhause-Janz/Rehfeld 1995; Moore/Miller 1994 u.v.a.). Damit ist dieser Innovationsbereich nicht nur wegen der Hinterlassenschaften des Umweltregimes der DDR wesentlich, sondern er eignet sich auch in besonderer Weise, die Restrukturierungsbemühungen durch innovative Impulse zu unterstützen. Bei Auswertung der vom BMBF geförderten Projekte in diesem Bereich zeigen sich in Ostdeutschland im Raum Halle-Leipzig und in der Region Dresden-Freiberg zwei neu entstandene Innovationsinseln (Abbildung 3). Die insgesamt acht zentralen Innovationsräume in dieser Technologie vereinen etwa drei Viertel der Projekte und der Projektsummen auf sich. Mit etwa 13% der Projekte und ca. 10% der Fördersummen werden etwa ein Sechstel aller Innovationsaktivitäten in diesen zentralen Regionen an diesen beiden Standorten Ostdeutschlands realisiert.

Bei diesen Partizipationen der beiden neuen Innovationsinseln kommt der bestehenden Referenzindustrie und die Umsetzung neuer Forschungsergebnisse in neue Lösungen eine wichtige Rolle zu. Die aus den Zeiten der DDR resultierende Kompetenz kann offensichtlich angemessen mit den neuen technologischen Möglichkeiten umgehen. Industrielle Projektnehmer stellen in den ostdeutschen Innovationsinseln einen erheblichen Teil der Akteure; vor allem in Halle-Leipzig dominieren die Unternehmen bei den an die Region vergebenen Fördersummen. Diese Standortbedingungen sind aber insgesamt auch in der Lage, eine Partizipation an den innovativen Prozessen und eine angemessene Implementation in das Kooperationsnetzwerk zu gewährleisten. Vor allem Halle-Leipzig ist mit den anderen Innovationsinseln der Umwelttechnologie eng verknüpft. Relativ zur Größe der beiden ostdeutschen Standorte finden sich Kooperationsintensitäten, die den bereits früher herausgebildeten westdeutschen Regionen entsprechen.

In einer Situation, die 1990 nicht auf die Entwicklung von Umwelttechnologien vorbereitet war und eine spezifische technologische Kompetenz bis dahin nicht ausgebildet hatte, ist es gelungen, eine zügige Partizipation an innovativen Prozessen zu realisieren. Unter den genannten Technologiebeispielen ist die Umwelttechnologie diejenige, in der die Unterschiede zwischen Ost- und Westdeutschland am weitesten überwunden sind. Die neu entstandenen Innovationsinseln sind recht weitgehend in das gesamtdeutsche Innovationssystem und Kooperationsnetzwerk eingegliedert. Die Politik hat auf der nationalen Ebene regionale Entwicklungsansätze so unterstützen kön-

Abbildung 3: Verbundkooperationen zwischen Standorten – Bereich Umwelttechnologie
(Projekte im Zeitraum 1990 – 2000)

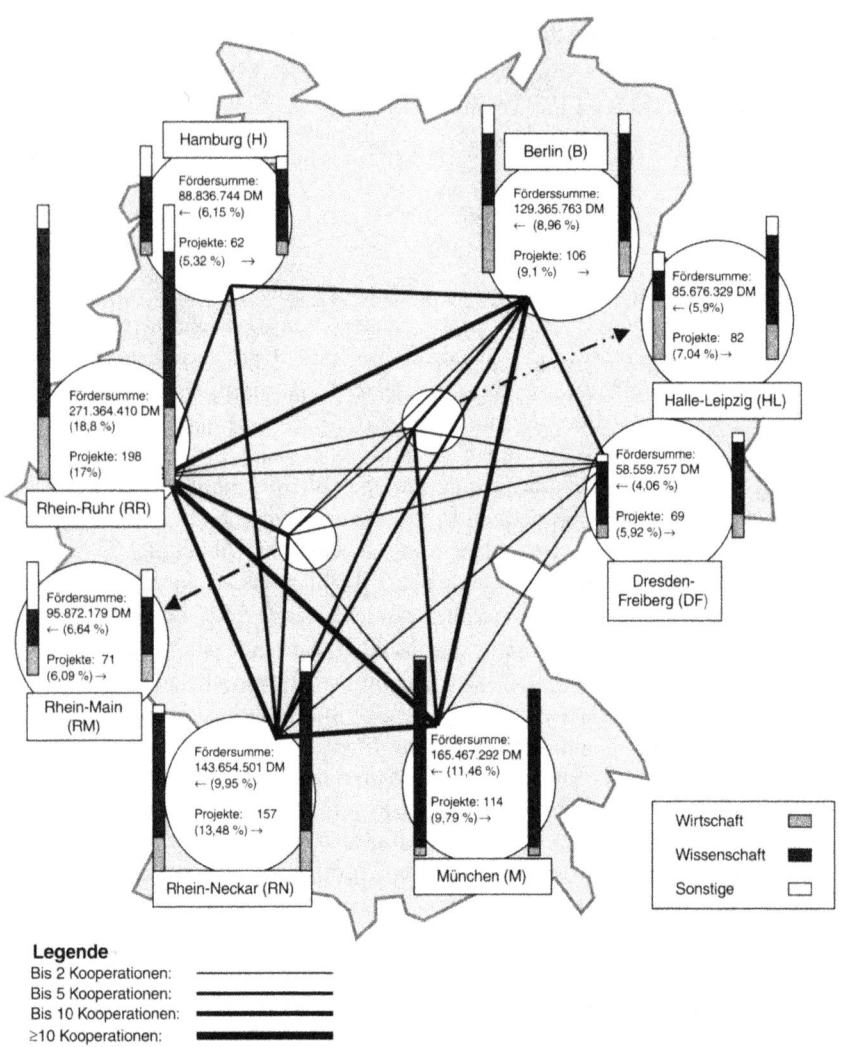

nen, dass eine vorliegende technologische Kompetenz zu einer marktnahen Umsetzung in Produkte und sozio-ökonomische Entwicklung gelangen konnte. Die Politiken zur Konsolidierung der Unternehmen und des Aufbaus moderner Forschungspotenziale konnten zu einer zügigen Partizipation an diesen Prozessen befähigen.

4. Intergouvernementale Arbeitsteilung und die Anknüpfung an bestehende Innovationsnetzwerke: die Beispiele BioRegio Jena und Mikroelektronik in Dresden

Die Bedingungen für den Zugang zu neuen technologischen Entwicklungen und die Partizipation an der Produktion wissenschaftlich-technischen Fortschritts waren mit den Strukturen und Potenzialen aus der DDR nicht zu realisieren. Andere Forschungsorientierungen, unterschiedliches Kooperations- und Informationsverhalten hat zu entsprechend niedrigeren Intensitäten solcher Aktivitäten geführt und auch die apparative Ausstattung der Laboratorien haben bei der erforderlichen Wendung zu internationalen Netzwerken nach 1990 strukturelle Probleme geschaffen. Auch in den Forschungsabteilungen der Unternehmen bestanden hier keine grundlegend anderen Verhältnisse; allerdings fanden sich in den Bereichen der Rüstungsforschung teilweise andere Situationen. Damit bestand weder eine Möglichkeit aus den vorhandenen Potenzialen heraus einen Anschluss an internationale Innovationsnetzwerke oder nationale Innovationsinseln auszubilden; ebenso fehlten die Bedingungen für eine zügige selbständige Entwicklung, die zu entsprechenden Anschlussfähigkeiten führen könnte.

Regionale Agglomerationen von wissenschaftlich-technischen Potenzialen in Forschung und Industrie bilden aber die Voraussetzung, um an den forschungs- und wissensbasierten Entwicklungen teilzuhaben und den Abstand zu den führenden Standorten zumindest in ausgewählten Bereichen zu verringern (vgl. Faulkner/Senker 1995). In dieser Situation kommt den regionalen gouvernementalen Ebenen in der BR Deutschland eine besondere Rolle zu (vgl. Bruns 1998; Hilpert 1998). Sie sind am Nächsten an den Problemen und können mit den Akteuren vor Ort die Potenziale einschätzen und zukünftige Entwicklungsrichtungen definieren. Im Unterschied zu den Möglichkeiten in anderen europäischen Ländern sind die Bundesländer auch finanziell deutlich leistungsfähiger und können eigenständige Gestaltungen in Angriff nehmen (vgl. Hamilton 1995; Ritter 1995). Im Zusammenhang mit technologisch-industriellen Innovationen kommt der Kulturhoheit der Bundesländer und ihrer eigenständigen Wissenschafts- und Forschungspolitik besondere Bedeutung zu. Der Aufbau von Forschungseinrichtungen und Universitäten spielt hier eine wesentliche Rolle und hat bereits früher in Westdeutschland Bayern zum Aufstieg als high-tech Standort verholfen und Nordrhein-Westfalen den innovativen Strukturwandel ermöglicht. In ähnlicher Weise kommt der Politik der Bundesländer Thüringen und Sachsen eine herausragende befähigende Bedeutung beim Entstehen der Innovationsinseln Jena (BioRegio) und Dresden (Mikroelektronik) zu.

In Thüringen wurden mit Landesmitteln in Jena 1992 das Hans-Knöll-Institut (HKI), das Institut für Physikalische Hochtechnologie (IPHT) und das Institut für Molekulare Biotechnologie (IMB) gegründet bzw. auf den Stand der Entwicklung gebracht. Dafür wendete Thüringen 1992 für das HKI eine Summe von DM 33,5 Mio. auf; für das IMB waren es DM 12,2 Mio. Diese gezielte Förderung der Biotechnologie wurde in den Folgejahren vor allem mit Projektförderung fortgesetzt und beläuft sich auch zwischen 1995 und 2000 bei 62 Projekten noch auf DM 72,2 Mio. Damit gelang es, eine Adressatenstruktur aufzubauen, die mit ihren wissenschaftlichen Potenzialen auch Forschungs- und Technologieförderungen des Bundes einwerben kann. Bereits für den Zeitraum von 1993 bis 1997 sind das 44 Projekte des Bundesministeriums für Bildung und Forschung (BMBF) mit einem Gesamtvolumen von DM 70,4 Mio. Der Aufbau der Institute hat dazu geführt, dass der Standort Jena zunehmend Forschungsmittel einer anderen, höher gelagerten gouvernementalen Ebene an sich binden kann; so konnten im Rahmen weiterer Forschungsprojekte auch ergänzende Mittel der EU eingeworben werden.

Mit dieser Finanzierung aus Quellen außerhalb des Landes ist dem Land Thüringen in der Biotechnologie zweierlei gelungen: Einerseits kann der Innovationsprozess zunehmend von den Landesmitteln gelöst werden und andererseits ist mit dem Zufluss von Mitteln eine erhebliche Steigerung der Produktion wissenschaftlich-technischen Wissens und ökonomisch relevanten Fortschritts gelungen, der die Region in einem Spezialisierungsbereich der Biotechnologie zu einer Innovationsinsel werden lässt. Damit gelingt es, die regionalpolitischen Interessen an einer Regionalisierung der Innovationsprozesse mit den nationalen und europäischen politischen Zielen einer Beschleunigung der Innovationsgeschwindigkeit zu verbinden. Mit dem landespolitisch induzierten Aufbau der wissenschaftlich-technischen Kompetenz am Standort kann zu diesen nationalen und europäischen Prozessen beigetragen und an den Effekten der Innovation regional teilgenommen werden.

Eine ähnliche Rolle hat im Falle der Mikroelektronik die Technische Universität Dresden und ihr Umfeld gespielt. Hier kommt der Bedeutung der Fakultät für Elektrotechnik eine besondere Rolle zu. Im Jahre 1991 wurden an den Instituten für Grundlagen der Elektronik fünf, für Nachrichtentechnik sowie für Elektrotechnik jeweils vier, für Halbleiter und Mikrosystemtechnik sowie für Automatisierungstechnik jeweils drei, für Technische Akustik und Sprachkommunikation, für Elektroniktechnologie, für Elektroenergieversorgung sowie für Festkörperelektronik jeweils zwei, für Feinwerktechnik, für Hochspannung- und Hochstromtechnik sowie für Biomedizinische Technik jeweils eine Professur eingerichtet. Zu diesen insgesamt 30 neu eingerichteten kamen seither in den Folgejahren weitere 11 Professuren hinzu. Auf diese Weise bildete sich eine starke Forschungsstruktur, die auch über die TU Dresden und ihre neu gegründeten Institute hinaus wirken konnte. Außerhalb der TU kam dem Institut für Mikroelektronische Schaltungen und Systeme (IMS) der Fraunhofer Gesellschaft eine wichtige Rolle zu.

Damit gelang es, in Sachsen eine Struktur aufzubauen, die entsprechende Forschungsleistungen erbringen konnte und als Schwerpunkt wahrgenommen wurde. Auf dem Wege zu dieser Position spielen die Fördermittel des Landes eine wichtige Rolle. Für den Zeitraum 1992 bis 1996 förderte das Land mit DM 24,5 Mio. insgesamt 115 Forschungsprojekte, die zum überwiegenden Teil in den Bereichen Mikroelektronik, Werkstoff- und Umweltforschung lagen. Im Jahre 1996 hatte sich die Finanzierung dieser Forschung schon deutlich verändert. Nur noch fünf Prozent der Mittel stammten aus Sächsischen Staatsministerien; 24% entfielen auf das BMBF und 41% waren Förderungen der DFG. Bereits zu diesem Zeitpunkt trug die Wirtschaft einen Anteil von 20% der Mittel und die AIF sowie sonstige Drittmittel (Stiftungen, EU etc.) stellten jeweils weitere 5% der Forschungsfinanzierungen.

Die Konzentration der Mittel und Bemühungen des Bundeslandes Sachsen auf die Bereiche der Mikroelektronik bzw. ihrer Anwendungen und die frühzeitige Entscheidung den Auf- und Ausbau der TU Dresden als Instrument zu wählen hat dazu geführt, dass nach dieser Leistung der regionalen gouvernementalen Ebene andere gouvernementale Ebenen (zunächst v.a. der Bund und anschließend in zunehmendem Maße die EU) sowie andere Finanzierungsquellen (z.B. Wirtschaft und DFG) für das Entstehen und die Weiterentwicklung der mikroelektronisch charakterisierten Innovationsinsel Dresden genutzt werden konnten. Dabei gelingt es, einen Technologiebereich zu regionalisieren, dessen innovatorische Wirkungen nicht auf high tech-Entwicklungen beschränkt bleiben, sondern in besonderem Maße in den regionalen Arrangements der Maschinenbau- und Elektronikindustrien geeignete Referenzindustrien finden. Der wissenschaftlich-technischen Kompetenz entspricht die in den Unternehmen anzutreffende industrielle Fähigkeit zur Umsetzung solcher Entwicklungen in marktfähige Produkte.

Diese Form befähigender Politik geht offensichtlich über die Möglichkeiten der Politik einzelner Ressorts auf einer Regierungsebene hinaus. Erst im Zusammenwirken der verschiedenen Ebenen lassen sich die Prozesse politisch induzieren, die zum vergleichsweise zügigen Aufbau von Innovationsinseln in Ostdeutschland geführt haben. Die unterschiedlichen Funktionen der verschiedenen Regierungsebenen im Innovationsprozess ermöglichen eine Regionalisierung nationaler und internationaler technologisch-industrieller Innovationen. Das Zusammenwirken der unterschiedlichen Ebenen, die Problemnähe auf Landesebene und die Prozessrelevanz der nationalen Ebene schaffen die Voraussetzungen für diese Entwicklungen. Dabei werden dann auch die Entscheidungsmöglichkeiten der regionalen Politik angesichts zunehmend globaler Zusammenhänge deutlich.

Damit wird aber auch die Handlungsfähigkeit und Bedeutung der regionalen politischen Ebene klar; einerseits kann die Anknüpfung an die internationalen Innovationsnetzwerke induziert werden, andererseits wird gerade durch dieses intergouvernementale Zusammenwirken eine zusätzliche Variation in den Spezialisierungsmustern von Innovation und Standortentwicklung in Deutschland möglich. Die gouvernementale Struktur entfaltet so ein eigenständiges Innovationspotenzial; erst durch die verschiedenen gouvernementalen Ebenen mit jeweils spezifischen Kompetenzen werden vielseitigere Innovationsprozesse möglich, die zusätzlichen Potenziale können zur Heterogenität der Prozesse beitragen. In dieser technologiespezifischen Möglichkeit der Anbindung an internationale Innovationsnetzwerke liegt die Chance für regionale Regierungsebenen im Konzert mit anderen gouvernementalen Ebenen auf die Entwicklungsprozesse befähigend einzuwirken.

5. Sozio-kultureller Wandel und die Veränderung des Produktionsmodells: Probleme bei der Realisation technologisch-industrieller Innovation

Die Beteiligung an high tech-Bereichen und die daraus resultierenden attraktiven Prozesse fortgeschrittener sozio-ökonomischer Entwicklung sind aber nicht nur an Kooperationen und Netzwerkstrukturen gebunden, sondern sie erfordern in besonderem Maße eine Modernisierung der Unternehmens- und Industriestrukturen. Dabei nimmt die Orientierung auf spezielle Produkte und ausgewählte Märkte zu und stellt so besondere Anforderungen an die Unternehmen. Konnte bei der Entwicklung neuer

Technologien und dem nationalen oder europäischen Innovationsprozess noch eine Partizipation erreicht werden, indem die industriellen und öffentlichen Forschungspotenziale entsprechend ausgestattet, modernisiert und durch zusätzliche Bereiche ergänzt wurden, so reicht diese Konstellation für die Anwendung neuer Technologien bei der Produktentwicklung nicht mehr aus. Erst mit der Umsetzung dieser wissenschaftlich-technischen Potenziale in moderne, technologieintensive Erzeugnisse lassen sich die innovativen Kompetenzen in wertschöpfungsintensiven Prozessen sozio-ökonomischer Entwicklung realisieren.

Für die Wirtschaftsentwicklung an den Standorten Ostdeutschlands ist deshalb der Aufbau entsprechender Unternehmens- und vielseitiger Industriestrukturen grundlegend. Dabei gilt es mehr zu leisten, als den Anschluss leistungsfähiger Forschungspotenziale an Innovationsnetzwerke führender Industrieländer: Es geht um den Wechsel des Produktionssystems. Im Zeitraum bis 1990 war in der DDR das Kombinatsystem dominierend, das auf großen Unternehmen mit Massenproduktion oder in großen Serien beruhte. Kleine Unternehmen, die Lieferung von Teilfertigprodukten und flexible Kooperationsstrukturen konnten sich in einem System mit einer Fertigungstiefe von nahezu 100% in den Kombinaten und weitgehender, durch das planwirtschaftliche System bedingter Inflexibilität gegenüber Marktveränderungen nicht bzw. nur unzureichend entfalten (vgl. Lange 1997; Wiesenthal 1996).

Produktionsprozesse waren folglich kaum durch autonome Entscheidungsebenen oder unmittelbare Korrespondenz mit Produktentwicklung, Organisation und Management charakterisiert, sondern folgten im Wesentlichen einem hierachischem Prinzip (vgl. Gergs/Pohlmann 1997). In diesem, deutlich Tayloristisch geprägten System, konnten sich flexible Entscheidungsstrukturen kaum in der Weise entwickeln, wie dies für moderne, westliche Industriegesellschaften prägend ist; im Gegenteil, wären solche Haltungen der Arbeitnehmer dem Organisationsmuster und Produktionsablauf sogar hinderlich gewesen.

Im Zuge der Innovations- und Modernisierungsprozesse werden auch veränderte Unternehmensstrukturen erforderlich. Mit der Auflösung der Kombinate und ihrer Zerlegung in kleinere Einheiten und mit den neuen Möglichkeiten der Marktteilnahme mittels kleiner Unternehmen entsteht eine andere, durch flexiblere Arrangements charakterisierte Standortstruktur. Kleine und größere Unternehmen sind durch Innovations- und Wertschöpfungsketten netzwerkartig miteinander verbunden. Die Produktentwicklung wie auch der Produktionsprozess selbst sind nicht mehr auf der Grundlage des vorhergegangenen Produktionsmodells realisierbar. Flexible Entscheidungsstrukturen und offene Haltungen gegenüber Kooperationen und gemeinsamen Zielen sind nun erforderlich.

Eine routinemäßige Erledigung von Arbeit ist aber für die beständige Qualitätsverbesserung innovativer Produkte und die Umsetzung neuer technologischer Möglichkeiten nicht hinreichend: es geht um den Wechsel zum anthropozentrischen Produktionssystem (vgl. Lehner 1992; Kidd 1990; Brödner 1990). Diese Veränderung setzt aber nicht nur andere Arbeitsorientierungen und höhere Qualifikationen voraus, sondern neben der unternehmensinternen Reorganisation kommt es zu neuen Strukturen und Formen sozio-ökonomischer Entwicklung. Flexible kleine Unternehmen mit hoher Kompetenz in verschiedensten Spezialisierungsbereichen, explizite Orientierungen auf

Kooperationen am Standort oder aber mit Partnern an anderen Standorten und eine enge Beziehung zum neuesten Stand der Forschung werden zu wesentlichen Elementen der Entwicklung (vgl. Saxenian 1990, 1994). Die ostdeutschen Standorte waren zwar in der Lage eine hohe Forschungskompetenz aufzubauen und sie auf der Grundlage der neuen Situation seit 1990 angemessen zu modernisieren, aber der Aufbau einer modernen Unternehmensstruktur ist zunächst an die bereits vor 1990 bestehenden Kapazitäten gebunden und kann sich im Wesentlichen nur aus den alten Kombinatskomplexen heraus bilden.

Mit diesem Erbe aus der DDR-Wirtschaft wird der Wechsel des Produktionssystems hin zur Anthropozentrik allerdings schwierig. Die kleinen und mittleren Unternehmen waren zunächst vorwiegend Ausgründungen aus den Kombinaten mit Management und Personal, das auf Massenproduktion oder aber relativ getrennte Forschung und Entwicklung orientiert war. Gleichzeitig waren Unternehmensneugründungen auf einige Branchen wie die Feinmechanik, die Mikroelektronik, den Spezialmaschinenbau, die Medizintechnik oder den Geräte- und Apparatebau konzentriert. Aber auch in diesen Bereichen stand den dynamischen Restrukturierungsprozessen der Niedergang des alten Produktionsmodells entgegen. Dadurch fehlten an den alten Kombinatstandorten häufig die großen Unternehmen als Kooperationspartner und die kleinen Neu- oder Ausgründungen konnten nur auf einen Arbeitsmarkt bzw. die Übernahme von Personal zurückgreifen, das nur eingeschränkt auf die neuen Bedingungen vorbereitet war oder aber sich auch häufig diesen Veränderungen nicht anpassen konnte.

Die anhaltende wirtschaftliche Krise und der Strukturwandel, der trotz aller Dynamik insgesamt nicht schnell genug war um die Optionen des high tech-Bereiches in sozio-ökonomische Entwicklungen umzusetzen, bewirken gleichzeitig, dass die erforderlichen neuen Haltungen gegenüber dem neuen, anthropozentrischen Produktionssystem sich nur vergleichsweise langsam in den verschiedenen industriellen Sektoren durchsetzen. Die Haltungen der Arbeitnehmer in den Betrieben – ebenso wie die der Unternehmensleitungen zu Kooperationen und die noch unzureichend verbreitete Orientierung der Universitäten auf enge Formen der Zusammenarbeit mit der gewerblichen Wirtschaft – lassen nur vereinzelt Arrangements entstehen, die für eine Regionalisierung sozio-ökonomischer Effekte geeignet sind (vgl. Hilpert 1997). Moderne Arrangements und ein aktives Einwirken der verschiedenen Regierungsebenen auf die Entfaltung solcher Innovationsprozesse bilden aber die Voraussetzungen einer regionalen Rezeptivität gegenüber solchen Prozessen und werden so zur Bedingung für die Ankoppelung der Standorte an attraktive Innovationsprozesse.

Mit diesen an die wirtschaftliche Strukturpolitik gebundenen Bedingungen für die Regionalisierung von Innovationsprozessen, die auf der Umsetzung von technologisch-wissenschaftlicher Kompetenz in konkrete Produkte beruht, stellt sich eine Tendenz ein, die sich von der Fähigkeit zur Ausbildung von Innovationsinseln für forschungsbasierte Prozesse unterscheidet. Im Unterschied zur high tech-Kompetenz zielen technologiegetriebene Innovationsprozesse auf die Umsetzung in konkrete Produkte und Produktionsprozesse. Die erforderliche Breite der Entwicklungen kann nur erreicht werden, wenn eine hinreichende Anzahl von leistungsfähigen Unternehmen mit geeignetem Personal anwesend sind. Nur dann gelingt es, die wissenschaftliche Kompetenz mit den Möglichkeiten industrieller Nutzung zu verbinden.

Die Referenz dieses Innovationsprozesses zum Wandel des Produktionssystems stellt eine Bedingung für eine sozio-ökonomisch relevante Umsetzung wissenschaftlich-technischer Kompetenz dar. Er ist damit schwieriger und tiefgreifender als die Ansiedlung der Kompetenz bei science-based Innovationen. Der relevante Wandel der Innovationsarrangements verweist unmittelbar auf die Umsetzungskompetenz. Dabei wird nun auch deutlich, dass entsprechende Effekte in erheblichem Umfange auf veränderten Haltungen der handelnden Personen beruhen. Gelingt der Aufbau von Innovationsinseln mit Bezug zu high tech-Bereichen vergleichsweise gut, so ist der Aufbau eines regionalen Innovationsclusters deutlich schwieriger. Hier ist ein Wandel in den Orientierungen und Haltungen der Personen erforderlich; es kommt also auf die sozio-kulturelle Dimension innovativer Problemlösungsfähigkeit in Unternehmen, Forschung und Regierung sowie auf das Zusammenwirken dieser Elemente an.

Bleiben die Haltungen und Orientierungen im Wesentlichen den sozio-kulturellen Mustern der Kombinatsysteme verhaftet, dann lassen sich entsprechende moderne Produktions- und Innovationssysteme nicht aufbauen. Damit gehen die Anforderungen an eine befähigende staatliche Politik über den Aufbau von high tech-Kompetenzen hinaus. Die Grenzen des Wandels von Haltungen und Orientierungen sind dann nicht nur sozio-ökonomisch relevant, sondern markieren deutlich die Problemlagen für entsprechende Politiken. Soll hier eine Modernisierung des Standortes und der Aufbau von innovativen Clustern erfolgen, dann muss mit den notwendigen modernen Qualifikationen ein sozio-kultureller Wandel durch Bildung und Ausbildung angestrebt werden. Der vollständige Anschluss an nationale und europäische Innovationsnetzwerke und Prozesse kann mithin erst dann gelingen, wenn auch die Grundlagen für eine technologiegetriebene Innovation und Modernisierung durch neue Produktionssysteme realisiert ist.

6. Fazit: Innovationspolitik und Standortentwicklung unter den Bedingungen von Zeit, Qualifikationen und gouvernementaler Struktur

Die Entwicklungen der ostdeutschen Standorte verweisen auf ein widersprüchliches Bild beim Aufbau moderner Standorte. Ist einerseits in einigen wesentlichen Technologiebereichen der Anschluss an nationale und internationale Netzwerke gelungen, so besteht das Problem einer dynamischen, sozio-ökonomischen Entwicklung insgesamt weiterhin. Damit werden sowohl die politischen Möglichkeiten als auch deren Grenzen deutlich: Der Aufbau wissenschaftlich-technologischer Kompetenz und ihre Beteiligung an Innovationsnetzwerken kann durch staatliche Politik induziert werden, die Umsetzung in industriell-ökonomische Prozesse setzt aber mehr voraus. So gelang zwar innerhalb eines vergleichsweise kurzen Zeitraumes der Aufbau von spezialisierten Innovationsinseln, aber damit ist noch keine Anwendung in Produkten und Produktion verbunden; hierzu bedarf es einer spezifischen Umsetzungskompetenz.

Vor diesem Hintergrund sind die Unterschiede zwischen den Technologien relevant, denn sie weisen nicht nur auf empirische Variationen hin, sondern sie verweisen auch auf die Bedeutung von Referenzindustrien für erfolgreiche Prozesse technologisch-industrieller Innovation. Erst mit der Umsetzung wissenschaftlich-technischen

Fortschritts in Produkte oder in der Produktion werden sozio-ökonomische Prozesse eingeleitet; dazu bedarf es nicht nur der Forschungskompetenz, sondern auch entsprechender Industrie- und Unternehmensstrukturen mit modernen Potenzialen sowie einer hinreichenden Anzahl von adäquat qualifizierten Arbeitskräften. Fehlt dieses aufeinander abgestimmte Arrangement aus Wissenschaft, Wirtschaft und Arbeit, dann lassen sich die Effekte in Wirtschafts- und Beschäftigungsentwicklung am Standort nicht erzeugen, der Regionalisierungsprozess fortgeschrittener sozio-ökonomischer Entwicklung findet dort nicht statt.

Die Grenzen der politischen Gestaltung sind mithin sehr deutlich dort gezogen, wo die Umsetzungspotenziale vor Ort nicht anzutreffen sind, sondern erst aufgebaut werden müssen. Solche Prozesse der Veränderung der Innovations- und Industriestruktur eines Standortes nehmen längere, zumeist über zwei bis drei Dekaden reichende Zeiträume ein. Der politisch induzierbare Aufbau von Innovationsinseln kann also dann zu besonders günstigen sozio-ökonomischen Effekten führen, wenn entsprechende industrielle Potenziale bereits vorliegen oder aber modernisierbar sind. Fehlen diese Bedingungen oder sind sie unzureichend entwickelt, dann ist bis zum Aufbau hinreichender Strukturen mit einem Transfer von forschungsbasierten innovativen Impulsen an andere Standorte mit Umsetzungspotenzialen zu rechnen. Innovations- und Technologiepolitik kann also in diesem Rahmen sowohl den Aufbau von Innovationsinseln als auch die Technologiebereiche mit hoher sozio-ökonomischer Wirkung weitgehend auswählen.

So bleibt eine politische Definitionsfähigkeit des regionalen Entwicklungspfades erhalten. Die Bedeutung der Politik für den Aufbau von Innovationsinseln und die Realisation von Modernisierungsprozessen weist auf ihre aktive Rolle hin, die sie vor dem Hintergrund von Globalisierungsprozessen einnimmt. Es ist wesentlich, dass globale Wirtschafts- und Innovationsprozesse nicht zwangsläufig Gegenstand und Inhalt von Politik bestimmen. Tatsächlich lässt sich unter den Bedingungen von Innovationspolitik auch umgekehrt der regionale bzw. Standortbezug durch Politik herstellen. In dieser Beziehung zwischen wissenschaftlich-technischem Fortschritt innerhalb von Innovationsinseln und dem regionalen Bezug zu Referenzindustrien ist auch im Zeitalter der Globalisierung eine politische Entscheidung zwischen unterschiedlichen Entwicklungswegen und -bereichen möglich.

Angesichts der Bedeutung sozio-kultureller Aspekte für die sozio-ökonomische Entwicklung wird standortspezifische staatliche Politik umso wichtiger für die gewünschten Effekte wirtschaftlicher und Beschäftigungsentwicklung. Dabei spielen die Qualifikationsstrukturen der Beschäftigten und die Zeiträume für ihre Veränderung oder Anpassung an neue Bedingungen eine wesentliche Rolle: Prozesse technologisch-industrieller Innovation und moderne Produktionssysteme lassen sich nur mit entsprechend qualifizierten Arbeitnehmern realisieren, der umfassende Wandel solcher Qualifikationen erfordert in der Regel eine Generation. Mit staatlicher Technologie- und Innovationspolitik ist deshalb nicht nur das Problem der neuen Technologien und Produktionsabläufe verbunden; bei entsprechender Auswahl der Bereiche und Ergänzung durch Bildungsinitiativen können auf Forschung und Technologie basierende Prozesse auch so gestaltet werden, dass die regionalen Innovationsprozesse an die industriegeschichtlichen Entwicklungen anschließen bzw. diese als Referenzen aufnehmen.

Damit gewinnt Politik für die ökonomische Entwicklung in zwei Zusammenhängen Bedeutung: Zum einen kann sie die Bedingungen für den Aufbau von Innovationsinseln schaffen, zum anderen kann durch Politik die Orientierung technologisch-industrieller Innovation auf Referenzindustrien geleistet werden. Diese Rolle von befähigender staatlicher Politik und der Einfluss von Technologien auf Entscheidungsmöglichkeiten wird erst im Zusammenhang mit dem Innovations- und Restrukturierungsprozess deutlich. Technologien schaffen einen Rahmen für mögliche innovative Entwicklungen und begrenzen diese durch ihre sachlichen Bezüge bei Umsetzung und Anwendung; in diesem Kontext kann Politik dann aber deutliche Akzente setzen und zwischen Alternativen entscheiden.

Diese Rolle staatlicher Politik für die Standortentwicklung weist den verschiedenen gouvernementalen Ebenen unterschiedliche Optionen zu. Während die nationale Innovationspolitik vor allem am Innovationsprozess und einer zügigen Umsetzung neuer technologischer Möglichkeiten interessiert ist, zielt die regionale gouvernementale Ebene auf eine Optimierung der Standortbedingungen zur Teilnahme an sozio-ökonomisch relevanten Innovationsprozessen und Globalisierungstendenzen. Hier werden die Strategien für die Orientierungen der Innovationsinseln definiert und im Rahmen intergouvernementaler Arbeitsteilung realisiert.

Der Aufbau der Innovationsstruktur Ostdeutschlands nach 1990 ist ein klares Beispiel für die Möglichkeiten des politisch induzierten Aufbaus von Innovationsinseln und der Wahl zwischen verschiedenen Entwicklungsoptionen. Dabei wird auch deutlich, dass die regionale Regierungsebene im Zuge der Globalisierungsprozesse an Bedeutung gewinnt, ohne jedoch die nationale Ebene überflüssig werden zu lassen; im Gegenteil: Erst im intergouvernementalen Zusammenwirken lassen sich die regionalen, auf internationale Zusammenhänge zielenden Strategien realisieren. Gleichzeitig werden mit den Referenzindustrien als Bedingungen für dynamische Innovationsprozesse und sozio-ökonomische Entwicklungen auch die Grenzen staatlicher Politik auf den verschiedenen Ebenen deutlich. Die erforderlichen Effekte in Wirtschafts- und Beschäftigungsentwicklung sind nur mit einer Veränderung des Produktionssystems möglich – und die dauert auch bei entsprechend aktiver Politik mehrere Dekaden.

Das Beispiel innovationsorientierter ostdeutscher Standortentwicklung zeigt so schließlich, dass eine grundlegende Restrukturierung von Industriestandorten auch und gerade unter den Bedingungen der Globalisierung politisch möglich ist. Der sozio-ökonomische Prozess reduziert aber nicht notwendig den Entscheidungsspielraum der Politik, sondern mit der Bedeutung von wissenschaftlich-technischer Kompetenz und der industriellen Potenziale zur Umsetzung in Produkte und Produktionsweisen eröffnet sich ein erheblicher Handlungsspielraum für die Politik. Wird die politische Perspektive erneut von der Frage der Kompetenz und dem innovativen Gehalt der Entwicklung auf die Kosten und Konkurrenzfähigkeit reduziert, dann geht auch der Entscheidungsspielraum der verschiedenen gouvernementalen Ebenen verloren. Dem föderalen Regierungssystem der BR Deutschland wohnt eine eigene Innovationskraft inne, die beim Blick auf die Entwicklungen in Ostdeutschland in Ansätzen zum Tragen kommen konnte.

Literatur

Bosch, Gerd, 1998: Bildung, Innovation und Chancengleichheit auf dem Arbeitsmarkt, in: *Wolfram Elsner/Wolfgang W. Engelhardt/Werner Glasteetter* (Hrsg.), Ökonomie in gesellschaftlicher Verantwortung. Berlin, 317–334.

Brödner, Paul, 1990: The Shape of Future Technolgy. The Anthropocentric Alternative. London.

Bruns, Johannes, 1998: Standortentwicklung durch intergouvernementale Arbeitsteilung: Das Beispiel Umwelttechnik, in: *Ulrich Hilpert/Everhard Holtmann* (Hrsg.), Regieren und intergouvernementale Beziehungen. Opladen, 215–238.

Corsten, Michael/Voelzkow, Helmut, 1997: Einführende Bemerkungen: Wirtschaftliche Transformation zwischen Markt, Staat und Drittem Sektor, in: *dies.* (Hrsg.), Transformation zwischen Markt, Staat und Drittem Sektor. Marburg, 7–16.

Faulkner, William/Senker, James, 1995: Knowledge Frontiers, Public Sector Research and Industrial Innovation in Biotechnology, Engineering Ceramics and Parallel Computing. Oxford.

Gergs, Hans-Jürgen/Pohlmann, Michael, 1997: Manager in Ostdeutschland – Reproduktion oder Zirkulation einer Elite?, in: Kölner Zeitschrift für Soziologie und Sozialpsychologie 49 (3).

Hamilton, Michael S., 1995: Intergovernmental Regulation, in: Public Administration Review 55 (3), 301–312.

Heidenreich, Markus, 1998: Wirtschaftsregionen im weltweiten Innovationswettbewerb, in: Kölner Zeitschrift für Soziologie und Sozialpsychologie 50 (2), 500–525.

Hilpert, Ulrich, 1992: Archipelago Europe – Islands of Innovation, Synthesis Report. Brussels: Commission of the European Communities. Internal Paper XII-411-92.

Hilpert, Ulrich (Hrsg.), 1994: Zwischen Scylla und Charybdis? – Zum Problem staatlicher Politik und nicht-intendierter Konsequenzen. Opladen.

Hilpert, Ulrich, 1997: Transformation und Orientierung. Zur Bedeutung extra-ökonomischer Faktoren bei Prozessen industrieller Modernisierung, in: *Markus Corsten/Helmut Voelzkow* (Hrsg.), Transformation zwischen Markt, Staat und Drittem Sektor. Marburg, 81–106.

Hilpert, Ulrich, 1998: Regieren zwischen Problemnähe und Regierungsrationalität. Die EU-Politik im Geflecht veränderter intergouvernementaler Arbeitsteilung, in: *Ulrich Hilpert/Everhard Holtmann* (Hrsg.), Regieren und intergouvernementale Beziehungen. Opladen, 193–214.

Kidd, Peter T. (Hrsg.), 1990: Organisation, People and Technolgy in European Manufacturing. Report in FAST-Programme of the Commission of the European Communities. Macclesfield/Cheshire Henbury.

Krätke, Martin R., 1997: Globalisierung und Standortkonkurrenz, in: Leviathan 2, 201–232.

Krugman, Paul, 1991: Geography and Trade. Cambridge, Mass.

Lange, Ernst, 1997: Steuerungsprobleme beim Übergang von der Planwirtschaft zur sozialen Marktwirtschaft in den neuen Bundesländer – ein Rückblick, in: *Markus Corsten/Helmut Voelzkow* (Hrsg.), Transformation zwischen Markt, Staat und Drittem Sektor. Marburg, 17–37.

Lehner, Franz, 1992: Anthropocentric Production Systems: The European Response to Advanced Manufacturing and Globalization. Brussels & Luxembourg: Comission of the European Communities.

Moore, Carl/Miller, Andrew, 1994: Green Gold. Japan, Germany, the United States and the Race of Environmental Technology. Boston.

Nordhause-Janz, Jürgen/Rehfeld, Dieter, 1995: Umweltschutz „Made in NRW" – Eine empirische Untersuchung der Umweltschutzwirtschaft in Nordrhein-Westfalen. München/Mering.

OECD (Hrsg.), 1996a: Science, Technology and Industry Outlook. Paris.

OECD (Hrsg.), 1996b: Employment and Growth in the Knowledge-Based Economy. Paris.

Peters, Lois/Groenewegen, Peter/Fiebelkorn, Nico, 1998: A Comparison of Networks Between Industry and Public Sector Research in Materials Technology and Biotechnology, in: Research Policy 27, 255–271.

Porter Michael E., 1990: The Competitive Advantage of Nations. New York.

Piore, Michel J./Sabel, Charles F., 1984: The Second Industrial Devide. New York.

Powell, Walter W./Brantley, Peter, 1992: Competitive Co-operation in Biotechnology: Learning Through Networks?, in: *Nitin Nohria/Robert G. Eccles* (Hrsg.), Networks and Organisations. Structure, Form and Action. Boston.

Prevezer, Martha, 1997: The Dynamics of Industrial Clustering in Biotechnology, in: Small Business Economics 9, 255–271.

Ritter, Eberhard H., 1995: Raumpolitik mit „Städtenetzen", oder Regionale Politik der europäischen Ebenen, in: Die öffentliche Verwaltung (DÖV) 10, 393–403.

Saxenian, Anne L., 1990: Regional Networks and the Resurgence of Silicon Valley, in: Carlifonia Management Revue 33 (1), 89–112.

Saxenian, Anne L., 1994: Regional Advantage: Culture and Competition in Silicon Valley and Route 128. Cambridge, Mass.

Senker, James/Faulkner, William, 1992: Industrial Use of Public Sector Research in Advanced Technologies: a Comparison of Biotechnology and Ceramics, in: R & D Management, 157–175.

Sharp, Margaret, 1991: Pharmaceuticals and Biotechnology. Perspectives for the European Industry, in: *Christopher Freeman/Margaret Sharp/William Walker* (Hrsg.), Technology and the Future of Europe. London, 213–230.

Sharp, Margaret/Galimberti, Irina, 1993: Europe's Chemical Giants and the Assimilation of Biotechnology. Brussels.

Sinn, Gerlinde/Sinn, Hans-Werner, 1993: Kaltstart: Volkswirtschaftliche Aspekte der deutschen Vereinigung. 3. überarb. Aufl., München.

Wiesenthal, Helmut, 1996: Die neuen Bundesländer als Sonderfall der Transformation in den Ländern Ostmitteleuropas, in: Aus Politik und Zeitgeschichte B 40, 46–54.

Global Cities: Technik und Stadtentwicklung

Sylke Nissen

1. Einleitung

Global cities erfahren durch Technik induzierte Entwicklungen früher und vielleicht stärker als andere Metropolen. Die begleitende Diskussion um global cities und ihren Bezug zur Technik werde ich im ersten Schritt einer nüchternen Betrachtung unterziehen. Die häufig angenommene Einzigartigkeit der global cities und ihres Verhältnisses zur Technik möchte ich jedoch in Frage stellen. Ich interpretiere die Auseinandersetzung mit global cities stattdessen als einen Teil der Stadtforschung. Daher wende ich mich im zweiten Teil dem Verhältnis von Stadt und Technik in der Stadtforschung zu. An den räumlichen Wirkungen neuer Techniken vor allem in den Bereichen Kommunikation und Verkehr bestehen kaum Zweifel. Über die konkreten Folgen gibt es aber wenig genaue Aussagen. Auf der Basis dieser Defizitanalyse werde ich drittens zeigen, dass das Technikinteresse der sozialwissenschaftlichen Stadtforschung unter einem generell zu beobachtenden Mangel leidet. Ich werde versuchen, die Perzeption des Verhältnisses von Stadtentwicklung und Technik um eine bisher unberücksichtigte Dimension zu erweitern.

2. Global Cities: Evolution eines Forschungsfeldes

In der ersten Hälfte der 80er Jahre entwickelte John Friedmann die *world city hypothesis* (Friedmann/Wolff 1982; Friedmann 1986). Seine Arbeit kann als wesentliche Grundlage für die neuere Forschung über urbane Agglomerationen angesehen werden. Die Bezeichnung world city sollte in diesem Zusammenhang nicht als Weltstadt fehlinterpretiert werden (vgl. Hall 1976; Knox/Taylor 1995). Im Zentrum des world city-Begriffs steht nicht die Konzentration auf große politische Machtsphären früherer Weltstädte. Heute bezeichnet der Begriff vielmehr die Haupt-Städte weltumspannender ökonomischer Netze. Die Durchsetzung der global economy war eine Voraussetzung für die Entstehung von world cities. Friedmann nennt einige zentrale Eigenschaften von world cities. Sie sind Ziel großer finanzieller und personeller Wanderungsbewegungen, Ort ökonomischer und gesellschaftlicher Strukturveränderungen, zunehmender sozialer Polarisierung und in deren Folge, so Friedmann, auch wachsender politischer Spannungen. „World city formation brings into focus the major contradictions of industrial capitalism – among them spatial and class polarization. ... World city growth generates social costs at rates that tend to exceed the fiscal capacity of the state" (Friedmann 1986: 76, 78). Die ökonomischen Entwicklungen ziehen Veränderungen in der Struktur der world cities nach sich. Der Zerfall in prosperierende Zentren und verarmende Ghettos wird zum physischen Ausdruck wachsender ökonomischer Arbeitsteilung.

Die Zahl der Untersuchungen von world cities ist rasch gewachsen. Inhaltlich wurden die von Friedmann skizzierten Merkmale im Wesentlichen übernommen, begrifflich hat sich global city gegenüber world city weitgehend durchgesetzt. Zahlreiche Autoren haben Friedmanns konzeptuelle Überlegungen empirisch angereichert und weiterentwickelt. Saskia Sassen analysiert in *The Global City: New York, London, Tokyo* (1991) und in *Cities in a World Economy* (1994) akribisch die Durchsetzung der ökonomischen Globalisierung in Metropolen. Sie konzentriert sich darauf, Strukturen und Folgen neuer Finanz- und Produktionsdienstleistungen zu analysieren. Globalisierungseffekte wie ein hohes Maß an Spezialisierung, die Möglichkeit der Externalisierung von unternehmensbezogenen Dienstleistungen und die wachsende Nachfrage von Wirtschaft und Politik nach solchen Dienstleistungen „are all conditions that have both resulted from and made possible the development of a market for freestanding service firms that produce the components for ... global control capability" (Sassen 1991: 11). Diese bei den Anbietern von Unternehmensdienstleistungen versammelten Kontrollkapazitäten sind für Sassen charakteristischer Bestandteil der global cities (vgl. auch Sassen 1993 und 1999).

Der ökonomischen Entwicklung folgt ein Trend zur sozialen und ökonomischen Polarisierung in global cities. „... [T]he tendency toward cultural, economic, and political polarization in New York takes the form of a contrast between a comparatively cohesive core of professionals in the advanced corporate services and a disorganized periphery fragmented by race, ethnicity, gender, occupational and industrial location, and the spaces they occupy", stellen John Mollenkopf und Manuel Castells in *Dual City* fest (1991: 402). Was in New York zu beobachten sei, habe exemplarischen Charakter für die postindustrielle Stadt der Zukunft.

Große internationale Bauprojekte dokumentieren, dass sich das Schicksal von global cities von dem sie umgebenden Staat löst und die Entwicklung der Städte immer weniger zu kontrollieren ist. Anthony King (1990) kann dies am Beispiel der Londoner Docklands belegen, obwohl doch die gebaute Umgebung zu den wenigen Elementen in global cities gehört, die überhaupt Kontinuität demonstrieren können. Susan S. Fainstein ergänzt Kings Ansatz und analysiert in *The City Builders* (1994) Strukturen, Träger und Dynamiken von Entwicklungsprojekten in New York City und London. Fainstein stellt fest, dass die Rolle der Politik in vielfältiger Weise durch die involvierten ökonomischen Interessen begrenzt wird.

Neben diesen Arbeiten leiten vor allem Vergleichsstudien wie *Four World Cities* (Llewelyn-Davies u.a. 1996) oder *London: World City Moving into the 21st Century* (Kennedy 1991) zu der Frage über, welche Metropolen zur Gruppe der global cities zu zählen sind. Als Voraussetzungen für eine global city gelten der Status der Stadt als bedeutendes Finanzzentrum, der Sitz von (regionalen) Headquartern transnationaler Unternehmen und internationaler Institutionen, ein schnelles Wachstum der unternehmensbezogenen Dienstleistungen, die Bedeutung der Stadt als Zentrum des produzierenden Gewerbes, ihre Rolle als wichtiger Verkehrsknotenpunkt und schließlich die Einwohnerzahl (vgl. Friedmann 1986; Krätke 1998). Der global city-Forschung wird zwar inzwischen der Vorwurf gemacht, sie vertusche ein „dirty little secret" (Short u.a. 1996), nämlich die Tatsache, dass die Daten zur Überprüfung der Hypothesen unzureichend seien.¹ Dennoch herrscht in der Literatur weitgehend Einigkeit darüber, dass New York City, London und Tokio an der Spitze der global cities-Hierarchie stehen. Auf Platz 4 folgt in der Regel Paris. Vielleicht resultiert die Übereinstimmung in der Einschätzung daher, dass „common hypotheses are repeated rather than tested and most draw upon assumptions of previous papers" (Short u.a. 1996: 698). Die Ursache für die einhellige Meinung in dieser Frage kann aber auch schlicht daran liegen, dass die bisherigen Analysen trotz schwieriger Datenlage zum empirisch richtigen Ergebnis kommen.² Die Rangfolge der global cities ist nicht in allen Untersuchungen gleich, sie hängt davon ab, welche Indikatoren herangezogen wurden, ob Entwicklungstendenzen beurteilt werden und ob von global cities in den Kernländern der industrialisierten Welt oder in der (Semi-)Peripherie die Rede ist (vgl. Friedmann 1986, 1995; Short u.a. 1996). Daher lässt sich im Anschluss an die ersten vier global cities weder eine eindeutige Zahl noch Reihung von Metropolen angeben. Je nach verwendeten Selektionskriterien und Untersuchungszeiträumen befinden sich auf den weiteren Rängen unter anderem Chicago, Los Angeles, Toronto, Frankfurt am Main, Zürich, Brüssel, Mailand, Sydney, Singapur, Osaka, Hong Kong, Shanghai, Mexico City, Sao Paulo und Buenos Aires (vgl. z.B. Friedmann 1986, 1995; Short u.a. 1996; Mayer 1997; Abu-Lughod 1999).

Friedmann hatte seine world city-Hypothese explizit als Ausgangspunkt für „political inquiry" betrachtet (1986: 69). Zusammen mit Goetz Wolff hatte er schon früh betont, dass diese Städte auf mehreren Ebenen zu Zentren politischer Konflikte werden könnten. „There is, of course, the classical instance of the struggle between capital and labour. This remains. In addition, there is now a struggle between transnational capital and the national bourgeoisie; between politically organized nation states and transnational capital; and between the people of a given city and the national polity, though this may be the weakest part" (Friedmann/Wolff 1982: 12–313, vgl. auch 325–327). Die politische Dimension wird in der weiteren Auseinandersetzung mit global cities allerdings nur selten untersucht (vgl. Friedmann 1995: 42; Burgers 1996; Hamnett 1994, 1996; Nissen 1998b). Vielmehr beschäftigt sich die Forschung mit der möglichst genauen Beschreibung der global cities. Friedmann hält zwar zufrieden fest, „the beauty of the world city paradigm is its ability to synthesize what would otherwise be disparate and diverging researches ... into a single meta-narrative" (Friedmann 1995: 43). Aber gerade die Erzählperspektive in der global cities-Forschung könnte ihr Problem sein. Die Beiträge konzentrieren sich auf die Determinanten der Entstehung von global cities und kreisen um die Feststellung, dass Produktions- und Märktenetzwerke sich als ein spezifisches Netzwerk von Städten darstellen. Global Cities „serve as the organizing nodes of a global economic system" (Friedmann 1995: 25). Sie werden gesehen als „die räumlichen Verankerungspunkte (der) globalen Kontrollkapazität und damit die führenden Zentren innerhalb des globalen Städtenetzwerks" (Mayer 1997: 520). Krätke hält fest, dass der global city-Ansatz „davon ausgeht, dass die Art und

---

1 Die methodologischen Probleme der vergleichenden (global cities-)Forschung werden nicht angesprochen (vgl. dazu Sartori 1991; Nissen 1998a).
2 Auch Short u.a. nennen nach ihrer eigenen umfangreichen und kritischen Datenanalyse dieselben, allgemein anerkannten global cities (1996: 711).

Weise der Integration einer Stadt in das weltwirtschaftliche System ihre ökonomisch-soziale und baulich-räumliche Entwicklung bestimmt. Das Erkenntnisinteresse konzentriert sich auf die Herausbildung von ‚Global Cities' wie New York, Tokyo, London, Paris, Los Angeles, die die räumlichen Knotenpunkte der Produktions-, Finanz- und Kontrollbeziehungen des internationalisierten Kapitals bilden" (1998: 379). Ihre Funktion als Kommandozentralen der Weltwirtschaft hebt die global cities nach Ansicht der global cities Forscher aus der Reihe der Metropolen heraus. Die Autoren begründen die besondere Bedeutung der global cities damit, dass deren Erfahrungen im Zuge der fortschreitenden ökonomischen Globalisierung auch für andere Metropolen gelten werden. Die Fragen danach, was aus den Beobachtungen analytisch und empirisch für global cities selbst folgen könnte, werden kaum gestellt.[3]

Der global cities-Forschung ist folglich zugute zu halten, dass sie ein nachvollziehbares Bild des weltweiten Städtesystems zeichnet. Da sie sich aber weitgehend mit der retrospektiven Herleitung des status quo begnügt, sich kaum für die Konsequenzen der in den global cities manifest gewordenen global economy interessiert und wenig weiter gehendes Forschungsinteresse sichtbar wird, fallen die Analysen häufig hinter Friedmanns frühe *world city hypothesis* zurück.

3. Global Cities der Technik

Welche Rolle spielt Technik für global cities? In der kürzesten Form lässt sich der Zusammenhang zwischen global cities und Technik in zwei Sätzen darstellen: Global cities verdanken ihre rasche Entwicklung der ökonomischen Globalisierung. Ökonomische Globalisierung wäre ohne die Revolution im Bereich der Datenverarbeitung und Telekommunikation undenkbar gewesen. Im Sinne von Mayntz (in diesem Band) kann auch hier die Technikentwicklung als unabhängige Variable gelten, deren Folgen sich in der sozio-ökonomischen Organisation des Raumes manifestieren.

Dass Metropolen im Zuge der Globalisierung zu global cities aufstiegen, bedarf inzwischen keiner großen Diskussion mehr. In den Anfängen der Auseinandersetzung mit Globalisierung und den Konsequenzen der technologischen Entwicklung schien es jedoch keinesfalls selbstverständlich, dass sich einige Großstädte als Schaltstellen der Wirtschaft herausbilden würden. Im Gegenteil, die Tendenzen der ökonomischen Globalisierung deuteten zunächst darauf hin, dass sich die Bedeutung des Raumes verringern würde. Mit der Erfindung des Fließbands hatte das Ende der Stadt als Sitz der Produktion begonnen, mit der Globalisierung, so lautete eine verbreitete Annahme, würde sie ihre zentrale Rolle als Marktort und Handelsplatz verlieren. Je weniger globales Kapital an einen Standort gebunden sei, desto geringer würde auch die Relevanz

---

3 Der Einwand, dass in der global cities Literatur sehr wohl soziale Fragen berücksichtigt werden, kann dadurch entkräftet werden, dass soziale Polarisierung, Segregation oder Gentrifizierung auch, aber nicht ausschließlich in global cities zu beobachten sind. Entsprechend ist die wissenschaftliche Untersuchung dieser Phänomene nicht auf global cities beschränkt (vgl. u.a. Blasius/Dangschat 1990; Blasius 1993; Häußermann 1997). D.h. die möglicherweise vorhandene Spezifität von global cities wird durch Analysen ihrer sozio-ökonomischen Probleme gerade nicht belegt.

der lokalen Ebene und ihr Einfluss auf ökonomische und politische Prozesse. „A growing schizophrenia has resulted between, on the one hand, regional societies and local institutions, and, on the other hand, the rules and operations of the economic system at the international level. The more the economy becomes independent on a global scale, the less can regional and local governments, as they exist today, act upon the basic mechanisms that condition the daily existence of their citizens" (Castells 1989: 347).

Die These vom Ende der Stadt wurde rasch differenziert. Computer- und Datenverarbeitungstechnologie erlaubte nicht nur globale Kooperationen, sondern machte auch die räumliche Aufteilung eines Unternehmens möglich. Nachrangige Produktionsbereiche und Zulieferdienste ließen sich regional dezentralisieren, die zentralen Unternehmensfunktionen blieben aber in den Städten. „Second-rank business services" (Castells 1989: 153) konnten in back offices ausgelagert werden. Die Führungs-, Entscheidungs-, Planungs- und Rechtsabteilungen der auf dem Weltmarkt agierenden Firmen drängten und drängen jedoch in die internationalen Wirtschaftszentren, – und verfestigen den Bedarf an althergebrachter Infrastruktur. „One of the ironies of the new informations technologies is that, to maximize their use, we need access to conventional infrastructure. In the case of international networks it takes airports and planes; in the case of metropolitan or regional networks, it takes trains and cars" (Sassen 1998: 403). Denn trotz der wachsenden Möglichkeiten technologischer Kommunikation und Informationsgewinnung bleiben persönliche Kontakte unentbehrlich.

Weder die gegenwärtige Form noch die Funktionsfähigkeit von global cities wäre ohne die technologischen Innovationen der vergangenen Jahrzehnte vor allem im Bereich der Telekommunikation möglich gewesen. Nur durch die Entwicklung der Kommunikationsinfrastruktur wurde es möglich, weltumspannende Prozesse an einem zentralen Ort zu koordinieren. „The emerging telecommunications infrastructure is an overwhelmingly urban-based phenomenon. Although most discussions of new communication technologies emphasize the opportunities presented for decentralization, large cities are the hubs of the new telecommunications systems in the U.S. and are the sites for the most advanced applications of information technology ... Contrary to much of the popular folklore, new communication technologies have not led to the decline of cities" (Moss 1986, zitiert nach Castells 1989: 149).

Auf dem Niveau solch allgemeiner Feststellungen ist die Darstellung des Verhältnisses von global cities und Technik wenig umstritten. Allerdings ist es immer noch schwierig, Belege für die angenommene Entwicklung zu finden. Dabei geht es nicht um Beweise für die technologischen Revolutionen. Die Entwicklungen in der Computertechnologie oder in der Kommunikationstechnik sind hinlänglich bekannt. Aber unterscheidet sich die Praxis der technischen Entwicklung in den global cities erkennbar von anderen Städten? Hinweise auf die Ausstattung mit Glasfaserkabelnetzen, Computern oder Computerarbeitsplätzen (vgl. Castells 1989: 144–149) allein genügen als Antwort nicht,[4] sondern müssten zumindest durch Nutzungsdaten ergänzt werden: Ist

---

4 Gerade beschäftigungsbezogene Daten sind mit Vorsicht zu betrachten. Häufig werden sämtliche Arbeitsplätze in so genannten informationsintensiven Branchen gezählt, ohne Rücksicht auf die konkreten Qualifikationen oder Arbeitsplatzanforderungen. Dadurch wird der Anteil der informationsintensiven Arbeitsplätze künstlich aufgebläht.

der Datentransfer in und zwischen global cities „dichter" als in und zwischen normalen Städten? Gibt es mehr Mobiltelefone, Internetzugänge und e-mail-Postfächer je Einwohner? Zu welchem Zeitpunkt? Wie viele werden beruflich genutzt? Nach der Liberalisierung der Telekommunikationsmärkte in den 80er Jahren ist die Situation unübersichtlich geworden (vgl. Schneider 1999). Festnetze werden durch Satelliten gestützte Datenübertragungswege ergänzt. Der komplizierten Anbieterstruktur steht eine Nachfrage gegenüber, die ständig in Bewegung ist und für die Bestandsdaten aus Momentaufnahmen wenig aussagekräftig sind. Hinzu kommt, dass Nutzungsdaten, nämlich die „minutes of telecommunications traffic (MiTT) on public switched telephone networks" nur zwischen Länderpaaren festgehalten werden (Rimmer 1998: 451), sodass der Anteil der global cities nicht ermittelt werden kann. Als Kennzahlen für die Identifizierung von global cities sind Daten internationaler Kommunikationsströme folglich ungeeignet.

Schließlich bleibt nicht nur die Frage offen, ob sich global cities in ihren technischen Strukturen und Netzwerken quantitativ, sondern auch, ob sie sich qualitativ von anderen Städten unterscheiden. Zeigt sich in global cities eine systematisch andere Struktur der I+K-Technik? Hier hilft z.B. ein Blick auf Schaltstellen globaler Telekommunikationsverbindungen. So genannte Teleports werden immer wieder als manifester Ausdruck der kommunikationstechnischen Zukunft diskutiert. „Teleports sind Regional-, Stadt- und Gebäudeentwicklungsprojekte, die ... über eine Teleportbetriebsgesellschaft alle Telekommunikationsnetze und -dienste ihren Nutzern zur Verfügung stellen. Insbesondere sind Teleports als Knotenpunkte der künftigen Breitbandnetze der sog. Electronic Highways zu sehen" (Lazak 1994: 167). Zu den ersten Projekten gehörte der New Yorker Teleport auf Staten Island, der durch Glasfaserkabel mit Manhattan verbunden ist und über 17 Satellitenbodenstationen sowie einen Bürokomplex für back offices verfügt (Castells 1989: 148). Das Konzept der Teleports umfasst ein Angebot an Büro- und Telekommunikationsdienstleistungen, Immobilienverwaltung und Gebäudetechnik, wodurch sie „die Dezentralisierung von Städten und Industriebetrieben" erlauben (Lazak 1994: 167).

Aber schon die inzwischen große Zahl von Teleports disqualifiziert sie als besonderes Merkmal von global cities. Seit der Gründung der World Teleport Association in Tokio 1984 wurden 30 Teleportprojekte vor allem in Japan, Europa und den USA in Angriff genommen. Teleports stehen nicht nur in allen erstrangigen global cities, allein in den USA befanden sich Ende der 80er Jahre außerhalb New Yorks rund 20 Teleport-Projekte im Aufbau. Die Entstehungsgeschichte des New Yorker Teleports zeigt zudem, dass es sich bei seiner Entwicklung um eine elaborierte Reaktion auf kommunikationstechnische Engpässe handelte. Der New Yorker Teleport war eine Notlösung für Planungsfehler beim Bau des World Trade Centers.[5] Dies soll seinen Wert als Schaltstelle weltweiter Telekommunikation nicht schmälern, aber weder die Überlas-

---

5 Da übersehen worden war, dass die Schächte im Untergrund des WTC nicht alle Kabelstränge aus den Büros der Gebäude aufnehmen konnten und zahlreiche Büroräume daher unvermietbar wurden, entschlossen sich die Betreiber des WTC und die Port Authority von New York und New Jersey, auf Staten Island eine Satellitenbodenstation mit Glasfasernetz zu errichten, die die Twin Towers versorgen konnte. Dieses Kommunikationszentrum wurde der New Yorker Teleport (Lazak 1994: 167–168).

tung des Kommunikationsnetzes noch die Auslagerungsstrategie können als Teile einer Entwicklung betrachtet werden, die nur die führenden Zentren der Welt betrifft.

Manche Autoren weichen den Schwierigkeiten, die besondere Rolle der Informationstechnologien für global cities zu belegen, dadurch aus, dass sie sich nicht der Entwicklung des Datenverkehrs, sondern dem Güter- und Personenverkehr vor allem auf dem Luftweg zuwenden. Durch diesen Wechsel des Gegenstands ändert sich jedoch das Erklärungspotenzial, das in der Analyse technologischer Entwicklungen steckt. Während Datenverarbeitungs- und -übertragungstechniken am Beginn der Entwicklung von global cities stehen und im Prinzip dazu beitragen können, deren Entstehung zu erklären, kann die Auswertung von Flugverkehrsdaten nur noch Existenz und Folgen der global cities und ihrer Netzwerke illustrieren. Global cities ziehen Flugverkehr an. „... [T]he analysis of the global air transport network has revealed the existence of a few dominant hubs dispersed around the world. Traffic at the global level seems to be quite limited and concentrated on a few world cities" (Keeling 1995: 125; vgl. auch Short u.a. 1996; Rimmer 1998). Luftverkehrsverbindungen als Indikatoren für die Beziehung von global cities und Technik zu betrachten, scheint mir Tautologien zu produzieren. Wenn man global cities als Knotenpunkte globaler ökonomischer Prozesse definiert, stellen diese Metropolen transnationaler Beziehungen zwangsläufig Anfangs- und Endpunkte eben jener globalen Wirtschaftstransaktionen dar. Die internationale Bedeutung einer Stadt spiegelt sich unter anderem in den überregionaler Verkehrsbewegungen, also auch Flugzahlen wider.[6]

Ich ziehe ein kurzes Zwischenfazit. Bislang ist es schwierig, einen besonderen Zusammenhang von Technik und global cities zu belegen. Ich hatte festgehalten, dass vor allem die Entwicklung in der Informationstechnologie durch ihren Beitrag zur Globalisierung der Ökonomie ursächlich an der Herausbildung von global cities beteiligt war. Ob sich diese Beziehung dann in global cities qualitativ anders fortgesetzt hat als in anderen Städten, lässt sich derzeit nicht überzeugend beweisen. Ein Problem der Forschung über global cities und Technik scheint darin zu bestehen, dass jene Daten, die zur Unterstützung der Entwicklungshypothesen notwendig wären, nicht verfügbar sind. Die Frage, ob die technische Entwicklung tatsächlich zu Städten anderer Qualität geführt hat, oder ob global cities nur etwas früher das Schicksal aller Metropolen erfahren, bleibt folglich weiter unbeantwortet. Die vorliegenden Studien nähren allerdings die Vermutung, dass global cities frühere, aber kaum andere Erfahrungen machen als andere große Städte.[7]

4. Stadt und Technik

Ob global cities Vorreiter in der Anwendung moderner Technologien sind, oder ob sie, wie vielfach angenommen, mehr sind als Vorreiter, hat sich aus den Beiträgen zur

---

6 Für den Flugverkehr gibt es ebenfalls erhebliche Datenprobleme. Die vergleichbaren Zahlenreihen beschränken sich auf die Phase zwischen 1984 und 1992 (Rimmer 1998: 435).
7 Vgl. auch Abu-Lughod, die argumentiert, dass in New York City die Charakteristika von global cities schon Ende des 19. Jahrhunderts erkennbar waren (Abu-Lughod 1999).

global cities Forschung nicht eindeutig erkennen lassen. Die Analysen haben bisher nur ergeben, dass ein Zusammenhang zwischen technologischen Entwicklungen, Globalisierung und global cities besteht. Das Interesse an den Auswirkungen von Technik auf den urbanen Raum muss sich folglich von global cities lösen und auf Agglomerationen im Allgemeinen ausgedehnt werden. Ich werde meine Auseinandersetzung mit der global cities-Forschung daher an dieser Stelle unterbrechen und mich Arbeiten aus dem Bereich der sozialwissenschaftlichen Technik- und Stadtforschung zuwenden. Obwohl sich deren Ansatz stark von der global cities-Diskussion unterscheidet, lassen sich die Forschungsstränge doch zusammenführen. Neben erheblichen Unterschieden in der Analyse der räumlichen Wirkungen von Technik zeigen sich nämlich prägnante Übereinstimmungen, auf die ich am Ende meines Beitrages eingehen werde. Zunächst diskutiere ich jedoch, wie die Technik- und Stadtforschung sich mit den Auswirkungen von neuen Technologien in der Stadt auseinander setzen.

Ich sehe im Wesentlichen zwei Diskurse zum Verhältnis von Stadt und Technik. 1.) Ein historisch orientierter Technikdiskurs arbeitet die gesellschaftliche Verbreitung verschiedener Technikformen auf und beschreibt ihre Folgen, wenn sie im Raum wirksam werden. 2.) Ein eher gegenwartsbezogener Stadtforschungsdiskurs fragt nach der Richtung der räumlichen Effekte von Technikentwicklung. Dieser Diskurs unterscheidet direkte von indirekten Wirkungen neuer Technologien auf den Raum. Ich werde diese Ansätze anhand weniger Beispiele darstellen und zeigen, dass in den Analysen des Verhältnisses von Raum und Technik die Stadt immer nur als Symptomträger technologischer Entwicklungen wahrgenommen wird.

4.1 Technikgeschichte

Ich beschränke mich auf Aspekte der Entwicklung des Verkehrs und auf die knappe Wiedergabe einiger Beiträge dazu, weil in der Verkehrsgeschichte die räumlichen Wirkungen technischer Innovationen am deutlichsten werden. 1835 wurde die erste Eisenbahnstrecke in Deutschland eröffnet. Bis Ende des 19. Jahrhunderts war das Streckennetz bereits auf mehr als 30.000 km ausgebaut worden und die Eisenbahn war bei weitem das wichtigste Transportmittel für den Güter- und Personenverkehr in Deutschland (vgl. Gömmel 1993). Diese rasante Verbreitung hatte eine Revolution im Transport*denken* zur Voraussetzung, da der Zug als ein an den Schienenverlauf gebundenes Massentransportmittel im Widerspruch zu den bislang gültigen Prinzipien des Individualverkehrs stand (vgl. Schivelbusch 1977: 29).[8] Die Unterschiede zwischen der Eisenbahn und der Postkutsche waren nicht nur verkehrstechnisch dramatisch, sondern

---

[8] Schivelbusch zitiert das anfängliche Unvermögen britischer Verkehrsplaner, dieses Dilemma intellektuell aufzulösen. „Solange dieser Widerspruch ungelöst ist, bleibt die einzige Möglichkeit seine beiden Seiten einander anzunähern, die Zahl der parallel laufenden Schienenwege zu vermehren. Bei Gray waren es bereits mehr als bei Edgeworth. ‚Um eine Eisenbahn für den allgemeinen Verkehr durchzusetzen, wird es notwendig sein, zwei oder drei Schienenstränge für den Verkehr in der einen, und eine entsprechende Anzahl für den Verkehr in der anderen Richtung anzulegen. In der unmittelbaren Umgebung Londons erfordert der Verkehr womöglich sechs Schienenstränge'" (Schivelbusch 1977: 29–30).

auch in ihren räumlichen Wirkungen. Der Postkutschenverkehr hatte sich an die Umgebung angepasst, er zwang der Landschaft keine Veränderungen auf. „Der vorindustrielle Überlandverkehr war eingebunden in den Landschaftsraum, durch den er führte. Daran änderte sich auch nichts, wenn er sein Ziel erreichte, die Stadt. Die Postkutsche verhielt sich zur Stadt genauso wie zur offenen Landschaft. Ihre Abfertigungslokale, die Poststationen lagen im Stadtzentrum ... Die Integration ins urbane Leben war vollkommen" (Schivelbusch 1977: 152). Die Eisenbahn beendete die Harmonie zwischen Landschaft und Transportmittel. „Die Eisenbahn bereitet diesem vertraulichen Verhältnis ein Ende. Ihre Stationen, die Bahnhöfe, lassen sich mit den alten Poststationen vergleichen wie der Eisenbahnzug mit der Kutsche und wie der Schienenstrang mit der Landstraße; sie sind etwas grundsätzlich Neues" (ebd.). Die räumlichen Konsequenzen der Transportrevolution zeigen sich auf zwei Ebenen: im Städtebau und im Stadtverkehr (vgl. Jäger 1996). Die Bahnhöfe werden aus Kostengründen an den Stadtrand gebaut, sie sind zunächst nicht in das städtische Leben integriert. Die Bahnhofsgegend ist industriell, proletarisch und von Anfang an verrufen. Durch das Wachstum der Städte bleiben die Bahnhöfe, die häufig Kopfbahnhöfe sind, nicht lange an den Stadtrand verbannt, sondern die Viertel wuchern um die Bahnhöfe herum. Die Städte passen sich in ihrer Form dem Schienennetz und den Bahnhöfen an. Schon Mitte des 19. Jahrhunderts lässt sich in England beobachten, wie die Städte mit den endlosen Zeilen von Arbeiterreihenhäusern eine uniforme, an den Gleisen ausgerichtete Struktur bekommen. Neben dem Einfluss der verkehrstechnischen Revolution auf die bauliche Stadtstruktur waren auch die Konsequenzen für den Stadtverkehr bald unübersehbar. „... [D]er neue Verkehrsstrom, den die Eisenbahnen in die Städte leiten, zeigt sich ... in der Nachbarschaft der Bahnhöfe am deutlichsten. Dies gilt jedoch nur für die Anfangszeit. Die Bahnhöfe sind die Brückenköpfe des neuen Verkehrs, der sich von hier aus über die gesamte Stadt ausbreitet. Die ersten Hauptverkehrsadern entstehen zwischen Bahnhof und Stadtzentrum, sowie zwischen den verschiedenen Bahnhöfen einer Großstadt untereinander. ... Diesem neuartigen Verkehrsvolumen ist das Straßennetz der alten Städte nicht gewachsen. Eine Modernisierung, Anpassung ans neue Verkehrsbedürfnis wurde notwendig" (Schivelbusch 1977: 160). Der erste Boulevard, dem Haussmann das alte Paris opfert, beginnt an der Gare de l'Est und trägt den Verkehr quasi auf verlängerten Gleisen in die Stadt. Verkehrsbewältigung wird zum Gegenstand der Stadtplanung.[9] Omnibusse und Pferdebahnen, später elektrische Straßenbahnen spielen im innerstädtischen Verkehr eine immer größere Rolle (Sutcliffe 1996). Der Umbau von Paris dokumentiert den Wandel von „einer Stadtplanung, für die der Verkehr noch nicht als Aufgabe existiert" zu „einer Stadtplanung, die sich primär am Verkehr orientiert" (Schivelbusch 1977: 163).

Die Erfindung des Schienentransportsystems hatte ungeahnte Folgen für den Wohnungsbau, den Straßenbau, die Siedlungsstruktur, das innerstädtische Verkehrsaufkommen, kurz für die soziale Organisation der Stadt nach sich gezogen. Die gesellschaftli-

---

9 Die disziplinierend-strategischen Intentionen, die der Pariser Straßenregulierung zu Grunde lagen, sollen nicht unterschlagen werden. Schivelbusch billigt ihnen jedoch geringen Stellenwert für den Umbau der Stadt zu: „Die Form und die Systematik von Haussmanns Straßenschneisen ist autoritär-militärisch; ihr Zweck ist, wie der des bonapartistischen Regimes insgesamt, die Förderung der Geschäfte der Bourgeoisie" (Schivelbusch 1977: 160).

chen Wirkungen der Eisenbahn wurden mit der Verbreitung des Automobils im 20. Jahrhundert noch weit übertroffen. „Durch das Auto wurde eine immer noch wachsende Zahl von Transportvorgängen unabhängig vom öffentlichen Verkehrsangebot. Die Städte wurden auf dieses neue Verkehrsmittel umgebaut, und sie konnten sich bei gleichzeitigem Wachstum ins Umland ausdehnen" (Häußermann/Siebel 1987: 224). Der „Einzugsbereich der Städte (vergrößerte sich; SN) um ein Vielfaches, weil die Menschen nicht mehr auf die strahlenförmigen Trassen der Eisenbahn angewiesen waren" (Gömmel 1993: 309). Das Auto eröffnet die freie Standortwahl für Händler, Produzenten und Stadtbewohner. Industriebetriebe ziehen aus den Stadtkernen an den Rand, weil sie dort für Zulieferer besser erreichbar sind und sich ausbreiten können. Die Wohnungswahl wird nicht mehr zwangsläufig durch die erforderliche Nähe zum Arbeitsplatz beeinflusst. Die autogerechte Stadt wurde zum Qualitätsmerkmal, bis die wachsenden Nachteile des massenhaften Individualverkehrs sichtbar wurden (vgl. Sachs 1984; Canzler 1996 und 1999 mit weiteren Verweisen). Wie bei der Eisenbahn können beim motorisierten Individualverkehr neben den Veränderungen in der Fortbewegung nachhaltige räumliche Auswirkungen der neuen Transporttechniken beobachtet werden. Die Stadt formt sich in Abhängigkeit von der technischen Entwicklung, die Transporttechniken wirken direkt auf den Raum. Die Konsequenzen des Autos und der Bahn werden unmittelbar in Stadt und Land wirksam. Der zweite Diskurs der Stadt-Technik-Forschung thematisiert diesen Aspekt der direkten bzw. indirekten Raumwirkungen von Technik.

4.2 Räumliche Wirkungen der Technik

Jürgen Friedrichs hat zwei Modelle räumlicher Effekte von Technik unterschieden (1987: 339-340). Im einfachen Modell hat Technik direkt und unmittelbar räumliche Konsequenzen. Eisenbahn und Auto gehören dazu, sie benötigen Straßen und Trassen, ihre Entwicklung beeinflusst die Verkehrsleistung und Transportströme. Auch neue Kommunikationstechnologien haben direkte Raumwirkungen, wenn sie zum Beispiel persönliche Kontakte von Menschen ersetzen. Das einfache Modell direkter räumlicher Effekte unterscheidet ersetzende und ergänzende Wirkungen von Technik. Das Internet kann die Fahrt zum Händler oder zur Behörde[10] ersetzen oder zusätzliche Wege hervorrufen.[11]

Die meisten Technologien zeigen nach Ansicht von Friedrichs jedoch indirekte räumliche Wirkungen, die durch ein komplexes Modell beschrieben werden müssen. Der indirekte Zusammenhang von Technik und Raum stellt sich vor allem über ökonomische Zwischenschritte her. Neue Technologien bilden in diesem komplexen Wirkungsmodell den Ausgangspunkt für neue oder weiterentwickelte Produkte. Die Veränderung der Angebotspalette, neue Formen der Arbeitsorganisation und die Techni-

---

10 „Die Geburtsurkunde aus dem Netz" macht den Gang zum Standesamt überflüssig (vgl. Süddeutsche Zeitung vom 23.2.2000: V2/7).
11 Zum Beispiel bei Lieferung von Internet-Bestellungen oder persönlichen Treffen von Bekanntschaften aus den chat rooms.

sierung der Arbeitsabläufe ziehen Veränderungen bei den Produktionsstätten und Arbeitsplätzen nach sich. Neue Angebots- und Nachfragestrukturen wirken auf die örtliche Arbeits-, Handels- und Wohnsituation, die ihrerseits das Erscheinungsbild von Agglomerationen beeinflusst. Dieses Modell liegt in der Regel den Analysen zu global cities zu Grunde.

In beiden Modellen kann die Stadtforschung nur wenig genaue Aussagen über die räumlichen Konsequenzen technologischer Entwicklungen machen. Die Dimension zukünftiger Entwicklungen muss aus bekannten Strukturen abgeleitet und geschätzt werden. Ex-post-Untersuchungen müssen den Einfluss einzelner technologischer Neuerungen aus komplizierten Wirkungszusammenhängen herausfiltern. Prognosen wie Analysen sind schwierig und bleiben daher vage (vgl. Türke 1989). „Unentschieden darin, ob diese neuen Techniken in ihrer Wirkungsweise den vorangegangenen Innovationen – durch Eisenbahn und Automobil – ähnlich sein werden oder zu völlig neuen, revolutionär anderen räumlichen Strukturen führen können, bewegen sie sich all zu sehr in Spekulationen" (Strubelt 1987: 368). Ob es Mitte der 80er Jahre um die Effekte des Breitbandglasfaserkabels oder Ende der 90er Jahre um die Konsequenzen von Internet und e-mail geht, der wissenschaftliche Kommentar zu den Raumwirkungen ist vorsichtig. Häußermann und Siebel erwarteten beispielsweise durch die Verbreitung des Glasfaserkabels „keine Anzeichen für eine diesen Medien eigentümliche Raumstruktur" (1987: 42). Eine präzise Antwort auf die Frage nach den räumlichen Wirkungen fehlt, die Autoren gingen vielmehr grundsätzlich davon aus, dass die Glasfaserinfrastruktur wie vorher beispielsweise schon Telefonverbindungen zunächst in und zwischen den Zentren errichtet werden würde (Häußermann/Siebel 1987: 41 und 222–223). Auch bei Wirkungsanalysen neuer Medien dominieren zurückhaltende Annahmen über deren allgemeine räumliche Effekte. „To what extent new information and communication technologies already do or may in the future substitute for intraregional mobility and movements is still unknown. The expectation is that such technologies will contribute to the spatial extension of the metropolitan region ..." (Kunzmann 1998: 58).

Wahrscheinlich kann die sozialwissenschaftliche Beobachtung heute gar nicht mehr tun, als nur die logisch erwartbaren Effekte zu benennen. Die Innovationen Eisenbahn, Telefon oder Auto wurden noch in relativ einfachen Gesellschaftsstrukturen implementiert, in denen die direkten Wirkungen dieser Techniksprünge unmittelbar sichtbar wurden und gemessen werden konnten. Es ist kaum zu erwarten, dass die räumlichen Wirkungen kommunikations- und computertechnischer Entwicklungen heute überhaupt noch isoliert werden können. Die Komplexität ökonomischer und gesellschaftlicher Strukturen erlaubt nur noch die grundsätzliche Feststellung, *dass* die Stadtentwicklung von der Technik beeinflusst wird. „Man weiß, die neuen Technologien werden Effekte auf die Raumnutzung haben, jedoch nicht, welche, und schon gar nicht, wann" (Friedrichs 1987: 333).

5. Technik, Stadtentwicklung und Politik

Die Entstehung von global cities heute und die Entwicklung der Eisenbahn vor gut 150 Jahren werden in der Regel getrennt diskutiert. Die Ausschnitte aus der sozialwissenschaftlichen Stadt- und Technikdiskussion scheinen wenig Berührungspunkte zu bieten, obwohl in beiden Fällen Technikfolgen in Kommunen untersucht werden. Ich führe hier diese verschiedenen Aspekte des Verhältnisses von Raum und Technik zusammen, um latente Zusammenhänge und Kontinuitäten sichtbar zu machen. Zwei Beobachtungen möchte ich hervorheben. Die eine Beobachtung ist inhaltlicher, die andere analytischer Natur. 1.) Der inhaltliche Aspekt betrifft den Umstand, dass die Diskussion um Technik und global cities größere Ähnlichkeiten zu anderen Technik-Raum-Untersuchungen aufweist, als gemeinhin angenommen wird. Wie groß die Gemeinsamkeiten in den Forschungszweigen und in der Realität der Städte sind, ist eine empirische Frage. 2.) Um dieses Ausmaß an Übereinstimmungen herauszufinden, würde es jedoch einer analytischen Vorgehensweise bedürfen, die nach Ursachen, Wirkungszusammenhängen und der Rolle von Akteuren fragt. Meines Erachtens gehen die Untersuchungen von räumlichen Auswirkungen der technischen Entwicklung jedoch selten über die Beschreibung scheinbar evolutionärer Prozesse hinaus.

5.1 Gemeinsamkeiten

Ich hatte dargestellt, dass die technikorientierte global cities-Forschung wie auch die technikorientierte Stadtforschung immer wieder auf große Schwierigkeiten treffen, wenn sie nach gesicherten Aussagen für die räumlichen Wirkungen von Technik in ihrem Untersuchungsfeld suchen. Nicht einmal die Richtung der zukünftigen Entwicklung lässt sich noch bestimmen. Der Schwerpunkt der Analysen liegt daher in dem Bemühen, beobachtete räumliche Technikwirkungen aufzuarbeiten. Hier herrscht Einigkeit darüber, dass technologische Innovationen ökonomische, arbeitsorganisatorische und soziale Folgen nach sich ziehen, die sich wiederum auf die Struktur des Raumes auswirken. Die Komplexität des Verhältnisses von Raum und Technik und die Schnelligkeit der Entwicklung fördert aber zugleich eine gewisse Ratlosigkeit zu tage, wenn es um die konkreten Konsequenzen geht. Ich vermute daher ein strukturelles Forschungsdilemma: Entwicklungen, die sich auf Grund der gegebenen Quellenlage nachzeichnen ließen, liegen nicht im Kern des Forschungsinteresses. Jene Informationen, die zur Beantwortung der zentralen Fragen benötigt werden, scheinen jedoch nicht ausreichend vorhanden zu sein.

Grundsätzlich werden Technikfolgen in „normalen" Städten und in global cities mit derselben Logik diskutiert. Das heißt, die Auswirkungen, die die Stadtforschung auf kommunaler Ebene erwartet bzw. beobachtet, unterscheiden sich nicht dramatisch von jenen Effekten, die für global cities analysiert werden. Es wird von denselben strukturellen Zusammenhängen zwischen Technik, sozio-ökonomischen Katalysatoren und Raumwirkungen ausgegangen. Diese Übereinstimmung stützt meine These, dass global cities sich auf derselben Entwicklungsachse bewegen wie andere Städte. Global cities erfahren die räumlichen Konsequenzen neuer Technologien (vielleicht) stärker und (wahrscheinlich) früher als andere Städte, aber sie folgen keinem qualitativ anderen Entwicklungspfad. Mit zeitlichem Abstand zeigen sich die Strukturen der global cities auch im Rest der Welt. Im Prinzip durchschreiten die Städte zeitversetzt vergleichbare Entwicklungsstufen (Wu 1994).

Ein qualitativer Unterschied zwischen global cities und anderen Städten könnte sich gleichwohl sekundär ergeben. Wenn jene Städte, die nicht global cities sind, deren Erfahrungen beobachten, könnten sie daraus lernen. Das Wissen über global cities könnte anderen Städten helfen, Fehlentwicklungen zu vermeiden, Strukturveränderungen abzufedern oder positive Ansätze explizit zu fördern. Einige Autoren haben bereits auf Probleme hingewiesen, die in global cities deutlich zu Tage treten. John Friedmann hat auf die potenziellen Konfliktstrukturen in global cities aufmerksam gemacht. John Mollenkopf und Manuel Castells deuten den Trend zur dual city an. Saskia Sassen spricht von spatial polarization. Wenn die Ursachen für diese Tendenzen in global cities abgelesen werden können, besteht für andere Städte die Möglichkeit, solchen Prozessen entgegenzusteuern. Wäre eine solche Strategie erfolgreich, könnte man tatsächlich von einem qualitativ anderen Entwicklungspfad in global cities sprechen – allerdings in einem anderen Sinn als von der global cities-Forschung bislang angenommen. Die Vorreiterrolle der global cities wäre dann nicht mehr positiv besetzt, sondern negative Folgen der technologischen Entwicklung in den global cities würden das Anschauungsmaterial für die Nachzügler-Metropolen darstellen und ihnen nahe legen, diesem Pfad nicht zu folgen. Diesen Typ von Abweichung von der vermuteten generellen Richtung der Stadtentwicklung kann man jedoch nur verstehen, wenn man die Akteursperspektive berücksichtigt, in der solch nachteilige Stadtentwicklungen für vermeidbar gehalten werden. Dies potenzielle, lokalpolitische Steuerungsinteresse berührt das zweite Strukturmerkmal in der Raum-Technik-Forschung, das ich hervorheben möchte. Es betrifft die analytische Herangehensweise.

5.2 Die Bedeutung lokaler Akteure

Die technikinteressierte Stadtforschung geht in global cities und anderen Städten von Raumwirkungen technologischer Entwicklungen aus. Warum diese Wirkungen entstehen, wer an ihrer Erzeugung beteiligt ist, ob die Prozesse gesteuert werden, wie und von wem, wird kaum gefragt. Es überwiegen deskriptive Bestandsaufnahmen. Deren Wert soll nicht geschmälert werden. Informationen über die Charakteristika von global cities werden benötigt, nicht zuletzt um feststellen zu können, ob es sich bei global cities um spezifische Stadtformen handelt oder nicht. Aber die Folgefragen, nämlich wodurch die zu beobachtenden Prozesse ausgelöst wurden, wer sie fördert oder behindert, werden selten gestellt. In den skizzierten Analysen sind die Städte nicht deshalb Untersuchungsgegenstand, weil sie aktiven Bezug zur technischen Entwicklung haben. Städte werden vielmehr analysiert, weil in ihnen Technologien in die Praxis umgesetzt, Technikfolgen sichtbar und spürbar werden. Die global cities-Forschung sieht global cities nur als Orte des Geschehens und betrachtet sie als jene Plätze, die sich weltweit als Knotenpunkte der Globalisierung herauskristallisiert haben. Für die technikinteressierte Forschung sind die Agglomerationen reine Anwendungsstätten der Technik, die selbst keinen Einfluss auf die Entwicklungsrichtung von Technik und Technikfolgen nehmen.

Im Alltag der global cities sind jedoch zahlreiche Akteure an der Entwicklung, Einführung und Anwendung von Technik beteiligt. Der Einfluss von Wissenschaftlern,

Forschern, Technikern, Managern und Politikern in der Stadt wird allerdings noch zu wenig systematisch aufgearbeitet. Und die Ebene der Deutungsmuster, das heißt hier die Interpretationen der Wirkungen von Technologien und Technologiepolitik durch die lokalen und lokalpolitischen Akteure, wird noch nicht ausreichend mitgedacht. Um Missverständnissen vorzubeugen: Die sozialwissenschaftliche Technikforschung kümmert sich sehr wohl um Akteure. Technik ist ein wesentlicher Antriebsfaktor für gesellschaftlichen und sozialen Wandel, denn „wie ein Gewebe durchziehen technikrelevante Strukturen die Gesellschaft" (Martinsen 1992: 71). Die Auseinandersetzung mit den Voraussetzungen und Bedingungen technologischer Entwicklungen im Wandel von der Industrie- zur Informationsgesellschaft macht nicht bei der Beschreibung von Technik und Technikfolgen Halt, sondern nimmt die relevanten Akteure in die Analysen auf. „Bei keinem Übergang von einem Gesellschaftstypus in einen anderen kann auf Selbstverständlichkeiten gesetzt werden. In jedem Fall muß die neue Formation die alte verdrängen – was nicht von selbst geschieht, sondern durch soziale Akteure, wirtschaftliche Interessen und politische Macht gesteuert, zumindest wesentlich beeinflußt ... wird" (Hochgerner 1994: 153). So kreist der von Klaus Grimmer u.a. herausgegebene Band (1992) um die Dimensionen politischer Techniksteuerung. Auch Hofmann (1993), Mayntz/Schneider (1995), Dierkes/Canzler (1998), Rohracher (1998) oder Schneider (1999) widmen sich Steuerungsfragen der Technologiepolitik.

Aber, und darum geht es mir, die Fragen nach dem Anteil von Akteuren an der Entwicklung von Technik werden kaum in Bezug zur lokalen Ebene gesetzt. Anders formuliert: Wenn es um die Analyse von Technik im Raum geht, sei es in global cities oder anderen Städten, fällt auf, dass die Akteursperspektive unterbelichtet bleibt. Teleports und Intelligent Buildings vernetzen global cities, Breitbandglasfaserkabel verbinden Metropolen, die Eisenbahn kommt in der Stadt an, das Auto verändert die Lebensführung in Stadt und Land. Aber wer treibt diese Prozesse voran? Diese Analysen haben die zum Teil dramatischen Folgen technischer Entwicklungen herausgearbeitet, weitgehend ohne die Rolle gesellschaftlicher, ökonomischer oder politischer Akteure, ihrer Interessenspositionen und Deutungsmuster auf der lokalen Ebene systematisch zu thematisieren.

In eine einfache Form gebracht, sehe ich in diesem analytischen Problem folgende Struktur: Die sozialwissenschaftliche Technikforschung fragt entweder nach Steuerungsbedingungen und vernachlässigt dabei die lokale Ebene; oder sie kümmert sich um Raumwirkungen von Technik, allerdings weitgehend ohne die Rolle beteiligter Akteure zu berücksichtigen. Eine soziologische oder politikwissenschaftliche Theorie, die sich mit den Wirkungen von Technik im Raum und auf den Raum auseinander setzt, müsste jedoch alle drei Dimensionen verknüpfen: Technik, Raum/Stadt und Akteure. Eine solche integrierte Theorie kann nicht nur der sozialwissenschaftlichen Technikforschung, sondern auch der Stadtforschung und der Steuerungsforschung zur Weiterentwicklung verhelfen. Sie muss sich von der Perzeption der Stadt als bloßer Anwendungsstätte der Technik verabschieden und stattdessen die Stadt analytisch als Austragungsort von Interessen begreifen. Unter dieser Prämisse fragt die Stadtforschung dann nicht nur nach den Konsequenzen von Technik in der Stadt. Sie kann stattdessen Verursacher und Betroffene technischer Entwicklungen und deren Deutungen einbeziehen,[12] denn „soziale Akteure, wirtschaftliche Interessen und politische Macht" (Hochgerner) wirken auch auf lokaler Ebene. Erst ihre Berücksichtigung ermöglicht es, die räumlichen Wirkungen von Technik nicht nur zu beschreiben, sondern zu erklären. Der Nutzen einer solchen Ergänzung liegt für die Theorie nicht nur in der Verbindung von lokalen Technik-Analysen mit der Steuerungsforschung. Vielmehr eröffnet diese Theorie-Erweiterung darüber hinaus die Chance, die Akteursperspektive jenseits des Technikbereichs in der lokalpolitisch interessierten Steuerungsforschung generell zu stärken.

Literatur

Abu-Lughod, Janet L., 1999: America's Global Cities. Minneapolis. New York/Chicago/Los Angeles.
Blasius, Jörg, 1993. Gentrification und Lebensstile. Wiesbaden.
Blasius, Jörg/Dangschat, Jens, 1990. Gentrification. Frankfurt a.M.
Burgers, Jack, 1996: No Polarisation in Dutch Cities? Inequality in a Corporatist Country, in: Urban Studies 33, 99–105.
Canzler, Weert, 1996: Das Zauberlehrlingssyndrom. Berlin.
Canzler, Weert, 1999: Der anhaltende Erfolg des Automobils. Zu den Modernisierungsleistungen eines außergewöhnlichen technischen Artefakts, in: *Gert Schmidt* (Hrsg.), Technik und Gesellschaft: Jahrbuch 10. Frankfurt a.M., 19–40.
Castells, Manuel, 1989: The Informational City. Oxford/Cambridge.
Dierkes, Meinolf/Canzler, Weert, 1998: Technikgenese und politische Steuerung, in: *Christine Wächter* u.a. (Hrsg.), Technik Gestalten. Interdisziplinäre Beiträge zu Technikforschung und Technologiepolitik. Wien, 23–34.
Fainstein, Susan S., 1994: The City Builders. Property, Politics, & Planning in London and New York. Oxford/Cambridge.
Friedmann, John, 1986: The World City Hypothesis, in: Development and Change 17, 69–83 (Wiederabdruck in: *Paul L. Knox/Peter J. Taylor* (Hrsg.), 1995: World Cities in a World System, Cambridge, 317–331).
Friedmann, John, 1995: Where We Stand: A Decade of World City Research, in: *Paul L. Knox/Peter J. Taylor* (Hrsg.), World Cities in a World System. Cambridge, 21–47.
Friedmann, John/Wolff, Goetz, 1982: World City Formation: An Agenda for Research and Action, in: International Journal for Urban and Regional Research 10, 309–344.
Friedrichs, Jürgen, 1987: Neue Technologien und Raumentwicklung. Eine Theorie der Technologie als Problemlösung, in: *Burkart Lutz* (Hrsg.), Technik und sozialer Wandel, Verhandlungen des 23. Deutschen Soziologentages. Frankfurt a.M., 332–356.
Gömmel, Rainer, 1993: Technik und Mobilität, in: *Helmuth Albrecht/Charlotte Schönbeck* (Hrsg.), Technik und Kultur (Bd. 10: Technik und Gesellschaft). Düsseldorf, 293–313.
Grimmer, Klaus/Häusler, Jürgen/Kuhlmann, Stefan/Simonis, Georg (Hrsg.), 1992: Politische Techniksteuerung. Opladen.
Häußermann, Hartmut, 1997: Armut in den Großstädten – eine neue städtische Unterklasse?, in: Leviathan 25, 12–27.
Häußermann, Hartmut/Siebel, Walter, 1987: Neue Urbanität. Frankfurt a.M.
Hall, Peter, 1976: Weltstädte. München.
Hamnett, Chris, 1994: Social Polarisation in Global Cities: Theory and Evidence, in: Urban Studies 31, 401–424.

---

12 Ich werde in Kürze eine ausführliche Arbeit über Deutungsmuster in der Stadtpolitik abschließen. Der Arbeitstitel lautet „Kommunaler Konstruktivismus. Politische Problemdefinition und -bearbeitung in Metropolen".

Hamnett, Chris, 1996: Why Sassen is Wrong: A Response to Burgers, in: Urban Studies 33, 107–110.
Hochgerner, Josef, 1994: Wer gehört zum „Global Village"?, in: *Franz Nahrada/Maria Stockinger/ Christian Kühn* (Hrsg.), Wohnen und Arbeiten im Global Village. Durch Telematik zu neuen Lebensräumen? Wien, 151–160.
Hofmann, Jeanette, 1993: Implizite Theorien in der Politik. Interpretationsprobleme regionaler Technologiepolitik. Opladen.
Jäger, Helmut, 1996: Verkehr und Stadtentwicklung in der Neuzeit, in: *Horst Matzerath* (Hrsg.), Stadt und Verkehr im Industriezeitalter. Wien/Köln/Weimar, 1–22.
Keeling, David J., 1995: Transport and the World City Paradigm, in: *Paul L. Knox/Peter J. Taylor* (Hrsg.), World Cities in a World System. Cambridge, 115–131.
Kennedy, Richard, 1991: London. World City Moving into the 21st Century. Report to the London Planning Advisory Committee. London.
King, Anthony, 1990: Global Cities. London.
Knox, Paul L./Taylor, Peter J. (Hrsg.), 1995: World Cities in a World System. Cambridge.
Krätke, Stefan, 1998: Internationales Städtesystem im Zeitalter der Globalisierung, in: *Hellmut Wollmann/Roland Roth* (Hrsg.), Kommunalpolitik. Opladen, 378–394.
Kunzmann, Klaus R., 1998: World City Regions in Europe: Structural change and future challenges, in: *Fu-chen Lo/Yue-man Yeung* (Hrsg.), Globalization and the World of Large Cities. Tokyo, 37–75.
Lazak, Dieter, 1994: Die Dezentralisierung von urbanen Konglomeraten durch Teleports und Intelligent Eco-Buildings (IEB), in: *Franz Nahrada/Maria Stockinger/Christian Kühn* (Hrsg.), Wohnen und Arbeiten im Global Village. Durch Telematik zu neuen Lebensräumen? Wien, 167–172.
Llewelyn-Davies/UCL Bartlett School of Planning/Comedia, 1996: Four World Cities. A Comparative Study of London, Paris, New York and Tokyo. Summary Report. London.
Martinsen, Renate, 1992: Theorien politischer Steuerung – auf der Suche nach dem dritten Weg, in: *Klaus Grimmer/Jürgen Häusler/Stefan Kuhlmann/Georg Simonis* (Hrsg.), Politische Techniksteuerung. Opladen, 51–73.
Mayer, Margit, 1997: Berlin – Los Angeles. Berlin auf dem Weg zur „Global City"?, in: Prokla 109 (27), 519–543.
Mayntz, Renate/Schneider, Volker, 1995: Die Entwicklung technischer Infrastruktursysteme zwischen Steuerung und Selbstorganisation, in: *Renate Mayntz/Fritz W. Scharpf* (Hrsg.), Gesellschaftliche Selbstregelung und politische Steuerung. Frankfurt a.M., 73–100.
Mollenkopf, John H./Castells, Manuel (Hrsg.), 1991: Dual City. Restructuring New York. New York.
Moss, Mitchell L., 1986: Telecommunications and the Future of Cities, in: Land Development Studies 3, 33–44.
Nissen, Sylke, 1998a: The Case of Case Studies. On the Methodological Discussion in Comparative Political Science, in: Quality and Quantity 32, 399–418.
Nissen, Sylke, 1998b: Arme New Yorker: Kontrolle und Marginalisierung in der New Yorker Sozialpolitik, in: *Helmut Ortner/Arno Pilgram/Heinz Steinert* (Hrsg.), Die Null-Lösung. Zero-Tolerance-Politik in New York – Das Ende der urbanen Toleranz. Baden-Baden, 149–172.
Rimmer, Peter J., 1998: Transport and Telecommunications Among World Cities, in: *Fu-chen Lo/Yue-man Yeung* (Hrsg.), Globalization and the World of Large Cities. Tokyo, 433–470.
Rohracher, Harald, 1998: Kann Technologiepolitik von sozialwissenschaftlicher Technikforschung profitieren?, in: *Christine Wächter* u.a. (Hrsg.), Technik Gestalten. Interdisziplinäre Beiträge zu Technikforschung und Technologiepolitik. Wien, 99–112.
Sachs, Wolfgang, 1984: Die Liebe zum Automobil. Reinbek.
Sartori, Giovanni, 1991: Comparing and Miscomparing, in: Journal of Theoretical Politics 3, 243–257.
Sassen, Saskia, 1991: The Global City: New York, London, Tokyo. Princeton.
Sassen, Saskia, 1993: Global City: Internationale Verflechtungen und ihre innerstädtischen Effekte, in: *Hartmut Häußermann/Walter Siebel* (Hrsg.), New York. Strukturen einer Metropole. Frankfurt a.M., 71–90.

Sassen, Saskia, 1994: Cities in the World Economy. Thousand Oaks.
Sassen, Saskia, 1998: The Impact of the New Technologies and Globalization on Cities, in: *Fu-chen Lo/Yue-man Yeung* (Hrsg.), Globalization and the World of Large Cities. Tokyo, 391–409.
Sassen, Saskia, 1999: Global Financial Centers, in: Foreign Affairs 78, 75–87.
Schivelbusch, Wolfgang, 1977: Geschichte der Eisenbahnreise. München/Wien.
Schneider, Volker, 1999: Staat und technische Kommunikation. Opladen.
Short, J. R./Kim, Y./Kuus, M./Wells, H., 1996: The Dirty Little Secret of World Cities Research: Data Problems in Comparative Analysis, in: International Journal of Urban & Regional Research 26, 697–717.
Strubelt, Wendelin, 1987: Diskussionsreferat zu Joachim Friedrichs: Neue Technologien und Raumentwicklung. Eine Theorie der Technologie als Problemlösung, in: *Burkart Lutz* (Hrsg.), Technik und sozialer Wandel, Verhandlungen des 23. Deutschen Soziologentages. Frankfurt a.M., 366–375.
Sutcliffe, Anthony, 1996: Die Bedeutung der Innovation in der Mechanisierung städtischer Verkehrssysteme in Europa zwischen 1860 und 1914, in: *Horst Matzerath* (Hrsg.), Stadt und Verkehr im Industriezeitalter. Wien/Köln/Weimar, 231–242.
Türke, Klaus, 1989: Forschungsansätze zur Abschätzung der räumlichen Folgen von neuen Informationstechnologien, in: *Jochen Hucke/Hellmut Wollmann* (Hrsg.), Dezentrale Technologiepolitik? Technikförderung durch Bundesländer und Kommunen. Basel, 195–210.
Wu, Zhiqiang, 1994: Globalisierung der Großstädte um die Jahrtausendwende. Phasenabgrenzung, Charakteristika, Rahmenbedingungen und Perspektiven, Arbeitshefte des Instituts für Stadt- und Regionalplanung, Technische Universität Berlin, Heft 49. Berlin.

2.2 Wandel der politischen Kommunikation

Internet-Politik. Zum demokratischen Potenzial der neuen Informations- und Kommunikationstechnologien

Rainer Schmalz-Bruns

1. Einleitung

Die vielfach zu verzeichnenden enthusiastischen Reaktionen auf die seit Mitte der 90er Jahre sich in ihren diversen Anwendungen rasant entwickelnde neue Technologie computer-vermittelter Kommunikation speisen sich im Kern aus der Erwartung, dass nunmehr jene das Projekt der Moderne vorantreibenden Wertorientierungen, die sich um die Ideen von Selbstbewusstsein, Selbstverwirklichung und Selbstbestimmung gruppieren (vgl. Habermas 1998b: 81), ein schärferes Profil gewinnen. Vermittelt durch die internen Eigenschaften des neuen Mediums soll es möglich sein, die gesellschaftliche Wirklichkeit nach Maßgabe dieser Orientierungen so zu durchdringen und zu strukturieren, dass nunmehr alle Hindernisse politischer, sozialer und kultureller Ungleichheit fallen, die der wechselseitigen Verschränkung von individueller Selbstverwirklichung und kollektiver Selbstbestimmung im Zeichen eines normativen Individualismus (Kersting 2000: 14) bisher entgegenstanden. Dass eine neue Kommunikationstechnologie derart hochgestimmte normative Reaktionen überhaupt auszulösen in der Lage ist, hängt fraglos damit zusammen, dass sie den mit dem Prinzip der Öffentlichkeit spätestens seit dem 18. Jahrhundert (vgl. Habermas 1990 und Kohler 1999) entworfenen emanzipatorischen Erwartungshorizont einer Gesellschaft, die sich als Assoziation freier und gleicher Bürger verstehen lässt (Habermas 1998a: 91), einen entscheidenden Schritt näher zu rücken verspricht: Endlich scheinen, jedenfalls unter geeigneten Bedingungen eines allgemeinen Zugangs (vgl. Kubicek 1999), gesellschaftliche Kommunikationsverhältnisse möglich, die sich anders als im massenmedialen Zeitalter, durch Interaktivität, durch hierarchisch nicht zu störende Reziprozität und Symmetrie der Kommunikate und durch eine Egalität und Offenheit der Teilhabe an gesellschaftsweiten Kommunikationsprozessen auszeichnen, die nicht mehr an systemischen, sozialstrukturellen oder reputationalen Filtern der Ungleichheitsreproduktion hängen bleibt. Vor diesem Hintergrund scheint es nur allzu verständlich, wenn man vielfach bereit ist, in der flächendeckenden Durchsetzung des neuen Mediums auch eine entscheidende Investition nicht nur in die partikularen Interessen von Medienkonzernen, sondern in das allgemeine Interesse an der Verbesserung der Demokratie und ihrer Bürger zu sehen (vgl. Kersting 2000: 23–24): Man denkt dann an eine signifikante Extension politischer Kommunikation und eine substanzielle Verbesserung der politischen Urteilskraft bei einer immer größeren Zahl von Bürgern; man denkt an die Chancen der Verbreitung von Informationen, an die Senkung der Transaktionskosten politischer Gruppenbildung und damit der Selbstorganisation der Zivilgesellschaft im nationalen wie internationalen Maßstab; in diesem Zusammenhang scheint es dann auch berechtigt, auf eine entsprechende Ausbildung der moralischen und kognitiven Kompetenzen seitens der Bürger rechnen zu dürfen, die durch die neuen Beteiligungsverhältnisse nicht nur in Anspruch genommen, sondern auch gefördert werden; und man öffnet auf diese Weise schließlich den Horizont für eine direktdemokratische, entweder plebiszitäre oder assoziative Form der Demokratie, die die repräsentative Demokratie wo nicht ablösen, so doch in ihren unübersehbaren Schwächen kompensieren könnte (vgl. Leggewie 1997: 3–4).

Dieses Ausmaß an normativ inspirierter Zuversicht ist andererseits schon irritierend, so dass man Anlass hat zu fragen, ob wir es hier tatsächlich mit fundamentalen gesellschaftlichen Veränderungen im Zeichen medialen Wandels oder nicht vielmehr mit einem „Konstrukt im Rahmen von Übertreibungszyklen" (Sarcinelli 1997: 315) zu tun haben. Denn zum einen ist eine offensichtliche Diskrepanz zwischen normativen Erwartungen einerseits und empirisch belegbaren Wirkungen in allen angenommenen Wirkungsdimensionen bisher unübersehbar (vgl. auch Werle 2000: 167). Darüber hinaus ist es bemerkenswert, wie in einer Art „technologischem Fehlschluss der Demokratietietheorie" erneut die Einsicht überspielt zu werden droht, dass technologische Fortschritte nicht automatisch mit moralischen Verbesserungen einhergehen müssen (Kersting 2000: 24). Es ist denn auch diese für Fragen moralischer Entwicklung unsensible Haltung, die auf der Seite der Gegner spiegelbildlich zu den hochgestimmten Erwartungen jenen „moralischen Alarmismus" (Kersting 2000: 9) geradezu provoziert, der sich darauf kapriziert, nun seinerseits die moralisch-ethischen wie demokratischen Kosten vorzurechnen, die sich als Folge einer gemeinschaftszersetzenden Individualisierung und Atomisierung einstellen müssen: Diese polare Entgegensetzung, so meine Vermutung, verdankt sich nun der Tatsache, dass die durch die neuen Medien und ihre potenziell tiefgreifende Wirkung herausgeforderte Bestandsaufnahme unseres kulturellen Selbstverständnisses und seiner Quellen unter Bedingungen der Unsicherheit über den tatsächlichen Charakter der neuen Medien und ihres subversiven Potenzials stattfindet, die geradezu zu „spekulativem Tieftauchen" wie zu „fulminanten Höhenflügen" (Sarcinelli 1997: 314) einladen und Gnostiker, Agnostiker, Apokalyptiker und Analytiker (Meckel 1999: 230–234) auf den Plan rufen.

Aus diesen Gründen möchte ich im Folgenden versuchen einige Klärungen vorzuschlagen, die sowohl am normativen Profil wie am empirischen Gehalt und an (weitgehend vernachlässigten) institutionellen Implikationen dieser jüngsten Runde einer Debatte um das Verhältnis von technologischem und politischem Wandel ansetzen. Die eigentlich naheliegende Frage, ob die Idee einer digitalen Demokratie irgend etwas enthält, das ihr im Vergleich zu den vertrauten unterschiedlichen Modellen der Demokratie einen neuen konzeptionellen Status verleiht (Hague/Loader 1999: 6), ist schon aus zwei Gründen nicht so leicht zu entscheiden. Denn zum einen basieren die in diesem Zusammenhang regelmäßig ins Spiel gebrachten Varianten einer Electronic Democracy, einer Tele-Democracy und einer Cyber-Democracy (vgl. Hagen 1997) auf Unterscheidungen, die in gewisser Weise quer liegen zu den Kriterien, nach denen die geläufigen Modelle etwa der liberalen, republikanischen oder deliberativen Demokratie (Habermas 1992: 324–334; vgl. auch Held 1996: 157–291) gegeneinander abgesetzt werden: Weder in der ontologischen Dimension (Individualismus – Kollektivismus) noch mit Blick auf die jeweils in Anspruch genommenen ethischen Grundlagen oder im Hinblick auf das spezifisch legitimationsstiftende Prinzip (Voluntarismus vs epistemische Qualität der Verfahren der Willensbildung und Entscheidungsfindung) bilden sie distinkte und intern kohärente Typen; vielmehr bilden sie in diesen fundamentalen Hinsichten eher Mischformen, in denen die einzelnen Elemente unter theoretischen Gesichtspunkten nicht besonders gut aufeinander abgestimmt sind. Dies vorausgesetzt gewinnen sie zum anderen zwar eine gewisse Distinktionskraft in Bezug auf den Stellenwert, der den neuen Medien zugemessen wird: Entweder werden sie lediglich als eine Art von Organverstärkung verstanden, die zwar helfen kann, die etablierten politischen Kommunikationsverhältnisse zu effektuieren, die sich aber ansonsten vollkommen in die institutionelle Logik der repräsentativen Demokratie einpassen; oder aber sie werden als konstitutiv in dem Sinne eingeführt, dass die Kommunikationsmedien eine alternative, selbsttragende und nicht institutionell vermittelte Praxis der demokratischen Selbstbestimmung ermöglichen sollen – aber auch in dieser Hinsicht entziehen sie sich einem unmittelbaren Vergleich mit den demokratietheoretischen Modellen der partizipativen oder assoziativen Demokratie, weil wiederum die konzeptionellen Entscheidungen auf dieser Ebene kaum oder jedenfalls nicht zureichend mit den grundbegrifflichen Entscheidungen auf der erstgenannten Ebene abgestimmt sind. Kurz: Es spricht einiges dafür, den in der Diskussion um die digitale Demokratie lancierten Ideen keinen eigenständigen demokratietheoretischen Gehalt oder Modellcharakter zuzusprechen.

Dieser Befund bringt nun zweifellos denjenigen, der den normativen Status und den praktischen Gehalt jener in die demokratietheoretische Diskussion um die neuen Medien eingelassenen Projektionen etwa eines neuen athenischen Zeitalters (vgl. van de Donk/Snellen/Tops 1995) prüfen möchte, in die methodisch schwierige Lage, entweder in rekonstruktiver Absicht mit starken Idealisierungen arbeiten zu müssen (ein Weg, der unter den gegebenen Voraussetzungen nicht nur sehr aufwendig, sondern, wenn die gegebene Lagebeschreibung auch nur in etwa zutreffend ist, auch wenig erfolgversprechend ist), oder das disparate Material unter weniger anspruchsvollen Gesichtspunkten wenigstens so zu sortieren, dass ein einigermaßen zusammenhängendes Bild aufeinander bezogener Annahmen und Erwartungen entsteht, die dann im Einzelnen an normativen und praktischen wie empirischen Prüfkriterien gemessen werden können. Zu diesem Zweck möchte ich einen Vorschlag von Resnick (1998: 55–67; vgl. auch Leggewie 1997: 15 und 1998b: 24–44) modifizierend so aufgreifen, dass die mit Blick auf die Politik des Internet in analytischer Perspektive gewonnene Unterscheidung von Politik(en) im Netz, netzbezogenen Politiken und dem politischen Gebrauch des Netzes theoretisch gewendet wird und im Sinne der anderen Unterscheidung von Polity, Politics und Policy als Dimensionierung einer integrierten Theorie der Politik des Internet erscheint. Erst im Lichte dieser (rekonstruktiven) Unterstellung lassen sich die häufig gegeneinander isolierten Thematisierungsperspektiven in einen Zusammenhang bringen, der es erlaubt, eine einzelne Diskussionskontexte übergreifende Prüfperspektive einzunehmen. Unter dieser Prämisse ergibt sich dann das folgende Bild einer „digitalen" Demokratie: In der Polity-Dimension wird mit einem erneuten, medieninduzierten Form- und Strukturwandel politischer Öffentlichkeit(en) derart gerechnet, dass es nicht nur zu einer symmetrischen Inklusion von Betroffenen in den Prozess der allgemeinen politischen Meinungs- und Willensbildung kommen könnte, sondern dass sich darüber hinaus der deliberative Kern des normativen Prinzips der Öffentlichkeit, gestützt auf die interaktiven Qualitäten neuer Kommunikationsmedien, besser entfalten und mit den bestehenden demokratischen Praktiken vermitteln lasse (2); in der Politics-Dimension richten sich die Erwartungen entsprechend auf eine Neukonfiguration des Feldes politisch relevanter Akteure sowie einer Verschiebung des relativen Gewichts von institutionellen und zivilgesellschaftlichen Akteuren einerseits und eine Veränderung von Steuerungs- und Regulierungsformen in Richtung auf Selbstorganisation und Selbststeuerung andererseits (3); in der Policy-Dimension schließlich werden geeignete, die neuen Kommunikationsverhältnisse absichernde und stützende Infrastrukturmaßnahmen ebenso eingefordert wie durch eine thematische Öffnung der politischen Agenda und eine Erhöhung der Responsivität politischer Eliten mindestens für möglich, wenn nicht für wahrscheinlich gehalten (4).

Diese Einstellung sollte, diesseits allzu visionärer Projektionen, den Blick auf interessante Fragen freigeben, die sowohl weiteren Bedarf an empirischer Forschung wie konstruktiven Überlegungen und experimentellen Versuchen signalisieren (vgl. Hague/ Loader 1999: 8):
– In welchem Ausmaß können die neuen IuK-Technologien die Bedingungen verantwortlichen Regierens verbessern?
– In welchem Umfang können sie zur Verbesserung der Informationslage von Bürgern beitragen?
– Inwieweit können sie die staatsbürgerliche Teilhabe an politischen Entscheidungsprozessen verbessern?
– Schaffen oder verbessern sie tatsächlich die Voraussetzungen einer deliberativen Form der öffentlichen Meinungsbildung und politischen Entscheidungsfindung auf der Basis einer freien und gleichen Beteiligung Aller?

2. Strukturwandel der Öffentlichkeit?

Gerade in ihrem Verhältnis zur (Massen-)Demokratie ist die Idee der Öffentlichkeit von einer irreduziblen Ambivalenz durchdrungen. Zum Ausdruck kommt diese in der Differenz von Öffentlichkeit im Sinne eines konsensstiftenden, öffentlichen Gebrauchs der Vernunft einerseits und von öffentlicher Meinung, also dem Aggregat bloß zufällig übereinstimmender privater Ansichten und Werthaltungen andererseits. Dass sich die interne Gewichtung dieser beiden Zustandsformen von Öffentlichkeit nicht zuletzt aufgrund der strukturellen Eigenschaften des Systems der Massenmedien wie der Anforderungen eines in der Unterscheidung von Staat und Partei sich auf die Demokratie einstellenden politischen Systems (vgl. Luhmann 1999: 31-34) schon längst hin zur öffentlichen Meinung verschoben hat, ist bereits Gegenstand der Transformationsstudie von Habermas (1990). Und die Frage, mit der uns die neuen Medien konfrontieren, lautet dann entsprechend, ob sie die Logik dieses Transformationsprozesses fortsetzen oder verstärken, oder ob sie das strukturbildende Potenzial besitzen, die interne Gewichtung nunmehr zu Gunsten des emphatischen Begriffs von Öffentlichkeit umzukehren und evtl. eine zweite, deliberative Transformation der in massenmedialen Vermittlungszusammenhängen erstarrten öffentlichen Kommunikation, Meinungs- und Willensbildung einzuleiten.

Obgleich der öffentliche Raum aufgrund seiner prinzipiellen Elastizität in Hinblick auf die weitgehende Inklusion von Sprechern und seiner Funktion der offenen Thematisierung aller Fragen von gemeinsamem Interesse unter Bedingungen der Symmetrie und Reziprozität das paradigmatische Feld bilden sollte, auf dem sich die möglichen Segnungen der neuen Kommunikationstechnologien zur Geltung bringen können, finden sich auch hier zunächst durchaus einander polar gegenüberstehende Einschätzungen. Auf der einen Seite begegnen wir so dem von Hegelschen Denkmotiven inspirierten Verdacht, dass die Netzkommunikation als Kombination von Kommerz und Geschwätz (als Ausdruck bloß formeller, subjektiver Freiheit) eben jenes Nichts bildet, von dem schon Weber befürchtete, dass es sich sehr zu Unrecht als Gipfel der Menschheitsentwicklung (miss-)verstehen könnte (vgl. etwa Maresch 1997: 206–207). Und auf der anderen Seite finden wir dann die spiegelbildliche Überzeugung, dass die globalen Computernetze aufgrund ihrer technischen Merkmale besonders geeignet sind, der „zentripetal-homogenisierenden Wirkung der Massenmedien" ein „zentrifugal-außerinstitutionelles Korrektiv entgegenzusetzen", das zudem auf eine aufgestaute gesellschaftliche Bedürfnislage so trifft, dass dadurch ein weiterer Strukturwandel der Öffentlichkeit induziert werden könnte (so etwa Geser 2000: 405). Diese Erwartungen möchte ich im Folgenden, ausgehend von der (banaleren, aber vielleicht zuverlässigeren) Anfangsvermutung, dass die Internet-Kommunikation auch in dieser Hinsicht sowohl Chancen eröffnet wie spezifische Risiken birgt und für sich genommen wohl die ins Auge gefasste Transformation nicht wird bewirken können, in zwei Schritten etwas genauer prüfen. Zunächst möchte ich das Profil der in das Konzept der bürgerlichen Öffentlichkeit eingehenden normativen Erwartungen in einigen knappen Strichen noch einmal so weit schärfen, dass geeignete Kriterien zur Verfügung gestellt werden, mittels derer die beobachtbaren und erwartbaren Entwicklungen der politischen Kommunikationsverhältnisse bewertet werden können (a). Vor diesem Hintergrund kann man dann bereits erste Zweifel an zu überschwenglichen Transformationsprognosen anmelden, die sich sowohl auf öffentlichkeits-normative wie -funktionale Aspekte (und Grenzen) der Netzkommunikation beziehen. Diese Zweifel beziehen sich allerdings lediglich auf die suggestive These des Entstehens einer vollständig neuen Form von Öffentlichkeit, in der sich die Formen, Funktionen und Strukturen von alternativen, Gegen- oder Primäröffentlichkeiten mit jenen der bürgerlichen Öffentlichkeit intim verschränken könnten – und sie beruhen auf der doppelten Annahme, dass die Netzkommunikation für sich genommen weder die strukturellen Kontexte interaktiver, dialogischer und deliberativer Kommunikation noch die institutionellen Arrangements, die die politische Wirksamkeit der Kommunikation vermitteln, verbürgen kann (b).

(a) Die Einschätzung der öffentlichkeitsbezogenen Wirkungen der neuen IuK-Technologien wie des Internet ist zweifellos auch eine Frage des Vergleichsmaßstabs, und insofern ist der Hinweis berechtigt, dass man einen Kategorienfehler begeht, wenn man die neuen Technologien umstandslos am Ideal des Prinzips der Publizität misst (vgl. Leggewie 1997: 7 und 1998b: 18). Und diese Kritik an allzu heftigen und zudem unter pragmatischen Gesichtspunkten den Blick für das Machbare trübenden Abwehrreaktionen kann sich sicherlich auch auf jene kritisch gegen jeden Technikdetermisnismus gerichtete Einsicht stützen, dass der Struktur- und politische Funktionswandel des Typus der bürgerlichen Öffentlichkeit intern mit dem Wandel des bürgerlichen Rechtsstaats des 19. Jahrhunderts hin zur rechts- und wohlfahrtsstaatlichen Massendemokratie des 20. Jahrhunderts, und daher mit einem Funktionswandel der Parlamente, Parteien und Verbände wie damit einhergehend mit einem Funktionswandel der politischen Kommunikation generell verbunden war (Habermas 1990: 293–312): „Die in der sozialstaatlichen Massendemokratie nicht anders als im bürgerlichen Rechtsstaat institutionalisierte Idee der Öffentlichkeit, einst: die Rationalisierung der Herrschaft im Medium des öffentlichen Räsonnements der Privatleute, ist jetzt nur mehr zu verwirklichen als eine – beim Pluralismus der organisierten Privatinteressen freilich begrenzte – Rationalisierung der sozialen und politischen Machtausübung unter der wechselseitigen Kontrolle rivalisierender, in ihrem inneren Aufbau ebenso wie im Verkehr mit dem Staat und untereinander auf Öffentlichkeit selbst festgelegter Organisationen" (Habermas 1990: 311). Diese, das Prinzip der Öffentlichkeit an die Wirklichkeit des massendemokratischen Parteien- und Verbändestaates vermittelnde Perspektive, die Habermas Anfang der sechziger Jahre einnahm, könnte nun gewiss auch diejenigen zu größerer normativer Bescheidenheit mahnen, die unvermittelt am Ideal der bürgerlichen Öffentlichkeit festhalten, um an ihm den Anspruch der neuen Medien zu messen. Allerdings wäre dabei auch in Rechnung zu stellen, dass sich seitdem der sozialstrukturelle Rahmen wie die politischen Funktionen von Öffentlichkeiten ein weiteres Mal gewandelt haben, und zwar dahingehend, wie Habermas (1992: 451) notiert, „dass die Zivilgesellschaft *unter bestimmten Umständen* in der Öffentlichkeit Einfluss gewinnen, über eigene öffentliche Meinungen auf den parlamentarischen Komplex (und die Gerichte) einwirken und das politische System zur Umstellung auf den offiziellen Machtkreislauf nötigen kann" (Hervorh. i.O.), so dass das „Zusammenspiel einer zivilgesellschaftlichen Öffentlichkeit mit der rechtsstaatlich institutionalisierten Meinungs- und Willensbildung" nunmehr (und erneut) einen „guten Ansatzpunkt für die soziologische Übersetzung des Begriffs deliberativer Politik [bietet]" (Habermas 1992: 448–449). Damit aber hätte sich die programmatische Folie, auf die die Wirkungen der neuen IuK-Technologien einzutragen wäre, erneut so verschoben, dass nicht mehr allein die massenmedial vermittelte (refeudalisierte) Öffentlichkeit, sondern das komplexe Netzwerk spezialisierter Öffentlichkeiten, ihr Zusammenspiel mit der offiziellen Politik und ihr deliberatives Potenzial den normativen Erwartungshorizont aufspannen, in den sich auch die Annahme eines digitalen Strukturwandels einpassen lassen muss. Vor diesem veränderten Hintergrund müsste man sowohl mit individualisierten Informations- und Artikulationsbedürfnissen, mit Wünschen kleinerer Kollektive und marginaler Gruppen nach autonomer Selbstthematisierung und einem partizipativ-unkonventionellen politischen Aktionsstil neuer sozialer Bewegungen (Geser 2000: 425) rechnen. Dabei rücken nunmehr die IuK-Technologien wie die globalen Computernetze in die Funktion ein, diesen neuen Bedürfnislagen einer sowohl repolitisierten wie hochgradig pluralisierten Öffentlichkeit entsprechend die Selbstdarstellung und Identitätsbildung politischer Akteure zu unterstützen und die politische Meinungsartikulation in der Öffentlichkeit besser mit den Prozessen der Willensbildung und Entscheidungsfindung im politisch-

institutionellen Zentrum zu verklammern (vgl. Geser 2000: 407). Diesen Erwartungen sind denn auch zunächst die Beschreibungen der interaktiven Vorzüge der neuen Medien nachgebildet, in denen regelmäßig darauf hingewiesen wird, dass sie
- interaktive Prozesse unterstützen, indem sie eine many-to-many-Kommunikation auf reziproker Basis erlauben;
- die zudem eine globale Reichweite besitzen und nicht an den nationalstaatlichen Grenzen
- oder durch staatliche Zensurmaßnahmen unterbrochen werden;
- so dass sie Formen der politischen Assoziierung in neuen virtuellen Gemeinschaften
- sowie damit zusammenhängend den freien Fluss relevanter Informationen ermöglichen,
- die schließlich das Informations- und Wissensmonopol von Experten wie staatlichen Akteuren effektiv unterlaufen und die öffentliche Willensbildung auf eine unabhängige Wissensbasis stellen (vgl. Hague/Loader 1999: 6).

Freilich wird mit dieser Vorstellung einer Reaktivierung politischer Öffentlichkeiten der Begriff der Öffentlichkeit wenigstens implizit aus dem Kontext der bloßen öffentlichen Meinung herausgerückt und in den normativen Horizont des Prinzips der Publizität zurückgestellt, das darauf abgestellt hatte, im Medium des öffentlichen Räsonnements dem Staat die arcana imperii zu entreißen und die Politik insgesamt auf die höhere Rationalitätsstufe des Austauschs von Argumenten zu stellen – was Öffentlichkeit und Diskussion bewirken sollte, war nichts weniger als Wahrheit und Gerechtigkeit selbst – der Glaube an die Öffentlichkeit war eben, und daran erinnern die erneuten Projektionen ihrer politischen Funktionen, darin gegründet, dass man so die bloße Tatsächlichkeit politischer Macht brechen und der Idee des Rechts zum Siege verhelfen könnte. Worauf es in diesem Zusammenhang ankommt, ist die Einsicht, dass sich der über die neuen Medien hergestellte Bezug auf Öffentlichkeit und Demokratie nicht allein, und nicht einmal primär, auf eine normativ gesehen relativ neutralisierte Form der öffentlichen Meinung beziehen kann, wie sie uns in Gestalt der massenmedial vermittelten Öffentlichkeit entgegentritt, sondern dass sie notwendig jene Gehalte mobilisieren muss, die der Idee der Öffentlichkeit als dem eigentlichen Subjekt einer politischen Gemeinschaft anhaften (vgl. Ess 1996a und Kohler 1999): In ihr wurde ein herrschaftskontrollierender und -rationalisierender Bezug auf staatliche politische Herrschaft derart hergestellt, dass Macht und Diskurs, staatliche und spontane soziale Ordnung, obrigkeitliche Legalitätsakte und vernünftige Begründungsansprüche, politische Herrschaft und gesellschaftliche Gegenmacht in ein Verhältnis spannungsvoller Wechselseitigkeit traten (Kohler 1999: 204), so dass, wer Öffentlichkeit verlangt und die Frage zu beantworten sucht, was sie kann, sich von vornherein auch in den umfassenden Kontext eines normativen Entwurfs stellt und sich an die vernünftige Begründung und vernunftrechtliche Bindung politischer Herrschaft im Medium rationaler Argumentation bindet.

(b) Dieser Zusammenhang nötigt uns dazu, die normativen Präsuppositionen ernst zu nehmen, die unvermeidlich aufgerufen werden, wenn die Protagonisten des politischen Gebrauchs der neuen Medien diese Gebrauchsformen auch zu Zwecken der Legitimation und gesellschaftlichen Akzeptanzbeschaffung einsetzen. Für die Zwecke einer ersten Prüfung dieses Anspruchs ist also davon auszugehen, dass das Prinzip der Publizität der Verankerung in der Idee rationaler Argumentation bedarf. Das bedeutet, dass die neuen Medien zunächst darauf hin zu prüfen sind, ob sie (i) deliberative Gleichheit im Sinne der Kriterien von Teilnahmeoffenheit, Transparenz wie Reziprozität und Symmetrie zu gewährleisten vermögen (vgl. Marschall 1998a: 44–45); ob sie (ii) tatsächlich die epistemische Orientierung der Kommunikation prämieren und ob sie schließlich (iii) eine Form von Öffentlichkeit bilden, die mit der staatlichen Willensbildung vermittelt und rationalisierend auf diese einwirken kann. Gemessen an diesen Kriterien bleibt das Bild der neuen Medien nicht nur insgesamt blass, sondern es gibt gewichtige Anzeichen dafür, dass sie die in sie gesetzten Erwartungen jedenfalls für sich genommen aus medienspezifischen Gründen nicht werden erfüllen können.

(i) *Deliberative Gleichheit.* Der erste kritische Einwand kann sich auf zwei Sorten von Gründen stützen, die sich zum einen aus Problemen der Gewährleistung eines allgemeinen Zugangs zu den neuen Medien und zum anderen aus der Beobachtung der Reproduktion asymmetrischer und nicht-reziproker Kommunikationsformen in den Foren des Netzes ergeben. Was zunächst die Frage des allgemeinen und gleichen Zugangs angeht, zeigen die vorliegenden empirischen Studien in großer Übereinstimmung, dass die Reproduktion sozialer Ungleichheit in ungleichen Zugangsbedingungen und Gebrauchsformen des Netzes die Spaltung in sog. Information-haves und Information-have-nots nicht nur nicht abgebaut, sondern im Laufe der Zeit sogar akzentuiert und vertieft worden ist (vgl. Kubicek 1999 und 1998; Hagen/Kamps 1999; Weare/Musso/Hale 1999 und Wilhelm 1997). Der Grund für die – so die These – medienspezifische Reproduktion deliberativer Ungleichheit ergibt sich danach aus der Kombination anspruchsvoller subjektiver Nutzungsvoraussetzungen einerseits, die einen engen Zusammenhang sowohl mit in anderen Kontexten erworbenen „civic skills" (vgl. Wilhelm 1997: 521) als auch mit individuellen Sozialisationsmustern aufweisen, mit technischen, sozialen und kulturellen Nutzungsbedingungen andererseits, so dass ein dem Kriterium deliberativer Gleichheit genügendes allgemeines Zugangsmodell insgesamt sieben Dimensionen aufweist (Kubicek 1999: 335–338): Zugang zu einem Telekommunikationsnetz, Zugang zu einem Internet-Provider, Zugriff auf einen leistungsfähigen PC, Verfügung über Orientierungsinformationen sowie die Möglichkeit effektiven Selbstschutzes in Bezug auf Datenschutz und Datensicherheit sowie Jugendschutz, ein interessantes und relevantes Informationsangebot und schließlich Medienkompetenz und Wissensmanagement. Nimmt man dazu noch lokale Ungleichheitsfaktoren (Weare/Musso/Hale 1999), also räumlich und politisch induzierte Zugangsbarrieren (vgl. etwa von Korff 1998 und 1999), hinzu, dann liegt der Schluss nahe, dass diesen Zugangsbedingungen Zugangsbarrieren entsprechen, die auf politischen, sozialen, kulturellen und ökonomischen Ungleichheitsrelationen aufruhen. Diese lassen es jedenfalls unwahrscheinlich erscheinen, dass deliberative Gleichheit allein technisch herbeigeführt werden könnte – im Gegenteil scheint es in der Komplexität der neuen Medien selbst angelegt zu sein, dass sie ohne entschiedene Regulierungsschritte eher zur Verfestigung deliberativer Ungleichheit beitragen.

In die gleiche Richtung scheint die Analyse der Verteilung von Kommunikationschancen sowohl in den unterschiedlichen Diskussionsforen des Netzes wie im politischen Gebrauch des Netzes durch etablierte politische Akteure zu weisen. Auch hier erweist sich einerseits die Erwartung als übertrieben, hinter dem Schleier der Anonymität des Netzes würde die soziale Positionierung der Kommunikationsteilnehmer derart verschwinden, dass kommunikativ irrelevante Merkmale der Person keinen Einfluss mehr auf die Artikulationschancen haben würden. Selbst wenn diese Formen der Zuschreibung von Reputation entwertet werden, kennt das Netz doch einen Reputationsmechanismus, der sich daraus ergibt, dass die Beiträge der Beteiligten weniger im Hinblick auf das, was sie sagen, beurteilt werden, als „on the basis of the history of their interactions. In cyberspace, as elsewhere, history leads to stratification. The only way cyberspace could ever be truly egalitarian would be if everyone were always a newcomer, and history weren't allowed to emerge" (Streck 1998: 38). Zum anderen macht die Analyse der politischen Nutzung des Netzes durch etablierte Akteure darauf aufmerksam, dass wegen der herrschenden Aufmerksamkeitskonkurrenz im Netz zunehmend aufwendiger werdende Darstellungsformen ressourcenstarke Anbieter von Informationen strukturell privilegieren, und dass diese ihr Privileg tendenziell eher in einseitige, weniger dem Modell der Interaktivität als dem des Broad- (oder Narrow-)Casting verpflichtete Informationsangebote übersetzen (vgl. Bieber 1999).

(ii) *Epistemische Orientierung*. In einem vielbeachteten Aufsatz hat Buchstein (1996: 586) die These vertreten, dass die computervermittelte Kommunikation zwar nicht ohne Wirkungen auf die Qualität politischer Diskurse bleibe, dass diese Effekte aber insgesamt für „das rationalisierende Potenzial politischer Deliberationsprozesse eher von Nachteil sind". Die besondere und, wie es scheint, auch heute noch gültige Pointe der Überlegungen Buchsteins bestand darin, auf Struktureigenschaften der Netzkommunikation zu verweisen, die (aus eben nicht nur kontingenten Gründen) für diesen negativen Effekt verantwortlich zu machen sind: Anonymität wirkt danach als Schutzschild für verbale Grausamkeiten, die sich unter Bedingungen der Konkurrenz um (knappe) Aufmerksamkeit zu einem Wettstreit in der virtuellen Agora steigern, in dem der „haarsträubendste, provokanteste und extremste Standpunkt" gewinnt und die Artikulation extremer politischer Standpunkte prämiert. Außerdem enthält dieser Mechanismus in einer die politische Kommunikation verzerrenden Weise Anreize zur Fehlrepräsentation eigener Interessen und führt im Minimum zu einer weiteren Privatisierung der öffentlichen Meinungs- und Willensbildung, insofern sich anonymisierte Personen in besonderer Weise dem von öffentlichen Argumenten ausgehenden Zwang zur reziproken Rationalisierung je individueller Präferenzen zu entziehen vermögen (Buchstein 1996: 600–603).

Die Schlussfolgerung Buchsteins jedenfalls, dass damit der demokratische Rubikon endgültig in die falsche Richtung überschritten werden könnte, scheint sich zu bestätigen, wenn man die Bedingungen politischer Deliberation näher spezifiziert und in geeignete empirische Forschungsfragen übersetzt. Wenn man davon ausgeht, dass politische Deliberation im Kern davon abhängt, dass „political messages of substance can be exchanged at length; [that] there is opportunity to reflect on these messages as well as for ongoing debate and reflection; and [that] the messages can be processed interactively, with opinions tested against rival arguments" (Wilhelm 1999: 159–160), dann ergeben sich vier Fragen, denen Wilhelm auf der Basis einer Inhaltsanalyse politischer Diskussionsforen im Internet (Usenet) nachgegangen ist: In welchem Umfang suchen Teilnehmer an virtuellen Diskussionsforen tatsächlich den Informationsaustausch mit anderen; in welchem Umfang tauschen sie Meinungen auch in dem Sinne aus, dass sie auf Gesichtspunkte anderer reagieren und diese integrieren; in welchem Ausmaß bildet sich dabei tatsächlich eine homogene Gruppenmeinung heraus, und welche Rolle spielen dabei substanzielle Argumentationen im Vergleich zu ad-hominem-Argumentationen, die sich einer Begründung ebenso wie rationaler Kritik entziehen (Wilhelm 1999: 160–162)? Die Ergebnisse der auf dieser Basis angeleiteten Untersuchung (Wilhelm 1999: 169–173) sind in jedem Fall wenig ermutigend, und sie legen den Schluss nahe, dass die bereits von Buchstein markierten Mechanismen der Dekontextualisierung wie der Entlastung der Kommunikation von illokutionären und performativen Einstellungen die Kommunikationsorientierungen wie die Inhalte in eine Richtung drängen, die sie eher aus dem Bereich der öffentlichen Deliberation herausführen: „The sorts of virtual political forums analysed do not provide viable sounding boards for signaling and thematising issues to be processed by the political system. They neither cultivate nor iterate a public opinion that is the considered judgement of persons whose preferences have been contested in the course of a public gathering; at least there is insufficient evidence to support such a salubrious picture of the political public sphere in cyberspace" (Wilhelm 1999: 175).

(iii) *Institutionelle Schnittstellen*. Es ist in der Debatte um die demokratie- oder öffentlichkeitsfördernde Wirkung nicht unbemerkt geblieben, dass viele Protagonisten der neuen Medien, in einer technikdeterministischen Sicht verfangen (vgl. etwa Barber 1997: 210), in der Erwartung, dass technische Potenziale sich gleichsam ihre eigene politische Wirklichkeit schaffen und zumindest partizipative Breschen in die institutionelle Festung der repräsentativen Demokratie schlagen würden, das Pferd vom Schwanz her aufzäumen. Im Gegenteil soll hier davon ausgegangen werden, dass Technik weniger als Determinante denn als Spiegel gesellschaftlicher wie politisch-institutioneller Entwicklungen fungiert, so dass Anlass für die Vermutung besteht, dass sie zum einen durchaus in die Logik bestehender institutioneller Praktiken eingespannt werden. Zum anderen bedürfte es vorgängiger politischer Anstrengungen in Richtung auf partizipationssteigernde und die deliberative Qualität der Politik verbessernde institutionelle Reformen (so auch Barber 1997: 211), um die unterstellten Potenziale zur Geltung zu bringen – nicht zuletzt, weil davon der praktische Nutzen und mithin die Nutzungsmotivation entscheidend abhängen dürfte (vgl. auch Leib 2000: 364, 381–382). Diese Einsicht aber nötigt uns, jedenfalls diesseits utopischer Projektionen der weiteren Entwicklung demokratischer Formen, die Frage nach der politischen Wirkung neuer Medien auch in einen institutionellen Horizont zu stellen und die Strukturen der Vermittlung der öffentlichen Meinungsbildung an die Willensbildung und Entscheidungsfindung im System institutioneller Politik ins Auge zu fassen.

Auch in dieser eher funktionalen Perspektive kann man zwei Barrieren identifizieren, die die Internet-Öffentlichkeit überwinden können müsste, um einerseits den Status einer politischen Öffentlichkeit überhaupt reklamieren zu können, der sich andererseits direkte Wirkungen auf das politische Institutionensystem begründet unterstellen lassen. In der erstgenannten Hinsicht müsste sich entsprechend, noch diesseits der schon erörterten normativen Fragen, im Minimum eine dem System der Massenmedien vergleichbare Aggregations- und Thematisierungsfunktion nachweisen lassen, über die politische Themen so fokussiert und öffentliche Aufmerksamkeit so konzentriert und stabilisiert werden müssten, dass sie punktgenau und mit der nötigen Ausdauer versehen auf den institutionellen Prozess einzuwirken vermag. Insofern bilden diese unterschiedlichen funktionalen Bezüge gleichsam die Stufen eines Einflussprozesses, der schon auf der untersten Stufe oder Ebene in seiner Wirkung davon abhängig ist, ob es gelingen kann, über die Internet-Kommunikation auch eine Art „reflexiven Wissens" (eines Wissens also, dass andere wissen, dass ich weiss ...) herzustellen (vgl. Wehner 1997: 101), das für jede Form von Anschlusskommunikation und insofern für die Herausbildung eines öffentlichen Kommunikationszusammenhangs konstitutiv ist (vgl. Donges/Jarren 1999: 93). Wenn dementsprechend ein Individuum, das seine Informationen aus dem Internet bezieht, zumeist keine valide Orientierung darüber hat, ob diese Informationen (und wenn: in welchem Umfang) in weiteren Kommunikationen vorausgesetzt werden können, wäre eher zu erwarten, dass die öffentliche Einflusslogik schon auf dieser frühen Stufe entschieden unterbrochen ist – ein Defekt der (idealer Weise) individualisierten internet-gestützten Kommunikation, der sich darin fortschreibt, dass aus strukturellen Gründen die Internet-Kommunikation aufgrund ihrer starken Fragmentierung kaum in der Lage ist, Themen und Meinungen nach Prioritäten zu sortieren und diese dann konzentriert an das politische System zu adressieren (Donges/Jarren 1999: 94). Unter diesen auch im Vergleich zu den herkömmlichen Massenmedien ungünstigen Voraussetzungen müsste eine auf sich selber verwiesene Internet-Öffentlichkeit schließlich mit noch größeren Schwierigkeiten rechnen, anders als vielleicht in der Phase der Problemartikulation auf den Politikprozess überhaupt einwirken zu können (vgl. Donges/Jarren 1999: 101–105).

Freilich könnte man an dieser Stelle einwenden, dass das zur Beschreibung der Einflussmöglichkeiten von Öffentlichkeit verwendete Bild einer individualisierten Massenöffentlichkeit keine angemessene Folie bildet, auf der sich die politischen Wirkungspotenziale einer Öffentlichkeit neuen Typs eintragen ließen, und die deshalb von vornherein gegen jene Vorstellung ausgetauscht werden müsste, nach der die Öffentlichkeit modernen Typs sich aus Gruppen und Organisationen, aus funktional spezialisierten und pluralen Teilöffentlichkeiten bildet, die einen besseren Resonanzboden für die spezifischen Leistungsmerkmale netzgestützter Kommunikationen bietet. Aber auch an diesem berechtigten Einwand bestätigt sich indirekt die hier vertretene These: Dass die neuen medientechnischen Möglichkeiten sich ihre Öffentlichkeit nicht selber schaffen, und dass es neben qualitätssichernden Mechanismen solcher der thematischen Fokussierung wie schließlich der institutionellen Kanalisierung der so zusammengeführten Kommunikationsströme bedarf, damit diese Öffentlichkeiten auch nur die (noch relativ bescheidene) Funktion annehmen können, die Habermas (1992: 435–467) ihnen in normativer Absicht zugeschrieben hat – die Verwaltung des Pools guter Gründe, aus dem sich die staatlich-administrative Willensbildung versorgt, in die eigene Regie zu nehmen. Wenn darüber hinaus die im neuen Kommunikationsraum potenziell angelegten Möglichkeiten wirklich genutzt werden sollen (vgl. Kamps 1999a: 15), dann bedarf es sowohl prozeduraler Innovationen (vgl. Lenk 1999, Wienhöfer 1999 und Fishkin 1998) wie einer Reform der Verwaltung (vgl. etwa Hesse 1998) und einer institutionellen Neutarierung des Verhältnisses von Staat und ziviler Gesellschaft insgesamt.

3. Zivilgesellschaftliche Selbststeuerung?

Neben den demokratischen Potenzialen, die dem Internet aufgrund der interaktiven Qualitäten der Technik selber zugeschrieben werden, bilden die Strukturen der Genese des Netzes, seine Regulierungsformen, den zweiten wichtigen Pfeiler, der garantieren soll, dass die Netzkommunikation fest im Boden einer egalitären, partizipationsoffenen Struktur verankert bleibt. Bezugspunkt dieser Vision einer herrschaftsfreien Form der Institutionalisierung und dezentralen Selbstregulierung ist der Gründungsmythos, der die Vergangenheit des Netzes und seine Entstehung aus der Initiative der „Internet Engineering Task Force" (IETF) – einer kleinen, handverlesenen Gruppe von amerikanischen Studenten, die Ende der 60er Jahre damit begannen, technische Regeln für einen neuen Typ von Datenübertragung zu entwickeln – über die damit definierten Handlungsprinzipien mit den Strukturen des Wandels und der Dynamik des Netzes, also mit seiner Zukunft verbindet (vgl. dazu Hofmann 1998): Es soll danach im Wesentlichen die technische Architektur des Netzes sein, die auf den Prinzipien der Konnektivität und der Verschiebung der Kontrolle über den Datenaustausch an die jeweiligen Endpunkte – also bei den Anwendungen – beruht und somit die Intelligenz an die Peripherie verlagert, die das Internet als ein gleichsam demokratisches Gesamtkunstwerk fortschreibt. Gegen diese häufig mit großem Pathos vorgetragene mythisch gestiftete Vision lassen sich nun aber erneut drei Sorten von Einwänden zur Geltung bringen, die diese Vorstellung einer horizontalen und dezentralen Form der Selbststeuerung und das ihr zugeschriebene demokratische Potenzial auch in dieser Perspektive in Frage stellen: Zum ersten sind wir mit internen, von den Nutzern selbst getragenen Formen der Kommerzialisierung der Gebrauchsweisen und Kommunikationsinhalte wie parallel dazu mit externen Formen der Ökonomisierung, die sich über die technische Infrastruktur vermittelt, konfrontiert (iv); sind schon diese Entwicklungen geeignet, den Gründungsmythos verblassen zu lassen, kommt dann zweitens hinzu, dass sich auch die Governance-Strukturen selber politisieren und zunehmend Muster aufweisen, in denen sich Formen korporatistischer Steuerung gegen die ursprüngliche Idee der dezentralen Selbststeuerung durchsetzen (v); das hat schließlich drittens auch damit zu tun, dass der immer deutlicher hervortretende Bedarf an rechtlicher Regulierung die internen Autoritätsstrukturen überlastet und auf öffentlich-rechtliche Modi der Normgenerierung und -durchsetzung verweist (vi). Kurz, die technikkulturelle Vision wird zum Material von Unternehmensentscheidungen und dadurch letztlich des ihr eigentümlichen kritischen Stachels beraubt (vgl. Streck 1998: 22).

(iv) *Politische Ökonomie des Netzes.* Es ist offensichtlich, dass allein das exponenzielle Wachstum des Internet in den vergangenen zehn Jahren das entscheidende Motiv für eine Kommerzialisierung der Gebrauchs- und Nutzungsformen bildet, und das nicht nur deshalb, weil sich hier ein Konsumentenpool bildet, der nicht unerschlossen bleiben kann. Entscheidend dafür, dass diese Entwicklung unvermeidlich das Interesse großer Konzerne auf sich ziehen muss, ist daneben auch die Tatsache, dass die auf diese Weise entstehenden neuen Knappheitsrelationen sowohl im Blick auf die infrastrukturellen Nutzungsvoraussetzungen wie im Hinblick auf gebrauchsermöglichende Dienstleistungsangebote (Service-Provider) zu einer Verpreisung dieser Dienstleistungen anregen, um nach den Gesetzen des Marktes eine effiziente Form der Allokation (relativ) knapper Ressourcen zu ermöglichen (vgl. dazu Hutter 2000). Aber nicht dieser Zusammenhang interessiert mich hier, obwohl schon dadurch die sehr handfeste Befürchtung manifest wird, dass die Kommerzialisierung der Nutzungsweisen z.B. des Internet andere (politische) Nutzungsformen zurückdrängt und marginalisiert (vgl. dazu u.a. Sassen 2000, Hagen/Kamps 1999 und Zoche 1999). Vielmehr gibt es darüber hinaus Hinweise darauf, dass es zu einer Art interner Ökonomisierung sowohl der Kommunikationsformen wie -inhalte kommt, die für die politische Kommunikation insgesamt nicht folgenlos bleiben kann. Was darunter zu verstehen ist, kann man sich klar machen, wenn man die einem marktorientierten Verhalten zugeschriebenen Mechanismen genauer in den Blick nimmt (vgl. zum Folgenden auch Offe 2000: 21–25): Zunächst prämiert der Mechanismus der Bedürfnisorientierung, unter Bedingung der allgemeinen Knappheit an Aufmerksamkeit, ein eher expressives Ausdrucksverhalten und eine eher egozentrische, nicht-dialogische Kommunikationsorientierung; in Verbindung damit entfaltet die Effizienzorientierung eine Sogwirkung hin zu Aktivitäten, die unempfindlich sind sowohl gegenüber den von ihnen hervorgerufenen negativen Externalitäten wie gegenüber den von ihnen langfristig ausgelösten Folgen; insoweit mangelt es dem Mechanismus des Wettbewerbs nicht nur an einem inhärenten Potenzial des Selbstreproduktion, sondern es fehlt ihm schließlich auch an einem internen Mechanismus der Selbstbeschränkung, der es ihm etwa erlaubte, zwischen „marktfähigen" und „nicht-marktfähigen" Gütern zu unterscheiden, so dass es zu einer vollständigen Subsumption von Kommunikation unter die Warenform kommt (vgl. Sassen 2000: 191–195).

(v) *Corporate Governance*. Wie bereits erwähnt, hielt das Internet für eine gewisse Zeit das Versprechen bereit, dass sich die dezentrale Kommunikationsstruktur des Netzes auch in seinen Governance-Strukturen reproduzieren könnte, die dann auch ein Modell für die gesamtgesellschaftliche (Selbst-)Organisation politischer Prozesse abgeben: Eine horizontale Regelungsstruktur von nur lose gekoppelten Einheiten, in der Kontroll- und Machtfunktionen verteilt sind und die jeder Zeit responsiv auf von unten kommende Initiativen reagiert – kurz, eine Struktur, die geradezu in idealtypischer Weise die Anforderungen einer demokratischen Gesellschaft aufzunehmen scheint (vgl. Werle 2000: 171).

Allerdings sind diese Regulierungsstrukturen, auch insofern sie in Organisationen wie der IETF oder der Internet Society (ISOC) noch eine gewisse Resonanz erfahren haben, mittlerweile unter den Druck der Verschmelzung elektronischer Medien, von Computern, dem Telekommunikationssystem und dem Internet zu einem Multimedia-Komplex in den Einflussbereich von Organisationsfeldern (etwa des Telekommunikationsregimes) geraten, in denen andere Imperative herrschen und die sich unmittelbar auf die Formierung und das Selbstverständnis von relevanten Akteuren wie die zwischen ihnen etablierten Interaktionsstrukturen auswirken. So sieht sich Werle zu der Feststellung genötigt, dass „[m]ore important than the growing technical potential are the emerging organizational strategies which make use of or react to new technologies. In an era of mergers, takeovers, joint ventures and strategic alliances, large business in telecommunications, in electronic media and in the computer domain are combining forces with Internet organizations or setting up an Internet branch to exploit the business opportunities in this sector" (Werle 2000: 171) – und dies mit der in unserem Zusammenhang interessanten Pointe, dass die Governance-Strukturen des vormals eigenständigen Internet-Bereichs von jenen der anderen Felder aufgesogen und überlagert werden. Dies hat dann, auf dem Wege einer „isomorphen" Angleichung der respektiven Organisationsfelder (vgl. Werle/Leib 1999: 6), für die zivilgesellschaftlichen Blütenträume der Internet-Community missliche Folgen: die aus der Internet-Kultur hervorgegangenen Organisationen werden von anderen Logiken folgenden Organisationsbildungen abgelöst (was Werle und Leib am Schicksal der ISOC und ihrer Verdrängung durch die ICANN als Exemplar von private governance nachzeichnen), vormals individualistische Orientierungen werden durch korporative Interessenformierung ersetzt, offene Partizipationsformen werden durch eine korporatistische Kanalisierung von Einflusschancen überlagert und insgesamt werden technisch-kulturelle Orientierungen durch Geschäftsinteressen eher an den Rand gedrängt werden (vgl. Werle/Leib 1999: 20–21). Kurz, auch mit Blick auf die Regulierungsformen sind die Erwartungen bezüglich des demokratischen Formpotenzials des Internet nicht nur überzogen, sondern vielmehr spricht im Gegenteil einiges dafür, dass sich umgekehrt die Logik privaten Regierens in die Regulierung des Internet und damit schließlich in den virtuellen Kommunikationsraum einschreibt.

(vi) *Rechtliche Regulierung.* Wenn Kersting (2000: 22) in einer schon zitierten Passage bemerkt, dass die Bewohner des Cyberspace sicherlich keine besseren Menschen als jene der realen Welt sind und deshalb nahelegt, dass es illusionär wäre, daran zu glauben, dass es ihnen anders als hier gelingen könnte, die sozialen Kosten und externen Effekte ihrer Aktivitäten allein auf moralisch-ethischem Wege zu internalisieren, ohne von der Institution des (sanktionsbewehrten) Rechts Gebrauch zu machen, so hat er zweifellos nicht nur den markanten Regulierungsbedarf im Auge, den die Internet-Kommunikation im Bereich des Strafrechts (etwa pornographische und andere jugendgefährdende Inhalte sowie hate-speech) oder auch der Internet-Handel im Bereich des Privatrechts (etwa Gesetze zum Schutz des Copyright, bezüglich digitaler Signaturen oder des elektronischen Vertragsschlusses und elektronischer Zahlungssysteme – vgl. Engel 2000: 243–244) erzeugt; vielmehr verweist er wenigstens indirekt auch auf die normativen Implikationen legitimer Rechtsetzung, die der rechtlichen Selbstregulierung des Internet oder der Rechtsetzung durch private Regelungsagenturen vor- und eingeschrieben bleiben müssen: die Prinzipien des öffentlichen Vernunftgebrauchs, aktualisiert in einer höherstufigen Form von Intersubjektivität, in der sich Beteiligte nicht als Private, sondern als Angehörige einer rechtlich gestifteten Gemeinschaft begegnen und anerkennen.

Dieser Bedingung fallen sicherlich zuerst die Versuche zum Opfer, die Selbstregulierung des Internet als eine Form der Regulierung ohne Recht, im Medium technischer oder sozialer Normen (etwa: Netiquette) allein zu beschreiben (vgl. Engel 2000: 253–254) – dies zumal dann, wenn die beschleunigte Kommerzialisierung des Netzes die moralischen und ethischen Einstellungen eher zu marginalisieren droht, die diesen Formen ethisch-moralischer Selbstkontrolle zugrunde liegen müssten. Spricht schon dies gegen eine vollständige Internalisierung rechts*staatlicher* Autorität, so gilt das auch im Hinblick auf nicht-öffentliche, private Formen der Selbstgesetzgebung (vgl. Engel 2000: 245–258), die sicher schon deshalb nicht vollständig aus dem Schatten der staatlichen Hierarchie heraustreten sollten, weil sonst der konstitutive Zusammenhang zwischen Freiheit und Verantwortlichkeit (Engel 2000: 258) zerrissen werden könnte. M.a.W. ist in rechtlicher Perspektive darauf zu achten, „die Möglichkeiten der neuen medialen Netzwelt mit unserer vorinformationellen Rechtsstruktur zu verbinden" (Grzeszick 1998: 176), und zwar so, dass etwa die grundgesetzlich verbürgten Grundrechte auch in diesem Zusammenhang als konstitutive Prinzipien geltend gemacht werden können (vgl. Grote 1999: 28). Dieser Gedanke interessiert mich hier nicht in seinen einzelnen gesetzlichen Implikationen. Entscheidend für das übergreifende Argument ist vielmehr die Schranke, die er aus rechtlicher Perspektive gegenüber manchen der Internet-Kommunikation abgewonnenen Utopien bildet: Er macht nämlich darauf aufmerksam, dass nach wie vor eine Öffentlichkeit im Kantischen Sinn die Voraussetzung für Selbstgesetzgebung und rechtliche Selbstregulierung ist – und insofern bedarf sie „einer Ordnung, die sowohl gegen staatliche als auch gegen gesellschaftliche Instrumentalisierung schützt. Den Grundrechten kommt in diesem Bereich eine Doppelsinnigkeit zu: sie sind zugleich subjektive Abwehrrechte und objektive Voraussetzungen zur Konstituierung einer politischen Öffentlichkeit" (Grzeszick 1998: 179) – und erneuert damit den Maßstab, an dem sich die durch das Internet angeregten oder provozierten Formen der Selbstregulierung messen zu lassen haben.

4. Erhöhung der politischen Responsivität und Responsabilität?

Wenn man noch einmal einen Perspektivenwechsel vornimmt und nunmehr nach dem politischen Gebrauch des Internet etwa im Wahlkampf oder durch etablierte Akteure wie politischen Parteien oder Parlamenten fragt (vgl. dazu insgesamt Bieber 1999), so wird man im Wesentlichen mit zwei Sorten von Erwartungen konfrontiert: Zum einen die Erwartung, dass auch etablierte Akteure keinen unschuldigen Gebrauch von den neuen Kommunikationsmitteln machen können, weil sie unmittelbar in ihre interaktive Logik hineingezogen würden, was sich wiederum in zweierlei Hinsicht zur Geltung bringen müsste – in Richtung auf eine partizipative und deliberative Selbsttransformation der politischen Institutionen einerseits oder zumindest in Richtung auf eine Rationalisierung im Sinne einer sachlichen Qualitätsverbesserung und Erhöhung der Verantwortlichkeit staatlicher Politik andererseits; zum anderen die Erwartung, dass das Interessenberücksichtigungspotenzial und mithin die Responsivität staatlicher Willensbildung und Entscheidungsfindung vergrößert werden könnte.

Ich lasse im Folgenden die Frage des Einsatzes der neuen Informations- und Kommunikationstechnologien in Wahlkämpfen (vgl. dazu Bieber 1999 und Clemens 1998, 1999) sowie im Rahmen der innerparteilichen Willensbildung und ihrer Vermittlungsfunktion (virtuelle Ortsvereine – vgl. Bieber 1999) außer Acht und konzentriere mich auf deren Einsatz in Parlamenten (vgl. dazu insbesondere Coleman/Taylor/van de Donk 1999). Parlamentarische Regierungssysteme sind zwar zunächst grob dadurch bestimmt, dass in Parlamenten die Repräsentations-, die Öffentlichkeits-, die Willensbildungs- und die Entscheidungsfunktion konzentriert sind, die ihrerseits im institutionellen Kern der Idee des Parlamentarismus, der Idee der Deliberation, vermittelt sind; faktisch aber können wir in allen genannten Dimensionen eine Marginalisierung der Parlamente mit der Folge beobachten, dass sich diese Funktionen in drei Richtungen verschieben: Während sich die Öffentlichkeitsfunktion auf zunehmend transnational organisierte zivilgesellschaftliche Öffentlichkeiten verlagert, diffundiert die Willensbildungs- und Entscheidungsfunktion in politische Netzwerke, die die Klammer zwischen den unterschiedlichen Ebenen des Regierungsprozesses bilden. Auf diese Diagnose einer neuen postparlamentarischen Ordnung „organischen Regierens" (vgl. Andersen/ Burns 1996) nun sind im Kern auch die Erwartungen abgestimmt, die sich an die Einführung neuer Kommunikationsmittel heften und die insgesamt helfen sollen, die genannten Funktionswerte auch unter geänderten strukturellen Bedingungen einzulösen. In diesem Zusammenhang lassen sich denn auch vier Ebenen des Einsatzes der neuen Kommunikationsmedien im Sinne einer „Leiter der Informatisierung" unterscheiden (vgl. Bellamy/Raab 1999: 520–521): Auf einer untersten Ebene werden sie zur Verbesserung der parlamentsinternen Kommunikations- und Informationschancen eingesetzt – nicht zuletzt in der Erwartung, die deliberative Qualität parlamentarischer Beratungen zu erhöhen und effektivere Kontrollmechanismen zu installieren; auf einer nächsten Ebene werden diese Techniken genutzt, um im Sinne zunächst des „broadcasting" die Öffentlichkeitsarbeit der Parlamente zu unterstützen; erst auf einer dritten Ebene trägt der Einsatz der neuen Techniken auch neue Elemente in die Repräsentationsbeziehung hinein, insofern nunmehr eine stärkere Individualisierung der Kommunikation zwischen einzelnen Abgeordneten und Bürgern möglich wird; schließlich könnten sie auf einer letzten Ebene durch Aktualisierung der interaktiven Potenziale auch dazu genutzt werden, die Bürger stärker in die politische Willensbildung zwischen Exekutive und Parlament einzubeziehen.

Im Gegenlicht dieser Erwartungen nehmen sich die tatsächlichen Entwicklungen indessen nicht besonders eindrucksvoll aus. Ganz im Gegenteil lassen vergleichende empirische Untersuchungen ein generelles Muster des parlamentarischen Einsatzes der neuen Informations- und Kommunikationstechnologien erkennen, nach dem deren effektive Anwendung weitgehend auf interne Kommunikationsprozesse beschränkt und das interaktive Potenzial zur Einbeziehung der weiteren politischen Öffentlichkeit wie zur Intensivierung der Repräsentationsbeziehungen zwischen Abgeordneten und Wählern weitgehend ungenutzt bleibt (vgl. Magarey 1999 und Taylor/Burt 1999). Fragt man nun nach den Gründen dieser insgesamt eher mageren Bilanz, so zeigt sich erneut, dass bei allen Ansätzen und Experimenten in der Regel die entscheidende Frage unbeantwortet bleibt, wie sich die über den Cyberspace generierten Netzwerke und Kommunikationsflüsse sowohl in praktischer wie in normativer Hinsicht in das reale, institutionelle Gefüge der repräsentativen Demokratie einfügen ließen (vgl. Bellamy/ Raab 1999: 523). Dieses schon an anderer Stelle erhobene Bedenken ergibt sich in diesem speziellen Fall daraus, dass (vii) zum einen die verhaltensprägende Logik institutioneller Arrangements unterschätzt und entsprechend die transformative Kraft der neuen Medien regelmäßig überschätzt werden (die sog. „reinforcement"-These); dass (viii) zum anderen die Anreizstrukturen, die in den neuen Medien selber verankert sind, nicht nur die klassische Strategie des „broadcasting" favorisieren, sondern zudem selbst im günstigeren Fall einer Verstärkung der Interaktivitätsdimension zu einer weitergehenden Individualisierung der politischen Kommunikation zwischen Abgeordneten und Wählern führen (die „Consumption-Nexus"-These); was schließlich (ix) auf die

Bedingungen verantwortlicher Politik, die sich um die deliberative Funktion zentrieren, nicht ohne nachteilige Wirkungen bleiben kann (die „Accountability"-These).

(vii) *Reinforcement.* In diesem Zusammenhang bietet die schottische Parlamentsreform (vgl. zum Folgenden Smith/Gray 1999) deshalb wertvolles und instruktives Anschauungsmaterial, weil vor allem die Beratungen in der schottischen Verfassungsversammlung von Anfang an die Rolle hervorhoben, die den neuen Informations- und Kommunikationstechnologien dabei zukommen sollten, das Parlament als zentrales Forum einer neuen, inklusiven und partizipatorischen Demokratie so einzurichten, dass es nurmehr als ein (allerdings wichtiger) Knoten in einem weitgespannten Netz öffentlicher politischer Kommunikation, Meinungs- und Willensbildung fungieren sollte (Smith/Gray 1999: 433). Während hier also die neuen Technologien vor allem in ihrem interaktiven Potenzial zur Geltung kommen, den allgemeinen Zugang zu relevanten Informationen ebenso sicherstellen wie die Fokussierung und Kanalisierung der breit angelegten Willensbildung ermöglichen und unterstützen sollten und sie deshalb einen breiten Raum auch in der öffentlichen Debatte einnehmen, zeigte sich doch schnell, dass eine primär technikdeterministische Sicht auf den Zusammenhang von Technik und Demokratie auch in diesem Fall wesentlich zu kurz greift: Was bei aller Euphorie übersehen wurde, war, „that existing institutions tend to tame new technologies and shape them into their own purposes" (Bellamy/Raab 1999: 523–524). Dieser von der sozialwissenschaftlichen Technikforschung nachgewiesene „reinforcement"-Effekt verdankt sich zum einen der Tatsache, dass eine Parlamentspraxis, „[...] which is both embedded by and serves to embed a set of institutional factors, the longstanding values, norms and convictions which moderate and shape the potential for any change" (Smith/Gray 1999: 437) nicht über punktuelle infrastrukturelle Interventionen verändert werden kann; und er speist sich zum anderen aus der bekannten Einsicht, dass sich institutionelle Innovationen nur pfadabhängig, und d.h. vermittelt durch die Routinen und Praktiken, die den Status Quo bestimmen, vollziehen kann – an dieser institutionellen Logik aber muss eine Reformeuphorie, die sich allein auf die transformative Eigenlogik der neuen Medien stützen will, auch im Fall der Parlamentsreform schließlich auflaufen.

(viii) „*Consumption-Nexus*". Während die „Reinforcement"-These im Gegensatz zu eher technikdeterministischen Sichtweisen den Einfluss institutioneller Logiken, Normen und Praktiken auf die Gestaltung von Reformprozessen hervorhebt, ergibt sich ein weiterer Einwand aus der Einsicht, dass auch eine erfolgreiche Implementation neuer Technologien für sich genommen die Richtung des angestrebten Wandels nicht garantieren kann. Ebenso wie man mit Blick auf politische Parteien feststellen kann, dass der Gebrauch der neuen Informations- und Kommunikationstechnologien generell mit dem Effekt an die Logik des Parteienwettbewerbs assimiliert wird, dass sie einseitig das Wissen der Parteien über die elektorale Landkarte wie die daraus erwachsenden strategischen Optionen verbessern, gibt es einigen Anlass, auch mit Blick auf die parlamentarische Repräsentationsbeziehung mit einer Verstärkung des „consumption-nexus" zwischen Abgeordneten und individualisierten Wählern (Klienten) zu rechnen: „In other words, the main democratic focus of ICT's has been to promote the ability of government, and parties, to discern and respond to its citizens as ‚customers', not to bolster traditional ideas of representative democracy, of which a parliament is such an important part" (Smith/Gray 1999: 440) – m.a.W. scheint ein Defekt der neuen Medien auch hier darin zu liegen, dass es durch ihre Anwendung zu einer weiteren Beschädigung des deliberativen Kerns der Idee der Demokratie im Allgemeinen wie des Parlamentarismus im Besonderen kommen kann.

(ix) *„Accountability"*. Dieser Umstand macht noch einmal darauf aufmerksam, dass selbst unter günstigen Umständen einer technisch immerhin möglichen Herstellung einer neuen Form von Parlamentsöffentlichkeit durch den Einsatz der neuen Informations- und Kommunikationstechnologien auf allen vier o.g. Ebenen keine normativ unzweideutig positiven Effekte zu erwarten sind. Schon im Fall der allgemeinen politischen Öffentlichkeit kann man – wie oben gezeigt – immerhin mit beidem rechnen: mit einer besseren Aufnahme und Kanalisierung der politischen Kommunikationsströme einer pluralen und zunehmend auch polyzentrischen Gesellschaft und/oder mit einer Fragmentierung und Balkanisierung der politischen Öffentlichkeiten (vgl. auch Bellamy/Raab 1999: 530–531). Dem entsprechen nun die Wirkungen, die die neuen Medien auf jenen Mechanismus haben könnten, über den die pluralen Öffentlichkeiten der Zivilgesellschaft mit der Arena der parlamentarischen Repräsentation und Entscheidungsfindung verklammert sind: die Verantwortung politischer Entscheidungen im Lichte guter Gründe, die sich die politischen Eliten wie die kontestierende oder partizipierende Öffentlichkeit wechselseitig schulden. Wenn demokratisches Regieren Verantwortlichkeit einschließt „[...] in the sense of exposing governments reasons for decisions and actions to active debate, as well as fostering the ability to challenge assumptions and concepts that underpin the data behind the stories [...]" (Bellamy/Raab 1999: 528), dann bedarf es neben der Eröffnung kommunikativer Zugangschancen auch einer gewissen ‚Pflege' der kommunizierten Inhalte (vgl. Bellamy/Raab 1999: 527), bedarf es der zivilen Tugend des wechselseitigen Respekts, die in den Prinzipien der „zivilen Integrität" und der „zivilen Großmut" (Gutmann/Thompson 1996: 79–85) verankert ist und die die Beteiligten dazu auffordern, „to affirm the moral status of their own political positions [...and] to acknowledge the moral status of the positions they oppose" (Gutmann/Thompson 1996: 81, 82). Kurz: auch an dieser sensiblen Stelle könnte das für repräsentative Demokratien konstitutive kommunikative Zusammenspiel von parlamentarischer Willensbildung und politischer Öffentlichkeit durch die neuen Medien dann unterbrochen werden, wenn sie eher idiosynkratische, einäugige und kurzsichtige Formen der Meinungsbildung und -artikulation unterstützt oder gar provoziert.

5. Schluss

In der hier eingenommenen Perspektive auf die Frage nach den demokratischen Potenzialen der netzvermittelten politischen Kommunikation sind drei Aspekte in den Vordergrund getreten, die zu einer eher zurückhaltenden Einschätzung mahnen. Zum einen habe ich ganz generell darauf verwiesen, dass Demokratisierung kein Projekt ist, dass sich in einer technologischen Perspektive allein erschließt, sondern das auf das komplexe Wechselspiel von sozialen, kulturellen und politischen Voraussetzungen wie institutionellen Vorgaben zu achten hat, die den unverrückbaren Rahmen bilden, in den ein solches Projekt einzubetten wäre. Zum zweiten, und damit zusammenhängend, war gerade in normativer Hinsicht geltend zu machen, dass Erweiterung und in gewisser Hinsicht auch Verbesserung der Möglichkeiten politischer Kommunikation für sich genommen die anspruchsvollen ethischen wie (rechts-)moralischen Voraussetzungen nicht verbürgen kann, die gegeben sein müssen, damit es auch in seinen weiter zu entwickelnden Formen als Ausdruck der Selbstbestimmung von Freien und Gleichen unter Bedingungen strikter Reziprozität verstanden werden kann und nicht zu einem System wechselseitig-allgemeiner, aber asymmetrischer Fremdbestimmung mutiert. Und schließlich ist nicht zu übersehen, dass sich die in der spezifischen Architektur des Netzes gründenden Hoffnungen auf neue, dezentrale und horizontale Formen der Selbstorganisation und -steuerung wenigstens vorläufig nicht erfüllt haben, sondern dass im Gegenteil diese Potenziale von korporatistischen Steuerungsformen überlagert und durchdrungen worden sind, die eher die Dominanz etablierter politischer und ökonomischer Akteure gegenüber der Netzgemeinde und den am demokratischen Gebrauch des Netzes interessierten Akteuren neuer zivilgesellschaftlichen Öffentlichkeit sicherzustellen scheinen.

Literatur

Aikens, G. Scott, 1999: Deweyan Systems in the Information Age, in: *Barry N. Hague/Brian D. Loader* (Hrsg.), 1999: Digital Democracy. Discourse and Decision Making in the Information Age. London/New York, 179–194.
Andersen, Svein S./Burns, Tom R., 1996: The European Union and the Erosion of Parliamentary Democracy: A Study of Post-parliamentary Governance, in: *Svein S. Andersen/Kjell A. Eliassen* (Hrsg.), The European Union: How Democratic Is It? London, 227–251.
Barber, Benjamin R., 1997: The New Telecommunications Technology: Endless Frontier or the End of Democracy?, in: Constellations 4, 208–228.
Barber, Benjamin R., 1998: Wie demokratisch ist das Internet?, in: *Claus Leggewie/Christa Maar* (Hrsg.), Internet @ Politik. Von der Zuschauer- zur Beteiligungsdemokratie. Köln, 120–133.
Bellamy, Christine/Raab, Charles D., 1999: Wiring-up the Deck-Chairs?, in: Parliamentary Affairs 52, 518–534.
Benhabib, Seyla, 1997: Die gefährdete Öffentlichkeit, in: Transit 8, 26–41.
Bieber, Christoph, 1999: Politische Projekte im Internet. Online-Kommunikation und politische Öffentlichkeit. Frankfurt a.M./New York.
Bieber, Christoph/Hebecker, Eike, 1998: Internet und soziale Bewegungen. Der Studentenstreik als Fallbeispiel, in: *Winand Gellner/Fritz von Korff* (Hrsg.), Demokratie und Internet. Baden-Baden, 171–177.
Bimber, Bruce, 1998: The Internet and Political Transformation: Populism, Community, and Accelerated Pluralism, in: Polity 31, 133–160.
Buchstein, Hubertus, 1996: Bittere Bytes: Cyberbürger und Demokratietheorie, in: Deutsche Zeitschrift für Philosophie 44, 583–607.
Burkert, Herbert, 1997: Involving the Citizens: The Normative Model of the „Information and Communication Citizen", in: *Herbert Kubicek/William H. Dutton/Robin Williams* (Hrsg.), The Social Shaping of Information Superhighways. Frankfurt a.M./New York, 211–220.
Clemens, Detlev, 1998: Wahlkampf im Internet, in: *Winand Gellner/Fritz von Korff* (Hrsg.), Demokratie und Internet. Baden-Baden, 143–156.
Clemens, Detlev, 1999: Campaigning in Cyberspace: Internet-Einsatz in amerikanischen Bundeswahlkämpfen 1996 und 1998, in: Zeitschrift für Politik 46, 550–567.

Coleman, Stephen/Taylor, John/van de Donk, Wim B. H. J. (Hrsg.), 1999: Parliament in the Age of the Internet, in: Parliamentary Affairs 52.
Coleman, Stephen/Taylor, John/van de Donk, Wim B. H. J., 1999a: Introduction: Parliament in the Age of the Internet, in: Parliamentary Affairs 52, 365–370.
Dean, Jodi, 2000: Publicity's Secret. Prague: Ms.
Deutscher Bundestag (Hrsg.), 1998: Bürger und Staat in der Informationsgesellschaft (= Enquête-Kommission „Zukunft der Medien in Wirtschaft und Gesellschaft. Deutschlands Weg in die Informationsgesellschaft"). Bonn.
Docter, Sharon/Dutton, William H./Elberse, Anita, 1999: An American Democracy Network: Factors Shaping the Future of On-line Political Campaigns, in: Parliamentary Affairs 52, 535–552.
Donges, Patrick/Jarren, Otfried, 1999: Politische Öffentlichkeit durch Netzkommunikation?, in: *Klaus Kamps* (Hrsg.), Elektronische Demokratie? Perspektiven politischer Partizipation. Opladen/Wiesbaden, 85–108.
van de Donk, Wim B. H. J./Snellen, Ignace Th. M./Tops, Pieter W. (Hrsg.), 1995: Orwell in Athens. A Perspective on Informatization and Democracy. Amsterdam u.a.
van de Donk, Wim B.H.J./Tops, Pieter W., 1995: Orwell or Athens? Informatization and the Future of Democracy. A Review of the Literature, in: *Wim B. H. J. van de Donk/Ignace Th. M. Snellen/Pieter W. Tops* (Hrsg.), Orwell in Athens. A Perspective on Informatization and Democracy. Amsterdam u.a., 13–32.
Edwards, Arthur R., 1995: Informatization and Views of Democracy, in: *Wim B. H. J. van de Donk/Ignace Th. M. Snellen/Pieter W. Tops* (Hrsg.), Orwell in Athens. A Perspective on Informatization and Democracy. Amsterdam u.a., 33–49.
Engel, Christoph, 2000: The Internet and the Nation State, in: *Christoph Engel/Kenneth H. Keller* (Hrsg.), Understanding the Impact of Global Networks on Local Social, Political and Cultural Values. Baden-Baden, 201–260.
Engel, Christoph/Keller, Kenneth H. (Hrsg.), 2000: Understanding the Impact of Global Networks on Local Social, Political and Cultural Values. Baden-Baden.
Ess, Charles (Hrsg.), 1996: Philosophical Perspectives on Computer-Mediated Communication. New York.
Ess, Charles, 1996a: The Political Computer: Democracy, CMC, and Habermas, in: *Charles Ess* (Hrsg.), Philosophical Perspectives on Computer-Mediated Communication. New York, 197–230.
Fishkin, James F., 1998: Das ganze Land in einem Raum, in: *Claus Leggewie/Christa Maar* (Hrsg.), Internet @ Politik. Von der Zuschauer- zur Beteiligungsdemokratie. Köln, 342–353.
Gellner, Winand, 1998: Das Ende der Öffentlichkeit?, in: *Winand Gellner/Fritz von Korff* (Hrsg.), Demokratie und Internet. Baden-Baden, 11–24.
Gellner, Winand/von Korff, Fritz (Hrsg.), 1998: Demokratie und Internet. Baden-Baden.
Geser, Hans, 2000: Auf dem Weg zur Neuerfindung der politischen Öffentlichkeit. Das Internet als Plattform der Medienentwicklung und des sozio-politischen Wandels, in: *Renate Martinsen/Georg Simonis* (Hrsg.), Demokratie und Technik – (k)eine Wahlverwandtschaft? Opladen, 401–429.
Gräf, Lorenz/Krajewski, Markus (Hrsg.), 1997: Zur Soziologie des Internet. Handeln im elektronischen Web-Werk. Frankfurt a.M./New York.
Grote, Rainer, 1999: Kommunikative Selbstbestimmung im Internet und Grundrechtsordnung, in: Kritische Vierteljahresschrift für Gesetzgebung und Rechtswissenschaft 82, 27–56.
Grzeszick, Bernd, 1998: Neue Medienfreiheit zwischen staatlicher und gesellschaftlicher Ordnung. Das Beispiel des Internets, in: Archiv des öffentlichen Rechts 123, 173–200.
Gutmann, Amy/Thompson, Dennis, 1996: Democracy and Disagreement. Cambridge, MA.
Habermas, Jürgen, 1968: Verwissenschaftlichte Politik und öffentliche Meinung, in: *Jürgen Habermas,* Technik und Wissenschaft als „Ideologie". Frankfurt a.M., 120–145.
Habermas, Jürgen, 1990: Strukturwandel der Öffentlichkeit (Neuauflage). Frankfurt a.M.
Habermas, Jürgen, 1992: Faktizität und Geltung. Frankfurt a.M.
Habermas, Jürgen, 1998a: Die postnationale Konstellation und die Zukunft der Demokratie, in: *Jürgen Habermas,* Die postnationale Konstellation. Politische Essays. Frankfurt a.M., 91–169.

Habermas, Jürgen, 1998b: Jenseits des Nationalstaats? Bemerkungen zu Folgeproblemen der wirtschaftlichen Globalisierung, in: *Ulrich Beck* (Hrsg.), Politik der Globalisierung. Frankfurt a.M., 67–84.
Hagen, Lutz M./Kamps, Klaus, 1999: Netz-Nutzer und Netz-Nutzung. Zur Rezeption politischer Informationen in Online-Medien, in: *Klaus Kamps* (Hrsg.), Elektronische Demokratie? Perspektiven politischer Partizipation. Opladen/Wiesbaden, 209–226.
Hagen, Martin, 1997: Elektronische Demokratie. Computernetzwerke und politische Theorie in den USA. Hamburg.
Hague, Barry N./Loader, Brian D. (Hrsg.), 1999: Digital Democracy. Discourse and Decision Making in the Information Age. London/New York.
Hague, Barry N./Loader, Brian D., 1999a: Digital Democracy: An Introduction, in: *Barry N. Hague/Brian D. Loader* (Hrsg.), 1999: Digital Democracy. Discourse and Decision Making in the Information Age. London/New York, 3–22.
Hartmann, Christian/Hüttig, Christoph (Hrsg.), 1998: Netzdiskurs. Das Internet und der Strukturwandel von Kommunikation und Öffentlichkeit (= Loccumer Protokolle 67/97). Loccum.
Hebecker, Eike/Kleemann, Frank/Neymanns, Harald/Stauff, Markus (Hrsg.), 1999: Neue Medienumwelten. Zwischen Regulierungsprozessen und alltäglicher Aneignung. Frankfurt a.M./New York.
Held, David, 1996: Models of Democracy. 2. Aufl., Cambridge.
Hesse, Jens Joachim, 1998: Schlanker Staat und bürgernahe Verwaltung, in: *Claus Leggewie/Christa Maar* (Hrsg.), Internet @ Politik. Von der Zuschauer- zur Beteiligungsdemokratie. Köln, 251–261.
Hofmann, Jeanette, 1998: Netzkultur. Am Herzen der Dinge – Regierungsmacht im Internet, in: *Christian Hartmann/Christoph Hüttig* (Hrsg.), Netzdiskurs. Das Internet und der Strukturwandel von Kommunikation und Öffentlichkeit. Loccum, 53–82.
Holmes, David (Hrsg.), 1997: Virtual Politics: Identity and Community in Cyberspace. London u.a.
Hutter, Michael, 2000: The Commercialization of the Internet. A Progress Report, in: *Christoph Engel/Kenneth H. Keller* (Hrsg.), Understanding the Impact of Global Networks on Local Social, Political and Cultural Values. Baden-Baden, 73–92.
Jarren, Otfried/Sarcinelli, Ulrich/Saxer, Ulrich (Hrsg.), 1998: Politische Kommunikation in der demokratischen Gesellschaft. Ein Handbuch. Opladen/Wiesbaden.
Kamps, Klaus (Hrsg.), 1999: Elektronische Demokratie? Perspektiven politischer Partizipation. Opladen/Wiesbaden.
Kamps, Klaus, 1999a: Perspektiven elektronischer Demokratie. Einleitende Anmerkungen zur Diskussion, in: *Klaus Kamps* (Hrsg.), Elektronische Demokratie? Perspektiven politischer Partizipation. Opladen/Wiesbaden, 7–18.
Kellner, Douglas, 1998: Intellectuals, the New Public Spheres, and Techno-Politics, in: *Chris Toulouse/Timothy W. Luke* (Hrsg.), The Politics of Cyberspace. London, 167–186.
Kersting, Wolfgang, 2000: Global Networks and Local Values, in: *Christoph Engel/Kenneth H. Keller* (Hrsg.), Understanding the Impact of Global Networks on Local Social, Political and Cultural Values. Baden-Baden, 9–27.
Kleinsteuber, Hans J. (Hrsg.), 1996: Der „Information Superhighway". Amerikanische Visionen und Erfahrungen. Opladen.
Kohler, Georg, 1999: Was ist Öffentlichkeit? Zur Bestimmung eines unübersichtlichen Wortfeldes, in: Studia philosophica 58, 197–217.
Korff, Fritz von, 1998: Kommunale Bürgernetze im Internet, in: *Winand Gellner/Fritz von Korff* (Hrsg.), Demokratie und Internet. Baden-Baden, 95–107.
Korff, Fritz von, 1999: Kommunale Demokratie und das Internet, in: *Klaus Kamps* (Hrsg.), Elektronische Demokratie? Perspektiven politischer Partizipation. Opladen/Wiesbaden, 191–208.
Kubicek, Herbert, 1996: Allgemeiner Zugang und informationelle Grundversorgung in der Informationsgesellschaft, in: *Jörg Tauss/Johannes Kollbeck/Jan Mönikes* (Hrsg.), Deutschlands Weg in die Informationsgesellschaft. Herausforderungen und Perspektiven für Wirtschaft, Wissenschaft, Recht und Politik. Baden-Baden, 156–182.

Kubicek, Herbert, 1998: Das Internet 1995–2005, in: *Claus Leggewie/Christa Maar* (Hrsg.), Internet @ Politik. Von der Zuschauer- zur Beteiligungsdemokratie. Köln, 55–69.
Kubicek, Herbert, 1999: Was versteht man unter allgemeinem Zugang?, in: *Herbert Kubicek* u.a. (Hrsg.), Multimedia @ Verwaltung (=Jahrbuch Telekommunikation und Gesellschaft 1999). Heidelberg, 332–338.
Kubicek, Herbert/Braczyk, Hans-Joachim/Klumpp, Dieter/Müller, Günter/Neu, Werner/Raubold, Eckart/Roßnagel, Alexander (Hrsg.), 1999: Multimedia @ Verwaltung (= Jahrbuch Telekommunikation und Gesellschaft 1999). Heidelberg.
Kubicek, Herbert/Dutton, William H./Williams, Robin (Hrsg.), 1997: The Social Shaping of Information Superhighways. Frankfurt a.M./New York.
Leggewie, Claus, 1997: Netizens: Der gut informierte Bürger, in: Transit 8, 3–25.
Leggewie, Claus (mit *Christoph Bieber*), 1998a: Demokratie auf der Datenautobahn. Das Internet als Medium politischer Kommunikation, in: Deutscher Bundestag 1998, 131–148.
Leggewie, Claus, 1998b: Demokratie auf der Datenautobahn, in: *Claus Leggewie/Christa Maar* (Hrsg.), Internet @ Politik. Von der Zuschauer- zur Beteiligungsdemokratie. Köln, 15–51.
Leggewie, Claus, 1998c: Enteignet Bill Gates!?, in: *Claus Leggewie/Christa Maar* (Hrsg.), Internet @ Politik. Von der Zuschauer- zur Beteiligungsdemokratie. Köln, 207–222.
Leggewie, Claus/Bieber, Christoph, 1999: From Voice to Vote? – Neue Informations- und Kommunikationstechnologien in der Komplexen Demokratie, in: *Herbert Kubicek* u.a. (Hrsg.), Multimedia @ Verwaltung (= Jahrbuch Telekommunikation und Gesellschaft 1999). Heidelberg, 257–268.
Leggewie, Claus/Maar, Christa (Hrsg.), 1998: Internet @ Politik. Von der Zuschauer- zur Beteiligungsdemokratie. Köln.
Leib, Volker, 1998: Wissenschaftsnetze und Bürgernetze. Vom selbstgesteuerten Internet zur elektronischen Demokratie?, in: *Winand Gellner/Fritz von Korff* (Hrsg.), Demokratie und Internet. Baden-Baden, 81–94.
Leib, Volker, 2000: Bürger mit Netzanschluß. Über Partizipation, Internet und „elektronische Demokratie", in: *Renate Martinsen/Georg Simonis* (Hrsg.), Demokratie und Technik – (k)eine Wahlverwandtschaft? Opladen, 363–386.
Lenk, Klaus, 1999: ‚Electronic Democracy' – Beteiligung an der kommunalen Willlensbildung, in: *Herbert Kubicek* u.a. (Hrsg.), Multimedia @ Verwaltung (=Jahrbuch Telekommunikation und Gesellschaft 1999). Heidelberg, 248–256.
London, Scott, 1995: Teledemocracy vs. Deliberative Democracy: A Comparative Look an Two Models of Public Talk, in: Journal of Interpersonal Computing and Technology 3, 33–55.
Luhmann, Niklas, 1999: Öffentliche Meinung und Demokratie, in: *Rudolf Maresch/Nils Werber* (Hrsg.), Kommunikation – Medien – Macht. Frankfurt a.M., 19–34.
Luke, Tim, 1998: The Politics of Digital Inequality, in: *Chris Toulouse/Timothy W. Luke* (Hrsg.), The Politics of Cyberspace. London, 120–143.
Magarey, Kirsty, 1999: The Internet and Australian Parliamentary Democracy, in: Parliamentary Affairs 52, 404–428.
Mambrey, Peter, 2000: Neue Interaktive Medien eröffnen Potentale für digitale politische Partizipation und neue Formen von Öffentlichkeit, in: *Renate Martinsen/Georg Simonis* (Hrsg.), Demokratie und Technik – (k)eine Wahlverwandtschaft? Opladen, 335–361.
Maresch, Rudolf, 1997: Öffentlichkeit im Netz. Ein Phantasma schreibt sich fort, in: *Stefan Münker/Alexander Roesler* (Hrsg.), Mythos Internet. Frankfurt a.M., 193–212.
Maresch, Rudolf/Werber, Nils (Hrsg.), 1999: Kommunikation – Medien – Macht. Frankfurt a.M.
Marschall, Stefan, 1998a: Netzöffentlichkeit – eine demokratische Alternative?, in: *Winand Gellner/Fritz von Korff* (Hrsg.), Demokratie und Internet. Baden-Baden, 43–54.
Marschall, Stefan, 1998b: Netzöffentlichkeit und institutionelle Politik, in: *Christian Hartmann/Christoph Hüttig* (Hrsg.), Netzdiskurs. Das Internet und der Strukturwandel von Kommunikation und Öffentlichkeit. Loccum, 157–170.
Marschall, Stefan, 1999a: Alte und neue Öffentlichkeiten. Strukturmerkmale politischer Öffentlichkeit im Internet, in: *Klaus Kamps* (Hrsg.), Elektronische Demokratie? Perspektiven politischer Partizipation. Opladen/Wiesbaden, 109–126.

Marschall, Stefan, 1999b: Politischer Prozeß und Internet – neue Einflußpotentiale für organisierte und nichtorganisierte Interessen?, in: *Wichard Woyke* (Hrsg.), Internet und Demokratie. Schwalbach/Ts., 40–51.

Martinsen, Renate/Simonis, Georg (Hrsg.), 2000: Demokratie und Technik – (k)eine Wahlverwandtschaft? Opladen.

Meckel, Miriam, 1999: Cyberpolitics und Cyberpolity. Zur Virtualisierung politischer Kommunikation, in: *Klaus Kamps* (Hrsg.), Elektronische Demokratie? Perspektiven politischer Partizipation. Opladen/Wiesbaden, 229–244.

Mitchell, William J., 1997: Die neue Ökonomie der Präsenz, in: *Stefan Münker/Alexander Roesler* (Hrsg.), Mythos Internet. Frankfurt a.M., 15–33.

Mulder, Burt, 1999: Parliamentary Futures: Re-Presenting the Issue. Information, Technology and the Dynamics of Democracy, in: Parliamentary Affairs 52, 553–566.

Münker, Stefan/Roesler, Alexander (Hrsg.), 1997: Mythos Internet. Frankfurt a.M.

Neymanns, Harald, 1998: Demokratie ohne Grenzen? Kritische Anmerkungen zum demokratischen Potential des Internet, in: Berliner Debatte INITIAL 9, 69–74.

Offe, Claus, 2000: Civil Society and Social Order: Demarcating and Combining Market, State and Community. Berlin: Ms. (erscheint in: Archives Européennes de Sociologie, 41/2000: 1).

Resnick, David, 1998: Politics on the Internet: The Normalization of Cyberspace, in: *Chris Toulouse/Timothy W. Luke* (Hrsg.), The Politics of Cyberspace. London, 48–68.

Sarcinelli, Ulrich, 1997: Demokratiewandel im Zeichen medialen Wandels? Politische Beteiligung und politische Kommunikation, in: *Ansgar Klein/Rainer Schmalz-Bruns* (Hrsg.), Politische Beteiligung und Bürgerengagement in Deutschland. Baden-Baden, 314–345.

Sarcinelli, Ulrich, 1998: Zum Verhältnis von repräsentativer und elektronischer Demokratie, in: Deutscher Bundestag 1998, 215–220.

Sassen, Saskia, 2000: The Impact of the Internet on Sovereignty: Unfounded and Real Worries, in: *Christoph Engel/Kenneth H. Keller* (Hrsg.), Understanding the Impact of Global Networks on Local Social, Political and Cultural Values. Baden-Baden, 187–200.

Saxer, Ulrich, 1998: System, Systemwandel und politische Kommunikation, in: *Otfried Jarren/Ulrich Sarcinelli/Ulrich Saxer* (Hrsg.), Politische Kommunikation in der demokratischen Gesellschaft. Ein Handbuch. Opladen/Wiesbaden, 21–64.

Schaal, Gary S./Brodocz, André, 1998: http://www.demokratie.ade? Zum Zusammenhang von Internet, Globalisierung und Demokratie, in: Berliner Debatte INITIAL 9, 49–58.

Schiller, Dietmar, 1998: Parlamente Online: Zum Strukturwandel parlamentarischer Öffentlichkeit im Internet-Zeitalter, in: *Winand Gellner/Fritz von Korff* (Hrsg.), Demokratie und Internet. Baden-Baden, 127–142.

Schneider, Volker, 1997: Different Roads to the Information Society? Comparing U.S. and European Approaches from a Public Policy Perspective, in: *Herbert Kubicek/William H. Dutton/Robin Williams* (Hrsg.), The Social Shaping of Information Superhighways. Frankfurt a.M./New York, 339–358.

Schuler, Douglas, 1998: Neue Bürgernetzwerke, in: *Claus Leggewie/Christa Maar* (Hrsg.), Internet @ Politik. Von der Zuschauer- zur Beteiligungsdemokratie. Köln, 300–315.

Schulz, Winfried, 1997: Neue Medien – Chancen und Risiken, in: APuZ B 42, 3–12.

Slaton, Christa Daryl, 1998: Mündige Bürger durch Televoten, in: *Claus Leggewie/Christa Maar* (Hrsg.), Internet @ Politik. Von der Zuschauer- zur Beteiligungsdemokratie. Köln, 321–341.

Smith, Colin F./Gray, Paul, 1999: The Scottish Parliament: [Re-]Shaping Parliamentary Democracy in the Information Age, in: Parliamentary Affairs 52, 429–441.

Snellen, Th. M., 1995: Channeling Democratic Influence Through Bureaucracies, in: *Wim B. H. J. van de Donk/Ignace Th. M. Snellen/Pieter W. Tops* (Hrsg.), Orwell in Athens. A Perspective on Informatization and Democracy. Amsterdam u.a., 51–60.

Stransfeld, Rainer, 1996: Rechtliche Herausforderungen der Informationsgesellschaft, in: *Jörg Tauss/Johannes Kollbeck/Jan Mönikes* (Hrsg.), Deutschlands Weg in die Informationsgesellschaft. Herausforderungen und Perspektiven für Wirtschaft, Wissenschaft, Recht und Politik. Baden-Baden, 684–708.

Streck, John, 1998: Pulling the Plug on Electronic Town Meetings: Participatory Democracy and the Reality of the Usenet, in: *Chris Toulouse/Timothy W. Luke* (Hrsg.), The Politics of Cyberspace. London, 18–47.
Tauss, Jörg/Kollbeck, Johannes/Mönikes, Jan (Hrsg.), 1996: Deutschlands Weg in die Informationsgesellschaft. Herausforderungen und Perspektiven für Wirtschaft, Wissenschaft, Recht und Politik. Baden-Baden.
Taylor, John A./Burt, Eleanor, 1999: Parliaments on the Web: Learning Through Innovation, in: Parliamentary Affairs 52, 503–517.
Toulouse, Chris/Luke, Timothy W. (Hrsg.), 1998: The Politics of Cyberspace. London.
Weare, Christopher/Musso, Juliet A./Hale, Matthew L., 1999: Electronic Democracy and the Diffusion of Municipal Web Pages in California, in: Administration & Society 31, 3–27.
Webster, Frank, 1995: Theories of the Information Society. London.
Wehner, Josef, 1997: Interaktive Medien – Ende der Massenkommunikation?, in: Zeitschrift für Soziologie 26, 96–114.
Werle, Raymund, 2000: The Impact of Information Networks on the Structure of Political Systems, in: *Christoph Engel/Kenneth H. Keller* (Hrsg.), Understanding the Impact of Global Networks on Local Social, Political and Cultural Values. Baden-Baden, 159–185.
Werle, Raymund/Leib, Volker, 1999: The Internet Society and its Struggle for Recognition and Influence. Ms.: Köln.
Wienhöfer, Elmar, 1999: Internetgestützte Diskurse, in: *Herbert Kubicek* u.a. (Hrsg.), Multimedia @ Verwaltung (= Jahrbuch Telekommunikation und Gesellschaft 1999). Heidelberg, 276–284.
Wilhelm, Anthony G., 1999: Virtual sounding boards: how deliberative is online political discussion?, in: *Barry N. Hague/Brian D. Loader* (Hrsg.), 1999: Digital Democracy. Discourse and Decision Making in the Information Age. London/New York, 154–178.
Wilhelm, Anthony G., 1997: A Resource Model of Computer-Mediated Political Life, in: Policy Studies Journal 25, 519–534.
Wirth, Roland, 2000: Bürger und öffentliche Verwaltung im Internet: Informationsversorgung – Serviceleistungen – Beteiligungsoptionen, in: *Renate Martinsen/Georg Simonis* (Hrsg.), Demokratie und Technik – (k)eine Wahlverwandtschaft? Opladen, 387–399.
Woyke, Wichard (Hrsg.), 1999: Internet und Demokratie. Schwalbach/Ts.
Zittel, Thomas, 1998: Repräsentativverfassung und neue Kommunikationsmedien, in: *Winand Gellner/Fritz von Korff* (Hrsg.), Demokratie und Internet. Baden-Baden, 111–125.
Zoche, Peter, 1999: Was die Nutzer wirklich wollen, in: *Herbert Kubicek* u.a. (Hrsg.), Multimedia @ Verwaltung (= Jahrbuch Telekommunikation und Gesellschaft 1999). Heidelberg, 348–357.

Neue Medien im Prozess der Globalisierung.
Zum Verhältnis von Medientechnik und Politik am Beispiel des Deutschen Auslandsrundfunks

Hans J. Kleinsteuber

Das Bundesministerium für Bildung und Forschung findet zurück zu alten Ansätzen der Technikfolgenabschätzung (TA), nun neu konzipiert unter dem Begriff einer „Innovations- und Technikanalyse". Das entsprechende Papier ist betitelt „Technologie, Kommunikation und Diskurs im medialen Zeitalter" und beginnt mit der Feststellung: „Die neuen Medien – insbesondere das Internet – verändern die Kommunikations- und Dialogmöglichkeiten nachhaltig" (BMBF 2000). Medien und neue Medien stehen hier, so hat es den Anschein, als Begriffe im Mittelpunkt, beschreiben stichwortartig die Epoche, in der wir leben.

Allerdings ist auffällig, dass in den Zielprojektionen des Ministeriums Medientechnik so gut wie nicht vorkommt. Dabei ist unbezweifelbar, dass Medien – folgen wir bewährten Standarddefinitionen – „technische Verbreitungsmittel" darstellen, die Massenkommunikation erst ermöglichen. Dabei erscheint Kommunikation als der übergeordnete Begriff, die schlechthin konstitutiv für menschliches Zusammenleben gesehen wird. Menschen kommunizierten schon immer oral (oder auch non-verbal) untereinander, lange bevor erste Massenmedien entstanden. In diesen ‚Urzustand' schieben sich Medien als technische Artefakte zwischen die kommunizierenden Menschen und werden zu „Mittlern" (die ursprüngliche Wortbedeutung von Medien), die – technisch gesehen – Informationen aufnehmen, transportieren, wiedergeben und speichern. Für die ‚Massen'medien ist (im Unterschied etwa zu Individualmedien) charakteristisch, dass sie öffentliche, indirekte und einseitige Aussagen an ein disperses Publikum richten (um eine klassische Definition zu zitieren: Maletzke 1963: 32)

1. Zur Digitalisierung der Medien(techniken)

Seit Johann Gutenbergs Entdeckung um 1450, dass sich mit beweglichen Lettern ein Buch drucken und damit die menschliche Schrift maschinell reproduzieren lässt, bestimmen immer neue Techniken die Medienentwicklung: Papierproduktion, Rotationsdruck und Redaktionsterminals die Herstellung von Printmedien (Zeitung und Zeitschrift), Studioeinrichtungen, Senderantennen, Satelliten und Kabel, Empfangsgeräte die Entwicklung der elektronischen Medien (Radio und Fernsehen) (Kleinsteuber 1999). In der Geschichte der Medien stehen zwei sich ergänzende Komponenten im Mittelpunkt, zum einen die oben kurz umrissene ‚Hardware' der Techniken, in denen Informationen aufbereitet, zum anderen aus der ‚Software' der Inhalte (Nachrichten, Programme etc.), die in den Medien transportiert werden. Obwohl beide auf das Engste miteinander verknüpft sind (z.B. bestimmen Bildschirmformate die Art der Visualisierung einer Information), werden sie doch selten gemeinsam analysiert (das BMBF scheint Medien z.B. nur als Inhalte-Träger zu interpretieren). Die Medientechnik wird in einem gängigen Alltagsmodell den Elektronikern und Informatikern überlassen, mit den Inhalten beschäftigen sich dagegen Kommunikationswissenschaftler und Journalisten. Diese arbeitsteilige Trennung zwischen „Technikern" und „Scheibern", zwischen Setzern und Nachrichtenredakteuren setzte sich auch in den Redaktionen fort. Unter Einfluß der Digitalisierung, die Medienberufe schon vor etwa zwanzig Jahren zutiefst zu verändern begann, ist nun eine Tendenz in Richtung einer Konvergenz von Hardware und Software zu erkennen: Neue Arbeitsplätze bei den Medien sind heute in der Regel hochtechnisiert, von Redaktions-Terminals, digitalen Studios und Internet-Übertragungen geprägt. Die Berufsbilder haben sich bereits verändert, in den Redaktionen übernehmen Journalisten, die Texte am Computer eingeben, soweit technische Funktionen, dass der Beruf des Setzers nahezu verschwunden ist. Diese Rationalisierungen werden begleitet vom Entstehen neuer Berufsbilder, so sprechen wir heute vom „Redaktroniker".

Während Medienarbeitsplätze heute regelhaft digitalisiert sind, befinden sich die Medien selbst, also die Übertragungstechniken, noch am Beginn der Digitalisierung. Es sind neue Angebote entstanden – die Online-Zeitung, das Internet-Radio, das digitale Pay-Fernsehen – aber sie setzen sich erst langsam durch; weitaus langsamer als oft prognostiziert wurde. Diese derzeit laufende Digitalisierung des Mediensektors stellt kaum ein Thema von öffentlichem Interesse dar. Wer weiß schon, dass seit 1997 eine neue digitale Hörfunktechnik DAB in den Regelbetrieb gegangen ist? Sie soll den uns vertrauten UKW-Empfang ablösen und betrifft jeden Deutschen, denn rechnerisch stehen in jedem Haushalt mehrere Empfangsgeräte, die nach Plänen von Politik und Industrie in den nächsten Jahren ersetzt werden sollen..

Bei Medientechniken verbinden sich offensichtlich hohe persönliche Betroffenheiten mit technischen Entwicklungen, die weitgehend im Arkanbereich von Experten, zwischen entwickelnden Ingenieuren und Inhalteanbietern, Wissenschaftlern und Medienpolitikern ablaufen. Dieser Beitrag fragt nach Herkunft und Bedeutung von Medientechniken und legt dabei besondere Akzente auf deren globale Bedeutung und politische Einbindung. Mit dem Akzent auf Politik soll unterstrichen werden, dass Medientechniken immer über einen erheblichen Grad von Politisierung verfügten, dass z.B. ihre Weiterentwicklung Gegenstand staatlicher Förderung ist, neue Spezifikationen staatlicher Normung bedürfen und z.B. neue Sendeanlagen staatlich lizenziert werden. Dazu kommt, dass Medien immer zentrale Kanäle der politischen Kommunikation anbieten, an denen jeder politisch Tätige ein elementares (Überlebens-)Interesse haben muss. Hier wird versucht, die Besonderheiten des Politikfeldes Medientechnik herauszuarbeiten, wobei neben allgemeiner Analyse auch Beispiele aus der Arbeit des deutschen Auslandssenders Deutsche Welle (DW) einbezogen werden, weil damit die globale Dimension und die Nähe von Politik und Medientechnik gut beleuchtet werden können.

2. Techniken in der globalen Kommunikation

Nachdem 1837 mit dem Morse-Telegraphen eine erste Form der elektrischen Kommunikation entwickelt worden war, forderte es nur mehr wenige Jahrzehnte, bis globale Nachrichtenwege erschlossen werden konnten. Das erste transatlantische Kabel für Telegraphie wurde 1866 in Betrieb genommen. Bereits 1857 stellte der Professor für Kameralwissenschaften Karl Knies in einer (für die Epoche) faszinierenden Arbeit über „Nachrichtenverkehr" den Konnex zwischen Kommunikationsbedürfnissen der Menschen und deren Umsetzung in Kommunikationstechniken her. Zur globalen Kommunikation stellt er fest: „Erst wenn die räumlich getrennt lebenden Menschen ein persönliches Interesse aneinander haben oder gewinnen, wird der Nachrichtenverkehr zwischen ihnen rege werden können." Als mächtige Steigerungsquelle des Nachrichtenverkehrs nannte er die Auswanderung (Knies 1857: 56). Dieser Trend war bereits vorgegeben, als Ende des 19. Jahrhunderts neue Entdeckungen rund um das elektromagnetische Sendespektrum vermuten ließen, dass auch drahtlose Kommunikation möglich ist und einen Markt finden würde.

Mit den Techniken des drahtlosen Funkens gelang es ab etwa 1900, große Teile des Globus mit Signalen zu überstrahlen und bei Vorhalten entsprechender Techniken den Empfang zu ermöglichen (Hugill 1999). Besonders die Deutschen investierten in diese neue Kommunikationstechnik, da sie Unabhängigkeit von den britisch dominierten Unterwasserkabeln versprach. So leisten sie dem Menschen „zweifellos außerordentliche Dienste bei seinem Streben nach möglichst geschwinder Überwindung des Raumes" schreibt der zeitgenössische Beobachter Artur Fürst und fügt hinzu, die neuentwickelten Apparate „verschlucken nahezu restlos Entfernungen von vielen tausend Kilometern" (Fürst 1923: 229) Die frühe Geschichte des Funkens stellt sich retrospektiv wie ein zivilisatorischer Suchprozeß dar: Die Anfänge sind von aufwendigen Sende- und Empfangsanlagen bei komplizierten Übertragungsverfahren (anfangs „drahtlose Telegraphie" genannt) geprägt. Dabei mußten erst umfangreiche Erfahrungen gesammelt werden, was die spezifischen Reichweiten der verschiedenen Wellenlängen anbetraf. Das Sendespektrum wurde ausgehend von den leicht beherrschbaren niedrigen Frequenzen (Langwelle) erschlossen, darauf wurden höhere Frequenzen eingesetzt (Mittel- und Kurzwelle). Bereits die Langwelle verfügte bei entsprechend hohem Energieeinsatz über kontinentale Reichweiten (die Skalen früher Radioempfänger zeugen noch davon), allerdings bot dieses Sendeband nur geringen Raum und erwies sich bald als überfüllt.

Der Betrieb der ersten Sender vor dem Ersten Weltkrieg erforderte Aufwand von industrieller Dimension, weshalb nur große und kapitalstarke Akteure hier einsteigen konnten. In Europa war dies regelhaft der Staat, in Deutschland wurde die Reichspost zur treibenden Kraft (zur Rolle des Staates dabei: Flichy 1994). Bereits 1906 wurde die ‚Großfunkstelle für drahtlose Telegraphie' in Nauen, nordwestlich von Berlin, in Betrieb genommen. Ende der 20er Jahre wurde sie zum „Weltfunkzentrum" Nauen, wo sog. Maschinenfunksender, untergebracht in einer großen Industriehalle, von Deutschland aus in alle Welt funkten. Ab 1933 kam von hier die Nazi-Propaganda, seit den 50er Jahren warb die DDR für Anerkennung, heute arbeitet hier wieder die Telekom, u.a. im Auftrag des deutschen Auslandrundfunks (Meyer 2000). So viel zur Kontinuität, was die technische Seite anbetrifft.

Bereits vor dem Ersten Weltkrieg experimentierten vor allem Radioamateure mit immer kürzeren Wellenlängen, wozu sie sich oft gezwungen sahen, weil sie von den lukrativen längeren (d.h. niedrigeren) Frequenzen erdrängt wurden. Dabei entdeckten sie, dass die Kurzwellenbänder erlauben, mit geringem Aufwand an Technik und Energie in globalem Umfang Signale auszutauschen. Zudem waren die Bänder im Kurzwellenbereich ungemein aufnahmefähig. Was diese spielerisch-experimentelle Erschließung der Funktechnik anbetraf, so bestand in Deutschland eine Ausnahmesituation. Währenddessen in den USA und liberalen westeuropäischen Staaten private Enthusiasten immer schon selbstgebastelte Funkanlagen betreiben durften, blieb dies in Deutschland streng verboten; Zuwiderhandelnde wurden von der politischen Polizei verfolgt (legalisiert wurden Hobbyfunker in Deutschland erst 1949) – ein gutes Beispiel für die obrigkeitsstaatliche Angst vor den eigenen Bürgern. Aus dieser Szene von Amateuren entwickelte sich nach dem Zweiten Weltkrieg zuerst in den USA eine Szene von Community Radios, also nicht-kommerziellen Hörfunkstationen, die von Trägervereinen, Radioclubs oder Bildungseinrichtungen aufgebaut wurden. Diese experimentierfreudige Szene von „Do- It-Yourself"-Technologie-Fans innerhalb und außerhalb des Universitätssystems war es auch, in der später mit den neuen digitalen Netzen „gespielt" wurde, bis daraus – durchaus ihrer Logik entsprechend – das Internet in seiner dezentralvernetzten Form entstehen konnte. Dies ist ein gutes Beispiel dafür, wie „bottom up", aus der Gesellschaft heraus und ganz ohne staatliche Technologiepolitik, ständige Innovationen produziert werden können (Patton 1992).

3. Medienpolitik und Medientechnik in Deutschland

In der Entwicklung von Medientechniken – alten wie neuen – spielten staatliche und öffentliche Akteure eine erhebliche Rolle und werden dies auch weiterhin tun. Das hat mehrere Gründe und liegt allein schon daran, dass Medien als Transporteure politischer Kommunikation immer unter dem Druck der Politik stehen werden, die sie für sich zu funktionalisieren sucht. In der Frühzeit von Hörfunk und Fernsehen führte dies – zumindest in Europa – dazu, dass ihre technische wie programmliche Struktur in das Korsett staatlicher oder zumindest öffentlicher Unternehmen eingepaßt wurde; frühe Akteure waren dabei z.B. die Postadministrationen (wie im frühen Deutschland), staatliche Propagandaorgane (wie im Nationalsozialismus) oder unabhängige öffentliche Organisationen (wie die BBC oder die öffentlich-rechtlichen Anstalten in Deutschland heute). Diese Akteure haben in Kooperation mit Unternehmen der elektrischen, später elektronischen Industrie die zentralen Parameter der technologischen Entwicklung festgelegt, z.B. haben die Radiogerätehersteller mit den Nazis bei der Entwicklung des Volksempfängers kooperiert. Im Nachkriegsdeutschland waren es vor allem die öffentlich-rechtlichen Rundfunkanstalten (mit Einrichtungen wie dem von ihnen getragenen Institut für Rundfunktechnik, München) und die Post/Telekom, die als zentrale Richtungsgeber fungierten. Die gegenwärtig genutzte Fernsehtechnik (625 Zeilen) geht z.B. auf aus Deutschland angestoßene, darauf europäisch beschlossene Normentscheidungen der späten 40er Jahre zurück, später kamen evolutionäre Verbesserungen dazu, darunter Farb-TV, Videotext, Stereo-Sound etc. Erst seit den 70er Jahren treten staatliche Technologieförderung und eigenständige Einführungsstrategien großer Elektronik- und Medienunternehmen neben diese nach wie vor einflussreichen Akteure, ohne dass dadurch staatlicher Einfluss geschwunden wäre.

Fast unbemerkt von der Öffentlichkeit ist der Staat seit den 70er Jahren in Deutschland (und ähnlich in der EU) zu einem technologiepolitischen Akteur geworden, der mit massiver Förderung bestimmter Medientechniken steuernd auf die weitere Entwicklung einzuwirken suchte. In jener Epoche entdeckte man die Medienpolitik als Handlungsfeld; Fragen der damals Neuen Medien Satellit und Kabel waren zwischen den Parteien heiß umstritten, die seinerzeit regierende SPD befürwortete einen kontrollierten Technik-Einstieg mit der Finanzierung eines nationalen Satellitensystems TV-Sat, dass angesichts seiner niedrigen Transponderzahl (jeder Transponder überträgt ein TV-Programm) dem öffentlich-rechtlichen Systems keinen ernsthaften Schaden zufügen konnte (als Ende der 80er Jahre der erste Satellit von der Telekom in den Orbit geschossen wurde, war das System bereits veraltet und wurde darauf vom kommerziellen Angebot Astra verdrängt). Die oppositionelle CDU setzte auf Verkabelung, um in den Koaxialnetzen kommerziellen Interessenten (vor allem die Werbewirtschaft und die Verleger) den Aufbau eines dualen Rundfunksystems zu ermöglichen. Sofort nach Übernahme der Regierungsgeschäfte 1982 begann sie eine umfassende Verkabelung der Republik.

In den 80er Jahren wurden mehrere große Prestige-Projekte im Bereich von Medientechniken aufgelegt. Bei dem bisher größten ging es (bei mindestens 1 Mrd. ECU Fördermitteln) ab 1986 um die Einführung eines hochauflösenden Fernsehens (HDTV) in Europa. Die Weltpremiere sollte es bei den Olympischen Spielen 1992 in Barcelona erfahren. In diesem Fall kam die politische Unterstützung der EG vor allem von Firmen der Unterhaltungselektronik in Frankreich und den Niederlanden, Hauptkritiker blieb Großbritannien, das schließlich 1992 auch das Ende durchsetzte. Das Vorhaben erwies sich als Fehlschlag, HDTV war nach diesem Fiasko als Thema der Technikentwicklung verschwunden und ist es bis heute. Inzwischen wurde digitales HDTV in den USA eingeführt.

Parallel begann ein vor allem aus Deutschland vorangetriebenes Projekt der Digitalisierung des Hörfunks durch Digital Audio Broadcasting (DAB), eine Technik, deren Entwicklung inzwischen im wesentlichen abgeschlossen ist. Regional gesehen wurde die Förderung von DAB vor allem aus dem Süden Deutschlands betrieben, in dem sich der Schwerpunkt der Unterhaltungselektronik befindet, das erste Pilotprojekt startete 1995 in Bayern. DAB war nicht nur Gegenstand von Technologieförderung der EU, der Bundesrepublik und mehrerer Bundesländer, rundfunkstaatsvertraglich wurde auch festgelegt, dass Mittel aus dem Gebührenaufkommen zweckgebunden für ein DAB-Sendenetz einzusetzen sind. Die Entwicklung von DAB war nie zwischen den Parteien und Bundesländern unumstritten, der „politische Norden" der Republik hielt sich lange Zeit fern und setzt inzwischen auf die neuere Konkurrenztechnik Digital Video Broadcasting (DVB-T), zu der derzeit in Niedersachsen und den Nachbarländern ein Pilotprojekt stattfindet, an dem auch die Automobilwirtschaft großes Interesse zeigt. In diesem Fall steht eine Konkurrenz der Standorte im Vordergrund, die sich über die jeweils dominierenden Parteikräfte vermittelt; der Ausgang bleibt ungewiss – allerdings trifft DAB auf geringe Nachfrage.

Digitalisierung wird zu Recht als epochaler Prozess gesehen, irgendwann wird alle technische Kommunikation in digitalen Codes und nicht wie derzeit in analogen Signalen ablaufen. Dennoch wäre es falsch, auf technik-deterministische Prozesse zu setzen. Die Digitalisierung wird sich nur durchsetzen können, wenn sie den Endverbraucher von ihrer überlegenen Leistung überzeugt. Viele der bisher vorgeschlagenen und erfolglosen Technik-Varianten setzten auf Technikbrüche, auf eine Total-Digitalisierung ohne Übergangs- und Gewöhnungsprozesse für den Verbraucher. In diese Richtung weist auch die Zusage der (alten und neuen) Bundesregierung an die Industrie, spätestens im Jahr 2010 alle analogen Übertragungswege ersatzlos abzuschalten. Gegen derartig abrupte Einführungsstrategien spricht die Erfahrung, dass bisher erfolgreiche Innovationen aus der Perspektive der Nutzer evolutionär wirkten, also gleitend die alte Technik durch neue mit besseren Leistungsmerkmalen ersetzt wurden, ohne dass sich jemand überwältigt oder bedroht fühlen musste. Wird es im Jahre 2010 tatsächlich eine Regierung wagen, Millionen von Haushalten die Rundfunkversorgung abzuschneiden?

An diesem Punkt kommen wir zu einer weiteren Besonderheit der Medientechnik, nämlich dass ihr Erfolg nicht durch Großabnehmer (wie etwa bei Kraftwerken) garantiert wird, sondern dass die letzte Entscheidung beim Endverbraucher, dem Zuschauer oder Hörer liegt. Am Markt sind in den letzten zwei Jahrzehnten eine ganze Reihe hochrangig angelegter und staatlich beförderter Techniken (mehr oder minder) gescheitert, darunter der Bildschirmtext (Btx), das hochauflösende Fernsehen (HDTV) und das digitale Satellitenradio (DSR). Deren Misserfolg basierte nicht darauf, dass die angebotenen Techniklösungen an sich unzureichend waren, sie erbrachten aber für den Konsumenten offensichtlich keinen ausreichenden Zusatznutzen, der den Kauf gerechtfertigt hätte. Medientechniken haben viel mit Lifestyle, mit Moden und Statussymbolen zu tun. Die Erfolgsstory ‚Walkman' traf z.B. den Entwickler Sony völlig unerwartet, obwohl hier nur bekannte technische Komponenten unkonventionell kombiniert worden waren. Das Audio-Angebot des Walkman traf offensichtlich auf Nischen im Tagesablauf, die bisher ohne mediale Versorgung geblieben waren, zudem löste das kleine Gerät eine Welle modischer Selbstdarstellung aus (die inzwischen wie alle Moden verklungen ist). Diese vielfältigen Unwägbarkeiten veranlassen die Industrie immer wieder dazu, die Politik in „ihr Boot" ziehen zu wollen, umgekehrt bewegen sich Politiker gern in der glamourösen Umgebung von Größen des Medien-Business (etwa auf der zweijährig veranstalteten Funkausstellung in Berlin oder den Medien-Foren mehrerer Bundesländer). So treffen sich beide Seiten in einer fragwürdigen Mitte, bei der sie Gemeinsamkeiten oft in der Schein-Neutralität von Techniken beschwören, für deren Erfolg sich beide Seiten einsetzen. Weder der eigentliche Nutzer noch der Markt haben dabei wirklich eine Chance auf gleichberechtigte Beteiligung.

4. Anfänge des Auslandrundfunks

Auslandsrundfunk entwickelte sich den physikalischen Gegebenheiten entsprechend in den beiden Sendebereichen Lang- und vor allem Kurzwelle, heute dominiert die Kurzwelle. In seiner Frühzeit diente er unmittelbar staatlichen Zielen (Militär, Diplomatie, Kolonialverwaltung), außerdem großen wirtschaftlichen Interessenten, für private Kommunikationsinteressenten blieb er dagegen prohibitiv teuer (Köhler 1988). Wenige Jahre nach dem Start des Hörfunks (in Deutschland 1923) ging als Erster Radio Moskau mit international ausgestrahlter Propaganda auf Sendung (1927), der deutsche Auslandsfunk startete von Nauen aus nur wenig später.

In Abwehr von Funkpropaganda aus der DDR begann auch Westdeutschland in den 50er Jahren mit Auslandssendungen. Die Frage, wer diese an das Ausland gerichteten Radioprogramme produzieren und ausstrahlen dürfe, löste anhaltende und schwere Kompetenzstreitigkeiten zwischen Bund und Ländern aus, die unmittelbar in den Sog des sog. Adenauer-Fernsehens gerieten. Schließlich wurde 1960/61 der gesamte Funkbereich in Westdeutschland neu geregelt, wobei der Auslandsrundfunk 1960 zwei für diesen Zweck neu begründeten Bundesanstalten übertragen wurde: Die Deutsche Welle (DW) erhielt einen weltweitem Sendeauftrag per Kurzwelle, während der Deutschlandfunk einen Auftrag für innerdeutsche Sendungen (d.h. Richtung DDR) und für Europa per Langwelle (d.h. soweit die Langwellenfrequenzen reichten) übernahm. Diese Zweiteilung, in ihrer Art einmalig auf der Welt, folgte allein technischen Parametern, paßte aber zugleich medienpolitisch in die Landschaft. Seinerzeit akzeptierten die Bundesländer, dass sie nur für die Binnenversorgung der Bundesrepublik zuständig sind (und gründeten per Staatsvertrag das ZDF), allerdings forderten sie Mandate im Rundfunkrat der neu begründeten Bundesanstalten, die vom Bundesrat besetzt werden (Witte 1999: 1106ff.). Während der Deutschlandfunk nach dem Vereinigungsprozeß im Deutschland Radio aufging, übernahm die DW die Frequenzen des DDR-Auslandsanbieters RBI und begann anfangs der 90er Jahre mit Fernseh-Sendungen. Heute ist die DW der einzige deutsche Anbieter von Programmen an das Ausland mit Hörfunk-Angeboten in deutsch und weiteren dreißig Fremdsprachen auf Kurzwelle (DW-radio), mit einem globalen Fernsehprogramm via Satellit (DW-tv) und mit einer starken Internet-Präsenz (DW-online) (Kuhl 1998).

5. Die Medientechniken der globalen Kommunikation: Satelliten und Internet

Der hier immer wieder betonte Schulterschluss zwischen Medien und Politik kann an einer Episode des Kalten Krieges gut illustriert werden. Es ging dabei um die Einführung des Farbfernsehens in den 60er Jahren. Deutsche Ingenieure hatten in Zusammenarbeit mit dem öffentlich-rechtlichen Fernsehsektor das System PAL entwickelt (1967 vom Politiker Willy Brandt auf der Funkausstellung Berlin symbolisch eingeschaltet), die Franzosen die konkurrierende Spezifikation SECAM. Während die zuständige Konferenz der internationalen Fernmeldeverwaltungen (CCIR) das deutsche Angebot präferierte, schuf die französische Regierung Fakten und überzeugte die sowjetische Regierung (und damit den gesamten COMECON) von SECAM, u.a. unterstützt mit dem Versprechen, eine Fabrik für Farbbildröhren in der UdSSR zu errichten. Der Westen ohne Frankreich übernahm PAL, der Osten (inkl. DDR) SECAM, womit entstand, was der Technikwissenschaftler Helmut Schönfelder wie folgt kommentierte: „Damit war die Farbfernsehentscheidung ein Opfer der Ost-West-Spaltung und von reinen Wirtschaftsinteressen geworden" (Schönfelder 1996: 47).

Einen neuen Impuls erhielt die Expansion globalen Sendens durch Kommunikationssatelliten, die das Signal entweder in große Antennen einstrahlen (meist Kopfstationen von Kabelnetzen) oder direkt in kleine Antennen beim Empfänger einspeisen (Fortner 1993). Die DW setzt z.B. insgesamt acht Satelliten-Transponder ein, deren Footprints sich überschneiden, so dass praktisch alle bewohnten Teile der Welt mindestens einmal mit dem TV-Programm versorgt werden kann. Auch Radioprogramme werden inzwischen qua Unterträger über Satellit global ausgestrahlt, allerdings hat sich der Satellitenempfang bisher nicht durchgesetzt. Satelliten zeichnen sich durch spezifische Eigenheiten aus. Dazu zählt ihr riesiger Senderadius; drei sorgfältig plazierte Satelliten reichen aus, um den größten Teil der Welt zu bestrahlen. Satelliten, die im Rundfunkbereich eingesetzt werden, strahlen immer nur in eine Richtung, Interaktion (per Rückkanal) ist nicht möglich. (Das ist bei Telekommunikationssatelliten anders, erinnert sei an das Satellitentelefon oder das Iridium-Netzwerk; interaktive Rundfunksatelliten befinden sich in der Entwicklung.) Satelliten sind höchstkomplexe Großtechnologien, die ideal mit zentralistischen Großorganisationen korrespondieren, weil das Aufsenden des Signals (Uplink) und die Abstrahlung vom Trabanten (Downlink) problemlos kontrolliert werden können, regionale und kleinräumige Lösungen sind dagegen technisch nur schwer abzubilden. Politisch gesehen waren Satelliten immer Technologien des Ausstrahlens über die vom Kalten Krieg gezogenen Grenzen hinweg und der DDR-Dissident Rudolf Bahro hatte bereits 1978 prognostiziert, dass die Technologie des Satelliten sehr wohl die anachronistische Isolierung der Sowjetunion von den Bildern der Welt beenden könne (was sich als tendenziell richtig erwies: Mattelart 1994: 168f.).

Inzwischen wird auch der digitale Transport von TV-Programmen technisch beherrscht und über Europa stehen bereits Transponder-Kapazitäten für weit mehr als Tausend Programme zur Verfügung. Die Decodierung des digitalen TV-Signals erfordert eine sog. Set-Top-Box, die vor allem dafür eingesetzt wird, Bezahlfernsehen anzubieten (wobei die Box eine doppelte Decodierung übernimmt, die des digitalen in ein analoges Signal und die Entschlüsselung des Bildes für den zahlenden Kunden, in Deutschland nutzt diese Technik Kirchs Unternehmen Premiere World). Die europäischen Anbieter von digitalen Programmpaketen setzten bisher Boxen mit einer proprietären Architektur ein, die ihnen Kontrolle des gesamten Datenstroms bzw. Programmangebots ermöglicht (wie Kirchs d-box). Akteure in der Geräte- und Programmindustrie, die sich von diesen technisch hergestellten Monopolstrukturen diskriminiert fühlen, entwickeln in Europa derzeit eine offene Architektur unter der Bezeichnung Multimedia Home Platform (MHP), die jedem Anbieter gleiche Möglichkeiten des Zugangs einräumen soll. Bereits heute gibt es in Europa „freies" digitales TV, für das eine offen konzipierte Set-Top-Box eingesetzt wird, die z.B. in Europa den Empfang von weit mehr als einhundert TV-Programmen ermöglicht.

Satelliten stellen in diesen Tagen die zentrale Technik zur Verteilung von TV-Programmen dar. Ihre großtechnische Struktur ist Folge und Voraussetzung für die Nutzung durch Großunternehmen der Kommunikationsindustrie, führende Akteure in der Welt sind z.B. CNN (Time-Warner) MTV (Viacom) etc, in Deutschland die Deutsche Telekom (Anteile an den beiden Satellitenbetreibern Astra und Eutelsat) sowie Leo Kirch (Premiere World). Dem steht entgegen, dass die Märkte und die Präferenzen der Nutzer sich zunehmend gegen eine global vereinheitlichte Populärkultur, gegen eine „McDonaldisierung" der Medien zu wehren scheinen (Barber 1996). Neuere Tendenzen weisen in Richtung einer „Glokalisierung" (Robertson 1998), was eine Verbindung globaler und „lokaler" (d.h. in diesem Kontext: groß-regionaler) Elemente beschreibt, wie sie etwa der Weltanbieter von Musikclip-Kanälen MTV praktiziert, der sich seit einigen Jahren in Sprache und Musikstilen auf kulturelle Regionalismen einstellt – freilich weiter auf der Basis von Satellitenaustrahlung.

Einer ganz anderen technischen Logik folgt das Internet, das Netz von Netzen, in dem auf der Grundlage bestimmter Protokolle multimediale Inhalte ohne Verlust von Zeit und Raum global verbreitet werden können. Bekanntlich ist es keine Schwierigkeit, Texte, Bilder oder Töne zu übermitteln, während deren Kombination in Form z.B. eines multimedialen TV-Programms die Kapazitäten der Netze noch überfordert. Inzwischen ist es üblich, dass Radioprogramme des Auslandsrundfunks per *Streaming*-Technik auch über Internet verbreitet werden; mit TV-Programmen ist dies gleichfalls möglich, das Ergebnis aber noch unbefriedigend. Das Internet vermag aber nicht nur vorhandene massenmediale Angebotsformen zu übernehmen, seine Leistungen gehen deutlich darüber hinaus. Es erlaubt, Produkte aus der Redaktionsarbeit 1 : 1 zu übernehmen (Sendemanuskripte) oder auch spezifische Netzinhalte anzubieten. In jedem Fall sind die Angebote interaktiv, der Nutzer kann sich selbst artikulieren. Suchfunktionen sind ebenso einbaubar wie der Zugriff zu Datenbanken und das Abonnieren von Angeboten via Email. Das Internet schafft aber, mehr noch als herkömmliche Medientechniken, Probleme des Zugangs, reißt eine neue Kluft auf in Form einer globalen „Digital Divide". Die Möglichkeit der Internet-Nutzung in den armen „Süd"-Regionen der Welt bleibt in absehbarer Zeit auf Minderheiten beschränkt. In Afrika fällt derzeit auf 500 Einwohner ein Internet-Platz (Kleinsteuber/Thomaß 1999).

6. Zur politischen Codierung von Technik

Die deutsche Rundfunkpolitik lebt bekanntlich von Proporzstrukturen: Die beiden großen politischen Parteien haben sich in den von ihren Landesparlamenten verabschiedeten Landesrundfunkgesetzen eine wesentliche direkte und indirekte (d.h. über mit ihnen verbundene sozial relevante Gruppen) Präsenz in den Gremien des öffentlich-rechtlichen Rundfunks gesichert. Im Regelfall trägt der Intendant einer Landesrundfunkanstalt dieselbe parteipolitische „Farbe" wie sein Ministerpräsident, verfügt er über einen Stellvertreter, kommt der zumeist aus der Opposition. Längst hat sich dieses Proporzprinzip auch in den privat-kommerziellen Bereich übertragen, bei dem sich zwei „Senderfamilien" der politischen Geographie zuordnen lassen, die konservativ tendierende Kirch-Gruppe operiert aus dem CSU-regierten Bayern, der eher plural gestimmte Bertelsmann-Konzern aus dem traditionell SPD-dominierten Nordrhein-Westfalen.

Rundfunk ist in Deutschland mit Ausnahme des Auslandsfunks Ländersache. Deshalb zählt die Bundesanstalt DW zu den ganz wenigen Orten, an dem Bundespolitiker sich in Medienpolitik tummeln können. Das wird dadurch unterstützt, dass die DW über einen vergleichsweise hohen Anteil an Vertretern der Bundesregierung, des Bundestages und des Bundesrats verfügt, was von Juristen als zu große Staatsnähe gerügt wurde (Frank 1998). Traditionell sitzen einige hohe Politiker in den Gremien, im Jahre 2000 eine Ministerin, einige Staatssekretäre, stellvertretende Fraktionsvorsitzende etc.

Die DW erweist sich angesichts ihrer Entstehungsgeschichte und politischer Begehrlichkeiten als eine in erheblichem Umfang politisch durchdrungene Institution (Witte 1999). Die Bundesrundfunkanstalt wird seit 1989 von einem Intendanten geleitet, der zuvor der Chef-Medienpolitiker der CDU/CSU-Fraktion im Bundestag war. Sein Vorgänger aus sozial-liberaler Regierungszeit war ein hoher SPD-Politiker und früherer regierender Bürgermeister von Berlin. Der Vorsitz des Rundfunkrats liegt traditionell in Händen einer Person aus dem Umfeld der Opposition, derzeit also noch der SPD, was sich angesichts der veränderten Mehrheitsverhältnisse in Berlin bald ändern könnte. Dieser schwarz-rote Proporz folgt einer ungeschriebenen, aber seit langem eingehaltenen Regel (Witte 1999: 1113). Als solcher setzt er sich zumindest in Teilen der Spitze des Hauses fort. Das Fernsehen DW-tv entstand aus dem ehemaligen RIAS-TV, einem Ziehkind der Kohl-Regierung und wird als CDU-nah perzipiert, umgekehrt gilt das deutschsprachige Radioprogramm als eher der SPD zugeneigt (das fremdsprachliche Angebot ist zu heterogen, um es hier einordnen zu können). Diese Zweiteilung setzt sich auch räumlich fort, in Nachfolge von RIAS-TV befindet sich DW-tv heute an dem (neuen) Standort Berlin, während der Hörfunk am (alten) Hauptsitz in Köln angesiedelt ist (bzw. 2001 nach Bonn umzieht). In der Konsequenz gilt, dass eine medientechnische und medienpolitische Zweiteilung nun auch räumlich abgebildet wird.

In dieses mehrfache und prekäre Gleichgewicht zwischen zwei Polen tritt das Internet als eine in jeder Hinsicht unwägbare Größe. Als drittes Medium (so wird es als DW-online interpretiert) fügt es sich nicht in die binäre Zuordnung, erweist sich als sperrig. Andererseits musste die global tätige DW in das globale Internet eintreten, sie tat dies früh (1994), und setzt es vor allem als dritten Vertriebsweg für Programminhalte ein. Aber dies geschah unterhalb einer politischen Reizschwelle, der Rundfunkrat etwa, der die geschilderte Binarität in Form zweier Ausschüsse für Hörfunk und Fernsehen abbildet, interessierte sich lange Zeit wenig für das dritte Medium. Es entstand in einer Grauzone wohlwollenden Ignorierens. Heute kann sich das Angebot von DW-online sehen lassen. Im Vergleich der von öffentlich-rechtlichen Anstalten angebotenen Web-Sites sieht DW-online mit etwa 719.000 Visits (3/2000) nicht schlecht aus, nur das ZDF zeigt ein deutlich besseres Ergebnis (Kress-Report v. 14.4.2000).

Auslandsanbieter sind wie die DW in den letzten Jahren massiv in das Internet gegangen. Im Jahre 2000 ist ein umfassender Relaunch des Internet-Auftritts geplant, eine eigenständige Online-Redaktion soll eingerichtet werden, welche die Beiträge aus den Bereichen Hörfunk und Fernsehen Netz-gerecht aufbereitet und um eigene Beiträge ergänzt. Was naheliegend klingt, ist im Bereich des Auslandsrundfunks eher ungewöhnlich. Andere Auslandsanbieter, z.B. der BBC World Service, gliedern ihre Redaktionen nach Regionen und/oder Themen, die dann unterschiedliche Medien gleichzeitig bedienen. So legt es die konvergierende, „versöhnende" Logik des Internets auch nahe. Angesichts der spezifischen Rahmenbedingungen der DW entsteht dagegen eine noch weiter fragmentierte Struktur – die immerhin die Chance bietet, dass der Aufbau ohne politische Nähen erfolgen kann.

Dazu kommt, dass Internet-Angebote bisher und nach den Plänen für die nächsten Jahre zwar massiv ausgebaut werden sollen, freilich ganz in der Logik der Ausstrahlung von Programmen, wie sie für den vor-digitalen Auslandsrundfunk typisch war. Auch in Zukunft soll ein positives Bild Deutschlands in die Welt getragen und nicht ein Dialog auf Gegenseitigkeit geführt werden. So ist folgerichtig, dass das Haus DW führend daran beteiligt ist, mit der neuen Technik Radio Digital Mondiale (RDM) die bisherigen AM-Frequenzen (Kurz-, Mittel- und Langwelle) zu digitalisieren; der Einstieg in das digitale Satelliten-TV hat längst begonnen. Damit wird die bisherige „ausstrahlende" Logik auch in das digitale Zeitalter hinein weiterverfolgt. Eine technische Dialogisierung des Leistungsangebots würde dagegen vertraute Strukturen gefährden, die klaren Grenzen zwischen Radio und Fernsehen verwischen, die dafür notwendige Neustrukturierung ließe sich wohl kaum bipolar abbilden.

Diese Kategorisierung gilt ausschließlich für den Zusammenhang von Technik und Politik. Hier wird nicht behauptet, dass sich Parteineigungen z.B. im Programm nachweisen ließen, im Gegenteil, das inhaltliche Angebot der DW gilt als professionell erstellt und qualitätsvoll. Eher geht es um das Einordnen in vertraute Muster, wie sie auch sonst in der deutschen Medienpolitik üblich sind, wir treffen auf aus der allgemeinen Medienpolitik überschwappende Denkgewohnheiten, die ihre Spuren bis in die Medientechnik hinein hinterlassen.

7. Das globale Internet und der Dialog der Kulturen

Der Reiz des Internets liegt darin, dass seine Möglichkeiten weit über die bisherige „ausstrahlende" Logik des Rundfunks hinausreichen. Es ist das Universal-Medium einer neuen Epoche, in der Globalisierung, Digitalisierung, Konvergenz von Technik und Programm und Interaktion für gänzlich neue Rahmenbedingungen sorgen (Donges/Jarren/Schatz 1999). Nach dem Kalten Krieg gerieten viele der alten Auslandsender in eine Art Identitätskrise, inzwischen konzentrieren sie ihre Aktivitäten weg vom ausstrahlenden Rundfunk und hin zum dialogischen Internet. Schließlich ist das Internet seiner technischen Logik nach auf Dialog und Interaktion angelegt, es baut zwei Kommunikationsströme auf, was eine ganze Reihe von Topologien der Kommunikation zulässt, neben der herkömmlichen *one-to-many*-Konstellation ermöglicht das Internet Varianten wie *one-to-one, few-to-few* etc.

Die spezifische Entstehungsgeschichte der DW brachte es mit sich, dass sie quasi zu einer „Mini-Uno" wurde. Die Radioprogramme in den vielen Fremdsprachen werden von Mitarbeitern aus ca. 70 Staaten der Welt erstellt, allein in Köln sind knapp 500 nicht-deutsche Redakteure, Übersetzer und Sprecher tätig, etwa Hundert mögen es beim TV-Programm in Berlin sein. (Nicht-deutsch meint hier, dass sie in einer nicht-deutschen Kultur sozialisiert wurden.) Dazu kommen freie Mitarbeiter, deren Zahl in die Tausende geht. Es gibt – Universitäten und Forschungsinstitute eingeschlossen – wohl keine andere Einrichtung im staatlich-öffentlichen Sektor Deutschlands, die eine vergleichbare Ballung von Weltwissen, von multikultureller Expertise in den Köpfen der dort arbeitenden Menschen repräsentiert.

Im April 1999 wurde die „Berliner Erklärung über den interkulturellen Dialog" auf einer Konferenz abgegeben, die sich auf Initiative des damaligen Bundespräsidenten Roman Herzog im Schloß Bellevue versammelt hatte. In der Präambel heißt es: „In der Überzeugung, dass der Kontakt zwischen unterschiedlichen Kulturen genauso zum Grundmerkmal moderner Gesellschaften weltweit geworden ist wie die Verflechtung der Nationen; mit dem Ziel, eine Strategie des interkulturellen Dialogs zu erreichen, die Bildung, Wissenschaft, Kommunikation und die Künste ebenso wie Politik, Wirtschaft und andere für die Zukunft der Gesellschaften wichtige Bereiche umfaßt ... empfehlen wir, die interkulturelle Zusammenarbeit zwischen diesen Ländern ... zu intensivieren" (Bundespräsidialamt 1999). Vergleichbare Passagen finden sich in der Koalitionsvereinbarung der derzeitigen Bundesregierung und in einem Bericht der Bundesregierung zur auswärtigen Kulturpolitik (Bundesregierung 1999), zudem rief die UNESCO das Jahr 2001 zum Internationalen Jahr für den Dialog der Kulturen aus. Legen wir dieses Leitbild zugrunde, so erkennen wir, dass es unmittelbar mit der dialogischen Struktur des Internets korrespondiert: Die DW, würde sie sich konsequent zum Internet und seinen interaktiven Möglichkeiten bekennen, könnte ihre Mitarbeiter wie Navigatoren einsetzen, die uns andere Weltregionen erschließen und mehr Verständnis für fremde Kulturen generieren.

Für den Autor dieser Zeilen gilt, dass ein neues Leitbild Dialog der Kulturen in der auswärtigen Kulturpolitik dem Internet wie auf den Leib geschneidert scheint, gleichwohl wird es auf hinhaltenden Widerstand treffen, weil die Logik des Auslandsrundfunks weiterhin dominant bleibt. Das Internet wird in politischer Rhetorik von der Informationsgesellschaft zwar vielfach beschworen, tatsächlich werden seine Möglichkeiten noch kaum erkannt, schon gar nicht für den Politikbereich der internationalen Beziehungen. In der Arbeitsverteilung der Berliner Ressorts liegt seine Pflege vor allem beim Ministerium für Wirtschaft und Technologie und vielleicht noch dem Ministerium für Bildung und Forschung; im Bericht der Bundesregierung zur auswärtigen Kulturpolitik (siehe oben) kommt es fast nicht vor. Wenn das Internet wahrgenommen wird, dann oft auf seine ausstrahlende Funktion reduziert, also „verkrüppelt", und nicht als Schlüsseltechnik, die längst sämtliche Politikfelder durchdringt. Jenseits der immer neuen Lippenbekenntnisse in Richtung neuer Technologien zeigt sich ein konzeptionelles und organisatorisches Beharrungsvermögen, das von den immer wieder beklagten Modernisierungshemmnissen der deutschen Politik einiges zu erklären vermag. Dabei muß auch die politische Qualität der Internet-Technik als Chance gesehen werden: Sein verstärkter Einsatz könnte dazu beitragen, die längst überholten Grabenkämpfe rund um die DW zu überwinden, das Leitbild einer kooperativen und interaktiven Vernetzung nach innen und außen eignet sich optimal, um dem Haus eine zukunftssichere Zielsetzung zu geben.

8. Fazit

Die hier vorgelegten historischen Ableitungen und aktuellen Analysen sollten unterstreichen, dass sich Medientechniken (zumindest in Deutschland und Europa) zu keinem Zeitpunkt staatsfrei entfaltet haben und dies auch derzeit nicht tun, auch wenn unsere Epoche von Privatisierung und Deregulierung geprägt ist. Zu den kollektiven Erfahrungen der wirtschaftlich interessierten Akteure zählt zwar, dass sie Formen der Selbstregulierung bevorzugen, gleichwohl bleibt der Staat als (notfalls hoheitlicher) Setzer von technischen Normen und Lizenzgeber für Sendefrequenzen unentbehrlich. In den USA blieb der Fall unvergessen, als in den Reagan-Jahren dogmatische Deregulierer den Ton angaben und die Einführung von AM-Stereo ausschließlich der Industrie überließen; die daraufhin mehrere inkompatible Systeme einführte und ein anarchisches Durcheinander auslöste (Braun 1994). Die zentrale Kommunikationsaufsichtsbehörde FCC nutzt heute ihre Autorität, um im Einvernehmen mit ihrer Klientel in transparenten Verfahren zentrale Parameter neuer Techniken festzulegen (so zuletzt für HDTV). In Deutschland (und Europa) sind vergleichbare Strukturen vielgestaltiger angelegt und konkurrieren oft im Mehrebenengefüge (etwa Landesmedienanstalten, Regulierungsbehörde, EU-Richtlinien), gleichwohl ist ihre Beteiligung unbestreitbar (etwa bei DAB und DVB-T).

Andererseits ist zu beobachten, dass staatlich koordinierender Einfluss über die Jahre nachgelassen hat, was neue Probleme schafft. Ab 1996 wurde digitales Pay-Fernsehen von führenden europäischen Medienkonzernen national eingeführt, was unerwartete Effekte auslöste: In Deutschland trieben riesige Fehlinvestitionen den Monopolisten Kirch nahezu in den Ruin, in Europa förderte es nicht die Integration, sondern führte zur räumlichen Segmentierung, weil die wenigen Akteure proprietär ihre digitalen Sendegebiete gegeneinander abgrenzten.

Am deutschen Beispiel wurde sodann erläutert, dass unter bestimmten Bedingungen auch Binnenstrukturen des politischen Systems ihre Spuren in der Entwicklung und dem Einsatz neuer Medientechniken hinterlassen. Dabei geht es oft um Standortpolitik und ein gutes Einvernehmen mit den „Herren" der Medien, die auf ihren Verteilwegen auch politische Kommunikation transportieren, was gegenüber Politikern immer als Druckmittel wirkt. Politiker haben in Deutschland oftmals versucht, auf das Innenleben von Medienproduzenten Einfluss zu nehmen, was – sicherlich meist ohne Intention – mitunter auch einen technischen Niederschlag fand. In den letzten Jahrzehnten führte diese Gemengelage wirtschaftlicher Interessen, technischer Leitbilder und politischer Nebeneffekte immer wieder zu problematischen Effekten, so scheiterten politisch beförderte Medientechniken häufig an der Sperrigkeit des Marktes. Hier liegt wohl auch der Grund dafür, dass im öffentlichen Bewusstsein Medientechniken kaum zur Kenntnis genommen werden. Welcher Politiker lässt sich schon gern daran erinnern, dass er einst Btx oder HDTV als zukunftssichere Innovation pries?

Der Preis für die gegenwärtige Situation freilich ist hoch. Trotz massiver staatlicher Förderung hat Deutschland (dasselbe gilt für Europa) über weite Strecken die einst unbestreitbare technologische Führerschaft an andere Regionen abgegeben; Online-Zeitungen, Internet-Radio und jetzt HDTV kommen aus den USA zu uns. Für das Versagen sind vor allem zwei Gründe zu nennen, die beide mit dem hohen Politisierungsgrad zu tun haben. Zum einen wird Technik vor allem „von oben" vorgedacht, in engen Zirkeln aus Wirtschaft und Politik wird technologiepolitisch ein Pfad vorgegeben, der sich an eigenen Leitbildern orientiert. Die eigentlichen Nutzer, die Millionen von Hörern und Zuschauern kommen in dem so angelegten Geneseprozess nicht vor, zumal die Prozesse völlig intransparent sind und ein kritisches Begleiten „von unten" von einer eher spielerisch handelnden Szene technisch interessierter Laien – anders als etwa in den USA – kaum stattfindet.

Zum anderen sind andere als hoheitlich angelegte Technikfindungsprozesse zu wenig entwickelt. Zwar sind nach der Erfahrung sinnloser Normkämpfe inzwischen Kompromissverfahren entwickelt worden, bei denen alle Interessierten aus Wirtschaft, Politik und Wissenschaft an einem „runden Tisch" verhandeln – z.B. in der TV-Plattform zur Einführung von digitalem Fernsehen –, aber weder sind die Aushandlungsprozesse öffentlich, noch können sich nicht-institutionelle Akteure daran beteiligen. Politikwissenschaftliche Modelle der Partizipation und der Mediation könnten hier gewinnbringend eingesetzt werden. Im Bereich der globalen Internet-Regulierung werden derzeit Ansätze der „global governance" erprobt, sie sind sicherlich auch für die zukünftige Entwicklung von Medientechniken im Weltmaßstab eine gute Vorgabe. Hier bietet sich eine unmittelbare Verknüpfung mit Ansätzen der Innovations- und Technikanalyse an, wie sie eingangs dargestellt wurden. Aber zu deren Gelingen darf der Bereich der Medientechniken, deren Einsatz schließlich erst die Chance öffentlicher Diskurse über Technik bietet, nicht tabuisiert und ausgeklammert werden.

Literatur

Barber, Benjamin, 1996: Coca Cola und heiliger Krieg. Wie Kapitalismus und Fundamentalismus Demokratie und Freiheit abschaffen. München.
BMBF (Bundesministerium für Bildung und Wissenschaft), 2000: BMBF-Thesenpapier zum Thema „Technologie, Kommunikation und Diskurs im medialen Zeitalter". Bonn (unveröffentlicht).
Braun, Mark J., 1994: AM Stereo and the FCC: Case Study of a Marketplace Shibboleth. Norwood NJ.
Bundespräsidialamt, 1999: Dialog der Kulturen. Zur Zukunft der Beziehungen zwischen westlichen und islamischen Gesellschaften. Berliner Erklärung – Agenda für zukünftiges Handeln. Berlin, 23. April (unveröffentlicht).
Bundesregierung, 1999: Bericht der Bundesregierung zur Auswärtigen Kulturpolitik 1998. Unterrichtung für den Deutschen Bundestag, Drucksache 14/1266 v. 23. Juni.
Deutsche Welle (Hrsg.), 1999: Deutsche Welle – die Rechtsnormen des deutschen Auslandsrundfunks. (DW-Schriftenreihe Bd. 1) Berlin.
Deutsche Welle (Hrsg.), 1999b: Geschäftsbericht 1998. Köln.
Donges, Patrick/Jarren, Otfried/Schatz, Heribert (Hrsg.), 1999: Globalisierung der Medien? Medienpolitik in der Informationsgesellschaft. Opladen/Wiesbaden.
Flichy, Patrice, 1994: Tele – Geschichte der modernen Kommunikation. Frankfurt a.M.
Fortner, Robert S., 1993: International Communication. History, Conflict, and Control of the Global Metropolis. Belmont CA.
Frank, Götz, 1998: Deutscher Auslandsrundfunk nach der Wiedervereinigung, in: *Siegfried Quandt/Wolfgang Gast* (Hrsg.), Deutschland im Dialog der Kulturen. Konstanz, 319–333.
Fürst, Artur, 1923: Das Weltreich der Technik. Erster Band, Frankfurt a.M.
Hugill, Peter J., 1999: Global Communications since 1844. Geopolitics and Technology. Baltimore/London.

Kleinsteuber, Hans J., 1999: Massenmedien, in: *Stephan Bröchler/Georg Simonis/Karsten Sundermann* (Hrsg.), Handbuch Technikfolgenabschätzung, Bd. 3. Berlin, 974–812.

Kleinsteuber, Hans J./Thomaß, Barbara, 1999: Der deutsche Rundfunk auf internationaler Ebene, in: *Dietrich Schwarzkopf* (Hrsg.), Rundfunk in Deutschland. Wettbewerb und Öffentlichkeit, Bd. 2. München, 1008–1072.

Knies, Karl, 1857: Der Telegraph als Verkehrsmittel: Über den Nachrichtenverkehr überhaupt. Tübingen (Reprint: München 1996).

Köhler, Bernd F., 1988: Auslandsrundfunk und Politik. Die politische Dimension eines internationalen Mediums. Berlin.

Kuhl, Harald, 1998: Internationaler Auslandsrundfunk, in: *Hans-Bredow-Institut* (Hrsg.), Internationales Handbuch für Hörfunk und Fernsehen. Baden-Baden/Hamburg, 50–67.

Maletzke, Gerhard, 1963: Psychologie der Massenkommunikation. Hamburg.

Mattelart, Armand, 1994: Mapping World Communication. War, Progress, Culture. Minneapolis.

Meyer, Jürgen, 2000: Aus Nauen in die Welt, in: LandSicht, Winter, 62–64.

Patton, Phil, 1992: Made in USA: The Secret Histories of the Things that Made America. New York.

Robertson, Roland, 1998: Glokalisierung: Homogenität und Heterogenität in Raum und Zeit, in: *Ulrich Beck* (Hrsg.), Perspektiven der Weltgesellschaft. Frankfurt a.M., 192–220.

Schönfelder, Helmut, 1996: Fernsehtechnik im Wandel. Technologische Fortschritte verändern die Medienwelt. Berlin.

Witte, Barthold C., 1999: Auslandsrundfunk: Die Deutsche Welle, in: *Dietrich Schwarzkopf* (Hrsg.), Rundfunkpolitik in Deutschland. Wettbewerb und Öffentlichkeit, Bd. 2. München, 1102–1139.

2.3 Technisierungskonflikte

Öffentliche Kommunikation als präventive Risikoerzeugung –
Politikwissenschaftlich relevante Ansätze der
Risikokommunikationsforschung und neue empirische Befunde

Frank Marcinkowski

*1. Einleitung: Zum Verständnis von Risikokommunikation
und ihrer politikwissenschaftlichen Relevanz*

Der folgende Beitrag beschäftigt sich mit der öffentlichen Kommunikation über technisch bedingte Risiken der modernen Gesellschaft und thematisiert diesen Gegenstand aus einer politikwissenschaftlichen Perspektive. Gefragt wird nämlich: Was bedeutet die Tatsache, dass über die Risiken von Technik in der Gesellschaft kommuniziert wird, für die Fähigkeit staatlicher Politik, auf die technische Entwicklung einzuwirken und ihre Folgen zu regulieren?

Eine genauere Eingrenzung des Untersuchungsbereichs muss nahe liegenderweise am Risikobegriff ansetzen. Folgt man dem basalen Konzept der Versicherungsmathematik, ist Risiko das Produkt der Eintrittswahrscheinlichkeit eines Schadens und der Schwere seiner Folgen. Von sozialwissenschaftlicher Seite wurde dagegen geltend gemacht, dass es sich bei jedem so genannten „Schaden" streng genommen um eine Schadensbewertung handelt und insoweit eine oder mehrere Wertdimensionen in die Definition einbezogen werden müssen, schon um eine genauere Bestimmung der Bedeutung des Schadens möglich zu machen. Schließlich kann über das, was als relevante Schädigung anzusehen ist, kein naturwüchsiger Konsens unterstellt werden (vgl. im Überblick Krohn/Krücken 1993). Damit sind die drei Komponenten des Risikobegriffs genannt, die sich bis heute in allen Bestimmungsversuchen wiederfinden lassen: ein Schaden, seine Eintrittswahrscheinlichkeit und seine gesellschaftliche Relevanz (Wiedemann 1999: 11).

Eine politikwissenschaftlich instruktive Ergänzung des Risikokonzepts stammt von Niklas Luhmann (1991), der auf die Bedeutung der Differenzierung von Risiko und Gefahr aufmerksam gemacht hat. Als solche bezeichnet Luhmann alle potenziellen Schäden, die extern zugerechnet werden, gegen die man sich nicht wehren kann, weil sie dem eigenen Einfluss entzogen sind, während der Begriff des Risikos sich gerade dadurch auszeichnet, dass Risiken intern, auf eigene Entscheidungen zugerechnet werden, deren schädigende Folgen man mit Blick auf den erwarteten Nutzen zu tragen bereit ist. Entscheidend ist dabei, dass die Risikoerzeugung bei Luhmann keine manifeste Eigenschaft des Schadens darstellt, sondern eine perspektivenabhängige Zurechnung. Mit anderen Worten, die Risiken des Entscheiders sind die Gefahren der Betroffenen.

Im Folgenden wird davon ausgegangen, dass über diese (und weitere) sozialen Komponenten des Risikos auf dem Wege der Kommunikation entschieden wird. Risikokommunikation wird insoweit nicht als Kommunikation über vorgegebene Entitäten verstanden, sondern als kommunikative Auseinandersetzung um die Existenz und (Be-)Deutung von Risiken. *Risikokommunikation* ist demnach eine Kommunikationsform, die normative Urteile über soziale Sachverhalte hervorbringt, in dem sie diese als unerwünschte Schädigung bezeichnet, Erwartungen im Hinblick auf die Wahrscheinlichkeit ihres Eintretens äußert und Schädigung und Eintrittswahrscheinlichkeit auf Entscheidungen zurechnet, womit zugleich die Verursacher von Risiken markiert werden. Ein solches Verständnis kann man auf alle möglichen Schadensquellen anwenden. Unter technikbezogener Risikokommunikation wäre folglich die Beschreibung von Technik in der Form des Risikos zu verstehen.

Theoretisch ist kein zwingender Grund dafür erkennbar, den Gegenstand schon begrifflich auf öffentliche bzw. medial verbreitete Kommunikation zu begrenzen. Im Gegenteil, gerade politisch folgenreiche Risikodeutungen werden vielfach in nicht öffentlichen Kommunikationskontexten politischer Netzwerke erzeugt und verfestigt. Wenn man allerdings den Blickwinkel ausweitet, und über den Kreis der mittelbar und unmittelbar Entscheidungsbeteiligten an der Technikpolitik auch die Betroffenen von Technikpolitik in die Analyse einbezieht, dann kann man wohl davon ausgehen, dass die Masse der Menschen eher durch öffentliche Kommunikation mit Technik und ihren Risiken in Berührung kommt als durch direkte Kommunikation. Die besondere Bedeutung öffentlicher Risikokommunikation liegt demnach in ihrer sozialen Reichweite und der damit unterstellbaren Massenwirksamkeit der von ihr hervorgebrachten Deutungen. Die folgenden Ausführungen konzentrieren sich aus forschungsökonomischen (nicht aus theoretischen) Gründen auf diese massenwirksamen Formen öffentlichkeitsbezogener Risikokommunikation.

Die politikwissenschaftliche Relevanz des Gegenstandsbereichs liegt auf der Hand. Geht es der politikwissenschaftlichen Analyse ganz allgemein um die Möglichkeiten und Grenzen politischer Steuerung der technischen Entwicklung, dann wird die technikbezogene öffentliche Risikokommunikation in dem Maße zur zentralen Umfeldbedingung staatlicher Technikpolitik, wie sie auf die Akzeptanz und Legitimation von Entscheidungsinstanzen, -inhalten und -verfahren Einfluss nimmt und genau damit Handlungsmöglichkeiten eröffnet oder aber Grenzen etabliert. Sie kann das annahmegemäß auf zwei Wegen tun. Zunächst dadurch, dass sie das Technik- und Risikoverständnis von Entscheidungsträgern prägt oder zumindest vorprägt und damit gewisse Dispositionen schafft, die auch in nicht öffentlichen Aushandlungsprozessen Spuren hinterlassen können. Inwieweit dies zutrifft, ist freilich eine empirisch vollständig ungeklärte Frage. Zweitens kann man vermuten, dass Risikokommunikation das Technik- und Risikoverständnis der Technikbetroffenen inspiriert, das unter den Bedingungen der Parteien- und Konkurrenzdemokratie von der Technikpolitik jedenfalls nicht vollständig ignoriert werden kann. Aus dem Grund wird Risikokommunikation interessant für instrumentelle Kommunikationsstrategien. Im Hinblick auf die ermöglichende Funktion von Risikokommunikation für staatliche Technikpolitik wäre insoweit zu fragen, ob, wie und mit welchem Erfolg staatliche Akteure in Prozesse öffentlicher Deliberation (Darstellung, Rechtfertigung, Verteidigung) technikpolitischer Entscheidungen, denen riskante Folgen unterstellt werden, involviert sind, um Unterstützung für die eigenen Problemsichten und Deutungen zu gewinnen. Außerdem wären staatliche Akteure in ihrer Rolle als Beobachter (Rezipient) öffentlicher Risikokommunikation zu thematisieren. Immerhin können aus der Beobachterposition Anhaltspunkte für die Zumutbarkeit und Akzeptabilität staatlicher Entscheidungen gewonnen werden, die es erlauben, deren Konfliktniveau prospektiv abzuschätzen. In ihrer begrenzenden Funktion wird Risikokommunikation für staatliche Technikpolitik immer dann relevant, wenn politische und gesellschaftliche Akteure mit alarmierenden, beunruhigenden oder mobilisierenden Deutungen von Technik die „öffentliche Meinung" zu dominieren drohen.

2. Zum Stand der Forschung und seinen Defiziten

Trotz seiner so begründeten Relevanz ist der Zusammenhang von öffentlicher Kommunikation und staatlicher Technikpolitik bisher weitgehend unterbelichtet geblieben. Das hängt an erster Stelle mit der Disziplinzugehörigkeit der beteiligten Forscher zusammen, unter denen Politikwissenschaftler eher selten zu finden sind.

Von kommunikationswissenschaftlicher Seite richtet sich das Interesse vor allem auf die „frei flottierende" (Wiedemann 1999: 4) Risikokommunikation und namentlich auf die Technikberichterstattung der publizistischen Massenmedien, die einfach in der Gesellschaft geschieht, ohne dass damit unmittelbar strategische Absichten verfolgt werden. Folgt man den in Deutschland viel zitierten Analysen, dann berichten die Medien eher über die Risiken als über die Chancen technischer Entwicklungen, Technikgegner kommen in den Medien eher zu Wort als Befürworter, die Berichterstattung ist punktuell angelegt und nicht kontinuierlich und schließlich gilt die Technikberichterstattung als übermäßig emotionalisiert und personalisiert (Kepplinger 1989; Kepplinger u.a. 1991 und über die amerikanischen Medien unübertroffen Cohen 1983). Dass solche Einzelfallanalysen verallgemeinerbar sind, wird allerdings bezweifelt (vgl. zusammenfassend Schanne/Meier 1992; vergleichbare Forschungsüberblicke bei Dunwoody/Peters 1992; Görke 1999). Das liegt schon an der Auswahl der Untersuchungsgegenstände, die zumal in der deutschsprachigen Literatur eine deutlich Schieflage aufweist. Neben der Kernenergie, die bei Schanne und Meier unter Umweltrisiken gefasst wird, ist zuvorderst die Behandlung der Bio- und Gentechnik in den Medien untersucht worden. Als unstrittig kann demgegenüber gelten, dass journalistische Risikobeobachter andere Relevanz- und Selektionskriterien anlegen als Wissenschaftler.

Die politische und politikwissenschaftliche Bedeutung, die solchen Befunden beizumessen ist, hängt nicht zuletzt von den Wirkungen ab, die ihnen zugeschrieben werden können. Drei Wirkungsfaktoren der Technikberichterstattung werden von der Forschung für wichtig erachtet. Zunächst die in der Medienberichterstattung vorfindbaren Wertungen einer Technologie. Je kritischer die Berichterstattung der Medien über eine Technik ist, desto negativer werden nach dieser Lern-Hypothese unter bestimmten Voraussetzungen die Einstellungen des Medienpublikums und umgekehrt.

Inhaltsanalytisch geht es dann vor allem darum, die „Tonalität" oder Tendenz der Berichterstattung zu beobachten (vgl. etwa Kepplinger 1989). Ein zweiter wichtiger Faktor ist eher quantitativer Natur. Nach Allan Mazur (1990) ist die Häufigkeit und der Umfang der Berichterstattung die kritische Variable und zwar auch unabhängig davon, ob die Berichterstattung inhaltlich eher technikkritischer oder technikaffirmativer Tonalität ist. In seiner *quantity of coverage*-These geht er davon aus, dass technikkritische Aussagen bei den Rezipienten immer stärkere Effekte hinterlassen als optimistische, sodass mit wachsendem Berichterstattungsumfang und -konsum der Eindruck negativer Aspekte stärker durchschlägt. Schließlich wird die relative Häufigkeit, mit der Pro- und Contra-Experten zu einer Technologie in den Medien zitiert werden als zentraler Einflussfaktor auf die Einstellungen des Publikums identifiziert. Stanley Rothman (1990) argumentiert in dem Zusammenhang, dass Laien sich mangels eigener Kompetenz zur Verarbeitung von Informationen über eine Technik an den Ansichten von Experten orientieren, über die sie aus den Medien erfahren. Solange die Rezipienten den Eindruck haben, dass es einen Konsens unter den Experten gibt, werden sie nach Ansicht Rothmans die Experteneinschätzung als eigene Meinung übernehmen. Die Frage, unter welchen speziellen Rezeptionsbedingungen solche Berichterstattungsmuster dann einstellungsverändernd oder -verstärkend wirken, ist damit freilich noch nicht aufgeklärt denn selbstverständlich vertreten auch die genannten Autoren keine simplen Stimulus-Response-Modelle. Die neueste deutschsprachige Studie zum Thema benutzt den so genannten *cognitive response approach* als Untersuchungsrahmen (Peters 1999). Danach bestimmen Vorwissen, Prädispositionen und Interessenlagen darüber, welche Informationen die Rezipienten aus technikbezogenen Medienbotschaften ableiten. Diese kognitiven Reaktionen auf Medienbotschaften sind es, die Medienwirkung erzielen. Rezipienten lernen nicht die Botschaft, sondern sie werden von Medienbotschaften zum Nachdenken über das Thema veranlasst und insoweit kann die Wirkung einer Botschaft von Rezipient zu Rezipient völlig unterschiedlich ausfallen. Diese These kann nach einer experimentellen Studie zur Medienberichterstattung über Gentechnik Studie mit 350 Probanden als vorläufig bestätigt gelten.

Die instrumentelle, absichtsvolle oder anlassbezogene Risikokommunikation, ist der zweite wichtige Zweig im Forschungsfeld, dem sich vor allem die anwendungsnahe und beratungsorientierte Risikoforschung widmet. Hierbei wird Risikokommunikation als Teil des Risikomanagements verstanden. Sie ist eine Aufgabe derer, die Technik und mithin Risiken produzieren, sie wird aber auch für staatliche Akteure zunehmend wichtig, insoweit diese über die Entwicklung und Anwendung von Technik, die Verteilung ihres erwartbaren Nutzens und Schadens und die notwendige Vorsorge gegenüber unerwünschten Technikfolgen entscheiden (Wiedemann/Schütz 1997; Wiedemann 1999; NRC 1989). Mittelbares Ziel von Risikokommunikation ist es demnach, die Legitimation solcher Entscheidungen zu sichern. Das soll durch die kommunikative Erzeugung eines besseren Verständnisses der tatsächlichen Risikopotenziale auf Seiten der Empfänger erreicht werden (Wiedemann 1999: 8). Aufgabe der sozialwissenschaftlichen Risikoforschung ist es insoweit, die kommunikativen Erfolgsbedingungen dieser Strategien zu identifizieren und dort, wo Kommunikationsprobleme auftreten, effektive Verbesserungsmöglichkeiten aufzuzeigen. Die nachgewiesenen Probleme der Risikokommunikation sind vielfältiger Art und betreffen die Inhalts-, Handlungs-, Beziehungs- und Selbstdarstellungsebene (vgl. Wiedemann/Schütz 1997: 117-119). Unter den Ursachen sind vor allem kognitive Aspekte breit untersucht worden, wobei der Experten-/Laiendifferenz in der Risikowahrnehmung und -bewertung die größte Aufmerksamkeit geschenkt wurde (Slovic 1986; Jungermann/Slovic 1993). Das Ergebnis solcher Forschung liegt meist in Form von praktischen Handreichungen für gelungene Risikokommunikation vor. Den frühen Exemplaren dieser Gattung ist freilich eine „paternalistische Auffassung von Risikokommunikation" (Schütz/Wiedemann 1997: 73) vorgeworfen worden, die allzu vorschnell die Perspektive der Experten übernimmt und Risikokommunikation nur dann für gelungen hält, wenn das ‚uninformierte' Vorverständnis des Publikums durch die ‚richtigen' Risikoeinschätzungen von wissenschaftlichen Experten abgelöst werden kann (Otway/Wynne 1993: 102; Luhmann 1993: 169). Neuere Ansätze setzen demgegenüber auf Verständigungsorientierung und partizipativ-diskursive Kommunikationsmodelle (Slovic 1986; Keeney/Winterfeld 1986; Kasperson 1986). Aber auch wo „Risikokommunikation als Aufklärung" gefordert wird (Schütz/Wiedemann 1997), bleibt die Vorstellung eines objektiven Kenntnisgefälles zwischen Kommunikator und Rezipient erhalten. In der Kommunikationsplanung wird folglich unterstellt, der Kommunikator wisse über die „Informationsbedürfnisse" des Rezipienten Bescheid und könne insoweit die „relevanten Informationen" für eine „angemessene Risikobeurteilung" liefern (Schütz/Wiedemann 1997: 74).

3. Öffentliche Kommunikation als präventive Risikoerzeugung

Was immer die letztgenannten Ansätze tatsächlich bewirken mögen, ihre pragmatische Ausrichtung bleibt politikwissenschaftlich unbefriedigend. Die kommunikationswissenschaftliche Risikoforschung nimmt ihrerseits den politischen Kontext eher implizit wahr. Beiden Richtungen gemein ist eine deutliche Fixierung auf die Risiken der Risikokommunikation, die Gefahr von falschen Einschätzungen, zerstörter Technikakzeptanz und grundlegenden Missverständnissen zwischen Technikproduzenten und -nutzern. Effektive Risikokommunikation wird dadurch tendenziell als Kommunikationsform verstanden, die „ungestützte" Risikoinformation womöglich meidet.

Gegen die Strategie instrumenteller Risikovermeidung wird im Folgenden das Konzept präventiver Risikoerzeugung durch Kommunikation gesetzt. Dazu motivieren zunächst die Zweifel an der Hoffnung auf Verständigung über Technik und ihre Risiken durch öffentliche Kommunikation, für die sich theoretische und empirische Gründe anführen lassen. Zum einen ist kein Weg erkennbar, auf dem die vom operativen Konstruktivismus aufgedeckte Perspektiveninkongruenz zwischen Entscheidern und Betroffenen hintergangen werden kann, die dazu führt, „dass es keinen Standpunkt gibt, von dem aus Risiken richtig und für andere verbindlich eingeschätzt werden können" (Luhmann 1993: 171). Folglich hat man es in der Risikokommunikation immer mit unterschiedlichen Risiken (bzw. mit der Differenz von Risiko und Gefahr) zu tun, selbst dort, wo identische Techniken und Technikfolgen gemeint sind. Das gilt jedenfalls dann, wenn mehr als ein Sprecher in die Arena tritt. Daran ändert auch die Einspeisung von Expertenwissen nichts. Die Tatsache allein, dass anderenorts an wissenschaftlich exakten Risikokalkulationen gearbeitet wird, die sich als vermeintlich objektive Realität des Risikos auszugeben versuchen, löst in der Kommunikation kein Problem. Die Realität des Risikos manifestiert sich vielmehr gerade darin, dass Risikodeutungen auf Widerstand stoßen, dass man nicht ohne Widerspruch durchkommt mit dem, was man über die Riskanz einer Technik behauptet. Alternative Beschreibungen fungieren gewissermaßen als Realitätsersatz der Risikokommunikation.

Das heißt selbstverständlich nicht, dass technisch induzierte Gefahren reine Hirngespinste wären. Zweifellos gehen von radioaktiven und chemischen Abfällen Gefahren für Leben und Gesundheit aus, zweifellos kann man mit informationstechnischen Systemen persönliche Daten über Menschen sammeln, verarbeiten und missbrauchen. Aber politisch relevante Risiken von Technik werden nicht technisch erzeugt, sondern kommunikativ. Das heißt, wen oder was man im Einzelnen für sie verantwortlich macht, welche Gefahrenquelle im Vergleich zu den anderen wie zu gewichten sind, was man dagegen tun kann und will und ob die Antworten auf solche Fragen dann insgesamt zu einer Risikodeutung führen, die das politische System zu verbindlichem Entscheiden animiert, das alles ist das Ergebnis kontingenter Kommunikationsprozesse, die von keiner noch so scharfsinnigen Kommunikationsstrategie beherrschbar sind.

Das gilt gerade für den Fall öffentlicher Kommunikation, was zu den empirisch begründeten Zweifeln am Verständigungsmodell überleitet. Die werden vor allem von der am Konzept einer deliberativen Öffentlichkeit orientierten Medienforschung genährt, die anhand unterschiedlicher Streitthemen (Asyldebatte, Abtreibung, Drogenfreigabe) gezeigt haben, dass medienvermittelte Öffentlichkeit alles andere als Diskursqualitäten aufweist (Koopmanns 1996; Gerhards/Neidhardt/Rucht 1998; Weßler 1999). Weder werden veraltete und unhaltbare Problemdeutungen von medialen Diskursen ausgeschieden, noch sind längerfristig argumentative Lerneffekte nachweisbar. Im Gegenteil, das Diskursniveau wird sich im Zeitverlauf eher verschlechtern als verbessern. Die Herausbildung einer argumentativ gestützten Mehrheitsmeinung und mithin kommunikative Verständigung war in keinem der untersuchten Mediendiskurse nachweisbar. Es ist kein Grund dafür erkennbar, dass dies im Falle öffentlicher Technikdebatten anders sein könnte.

Vor diesem Hintergrund wird im Folgenden die These vertreten, dass die politische und gesellschaftliche Funktion von öffentlicher Technikkommunikation realistischerweise nicht in Konsensfindung, Verständigung oder gar Risikovermeidung zu sehen ist, sondern in der präventiven Risikoerzeugung. Die Konstruktion technisch bedingter Risiken wäre in dieser Betrachtungsweise kein unerwünschter Nebeneffekt oder – um im Bild zu bleiben – ein Störfall der gesellschaftlichen Kommunikation über Technik, den man, so lange es eben durchhaltbar ist, vermeiden oder begrenzen muss. Risikoerzeugung kann vielmehr als spezifische Leistung öffentlicher Kommunikation über Technik begriffen werden. Das läge zunächst im wohlverstandenen Eigeninteresse von Politik und Gesellschaft, denn wenn technikpolitische Entscheidungen niemals absolut sicher sein können, wenn also Unsicherheit den Normalfall darstellt und Risiken unvermeidbar sind (Perrow 1984), dann wäre es für die Gesellschaft zweifellos fatal, sich auf eine risikofreie Beschreibung ihrer Zukunft einzulassen. Nach aller Erfahrung tritt der irreversible politische Super-GAU nämlich ganz sicher dann ein, wenn erst der eintretende Stör- oder Katastrophenfall ein Risiko wahrnehmbar macht, das vorher praktisch nicht existent war. Keine noch so geschickte Krisenkommunikation politisch-administrativer und ökonomischer Eliten wird das dann zerstörte Vertrauensverhältnis zwischen Politik, Technik und Öffentlichkeit wiederherstellen können (Otway 1990; Clausen/Dombrowsky 1990; Otway/Wynn 1993; Ruhrmann/Kohring 1996: 37–38).

Darüber hinaus kann das Konzept präventiver Risikoerzeugung auf zwei theoretische Pfeiler gestützt werden. Zunächst erneut auf Einsichten der Luhmannschen Risikosoziologie, die nämlich aufgewiesen hat, dass sich die technikpolitischen Konfliktpotenziale der modernen Gesellschaft regelmäßig an der Differenz von Risiko und Gefahr aufschaukelt (Luhmann 1991). Technische Schadensquellen, zumal Bedrohungen, die von großtechnischen Systemen ausgehen, werden von den meisten Menschen als Gefahren wahrgenommen, denen sie ausgesetzt sind, ohne dazu durch eigene, unmittelbare Entscheidungen beigetragen zu haben. Aus der psychologischen Wahrnehmungsforschung ist aber bekannt, dass gerade Faktoren wie Freiwilligkeit/Unfreiwilligkeit des Sicheinlassens auf gefährliche Situationen (also exakt der Unterschied zwischen Risiko und Gefahr im Luhmannschen Sinne) entscheidend sind für die Bewertung und Akzeptanz von Risiken. Das heißt aber, Konfliktpotenziale werden am ehesten dann verringert, wenn die Kommunikation Möglichkeiten schafft, Gefahren in Risiken zu transformieren. Da dies etwas mit Entscheidung zu tun hat läge die Funktion von präventiver Risikokommunikation darin, Entscheidungsmöglichkeiten zu eröffnen. Und Entscheidungsoptionen werden nun einmal nur dann eröffnet, wenn die Kommunikation Gefahren nennt, nicht wenn sie verschwiegen oder abgestritten werden. Vermutungen über Schadenswirkungen – und seien sie noch so spekulativ – bilden die Bedingung der Möglichkeit, sich zu Risikoquellen zu verhalten und damit die Chance der Transformation von Gefahren in selbstgewählte Risiken. Nur wenn das Schadenspotenzial elektromagnetischer Strahlung bekannt ist, kann der Einzelne entscheiden, seine Wohnung unter der Hochspannungsleitung zu verlassen oder zu bleiben. Das ändert nichts an der Zumutung, dies gegebenenfalls tun zu müssen, weil andere die Bebauung genehmigt haben. Andererseits ist der Entschluss, zu bleiben oder zu gehen, eine Form der Partizipation an Entscheidungen über technische Risiken in der Gesellschaft, die ohne vorherige Risikoinformation nicht möglich wäre. Nur eine kommunikative Beschreibung der technisierten Welt, die zeigt, dass und wo Risiken lauern, kann insoweit zu der von Luhmann (1991: 168) eingeforderten „ständigen Neuformierung der Position im Verhältnis zum Risiko beitragen".

Eine zweite Anschlussmöglichkeit bildet Aaron Wildavskys (1988 und 1993) provokante These, dass die Vermeidung von Risiken letztlich weniger Sicherheit bedeuten, während das Zulassen von Risiken als effektive Risikominderungsstrategie verstanden werden kann. Wildavsky kritisiert dabei die auch in der technikpolitischen Debatte vielfach geforderte Maxime des – wie er es nennt – „Versuch ohne Irrtum", wonach Neues nur dann implementiert werden darf, wenn seine Unschädlichkeit bewiesen ist. Nimmt man diese Forderung nach vorheriger Garantie gegen Fehlschläge wirklich ernst, führt das nach Wildavsky am ehesten dazu, das man gar nichts tut. Für die technische Entwicklung würde das bedeuten, man bleibt beim Althergebrachten, das man sicherheitstechnisch einigermaßen im Griff zu haben glaubt. Gerade diese Statik erhöht aber das Risiko und schafft Unsicherheit. Dagegen setzt Wildavsky die in der Wissenschaft (und übrigens auch in der Demokratie) bewährte Methode des „trial and error", des Lernens aus Fehlschlägen und gescheiterten Experimenten. In dem Sinne schlägt er eine Risikominderungsstrategie vor, die sich nicht auf Antizipation und Vorweg-Kontrolle aller denkbaren Schäden verlässt, sondern möglichst hohe Elastizität und Variabilität der Reaktionsfähigkeit im Krisenfall anstrebt und dabei lernt.

Mag man diese Überlegungen als Leitbild praktischer Technikpolitik noch als „unverantwortlich" kritisieren (Beck 1988; Krewer 1997: 263–268), zumal wenn man an technische Fehlschläge denkt, die ein nachträgliches Lernen nicht mehr zulassen. Als Basis gesellschaftlich nützlicher Risikokommunikation scheinen sie zwingend, denn der kommunikative Entwurf neuer Risiko-Realitäten schafft Möglichkeiten, gleichsam spielerisch Erfahrungen mit dem Risiko zu sammeln und in dem Rahmen auch mögliche Reaktionsweisen und Maßnahmen im Umgang mit der Technik auszuprobieren, zunächst in der Kommunikation, dann vielleicht in der politischen Realität. Im kommunikativen Umgang mit technischen Risiken, kann man lernen, sie in der Praxis zu handhaben aber erneut eben nur dann, wenn sie Schadensquellen und Gefährdungen thematisiert, nicht wenn Risikoinformationen vermieden werden.

4. Technik, Risiko und Politik in der Medienkommunikation der Bundesrepublik Deutschland: empirische Befunde

4.1 Eingrenzung der Fragestellung und verfügbare Datenbasis

Im empirischen Teil dieses Beitrags werden einige der damit aufgeworfenen Fragen selektiv aufgegriffen, um – wenn man so will – die präventive Qualität der technikbezogenen öffentlichen Kommunikation in Deutschland zu testen. Die empirische Basis der Untersuchung liefert eine in ihrer Breite und Aktualität bisher einmalige Bestandsaufnahme der technikbezogenen Medienkommunikation in der Bundesrepublik Deutschland. Grundlage der Untersuchung bilden die Datenbestände der „Medien Tenor GmbH" (Bonn/Leipzig),[1] die für diesen Beitrag erstmals einer externen wissenschaftlichen Auswertung zugänglich gemacht wurden. Der Medientenor erfasst für ein breites Spektrum von Tages- und Wochenzeitungen seit Juli 1996 alle Textpassagen von mindestens fünf Zeilen Spaltenlänge, in denen über Technik[2] berichtet wird und alle entsprechenden Nachrichtenpassagen von mindestens fünf Sekunden Sendelänge in den Hauptnachrichtensendungen der Sender ARD, ZDF, RTL und SAT1. Das Ergebnis ist eine Quasi-Vollerhebung der gesamten relevanten Technikberichterstattung des tagesaktuellen Informationsjournalismus der genannten Medien im angegebenen Zeitraum. Im Einzelnen beruhen die folgenden Berechnungen auf der Analyse von 127.093 Fernsehnachrichtenbeiträgen[3], die zwischen Juli 1996 und Dezember 1999

---

1 Ich danke dem Geschäftsführer der Medien Tenor GmbH, Herrn Roland Schatz, für die großzügige Überlassung der gewünschten Auswertungen und Michael Irrgang für die Durchführung der Berechnungen.
2 Der Begriff umfasst laut Kodieranweisung technische Artefakte und technische Verfahren (vgl. Mayntz in diesem Band). Die Darstellung muss sich auf technische Funktionen oder nicht technische Eigenschaften und Folgen beziehen. Eine bloße Nennung reicht nicht aus.
3 Untersuchte Sendungen: Tagesschau, Tagesthemen (ARD), heute, heute-journal (ZDF), RTL aktuell (RTL), 18:30 Uhr (SAT1).

ausgestrahlt wurden, auf 39.150 Artikeln in insgesamt fünf Wochenzeitungen[4], die zwischen Januar 1997 und Dezember 1999 veröffentlicht wurden und schließlich auf 163.150 Artikeln der Tagespresse[5] aus einem Untersuchungszeitraum von Februar 1998 bis Dezember 1999.

4.2 Umfang und Inhalt der technikbezogenen Medienberichterstattung

Die erste Auswertung gilt der Frage, in welchem Umfang die publizistischen Massenmedien technische Entwicklungen überhaupt zum Thema machen. Sie soll eine Vorstellung von der Präsenz technischer Themen in der bundesdeutschen Öffentlichkeit am Ende der 90er Jahre geben. Das Ergebnis zeigt eine für alle untersuchten Medientypen ähnliche Größenordnung. Über die gesamte untersuchte Stichprobe macht die technikbezogene Berichterstattung der Fernsehnachrichten einen Anteil von 1,3% der Beiträge aus, in den Wochenmedien des Printbereichs sind es 1,9% aller untersuchten Artikel und bei den Tageszeitungen 1,4%. Die Anwendung des o.g. Kriteriums muss dabei keineswegs bedeuten, dass die Technik als solche im Mittelpunkt der entsprechenden Beiträge steht. Es kann sich durchaus um Beiträge über die wirtschaftliche Verwertung von Technik handeln, aber auch um Nachrichten im Kontext technologiepolitischer Debatten und Entscheidungen. Angesichts dieses recht weit gefassten Aufgreifkriteriums weisen die obigen Zahlen auf eine eher geringe Berücksichtigung von

Abbildung 1: Entwicklung des Anteils technikbezogener Beiträge in unterschiedlichen Medien 1998 bis 1999 (in %)

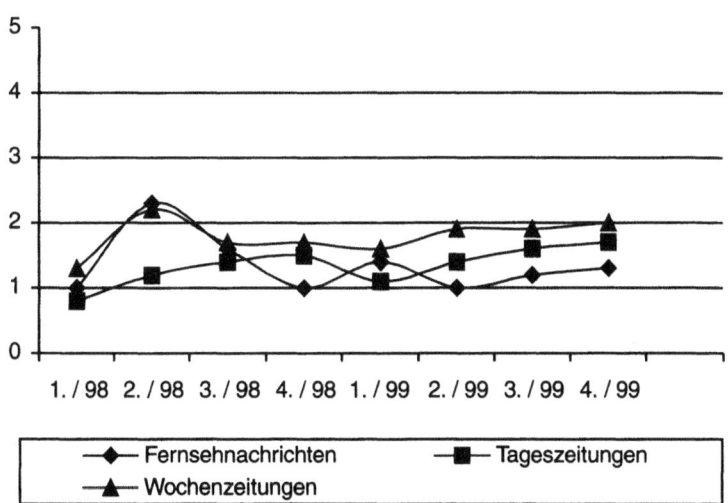

---

4 Focus, Spiegel, Die Zeit, Die Woche, Rheinischer Merkur.
5 In die Stichprobe eingegangen sind: Die Welt, die Frankfurter Allgemeine Zeitung, die Frankfurter Rundschau und die Süddeutsche Zeitung. Analysiert wird täglich die gesamte aktuelle innenpolitische und wirtschaftliche Berichterstattung sowie die Auslandsberichterstattung, insoweit sie sich auf deutsche Außenpolitik oder auf europäisches Geschehen bezieht.

Technik hin. Jedes größere Sportereignis, spektakuläre Kriminalfälle und selbst mancher prominente Ehekrach interessiert die Nachrichtenmedien offensichtlich mehr als die technische Entwicklung. So weisen die Daten des Medien Tenor beispielsweise aus, dass Kriminalität in 5,6% als Nachrichtenbeiträge der zuschauerstärksten Kanäle das Hauptthemengebiet bildet. Auch ohne intensivere Vergleichsanalysen wird aus diesen Zahlen deutlich, dass die Technik als Thema der deutschen Medienöffentlichkeit ein absolut randständiges Dasein fristet.

In der Längsschnittbetrachtung fällt zudem auf, dass die Schwankungsbreite des Berichterstattungsumfangs außerordentlich gering ist. Bis auf wenige Ausnahmen verlaufen die Linien im gesamten Zeitraum in dem engen Intervall zwischen einem und zwei Prozentpunkten. Spektakuläre Ausschläge sind nicht zu beobachten.

Besondere Ereignislagen (wie das Zugunglück von Eschede im zweiten Quartal 1998) und kurzfristigen Themenkonjunkturen führen offenbar nicht dazu, dass der Gesamtumfang technikbezogener Medienberichterstattung dauerhaft erweitert wird. Die allgemeine Technikberichterstattung ist also sicher keine reine Ereignisberichterstattung. Vielmehr verweisen die Zahlen auf einen Sockel publizistischer Aufmerksamkeit für technische Entwicklungen, der in den Routineprogrammen journalistischer Aussagenerzeugung verankert ist. Dieser Sockelbetrag ist im Vergleich zu konkurrierenden Themenfeldern und Sachgebieten streng limitiert.

Tabelle 1: Technikprofil unterschiedlicher Medien (in %)

	Wochenmedien	Tageszeitungen	Fernsehnachrichten
Kommunikationstechnik	18,7	19,6	10,5
Kernenergie	16,4	15,5	21,4
Informationstechnik/EDV	9,3	7,7	5,1
Gentechnologie	7,4	5,9	7,7
Energie: Regenerative	6,7	6,4	2,2
Verkehr: Transrapid-Bahn	6,4	6,5	2,6
Verkehr: Auto	5,5	5,9	5,4
Verkehr: Schiene	3,2	3,0	3,0
Medizintechnik	3,2	2,5	15,0
Verkehr: Flug	2,5	0,8	2,6
Militärtechnik	2,4	1,3	3,8
Energie: Kohle	2,1	1,9	0,8
Energie: Anderes	1,8	2,5	0,3
Pharmazie	1,8	1,3	8,8
Energie: Andere Fossile	1,6	2,0	0,8
Biotechnik	1,3	3,0	0,4
Elektrotechnik	1,2	3,0	0,9

Im Bereich der Printmedien sind Kommunikationstechnik, Kernenergie, Informationstechnik, Gentechnik, der Transrapid und die regenerativen Energien die am stärksten beachteten Techniklinien.[6] Ein etwas anderes Profil offenbart das Fernsehen, insbeson-

---

6 Die Liste der erfassten Techniken ist offen und wird laufend ergänzt. Sie umfasst derzeit mehr als 40 Ausprägungen.

dere hinsichtlich der stärkeren Berücksichtigung der Medizintechnik und der Pharmazie. Außerdem liegt im Fernsehen die Kernenergie als „Top-Thema" deutlich vor der Kommunikationstechnik. Bemerkenswert ist schließlich die vergleichsweise schwache Repräsentation des Transrapid in den Nachrichtensendungen. Über die gesamte Berichterstattung gerechnet konzentriert sich ein großer Teil der Medienaufmerksamkeit letztlich auf vier Techniken, nämlich Kernenergie (17,7%), Kommunikationstechnik (16,2%), Informationstechnik (7,0%) und Gentechnik (6,7%). Aggregiert man die Daten zu breiteren Technologiefamilien, dann liegt Energie und Umwelt (30 %), vor Informations- und Kommunikationstechnik (27%), Transport und Verkehr (18%) und schließlich, schon mit größerem Abstand, Bio- und Gentechnik (8%). Die öffentliche Aufmerksamkeit für Technik ist folglich nicht nur quantitativ marginal, sie ist auch auf wenige Techniken und Technologiefamilien beschränkt.

4.3 Die Tonalität medialer Technikberichterstattung

Um die Tonalität medialer Technikberichterstattung zu messen, wurde für alle wertenden Aussagen über Technik erhoben, ob es sich dabei um eher positive oder um eher negativ akzentuierte Stellungnahmen handelt. Entgegen gängiger Vorurteile zeigt Abbildung 2, dass in allen drei Medientypen der Anteil zustimmend-positiver Urteile die Zahl negativer Aussagen deutlich überwiegt. Wenn man überhaupt davon sprechen will, dann ist die Berichterstattung des Fernsehens mit einem Anteil von 26,5% negativer Urteile vergleichsweise kritisch, während die Tageszeitungen mit mehr als 50% positiv-zustimmender Stellungnahmen am ehesten als technikaffirmative Medien zu bezeichnen sind.

Abbildung 2: Tonalität technikbezogener Aussagen in den Medien (in %)

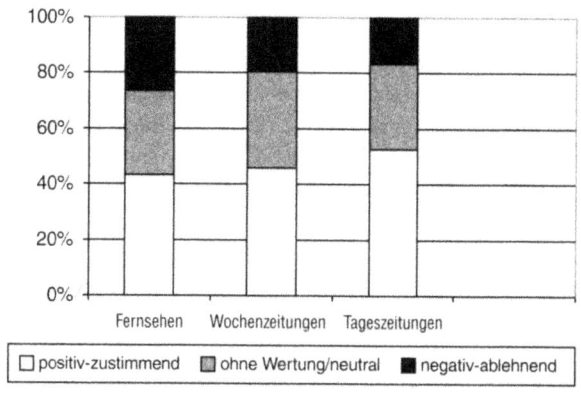

Interessant ist auch hier wieder die Aufbereitung der Daten im Längsschnittdesign. In Abbildung 3 wird der Anteil negativer Aussagen zu einer Technik mit der Entwicklung des Gesamtumfangs der Berichterstattung über sie verglichen. Um die Grafik nicht zu überlasten, bezieht sich die Auswertung ausschließlich auf die Kernenergieberichterstat-

Abbildung 3: Zusammenhang von Berichterstattungsumfang und Tonalität am Beispiel Kernenergie in Tageszeitungen (in %)

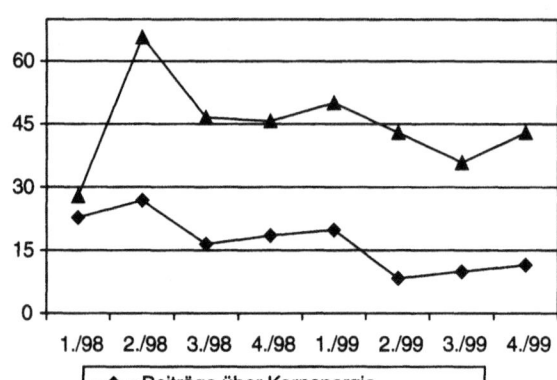

tung der Tageszeitungen (N = 392). Tatsächlich hat die Kerntechnik mit einem Anteil von rund 50% negativ-ablehnender Urteile in allen Vergleichsgruppen das mit Abstand schlechteste Medienimage, was die Beschränkung rechtfertigt.

Der Zusammenhang zwischen beiden Linien ist auch ohne nähere statistische Beweisführung optisch gut nachzuvollziehen. Die Grafik zeigt, dass mit dem Ausmaß der Berichterstattung auch die Wahrscheinlichkeit negativer Aussagen zunimmt. Das kommt einer eindrucksvollen Bestätigung der oben skizzierten *quantity of coverage*-These gleich, die genau dies behauptet.

Dahinter steckt nichts anderes als die Tatsache, dass bei relativ stabilem Aufmerksamkeitssockel (vgl. 5.2) namhafte Ausschläge nur anlässlich besonderer Ereignisse zu erwarten sind. Im vorliegenden Fall handelte es sich im 2. Quartal 1998 um die Entdeckung undichter Castorbehälter, ein Ereignis, das ebenso wie das Zugunglück eine erhöhte Zahl kritischer Medienstimmen provozierte. Zusammenfassend ist die Berichterstattung der bundesdeutschen Medienlandschaft gleichwohl als technikaffirmativ zu bezeichnen. Ein erhöhter Anteil technikkritischer Medienaussagen ist lediglich in Abhängigkeit von besonderen Ereignislagen zu erwarten. Auch in diesen Fällen machen allerdings die kritisch-ablehnenden Stimmen, das kann man ebenfalls aus Abbildung 2 schließen, einen verhältnismäßig kleinen Teil aus.

4.4 Risikokommunikation und Krisenkommunikation über Technik

Angesichts der Verteilung positiver und negativer Stellungnahmen verwundert es nicht, dass auch die „Riskanz" der technikbezogenen Medienberichterstattung eher gering ist.[7] Als Risikokommunikation im Sinne der obigen Definition werden dabei alle tech-

---

[7] Sachlogisch sind beide Merkmale voneinander unabhängig und wurden selbstverständlich auch unabhängig erhoben.

Abbildung 4: Umfang von Risiko- und Krisenkommunikation in der Technikberichterstattung der Massenmedien (in %)

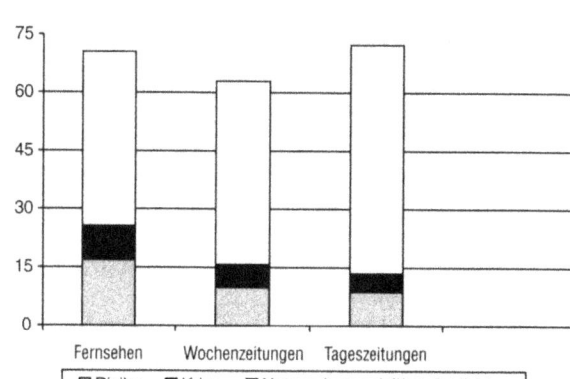

nikbezogenen Textpassagen bezeichnet, in denen über potenzielle Schädigungen durch Technik berichtet wird. Krisenkommunikation im engeren Sinne meint die Kommunikation über tatsächlich eingetretene Schäden. Zur besseren Einschätzung sind in Abbildung 4 zusätzlich die Aussagen über potenzielle und tatsächliche Nutzenaspekte der Technik mitausgewiesen.

Mit einem Anteil von knapp 17% Risikoinformation an der gesamten technikbezogenen Berichterstattung weist das Fernsehen den höchsten Wert der Vergleichsgruppen auf. Das hat weniger mit spezifischen Aufmerksamkeitskriterien der Fernsehjournalisten zu tun als vielmehr mit der überproportionalen Besetzung des Themenfelds Kernenergie, über das im Untersuchungszeitraum zweifellos am kritischsten berichtet wurde. Der als Krisenkommunikation anzusprechende Teil der Berichterstattung erreicht ebenfalls in den Fernsehnachrichten den höchsten Wert, ein Umstand, der schon eher auf die bekannte Aktualitäts- und Ereignisfixierung audiovisueller Medien zurückzuführen ist. Die beiden Printmediengruppen unterscheiden sich kaum voneinander. Bei ihnen liegt der Wert für Risikoberichterstattung mit knapp 10% (Wochenzeitungen) bzw. knapp 9% (Tageszeitungen) deutlich niedriger als im Fernsehen. Als Krisenkommunikation sind in den Printmedien lediglich 6% bzw. 5% der Beiträge zu bezeichnen. In allen drei Gruppen überwiegt der Anteil der Nutzenargumente mit großem Abstand. Er reicht von knapp 60% in den Tageszeitungen bis zu rund 45% im Fernsehen. Angesichts des Gesamtumfangs medialer Technikberichterstattung von weniger als 2% der untersuchten Beiträge, auf den die obigen Werte zu beziehen sind, stellt die öffentliche Kommunikation über technische Risiken (und erst recht die technikbezogenen Krisenkommunikation) ein kaum mehr wahrnehmbares Rinnsal in der Flut aktueller Medienangebote dar.

Das schließt freilich nicht aus, dass in der medienöffentlichen Kommunikation regelrechte ‚Risikotechniken' markiert werden. An erster Stelle ist in dem Zusammenhang erwartungsgemäß die Kernenergie zu nennen, bei der in allen Mediengruppen Schadensargumente den angesprochenen Nutzen bei weitem überwiegen, allein im Fernsehen um das Zehnfache (42% zu 4%). Ein vergleichbar schlechtes Medienimage hat keine andere Technik in der deutschen Medienöffentlichkeit. Einzig dem Transrapid werden in der Fernsehberichterstattung mehr schädigende als nützliche Effekte zugeschrieben. Das Bild dreht sich allerdings in den Printmedien um, wo die Magnetschnellbahn als überwiegend nützliche Technik dargestellt wird. Selbst die Gentechnik erscheint trotz aller politischen Auseinandersetzung im Spiegel der Massenmedien keineswegs als riskante Technik. In allen Vergleichsgruppen dominieren die Nutzenargumente, vor allem in den Printmedien. Als ‚Chancentechnologie' par excellence steht die Kommunikationstechnik da. Stellungnahmen, die ihren Nutzen betonen, erreichen im Fernsehen einen Anteil von mehr als 50%, in den Tageszeitungen gar 80%. Warnende Stimmen, die auf mögliche Schädigungen hinweisen, sind demgegenüber kaum zu hören. Das gilt mit Einschränkungen auch für die Informationstechnik. Allerdings hat das insgesamt überwiegend positive Technikbild der elektronischen Informationsverarbeitung (50% bis 70% Nutzenargumente in Fernsehen und Tagespresse) durch den viel besprochenen *millenium bug* gerade im Jahr 1999 einige Kratzer bekommen.

4.5 Die Verteilung von Sprecherrollen in der öffentlichen Kommunikation über Technik

Die Urheber wertender Aussagen bilden gewissermaßen die soziologische Basis der medienöffentlichen Kommunikation über Technik. Sie sind in medienwissenschaftlicher Hinsicht von Interesse, weil Journalisten die veröffentlichte Meinung nicht nur durch die eigene Kommentierung beeinflussen, sondern auch durch die selektive Zuweisung von Sprecherrollen an bestimmte staatliche, politische und gesellschaftliche Akteure. Medienöffentlichen Sprechern wird die Möglichkeit eingeräumt, sich an der kommunikativen Erzeugung und Deutung technischer Risiken zu beteiligen oder ihr entgegenzuwirken. Durch ihre öffentliche Äußerung geben sie sich zugleich als Mitglieder von Befürworter- oder Ablehner-Koalitionen zu erkennen, ein Umstand, der nach dem oben Gesagten für die Wahrnehmung des Technikbildes durch das Laien-Publikum von Bedeutung ist. Um die entsprechenden Akteurskonstellationen sichtbar zu machen, wurde in der Erhebung für jede wertende Aussage (egal ob positiv-zustimmend, neutral oder negativ-ablehnend) festgehalten, wer für den Rezipienten erkennbar als Absender der entsprechenden Botschaft identifiziert wird. Als Kodierkriterium galt dabei, dass ein Sprecher entweder wörtlich zitiert (bzw. im O-Ton präsentiert) oder sinngemäß wiedergegeben wird. Tabelle 2 ordnet die so ermittelte Konfiguration medienöffentlicher Sprecher der Technikkommunikation in Anlehnung an gängige Modelle des öffentlichen Diskurses (vgl. zuletzt Weßler 1999: 71).

Zunächst ist die sicherlich nicht überraschende Tatsache festzuhalten, dass die Journalisten in der Technikberichterstattung (wie in anderen Genres auch) keineswegs als neutrale Vermittler gesellschaftlich vorfindbarer Meinungen fungieren. Sie sind im Gegenteil die Urheber von rund der Hälfte aller wertenden Aussagen über Technik. Dabei differieren die Anteile zwischen den Medientypen beträchtlich. Die Bandbreite reicht von unter 40% bei den Tageszeitungen bis zu knapp 65% im Fernsehen. Auch hier erlauben die Differenzen zunächst noch keinen Rückschluss auf die Meinungsfreudigkeit von Journalisten, sie haben vielmehr mit speziellen Formatroutinen und mit Eigenheiten der Themenstruktur zu tun, wie noch zu zeigen sein wird.

Im Bereich der externen Kommunikatoren kommen, über alle drei Medientypen betrachtet, Akteure der gesellschaftlichen Umwelt des politisch-administrativen Systems etwas häufiger zu Wort als die Akteure des Entscheidungszentrums selbst. Von einem staatlich dominierten Technikdiskurs kann also keine Rede sein. Das liegt zum einen an der starken Berücksichtigung von Kommunikatoren aus dem ökonomischen System, was dem merklichen Ausbau der Wirtschaftsberichterstattung bei allen namhaften Tageszeitungen geschuldet ist. Der Wert von 23,3% verweist zudem darauf, dass knapp 60% der hier ausgewerteten Technikberichterstattung tagesaktueller Printmedien in den Wirtschaftsredaktionen ressortiert und insoweit auf die ökonomischen Implikationen der technischen Entwicklung abhebt. Zum anderen fällt die erwartungsgemäß große Präsenz wissenschaftlicher Experten ins Gewicht, im Übrigen die am stärksten besetzte Einzelkategorie der Messung. Nicht nur aus diesem Grund muss die Technikberichterstattung eindeutig als Entscheider- bzw. Expertenkommunikation charakterisiert werden, wohingegen Betroffenen und Laien, die sich hier in der Kategorie ,sonstige gesellschaftliche Akteure' verbergen, rein quantitativ eine vernachlässigbare Größe darstellen. Im Bereich staatlicher Akteure dominiert die Exekutive vor der Legislative, ein Befund, der aus einer Vielzahl von Medieninhaltsanalysen bekannt und insoweit nicht technikspezifisch ist.

Tabelle 2: Urheber von wertenden Aussagen über Technik (in %)

	Wochenzeitungen	Tageszeitungen	Fernsehnachrichten
Zentrum PAS, davon:	13,2	19,4	9,2
Legislative/Parteien	5,2	7,5	1,8
Regierung und Verwaltung (Bund, Länder, EU)	7,8	11,3	6,3
Judikative	0,2	0,3	0,7
Bundespräsident	–	0,3	0,4
Journalisten	59,9	38,6	64,3
Umwelt PAS, davon:	14,0	35,1	13,7
Wirtschaft und ihre Verbände	5,9	23,3	2,4
sonst. gesellschaftliche Gruppen, Bewegungen, Kirchen	1,7	5,2	2,8
Experten, Wissenschaft	6,4	6,7	8,5
Ausländische Akteure	1,4	1,1	0,5
Sonstige; n.z.e.	11,5	5,8	12,3
N	810	2523	1830

Die Frage nach der Herausbildung etwaiger Tendenzkoalitionen kann mit den verfügbaren Daten nicht in der notwendigen Tiefe analysiert werden. Inhaltsanalytische Indikatoren, mit deren Hilfe etwa Sabatiers Konzept der *belief systems (deep normative core, near policy core, secondary aspects)* operationalisiert werden könnte (Sabatier 1988), stehen nicht zur Verfügung. Die abschließende Grafik reduziert die Koalitionsbildung insoweit auf ein einziges, allerdings keineswegs inferiores Merkmal der Sprecherpositionierung, nämlich auf die oben bereits pauschal ausgewertete Tonalität ihrer Aussagen. Außerdem sind die Daten aller drei Medienkategorien hier zusammen ausgewertet worden, weil sie (mit einer Ausnahme) in der Tendenz identisch sind.

Abbildung 5: Tendenzkoalitionen unter medienöffentlichen Sprechern der Technikberichterstattung (in %)

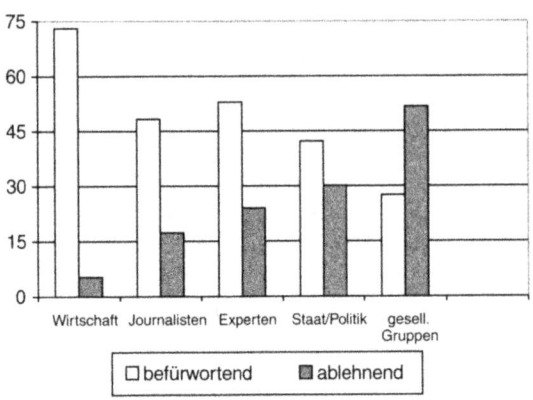

Das Ergebnis offenbart eine breite Befürworterkoalition der Technik, die von den ökonomischen Nutznießern angeführt wird. Von dieser Sprechergruppe sind praktisch keine technikkritischen Äußerungen zu erwarten. Auch die journalistischen Kommentierungen der technischen Entwicklung sind weit mehr als doppelt so häufig affirmativ, wie technikkritisch, ein Befund, der die Mär von den überwiegend technikfeindlichen deutschen Journalisten eindrücklich widerlegt. In die Befürworterkoalition sind darüber hinaus die Wissenschaftler eingebunden. Erstaunlicherweise ist das Konzert der Experten zumindest hinsichtlich dieses Merkmals in der Medienöffentlichkeit keineswegs so vielstimmig wie es oft den Anschein haben mag. Daraus kann man schließen, dass Journalisten diejenigen Expertenstimmen, die ihren eigenen, überwiegend technikfreundlichen Einschätzungen zustimmen, häufiger zitieren als widersprechen. Nur mit Einschränkungen kann man schließlich die Sprecher aus dem politischen Aktivsystem zur Befürworterkoalition rechnen. Die Einschränkung bezieht sich nicht nur darauf, dass der Überhang positiver gegenüber negativen Aussagen weniger als 15 Prozentpunkte ausmacht. Die ‚Koalition' gilt auch nur für zwei der drei Medientypen. Im reichweitenstärksten Medium Fernsehen halten sich nämlich zustimmende und ablehnende Stellungnahmen der politischen Entscheidungsträger ziemlich exakt die Waage. Darin kommt das berühmte Proporz- oder Ausgewogenheitsdenken der Fernsehnachrichten zum Ausdruck, das jedem Für- einen Widersprecher gegenüberzustellen gewohnt ist.

Die Koalition der Technikskeptiker ist vergleichsweise klein. Sie rekrutiert sich aus Sprechern der Sammelkategorie ‚gesellschaftliche Gruppen', in der unter anderen Gewerkschafts- und Kirchenvertreter, Sprecher sozialer Bewegungen und Initiativen, technikbetroffene Bürger und Laien zusammengefasst sind. Der Rückblick auf die Werte in Tabelle 2 macht deutlich, dass die Befürworterkoalition nicht nur ein deutlich breiteres Sprecherspektrum umfasst, sondern dass den dort vertretenen Akteuren außerdem wesentlich häufiger als den Technikskeptikern die Gelegenheit zur medienöffentlichen Stellungnahme eingeräumt wird.

5. Zusammenfassende Diskussion der Befunde

Die Medienaufmerksamkeit für Technik ist in Deutschland insgesamt gering. Die Entwicklung, wirtschaftliche Nutzung und politische Steuerung von moderner Technik spielt sich ganz überwiegend unterhalb der Aufmerksamkeitsschwelle einer breiteren Laienöffentlichkeit ab. Der durchschnittliche Nachrichtenkonsument und Zeitungsleser kommt mit Technik kaum in Berührung, es sei denn, er suchte ganz gezielt nach den Technikseiten und -beilagen der Medien, was allerdings ein hohes Maß an technischem Interesse bereits voraussetzt. Politisch kann man in dem geringen Aufmerksamkeitsniveau einen Vorteil sehen, jedenfalls dann, wenn man zu viel Öffentlichkeit generell als Einschränkung der Handlungsmöglichkeiten von Politik empfindet. Auf der anderen Seite fällt es Politik und Wirtschaft unter den genannten Bedingungen zunehmend schwer, bei den Bürgern für mehr Aufgeschlossenheit gegenüber neuen Technologien zu werben, denn entsprechende Initiativen können nicht unbedingt auf eine zumindest „laienhafte" Bekanntheit und Vertrautheit mit Technik appellieren. Die oft beklagte Technik- und Innovationsfeindlichkeit der Deutschen, die in dieser Pauschalität von der Forschung sowieso nicht nachgewiesen werden kann, könnte insoweit auch als Mangel an öffentlicher Information und Kommunikation über Technik interpretiert werden. Nach den bisherigen Befunden wird dieser Mangel lediglich punktuell, anlässlich aufmerksamkeitserzeugender Einzelereignisse behoben, die allerdings, jenseits von Cebit und IFA, nicht beliebig planbar sind und zudem eher negative Vorzeichen haben.

Gleichwohl ist der Tonfall gegenüber der Technik in den Medien ausgesprochen freundlich, zustimmende Urteile überwiegen ablehnende Stimmen bei weitem und der Mediendiskurs wird von einer breiten Koalition der Technikbefürworter beherrscht. Die bisher verbreitete Einschätzung, wonach die Medien ein überwiegend düsteres Bild der Technik zeichnen, mag insoweit darauf beruhen, dass sich die einschlägige Forschung fast ausschließlich auf Kommunikation in Krisenfällen oder auf die mediale Darstellung ausgesprochener Risikotechnologien konzentriert hat. Rückt man die technische Entwicklung in ihrer Gänze ins Blickfeld, kommt man nach den obigen Befunden zu einem konträren Schluss. Die Präsentationsweise von Technik in den Medien lässt insoweit nicht darauf schließen, dass das Konfliktniveau technikpolitischer Auseinandersetzungen durch öffentliche Technikkommunikation nennenswert gesteigert wird.

Der Normalfall medialer Technikkommunikation betont deren Nutzen. Die Tatsache, dass dabei ganz überwiegend auf die wirtschaftliche Nützlichkeit von Technik abgestellt wird, dürfte an erster Stelle den ökonomischen Verwertungsinteressen entgegenkommen. Aber auch für staatliche Förderpolitiken, die sich zunehmend auf solche Technologien konzentrieren, die als wachstumsträchtig angesehen werden (vgl. Mayntz in diesem Band), ist der Umstand nicht unwichtig. Immerhin simulieren medial verbreitete Nutzen- und Wünschbarkeitsvorstellungen eine kaufkräftige Nachfrage und können insoweit von der Politik als Hinweis auf wirtschaftspolitisch wichtige Techniklinien gelesen werden.

Mit technischen Risiken kommt das durchschnittliche Medienpublikum kaum noch in Berührung. Prozentuiert man die Nachrichtenbeiträge des Fernsehens, die technikbezogene Risikoinformationen liefern, auf alle untersuchten Beiträge, dann kommt man auf einen Anteilswert von 0,2%. Die entsprechenden Werte für den Printsektor liegen noch niedriger. Das Bild der Technik in den Medien ist folglich ein risikoarmes, wenn nicht ein weitgehend risikoloses. Man kann fast den Eindruck gewinnen, dass das Präventionsparadigma der Risikovermeidung, das den Diskurs der wissenschaftlichen Risikoforschung und der staatlichen Risikoregulierung gleichermaßen beherrscht (Krewer 1997: 254–259), in der öffentlichen Kommunikation seine größte Wirksamkeit entfaltet. Technik wird für die Medien erst dann zum Risiko, wenn der Schaden offenbar wird, also im Anschluss an spektakuläre Einzelereignisse und damit im Kontext von Krisenkommunikation. Öffentliche Risikokommunikation ist, insoweit ist der vorliegenden Forschung zuzustimmen, in hohem Maße ereignisabhängig. Die Medienöffentlichkeit in Deutschland produziert praktisch keine präventive sondern fast ausschließlich akute Risikokommunikation. Dies kann man politisch als Handlungsentlastung interpretieren. Jedenfalls sind von der allgemeinen Öffentlichkeit keine überbordenden Forderungen nach staatlicher Risikoregulierung zu erwarten, solange der öffentliche Risikodiskurs dermaßen unterentwickelt ist. Damit entfällt aber zugleich die oben erwähnte Indikatorfunktion der Risikokommunikation, die durchaus im Interesse einer vorausschauenden Technikpolitik läge.

Die Einschätzung der Breitenwirkung öffentlicher Technik- und Risikokommunikation hängt von theoretischen Vorannahmen ab. Schließt man an die oben referierte *quantity of coverage* These an, wäre das Wirkungspotenzial wohl in jedem Fall bescheiden zu veranschlagen, denn in Anbetracht der tatsächlichen Größenverhältnisse und der geringen Schwankungsbreite kann man von Quantität sowieso nicht sprechen. Legt man der Dateninterpretation eine Lernhypothese zu Grunde, so müsste die Technikkommunikation der Medien zu einer technikfreundlichen Grundstimmung in der deutschen Öffentlichkeit beitragen, denn die meisten Urteile, die über die Medien verbreitet werden, fallen positiv bis zustimmend aus. Verstärkt werden könnte dieser Effekt von der Tatsache, dass sich die meisten Experten, Journalisten und Wirtschaftsvertreter in dieser Einschätzung einig sind. Der positive Medientenor wird personell von einer breiten Befürworterkoalition öffentlicher Sprecher abgestützt, in die sich nur wenige kritische Stimmen einmischen. Folgt man schließlich dem *cognitive response* Ansatz, dann könnte der breite Konsens der Optimisten aber auch Misstrauen und Vorsicht im Publikum auslösen. Die isolierte Präsentation inhaltsanalytischer Befunde, auf die sich der vorliegende Beitrag beschränken musste, wird ohne weitere Wirkungsforschung nicht zur Klärung der Folgenfrage beitragen können.

Bis zum Beweis des Gegenteils wird man aber davon ausgehen können, dass die öffentliche Kommunikation über Technik in Deutschland keine nennenswerten Probleme für die Akzeptanzbasis staatlicher Technikpolitik produziert. Erwartet man freilich von kommunikativer Risikoerzeugung einen funktionalen Beitrag zum gesellschaftlichen Umgang mit Technik, dann ist das risikoarme Technikbild der deutschen Medienlandschaft das eigentliche Problem der Risikokommunikation, nicht die vermeintlich technikfeindliche Haltung der Meinungsmacher.

Literatur

Beck, Ulrich, 1988: Gegengift. Die organisierte Unverantwortlichkeit. Frankfurt a.M.
Clausen, Lars/Dombrowsky, Wolf R., 1990: Zur Akzeptanz staatlicher Informationspolitik bei technischen Großunfällen und Katastrophen. Bonn.
Cohen, Bernhard, 1983: Nuclear Journalism: Lies, Damned Lies and News Reports, in: Policy Review 26, 70–74.
Dunwoody, Sharon/Peters, Hans Peter, 1992: Mass Media Coverage of Technological and Environmental Risks: A Survey of Research in the United States und Germany, in: Public Understanding of Science 1, 199–230.
Gerhards, Jürgen/Neidhardt, Friedhelm/Rucht, Dieter, 1998: Zwischen Palaver und Diskurs. Strukturen öffentlicher Meinungsbildung am Beispiel der deutschen Diskussion zur Abtreibung. Opladen.
Görke, Alexander, 1999: Risikojournalismus und Risikogesellschaft. Sondierung und Theorieentwurf. Opladen.
Jungermann, Helmut/Slovic, Paul, 1993: Charakteristika individueller Risikowahrnehmung, in: *Wolfgang Krohn/Georg Krücken,* (Hrsg.), Riskante Technologien: Reflexion und Regulation. Frankfurt a.M., 79–100.
Kasperson, Roger E., 1986: Six Propositions on Public Participation and their Relevance for Risk Communication, in: Risk Analysis 6, 275–281.
Keeney, Ralph L./Winterfeldt, Detlof von, 1986: Improving Risk Communication, in: Risk Analysis 6, 417–424.
Kepplinger, Hans-Mathias, 1989: Künstliche Horizonte: Folgen, Darstellung und Akzeptanz von Technik in der Bundesrepublik Deutschland. Frankfurt a.M.
Kepplinger, Hans-Mathias/Ehmig, Simone/Ahlheim, Christine, 1991: Gentechnik im Widerstreit. Zum Verhältnis von Wissenschaft und Journalismus. Frankfurt a.M.
Koopmans, Ruud, 1996: Asyl: Die Karriere eines politischen Konflikts, in: *Wolfgang van den Daele/Friedhelm Neidhardt* (Hrsg.), 1996: Kommunikation und Entscheidung. Politische Funktionen öffentlicher Meinungsbildung und diskursiver Verfahren. Berlin, 167–192.
Krewer, Dieter, 1997: Mehr Sicherheit durch Risiko?, in: *Petra Hiller/Georg Krücken* (Hrsg.), Risiko und Regulierung. Soziologische Beiträge zu Technikkontrolle und präventiver Umweltpolitik. Frankfurt a.M., 253–278.
Krohn, Wolfgang/Krücken, Georg, 1993: Risiko als Konstruktion und Wirklichkeit. Eine Einführung in die sozialwissenschaftliche Risikoforschung, in: *dies.* (Hrsg.), Riskante Technologien: Reflexion und Regulation. Frankfurt a.M., 9–44.
Luhmann, Niklas, 1991: Soziologie des Risikos. Berlin/New York.
Luhmann, Niklas, 1993: Risiko und Gefahr, in: *Wolfgang Krohn/Georg Krücken* (Hrsg.), Riskante Technologien. Reflexion und Regulation. Frankfurt a.M., 138–185.
Mazur, Allan, 1990: Nuclear Power, Chemical Hazards, and the Quantity of Reporting, in: Minerva 28 (3), 294–323.
National Research Council, 1989: Improving Risk Communication. Washington.
Otway, Harry, 1990: Communicating with the Public about Major Accident Hazards. Challenges for European Research, in: *Harry Gow/Harry Otway* (Hrsg.), Communicating with the Public about Major Accident Hazards. London/New York, 26–36.
Otway, Harry/Wynn, Brian, 1993: Risikokommunikation. Paradigma und Paradox, in: *Wolfgang Krohn/Georg Krücken* (Hrsg.), Riskante Technologien. Reflexion und Regulation. Frankfurt a.M., 101–112.
Perrow, Charles, 1984: Normal Accidents. Living with High-Risk Technologies. New York.
Peters, Hans Peter, 1999: Rezeption und Wirkung der Gentechnikberichterstattung. Kognitive Reaktionen und Einstellungsänderungen. Arbeiten zu Risiko-Kommunikation der Programmgruppe Mensch, Umwelt, Technik des Forschungszentrums Jülich, Heft 71.
Rothman, Stanley, 1990: Journalists, Broadcasters, Scientific Experts and Public Opinion, in: Minerva 28 (2), 117–133.

Ruhrmann, Georg/Kohring, Mathias, 1996: Staatliche Risikokommunikation bei Katastrophen. Informationspolitik und Akzeptanz. Melle/Bonn.
Sabatier, Paul, 1988: An Advocacy Coalition Framework of Policy Change and the Role of Policy-oriented Learning therein, in: Policy Sciences 21, 129–168.
Schanne, Michael/Meier Werner A., 1992: Risiko-Kommunikation. Ergebnisse aus kommunikationswissenschaftlichen Analysen journalistischer Umwelt- und Umwelt-Risiken-Berichterstattung, in: Rundfunk und Fernsehen 40 (2), 264–290.
Schütz, Holger/Wiedemann, Peter M., 1997: Risikokommunikation als Aufklärung, in: Zeitschrift für Gesundheitsforschung, 3. Beiheft, 67–76.
Slovic, Paul, 1986: Informing and Educating the Public about Risk, in: Risk Analysis 6, 403–415.
Weßler, Hartmut, 1999: Öffentlichkeit als Prozess. Deutungsstrukturen und Deutungswandel in der deutschen Drogenberichterstattung. Opladen.
Wiedemann, Peter M. /Schütz, Holger, 1997: Risikokommunikation als Aufgabe. Neue Entwicklungen und Perspektiven der Risikokommunikationsforschung, in: *Rolf Rosenbrock/Hagen Kühn/ Barbara Maria Köhler* (Hrsg.), Präventionspolitik. Gesellschaftliche Strategien der Gesundheitssicherung. Berlin, 115–136.
Wiedemann, Peter M., 1999: Risikokommunikation: Ansätze, Probleme und Verbesserungsmöglichkeiten, Forschungszentrum Jülich, Arbeiten zur Risikokommunikation Heft 70, Jülich, Februar 1999.
Wildavsky, Aaron, 1988: Searching for Safety. New Brunswick.
Wildavsky, Aaron, 1993 (zuerst 1984): Die Suche nach einer fehlerlosen Risikominderungsstrategie, in: *Wolfgang Krohn/Georg Krücken* (Hrsg.), Riskante Technologien. Reflexion und Regulation. Frankfurt a.M., 305–319.

Der umkämpfte Fortschritt – Über die Codierung des Technikkonflikts

Wolfgang Fach

„Legt man einen europäischen Maßstab zu Grunde, kann von einer besonderen Technikfeindlichkeit der Deutschen keine Rede sein. Hier nimmt Deutschland sowohl was die positiven bzw. negativen Erwartungen an neue Technologien angeht als auch in der Bewertung des wissenschaftlichen Fortschritts eher eine mittlere Position ein" (Hennen 1994: 12).

Deutschland als Land der technischen Mitte und des industriellen Maßes? Dagegen steht, seltsam unberührt vom *empirischen* Befund, die *polemische* Position besorgter Kreise: Ihrer Meinung nach ist dieses Land mit einer besonderen Technikangst geschlagen, leidet an „sklerotischen" Strukturen, pflegt seine ideologische Verblendung, watet in pessimistischen Stimmungen, praktiziert inbrünstig einen Konflikt nach dem andern. Das verheißt nichts Gutes: „Diese Kontroversen haben in Deutschland zu einer breit gefächerten Risikodebatte geführt, die sich aus weltwirtschaftlicher Sicht standortgefährdend auswirken kann und das Modell der Industriegesellschaft wie das der Modernisierung überhaupt in Frage stellt. Solche Auseinandersetzungen können nicht nur die notwendige gesellschaftliche Integration und den Konsens gefährden, sondern auch die notwendigen Innovationen lähmen" (Meier 1994: 5).

Also: Die einen sehen lauter Biedermänner, den anderen begegnen nur Brandstifter. Beide Blickwinkel *konstruieren* partikulare Wirklichkeiten – nicht welche Seite (mehr) Recht hat, steht daher zur Diskussion, sondern: welchem Ablaufschema diese „Diskurse" folgen, also ihre in der Zeit und mit dem Standpunkt wechselnde *Codierung*. Sie, so viel lässt sich rückblickend feststellen, erschließt sich anhand dreier Fragen. Erstens: Welchen Charakter hat die Auseinandersetzung um den Fortschritt? Krieg, Kampf, Dialog? Dann zweitens: Welche Kräfte prallen aufeinander? Kulturen, Funktionen, Haltungen? Und schließlich drittens: Welche „Waffen" werden gegen die Technik eingesetzt? Geist, Sinn, Risiko?

Und auch das enthüllt der Rückblick: Die Fortschritts- resp. Technikdebatte hat eher beiläufig begonnen und gleich mit aller Schärfe eingesetzt.[1] Anfangs haben polemische Töne dominiert, verbunden mit alarmistischen Prognosen unterschiedlichster Art, vom gefährdeten Wohlstand bei uns bis zum dramatischen Welthunger anderswo.

---

[1] Wann dieser Beginn veranschlagt wird und nach welchen Kriterien ist nicht ganz einfach zu sagen. Einerseits gibt es Auseinandersetzungen um den technischen Fortschritt natürlich schon seit „ewigen Zeiten". Andererseits lassen sich zahlreiche Schwellen, Zäsuren, Achsen ausmachen. Das hier abgedeckte Spektrum erfasst etwa die letzten 40 Jahre. Der Beginn wird durch eine Innovation markiert: Während bis dahin Modernität und Macht immer zusammengedacht worden waren, haben sich nach dem zweiten Weltkrieg kritische Stimmen gemeldet, nach deren Meinung fortschrittliche Modernisierer von reaktionären Mächtigen gebremst wurden. So verdankt sich etwa die Einführung schulischer Testmethoden in den USA dem Motiv, mit Hilfe egalitärer *Wissens-* und *Denk*anforderungen den *Bildungs*vorsprung „gehobener" Klassen zu unterlaufen.

Anfangs waren Technik-Kontroversen außerdem exklusive, *elitäre* Angelegenheiten; jedenfalls wurden sie von ihren Wortführern so wahrgenommen. Man trug unter seinesgleichen Kultur- oder Machtkämpfe aus, Fortschritts*freunde* trafen auf Fortschritts*feinde*, beide in kompakten Formationen organisiert.

1. Technik-Kriege

Dass der Kampf um den technischen Fortschritt letzlich ein *Krieg der Kulturen* sei – diese Einsicht geht auf C.P. Snow zurück. Bereits 1959, also lange bevor es zu offenen Feldschlachten kommen sollte, hat er die feindlichen Lager identifiziert: „Literarisch Gebildete auf der einen Seite – auf der anderen Naturwissenschaftler, als deren repräsentativste Gruppe die Physiker gelten" (1987: 21). Was unterscheidet „Studierer" von „Probierern" so sehr, dass man sich am Ende gegeneinander verschwört? Es ist die existenzielle Differenz zwischen Dekadenz und Vitalität, Reflexion und Energie, Skepsis und Praxis; in Snows Worten: Dem einen Lager wäre am liebsten, „es gäbe gar keine Zukunft", während das andere „die Zukunft im Blut" hat (1987: 26f.).

1.1 Kulturkampf

„Die Intellektuellen, und ganz besonders die literarisch Gebildeten, sind geborene Maschinenstürmer" (Snow 1987: 35). Ihr Ressentiment sitzt tief, so tief, dass es sich im Einzelnen gar nicht nachvollziehen und präzise lokalisieren lässt. Immerhin ist Snow imstande, das fortschrittsfeindliche Denken an beliebig vielen Vordenkern der „literarischen" Kultur nachzuweisen. Deren habitueller Widerwille gegen den Fortschritt hat bis zum konsequenten Abschied vom zivilisatorischen Milieu geführt – Leute wie Thoreau sind in den Wald gegangen, um dort ungestört ihren freischwebenden Gedanken nachzuhängen. Am Ende entsteht ein fertiges Bild, ein roter Faden durchs intellektuelle Widerstandslabyrinth: „Lassen wir die naturwissenschaftliche Kultur außer Betracht, so ist von den übrigen westlichen Intellektuellen niemals der Versuch gemacht, der Wunsch geäußert oder die Fähigkeit aufgebracht worden, die Industrielle Revolution zu verstehen, geschweige denn sie hinzunehmen" (Snow 1987: 35).

Doch nicht allein die *Technik* entfremdet den literarischen Geist von der technischen Revolution; auch das revolutionäre *Tempo* ist ihm von Grund auf zuwider. Daraus resultiert ein epochaler Wirklichkeitsverlust: „Während der ganzen Menschheitsgeschichte bis zu unserem Jahrhundert hat sich die Gesellschaft langsam gewandelt. So langsam, dass es innerhalb eines Menschenlebens kaum zu spüren war. Das hat sich geändert. Das Tempo des Wandlungsprozesses hat sich so stark erhöht, dass unser Vorstellungsvermögen nicht mehr mitkommt. Im nächsten Jahrzehnt muss notwendigerweise die gesellschaftliche Veränderung größer sein und müssen mehr Menschen davon betroffen werden als das je innerhalb von zehn Jahren der Fall war. Und in den siebziger Jahren muss sich dann zwangsläufig die Veränderung wieder steigern. In den armen Ländern haben die Menschen diese einfache Vorstellung jetzt erfasst. Sie sind nicht mehr willens Phasen abzuwarten, die über ein Menschenleben hinausgehen" (Snow 1987: 51f.).

Die technikfeindliche Intelligenz, was immer sie von sich selbst hält, mutiert zur reaktionären Nachhut der industriellen Gesellschaft – zugleich begriffsstutzig und parasitär. Verstanden haben den rasenden Zeitgeist: „Eingeweihte" (die den Beschleunigungsprozess schließlich selbst vorantreiben) und – am anderen Ende des zivilisatorischen Spektrums – „Eingeborene", denen langsam dämmert, dass in ihrer Lage fahrlässiger Rückstand mit freiwilligem Tod identisch ist.

Hier wird der Fall *moralisch:* Technikfeinde verwandeln sich, ob sie wollen oder nicht, in Menschenfeinde, sind also nicht nur „andersartig", sondern auch „minderwertig". Ihre privaten Aversionen erzeugen ein öffentliches Desaster: Denn „eine Wahrheit ist unanfechtbar: die Industrialisierung ist die einzige Hoffnung der armen Leute". Uns, „die wir in guten Verhältnissen leben, fällt es nicht weiter schwer zu glauben, dass das Materielle im Leben keine allzu große Rolle spielt. Man kann auch durchaus für die eigene Person die Industrialisierung ablehnen". Empörend wird diese Einstellung aber, wenn sie „die gleiche Entscheidung anderen aufzwingen will, die nicht die Möglichkeit der freien Wahl haben" (Snow 1987: 38).

Also: Jeder soll auf seine Façon selig werden – *solange* die persönliche Wahl nicht anderen den anderen Weg verbaut. Diese Gefahr entsteht dann, wenn Moral mit *Macht* bewehrt ist und sich deswegen verallgemeinern kann.

Von mehr als intellektuellem Belang sind diese Unterschiede deswegen, weil jede Seite ihre Mentalität mit Macht ausstatten, also mit staatlicher Gewalt durchsetzen will – wohl wissend, dass eine friedliche Koexistenz zwischen disparaten Weltbildern nicht funktionieren kann: Entweder man realisiert oder verhindert Zukunft, tertium non datur. Setzt sich dabei das „literarische" Credo durch, leidet darunter die ganze Welt.

Snow behandelt Technik-Akzeptanz als Habitus- resp. Mentalitätsproblem. Entschieden wird die Einsatz-Frage im Streit zweier unterschiedlich „gestrickter" Eliten. Diese Auseinandersetzung ist ein Nullsummenspiel, das man gewinnt oder verliert. Dem zuschauenden Publikum bleibt nichts anderes übrig als „falsche" Sieger wenn möglich zu verjagen. Der Konflikt selbst findet ohne seine Beteiligung statt.

Dass sich die große Masse nicht so einfach (politisch) marginalisieren und (zeitlich) „verschieben" lässt – diese Einsicht ist den Wortführern der Technik-Partei erst spät, nach schmerzlichen Lernprozessen, klar geworden. Lange hatte sie geglaubt, dass Technik nicht nur alternativlos herrsche, sondern auch fraglos populär sei. Ihren Segnungen verdankte man schließlich Sicherheit und Komfort des modernen Lebens: „Die Bäume der Technik wachsen in den Himmel", verkündete dazumal Arnold Gehlen (1975: 65).

Wer sollte da nicht mitwachsen wollen?

1.2 Machtkampf

Doch der Widerstand gegen den technischen Fortschritt begann sich zu regen, kaum dass er für obsolet erklärt wurde. Mit ihm zog die Ernüchterung ein – reflektiert in dem Zugeständnis, dass jene alte, durch und durch kompakte Schlachtordnung – hier literarische „Ideologen", dort praktische „Technologen" – aufgelockert werden müsse: „Die Vorwürfe der ‚Ideologen' gegen die ‚Technologen'", resümiert Helmut Schelsky (1975: 107), „unterschlagen, dass sie in ihrer sozialen Existenz eben von denjenigen leben, die sich der Bewältigung der praktischen Aufgaben in einer Gesellschaft annehmen; sie verschweigen, dass sie selbst in ihren Wortführern und ihrer Anhängerschaft ihre ‚ideologische' Wirksamkeit auf Ämter, also gesellschaftliche Leistungsaufträge stützen, die ihnen aus den Funktionsbedürfnissen der Gesellschaft übertragen sind ... Die umgekehrten Vorwürfe der ‚Praktiker' gegen die ‚Ideologen' verkennen, dass jede Praxis, jede Form von konkreter Berufstätigkeit oder Verwaltung öffentlicher Ämter, einer ‚Sinngebung' unterliegt, die von ihnen selbst als soziale Selbstverständlichkeit meist mehr vorausgesetzt als bewusst gemacht wird; sie versäumen damit sehr oft, die eigene sinn- und ideenhafte Position angemessen zu verteidigen. Die Frontenstellung besteht also gar nicht in dem Primitivgegensatz ‚Technologen gegen Ideologen'."

Snows „cleavage" galt forthin als primitv. Schon aus schierem Erfolgsdruck – Technik und Akzeptanz mussten wieder zusammengeführt werden – waren *mentale Rochaden* gefragt: Erstens, der Mensch lebt nicht von Brot allein, sondern braucht auch „Sinn". Zweitens, Sinndefizite sind nicht weniger brisant als Hungersnöte. Drittens, das Technik-Lager kann sich daher nicht alleine auf die Hungernden („in den armen Ländern") verlassen, sondern muss bedenken, dass satte Menschen („in guten Verhältnissen") nach Sinn zu fragen beginnen. Viertens, Technik ist dann nicht mehr per se sinnvoll. Fünftens, neben Technologie braucht die Moderne daher auch ihre Ideologen – Intellektuelle sind genauso Funktionsträger wie Ingenieure. Sechstens riskiert ein technischer Fortschritt, dem keine „ideologische" Antwort einfällt, sein eigenes „Fortschreiten".

Also „sanfte" Symmetrie und harmonische Ergänzung, wo zuvor starre Dichotomie und unerbittliche Feindschaft waren? So weit geht Schelsky nicht – Technik soll sich nicht irgendeinem Sinn beugen oder wenigstens anverwandeln, sondern *ihren* Sinn verdeutlichen, anstatt ihn einfach als selbstverständlich vorauszusetzen. Das intellektuelle Moment beweist seinen gesellschaftlichen Nutzen dadurch, dass es technischen Fortschritt flankiert, und Intellektuelle sind nur insoweit funktional, als sie „organische Intellektuelle" (Antonio Gramsci) sind, soll heißen: mit dem technisch-wissenschaftlichen Komplex kooperieren: „Es geht darum, ob die ‚Sinn-Vermittler' ihre eigenen Herrschaftsziele durchzusetzen vermögen oder ob sie sich mit der dienenden Stellung einer Sinnausdeutung der gesellschaftlich Arbeitenden begnügen. Es geht also um das herrschaftliche oder das dienende Selbstverständnis der ‚Sinnvermittler'" (Schelsky 1975: 107).

Ideologen als notwendige und gehorsame *Diener* des technischen Fortschritts – die Konfrontation hätte der Kapitulation zu weichen, wenn es nach Schelskys Willen gegangen wäre.

Die Welt des technischen Willens kann nicht ohne Vorstellung auskommen, aber diese Vorstellung soll auch an seine Welt gebunden bleiben. Es gibt zwar keine Technik am Menschen vorbei, doch dürfen Menschen keineswegs glauben, *sie* seien das Maß der technischen Dinge. Freilich wird man ihnen zugestehen müssen, dass das elitäre Sinnangebot dem gesunden Menschenverstand Rechnung tragen muss. Und unser Commonsense weiß nun einmal auch vom *Nachteil* technischer Errungenschaften:

„Die Verlustrechnung dieser technologischen Machbarkeit der Welt ist inzwischen überdeutlich geworden: Angefangen von der Trauer Hegels, Hölderlins und Schellings über die verloren gegangene Einheit der Menschenwelt mit der Welt der Natur bis zu den modernen Problemen der funktionalen Vereinseitigung des Menschen, seiner sachpolitischen ‚Manipulation', den Gefährdungen des Menschen durch Industrie-, Organisations- und Humantechniken, den uneingeplanten Nebenfolgen der Naturbeherrschung (Umweltverschmutzung), ja die Gefährdung seines gattungshaften Bestandes durch Wasserstoffbomben, biologische und chemische Kriegsmittel, biologisch-genetische Techniken und der unbewältigten Relation seiner ungehemmten Vermehrungsraten mit der Versorgungsorganisation, weist diese Verlustseite des technischen Fortschritts einen erheblichen Verlustsaldo auf" (Schelsky 1975: 109f.).

Zahllose Gefahren *misslingender*, ungezählte Risiken *gelingender* Großexperimente – nie ist die Kostenaufstellung länger ausgefallen, auch später nicht (als man zwar mehr Einzelheiten erfuhr, aber das zivilisatorische Risiko zu zerhacken begann, sodass seine „integrale" Bedrohlichkeit hinter einer Plethora von Spezialrisiken verschwand). Welche Frage bleibt da überhaupt noch? Nach Schelsky die alles *entscheidende*: „Weshalb wird die Behebung dieser Negativbilanz nicht vor allem selbst als eine technologisch zu bewältigende Aufgabe, als eine mit den unerhört erweiterten technischen und planerischen Fähigkeiten des Menschen zu lösende Anforderung verstanden?" Statt dessen „wird dieses zwiespältige Ergebnis der technischen Machterweiterung des Menschen über die Natur, seine eigene eingeschlossen, vor allem als eine Argumentationsgrundlage zur Durchsetzung einer neuen sozialheilsreligiösen Beherrschung der Menschen eingesetzt" (Schelsky 1975: 110).

So also soll Technik-Akzeptanz hergestellt werden: In repräsentativen Diskursen bringen Experten „sachliche" Probleme offen zur Sprache und akkumulieren dadurch ein moralisches Kapital, das sie einsetzen können, um die Bewältigungsdebatte auf „sachliche" Lösungen zu beschränken. Wer Vertrauen bildet, entgeht der Kontrolle.

Offen bleibt freilich, weshalb das Kalkül nicht aufgeht? Warum erweisen sich Negation und Agitation als dermaßen widerstandsfähig? Bei Snow lag es an der strukturellen Entfremdung des „literarischen" Geistes von allem Technischen. Schelsky dreht diese Kausalität um – der („ideologische") Ideologe erstrebt nicht Macht, um (s)eine Lebensart zu schützen, sondern propagiert eine Lebensart, um an die Macht zu kommen: Seine „besondere Chance" liegt darin, „dass die ‚arbeitenden' Schichten keine Fähigkeit besitzen (und auch nicht entwickeln können), zwischen dem für sie notwendigen weltinformierenden und normative Orientierungswissen und dem ihnen mühelos Glück und Vollkommenheit vortäuschenden Heilswissen zu unterscheiden. [...] Dass die pseudowissenschaftlichen Heilsverkünder längst die Verbindung mit dem Arbeitswissen der Gesellschaft verloren haben, ja es verteufeln, und dass ihre intellektuellen Heils- und Traumgespinste von den Arbeitenden bezahlt und erlitten werden müssen, ist nicht nur der breiten arbeitenden Bevölkerung undurchsichtig, sondern selbst den politisch Herrschenden" (Schelsky 1975: 122).

2. Technik-Dialoge

Schelskys Einsichten reflektieren das Frontgeschehen jener Tage: Der Kampf um die *Technik-Akzeptanz* entpuppte sich als Kampf um den Commonsense. Siegen würde letzten Endes, wer „die Seele des Volkes" (Carl Schmitt) gewönne.

2.1 Frontverschiebung

Damit war der folgende Doppelschritt in dieser epochalen Auseinandersetzung vorgezeichnet. Einmal wurde die Front insofern verschoben, als man, statt den Feind direkt zu bekämpfen, künftig dazu überging, das *unschlüssige Publikum* zu „bearbeiten". Wer es nicht für sich einnehmen würde, diese Einsicht setzte sich auch in technokratischen Hirnen durch, hätte keine Aussicht, entscheidend Boden zu gewinnen.

Damit verbunden war zweitens: Objekt einer erfolgreichen Strategie sollte fürderhin nicht die feindliche Gesinnung sein, sondern das *falsche Bewusstsein*. Damit einher gingen weitere Veränderungen: Statt Verdrängungsschlachten wurden nun Aufklärungskampagnen lanciert, und es kam nicht mehr darauf an Ressentiments abzudrängen, sondern Ängste zu beschwichtigen.

Erwartbar wäre gewesen, dass dieser Kampf leichter hätte gewonnen werden können – schließlich sind die Deutschen nicht übermäßig technikfeindlich und der gegenteilige Eindruck beruht(e) offenkundig auf dem besonders hartnäckigen, außergewöhnlich lautstarken Widerstand ihrer elitären „Priester" (Schelsky). Doch das war schiere Illusion, wie sich rasch herausstellte. Ein dialogischer „Grabenkrieg" (Antonio Gramsci) brach aus, in dem kleinste Geländegewinne zäh erkämpft und mühsam verteidigt werden mussten.

Der Form nach *Dialoge* zwischen überlegenem Sach- und gesundem Menschenverstand sollten diese Auseinandersetzungen deswegen so schwierig werden, weil sie – bis heute – nicht „nach Vorschrift" verlaufen, also das „bessere Argument" (Jürgen Habermas) für gewöhnlich nicht recht zum Zuge kommen lassen. Weder stört es den skeptischen Commonsense, dass er sich in seiner *Logik* verfängt: „Der Hauptkonflikt zwischen dem Streben nach einer nachhaltigen Entwicklung und der Akzeptanz der damit verbundenen Veränderungen besteht in der Diskrepanz zwischen Einstellung und Verhalten" (Renn/Zwick 1997: 13). Will heißen: Die Leute genießen den Komfort einer Technik, die sie kritisieren; oder ihr Widerstand gegen technische Fortschritte vergisst einfach seine Kosten – Verzicht auf dies, Verzicht auf das.

Noch spielt *Wissen* eine Rolle für die Frage, ob die Technik im Volk „ankommt". Folglich kann man sich auch nicht einfach darauf beschränken, das Publikum im traditionellen Sinne aufzuklären, um es aus seiner technischen „Unmündigkeit" (Kant) zu befreien: „Zwischen dem Grad der Informiertheit und der Höhe der Akzeptanz besteht […] kein messbarer Zusammenhang. Das kann man bedauern, manche bezweifeln es auch. Doch die empirischen Ergebnisse sind in dieser Frage eindeutig" (Renn/Hampel 1998: 3).

Alles in allem: Am gesunden Menschenverstand lässt sich kaum rütteln, seine „Besitzer" sind aufklärungsresistent und trauen ihrer Intuition mehr als der fachmännischen Auskunft. So lange, wie die Seite des Fortschritts den gemeinen Unwillen nicht bedachte, riskierte sie ein geradezu groteskes Scheitern: „Die Normalverbraucher haben sich verkrochen; Chemiker, Kernphysiker, Gentechnologen reden auf sie ein wie auf kranke Gäule, um ihnen die modernen Naturwissenschaften schmackhaft zu machen" (FAZ: 8.3.89).

Wenn weder die Logik zum Zuge kommt noch das Wissen zählt, dann muss es wohl daran liegen, dass *Angst* im Spiel ist: „Angst widersteht jeder Kritik der reinen Vernunft. Sie ist das moderne Apriori – nicht empirisch, sondern transzendental" (Luhmann 1986: 240).

2.2 Angst

Lange genug haben die „Technikfreunde" gebracht, um sich einen angemessenen Umgang mit fremder Angst anzutrainieren. Snow und seinesgleichen waren stets davon überzeugt es genüge, dem Boten schlimmer Nachrichten den Mund zu verbieten. Noch vor nicht allzu langer Zeit hat ein Arbeitskreis „Sachdialog Naturwissenschaft und Medien e.V." das patente Rezept vertreten, dass vorsätzlich falsch informierende Berichterstattung durch ein Publikationsverbot abzustellen sei (FAZ: 30.12.92).

Das simple Rezept, dass das, was niemand weiß, auch niemand „heiß macht", ist nicht a priori zum Scheitern verdammt. Doch funktioniert es nur in extremen Kulturen, wo die Technik *hermetisch* herrscht – unter japanischen Verhältnissen, sozusagen: „Warum es in Japan auch nach dem [bislang jüngsten] Atomunfall keine Debatte über einen Ausstieg aus der Kernenergie gibt", diese Frage kann offensichtlich damit beantwortet werden, dass Kritiker „in den japanischen Medien nicht zu Wort" kommen (Bork 1999). Wo Hegemonie porös wird, gibt es kein Halten mehr – sobald die Angst etwas weiß, emanzipiert sie sich vom Wissen, nicht nur hier zu Lande (dass das widerspenstige Amerika nach einigen vergeblichen Anläufen dazu gebracht werden konnte ein internationales Biosafety-Abkommen zu unterzeichnen, wird mit dem erhöhten „Druck auf die Regierung" erklärt (vgl. Der Tagesspiegel: 30.1.00).

Angst, so sieht es aus, ist unwiderstehlich, sie kann „durch keines der Funktionssysteme weggeregelt werden" (Luhmann 1986: 238). Das bedeutet: „Warntäter" (Luhmann) haben leichtes Spiel, während sich „Heilsbringer" entsprechend schwer tun. So viel jedenfalls hatte man aus den schlechten Erfahrungen des Anfangs gelernt: Angst musste unbedingt *ernst genommen* werden. Dafür nennen einige einen sachlichen Grund: Angstgefühle, so ihr einsichtiger Vergleich, sind ein Schmerz-Pendant und warnen vor latenten Gefahren (Bauer 1995). Andere machen das normative Argument stark: Technik und Demokratie müssten endlich ihre geheime „Wahlverwandschaft" einlösen – ohne dass radikaler Angstabbau als Mitwirkungsklausel gelten dürfe (Saretzki 2000). Doch am unmittelbarsten wirkt wohl der politische Imperativ: der Angstkomplex ist von dermaßen „robuster Konstitution" (Martinsen 2000: 62), dass ihn besser ins Kalkül einbeziehet, wer etwas „bewegen" will, denn beim „derzeitigen Stand der Dinge" wird er „zum unkalkulierbaren Risiko für Politik und Wirtschaft" (Renn/Zwick 1997: 60).

Was aber tun, wie vorgehen? Das post-repressive Denken, dem die „schlechte Presse" seiner Nuklearstrategie eine Lehre war, ist im Wesentlichen auf zwei Strategien verfallen.

Erstens das alte Muster (Hirschman 1980) der *Balancierung* von Ängsten. Den Leuten wird eine Angst dadurch ausgetrieben, dass man ihnen eine andere einjagt – etwa die Horrorvorstellung des drohenden *wirtschaftlichen Kollapses:* „Die Gentechnik", verkündete einst per Annonce Ernst-Ludwig Winnacker, „hat noch größere Bedeutung als man ihr bisher zuschrieb. Und diese immense Bedeutung haben die anderen europäischen Länder sowie die USA und Japan klar erkannt. Sie haben die Entwicklung der Gentechnik zum strategischen Ziel gesetzt." In Deutschland hingegen „besteht eine große Gefahr, dass wir, wie schon bei der Mikroelektronik, durch eigenes Verschulden zurückfallen" (FAZ: 9.12.92). Diese wahrhaft „terroristische" Kombination aus Schuld und Schrecken hat aber erst dann richtig zu wirken begonnen, als sie am *gesundheitlichen Risiko* „einhaken" konnte: „Unser derzeitiges Wissen über das AIDS-Virus", so verängstigte zur selben Zeit eine ähnlich renommierte Expertin die Leser ihrer Anzeige, „gäbe es mit Sicherheit nicht, wenn wir bei der Erforschung keine gentechnischen Methoden hätten einsetzen können. Aber auch bei anderen Krankheiten als AIDS müssten Medizin und Arzneimittelforschung ohne Gentechnik kapitulieren. Zum Beispiel bei Krebs, Alzheimer, Erbkrankheiten, Rheuma und vielem mehr" (Helga Rübsamen-Waigmann, in: FAZ: 24.11.92).

Das hat angeschlagen, freilich lange nicht so *pauschal*, wie es die Protagonisten des technischen Fortschritts gerne gesehen hätten. Getrübt wird ihre Freude in doppelter Hinsicht. Erstens müssen sie (wenigstens im Fall Gentechnik) erkennen, dass eine „Ausdifferenzierung der Bewertung" stattfindet: „An der Spitze stehen humanmedizinische Anwendungen. Mit deutlichem Abstand folgen Anwendungen für den Umweltschutz und an Nutzpflanzen. Landwirtschaftliche Anwendungen werden dagegen weitaus kritischer gesehen" (Hampel/Pfenning 1999: 35). Der zweite Wermutstropfen: „Gentechnische Anwendungen in der Medizin werden offenbar nicht primär der allgemeinen Kategorie Gentechnik zugerechnet, sondern der Kategorie Medizin, dem Bereich von Gesundheit, Krankheit und deren Behandlung" (Pfister u.a. 1999: 192). Es kommt also zu keinem spill-over Effekt innerhalb des technologischen Feldes; stattdessen differenziert der kleine Mann fein säuberlich – und will wohl in jedem Einzelfall wissen, wie teuer ihn seine bösen Ahnungen zu stehen kommt. Er leistet sich zwar eine generalisierte Angst, doch eine generalisierte Akzeptanz ist ihm nicht abzuringen.

Genau darauf aber zielt das andere Überredungskalkül, eine „ehrliche" *Bilanzierung* des Fortschritts, die der Angst ihren angemessenen Platz einräumt. Wiederum am Beispiel der Gentechnik, speziell ihren kritischen Segmenten, vorexerziert: „Welche konkreten Ängste können nach dem heutigen Stand der Erkenntnis als unbegründet betrachtet werden? Da ist einmal die Furcht vor Allergien durch transgene Mais- und Rapssorten. [...] Ein weiterer Diskussionspunkt ist das angebliche Übertragungsrisiko von Antibiotikaresistenzgenen aus transgenen Pflanzen oder Lebensmitteln auf die Darmflora des Menschen. [...] Wie steht es aber mit der Furcht vor der unkontrollierten Ausbreitung von transgenem Raps? Auch hier kann Entwarnung gegeben werden. [...] Betrachtet man den heutigen Wissensstand über die Chancen und Risiken in der Pflanzenbiotechnologie nüchtern, wird man nicht umhinkönnen, die alten Ängste kritisch zu überdenken und endlich auch die Risiken des Unterlassens zu diskutieren. Also doch Schluss mit dem Dialog über die Bedenken der Menschen? Nein. Doch wir alle werden unsere Ängste vor der Zukunft nur dann ertragen können, wenn wir kritische Gelassenheit – gepaart mit Dialogfähigkeit – zeigen und Vertrauen in die Vernunft und Moralität der verantwortlich Handelnden haben" (Prante 1998).

Die bilanzierende Attitüde setzt sich dem gesunden Menschenverstand gegenüber in eine zweifach privilegierte Position. Sie ist einmal *spezialistisch*, soll heißen: gibt keine allgemeinen Auskünfte, sondern diskutiert „ultra-konkrete" Gefährdungen und „unübersichtliche" Details. Angst wird dadurch tendenziell übermächtigt – arme Seelen mögen vor dem Risiko freigesetzter „Killerviren" zittern, doch welches durchschnittliche Hirn ist um Darmflora oder Rapsallergien besorgt? Zum andern gibt sich dieses Dialog-Angebot *situationistisch* – es zählt nur „der gegenwärtige Stand des Wissens". Doch an ihm machen Menschen ihre Ängste selten fest. Gemeine Sorgen fallen gewöhnlich hinter ihn zurück oder „rennen" ihm davon. Damit geraten sie automatisch ins Hintertreffen und delegitimieren ihre Einsprüche. Man hätte besser geschwiegen.

Aber nimmt das ängstliche Herz darauf Rücksicht? Nur dort, wo ein „Vertrauen in die Vernunft und Moralität der verantwortlich Handelnden" tatsächlich vorhanden ist. Darin liegt die eigentliche Achillesverse des Dialogs: Er setzt voraus, was mit seiner Hilfe erst entstehen soll – *Vertrauen*. Den Satz „Akzeptanz braucht Dialog" (Prante 1998) kann man auch umdrehen: Dialog braucht Akzeptanz.

2.3 Vertrauen

Vertrauen ist eng mit *Vertretung* gekoppelt – die meisten Menschen sind von den meisten Dingen überfordert und müssen daher darauf bauen, dass andere es schon „richten" werden, solche mit mehr Macht oder mehr Wissen (oder beidem).

Für gewöhnlich funktionieren Vertrauens- und Vertretungsverhältnisse fraglos, auch da, wo Technik ins Spiel kommt (Giddens 1996: 43, 102). Der Normalverbraucher lebt, was seine technischen Kenntnisse angeht, „wie ein Indianer oder Hottentotte" in den Tag hinein: „Wer von uns auf der Straßenbahn fährt, hat – wenn er nicht Fachphysiker ist – keine Ahnung, wie sie das macht, sich in Bewegung zu setzen" (Weber 1973: 317). Aber niemand stört sich daran an. Unter solchen Umständen gedeihen selbstverständliche Lebensweisheiten wie die, dass technischer Fortschritt mehr Fortschritt erheische (Niklas Luhmannn); technischer Stillstand unvorstellbar sei (Jürgen Mittelstraß); technisch Machbares fraglos gemacht werden solle (Lothar Späth); technisches Wissen seine Kritik gleich mitliefere (Hubert Markl).

Freilich, nicht jeder Errungenschaft stehen wir so gelassen gegenüber wie der Straßenbahn. Kern- oder Gentechnik sind, aus mehr oder minder nahe liegenden Gründen, von ganz anderem Kaliber – in ihrem Falle sind viele nicht bereit, das System als segensreiche black box zu behandeln (Latour 1987; Gottweis 1997), sondern fragen doch lieber nach seiner Verlässlichkeit und danach, wer es beherrscht resp. „bedient".

Da die Auswirkungen der Technik zugleich öffentlich und gefährlich sind, wird man sich lieber doppelt vertreten lassen: durch politische Repräsentanten einerseits, andererseits von technischen Experten. Auch Vertrauen, trust, traditionell eine amorphe, generalisierte Beziehung, differenziert sich nach funktionalen Gesichtspunkten aus.

Damit ist keineswegs impliziert, dass eine arbeitsteilige Gesellschaft mehr oder weniger automatisch auch ein arbeitsteiliges Vertrauen ausbilden würde. Im Gegenteil, es kommt eher zu einer wechselseitigen Blockade. Soll heißen: Den politisch Verantwortlichen schlägt Misstrauen entgegen, offensichtlich weil ihnen das notwendige technische Wissen abgesprochen wird. Und wer über technisches Wissen verfügt, steht unter dem Allgemeinverdacht, sich der politischen Verantwortung zu entziehen. Wieder am speziellen Fall exemplifiziert – einerseits gilt: „Die politisch-administrative Kontrolle der Gentechnik wird von der Bevölkerung als unzureichend und ineffizient wahrgenommen. Die Politik gilt gegenüber dem technikproduzierenden System als relativ einflusslos." Andererseits ist das Vertrauen in die Gentechnikexperten begrenzt: „Die Bevölkerung glaubt, dass auch wissenschaftliches Wissen fehlbar ist und sich infolgedessen Sicherheitsversprechen als falsch erweisen könnten. Sie unterstellt Experten, dass diese nicht unbedingt dem Allgemeinwohl verpflichtet sind, sondern sich an den Interessen von Arbeit- und Auftraggebern orientieren. Sie schätzt die ethische Kompetenz von Experten eher mittelmäßig ein" (Peters 1999: 241).

Das Fazit ist frustrierend – offenbar existiert ein geschlossener Teufelskreis: „Schlechte Nachrichten werden insgesamt für authentischer gehalten, weil sie nicht unter dem Verdacht stehen, aus Eigeninteresse geschönt worden zu sein" (Renn/Zwick 1997: 9). Was könnten Techniker schon unternehmen, „um Missbrauchsverdacht und generalisiertem Misstrauen zu begegnen?" (Zwick 1999: 116). Zu Hilfe kommt ihnen indes, dass auch die Gegenseite, das Volk, in Verlegenheit gerät.

„Vertrauen ist gut, Kontrolle ist besser", behauptet der Volksmund in einer derartigen Lage. Das spräche dafür, weniger auf Vertreter zu setzen und mehr auf *Verfahren*, die ihnen zusätzliche Hebel des Verhinderns in die Hand geben würden. Doch weil eben nicht elementare Technikfeindschaft, sondern eher Rat suchende Ängstlichkeit den Commonsense „bewegt", hat sich ein Kompromiss herauskristallisiert: der *institutionalisierte* Dialog.

Dem lahmenden Fortschritt kommt diese Wendung doppelt zupass. Erstens deswegen, weil face-to-face-Kontakte bewirken, dass nicht nur Positionsmerkmale (Ausbildung, Tätigkeit, Zugehörigkeit) in Vertrauensbilanzen eingehen, sondern auch Persönlichkeitsfaktoren. Sie können gezielt ausgespielt werden: Erfolgreich Vertrauen bildet, wer „eine gewisse ‚Festigkeit', Selbstgewissheit und Überzeugungskraft" demonstriert (Renn/Zwick 1997: 115). Der *„vertraute" Techniker*, so das stillschweigende Kalkül, suggeriert eine *verlässliche Technik*: „Im Zustand nicht behebbarer Unübersichtlichkeit und Unsicherheit wird", wie man weiß, „von der Person des Kommunikators (bzw. seinem Image) auf die Zuverlässigkeit und Glaubwürdigkeit der Informationen geschlossen" (Zwick 1999: 225).

Ein zweiter Vorteil kommt hinzu. Der Dialog wird mit Argumenten bestritten – *diffuse Ängste* müssen daher in *präzise Gründe* überführt werden, um sich volle Geltung zu verschaffen. Wie gesagt, man nimmt sie, aus schlechten Erfahrungen klug geworden, auch als solche neuerdings ernst: „Der Diskurs soll sämtliche Ebenen – ökonomische Argumente, Sachargumente, Werte und Gefühle – gleichermaßen einschließen" (Renn/Zwick 1997: 133). Diese „sentimentale" Offenheit unterscheidet aktuelle Diskussionsangebote von früheren – lange galt, dass Gefühle vor Eintritt in den Dialog abzulegen seien (Häfele 1974). Doch der stille Zwang zur Rede, offeriert als neues Recht auf Gehör (Renn/Zwick: „Den Teilnehmern sollen gleiche Redechancen eingeräumt werden"), entmachtet in Wahrheit stumme Ängste, deren Gründe eben nicht sagbar sind und dennoch gesagt werden müssen: „Also ich weiß es nicht. Da ist halt die Angst" (vgl. Zwick 1999: 107). Auf eine falsche Symmetrie gebracht heißt das: „Partizipative TA-Verfahren am Runden Tisch erzwingen Lernprozesse; sie unterwerfen die Beteiligten einer intellektuellen Disziplin der Konsistenz und Vollständigkeit: Alle müssen sich der Form nach an das argumentative Framing binden lassen" (van den Daele 1997: 295).

Eine Seite argumentiert selbstgewiss, die Gegenseite stammelt verlegen – oder weicht, von Gegenexperten mühsam aufgepäppelt, auf Schwammiges aus und gerät dadurch noch mehr unter Druck (van den Daele 1997).

Wenn Angst auch nicht weggeregelt werden kann, so lässt sich Angstarbeit immerhin delegieren: Verlieren Angsthasen unter dem deprimierenden Eindruck ihrer Sprachlosigkeit das Vertrauen *in sich*, kommt dies dem Vertrauen *in andere* zugute. Einige verhärten freilich; mit ihnen muss man gesondert, politisch, umgehen.

2.4 Verfahren

Die *Politik* des Dialogs ist mittlerweile ein offenes Geheimnis und kann daher den Fällen selbst abgelesen werden. Etwa dem bis dato neuesten.

„Hat das Mediationsverfahren zum Ausbau des Frankfurter Flughafens wirklich nur ‚Berge von Papier' hervorgebracht, unter denen der Widerstand der Ausbaugegner begraben werden soll? Aus der Sicht der Umweltschützer muss sich das Ergebnis des Verfahrens, das nach eineinhalb Jahren abgeschlossen worden ist, so darstellen. Ihren Organisationen ist durch die Mediation ein Teil propagandistischer Wirkungsmöglichkeit genommen worden. Sie hatten von Anfang an die Mitarbeit verweigert und können jetzt nur noch die Protest-Begleitmusik spielen. [...] ‚Die Menschen' im Rhein-Main-Gebiet brauchen einen auch in Zukunft konkurrenzfähigen internationalen Flughafen ebenso sehr, wie sie unter ihm leiden."

Hat sich diese Ambivalenz erst einmal festgesetzt, wird daraus, sofern man das Kalkül weiterhin geschickt genug anleitet, eine uneinholbare Asymmetrie, denn ihretwegen „gab es schon am Beginn der Mediation keine Gleichwertigkeit von Ökonomie und Ökologie. Das Verfahren sollte klären, wie der Flughafen dazu beitragen könnte, die Leistungsfähigkeit des Wirtschaftsraumes Rhein-Main zu verbessern, ohne die ökologischen Belastungen ‚außer Acht zu lassen'. Ergebnisoffen im Grundsätzlichen war es also nie." Also doch – alles nur Theater? Nein: „Die Berge von Papier bergen keine Nichtigkeiten, sondern eine Unmasse von Daten, Gutachten, und Modellrechnungen. Vier Ausbauvarianten sind im Mediationsverfahren herausgefiltert worden. Regierung und Parlament haben das letzte Wort am Ende eines gründlichen Klärungsprozesses" (FAZ: 1.2.00).

Die Spatzen pfeifen es von den Dächern: Ein „Königsweg zur Verbesserung von Beziehungen" ist gefunden (Wiedemann u.a. 1995: 23), einer, der „auch in größerem

Maßstab und mit Blick auf globalere Ziele" Technik-Akzeptanz schaffen könnte (Renn/Zwick 1997: 128). Nichts ist mehr zu spüren von dem Risiko, Risiken dem Dialog auszusetzen: „Wer sich in der Arena der Öffentlichkeit auf Dialog-Kommunikationen einlässt, muss wissen, was er tut. Er schlägt einen chaotischen Weg ein, der, unberechenbar in seinem Verlauf, durchaus im Irgendwo und manchmal auch im Nirgendwo enden kann" (Röglin 1998: 58). Die Erfahrung kennt solche Abenteuer nicht, Statistiken berichten von gesitteter Rationalität, und es besteht Grund zur Hoffnung auf unausgeschöpfte Vertrauens- resp. Befriedungsreserven.

Ruhe herrscht, wo Sturm erwartet wird. Offenkundig entwickelt die „Mikrophysik der Macht" (M. Foucault) „transformatorische" Mechanismen gegen gefährliche Turbulenzen. Erstens findet eine latente *Themenverschiebung* statt. Unter dem „diskursiven" Regime werden Projekte (wie diese Flughafen-Erweiterung) zwar *vor* ihrer Exekution zur Debatte gestellt, aber *nachdem* sie konzipiert worden sind. Soll heißen: In Dialogen geht es nicht mehr um die Ja/Nein-Entscheidung, lediglich das So-oder-So steht zur Debatte – weshalb am Verfahrensende nur noch „konstruktive" Versionen im Raume stehen: Nun gehe „es nicht mehr um das Ob, sondern um das Wie des Flughafenbaus", wird Hessens Ministerpräsident zitiert (FAZ: 2.2.00). Heimlich einschleichen können sich derartige Vorhaben indes nur dann, wenn wenigstens zwischen verschiedenen Wegen (Orten) eine Wahl besteht – daher muss, zweitens, *Angebotselastizität* gewährleistet sein und, darin beschlossen, eine gewisse *Kompromissbereitschaft* auf Seiten der Promotoren: Etliche Pisten-Varianten lassen sich konsensuell planen, aber keine weitere (sollte sie auch billiger kommen oder sonst wie günstiger ausfallen). Auf dieser Basis kommt es, drittens, zur *Lagerdifferenzierung* auf Seiten des Widerstands: Fundamentalisten werden abgespalten und sollten es künftig schwer haben, für ihre grundsätzlichen Argumente noch Gehör zu finden: „Die Zeiten [...] sind wohl vorbei."

Die Theorie reflektiert den friedlichen Wandel, doch anstatt ihn der politisch-psychologischen Verstrickungslogik des Dialogmodells zuzuschreiben, sieht sie eher eine überlegene Vernünftigkeit am stillen Werk: Hinweise gebe es darauf, „dass die polarisierten Positionen durch differenzierte Positionen aufgeweicht werden. Dass es einen Bedarf für diskursive und kognitive Reorientierung gibt, wird dadurch signalisiert, dass die Konstellation grundsätzlicher Diskurse von den Rändern her aufzubrechen begonnen hat, mitunter gerade da, wo sie unverrückbar fest gefügt schien – was darauf schließen lässt, dass Bewegung in die Akteurskonstellationen gekommen ist" (Barben 1997: 30).

Gestützt wird dieses freundliche Bild des gestiegenen Bedarfs für praktische Vernunft durch ein „faires" Arrangement der diskursiven „Schlacht", das dem besseren Argument die bessere Chance einzuräumen scheint: „Auf der einen Seite sind die Anforderungen an die Teilnehmer sehr hoch (strikte Einhaltung der Verfahrensregeln, gleichberechtigter Umgang mit Argumenten). Andererseits basiert der Diskurs auf Freiwilligkeit, die die Möglichkeit eines jederzeitigen Ausstiegs beinhaltet. Darüber hinaus finden die Gespräche losgelöst vom gesellschaftlichen Konfliktfeld in einem künstlich geschaffenen Raum statt" (Behrens u.a. 1997: 274). Dass unter dieser glatten Oberfläche die Mikrophysik der Macht ihre Gesetze entfaltet, bleibt dem ersten Blick leicht verborgen.

Andererseits: Es ist eben eine *Mikro*-Physik – deshalb „das Problem der Verallgemeinerungsfähigkeit erarbeiteter Kompromisse" (Behrens u.a. 1997: 274). Diese *Generalisierung* funktioniert, falls sie überhaupt stattfindet, politik-technisch auf zwei Ebenen: als Legalisierung von Resultaten (etwa einer Enquête) oder Multiplikation des Verfahrens (z.B. bei Anlagen). Das sind beides „theatralische" Aktionen, denen die gehörige Aufmerksamkeit geschenkt worden ist (vgl. zuletzt Kuhlmann 2000). Unterbelichtet bleibt bis heute ihre enge Verquickung mit dem lautlosen Schauspiel der *alltäglichen Technisierung*. „Gleichzeitig bietet der Diskurs die Chance, nicht nur zur Akzeptanz einer neuen Technik beizutragen, sondern durch die Berücksichtigung sozioökonomischer, ökologischer, gesundheitlicher sowie ethischer Probleme in der Ermittlung eines Gestaltungspfades eine gesellschaftliche Akzeptabilität herzustellen" – hochgestimmte Appelle wie dieser (Behrens u.a. 1997: 274f.) verraten noch in ihrem verqueren Idealismus etwas von untergründig fließenden Machtströmen und leise wirkenden Überzeugungstaten.

3. Technik-Diskurse

Den „Untergrund" der Gesellschaft beherrschen die *Diskurse* – allerdings nicht so verstanden, wie sie normalerweise daher kommen: als dialogähnliche oder -gleiche Veranstaltungen (s. Behrens u.a. 1997).

3.1 „Tropfenarbeit"

Diskurse sind keine diskreten Ereignisse, Auswege aus kritischen Momenten, sondern „laufendes Geschäft", banaler Alltag, „wucherndes" *Geflecht* (Bublitz u.a. 1999). Man begegnet ihnen eher in Bedienungsanleitungen denn Zeitungsmeldungen. Ihre Domäne ist die „Führung der Führungen" (Michel Foucault) – sie geben Hinweise auf richtiges Verhalten anstatt Auskünfte über vorgefasste Meinungen. Einstellungen werden diskursiv konstituiert, nicht nur kommuniziert. Und: Es geht um den Aufbau von Hegemonie, Harmonie folgt, vielleicht, später.

Ganz grob gilt: Keine technologische Errungenschaft hat sich automatisch durchgesetzt, also ganz ohne flankierende Maßnahmen, angefangen bei der Ratenzahlung bis hin zur Werbung (Daniel Bell). „Geheime Verführer" (Vance Packard) mussten mal hier, mal da ihre Raffinesse ausspielen, auch dort, wo wir heute die Technik kaum mehr „wegdenken" können. Hier ist das notorische Eisenbahn-Beispiel einmal am Platz: Anfänglich galten Dampfloks als technische Ungeheuer, langsam hat man Vertrauen geschöpft und sich an den Schienenverkehr gewöhnt (siehe Max Weber); heute haben wir ihn schätzen gelernt, ja betrachten seine Nutzung als unser ökologisches Gebot: von der *Angst* über *Vertrauen*, *Gewöhnung* und *Neigung* bis hin zur *Verpflichtung* reicht der „adaptive" Zyklus. Auf anderen Terrains sind ähnliche Prozesse schleichender Technikgewöhnung abgelaufen (s. etwa Hoy 1995).

Es gibt keinen systematischen Grund, warum sich ähnliche Zyklen nicht auch bei neuen Technologien, etwa der Gentechnik, reproduzieren sollten – wenngleich kaum als Folge gelegentlich inszenierter Debatten und fallweise eingerückter Annoncen. Was es stattdessen bedarf, ist die kontinuierliche Überzeugungsarbeit „am Mann". Steter Tropfen höhlt den Stein.

Einen Hinweis darauf, wie die „Tropfenarbeit" funktionieren könnte, liefert en passant der „Economist": Firmen wie Novartis, erfährt man dort, „bauen gerade ganz langsam Brücken zu den Verbrauchern auf. Diese erfahren von den wohltätigen Effekten der Biotechnologie durch ehrliche Makler wie etwa Lehrer und Ärzte" (The Economist: 19.–25.Juni 99). Auf „ehrliche Makler", wenigstens dem Schein nach *neutrale Vermittler*, kommt es also an. Autoritätspersonen des Alltags, die, wie Lehrer oder Ärzte, Menschen professsionell erziehen, beraten, behandeln und ihre *funktionale Autorität* einsetzen können, um das fortschrittliche Anliegen unters Volk zu bringen. An ihnen haftet kein erkennbarer Makel, deshalb sind sie für „geheime Verführungen" besonders prädestiniert.

3.2 Ein Geflecht der Erziehung

Zum Beispiel *Lehrer*: Novartis, der seiner bürgernahen Informationspolitik wegen gelobte Pharmakonzern, organisiert via Internet ein „Gentechnik Forum", das eine breite Palette von Informationsmaterial und Auskunftdiensten anbietet (www.novartis.com). Das gewählte Motto ist geschicktes Programm: „offensiv und öffentlich".

Im Angebot enthalten ist ein Service „Schullabor", der umfangreiche Lehrmaterialien zur Verfügung stellt. Darunter etwa das „Unterrichtspaket *Gen-Spirale*", von dem es heißt: „Mit diesem Unterrichtspaket können Biologielehrer gentechnische Experimente in der Schule mit den Schülern (ab 17. Lebensjahr) durchführen. Die benötigten Spezialgeräte werden den Schulen leihweise und kostenlos zur Verfügung gestellt. Das Verbrauchsmaterial wird ebenfalls mitgeliefert. Mit Hilfe der *Gen-Spirale* lassen sich folgende Experiment durchführen: [...] Das Skript *Gen-Spirale* enthält außer den Experimentbeschreibungen eine Sammlung von Texten und Arbeitsvorschlägen, die zur Auseinandersetzung mit den gesellschaftspolitisch-ethischen Aspekten anregen will."

Für einfache Gemüter wird mit gleicher Zielrichtung ein „Kurs *Gentechnik erleben*" angeboten. In beiden Fällen sind dieselben Mechanismen eingebaut. Erstens wird eine private Initiative öffentlich „autorisiert" – Lehrer unterrichten, was Firmen sagen, Erziehungs-Berechtigte stellen sich (un-)wissentlich in den Dienst von Erziehungs-Interessenten. Zweitens erscheint Technik als Spiel – womit Hänschen experimentiert, davor hat Hans keine Angst mehr; im konkreten Fall dient „Hefeklonierung" als Einstiegsdroge (gewissermaßen). Drittens verknüpft man stillschweigend Machen mit Urteilen, Verbrauchsmaterial mit Diskussionsstoff. Ethische Fragen werden ins Umfeld technischer Verfügung gerückt – so als ob diese Verbindung ganz natürlich wäre. Dass etwas machbar und dennoch fragwürdig sein mag, wird verdrängt.

Anderswo (bei Waldschmidt 1999: 55) lässt sich nachlesen, dass der Gedanke, die Schule genpolitisch zu instrumentalisieren, eine überraschend lange Geschichte hat. Schon in den 70er Jahren empfahl man, das junge Publikum „gegebenenfalls auf eine einfache, fast primitive Weise", mit dem passenden Wissen vertraut zu machen, weil

Humangenetik „wie Lesen und Rechnen" als Teil des zivilisatorischen Minimums zu betrachten sei.

3.3 Ein Geflecht der Beratung

Zum Beispiel *Ärzte:* Jüngst, so wurde kürzlich berichtet, schlug „der Münchner Geburtsmediziner Hermann Hepp vor, auch in Deutschland die so genannte Präimplantationstechnik (PID) in Betracht zu ziehen – zumindest in bestimmten Fällen. Bei dieser Methode können Embryonen, die bei einer künstlichen Befruchtung im Labor entstehen, vor der Einpflanzung in den Mutterleib genetisch getestet und aussortiert werden. Inzwischen hat der wissenschaftliche Beirat der Bundesärztekammer (BÄK) unter Federführung von Hepp ein Positionspapier erarbeitet, über das im Vorstand der BÄK bereits abgestimmt wurde. [...] Dass die Standesvertretung der Ärzte die PID befürwortet, gilt als wahrscheinlich. Denn seit längerem wird von deutschen Geburtsmedizinern die PID gefordert, die hier zu Lande anders als etwa in England oder den USA nicht erlaubt ist. [...] Mittels PID, so deren Befürworter, könnten sich manche dieser Abtreibungen [d.h. wegen einer vorauszusehenden Behinderung des Kindes] von vornerein vermeiden lassen. Für jene Paare, die um ein erhöhtes genetisches Risiko wissen und durch ein schwer krankes oder behindertes Kind stark belastet würden, sei die Methode auch in Deutschland denkbar, so Hepp." Dabei spielt auch das Argument eine Rolle, „es sei nicht fair gegenüber der Gesellschaft, wissentlich ein Kind mit schwerem Gen-Defekt auf die Welt zu bringen. Der britische Molekularbiologe David King argumentiert, eugenische Tendenzen kämen auch ohne staatlichen Zwang, allein durch sozialen Druck und die Einstellung von Genetikern zu Stande. Bei steigender Verfügbarkeit der PID würde sie verstärkt genutzt" (SZ: 8.2. 2000).

Vom pädagogischen unterscheidet sich der „medizinische" Zugriff aufs naive Bewusstsein grundlegend. Beide beuten die menschliche Neugier aus, doch während jener ein spielerisches Umfeld generiert, erinnert dieser an den „biologischen" Ernst des Lebens. Und während das Spiel technische Visionen erzeugen soll, reklamiert man im andern Falle moralische Verantwortung – gegenüber künftigem Leben, eigenem Ich, dem Gemeinwesen: „Das Subjekt prüft sich nun selbst. Es übt Selbstdisziplin und Eigenverantwortung und verlangt nach Wissen, um sich besser kontrollieren zu können" (Waldschmidt 1999: 58). Dieses Wissen wird ihm im Überfluss geboten.

3.4 Ein Geflecht der Beglückung

Nicht zu vergessen also: *Eltern*, deren „maklerische" Dienstfertigkeit, wenn es um das Glück ihrer Kinder geht, erfahrungsgemäß kaum Grenzen und wenig Skrupel kennt. Ihre Fürsorge dient auch als Wegbereiter für den Fortschritt: „Zwillingsstudien lassen schon jetzt vermuten, dass das für Sportler entscheidende Vermögen, Sauerstoff aufzunehmen, zu etwa 40 Prozent im Erbgut festgeschrieben ist. [...] Dass begabte Kinder in Zukunft auch mit Hilfe genetischer Tests herausgefiltert werden, hält Bernd Wohlfahrt durchaus für denkbar. Allerdings bezweifelt der Freiburger Mediziner, dass es so etwas wie *ein* Sportler-Gen gibt". Vermutlich seien es „60, 80 oder sogar 100 Gene", die den Athleten im Kind ausmachten (Der Spiegel: 21.2.00).

Was sich hier abzeichnet und gegebenenfalls auf Talente aller Art ausdehnen lässt, ist eine postnatale Fortsetzung jenes wohltätigen Selektions-Syndroms, das im pränatalen Stadium seinen Anfang genommen hat. Moderne Gesellschaften, die nach dem kantianischen Egalitätsprinzip ihre Karrierewege Talenten, sonst niemandem öffnen, machen den genetischen Eignungstest nachgerade zur moralischen (Eltern-)Pflicht – weil er für jede Seite, Subjekte wie System, notwendige Orientierungshilfen bietet und dadurch gerechtere (Leistungs-)Verhältnisse schafft: „the pursuit of happiness" in Perfektion. Die *funktionale* Genetik öffnet dem technischen Fortschritt eine komfortable Gasse: „Die Pessimisten fürchten ja nicht den verrückten Wissenschaftler, der grauenvolle Mutationen erzeugt. Sie fürchten den Bedarf. [...] Kein Gesetz, keine Ethik, keine Landesgrenze könnte dem Druck der Eltern standhalten" (Kniebe 2000).

3.5 Fazit: Akzeptanz und Codierung

Jener zweideutige Befund des Anfangs – die Deutschen gelten als besonders technikfeindlich, sind es aber nicht – lässt sich jetzt (hypothetisch wenigstens) entflechten.

Erstens: Der aufgeregte Eindruck entsteht *dialogisch*, also durch eine bemerkenswerte Zahl heftiger, wiewohl meist „gesitteter" und zunehmend geregelter Auseinandersetzungen. Gewöhnlich werden sie geführt, wenn besondere Projekte (z.B. gefährliche Anlagen) oder Anlässe (etwa Gesetzesvorhaben) latent vorhandenes Unbehagen politisch verwertbar aktualisieren. Das mag räumlich und zeitlich variieren.

Zweitens: Das unaufgeregte Fundament wird *diskursiv* gelegt. Gemeinhin scheinen sich Menschen, die ängstlichen eingeschlossen, im Alltag an neue Techniken heranführen zu lassen, auch wenn parallele Debatten den positiven Eindruck des technischen Angebots verwischen. Für diesen Spagat braucht es freilich „neutrale" Vermittler mit veralltäglichter Autorität. Wo sie fehlen, herrschen unübersichtliche Verhältnisse.

Wie hermetisch diese beiden Prozesse gegeneinander abzuschotten sind, ist eine offene Frage. Feststellen lässt sich jedenfalls, dass der „laute" Prozess öffentlicher Kontroversen seinen Charakter so verändert hat, dass er mit den „leisen" Vorgängen privater Gewöhnung konvergiert. Es hat, anders gesagt, eine schrittweise Code-Verschiebung stattgefunden:

1. Kultur-Krieg: „progressive" Technik vs. reaktionärer *Geist*
2. Macht-Kampf: „arbeitende" Technik vs. parasitärer *Sinn*
3. Technik-Dialog: „überzeugende" Technik vs. technisches *Risiko*.

In diesem Dreischritt läuft ein folgenreicher *Vereinnahmungsprozess* ab. Die Technik usurpiert allmählich ihr Gegenüber. Der kulturelle Krieg hetzt zwei „kompromisslose" Zivilisationsideen aufeinander; den Macht-Kampf bestreiten schon zwei vermittelbare Welten: Technik kann auch mit Sinn „verkauft" werden (umgekehrt funktioniert es später übrigens auch – davon leben ökologische Modernisierungsprogramme). Am Ende, dem dritten Stadium, gibt es überhaupt keinen autonomen Gegenpol mehr: Risiken sind schließlich integraler Bestandteil des technischen Universums. Jenseits davon existiert das Nichts.

Schleichend hat sich so die gesellschaftliche Stimmungsbalance verändert: weg von alarmistischen „Rändern", hin zum pragmatischen „Zentrum" (vgl. Douglas/Wildavsky 1983). Meistens waren darin auch technische Modifikationen eingelassen – nicht nur werden Menschen gefügiger, sondern Umweltgefährdungen sinken, Sicherheitsmargen nehmen zu, Sozialverträglichkeit entsteht. Fortschrittlichkeit bringt Fortschritte; sonst wäre ihre Plausibilität ein Rätsel.

Diese komplexe Verwandlung könnte man eine „Leonardo-Transformation" nennen (angelehnt an Mittelstraß 1992). Sie lässt sich selbst an den politik-theoretischen Reflexionen ablesen, deren Schlüsselbegriffe ausgetauscht werden: *Rationalität* ersetzt Legitmität, *Einsicht* verdrängt Macht, statt Herrschaft gibt es nur noch *Akzeptanz.*

Literatur

Barben, Daniel, 1997: Ungleichzeitigkeiten und Ungleichmäßigkeiten zwischen wissenschaftlich-technischer, diskursiver und institutioneller Entwicklung der Biotechnologie, in: *Renate Martinsen* (Hrsg.), Politik und Biotechnologie. Baden-Baden, 13–36.
Bauer, Martin (Hrsg.), 1995: Resistance to New Technology. Cambridge, Mass.
Behrens, Maria/Meyer-Stumborg, Sylvia/Simonis, Georg, 1997: Von den Nachbarn lernen? Die deutsche Nahrungsmittelindustrie im gesellschaftlichen Konflikt um die Einführung der Gentechnik, in: *Renate Martinsen* (Hrsg.), Politik und Biotechnologie. Baden-Baden, 257–279.
Bork, Henrik, 1999: Eine gebremste Kettenreaktion, in: Die Zeit, 7.10.99.
Bublitz, Hannelore/Bührmann, Andrea D./Hanke, Christine/Seier, Andrea (Hrsg.), 1999: Das Wuchern der Diskurse. Perspektiven der Diskursanalyse Foucaults. Frankfurt a.M.
Daele, Wolfgang van den, 1997: Risikodiskussion am „Runden Tisch", in: *Renate Martinsen* (Hrsg.), Politik und Biotechnologie. Baden-Baden, 281–301.
Douglas, Mary/Wildavsky, Aaron, 1983: Risk and Culture. Berkeley.
Giddens, Anthony, 1996: Konsequenzen der Moderne. Frankfurt a.M.
Gottweis, Hubert, 1997: Gene, Hochtechnologie-Narrative und Politik in Frankreich, in: *Renate Martinsen* (Hrsg.), Politik und Biotechnologie. Baden-Baden, 321–339.
Häfele, Wolf, 1974: Hypotheticality and the New Challenges: The Pathfinder Role of Nuclear Energy, in: Minerva 12, 303–322.
Hampel, Jürgen/Pfenning, Uwe, 1999: Einstellungen zur Gentechnik, in: *Jürgen Hampel/Ortwin Renn* (Hrsg.), Gentechnik in der Öffentlichkeit. Frankfurt a.M., 28–55.
Hampel, Jürgen/Renn, Ortwin (Hrsg.), 1999: Gentechnik in der Öffentlichkeit. Frankfurt a.M.
Hennen, Leonhard, 1994: Ist die (deutsche) Öffentlichkeit ‚technikfeindlich'? (hg. vom TAB), Bonn.
Hirschman, Albert O., 1980: Leidenschaften und Interessen. Frankfurt a.M.
Hoy, Suellen, 1995: Chasing Dirt. The American Pursuit of Cleanliness. New York.
Kniebe, Tobias, 2000: Im Handumdrehen. Extase und Angst: Das Gen-Patent stellt den Moralkonsens in Frage, in: SZ, 24.2.00.
Kreuzer, H. (Hrsg.), 1987: Die zwei Kulturen. München.
Latour, Bruno, 1987: Science in Action. Cambridge, Mass.
Luhmann, Niklas, 1986: Ökologische Kommunikation. Opladen.
Martinsen, Renate (Hrsg.), 1997: Politik und Biotechnologie. Baden-Baden.
Martinsen, Renate, 2000: Angst als politische Kategorie. Zum Verhältnis von Gentechnik und Demokratie, in: *Renate Martinsen/Georg Simonis* (Hrsg.), Demokratie und Technik – (k)eine Wahlverwandtschaft? Opladen, 53–69.
Martinsen, Renate/Georg Simonis (Hrsg.), 2000: Demokratie und Technik – (k)eine Wahlverwandtschaft? Opladen.

Meier, Bernd, 1994: Technikakzeptanz in der Diskussion. Köln.
Mittelstraß, Jürgen, 1992: Leonardo-Welt. Frankfurt a.M.
Peters, Hans Peter, 1999: Das Bedürfnis nach Kontrolle der Gentechnik und das Vertrauen in wissenschaftliche Experten, in: *Jürgen Hampel/Ortwin Renn* (Hrsg.), Gentechnik in der Öffentlichkeit. Frankfurt a.M., 225–245.
Pfister, Hans-Rüdiger/Böhm, Gisela/Ungermann, Helmut, 1999: Die kognitive Repräsentation von Gentechnik: Wissen und Bewertungen, in: *Jürgen Hampel/Ortwin Renn* (Hrsg.), Gentechnik in der Öffentlichkeit. Frankfurt a.M., 170–196.
Prante, Gerhard, 1998: Akzeptanz braucht Dialog, in: SZ, 13.10.98.
Renn, Ortwin/Hampel, Jürgen (Hrsg.), 1998: Kommunikation und Konflikt. Fallbeispiele aus der Chemie. Würzburg.
Renn, Ortwin/Zwick, Michael M., 1997: Risiko- und Technikakzeptanz. Berlin/Heidelberg.
Röglin, Hans-Christian, 1998: Öffentlichkeitsarbeit und das Konzept der kühnen Konzepte, in: *Ortwin Renn/Jürgen Hampel* (Hrsg.), Kommunikation und Konflikt. Fallbeispiele aus der Chemie. Würzburg, 53–70
Saretzki, Thomas, 2000: Technologische Bürgerschaft? Anmerkungen zur Konstruktion von „citizenship" in einer technologischen „polity", in: *Renate Martinsen/Georg Simonis* (Hrsg.), Demokratie und Technik – (k)eine Wahlverwandschaft? Opladen, 17–51.
Schelsky, Helmut, 1975: Die Arbeit tun die anderen. Opladen.
Snow, Charles P., 1987: Die zwei Kulturen, in: *H. Kreuzer* (Hrsg.), Die zwei Kulturen. München, 19–58
Waldschmidt, Anne, 1999: Subjekt und Macht: Die Humangenetik als eine Ordnung des Selbst, in: Berliner Journal für Soziologie 1, 45–64.
Weber, Max, 1973: Vom inneren Beruf zur Wissenschaft, in: *Max Weber,* Soziologie – Universalgeschichtliche Analysen – Politik. Stuttgart, 311–339.
Wiedemann, Peter. M., 1995: Mediationsverfahren – Dialog im Widerspruch (hg. von der IZE e.V.). Frankfurt a.M.
Zwick, Michael M., 1999: Gentechnik im Verständnis der Öffentlichkeit – Intimus oder Mysterium?, in: *Jürgen Hampel/Ortwin Renn* (Hrsg.), Gentechnik in der Öffentlichkeit. Frankfurt a.M., 981–32.

Entstehung, Verlauf und Wirkungen von Technisierungskonflikten: Die Rolle von Bürgerinitiativen, sozialen Bewegungen und politischen Parteien

Thomas Saretzki

1. Einleitung

Konflikte werden in liberalen Demokratien als unausweichliches und legitimes, teilweise auch als produktives Element des politischen Lebens anerkannt. Jedenfalls im Prinzip. Sieht man genauer hin, dann stößt die klassische liberale Sicht von Konflikten und ihren gesellschaftlichen Funktionen (Dahrendorf 1972) nach wie vor nicht in allen Politikfeldern auf Anerkennung. Das gilt nicht zuletzt für die Technologiepolitik. Konflikte um die Entwicklung, Anwendung und Verbreitung von neuen Technologien gelten auch am Ende des 20. Jahrhunderts vielfach noch als überflüssig und unproduktiv, wenn nicht gar als schädlich für das Gemeinwohl und infolgedessen auch als illegitim. Folgt man den Protagonisten und Promotoren neuer Technologien, dann erscheint das Entstehen von Technisierungskonflikten bei einer „sachlichen" Betrachtung der Dinge letztlich als unverständlich. Technisierungsprozesse müßten aus dieser Sicht eigentlich weitgehend „ungestört" und „konfliktfrei" verlaufen können. Gleichwohl ist es seit den 1970er Jahren in der Bundesrepublik zu teilweise heftigen gesellschaftlichen Konflikten um neue Technologien gekommen, von denen auch das politische System nicht unberührt geblieben ist.

In der öffentlichen Diskussion wird von Vertretern aus Wissenschaft, Wirtschaft und Politik in diesem Zusammenhang immer wieder auf eine wachsende „Technikfeindlichkeit" verwiesen. Bisweilen kann man in dieser Debatte den Eindruck gewinnen, der Gegensatz „technikfeindlich vs. technikfreundlich" bilde nicht nur eine weitere, sondern die zentrale neue Konfliktlinie, an der sich das Schicksal der modernen Industriegesellschaften im 21. Jahrhundert entscheiden wird. Der bipolare Bezugsrahmen des Schemas „technikfreundlich vs. technikfeindlich" legt eine Konfliktdiagnose nahe, die von einer recht einfachen Grundvorstellung mit wenigen Grundannahmen geprägt ist: Es gibt einen fundamentalen Technikkonflikt. In diesem Konflikt geht es um die Technik. An dem Konflikt sind zwei Gruppen beteiligt: Auf der einen Seite stehen diejenigen, die eine technikfreundliche Einstellung haben, auf der anderen Seite versammeln sich seit einiger Zeit diejenigen, die der Technik feindlich gegenüberstehen. Zu klären bleibt in diesem Bezugsrahmen dann nur noch, welche Akteure die technikfeindlichen Einstellungen in den politischen Raum hineintragen und dadurch für das Entstehen von technologiepolitischen Konflikten verantwortlich sind.

Wenn man das politische Umfeld der staatlichen Technologiepolitik im Hinblick auf das Verhältnis von Konsens und Konflikt betrachtet, dann liegt es nach den Erfahrungen der letzten 25 Jahre nahe, daß der Blick dabei früher oder später auf Bürgerinitiativen, auf soziale Bewegungen und schließlich auch auf politische Parteien fällt.

Denn es waren zunächst Bürgerinitiativen und soziale Bewegungen, die seit Mitte der 1970er Jahre mit ihren Protestaktionen gegen technische Großprojekte die ersten größeren politischen Konflikte um neue Technologien initiiert haben. Mit diesen Protesten wurde zugleich öffentlich erkennbar der breite Konsens aufgekündigt, der bis in die siebziger Jahre des vergangenen Jahrhunderts hinein im Hinblick auf die positive Bewertung des technischen Fortschritts vorherrschte. Eine solche akteursbezogene Betrachtung führt rasch zu dem Schluss: Für den Zerfall des Konsenses und das Entstehen von Technisierungskonflikten sind zunächst einmal Bürgerinitiativen und soziale Bewegungen, mittelbar auch politische Parteien verantwortlich zu machen.

Wendet man sich vor diesem Hintergrund an die Protagonisten neuer Technologien in Wissenschaft und Wirtschaft oder ihre Promotoren in der staatlichen Technologieförderung und fragt nach der Rolle von Bürgerinitiativen, sozialen Bewegungen und Parteien in Technisierungskonflikten, dann wird die Frage in der Regel zunächst einmal evaluativ verstanden und die Antwort fällt meist recht eindeutig aus: eine negative. Bürgerinitiativen und soziale Bewegungen erscheinen aus dieser Sicht in der Regel als Nein-Sager, als Be- und Verhinderer von technischem Fortschritt, und manchmal werden auch Parteien, wenn nicht das ganze politische Vermittlungssystem als unberechenbares Risiko für technologische und wirtschaftliche Wettbewerbsfähigkeit wahrgenommen.

Eine positivere Sicht der Rolle von Bürgerinitiativen und sozialen Bewegungen findet sich nicht nur bei ihren Mitgliedern und Anhängern. In repräsentativen Befragungen der Bevölkerung wird deutlich, dass etwa Vertreter von Umweltgruppen bei technologischen Kontroversen oft ein erstaunlich großes Maß an Vertrauen in ihre Glaubwürdigkeit genießen, während Repräsentanten der Wirtschaft und des Staates von den Befragten sehr viel stärker als voreingenommen und eigeninteressiert wahrgenommen werden. Zu einer eher positiven Bewertung gelangen schließlich auch diejenigen, die eine stärker demokratisch rückgebundene Technologiepolitik „von unten" für wünschenswert halten. In einer „bottom up" Perspektive erscheinen Bürgerinitiativen, soziale Bewegungen und politische Parteien als unverzichtbare Aktions- und Organisationsformen kollektiven Handelns, ohne die technikbezogene gesellschaftliche Interessen und Werte von Bürgerinnen und Bürgern nicht wirkungsvoll in das politische Vermittlungs- und Entscheidungssystem transportiert werden können.

Gleich wie die Bewertung ausfällt, beide Seiten weisen diesen Akteuren in ihren Szenarien zumindest implizit eine eher große Rolle zu: Be- und Verhinderer von technischem Fortschritt im „negativen", glaubwürdige Anwälte von Bürgerinteressen und unverzichtbare Wegbereiter einer demokratisierten Technologiepolitik im „positiven" Szenario. Was in der politischen Auseinandersetzung einfach unterstellt wird, erscheint hingegen aus der distanzierteren Sicht der empirisch orientierten Politikforschung gerade fragwürdig. Hier steht weniger die positive oder negative Färbung der Charaktere zur Diskussion, sondern die Größe der Rollen, die von diesen Akteuren wahrgenommen wird. Die in der Politikwissenschaft viel zitierte Frage: „Does politics matter?" ergibt sich aus der Skepsis, ob die Prozesse des politischen Vermittlungssystems überhaupt eine Rolle spielen für das Politikergebnis – und Entsprechendes gilt für ihre akteurbezogenen Konkretisierungen: Do parties matter? Do movements (really) matter? Während bei den politisch interessierten Lesarten also die Frage im Vordergrund steht, ob die Rolle von Bürgerinitiativen, sozialen Bewegungen und politischen Parteien „positiv" oder „negativ" zu bewerten ist, geht es bei der politikwissenschaftlichen Diskussion zunächst eher darum, ob es sich bei der Rolle, die diese Akteure in der technologiepolitischen Arena spielen, tatsächlich – wie die einen befürchten und die anderen hoffen – um eine Hauptrolle handelt oder ob diese Akteure nicht nur weniger wichtige Nebenrollen spielen, vielleicht auch bloß als Statisten anzusehen sind.

Bevor näher auf die Rollen eingegangen wird, die Bürgerinitiativen, soziale Bewegungen und politische Parteien für Entstehung, Verlauf und Wirkungen von Technisierungskonflikten spielen, soll im Folgenden zunächst einmal nach dem Gegenstand des Konfliktes gefragt werden. Zu klären ist bei einer Konfliktanalyse ja nicht nur, wer in welcher Rolle an einem Konflikt beteiligt ist, sondern auch, was in dem Konflikt umstritten ist (2). Anschließend geht es dann um Bürgerinitiativen, soziale Bewegungen und Parteien, also um kollektive Akteure, deren politisch relevanter Handlungsschwerpunkt im politischen Vermittlungssystem liegt. Der Konzeption dieses Bandes entsprechend wird das Verhältnis von Politik und Technik dabei in zwei Richtungen betrachtet. Gefragt werden soll also nicht nur nach der Rolle, die diese Akteure in Technisierungskonflikten spielen, sondern auch umgekehrt nach der Bedeutung, die Technisierungskonflikte für Bürgerinitiativen, soziale Bewegungen und politische Parteien haben (3). In einem weiteren Schritt geht es um die Konsequenzen, die sich aus der bisherigen Diskussion um die Relevanz ausgewählter Akteure für die politikwissenschaftliche Analyse von Technisierungskonflikten ergeben (4), bevor abschließend noch einmal kurz auf einen Aspekt der politischen Diskussion um die Bewertung dieser Rolle eingegangen wird: Bürgerinitiativen, soziale Bewegungen und politische Parteien und die von ihnen ausgelösten und ausgetragenen Technisierungskonflikte haben zu einer höheren gesellschaftlichen und politischen Reflexivität in einem Politikfeld beigetragen, das lange als „gesellschaftsenthoben" und „politikfern" angesehen wurde (5).

2. Technisierungskonflikte

Gibt es „den" Technikkonflikt? Folgt man der öffentlichen Diskussion um technologische Wettbewerbsfähigkeit und wachsende „Technikfeindlichkeit", dann drängt sich der Eindruck auf, dass diese Frage positiv zu beantworten ist. Der Gegensatz „technikfeindlich vs. technikfreundlich" scheint eine neue Konfliktlinie zu bilden, die die Bevölkerung in ähnlicher Weise gesellschaftlich und politisch spaltet, wie es frühere sozio-politische „cleavages" getan haben. Allerdings trifft die Annahme eines basalen Technikkonflikts in empirischer Hinsicht zunächst einmal auf das Problem, dass dieser grundlegende „Technikkonflikt" nicht durchgängig zu Tage tritt, da nicht alle Technisierungsprozesse in gleicher Weise von Konflikten begleitet werden. Mehr noch: Bei der Entwicklung, Anwendung und Verbreitung von neuen Technologien ist nicht Konflikt, sondern eher Konsens der „Normalfall". Sieht man genauer hin, dann sind es keineswegs alle, sondern nur bestimmte Technisierungsprozesse, die zu gesellschaftlichen Konflikten Anlass geben. Diese technologiespezifischen Unterschiede sind mit Annahmen über grundlegende Einstellungsmuster zum technischen Fortschritt allein nicht angemessen zu erklären. Selbst wenn man davon ausgeht, dass es solche kulturell bedingten gegensätzlichen Einstellungen zum technischen Wandel gibt, bleibt für eine Konfliktanalyse immer noch die Frage, warum diese gegensätzlichen Einstellungen bei einigen Technisierungsprozessen zu manifesten gesellschaftlichen Konflikten führen (bei anderen nicht), und warum einige dieser gesellschaftlichen Konflikte auch im politischen Vermittlungs- und Entscheidungssystem thematisiert und bearbeitet werden (andere nicht).

Die öffentliche Debatte um die wachsende Technikfeindlichkeit nährt die vereinfachende Vorstellung, es gehe bei Technisierungskonflikten um „die Technik" schlechthin. Diese Vorstellung erweist sich bei einer näheren Betrachtung des Konfliktgegenstandes aus der Sicht der sozialwissenschaftlichen Technikforschung rasch als hoffnungslos unterkomplex und differenzierungsbedürftig. Statt von „der" Technik ist von unterschiedlichen Technisierungsprozessen auszugehen. Diese können auf unterschiedlichen Ebenen betrachtet werden: der Ebene von konkreten Einzelprojekten, etwa dem Bau eines Prototyps oder einer technischen Anlage an einem bestimmten Ort, der Ebene spezifischer (neuer) Technologien, der Ebene ganzer technologischer Pfade oder Trajektorien und schließlich auch auf der Ebene der technischen Entwicklung insgesamt. Konkrete Technisierungsprojekte, einzelne Technologien und größere Technisierungspfade unterscheiden sich u.a. im Hinblick auf ihre Struktur- und Funktionseigenschaften, ihre Anwendungs- und Wirkungsbereiche, ihre Ziele und Folgen, ihre Entwicklungsdynamik sowie ihre Planung und Steuerung. Vergegenwärtigt man sich diese Unterschiede, dann wird rasch deutlich, dass es so etwas wie „den" Konflikt um „die" Technik als empirisch beobachtbares Phänomen nicht gibt. Eine Art Grundkonflikt, von dem sich alle beobachtbaren manifesten Konflikte ableiten lassen, ist bei Technisierungsprozessen nicht zu erkennen. Unterschiedliche Technisierungsprozesse bringen vielmehr unterschiedliche Konfliktpotenziale mit sich.[1]

Dass es nicht nur relevante Unterschiede zwischen verschiedenen Technisierungsprozessen gibt, sondern dass diese unterschiedlichen Technisierungsprozesse auch unter sehr unterschiedlichen Gesichtspunkten zum Gegenstand von konflikthaften Auseinandersetzungen werden können, zeigt sich schon bei den „controversy studies" der Wissenschafts- und Techniksoziologie. Technologische Kontroversen können als Wert-, Verteilungs-, Risiko-, Autonomie- oder Gerechtigkeitskonflikte ausgetragen und entsprechend beschrieben werden (Nelkin 1992). Wissenschaftlich-technische Kontroversen zwischen Experten und Gegenexperten oder zwischen wissenschaftlichen Experten und Vertretern gesellschaftlicher Gruppen werden allerdings in erster Linie von den Vermittlungsproblemen zwischen Wissenschaftssystem und (Medien-)Öffentlichkeit geprägt. Solche öffentlich ausgetragenen Kontroversen über technologische Streitfragen sind für sich genommen kein Problem, auf das die staatliche Technologiepolitik unbedingt reagieren muss. Wenn es bei Technisierungsprozessen hingegen zu manifesten Konflikten kommt, stellt dies eine Herausforderung dar, der die Politik nicht mehr ohne weiteres ausweichen kann.

---

1 Zur Diskussion um die Technikfeindlichkeit vgl. Hennen (1994), für einen Überblick über empirische Befunde zur Technikakzeptanz siehe Renn/Zwick (1997), zur sozialwissenschaftlichen Perspektive auf Technik vgl. Rammert (1993), zu dem hier vorausgesetzten Verständnis von Technisierungsprozessen vgl. Saretzki (1997: 43–46) mit Bezug auf das Beispiel der Biotechnisierung.

Manifeste gesellschaftliche Konflikte werden nicht um die Technik schlechthin ausgetragen. Sie lassen sich nicht auf einer allgemeinen Ebene „der" Technik, sondern nur bei spezifischen Technisierungsprozessen beobachten. Unter den beobachtbaren Technisierungskonflikten gibt es in den demokratischen Industriestaaten in den letzten drei Jahrzehnten des 20. Jahrhunderts einen herausragenden Fall, der auch im politischen System ausgetragen wurde: der Konflikt um die Nutzung der Kernenergie. In der Geschichte der Bundesrepublik ist dies der erste und bisher auch bedeutendste Technisierungskonflikt, wenn man Indikatoren wie Ausmaß von Protesten, Zahl der Konfliktbeteiligten, Dauer und Intensität der Konfliktaustragung zugrundelegt.[2] Der Kernenergiekonflikt ist nicht nur ein empirisch besonders relevanter und folgenreicher Fall. Er gilt vielfach zugleich als *der* paradigmatische Fall eines Technisierungskonfliktes, der die Wahrnehmung, Bewertung und Bearbeitung vieler nachfolgender Technisierungskontroversen bis heute strukturiert. Für mehrere Jahrzehnte war er das zentrale Beispiel für die Virulenz von Fortschritts- und Wachstumskonflikten in den Industriegesellschaften. Dabei gerät oft aus dem Blick, dass der Kernenergiekonflikt nicht nur ein herausragender und symbolisch aufgeladener, sondern in vielerlei Hinsicht zugleich auch ein sehr spezieller Fall ist. Auf Grund besonderer historischer Umstände und spezifischer technologischer und politischer Bedingungen ist dieser Fall gerade nicht typisch für Technisierungsprozesse schlechthin.[3]

In *diesem* spezifischen Technisierungskonflikt haben Bürgerinitiativen, soziale Bewegungen und politische Parteien zumindest in bestimmten Phasen herausragende Rollen gespielt. Allerdings waren sie nicht allein für Entstehung, Verlauf und Wirkungen des Kernenergiekonfliktes verantwortlich. Daneben waren auch Forschungseinrichtungen und Industrieunternehmen, Wirtschaftsverbände und Gewerkschaften, wissenschaftli-

---

2 Die besondere Relevanz des Kernenergiekonfliktes zeigt sich nicht zuletzt bei einem Blick in die quantitativen Analysen zu Protestereignissen in der Bundesrepublik. Unter den Themen, die in der Geschichte der Bundesrepublik Anlass zu manifesten Konflikten in Form von Protesten gegeben haben, findet sich für die ersten 45 Jahre nur ein Bereich, der eindeutig als Technisierungskonflikt zu identifizieren ist, nämlich der Bereich, der unter dem Stichwort „Atom" codiert wurde. Dazu zählen Neidhardt und Rucht (1999: 140) „Konflikte um die zivile Nutzung der Atomkraft (Atomkraftwerke, Transport und Lagerung von Atommüll, Wiederaufarbeitung von Kernbrennstoffen etc.)". Sowohl bei der Zahl der Protestereignisse als auch bei den Protestteilnehmern liegt der Bereich „Atom" mit 5,3% auf dem siebten Platz in der Rangliste der Themen, die in der Zeit von 1950–1994 Anlass zu Protesten in der Bundesrepublik gegeben haben – hinter Themen wie Demokratie, Arbeit, Frieden, Ausländer, Bildung und Ideologie bzw. Soziales. Hinweise auf andere Technisierungskonflikte findet man nach dieser Auswertung ferner in den Bereichen „Infrastruktur", der mit 4,7% bei den Protestereignissen bzw. 3,4% bei den Protestteilnehmern zu Buche schlägt und dem u.a. Konflikte um Verkehrsprojekte und nicht-nukleare Industrieanlagen zugerechnet werden, sowie in dem Bereich „Ökologie", zu dem neben Umwelt- und Tierschutz auch die Bio- und Gentechnik gerechnet wurde und auf den 3,3% bzw. 2,8% entfallen. Der zuletzt genannte Bereich steht lediglich in dem Zeitraum 1990–94 etwas stärker im Vordergrund als das Thema „Atom" (Neidhardt/Rucht 1999: 140–141).

3 Charakteristisch sind u.a. die umfangreiche staatliche Förderung und Kontrolle, die Tatsache, dass es sich bei diesem nuklearen Technisierungspfad um die Implementation eines großtechnischen Systems mit hohem Risikopotenzial handelt, und die bevorzugte Ansiedlung der zugehörigen technischen Anlagen in agrarisch strukturierten Räumen; zur Geschichte der Kernenergie in der Bundesrepublik vgl. Radkau (1983).

che Experten und Medien sowie Parlamente, Regierungen, Ministerialverwaltungen und nicht zuletzt Gerichte an dem Konflikt beteiligt. Die Fokussierung der Konfliktanalyse auf die öffentlich sichtbaren Episoden der Konflikteskalation (an Bauplätzen) und Konfliktbeilegung (in Konsensgesprächen) vernachlässigt die anderen Akteure, die nicht so sehr im Rampenlicht stehen, aber gleichwohl an diesem Technisierungskonflikt mitgewirkt haben. Und sie übersieht die institutionellen Rahmenbedingungen und gesellschaftlichen Kontextfaktoren, unter denen Konflikte entstehen, ausgetragen und beigelegt werden (können).

3. Technisierungskonflikte und kollektive Akteure im politischen Vermittlungssystem

Wenn nach der Rolle von Bürgerinitiativen, sozialen Bewegungen und politischen Parteien gefragt wird und die drei Akteursgruppen in dieser Reihenfolge genannt werden, so korrespondiert diese Aufzählung in der Regel einer „bottom up" Perspektive, also einer Sicht, die den politischen Prozess von „unten" nach „oben", von den Bürgern zum Staat durchbuchstabiert. Am Anfang stehen die Bürger, die Initiativen ergreifen, sich zu sozialen Bewegungen zusammenschließen und politische Parteien gründen, um auf die staatliche Politik einzuwirken. Eine solche Lesart würde zwar verbreitete Vorstellungen einer Demokratie „von unten" in nahezu idealer Weise zum Ausdruck bringen. Sie entspricht aber ganz und gar nicht dem Modus der Politikformulierung, der in der Technologiepolitik der Bundesrepublik tatsächlich lange vorherrschend gewesen ist. Seit Technologiepolitik hier als staatliche Aufgabe definiert und mit der Gründung eines eigenen Ministeriums auf Bundesebene auch nominell als eigenständiges Politikfeld institutionalisiert wurde, wurden neben der Ministerialbürokratie aus Bund und Ländern zunächst nur die primären Adressaten staatlicher Förderungsprogramme aus Wissenschaft und Wirtschaft an der Politikformulierung beteiligt. Forschungs- und Technologiepolitik wurde so in einer relativ geschlossenen Arena formuliert, in der etwaige Konflikte zwischen konkurrierenden, an Förderung interessierten Gruppen aus Wissenschaft und Wirtschaft auf dem Wege von Verhandlungen beigelegt wurden. Dieses politikfeldspezifische Regime, das primär durch geschlossene Strukturen administrativer und korporativer Interessen- und Konfliktvermittlung geprägt war, wurde während des Kernenergiekonfliktes durch die Proteste von Bürgerinitiativen und sozialen Bewegungen teilweise geöffnet, was nicht ohne Folgen für die Rolle der Parteien in diesem Politikfeld geblieben ist.

3.1 Bürgerinitiativen

Bürgerinitiativen wurden in der Bundesrepublik zuerst am Ende der 1960er Jahre auf Grund einiger öffentlichkeitswirksamer Aktionen als neuer Akteurstyp auf der politischen Bühne wahrgenommen. Empirische Untersuchungen über Bürgerinitiativen liegen vor allem für die erste Hälfte der 1970er Jahre vor, also für den Zeitraum, in dem diese noch als relativ neues „Phänomen" galten. Die meisten dieser Studien wurden im Auftrag staatlicher Organe durchgeführt. Bürgerinitiativen entstehen danach in dieser ersten Phase überwiegend als lokal begrenzte Zusammenschlüsse von Bürgern, die vornehmlich den Mittelschichten angehören. Sie verfolgen in der Regel konkrete, eng begrenzte Ziele auf der lokalen Ebene. Den meist relativ kleinen Gruppen war in dieser Phase eine durchschnittlich recht kurze Lebensdauer beschieden. Als weiteres Merkmal wird ihnen eine Präferenz für „direkte Aktionen" und „unkonventionelle" Beteiligungsformen attestiert. Die verbreitete Bezeichnung als „Ein-Punkt-Bewegungen" macht deutlich, dass Bürgerinitiativen wegen ihrer begrenzten thematischen Reichweite zunächst vielfach als eine Art „Schwundform" einer sozialen Bewegung wahrgenommen wurden. Lediglich bei den Bürgerinitiativen, deren Aktionsschwerpunkt im Bereich des Umweltschutzes lag, wurde bald eine stärkere Orientierung an übergreifenden Zielen und eine zunehmende überregionale Vernetzung festgestellt. Begrenzung in Themen und Zielen stand dem rasch wachsenden Mobilisierungspotenzial zunächst offenbar nicht entgegen. Ersten Abschätzungen zufolge entsprach die Zahl der Bürger, die sich an Initiativen beteiligten, bald der gesamten Mitgliedschaft aller Parteien zusammen (Überblicke über die empirischen Befunde bei Rüdig 1980 und Kempf 1984, zu Bürgerinitiativen im Bereich von Kernkraftwerken vgl. Batelle-Institut 1975).

Wenn heute in der Öffentlichkeit oder in der Wissenschaft über die Rolle von Bürgerinitiativen bei Technisierungsprozessen diskutiert wird, so wird dabei meist auf einen bestimmten Typ von Technisierungskonflikten Bezug genommen, für den im angelsächsischen Sprachraum das Kürzel „Nimby-Syndrom" im Umlauf ist („Not in my backyard"). Gemeint sind Konflikte um die Ansiedlung von technischen Anlagen, die mit Umweltbelastungen und Gesundheitsrisiken für Anwohner oder mit wirtschaftlichen Risiken für lokale Produktionsweisen verbunden sind oder doch sein könnten – und die deshalb insbesondere von solchen Gruppen in der Umgebung dieser Anlagen abgelehnt werden, die zwar Risiken und Belastungen der Anlagen tragen müssen, aber selbst keine unmittelbaren Vorteile aus dieser Ansiedlung ziehen. Solche Technisierungskonflikte lassen sich auch als Raumnutzungskonflikte beschreiben. Im englischen Sprachraum ist dann von „Lulus" die Rede („locally unwanted land use"). Ihr Image als Be- und Verhinderer des technischen Fortschritts verdanken Bürgerinitiativen in erster Linie ihrer besonderen Rolle in solchen Ansiedlungskonflikten, in denen sie als lokale Veto-Spieler wahrgenommen werden.

Allerdings finden sich daneben auch einige Fälle, in denen Bürgerinitiativen nicht nur reaktiv, sondern pro-aktiv auftreten, also bestimmte Technisierungsprozesse initiieren und fördern wollen. Ein solches pro-aktives Engagement kommt einerseits bei den Bürgerinitiativen vor, die dem Typ der Selbsthilfeinitiativen zuzuordnen sind. So treten etwa Selbsthilfegruppen von Patienten und ihren Angehörigen im Gesundheitsbereich für die Entwicklung und Anwendung von umstrittenen biomedizinischen Technologien ein, wenn diese für Diagnose oder Therapie ihrer Krankheiten wichtig sein könnten. Pro-aktives Handeln, das auf die Initiierung und Förderung von Technisierungsprozessen zielt, findet sich andererseits auch im Bereich der Bürgerinitiativen, die auf Intervention in den politischen Prozess ausgerichtet sind. So engagieren sich einige Initiativen dieses Typs mit konkreten nachfrageorientierten Forderungen, insbesondere im Bereich kommunaler Infrastruktur. Dabei artikulieren sie eine lokale Nachfrage nach öffentlichen Gütern und Dienstleistungen, die etwa auf den Bau von Kläranlagen oder auf die (Wieder-)Einführung von nutzerfreundlichen Verkehrstechnologien wie der Straßenbahn gerichtet ist. Bei länger andauernden Konflikten um bestimmte Technisierungsprojekte, in denen sie die ursprünglich favorisierte Null-Option gegenüber bestimmten Vorhaben nicht durchsetzen konnten, nehmen Bürgerinitiativen mitunter eine Zielanpassung vor und treten dann als Anwälte einer (potenziell kostenträchtigen) „Sekundärtechnisierung" auf, indem sie etwa den Einbau von zusätzlichen technischen Sicherheitsvorrichtungen fordern, wenn sie eine geplante neue Anlage nicht verhindern konnten, oder die technische Nachrüstung vorhandener Anlagen verlangen, wenn deren Stilllegung nicht durchzusetzen war.

Existenz, Stärke und strategische Ausrichtung von lokalen Bürgerinitiativen spielen für den Verlauf von Konflikten um konkrete standortgebundene Technisierungsprojekte oft eine relativ große Rolle. Ohne eine lokale Basis in der Umgebung eines Standortes sind sowohl Legitimation als auch Mobilisierungsfähigkeit möglicher überregional tätiger Protestakteure geschwächt. Bewegungsorganisationen oder Verbände, die aus einer generellen Ablehnung eines bestimmten Technisierungspfades heraus Position gegen ein konkretes Projekt beziehen, bleiben in ihrer Mobilisierung auf die Unterstützung von Initiativen vor Ort angewiesen. Der Verlauf von konkreten Ansiedlungskonflikten wird allerdings nicht nur von den Aktionen lokaler und überregionaler Gegner eines Projektes geprägt, sondern auch von Strategien der Protagonisten und Promotoren eines Projektes und vom Verhalten der staatlichen Organe. Die Verlaufsformen von Konflikten um konkrete Technisierungsprojekte sind in hohem Maße kontext- und konstellationsabhängig.

Bei der Suche nach neueren empirischen Studien über Bürgerinitiativen aus den 1980er oder 1990er Jahren, in denen diese selbst den zentralen Gegenstand der Untersuchung bilden, wird man nicht recht fündig. Aus der geringen Zahl von Untersuchungen über Bürgerinitiativen kann aber nicht geschlossen werden, dass auch das „Phänomen" verschwunden wäre. Im Gegenteil: Auf der kommunalpolitischen Ebene können Bürgerinitiativen inzwischen „als *die* Standardform lokaler Mobilisierung ‚von unten' in der Bundesrepublik Deutschland gelten" (Roth 1999: 6, Hervorheb. i. Orig.). Mit dieser „Standardisierung" und „Routinisierung" haben sie indessen auch den Reiz des Neuen weitgehend verloren. So gibt es zwar gegenwärtig keine nennenswerte eigenständige Bürgerinitiativenforschung mehr. Als Gegenstand finden Bürgerinitiativen aber in der Protest- und Bewegungsforschung sowie in Untersuchungen zu ausgewählten Konflikten und neuen Beteiligungs- und Konfliktvermittlungsverfahren Berücksichtigung. Letzteres ist Reflex der Tatsache, dass Regierungen und Verwaltungen nach den Erfahrungen der 1970er Jahre vielfach bemüht sind, präventiv auf potenzielle Bürgerproteste zu reagieren: sie versuchen, bei potenziell konflikträchtigen Planungen etwaige Initiativen „von unten" von vornherein im Rahmen von veränderten prozeduralen und institutionellen Arrangements einzubinden.[4]

---

4 In den bekannteren Projekten zu neueren Verfahren der Bürgerbeteiligung und Mediation gehören Vertreter von Bürgerinitiativen in der Regel zum Kreis der beteiligten Akteure. Bei vielen Mediationsverfahren geht es zwar zunächst um Umweltprobleme, insbesondere um Fragen der Abfallpolitik. Im Verlauf der Konfliktbearbeitung sind es dann aber sehr oft technikbezogene Streitfragen, die ins Zentrum der Kontroversen geraten. In der Abfallpolitik ist dies etwa die Frage, mit welchen Technologien verbleibende Abfälle „entsorgt" werden sollen („heiße" vs. „kalte" Restabfallmengenbehandlung). Vgl. dazu etwa die bekannten Studien zu Media-

Systematisch angelegte neuere Untersuchungen über die Wirkungen von Bürgerinitiativen liegen nicht vor. In einigen Fällen haben Bürgerinitiativen Erfolge im Hinblick auf ihre materiellen Ziele erreicht. So konnten Bürgerinitiativen dazu beitragen, dass ein geplantes Kraftwerk oder eine andere technische Anlage nicht an „ihrem" Standort gebaut wurde. Bei den ersten Erfolgsbilanzen einzelner Bürgerinitiativen wurde darüber hinaus zumindest eine Reihe von förderlichen Bedingungen hinsichtlich der Erfüllung materieller Forderungen identifiziert. Bürgerinitiativen waren nach den ersten Untersuchungen umso erfolgreicher, „je konkreter und begrenzter ihre Anliegen sind, je größere Teile der jeweils betroffenen Bevölkerung sie zu aktivieren vermögen, je intensiver sie mit etablierten Entscheidungsträgern zusammenarbeiten und je mehr und je positiver die Medien berichten" (Kodolitsch 1984: 318). Wirkungen erzielten Bürgerinitiativen auch im Hinblick auf die Verfahren der politischen Willensbildung und Entscheidungsfindung. Direkte Erfolge ergeben sich hier durch eine Verbesserung der eigenen Mitsprache- und Mitbestimmungsmöglichkeiten und der Anerkennung als Verhandlungspartner. Langfristig folgenreich für das politische System waren allerdings auch die indirekten Effekte ihrer gestiegenen Protest- und Partizipationsbereitschaft. Das Auftreten der Bürgerinitiativen hat in den siebziger Jahren zahlreiche Diskussionen über einen möglichen Wandel der Formen und Strukturen der politischen Beteiligung in repräsentativen Systemen ausgelöst (Guggenberger/Kempf 1984) und die Frage nach Reformen zu Gunsten von mehr Bürgerbeteiligung vor allem auf der kommunalen Ebene aufgeworfen (Thaysen 1982).

Für die rasche Verbreitung als Organisations- und Aktionsform kollektiven Handelns in den 1970er Jahren in der Bundesrepublik ist historisch gesehen ein ganz bestimmter Technisierungsprozess von zentraler Bedeutung gewesen, nämlich der massive Ausbau der Kernenergie. Die „Rollen" konstituieren sich hier wechselseitig: Bürgerinitiativen haben nicht nur eine große Rolle bei der Entstehung und dem Verlauf dieses Technisierungskonfliktes gespielt, sondern auch umgekehrt: der Konflikt um die Kernenergie hat großen Einfluss auf die Verbreitung und Beachtung von Bürgerinitiativen im politischen System der Bundesrepublik Deutschland ausgeübt. Bei dieser beschleunigenden Wirkung auf die Verbreitung der Organisations- und Aktionsform „Bürgerinitiative" ist es aber nicht geblieben.

Die Proteste gegen den Bau von Kernkraftwerken in den siebziger Jahren lieferten auch das Beispiel für eine Generalisierung von dem vielfach mit Hinweisen auf das „Sankt-Florians-Prinzip" kritisierten „Nymby-Syndrom" zur räumlich entgrenzten Konfliktstruktur des „Niaby" („Not in anyone's backyard"). Denn die zentrale materielle Forderung der protestierenden Bürgerinitiativen „Kein Atomkraftwerk in ..." bekam bald überall den Zusatz „... und auch nicht anderswo". An den ausgewählten Standorten (einiger) geplanter Kernkraftwerke kam es zu einer Zusammenarbeit lokaler und regional vernetzter Bürgerinitiativen mit kritischen Experten und Gruppen aus den links-liberalen urbanen Milieus benachbarter Universitätsstädte. Aus diesen drei Gruppen formierte sich vergleichsweise rasch eine bundesweit mobilisierende soziale Bewegung. Der Kernenergiekonflikt liefert damit auch das Anschauungsmaterial für

---

tionsverfahren des WZB (Fietkau/Weidner 1998) und der Akademie für Technikfolgenabschätzung in Baden-Württemberg (AfTA 1994).

die Mitte der 1970er Jahre aufkommende Rede von der „Bürgerinitiativbewegung" (Mayer-Tasch 1976).

Die Koordinierung der lokalen Initiativen und die überregionale Mobilisierung der entstehenden Anti-Atomkraft-Bewegung erfolgte in der Bundesrepublik im Rahmen von regionalen Zusammenschlüssen (wie der Bürgerinitiative Umweltschutz Unterelbe) und unter dem Dach bundesweit tätiger Organisationen (wie dem Bundesverband Bürgerinitiativen Umweltschutz), also im Rahmen von Netzwerken und Organisationen, die sich selbst unter das inzwischen gesellschaftlich anerkannte Ziel des Umweltschutzes stellten. Diese Bezeichnung macht deutlich, dass die überregional tätigen Bewegungsorganisationen ihr Selbstverständnis und ihre übergreifende Ausrichtung nicht negativ technologiebezogen formulierten, sondern positiv mit Bezug auf ein Wirkungsfeld, das vor den befürchteten negativen Folgen der geplanten Technisierung geschützt werden soll. Die Anti-Atomkraft-Bewegung wird deshalb auch als Teilbewegung der Umweltbewegung verstanden. Allerdings ist der Kernenergiekonflikt für diese Bewegung mehr gewesen als nur ein Umweltkonflikt neben anderen. Denn er spielte für das rasche Wachstum der Umweltbewegung und ihrer Organisationen in den 1970er und 1980er Jahren eine zentrale Rolle und bildete lange einen Schwerpunkt ihrer Protestaktivitäten und Mobilisierungsstrategien.

3.2 Soziale Bewegungen

Fragt man nach der Rolle von sozialen Bewegungen in Technisierungskonflikten, so rückt mithin als erstes die Anti-Atomkraft-Bewegung in den Blick. Die Anti-Atomkraft-Bewegung ist allerdings nicht nur das erste, sondern bisher auch das einzige Beispiel geblieben, in dem es Gegnern eines Technisierungsprozesses gelungen ist, „von unten" aus einzelnen lokalen Bürgerinitiativen, kritischen Experten und universitär geprägten Milieus heraus einen bundesweit mobilisierenden kollektiven Handlungszusammenhang zu formieren, den man aus sozialwissenschaftlicher Sicht zu Recht als soziale Bewegung bezeichnen kann. Die Anti-Atomkraft-Bewegung hat in vielerlei Hinsicht eine Vorreiterrolle gespielt. Wie bei anderen Pionieren, so wird auch dieser Bewegung zugleich eine Leitbildfunktion zugeschrieben – von Aktivisten, Sympathisanten, Gegnern und wissenschaftlichen Beobachtern.

Angesichts der herausragenden Rolle der Anti-Atomkraft-Bewegung erscheint es angebracht, sich zunächst noch einmal Entstehung und Verlaufsformen dieses Technisierungskonfliktes in der Bundesrepublik zu vergegenwärtigen (vgl. zum folgenden Rucht 1980; Kitschelt 1980; Nelkin/Pollak 1981; Rüdig 1990; Kretschmer/Rucht 1991; Joppke 1993; Rucht 1994 und Flam 1994). In der Bundesrepublik wurden die Konflikte um die Nutzung der Kernenergie durch Proteste von lokalen Bürgerinitiativen gegen den Bau von einzelnen Kernkraftwerken in agrarwirtschaftlich geprägten Regionen ausgelöst. Mit den Konflikten um das Kernkraft Wyhl formiert sich ab 1975 eine bundesweit mobilisierende Anti-Atomkraft-Bewegung, die zunächst von lokalen Bürgerinitiativen, kritischen (Gegen-)Experten und Gruppen aus der neuen Linken getragen wird. An anderen Orten versuchen die lokalen und regionalen Bürgerinitiativen zunächst, die in Wyhl erfolgreiche Strategie der Bauplatzbesetzung mit bundesweiter

Unterstützung an ihren Standorten zu wiederholen. Die staatliche Seite will genau dies mit aller Macht verhindern. In der zweiten Hälfte der 1970er Jahre kommt es angesichts dieser diametral entgegengesetzten Strategien zu einer Eskalation des Konfliktes durch militante Auseinandersetzungen an den Bauplätzen der Kernkraftwerke Brokdorf und Grohnde. Nach der Eskalation gewaltsamer Konflikte an diesen beiden Standorten im Jahre 1977 gerät die Anti-Atomkraft-Bewegung mit ihrer Strategie der Bauplatzbesetzung in eine Sackgasse. Einige Gruppen der Anti-Atomkraft-Bewegung beschließen, einen Strategiewechsel vorzunehmen und sich an Wahlen zu beteiligen. Ein gerichtlich verfügter Baustop in Brokdorf stellt ein Junktim von Baugenehmigung und Entsorgungsfrage her. Das Atomgesetz wird entsprechend geändert. Die Lösung der Entsorgungsfrage wird damit mittelfristig zur Achillesferse des weiteren Ausbaus der Kernenergie. Ende der 1970er Jahre konzentriert sich die Auseinandersetzung folgerichtig auf Schaltstellen des nationalen „Entsorgungskonzeptes" der Bundesregierung, also auf Probleme, die für den Aufbau eines „geschlossenen" nuklearen Brennstoffkreislaufes insgesamt von zentraler Bedeutung sind: die Endlagerung von abgebrannten Kernbrennstoffen und den Bau einer nuklearen Wiederaufbereitungsanlage. Nach massiven Protesten in seinem Bundesland gibt der niedersächsische Ministerpräsident Albrecht 1979 seinen Verzicht auf das geplante „integrierte nukleare Entsorgungszentrum" am Standort Gorleben bekannt, weil er das Projekt zwar für sicherheitstechnisch vertretbar, aber „politisch nicht durchsetzbar" hält. Anfang der 1980er Jahre kommt es zu einer Abnahme der Proteste gegen die zivile Nutzung der Kernenergie. Die Aufmerksamkeit vieler Aktivisten aus den neuen sozialen Bewegungen verschiebt sich in Folge des Nato-Doppelbeschlusses hin zur militärischen Nutzung dieser Technologie. Diese Verschiebung des Mobilisierungsschwerpunktes von der Anti-Atomkraft- und Umweltbewegung zur Friedensbewegung verdeutlicht auch, dass die neuen sozialen Bewegungen eine insgesamt stark vernetzte „Bewegungsfamilie" bilden.

Nach dem Verzicht auf den Bau des integrierten Entsorgungszentrums in Gorleben beginnt eine längere Suche und Prüfung von Standorten in verschiedenen Regionen der Bundesrepublik, die von Diskussionen über alternative Entsorgungskonzepte begleitet ist (Wiederaufarbeitung und Nutzung von Brutreaktoren vs. direkte Endlagerung der abgebrannten Brennelemente). 1985 fällt die endgültige Entscheidung für den Standort Wackersdorf im Bundesland Bayern. Allerdings trifft der geplante Bau einer Wiederaufbereitungsanlage auch in dieser strukturschwachen, konservativ geprägten Region auf Widerspruch und Massenproteste. Die Reaktorkatastrophe von Tschernobyl führt 1986 nicht nur an diesem Standort, sondern auch bundesweit zu einer starken Mobilisierung der Anti-Atomkraft-Bewegung. In der Bundesrepublik zeichnet sich bei Umfragen ein deutlicher Meinungsumschwung der Bevölkerung zu Lasten einer weiteren Nutzung der Kernenergie ab. Gewerkschaften und Sozialdemokraten fassen Beschlüsse zum Ausstieg aus der Kernenergie. 1989 erklären die Elektrizitätsversorgungsunternehmen, aus wirtschaftlichen Gründen auf den Bau der geplante Wiederaufbereitungsanlage in der Bundesrepublik verzichten zu wollen und die abgebrannten Brennelemente stattdessen in Frankreich und England wiederaufarbeiten zu lassen. Nach dem Höhepunkt der Mobilisierung gegen die Nutzung der Kernenergie ist am Ende der 1980er Jahre ein Rückgang der Protestaktionen zu verzeichnen, der sich in der ersten Hälfte der 1990er Jahre fortsetzt. Um die Blockade in der Kernenergiepolitik zu überwinden, finden 1993 erste Energiekonsensgespräche statt, an denen neben den Parteien und Energieversorgungsunternehmen zunächst auch Vertreter von Umweltorganisationen beteiligt sind. Die Gespräche scheitern im Vorfeld der Bundestagswahlen 1994. Sie führen auch 1996 bei einem zweiten Anlauf nicht zu einer Einigung. Durch die Proteste gegen die Transporte abgebrannter Brennelemente in sog. „Castor-Behältern" – eine Folge des modifizierten Entsorgungskonzeptes der Bundesregierung – meldet sich die Anti-Atomkraft-Bewegung in der zweiten Hälfte der 1990er Jahre wieder mit umfangreichen Protestaktionen auf der politischen Bühne zurück. Nach der Abwahl der Regierung Kohl vereinbaren SPD und Grüne bei der Regierungsbildung einen Ausstieg aus der Kernenergie, der im Konsens mit der Industrie erreicht werden soll. In neuen Energiekonsensgesprächen zwischen der rot-grünen Bundesregierung und Vertretern der großen Stromerzeuger wird ein langfristiger Ausstieg aus der Nutzung der Kernenergie mit flexiblen Restlaufzeiten von mehr als 30 Jahren ausgehandelt.

Vergleicht man den Verlauf des Konfliktes um die Kernenergie in der Bundesrepublik mit der Entwicklung in anderen westlichen Industrieländern, dann zeigen sich nicht nur viele Gemeinsamkeiten, sondern auch einige deutliche Unterschiede. Der Kernenergiekonflikt wird in der Bundesrepublik zwar etwas später als in Frankreich oder den USA zu einer nationalen Streitfrage. Während die Protestmobilisierung in den meisten anderen Ländern nach den Konfrontationen in der zweiten Hälfte der 1970er Jahre zurück geht, steigt sie in der Bundesrepublik Mitte der 1980er Jahre wieder an. Während die Anti-Atomkraft-Bewegung in Frankreich und in der Bundesrepublik zu konfrontativen und teilweise auch zu militanten gewaltsamen Strategien greift, wird der Konflikt in Ländern wie Schweden und in den USA in sehr viel gemäßigteren Formen ausgetragen. Während der amerikanischen Anti-Atomkraft-Bewegung gewisse Erfolge bei der Verringerung der geplanten Reaktorkapazitäten zugesprochen werden, gilt die französische Bewegung trotz der besonders großen Protestmobilisierung zu Beginn der 1970er Jahren bereits zu Beginn der 1980er Jahre als weitgehend gescheitert. Mit den Protesten gegen die Castor-Transporte gibt es in der zweiten Hälfte der 1990er Jahre sogar Anzeichen für den Beginn eines weiteren „Protestzyklus" in der Bundesrepublik.

Fragt man nach den Wirkungen der Anti-Atomkraft-Bewegung, so herrscht zunächst Einigkeit darüber, dass diese Bewegung ihr unmittelbar auf den nuklearen Technisierungsprozess selbst bezogenes Maximalziel – den sofortigen und vollständigen Bau- und Betriebsstop aller Kernkraftwerke und sonstigen nuklearen Anlagen – am Ende des 20. Jahrhunderts nicht erreicht hat. Unterhalb dieses Maximalziels lassen sich allerdings Ergebnisse des Kernenergiekonfliktes feststellen, deren Zustandekommen zu mehr oder weniger großen Anteilen auch der Anti-Atomkraft-Bewegung zugerechnet wird. Die Situation stellt sich allerdings in verschiedenen Ländern sehr unterschiedlich dar. Eine relativ große Annäherung an das Ziel des völligen Ausstiegs aus der Kernenergie ist in Europa etwa für Österreich und Italien zu konstatieren, wo bereits vorhandene Kernkraftwerke nach Volksabstimmungen abgeschaltet wurden (Italien) oder gar nicht erst in Betrieb gingen (Österreich). In Schweden wurde in einer Volksabstimmung zwar das Auslaufen der Kernenergienutzung beschlossen. Die Umsetzung dieses Beschlusses steht allerdings noch aus.[5]

Wie sind Entstehung, Verlauf und Wirkungen von Technisierungskonflikten, an denen soziale Bewegungen beteiligt sind, zu erklären? Wie sind die Unterschiede zu erklären, die bei einer vergleichenden Betrachtung der Bewegungen festzustellen sind? Da die Bewegungsforschung sich zunehmend zu einer „theoriegeleiteten" Forschung entwickelt hat (Hellmann/Koopmans 1998; Klein u.a. 1999), ist es nicht weiter verwunderlich, dass die unterschiedlichen theoretischen Untersuchungs- und Erklärungsansätze der Bewegungsforschung auch an die Analyse der Anti-Atomkraft-Bewegung herangetragen wurden. Im Rahmen dieser Ansätze werden nicht nur unterschiedliche Erklärungsfaktoren hervorgehoben, es geraten vielmehr auch jeweils unterschiedliche Aspekte des Erklärungsgegenstandes in den Blick.

Ausgangspunkt vieler Beiträge zur Erklärung der Dynamik und der Wirkungen von neuen Protestbewegungen bildet ein systematisch angelegter Vergleich der Anti-Atomkraft-Bewegungen, den Herbert Kitschelt (1986) für die Länder Frankreich, Schweden, Westdeutschland und USA vorgelegt hat. Die unterschiedlichen Strategien und Wirkungen der Proteste auf die Kernenergiepolitik in diesen Ländern lassen sich, so seine These, weder mit technisch-ökonomischen Parametern auf der Nachfrage- oder Angebotsseite (Energiebedarf, Nuklearindustrie) noch allein mit der relativen internen Stärke oder Schwäche der Protestbewegungen oder ihrer pro-nuklearen Gegenspieler erklären. Statt technologie- oder akteurbezogener Faktoren stellt Kitschelt vielmehr auf die „political opportunity structure" der Länder ab: Offene politische Systeme begünstigten die Wahl assimilativer Strategien (USA, Schweden), in politischen Systemen mit geschlossenen Input-Strukturen greifen soziale Bewegungen eher auf konfrontative oder

---

5 Um die unmittelbaren Wirkungen der Proteste auf die Nutzung der Kernenergie empirisch zu erfassen, wurden verschiedene Indikatoren für eine Verzögerung und Verringerung geplanter nuklearer Kapazitäten herangezogen. So verweist Joppke (1990: 214) auf die Verzögerung der vorgesehenen Bauzeiten von Kernkraftwerken, die sich in der Bundesrepublik im Zeitraum von 1974 bis 1986 deutlich von einem halben auf nahezu vier Jahre erhöht haben. Rüdig (1990: 349–351) vergleicht die 1974 vorhandenen, in Bau befindlichen oder bestellten Kernkraftwerke mit der 1988 tatsächlich implementierten Reaktorkapazität und stellt dabei für die Bundesrepublik so gut wie keine Abweichungen fest. Während die 1988 installierte Reaktorkapazität in Frankreich die 1974 geplante Größenordnung um 150% übertraf, errechnet Rüdig für die USA eine Abweichung nach unten um 57%. Die Bundesrepublik gehört nach diesen Berechnungen in die Gruppe der Länder mit einer Reaktorkapazität, die 1988 effektiv auf dem Niveau stagniert, das vor Beginn der ersten größeren Proteste der Anti-Atomkraft-Bewegung projektiert worden war: vorher geplante Vorhaben wurden weitgehend umgesetzt (prominente Ausnahme: das Kernkraftwerk Wyhl), später geplante Erhöhungen der nuklearen Stromerzeugungskapazität konnten nicht mehr implementiert werden. Rucht (1994: 469–471) weist darauf hin, dass für die folgenden Jahre in der Bundesrepublik mehr als nur eine effektive Stagnation zu beobachten ist. Für die 1981 in der dritten Fortschreibung des Energieprogramms vorgelegten Ausbaupläne errechnet er eine Realisierungsquote, die im Jahr 1995 ein Minus von 43% aufweist. Für einen Ländervergleich mit weiteren Indikatoren, in dem auf Grund von Messproblemen nur rankings zwischen den Ländern vorgenommen werden, vgl. Midttun/ Rucht (1994: 386–389); zu den konzeptionellen und methodologischen Schwierigkeiten, die sich bei einer umfassender angelegten „Wirkungsbilanz" für soziale Bewegungen stellen, vgl. Giugni u.a. (1998, 1999)

disruptive Strategien zurück (Westdeutschland, Frankreich). Politische Systeme mit schwachen Implementationskapazitäten ermöglichen Interventionen in Genehmigungsverfahren und Klagen vor Verwaltungsgerichten (Westdeutschland, USA). Bei starken Umsetzungskapazitäten erscheint dies weniger aussichtsreich (Frankreich).

Demgegenüber ist Wolfgang Rüdig (1990) in seinem breiter angelegten „World Survey of Opposition to Nuclear Energy" auch auf Beispiele von Ländern gestoßen, in denen es zwar ein Nuklear-Programm, aber keine nennenswerte lokale Protestmobilisierung an den Standorten der Kernkraftwerke gab – also auf Fälle, die in Kitschelts Länderauswahl gar nicht vorkamen und die mit Hinweisen auf politische Gelegenheitsstrukturen auch nicht zu erklären seien. Um Antworten auf die Frage nach der Entstehung von Anti-Atomkraft-Bewegungen geben zu können, so Rüdig (1990: 27–37), sei eine neu interpretierte Theorie relativer Deprivation nötig. Erst der Ende der 1960er Jahre öffentlich gemachte Expertenstreit über die Risiken der Niedrigstrahlung und die Gefahren eines Reaktorunfalls schuf die kognitiven Voraussetzungen für die Wahrnehmung einer möglichen Deprivation. Erst die Ankündigung eines expansiv angelegten Ausbauprogramms als Nukleus einer weitergehenden Industrialisierung ländlicher Räume schuf bei den potenziellen Trägergruppen des Protestes die Voraussetzungen für die Wahrnehmung einer Betroffenheit: bei denjenigen, die sich vor Ort in ihren Erwerbsinteressen oder in ihrer kulturellen Identität negativ betroffen fühlten ebenso wie bei denjenigen, die sich aus einer veränderten Wertehaltung (Postmaterialismus) gegen den Ausbau der Kernenergie wandten.[6]

Nicht nur die Entstehung, auch die Dynamik der Protestbewegungen lässt sich mit Kitschelts strukturell angelegtem Ansatz allein nicht zureichend erklären. Die Anti-Atomkraft-Bewegungen haben ihre Strategien im Verlauf des Konfliktes verändert oder gleichzeitig sowohl konfrontative als auch kooperative Strategien benutzt. Auch die Reaktion der herausgeforderten staatlichen Eliten ist nicht völlig durch die jeweiligen institutionellen Strukturen determiniert: sie können repressiv, aber auch responsiv auf die Herausforderung antworten. Deshalb betonen interaktiv ausgerichtete Ansätze neben den politischen Gelegenheitsstrukturen auch die Bedeutung von Gegenstrategien und die Relevanz des Konfliktmanagements durch staatliche Eliten für den Verlauf und die Wirkungen des Kernenergiekonfliktes. Der Grad an Offenheit oder Geschlossenheit eines politischen Systems für Herausforderungen sozialer Bewegungen erscheint aus einer solchen prozessbezogenen Perspektive nicht einfach als gegebene Struktur, sondern als temporäres, von früheren Konflikten geprägtes (Zwischen-)Ergebnis der Interaktion

---

6 Unzufriedenheit allein reicht für das Entstehen einer Protestbewegung bekanntlich nicht aus, die Unzufriedenen müssen erst mobilisiert werden, um sich an kollektiven Protestaktionen zu beteiligen. Das geschah auch bei den Protesten gegen Kernkraftwerke selten spontan, sondern meistens organisiert. Entstehung und Entwicklung der Protestbewegung hängen damit auch ab von der Fähigkeit vorhandener oder neu geschaffener Bewegungsorganisationen, Protestbereitschaft und vorhandene Ressourcen effektiv zu mobilisieren und bei Protestaktionen zusammenzuführen. Dem entsprechen individuelle Kalküle potenzieller Protestteilnehmer, ob es in einer bestimmten Situation im Hinblick auf Ziele lohnend erscheint, sich an bestimmten Protestaktionen zu beteiligen; der Ressourcenmobilisierungs-Ansatz wurde in der Bundesrepublik vor allem von Opp auf den Kernenergiekonflikt und die Proteste der Umweltbewegung angewendet (Opp 1996; Opp/Roehl 1990).

von Protestgruppen und staatlichen Eliten.[7] Insgesamt zeichnet sich in der Bewegungsforschung allerdings ein Trend zur gegenstandsbezogenen Integration der unterschiedlichen Ansätze ab, da keiner für sich allein genommen komplex genug wäre, um Genese, Dynamik und Effekte sozialer Bewegungen vollständig erklären zu können (McAdam u.a. 1996; Koopmans 1998).

Sucht man jenseits der Energietechnologien im Bereich anderer Technisierungsprozesse nach kollektiven Akteuren, die als eigenständige soziale Bewegung zu charakterisieren wären, so wird man nicht recht fündig. Zwar gibt es eine ganze Reihe von Gruppen, Initiativen und Netzwerken, die gegen andere Technisierungsprozesse protestieren. Die protestierenden Akteure stilisieren sich auch selbst oft als „Bewegung" oder sie werden von einigen sozialwissenschaftlichen Beobachtern als solche bezeichnet. Diese Gruppen und Initiativen entsprechen bei näherer Betrachtung allerdings in der Regel nicht den Kriterien, die in der Bewegungsforschung zur Definition einer sozialen Bewegung herangezogen werden (Raschke 1985: 76–77; Rucht 1994: 76–77). Bei einer vergleichenden Analyse des „Widerstandes" gegen neue Technologien am Ende des 20. Jahrhunderts geraten neben der Kernenergie vor allem zwei Kandidaten in den Blick: die Gentechnologie und die neuen Informationstechnologien (vgl. Bauer 1995). In beiden Fällen vermögen die vorliegenden Versuche zur Beschreibung der protestierenden Akteure als „soziale Bewegung" aber nicht zu überzeugen.

So erweist sich etwa die Konstruktion einer einheitlichen *„Anti-Gen-Bewegung"*, die nicht nur „protestartig" auf Ereignisse reagiert, sondern „davon unabhängig kontinuierlich und erfolgreich eine Mobilisierung der Bevölkerung gegen die Anwendung der Gen- und Reproduktionstechnologie leisten kann" und deshalb einen nennenswerten „politischen Machtfaktor" darstellt (Kaiser 1990: 92), bei näherer Betrachtung als interessierte Fiktion politikwissenschaftlicher Bewegungsforschung. Es gibt zwar einige überregional tätige Initiativen und Netzwerke, die sich kritisch bis ablehnend gegen Bio- und Gentechnologie wenden und dabei ausschließlich auf diese Technologien fokussiert sind. Die überregionalen Netzwerke nehmen aber vor allem Informations- und Koordinationsaufgaben war, ihre politische Mobilisierungskapazität hält sich in engen Grenzen. Die vereinheitlichende Rede von „der" Anti-Gen-Bewegung versucht, die Vision eines homogenen Bewegungsakteurs zu konstruieren, die der Realität heterogener, regional und sektoral fragmentierter und organisatorisch nur locker koordinierter Initiativen von Gegnern und Kritikern der Bio- und Gentechnologie am Ende des 20. Jahrhunderts nicht gerecht wird. Es gibt zwar im Bereich der Bio- und Gentechnologie nicht nur Skepsis und Ablehnung, sondern auch lokale Protestaktionen gegen die Ansiedlung gentechnischer Anlagen oder gegen Freisetzungsversuche von gentechnisch veränderten Pflanzen. Über diese lokalen Initiativen hinaus werden Kritik und Protest gegen die Entwicklung und Anwendung der Bio- und Gentechnologie in der Bundes-

---

7 Unter den vergleichend angelegten Arbeiten zum Kernenergiekonflikt wird dieser interaktive Ansatz vor allem in dem von Flam (1994) herausgegebenen Band betont, eine Verbindung von struktur- und prozessorientierten Erklärungsansätzen findet sich bei Rucht (1994) und Kriesi u.a. (1995); darüber hinaus sind auch andere Ansätze der Bewegungsforschung an die Analyse der Anti-Atomkraft-Bewegung herangetragen worden, so etwa das Konzept des Framing, das Kliment (1998) zur Analyse von Deutungsstrategien bei der Analyse des Konfliktes um die Wiederaufarbeitungsanlage in Wackersdorf nutzt. Die Arbeit von Touraine u.a. (1982) lässt sich als Antwort auf die Frage nach der Identität der Anti-Atomkraft-Bewegung interpretieren.

republik aber nicht von einer eigenständigen sozialen Bewegung, sondern von bestehenden Organisationen der Umwelt- und Frauenbewegung, von Verbraucherverbänden, Dritte-Welt-Gruppen und Bürgerrechtsinitiativen getragen.[8]

Die Informations- und Kommunikationstechnologien stehen am Anfang des 21. Jahrhunderts zwar im Zentrum medial vermittelter Aufmerksamkeit und weitreichender gesellschaftlicher Visionen, die von einer Informationsgesellschaft über den Information Superhighway bis zum Cyberspace reichen. Ihre Entwicklung und Anwendung ist allerdings bisher insgesamt vergleichsweise wenig auf organisierten kollektiven Widerstand gestoßen (Bauer 1995: 7). Wenn Prozesse der Einführung neuer Informations- und Kommunikationstechnologien zu Konflikten geführt haben, dann wurden diese nicht von eigenständigen sozialen Bewegungen getragen, die auf das politische Vermittlungssystem einzuwirken suchen. Gleichwohl wird auch hier gelegentlich von „Bewegungen" gesprochen. So versuchen etwa Kling/Iacono (1988), die Einführung von Computern in verschiedenen Kontexten als sozialen Prozess zu beschreiben, in dem fünf *„computerization movements"* eine wichtige Rolle gespielt haben. Sie agieren nach dieser Beschreibung als Advokaten, die organisierende Schlüsselideologien über die Verbindung der Computerisierung mit einer präferierten sozialen Ordnung kommunizieren und damit zur Mobilisierung von Unterstützung für diesen Technisierungsprozess beitragen. Zusammen mit anderen bilden die fünf spezifischen Bewegungen nach der Konzeptualisierung von Kling/Iacono eine „allgemeine" Computerisierungsbewegung, da sie bestimmte Schlüsselideologien teilen. Diese allgemeine Computerisierungsbewegung wird als „revolutionär" bezeichnet, da sie versucht, den „Charakter des sozialen Lebens" in der ganzen Gesellschaft zu verändern. Sie trifft in einigen Anwendungsbereichen auf spezifische Gegenbewegungen. Diese Gegenbewegungen werden nach der Prognose von Kling/Iacono (1988) ihrerseits aber keine allgemeine, einheitlich agierende Anti-Computerisierungs-Bewegung formieren. Denn ihre Ideen einer „angemessenen" Computerisierung erwachsen aus speziellen Interessen, die sich aus den unterschiedlichen Anwendungs- und Wirkungsbereichen von Computern ergeben: dem Arbeitsplatz, der persönlichen Privatsphäre oder den Rechten von Verbrauchern. Die Gegenbewegungen werden deshalb von Advokaten anderer Bewegungen getragen: der Arbeiterbewegung, der Friedensbewegung, der Verbraucher- und der Bürgerrechtsbewegung. Dieser Konzeptualisierung liegt ein sehr allgemeiner Begriff von Bewegung zu Grunde, der jeden Versuch zur Etablierung einer neuen Lebensordnung als „Bewegung" versteht (Kling/Iacono 1988: 228). Die Beschreibung selbst stellt in erster Linie auf die mobilisierenden Ideologien ab, die von lokalen Advokaten verwendet werden, nicht auf diese Advokaten selbst, deren soziale Charakteristika, Handlungsressourcen und Handlungsstrategien weitgehend im Hintergrund bleiben.[9]

---

8 Vgl. Saretzki (1997: 53), zur Akteurkonstellation beim Konflikt um die Einführung der Gentechnik in Nahrungsmitteln vgl. Behrens u.a. (1997: 53–101). Wenn die Rede von einer „Anti-Gen(technik)-Bewegung" im Sinne einer Prognose über die zukünftige Entwicklung im „Bewegungssektor" gemeint sein soll, dann übersieht eine solche Projektion nicht nur die organisatorischen und institutionellen, sondern auch die kulturellen Restriktionen, die der Ausbildung einer starken, die fragmentierten Protestpotenziale unter einem Dach integrierenden sozialen Bewegung entgegenstehen, zu den Problemen bei der Konstruktion mobilisierender Frames im Bereich der Gentechnologie vgl. Hoffmann (1997).

9 Ähnliches gilt für Versuche, nicht nur bei speziellen Technisierungsprozessen (wie der Infor-

Legt man klassische Definitionskriterien zu Grunde, dann hat es zumindest in der Bundesrepublik Deutschland bisher nur eine soziale Bewegung gegeben, deren primäres Ziel darin besteht, einen Technisierungsprozess zu verhindern oder rückgängig zu machen: die Anti-Atomkraft-Bewegung. Alle anderen kollektiven Akteure, die in Technisierungskonflikten aktiv geworden sind, lassen sich nach den klassischen Begriffen der Bewegungsforschung nicht als eigenständige soziale Bewegung kategorisieren. Es handelt sich vielmehr um Teilbewegungen anderer sozialer Bewegungen, insbesondere um solche aus der „Familie" der „neuen sozialen Bewegungen" (Rucht 1994: 157) oder um traditionelle Organisationen (Vereine, Verbände) ohne Bewegungscharakter.[10]

Dieser Befund wirft zugleich die Frage auf, ob „soziale Bewegung" noch ein angemessenes Konzept zur Analyse von kollektiven Akteuren ist, die in Zukunft an Technisierungskonflikten beteiligt sein werden. Soziale Bewegungen sind am Ende des 20. Jahrhunderts verschiedenen Transformations- und Differenzierungsprozessen unterworfen. Einerseits weist die Rede von der „Bewegungsgesellschaft" zwar zu Recht darauf hin, dass Protest und Bewegung in modernen Gesellschaften gleichsam zum Normalfall geworden ist (Neidhardt/Rucht 1993). Andererseits lösen sich damit die Konturen des klassischen Typs moderner Sozialbewegungen zunehmend auf. An die Stelle von symbolisch und organisatorisch eher integrierten kollektiven Akteuren, wie sie für den klassischen Typ der politisch intervenierenden, auf der nationalen Ebene agierenden Bewegungen charakteristisch waren, treten in Technisierungskonflikten zunehmend locker verbundene Netzwerke, die vielleicht angemessener mit Konzepten wie ad-hoc-Allianzen, „issue-networks", Diskurs- oder Advocacy-Koalitionen zu erfassen sind (vgl. zu dem letztgenannten Ansatz z.B. Bandelow 1999).

---

matisierung oder Biotechnisierung) nach vorantreibenden oder bremsenden sozialen Bewegungen zu suchen, sondern auch die übergreifenden Ideen und Konzepte zu einer (ganz) „anderen" oder *„alternativen" Technologie* als soziale Bewegung zu begreifen. Dabei werden die vorliegenden Konzepte einer „sanften" oder „angepassten" Technologie nicht nur mit den praktizierten Ansätzen einer „harten" Technisierungsstrategie kontrastiert, wie sie paradigmatisch im nuklearen Energietechnologiepfad mit seinem Schwerpunkt auf hoch- und großtechnologischen Problemlösungsstrategien vorzufinden ist. „Appropriate Technology" wird bei diesen Analysen vielmehr selbst als soziale Bewegung verstanden (Morrison 1983). Sieht man genauer hin, dann handelt es sich allerdings auch hier um eine „Bewegung", die sich zunächst einmal auf der Ebene von Ideen und Bewertungsmaßstäben vollzieht. Die Advokaten dieser „Bewegung" verfügen mit ihren alternativen Technisierungskonzepten allerdings noch nicht über eine soziale Basis von mobilisierbaren Anhängern, sodass im sozialwissenschaftlichen Sinn auch hier nicht von einer „sozialen Bewegung" die Rede sein kann.

10 Bei der Suche nach proaktiven sozialen Bewegungen, also solchen, deren primäres Ziel es ist, einen Technisierungsprozess herbeizuführen und zu befördern, ist kein überzeugendes Beispiel erkennbar. Die sog. „Technokratie-Bewegung" der 1920er und 1930er Jahre blieb eine Episode mit kurzer Blüte (Saretzki 1994: 357–359). Gesellschaftliche Gruppen, die sich proaktiv für einen Technisierungsprozess engagieren wollen, greifen offenbar bevorzugt auf konventionelle Organisations- und Aktionsformen zurück, um ihre Ziele und Interessen in den politischen Prozess einzubringen.

3.3 Parteien

Im Unterschied zu Bürgerinitiativen und sozialen Bewegungen sind politische Parteien nicht nur an politischen Vermittlungsprozessen beteiligt. Parteien wirken nicht nur von außen auf politische Entscheidungsinstanzen ein. Sie haben auch einen privilegierten Zugang zur personellen Besetzung der politischen Entscheidungszentren in Parlament, Regierung und Verwaltung. Damit sind sie nicht nur am politischen Vermittlungs-, sondern auch direkt am staatlichen Entscheidungssystem beteiligt. Ihr Handlungsraum weist eine vergleichsweise große Reichweite und Vielfalt auf. Parteien vermitteln von „ganz unten" bis nach „ganz oben" in die Entscheidungszentren des Staates. Sie agieren sowohl innerhalb als auch außerhalb des Staates. Zu ihrem Koordinatensystem gehören nicht nur Mitglieder und eigenes Führungspersonal, sondern auch Wähler, Koalitionspartner und konkurrierende Parteien, Parlamentsfraktionen, Regierungen und Verwaltungen, Verbände und Interessengruppen, Bürgerinitiativen, soziale Bewegungen und eine medienvermittelte Öffentlichkeit. Parteien bewegen sich damit in einem komplexen Bezugssystem zu unterschiedlich strukturierten Umwelten, in dem unterschiedliche Orientierungen und „Logiken" ineinander greifen: die Logik der Mitgliedschaft und die Karrierelogik des (zukünftigen) Führungspersonals, die Logik der Stimmenmaximierung bei Wahlen und die Logik der Einflussnahme auf staatliche und gesellschaftliche Entscheidungsträger, die Logik von Parteienkonkurrenz und Koalitionsbildung, die Logik von Kooperation und Konfrontation zu verbündeten und geggnerischen Interessenverbänden und die Logik moderner Massenmedien.

Welche Rolle einzelne Parteien in der Technologiepolitik und in Technisierungskonflikten spielen (können), hängt zunächst einmal davon ab, ob sie an der Regierung beteiligt sind oder nicht. Regierungsparteien haben in der Regel bessere Möglichkeiten als die Opposition, auf die Regierungstätigkeit einzuwirken und so Einfluss auf die staatliche Technologiepolitik zu nehmen. Die Wirkungsmöglichkeiten von Regierungsparteien sind allerdings vielfältigen internen Filtern und externen Restriktionen unterworfen. Regierung und Fraktion handeln oft ohne, manchmal auch gegen die Partei. Wenn es sich nicht um eine Einparteienregierung handelt, kommen Kräfteverhältnisse und Ressortverteilung in der Regierungskoalition ins Spiel. Schließlich werden die Wirkungsmöglichkeiten von Regierungsparteien auch durch die institutionellen Handlungskapazitäten begrenzt, die einer Regierung in dem jeweiligen Regierungssystem zur Verfügung stehen.

Aus einer „bottom up"-Perspektive werden Parteien vorwiegend unter dem Gesichtspunkt der Transmission (und Partizipation) betrachtet. Ihre primäre Funktion wird darin gesehen, gesellschaftliche Interessen und Werte zu artikulieren, zu konkreten Forderungen und Programmen zu bündeln und diese im politischen System zu vertreten. Eine solche Sichtweise „von unten" dominiert insbesondere dann, wenn die Parteien selbst aus sozialen Bewegungen hervorgegangen sind und ihre Gründung noch nicht all zu lange zurück liegt. Das jüngste Beispiel einer „Bewegungspartei" im politischen System der Bundesrepublik stellen die Grünen dar, die sich selbst lange weniger als Partei, sondern in erster Linie als parlamentarischer Arm der neuen sozialen Bewegungen, insbesondere der Anti-Atomkraft-Bewegung verstanden haben. Die Gründung grüner Listen und Parteien wird nicht nur aus der Sicht vieler Bewegungsaktivisten, sondern auch in den „Wirkungsanalysen" der Bewegungsforschung als eine Konsequenz des Kernenergiekonflikts im politischen System der Bundesrepublik gesehen (Kitschelt 1986: 83–84). Der Kernenergiekonflikt erweist sich damit auch im Hinblick auf seine Wirkung für das Parteiensystem als Sonderfall. Denn von keinem anderen Technisierungskonflikt in der zweiten Hälfte des 20. Jahrhunderts wird man sagen können, dass er wesentlich mit zur Bildung einer neuen Partei beigetragen hat, die sich nun schon über zwei Jahrzehnte bei Wahlen behaupten konnte. Damit sind die Grünen von ihrer Entstehungsgeschichte her klar als „die" Anti-Atomkraft-Partei im Parteiensystem der Bundesrepublik zu identifizieren. Allerdings waren sie bereits bei ihrer Gründung mehr als die parteiförmige Organisation einer einzelnen sozialen Bewegung. Denn neben der Anti-Atomkraft-Bewegung haben auch andere Bewegungen aus dem Milieu der neuen sozialen Bewegungen eine wichtige Rolle bei der Gründung gespielt. Überdies sind die Grünen als Partei zugleich immer mehr gewesen als der parlamentarische Arm einer einzelnen sozialen Bewegung oder gar einer ganzen „Bewegungsfamilie". Der Kernenergiekonflikt hat also in der Gründungsgeschichte der grünen Partei eine besondere „katalysatorische" Funktion ausgeübt und bleibt als Streitfrage von grundlegender Bedeutung für die Partei – nach innen und nach außen in Parteienkonkurrenz und Regierungskoalitionen. Er spielt aber für sich genommen keine für die Partei insgesamt konstitutive Rolle (zu den Grünen vgl. zusammenfassend Raschke 1993).

Letzteres gilt in noch viel stärkerem Maße für die übrigen Parteien, die aus ganz anderen Konfliktlinien heraus entstanden sind und über längere Zeiträume Wählergruppen an sich gebunden haben. Keine der politischen Parteien mit einer längeren Geschichte definiert ihre Anhängerschaft oder ihre politischen Ziele vorrangig mit Bezug auf Technisierungsprozesse oder Technisierungskonflikte. In diesem Sinne gibt es bisher keine (zumindest keine bei Wahlen erfolgreiche) Partei, die zutreffend als Pro- oder Anti-Technologie-Partei zu charakterisieren wäre, auch wenn die Parteien in Wahlkämpfen immer wieder versuchen, sich selbst oder ihre Konkurrenten in diesem Sinne positiv oder negativ zu stilisieren. Technisierungskonflikte stellen sich für Parteien nicht als grundlegende cleavages dar, sondern als (potenzielle) issues auf der öffentlichen Agenda. Allerdings lassen sich zumindest einige dieser issues in dem überkommenen Koordinatensystem der alten cleavages nicht immer ganz eindeutig verorten. Häufig stehen sie in mancherlei Hinsicht quer zu den sozialstrukturell definierten Konfliktlinien, an denen klassische Mobilisierungsstrategien bei Wahlen angesetzt haben. Kleinere Parteien, die sich vorwiegend auf eine homogene Wählerklientel stützen, können sich bei größeren Technisierungskonflikten unumwunden ganz auf die eine oder andere Seite schlagen. Für größere „Volksparteien" bringen Technisierungskonflikte aber spätestens dann das Risiko der Spaltung ihrer Mitglieder und Wähler mit sich, wenn sich im Verlauf des Konflikte zeigt, dass der umstrittene Technisierungsprozess nicht nur Vorteile für alle mit sich bringt, sondern Nutzen, Kosten und Risiken auch unter der eigenen Klientel sehr unterschiedlich verteilt sind oder doch sein können.

Fragt man nicht nach der Bedeutung von Technisierungskonflikten für Parteien, sondern umgekehrt nach der Rolle von Parteien in der Technologiepolitik, so wird man in der politikwissenschaftlichen Literatur zur Technologiepolitik zunächst nicht so rasch fündig. In den meisten Analysen zur staatlichen Technologiepolitik wird den politischen Parteien nämlich keine besonders große Aufmerksamkeit zuteil. Im Vordergrund stehen in der Regel andere Akteure: die Ministerialbürokratie, Wissenschafts- und Wirtschaftsverbände, größere Forschungseinrichtungen und Industrieunternehmen. Angesichts dieser Aufmerksamkeitsverteilung könnte man geneigt sein, die Rolle der Parteien in der Technologiepolitik insgesamt eher gering einzuschätzen. Das Bild verändert sich indessen, wenn herausgehobene manifeste Technisierungskonflikte zum Gegenstand der Analyse gemacht werden. Zwar kamen auch bei dem Kernenergiekonflikt erste Analysen zu dem Ergebnis: „In most countries, including both France and Germany, the political parties played essentially no role in the nuclear debate" (Nelkin/Pollak 1981: 189). Es gibt aber auch andere Beschreibungen der Rolle von Parteien in den beiden genannten Ländern. So antworten Fach und Simonis (1984) in ihrer Analyse des Kernenergiekonfliktes auf die Frage „Do Parties matter?" ganz entschieden mit „ja". Politische Parteien spielen danach in diesem Konflikt nicht nur eine wichtige, sondern die zentrale Rolle: „Die politische Partei ‚als solche'", so ihr Resümee aus dem „Atomfall" in der Bundesrepublik am Beginn der 1980er Jahre – „ist im ‚Modell Deutschland' der zentrale und funktionale politische Akteur" (Fach/Simonis 1984: 138). „Die Geschichte des Atomkonflikts in der Bundesrepublik" stellt sich aus ihrer Perspektive dar „als die Geschichte des Zerfalls des Nuklearkonsenses innerhalb der ‚dominanten Staatspartei'" (Drummer u.a. 1990: 369). Die Zentralität des Akteurs „Partei" in diesem Technisierungskonflikt ergibt sich danach gleichsam ex negativo: die Partei hat nicht die Funktionen erfüllt, die sie eigentlich hätte erfüllen sollen. Die „dominante Staatspartei" und mit ihr das ganze Parteiensystem haben „versagt". Denn sie wären nach dieser funktional orientierten Analyse gefordert gewesen, den Ausbau der Kernenergie gegenüber der Bevölkerung hinreichend zu legitimieren und vor allem gegenüber Verwaltung und Gerichten eine hinreichend „homogenisierende' politische Vorgabe in ausreichender Eindeutigkeit" zu machen. In der Bundesrepublik konnte die regierende SPD in den siebziger Jahren diese Legitimations- und Homogenisierungsfunktion der „dominanten Staatspartei" aber nicht mehr erfüllen, „weil in ihr selbst der Nuklearkonsens zerfiel" (Drummer u.a. 1990: 369). In der Konsequenz heißt dies, „dass der Zerfall des Nuklearkonsenses in der regierenden SPD für die Blockade des bundesdeutschen Atomprogramms zwischen Mitte der 70er und Mitte der 80er Jahre ‚verantwortlich' war" (Häusler 1988: 12). Anders gesagt: „Das Atomprojekt ... scheiterte an der fehlenden Homogenität der Regierungspartei" (Fach/Simonis 1987: 197). Paradoxerweise habe die Unfähigkeit der Regierungspartei, „ihre Vereinheitlichungs-Funktionen auszuüben" (Drummer u.a. 1990: 371), und die (nach dieser Analyse) daraus resultierende „mangelnde Durchsetzungsfähigkeit des ‚schwachen' bundesdeutschen Staates" aber – im Unterschied zur französischen Entwicklung – zu einem „Zustand hoher ökonomischer Rationalität" geführt, weil der Bau von Überkapazitäten im Bereich der Energieversorgung vermieden worden sei (Fach/Simonis 1987: 197).

Erweckten erste Beschreibungen des Kernenergiekonfliktes gelegentlich den Eindruck, dieser Konflikt werde vornehmlich an Bauzäunen zwischen Bürgerinitiativen und staatlichen Sicherheitsorganen ausgetragen, so können Fach und Simonis deutlich machen, dass es auch in diesem Fall keinen „parteienfreien Raum" gibt. Im Gegenzug zu den Untersuchungen, die von einer völligen Irrelevanz der politischen Parteien ausgehen, sind sie mit der These der „dominanten Staatspartei" als zentralem Akteur allerdings ihrerseits zu einer Überbetonung der Rolle von Parteien in Technisierungskonflikten gelangt, an deren Ende die regierende Partei von der analytischen Konzeption her in der Tat wie „der moderne Fürst" Antonio Gramscis erscheint (Fach/Simonis 1987: 215). In ihrer parteizentrierten Analyse wird die (zerfallende) innere Homogenität der Regierungspartei und ihre (schwindende) „Homogenisierungskapazität" gegenüber Verwaltung und Justiz zum zentralen Erklärungsfaktor für Entstehen und Verlauf des Kernenergiekonfliktes. Andere Akteure und deren mehr oder weniger konfliktorientierte Strategien sowie institutionelle Rahmenbedingungen (vom Föderalismus bis zur Gewaltenteilung) treten weitgehend in den Hintergrund. Gegenüber dieser parteizentrierten Perspektive drängt sich – mit dem Vorteil des längeren Beobachtungszeitraumes und auf der Grundlage breiter angelegter vergleichender Studien zur Anti-Atomkraft-Bewegung (Rüdig 1990; Flam 1994; Rucht 1994; Kriesi u.a. 1995) – am Ende des 20. Jahrhunderts eher das Bild von Konfliktverläufen auf, in denen es so etwas wie einen einzelnen „zentralen Akteur" nicht mehr gibt. Weder Parteien noch soziale Bewegungen stellen nach diesen stärker „dezentrierten" Ansätzen für sich genommen ein so handlungsmächtiges Zentrum dar, dass man ihnen eine entsprechend zentrale Rolle in Technisierungskonflikten zusprechen könnte.

4. Die Rolle von Akteuren in Technisierungskonflikten:
von akteurzentrierten zu mehrdimensionalen Analyseansätzen

Wenn man bei der politikwissenschaftlichen Analyse eines Technisierungskonfliktes zuerst nach der Rolle fragt, die einzelne Akteure in diesem Konflikt spielen, dann werden diese Akteure selbst ins Zentrum der Betrachtung gerückt. Die Analysen zum Kernenergiekonflikt haben indessen sehr deutlich gemacht, dass das Tun und Lassen einzelner Akteure wie etwa der Anti-Atomkraft-Bewegung nicht zureichend zu erklären ist, wenn nur die Bewegung selbst, ihre internen Ressourcen und Strategien in den Blick genommen werden und bewegungsexterne Faktoren ganz in den Hintergrund treten. Ob und welche Rolle Bürgerinitiativen, soziale Bewegungen und politische Parteien in einem Technisierungskonflikt spielen, das hängt nicht nur von ihnen selbst ab. Offenkundig zu kurz greifen insbesondere solche akteurzentrierten Erklärungsversuche, die nur die jeweils protestierenden Akteure in den Blick nehmen. Solche Ansätze sind vielleicht geeignet, bei der Suche nach Schuldigen zu helfen, die für die Störung oder den Zerfall eines Konsens verantwortlich gemacht werden können. Allerdings reproduzieren sie eher die vorherrschenden Konfliktfronten, als dass sie zu einer nüchternen Analyse der Konfliktursachen beitragen oder gangbare Wege zu fairen und stabilen Konfliktregelungen aufzeigen könnten.

Um eine angemessene Erklärung der Entstehung, des Verlaufs und der Wirkungen von Technisierungskonflikten vornehmen zu können, muss die politikwissenschaftliche Analyse sowohl umfassender als auch spezifischer ansetzen. Nötig erscheint eine mehrdimensional angelegte Heuristik, deren Fokus nicht nur auf die unmittelbar konfliktbeteiligten Akteure ausgerichtet ist. So können Ansätze, die primär auf grundlegende Wahrnehmungen und Werthaltungen von Akteuren zu Natur und Technik abstellen, vielleicht generalisierte Einstellungen zum technischen Fortschritt, aber nicht das Entstehen von manifesten Konflikten um konkrete Technisierungsprojekte, spezifische Technologien oder Technisierungspfade erklären. Konflikte, die sich in gegnerischen Interaktionen manifestieren, sind nicht bei allen, sondern nur bei bestimmten Technologien zu beobachten. Die Gegenstände von Technisierungskonflikten werden von protestbereiten Akteuren nicht beliebig gewählt. Und das heißt für die Konfliktanalyse: *Technology matters.* Das Entstehen von manifesten Technisierungskonflikten hängt auch von den strittigen Technologien ab. Deren „interpretative Flexibilität" ist zwar manchmal recht groß, in der Regel aber nicht beliebig weit zu strapazieren. Ein großtechnisches System lässt sich nicht völlig „klein" reden. Evidente Funktionsdefizite oder Leistungspotenziale einer Technologie können nicht beliebig in Abrede gestellt werden.

Freilich: Unter welchen Voraussetzungen eine Technologie entwickelt und genutzt werden kann, und welche Folgen sie wann und wo in ökonomischer, ökologischer, sozialer, politischer oder kultureller Hinsicht zeitigen wird, das versteht sich keineswegs von selbst. Die Abschätzung und Bewertung der Voraussetzungen, Gestaltungsbedingungen und Folgen eines Technisierungsprozesses bildet mithin ein weiteres konfliktrelevantes Moment. Für die Konfliktanalyse heißt dies: *Technology assessment matters.* Technisierungskonflikte hängen ab von den (mehr oder weniger inklusiven, mehr oder weniger rationalen) Prozessen zur Beschreibung und Bewertung ihres Nutzens, ihrer möglichen Risiken und ihrer sonstigen gesellschaftlichen Folgen und Nebenwirkungen. Besondere Relevanz hat dabei die Frage nach der Verteilung von Nutzen, Kosten und Risiken auf unterschiedliche Gruppen in der Gesellschaft.

Konflikte können sich nicht nur an Technologien und ihrer unterschiedlichen Bewertung entzünden, sondern auch an Art und Umfang der staatlichen Programme und Maßnahmen, mit denen ihre Entwicklung und Nutzung durch den Staat geplant und gesteuert wird. Verbreitet ist die Hypothese: je stärker staatlich geplant und gesteuert, desto konfliktträchtiger. In jedem Fall ergibt sich daraus: *Policies matter.* Diese Relevanzvermutung bezieht sich zunächst einmal auf die Technologiepolitik, und das heißt: Technology policy matters. Die Förderung und Regulierung von Technologien hat allerdings – anders als die Förderung von Wissenschaft – in der Regel zugleich direkte oder indirekte Bezüge zu ihren potenziellen Anwendungs- und Wirkungsfeldern. Daraus folgt: Policy integration matters. Konflikte über Ziele und Folgen von Technisierungsprozessen betreffen mithin immer auch andere Politikfelder und Ressorts und werfen damit zugleich Probleme der Integration technologiepolitischer Strategien in andere Sektorpolitiken auf (wie zahlreiche Konflikte an den Schnittstellen zwischen Technologiepolitik und Energie-, Umwelt-, Gesundheits-, Familien- und Verkehrspolitik sowie anderen sektoral ausdifferenzierten Politikfeldern belegen). Hier kann gerade der Verzicht auf integrierend angelegte staatliche Steuerung neue Konfliktpotenziale entstehen lassen.

Folgt man den Analysen zu Bürgerinitiativen und sozialen Bewegungen, so verweist bereits ihre Entstehung vielfach auf Defizite des etablierten Problembearbeitungs- und Konfliktregelungssystems. Und das heißt für die Konfliktanalyse unter dem Polity-Aspekt: *Institutions and procedures matter.* Entstehung, Verlauf und Wirkung von Technisierungskonflikten hängen nicht nur von den jeweiligen Technologien, ihren Folgeabschätzungen und -bewertungen sowie sektoralen politischen Programmen und intersektoralen Verflechtungen ab, sondern auch von der Kapazität und Performanz der Institutionen und Verfahren, die in einem politischen System zur Bearbeitung von Problemen und zur Regelung von Konflikten zur Verfügung stehen.

Neben den institutionellen Rahmenbedingungen des politischen Systems sind schließlich auch die gesellschaftlichen Kontexte von großer Bedeutung für Entstehung, Verlauf und Wirkung von Technisierungskonflikten. Daraus folgt für die Konfliktanalyse: *Societal contexts matter.* Die Strukturen des ökonomischen Systems und die Beziehungen von Ökonomie und Politik haben hier eine besondere Relevanz. Technisierungskonflikte haben aber in vielen Fällen auch mit den spezifischen Beziehungen der Politik zur Kultur, zum Recht, zur Wissenschaft und zu anderen gesellschaftlichen Teilbereichen zu tun.

Wenn es um die politikwissenschaftliche Analyse von Konflikten geht, versteht sich die Annahme „*Politics matters*" in gewisser Weise von selbst. Der Durchgang durch die anderen Dimensionen politikwissenschaftlicher Analyse verdeutlicht allerdings, dass sich die Untersuchung von Konflikten im politischen Vermittlungssystem zumindest im Fall von Technisierungskonflikten nicht nur auf die Politics-Dimension beschränken darf, wenn sie der Komplexität ihres Gegenstandes gerecht werden will. Nötig für eine angemessene Analyse von politisch relevanten Technisierungskonflikten ist also ein mehrdimensional angelegter analytischer Bezugsrahmen, der alle drei Politikdimensionen und den gesellschaftlichen Kontext eines Konfliktfeldes berücksichtigt. Die politikwissenschaftliche Analyse von Technisierungskonflikten sollte auf der Politics-Ebene nicht nur auf die konfliktinitiierenden Akteure abstellen, sondern auch die (Gegen-) Strategien von herausgeforderten (Gegen-)Spielern, von Adressaten, Vermittlern und Kontrollinstanzen sowie die Reaktionen des Publikums in den Blick rücken, also die gesamte konfliktrelevante Akteurkonstellation und die Interaktionsmuster zwischen den beteiligten Akteuren berücksichtigen. Über diese interaktionsorientierte Analyse von Akteurstrategien und Akteurkonstellationen hinaus sind die Wechselwirkungen mit den konfliktrelevanten Politikinhalten der Policy-Ebene und mit den institutionellen Rahmenbedingungen der Polity-Ebene einzubeziehen. Schließlich sind auch die gesellschaftlichen Kontextstrukturen eines Konfliktfeldes mit in die Analyse zu integrieren. In einem mehrdimensional angelegten und zugleich dynamisierten Bezugsrahmen wird es dann auch möglich, die Frage nach der Rolle einzelner Akteurgruppen für konflikthafte Technisierungsprozesse spezifischer und prozessbezogener prüfen und differenziertere Antworten geben zu können, also von allgemeinen Fragen des Typs „Do parties matter?" überzugehen zu spezifischeren Fragen des Typs „How do parties matter?"

5. Technisierungskonflikte und die „Liberalisierung" eines exklusiven Politikfeldes

Die Beantwortung der Frage, ob Bürgerinitiativen, soziale Bewegungen und politische Parteien in Technisierungskonflikten eine „negative" oder „positive" Rolle gespielt haben, hängt ersichtlich von den betrachteten Wirkungsdimensionen und den jeweils herangezogenen Bewertungskriterien ab. Festzustellen ist zunächst einmal eine Politisierung von gesellschaftlichen Technisierungsprozessen, die vorher weithin als unpolitisch galten. Je nach den normativen Präferenzen wird diese Politisierung von den einen als dysfunktionale Entdifferenzierung beklagt, von den anderen als wünschenswerte Demokratisierung begrüßt. Bei nüchterner Betrachtung wird man in jedem Fall festhalten müssen, dass es in der Bundesrepublik erst durch die teilweise wenig zivilisiert ausgetragenen Technisierungskonflikte im Bereich der Kernenergie zu einer Öffnung dieses Politikfeldes gekommen ist, dessen Strukturen vorher von spezifisch exklusiven Orientierungen und Zugangsregeln geprägt waren.

Bürgerinitiativen, soziale Bewegungen und politische Parteien haben durch ihre Beteiligung an Technisierungskonflikten mit dazu beigetragen, dass auch in diesem Politikfeld neue gesellschaftsbezogene Kriterien wie Umwelt- und Sozialverträglichkeit und neue Verfahren mit offeneren Repräsentations- und Partizipationsstrukturen in der technologiepolitischen Meinungs- und Willensbildung entwickelt worden sind. Nach den teilweise schmerzhaften Anpassungs- und Lernprozessen, die alle Beteiligten in den Technisierungskonflikten des 20. Jahrhunderts vollziehen mussten, hat sich aber nicht nur die Bewertung von Technisierungsprozessen verändert, sondern auch die Sicht von Konflikten in der Technologiepolitik. Bürgerinitiativen, soziale Bewegungen und Parteien haben damit indirekt zur Pluralisierung und „Normalisierung" eines Politikfeldes beigetragen, das vorher auf spezifische Weise von den politischen Interessen- und Konfliktvermittlungsprozessen entkoppelt war, die in anderen Politikfeldern üblich sind. Man könnte auch von „Liberalisierung" sprechen, allerdings nicht in ihrer populären „neoliberalen" Variante, sondern in ihrer klassischen, gegen unrealistische Homogenitätsfiktionen und Gemeinwohlunterstellungen gerichteten Form. Mit einer solchen Liberalisierung entstehen auch in der Technologiepolitik politische Rahmenbedingungen, unter denen Konflikte in Zukunft vielleicht nicht in jedem Fall als produktives, aber doch als unvermeidliches, bearbeitungs- und regelungsbedürftiges Element moderner Demokratien Anerkennung finden können. Erst auf dieser Basis erscheint eine Erfolg versprechende Suche nach angemessenen Verfahren der Konfliktbearbeitung und -regelung möglich, die den spezifischen Bedingungen unterschiedlicher Technisierungsprozesse Rechnung tragen.

Literatur

AfTA (= Akademie für Technikfolgenabschätzung in Baden-Württemberg) (Hrsg.), 1994: Bürgerbeteiligung an der Abfallplanung für die Region Nordschwarzwald. Stuttgart.
Bandelow, Nils C., 1999: Lernende Politik. Advocacy-Koalitionen und politischer Wandel am Beispiel der Gentechnologiepolitik. Berlin.
Batelle-Institut, 1975: Bürgerinitiativen im Bereich von Kernkraftwerken. 2. Aufl., Bonn.
Bauer, Martin, 1995: Resistance to New Technology and its Effects on Nuclear Power, Information Technology and Biotechnology, in: *Ders.* (Hrsg.), Resistance to New Technology. Nuclear Power, Information Technology and Biotechnology. Cambridge, 1–41.
Behrens, Maria/Meyer-Stumborg, Sylvia/Simonis, Georg, 1997: Gen Food. Einführung und Verbreitung, Konflikte und Gestaltungsmöglichkeiten. Berlin.
Dahrendorf, Ralf, 1972: Konflikt und Freiheit. München.
Drummer, Herman/Fach, Wolfgang/Häusler, Jürgen/Simonis, Georg, 1990: Energiepolitik: Die Krisenregulierung der politischen Parteien, in: *Klaus von Beyme/Manfred G. Schmidt* (Hrsg.), Politik in der Bundesrepublik Deutschland. Opladen, 360–381.
Fach, Wolfgang/Simonis, Georg, 1984: Die politische Funktion der politischen Partei. Konsequenzen aus dem westdeutschen Atomkonflikt, in: *Jürgen W. Falter/Christian Fenner/Michael Th. Greven* (Hrsg.), Politische Willensbildung und Interessenvermittlung. Opladen, 131–139.

Fach, Wolfgang/Simonis, Georg, 1987: Die Stärke des Staates im Atomkonflikt. Die Bundesrepublik im Vergleich mit Frankreich. Frankfurt a.M./New York.
Fietkau, Hans-Joachim/Weidner, Helmut, 1998: Umweltverhandeln. Konzepte, Praxis und Analysen alternativer Konfliktregelungsverfahren – ein erweiterter Projektbericht. Berlin.
Flam, Helena (Hrsg.), 1994: States and Anti-Nuclear Movements. Edinburgh.
Giugni, Marco G./McAdam, Doug/Tilly, Charles (Hrsg.), 1998: From Contention to Democracy. Lanham, Md. u.a.
Giugni, Marco G./McAdam, Doug/Tilly, Charles (Hrsg.), 1999: How Social Movements Matter. Minneapolis/London.
Guggenberger, Bernd/Kempf, Udo (Hrsg.), 1984: Bürgerinitiativen und repräsentatives System. 2. Aufl., Opladen.
Häusler, Jürgen, 1988: „Der Traum wird zum Alptraum". Das Dilemma einer Volkspartei: die SPD im Atomkonflikt. Berlin.
Hellmann, Kai-Uwe/Koopmans, Ruud (Hrsg.), 1998: Paradigmen der Bewegungsforschung – Entstehung und Entwicklung von Neuen sozialen Bewegungen und Rechtsextremismus. Opladen/Wiesbaden.
Hennen, Leonhard, 1994: Ist die (deutsche) Öffentlichkeit „technikfeindlich"? Ergebnisse der Meinungs- und der Medienforschung. Bonn.
Hoffmann, Dagmar, 1997: Barrieren für eine Anti-Gen-Bewegung. Entwicklung und Struktur des kollektiven Widerstandes gegen Forschungs- und Anwendungsbereiche der Gentechnologie in der Bundesrepublik Deutschland, in: *Renate Martinsen* (Hrsg.), Politik und Biotechnologie. Baden-Baden, 235–255.
Joppke, Christian, 1993: Mobilizing Against Nuclear Energy. A Comparison of Germany and the United States. Berkeley u.a.
Kaiser, Markus, 1990: Entstehung, Entwicklung und Struktur der Anti-Gen-Bewegung, in: Forschungsjournal Neue Soziale Bewegungen 8, 85–95.
Kempf, Udo, 1984: Bürgerinitiativen – Der empirische Befund, in: *Bernd Guggenberger/Udo Kempf* (Hrsg.), Bürgerinitiativen und repräsentatives System. 2. Aufl., Opladen, 295–317.
Kitschelt, Herbert, 1980: Kernenergiepolitik. Arena eines gesellschaftlichen Konflikts. Frankfurt a.M./New York.
Kitschelt, Herbert, 1986: Political Opportunity Structures and Political Protest. Anti-Nuclear Movements in four Democracies, in: British Journal of Political Science 16, 57–85.
Klein, Ansgar/Legrand, Hans-Josef/Leif, Thomas (Hrsg.), 1999: Neue soziale Bewegungen. Impulse, Bilanzen und Perspektiven. Opladen/Wiesbaden.
Kliment, Tibor, 1998: Durch Dramatisierung zum Protest? Theoretische Grundlegung und empirischer Ertrag des Framing-Konzepts, in: *Kai-Uwe Hellmann/Ruud Koopmans* (Hrsg.), Paradigmen der Bewegungsforschung – Entstehung und Entwicklung von Neuen sozialen Bewegungen und Rechtsextremismus. Opladen/Wiesbaden, 69–89.
Kling, Rob/Iacono, Suzanne, 1988: The Mobilization of Support for Computerization: The Role of Computerization Movements, in: Social Problems 35, 226–243.
Kodolitsch, Paul von, 1984: Effizienzsteigerung oder Systemüberwindung – zur empirischen Erfolgsbilanz der Bürgerinitiativen, in: *Bernd Guggenberger/Udo Kempf* (Hrsg.), Bürgerinitiativen und repräsentatives System. 2. Aufl., Opladen, 318–332.
Koopmans, Ruud, 1998: Konkurrierende Paradigmen oder friedlich koexistierende Komplemente? Eine Bilanz der Theorien sozialer Bewegungen, in: *Kai-Uwe Hellmann/Ruud Koopmans* (Hrsg.), Paradigmen der Bewegungsforschung – Entstehung und Entwicklung von Neuen sozialen Bewegungen und Rechtsextremismus. Opladen/Wiesbaden, 215–231.
Kretschmer, Winfried/Rucht, Dieter, 1991: Beispiel Wackersdorf: Die Protestbewegung gegen die Wiederaufarbeitungsanlage. Gruppen, Organisationen, Netzwerke, in: *Roland Roth/Dieter Rucht* (Hrsg.), Neue soziale Bewegungen in der Bundesrepublik Deutschland. 2. Aufl., Bonn, 180–212.
Kriesi, Hanspeter/Koopmans, Ruud/Duyvendak, Jan Willem/Giugni, Marco G., 1995: New Social Movements in Western Europe – A Comparative Analysis. Minneapolis.
Mayer-Tasch, Peter C., 1976: Die Bürgerinitiativbewegung. Reinbek.

McAdam, Doug/McCarthy, John D./Zald, Mayer, N. (Hrsg.), 1996: Comparative Perspectives on Social Movements. Political Opportunities, Mobilizing Structures, and Cultural Framings. Cambridge.
Midttun, Atle/Rucht, Dieter, 1994: Comparing Policy Outcomes of Conflicts over Nuclear Power: Description and Explanation, in: *Helena Flam* (Hrsg.), States and Anti-Nuclear Movements. Edinburgh, 383–415.
Morrison, Denton E., 1983: Soft Tech/Hard Tech, Hi Tech/Lo Tech: A Social Movement Analysis of Appropriate Technology, in: Sociological Inquiry 53, 220–251.
Neidhardt, Friedhelm/Rucht, Dieter, 1993: Auf dem Weg in die „Bewegungsgesellschaft"? Über die Stabilisierbarkeit sozialer Bewegungen, in: Soziale Welt 44, 305–326.
Neidhardt, Friedhelm/Rucht, Dieter, 1999: Protestgeschichte der Bundesrepublik Deutschland 1950–1994. Ereignisse, Themen, Akteure, in: *Max Kaase/Günther Schmid* (Hrsg.), Eine lernende Demokratie. 50 Jahre Bundesrepublik Deutschland. Berlin, 129–164.
Nelkin, Dorothy (Hrsg.), 1992: Controversy. Politics of Technical Decisions. 3. Aufl., Newbury Park u.a.
Nelkin, Dorothy/Pollak, Michael, 1981: The Atom Besieged. Antinuclear Movements in France and Germany. Cambridge, Mass./London.
Opp, Karl-Dieter, 1996: Aufstieg und Niedergang der Ökologiebewegung in der Bundesrepublik, in: *Andreas Diekmann/Carlo C. Jaeger* (Hrsg.), Umweltsoziologie. Opladen, 350–379.
Opp, Karl-Dieter/Roehl, Wolfgang, 1990: Der Tschernobyl-Effekt. Eine Untersuchung über die Determinanten politischen Protests. Opladen.
Radkau, Joachim, 1983: Aufstieg und Krise der deutschen Atomwirtschaft 1945–1975. Verdrängte Alternativen in der Kerntechnik und der Ursprung der nuklearen Kontroverse. Reinbek.
Rammert, Werner, 1993: Technik aus soziologischer Perspektive. Opladen.
Raschke, Joachim, 1985: Soziale Bewegungen. Ein historisch-systematischer Grundriß. Frankfurt a.M./New York.
Raschke, Joachim, 1993: Die Grünen. Wie sie wurden, was sie sind. Köln.
Renn, Ortwin/Zwick, Michael M., 1997: Risiko- und Technikakzeptanz. Berlin u.a.
Roth, Roland, 1999: Lokale Demokratie „von unten". Bürgerinitiativen, städtischer Protest, Bürgerbewegungen und neue soziale Bewegungen in der Kommunalpolitik, in: *Hellmut Wollmann/Roland Roth* (Hrsg.), Kommunalpolitik: Politisches Handeln in den Gemeinden. 2. Aufl., Opladen, 2–22.
Rucht, Dieter, 1980: Von Wyhl nach Gorleben. Bürger gegen Atomprogramm und nukleare Entsorgung. München.
Rucht, Dieter, 1994: Modernisierung und neue soziale Bewegungen. Deutschland, Frankreich und USA im Vergleich. Frankfurt a.M./New York: Campus.
Rüdig, Wolfgang, 1980: Bürgerinitiativen im Umweltschutz. Eine Bestandsaufnahme der empirischen Befunde, in: *Volker Hauff* (Hrsg.), Bürgerinitiativen in der Gesellschaft. Villingen-Schwenningen, 119–184.
Rüdig, Wolfgang, 1990: Anti-Nuclear Movements. A World Survey of Opposition to Nuclear Energy. London.
Saretzki, Thomas, 1994: Technokratie, Technokratiekritik und das Verschwinden der Gesellschaft. Zur Diskussion um das andere politische Projekt der Moderne, in: *Michael Th. Greven/Peter Kühler/Manfred Schmitz* (Hrsg.), Politikwissenschaft als Kritische Theorie. Baden-Baden, 377–410.
Saretzki, Thomas, 1997: Technisierung der Natur – Transformation der Politik? Perspektiven der politikwissenschaftlichen Analyse zum Verhältnis von Biotechnologie und Politik, in: *Renate Martinsen* (Hrsg.), Politik und Biotechnologie. Baden-Baden, 37–60.
Thaysen, Uwe, 1982: Bürger-, Staats- und Verwaltungsinitiativen. Ein Beitrag zur Entwicklung kooperativer Systeme mittelbarer und unmittelbarer Demokratie. Reformen zugunsten der Bürgerbeteiligung am Beispiel einer Kommunalverfassung. Heidelberg/Hamburg.
Touraine, Alain/Hegedus, Zsuzsa/Dubet, Francois/Wieviorka, Michel, 1982: Die antinukleare Prophetie. Zukunftsentwürfe einer sozialen Bewegung. Frankfurt a.M./New York.

3.

Veränderungen im politisch-administrativen System

3.1 Informatisierung staatlicher Institutionen

Does technology matter? Die Rolle von Informations- und Kommunikationstechniken in Regierung und Parlament

Stephan Bröchler

Die Frage „Does technology matter?" in Bezug auf Regierung und Parlament zu stellen, ist alt und neu zugleich. Bereits zweimal, Anfang der 70er Jahre und Mitte der 80er Jahre, hat die bundesdeutsche Politikwissenschaft Antwort auf diese Frage gegeben. Zu Beginn des Einsatzes der Computertechnik nahm man hoffnungsvoll an, dass die Informationstechnik die staatliche Steuerungsfähigkeit erhöht und somit zu einem wichtigen Instrument der Regierungsplanung werde. Beim Einzug kleiner leistungsfähiger Arbeitsplatzrechner auch in Regierung und Parlament wurde die Befürchtung artikuliert, der Technikeinsatz führe zu einem Machtverlust des Parlaments. Noch in den 80er Jahren ist hierzulande die politikwissenschaftliche Auseinandersetzung über Einsatz und Nutzung der IuK-Technik[1] für beide Institutionen in Deutschland abgebrochen. Dem Thema Informatisierung des Staates haben sich seitdem andere Forschungsrichtungen gewidmet, dabei vor allem die Verwaltungsinformatik und die Verwaltungsautomationsforschung. Wiederbelebt wird die Debatte in jüngster Zeit, da sich mit Multimedia und Internet ein weiterer Schritt in der Entwicklung der modernen IuK-Techniken vollzieht und erneut große Erwartungen an die verändernden Wirkungen für Regierung und Parlament formuliert werden (Margetts 1998; Parliamentary Affairs 1999; Leggewie 1999). Aus politikwissenschaftlicher Sicht ist das Eingreifen in diese Debatte spannend und erforderlich zugleich. Zwar sind systemverändernde Folgen (planender Staat bzw. Entparlamentarisierung) nicht eingetreten, jedoch hat sich die Iuk-Technik mittlerweile zu einem verbreiteten Instrument der Aufgabenerfüllung im Kernbereich des politisch-administrativen Systems entwickelt. Diese Entwicklung blieb jedoch politikwissenschaftlich unreflektiert. Als Politikwissenschaftler können wir heute keine begründeten Aussagen darüber treffen, wie die Nutzung der IuK-Technik die Arbeit von Regierung und Parlament verändert.

Der folgende Beitrag möchte die politikwissenschaftliche Auseinandersetzung über die Bedeutung der IuK-Technik für Regierung und Parlament wieder aufnehmen. Dabei ist es sinnvoll, zunächst herauszuarbeiten, was aus der vergangenen Diskussion für die Analyse des heutigen Technikeinsatzes gelernt werden kann. Der erste Teil befasst sich mit den Erwartungen des Technikeinsatzes im Regierungsbereich. Der zweite Teil thematisiert die angenommenen Folgen für das Parlament. Der dritte Teil wirft anhand von Beispielen ein Blick in die IuK gestützte Instrumentierung von Parlament

---

1 IuK-Technik umfasst hier sowohl den zentralen (Datenverarbeitung mittels Großrechner) als auch den dezentralen (PC-gestützten) Einsatz einschließlich Multimedia und Internet.

und Regierung in Deutschland und der Schweiz. Ziel dieser ländervergleichenden Darstellung ist es, die Bedeutung politikwissenschaftlich relevanter Faktoren für den IuK-Einsatz im Rahmen der Aufgabenerfüllung aufzuzeigen.

1. Regierungsplanung und Informationstechnik

Die Informationstechnik, wie sie in den 60er Jahren zur Verfügung stand, versprach durch die computergestützte Verarbeitung umfangreicher Datenmengen in Großrechnern, die Wahrnehmungs- und Problemverarbeitungskapazität des politisch-administrativen Systems qualitativ zu steigern. Es waren dabei zuerst die Regierungen der westlichen Demokratien, allen voran die der USA, die sich im politischen System an die Spitze der neuen technischen Entwicklung setzten und das Ziel verfolgten, ihre Handlungsfähigkeit durch Einsatz von Computern auf eine neue, auf Rationalität und Planung beruhende Grundlage, zu stellen. 1965 führte Präsident Johnson das Planungs-, Programmierungs- und Budgetierungssystem PPBS regierungsweit in der Bundesverwaltung ein. Das euphorisch formulierte Ziel, das Johnson mit dem PPBS verfolgte, bestand darin, die Programm-Budgetierung als ein wichtiges Instrument der Regierung zur Koordination und Prioritätensetzung zu nutzen. In Deutschland verzögerte sich der Ausbruch des Reform-„Fiebers". Zwar wurde 1967 die „mittelfristige Finanzplanung" eingeführt und 1968 eine „Projektgruppe Regierungs- und Verwaltungsreform" (PRVR) eingesetzt (Schatz 1973). Doch während der Großen Koalition aus CDU/CSU und SPD unter Bundeskanzler Kiesinger kamen die Planer und ihre Reformvorschläge nicht zum Durchbruch. Dies änderte sich mit der Bundestagswahl vom September 1969. Die neue SPD-FDP Regierung unter Bundeskanzler Willy Brandt hatte sich vorgenommen, eine „Politik der inneren Reformen" zu praktizieren. Hochgestecktes Ziel war es, einen Wechsel im Anspruch und der Instrumentierung des Regierens durchzusetzen. Im Vordergrund dabei stand die Absage an einen prima facie reaktiven und inkrementalen Regierungsstil, in der das Regierungsgeschäft überwiegend als punktuelles Krisenmanagement in der Bewältigung von interessengesteuerter Tagespolitik bestand. Regieren sollte fortan planerisch und steuernd als „aktive" statt „reaktive" Politik erfolgen. Das Bundeskanzleramt mit seiner Planungsabteilung wurde das Zentrum dieser Planungspolitik.

Renate Mayntz und Fritz W. Scharpf entwickelten Anfang der 70er Jahre einen policyorientierten theoretischen Rahmen für eine aktive Politik. Aktive Politik setzt die erhöhte Steuerungsfähigkeit des Staates voraus, politische Programme autonom und von mehr als inkrementaler Reichweite zu entwickeln, zu steuern und ihre Inhalte politisch zu definieren (Mayntz/Scharpf 1973: 122f.). Bei dem Übergang von „reaktiver" zu „aktiver" Politik erhöht sich der Informationsbedarf der Regierung. Das Modell aktive Politik erfordert, dass der Staat aus umfänglicheren Daten Informationen gewinnen kann, um qualitativ besseres Handlungswissen zu erzielen (Mayntz/Scharpf 1973: 124). Die Informationstechnik, so die Annahme, ist in der Lage beizutragen, die neuen Bedürfnisse des aktiven Staates hinsichtlich Informationsbedarf und -verarbeitung zu befriedigen.

Mayntz und Scharpf haben die Bedingungen formuliert, unter denen die Informationstechnik zu einem wichtigen Instrument für aktive Politik wird.[2] Doch um den Anspruch des Konzepts auf Praxisrelevanz einlösen zu können, bedurfte es weiterer Konkretisierungen, mit welchen Instrumenten die neue Aufgabenstellung bewältigt werden kann. Für Carl Böhret stellen die IuK-Techniken ein entscheidendes Instrument für die staatliche Aufgabenerfüllung dar (Böhret 1970). Seine Argumentation drückt dabei einen starken Optimismus in die Leistungsfähigkeit der neuen Instrumente aus. Der Einsatz von Instrumenten wie Informations- und Planungstechniken, so seine These, kann maßgeblich zur Erhöhung der Rationalität der Politik beitragen und erhöhe auf diese Weise die Effizienz staatlichen Handelns. Durch den Einsatz neuer Techniken werde die Regierung besser in die Lage versetzt, ihre Führungs- und Entscheidungsaufgaben in einer komplexer werdenden gesellschaftlichen Umwelt immer wohlinformierter, systematischer und planvoller wahrzunehmen.

Die Bundesregierung führte zu Beginn der 70er Jahre das Frühkoordinierungssystem ein, das sich, ganz im Sinne des policyorientierten Ansatzes, als ein computergestütztes Instrument zur Steigerung der staatlichen Steuerungsfähigkeit begreifen lässt. Das System zur Frühkoordinierung war in das neue Planungsleitbild der aktiven Politik eingebunden. Neben den Ansätzen zur längerfristigen Aufgabenplanung und der verbesserten Fachplanung machte das Frühkoordinierungssystem den Kern der Planungsaktivitäten der Bundesregierung aus (Schatz 1973: 35f.). Es hatte zum Ziel, ein Vorhabenerfassungssystem zu schaffen, das die Arbeits- und Zeitplanung verbessern und die Aufgabenplanung durch eine inhaltliche Steuerung der Ressortaktivitäten in den verschiedenen Bundesministerien erleichtern sollte. Das neu geschaffene System sollte die Vorhaben der Ressorts als Vorbereitung für das Kabinett zu Arbeitsprogrammen der Bundesregierung verdichten und die vom Kabinett beschlossenen Programme verfahrensmäßig unter inhaltlichen, zeitlichen und finanziellen Prioritätsgesichtspunkten koordinieren. Frühkoordinierung sollte zu einem Instrument entwickelt werden, das die Steuerungs- und Lernkapazität im Regierungsbereich verbessert.

Der Euphorie über die Realisierbarkeit der Aufgabenplanung machte sehr schnell Ernüchterung Platz. Das Frühkoordinierungssystem, das mit dem Ziel entwickelt worden war, die Tür in Richtung der verbesserten Aufgabenplanung der Regierung aufzustoßen, schrumpfte zur technisch ausgefeilten „Kabinettbuchhaltung" zusammen. Bei der Frage nach dem warum zeigten Analysen, dass weniger technische Faktoren als vielmehr die defizitäre Einbettung des Vorhabensystems in die Ziele, Struktur und Arbeitsweise der Bundesregierung für das Scheitern verantwortlich waren (Schatz 1973). Die Hauptursache, die zum raschen Bedeutungsverlust des Vorhabensystems führte, war, dass das Bundeskanzleramt von der Erfassung der verschiedenen Ressortvorhaben zur Steuerung der Prioritäten, ganz im Sinne der Aufgabenplanung, innerhalb der Bundesregierung übergehen wollte. Als eine solche Prioritätenliste unabgestimmt auf den Tisch der versammelten Planungsbeauftragten kam, war das Ende der politischen Planung eingeläutet. Eine durch das Kanzleramt festgelegte Prioritätenliste hätte die

---

2 Kritisch zu dieser Annahme äußerten sich Volker Ronge und Günter Schmieg aus politikökonomischer Sicht: „Von daher ist die Reformstrategie des Ausbaus der administrativen Eigenkapaziät für Analyse und Selektion illusorisch" (Ronge/Schmieg 1973: 58).

Richtlinienkompetenz des Kanzlers und das Kabinettprinzip zu Lasten des Ressortprinzips massiv verschoben. Die Folge wäre gewesen, dass nicht mehr der Einzelne zuständige Ressortchef die Prioritäten für sein Ministerium festgelegt hätte, sondern dies durch das Kanzleramt und am Kabinettstisch erfolgt wäre. Die Ressorts wollten eine solche Entwicklung nicht mittragen (Schatz 1974: 24). Mit der Berufung auf das Ressortprinzip schoben sie den Planungsaktivitäten einen Riegel vor. Sichert doch das Ressortprinzip in Artikel 65 GG den Ministern die selbstständige Leitung und Verantwortung in ihrem Geschäfts- und Aufgabenbereich zu. Als Folge dieses Eklats wurden der Informationsfluss zwischen den Ministerien und dem Kanzleramt im Bereich der Meldung von Ressortvorhaben in das Informationssystem „begradigt". Nun waren nur noch Minister und Staatssekretäre befugt Vorhabeninformationen weiterzuleiten. Der Bedeutungswandel von einem Instrument der politischen Planung zu einem nützlichen Instrument der Regierungsbuchhaltung war vollzogen.

Seitens des Parlamentes weckte das praktizierte System der Vorhabenplanung Begehrlichkeiten. So zielten zwei große parlamentarische Anfragen der oppositionellen CDU/CSU zu Beginn der 70er Jahre darauf ab, Detailinformationen über das Arbeitsprogramm der Regierung Brandt/Scheel zu erhalten, das auf der Basis der Informationen des Frühkoordinierungssystems erstellt worden war (Schatz 1973: 37). Unter den politisch-institutionellen Bedingungen einer Parteienkonkurrenz wird an diesem Beispiel die politisch-strategische Brisanz einer auf dem aktuellen Stand gehaltenen Regierungsplanung offensichtlich. Ein solcher Regierungsplan stellt für die Opposition – sofern sie davon Kenntnis erhält – eine ideale „Abhakliste" zur Kritik der Arbeitsleistung der Regierung dar.

Die Geschichte des Frühkoordinierungssystems zeigt, dass die Aufgabenplanung von der technischen Seite realisierbar gewesen wäre, sie jedoch aus politisch relevanten Gründen innerhalb der Bundesregierung nicht durchzusetzen war. Das Planungsleitbild aktive Politik erwies sich als nicht handlungsleitend. Denn der Übergang von der Erfassung zur Steuerung der Regierungsaktivitäten durch Unterstützung des Frühkoordinierungssystems hätte eine strukturelle Änderung der Willensbildungs- und Entscheidungstrukturen der Bundesregierung bedeutet. Vor allem drei Faktoren lassen sich zusammenfassend als Gründe nennen, dass das Frühkoordinierungssystem nicht zu einem Instrument der politischen Planung wurde. Das Bundeskanzleramt erwies sich als zu steuerungsschwach, um die angestrebte Aufgabenplanung gegen die übrigen Ressorts durchzusetzen. Die Interessen innerhalb der Bundesregierung in Bezug auf das Planungssystem waren zu unterschiedlich. Die gewählte Strategie der Einführung eines politischen Planungssystems war mangelhaft koordiniert.

Das Beispiel Fühkoordinierungssystem zeigt, dass allein durch Technikeinsatz die Steuerungsfähigkeit des Staates nicht gesteigert werden konnte. In Bezug auf das von Mayntz und Scharpf vorgelegte Konzept wurde das erforderliche Informationsniveau, das nur eine von mehreren Vorbedingungen für aktive Politik darstellt, erst gar nicht erreicht. Auch der Einsatz „intelligenter" Instrumente führte nicht zur erhofften Steigerung der politischen Rationalität und damit zur Effizienzsteigerung. Die aufbereiteten Daten aus dem Frühkoordinierungssystem dienten im besten Fall als eine Informationsgrundlage für das Kanzleramt und die Bundesministerien.

Das Beispiel zeigt weiterhin, dass eine politikwissenschaftliche Fragestellung stärker den Raum berücksichtigen muss, in dem sich Einsatz und Nutzung der Informationstechnik vollzieht. Die folgenden Faktoren haben sich als wichtig erwiesen:
- die Funktionen und Aufgaben von Regierung und Parlament, wie sie im Regierungssystem festgelegt sind (Konfiguration);
- die Willensbildungs- und Entscheidungsstruktur, wie sie in der Regierungsorganisation zum Ausdruck kommt (Organisation);
- handlungsleitende Orientierungen der politischen Akteure, die sich im Planungsleitbild wiederfinden (Leitbilder);
- die Abstimmung und Koordinierung des Technikeinsatzes (Implementation) und
- unterschiedliche Interessen in Bezug auf die Technik von Regierung und Parlament (Interessen).

2. Folgen der Informationstechnik für das Parlament

Paul Kevenhörster richtet den Fokus auf die Gefahren der Nutzung der neuen Techniken durch die Regierung besonders im Blick auf die Handlungsfähigkeit des Parlaments. Er formulierte die politikwissenschaftliche These, dass der Einsatz der Informations- und Kommunikationstechnik im politisch-administrativen System zu einer neuen Informationslücke und somit zu einer Machtverschiebung im Verhältnis von Parlament und Regierung führte (Kevenhörster 1975: 243). Argumentativ schließt Kevenhörster damit an die politikwissenschaftliche Diskussion über den Bedeutungsverlust des Parlaments an (z.B. Guggenberger/Offe 1984). Die „alte" Informationslücke, die aus einem Bedeutungsverlust der traditionellen parlamentarischen Kontroll- und Informationsrechte resultiere, werde durch den Einsatz politischer Planung und der Nutzung der Computertechnik qualitativ verbreitet. Aus der Funktionslogik der Technik heraus seien vor allem die Regierungen die Gewinner, nicht die Parlamente, die einen weiteren Bedeutungsverlust erlitten. Die Computertechnik ermögliche es, ein zentrales Problem des Regierens, die Kluft zwischen interdependenten Problemstrukturen und segmentierter Entscheidungsstruktur, durch den Einsatz rechnergestützter Informationssysteme zu verringern. Im Gegensatz dazu führe der Einsatz von Computertechnik beim Parlament tendenziell zu einem „information overload", in welcher der Informationsfluss nicht mehr kontrolliert werden kann: „Nicht ein Mangel an verfügbarer, sondern an problemorientierter, verarbeiteter Information kennzeichnet die parlamentarische Informationslücke" (Kevenhörster 1989: 18). Kevenhörster beschreibt damit ein Dilemma des Parlaments, das bildlich gesprochen Gefahr läuft, in einer Datenflut zu ertrinken und gleichzeitig an einem Informationsmangel zu verdursten.

Weiterführend an den Überlegungen Kevenhörsters ist, dass er auf die asymmetrische Informationslage zwischen parlamentarischer Opposition und Regierung aufmerksam gemacht hat. Allerdings führte der Technikeinsatz nicht zu einer Entmachtung des Parlaments. Eine „neue" Informationslücke tat sich nicht auf: Weder hat sich die Regierung zu einer computertechnisch hoch aufgerüsteten Steuerungszentrale entwickelt, noch steht das Parlament informationstechnisch auf dem Abstellgleis. Es ist vor allem deshalb keine Lücke entstanden, so wird im Folgenden argumentiert, weil sich die Informationsinteressen von Parlament und Regierung unterscheiden. Das unterschiedliche Informationsinteresse resultiert aus der unterschiedlichen Aufgabenstellung von Parlament und Regierung innerhalb des Regierungssystems. Das Parlament benötigt Daten und Informationen, um am Prozess der Gesetzgebung mitzuwirken, Kontrolle auszuüben, Initiativen zu ergreifen und an der gesellschaftlichen Kommunikation teilzunehmen. Das Informationsinteresse der Regierung richtet sich für ihre Aufgabenerfüllung besonders auf die Bereiche Programmentwicklung, Programmvollzug und Programmkontrolle. Damit Regierung und Parlament die unterschiedlichen Aufgaben erfüllen können, verfügen beide Institutionen über eine ausdifferenzierte organisatorisch-technische Infrastruktur. Die Regierung stellt durch ihren eigenen bürokratischen Apparat ein „Informationssystem" sui generis dar. Über die Ressorts und die Vielzahl nachgeordneter Behörden kann sie auf eine Vielzahl Daten und Informationen zurückgreifen, die aus dem Programmvollzug und der -kontrolle anfallen. Darüber hinaus wurden eigens Organisationen der Politikberatung der Regierung gegründet. Das Parlament war lange Zeit auf das „Informationssystem Regierung" angewiesen. Erst nach und nach hat das Parlament ein eigenes parlamentarisches Informationsinstrumentarium aufgebaut. Zwei wichtige institutionalisierte Instrumente, die für die Abgeordneten Daten und Informationen bereit stellen, sind die wissenschaftlichen Hilfsdienste (Backhaus-Maul 1990) und wissenschaftliche Einrichtungen der Technikfolgenabschätzung und Bewertung (Petermann 1999). Für ihre Aufgabenerfüllung haben sich Regierung und Parlament im Laufe der Zeit sowohl konventionelle Nachrichtentechnik (Telefon, Fax) und Informationstechnik (Großrechner) als auch moderne Informations- und Kommunikationstechniken (Personal Computer mit seinen Anwendungsmöglichkeiten wie Multimedia, Internet, Intranet und wissensbasierte Systeme) angeeignet.

Paul Kevenhörster gelangt zu seiner These der sich vergrößernden Informationslücke zwischen Parlament und Regierung, indem er der Informationstechnik eine technische Wirkungslogik unterstellt. Informationstechnik wirke in zwei Richtungen als Verstärker: Sie erhöhe den Informationsvorsprung der Regierung und verschlechtere gleichzeitig die schon bestehende informationelle Unterversorgung des Parlaments. Jedoch versetzt die dargestellte strukturelle Differenz der Informationssysteme von Parlament und Regierung beide Institutionen in die Lage, die Informationstechnik im Blick auf ihre spezifischen Aufgaben und der hieraus resultierenden Informationsinteressen zu nutzen. Damit folgen der Einsatz und die Nutzung nicht einer eigendynamischen technischen Logik, sondern orientieren sich an den Informationsbedürfnissen von Parlament und Regierung. Bei Kevenhörsters „neuer" Informationslücke handelt es sich um eine strukturelle Differenz, die durch Informationstechnik nicht aufgehoben werden kann.

Die gestellte Ausgangsfrage hieß: „Does technology matter?". Auf der Basis der voranstehenden Diskussion kann die Frage mit Nein beantwortet werden. In Bezug auf die Prognosen muss geantwortet werden, dass der Einsatz von IuK-Technik weder den planenden Staat verwirklicht hat, noch dass ein Machtverlust des Parlaments eingetreten ist. Ist die Analyse des Einsatzes der Informationstechnik aus politikwissenschaftlicher Sicht deshalb irrelevant? Im Folgenden wird argumentiert, dass auf der Grundlage der Auseinandersetzung mit den beiden Positionen die Fragestellung, ob Technologie in unserem Falle eine prägende Bedeutung hat, dennoch als eine politikwissenschaftlich relevante ausgewiesen werden kann. Die politikwissenschaftliche Diskussion riss zu einem Zeitpunkt ab, an dem die eigentliche Arbeit hätte beginnen müssen: Die Analyse des instrumentellen Wandels der Aufgabenerfüllung im Zentrum des politisch-administrativen Systems im Rahmen einer gleichermaßen empirisch wie analytisch gehaltvollen Begleitforschung des Informationstechnikeinsatzes.

3. Informationstechnik in Parlament und Regierungskanzlei Deutschlands und der Schweiz

In der vorausgegangenen Diskussion wurde die Annahme zurückgewiesen, dass eine eigensinnige technische Logik Funktion und Bedeutung von Parlament und Regierung verändere. Der folgende Teil analysiert den Einsatz der IuK-Technik im Kern des Regierungssystems als einen wechselseitigen Prozess. Es wird argumentiert, dass im Verlauf dieses Prozesses sowohl die Technik durch eine Reihe von Faktoren konfiguriert wird als auch Parlament und Regierung sich durch die Aneignung der Technik in Bezug auf die Art und Weise ihrer Aufgabenerfüllung wandeln. An dieser Stelle kann nicht die Vielzahl in Frage kommender Variablen für diesen Kontextualisierungsprozess analysiert werden. Der Beitrag untersucht deshalb drei institutionelle Kontextfaktoren, von denen angenommen wird, dass sie den Technikeinsatz vorstrukturien. Die Auseinandersetzung mit der Konfigurierung von Parlament und Regierung erfolgt, um zu erfahren, welche Aufgaben das Regierungssystem an beide Institutionen in Bezug auf die Daten- und Informationsversorgung stellt. Die Betrachtung des Organisationsaufbaus soll beleuchten, wie beide Institutionen IuK-Technik in ihre formalen Strukturen einbetten. Die Analyse von Leitbildern[3] des Parlaments und der Regierung hat zum Ziel, für den Technikeinsatz prägende Handlungsorientierungen aufzuzeigen. Ein vergleichender Blick auf Parlament und Regierung der Schweiz soll Hinweise auf die Varianz des Technikeinsatz in Bezug auf die drei Kontextfaktoren geben. Das breite Aufgabenspektrum und die hohe Ausdifferenzierung der Organisationsstruktur von Parlament und Regierung machen für diesen Aufsatz darüber hinaus Beschränkungen erforderlich. Anhand lediglich zweier Beispiele kann nur illustriert werden, welche informationstechnisch unterstützten Instrumente im Rahmen der Aufgabenerfüllung von Parlament und der Regierung zum Einsatz kommen. Für die Parlamente werden die Aufgaben und die Instrumentierung der Parlamentsdienste skizziert. Für die Regierungen werden am Beispiel der Regierungskanzleien die politischen Planungsaufgaben und die IuK-gestützten Planungsinstrumente in den Blick genommen.

3.1 Informationstechnik bei den Parlamentsdiensten des Deutschen Bundestages und der Bundesversammlung der Schweiz

Ein Vergleich der Parlamentsdienste des Deutschen Bundestages mit der Bundesversammmlung der Schweiz zeigt eine Reihe von Ähnlichkeiten hinsichtlich der Adressa-

---
3 Siehe: Dierkes/Canzler/Marz/Knie (1995), Dierkes/Hoffmann/Marz (1992), Dierkes (1988).

ten, im Leistungsauftrag, in der Ausdifferenziertheit der Organisation und der Leistungspalette.[4] Primärer Adressatenkreis sind die Abgeordneten und Fraktionen der im Parlament vertretenen Parteien: Oppositions- wie Regierungsfraktionen. Damit stehen die Parlamentsdienste im Auftrag des Gesamtparlaments und nicht nur z.B. der Opposition, wenn diese auch in besonderem Maße auf Serviceleistungen angewiesen ist. In beiden Parlamenten sind die Parlamentsdienste Teil der Verwaltungsorganisation. Besonders die wissenschaftlichen Dienste sollen durch ihr Serviceangebot die Aufgabenerfüllung der Parlamentarier im Prozess der Willensbildung und Entscheidungsfindung bei der Gesetzgebung unterstützen. Das Angebot umfasst eine ganze Palette von Leistungen, bei denen Daten und Informationen auf Anfrage zusammengestellt werden oder Material auf eigene Initiative zur Verfügung gestellt wird. Darüber hinaus besteht ein wichtiger Schwerpunkt in der Unterstützung der parlamentarischen Ausschussarbeit. Denn Bundestag und Bundesversammlung stellen heute Arbeitsparlamente dar, in denen die inhaltliche Parlamentsarbeit in fest eingerichteten Ausschüssen oder Sonderausschüssen geleistet wird und wo ein erheblicher Informationsbedarf der Parlamentarier erwächst. Weiterhin werden in beiden Ländern, jedoch in unterschiedlichem Ausmaß, Dokumentations- und Informationsdienste und fachliche Beratungen angeboten. Im Unterschied zum Congressional Research Service des US-Kongress verfügen weder die Parlamentsdienste des Deutschen Bundestages noch die der Bundesversammlung über eigene Forschungskapazitäten.

Wichtige unterschiedliche Aufgabenstellungen beider Parlamentsdienste in Bezug auf die Befriedigung der Informationsinteressen resultieren aus der Architektur des schweizer und des deutschen Regierungssystems:
- Bezogen auf die Zahl der zu informierenden Institutionen ist der Adressatenkreis der Parlamentsdienste der Schweiz breiter. Im Unterschied zu Deutschland haben die Parlamentsdienste der Bundesversammlung zwei „Herren" gleichzeitig zu dienen: dem Nationalrat und dem Ständerat.
- Im Blick auf die zu informierenden Abgeordneten ist der Adressatenkreis kleiner. Der Deutsche Bundestag umfasst 669 Abgeordnete (14. Legislaturperiode), während der Nationalrat 200 Mitglieder und der Ständerat 46 Mitglider umfasst.
- Die Parlamentarier der Alpenrepublik müssen breit über den Stand der Gesetzgebung innerhalb und besonders außerhalb des Parlaments informiert werden. Denn die „halbdirekt-demokratischen" (Linder 1999: 236) Elemente ermöglichen den schweizer Bürgerinnen und Bürgern im Bereich der Gesetzgebung weitreichende Einflussmöglichkeiten. Die vorparlamentarische Phase der Gesetzesdiskussion ist so gestaltet, dass eine umfangreiche gesellschaftliche Interessenartikulation stattfindet. In Deutschland bestehen weder solche gesellschaftlich breit geführten Anhörungsverfahren noch direkt-demokratische Einflussmöglichkeiten der Bevölkerung auf die Gesetzgebung (mit Ausnahme Art. 29 und 118a GG) des Bundes.
- Im Unterschied zu Deutschland, dessen Abgeordnete hauptberuflich im Deutschen Bundestag arbeiten, nehmen die Abgeordneten der Bundesversammlung das Mandat

---

4 Für Deutschland siehe: Müller-Backhaus (1990: 19–61), von Beyme (1992: 152–175), Ismayr (1992: 19–31), Schäfer (1982: 175–193). Für die Schweiz siehe: Linder (1999: 199f.), Lüthi (1999: 137).

formal nebenamtlich wahr. Dabei beruht der schweizer Parlamentarismus auf der Vorstellung, dass ein Milizparlament[5] die oberste Suprematie ausübt, während die Verwaltung lediglich beschlossene Gesetze auszuführen habe. Beide Prämissen stimmen heute nicht mehr. Die in der Bundesverfassung der Schweiz von 1848 festgeschriebene Idee der Parlamentssuprematie musste der Realität des Suprematieverlustes weichen (Linder 1999: 191). Heute steht dem Parlament eine ausdifferenzierte und spezialisierte Verwaltung gegenüber, die ihren Sachverstand und ihre Interessen auch in der Gestaltung der Gesetzgebung zur Geltung bringt. Die Veränderung der Verfassungswirklichkeit betrifft auch das Milizsystem (Wiesli 1999). Nur noch ca. sechs Prozent sind echte Milizparlamentarierer, während der Rest als Halb-Berufsparlamentarier oder Berufspolitiker gelten muss (Riklin/Möckli 1991).

Aus der formalen Organisationsstruktur lassen sich wichtige Funktionen der Parlamentsdienste des Deutschen Bundestags wie der Bundesversammlung ersehen. Der Aufbau der Bundestagsverwaltung spiegelt wider, dass ein Aufgabenschwerpunkt darin liegt, die Informationsinteressen der Abgeordneten zu stillen. Besondere Bedeutung für die Informationsversorgung der Abgeordneten hat die in vier Unterabteilungen ausdifferenzierte Abteilung W/Wissenschaftliche Dienste. Sie umfasst besonders Dokumentationsdienste (die Bibliothek des Bundestags, das Parlamentsarchiv, das Sach- und Sprechregister), die Ausschusssekretariate zur Unterstützung der ordentlichen Parlamentsauschüsse sowie besondere Ausschüsse, die fachliche Beratung durch Gutachterdienst und die Unterstützung für die Bearbeitung von Petitionen und Eingaben. Über eine eigens neu eingerichtete Telefonhotline des Parlamentsdienstes stehen Mitarbeiter für die datenhungrigsten Parlamentarier zur Verfügung, die über Internet in kurzer Zeit Datenbankrecherchen vornehmen. Für den Einsatz der IuK Technik besteht eine eigens geschaffene Unterabteilung „Zentrale Informationstechnik" im Rahmen der Abteilung Z/Zentrale Dienste. Für den Deutschen Bundestag haben Peter Mambrey, Erich Vorwerk und Gerhard Wurch zwei Phasen des Informationstechnikeinsatzes in den Parlamentsdiensten unterschieden. In der ersten Phase wurde die Tätigkeit der Abgeordneten durch die Einführung der zentralen Datenverarbeitung mittels Großrechnern unterstützt. Wichtige Informationssysteme wurden Anfang der 70er Jahre eingerichtet (Mambrey/Vorwerk/Wurch 1991: 41–56), so z.B. das Dokumentations- und Informationssystem für Parlamentsmaterialien (DIP) und der Parlamentsthesaurus (kurz: PARTHES). Parlamentarische Vorgänge in Bezug auf die Gesetzgebung werden im Informationssystem GESTA bereitgehalten.

Die Bibliothek des Deutschen Bundestags erfasst seit 1987 ihre Bestände mit Hilfe von EDV. Damals wurde das Informationssystem HEBIS eingerichtet, das 1998 durch das leistungsfähigere Informationssystem ADIS/BMS ersetzt wurde. Im Laufe der ersten Phase der Informatisierung wurden die computergestützten zentralen Dienstleistungen weiter ausgebaut. Die Entwicklung der Computerhard- und -software eröffnete für den Bundestag die Möglichkeit, Computertechnik dezentral einzurichten. Computer

---

5 Das Milizparlament ist Ausdruck des übergreifenden demokratietheoretischen Prinzips des Milizsystems. Die Übernahme öffentlicher Aufgaben und Ämter in der Schweiz beruht auf Freiwilligkeit, Nebenberuflichkeit und Ehrenamtlichkeit. Die Milizparlamentarier üben deshalb der Idee nach ihren zivilen Hauptberuf weiterhin aus und sind nur nebenberuflich als Abgeordnete tätig. Sie erhalten kein staatliches Gehalt.

gelangten aus den Rechenzentren an die Arbeitsplätze in die Abgeordnetenbüros in Bonn und in die Wahlkreise. Mit Hilfe des PARLAKOM-Projekts kam in den Jahren 1986 bis 1988 die PC gestützte Textverarbeitung, Textkommunikation und Informationsbeschaffung aus Datenbanken zu den Abgeordneten des Deutschen Bundestags (Studien der GMD 1986, Mambrey 1999). Seit Mitte der 80er Jahre beinhaltet die Entwicklung der modernen IuK-Techniken einen Kostenverfall von Prozessorleistung und Speichermedien, die Miniaturisierung der Komponenten, eine zunehmende Vernetzung sowie das Zusammenwachsen von Informationstechnik und Telekommunikation (Reichwald et al. 1998: 18f.). Hierbei kommt den Möglichkeiten der Telekooperation eine besondere Bedeutung zu (Bundesministerium für Bildung und Forschung, o.J.). Besonders das Internetangebot ermöglicht neuderdings auch den Bürgern, am Datenbestand der Parlamentsdienste zu partizipieren.[6] Besondere Anstrengungen des Deutschen Bundestags im Bereich Iuk-Technik in jüngster Zeit erklären sich durch die Einrichtung des Informationsverbundes Berlin-Bonn (IVBB). Der IVBB hat die Aufgabe, die organisatorischen und technischen Voraussetzungen für den Informationsaustausch zwischen den Ressorts der Bundesregierung, von Bundestag und Bundesrat und dem Bundespräsidialamt zwischen Berlin und Bonn zu gewährleisten. Mit dem Umzug wird auch der Anspruch formuliert, den Einsatz der IuK-Techniken in Legislative und Exekutive qualitativ zu verbessern (Kroppenstedt 1996).

Ebenso wie der Parlamentsdienst des Deutschen Bundestags liegt auch für den Parlamentsdienst der schweizer Bundesversammlung ein Aufgabenschwerpunkt in der Versorgung des Parlaments mit Daten und Informationen. Besonders der Abteilung Büro Ständerat/Wissenschaftliche Dienste kommt im Blick auf die Befriedigung der Informationsinteressen eine besondere Bedeutung zu, da sie maßgeblich die Abgeordneten im Gesetzgebungsverfahren unterstützt. Zwei Schwerpunkte der Arbeit des wissenschaftlichen Dienstes sind dabei der Kommissionendienst und die Dokumentationszentrale. Der Kommissionendienst hat die Aufgabe, die Arbeit der zehn Kommissionen in beiden Räten sowie weitere Kontrollkommissionen zu unterstützen. Aufgaben der Sekretariate sind dabei die administrative und inhaltliche Vorbereitung der Sitzungen, Assistenzaufgaben während der Sitzungen, Nachbereitung der Sitzungen und Unterstützung der Gesetzesprojekte der Kommissionen. Die Dokumentationszentrale hat die Aufgabe, alle notwendigen Informationen für die parlamentarische Arbeit der Abgeordneten zu besorgen. Ein eigens geschaffener Informatikdienst ist für Betrieb, Unterhalt und Weiterentwicklung der IuK-Technik zuständig.

Für das Schweizer Parlament kann leider auf keine entsprechende Iuk-Studie wie die von Mambrey et al. zurückgegriffen werden. Das „Informatikkonzept der Bundesversammlung" zeigt die Bedeutung der IuK-Technikausstattung für die Befriedigung der legislativen Informationsinteressen. Das aktuelle Konzept räumt vernetzten, internetfähigen PCs eine wichtige Bedeutung ein und weist auf verschiedene Datenbanksysteme für die Beschaffung von Daten und Informationen hin (Parlamentsdienste o.J.: 20). Die Datenbank „CURIA" dient der Verwaltung und Kontrolle der parlamentari-

---

6 Das Internetangebot des Deutschen Bundestages ist unter der Adresse: http://www.bundestag.de einzusehen. Die Bundesversammlung der Schweiz hat die Internetadresse: http://www.parlament.ch.

schen Geschäfte der Bundesversammlung und enthält im Kern eine Übersicht über alle Verhandlungen der Bundesversammlung seit 1995. Die „Swissbase"-Datenbanken enthalten Daten zu Gesetzesvorstößen von Parlamentariern, über parlamentarische Geschäfte, einen Bibliothekskatalog sowie zu weiteren Akten und Dossiers. Moderne Informationstechnik unterstützt nicht nur bestehende Informationsaufgaben, sondern ermöglicht auch neue Informationsangebote für die Abgeordneten und darüber hinaus.

Die neue IuK-Technik, so ergaben Interviews mit den Leitern der wissenschaftlichen Dienste in Bern und Bonn, wird als Arbeitsinstrument von den Parlamentsdiensten in Deutschland und der Schweiz heute selbstverständlich bereitgestellt. Unterschiede in der IuK-Austattung der Parlamentarier verweisen auf die Prägkraft verschiedener Abgeordnetenleitbilder. Die IuK-Ausstattung des Abgeordneten des Deutschen Bundestages folgt dem Leitbild des professionalisierten Berufsparlamentariers. Dies wird dadurch umrissen, dass der Bundestagsabgeordnete in Deutschland nicht nur durch staatliche Alimentierung in der Lage ist, sein Mandat im Hauptberuf wahrzunehmen, sondern darüber hinaus Personal- und Sachmittel erhält, um seine Aufgaben erfüllen zu können. In Deutschland erhalten die MdB's für die Finanzierung von Mitarbeitern einen staatlich finanzierten Pauschalbetrag. Ein MdB wird folgendermaßen informationstechnisch unterstützt: Die Bundestagsverwaltung stellt die notwendigen Netze zur Verfügung sowie Hard- und Software und Dienste für die PC gestützte Büroarbeit. Sie fördert die Bedingungen der Telekooperation. Jeder Abgeordnete hat Anspruch auf drei vernetzbare und internetfähige PCs, mit denen er auf die Informationen der Parlamentsdienste, aber auch auf Agenturmeldungen, externe Datenbanken und das Internet (z.B. e-mail) zugreifen kann. Auch wenn der Milizparlamentarier heute eher Vorstellung als Wirklichkeit ist, folgt die IuK-Ausstattung eines schweizer Nationalrats- oder Ständeratsabgeordneten dem Leitbild des mobilen Nebenberufspolitikers. So verwarf das Volk in einer Abstimmung über eine Parlamentsreform im Jahre 1992 genau die Teile, die eine bessere Entschädigung der Parlamentarier und verbesserte Ressourcenaustattung des Parlaments hätten gewährleisten sollen. Das Leitbild ist dadurch gekennzeichnet, dass der Abgeordnete sein politisches Mandat nicht im Hauptberuf wahrnimmt. Er erhält keine staatliche Vollalimentation, sondern für die im Rahmen seiner Tätigkeit anfallenden Kosten, Aufwandsentschädigungen. Vor allem erfolgt keine finanzielle Unterstützung für die Beschäftigung von Mitarbeitern des Abgeordneten. Dass der Abgeordnete der Idee nach nur einen geringen Teil seiner Arbeitszeit im Parlament verbringt, trägt die mobile Ausstattung Rechnung, die er dort nutzen kann, wo er sich gerade aufhält. So erhalten die Räte einen tragbaren PC mit Drucker und die erforderliche Software. Für den Internetzugang müssen die Abgeordneten selbst sorgen. Im Parlamentsgebäude stehen für die Abgeordneten kostenlose Arbeitsplätze mit Notebook-Dockingstationen zur Verfügung. Vom Notebook oder den PCs in den Parlamentsräumen können die Räte auf das Datennetz der Bundesverwaltung (KOMBV) zugreifen.

Zwischenfazit: Der Einsatz von Informationstechnik in den Parlamentsdiensten Deutschlands und der Schweiz vollzieht sich in einem vorstrukturierten Raum. Die Bedeutung dreier Faktoren für den IuK-Einsatz konnte gezeigt werden. Die Aufgabenstellungen an Parlament und Regierung wie sie die Regierungssysteme Deutschlands und der Schweiz unterschiedlich akzentuieren, strukturieren den Technikeinsatz vor. In Bezug auf die Organisationsstrukturen lässt sich zweierlei festhalten. IuK-Anwendungen sind in die bestehende Struktur der Aufgabenerfüllung eingebunden. Dabei führt die Nutzung der IuK-Technik zu einer Veränderung der Organisationstruktur der Parlamentsdienste. Sie wird im formalen Aufbau durch die Schaffung neuer Funktionseinheiten sichtbar. Weiterhin ermöglicht die Informationstechnik eine Ausdifferenzierung des Serviceangebots sowie neue IuK-gestützte Arbeitsformen. Die Abgeordnetenleitbilder erweisen sich im Rahmen der Technikaustattung der Parlamentarierer als prägend. Im Fall der Schweiz zeigt die Analyse eine konservierende Wirkung des Leitbildes, da hier die Technikaustattung dem Typus Nebenberufspolitiker angepasst wurde, der in der Realität des schweizer Parlamentarismus fast schon ausgestorben ist.

3.2 Die Informatisierung der politischen Planung im deutschen Bundeskanzleramt und in der Bundeskanzlei der Schweiz

Das Bundeskanzleramt wie die Bundeskanzlei lassen sich als „Nadelöhr" im Regierungsbereich verstehen, durch das im Regierungsprozess alle relevanten Daten- und Informationsströme hindurch müssen.[7] Auf den ersten Blick haben die Regierungskanzleien in Berlin und Bern viele Aufgaben gemeinsam. Es lassen sich vier wichtige Aufgaben unterscheiden, die von beiden Regierungszentralen wahrgenommen werden. Im Rahmen der Informationsfunktion gilt es die Ressorts über laufende und geplante Aktivitäten der Regierungskanzlei kontinuierlich zu unterrichten. Eine wichtige Abstimmungsaufgabe liegt darin, dass die Kabinettsitzungen vor- und nachbereitet werden müssen. Im Rahmen des Gesetzgebungsprozesses kommt den Kanzlerämtern und Kanzleien eine wichtige Bündelungsfunktion zu. Die politikgestaltende Aufgabe wird bei der Erstellung des Regierungsprogramms deutlich. Ein zweiter Blick zeigt jedoch Unterschiede hinsichtlich konkreter Aufgabenschwerpunkte, dem Organisationsaufbau sowie in Bezug auf Leitbilder.

Inwieweit die Regierungskanzlei stärker als ein Steuerungsinstrument des Regierungschefs oder als ein Koordinationsintrument der Regierung fungiert, wird durch die Machtverteilung innerhalb des Kabinetts vorstrukturiert. Innerhalb der Bundesregierung in Deutschland kommt dem Bundeskanzler eine herausgehobene Stellung im Kabinett zu. Denn er bestimmt die Richtlinien der Politik der Bundesregierung. Das deutsche Bundeskanzleramt dient deshalb als Instrument des Regierungschefs zur Durchsetzung dieses Kanzlerprinzips. Die Erfahrungen der 70er Jahre, in denen das Frühkoordinierungssystem und schließlich die Aufgabenplanung überhaupt scheiterten, zeigen allerdings die Grenzen des Kanzlerprinzips.

Im Organisationsaufbau kommt die „Nadelöhrfunktion" des Bundeskanzleramtes besonders in den „Spiegelreferaten" zum Ausdruck. Die Spiegelreferate bilden innerhalb des Bundeskanzleramtes mikrokosmisch die Ressorts der Bundesregierung unter

---

7 Zum deutschen Bundeskanzleramt siehe: Müller-Rommel/Pieper (1991) und König (1989, 1990. Zum Einsatz von IuK-Technik im Bundeskanzleramt: Bröchler (1999) und Schatz (1991). Hinweise auf die Funktion der Bundeskanzlei in der Regierungsorganisation der Schweiz geben: Linder (1999: 232–234) und Klöti (1999: 170–183).

dem Dach des Kanzleramtes wieder. Die Funktion dieser Referate besteht darin, den Daten- und Informationsfluss zwischen Ressorts und Kanzleramt für die zu leistenden Informations-, Abstimmungs-, Bündelungs- und Gestaltungsaufgaben zu gewährleisten. Die Gestaltungsaufgabe des Kanzleramts wird darüber hinaus in einer eigenen Abteilung für politische Analysen und Grundsatzfragen deutlich. Ein eigens eingerichtetes Referat „Informationstechik" im Kanzleramt soll den Einsatz der IuK-Technik sicher stellen.

Der Einsatz von informationstechnisch unterstützten Vorhabenplanungssystemen zeigt die Bedeutung von Leitbildern. Zwar hatte in den letzten 16 Jahren der Kanzlerschaft Helmut Kohls die Bundesregierung den Aufbruch in die Informationsgesellschaft auf ihre Fahnen geschrieben, in Bezug auf die IuK-Ausstattung des Bundeskanzleramtes kam der Einsatz moderner Technik kaum voran. Nicht weniger als die Einigung Deutschlands und der Umzug von Parlament und Regierung nach Berlin waren nötig, um einen „technology push" in der Bundesverwaltung in Gang zu bringen und ein neues Leitbild des Technikeinsatzes zu formulieren. Ausgangspunkt des neuen Leitbildes, das sich an den Optionen der Telekooperation orientiert, ist nicht weiter der Einzelarbeitsplatz und seine IuK-Austattung, sondern ein System der IuK-gestützten Telekooperation, dass Arbeitsplätze, Arbeitsgruppen, Arbeitsprozesse und die Gesamtorganisation einbezieht (Bundesministerium für Bildung und Forschung o.J.). Ausdruck dieses Wandels ist der Informationsverbund Berlin-Bonn (IVBB).[8] Eine für das Bundeskanzleramt und die übrigen Bundesministerien wichtige technische Infrastruktur stellt das IVBB-Intranet der Bundesregierung dar (KoopA 1997). Für die behördeninterne Kommunikation bietet es den angeschlossenen Mitarbeitern regierungsweiten Zugriff auf eine Reihe von Dokumenten (z.B. den Haushaltsplan). Insbesondere für die Vorhabenplanung des Bundeskanzleramts hat das IVBB-Intranet eine Weiterentwicklung gebracht. So wird das IVBB-Intranet neuerdings für das Informationssystem zur Vorhabenplanung der Bundesregierung genutzt, das vom papiergebundenen Verfahren auf DV gestützte Anwendung umgestellt wird (Grewenig/Walter 1999: 275–278). Doch das neue Leitbild des Technikeinsatzes in der Bundesverwaltung führt nicht zu einem Leitbildwechsel der politischen Planung. Das Informationssystem zur Vorhabenplanung im Bundeskanzleramt in Berlin folgt vielmehr dem planungsdistanzierten Leitbild der Kabinettbuchhaltung und verbessert es nur in technischer Hinsicht weiter. Die neue Version des Vorhabensystems ermöglicht nun, dass die Bundesministerien und das Bundeskanzleramt via Intranet die erforderlichen Informationen online übermitteln können. Das Informationssystem soll helfen, die Regierungsvorhaben à jour zu halten, die Koordinierung aller Ressortaktivitäten der Ministerien zu verbessern und die Planungsinformationssysteme in den verschiedenen Bundesministerien zu ergänzen.

Im Unterschied zum Regierungssystem Deutschlands kennt das Regierungssystem der Schweiz keinen Regierungschef, der mit Richtlinienkompetenz ausgestattet ist. Statt des Kanzlerprinzips ist vielmehr das Kollegialprinzip innerhalb der Regierung bestimmend. Entscheidungen der Regierung fallen zwar mit Stimmenmehrheit, müssen jedoch in der Öffentlichkeit auf Grund des Kollegialprinzips geschlossen vertreten wer-

---

8 Siehe: Mambrey (1996).

den. Die Bundeskanzlei stellt dabei ein Instrument für die gesamte Regierung dar. In Bezug auf den Regierungschef hat sie die Aufgabe, dem jeweils ein Jahr amtierenden Bundespräsidenten zu assistieren. Die Mechanik der Willensbildung und Entscheidungsfindung innerhalb der Regierung der Schweiz (Bundesrat) hat bemerkenswerte Folgen für die Aktivitäten im Bereich der Regierungsplanung. Das Kollegialprinzip impliziert einerseits eine höhere Schwelle für Aktivitäten im Bereich der Regierungsplanung. Alle Departementchefs müssen die beschlossenen Planungsziele nach außen geschlossen vertreten. Andererseits erleichtern die höheren Anforderungen an Abstimmung und Konsensfindung eine tragfähige regierungsweite politische Planung. Die Stabilität der Übereinkunft wird zusätzlich durch weitere Faktoren gestärkt. Im Unterschied zur Vorhabenplanung, die in der kurzen Zeit der Planungseuphorie zu einer „Abhakliste" für die Opposition zu werden drohte, ist dieses Risiko unter den Bedingungen der Regierungsarbeit der Konkordanzdemokratie Schweiz deutlich geringer. Seit 1959 wird die Regierung des Bundes aus einer „Großen Koalition" der vier stimmenstärksten Parteien gebildet. Dass nicht nur das Regierungsbündnis so lange gehalten hat, sondern es seit dieser Zeit auch einen festen Schlüssel für die Verteilung der Ministersessel gibt („Zauberformel"), führt dazu, dass der Anreiz einer Partei den Konsens zu kündigen, gering ist. Selbst ein Stimmenzuwachs bei Wahlen hat nicht mehr Ministerämter zur Folge. Die Stabilität der Entscheidungen wird zusätzlich dadurch erhöht, dass die im Parlament verbleibenden kleineren Oppositionsparteien über kein parlamentarisches Instrument verfügen, die Regierung aus dem Amt zu befördern. Für die Dauer der Legislaturperiode kann die Regierung vom Parlament nicht abgewählt werden. Das Planungsleitbild der Kollegialregierung der Schweiz lässt sich auf den Begriff „Zieltransparenz" bringen. Wichtige Ziele der Regierung in Bern werden nicht geheim gehalten, sondern öffentlich gemacht.

Im Unterschied zu Deutschland hat die Bundeskanzlei nicht den Status eines Ressorts bzw. eines Departements, sondern stellt eine Stabstelle dar. Die Stabstellenfunktion übt sie gleichzeitig für den Vorsitzenden des Bundesrats und für das bundesrätliche Kollegium aus. Ein wichtiger Aufgabenbereich der Bundeskanzlei liegt neben der ad personam Funktionen für den Bundespräsidenten in der vergleichsweise ambitionierten politischen Planung. Schwerpunkte der Arbeit der Sektion für Planungsfragen sind die Legislaturplanung, die Jahresplanung der Regierung und eine Reihe von politischen Controllingaufgaben (z.B. Stand der Regierungsvorhaben, Bericht des Bundesrates über die Erreichung der politischen Ziele). Eine weitere Besonderheit betrifft den Sprachendienst. Denn die Daten- und Informationsströme sprechen in der Schweiz nicht dieselbe Sprache, sondern sind mehrsprachig (deutsch, französich und italienisch) und müssen deshalb übersetzt werden. Für die IuK-gestützte Aufgabenerfüllung in allen Bereichen verfügt die Bundeskanzlei dabei über einen eigenen Dienst. Im Bereich der Vorhabenplanung kommt auch in der Regierung der Schweiz ein IuK-gestützes Informationssystem zum Einsatz. Seit 1998 koordiniert die Bundeskanzlei den Test des Informationssystems „EXE". Das hat zur Aufgabe, die bisher konventionell auf Papier erhobenen Daten über den Stand und die Planung der Bundesratsaktivitäten computergestützt zu erfassen, zusammenzustellen und auf dem aktuellen Stand zu halten. Aufbereitet werden alle auf der Tagesordnung stehenden Materien der Regierung, die Tagesordnungen der Kabinettssitzungen und die Sitzungsplanungen. Das System soll nicht nur der Bundeskanzlei, sondern allen Departements einen schnellen und aktuellen Zugriff auf die Regierungsaktivitäten und deren Verfahrensstand ermöglichen und einen Ausblick über noch zu bearbeitende Aufgaben sowie die Suche nach erledigten Aufgaben erleichtern. Die Kabinettsplanung wird dadurch erleichtert, dass die Tagesordnung der Regierung besser abgestimmt und aktuell gehalten werden kann. Mit dem neuen Informationssystem, dessen Pilotphase im Sommer 2000 auslaufen soll, will die Bundeskanzlei ein technisch leistungsfähigeres Instrument zur Gesetzes- und Kabinettzeitkoordination nutzen.

Zwischenfazit: Im Bundeskanzleramt und in der Bundeskanzlei ist im Bereich der Vorhabenplanung die technische Modernisierung IuK-gestützter Dienste (vom Datenblatt auf Intranet-Technologie) und die organisatorische Eingliederung von IuK-Referaten festzustellen. Der Technikeinsatz im Planungsbereich, so konnte skizziert werden, wird in beiden Regierungskanzleien durch Leitbilder vorstrukturiert. Doch gerade im Bereich der politischen Planung zeigen sich interessante Unterschiede. Der Einsatz des erneuerten Systems der Vorhabenplanung im Bereich der deutschen Bundesregierung folgt der Logik der politischen Planung zu Anfang der 70er Jahre: Die Eigenständigkeit der Ressorts bleibt die entscheidende Grenze für Planungsaktivitäten. Im Unterschied zu Deutschland unterstützt das IuK-gestützte Vorhabensystem der schweizer Regierung ein planungsoffenes Leitbild. In der Schweiz stellt die Verschränkung von Kollegialprinzip und Konkordanz eine wichtige Bedingung für politische Planung dar. Die einzelnen Ressorts müssen sich tendenziell konsensual über ihre Ziele verständigen, die sie später zu vertreten haben. Das Konkordanzprinzip, das hier besonders in der „Großen Koalition" und mangelnder parlamentarischer Kontrollrechte gegenüber der Regierung zum Ausdruck kommt, erschwert es der Opposition, die politischen Planungsziele zum Objekt des Parteienstreits und so zu einer „Abhakliste" zu machen. Statt im „Giftschrank" zu verschwinden, wie in Deutschland, werden die Planungsziele in der Schweiz öffentlich gemacht und sind neuerdings auch im Internet abzufragen (http://www.admin.ch).

4. Resümee

Does technology matter? Spielt die IuK-Technik für die Arbeit von Regierung und Parlament eine Rolle? Aus politikwissenschaftlicher Sicht muss die Frage, die ein Ja oder Nein geradezu herausfordert, differenzierter beantwortet werden. Die Ausgangsfrage ist zu verneinen, sofern sie eine technische Eigenlogik unterstellt, die Regierung und Parlament technisch neu erfindet. Der Beitrag hat gezeigt, dass Technik weder der Regierungsplanung zum Durchbruch verhelfen konnte, noch den Machtverlust des Parlaments induzierte. In einem anderen Sinn, so wird argumentiert, spielt Informations- und Kommunikationstechnik sehr wohl eine Rolle. „Technology matters" im Bereich der Aufgabenerfüllung von Regierung und Parlament. Die Analyse der Parlamentsdienste und Regierungskanzleien Deutschlands und der Schweiz zeigte, dass IuK-Technik mittlerweile als verbreitetes Arbeitsinstrument Einzug gehalten hat. Dabei erfolgen Einsatz und Nutzung der IuK-Technik in einem vorstrukturierten Raum. Für drei Variablen konnte gezeigt werden, dass sie für den Kontextualisierungsprozess relevant sind. Der Ländervergleich illustrierte, dass das Regierungssystem eine Kontextvariable darstellt, denn die Form des politischen Systems weist Parlament und Regierung spezifische Aufgaben zu, die dann erst mit Hilfe der IuK-Technik bearbeitet werden. Als weiterer Kontextfaktor erweist sich die Organisation von Parlament und Regierung. Im Rahmen der Organisation vollzieht sich der Technikeinsatz als ein wechselseitiger Prozess: IuK-Techniken werden in die Organisation eingebettet und verändern dabei die Organisationsstruktur und -leistungen. Eine prägende Variable stellen Leitbilder dar. Für die Parlamentsdienste und Regierungskanzleien Deutschlands und der Schweiz wurde gezeigt, dass sich der Einsatz der IuK-Technik an den Abgeordneten- und Planungsleitbildern orientiert. Die Bedeutung der Kontextvariablen wird in der IuK-Unterstützung der Abgeordneten, dem Technikeinsatz im Rahmen der Parlamentsdienste und der Einbettung IuK-gestützter Vorhabeninformationssysteme in bestehende Planungsverfahren Deutschlands und der Schweiz konkret.

Die Analyse des Einsatzes der IuK-Technik in Regierung und Parlament schließt auf zwei Ebenen an die (sozialwissenschaftliche) Technikforschung an. Es unterstreicht erstens eine Reihe von Untersuchungen (vgl. zusammenfassend von Alemann/Schatz/Simonis 1992; Kilper/Simonis 1993), die zeigen konnten, dass die IuK-Technik in beachtlichem Umfang technisch konfigurierbar ist (Williams/Edge 1991). Zweitens wird die große Bedeutung von Kontextvariablen deutlich, auf die bereits in anderen Technikfeldern aufmerksam gemacht wurde (Simonis 1997; Simonis/Droz 1999). Doch das Ergebnis „Technology does matter", rechtfertigt noch nicht die Aussage, dass diese Antwort auch politikwissenschaftlich relevant ist. Der originär politikwissenschaftliche Beitrag im vielstimmigen Chor der Technikforschung erschließt sich erst aus einem konkretisierbaren Erkenntnisinteresse. Für die Politikwissenschaft lässt sich ein solches Interesse daraus ableiten, einen Beitrag zur Beantwortung der Frage nach den Wechselwirkungen von Technik und Regierungssystem zu leisten. Dabei ist die Art und Weise der Aufgabenerfüllung und die Instrumentierung von Parlament und Regierung von besonderem Interesse, denn beide stellen wichtige Institutionen im Kern des politischen Systems dar. Die Akzentuierung unterscheidet sich von anderen Ansätzen der sozialwissenschaftlichen Technikforschung, die z.B. nach Auswirkungen neuer IuK-Techniken auf Wirtschaft (Monse 1995), Recht (Roßnagel 1999) oder Gesellschaft (Kubicek 1996) fragen.

Seitens der Regierungslehre haben schon Wilhelm Hennis (1965), Carl Böhret (1970, 1990) und Hermann Hartwich (1990) auf die Bedeutung der Erforschung der instrumentellen Seite hingewiesen, ohne dass jedoch die Forderung für den Bereich der IuK-Instrumente eingelöst worden wäre.[9] Auch für die Parlamentslehre stellt die Analyse des Wechselverhältnisses von IuK-Technik und Regierungssystem eine sinnvolle Ergänzung dar. Bisher wurde zwar bereits die Aufgabenerfüllung der Parlamentarier (Patzelt 1995) und der Umgang des Parlaments mit Technik thematisiert (von Westphalen 1993), jedoch kam dabei die technische Instrumentierung des Parlaments zu

---

9 Das Forschungsprojekt „Informatisierung der Regierungskanzleien in Deutschland, Österreich und der Schweiz" (ITER), das der Autor an der FernUniversität Hagen durchführt, will dazu beitragen, eine Forschungslücke im Bereich der Analyse des instrumentellen Teils des Regierens zu schließen.

kurz. Ein solchermaßen politikwissenschaftlicher Beitrag erscheint besonders heute für beide Institutionen angezeigt, da durch Multimedia und Internet eine neue Phase des Einsatzes und der Nutzung von IuK-Techniken begonnen hat.

Literatur

Alemann, Ulrich von/Schatz, Heribert/Simonis, Georg, 1992: Ergebnisse und Leitbilder sozialverträglicher Technikgestaltung. Opladen.
Beyme, Klaus von, 1997: Der Gesetzgeber, Opladen.
Böhret, Carl, 1970: Entscheidungshilfen für die Regierung. Opladen.
Böhret, Carl, 1990: Instrumente des Regierens in der Bundesrepublik Deutschland: Wandel und Kontinuität in der Regierungspraxis, in: *Hans-Hermann Hartwich/Göttrik Wewer* (Hrsg.), Regieren in der Bundesrepublik I, Konzeptionelle Grundlagen und Perspektiven der Forschung. Opladen, 113–130.
Bröchler, Stephan, 1999: Informatisierung der Regierungskanzleien in Deutschland, Österreich und der Schweiz, in: *Herbert Kubicek/Hans-Joachim Braczyk/Dieter Klumpp/Günter Müller/Werner Neu/Eckart Raubold/Alexander Roßnagel* (Hrsg.), Multimedia @ Verwaltung. Jahrbuch Telekommunikation und Gesellschaft 1999, 269–275.
Bundesministerium für Bildung und Forschung (Hrsg.), o.J.: Telekooperation in der öffentlichen Verwaltung. Bonn/Köln.
Dierkes, Meinolf/Hoffmann, Ute/Marz, Lutz, 1992: Leitbild und Technik. Zur Entstehung und Steuerung technischer Innovationen. Ist die Technikentwicklung steuerbar? Berlin.
Dierkes, Meinolf/Canzler, Weert/Marz, Lutz/Knie, Andreas, 1995: Politik und Technikgenese, in: Verbund Sozialwissenschaftliche Technikforschung (Hrsg.), Mitteilungen Heft 15. Köln, 7–28.
Grewening, Theo/Walter, Klaus, 1999: Vorhaben-Datenbank der Bundesregierung, in: *Jörg-Udo Aden/Walter Gora,* Informationsverbund Berlin-Bonn. Köln, 275–287.
Guggenberger, Bernd/Offe, Claus, 1984: An den Grenzen der Mehrheitsdemokratie. Opladen.
Hartwich, Hans-Hermann, 1990: „Regierungsforschung" – Aufriß der Problemstellungen, in: *Hans-Hermann Hartwich/Göttrik Wewer* (Hrsg.), Regieren in der Bundesrepublik I, Konzeptionelle Grundlagen und Perspektiven der Forschung. Opladen, 9–20.
Hennis, Wilhelm, 1965: Aufgaben einer modernen Regierungslehre, in: Politische Vierteljahresschrift, 422–441.
Ismayr, Wolfgang, 1992: Der Deutsche Bundestag. Opladen.
Kevenhörster, Paul, 1989: Der Einsatz von Computern in der Demokratie, in: Aus Parlament und Zeitgeschichte 19, 15–24.
Kevenhörster, Paul, 1975: Informationslücke des Parlaments?, in: *Peter Hoschka/Uwe Kalbhen* (Hrsg.), Datenverarbeitung in der politischen Planung. Frankfurt a.M.
Kevenhörster, Paul, 1984: Politik im elektronischen Zeitalter. Baden-Baden.
Kevenhörster, Paul, 1985: Chancen und Risiken der neuen Technologien für das politische System, in: *Hans-Hermann Hartwich* (Hrsg.), Politik und die Macht der Technik. Tagungsbericht. 16. wissenschaftlicher Kongress der DVPW. Opladen.
Kilper, Heiderose/Simonis, Georg, 1992: Arbeitsorientierte Technologiepolitik – vergleichende Analyse staatlicher Programme von Arbeit und Technik, in: *Klaus Grimmer/Stefan Kuhlamnn/Frieder Meyer-Krahmer/Georg Simonis* (Hrsg.), Politische Techniksteuerung. Opladen, 203–226.
Klöti, Ulrich, 1999: Regierung, in: *Ulrich Klöti/Peter Knoepfel/Wolf Linder/Yannis Papadopoulos* (Hrsg.), Handbuch der Schweizer Politik. Manuel de la politique suisse. Zürich, 160–185.
König, Klaus, 1989: Vom Umgang mit Komplexität in Organisationen: Das Bundeskanzleramt, in: Staat 1, 49–70.
König, Klaus, 1990: Das Bundeskanzleramt als komplexe Organisation, in: *Rudolf Fisch/Margarete Boos* (Hrsg.), Vom Umgang mit Komplexität in Organisationen. Konstanz.

Kroppenstedt, Franz, 1996: IVBB – Informationsverbund Berlin-Bonn – Organisatorische und technologische Aspekte eines Umzuges, in: Verwaltung und Fortbildung 24 (1), 23–41.

Kubicek, Herbert, 1996: Wieder ein idealistisches Manifest mit dramatischen Fehleinschätzungen? Anmerkungen zur Cyberspace-Magna Charta, in: *Werner Fricke* (Hrsg.), Jahrbuch Arbeit und Technik. Bonn, 91–100.

Leggewie, Claus/Bieber, Christoph, 1999: From Voice to Vote?, in: *Herbert Kubicek/Hans-Joachim Braczyk/Dieter Klumpp/Günter Müller/Werner Neu/Eckart Raubold/Alexander Roßnagel* (Hrsg.), Multimedia @ Verwaltung. Jahrbuch Telekommunikation und Gesellschaft 1999, 257–268.

Linder, Wolf, 1999: Schweizerische Demokratie. Bern/Stuttgart/Wien.

Mambrey, Peter/Vorwerk, Erich/Wurch, Gerhard, 1981: Computer im Deutschen Bundestag. Zur Informatisierung des politisch-administrativen Systems. Opladen.

Mambrey, Peter, 1996: Telekooperation in der Ministerialverwaltung, in: Das Parlament 46, B 33–34, 17.

Margetts, Helen, 1998: Computerising the Tools of Government? in: *Ignace T.M. Snellen/William van de Donk,* Public Administration in an Information Age. A Handbook. Amsterdam.

Backhaus-Maul, Holger, 1990: Die Organisation der Wissensvermittlung beim Deutschen Bundestag, in: *Thomas Petermann* (Hrsg.), Das wohlberatene Parlament. Berlin, 19–63.

Mayntz, Renate/Scharpf, Fritz, 1973: Planungsorganisation. Die Diskussion um die Reform von Regierung und Verwaltung des Bundes. München.

Monse, Kurt/Jahr, Thomas, 1995: Elektronische Märkte, in: Verbund Sozialwissenschaftliche Technikforschung (Hrsg.), Mitteilungen Heft 15. Köln, 29–62.

Müller-Rommel, Ferdinand/Pieper, Gabriele, 1991: Das Bundeskanzleramt als Regierungszentrale, in: Aus Parlament und Zeitgeschichte 41, B 21–22, 3–13.

Parliamentary Affairs. A Journal of Comparative Politics, Volume 52, Number 3, July 1999.

Patzelt, Werner J., 1995: Abgeordnete und ihr Beruf. Berlin.

Petermann, Thomas, 1999: Technikfolgen-Abschätzung – Konstituierung und Ausdifferenzierung eines Leitbildes, in: *Stephan Bröchler/Georg Simonis/Karsten Sundermann* (Hrsg.), Handbuch Technikfolgenabschätzung. Berlin, 17–49.

Reichwald, Ralf/Möslein, Kathrin/Sachenbacher, Hans/Engelberger, Hermann/Oldenburg, Stephan, 1997: Telekooperation. Verteilte Arbeits- und Organisationsformen. Berlin.

Riklin, Alois/Möckli, Silvano, 1991: Milizparlament?, in: *Parlamentsdienste* (Hrsg.), Das Parlament – „Oberste Gewalt des Bundes"? Bern, 145–163.

Ronge, Volker/Schmieg, Günter, 1973: Restriktionen politischer Planung. Frankfurt a.M.

Roßnagel, Alexander, 1999: Rechtswissenschaftliche Technikfolgenforschung, in: *Stephan Bröchler/Georg Simonis/Karsten Sundermann* (Hrsg.), Handbuch Technikfolgenabschätzung. Berlin, 857–870.

Schäfer, Friedrich, 1982: Der Bundestag. 4. Auf., Opladen.

Schatz, Heribert, 1973: Auf der Suche nach neuen Problemlösungsstrategien: Die Entwicklung der politischen Planung auf der Bundesebene, in: *Renate Mayntz/Fritz Scharpf,* Planungsorganisation. Die Diskussion um die Reform von Regierung und Verwaltung des Bundes. München.

Schatz, Heribert, 1974: Politische Planung im Regierungssystem der Bundesrepublik Deutschland. Göttingen.

Schatz, Heribert, 1991: Lehren aus Ansätzen zu Verwaltungs-Informationssystemen in der Vergangenheit, in: *Heinrich Reinermann* (Hrsg.), Führung und Information. Chancen der Informationstechnik für die Führung in Politik und Verwaltung. Heidelberg, 49ff.

Schweizerischer Parlamentsdienst (Hrsg.), o.J.: Informatikkonzept der Bundesversammlung. Bern.

Simonis, Georg, 1997: Gentechnologie: Stand und Perspektiven der Technikfolgenabschätzung in Deutschland, in: *Raban von Westphalen* (Hrsg.), Technikfolgenabschätzung als politische Aufgabe. 3. Aufl., 425–447.

Simonis, Georg/Droz, Ralf, 1999: Die neue Biotechnologie als Gegenstand der Technikfolgenabschätzung und Technikbewertung in Deutschland, in: *Stephan Bröchler/Georg Simonis/Karsten Sundermann* (Hrsg.), Handbuch Technikfolgenabschätzung. Berlin, 909–933.

Studien der GMD, 1986: Parlakom, Abschlußberichte 1–5. St. Augustin.

Westphalen, Raban von (Hrsg.), 1993: Parlamentslehre. München/Wien.
Wiesli, Reto, 1999: Schweiz: Miliz – Mythos und unvollkommene Professionalisierung. Opladen, 414–438.
Williams, Robin/Edge, David, 1991: The Social Shaping of Technology: A Review of U.K. Research, in: Mitteilungen des Verbundes sozialwissenschaftliche Technikforschung 8, (WZB), 125–205.

Wandel des Verhältnisses von Bürger und Staat durch die Informatisierung der Verwaltung

Klaus Grimmer / Martin Wind

1. Einleitung

Die behördliche Nutzung der Informations- und Kommunikationstechnik (IuK-Technik) hat tief greifende Auswirkungen auf Strukturen und Funktionen der Verwaltungen, ihre Produktions- und Arbeitsprozesse und ihre Leistungen. Sie beeinflusst die Art und Weise, wie und mit welchen Instrumenten der Staat gesellschaftliche Probleme bearbeitet. Mittels IuK-Technik können organisatorische Strukturen substituiert, Raum- und Zeitbindungen relativiert, kann die Interaktion zwischen verschiedenen Verwaltungen gefördert und eine partizipative Aufgabenverteilung zwischen Verwaltung und Kunden hergestellt werden (Grimmer 1997).

Um mögliche Veränderungen im Verhältnis zwischen Bürgern und Staat durch die Informatisierung der Verwaltung beurteilen zu können, genügt nicht der Blick auf technische Entwicklungen und Optionen, vielmehr müssen diese in Beziehung gesetzt werden zu übergreifenden, vorausgegangenen oder nachfolgenden Veränderungen von Staatlichkeit und Verwaltungsarbeit. Beispielsweise können wir im Zusammenhang mit der aktuellen Verwaltungsmodernisierung einen Wandel von Leitbildern der Verwaltungsarbeit feststellen, die eng mit einer Veränderung der Staatlichkeit vom produzierenden über den gewährleistenden zum aktivierenden Staat verknüpft sind.

In Kapitel 1 zeichnen wir zurückliegende Phasen der Informatisierung öffentlicher Verwaltungen nach. Daran anknüpfend befasst sich Kapitel 2 mit der aktuellen Phase der Verwaltungsinformatisierung, die insbesondere durch das Internet geprägt wird. Abschließend werden in Kapitel 3 vier Szenarien diskutiert, wie das Zusammenspiel zwischen Techniknutzung und Verwaltungsmodernisierung die Beziehungen zwischen Bürgern und staatlichen bzw. kommunalen Institutionen zukünftig verändern können.

Ausgeklammert bleibt damit ein ganz bedeutsamer Aspekt des Verhältnisses zwischen Bürgern und Verwaltung, nämlich die Frage, wie sich der Staat moderner Technik zum Zwecke der Überwachung und Kontrolle bedient. Dieses Thema bedarf einer umfassenden, eigenständigen Würdigung, die an dieser Stelle nicht geleistet werden kann.

2. Informatisierungsphasen der öffentlichen Verwaltung

Die behördliche Nutzung der IuK-Technik folgt keiner eindeutigen Richtschnur, sondern war und ist das Ergebnis eines komplexen Wechselspiels zwischen technischem Fortschritt, organisatorischen und verwaltungspolitischen Konzepten sowie gesellschaftlichen Erwartungen an die Arbeit öffentlicher Verwaltungen.

Brinckmann und Kuhlmann (1990) haben für den Zeitraum von 1950 bis Mitte der 80er Jahre vier Phasen der „Computerbürokratie" unterschieden (s. Tabelle 1). Die vierte und letzte Periode, als „Zeit der Neuorientierung" bezeichnet und einem Zeitraum ab 1982 zugeordnet, sehen sie charakterisiert durch die Dezentralisierung der Datenverarbeitung, gestiegene Ansprüche an die Informatisierung, zunehmende Vernetzung, neue Integrationskonzepte sowie die Erprobung von Expertensystemen. Sehen wir von den Enttäuschungen und Rückschlägen bei Expertensystemen einmal ab, sind diese Merkmale nach wie vor aktuell. Darüber hinaus erfährt der behördliche Technikeinsatz mit der ungebrochenen Ausbreitung des Internet gegenwärtig eine völlig neue Qualität. Erstmals wird es möglich, dass Verwaltungen, Bürger und Unternehmen über Computernetze ohne Medienbrüche miteinander kommunizieren.

Tabelle 1: Informatisierungsphasen in der öffentlichen Verwaltung Deutschlands (Wind 1999: 136)

Phase	Dauer	technisch-organisatorische Orientierungen
Pionierzeit	1950 – 1970	– Versuche und Grundlegungen bei rechenbaren Teilaufgaben
Gründerzeit	1965 – 1975	– Durchbruch der „Automatisierung" bei Massenverfahren
		– Aufbau von „Informationssystemen"
Konsolidierungszeit	1975 – 1985	– Ausweitung der „Automatisierung"
		– Dezentralisierung des Sachbearbeiterzugriffs auf DV-Systeme
Zeit der Neuorientierung	1982 – 1995	– Verselbständigung dezentraler DV
		– gewachsene Ansprüche an Informatisierung
		– kommunikationstechnische Vernetzung
		– neue Integrationskonzepte
		– Versuch der Informatisierung komplexer Entscheidungsstrukturen (Expertensysteme)
Zeit beginnender Virtualität	seit Mitte der 90er	– Computer als Medium
		– Einbindung ins Internet
		– Integration bestehender Systeme mittels Intranet
		– Leitbild „virtuelle Verwaltung"
		– Workflow und Groupware-Systeme als neue Option

Mit der behördlichen Nutzung des Internet ist eine neue Phase der Verwaltungsinformatisierung angebrochen, deren Beginn auf der Zeitleiste etwa Mitte der 90er Jahre zu verorten ist. Prägend für diese „Zeit beginnender Virtualität" (Wind 1999: 135) sind insbesondere folgende Merkmale:
– Ergänzend zur Nutzung des Computers als „Automat" (in formalisierten Arbeitsfeldern mit hohem Aufkommen an standardisierten Daten) und als (flexibel an die Anforderungen unterschiedlicher Arbeitsfelder anpassbares) Werkzeug tritt die Funktion als Medium für Kommunikation und Transaktionen hinzu.
– Durch Workflow- und Groupware-Systeme werden sowohl überwiegend routinehafte Vorgänge wie auch Arbeiten mit geringem Formalisierungs- und Strukturierungsgrad unterstützt und teilautomatisiert. Dadurch können Transport-, Liege- und Bearbeitungszeiten reduziert werden.

- Verbindungen zwischen Rechnersystemen der öffentlichen Verwaltung und dem Internet erhöhen die Transparenz der Verwaltung und verbessern die Partizipationschancen der Bürger, indem, soweit Datenschutz und -sicherheit dies zulassen, Zugriffe auf Verwaltungsinformationen erleichtert werden.
- Die Nutzung der Internet-Technik zum Aufbau verwaltungsinterner Netze (Intranet) optimiert die behördliche Wissenslogistik, indem Datenbestände über bestehende Organisationsgrenzen hinweg verfügbar gemacht werden. Zudem trägt die Internet-Technik dazu bei, heterogene technische Systemwelten zu vereinfachen und bislang voneinander abgeschottete Datenbasen – soweit datenschutzrechtlich zulässig und sachlich sinnvoll – zu integrieren.
- Noch nicht bis ins Detail ausgearbeitet, aber doch als Zukunftsvision erkennbar, kristallisiert sich das Leitbild einer „virtuellen Verwaltung" heraus. Durch Computernetze wird die temporäre Bündelung von Kernkompetenzen ermöglicht, um unabhängig von räumlichen und organisatorischen Grenzen kunden- und problemgerechte Lösungen und Leistungen anbieten zu können (Brinckmann/Wind 2000: 19–24).

Obwohl sich die Informatisierung der öffentlichen Verwaltung rückblickend als Prozess mit vielen Kontinuitäten darstellt, gab es immer wieder auch Entwicklungsbrüche und Neuorientierungen, häufig hervorgerufen durch Marktturbulenzen im Segment der IuK-Technik. Allerdings schlägt der technische Fortschritt nicht immer sofort und unmittelbar auf die Technikkonzepte der öffentlichen Verwaltung durch, vielfach geschieht dies eher indirekt, vermittelt über das Engagement einzelner Promotoren innerhalb der Verwaltungen oder über veränderte Erwartungen der Öffentlichkeit. Das gilt auch in der Zeit beginnender Virtualität: Wenn immer mehr Menschen einen Zugang zum „Netz der Netze" besitzen, auf elektronischem Wege Überweisungen und Aktiengeschäfte tätigen, Bestellungen aufgeben und Reisen buchen, wird sich auch die Dienstleistungsdistribution der öffentlichen Verwaltung den veränderten Erwartungen und Routinen der Bürger anpassen müssen.

Die folgenden Beispiele zeigen, wie die IuK-Technik in der Vergangenheit das Verhältnis zwischen Bürgern und Verwaltung immer wieder verändert hat.

2.1 Beispiele der Verwaltungsinformatisierung

- Steuerverwaltung – IuK-Technik zur Bewältigung einfacher Massenaufgaben: Seit Ende der 50er Jahre werden in der Steuerverwaltung EDV-Verfahren entwickelt, die den Sachbearbeitern bei der Steuerfestsetzung Schreib- und Rechenarbeit abnehmen. Die Konzepte der Pionierzeit und deren Weiterentwicklung bestimmen bis zur Gegenwart die Maschinisierung der Steuerverwaltung: Computer werden als schnelle Schreib-, Rechen- und Buchungsmaschinen verwendet. Mit dem Einsatz der IuK-Technik wird nicht der Anspruch verfolgt, die Steuergesetzgebung und die politischen Probleme der Anwendung des Steuerrechts zu verändern. Die Maschinisierung erhöht die Problembewältigungsfähigkeit durch eine verbesserte Anpassungsfähigkeit der Festsetzungsverfahren an Veränderungen des Steuerrechts in Bezug auf Tarife, zusätzliche Differenzierungen oder Sonderkonditionen. Insgesamt dient die Informa-

tisierung der Steuerverwaltung vor allem der verwaltungsinternen Rationalisierung und einer rascheren Anpassung der Steuererfassung an gesetzgeberische Maßnahmen (zur Geschichte: Brinckmann u.a. 1981; Püschel 1986: 47–51). Im weiteren Ausbau des Systems werden Vereinfachungen und Beschleunigungen im Steuerfestsetzungsverfahren realisiert (Grahn 1998: 15–26). Seit einiger Zeit wird in Bund und Ländern außerdem an Verfahren zur elektronischen Steuererklärung gearbeitet (zur weiteren Entwicklung: www.elster.de).
- Arbeitsverwaltung – IuK-Technik als Mittel zur Strukturierung und Formalisierung der Interaktionen mit den Klienten: Die Computerisierung der Bundesanstalt für Arbeit (BA) begann mit der maschinellen Berechnung von Unterstützungsleistungen, also in einem Arbeitsbereich mit massenhaft anfallenden, kaum interpretationsbedürftigen Daten (zum Überblick vgl. Bahnmüller/Faust 1992: 43–49; Kuhlmann 1986: 233–312). In den 70er Jahren wurde der Technikeinsatz auf die Arbeitsvermittlung ausgedehnt, für die wenig formalisierte Tätigkeiten und der Umgang mit ergänzungs- und interpretationsbedürftigen Daten charakteristisch sind. Einen weiteren Meilenstein stellte das Anfang der 80er Jahre gestartete Projekt Computersysteme im Arbeitsamt (COSIMA) dar. Mit ihm wurde die Zahl der Bildschirmarbeitsplätze kontinuierlich erhöht und es wurde in allen Arbeitsämtern eine einheitliche iuk-technische Infrastruktur für Arbeitsvermittlung, Berufsberatung und Leistungsabteilung angestrebt. Gegenwärtig werden verstärkt öffentliche Zugriffsmöglichkeiten auf die Daten der BA ermöglicht. Über einen externen Provider bietet die BA Arbeit Suchenden den Zugang zum Stelleninformationssystem, parallel dazu wurde ein Arbeitgeberinformationssystem aufgebaut. Über das Internet ist schließlich ein breites Spektrum an Informationen allgemeiner Art abrufbar wie Geschäftsberichte, Arbeitsmarktstatistiken u.a. (Wind 1999: 105–107). Auffallend ist, dass die BA zwar mit hohem Aufwand technische Systeme einsetzt und nutzt, diese aber immer wieder in die überlieferten Organisationsstrukturen und das überlieferte Aufgabenverständnis einpasst. Die Informationsversorgung von Arbeitgebern und Stellensuchenden wurde zwar durch Einsatz der IuK-Technik verbessert. Diese dient aber nicht dazu, die Verfahrensstellung der Beteiligten zu verändern, sie bleiben betreute – als Stellenanbieter auch umworbene – Kunden.
- Bürgerbüros – IuK-Technik als Schlüssel für die bürgerfreundliche Verwaltung: Kaum eine Maßnahme verdeutlicht den vielbeschriebenen und bis heute längst noch nicht abgeschlossenen Wandel der öffentlichen Verwaltung hin zu einer Dienstleistungsorganisation modernen Zuschnitts so augenfällig wie die Einrichtung von Bürgerbüros in den Kommunen. Mussten früher die Bürgerinnen und Bürger von Amt zu Amt laufen, um im Dickicht der administrativen Organisation die zuständigen Ämter und Sachbearbeiter zu finden, kann in Bürgerbüros ein breites Spektrum von Verwaltungsangelegenheiten an einer einzigen Stelle erledigt werden. Grundlage dafür ist eine Aufgabenbündelung, die sich an typischen Lebenslagen der Bürgerinnen und Bürger orientiert. Diese Ausrichtung der Bürgerbüros basiert wiederum entscheidend auf den Unterstützungsmöglichkeiten durch moderne IuK-Technik, denn nur mit erweiterten Zugriffsmöglichkeiten auf Daten und Fachverfahren können Aufgaben gebündelt werden. Ferner beschleunigen vernetzte Computersysteme stark strukturierte, einfache Verwaltungsvorgänge durch die Reduktion einer ganzen Reihe

von Arbeitsvorgängen (Suchen, Transportieren, Überprüfen etc.). Schwierigkeiten in der Ausgestaltung von Bürgerbüros ergeben sich erfahrungsgemäß weniger aus der Technik als aus der Beharrungskraft herkömmlicher Aufgabenwahrnehmung (Abele u.a. 1995).

3. Technikgestützte Dienstleistungskonzepte in der öffentlichen Verwaltung

Von Beginn an hat der Computereinsatz in der öffentlichen Verwaltung die Beziehungen zwischen Behörden und Bürgern beeinflusst. Komplizierte Formulare, unverständliche Computerausdrucke, schnellere Vorgangsbearbeitung, fehlerhafte Datenverarbeitung, Erschwernisse durch (vermeintliche) Sachzwänge der Technik, verbesserte oder verschlechterte Auskunftsfähigkeit der Behörden – all dies sind zumindest mittelbar schon immer Resultate des behördlichen Technikeinsatzes gewesen. Gemeinsam ist den zurückliegenden Phasen der Verwaltungsinformatisierung, dass Probleme und Handlungsbedarf stets aus verwaltungsinterner Sicht formuliert wurden. Die Bürger spielten kaum eine Rolle. Gerade in den frühen Phasen des Computereinsatzes wurden ihnen durch die Formalisierung von Verwaltungsvorgängen sogar Erschwernisse zugemutet, ohne dass dies den Technikplanern nennenswertes Kopfzerbrechen bereitet hätte. Dies hat sich in den letzten Jahren verändert. Neben technisch-organisatorischen Merkmalen ist die gegenwärtige Phase der Verwaltungsinformatisierung dadurch gekennzeichnet, dass den Bedürfnissen und Lebenslagen der Bürger hoher Stellenwert eingeräumt wird.

Auch für die Entwicklung neuer, technikgestützter Dienstleistungsangebote ist das bereits beschriebene Wechselspiel zwischen technischen Optionen, organisatorischen und verwaltungspolitischen Konzepten und veränderten externen Anforderungen an die Arbeit öffentlicher Verwaltungen charakteristisch. Natürlich ist die Ausbreitung des Internet elementar für die „Online-Verwaltung" der nicht mehr allzu fernen Zukunft. Ebenso unverkennbar ist aber auch der prägende Einfluss des Bürgerbüro-Konzepts, das gegenwärtig mit Formen des „Electronic Government" technisch weiterentwickelt wird.

Mit Blick auf die Frage, inwieweit Technik Veränderungen in gesellschaftlichen Teilsystemen hervorruft oder lediglich unterstützt (s. dazu auch den Beitrag von Renate Mayntz in diesem Band) lässt sich feststellen: Natürlich unterstützt und ermöglicht die IuK-Technik reformerische Maßnahmen im öffentlichen Sektor. Ohne sie wäre beispielsweise der Übergang von der kameralistischen zur kaufmännischen Buchführung kaum zu bewältigen. Ob die IuK-Technik aber Reformen originär hervorruft, darf auf der Grundlage zurückliegender Erfahrungen mit Fug und Recht bezweifelt werden. Es scheint sich vielmehr so zu verhalten, dass genau dann gute Realisierungschancen für technisch innovative Konzepte bestehen, wenn dies durch kompatible Entwicklungen im Umfeld der IuK-Technik, in der Arena der Verwaltungsorganisation, unterstützt wird (Wind 1999: 142–143). Solche Entwicklungen können in dem Bedürfnis und Interesse begründet sein, strukturelle Veränderungen im Verwaltungssystem zu realisieren, um anderes, vielleicht schneller, weniger fehleranfällig oder koordinierter tun zu können. Das Wissen um Technikpotenziale kann solche Interessen handlungsbestimmend werden lassen.

Von den vielfältigen Implikationen der aktuellen Informatisierungsphase beginnender Virtualität für das Verhältnis zwischen Verwaltungen und Bürgern werden nachfolgend drei Entwicklungen näher betrachtet:
- die Weiterentwicklung von Bürgerbüros zu Servicestellen, die als integrativer Anlaufpunkt dem Bürger unabhängig von funktionalen und räumlichen Zuständigkeitsregelungen den Zugang zu einem breiten Spektrum von Verwaltungsleistungen eröffnen (one-stop-shop);
- die elektronische Erledigung von Verwaltungsangelegenheiten über Computernetze (electronic one-stop-shop) und
- die verbesserten Zugangsmöglichkeiten zu Informationen aus der Verwaltung und die damit einhergehende technische Unterstützung von Bürgerbeteiligung an kommunalen Planungs- und Entscheidungsprozessen.

3.1 Ein Weg für viele Anliegen: technikunterstützte Servicestellen

Bürgerbüros haben mit ihrer kundenorientierten Arbeitsorganisation, Qualifizierungsmaßnahmen für das dort tätige Personal und einem räumlichen Ambiente, das mit den muffigen Amtsstuben von einst nichts mehr gemein hat, viel für die Aufbesserung des angeschlagenen Ansehens der öffentlichen Verwaltung getan. Damit ist die Idee, über multifunktionale Anlaufstellen den Zugang zur Verwaltung zu vereinheitlichen und zu vereinfachen, aber längst noch nicht ausgereizt. Vernetzte Computersysteme bieten heute die Option, das Spektrum der aus einer Hand angebotenen kommunalen Dienste auszuweiten und Bürgerbüros mittelfristig zu einer behördenübergreifenden Schaltstelle auszubauen. Dies ist die konsequente Fortsetzung der kunden- und outputorientierten Reorganisation, mit der dem Bürger die benötigten Dienste geboten werden, ohne ihn mit der verwaltungsinternen Arbeitsteilung zu belasten.

Die Erweiterung des im Bürgerbüro angebotenen Leistungsspektrums erfordert den Zugriff auf zusätzliches Fach- und Expertenwissen. Vernetzte Informations- und Kommunikationssysteme eröffnen die Möglichkeit, bei Bedarf mit kompetenten Spezialisten Kontakt aufzunehmen, ohne dass diese im Bürgerbüro anwesend sein müssen. Über die Zuständigkeit der einzelnen Kommunalverwaltung hinaus kann die Ausdehnung solcher Verbindungen auf mehrere Behörden den Bürgern weitere Wege und Wartezeiten ersparen. Multimediale Verbindungen zwischen dem Bürgerbüro einer kreisangehörigen Gemeinde und Einrichtungen des Landkreises sind ebenso vorstellbar wie Online-Verbindungen zu Finanz- oder Arbeitsämtern.

Einen Weg, um über technische Einzelverbindungen hinaus eine vereinheitlichte Schnittstelle zwischen öffentlicher Verwaltung und den Nachfragern bzw. Adressaten ihrer Leistungen zu ermitteln, zeigt das Projekt „Public Counter 2000" („Overheidsloket 2000"; www.ol2000.nl/english) in den Niederlanden. Mit einem mehrstufigen Vorgehen soll landesweit der Zugang zu Diensten und Informationen des öffentlichen Sektors verbessert werden. Den Auftakt bildet eine räumliche Bündelung von Leistungen unterschiedlicher Verwaltungen („concentration") ohne Neuverteilung von Zuständigkeiten oder Reorganisation der im Hintergrund ablaufenden Arbeitsprozesse. Die Büros unterschiedlicher Behörden werden unter einem Dach zusammengeführt, der

Bürger geht zum Behördenzentrum und sucht dort die unterschiedlichen, für ihn relevanten Stellen auf. Erst im zweiten Schritt wird die IuK-Technik genutzt, um an einzelnen Arbeitsplätzen eine möglichst breite Palette an Verwaltungsangelegenheiten erledigen zu können („integration"). Drittens schließlich werden die Leistungen samt ihrer Erstellungsprozesse ausgehend von den Bedürfnissen ihrer Abnehmer neu gestaltet („redefinition"). Anders als in vielen anderen Reorganisationsprojekten wird hier nicht ein Modell am grünen Tisch entworfen, vielmehr beginnt die grundlegende Neugestaltung der Dienstleistung erst dann, wenn die Bedürfnisse von Bürgern und Unternehmen hinreichend ermittelt und arbeitsorganisatorische Varianten erprobt worden sind.

Noch verfügt längst nicht jede deutsche Kommune über ein Bürgerbüro. Doch schon der Blick auf Vorreiter und innovative Ideen aus dem In- und Ausland zeigt, dass der herkömmliche Zuschnitt solcher Einrichtungen nur den Auftakt für eine weit reichende Umgestaltung der Schnittstelle zwischen Verwaltungen und Bürgern bildet. Konsequent weitergedacht werden durch die hier vorgestellten Ideen – ausgehend oder unterstützt von der Leistungsfähigkeit der aktuellen Technikgeneration – bestehende Organisationsstrukturen und der Aufbau der öffentlichen Verwaltung von Grund auf in Frage gestellt.

3.2 Elektronische Transaktionen zwischen Verwaltungen und Bürgern

3.2.1 Auf dem Weg zum electronic one-stop-shop

Das Bürgerbüro, der one-stop-shop der Verwaltung, verkürzt die Wege bei der Erledigung von Verwaltungsangelegenheiten, der electronic one-stop-shop in Form interaktiver Online-Angebote macht sie überflüssig. Das jedenfalls ist die Vision, die sich mittel- bis langfristig mit der behördlichen Nutzung des Internet verbindet.

In Deutschland spielt das Internet in den Überlegungen zur Verwaltungsreform bislang keine zentrale Rolle. Ein diesbezügliches Indiz unter vielen ist das im September 1999 vorgestellte Aktionsprogramm der Bundesregierung (1999) „Innovation und Arbeitsplätze in der Informationsgesellschaft des 21. Jahrhunderts" (www.iid.de/aktionen). In dem Kapitel zur Modernisierung des öffentlichen Sektors sind altbekannte Projekte beschrieben, lediglich die öffentliche Auftragsvergabe und die Steuererklärung per Internet besitzen einen gewissen Neuigkeitswert. Konzepte zu technikgestützten Strukturveränderungen sucht der interessierte Leser vergebens. Ganz anders sieht das beispielsweise in den USA aus, wo es auf den Internet-Seiten der „National Partnership for Reinventing Government" (vormals bekannt als „National Performance Review") programmatisch heißt: „Government will be transformed like ‚amazon.com' transformed bookselling" (www.npr.gov/whoweare/history2.html). Und in Großbritannien räumt das im März 1999 publizierte Konzeptpapier „Modernising Government" (www.citu.gov.uk/moderngov.htm) zwar ein, dass noch viele Detailfragen zum „information age government" zu klären seien, gleichwohl sollen bis 2005 50% und bis 2008 100% der im Kontakt mit Bürgern und Unternehmen anfallenden Transaktionen auch auf elektronischem Weg abwickelbar sein.

In Deutschland werden Varianten direkter, netzbasierter Transaktionen gegenwärtig vor allem in Kommunalverwaltungen erprobt, wo der Kontakt zu den Adressaten der Verwaltungsleistungen stärker ausgeprägt ist als auf Landes- oder Bundesebene. Die Freie Hansestadt Bremen (1998) beispielsweise hat in ihrem siegreichen Beitrag zum Städtewettbewerb Multimedia (www.dlr.de/IT/MM/media@komm) zwölf „Anwendungsbündel" identifiziert, wie beispielsweise Umzug und Wohnen, Studium, Freizeitgestaltung, Bau eines Hauses, elektronischer Zahlungsverkehr mit der Verwaltung, Kommunikation zwischen Steuerzahlern, -beratern und Finanzamt. Ziel ist, das gesamte Spektrum der in einer solchen „Lebenslage" anfallenden Kommunikationsvorgänge elektronisch abwickeln zu können. Dementsprechend sind über die Bremer Verwaltung hinaus Dienstleister wie die GEZ, die Deutsche Telekom AG oder die Deutsche Post AG wichtige Kooperationspartner (zu Einzelheiten des Bremer Projekts s. www.bos-bremen.de).

3.2.2 Voraussetzungen elektronischer Transaktionen

Von innovativen Vorreitern abgesehen ist das alles aber noch Zukunftsmusik. Meist wird das Internet von deutschen Verwaltungen lediglich als neues Medium zur Selbstdarstellung und Informationsweitergabe genutzt. Selbst die vergleichsweise einfach einzurichtende Möglichkeit, über E-Mail gezielt mit einzelnen Ämtern oder Abteilungen einer Behörde Kontakt aufnehmen zu können, stellt eher die Ausnahme als die Regel dar.

Eine Voraussetzung für die Abwicklung von Verwaltungsvorgängen über Computernetze ist die eindeutige Identifizierung der Absender elektronischer Dokumente. Dies wird durch die digitale Signatur gewährleistet, die nicht nur die persönlich geleistete Unterschrift auf Formularen oder Briefen ersetzen kann, sondern über mathematische Prozeduren auch unautorisierte Veränderungen an elektronisch übermittelten Dokumenten nachweisbar macht (Roßnagel 1996). Das 1997 verabschiedete Signaturgesetz (SigG) definiert die Anforderungen an rechtsverbindliche digitale Signaturen, enthält aber keine Regelungen zu deren Gleichstellung mit der herkömmlichen Unterschrift.

Inwieweit die Bevölkerung tatsächlich von behördlichen Online-Angeboten Gebrauch machen wird, hängt entscheidend von der technischen Ausstattung der Privathaushalte und der Nachfrage nach Verwaltungsangeboten ab. Nach einer im Herbst 1998 in allen EU-Mitgliedsstaaten durchgeführten Untersuchung liegt die Gesamtzahl der in deutschen Haushalten verfügbaren PC im europäischen Mittelfeld, die der Zugänge zum Internet ist leicht unterdurchschnittlich, wobei ein deutliches West-Ost-Gefälle zu verzeichnen ist (Eurobarometer 1999; s. Tabelle 2). Der europäische Durchschnittswert sollte aber auch nicht überstrapaziert werden, errechnet er sich doch aus Spitzenwerten jenseits der 50%-Marke in Dänemark, Schweden und den Niederlanden auf der einen und einem Ausstattungsgrad von deutlich unter 20% in Portugal und Griechenland auf der anderen Seite. Relativieren können sich diese Zahlen auch durch ungleichmäßige Wachstumsraten innerhalb der Europäischen Union. Die Prognosen, nach denen „Deutschland in allernächster Zukunft zum größten Internet-/Online-

Tabelle 2: Ausgewählte Umfrageergebnisse des Eurobarometer (1999)

	Europa gesamt	Deutschland gesamt	Deutschland alte Länder	Deutschland neue Länder	höchster/ niedrigster Wert
Privater PC	30,8	30,5	31,9	25,3	59,8 (S)/ 12,2 (GR)
Private Internet-Anbindung	8,3	7,1	7,7	4,9	39,6 (S)/ 2,9 (GR)
Interesse an Online-Angeboten der Verwaltung	47,8	44,7	44,6	45,0	62,2 (SF)/ 36,9 (UK)
Zahlungsbereitschaft für Online-Angebote der Verwaltung	9,4	8,7	9,1	7,4	21,2 (GR)/ 4,1 (UK)

Alle Angaben in % der befragten Personen; GR: Griechenland; S: Schweden; SF: Finnland; UK: Großbritannien.

Markt in Europa" (BA&H 1998: 9) werden könnte, mögen angesichts der europäischen Vergleichszahlen überzogen erscheinen, liegen in der Tendenz aber wohl richtig.

Die infrastrukturellen Voraussetzungen hierzulande sind somit durchaus positiv zu bewerten. Mit dem SigG hat Deutschland zudem weltweit eine Vorreiterrolle übernommen (Büllingen 1999). Allerdings ist die Verbreitung und Nutzung digitaler Signaturen alles andere als ein Selbstläufer: „Sie (die digitale Signatur) verspricht dem Verbraucher ein Problem zu lösen, das dieser zunächst gar nicht hat, und stellt ihn vor eine ganze Reihe von Problemen: Der Maßstab für den Bürger sind die bisherigen Wege, auf denen er der Verwaltung Anträge übermitteln oder von ihr Bescheinigungen anfordern kann – durch persönliches Aufsuchen eines Amtes, per Post oder per Telefon. (...) Die digitale Signatur ist so gesehen zunächst eine Hürde zwischen Bürger und Verwaltung" (Kubicek 1999: 8). Ob diese Hürde überwunden werden kann, wird ganz entscheidend davon abhängen, ob digitale Signaturen ohne großen Aufwand zu einem akzeptablen Preis erworben werden können und in möglichst vielen Einsatzfeldern den Nutzern einen spürbaren Vorteil versprechen. Der öffentlichen Verwaltung kann dabei eine Schlüsselrolle zukommen.

Angesichts der mit kostspieligen Online-Angeboten derzeit noch verbundenen Unwägbarkeiten haben manche Kommunen den Weg gewählt, zunächst netzbasierte Verbindungen zu professionellen Mittlern aufzubauen. Dies sind Berufsgruppen, die regelmäßig und häufig im Auftrag Dritter Kontakt mit bestimmten Verwaltungsstellen haben. Beispielhafte Anwendungsfelder sind die Kfz-Anmeldung durch Autohändler, die Abwicklung von Baugenehmigungsverfahren durch Architekten oder der Zugang von Notaren zum elektronischen Grundbuch. Ausgehend von den mit geschlossenen Benutzergruppen gesammelten Erfahrungen sollen dann Online-Angebote für die gesamte Bevölkerung entwickelt und angeboten werden. Die Beschränkung auf einen vergleichsweise überschaubaren Kreis an Partnern spart Zeit und Geld, gleichzeitig werden nennenswerte Fallzahlen erreicht.

3.3 Technik für Transparenz und Partizipation

Die heute von Verwaltungen für Bürger und ortsansässige Unternehmen, potenzielle Investoren und Touristen erstellten Angebote ermöglichen den unkomplizierten und bedarfsgerechten Abruf aktueller Informationen und sind insofern durchaus hilfreich. Die Möglichkeiten des Internet aber reichen weiter:
- Technische Schnittstellen zwischen dem Internet-Angebot und der verwaltungsinternen Vorgangsbearbeitung ermöglichen es einem Antragsteller, sich jederzeit über den Bearbeitungsstand seines Vorgangs informieren zu können. Der Schutz persönlicher Daten kann über Zugangsregelungen und die Nutzung digitaler Signaturen gewährleistet werden.
- Die im November 1996 vorgestellte britische Initiative „Government Direct" (www. citu.gov.uk/greenpaper) sieht eine Möglichkeit, das Vertrauen der Bürger gegenüber elektronischen Transaktionswegen und einem darauf basierenden neuen Verwaltungstypus zu fördern, darin, den Bürgern einen Zugang zu den über ihre Person gespeicherten Daten einzuräumen. Ähnliches ist selbstverständlich auch in Deutschland denkbar.
- Mit der technischen Vernetzung vereinfachen und verbilligen sich die Zugänge zum behördlichen „Datenschatz", sodass sich Interessierte beispielsweise schnell ein fundiertes Bild von aktuellen Planungsprozessen machen und sich besser an der politischen Entscheidungsfindung beteiligen können. Die Technik ist auf diese Weise als ergänzendes und unterstützendes Instrument direkter bürgerschaftlicher Mitwirkung und Partizipation (Nachbarschaftsbüros, Foren, Planungszellen u.ä.) nutzbar.

In den gegenwärtigen Konzepten zur Verwaltungsreform wie auch zum Electronic Government werden Transparenz und Zugänglichkeit der Verwaltung sowie die dort erbrachten Dienstleistungen ganz überwiegend aus einer primär ökonomischen Perspektive behandelt. Dort lesen wir viel über Wirtschaftlichkeit und Qualität, suchen aber vergebens nach Ideen und Positionen zur Demokratie im elektronischen Zeitalter und zu damit einhergehenden Veränderungen im Verhältnis zwischen Bürgern, Verwaltung und Politik. Damit unterbleibt auch die Diskussion, wer eigentlich in welcher Weise Zugang zu behördlichen Daten- und Informationssammlungen haben soll. Kritiker reduzieren die über den bloßen Informationsabruf hinausreichenden Optionen zur technikunterstützten Bürgerpartizipation gerne auf die (faktisch bedeutungslose) „elektronische Abstimmung" und warnen gar vor negativen Folgen für die parlamentarische Demokratie. Dem ist jedoch entgegenzuhalten, dass die als Folge der Internetnutzung regelmäßig identifizierten „verheerenden" Entwicklungen für die Politik (elektronischer Populismus, Informationsüberschwemmung, Ende der Öffentlichkeit, Erosion staatlicher Souveränität, Schwächung des Repräsentationsprinzips und dergleichen) auch – oder gerade – unter den Bedingungen herkömmlicher Kommunikation festzustellen sind (vgl. Leggewie 1998: 18).

Um in Sachen Transparenz und Partizipation zu substanziellen Umsetzungen zu kommen, sind politischer Gestaltungswille und ein neues Selbstverständnis in den Verwaltungen allein nicht ausreichend. Erforderlich ist vor allem, das Internet als Medium mit vollkommen neuen Möglichkeiten für Information und Kommunikation zu begreifen, das wesentlich mehr zu leisten vermag als in Papierform vorliegendes Material über Terminals abrufbar zu machen.

4. Entwicklungspfade von Verwaltungsreform, Verwaltungsinformatisierung und Staatlichkeit

Gegenwärtig sind es vor allem drei Trends, die charakteristisch für den Einfluss der Verwaltungsinformatisierung auf die Beziehungen zwischen Bürgern und Verwaltung sind:
– Angestoßen durch die erfolgreiche Einrichtung von Bürgerbüros setzt sich sowohl bei der Arbeitsorganisation als auch bei der Entwicklung neuer Technikkonzepte die Orientierung an den Lebenslagen der Bürger durch. Langfristig wird auf diese Weise der funktionale Verwaltungsaufbau durch eine stärker prozess- und produktbezogene Organisation abgelöst.
– Bestehende Kommunikationswege (Telefon, Brief, Fax, Besuch im Rathaus) werden durch Angebote im Netz ergänzt, aber nicht ersetzt, sodass die Bürger zukünftig aus einem breiten „Zugangsmix" die ihnen angenehmste Variante auswählen können.
– Vernetzte Techniksysteme eröffnen neue Wege, um die verwaltungsinterne Arbeitsteilung effektiver zu gestalten und die staatliche Fertigungstiefe durch Leistungsverbünde mit privaten Anbietern zu verringern. Im Kontakt mit den Bürgern präsentiert sich die Verwaltung als einheitliches Ganzes, während die eigentliche Produkterstellung der beteiligten Partner technikgestützt und für die Bürger unsichtbar im Hintergrund abläuft.

Auch in Zukunft wird die Informatisierung der Verwaltung einem komplizierten Wechselspiel zwischen technischen Potenzialen, organisatorischen Konzepten und gesellschaftlichen Entwicklungen und Erwartungen folgen. Obwohl zuverlässigen Prognosen somit enge Grenzen gesetzt sind, wollen wir zumindest für den kommunalen Bereich, also jenen Verwaltungszweig mit den intensivsten und vielfältigsten Kontakten zu den Bürgerinnen und Bürgern, einen abschließenden Ausblick wagen. Dabei differenzieren wir erstens nach niedriger versus hoher Intensität des behördlichen Technikeinsatzes und unterscheiden zweitens danach, ob die Reformbemühungen im öffentlichen Sektor beim Leitbild der dienstleistenden Verwaltung verharren oder ob sich die Bürgerkommune als neue, weiterreichende Perspektive etabliert. Der letztgenannte Aspekt lässt sich in grob vereinfachender Weise mit einem sich wandelnden Staatsverständnis verknüpfen: Während in der Vergangenheit ein stark hoheitlich geprägtes Selbstverständnis mit der Vorstellung einherging, öffentliche Leistungen müssten auch durch öffentliche Einrichtungen erbracht werden, wurden Entstehung und Verbreitung des Leitbildes einer Verwaltung als Dienstleister begleitet von Überlegungen, dass öffentliche Verwaltungen bestimmte Leistungen für die Bürger zwar gewährleisten, nicht aber zwangsläufig selbst produzieren müssen. Damit wird ergänzend zur klassischen Aufgabenkritik, die den Bestand an Diensten und Aufgaben unter die Lupe nimmt, auch danach gefragt, wer eine als öffentlich definierte Leistung unter Einhaltung definierter Qualitätsstandards am wirtschaftlichsten erbringen kann. Mit den Konzepten zur Bürgerkommune wiederum rückt nicht nur die Beteiligung der Bürger an Planungs- und Entscheidungsprozessen in den Blickpunkt. Ein weiteres zentrales Element ist die Rückverlagerung von (öffentlichen) Aufgaben von der Verwaltung auf interessierte und engagierte Bürger(gruppen). Letzteres würde für Verwaltungen bedeuten, die Erbringung öffentlicher Aufgaben nicht nur zu gewährleisten, sondern in einzelnen Aufgabenfeldern potenzielle Partner im Vorfeld erst noch aktivieren zu müssen. Eine Entwicklung, welche nur insofern mit der Informatisierung öffentlicher Verwaltungen zusammenhängt, als sich mit dieser und mit den parallel laufenden Prozessen in Gesellschaft und Wirtschaft Einstellungen durchsetzen, für welche die Leistung und weniger die Art und Weise ihrer Erstellung wichtig ist.

Tabelle 3:

dominantes Leitbild Intensität der Techniknutzung	Moderner Dienstleister	Bürgerkommune
niedrig	Pfad 1	Pfad 3
hoch	Pfad 2	Pfad 4

Aufbauend auf der Unterscheidung nach Intensität des Technikeinsatzes einerseits und dominantem Leitbild andererseits können vier Varianten mit unterschiedlichen Konsequenzen für die Beziehungen zwischen Bürgern und Behörden unterschieden werden (Tabelle 3).

Pfad 1: Moderner Dienstleister und niedrige Intensität der Techniknutzung

Die Reform der Verwaltung wird in Richtung Dienstleistungsorientierung fortgesetzt, ohne das Niveau der Techniknutzung nennenswert zu intensivieren. Zwar werden mehr und mehr Online-Angebote für die Bürger eingerichtet, diese reichen aber kaum über den Status halbherziger Experimente hinaus, setzen keine Akzente für weiter gehende Modernisierungsschritte und bleiben ohne tief greifende Wirkung auf bestehende Verfahren und Organisationsformen. Damit setzt sich die bisherige Linie der Verwaltungsreform in Deutschland fort, in deren Verlauf Fragen der Technikunterstützung erst spät Bedeutung erlangt haben und der es bis heute an einer systematischen Verknüpfung von Technik- und Reformkonzepten mangelt. Der Bürger wird als Kunde angesehen, der im Regelfall persönlich im Rathaus zu erscheinen hat.

Pfad 2: Moderner Dienstleister und hohe Intensität der Techniknutzung

Durch den Ausbau von Selbstbedienungsangeboten (Terminals im Rathaus, Online-Angebote usw.) erfährt der behördliche Technikeinsatz eine deutliche Intensivierung. Nach dem Vorbild der Privatwirtschaft stehen Selbstbedienungskonzepte für Routineangelegenheiten im Vordergrund. Es wird davon ausgegangen, dass die Verlagerung bestimmter Arbeiten auf die Bürger für beide Seiten Vorteile bietet: Online-Angebote erschließen verwaltungsinterne Rationalisierungspotenziale und bieten den Kunden größere Unabhängigkeit im Umgang mit der Verwaltung. Ergänzend müssen jedoch weiterhin Ansprechpartner für jene Kunden vorgehalten werden, die von den Selbstbedienungsangeboten keinen Gebrauch machen können oder wollen. Bei komplizierteren oder stark einzelfallbezogenen Anliegen wird auch unter den Vorzeichen einer intensivierten Techniknutzung das persönliche Gespräch den Regelfall darstellen.

Pfad 3: Bürgerkommune und niedrige Intensität der Techniknutzung

Die Ideen zur Bürgerkommune verleihen der Verwaltungsreform neuen Schwung. Angebote nach dem Vorbild privater Dienstleister haben nur noch den Status von Zwischenschritten, parallel zu ihrer Realisierung gewinnen Fragen der Bürgerbeteiligung und -aktivierung immer stärkere Bedeutung. Die Techniknutzung wird in Maßen intensiviert. Internet-Angebote gelten als Instrumente, die durchaus zur Förderung der Bürgerpartizipation und -mitwirkung beitragen können, im Wesentlichen aber ergänzend zu herkömmlichen Verfahren (Versammlungen, persönliche Ansprache usw.) zu nutzen sind. Die Bürger gewinnen über den Status des Kunden als Auftraggeber der Verwaltung und Mitgestalter kommunalen Zusammenlebens an Bedeutung.

Pfad 4: Bürgerkommune und hohe Intensität der Techniknutzung

Die Verwaltung macht intern wie auch an der Schnittstelle zum Bürger intensiven Gebrauch von der IuK-Technik und sieht in dieser ein leistungsfähiges Instrument, um Dienstleistungen bedarfsgerecht und effizient zu erbringen und darüber hinaus dem Anspruch als Bürgerkommune gerecht zu werden. Beispielsweise werden stadtplanerische Konzepte über das Stadtinformationssystem im WWW veröffentlicht und mit Diskussionsforen verbunden, die Bürger können Protokolle und Materialien zu Rats- und Ausschusssitzungen abrufen und das Netz dient als kostengünstiges Medium, um den Zugang zu Verwaltungsinformationen zu ermöglichen. Rolle und Bedeutung der Bürger als Auftraggeber und Mitgestalter werden vor dem Hintergrund der sich fortlaufend verändernden (technischen) Rahmenbedingungen gesehen. So wird die Verknüpfung von Online-Angeboten und herkömmlichen Instrumenten und Konzepten der Kommunikation mit den Bürgerinnen und Bürgern auch als Beitrag verstanden, neue Nutzergruppen mit den Möglichkeiten des Internet vertraut zu machen.

Die einzelnen Elemente der hier nur im Ansatz skizzierbaren Entwicklungspfade schließen sich nicht aus, die zukünftige Informatisierung der öffentlichen Verwaltung wird aber auch nicht völlig beliebig verlaufen. Pfad 1 gibt mehr oder weniger die heute absehbare Entwicklung wieder. Von dort aus ist *entweder* die Intensivierung des Technikeinsatzes nach dem Vorbild der Privatwirtschaft *oder* ein Leitbildwechsel in Richtung Bürgerkommune zu erwarten. Für den direkten Sprung zur Bürgerkommune mit intensiver Techniknutzung fehlen derzeit sämtliche Voraussetzungen. Insofern setzt Pfad 4 zwingend voraus, dass zuvor Pfad 2 oder 3 beschritten worden ist. Übersetzt auf das Verhältnis zwischen Verwaltungen und Bürgern bedeutet dies, dass derzeit nicht absehbar ist, ob die Verwaltungen im Bürger primär den Kunden sehen und sich mit der Entwicklung von Selbstbedienungskonzepten begnügen oder ob der Technikeinsatz einem sehr viel umfassenderen Verständnis folgt, das den Bürger als Auftraggeber und Mitgestalter in den Mittelpunkt rückt.

Welcher Entwicklungspfad sich durchsetzen wird, hängt selbstverständlich auch von der Bereitschaft der Bürger, sich (wieder) stärker in ihrem Lebensumfeld zu engagieren, ab. Konzepte und hoffnungsvolle Ansätze gibt es genügend, allein an ernsthaften Versuchen, auf die Bürger zuzugehen und sie an Planungen, Entscheidungen und Veränderungen in ihrem unmittelbaren Lebensumfeld zu beteiligen, hat es in der Vergangenheit stets gemangelt. Ob sich dies in den nächsten Jahren ändern wird, muss sich zeigen. Die IuK-Technik jedenfalls kann in vielerlei Hinsicht unterstützend wirken – mehr aber eben auch nicht.

Während sich die möglichen Entwicklungspfade erst abzeichnen, sind einige Veränderungen im Zusammenhang mit der Informatisierung öffentlicher Verwaltungen, welche über das unmittelbare Verhältnis Bürger und Verwaltung hinausgehen, festzustellen, sie betreffen die Staatlichkeit. Es sind dies zunächst nur einzelne, mehr oder minder bedeutsame Veränderungen, in der Summe können sie aber tief greifende Auswirkungen auf das Staatsverständnis und das Staatsbewusstsein haben. Hierzu abschließend noch einige Anmerkungen:

Wenn wir uns noch einmal die Auswirkungen der Informatisierung in der Steuer- und Arbeitsverwaltung vergegenwärtigen, so treten diese Verwaltungen nicht mehr als in sich geschlossene Systeme den Bürgerinnen und Bürgern gegenüber, zu welchen es nur über formalisierte Antrags- und Besuchsverfahren Zutritt gibt, sondern diese Verwaltungen öffnen sich, die Kunden können Leistungsprozesse unmittelbar anstoßen und sie punktuell auch mitgestalten – auch wenn sich die Verfahrensstellung der Klienten noch nicht grundsätzlich verändert hat.

Bürgerbüros und Servicestellen zeigen einerseits durch die Bündelung von Kompetenzen einen weiter gehenden Herrschaftsanspruch des Staates als er bei überkommenen sach- und fallbezogenen Abgrenzungen zwischen Verwaltungseinheiten den Bürgern bewusst wird. Andererseits tritt dieser durch die Art und Weise der Leistungsbereitstellung hinter der gesellschaftsbezogenen Dienstfunktion zurück. Gleichzeitig verwischt sich auch die Abgrenzung von Öffentlich und Privat.

Beteiligungsmöglichkeiten an kommunalen Planungsprozessen ziehen das Verwaltungshandeln in die Gesellschaft. Planung ist nicht mehr nur verwalteter Sachverstand und rechtlich begründete Herrschaftsentscheidung, sondern wird zur Sache öffentlicher Optimierung. Die Präsentation von Verwaltungen im Netz reduziert ihren Arkanbereich, macht sie zu erkennbaren und ansprechbaren Agenturen. Die Zugriffsmöglichkeit auf Informationen und Wissensbestände der Verwaltungen einerseits, Überwachungssysteme andererseits zeigen den Vorrang und die Vormacht der Verwaltungen eingebunden in das Gewand des freundlichen Helfers (aber wehe, er wird zum Feind). Schließlich, Ausgliederungen und Vernetzungen vermitteln den Eindruck, dass sich das gefestigte Staats- und Verwaltungssystem in eine Vielzahl von Agenturen und Akteuren auflöst, nur noch virtuell verbunden und in einigen Repräsentanten verdinglicht.

Als Fazit ist zunächst eine zunehmende Trennung zwischen den Inhalten staatlich gewährter oder gewährleisteter Leistungen (dem Was) und der Art und Weise, wie sie erbracht werden (dem Wie) festzustellen. Der Kontakt mit der Verwaltung ist nicht mehr – wie früher – auch Mittel zur Deklaration des Herrschaftsanspruches und zur Sicherung der Staatsräson. Insofern vollzieht sich ein Prozess der Entstaatlichung.

Staatliche Organisationen dienen vor allem der Risikobegrenzung und der Funktionsschmiere für das politische, gesellschaftliche System.

Eine zweite Feststellung ist damit zu verbinden. In dem Maße, wie staatliche Verwaltungsstrukturen und -verfahren nicht mehr ein besonders auffälliges Strukturmerkmal des politisch-gesellschaftlichen Systems sind – ähnlich wie es die Kirchen nicht mehr sind, wie sich die Bedeutung von Arbeitsverhältnissen verändert und auch Schulen in ihren verhaltensbestimmenden Strukturen aufweichen – zeichnet sich die Entwicklung zu einer neuen Art von „offener Gesellschaft" ab. Da jede Gesellschaft Offenheit aber nur im Rahmen struktureller Bindungen erträgt und gestalten kann, stellt sich die Frage, welche strukturellen Bindungen künftig gesellschaftsbestimmend werden.

Literatur

Abele, Petra/Brinckmann, Hans/Grimmer, Klaus (Hrsg.), 1995: Einwohnerservice in den Stadtbezirken. Baden-Baden.

Aktionsprogramm der Bundesregierung, 1999: Innovation und Arbeitsplätze in der Informationsgesellschaft des 21. Jahrhunderts. Berlin. www.iid.de/aktionen.

BA&H (Booz, Allen & Hamilton), 1998: Durchbruch Multimedia – Deutschland im internationalen Vergleich. Untersuchung im Auftrag des Projektträgers des BMBF für Informationstechnik. Bonn. www.iid.de/bah/BAH. html.

Bahnmüller, Reinhard/Faust, Michael, 1992: Das automatisierte Arbeitsamt. Legitimationsprobleme, EDV-Mythos und Wirkungen des Technikeinsatzes. Frankfurt a.M./New York.

Brinckmann, Hans/Grimmer, Klaus/Jungesblut, Bernd/Karlsen, Thore/Lenk, Klaus/Rave, Dieter, 1981: Automatisierte Verwaltung. Eine empirische Untersuchung über die Rationalisierung der Steuerverwaltung. Frankfurt a.M./New York.

Brinckmann, Hans/Kuhlmann, Stefan, 1990: Computerbürokratie. Ergebnisse von 30 Jahren öffentlicher Verwaltung mit Informationstechnik. Opladen.

Brinckmann, Hans/Wind, Martin, 2000: Teleadministration. Online-Dienste im öffentlichen Sektor der Zukunft. Berlin.

Büllingen, Franz, 1999: Von der handschriftlichen zur elektronischen Unterschrift. Erfolgs- und Diffusionsfaktoren digitaler Signaturen, in: *Herbert Kubicek* u.a. (Hrsg.), Multimedia@Verwaltung. Marktnähe und Bürgerorientierung mit elektronischen Dienstleistungen. Jahrbuch Telekommunikation und Gesellschaft 1999. Heidelberg, 151–157.

Eurobarometer, 1999: Measuring Information Society. Brüssel. www.ispo. cec.be/polls/EB98.htm.

Freie Hansestadt Bremen, 1998: Kundenorientierung durch Integration elektronischer Dienstleistungen für Bürger und Wirtschaft aus einer Hand. Die Bewerbung der Freien Hansestadt Bremen beim Multimedia Städtewettbewerb MEDIA@Komm, in: *Bundesministerium für Wirtschaft und Technologie* (Hrsg.), MEDIA@Komm Städtewettbewerb Multimedia. Tagungsband zur Preisverleihung am 10.03.1999 in Bonn. www.bremen.de/media-komm.

Grahn, Ullrich, 1998: Die Hessische Steuerverwaltung vor ihrer größten Herausforderung, in: inform 1, 15–26.

Grimmer, Klaus, 1997: Struktur und Innovation. Baden-Baden.

Kubicek, Herbert, 1999: Sicherheit und Schutz in offenen Netzen – Voraussetzungen für Marktentwicklung und Verbraucherakzeptanz neuer Informations- und Kommunikationsdienste. infosoc.informatik.uni-bremen.de/internet/fgtk/OnlineInfos/sicherheit/sicherh.htm.

Kuhlmann, Stefan, 1986: Informationstechnik als Modernisierungs- und Legitimationsmittel. Das Beispiel Arbeitsverwaltung, in: *Klaus Grimmer* (Hrsg.), Informationstechnik in öffentlichen Verwaltungen. Handlungsstrategien ohne Politik. Basel/Boston/Stuttgart, 233–312.

Leggewie, Claus, 1998: Demokratie auf der Datenautobahn oder: Wie weit geht die Zivilisierung des Cyberspace?, in: *Claus Leggewie/Christa Maar* (Hrsg.), Internet & Politik. Von der Zuschauer- zur Beteiligungsdemokratie. Köln, 15–51.

Püschel, Hanns, 1986: EDV in der Steuerverwaltung – Gestern, Heute, Morgen, in: DSWR 2, 47–51.

Roßnagel, Alexander, 1996: Zur Regelung des elektronischen Rechtsverkehrs, in: *Jörg Tauss/Johannes Kollbeck/Jan Mönickes* (Hrsg.), Deutschlands Weg in die Informationsgesellschaft. Herausforderungen und Perspektiven für Wirtschaft, Wissenschaft, Recht und Politik. Baden-Baden, 652–683.

Wind, Martin, 1999: Technisierte Behörden. Verwaltungsinformatisierung und -forschung im Zeitalter der Computernetze. Wiesbaden.

Zwischen Informatisierung und Neuem Steuerungsmodell.
Zum inneren Wandel der Verwaltungen

Frank Nullmeier

Anfang der 90er Jahre werden die öffentlichen Verwaltungen in der Bundesrepublik Deutschland von einer Reformwelle erfasst, die unter dem Titel „New Public Management" bereits in einer Vielzahl anderer westlicher Länder zu grundlegenden Umstrukturierungen der Administrationen geführt hatte. 1993 von der Kommunalen Gemeinschaftsstelle zum „Neuen Steuerungsmodell" (NSM) deklariert, bestimmt die Einführung einer Dienstleistungskonzeption öffentlicher Verwaltungen (mit den Elementen: Output-Steuerung, Produktkatalog, Aufgabenkritik, Kontraktmanagement, Kosten- und Leistungsrechnung, Controlling, dezentrale Ressourcenverantwortlichkeit, Übergang von der Kameralistik zur Doppik – der kaufmännischen Buchführung, modernes Personal-, Informations- und Qualitätsmanagement, Kundenorientierung, vereinzelt auch Einführung von Wettbewerbselementen) die Reformanstrengungen in den Verwaltungen und auch die politik- und verwaltungswissenschaftliche Reflexion (vgl. Wollmann 2000). Letztere weist darauf hin, dass das bundesdeutsche Profil der Verwaltungsmodernisierung gegenüber der internationalen Entwicklung eine spezifische Verengung durch Konzentration auf finanzwirtschaftliche Binnenmodernisierung aufweist (Naschold/Bogumil 1998). Die informationstechnischen Neuerungen, die diese Reformversuche begleiten, spielen dabei in der Diskussion über das neue Steuerungsmodell eine erstaunlich geringe Bedeutung (vgl. Beyer 1998: 266; Naschold u.a. 1999; Engelniederhammer u.a. 1999), obwohl doch jeder Implementierungsversuch z.B. einer Kosten- und Leistungsrechnung mit der Auswahl und Produktivsetzung einer entsprechenden Software verbunden war und das reale Tun der Projektleiter und -gruppen in den Verwaltungen weithin (mit)bestimmte (vgl. Gerstlberger u.a. 1999: 87).

Zur Jahrhundertwende prägt ein neuer Trend die Verwaltungsreformdebatte: das interaktive multimediale Rathaus, „electronic government", „digital city", „virtuelle" oder „Teleadministration" (Kubicek/Hagen 2000; Leggewie/Maar 1998; Brinckmann/Wind 1999; Förster 1998; Bertelsmann Foundation 1998; Reinermann 2000). Die explosionsartige Ausbreitung des technologischen Leitmediums Internet verlagert die Reformhoffnungen in den öffentlichen Verwaltungen von der betriebswirtschaftlichen auf die informationstechnologische Seite (vgl. Snellen/Van de Donk 1999): Die neuen Anwendungsmöglichkeiten durch Internet-basierte Technologien scheinen eher Möglichkeiten zu bieten, Modernität und Demokratie, Effizienzsteigerung und Partizipation miteinander zu verbinden (vgl. Schmalz-Bruns in diesem Band; Hague/Loader 1999). Im Unterschied zur NSM-Ökonomisierung, die immer im Verdacht stand, haushalts- und finanzpolitisch bedingte Kürzungsmaßnahmen durch Rationalisierung zu begleiten oder gar erst möglich zu machen, stößt die „Internet-Welle" der Informatisierung öffentlicher Verwaltungen (im Folgenden: *Electronic Government- oder EG-Informatisierung*) nur in sehr geringem Maße auf politische Ablehnung, meist auf euphorische Befürwortung. Die mit den Elementen des Neuen Steuerungsmodells verbundenen Informatisierungsprojekte (im Folgenden: *NSM-Informatisierung*) haben öffentlich weit weniger Aufmerksamkeit gefunden (vgl. Gerstlberger/Killian 1996: 9), bildeten auch weit weniger ein Hoffnungspotenzial. Angst vor Überforderung, ein diffuses Unbehagen gegenüber der neuen Rolle von Technik in der Verwaltung, Befürchtungen der Verletzung informationeller Selbstbestimmung – sie blieben in die Pragmatik der schrittweisen Einführung immer neuer Programme und Systeme eingebettet.

Momentan überlappen sich diese zwei Ausrichtungen der ‚Informatisierung', hier als „Sammelbegriff für alle Aspekte der Durchdringung des Handelns öffentlicher Verwaltungen mit Anwendungen der IuK-Technik" verstanden (Kuhlmann 1999: 68).[1] Während sich die NSM-Informatisierung auf die betrieblichen Prozesse ausgehend vom Haushalts- und Finanzmanagement, vom Controlling und Personalmanagement konzentriert und betriebliche Geschäftsprozess-Software benötigt (Dominanz der Binnenorientierung), stehen für die EG-Informatisierung internetbasierte Informations- und Kommunikationssysteme mit dem Ziel der One-Stop-Serviceleistung (verstärkte Außenorientierung) sowie Groupware, Workflow und Telekooperation (vgl. u.a. Brinckmann/Wind 1999) im Vordergrund.

Eine umfassendere wissenschaftliche Übersicht und Auswertung zu den Informationstechnologien (IT) in den öffentlichen Verwaltungen existiert zurzeit nicht. Ist dies für die kommunale Ebene angesichts der Vielzahl der Akteure noch verständlich (vgl. aber die Umfrage bei Gerstlberger/Killian 1996), so stellt sich die Lage für die Landesverwaltungen nur wenig besser dar (vgl. die Übersicht zu Verwaltungsmodernisierungsprojekten in den Ländern per Selbstdarstellung aller Landesregierungen in BMI 2000; Bogumil 2000). Auch im Rahmen der Arbeitstagungen der 1996 in Speyer eingerichteten „Wissenschaftlichen Dokumentations- und Transferstelle für Verwaltungsmodernisierung in den Ländern" (Konzendorf 1998) ist das Thema Informationstechnik bisher nicht ins Zentrum gerückt worden. Während Bayern als Vorreiter in der Vernetzung und der Förderung der Informatisierung („BayernOnline") gilt, zeigt sich, dass auch bei jenen Ländern, die vorrangig die Durchsetzung des Neuen Steuerungsmodells betreiben, eine Vielzahl der Einzelprojekte mit IT-Einführungen verbunden ist (vgl. z.B.: Freie und Hansestadt Hamburg, Finanzbehörde, Projekt Verwaltungsinnovation 1999). Auf der Ebene des Bundes wird die IT-Strategie von der „Koordinierungs- und Beratungsstelle der Bundesregierung für die Informationstechnik in der Bundesverwaltung"[2] begleitet, etliche Informatisierungsprojekte sind Bestandteil des 1999 aufgelegten Programms der Bundesregierung „Moderner Staat – Moderne Verwaltung" (Bundesregierung 1999). Eine wissenschaftliche Bestandsaufnahme der IT-Entwicklung auf Bundesebene liegt aber bisher nicht vor.

Sowohl die Einführung des Neuen Steuerungsmodells mitsamt den erforderlichen Informatisierungsschritten als auch die neue Welle der Internet- und Multimedia-In-

---

1 Zu den Phasen und wichtigsten technischen Tendenzen der Informatisierung, vgl. Reinermann (1997) und Grimmer/Wind (in diesem Band).
2 1968 gegründete und im Bundesministerium des Innern angesiedelte Einheit, die auf der Grundlage einer IT-Richtlinie der Bundesregierung und unter Zustimmung eines „Interministeriellen Koordinierungsausschusses für IT in der Bundesverwaltung" allgemeine Empfehlungen erarbeitet, Bundesbehörden berät und mit der Durchführung einzelner Projekte, darunter am bedeutsamsten: dem Informationsverbund Berlin/Bonn, beauftragt ist.

formatisierung folgen nicht einer zwischen den politischen Ebenen und Einheiten koordinierten oder zentral gesteuerten oder auch nur angeregten Politik. NSM und Informatisierung basieren auch nicht auf bundes- oder landesgesetzgeberischen Initiativen und Innovationen. Die Implementierungsformen von NSM wie Informatisierung sind ‚Programm' und ‚Projekt', wobei Programme sich oft auf Projektförderung beziehen. Von flächendeckender Innovation kann daher nur selten die Rede sein, die Informatisierung erfolgt zugleich an vielerlei Stellen, ungleichzeitig, unkoordiniert, z.T. auch uninformiert über die Schritte der jeweils anderen politischen Ebenen und benachbarten politischen Einheiten. NSM-Einführung wie Informatisierung bieten auf die verschiedenen Träger öffentlicher Verwaltung gesehen mithin das Bild eines Flickenteppichs. Fast jede denkbare Kombination von NSM-Elementen, NSM-Informatisierung und EG-Informatisierung ist auch in irgendeiner funktionalen oder territorialen Einheit der Bundesrepublik vertreten. Ebenso prägend ist die Tendenz einer ständigen Vermehrung der NSM- und Informatisierungselemente bei allen Verwaltungsträgern. Durch hohe Autonomie der einzelnen Verwaltungseinheiten und -ebenen wie durch fehlende zentrale politische Kooperationsvorgaben fallen sowohl bei der Realisierung des NSM als auch der Informatisierung – sieht man von der bloßen Internet-Präsenz ab – prinzipiell Anspruch und Wirklichkeit auseinander. Während sich eine Vielzahl von Verwaltungen noch mit der Einführung von softwaregestützten Kostenrechnungen quält, wird an anderer Stelle Workflow, Groupware, Telekooperation eingeführt. Die wahrgenommene enorme Differenz zwischen IT-Realitäten, Visionen und exemplarischen Realisierungen fortgeschrittenster Technologie wird selbst zu einem wesentlichen Element des Informatisierungsprozesses. Sehen einige in den geringen Erfolgen bisheriger IT-Anwendungen den Grund für Skepsis gegenüber den Visionen und plädieren für Anspruchs- und Erwartungsreduktion zu Gunsten einer Stückwerkreform, so führen andere das Verfehlen der Visionen gerade auf diese Denkweise zurück, die verhindere, in größeren Zusammenhängen zu denken und so wenigstens die Möglichkeit der Annäherung an Visionen zu erhalten.

Dieser Beitrag versucht zwischen Vision und Skepsis agierend einige differenzierende wissenschaftliche Ergebnisse und Überlegungen zusammenzutragen und zugleich zu erklären, warum Vision und Skepsis in diesem hohen Maße die Wahrnehmung der Informatisierung bestimmen. In einem ersten Schritt (1.) wird der Stand der wissenschaftlichen Erforschung von Verwaltungs-Informatisierungsprozessen in der bundesdeutschen Verwaltungsinformatik vorgestellt. Dort angelegte Defizite und Spannungslinien führen in einem zweiten Schritt (2.) zum Versuch, in einem modifizierten Rahmen sowohl den allgemeinen Trend der Informatisierung in öffentlichen Verwaltungen (2.1.) als auch die Besonderheiten der je unterschiedlichen Informatisierungswege und -erfolge (2.2. und 2.3.) erklärbar zu machen. Besondere Beachtung verdienen die durchaus widersprüchlichen Beziehungen der Informatisierung zu den Projekten des Neuen Steuerungsmodells (3.), bevor abschließend mögliche generelle Tendenzen der Verwaltungsentwicklung angesichts der Informatisierungswelle betrachtet werden (4.).

1. Informatisierung und ihre Erforschung: die Verwaltungsinformatik

Die sozialwissenschaftliche Aufklärung, wissenschaftliche Begleitung und Förderung administrativer Informatisierungsprozesse hat sich die Verwaltungsinformatik im Überschneidungsfeld von Verwaltungswissenschaft und angewandter bzw. sozialwissenschaftlicher Informatik zur Aufgabe gesetzt. Seit den frühen 70er Jahren haben sich die interdisziplinär angelegten Subdisziplinen Rechtsinformatik und Verwaltungsinformatik (Lenk u.a. 1997)[3] herausgebildet. Jedoch konnte sich die Verwaltungsinformatik in ihrer knapp dreißigjährigen Geschichte in Deutschland nur in geringem Umfang an den Hochschulen verankern und verfügt entsprechend über geringe Ressourcen an wissenschaftlichem Personal. Die Zentren und führenden Forscher(gruppen) lassen sich daher leicht auflisten: K. Lenk in Oldenburg, R. Traunmüller in Linz und H. Reinermann an der Verwaltungshochschule Speyer als Promotoren der Verwaltungsinformatik, H. Kaack und nach seinem Tod insbesondere A. Engel in Koblenz, ebenso wie H. Bonin in Lüneburg technischer ausgerichtet, nunmehr mit den thematischen Schwerpunkten Vorgangsbearbeitung, Dokumentenmanagement, Telekooperation. Eine Zusammenarbeit findet im Rahmen der Gesellschaft für Informatik mit dem Fachbereich 6 „Informatik in Recht und öffentlicher Verwaltung" (Vorsitzender: Reinermann) statt. Dazu kommt die stärker sozialwissenschaftlich ausgerichtete Kasseler Schule der Forschungsgruppe Verwaltungsautomation mit H. Brinckmann und K. Grimmer, die beginnend mit dem Buch „Verwaltungsautomation" von 1974 über die „Computerbürokratie" von 1990 bis zu den jüngsten Bestandsaufnahmen (Killian/ Kneissler (Hg.) 1999 sowie Wind 1999) eine theoretisch wie empirisch angelegte Forschung zu Informatisierungsprozessen vorgelegt hat. Prägend für die jüngste Phase der bürgerbezogenen IT-Modernisierung unter dem Leitbild des One-Stop-Government ist die Bremer Arbeitsgruppe unter Leitung von H. Kubicek (vgl. Kubicek u.a. 1999; Kubicek/Hagen 2000).

Disziplinäre Bindungen mögen Differenzen innerhalb der Verwaltungsinformatik verständlich machen, die sich am Selbstverständnis dieses Faches entzünden. Soll es als Promoter der IT-Entwicklung auftreten und sie zugleich beratend prägen? Oder soll die Auswertung von Informatisierungsprozessen, die evaluierende Wirkungsforschung im Zentrum stehen, die eher die Schwierigkeiten betont, die Softwareruinen benennt und zur Vorsicht gemahnt. Von der Automationsforschung über die Technikfolgenforschung führte die Verwaltungsinformatik ihre Arbeit fort bis zur heutigen Zweigleisigkeit: Auf der einen Seite steht eine verwaltungswissenschaftliche Organisationsforschung mit Fallstudien (oft als „short stories" bezeichnet, Wind 1999) zur mikropolitischen Durchsetzungsproblematik von IT-Projekten bzw. zur Bedeutung der inneren Machtspiele in Verwaltungen. Sie kämpft mit der Problematik einer bei steigendem Detaillierungsgrad der Beschreibung abnehmenden theoretischen Reichweite. Auf der anderen Seite steht eine auf Gestaltung zielende Forschung, die eher begleitende Ana-

---

3 Bezeichnenderweise hat sich bis heute kein Fach Politikinformatik herausgebildet, das die legislative und willensbildende intermediäre Seite des politischen Prozesses zum Gegenstand hätte. Allerdings benennt das Institut für Sozialwissenschaftliche Informatik an der Universität Koblenz-Landau seinen Arbeitsschwerpunkt als „Politik- und Verwaltungsinformatik".

lyse, Beratung und Präsentation von Modellprojekten bietet und dabei von fortgeschrittenen Leitbildern der Technik- und Verwaltungsentwicklung bestimmt ist. Hier wird die Nähe bzw. Distanz zum Untersuchungsgegenstand zum Problem. Spannungslinien der Forschung zeichnen sich ab bei Fragen des Technikoptimismus und der Theoriehaltigkeit,[4] der Praxisnähe bzw. empirischen Detail- und Fallorientierung der Forschung.

Trotz aller Verdienste hat die Verwaltungsinformatik kaum tiefgreifenden öffentlichen Einfluss erhalten, vielleicht in noch geringerem Maße als die Verwaltungsforscher im Feld des NSM (dazu: Naschold u.a. 1999: 61). Sie bildet eine kleine epistemic community mit geringer Bedeutung im Wissenschaftssystem und auch begrenztem inneradministrativen Einfluss. Für die NSM-Bewegung mit ihrer Forderung nach Ablösung der Kameralistik durch die Doppik wurde dagegen die *Wirtschaftsinformatik* zur Leitdisziplin auch der IT-Einführung in öffentlichen Verwaltungen. Die NSM-Informatisierung wird von den Vertretern der Verwaltungsinformatik vielleicht auch daher relativ skeptisch und zurückhaltend beurteilt, während die Internet-Welle verstärkte Beachtung in diesem Zirkel erfährt. Zum Weg von der Wissenschaft zur Softwareentwicklung und weiter zur Kommerzialisierung in größerem Maßstab, der in der Wirtschaftsinformatik z.B. im Umfeld der Firma SAP recht intensiv und mit großem Erfolg begangen worden ist, findet sich in der Verwaltungsinformatik keine Parallele.

Dort, wo Beobachtung, Beschreibung, Erklärung und Wirkungsanalyse die Verwaltungsinformatik prägen, tritt sie in Kontakt zur Techniksoziologie, zur Organisationstheorie, zu der in Betriebswirtschaftslehre und Organisationswissenschaft entwickelten Mikropolitik. Dass weder ein Technikdeterminismus noch ein in der Industriesoziologie zeitweise gepflegter (vgl. Wind 1999) ökonomischer Determinismus als Erklärungsstrategie in Betracht zu ziehen sind, ist in der einschlägigen Verwaltungsinformatik-Literatur längst Gemeingut. Die Bedeutung binnenstruktureller Faktoren, die Relevanz der inneradministrativen Machtverteilung ist anerkannt. Andererseits herrscht gegenüber sozialkonstruktivistischen Ansätzen, wie sie in der Technik- und Wissenschaftssoziologie wirksam geworden sind, größere Skepsis, da hier der Gegenstand, die neue Technik, hinter allen sozialen Einflüssen und Konstitutionsleistungen verloren zu gehen scheint. Entsprechend werden multifaktorielle, nicht-deterministische Theorien gefordert, die interne und externe, Mikro- und Makroelemente beteiligt sehen. Diesen Anforderungen vermag insbesondere ein Ansatz zu entsprechen, der beidseitige Wirkungsbeziehungen, von Technik auf Organisation und von Organisation auf Technik zulässt. So ist es kein Wunder, dass Giddens' Strukturationstheorie, die sowohl in der Organisationstheorie (Ortmann u.a. 1997) als auch in der organisationswissenschaftlich interessierten Informatik (Orlikowski 1992) rezipiert worden ist, auch in der Verwal-

---

4 So im Konflikt über die Richtigkeit der Katalysatorthese von Reinermann (dazu: Brinckmann/Kuhlmann 1990; Killian 1999: 63; Kuhlmann 1999; Wind 1999: 142), der seinerseits Ansätzen wie dem Kasseler vorwirft, dass dort „nörgelnde Empiriker mit rückwärts gewandter Attitüde" (Reinermann 1999: 22) agieren würden. Lenk (1999a: 23) nennt eine Kasseler Tradition die der „Thesenschleuder". Oder die Äußerung von Bonin (1997: 36), „dass die Verwaltungsinformatik sich in der Vergangenheit intensiv mit den Sorgen vor dem ‚gläsernen Bürger' und dem so genannten ‚Großen Bruder' auseinander setzen musste, während im gleichen Zeitraum sich die Wirtschaftsinformatik etablierte und ihre Erfolgsbilanz produzierte."

tungsinformatik reüssiert und die ausgleichenden analytischen Möglichkeiten der „Dualität von Strukturen" genutzt werden, um wechselseitige Wirkungen zu erfassen.

Dort, wo in der Verwaltungsinformatik Gestaltung, Begleitung, Beratung, Unterstützung und Förderung der Informatisierung im Vordergrund stehen, werden „Leitbilder" der Verwaltung oder „Visionen" zum zentrierenden Begriff dieser Forschungsanstrengungen. In ihren Leitbildern (im Unterschied zu den NSM-Leitbildern) kreiert die Verwaltungsinformatik eine *allgemeine* öffentliche Vorstellung von der Zukunft aller Verwaltungen, die zudem qua Eigenattraktivität und nicht durch aufwendige Organisationsentwicklungsprozesse die Administrationen ergreifen soll. Das aktuelle Leitbild ist das des „electronic government" (Lenk/Traunmüller 1999), das durch Einheitlichkeit und Serviceintegration gegenüber den Bürgern, erhöhte interne und externe Kooperationsfähigkeit und Lösung von territorialen und funktionalen Grenzen durch eine Verbindung mehrerer Informationstechnologien bei Dominanz des Internets besticht. Das zentrale Stichwort auch bei stärker verwaltungsintern ausgerichteten Anwendungen lautet ‚*Integration*'. Schon früh wurde Integration als Zentralbegriff zur besseren Vernetzung und Verknüpfung von Daten durch IT verwendet (vgl. Killian 1999: 55), doch in einer zweiten Stufe der Entwicklung trat neben die Informationsintegration die Integration von IT-Systemen und Softwareprogrammen als weitere Integrationsebene, die zudem die Lösung der Probleme erster Ordnung sichern sollte. Trotz der nicht lange zurückliegenden Erfahrung, dass sich technikzentrierte Verwaltungsvisionen auch als Reinfälle erweisen können, so geschehen bei Expertensystemen und umfassenden Managementinformationssystemen, tritt angesichts neuer IT-Wellen auch die Wissenschaft wiederum als Visionsträger auf (Lenk/Traunmüller 1999) – nicht zuletzt deshalb, weil wieder ein höheres Maß an Integration erreichbar erscheint.

Wie in der Informatisierungs-Praxis der Verwaltungen treffen auch in der Verwaltungsinformatik Skepsis und Vision, die Befürwortung von kleineren Schritten, Stückwerkreformen und die Suche nach den großen integrativen Würfen aufeinander. Die Verwaltungsinformatik, wiewohl sie über das Geschehen aufzuklären vermag, spiegelt in ihren Differenzen zugleich auch die Zerwürfnisse ihres Objektes wider. Die Strukturierung der Analyse über Informatisierung in ‚Determination' versus ‚Interdependenz', ‚intern' versus ‚extern' und ‚Vision' versus ‚Skepsis' – in Wissenschaft wie Praxis – ist selbst Teil dessen, was es zu erklären gilt.

2. Informatisierung erklären

Erklärungsbedürftig sind sowohl der (Erst-)Einsatz neuer Informationstechnologien, der allgemeine Trend zunehmender Informatisierung als auch die höchst unterschiedlichen Informatisierungsgeschwindigkeiten und differierenden Erfolgsgrade von IT-Einführungen in einzelnen Verwaltungsbereichen (Genese und Ausdehnung). Zu erklären sind weiterhin die erheblichen Unterschiede in der Nutzung einzelner Informationstechnologien und in der Ausgestaltung der jeweiligen IT-Architektur einer Verwaltungseinheit (Gestaltung). Weiterhin sind die Wirkungen der Informatisierung auf die öffentlichen Verwaltungen, z.B. ihre Effizienz, Effektivität und Transparenz, wie die Verwaltungsumwelt, z.B. die Gestaltung des Politik-Administrations-Verhältnisses oder des Verwaltungs-Bürger-Verhältnisses aufzuklären (Wirkung). Schließlich bleibt noch zu fragen, ob es Entwicklungsmuster im Informatisierungsprozess gibt, ob immanente Wandlungstendenzen der Informatisierung, vielleicht sogar teilweise Tendenzen der Deinformatisierung auftreten (Wandel). Wird zusätzlich zum Informatisierungsprozess öffentlicher Verwaltungen die Interferenz zwischen Informatisierung und NSM-Verwaltungsreform zum Gegenstand der Erklärungsanstrengungen, sind Fragen nach wechselseitiger Beförderung, ja Beschleunigung oder Behinderung, nach systematischer Konvergenz oder innerer Gegensätzlichkeit zu stellen.

Das sind hohe Anforderungen, die bisher – trotz der Versuche, Bausteine zu einer allgemeinen Theorie der Informatisierung zusammen zu tragen (Grimmer 1997) – und wohl auch in absehbarer Zukunft kein Erklärungsansatz erfüllen kann. Doch auf dem Weg zu einer Annäherung verfängt sich die bisher geübte Erklärungslogik in den Begriffspaaren von ‚Vision' versus ‚Restriktion' (bei normativer Aufladung des Erklärungsversuchs zu Gunsten von ‚Vision') oder ‚Determination' versus ‚komplexe Interdependenz' (bei hohem Spielraum in der Zuordnung von ‚Einfluss'). Vielleicht bietet es sich daher an, mit einer anderen Leitdifferenz an die Erklärung der neueren Informatisierungstendenzen in einem noch stärker akteurszentrierten Denken heranzugehen: der von ‚Selektion' und ‚Option'. Auch dieser Versuch wird nicht alle Erklärungsanforderungen erfüllen, soll aber Zugangsmöglichkeiten zur Handlungslogik der Informatisierung eröffnen. Insbesondere mit dem Begriff der ‚Option' werden sowohl ‚Vision' als auch ‚Technik als Einflussfaktor' in eine handlungsbezogene Erklärung integriert, d.h. als Faktoren endogenisiert.

Eine Erklärung des Informatisierungsprozesses muss verständlich machen, warum die IT-Reform in allen Verwaltungen mehr oder weniger ausgeprägt auftritt, warum sie auf keine grundlegenden Widerstände stößt und doch in den einzelnen Gemeinden, Städten, Ländern, Verwaltungseinheiten in unterschiedlichem Ausmaße und Tempo stattfindet. Unterschiede wie Gemeinsamkeiten im Informatisierungsprozess müssen in einem – hier wird vorgeschlagen: akteursorientierten – Bezugsrahmen erklärbar sein. Renate Mayntz hat in ihrem Eröffnungsbeitrag zu diesem Band mit Bezugnahme auf Giovanni Dosi Technikentwicklung als mehrstufigen Selektionsprozess beschrieben. Das, woraus gewählt werden kann, wird in diesem Denkmodell als „technology pool" qua Erfindung einer Basistechnologie vorausgesetzt. Insbesondere um die in sich äußerst vielschichtige Informatisierung zu verstehen, scheint aber eine ausschließlich auf die Auswahlhandlungen zielende Erklärung zu eng. Eine Technologie ist zunächst ein Öffnungselement, sie bildet das Kristallisationselement, an das sich „Möglichkeiten" heften können. Möglichkeiten existieren jedoch nicht qua Artefakt oder sind mit der Technik als Set mitgeliefert, sie müssen entfaltet, der technology pool muss konstituiert werden. Das spielerische Element in der Technikgenese liegt in der Möglichkeitsfindung – u.a. im Zuge des direkten experimentellen Kontaktes mit dem technischen Artefakt oder der Produktion von technischen Phantasien. Technikentwicklung ist damit an Artefakte gebundene *Optionskonstruktion*. Damit ein Artefakt nicht nur ein Objekt der Betrachtung bleibt, muss es mit Nutzungsvorstellungen, Anwendungsoptionen verbunden oder auf diese hin entworfen werden. Diese sind nur durch eine von ihren Kontexten stark beeinflusste soziale Phantasie erschließbar. Was eine Technik ausmacht und was sie wird, hängt mithin von der Kreativität der Innovatoren, Vermarkter und

Nachfrager in der Entdeckung und Erfindung von Möglichkeiten ab. Nicht die Technik setzt die Optionen, sie müssen von den Handelnden auf jeder Stufe des Prozesses der Technikentwicklung und -anwendung mit dem technischen Artefakt assoziiert werden. Das Artefakt oder bereits die Vorstellung einer neuen Technik setzt bei den Technikanwendern neue Möglichkeiten frei, die gedanklich durchgespielt und damit „erfunden" werden können oder im Laufe ihrer Genese und Verbreitung am Artefakt „entdeckt" werden. Die vorrangige Wirkungsweise von Optionen ist aber die der „Faszination" oder „Begeisterung". Faszination schafft Nachfrage, die es ohne die an die Artefakte gebundenen Phantasien und Optionen gar nicht gäbe. Technik verändert die Präferenzen der Akteure, weil sie Möglichkeiten sichtbar werden lässt, die nicht nur die Zweck-Mittel-Relation beeinflussen, sondern auch den Gesamtraum dessen, was man wollen kann – und diese Öffnung wird von einer affektiven Gestimmtheit begleitet. Das gilt besonders ausgeprägt für alle neuen Informationstechnologien.

Informatisierung in öffentlichen Verwaltungen heißt danach vor allem auch Entfaltung von Optionen und Faszination bei den Trägern dieser Administrationen. Ohne Erkennen und Entdecken von (verwaltungsbezogenen) Optionen und ohne Faszination von den neuen Möglichkeiten kommt kein selbsttragender Informatisierungsprozess zu Stande. Selbst dann, wenn die Einführung von IT-Technologien als von außen auferlegter Zwang empfunden würde, müsste zumindest die Möglichkeit der Anwendung und damit eine Anwendungsmöglichkeit imaginiert werden, sodass *Optionskonstruktion und -kommunikation* den Kern der Technikanwendung ausmachen. Ebenso einseitig wie das Modell des mehrstufigen Selektionsprozesses wäre aber ein auf die „Options-Faszinations-Spirale" beschränktes Modell. Erforderlich ist vielmehr ein Verständnis von Technikentwicklung, das diese *als Options- und Selektionsprozess* verstehen lässt. Das ist zunächst eine logische Selbstverständlichkeit, da auf der ganz basalen Ebene gilt, dass jede formulierte Option zugleich als Selektion gegenüber ihrer Negation beobachtet werden kann: In einem einmal entfalteten Möglichkeitsraum, der sich um ein technisches Artefakt bildet, lässt sich Selektivität als Ausschluss bestimmter Möglichkeiten sichtbar machen, als Unmöglichkeiten einer Technik. Mit und nach der Optionskonstruktion wird daher erst Selektivität erzeugt, die sich entsprechend in Abhängigkeit vom Wandel der Optionen verändert. Bereits in den Technikimaginationen und -phantasien, dem „Technikpotenzial" sind Selektivitäten vorhanden, die sich bei Anwendungsentscheidungen in einer Administration bestimmten Positionen im Organisationsaufbau zuordnen lassen – z.B. mögen technische Integrationsoptionen nach Zentralisierung klingen. Diese qua Option gesetzten Selektivitäten einer Technik treffen im Zuge des Technikeinsatzes auf eine Folge weiterer Selektivitäten. Dazu zählen zum einen jene Selektivitäten, die durch die Vielzahl der entscheidungsbeteiligten Akteure und ihre je eigenen Technikimaginationen und dem daraus folgenden Überschuss an Möglichkeiten folgen. Die schnelle Aufeinanderfolge von IT-Innovationswellen wirkt hier verstärkend.[5] Zum anderen zählen dazu mikropolitische Selektivitäten, die aus

---

5 Die ‚Eigenlogik' der Technik liegt dann in jenen *Erfahrungen* vor, die während der Phase der Technikimplementation und der ersten Zeit der Nutzung gemacht werden. Diese zeigen, dass sich bestimmte ‚Dinge' mit der Technologie realisieren lassen oder auch nicht, andere Zwecke, an die man zunächst gar nicht gedacht hatte, sich aber (ohne großen zusätzlichen Aufwand) ausführen lassen.

dem Versuch resultieren, eine Alltags- und Status-Quo-Kompatibilität der Technikanwendungen zu erreichen.

2.1 Allgemeinheit der Informatisierung ...

Auf jeder Stufe des Technikeinsatzes in öffentlichen Verwaltungen werden die Options- und Selektionsaktivitäten wirksam. Das gilt für die Vorbereitung von IT-Einführungsprojekten, die Entscheidung zu Gunsten solcher Projekte, die Einsetzung eines Projektmanagements/Linieneinführung, die Vorbereitungen zur Implementierung, die erste Phase der „Produktivsetzung" und für den späteren Dauereinsatz. In jeder Phase heften sich neue Optionskonstruktionen an die Technik, die handelnd erprobt, bestätigt oder verworfen werden, aber auch Selektivitäten, die die Technik nur im Sinne bestimmter Möglichkeiten fortbilden, restrukturieren oder einsetzen. Um die Informatisierung innerhalb der öffentlichen Verwaltungen zu verstehen, müssen die Vorgänge und Bedingungen der Optionskonstruktion, der Faszinations- und Visionskommunikation sowie der diversen Selektivitäten betrachtet werden.

Informatisierung setzt sich deshalb allgemein durch, weil nur Anschauungen argumentativ verteidigt werden und soziale Akzeptanz erringen können, die eine Bejahung der Informatisierung in der einen oder anderen Form implizieren. Das Übergewicht der unterstützenden Gründe und Überzeugungen ist erdrückend, das Ergebnis des allgemeinen Einstiegs in die Informatisierung ist interpretativ ‚überdeterminiert'.

Zu den Argumentationen einer affektuell geprägten Emphase zu Gunsten der neuen Technologien zählen nicht allein einzelne Optionen und Visionen, sondern vor allem die Empfindung einer „Optionsexplosion". Die Faszination liegt darin, dass immer mehr neue Möglichkeiten generiert werden können, dass ein Ausschöpfen oder Grenzen des Optionsraum nicht absehbar sind, dass eine jede Optionsfindung neue Optionen aufscheinen lässt und jede technische Modifikation einen neuen, größeren Raum an Möglichkeiten erschließt.

Hinzu treten Formen einer Argumentation ex negativo. Gemäß dieser Gruppe von Ansichten gilt die IT-Entwicklung als „nicht aufhaltbar". Sie verfüge über ein enormes Tempo und reichhaltige Möglichkeiten, sodass sie seit der Einführung des PCs jeden, der nicht mitmacht, in die Position des Anachronisten und Außenseiters versetzt, ihn ins Hintertreffen (mit materiellen und/oder politischen Folgen) bringt und schlussendlich doch zwingt, auf den dann schon „mit Volldampf fahrenden Zug aufzuspringen". Metaphern des Unwiderstehlichen und Unwiderbringlichen dominieren hier, auch wenn der Erstimpuls vielleicht eher ein gewisses Erschrecken über den möglichen Grad an Änderungen und ein Erstaunen über eine kaum verstandene Entwicklung zum Ausdruck bringt. Mit jedem weiteren Informatisierungsschritt wird die Unmöglichkeit des „Aussteigens" plausibler und fördert die allgemeine Informatisierung – trotz aller gescheiterten IT-Projekte, aller Halbheiten in Vernetzung und IT-Integration, trotz aller mangelnden Effizienz der neuen Technologien.

Zu diesen *Unwiderstehlichkeitskonstruktionen* und den weitgesteckten *Visionen* tritt als drittes Element das Argument des Vergleichs mit dem privaten Sektor hinzu, ein Argument, das *Statuskonkurrenz* artikuliert und dabei gewisse Elemente des Unwiderstehlichkeitsdiskurses übernimmt. Der Einsatz moderner Technologien ist auch ein Einsatz in der politischen und Statuskonkurrenz zwischen Staat und Markt. Die tradierte Zuschreibung von Rückständigkeit an den Staat ist nur dann zu konterkarieren, wenn bei einem öffentlich massiv wahrgenommenen technischen Durchbruch die Verwaltungen unmittelbar in die Anwendung dieser Techniken einsteigen oder zumindest möglichst schnell nachziehen. So ist es nicht unmittelbar das Effizienz- oder Effektivitätsargument, das die Bemühungen zur IT-Reform antreibt, sondern die Vergleichsperspektive, die öffentlich als eine von „Fortschritt" und „Rückschritt" schematisiert wird. Das Mehr oder Weniger des „Mithaltens" im technischen Fortschrittsprozess wird zu einem zentralen Maßstab der Gesamtbewertung der Performance von Verwaltungen. Während die Organisationsreformen im Zuge des NSM wenig öffentlich beachtet werden (mit Ausnahme der Bürgerbüros, vgl.: Bogumil/Kißler 1995), sind die neuen Technologien im Internetbereich hochgradig sichtbar und schwimmen auf einer Medienwelle mit, die durch immer weitere technische Innovationen getragen wird (Reinermann 2000; Reinermann/Lücke 2000). So wird die Internetpräsentation von Verwaltungen, wiewohl zunächst durchaus eine zusätzliche Aufgabe (mit in der ersten Phase geringen Substitutionseffekten) zu der öffentlich wirkmächtigsten Form der Statusverbesserung öffentlicher Verwaltungen, eine Möglichkeit zur Imageveränderung oder zur Schaffung einer neuen öffentlichen Gestalt der Verwaltung (vgl. das „organisationelle Mehr" bei Gerstlberger u.a. 1997) – zudem einer relativ kostengünstigen Variante, vergleicht man die Aufwendungen mit den Ausgaben für interne IT-Rationalisierungsprojekte z.B. im Bereich des Finanzmanagements.

Eine eher inneradministrative Ausprägung kompetitiver Argumentation tritt dort auf, wo die *komparativen Vorteile des Vorreiterdaseins* betont werden, auch um mögliche Skepsis gegenüber der Realisierbarkeit der Visionen aufzufangen und zu baldigem Handeln zu drängen: Dieses Argument kann in unterschiedlichen Varianten vorgetragen werden, u.a.
– als reines Statusargument: Modernste IT-Ausstattung bietet Sichtbarkeit im Statuswettbewerb zwischen Verwaltungen (und ihren Führungspersonen),
– als Autonomieargument: Wer zu den ersten Anwendern einer IT-Technologie gehört, besitzt eher die Chance, die Entwicklung und Art der Anwendung mitzubestimmen, als Nachzügler, die mit weitgehend standardisierten und nur mit erheblichem Aufwand spezifizierbaren Produkten versorgt werden. Der komparative Vorteil liegt in der weitgehenderen Durchsetzung eigener Bedarfe.
– als Koalitionsargument: Nur wer zu den ersten Anwendern gehört, kann enge Kontakte zu Unternehmen und Reformkräften in anderen, übergeordneten Verwaltungsebenen gewinnen – mit Aussicht auf dauerhafte Vorteile monetärer wie nicht-monetärer Art.[6]
Mögliche *Negativoptionen* oder die Behauptung von Negativwirkungen waren dagegen im Zeitraum der NSM- wie der EG-Informatisierung bereits weitgehend entwertet.

---

6 Weniger verwaltungsreformerisch denn wirtschafts- und regionalpolitisch ausgerichtet ist die Idee des komparativen Vorteils im *Standortargument*, das wohl vorrangig für Landesregierungen bedeutsam geworden ist: Die Förderung der Informatisierung in der eigenen Verwaltung ist ein wesentlicher Beitrag zur Schaffung einer IT-freundlichen Infrastruktur, die wiederum IT-basierte Unternehmen anziehen wird.

Vorstellungen eines massiven Datenmissbrauchs, Negativutopien wie die des „Großen Bruders" besitzen mangels öffentlich aufgetretener Skandale keinerlei Überzeugungskraft. Mit der Universalisierung und Veralltäglichung des Personalcomputer- und Interneteinsatzes lassen sich Negativphantasien nicht mehr verteidigen, sie entfernen sich zu sehr von dem recht unspektakulären Gebrauch, den jedermann persönlich mit Informationstechnologien machen kann. So bleiben letztlich entweder nur pragmatische Argumentationen, Verweisungen auf besondere Umstände (Überlastung, andere wichtigere Aufgaben) oder erwartbare Komplikationen, die der Informatisierung entgegengesetzt werden, oder Fragen der Kompatibilität von Technik und Recht wie im Bereich des Datenschutzes und der Netzsicherheit, der digitalen Signatur und der Kryptographieverfahren. So ist aber nur ein hinhaltender, defensiver Widerstand gegen die Technikimplementation zu leisten, wobei die generelle Befürwortung immer schon zugestanden ist. Die Breite der Informatisierung wie ihre relative Unumstrittenheit beruht also auf einer höchst ungleichen Verteilung von akzeptablen und als legitim angesehenen Interpretationsschemata unter Führung durch eine teils euphorisch vorgetragene Optionsvielfalt und Visionsweite. Informatisierung ist mithin durchaus nachfragegetragen, doch die administrative Nachfrage ist nicht Ausdruck von Effizienzstreben (vgl. Ortmann 1995), sondern als eine *Mischung aus Faszination, statusbegründetem Imitationsverhalten oder Pionierstreben und einem Sich-Schicken in das als unausweichlich Angesehene* zu verstehen.

2.2 ... Vielfalt der Informatisierungen

Differenzen im Informatisierungsgrad, in den IT-Schwerpunkten, präferierten Aufgabenbereichen und Erfolgen bemessen sich neben Faktoren wie den jeweils verfügbaren Ressourcen, den institutionellen Gegebenheiten, dem Organisationstyp, dem Aufgabenbereich und dem bereits erreichten Stand der Informatisierung an der inneradministrativen Stärke von *Reformkoalitionen* und dem *Aktions- und Argumentationsfeld*, in dem diese sich bewegen: dem Vorhandensein einer IT-freundlichen *Innovationskultur*. Der Charakter der Reformkoalition wandelt sich, je nachdem ob Euphorie und Visionäres, Status oder Unvermeidbarkeit in der Interpretation dominieren. Noch vor aller Betrachtung der Stellung und Strategien derartiger Koalitionen im Positionsgefüge von Administrationen – der eigentlichen Aufgabe mikropolitischer Untersuchungen von Informatisierungsprozessen – sind die Konsequenzen der enormen Vielfalt der möglichen IT-Einführungen und -Entwicklungen für die bloße Möglichkeit von Reformkoalitionen zu betrachten. Informatisierungsprozesse finden statt vor dem Hintergrund einer (oft auch inneradministrativ repräsentierten) Inflation der Visionen und IT-Anwendungsmöglichkeiten sowie einer höchst ungleichen Geschwindigkeit von Options- und Visionsveränderung einerseits, der Umsetzung einer einzelnen Option in einem IT-Einführungsprojekt andererseits. Jedes Sich-Einlassen auf ein konkretes Projekt ist davon getroffen, dass sich in seinem Verlauf die Optionen bereits weiter verschoben haben und die alten Visionen überboten worden sind. So ist bei allen Selektivitäten nicht nur bedrohlich, dass man vielleicht „auf das falsche Pferd gesetzt hat", sondern bereits das Wissen darum, dass man sich durch den nicht unerheblichen Einsatz von Zeit,

Personal und Finanzen für ein IT-Projekt von der weiteren Optionsentwicklung abkoppelt und sich mit der Umsetzung für ein Zurückbleiben in vielem anderen entscheiden muss. Die Idee der IT-Potenzialausschöpfung ist angesichts der Geschwindigkeit der Entwicklung und dem in jeder Verwaltung produzierbaren Überschuss an Möglichkeiten höchst irreal. Die Fülle der denkbaren Optionskreise und die Fülle der erforderlichen Selektionen ist so groß, dass auch die Vorstellung einer in allen Verwaltungen gleichgerichteten, einem Generalpfad folgenden Entwicklung sehr unwahrscheinlich wird. Statt also zu erwarten, dass alle Verwaltungseinheiten bestimmte Schritte auf diesem Generalpfad (mal schneller, mal langsamer) beschreiten, sollte man mit einer hohen Varianz in den Entwicklungsschritten und Gestaltungsausprägungen des IT-Einsatzes rechnen. Schließlich kann sich um jede einzelne IT-Technologie oder -Anwendung ein eigener Raum der Möglichkeiten und eine Unterstützerkoalition anordnen: Eine integrierte Software für alle betriebswirtschaftlichen Operationen nährt andere, weniger partizipative Vorstellungen von öffentlicher Verwaltung als der (nebenbei auch Kosten sparende, da Aufgaben auf den Bürger verlagernde) Internet-Einsatz oder Chipkarten-Einsatz in der Kunden-Verwaltungs-Kommunikation; die Verwendung von Workflow-Programmen erzeugt eher zentralistische Vorstellungen der inneradministrativen Kommunikation als die Verwendung von teamfähigen und Teams erfordernden Groupware-Programmen. Damit wird eine Fragmentierung des IT-Denkens fast unausweichlich, die mit der Hintergrundvision aller Visionen, der „Integration", in einem merkwürdigen Kontrast steht. So finden relevante, aber für niemanden recht durchkalkulierbare Auswahlentscheidungen zwischen unterschiedlichen IT-Feldern und -Varianten statt, die zugleich Entscheidungen über Aufgabenschwerpunkte, Administrationsziele und Selbstverständnis darstellen: Eine Verwaltung wird eine andere, wenn sie sich auf operative Integration durch eine Geschäftsprozess-Software konzentriert oder auf die Optimierung des Kundenkontaktes durch ein virtuelles Bürgeramt setzt – zunächst jedenfalls, verspricht die Technologievision doch die Möglichkeit späterer Integration. Ist die Informatisierung selbst überdeterminiert (durch deutliche Dominanzen im Raum der vertretbaren Interpretationsschemata), so ist der Informatisierungspfad unterbestimmt angesichts der Fülle der Optionsräume und auch der kalkulierend nicht zu bewältigenden Menge an erforderlichen Selektivitäten. Rationale Entscheidungen anhand von Nutzen-Kosten-Überlegungen, bei hohem Informationsstand über die Selektionsmöglichkeiten und durchdachten Zielprioritäten sind weitgehend ausgeschlossen. Second-best-Entscheidungsregeln und „zufällige" Entscheidungskonstellationen (z.B. bei nur partiellem Wissen über den IT-Markt wie über technologische Alternativen) treten an ihre Stelle.

2.3 Mikropolitik der Informatisierung

Analysiert man das jeweilige Geschehen innerhalb einer Administration, das sich um die Themenkomplexe NSM und Informatisierung entfaltet, werden Fragen der Positionierung, der Verschiebung von Machtkonstellationen, Abteilungsgrenzen, Kompetenzen und Aufgabenvolumina, der Projektführerschaft und der persönlichen Karrieren, aber auch Streitigkeiten um den vermutlich sachlich angemessensten Weg für eine Organisation zum Gegenstand einer *mikropolitischen Betrachtungsweise* (Crozier/Friedberg 1993; Hennig 1998; Wind 1999). Mikropolitische Erklärungen vermögen wegen ihres Eindringens in das kleinteilige Organisationsgeschehen auch noch aufzuzeigen, dass bei ähnlichen Verwaltungsaufgaben und ähnlichem Organisationstyp recht unterschiedliche Implementierungsverläufe und -erfolge erzielt werden. Positionale (Verwaltungsgliederung, Ressourcenverfügung, Macht), personale (Karrieren, Charaktere), funktionale (Aufgabenzuschnitte, Kompetenzen) und strategische (Ausrichtung der Organisation) Probleme überlagern sich bei der Einführung neuer IT-Techniken innerhalb einer Administration. Nur deren gleichzeitige Bewältigung vermag auch Informatisierung erfolgreich werden zu lassen. Dass Grad und Art der Informatisierung von den Interessen an Neubalancierung und Stabilisierung von administrativen Machtkonstellationen bestimmt sind, vermögen die in einem mikropolitischen Bezugsrahmen durchgeführten Fallstudien (u.a.: Jäger u.a. 1996: 230 und Killian/Wind 1997: 204) nachzuweisen.[7] Insbesondere das Ideal der Integration steht in grundlegender Spannung zu der in sich stark gegliederten Verwaltung und ihrer hart um Positionswahrung bzw. -ausbau kämpfenden Einheiten („Integrative Technik trifft fragmentierte Verwaltung", so Killian/Wind 1997: 195). Integration bedeutet Positionsverschiebung und ist daher per se ein Unruheherd. Selbst wenn Reformkoalitionen zwischen NSM-Befürwortern und den Trägern der Informatisierung nahe liegen mögen, kann die Frage der administrativen Kompetenzen und Machtverteilung zu einem Bruch führen. So kommt z.B. einer NSM-bezogenen Informatisierung von Seiten einiger Akteure auch die Aufgabe zu, die negativ eingeschätzten Tendenzen einer weit getriebenen Dezentralisierung zu bremsen bzw. Verselbstständigungen rückgängig zu machen. Was an Regulierungskapazität via Anordnungen und Fachaufsicht verloren wurde, ist nun per IT wieder zurückzugewinnen. Umgekehrt ist es mithin im Interesse relativ selbstständiger dezentraler Einheiten, den Grad der Vernetzung und der Kompetenzbündelung nicht über das unbedingt Erforderliche hinaus zu steigern und/oder durch *inneradministrative Regulationen* (Zugriffsrechte, Nutzerprofile, Beschränkung der Datenmengen, -qualitäten und -auswertungsmöglichkeiten) die Nutzungsfähigkeit für steuernde Eingriffe durch zentrale Einheiten zu verringern. An dieser Frage können Konflikte innerhalb der Gruppe reformbereiter AdministratorInnen aufbrechen. Selbst innerhalb einer Administration sind Konflikte zwischen Facheinheiten, zentralen Stäben, IT-Abteilungen, NSM-Verantwortlichen und Leitung zu erwarten – insbesondere auch wegen der wenig übersichtlichen, aber meist als gravierend für die Positionierung eingeschätzten Folgen größerer IT-Einführungen. Oft sind Informatisierungsprozesse aber Mehrebenenprozesse, sodass sich die Konflikte und die Koalitionsmöglichkeiten vervielfältigen, und Phänomene auftreten wie der *Kampf der Rechenzentren* oder IT-Abteilungen untereinander.[8] Die

---

7 Informatisierung bedeutet z.B. die weitere Entwertung des tradierten Verwaltungswissens und rechtswissenschaftlicher Kompetenzen. Aber auch rein betriebswirtschaftlich vorgebildete Verwalter, die gerade erst in der öffentlichen Verwaltung über das NSM Fuß gefasst haben, können ihre Machtposition nur behalten, soweit sie die erforderlichen IT-Kenntnisse hinzugewinnen, Bündnisse mit den IT-Fachleuten eingehen oder sich diese unterzuordnen verstehen.
8 Je mehr Informatisierung auf bereits informatisierte Aufgabenbereiche stößt, desto eher kann es zu Auseinandersetzungen mit den Pionieren der vorherigen Informatisierungswelle kommen. Dass die Art der Einbeziehung der MitarbeiterInnen generell ein weiterer zentraler, „wei-

Entscheidungsnetzwerke können aber über inneradministrative und interadministrative Konstellationen hinaus auch externe Akteure einbeziehen, so insbesondere Unternehmensberatungen und Privatfirmen als IT-Anbieter. Mögliche Schwächen interner NSM-Reformkoalitionen und Informatisierungs-Promoter können durch Inklusion Externer kompensiert werden.

Jede Bindung an Externe, nehme sie die Form einer Kooperationspartnerschaft an oder verbleibe sie im Rahmen eines marktlichen Arrangements, kann aber auch Abhängigkeiten schaffen, die soweit gehen, dass die inneradministrative Strategiebildung beeinflusst wird: Die Suche nach möglichst integrierten Lösungen für die Verwaltungskernprozesse rund um das Haushalts- und Finanzmanagement im Zuge des NSM-Prozesses lässt die Anzahl der infragekommenden Softwareanbieter stark zusammenschrumpfen. Die Größenordnung der Softwareprojekte wächst ebenfalls mit dem Anspruch auf integrierte Lösungen. Das Volumen der Softwareentscheidungen ist daher beträchtlich, eine Revision derartiger Entscheidungen kaum mehr möglich – schon aus finanziellen Gründen. Hinzu kommt der Umstellungsaufwand bei allen MitarbeiterInnen. Mit der Auftragserteilung an einen Softwarehersteller sind mittelfristige Weichenstellungen getroffen, die die Verwaltungsorganisation in ihrem täglichen Funktionieren wie in ihren organisationsstrukturellen Weichenstellungen an die Anpassungsfähigkeit des Programms und an die Leistungs- wie Lernfähigkeit des Programmherstellers bindet. So kommt einzelnen Firmen wie z.B. dem Branchenführer für betriebliche Software SAP mit der Umstellung von der Kameralistik auf die Doppik auch für die öffentlichen Verwaltungen eine Führungsstellung zu. Die Forderung nach einer bedarfsangepassten Software, entwickelt und verfeinert in mitarbeiterorientierten Verfahren der Bestimmung von Softwareanforderungen und -implementation, und der Standardisierungszwang in der Entwicklung einer Software, die sich auf Weltmärkten durchsetzen muss, vertragen sich nicht ohne weiteres miteinander. Jede Abweichung vom Standard ist wiederum ein auch in Zukunft relevanter Kostenfaktor, sodass die Verwaltungen in ihrer Finanzkalkulation sowie in der Frage ihrer Ablauf- und evtl. sogar Aufbauorganisation auf die Fähigkeiten des Programms und die zukünftige Politik derjenigen Firma verwiesen sind, die ihre Basissoftware – und damit auch eine bestimmte Philosophie der Betriebsabläufe – geliefert hat (vgl. Naschold u.a. 1998: 81). Die Unternehmen ihrerseits intervenieren mittlerweile in das Feld der öffentlichen Verwaltungen mit eigenen Entwicklungsvorhaben, Leitbildern und Visionen, die so weit reichend sind, dass sie öffentlichen Verwaltungen grundlegende – noch über das NSM hinausgehende – Selbsttransformationen nahe legen.

3. Zusammenspiel und Gegensätzlichkeit von NSM und Informatisierung

NSM und Informationstechnologie wirken in eine *gemeinsame Richtung* durch die *Art ihrer Einführung*. Abläufe innerhalb der Verwaltungen ändern sich vor allem dadurch, dass auf Verwaltungsreform und/oder Informatisierung gerichtete „Projekte" zu einer

---

cher" Faktor (Klages 1998) des Modernisierungserfolgs ist, darf als bekannt angesehen werden (z.B. Jäger u.a. 1996: 192).

dauernden Begleitung des eigentlich operativen Geschäfts werden. Zum Teil stärker als die erzielten materiellen Ergebnisse prägt die alltägliche Erfahrung von Projektmanagement, Organisations- und Personalentwicklungsprozessen, Change Management und Reengineering eine insbesondere in den 90er Jahren veränderte Verwaltungskultur, die jedoch vielerorts zwischen neuem und altem Modus schwankt und noch kein neues austariertes Gleichgewicht gefunden hat. Verändernd wirkt auch die zur Alltäglichkeit gewordene Erfahrung der externen Beratung (empirische Angaben bei Gerstlberger/Killian 1996). Um sich zu reformieren, kaufen Verwaltungen Beratungsleistungen auf dem Markt ein und restrukturieren ihre Organisation in einem jeweils mehr oder weniger gelungenen Zusammenspiel von internen und externen Reformpromotoren. Die Routinisierung von moderierten Verfahren, beteiligungsorientierten Entwicklungsprozessen und der Bearbeitung externer Gutachten kann aber auch mit einer Überlastung und schließlich einer Entwertung dieser Verfahren einhergehen, wenn die MitarbeiterInnen von Verwaltungen die Erfahrung von Workshops, Schulungen und Mitarbeiterzirkeln in kurzer Abfolge bei jeweils variierendem Thema durchmachen müssen.

Neben die Veränderung der Verwaltungskultur treten auch neue Verwaltungsaufgaben, die speziell aus der IT-Implementation erwachsen. Mit dem Ausbau eigener IT-Funktionseinheiten und -Kompetenzen, mit der Übernahme von Aufgaben der Netzadministration und Nutzerbetreuung entstehen neue funktionale Differenzierungen, neue Hierarchien – bei Vereinfachungsgewinnen durch Informatisierung in eher traditionellen Verwaltungsbereichen (Mehlich 1996: 396). Mit Konzepten wie Wissens- und Informationsmanagement verbindet sich deshalb die Hoffnung auf eine neue Integration in einem auch weiter fragmentierten Verwaltungsapparat, mit dem Begriff „Informatikstrategie" (KGSt 1999) die Erwartung einer strategischen Steuerung aller IT-Aktivitäten einer Administration – mit der Folge einer neuerlichen organisationsstrukturellen Komplikation, so durch das Auseinanderziehen des strategischen und des operativen IT-Managements.

Aber NSM und Informatisierung wirken nicht nur gemeinsam in Richtung einer neuen Verwaltungskultur. Sie bringen auch eine Vielzahl von *Kompatibilitätsproblemen* mit sich: Für das administrative Change Management (soweit vorhanden, vgl. Hennig 1998: 236) wird das Verhältnis von Organisation und Technik zum Problem der fachlichen und zeitlichen Abstimmung zwischen Organisationsreformen, Organisationsentwicklung, Personalentwicklung, Einführung von Qualitätsmanagement einerseits und IT-Einführungsprozessen andererseits. Der Katalysator-These folgend wäre ein zeitlicher Vorrang der IT-Einführung als „Hebel" der Organisationsreform vorzusehen. Gemäß der Überlegung, dass Ziele die Abläufe und Organisationsstrukturen bestimmen müssen, die dann wiederum von Informationstechnologien unterstützt werden, plädiert man für den zeitlichen Vorrang der Organisationsreform. Die Vermutung, dass in bestimmten Softwarepaketen nicht vorgesehene Funktionalitäten oder eingebaute Starrheiten (die nur mit hohem Kostenaufwand aufzuheben wären) eine größere Durchschlagskraft besitzen als die Beschlüsse einer Organisation über ihre Ziele, Aufgaben und Prozessabläufe, lässt die erste Variante als erfolgreich erscheinen. Nur müssen die derart katalytisch erzeugten Organisationsveränderungen nicht den gewünschten entsprechen. Zudem erhöhen sich die Anforderungen an die Gesamtsteuerung der Organisationsveränderungen, was eine starke Zentrale mit hohem Wissenspotenzial und überlegenen

Kapazitäten in der Prozesssteuerung voraussetzt – Bedingungen, die häufig nicht gegeben sind oder mit den Autonomieansprüchen der dezentralen Einheiten wenig harmonieren.

Informationstechnische Möglichkeiten können dazu beitragen, dem jeweils gewählten NSM-Pfad einer Verwaltung ein bestimmtes *Profil* zu geben oder eine gewählte Richtung zu verstärken: So dann, wenn die IT selbst zum ökonomischen (Einnahme-)Instrumentarium gemacht wird – z.B. durch die Möglichkeit der Werbung auf der Verwaltungshomepage im Internet. Je mehr sich eine Administration dem Gedanken des Wettbewerbsumfeldes und der Strategie marktlichen Verhaltens bzw. der Erhöhung eigener Einnahmen durch (Verkaufs-)Erlöse genähert hat, und/oder je größer der finanzwirtschaftliche Druck auf sie ist, desto eher wird sie bereit sein, die Vermarktung z.B. ihrer Internetseiten zu erwägen oder ihre Internet-Präsentation oder deren Vermarktung an eine private Firma zu vergeben. So kann die Verbindung von neuen technologischen Möglichkeiten, ökonomischer Situation und Strategie zur *Kommerzialisierung der Informatisierung* treiben.

Informatisierung und Ökonomisierung im Sinne des NSM treten jedoch auch in einen *Gegensatz*. Verlangt der betriebswirtschaftliche Ansatz des Neuen Steuerungsmodells die genaue Kalkulation von Kosten und Nutzen bezogen auf Leistungsziele und zu erstellende Produkte, mithin auch eine auf effiziente Leistungssteigerung ausgerichtete Investitionspolitik, die sich „rechnen" muss, so werden derartige Regeln bei der Planung von größeren IT-Projekten nicht befolgt bzw. können nicht befolgt werden. Dies liegt in der Unkalkulierbarkeit der möglichen Folgen, der Effekte auf Arbeitsorganisation und administrative Produkte, aber auch der meist nicht absehbaren kostentreibenden Schwierigkeiten während der Einführungsphase begründet. So findet hier eine Rückkehr zur kameralistischen Betrachtungsweise statt, die nicht auf den Output oder gar die politische Wirkung (Outcome, Impact) der IT-Modernisierung schaut, sondern allein auf neu hinzutretende Ausgaben. Die umfassende Durchsetzung von komplexen IT-Projekten verlangt eher eine „Denunziation" von Kosten-Nutzen-Kalkülen. Die in der NSM-Programmatik geforderte betriebswirtschaftliche Rationalität muss bei IT-Entscheidungen gerade außer Kraft gesetzt werden. Kennzeichnend ist das ‚Produktivitätsparadox' (Ortmann 1995: 162–165), die in ex post-Untersuchungen erwiesene fehlende ökonomische Effizienz von IT-Einführungen bei den Anwendern.

Informatisierung dementiert damit auch die Möglichkeit eines strategischen Managements von Verwaltungsreform auf der Basis der NSM-Denkweise. Die Einführung von neuen Technologien verdankt sich anderen Überlegungen, als sie in Kostenrechnungskalkülen und zielbezogenen Controllingsystemen sichtbar werden können. Es wird damit nicht nur die spezifisch einsparungszentrierte Ausdeutung der bundesdeutschen Variante des New Public Managements getroffen, auch die Logik eines kontrollierten Entscheidens in einem rationalen Deduktionsmodell mit den Elementen Leitbild und Zielen, Zielvereinbarungen, Kontrakten, Controlling und Kosten-Leistungsrechnung stößt hier sichtbar auf Grenzen. Die Logik der Optionen, Statuskonkurrenzen und mikropolitischen Selektivitäten vermag das organisationelle Geschehen weit angemessener zu erfassen.

4. Von der Bürokratie zur Infokratie?

Die Entwicklung der Verwaltung wird, das zeigt das Beispiel Informatisierung, nicht die Richtung des im NSM Postulierten nehmen. Dort ist ein zu hohes Maß von Kontrolliertheit, Kontrollierbarkeit, Zielgesteuertheit und – trotz aller Kontrakt- und Vereinbarungsrhetorik – eine letztlich hierarchisch gedachte Umsetzung von Zielen unterstellt. So kommt das NSM in seiner an die Privatwirtschaft angelehnten Modernität in bestimmten Grundzügen als Neuauflage eines (schlank)hierarchischen Modells von Verwaltung – nur umgestellt auf Outputziele – daher. Ebenso verfehlt wie die Überführung öffentlicher Verwaltung in nunmehr ökonomisch zielgesteuerte Hierarchien im Rahmen des NSM ist die Vorstellung, die Weberschen Verwaltungscharakteristika hätten an Bedeutung verloren, weil Bürokratien im Zuge der Informatisierung zu „Infokratien" werden. Brinckmann/Kuhlmann hatten noch 1990 argumentiert, dass die Informatisierung bestimmte Züge des Bürokratischen im Weberschen Sinne steigert, und daher von „Computerbürokratie" gesprochen. Der niederländische Verwaltungsforscher Arre Zuurmond hat in mehreren Beiträgen (1997, 1998) ein Verschwinden der Bürokratie zu Gunsten der „infocracy" postuliert – vor dem empirischen Hintergrund IT- gestützter interorganisatorischer bzw. interadministrativer Vernetzungen, die in den Niederlanden zu einem intensiven Datenaustausch und Datenabgleich zwischen den verschiedenen Ministerien und Fachverwaltungen geführt haben. Die Kontrollfunktion gehe durch derartige übergreifende Datennetze von der arbeitsteilig hierarchisch gestaffelten Organisation auf die IT über, zugleich erhöhe sich das Kontrollniveau. Dies aber führe zum Abbau bürokratischer Starrheiten, aber auch zu einer Gefährdung der Bürgerdemokratie. Praktisch spiegelbildlich verhalten sich dazu die jüngst in den Vordergrund gerückten Hoffnungen, Informationstechnologien könnten eine partizipative Wendung in das Verwaltungshandeln bringen (dazu: Leggewie/Maar 1998). Sie beruhen ihrerseits auf einer selektiven Betrachtung der IT – nur eines anderen Teils dieser Gruppe von Technologien. Es stilisieren sich zwei Bewertungsweisen heraus: die kundenbezogenen Internet-Technologien als Partizipationsmotoren und die inneradministrativen Vernetzungen als demokratiegefährdende Infokratien. Es dürfte jedoch überzeugender sein, dass sich die Bewertungsfrage für jede einzelne Technologie oder eher: jede Anwendungsart neu stellt, eine einheitliche Tendenz mithin kaum zu erwarten sein dürfte. So scheint sich jeder Schluss von einer IT auf den Gesamtcharakter der informatisierten Verwaltung zu verbieten.

Etwas anderes aber bewirkt die Durchdringung des Verwaltungshandelns und -denkens durch die verschiedenen Informationstechnologien. Die Grundbegrifflichkeit, das basale Verständnis von Administration stellt sich langsam von den Begriffen Recht und Norm auf Information als neuen Grundbegriff um. ‚Daten' und ‚Information' gelten als Grundelement des Verwaltungshandelns, darauf aufbauend und daraus zusammengesetzt folgt ‚Wissen'. Damit ist in der Regel ein weit engerer Begriff der Information gemeint als der von Luhmann (jetzt: 2000: 57) in Übernahme von Bateson gewählte Begriff der Information als Unterschied, der einen Unterschied macht. Mit einem IT-zentrierten Informationsbegriff sind zwei problematische Tendenzen gesetzt, die Luhmanns Theorie mit ihrer hinzutretenden Betonung von ‚Kommunikation' und ‚Entscheidung' vermeidet: zum einen die gedankliche Angleichung von Kommunikation an

Information und zum anderen die Hintanstellung des Entscheidungs-, Verpflichtungs- und Verbindlichkeitscharakters von Verwaltungshandeln.⁹ Gerade dieser sollte aber nicht verkannt werden: Bei aller Veränderung des Verwaltungshandelns, der Verwaltungsorganisation und der Verwaltungskultur durch Informationstechnik, bei aller Umwälzung der Verwaltung hin zu einer „Cyberadministration" (Baquiast 1996) oder einem „Electronic Government", die sanktionsgestützte Verbindlichkeit des Administrativen wird auch in neuer Form erhalten bleiben. Wir dürfen also – im positiven wie im negativen – ‚beruhigt' sein: Auch die elektronische Verwaltung wird in erster Linie Verwaltung sein.

Literatur

Baquiast, Jean-Paul, 1996: Les administrations et les autoroutes de l'information. Vers la cyberadministration: stratégies et pratiques. Paris.
Bertelsmann Foundation (Hrsg.), 1998: Computers for the Cities of Tomorrow. International Cases for Decision-makers. Gütersloh.
Beyer, Lothar, 1998: Informations- und Kommunikationstechnik, in: *Bernhard Blanke* u.a. (Hrsg.), Handbuch zur Verwaltungsreform. Opladen, 256–268.
Bogumil, Jörg, 2000: Modernisierung der Landesverwaltungen – Institutionelle Ausgangslage, Implementationsstand und Zukunftsperspektiven, in: *Leo Kißler* u.a. (Hrsg.). Politische Steuerung und Reform der Landesverwaltung. Baden-Baden, 123–134.
Bogumil, Jörg/Kißler, Leo, 1995: Vom Untertan zum Kunden? Möglichkeiten und Grenzen von Kundenorientierung in der Kommunalverwaltung. Berlin.
Bonin, Hinrich E.G., 1997: Verwaltungsinformatik in der Bundesrepublik Deutschland – Anmerkungen zum Selbstverständnis und zur Perspektive, in: *Klaus Lenk/Heinrich Reinermann/Roland Traunmüller* (Hrsg.), Informatik in Recht und Verwaltung. Entwicklung, Stand, Perspektiven. Festschrift für Herbert Fiedler zur Emeritierung. Heidelberg, 27–38.
Brinckmann, Hans/Kuhlmann, Stefan, 1990: Computerbürokratie. Ergebnisse von 30 Jahren öffentlicher Verwaltung und Informationstechnik. Opladen.
Brinckmann, Hans/Wind, Martin, 1999: Teleadministration. Online-Dienste im öffentlichen Sektor der Zukunft. Berlin.
Bundesministerium des Innern (BMI) – Stabsstelle Moderner Staat – Moderne Verwaltung, 2000: Aktivitäten zur Staats- und Verwaltungsmodernisierung in Bund und Ländern. Berlin.
Bundesregierung, 1999: Moderner Staat – Moderne Verwaltung – Leitbild und Programm der Bundesregierung. Kabinettsbeschluß 1.12.99. Bonn.
Crozier, Michel/Friedberg, Erhard, 1993: Die Zwänge kollektiven Handelns. Über Macht und Organisation. Frankfurt a.M.
Engelniederhammer, Stefan, u.a., 1999: Berliner Verwaltung auf Modernisierungskurs. Bausteine – Umsetzungsstrategien – Hindernisse. Berlin.
Förster, Holger, 1998: Digital City – Zukunftsszenario öffentliche Verwaltung, in: Verwaltung & Management 4 (1), 46–50.
Freie und Hansestadt Hamburg, Finanzbehörde, Projekt Verwaltungsinnovation (Hrsg.), 1999: Verwaltungsmodernisierung in Hamburg. 2. Hamburger Modernisierungsmesse am 25.3.1999. Dokumentationsband. Bremen.
Gerstlberger, Wolfgang/Grimmer, Klaus/Wind, Martin, 1997: Institutionelle Leistungsfähigkeit von Verwaltungsorganisationen. Eine theoretisch-empirische Studie. Baden-Baden.

---

9 Oder man muss die Verbindlichkeit als eine Variationsmöglichkeit in den Informationsbegriff einführen – so Lenk (1999b: 13) im Begriff der „deontischen' Information".

Gerstlberger, Wolfgang/Grimmer, Klaus/Wind, Martin, 1999: Innovationen und Stolpersteine in der Verwaltungsmodernisierung. Berlin.
Gerstlberger, Wolfgang/Killian, Werner, 1996: Controlling mit dem Rechenschieber? Ergebnisse einer Umfrage in bundesdeutschen Kommunen zur IuK-Technik in der Verwaltungsmodernisierung. Kassel.
Grimmer, Klaus, 1997: Struktur und Innovation. Theoretisch-praktische Grundlagen der Gestaltung öffentlicher Verwaltungen. Baden-Baden.
Hague, Barry N./Loader, Brian D., 1999: Digital Democracy. Discourse and Decision Making in the Information Age. New York.
Hennig, Jörg, 1998: Organisationsreform als mikropolitischer Gestaltungsprozeß. Behörden zwischen Bürokratie und Partizipation. München/Mering.
Jäger, Wieland/Scharfenberger, Ulrike/Scharfenberger, Bernhard, 1996: Verwaltungsreform durch neue Kommunikationstechnik? Soziologische Untersuchungen am Beispiel Schriftgutverwaltung. Opladen.
KGSt (Kommunale Gemeinschaftsstelle), 1999: Steuerung der kommunalen Informationsverarbeitung. Köln.
Killian, Werner, 1999: ... und die Bürokratie lebt! Zur verwaltungsspezifischen Nutzung von IuK-Technik, in: *Werner Killian/Thomas Kneissler* (Hrsg.), Demokratische und partizipatorische Verwaltung. Festschrift für Hans Brinckmann und Klaus Grimmer. Baden-Baden, 51–65.
Killian, Werner/Kneissler, Thomas (Hrsg.), 1999: Demokratische und partizipatorische Verwaltung. Festschrift für Hans Brinckmann und Klaus Grimmer. Baden-Baden.
Killian, Werner/Wind, Martin, 1997: Verwaltung und Vernetzung. Technische Integration bei organisatorischer Vielfalt am Beispiel von Agrar- und Umweltverwaltungen. Opladen.
Klages, Helmut, 1998: Verwaltungsmodernisierung. „Harte" und „weiche" Aspekte II. Speyer: Forschungsinstitut für öffentliche Verwaltung.
Konzendorf, Götz, 1998: Verwaltungsmodernisierung in den Ländern. Überblick und Einblicke. Speyer: Forschungsinstitut für öffentliche Verwaltung.
Kubicek, Herbert u.a. (Hrsg.), 1999: Multimedia@Verwaltung – Marktnähe und Bürgerorientierung mit elektronischen Dienstleistungen. Jahrbuch Telekommunikation und Gesellschaft 1999. Heidelberg.
Kubicek, Herbert/Hagen, Martin (Hrsg.), 2000: One-Stop-Government in Europe. Results of 11 National Surveys. Bremen: Universität Bremen.
Kuhlmann, Stefan, 1999: Computerbürokratie und Innovationssystem. Informationstechnik als Innovationsagent der öffentlichen Verwaltung?, in: *Werner Killian/Thomas Kneissler* (Hrsg.), Demokratische und partizipatorische Verwaltung. Festschrift für Hans Brinckmann und Klaus Grimmer. Baden-Baden, 67–78.
Leggewie, Claus/Maar, Christa (Hrsg.), 1998: Internet & Politik. Von der Zuschauer- zur Beteiligungsdemokratie. Köln.
Lenk, Klaus, 1999a: Fast ein Vierteljahrhundert Forschungsgruppe Verwaltungsautomation. Ein Außenseiter rückt ins Zentrum, in: *Werner Killian/Thomas Kneissler* (Hrsg.), Demokratische und partizipatorische Verwaltung. Festschrift für Hans Brinckmann und Klaus Grimmer. Baden-Baden, 21–31.
Lenk, Klaus, 1999b: Information und Verwaltung, in: *Klaus Lenk/Roland Traunmüller* (Hrsg.), Öffentliche Verwaltung und Informationstechnik. Perspektiven einer radikalen Neugestaltung der öffentlichen Verwaltung mit Informationstechnik. Heidelberg, 1–20.
Lenk, Klaus/Reinermann, Heinrich/Traunmüller, Roland (Hrsg.), 1997: Informatik in Recht und Verwaltung. Entwicklung, Stand, Perspektiven. Festschrift für Herbert Fiedler zur Emeritierung. Heidelberg.
Lenk, Klaus/Traunmüller, Roland (Hrsg.), 1999: Öffentliche Verwaltung und Informationstechnik. Perspektiven einer radikalen Neugestaltung der öffentlichen Verwaltung mit Informationstechnik. Heidelberg.
Luhmann, Niklas, 2000: Organisation und Entscheidung. Opladen/Wiesbaden.
Mehlich, Harald, 1996: Die Verwaltungsorganisation im Informatisierungsprozess, in: Die Verwaltung 29 (3), 385–405.

Naschold, Frieder/Bogumil, Jörg, 1998: Modernisierung des Staates. New Public Management und Verwaltungsreform. Opladen.
Naschold, Frieder/Jann, Werner/Reichard, Christoph, 1999: Innovation, Effektivität, Nachhaltigkeit. Internationale Erfahrungen zentralstaatlicher Verwaltungsreform. Berlin.
Naschold, Frieder/Oppen, Maria/Wegener, Alexander, 1998: Kommunale Spitzeninnovationen. Konzepte, Umsetzung, Wirkungen in internationaler Perspektive. Berlin.
Orlikowski, Wanda J., 1992: The Duality of Technology: Rethinking the Concept of Technology in Organizations, in: Organization Science 3 (3), 398–427.
Ortmann, Günther, 1995: Formen der Produktion. Organisation und Rekursivität. Opladen.
Ortmann, Günther/Sydow, Jörg/Windeler, Arnold, 1997: Organisation als reflexive Strukturation, in: *Günther Ortmann/Jörg Sydow/Klaus Türk* (Hrsg.), Theorien der Organisation. Die Rückkehr der Gesellschaft. Opladen, 315–354.
Reinermann, Heinrich, 1997: The Utilization of Information Technology in German Public Administration, in: International Review of Administrative Sciences 63 (2), 207–225.
Reinermann, Heinrich, 1999: Verwaltungsreform und technische Innovationen – ein schwieriges Dauerverhältnis, in: *Herbert Kubicek* u.a. (Hrsg.), Multimedia@Verwaltung – Marktnähe und Bürgerorientierung mit elektronischen Dienstleistungen. Jahrbuch Telekommunikation und Gesellschaft 1999. Heidelberg, 11–25.
Reinermann, Heinrich, 2000: Der öffentliche Sektor im Internet. Veränderungen der Muster öffentlicher Verwaltungen. Speyer: Forschungsinstitut für öffentliche Verwaltung.
Reinermann, Heinrich/Lucke, Jörn von (Hrsg.), 2000: Portale in der öffentlichen Verwaltung. Internet – Call Center – Bürgerbüro. Speyer: Forschungsinstitut für öffentliche Verwaltung.
Snellen, Ignace Th. M./Van de Donk, W.B.H.J. (Hrsg.), 1998: Public Administration in an Information Age. A Handbook. Amsterdam.
Wind, Martin, 1999: Technisierte Behörden. Verwaltungsautomatisierung und -forschung im Zeitalter der Computernetze. Wiesbaden.
Wollmann, Hellmut, 2000: Staat und Verwaltung in den 90er Jahren. Kontinuität oder Veränderungswelle?, in: *Roland Czada/Hellmut Wollmann* (Hrsg.), Von der Bonner zur Berliner Republik. 10 Jahre Deutsche Einheit. Opladen/Wiesbaden, 694–731.
Zuurmond, Arre, 1997: From Bureaucracy to Infocracy. Administrative Reform by Technological Innovation in the Netherlands, in: Jahrbuch für Europäische Verwaltungsgeschichte 9. Baden-Baden, 223–230.
Zuurmond, Arre, 1998: From Bureaucracy to Infocracy: Are Democratic Institutions Lagging Behind?, in: *Ignace Th. M. Snellen/W.B.H.J. Van de Donk* (Hrsg.), Public Administration in an Information Age. A Handbook. Amsterdam, 259–272.

3.2 Verwaltung und Staat in der Risikogesellschaft

Innere Sicherheit und Technik – Die Bedeutung technologischer Adaptionen im Hinblick auf Spezialisierung und Aufgabenwandel der Polizei

Hans-Jürgen Lange / Volker Mittendorf

1. Problemstellung

Die Innere Sicherheit unterliegt derzeit einem starken Wandlungsdruck. Zum einen verändert die Europäisierung das bislang nationalstaatlich bestimmte System und die Politik der Inneren Sicherheit. Zum anderen erfasst die rasante Technikentwicklung den gesamten Sicherheitsbereich, sei er staatlich oder kommerziell organisiert. Die Polizeieinrichtungen, als Teil der öffentlichen Verwaltung, sehen sich der Notwendigkeit ausgesetzt, ihrerseits auf die technologischen Entwicklungen zu reagieren und diese für die eigene Arbeit zu erschließen.

Paradoxerweise steht diesem immer stärkeren Ausbau der Instrumente der Inneren Sicherheit ein Gefühl zunehmender Unsicherheit gegenüber. Die Gesellschaft, der Staat, alles scheint von Wellen der Kriminalität überschwemmt zu werden, sei es eine solche der abstrakten, für den Bürger in der Regel nicht sichtbaren Organisierten Kriminalität, sei es die damit eng in Verbindung gebrachte grenzüberschreitende Kriminalität, oder aber die Internet- und Computerkriminalität, die eben potenziell jeden betreffen kann. Je stärker alle Lebensbereiche von der Technik abhängen, desto größer wird die Wahrscheinlichkeit, mittels raffinierter Technikanwendungen technikgestützte Zahlungssysteme zu manipulieren, wirtschaftliche oder sonstige Geheimnisse auszuspionieren, Konkurrenten zu sabotieren. Computerkriminalität im weitesten Sinne bedroht auch den Einzelnen und seine Anwendungen, ob es nun Viren-Attacken sind, die sich unspezifisch gegen Computernutzer insgesamt richten oder ob es um das Eindringen in private Rechner geht.

Je konkreter die Bedrohungspotenziale wahrgenommen werden, desto stärker steigt die Erwartung an den „Staat" oder konkreter an seine Sicherheitseinrichtungen, die Interessen des Einzelnen, der Wirtschaft oder der Gesellschaft als Ganzes zu schützen. Sollen die Sicherheitsbehörden aber in die Lage versetzt werden, gegen technikgestützte neue Kriminalitätsformen vorzugehen, setzt dies zwingend voraus, sie erst mit der nötigen Kompetenz und den nötigen Ressourcen auszustatten um dieses auch leisten zu können. In letzter Konsequenz bedingt dies, dass von den Sicherheitsbehörden erwartet wird, den „bösen" Techniknutzern technologisch immer ein Stück voraus zu sein, wie anders sollten sie sonst den ihnen zugewiesenen Schutzauftrag wirksam erfüllen können. Je stärker aber die entsprechenden Kompetenzen der Sicherheitsbehörden in diesen Bereichen anwachsen, desto mehr setzt dies das Vertrauen voraus, dass die Sicherheitsbehörden sich auch ausschließlich darauf konzentrieren, die „wirklich Bösen" zu verfolgen, ihr technologisches Wissen und ihre Eingriffsbefugnisse nicht gegen den „guten Bürger" wenden – sei es um seine kleinen Versicherungsbetrügereien, seine alltägliche Steuerhinterziehung, seine Schwarzarbeiterei oder seine Laster im Internet aufzudecken.

Innere Sicherheit und Technik ist vor diesem Hintergrund eine Gemengelage, in der höchst unterschiedliche und gegensätzliche Entwicklungen zusammenstoßen und ein konfuses und diffuses Bild von Bedrohungsszenarien, Verunsicherungen und Ratlosigkeiten provozieren. Das Thema „Technik und Innere Sicherheit" ist zuallererst von gesellschaftlichen Mythen bestimmt: Der Mythos der totalen Machbarkeit, entweder gedacht als die einer vollkommenen Verbrechensaufklärung und -verhütung (beispielsweise durch gentechnische Analysen, die bei der entsprechenden Erfassung der Bevölkerung vom zurückgelassenen Haar direkt zum Täter führen), oder das Bild der Überwachung aller potenziell gefährlichen Räume, die die Idylle der behaglichen Sicherheit zurückbringen sollen, oder die Interpretation dieser Bilder als die des nun technisch realisierbaren totalen Überwachungsstaates. Es ist einerseits also der Mythos der Omnipotenz aller technisch realisierbaren Möglichkeiten, andererseits der der Beherrschbarkeit dieser Instrumente, gewandelt zum Guten oder variiert, der des unbeherrschbaren Golem, gewandelt zum Bösen.

Es stellt sich die Frage, was eine politikwissenschaftliche Aufarbeitung leisten kann. Während sie sich in anderen Politikfeldern, beispielsweise der Forschungs- und Technologiepolitik, darauf konzentrieren kann, Policy-Phasen aufzuzeigen, die die Implementation neuer Technologien zum Inhalt haben oder die Voraussetzungen und Folgen von Innovationsprozessen aufzuzeigen, stellt sich die Frage nach dem politikwissenschaftlichen Selbstverständnis in einem Bereich wie dem der „Inneren Sicherheit" gänzlich anders. Hier geht es immer auch um die Auswirkungen auf Bürgerrechte und auf Demokratie, hier geht es immer auch um das Verhältnis staatlicher und gesellschaftlicher Sicherheitsinteressen und den entsprechenden Folgen für individuelle Freiheitsräume. Eine wesentliche Aufgabe, die der politikwissenschaftlichen Perspektive in diesem Themenfeld zukommt, richtet sich zuallererst, so die hier vertretene These, auf die notwendige konzeptionelle Klärung, um welche konkrete Problemstellung es genauer geht, richtet sich darauf, die großen Mythen ein Stück weit aufzulösen und einer rationaleren Beurteilung zugänglich werden zu lassen. Dies klingt selbstverständlicher als es ist. Ein tiefergehender Blick in den politikwissenschaftlichen Forschungsstand zeigt schnell, dass dieses Thema offensichtlich keines der politikwissenschaftlichen Erörterung ist. So wie das Thema Innere Sicherheit eigentümlicherweise von der universitären Politikwissenschaft nahezu vollständig ausgeblendet worden ist, sich erst in den letzten Jahren allmählich entwickelt, so kommt das Thema „Innere Sicherheit und Technik" in der politikwissenschaftlichen Forschung so gut wie gar nicht vor. Innere Sicherheit und Technik wird allenfalls in Nebenaspekten von thematisch anders gelagerten Studien *auch* angesprochen, findet eher Berücksichtigung außerhalb der Politikwissenschaft in solchen Zusammenhängen, die Datenschutz und Datenschutzrecht behandeln, also unter rechtswissenschaftlichen Gesichtspunkten stehen, es ist ein Thema der in der Regel außeruniversitären polizeikritischen Literatur, die dann oftmals mit einer Tendenz zu einer einseitigen Betrachtung vor allem die Übergriffe staatlicher Sicherheitseinrichtungen thematisiert, also aus kritisch-normativer Sicht argumentiert. Und es ist zunehmend ein Thema von sich vergleichbar verstehenden Internet-Gruppen, die das Thema unter dem Gesichtspunkt der Gefährdungen von Informationstechnik behandeln. Darüber hinaus ist das Thema Innere Sicherheit und Technik intensiv behandelt von polizeilichen oder polizeinahen Einrichtungen, die dann nahezu ausschließlich unter anwendungsorientierten Gesichtspunkten argumentieren. Das Thema ist in diesem Sinne immer wieder behandelt in den polizeilichen Fachzeitschriften[1], in denen vor allem Praktiker und Anwender der entsprechenden Techniken über mögliche Weiterentwicklungen und Begrenzungen diskutieren. Die Zielsetzung einer politikwissenschaftlich-konzeptionellen Klärung kann vor diesem Hintergrund auf der Grundlage der genannten Quellen eine Reihe von Fragen stellen, die gegebenenfalls dazu beitragen können, den Nebel der Mythen zu entschleiern und die Frage nach der politikwissenschaftlich relevanten Fragestellung zu schärfen.

Folgende Fragen scheinen besonders klärungsbedürftig: (1) was ist Innere Sicherheit und wer sind die zentralen Akteure?; (2) welche Bedeutung hat die Technik insbesondere für die Ausdifferenzierung der polizeilichen Organisation und ihres Aufgabenverständnisses?; (3) welche aktuellen Technikanwendungen liegen in diesem Feld vor?; (4) welche Veränderungen resultieren daraus, zum einen im Sinne der intendierten Zielsetzungen der handlungsleitenden Akteure, zum anderen aber auch hinsichtlich der nicht-intendierten Effekte, hier vor allem für den Wandel polizeilicher Aufgabenbestimmung?; (5) welche Wechselwirkungen lassen sich beobachten zwischen den technischen und den politischen Variablen?; (6) welche Aussagen lassen sich formulieren für die Konsequenzen, die die Bürger ebenso wie die Demokratie an sich aus diesen Veränderungen zu erwarten haben?

2. Forschungsstand

2.1 Politikfeld und Akteure

In der politikwissenschaftlichen Beschäftigung mit Innerer Sicherheit haben lange Zeit institutionsanalytische bzw. institutionenkritische Untersuchungen im Vordergrund gestanden. Untersucht worden sind zumeist die zentralen Sicherheitsbehörden des Bundes wie Bundeskriminalamt (BKA), Bundesamt für Verfassungsschutz (BfV) und Bundesnachrichtendienst (BND) oder die Polizeien der Länder oder der Sicherheitsverbund von Bund und Ländern insgesamt. Die politikwissenschaftliche Forschung hat sich in diesem Bereich aber zu keinem Zeitpunkt innerhalb des Faches etablieren können, genannte Arbeiten sind immer Einzelerscheinungen geblieben. Mit einer vergleichbar institutionenbezogenen Sichtweise sind Arbeiten von einer sich interdisziplinär und kritisch verstehenden Polizeiforschung vorgelegt worden (Gössner 1995). In den 90er Jahren verstärkt sich in den sozialwissenschaftlichen Fächern insgesamt das

---

[1] Für diesen Aufsatz wurden insbesondere die beiden Polizei-Fachzeitschriften „Die Polizei" und die „Kriminalistik" systematisch ausgewertet.

Interesse an den Sicherheitsinstitutionen. Es etabliert sich eine kontinuierliche Polizeigeschichtsforschung (Reinke 1993; Nitschke 1996), die Soziologie greift insbesondere das Thema Polizei verstärkt auf (Reichertz/Schröer 1992, 1996). Mitte der 90er Jahre organisiert sich auch die politikwissenschaftliche Forschung (Lange 2000), die im Laufe der folgenden Jahre ihre Untersuchungsperspektive vor allem auf die einer Politikfeldanalyse zur Inneren Sicherheit ausrichtet.

In dieser Sichtweise ist Innere Sicherheit als ein Politikfeld zu verstehen. Innere Sicherheit als Politikfeld weist darauf hin, dass an der zugrundeliegenden Politikproduktion neben den exekutiven Institutionen (wie Polizei u.a.) und beauftragten Organisationen (wie z.B. private Sicherheitsdienste) weitere Akteure beteiligt sind, zu nennen sind Innenministerien, parlamentarische Institutionen, Parteien, Verbände sowie föderale Verhandlungsgremien (Innenministerkonferenz, Ausschüsse des Bundesrates). In dieser Konzeption wird Innere Sicherheit also nicht länger auf die eigentlichen exekutiven Behörden reduziert, sondern die Politikproduktion wird unter den Gesichtspunkten von Polity, Politics und Policy behandelt (ausführlich dazu: Lange 1999). Ein starkes Interesse entwickelt sich daran, wie bestimmte Entscheidungen in diesem System der Inneren Sicherheit zu Stande kommen und welche Interessen auf diese Entscheidungen einwirken. Innere Sicherheit als Politikfeld lässt es in diesem Sinne zu, die Vielzahl der Akteure nach bestimmten Akteursfeldern zu klassifizieren. Zu nennen ist, festgemacht am Beispiel der Bundesebene, der Zentralbereich, der vor allem die Sicherheitsbehörden des Bundes umfasst: BKA, BGS, BfV, BND, Militärischer Abschirmdienst, Zoll, Generalbundesanwaltschaft. Davon zu unterscheiden sind die Akteure des politisch-institutionellen Umfeldes, gemeint sind solche, die in einem bestimmten, in der Regel verfassungsrechtlich festgelegten Verhältnis zu den Behörden stehen, weil sie u.a. über Entscheidungs- oder Kontrollkompetenzen verfügen: der Innenausschuss des Bundestages, des Bundesrates, das Bundesinnenministerium, das Justizministerium u.a. Als dritte Akteursgruppe ist zu nennen das politisch-korrespondierende Umfeld, hier sind die Akteure aufzuführen, die versuchen, einen Einfluss auf Entscheidungen im Bereich der Inneren Sicherheit zu erlangen: Parteien, Verbände (insbesondere Polizeigewerkschaften), Verbände der privaten Sicherheitswirtschaft, Bürgerrechtsgruppen, Medien, Forschungsinstitute u.a. (Lange 1999: 127–132).

Der Vorteil dieser analytischen Sichtweise liegt darin, dass der an sich unterschiedlich interpretierbare Begriff der Inneren Sicherheit (im weitesten Verständnis könnte ja je nach Position auch Sozialpolitik und Rechtspolitik als ein Bestandteil einer inneren, weil stabilen Sicherheit gelten) als ein analytisch relativ eindeutig abgrenzbares Netzwerk von Akteuren zu behandeln ist, welche darum ringen, ihre inhaltlichen Vorstellungen über die Art und Weise einer institutionell garantierten Sicherheitsordnung durchzusetzen. Die Akteure versuchen, auf die Entscheidungsprozesse (Politics) einzuwirken, um bestimmte Inhalte und Programme zur Inneren Sicherheit (Policy) zu beeinflussen oder durchzusetzen, die von den Institutionen der Inneren Sicherheit (Polity) exekutiert werden. Die Wechselwirkung zwischen diesem Politikfeld und anderen besteht genauso, wie dies auch für andere Bereiche der Politikfeldforschung gilt. Sehr wohl können sozialpolitische Entscheidungen einer Gesellschaft die Voraussetzungen für Innere Sicherheit beeinflussen (z.B. durch Verarmungstendenzen der Bevölkerung), in die Sichtweise der Politikfeldanalyse ist dies durchaus integrierbar ohne dadurch die

Perspektive analytisch getrennter Politikfelder aufzugeben. Im gleichen Sinne lässt sich, bezogen auf Technisierungsprozesse, auch hier eine analytische Grenzziehung begründen. Fragen beispielsweise von Electronic-Commerce könnten so auch als sicherheitsrelevante Themen ausgewiesen werden und damit potenziell dem Feld der Inneren Sicherheit zugeordnet werden, tatsächlich jedoch handelt es sich hier zunächst um solche Materien, die innerhalb des politischen Systems in anderen institutionellen Zusammenhängen von Politikfeldern ausgehandelt werden (beispielsweise im Bereich von Forschungs- und Technologiepolitik). Dies alles, weil es irgendwie auch einen Aspekt von Sicherheit in sich trägt, dem Politikfeld Innere Sicherheit zuzuordnen, wäre analytisch genauso unfruchtbar, als wollte man alle Probleme, die irgendwie auch einen europäischen Bezug enthalten, einem Politikfeld Europapolitik zuweisen. Technisierungsprozesse sind immer querschnittsbezogene Prozesse, die in nahezu alle Politikbereiche und Politikfelder hineinragen, ohne dass sie damit wiederum alle einem Politikfeld Technologiepolitik zuzuweisen sind. Technisierung ist dann ein Bestandteil des Politikfeldes Innere Sicherheit, so ließe sich in einer ersten Schlussfolgerung bilanzieren, wenn die Technisierung die Arbeitsweise der Sicherheitsinstitutionen berührt, entweder weil diese die Techniken selbst anwenden oder aber weil sie zum Gegenstand der Aufmerksamkeit der Sicherheitsbehörden werden; sie zählen auch dann zu den Themen des Politikfeldes, wenn die Akteure sich mit bestimmten Fragestellungen und Zielsetzungen der Technisierung beschäftigen, beispielsweise um bestimmte Anwendungen sicherheitspolitisch zu kontrollieren, zu nutzen, zu normieren oder sonst wie zu beeinflussen. Das Beispiel Electronic-Commerce wird in diesem Sinne dann zu einem Thema der Inneren Sicherheit, wenn seitens der beteiligten Akteure erkannt wird, dass die Sicherheit im Zahlungsverkehr, die zum Bereich von Electronic-Commerce zählt, eben auch erhebliche sicherheitsrelevante Fragen aufwirft, die beispielsweise von immanenten Interesse sind für Spionage bzw. Spionageabwehr oder für Fragen der Strafermittlung und -verfolgung. In der Schlussfolgerung ist es eben nicht realisierbar, einen quasi a-priori-Katalog von Themen bzw. Technikanwendungen aufzustellen, die immer und per se Bestandteil eines Politikfeldes Innere Sicherheit sind. So wie Risiken erst durch die Kommunikation zu tatsächlich wahrgenommenen Risiken werden (siehe den Beitrag von Marcinkowski), so avanciert eine Technik erst durch Kommunikation und damit Wahrnehmung der Akteure zu einem politikfeldrelevanten Thema. In diesem Sinne ist also *empirisch* zu fragen, welche Technikanwendungen die Akteure im Bereich der Inneren Sicherheit tatsächlich anwenden und dann ist in zweiter Linie zu untersuchen, welche Wechselwirkungen zwischen den technologischen Potenzialen einer solchen Anwendung und den politischen Handlungsabsichten, die damit verbunden sind, vorliegen.

Die Fülle der Aspekte, die in das Thema Innere Sicherheit und Technik hineinragen, lässt sich in dem vorliegenden Aufsatz nur im Sinne einiger Überblicke behandeln und setzt zudem voraus, eine Konzentration des Themas vor allem auf die Techniknutzung seitens der Polizei vorzunehmen. Polizei ist, trotz aller Privatisierungstendenzen von Innerer Sicherheit, nach wie vor der maßgebliche und ressourcenstärkste Akteur im Zentralbereich der Inneren Sicherheit.[2] Polizei ist zu verstehen als ein Syn-

---

2 Die an sich sinnvolle Behandlung auch der Technisierungstendenzen in der privaten Sicher-

onym für die beiden zentralen Polizeieinrichtungen des Bundes, also vor allem das BKA und den Bundesgrenzschutz, in Verbindung mit den 16 Polizeien der Länder. Die Polizeien des Bundes und der Länder sind durch ein ausdifferenziertes Verhandlungssystem vor allem in Gestalt der Innenministerkonferenz (IMK) mit ihren zahlreichen Untergliederungen und Kommissionen auf das Engste verbunden (Pütter 2000), sodass davon auszugehen ist, dass die zentralen Entwicklungslinien auch der Techniknutzung in den Gremien der IMK weitgehend aufeinander abgestimmt werden.

2.2 Polizeientwicklung und Technik

Bei der Abwägung der Frage, inwieweit die technologische Entwicklung die Arbeitsweise der Sicherheitsbehörden, insbesondere der Polizei, verändert hat, ist ein historischer Rückblick erhellend. Wenngleich der Forschungsstand dazu ebenfalls rudimentär ist, zeichnen sich doch bestimmte kontinuierliche und regelmäßige Entwicklungsverläufe ab in der Art und Weise, wie sich die Spezialisierung und das Aufgabenverständnis der Polizei verändert. Die Entwicklung der Polizei als eine staatliche Spezialeinrichtung reicht in Deutschland zurück bis zu Beginn des 19. Jh. (Lüdtke 1992), wobei ein Äquivalent zu einer innerstaatlichen „Polizei" in den unterschiedlichsten Erscheinungsformen historisch immer schon vorhanden gewesen ist. Die Ausformung der „modernen" Polizei fällt in Deutschland, namentlich in Preußen, zusammen mit der Ausdifferenzierung einer durchrationalisierten staatlichen Verwaltungsbürokratie (Funk 1986: 51–54). Der Aufbau dieser Polizei im heutigen Sinne vollzog sich in ständiger Konkurrenz und Rivalität zu dem auch innerstaatlichen Machtanspruch des Militärs auf der einen Seite, der Adelsherrschaft auf der anderen (Funk 2000: 13). Allein auf dem Gebiet der „höheren geheimen Polizei", im Prinzip also einer politischen Polizei, gelang es dem preußischen Staat schon vor 1848, eine für das gesamte Staatsgebiet geltende Polizeigewalt als Spezialverwaltung durchzusetzen. Im gleichen Maße aber, wie mit der fortschreitenden Industrialisierung und dem schnellen Anwachsen der Städte eine wachsende Verelendung eintrat, damit zugleich die Kriminalitätsrate drastisch anstieg, versagten die traditionellen Polizeieinrichtungen, die z.T. von militärisch organisierten Gendarmerien, kommunalen Polizeien, staatlichen Schutzmannschaften etc. bestimmt waren. Erste Anfänge einer Kriminalpolizei lassen sich in Berlin schon auf das Jahr 1848 zurückführen, doch erst nach 1870 beginnt der schnelle Ausbau der kriminalpolizeilichen Dienststellen im gesamten Land (Funk 1986; auch Teufel 1996). Die Kriminalpolizei entwickelt sich zu einer Spezialbehörde für die Verbrechensaufklärung und -bekämpfung. Entsprechend schnell löst sich die Kriminalpolizei von dem militärischen Vorbild, welches für alle anderen Polizeieinrichtungen gilt, ebenso beginnt sie, eine eigenständige Personalrekrutierung vorzunehmen. Anders als in den übrigen Polizeibereichen wird hier nicht die strenge Militärdienstzeit vorausgesetzt, sondern, insbesondere bei den Leitungsstellen, auch auf Juristen und andere Akademiker zurückgegriffen (Funk 1986: 245–247).

---

heitswirtschaft wie auch der bei den Nachrichtendiensten würde den Umfang dieser Arbeit sprengen.

Die Kriminalpolizei als Spezialpolizei begann dann sehr schnell damit, Techniken im weitesten Sinne einzusetzen, um die eigenen Spezialaufgaben auszuführen. So wurde 1876 mit dem Aufbau von „Verbrecheralben" begonnen, die bereits Fotografien registrierten, 1896 wurde ein eigener Spurensicherungsdienst errichtet, 1899 ein eigenes „Fotoatelier" eingerichtet,[3] schließlich wurde 1903 erstmals in Sachsen die Daktyloskopie[4] eingeführt, bald auch bei allen übrigen Landespolizeien (Teufel 1996: 82–85). Die Berliner Polizei, innerhalb derer diese technischen Sonderbereiche installiert wurden, avancierte damit zur kriminalpolizeilichen Zentralstelle für die gesamte preußische Kriminalpolizei (Funk 1986: 246). In seiner Studie über die Entwicklung der Polizei zeigt Albrecht Funk auf, dass die heute aktuellen Themen wie die einer „Modernisierung" der Polizei bereits im 19. Jh. beständige und dauerhafte Themen sind. Die Kriminalpolizei wetteifert gewissermaßen mit der Entwicklung des „Berufsverbrechertums", was dazu führt, immer auch wieder neue Techniken zu entwickeln, um mit dem gegnerischen „Gegenüber" Schritt halten zu können (Funk 1986: 249). Diese Entwicklung ebenso wie die Erfordernis, im Rahmen der sich ausdifferenzierenden Justiz auch entsprechende gerichtsverwertbare Beweise in Strafverfahren vorzulegen, bewirkten eine stetige Professionalisierung und Herausbildung der Kriminalistik (Funk 2000: 21). Seit Beginn des Jahrhunderts nutzte die Polizei auch zunehmend naturwissenschaftliche Erkenntnisse, insbesondere der Chemie, der Physik, der Mineralogie, der Botanik etc. So wurde 1912 an der Preußischen Landesanstalt für Chemie eine Abteilung „Gerichtliche Chemie und Naturwissenschaftliche Kriminalistik" installiert (Teufel 1996: 91).

Der steigenden Mobilität und der Zunahme des Verkehrs war die Polizei anfangs nicht gewachsen. Ihre Dienststellen, so auch die der Kriminalpolizei, blieben örtlich gebunden. Die Kriminalität, namentlich der „reisende Täter", wurde als Beleg dafür gewertet, dass das Verbrechen der Polizei überlegen sei. Innerhalb der Polizei führte dies zu der Forderung, die kriminalpolizeiliche Arbeit stärker miteinander zu verbinden und zu vereinheitlichen. Eine zentrale Forderung war hierbei, in den Ländern jeweils zentrale Landeskriminalpolizeiämter einzurichten. Sachsen führte eine vergleichbare Einrichtung 1912, Württemberg 1914 ein. Hinzu kam, dass die zunehmende Bedeutung von erkennungsdienstlichen Techniken die einzelnen Kriminalstellen überforderten, und so in einem zentralen Kriminalpolizeiamt eine mögliche Dienststelle gesehen wurde, die das entsprechende Wissen darüber bündeln und bereitstellen konnte (Teufel 1996: 84–85).

In den kriminalpolizeilichen Zentralen wurden die erkennungsdienstlichen Einrichtungen sehr schnell ausgebaut. Es folgten Verbesserung bei der Steckbriefsammlung, es wurden Kennzeichenverzeichnisse über besondere Merkmale von Straftätern angelegt, die Tatortfingerspurensammlungen ebenso wie Lichtbildersammlungen und überhaupt Personenaktensammlungen intensiviert. Der 1. Weltkrieg stoppte sowohl diese techni-

---

3 Die ersten Lichtbilder wurden in Brüssel schon 1843 erstellt und dienten für die Zwecke von Steckbriefen (Teufel 1996: 82).

4 Die Daktyloskopie wurde als alternatives Verfahren zur so genannten Anthropometrie, ein Körpermaßverfahren, eingeführt. Über die Herkunft der Fingerabdruckanalyse gibt es unterschiedliche Angaben. Verwiesen wird beispielsweise darauf, dass sie schon Anfang des 19. Jh. in britischen Kolonien (in Bengalen) als Ersatz zu Unterschriften eingesetzt wurde (Becker 1992: 125–126).

schen Weiterentwicklungen als auch die Bestrebungen, in allen Ländern zentrale Kriminalitätsstellen einzurichten sowie Zentralstellen in den Staaten, die dann auch international miteinander in Kontakt treten sollten (Teufel 1996: 86).

Augenfällig ist der Zusammenhang zwischen der zunehmenden Implementation solcher Techniken und der polizeilichen Organisationsweise. Peter Becker weist darauf hin, dass es diese Tendenz zur Zentralisation bei der Polizei auch schon vor der Entwicklung der neuen erkennungsdienstlichen Techniken gegeben habe. Zentralisation geht einher mit der Ausdifferenzierung der modernen Verwaltungsorganisation. Die neuen kriminalistischen Methoden sind aber darauf angewiesen, dass sich innerhalb der Polizei die entsprechenden Zentralbehörden schnell durchsetzen und implementieren lassen. Damit einher geht eine Zentralisierung der Informationsflüsse. Einerseits wurden Polizeidienststellen dezentral vor allem in den großstädtischen Gebieten eingesetzt, andererseits durch die neuen Zentralbehörden systematisch zusammengeführt. Auch lässt sich beobachten, dass verstärkt ein Informationsaustausch mit anderen polizeilichen Dienststellen im weitesten Sinne, u.a. den Meldeämtern, vorangetrieben wurde. Es baute sich eine Informationskette auf, die vom Revierpolizisten über die Revierdienststelle bis hin zum Polizeipräsidium und dann schließlich zu den Zentralbehörden reichte. Die Polizei, insbesondere die Kriminalpolizei, konnte so über ein unter den damaligen Bedingungen weitgehend beschleunigtes Informationsaustauschverfahren verfügen (Becker 1992: 126–129). Keine Ausführungen finden sich in der Literatur über die Rolle der Telegraphie, die im 19. Jh. entwickelt und eine sehr rasche Diffusion erlebte. Hier muss davon ausgegangen werden, dass diese verstärkten Informationsverbünde zwischen den Polizeidienststellen vor allem mittels der Telegraphietechnik effektiviert worden sind. Nur so ist es beispielsweise den Gendarmerien und Schutzpolizeieinheiten möglich, latente gesellschaftliche Anzeichen von Aufruhr dadurch zu begegnen, dass zentral gehaltene Polizeieinheiten zur Verstärkung an die entsprechend vermuteten Aufruhrorte versetzt werden konnten. Ergänzend wurde hier auch die Ausrüstung der Polizei mit Kraftwagen betrieben. Als Zentrum der damaligen Datenverarbeitung müssen vor allem die Meldeämter gesehen werden. In ihnen liefen die unterschiedlichen Informationsstränge zusammen. Diese führten die als Karteiregister geführten Datenbestände, zu nennen sind das Hauptregister, das Hausregister, ein Steckbriefregister, das Strafregister sowie die Datenbestände des Erkennungsamtes (Becker 1992: 129). Der steigende Einsatz solcher Datenverarbeitungsverfahren führte bereits in dieser Zeit dazu, eine zunehmende Professionalisierung und verbesserte Ausbildung insbesondere der Kriminalbeamten zu betreiben. Von Bedeutung auch für die heutige Entwicklung ist der Umstand, dass die systematisch angelegten Beobachtungen der Polizei sehr stark auf typische „Verbrecherpersonen" konzentriert wurden. In der Folge gruppierten sich die Datenbestände gerade um diese Daten, was typischerweise immer wieder zu einer Verstärkung und scheinbaren Bestätigung der entsprechenden Annahmen führte. In der Zielsetzung ging es darum, die „Lesbarkeit des Körpers" dazu zu nutzen, den typischen und geborenen Verbrecher zu erkennen (Becker 1992: 130). In Hinblick auf gegenwärtige Entwicklungen wäre die Frage zu stellen, ob durch gentechnische Analysemöglichkeiten nicht vergleichbare Vorstellungen bzw. Urteilsbestätigungen erneut aktiviert werden.

In der Weimarer Republik wurde sehr früh der Gedanke wieder aufgenommen, ein für ganz Deutschland tätiges Reichskriminalpolizeiamt aufzubauen, das den Nachrichtenverkehr zwischen den Landeskriminalpolizeien der Länder miteinander verbinden sollte und zugleich in der Lage war, auf kriminaltechnischem Gebiet Weiterentwicklungen zu ermöglichen. Auf Grund des Widerstandes einiger Länder, so Bayern, trat dieses Gesetz im Verlaufe der Weimarer Republik nicht mehr in Kraft. Auf Landesebene wurden aber durchgängig Landeskriminalpolizeiämter installiert, der flächendeckende Ausbau der Kriminalpolizei vorangetrieben. Diese Ämter professionalisierten die Fahndungssysteme und entwickelten die Ermittlungstechniken weiter (Leßmann-Faust 2000: 37). Auch beteiligten sich die Kriminalpolizeien am Aufbau der 1923 in Wien gegründeten „Internationalen Kriminalpolizeilichen Kommissionen (IKK)", die Vorläuferorganisationen des heutigen Interpol. Als Begründung für die internationale Vernetzung diente schon hier das Argument des schweren und reisenden Verbrechertums, welches die internationale Zusammenarbeit erfordere (Teufel 1996: 90–91). Das in der Weimarer Republik nicht zu Stande gekommene Reichskriminalpolizeiamt wurde dann faktisch von den Nationalsozialisten 1936 eingerichtet, welches 1937 förmlich auf der Grundlage des Preußischen Landeskriminalpolizeiamtes in Reichskriminalpolizeiamt umbenannt wurde (Nitschke 2000: 55).

Nach 1945 avancierten die neu errichteten Landeskriminalämter (LKÄ) sowie das 1951 gegründete Bundeskriminalamt (BKA) sehr schnell zu Zentren der kriminalistischen und kriminaltechnischen Entwicklung. Für das BKA gilt dies allerdings erst verstärkt seit den 70er Jahren, während es zuvor auf einige wenige Kompetenzen beschränkt gewesen ist (Lisken/Lange 2000: 152–154).

Noch in den 50er Jahren verändert eine technologisch „ältere" Technik die Arbeit der Polizei grundlegend: der verstärkte Einsatz von Kraftfahrzeugen in Gestalt des Funkstreifenwagens. Bereits in den 40er Jahren sind erste Einsatzfahrzeuge solcher Art eingesetzt worden. Aber erst in der zweiten Hälfte der 50er Jahre wird der Revierdienst umfassend motorisiert. Mit der allgemeinen Ausweitung des Verkehrs geht auch die zunehmende Bedeutung der Verkehrsüberwachung und des Verkehrsunfalldienstes in der Polizei einher. In der Folge dieses Technikeinsatzes werden die Einsatzräume für eine „Streife" wesentlich größer, zugleich nimmt die Kontrollfähigkeit der Revierleiter über die Streifenbeamten erheblich zu. Die Polizei beginnt, ihre Organisationsstrukturen den technisch induzierten Veränderungen anzupassen. Die geografischen Kontrollbezirke der Wachen und Dienststellen werden größer, den zunehmenden Verstädterungen und veränderten Lebensweisen der Bevölkerung angepasst. Innerhalb der Polizei setzt sich diese Entwicklung weitestgehend ohne Widerstände durch. Im Gegenteil: es werden von Seiten der Polizeileitungen erste Klagen darüber geführt, dass die Beamten die Tendenz entwickeln, sich nur noch im Kraftfahrzeug zu bewegen, und so die Gefahr drohe, dass der Kontakt zur Bevölkerung verloren gehe (Haselow/Noethen/Weinhauer 2000: 135–137).

Die 70er Jahre avancieren insgesamt zu einer Phase, die eine rasante „Modernisierung" der Polizei einleitet. Augenfällig ist dies an den Polizeien des Bundes.[5] Aus-

---

5 Ausführliche Darstellungen zu den Entwicklungen und Modernisierung der Bundespolizeien finden sich für die Zeit von 1945 bis 1968 bei Werkentin (1984); für die Zeit von Ende der

schlaggebend ist hierfür vor allem die Terroristenverfolgung seit Ende der 60er Jahre. Diese führt zu einer erheblichen Kompetenzausweitung insbesondere des BKA. 1969 wird der Generalbundesanwalt ermächtigt, das BKA mit polizeilichen Ermittlungen zu beauftragen. 1972 wird das INPOL-Fahndungssystem mit Standort beim BKA installiert. 1973 wird das BKA zuständig bei international organisierten Rauschgift-, Waffen- und Falschgelddelikten sowie bei terroristischen Anschlägen gegen Verfassungsorgane des Bundes. Im Jahr 1975 wird das BKA zur Koordinierungsstelle im Bereich der Bekämpfung politisch motivierter Gewalttaten erhoben. Beschäftigte das BKA noch 1955 insgesamt 482 Personen, steigt deren Anzahl bis 1980 auf 3339 (Lisken/Lange 2000: 152).

Mit der elektronischen Datenverarbeitungstechnik, wie sie seit den 70er Jahren implementiert wurde, standen neue Möglichkeiten zur Verfügung, routinisierte Arbeitsabläufe zu automatisieren. Erste Datenbanken wurden dabei auf Länderebene eingeführt. Die Einführung auf Bundesebene bzw. der bundesweite Austausch von Daten erfolgte mit Verzögerung. Gründe hierfür mögen im vergleichsweise geringen Interesse der BKA- Leitung an der Computertechnik gelegen haben, doch gab es bereits vor 1968 eine AG Datenverarbeitung als Untereinheit der AG Kripo innerhalb der Innenministerkonferenz (IMK). Diese arbeitete bereits an einem bundeseinheitlichen Konzept für die Unterstützung der Polizeiarbeit durch die elektronische Datenverarbeitung, scheiterte jedoch am Widerstand der Länderpolizeien. Diese vermuteten, unterschiedliche Arbeitsweisen, wie sie sich je nach Landesbeschaffenheit ausdifferenziert hatten, würden nicht hinreichend durch die einheitliche Datenverarbeitung abgebildet werden (Heitmüller 1995). Erst in den 70er Jahren gelang es dann, unter der BKA-Präsidentschaft Horst Herolds, die Bemühungen der Länder aufeinander abzustellen und das „Informationssystem der Polizei" (Inpol-Verbund) aufzubauen, wobei das BKA zur Zentralstelle des Datenverbundes avancierte (Busch u.a. 1988: 119). Die Implementation von Datenbanken in die Polizeiorganisation erfolgte in Schritten. Zunächst wurde die Polizeiliche Kriminalstatistik (PKS), die als ungeliebtes „Abfallprodukt" polizeilicher Arbeit empfunden wurde, elektronisch erfasst. Im zweiten Schritt wurde das „Fahndungsbuch" auf Computertechnik umgestellt.[6] In weiteren Ausbauschritten kamen neben den Fahndungsausschreibungen noch weitere Datenbanken, vor allem zur Kriminalitätsanalyse, hinzu. Gleichzeitig wurde die Speicherung personenbezogener Daten als wachsendes gesellschaftliches Problem wahrgenommen, teilweise auch als Reaktion auf Horst Herolds Vorstellungen des „gesellschaftssanitären Sicherheitsstaates". In der Folge kam es zu einer Berücksichtigung von Datenschutzinteressen durch Begrenzung der Speicherzeit und Reorganisation der Datenbanken, etwa in der Einführung des Kriminalaktennachweises (KAN) an Stelle eines allgemeinen Personenindexes, in dem Namen und Anschriften gespeichert waren. Im Verlauf der 80er und 90er Jah-

---

60er Jahre bis 1982 bei Busch u.a. (1988); für die Zeit von Mitte der 80er Jahre bis 1997 bei Lange (1999).

6 Zu diesem Zweck wurden die 76 Personenfahndungskarteien (BKA + 75 lokale) in eine elektronische Form überführt. Gleichzeitig konnte dadurch der Informationsfluss stark beschleunigt werden: Dauerte es zu Beginn der 70er Jahre durchschnittlich 50 Tage, bis Fahndungsinformationen allen Polizeidienststellen zur Verfügung standen, so verkürzte sich die Zeit mit Einführung von INPOL auf wenige Stunden.

re diversifizierten sich die Datenbanken (so 1992 das Automatische Fingerabdruckinformationssystem (AFIS)), das für das Ausländerzentralregister entwickelt wurde), neue Datenverarbeitungsmethoden kamen hinzu und erstreckten sich auf immer mehr Bereiche der Polizeiarbeit. In der Folge wurde 1992 die Entwicklung des INPOL-NEU-VERBUNDES beschlossen.

3. Typologie der Technikbezüge in der Polizei

Bei der Frage, welche aktuellen Tendenzen der Technikentwicklung bei der Polizei zu beobachten sind, welche Binnenänderungen und welche Änderungen im Außenverhältnis zu erwarten sind, soll hier zunächst eine Typologie der Technikbezüge entwickelt werden. Folgende Unterscheidungen im Verhältnis von Technik und Polizei sind eingehender zu untersuchen:
– Neue polizeiliche Aufgaben, die durch neue (in diesem Falle) technisch bedingte Kriminalitätsformen induziert werden;
– die Adaption neuer Technologien durch die Polizei;
– die eigenständige Technikentwicklung durch die Polizei und
– die nicht-intendierten Folgen der polizeilichen Technisierungspfade.

3.1 Die Polizei als technikbetroffene Institution

Die Polizei sieht sich mit zunehmender Computerisierung der Gesellschaft einer Vielzahl neuer Probleme gegenüber, auf die sie mit verbesserter Ausbildung und vermehrtem Technikeinsatz reagiert. 1991 konstatierte die Zeitschrift „Kriminalistik" noch, dass im Bereich der Computerkriminalität kein Anlass zur Sorge bestehe. Zwar sei mit einem Anstieg der Computerkriminalität zu rechnen, jedoch beginne diese zeitversetzt zu derjenigen in den USA und man könne sich darauf vorbereiten. Unter Computerkriminalität wurden damals vom BKA vor allem das unerwünschte Eindringen in fremde Rechnersysteme, Computersabotage, Softwarepiraterie und Scheckkartenfälschung gesehen (Steinke 1991: 131).[7]

Die breiter werdende Nutzung des Internets wurde von BKA und LKÄ ab Mitte der 90er Jahre zunächst vor allem unter dem Gesichtspunkt der Verbreitung verbotenen Materials und der potenziellen Vorbereitung eines Verbrechens wahrgenommen. Der Dutroux-Skandal in Belgien war beim BKA der Auslöser, anlassunabhängige Recherchen durchzuführen. Diese ergaben für das Jahr 1998 15 zusätzliche Fälle von Kinderpornografie. Im Jahr 1999 waren es bereits bis August 404 anlassunabhängig ermittelte Fälle, 368 davon im Zusammenhang mit Kinderpornografie.[8] Obwohl diese Straftatbestände nicht durch die Computertechnik entstanden sind, liegen hier qualita-

---

[7] Seit Beginn der 90er Jahre verzeichnet die PKS hier jedoch regelmäßig zweistellige Wachstumsraten.
[8] Die Häufigkeitszahl aller registrierten Fälle von sexuellem Missbrauch von Kindern schwankt gleichzeitig über die 90er Jahre unregelmäßig zwischen 19 und 21 Fällen je 100.000 Einwohner. 1970 lag diese Zahl für das alte Bundesgebiet noch bei 27.

tive und quantitative Veränderungen vor: Qualitativ, weil in Deutschland verbotene Materialien abgerufen werden können, die in anderen Ländern entweder nicht als Delikt gelten oder nicht geahndet werden (bei 62% der Fälle lag der physikalische Speicherort in den USA, bei 10% in Japan: Kriminalistik 9/99: 265). Quantitative Änderungen werden induziert, da die sinkenden Transaktionskosten der Bereitstellung von rechtswidrigen Inhalten auch die Anzahl der verübten Taten erhöht.[9]

Die Wahrnehmung einer Gefährdung der wirtschaftlichen Nutzung des Internets etwa durch Betrug begann im Vergleich zur oben dargestellten Sichtweise des Internets zeitverzögert,[10] was u.a. dazu führte, dass das BMI im Zuge der Regulierung der wirtschaftlichen Internetnutzung eine restriktive Haltung einnahm:[11] Die Möglichkeit der Anwendung starker Kryptographie[12] sollte restriktiv reguliert oder nur bei Hinterlegung eines privaten Schlüssels erlaubt sein, der Zugang zu verschlüsselter Kommunikation also analog zum Fernmeldegeheimnis geregelt sein (Winkel 1997). Der mit den Vertrauensverlust verbundene Nachteil für einen geregelten Internethandel führte zu Widerspruch von Seiten der Wirtschaft (Winkel 1999, m.w.N.; Huhn/Pfitzmann 1998). Letztlich setzten sich die Interessen der politisch engagierten Internetnutzer („Netizens") jedoch noch stärker durch als die der Wirtschaft (Cronqvist 2000). Neben der Lobbyarbeit der „Netizens" und der Einsicht, dass die Treuhandstellen auch für private Schlüssel[13] einem nicht kalkulierbaren Risiko von Angriffen gegenübergestellt wären, mag auch die nicht kontrollierbare Möglichkeit von Mehrfachverschlüsselungen in Verbindung mit steganografischen Verfahren zu einem Einlenken des BMI geführt haben. Erst in jüngster Zeit wird zudem der präventiven Wirkung effektiver Kryptographie- und elektronischer Signaturalgorithmen größerer Stellenwert eingeräumt. Letztlich lässt sich sagen, dass Kryptographie zwar die Ermittlungsarbeit potenziell erschwert, dass aber gleichzeitig die (gesellschaftlichen) Kontrollmöglichkeiten für alle, die über die entsprechenden Ressourcen verfügen, weiter zunehmen: insoweit nämlich als die Techniknutzer auf weitere Maßnahmen zum Schutz der Privatsphäre verzichten bzw. aus Bequemlichkeit Daten aktiv preisgeben.

---

9 Andererseits eröffnet das Offenheitsprinzip der Internetprotokolle, insbesondere die breite Öffentlichkeit von WWW und USENET, erst einen Spielraum, von solchen Fällen Kenntnis zu erhalten, während die Dunkelziffer beim Verkauf unter dem Ladentisch wesentlich größer sein könnte.
10 Die polizeiliche Kriminalistik bezieht erst seit 1998 den Betrug mit Zugangsberechtigungen zu Kommunikationsdiensten ein. Auch in BKA-Veröffentlichungen nahm der wirtschaftliche Aspekt des Internets noch 1998 eine untergeordnete Rolle ein (Weinem 1998).
11 Zur genaueren akteurstheoretischen Darstellung vgl. Cronqvist (2000).
12 Starke Kryptographie bedeutet in diesem Zusammenhang, Botschaften durch einen mathematischen Algorithmus so zu verändern, dass die Entschlüsselung ohne Kenntnis des geeigneten Schlüssels theoretisch nur mit unvertretbar großem Ressourceneinsatz (Rechnerleistung/Zeit) zu verwirklichen ist (Winkel 1997).
13 Asymmetrische Verfahren wie Pretty Good Privacy (PGP) bestehen aus zwei Schlüsseln: einem öffentlichen zur Verschlüsselung und einem privaten zur Entschlüsselung. Nur der Erste muss derzeit zum Zwecke der eindeutigen Zuordnung von Schlüssel und Person von einer Zertifizierungsstelle nach § 2 (2) SigG zertifiziert werden.

3.2 Technikadaption und -verwendung durch die Polizei

Es lässt sich ein allgemeiner Trend zur Computerisierung feststellen. Dieser bedingt jedoch zweierlei: Auf der einen Seite stehen die o.g. neuen Formen der „Kriminalität". Diese erzeugen bei Beamten ein Ohnmachtsgefühl (Wisotzky 1998). Auf der anderen Seite ermöglicht die Computerisierung der Polizei eine Effizienzsteigerung. Diese verdeutlicht sich durch den Aufbau von Expertensystemen, eine Neustrukturierung des Datenbanksystems (INPOL-NEU), durch den Einsatz von Telematik sowie biometrischer Erkennungssysteme. Hinzu kommen die neuen Ermittlungsverfahren unter Einsatz von DNA-Analysen. Weitere Tätigkeitsbereiche der Polizei, die durch die Technisierung verändert werden, sind nach polizeilichen Arbeitsschwerpunkten zu unterscheiden:

3.2.1 Prävention

Im Bereich technischer *Prävention*[14] sind passive und aktive Einrichtungen zum Schutz von Objekten oder Personen hervorzuheben. Ein Bereich umfasst die Sensortechnik. Computer ermöglichen es, durch Sensoren erfasste Messungen einer Vielzahl komplexer Ereignisse zuzuordnen, z.B. bestimmte Geräusche zu bestimmten Ursachen oder etwa die Unterscheidung von Menschen und Tieren im Sensorbereich (Weichert 1998: 12–14; Finger 1995: 51–53). Noch weitaus bedeutsamer sind die zunehmenden Videoüberwachungsmaßnahmen im öffentlichen Raum. Die von der Polizei zunächst 1996 in Leipzig eingeführten Überwachungsmaßnahmen öffentlicher Plätze (damals ohne Aufzeichnung) stellten ein Pilotprojekt dar (Müller 1997). Mittlerweile haben entsprechende Regelungen Einzug in die entsprechenden Gesetze gefunden, wie zuletzt im Hessischen Gesetz über die öffentliche Sicherheit und Ordnung vom 16. Mai 2000 (§ 14 (3) HSOG). Vor allem die darin vorgesehene Möglichkeit, die Daten ohne verkürzte Speicherzeiten aufzuzeichnen, stieß auf Kritik.[15]

Ein weiterer Bereich technischer Prävention umfasst die mittlerweile eingeführte Vorrichtung der Wegfahrsperren in PKW, die unter Federführung des BKA 1995 in Zusammenarbeit mit dem Kraftfahrtbundesamt, Vertretern der Versicherungswirtschaft und Fahrzeugherstellern umgesetzt wurde (Bach 1999: 667–669). Weitere Trends zur Verhinderung von Autodiebstahl- und -raubdelikten („Carjacking") zeichnen sich in der Implementation von Telematiksystemen, v.a. Peilsendern auf GPS-Basis, zur Ent-

---

14 Die Einteilung nach Präventionstechnologien, Spurensicherung, Analyse-, Fahndungs- und Eingriffstechniken richtet sich an den polizeilich gesetzten Zwecken der Techniken aus. Auf eine Einteilung, die sich an dem Anwendungspotenzial ausrichtet (z.B. Nogala 1989: 50–55), wurde auf Grund der Fragestellung nach den Wechselwirkungen des Technikeinsatzes verzichtet.

15 Vgl. Frankfurter Rundschau, 17.05.2000. Bürgerrechtsgruppen befürchten durch die Speicherung mögliche Eingriffe in die Persönlichkeitsrechte, auch im Hinblick auf zukünftige Möglichkeiten der Biometrie (Weichert 1998: 12). Jedoch wendet sich auch die Gewerkschaft der Polizei gegen diese Regelung, da eine effektive Anwendung nur mit höherem Personalbestand möglich sei (GdP 2000).

deckung entwendeter Fahrzeuge ab. Entsprechende Systeme existieren bereits in den USA und Großbritannien, wurden aber bislang von den deutschen Sicherheitsbehörden nicht unterstützt. Eine Markteinführung auf privatwirtschaftlicher Basis war bislang nicht erfolgreich (Stümper 1999: 812). Ähnlich wie bei der Einführung der Wegfahrsperren zeichnet sich jedoch eine Interessenskoalition von Versicherungswirtschaft und Sicherheitsbehörden ab, die eine Implementation dieser Technik forcieren wird (Roßkopf 1997: 170).

Ebenfalls in den Bereich der Prävention fallend, ist eine verstärkte Förderung von elektronischen Signaturen zu beobachten: Aufgrund der beliebigen Kopierbarkeit elektronischer Inhalte entfällt die Unterscheidung von Original und Kopie. Erst asymmetrische Signaturen erlauben die Authentifizierung des Absenders, die Feststellung nachträglicher Änderungen und den Nachweis von Sende- oder Speicherdatum (Bach 1999: 669). Ähnliche Anstrengungen sind im Rahmen des Zahlungsverkehrs, also dem verstärkten Einsatz von Chipkarten, der geldwerten Transaktionen im Internet („Cyber-Cash") und den damit verbundenen Möglichkeiten des Missbrauchs zu vermerken.

3.2.2 Spurensicherung

Im Bereich der *Spurensicherung* findet vergleichsweise im stärksten Maße Eigenentwicklung statt. Obwohl die Struktur der Forschungsaktivitäten im Abschnitt „Polizei als Technikentwickler" behandelt wird, erscheint es dennoch zweckmäßig, die Trends an dieser Stelle zusammenfassend darzustellen. Die Vielzahl von Einzelentwicklungen lässt sich unterscheiden zwischen stark einzelfallbezogenen Entwicklungen, bei denen vor allem eine Rekonfiguration erprobter Techniken auf die besonderen Charakteristika von Einzelfällen zu verzeichnen ist,[16] und strategisch angelegten Entwicklungen. Als strategisch wichtigste Entwicklungen lassen sich folgende Tendenzen stichwortartig kennzeichnen (Bach 1999: 657–700):
– Bei Tonaufzeichnungen stehen z.B. die Reduzierung von Hintergrundgeräuschen sowie die Kompensation verzerrter Sprachaufzeichnungen, aber auch automatische Spracherkennung im Zentrum der Forschung. Ähnliche Anstrengungen werden für Bild- und Bildfolgenaufbesserungen unternommen.
– Für eine effektivere Tatortarbeit werden Mobile Sets entwickelt, bei denen die Ausfallsicherheit miniturarisierter Hilfsmittel im Mittelpunkt steht.
– Die Implementation der Digitalfotografie für die erkennungsdienstliche Arbeit bildet ebenso einen Schwerpunkt wie die Verbesserung von Fingerabdrucklesegeräten sowie Techniken zur besseren Aufbereitung von Fingerabdruckspuren.
– Verbesserte Grafikanwendungen können für die Phantombilderstellung in Einsatz gebracht werden.
– Unterschiedliche Mikroskopieverfahren kommen zum Einsatz, so etwa Laser-Scanning-Mikroskope zur Identifizierung von Computerdruckern; Polarisationsmikrosko-

---

16 In der Fachzeitschrift Kriminalistik wird dies besonders spektakulär immer wieder an Wasserleichenfunden und besonders Aufsehen erregenden Kriminalfällen dargestellt.

pe gewinnen als letzte Möglichkeit zur Wiederherstellung gelöschter Daten auf magnetischen Datenträgern an Bedeutung.
- Computersimulationen kommen bei der Ermittlung von Brandverläufen, Schusswirkungen etc. zum Einsatz.
- DNA-Untersuchungen besitzen natürlich ebenfalls vor allem im Bereich der Spurensicherung und Auswertung ein großes Potenzial zur Ermittlung von Tätern (Schmitter 1998: 397–400).

3.2.3 Einzelfallanalyse

Im Bereich der Analysen einzelner Taten bzw. Tatserien ist ein Trend zur Verwendung von Expertensystemen zu verzeichnen. Prominentes Beispiel ist die Technik des „Crime-Profiling", die mittlerweile auch außerhalb von Fachkreisen bekannt ist (Reichertz 1998). Unter öffentlicher Ankündigung wurde das Datenbankprogramm ViCLAS in Betrieb genommen (BKA 20.08.1999). Dieses in Kanada entwickelte Programm erlaubt es, bei bestimmten Serientaten auf Grund bestimmter wiederkehrender Tatmerkmale eine Verbindung zu Tätereigenschaften herzustellen und so die Suche auf einen kleinen Verdächtigenkreis zu reduzieren. Rechtlich gesehen handelt es sich hierbei um eine auf statistisch ermittelten Wahrscheinlichkeiten beruhende Hypothese, also um eine „Phantasie" (Lüpke 1999: 815), was für bestimmte Personengruppen die Gefahr einer Stigmatisierung in sich birgt und deshalb besondere datenschutzrechtliche Umsicht erfordert. Eine weitere technische Hilfe zur Bearbeitung von Einzelfällen besteht in der Implementation von Übersetzungshilfen für fremdsprachliche Texte. Diese Systeme ermöglichen zwar keine inhaltsnahe Übersetzung, jedoch erlauben sie eine Entscheidung, ob ein Dokument für einen Fall relevant ist oder nicht (Bach 1999: 666).

3.2.4 Andere Bereiche polizeilicher Analyse[17]

Als wichtiger Trend ist seit geraumer Zeit die Fortentwicklung geografischer Informationssysteme zu erkennen (Nogala 1989: 57). Obwohl schon seit geraumer Zeit die computergestützte geografische Darstellung von kriminalistisch relevanten Daten als sinnvolle Entwicklung betrieben wird, gelangen entsprechende Programme jetzt verstärkt in den Mittelpunkt polizeilicher Technisierungsbemühungen. Ein möglicher Grund liegt in der erst jetzt in die gesamte Polizei vordringende hinreichende Computerausstattung.[18] Mit stärkerer Rechnerausstattung wird die grafische Darstellung von

---

17 In der Polizeiarbeit wird häufig die Unterscheidung zwischen verschiedenen Auswertungsformen vorgenommen: crime pattern analysis, general profile analysis, methods analysis, case analysis, comparative analysis, offender group analysis, specific profile analysis sowie investigation analysis. Der Einfachheit halber wird hier nur zwischen fallbezogener Analyse und weiteren Analysepraktiken unterschieden.
18 Ein 1997 von der Versicherungswirtschaft (!) erarbeitetes System zur Bearbeitung von Verkehrsunfällen (EUSka) wurde vor allem deshalb nicht eingesetzt, weil die allgemeine Rechnerausstattung 1997 in PCs der 286er Klasse bestand, graphikintensive Anwendungen aber mindestens Rechner der 486er Klasse benötigen (Die Polizei 1997: 359).

Sachverhalten auf geografischen Karten am Computer für immer mehr Anwendungsbereiche möglich. Ziele sind dabei die Analyse von Daten im Hinblick auf geografische Merkmale, die Visualisierung, aber auch die Verwendung für die Einsatzleittechnik, z.B. um die Abhängigkeit von Gebietsstruktur und Deliktwahrscheinlichkeit zu ermitteln. Weitere Anwendungsgebiete sind die Brennpunktanalyse zur Veranschaulichung regionaler, nationaler und internationaler Tendenzen (Vogt 1999: 821–823).

3.2.5 Fahndung

Das wichtigste Fahndungsinstrument der Polizeien in Deutschland sind die Datenbanken des INPOL-Verbundes, der unter Horst Herold 1972 in Betrieb genommen wurde. Die vielfältige sukzessive Erweiterung um verschiedene Datenbanken sowie die unterschiedlichen Evolutionen der Ländersysteme veranlasst ab Beginn der 90er Jahre, über eine Reorganisation nachzudenken (Brendel 1990). Die Hauptprobleme lagen neben der Ausdifferenzierung immer neuer Fahndungsmethoden und Datenbanken und dem Auslaufen von Wartungsverträgen der alten Systeme von Siemens und IBM (Heitmüller 1995) in der mangelnden Integration bzw. Verknüpfung der einzelnen Datenbanken untereinander. Häufige Mehrfacherfassung gleicher Daten in unterschiedliche Datenbanken und lange Meldewege (z.T. noch über Meldeformulare in Papierform an den kriminalpolizeilichen Meldedienst, KPMD) und die damit verbundenen Übermittlungsfehler und Zeitverzögerungen werden als weitere Probleme genannt (Sehr 1999). Moderne Programmtechniken erlauben darüber hinaus eine wesentlich flexiblere Verknüpfung von Daten untereinander und eine bequemere Benutzerführung. Entsprechend allgemeiner Trends wird derzeit zu diesem Zweck ein „Intranet"-Konzept erarbeitet, mit dem unter der gewohnten Oberfläche handelsüblicher Internetbrowser eine gesicherte, polizeiinterne Kommunikation stattfinden kann (Bach 1999: 665). In Zukunft könnten „Intranetangebote" von BKA und Ländern zusammen mit den (im Aufbau befindlichen) Kommunikationsangeboten von Europol unter einer einheitlichen Oberfläche für die jeweils berechtigten Beamten zur Verfügung stehen.

INPOL-NEU stellt die Dateninfrastruktur jenseits von bestimmten Benutzeroberflächen dar. Die Erarbeitung von INPOL-NEU, derzeit in der Implementierungsphase, wurde 1992 vom Arbeitskreis II der IMK beschlossen. INPOL-NEU ist als einheitlicher Datenpool[19] mit definierter Schnittstelle für unterschiedliche Benutzeroberflächen konzipiert (Wirth 1999). Damit soll ein flächendeckendes „Sachbearbeiterprinzip" ermöglicht werden. Dies bedeutet, dass potenziell jeder Polizeibeamte die für seinen Fall nötigen Daten jederzeit in beliebiger Verknüpfung auswerten kann, statt diese Auswertung über die entsprechenden Stellen zu beziehen. Dies betrifft nicht nur die Daten, die zum INPOL-Datenpool zählen, sondern auch Daten anderer „Anbieter", wie zum Beispiel die Daten des Schengener Informationssystems (SIS) oder die Daten anderer Behörden. Das SIS ist von Anfang an so konzipiert, dass Daten in ein und demselben Vorgang für die INPOL-Fahndung (landes- oder bundesweit) wie für grenzüberschrei-

---

19 Dabei erhalten die einzelnen Datensätze Attribute, die festlegen, ob die Daten für das jeweilige Ländersystem oder den gesamten INPOL-Verbund zur Verfügung stehen.

tende Fahndung ausgeschrieben werden können (Tuffner 1998). Gleiches gilt für Fahndungsabfragen. Speichertechnisch handelt es sich jedoch um getrennte Datenpools. Die Datenbestände anderer Behörden sind für die Polizei z.T. Online verfügbar: Neben den Daten der jeweiligen Einwohnermeldeämter sind Personen- und Fahrzeugdaten des Kraftfahrt-Bundesamtes bereits seit längerem Online verfügbar. Gleiches gilt für die Personalien- und Aufenthaltsstatusinformationen des Ausländerzentralregisters. Online-Zugriffe auf die Daten des Bundeszentralregisters wurden erst in den 90er Jahren diskutiert.[20]

Organisationsintern zieht die Dezentralisierung der Datenverfügbarkeit einen Bedeutungsverlust zentraler Auswertungen (KPMD) nach sich. Es steht zu vermuten, dass hier ein organisationsinterner Widerstand zu erwarten ist, der entweder das Projekt bremst bzw. gebremst hat (Steinke 1993: 187), oder aber für diese ausdifferenzierte Unterorganisation neue Aufgaben gefunden werden müssen, was vermutlich in Richtung einer Analyse von Polizeiführungsinformationen weisen dürfte. Ein entsprechender Widerstand zeigt sich an verschiedenen hierzu in der Zeitschrift „Kriminalistik" veröffentlichten Artikeln. Zwar ist die Technikakzeptanz allgemein gegenüber der Einführung von INPOL-ALT gestiegen und es wird allgemein akzeptiert, wenn routinisierte Arbeitsabläufe in feste Algorithmen übersetzt und in computergestützte Tätigkeiten umgesetzt werden (mithin ist eine weiterhin zunehmende Taylorisierung der Polizeiarbeit zu erwarten), jedoch ergeben sich weitere Implementationsschwierigkeiten ähnlich wie vor 1972 in der föderal stark unterschiedlich ausdifferenzierten Datenverarbeitungskultur. Die hier vorzufindenden Unterschiede erzeugen wiederum Schwierigkeiten, die zu mehreren Verzögerungen bei der Inbetriebnahme von INPOL-NEU führten. Insgesamt gehen die Befürworter der neuen Technik davon aus, dass eine weitere Professionalisierung zu erwarten ist, die von der deliktorientierten Fahndungsarbeit zur Herausbildung von „polizeilichen Analytikern" führt. Dies bedeutet neben der Effizienzsteigerung polizeilicher Arbeit (entfallende Botendienste, beschleunigter Informationsfluss, bessere Datenqualität) die stärkere Orientierung auf Tat-Tat-Verknüpfungen, projektbezogene Arbeit und die schnellere Ausrichtung an Kriminalitätsentwicklungen. Ziel ist wiederum, dass die Polizei „in der Lage [ist], tatsächlich vor dem Täter am Tatort zu sein. Somit kann INPOL-neu endlich das bewahrheiten, was Dr. Horst Herold bereits vor 20 Jahren postuliert hat" (Sehr 1999: 532).

3.2.6 Einsatztechniken

Die Entwicklung im Bereich von Einsatztechniken fokussiert sich vor allem auf Kommunikationstechniken bzw. die Integration von Kommunikations- und Datenverarbeitungstechniken. So wurden erst ab 1995 Pilotversuche durchgeführt, in denen mit Computern ausgerüstete Streifenwagen mit den Einsatzzentralen verbunden waren (Die Polizei 1995: 278).

---

20 Die in INPOL-NEU vorgesehene Möglichkeit, „Kriminalitätskarrieren" quasi auf Knopfdruck verfügbar zu machen, wurde in verschiedenen Datenschutzberichten gerügt.

Für Zwecke der Einsatzleittechnik finden seit Beginn der 90er Jahre Implementationsbemühungen von computergestützten Systemen zur Durchführung von Einsätzen statt. Expertensysteme werden dazu verwendet, den Kommunikationsfluss so zu strukturieren, dass die Informationen schnellstmöglich gesammelt und den zuständigen Entscheidern zugeleitet bzw. von diesen weiterverteilt werden können. Technische Hilfen zur Entscheidungsvorbereitung bestehen vor allem in wissensbasierten Datenbanken, in denen Kausalannahmen und Wahrscheinlichkeiten von Entscheidungssituationen verfügbar sind. Weitere Bemühungen bestehen in der Modernisierung der Kommunikationstechniken.

Bei der Ausstattung der Polizei mit Waffen und Schutzausrüstungen finden vor allem bei den Streifenbeamten Diskussionen über Bewaffnung mit Pfefferspray[21] statt, das an Stelle des im Arbeitsalltag als störend empfundenen Gummiknüppels verwendet werden soll. Weitere Diskussionen werden u.a. über schusssichere Westen geführt.[22] Es kann aber angenommen werden, dass die Technikentwicklung hier stärker von militärtechnischen Innovationen bzw. von der Eigendynamik der Waffenindustrie geprägt ist (siehe den Beitrag von Albrecht) als von polizeiinternen Entwicklungen.

3.3 Die Polizei als Technikentwickler

Die Forschungsarbeit findet innerhalb der Polizeiorganisationen vor allem im Bereich der PFA, des BKA und bei den LKÄ statt. Die Schwerpunkte der Forschungs- und Entwicklungsstelle für Polizeitechnik (FEStPt) der PFA liegen im Bereich der Polizeileittechnik, was vor allem Experten- und Kommunikationssysteme betrifft. Jedoch besteht die Forschungsarbeit auch zu einem sehr großen Teil (ca. 40%) in der Verkehrsunfallforschung.

Die Forschung beim BKA findet organisatorisch beim Kriminalistischen Institut (KI) des BKA statt. Die Forschung auf diesem Gebiet wurde erst seit den 70er Jahren betrieben. Kriminalwissenschaftliche Untersuchungen des Amts finden vor allem bei der kriminalistisch-kriminologischen Forschungsgruppe des KI, solche für die Prävention beim Fachbereich Polizeiliche Kriminalprävention des KI statt (http://www.bka.de/vorbeugung/flyer/flyerdt.html, mod. 30.05.2000). Stärker auf die Einsatzmöglichkeiten der Technik bezogen ist die Gruppe „Technologien" des BKA. Diese beschäftigt sich sowohl mit neuen Formen und Ausprägungen von Kriminalität als auch mit den möglichen Einsatzbereichen der neuen Techniken. Erklärtes Ziel ist es, die bisher betriebene kriminalitätsfeldorientierte Forschung mit technisch-wissenschaftlichen Ansätzen zu verzahnen und auch auf Einzelfälle anzuwenden (Hofmeyer 1999: 248; http://

---

21 Es handelt sich hierbei um ein aus Pflanzen gewonnenes Reizgas. Bayern ist hierbei das erste Bundesland, in dem flächendeckend diese „mannstoppende" Waffe eingesetzt wird (vgl. die dazugehörige Pressemitteilung http://www.innenministerium.bayern.de/presse/daten/polizei/24599.htm, retr. 24.05.00).
22 Im Bereich der schusssicheren Westen wird die Akzeptanz u.a. vom DuPont Konzern unterstützt: Dieser gründete zusammen mit der International Association of Chiefs of Police 1987 den Kevlar Survivors Club, in den Überlebende von Schusswaffenangriffen aufgenommen werden (Die Polizei 1996: 95).

www.bka.de/text/kriminalistik/index.html, mod. 30.03.2000). Hier ist deutlich eine Tendenz zur hochspezialisierten Teamarbeit und Professionalisierung festzustellen: Das BKA stellt den Polizeibehörden der Länder Teams in Kriminalfällen von besonderer Bedeutung zur Verfügung (Abteilung OFA-Operative Fallanalyse: Kriminalistik, 12/99: 824–826).

Bei den LKÄ findet in unterschiedlichem Maße Forschungsarbeit vor allem im Bereich der Spurensicherung statt. Nicht zu vernachlässigen ist jedoch auch die Leistung von Universitäten, etwa im Bereich medizinischer Untersuchungen. Darüber hinaus werden auch Polizeitechnikentwicklungen – überwiegend aus den USA und anderen angelsächsischen Ländern – in Deutschland und anderen europäischen Staaten adaptiert, so das Auswertungsprogramm ViCLAS (Violent Crime Linkage und Analysis System), welches im August 1999 der Öffentlichkeit vorgestellt wurde (http://www.bka.de). Die Entwicklungen dieser Profiling-Techniken findet seit 1986 u.a. beim FBI statt. Die ViCLAS Datenbank, in Kanada hergestellt, dient der Ermittlung der „Täterhandschrift" von Sexualstraftätern, Brandstiftern oder auch Serieneinbrechern, da hier den Tätern entweder auf Grund von angenommenen psychischen Störungen oder – wie bei Serieneinbrüchen – rationalen Motiven die Präferenz für eine bestimmte Vorgehensweise unterstellt werden (Kriminalistik 12/99: 824–826).

Eine Zusammenarbeit des BKA findet mit dem Laboratory and Scientific Services Directory (LSSD) in Kanada (seit 1994) und dem United States Secret Service (USSS) im Rahmen der sog. „gemeinsamen Erklärung" statt. Mit dem Police Scientific Development Branch (PSDB), Großbritannien, und dem Korps Landelijke Politiediensten (KLPD) der Niederlande findet eine Zusammenarbeit auf Grundlage der sog. „Trilateralen Erklärung" statt. Weitere Initiativen zur Zusammenarbeit bestehen mit dem amerikanischen Federal Bureau of Investigation (FBI) sowie der Royal Canadian Mounted Police (RCMP), Kanada, von der das Programm ViCLAS übernommen wurde.

Auf europäischer Ebene zeichnet sich derzeit eine Diskussion ab, derzufolge über die bestehende europäische Zusammenarbeit im Rahmen von Europol hinaus auf inkrementalistischem Wege auch ein europäischer Forschungsverbund entstehen könnte. Kube und Dahlenburg schlagen vor, die derzeit lose Struktur europäischer Kriminaltechnikforschung über die besonders geeignete Zusammenarbeit im Bereich synthetischer Drogen perspektivisch zu einem „Forensic Science Coordination Center" zusammenzuführen (Kube/Dahlenburg 1999: 778–783).

3.4 Nichtintendierte Nebenfolgen des Technikeinsatzes im Bereich der Inneren Sicherheit

Der Technikeinsatz des Staates im Bereich der Inneren Sicherheit, der vor dem Hintergrund des Gewaltmonopols stattfindet, steht unter anderen Vorbehalten als der Einsatz der gleichen Technik durch andere Akteure. Die politischen Debatten um die Volkszählung und die Datenbanktechnik der Polizei in den 70er und frühen 80er Jahren zeigen deutlich, dass diese Wahrnehmung besteht. Obwohl die Techniken, die die Polizei im INPOL-Verbund einsetzt, den Computeranlagen von Großbanken sowohl in Ausstattung als auch in Rechenleistung durchaus ähneln bzw. mit zeitlicher Verzögerung eingeführt werden, wurde diese Debatte besonders ausführlich im Bereich des staatlichen Technikeinsatzes geführt. Prävention und Repression sind in der Alltagsarbeit der Inneren Sicherheitsbehörden häufig nicht zu trennen und führen so, z.B. über die Stigmatisierung von gesellschaftlichen Gruppen als potenzielle Täter, aber auch durch fälschlich erfasste bzw. nur potenziell verdächtigte Personen, schnell zu einem Konflikt mit dem individuellen Interesse des Schutzes der Privatsphäre auch unbescholtener Bürger. Eine Verstärkung von Stigmatisierungsprozessen durch „Crime Profiling" ist ebenso denkbar, wie etwa durch geografische Fahndungssysteme, wenn Personenmerkmale und sozialräumliche Gegebenheiten von vornherein als kriminalitätsanfällig ausgewiesen werden.

Die derzeit mit zunehmendem Interesse geführte Diskussion über die Kameraüberwachung des öffentlichen Raumes erzeugt in dreierlei Hinsicht Wirkungen auf die Öffentlichkeit: Zum einen die erwünschte Abschreckungswirkung zusammen mit der potenziellen Steigerung des Sicherheitsgefühls, zum Zweiten das Gefühl des Beobachtetseins, welches auch Personen betrifft, die keine Straftaten planen, sondern sich lediglich ungezwungen in der Öffentlichkeit aufhalten wollen, zum Dritten aber auch die Angst, durch Verknüpfung von Kameras mit Speichermedien, in letzter Konsequenz auch biometrischen Erkennungssystemen, könnte bei bewusstem Missbrauch ein lückenloses Überwachungssystem entstehen.

Vor diesem Hintergrund ist wiederum die Transparenz über den verantwortungsbewussten Umgang mit den immer effektiver verwalteten Datenbeständen anzumahnen. Unter dem Eindruck von zunehmenden Datenmengen, schnelleren Abfragen, besseren Verknüpfungsmöglichkeiten der Daten untereinander und einem vereinfachten Datenaustausch zwischen Institutionen und Polizeibeamten erscheint es zunehmend wichtiger, wer über welche Daten in welchem Umfang verfügen kann. Dies gilt nicht nur, aber in besonderem Maße für die Akteure im Zentralbereich der Inneren Sicherheit.[23] Entsprechend wird die Kontrolle der Zugriffsprotokolle, die auf die Spuren der konkreten Datennachfrage der Polizei weisen, immer bedeutsamer.

Wie häufig in der Technikentwicklung sind die tatsächlichen Möglichkeiten der Technik in der Alltagsarbeit jedoch geringer und anders gelagert als vorausgeplant. Wie häufig sind die derzeitigen Leistungen der Biometrie derzeit geringer als erwünscht oder befürchtet. Die technische Kompetenz der beteiligten Beamten wächst zudem meist ebenso langsam wie die von Sachbearbeitern in anderen Organisationen.[24] Die technische Modernisierung der Polizei verläuft ebenfalls etwa gleich wie diejenige anderer Behörden.

Da die besonders forschungsintensiven Bereiche bei der Polizei vor allem bei den forensischen Wissenschaften zu finden sind, also einen rein polizeiimmanenten Charakter tragen, mag der Eindruck entstehen, Vorbehalte gegenüber der Polizei aus der Perspektive des Datenschutzes seien übertrieben. Doch auch eine nachholende Moder-

---

23 Die Datenbestände des INPOL-Systems sind immer wieder Objekt der Begierde der Versicherungswirtschaft. Für die Ermittlung von Versicherungsbetrügern wären Online-Zugriffe auf Sachverständigengutachten, Vorstrafen und andere Daten von erheblichem Nutzen (Roßkopf 1996: 170).
24 Besonders eindrucksvoll geschildert für die Abteilung Staatsschutz von Wisotzky (1998: 479–480).

nisierung einer Organisation, die auf die Anwendung von Zwangsmitteln spezialisiert ist, verdient eine intensive Beobachtung. Jede Modernisierung kann den status quo bei den Eingriffsrechten und -möglichkeiten zu Lasten bürgerlicher Freiheiten verändern und verdient ein öffentliches Raisonnement. Der Kontrolle des Datenschutzrechts durch die Datenschutzbeauftragten und einer kritischen Öffentlichkeit kommt die Rolle zu, nicht alles zu goutieren, was die Polizeiarbeit effizienter gestaltet, was technisch möglich ist und im Polizeiinteresse wünschenswert ist.

4. Schlussteil

Das Bild, welches sich zeigt, bleibt ambivalent. Die zunehmende Technisierung der Polizei führt nicht zu eindeutigen Ergebnissen oder linearen Trends. Zum einen führen umfassende gesellschaftliche Entwicklungen dazu, dass sowohl das polizeiliche „Gegenüber", die Kriminalität im weitesten Sinne, eine starke Technisierung vollzieht, zum anderen reifen permanent neue technologische Innovationen zur Anwendungsfähigkeit in immer kürzeren Zeitintervallen heran, sodass die Polizei als Organisation überfordert ist, diese jeweils funktional-optimal zu nutzen. Im Ergebnis bedeutet dies, dass die Szenarien, die unzweideutig aus der technologischen Entwicklung die Konsequenz ziehen, der durch die Polizei exekutierte Überwachungsstaat sei die zwangsläufige Folge, als nicht haltbar angesehen werden müssen. Eine historische Kontinuität zeigt sich darin, dass Polizei – anders als Militär und Nachrichtendienste – immer wieder technische Entwicklungen nachvollzieht und für die eigene Organisation adaptiert, selten die Entwicklungen selbst vorantreibt.

Gefährdungen für Bürgerrechte bestehen jedoch trotzdem. Aus den zunehmenden Kontrollfähigkeiten, die eben auch technisch bedingt sind, resultieren auch potenziell nicht-intendierte und nicht-lineare Einschränkungen von Freiheitsrechten. Die Ambivalenz entsteht maßgeblich dadurch, dass der Staat sich gleichzeitig auf Grund der zunehmenden Spezialisierung seiner polizeilichen Aufgabenbestimmung aus diversen Sicherheitsbereichen zurückzieht. In diese Lücken treten vor allem die privaten Sicherheitsdienste, welche sich ebenfalls zunehmend technisch ausrüsten und insbesondere das Geschäft der breiten Flächenüberwachung von privaten und zunehmend halb-öffentlichen Räumen übernehmen (Beste 1998). In der Folge verändert sich die Rolle des Staates in der Inneren Sicherheit eher in qualitativer Hinsicht, während sie in quantitativer Hinsicht nicht eindeutig auf Expansion ausgelegt ist. Das Bild von der annähernd gleich bleibenden, sich zumindest nicht expansiv ausdehnenden Kontrolldichte des Staates ist aber immer im Zusammenhang damit zu sehen, dass gerade private Sicherheitsanbieter hier extensiv vordringen. Im Ergebnis ist zweifelsohne festzuhalten, dass die *gesellschaftliche* Kontrolldichte insgesamt, also eine solche, die einerseits von staatlichen, andererseits von privaten Sicherheitsproduzenten erstellt wird, tatsächlich zunimmt. Es sind ebenso Tendenzen aufzeigbar, dass der Staat hier durchaus eine Koordination mit den privaten Sicherheitsproduzenten versucht bzw. dies von ihm erwartet wird. Die zahlreichen Ordnungspartnerschaften, Sicherheitsnetzwerke etc. geben davon Zeugnis ab (Lange 1998a). Hierbei muss allerdings bei aller Euphorie der Befürworter bezweifelt werden, ob die Polizei tatsächlich in der Lage ist, eine Form der Koordination der privaten Sicherheitsdienste in der Form zu leisten, dass diese quasi als ein verlängerter Arm der staatlichen Polizei eine umfassende und aufeinander abgestimmte Überwachung ermöglichen. Viel deutlicher sind Tendenzen abzusehen, wonach der öffentliche Raum zunehmend „durchlöchert" wird bzw. im Sinne eines „Insel-Bildes" die ursprünglich enggefassten Inseln privat organisierter Sicherheit sich beständig ausdehnen. Was folgt, ist eine Verengung öffentlicher Räume.[25] Für die Aufgabe des Staates in der Inneren Sicherheit bedeutet dies vor allem, dass sich zunehmend eine Spezialisierung und eine Aufgabenteilung mit privaten Sicherheitsanbietern vollzieht.

Parallel dazu ist zu berücksichtigen, dass insbesondere die Polizeien aus binnenorientierten Entwicklungen heraus einen steten Prozess einer Höher- und Weiterqualifizierung ihrer Bediensteten vorantreiben. Je stärker aber die Beamten sich als hochspezialisierte Fachleute verstehen, nimmt zwangsläufig die Neigung ab, mit einfachen, in der Fläche angelegten Tätigkeiten beschäftigt zu sein (Lange 1998b: 220–223). Diese gewährleisten eben keinen Anspruch auf höher dotierte Tätigkeiten. In der Folge bedarf eine hoch ausgebildete Polizei eben auch hoch spezieller Aufgaben. In dieser Sichtweise liegt es nahe, die Rolle des Staates auf die vielbeschworenen „Kernaufgaben" zu konzentrieren. Das Verständnis, welches sich herausbildet, ist darauf angelegt, diese „Kernaufgaben" der polizeilichen Tätigkeit in besonderen Deliktfeldern anzusiedeln: (1) in der Bekämpfung der Schwerstkriminalität; (2) in der Abwehr von Wirtschaftsspionage im weitesten Sinne, dies zum Teil angelegt in Kooperation mit den Nachrichtendiensten; (3) in der Überwachung der Datennetze („Internet Task Force" des BMI); (4) ebenso erhalten die Polizeien des Bundes und zum Teil der Länder spezialisierte Aufgaben im Bereich der EU-Grenzsicherung, welche ebenfalls, wie an den deutschen Ost-Grenzen, mit hochtechnischem Gerät vollzogen werden, und schließlich wird (5) insbesondere auf Ebene der Innenministerien versucht, wenn schon nicht die umfassende Koordination, so doch die Regulation der kommerziell hergestellten Sicherheit durch entsprechende Normierungen halbwegs zu gewährleisten.

Deutlich wird hierbei auch, dass solche Überlegungen, die Polizei auf die Rolle von „Kernaufgaben" zu konzentrieren, sich weitestgehend decken mit den Absichten der aktuellen Verwaltungsreformen, die dies für das staatliche Handeln insgesamt empfehlen (Gusy 1998). Technik, so die These, wird im Sicherheitsbereich diesen Prozess der Aufgabenteilung zwischen Staat und Privaten befördern (siehe auch: Lenk/Prätorius 1998), weil hier sehr schnell deutlich werden wird, dass die damit verbundenen Eingriffsmöglichkeiten so tief in den Bereich der Grund- und Bürgerrechte hineinragen, dass sich eine extrem weitgefasste privatwirtschaftliche Externalisierung von allein ausschließt. Im gleichen Zuge aber, wie die Polizei immer stärker in diese, auf Grund der hohen Anschaffungs- und Ausbildungskosten, ressourcenintensiven Aufgabenbereiche

---

25 Diese Privatisierungstendenzen stellen dabei nicht einmal das Konstrukt des staatlichen Gewaltmonopols in Frage. Die Exekutive tritt nicht ihre Gewalthoheit ab, sondern „verleiht" diese juristisch gesehen. Die Abtretung der Aufgabenausführung erfolgt dort, wo dies kostengünstiger zu leisten ist. Es stellt sich allerdings die Frage, ob dies in der Wahrnehmung der Bevölkerung letztlich nicht die Rechtssicherheit untergräbt. Für die Wahrnehmung ist es einerlei, ob die Kompetenzen „rechtlich verliehen" sind oder nicht: Entscheidend ist die Präsenz privater Sicherheitsdienste im öffentlichen Raum.

hineinwächst, wird die Polizei sich eben gerade aus Kostengründen aus weniger anspruchsvollen Tätigkeitsbereichen zunehmend zurückziehen, was eben langfristig eine mehr oder weniger abgrenzbare Aufgabenwahrnehmung von staatlichen und privaten Sicherheitsanbietern induzieren wird. Ob dies in normativer Hinsicht wünschenswert ist, ist ein anderes Thema. Hier gibt es gute Gründe, diese Entwicklung mit erheblicher Skepsis zu sehen (Lange u.a. 1999). Bei aller Kritik auch an den polizeilichen Methoden und auch vorfindbaren gesetzlichen Übergriffen, so bieten die entsprechend hochgradig ausgebildeten Polizeieinrichtungen doch eine vergleichbar höhere Rechtssicherheit gegenüber einer sich zunehmend privatwirtschaftlich organisierenden Sicherheitsproduktion. In diesem Sinne wird es eine der zukünftigen Aufgaben von innerer Sicherheitspolitik, speziell aber auch der Kriminalpolitik sein, diese Grenze zwischen Öffentlichem und Privatem eben nicht allein an den Grundlagen technisch-ökonomischer Machbarkeit und Rentabilität auszurichten. Eine Rückbesinnung oder erstmalige Besinnung auf den Grundcharakter des Politischen, der hier vorliegt, steht dringend aus. Dies gilt ebenso für die politikwissenschaftliche Reflexion.

Literatur

Bach, Wolfgang, 1999: Das kriminalistische Potential neuer Technologien. Chancen der Technik für die polizeiliche Prävention und Repression, in: Kriminalistik 4, 657–669.
Becker, Peter, 1992: Vom „Haltlosen" zur „Bestie". Das polizeiliche Bild des „Verbrechers" im 19. Jh., in: *Alf Lüdtke* (Hrsg.), ‚Sicherheit' und ‚Wohlfahrt'. Polizei, Gesellschaft und Herrschaft im 19. und 20. Jh. Frankfurt a.M., 97–132.
Beste, Hubert, 1998: State Control, Political Order, Policing the Poor. Anmerkungen zur Kommodifizierung innerer Sicherheit, in: *Klaus Lenk/Rainer Prätorius* (Hrsg.), Eingriffsstaat und öffentliche Sicherheit. Beiträge zur Rückbesinnung auf die hoheitliche Verwaltung. Baden-Baden.
Bundeskriminalamt, 20.08.1999: ViCLAS – ein neues Werkzeug der deutschen Polizei bei der Bekämpfung der Gewaltkriminalität, Pressemitteilung.
Brendel, Roland, 1990: Die polizeilichen Informationssysteme – Ein Überblick im Extrakt, in: Die Polizei 3, 86–89.
Busch, Heiner/Funk, Albrecht/Kauß, Udo/Narr, Wolf-Dieter/Werkentin, Falco, 1988: Die Polizei in der Bundesrepublik. 2. Aufl., Frankfurt a.M.
Cronqvist, Lasse, 2000: Die Debatte um das Informations- und Kommunikationsdienstegesetz (IuKDG) – Versuche der Regulierung des Internets in der Bundesrepublik Deutschland, AKIS-Paper. Marburg.
Die Polizei, 9/1995: Datenfunk ersetzt Sprechfunk der Polizei. Streifenwagen der Zukunft: Kollege Computer sitzt im 19-Zoll-Rack, in: Die Polizei, 278.
Die Polizei, 8/1996: Schutzwesten „Survivers Club" [sic!], in: Die Polizei, 195.
Die Polizei, 12/1997: Pressedienst der Versicherungswirtschaft: Startschuß für EUSka, in: Die Polizei, 359.
Die Polizei, 1/1999: Nachgefragt: Wann kommt das »Pfefferspray«-Gerät als neue Variante der Polizeiwaffen, in: Die Polizei, 25–26.
Finger, Dieter, 1995: Historische Entwicklung von Freilanddetektionssystemen, in: Kriminalistik 2–3, 54–56.
Frankfurter Rundschau, 17.05.2000: Das Polizeigesetz ist verschärft worden, in: Frankfurter Rundschau, 30.
Funk, Albrecht, 1986: Polizei und Rechtsstaat. Die Entwicklung des staatlichen Gewaltmonopols in Preußen 1848–1914. Frankfurt a.M.
Funk, Albrecht, 2000: Die Entstehung der Exekutivpolizei im Kaiserreich, in: *Hans-Jürgen Lange* (Hrsg.), Staat, Demokratie und Innere Sicherheit in Deutschland. Opladen.

Gewerkschaft der Polizei, 2000: Stellungnahme der GdP – Landesbezirk Hessen zur Änderung des Hessischen Gesetzes über die Sicherheit und Ordnung (HSOG) vom 7. März 2000.
Gössner, Rolf (Hrsg.), 1995: Mythos Sicherheit. Baden-Baden.
Gusy, Christoph (Hrsg.), 1998: Privatisierung von Staatsaufgaben: Kriterien – Grenzen – Folgen. Baden-Baden.
Haselow, Reinhard/Noethen, Stefan/Weinhauer, Klaus, 2000: Die Entwicklung der Länderpolizeien, in: *Hans-Jürgen Lange* (Hrsg.), Staat, Demokratie und Innere Sicherheit in Deutschland. Opladen.
Heitmüller, Rolf, 1995: Datenverarbeitung bei der Polizei. Erinnerungen und Meinungen eines Insiders, in: Kriminalistik 10, 661–666.
Hofmeyer, Rainer, 1999: Bundeskriminalamt – Neue zentrale Positionierung, in: Kriminalistik 4, 248–250.
Huhn, Michaela/Pfitzmann, Andreas, 1998: Verschlüsselungstechniken für das Netz. Wie schützt man Vertraulichkeit und Integrität?, in: *C. Leggewie/Ch. Maar,* Internet und Politik. Von der Zuschauer- zur Beteiligungsdemokratie. Köln, 438–456.
Kriminalistik, 9/1999: Internet und Kinderpornographie: Wie das BKA und das Bayer. LKA dem Missbrauch begegnen, in: Kriminalistik, 265–266.
Kriminalistik, 12/1999: ViCLAS – Ein neues kriminalpolizeiliches Recherchewerkzeug, in: Kriminalistik, 824–826.
Kube, Edwin/Dahlenburg, Rainer, 1999: Europol und Kriminaltechnik. Auch ein Ansatz zur Verbesserung polizeilicher Intelligence-Arbeit, in: Kriminalistik 12, 778–783.
Lange, Hans-Jürgen, 1998a: Sicherheitskooperationen und Sicherheitsnetzwerke in der eingreifenden Verwaltung – Zum Verhältnis von Polizei und Ordnungsverwaltungen, in: *Klaus Lenk/Rainer Prätorius* (Hrsg.), Eingriffsstaat und öffentliche Sicherheit. Beiträge zur Rückbesinnung auf die hoheitliche Verwaltung. Baden-Baden, 82–93.
Lange, Hans-Jürgen, 1998b: Privatisierung als nicht-intendierte Folge staatlicher Aufgabenkritik, in: *Christoph Gusy* (Hrsg.), Privatisierung von Staatsaufgaben: Kriterien – Grenzen – Folgen. Baden-Baden, 215–236.
Lange, Hans-Jürgen, 1999: Innere Sicherheit im Politischen System der Bundesrepublik Deutschland. Opladen.
Lange, Hans-Jürgen/Behr, Rafael/Gusy, Christoph/Kutscha, Martin/Liebl, Karlhans/Nitschke, Peter/Prätorius, Rainer, 1999: Memorandum zur Entwicklung der Inneren Sicherheit in der Bundesrepublik Deutschland. 2. Aufl., Regensburg.
Lange, Hans-Jürgen (Hrsg.), 2000: Staat, Demokratie und Innere Sicherheit in Deutschland. Opladen.
Lenk, Klaus/Prätorius, Rainer (Hrsg.), 1998: Eingriffsstaat und öffentliche Sicherheit. Beiträge zur Rückbesinnung auf die hoheitliche Verwaltung. Baden-Baden.
Leßmann-Faust, Peter, 2000: Weimarer Republik: Polizei im demokratischen Rechtsstaat am Beispiel Preußens, in: *Hans-Jürgen Lange* (Hrsg.), Staat, Demokratie und Innere Sicherheit in Deutschland. Opladen.
Lisken, Hans/Lange, Hans-Jürgen, 2000: Die Polizeien des Bundes, in: *Hans-Jürgen Lange* (Hrsg.), Staat, Demokratie und Innere Sicherheit in Deutschland. Opladen.
Lüdtke, Alf (Hrsg.), 1992: ‚Sicherheit' und ‚Wohlfahrt'. Polizei, Gesellschaft und Herrschaft im 19. und 20. Jh. Frankfurt a.M.
Lüpke, Alexander von, 1999: Täterprofile. Crime profiling – eine neue Form der Verdachtsstrategie, in: Kriminalistik 12, 814–817.
Müller, Rolf, 1997: Pilotprojekt zur Videoüberwachung von Kriminalitätsschwerpunkten in der Leipziger Innenstadt, in: Die Polizei 3, 77–81.
Nitschke, Peter (Hrsg.), 1996: Die deutsche Polizei und ihre Geschichte. Hilden.
Nitschke, Peter, 2000: Polizei im NS-System, in: *Hans-Jürgen Lange,* Staat, Demokratie und Innere Sicherheit in Deutschland. Opladen.
Nogala, Detlef, 1989: Polizei, avancierte Technik und soziale Kontrolle. Pfaffenweiler.

Pütter, Norbert, 2000: Föderalismus und Innere Sicherheit. Die Innenministerkonferenz zwischen exekutivischer Politik und politisierter Exekutive, in: *Hans-Jürgen Lange* (Hrsg.), Staat, Demokratie und Innere Sicherheit in Deutschland. Opladen.
Reichertz, Jo, 1998: Expertensysteme in der Kriminalistik, in: Kriminalistik 1, 47–53.
Reichertz, Jo/Schröer, Norbert (Hrsg.), 1992: Polizei vor Ort. Studien zur empirischen Polizeiforschung. Stuttgart.
Reichertz, Jo/Schröer, Norbert (Hrsg.), 1996: Qualitäten polizeilichen Handelns. Opladen.
Reinke, Herbert (Hrsg.), 1993: „... nur für die Sicherheit da ..."? Frankfurt a.M.
Roßkopf, Dieter, 1996: Datenschutz und Verkehrsrecht, in: Kriminalistik 7, 170.
Schmitter, Hermann, 1998: Der „Genetische Fingerabdruck". Entwicklung der forensischen Serologie, in: *BKA* (Hrsg.), Festschrift für Horst Herold zum 75. Geburtstag. Das Bundeskriminalamt am Ausgang des 20. Jahrhundert. Wiesbaden, 397–426.
Sehr, Peter, 1999: INPOL-neu: System mit Merkmalen eines extremen Wandels, in: Kriminalistik 8, 532–536.
Steinke, Wolfgang, 1991: Entwicklung der Computerkriminalität. Ein Bericht, der keinen Anlass zur Sorge gibt, in: Kriminalistik 2, 131–132.
Steinke, Wolfgang, 1993: Das »Oevermann-Projekt«. Oder die Umkrempelung des Kriminal-Polizeilichen-Meldedinestes (KPMD), in: Kriminalistik 3, 187–190.
Stümper, Alfred, 1999: Telematik-Systeme zur Eindämmung des Kfz-Diebstahls. Zugleich eine Betrachtung zur kriminalistisch-kriminologischen Bedeutung des Kfz-Diebstahls, in: Kriminalistik 12, 811–813.
Teufel, Manfred, 1996: Vom Werden der deutschen Kriminalpolizei. Ein polizeihistorischer Abriß mit prosopographischen Anmerkungen, in: *Peter Nitschke* (Hrsg.), Die deutsche Polizei und ihre Geschichte. Hilden, 72–97.
Tuffner, Martin, 1998: Das Schengener Informationssystem (SIS) – ein „Quantensprung" der polizeilichen Fahndung in Europa, in: *BKA* (Hrsg.), Festschrift für Horst Herold zum 75. Geburtstag. Das Bundeskriminalamt am Ausgang des 20. Jahrhundert. Wiesbaden, 479–504.
Vogt, Sabine, 1999: Geographische Informationssysteme. Crime mapping – Frischer Wind in der Kriminalitätsanalyse, in: Kriminalistik 12, 821–823.
Weichert, Thilo, 1998: Audio- und Videoüberwachung. Kontrolltechniken im öffentlichen Raum, in: Bürgerrechte & Polizei/CILIP 60 (2), 12–19.
Weinem, Wolfgang, 1998: Die moderne Überwachung der Telekommunikation. Möglichkeiten und Grenzen im gesetzlichen Rahmen, in: *BKA* (Hrsg.), Festschrift für Horst Herold zum 75. Geburtstag. Das Bundeskriminalamt am Ausgang des 20. Jahrhundert. Wiesbaden, 451–478.
Werkentin, Falco, 1984: Die Restauration der deutschen Polizei. Innere Rüstung von 1945 bis zur Notstandsgesetzgebung. Frankfurt a.M.
Winkel, Olaf, 1997: Private Verschlüsselung als öffentliches Problem, in: Leviathan 4, 567–586.
Winkel, Olaf, 1999: Die Förderung von Vertrauen, Glaubwürdigkeit und Verlässlichkeit in der digitatlisierten Informationsgesellschaft. Welchen Beitrag kann die elektronische Verschlüsselung dazu leisten?, in: *P. Rössler/W. Wirth* (Hrsg.), Glaubwürdigkeit im Internet. Fragestellungen, Modelle, empirische Befunde. München, 193–208.
Wirth, Antonia, 1999: Inpol-neu. Folgen für den Datenschutz, in: Bürgerrechte & Polizei/Cilip 62 (1), 31–34.
Wisotzky, Rolf, 1998: Der polizeiliche Staatsschutz und der Weg in die modernen Kommunikationstechnologien, in: *BKA* (Hrsg.), Festschrift für Horst Herold zum 75. Geburtstag. Das Bundeskriminalamt am Ausgang des 20. Jahrhundert. Wiesbaden, 479–504.

Neue Technologien der Kriegsführung und ihre Auswirkungen auf die internationale Ordnung

Ulrich Albrecht

1. Nahes Ende oder baldiges Ansteigen von Rüstungsfortschritt?

Hannah Arendt schrieb (Ahrendt 1970: 7; Hervorhebung im Original) vor dreißig Jahren: „Die technische Entwicklung der Gewalt*mittel* hat in den letzten Jahrzehnten den Punkt erreicht, an dem sich kein politisches Ziel mehr vorstellen lässt, das ihrem Vernichtungspotenzial entspräche."

Die Auffassung, dass der technische Fortschritt in der Rüstung nunmehr seinen Endpunkt erreicht habe, findet sich wiederholt zu anderen Zeiten bei anderen Zeitgenossen. Knapp einhundert Jahre vor Hannah Arendt meinte Friedrich Engels im „Anti-Dühring" definitiv, dass „die Waffen so vervollkommnet [sind], dass ein neuer Fortschritt von irgendwelchem umwälzenden Einfluss nicht mehr möglich ist." Engels betont gar: „So sind alle weiteren Fortschritte für den Feldkrieg mehr oder weniger gleichgültig. Die Ära der Entwicklung ist nach dieser Seite hin also im wesentlichen abgeschlossen" (MEW 20: 158).

Im „digitalen Kapitalismus" (Enzensberger 2000) wird gewiss auch die Rüstung und das Militärwesen von den immensen Fortschritten der Computertechnologie geprägt. Die Frage lautet, ob der Rüstungssektor im Vergleich mit anderen Bereichen überproportional von dieser Entwicklung erfasst wird, oder ob hier keine besonderen Vorkommnisse zu verzeichnen sind. Ferner ist zu fragen, ob der Rüstungssektor womöglich wichtige Triebkraft der phänomenalen Entwicklung des Internet ist – geht doch dessen Entwicklung auf militärische Anfänge zurück („Wie bei der Telegrafie waren es auch im Fall des Internet die Militärs und die Geheimdienste, die als Erste erkannt haben, wozu man die Erfindung einiger Tüftler brauchen konnte", Enzensberger 2000: 94, für viele). Die Technikhistorie streitet bis heute darüber, ob wichtige Beiträge zum Aufstieg des Kapitalismus wie vor zweihundert Jahren die Einführung serieller Herstellungstechniken bei der Manufaktur von Gewehren (Winter 1975; auch Cohen 1996: 42) oder die Bildung des Konzeptes Waffensystem bis heute dem Rüstungswesen als *lead technology* eine Spitzenrolle bei der Induktion neuer Technologien in die Volkswirtschaften allgemein zuweisen. Dieser Mythos von der allgemeinen Technologieergiebigkeit der Rüstung wird seit der Antike sorgfältig gepflegt, gern auch durch eine inkorrekte Übersetzung eines Satzes des Philosophen Heraklit: „Der Krieg ist der Vater aller Dinge." Heraklit spricht allerdings allgemeiner vom Streit (πόλεμος), und nicht vom Krieg.[1] – Die prinzipielle These, dass über (ein der Kernphysik entlehntes

---

1 Windelband-Heimsoeth (1957: 43): „Der ‚Fluß der Dinge' verwandelte sich für [Heraklits] poetische Rhetorik in einen unaufhörlichen Streit der Gegensätze, und diesen Streit (πόλεμος) erklärte er für den Vater aller Dinge."

Bild) ein „spin-off" von Rüstungstechnologie in die Volkswirtschaft insgesamt hinein erfolge (Albrecht 1988, 1989), ist mit einer in den USA breit beachteten Untersuchung einer Gruppe von Harvard-Autoren (Alic u.a. 1992) grundsätzlich widersprochen worden: Nunmehr gelte, dass die Rüstungstechnologie in großem Maße von der allgemeinen Technologieentwicklung profitiere und nicht umgekehrt. Die von der Steuerung von Technikförderung her bedeutsame Frage nach der genauen Rolle des Rüstungssektors in der *high-tech* Entwicklung verspricht somit Erkenntnisse von Bedeutung weit über diesen Sektor hinaus.[2]

2. Eine Revolution der Militärtechnik?

Gegenüber der These der Absättigung von technischem Fortschritt in der Rüstung bildet sich seit einiger Zeit die Gegenposition heraus, besonders in amerikanischen *think tanks* und Einrichtungen der Streitkräfte, dass provozierenderweise mit dem Ende des Ost-West-Konflikts in seiner militarisierten Form ein steiler Anstieg an Neuerungen in der Waffentechnik zu verzeichnen sei. „Für nahezu eine Dekade haben amerikanische Rüstungsplaner eine anstehende ‚Revolution in military affairs'[3] vorausgesehen", schreibt Eliot A. Cohen 1996 in *Foreign Affairs* (Cohen 1996: 37). Diese Revolution sei umfassend, sie könnte gar zum Ende der bisherigen Organisation von Streitkräften und allem, was wir als ihre Besonderheiten kennen, führen. Den „Cyborg, eine Schimäre aus Mensch und Maschine" (Enzensberger 2000: 93), haben die Militärs mit dem „Information Warrior" schon fest im Blick – der würde Panzerbesatzungen und Kampfpiloten in ihren Rollen ablösen. „Der bedeutendste Mensch auf dem Schlachtfeld der Zukunft", spottet James der Derian, „werde der Webmaster sein."[4] „Die neuen Computertechnologien [berauben] alte Handlungsmuster und Rollenverständnisse ihrer Selbstverständlichkeit" (Bendrath 1998: 68).

Bendrath hebt mit Bezug auf ein Urelement militärischer Organisation, die Befehlshierarchie, als Novum hervor (Bendrath 1999): „Feste Hierarchien gelten plötzlich als überholt, die Grenzen zwischen innerer und äußerer Sicherheit werden eingerissen, und der Krieg findet nicht mehr auf dem Schlachtfeld, sondern auf den Computerterminals der Kommandeure statt." Territorialität (Harvey 1990, 1994) als Charakteristikum von Militär (traditionell ging es um „Landesverteidigung") geht verloren, wenn „jedes beliebige Ziel global umgehend aufgeklärt und bekämpft werden" kann (Neuneck 1999: 13). Die „Revolution in Military Affairs" „führt weg von teuren, ständig bereitgehaltenen Massenheeren hin zu einer schlagkräftigen und überlegenen High Tech-

---

[2] Ein mit dieser Tagung des Arbeitskreises der DVPW vergleichbares Projekt („Technologie und Gesellschaft an der Jahrtausendwende") ist in der Schweiz von Dieter Ruloff organisiert worden (Freedmann 1999).
[3] Für RMA, sodass mittlerweile gängige Kürzel, gibt es bislang keine eingeführte Übersetzung ins Deutsche. Neuneck (1999: 10) übersetzt mit „Revolution im Militärbereich", was dem Verständnis nicht helfen wird. Deswegen wird im Folgenden der englische Ausdruck benutzt.
[4] Der Derian auf der Jahrestagung der International Studies Association, Panel C-11, Toronto, 22.3.1997, zit. nach Bendrath (1998: 3).

Armee, die sich moderner Informationstechnologien ebenso bedient wie des Weltraums" (Neuneck 1999: 13).

Cohen zufolge hat gar bei den Russen die Einsicht, bei dieser Revolution nicht mithalten zu können, zum Ende der Sowjetunion beigetragen (Cohen 1996: 39):

„Die Sowjets fanden, dass ihre Bewertung der Zukunft des Rüstungswesens in größtem Maße entmutigend ausfiel, weil sie versprach, ihre Strategie für den Kriegsfall in Europa über den Haufen zu werfen. Diese basierte auf dem geordneten Vorstoß massierter Formationen von Verbänden von Panzern und gepanzerten Fahrzeugen. Auch realisierten sie, dass ihr Land, welches sich als unfähig erwiesen hatte, einen brauchbaren PC hinzukriegen, nicht einen Rüstungswettlauf durchhalten könnte, der von den Informationstechnologien vorangetrieben würde."

Die chinesische Führung scheint sich allerdings entschlossen zu haben, an der „Revolution in Military Affairs" teilzunehmen (Rötzer 1999).

Diese „Revolution in Military Affairs", so Ralf Bendrath, sei allerdings von der politischen Öffentlichkeit nicht wahrgenommen worden („Fast unbemerkt hat die Postmoderne nun auch die Militärs erreicht", Bendrath 1999). Gleichwohl hat eine intensive Fachdebatte zum Thema eingesetzt.[5]

Angesichts so viel Pulverdampf und Lärm lohnt es sich, bei einer deutschen Behörde nachzuschlagen, was es denn nun mit dieser „Revolution in Military Affairs" tatsächlich auf sich habe. Das „Büro für Technikfolgen-Abschätzung beim Deutschen Bundestag" hat denn auch auf Initiative des Unterausschusses „Abrüstung und Rüstungskontrolle" hin einen einschlägigen Bericht vorgelegt, um „die Grenzen und Möglichkeiten einer frühzeitigen rüstungskontrollpolitischen Bewertung neuer Technologien zu untersuchen" (Petermann u.a. 1996: 3). Die Studie hat Gewicht, weil sie von bekannten Fachkollegen begleitet wurde (dem Beirat saß Egon Bahr vor, die Beiträge von Harald Müller und Jürgen Altmann werden besonders hervorgehoben, von sozialwissenschaftlicher Seite war ferner Michael Stürmer beteiligt. Gutachten wurden eingeholt von der *Hessischen Stiftung Friedens- und Konfliktforschung* (HSFK), der *Interdisziplinären Arbeitsgruppe Naturwissenschaft, Technik und Sicherheit* an der TH Darmstadt (IANUS), dem *Forum InformatikerInnen für Frieden und gesellschaftliche Verantwortung*, Bonn (FIfF), dem von Albrecht von Müller geleiteten *European Center for International Security* (EUCIS) in Starnberg, sowie Hans Günter Brauchs *Arbeitsgruppe Friedensforschung und Europäische Sicherheitspolitik* (AFES) in Mosbach). Die TAB-Studie greift in dem hier relevantesten Abschnitt „Zur militärischen Relevanz neuer Technologien" allerdings „zurück auf zentrale Ergebnisse einer Studie, die ein Team des [Fraunhofer-Gesellschaft]-Instituts für Naturwissenschaftlich-Technische Trendanalysen, Euskirchen" erstellt hatte. Diese Untersuchung des militärnahen Instituts der Fraunhofer-Ge-

---

[5] Ein Zweck dieses Beitrages ist es, die am allgemeinen Technologiediskurs Interessierten auf diese Debatte zu verweisen. Ralf Bendrath hat eine Mailingliste eingerichtet (http://userpage.fu-berlin.de/~bendrath/liste.html, ferner hat aus dem selben Umfeld die „Forschungsgruppe Informationsgesellschaft und Sicherheitspolitik" (FoG:IS eine Homepage eingerichtet (http://www.fogis.de). Verwiesen sei auch auf das FoG:IS Arbeitspapier Nr.1, Texte zur Sicherheitspolitik in der Informationsgesellschaft, Berlin 1999. Zum weiteren Verweis auf diesen Diskurs wurden signifikante Beiträge, auch wenn sie nicht eigens zitiert werden, in die Literaturliste am Ende des Beitrages aufgenommen.

sellschaft war dem TAB-Team so wichtig, dass „eine Wiedergabe der einschlägigen Abschnitte der Studie ... im Materialienband" (Petermann u.a. 1996: 63) gedruckt wurde – eine solche Würdigung erfuhren die Beiträge der Politikwissenschaftler und Friedensforscher erkennbar nicht. So verwundert nicht, wenn die TAB-Analytiker sich weitgehend den Euphorikern der neuen Rüstungstechnologie anschließen und tatsächlich eine „Revolution in Military Affairs" im Anmarsch sehen. Schon die unreflektierte Übernahme des Sprachjargons der Militärs (Begriffe wie „Streitkräfteaufwuchs", besonders auch das militärische Abkürzungskauderwelsch à la C3I, CPI, MVW usf.)[6] deutet auf einen Mangel an Distanz hin.

Als Leitbilder dieser Revolution übermittelt die TAB-Studie (Petermann u.a. 1996: 71. Eine etwas andere Aufgliederung etwa bei Neuneck 1999: 11):
– „Erlangung der Informationsüberlegenheit und Einbindung in globale/regionale Kommando- und Führungssysteme,
– Gewährleistung strategischer und taktischer Mobilität und einer flexiblen Einsatzfähigkeit im Streitkräfteverbund,
– Verteidigungsfähigkeit gegen Luftangriffe und Erlangung der Luftüberlegenheit sowie
– Anpassung von Logistik, Ausbildung und Simulation an ein breites Spektrum militärischer Aufgaben."

Weil Informationstechnologie in diesem Leitbild die zentrale Rolle spielt, hat sich mittlerweile als Sammelbegriff *Infowar* eingebürgert. Bendrath (1998: 42; eine formalere Definition bei Petermann u.a. 1996: 104) definiert diesen mit „im Kern die Anwendung von Zwang mit Mitteln jenseits physischer Gewalt". Die Militärs sprechen nunmehr von C4ISR: Command, Control, Communication, Computers, Intelligence, Surveillance and Reconnaissance, benutzen aber auch den Begriff „Information Warfare" (Joint Chiefs 1996: 16).

In der Beschreibung der Technologielinien, um die es bei der RMA geht, gleichen sich die Angaben verschiedener Quellen sehr. Die Bezeichnungen überschreiten häufig das Referenzwissen auch an Sicherheitsfragen interessierter Zeitgenossen. So geht es bei den elektronischen Aufklärungsmitteln um phasengesteuerte Radare, um Synthetic Aperture Radare oder auch Laser-Radare. Weil aus technischen Gründen die Leistungssteigerung von Rohrwaffen beschränkt bleibt (durch die Abbrandgeschwindigkeit des Pulvers sowie die Geschossreibung im Rohr), wird in einer Anzahl von Ländern an Kanonen gearbeitet, die Projektile elektromagnetisch oder elektrothermisch beschleunigen. Führen herkömmliche Sprengköpfe den Oxydator noch mit sich, werden bei „Fuel Air Explosives" hochenergetische Brennstoffe mit Umgebungsluft vermischt und zur Detonation gebracht. Frühe Varianten solcher Druckwellenwaffen wurden im Vietnamkrieg, in Afghanistan und im 2. Golfkrieg eingesetzt. – Diese Liste solcher Technologielinien ließe sich umfangreich fortsetzen (vgl. ausführlich den TAB-Bericht Petermann u.a. 1996). An dieser Stelle ging es um exemplarische Anführungen der Technologieinhalte.

---

6 Eingedeutscht gemäß TAB-Studie: CPI = Counterproliferations-Initiative; MVW = Massenvernichtungswaffen.

Die Robotisierung der Fabrik macht auch bei den Streitkräften nicht Halt: Roboter-Gefechtsfeldsysteme sowie ein Spektrum unbemannter Flugkörper unterschiedlicher Reichweite sollen künftig Aufgaben von Panzer- und Flugzeugbesatzungen übernehmen. Die von ihnen verfeuerten Geschosse sollen künftig beim Zielanflug elektronisch nachgesteuert werden, wie dies heute moderner Standard für Fliegerbomben ist. Für die erforderliche Elektronik will das Militär die Supraleitfähigkeit bestimmter Substanzen ausnutzen, die bislang nur bei extremer Tiefkühlung erreichbar war (im Militärjargon handelt es sich um so genannte SQUIDs). Die Krönung der Technologieexzesse stellen die „Systems of Systems" dar (Owens 1995), automatisierte Systemverwalter, bei denen die Myriaden elektronischer Informationen zusammenströmen und die diese umsetzen.

Es fällt nicht schwer, in der RMA die Grundzüge allgemeiner Entwicklungen von Technologie zu erkennen, wie sie besonders im Diskurs über Globalisierung erörtert werden. Die Robotisierung von Herstellungsprozessen (auch wenn, wie die Bundeswehr in Anzeigen wissen lässt, „Sicherheit produziert" wird) zielt auf eine massive Minderung der Arbeit von Menschen. Die Territorialität dieser Prozesse schwindet. Prozesse des „disembedding", der Loslösung von überkommenen Strukturen, die bisher die Akteure trugen, lassen sich auch beim Militär beobachten, wenn dieses nun antritt, tatsächlich weltweit zu agieren. Als Schlüsseltechnologie führt unangefochten die Informatik mit ihren vielen Verzweigungen.

In der Großorganisation Militär schlagen Grundsätze der Unternehmensführungslehre durch, die die neuere Managementliteratur bestimmen: statt vertikaler Hierarchien Abflachungen von Hierarchien überhaupt, und das Netzwerk als Kernidee dezentralisierter Strukturen. „Outsourcing", die Nutzung externer Ressourcen, ist nunmehr auch eine Militärstrategie. Cohen berichtet (1996: 43), dass die Militärinterventionen der USA in Haiti und Somalia großenteils durch Privatfirmen logistisch unterstützt wurden. Bendrath (1998: 28) zeigt am Beispiel des späten Einzugs des PC beim Militär auf, welche Widerstände die „alte Militärkultur" diesen Neuerungen anfänglich entgegensetzte.

3. Die prima causa: Technologie oder Politik?

In vielen Studien, besonders auch von Kritikern, wird der Fortentwicklung der Rüstungstechnologie ein hohes Maß an Eigendynamik bescheinigt. Besonders nachdem mit dem Ende des militarisierten Ost-West-Gegensatzes das qualitative Wettrüsten ungebrochen weitergeht, haben solche Positionen ein Mehr an Beachtung erfahren.

Dem stehen Ansichten entgegen, dass nicht nur die Rationalität des Marktes Technologiefortschritte befördert, sondern im Rüstungswesen politische Entscheidungen den Ausschlag geben. Wichtigstes Beispiel bleibt die Entscheidung des amerikanischen Präsidenten Reagan, mit dem Projekt „Strategic Defense Initiative" (SDI), unter dem Namen „Star Wars" bekannter geblieben, den Sowjets einen militärischen Technologiewettlauf aufzuzwingen.

Zwischen diesen beiden Positionen finden sich Theoreme vom „militärisch-industriellen Komplex" und vergleichbare Ansätze, die zwar nicht von technologischer Eigendynamik ausgehen, jedoch von speziellen Arrangements zwischen Institutionen (den Streitkräften, der Rüstungswirtschaft) die bei weitem überdurchschnittlich durchsetzungsmächtig Quantensprünge in der Entwicklung der Rüstungstechnologie zu Stande bringen. Um diese Position ist es allerdings in der neueren Zeit stiller geworden.

Die neuere Literatur neigt eindeutig der Auffassung zu, dass im Rüstungssektor die Erzeugung und Diffusion neuer Technologie vor allem politikgeleitet erfolgt. Das TAB-Team gelangt zu einem eindeutigen Befund, nämlich „dass es nicht Technologien per se sind, die positive oder negative Folgen erzeugen, sondern politische Handlungen." Zumindest sprachlich ungenau heißt es unmittelbar im Anschluss: „Dazu zählen auch die Leitbilder und Zielvorstellungen der zivilen, politischen und militärischen Entscheidungsträger, die Entscheidungen und Handlungen anleiten" (Petermann u.a. 1996: 69).[7]

Auch Cohen sieht die Schubkräfte für die RMA vorrangig nicht im Militärischen („Eine Revolution hat tatsächlich eingesetzt. Aber diese wird von machtvollen Kräften gestaltet, die von außerhalb der Sphäre der Kriegführung kommen", 1996: 41). Cohen verallgemeinert gar, dass dies im Rüstungswesen ein allgemeines Phänomen sei.

In ihrem Standardwerk „Beyond Spinoff" setzten sich Alic und Mitautoren mit gleichem Ergebnis mit der Frage auseinander: wird der Rüstungsfortschritt von Eigendynamik getragen oder stechen doch politische Vorgaben? Alic und Mitautoren setzen sich zunächst mit dem Tatbestand auseinander, dass die meiste neue Technologie „dual use"-Eigenschaften hat, zweiwertig ist, und sowohl zivilen wie militärischen Zwecken dienen kann. Das lässt zunächst Richtung und Intention der Technologiegenerierung offen (und bildet somit ein Problem für die These, dass Handlungsvorgaben entscheiden): „Dual use ist nicht die Toppriorität irgendeiner Regierungsbehörde oder der meisten Privatunternehmen" (Alic u.a. 1992: 4). Sie bezeichnen es als „Paradoxon des dual use", dass es „einen Bruch zwischen der inhärent mehrnutzbaren Eigenarten von vielem an moderner Technologie gibt sowie der Tatsache, dass Technologie von Einrichtungen gefördert wird, die sehr unterschiedliche Zielstellungen haben" (Alic u.a. 1992: 5). Mit ihrem Fokus auf einer Neuformulierung von Technologiepolitik erweist sich auch dieser Ansatz als von der handlungsbestimmten Generierung neuer Technologien bestimmt. – Anhand dreier gewichtiger Positionen zeigt sich somit die Übereinstimmung über die ausschlaggebende Rolle der Politik in der Technikgenese und -diffusion. Diese Festellung besagt noch nicht, über welche Muster Technologie diffundiert wird, und wie zivile und militärische Urheber interagieren. Bestimmend bleibt für die neuere Zeit die Einsicht, dass es keine markant einsinnigen Transferrichtungen gibt, und dass militärische neben und in Verbindung mit nichtmilitärischen Innovationen zu sehen sind.

---

7 Ungenau, weil „Leitbilder und Zielvorstellungen" nun mal keine „Handlungen" sind. Verwunderlich bleibt auch die Dreierklassifikation von „zivilen, politischen und militärischen Entscheidungsträgern", bilden doch zivil und militärisch ein erschöpfendes Paar von Gegensätzen. Schließlich ist es die definitorische Eigenschaft von Leitbildern, dass sie „anleiten". Vgl. ausführlich dazu Dierkes u.a. (1992: 41).

4. Das Ziel: Dominanz

Der Befund provoziert die Frage, warum neuerlich besonders in den USA, angesichts vielfacher kompetierender Ansprüche auf Zuweisung öffentlicher Ressourcen, nach dem Ende des Kalten Krieges ausgerechnet die Rüstung Priorität zugesprochen bekommt.

In US-amerikanischen Aussagen wird der Schritt zur RMA erstaunlich ungebrochen mit Dominanzbestrebungen begründet. Die Vereinigten Stabschefs der US-Streitkräfte halten in der Studie „Joint Vision 2010" fest, es ginge Amerika „um die Fähigkeit, Dominanz über einen Gegner über die volle Bandbreite militärischer Operationen auszuüben. Die Dominanz des Spektrums wird das Schlüsselelement sein, das wir für unsere Streitkräfte im 21. Jahrhundert suchen" (Joint Chiefs of Staff 1996: 2). Mit „Dominanz des Spektrums" meinen die Generäle Überlegenheit der USA auf dem breiten Spektrum künftiger militärischer Möglichkeiten, vor allem ihrer technologischen Abstützung. Diese Dominanzfähigkeit ist nach Ansicht der Stabschefs bislang nicht gegeben („Joint Vision 2010" ist „darauf fokussiert, Dominanz zu erreichen", Joint Chiefs 1996: 1).

Im Zeitalter der Informatik geht es vor allem um Informationsdominanz. Als „core strengths" Amerikas geben die Stabschefs neben der hohen Qualifikation des Personals vor allem „information-age technological advances" an (Joint Chiefs 1996: 2). Weiter heißt es in ihrer Studie: „Wir müssen Informationsüberlegenheit haben: die Fähigkeit, einen ununterbrochenen Strom von Daten zu sammeln, zu verarbeiten und zu verteilen, während wir die Fähigkeit des Gegners, dies zu tun, ... unterbinden" (Joint Chiefs 1996: 16). Das Streben nach „information superiority" durchzieht die gesamte „Joint Vision 2010" (Joint Chiefs 1996: 19, 22, 32).

Präsident Clinton wird in dem Dokument „National Security Strategy" von 1997 mit der Aussage zitiert, dass hierfür US-Dominanz im Weltraum unabdingbar bleibe: „Wir sind verpflichtet, unsere Führerschaft im Weltraum zu erhalten. Ungestörter Zugang zum und Nutzung des Weltraums ist wesentlich, um Frieden zu erhalten und die nationale Sicherheit der USA ebenso zu beschützen wie die zivilen und kommerziellen Interessen" (zit. nach Neuneck 1999: 14).

In einer Budgetrede verweist Verteidigungsminister Cohen auf die Interessen, welche zu dem Konzept der Technologiedominanz in der Rüstung führen: Man wolle „das internationale Umfeld in günstiger Weise für die amerikanischen Interessen gestalten, willens und fähig sein, auf das volle Spektrum von Krisen zu antworten und jetzt für eine ungewisse Zukunft vorbereitet sein" (Department of Defense 1998).

Zur Virtualität der Kriegsführung gesellt sich die Virtualität des militärischen Gegners. „Die USA rüsten mit sich selbst" (Neuneck 1999: 10), um gegen potenzielle Bedrohungen mit Massenvernichtungsmitteln gefeit zu sein (das Personal des „Non-Proliferation Center" der US-Geheimdienste soll verdreifacht werden), um mit dem Projekt „National Missile Defense" möglicherweise angreifende Raketen abzufangen, um im Neuansatz der „Urban Warfare" Einsätze auf ungewohnten Kriegsschauplätzen vorzubereiten („Das neue Terrain der Mega-Städte, das ungewohnt für moderne Streitkräfte ist, ist nicht das offene Gelände, auf dem die konventionelle Überlegenheit begründet ist", zit. nach Neuneck 1999: 12).

Die allgemeinste Funktion der Forcierung neuer Militärtechnologie durch die US-Führung liegt in der Ausfüllung der unipolaren Machtstruktur, welche das Ende der UdSSR bewirkt hat. Es handelt sich um die politische Grundlinie von Globalisierung: so wie die Ökonomie die Erdkugel umfassend *ad unum* strebt, der vollständigen Herstellung eines einheitlichen Weltmarkts, bildet sich eine korrespondierende Entgrenzung in der Sphäre der Politik heraus. Wie die Stabschefs formulieren: es gehe um „Präeminanz in jeglicher Art von Konflikt" (Joint Chiefs 1996: 2). Der Konfliktbegriff ist sehr umfassend: die Stabschefs sind bestrebt, „die volle Bandbreite von militärischen Operationen zu dominieren, von der humanitären Hilfe über Friedensmissionen bis hin und in Konflikte höchster Intensität" (Joint Chiefs 1996: 25).

Für die Technologiepolitik heißt dies, dass im Militärwesen zwei spezifische Dynamiken greifen, augenscheinlich einander wechselseitig verstärkend: zum einen der allgemeine technologische Wandel, welcher die Globalisierung wesentlich trägt, und zum anderen der militärspezifische Versuch, durch forcierte Fortschritte in der Rüstungstechnologie die Führungsmacht USA in der Dominanz dieser Prozesse zu halten.

Literatur

(Einige Hinweise verdanke ich Bendrath 1998)
Ahrendt, Hannah, 1970: Macht und Gewalt. München/Zürich.
Albrecht, Ulrich, 1988: Spin-off: a fundamentalist approach, in: *Philip Gummett/Judith Reppy* (Hrsg.), The Relation between Defence and Civil Technologies. Dordrecht (NATO ASI Series D, vol. 46), 38–57.
Albrecht, Ulrich, 1989: Die Nutzung und der Nutzen militärischer FuE-Ergebnisse für zivile Anwendungen. Köln (TÜV Rheinland, Reihe Technologietransfer Bd. 14).
Alic, John A./Branscomb, Lewis M./Brooks, Harvey/Carter, Ashton B./Epstein, Gerald L., 1992: Beyond Spinoff. Military and Commercial Technologies in a Changing World. Boston, MA.
Altvater, Elmar, 1988: Theoretical Deliberations on Time and Space of Post-Socialist Transformation, in: Regional Studies 32 (7), 591–605.
Bendrath, Ralf, 1998: Neue Technologien und der Wandel der zivil-militärischen Beziehungen. Computer und die neue Rolle des Militärs in den USA. Berlin (unveröff. Diplomarbeit, OSI-FU).
Bendrath, Ralf 1999: Postmoderne Kriegsdiskurse, in: Telepolis (= eine elektronische Zeitschrift, http://www.heise.de/tp/deutsch/special/info/6562/1.html), 13.12.
Bickenbach, Joachim/Keil-Slawik, Reinhard/Löwe, Michael/Wilhelm, Rudolf (Hrsg.), 1985: Militarisierte Informatik. Marburg.
Bijker, Wiebe E. (Hrsg.), 1992: Shaping Technology, Building Society: Studies in Sociotechnical Change. Cambridge, Mass.
Brauch, Hans Günter/Der Graaf, Henny J. Van/Grin, John/Smit, Wim A. (Hrsg.), 1992: Controlling the Development and Spread of Military Technology. Lessons from the Past and Challenges for the 1990s. Amsterdam.
Castells, Manuel, 1996: The Rise of the Network Society. Oxford (The Information Age, vol. 1).
Creveld, Martin L. van, 1988: Technology and War. From 2000 B.C. to the Present. New York.
Cohen, Eliot A., 1996: A Revolution in Warfare, in: Foreign Affairs, March-April, 37–54.
Daase, Christopher, 1991: Der erweiterte Sicherheitsbegriff und die Diversifizierung amerikanischer Sicherheitsinteressen. Anmerkungen zu aktuellen Tendenzen in der sicherheitspolitischen Forschung, in: PVS 3, 425–451.
Department of Defense 1998: Department of Defense Budget for FY 1999, Washington, D.C. (Department of Defense), 2 February.

Dierkes, Meinolf/Hoffmann, Ute/Marz, Lutz, 1992: Leitbild und Technik. Zur Entstehung und Steuerung technischer Innovationen. Berlin.
Engels, Friedrich [1878], 1972: Herrn Eugen Dührings Umwälzung der Wissenschaft, in: MEW 20, Berlin.
Enzensberger, Hans Magnus, 2000: Das digitale Evangelium, in: DER SPIEGEL, Nr. 2, 92–101.
Eurich, Claus, 1991: Tödliche Signale. Die kriegerische Geschichte der Informationstechnik von der Antike bis zum Jahr 2000. Frankfurt a.M.
Freedman, Lawrence David, 1999: War and Society in the Information Age, in: *Dieter Ruloff* (Hrsg.), Technologie und Gesellschaft an der Jahrtausendwende. Zürich.
Geiger, Gebhard, 1997: „Cyberwar" und neue Strukturen der internationalen Sicherheit. Informationsdominanz als Faktor der internationalen Stabilität. Ebenhausen (SWP-IP 3015), April.
Harvey, David, 1990: The Condition of Postmodernity. Cambridge, MA/Oxford.
Harvey, David, 1994: Die Postmoderne und die Verdichtung von Raum und Zeit, in: *A. Kuhlmann* (Hrsg.), Philosophische Ansichten der Kultur der Moderne. Frankfurt a.M., 48–78.
Inacker, Michael J., 1997: Kriegführung im Computerzeitalter. Der technologische Vorsprung der USA, in: Internationale Politik 9, 43–47.
Johnsen, William T., 1997: The Future Roles of U.S. Military Power and their Implications. Carlisle, Pa.
Joint Chiefs of Staff, 1996: Joint Vision 2010. Washington, D.C. (http://dtic.mil/doctrine/jv2010/jv2010.pdf).
Kuehl, Dan, 1997: Joint Information Warfare. An Information-Age Paradigm for Jointness, Strategic Forum, Nr. 105. Washington, D.C., March.
Molander, Roger C./Riddile, Andrew S./Wilson, Peter A., 1996: Strategic Information Warfare. A New Face of War. Santa Monica.
Münkler, Herfried, 1995: Die Kriege der Zukunft und die Zukunft der Staaten, in: Berliner Debatte INITIAL 6, 3–12.
Nerlich, Uwe, 1998: Strategische Dimensionen der Informationskriegsführung, in: Europäische Sicherheit 4, 40–43.
Neuneck, Götz, 1999: Virtuelle Rüstungen. Die Waffensysteme des 21. Jahrhunderts oder die USA rüsten mit sich selbst, in: Wissenschaft und Frieden, W&F Dossier 31, 10–15.
Nye, Joseph F., Jr./Owens, William A., 1996: America's Information Edge, in: Foreign Affairs 3/4, 329–346.
Odom, William E, 1997: Transforming the Military, in: Foreign Affairs 4 (July/August), 54–64.
Owens, William A., 1995: The Emerging System of Systems, in: Military Review 3 (May-June), 15–19.
Petermann, Th./Socher, M./Wennrich, Ch., 1996: TA-Projekt Kontrollkriterien für die Bewertung und Entscheidung bezüglich neuer Technologien im Rüstungsbereich (TAB-Arbeitsbericht Nr. 45). Bonn.
Pfaltzgraff, Robert L., Jr./Shultz, Richard H., Jr. (Hrsg.), 1997: War in the Information Age: New Challenges for U.S. Security. Washington, D.C./London.
Rötzer, Florian, 1999: Chinesische Armee will sich für den Infowar aufrüsten, in: Telepolis (http://www.heise.de/tp/deutsch/special/info/6525/1.html).
Ruggie, John G., 1993: Territoriality and Beyond. Problematizing Modernity in International Relations, in: International Organization 1, 139–174.
Schwartau, Winn (Hrsg.), 1996: Information Warfare. Cyberterrorism: Protecting Your Personal Security in the Electronic Age. New York.
Stanley, Elizabeth A. 1998: Evolutionary Technology in the Current Revolution in Military Affairs: The Army Tactical Command and Control System. Carlisle, Pa.
Toffler, Alvin and Heidi, 1993: War and Anti-War. Survival at the Dawn of the 21st Century. New York u.a.
Virilio, Paul, 1980: Geschwindigkeit und Politik. Ein Essay zur Dromologie. Berlin.
Winter, J.M. (Hrsg.), 1975: War and Economic Development. Cambridge u.a.

3.3 Anwendungspotenziale und Einsatzformen neuer Sicherheitstechnik

Systeme der Zulassung und Überwachung riskanter Techniken:
Machtverluste diskursiver Verwaltung und Gegenstrategien

Nils C. Bandelow

1. Einleitung

Die Sicherheitsregulierung[1] riskanter Techniken ist eine besondere Herausforderung für die öffentliche Verwaltung im Umgang mit gesellschaftlichen Partikularinteressen. In Deutschland existieren komplexe Systeme der Zulassung und Überwachung riskanter Techniken, deren institutionelle Grundlagen im 19. Jahrhundert entstanden sind. Ursprünglich war ihre Einführung durch betriebswirtschaftliche Interessen der Betreiber motiviert. Daher dominierten zunächst Institutionen der Eigenüberwachung durch Verbände und private Expertengremien. Erst in einem zweiten Schritt wurden öffentliche Behörden in unterschiedlicher Weise eingebunden (vgl. Lundgreen 1986; Czada 1992: 277–279, 1999: 10; Deutsches Institut für Normung 2000).

Die öffentliche Verwaltung wurde dabei zunächst Teil von Netzwerken mit grundsätzlich konsensfähigen Zielen aller Beteiligten. Erst der Konflikt um die Kernenergie führte zu einer Politisierung und damit zu einer Veränderung der öffentlichen Erwartungen und der Ansprüche an die Rolle der Zulassungs- und Aufsichtsbehörden. Genehmigungsverfahren für einzelne Anlagen wurden zur Arena der Austragung von Grundsatzkonflikten über die Gesamtentwicklung der modernen Gesellschaft (vgl. Czada 1992; Hasse 1997).

Die Zulassungs- und Aufsichtsbehörden haben daher heute unterschiedliche und zum Teil widersprüchliche Ansprüche zu erfüllen: Sie sollen Rechtsstaatlichkeit sichern, öffentliche Technikakzeptanz schaffen, günstige Rahmenbedingungen für wirtschaftliches Wachstum erzeugen, Risiken minimieren und/oder politisch unerwünschte Techniken verhindern. Gleichzeitig stehen sie vor dem Problem der Ungewissheit über mögliche Folgen neuer Techniken und der darauf bezogenen Verwaltungsakte (vgl. Bonß 1995; Gleich 1999; Hampel/Renn 1999: 18).

Vor diesem Hintergrund ist aus politikwissenschaftlicher Sicht vor allem das Zusammenspiel zwischen öffentlicher Verwaltung, Regelungsadressaten und Drittbetroffenen interessant. Während Regelungsadressaten und Drittbetroffene jeweils Partikularin-

---

1 Mit dem Begriff der „Sicherheitsregulierung" soll nicht zum Ausdruck gebracht werden, dass mit technischer Regulierung Risiken durch Sicherheit ersetzt werden könnten (zur Unmöglichkeit dieses Unterfangens vgl. Wildavsky 1988).

teressen vertreten, sind Behörden über Regierungen und Parlamente mittelbar demokratisch legitimiert und somit zumindest ideell Verfechter des Gemeinwohls. Daher ist danach zu fragen, inwiefern und wodurch die Letztentscheidungskompetenz der Verwaltung beim Umgang mit riskanten Techniken gefährdet ist und wie sich die demokratische Legitimität der Sicherheitsregulierung erhöhen lässt.

Im ersten der beiden Hauptabschnitte werden zunächst Anknüpfungspunkte aus drei sozialwissenschaftlichen Diskussionssträngen vorgestellt. Anschließend wird das Verhältnis der öffentlichen Verwaltung zu ihren wichtigsten Ansprechpartnern bei der Regulierung zweier ausgewählter Techniken (Atom- und Gentechnik) diskutiert. Als *Technik* gilt hier in Abgrenzung zur Natur „jegliche Anwendung von Verfahren, Instrumenten und Maßnahmen im Prozeß der menschlichen Handhabung der Stoffe der Natur sowie [der] aus der Anwendung resultierenden Werkzeuge, Maschinen und Anlagen" (von Alemann 1989: 14, vgl. auch Luhmann 1991: 94).

2. Das System der Zulassung und Überwachung riskanter Techniken als Gegenstand politikwissenschaftlicher Forschung und Theoriebildung

Die Handlungsfähigkeit der öffentlichen Verwaltung bei der Zulassung und Beaufsichtigung riskanter Techniken ist in der Politikwissenschaft vor allem in steuerungstheoretischen Kontexten diskutiert worden, zu denen sowohl die Implementationsforschung als auch neuere Verhandlungsmodelle beigetragen haben. Weitere sozialwissenschaftliche Anknüpfungspunkte bietet die neuere Risikosoziologie.

2.1 Standardisierung und Rechtsanwendung als Phase der Politikproduktion?

Bereits in den siebziger Jahren rückten die Politikproduktion durch Behörden und die mit ihr verbundenen gesellschaftlichen Interessen in den Mittelpunkt der politikwissenschaftlichen Analyse. Auf Grundlage von Zyklus-Modellen der Politikproduktion wurde das Verwaltungshandeln als Implementation vorher formulierter Entscheidungen interpretiert. Dabei gab man aber schon früh die normative Erwartung auf, das Implementationsnetzwerk müsse zu einer möglichst zielgenauen Umsetzung rechtlicher Vorgaben gelangen. Vielmehr wurde auf Grundlage einer Vielzahl von Fallstudien gezeigt, dass die öffentlichen Behörden oft eigene Interessen vertreten, die fast immer von denen der Drittbetroffenen abweichen. Dennoch ist das Verhältnis zwischen Behörde und Regelungsadressaten auch in der ordnenden Vollzugsverwaltung zunehmend durch eine Kundenorientierung geprägt, bei der die Antragsteller in vielfacher Weise den Entscheidungsprozess beeinflussen können (vgl. Windhoff-Héritier 1980; 1987; Mayntz 1980, 1983; Schubert 1991).

In den achtziger Jahren hat ein Perspektivwechsel in der Politikwissenschaft stattgefunden, indem allgemeinere Verhandlungsmodelle an die Stelle der vollzugsorientierten Betrachtungsweise getreten sind. Grundlage dieses Perspektivwechsels war weniger „schiere Langeweile" (wie Dammann 1997: 39 vermutet), sondern unter anderem eine umfassende Kritik am theoretischen Gehalt und an der empirischen Aussagekraft der

Phasenheuristik (vgl. Héritier 1993, deLeon 1999). Allerdings nehmen auch die im Folgenden diskutierten Bargainingmodelle die Hauptforderung der Cycle-Kritik nach einer Berücksichtigung von Überzeugungen und Informationen nicht auf (siehe auch Saretzki 1996).

2.2 Von der hierarchischen zur diskursiven Verwaltung

Das Technikrecht ist über unbestimmte Rechtsbegriffe in besonderem Ausmaß an naturwissenschaftlichen und technischen Sachverstand gebunden. Mit Ausnahme der Überwachung der chemischen Industrie findet die technische Sicherheitsregulierung im Rahmen von Netzwerken statt, die weder zentralisiert noch koordiniert sind (vgl. Huber 1998: 16). Die Folgen dieser Entwicklung zur diskursiven Verwaltung werden von der neueren Verwaltungsforschung ähnlich beschrieben wie von der klassischen Implementationsforschung: Öffentliche Behörden orientieren sich zunehmend am Leitbild der Akzeptanzschaffung unter starker Beteiligung der Regelungsadressaten (vgl. Vollmer 1997). Im schlimmsten Fall kann es zur Gefangennahme (capture) des Staates durch Interessengruppen kommen (vgl. List 1999: 213).

Dennoch fordern Kritiker der Politisierung technischer Entscheidungsverfahren eine noch stärkere Trennung des scheinbar wert- und interessenfreien technisch-wissenschaftlichen Diskurses vom politischen Diskurs (z.B. Bora 1999). Aus dieser Perspektive können nur technische Standards bei der Beurteilung von Techniken berücksichtigt werden. Andere Standards – etwa Sozialverträglichkeitsprüfungen – seien nicht objektiv definierbar und daher nur Mittel der politischen Auseinandersetzung (van den Daele 1993).

Dem ist entgegenzuhalten, dass auch technisch-wissenschaftliche Diskussionen als Ergebnisse von Wertkonflikten und Machtkämpfen interpretiert werden müssen (Landfried 1997). Aus demokratietheoretischer Perspektive wird daher der Rückzug des Staates zugunsten verbandlicher Standardsetzung (vgl. dazu Lamb 1994: 71–174; Brennecke 1999: 203–204) kritisiert (z.B. Beck 1986; Simonis 1989). Insbesondere der privaten Normsetzung ist eine mangelnde Input-Legitimation vorzuwerfen. Dieses Defizit wird auch bei einer halbstaatlichen Standardsetzung (staatliche Übernahme extern erarbeiteter Normen) nicht behoben. Grundsätzlich lässt sich eine Aufgabenverlagerung zugunsten privater Akteure nur dann rechtfertigen, wenn ein ausreichendes staatliches Droh- und Kontrollpotential zur Verfügung steht (vgl. Voelzkow 1994: 308–317). Dieses Potential wird aber bei einer Orientierung von Sicherheitsmaßstäben an den Vorgaben des naturwissenschaftlich-technischen Mainstreams aufgegeben. Diese Orientierung an einem technisch-wissenschaftlichen Diskurs setzt die Möglichkeit voraus, Kriterien für „Sicherheit" als Gütekriterien der Techniküberwachung konsensual festzulegen. Diese Voraussetzung einer konsensualen Problemdefinition ist aber bei riskanten Techniken nicht gegeben, wie die neuere Risikosoziologie zeigt.

2.3 Kognitive Komplexität und Ungewissheit als spezifische Herausforderungen der diskursiven Verwaltung

Bis in die siebziger Jahre dominierte in der sozialwissenschaftlichen Risikoforschung ein technisch-naturwissenschaftlicher Zugang, der sich am probabilistisch-positivistischen Risikobegriff orientierte (vgl. Krücken 1994: 207–208). Danach wird das Risiko eines Ereignisses durch dessen Eintrittswahrscheinlichkeit und das Schadenausmaß bestimmt. Dieser statische Risikobegriff, der die Vorstellung einer wissenschaftlich-technischen Bestimmbarkeit und Beherrschbarkeit von objektivierbaren „Fehlern" impliziert, liegt auch heute noch den Zulassungs- und Überwachungssystemen zugrunde.

Historische Studien haben aber gezeigt, dass die politische Behandlung moderner Techniken keineswegs einer berechenbaren Einschätzung von Risiken folgt. Vielmehr sind stets einzelne Unfälle dafür verantwortlich, dass Vorsichtsmaßnahmen getroffen werden (vgl. Eijndhoven 1994). Dabei können Unfälle in einem Feld auch die Aufsicht anderer Techniken beeinflussen.[2] Theoretisch ist am probabilistischen Risikobegriff zunächst sein „dekontextualisiertes Risikoverständnis", das weder Art der Schäden noch zeitliche und räumliche Verteilung berücksichtigt, zu kritisieren (Hiller 1994: 109). Auch die Annahme objektiver wissenschaftlicher Aussagen über Risiken ist illusionär (vgl. Radkau 1983: 344–347; Banse 1996; Kleindiek 1997). Vielmehr sind mögliche negative unbeabsichtigte Folgen bei der Einführung neuer Techniken oft unklar und ihre Bewertung ist von normativen Vorgaben abhängig (Krohn/Krücken 1993; vgl. auch Kuhlmann 1988: 34). Dies gilt selbst für Techniken mit potentiell kumulativer Wirkung (z.B. CO_2-Emissionen), vor allem aber für Techniken mit potentiell extremer punktueller Wirkung (z.B. Kernkraft). Besonders problematisch sind Risikoabschätzungen bei der Annahme geringer unmittelbarer Wirkung, aber extremen mittelbaren Auswirkungen auf instabile Systeme (wie sie z.T. bei gentechnischen Arbeiten vermutet werden). Bei allen genannten Typen können Erfahrungswerte nur sehr begrenzt genutzt werden, da die katastrophalen Folgen neuer Techniken erst nach sehr langen Zeitläufen vermutet werden.[3] Dies hat unter anderem zur Folge, dass die Umweltrisiken derselben Technik in verschiedenen Ländern unterschiedlich wahrgenommen werden (Héritier et al. 1994).

Diese offensichtlichen Grenzen des positivistischen Risikobegriffs haben auch dazu beigetragen, dass Versuche der Akzeptanzerzeugung durch den Verweis auf die Billigung durch wissenschaftlichen Sachverstand bei der Genehmigung und Aufsicht von Techniken zunehmend scheitern (vgl. Preuß 1996). Der positivistische Risikobegriff vermindert daher nicht nur demokratische Input-Legitimität (durch Diskriminierung

---

[2] Dies gilt etwa für die jüngsten Tendenzen zur Verschärfung der Anforderungen bei Freisetzungen gentechnisch veränderter Organismen in der EU, die durch den gestiegenen Legitimationsbedarf infolge der BSE-Katastrophe (als Folge moderner Techniken der Produktion von Tiernahrung) beeinflusst wurden.

[3] Die Risikosoziologie hat zur Bezeichnung des neuen Risikotyps moderner Techniken eine Vielzahl weitgehend komplementärer Begriffe geprägt. So ist von neuen Risiken, Risiken zweiter Ordnung oder evolutionären Risiken die Rede (vgl. Beck 1986; Bonß 1995: 83; Krohn/Krücken 1993; Hampel/Renn 1999: 17).

nicht-technischer Einwände), sondern steht selbst dem Minimalziel der Sicherung von Massenloyalität entgegen.

Die moderne Risikosoziologie nutzt daher zunehmend den von Luhmann geprägten beobachtungsunabhängigen Risikobegriff (vgl. Vollmer 1997: 12 und Abbildung 1).

Abbildung 1: Die Differenz von Entscheidung und Betroffenheit

Ungewissheit über mögliche Ereignisse und deren Eintritt	eigene Entscheidung	fremde Entscheidung	nicht entscheidungsbedingt
Betroffenheit von negativ bewerteten Ereignissen	Risiko	Belastung	Gefahr
Betroffenheit von positiv bewerteten Ereignissen	Chance	Begünstigung	Gelegenheit

Leicht verändert aus: Hiller (1994: 119).

Die Unterscheidung ermöglicht es, die Voraussetzung objektiver Risiken aufzugeben. Auch die Vorstellung von „Sicherheit", die angesichts der Ungewissheit über Folgen von Handlungen und Nicht-Handlungen nie erreichbar ist, wird aufgegeben. Schon die Natur ist mit möglichen negativen Folgen verbunden: Diese manifestieren sich als Gefahren. Verwaltungshandeln kann zwar nie das Ziel erreichen, Sicherheit zu erzeugen. Es kann aber dazu beitragen, Gefahren in Risiken zu transformieren (Luhmann 1991: 30–31). Dies würde bedeuten, dass die Betroffenen selbst an Entscheidungen beteiligt werden, deren mögliche negative Folgen sie zu tragen haben. Auf der anderen Seite können moderne Techniken auch als Belastungen wahrgenommen werden: Dies ist immer dann der Fall, wenn Menschen negative Folgen von Entscheidungen tragen müssen, an denen sie selbst nicht beteiligt waren. Die Angst vor Belastungen ist ein zentraler Antrieb von Technikgegnern. Die Zulassungs- und Aufsichtssysteme sollten daher anstreben, Belastungen zu vermeiden und die Einführung neuer Techniken als Transformation von Gefahren in Risiken zu gestalten.

3. Akteure und Konfliktfelder des Zulassungs- und Überwachungssystems riskanter Techniken

Empirische politikwissenschaftliche Analysen der technischen Sicherheitsregulierung beziehen sich bisher vorwiegend auf jeweils eine ausgewählte Technik, um entweder im Rahmen von Einzelfallstudien oder internationalen Vergleichen Machtstrukturen und demokratische Legitimation der jeweiligen Systeme zu klären.[4] Diese Fallstudien werden durch theoretische Betrachtungen ergänzt. Beiden Zugängen ist gemeinsam, dass sie die unterschiedlichen Formen des jeweils vermuteten Risikopotentials verschiedener Techniken wenig beachten. Daher sollen zu Beginn einer vergleichenden Betrachtung

---

4 Als eine der wenigen Ausnahmen sei die klassische Studie von Mayntz u.a. (1978) erwähnt, die allerdings nicht auf einen Vergleich der Risikoformen unterschiedlicher Techniken zielt.

systematische Überlegungen stehen, wie sich verschiedene moderne Techniken in Bezug auf ihr Risikopotential klassifizieren lassen und welche Implikationen damit verbunden sind.

Die vermuteten Risiken von Techniken unterscheiden sich zunächst in Bezug auf die Risikoweite, definiert als Umfang des Betroffenenkreises bei Unfällen und Katastrophen. Techniken mit größerer Risikoweite beinhalten in stärkerer Weise das Problem, dass Risiken der Techniknutzer (als Entscheider) zu Belastungen für andere werden (vgl. dazu auch Luhmann 1991: 117). Neben der Risikoweite unterscheiden sich die Risikopotentiale in Bezug auf die Risiko- bzw. Kontrolltiefe, definiert als Anteil der konsensual angenommenen und messbaren Schadensverläufe an allen vermuteten Schadensverläufen.

Abbildung 2: Typen technischer Risikopotentiale

		Risikoweite	
		Verbreitete Annahme der weitgehenden Begrenzung möglicher negativer Technikfolgen auf Techniknutzer	Verbreitete Annahme der Betroffenheit von negativen Technikfolgen auch unabhängig von einer Techniknutzung
Kontrolltiefe	Eher diffuse Vorstellungen über mögliche Risiken, Ereignisse sind nicht eindeutig der Technik zuzuordnen	Antibabypillen	gentechnische Anlagen
	Weitgehend benennbare oder bekannte Risiken, Ereignisse eher messbar	Hochgeschwindigkeitszüge	Atomkraftwerke

Wenngleich die in Abbildung 2 dargestellten Typen keine kategoriale Zuordnung aller Techniken erlauben, lassen sich aus den Unterschieden zwischen Risikoweiten und Kontrolltiefen verschiedener Techniken spezifische Anforderungen an die Zulassungs- und Überwachungssysteme ableiten. Von besonderem Interesse sind hier vor allem Techniken mit größerer Risikoweite, da hier Konflikte zwischen konkreten Einzelinteressen der Technikanwender und diffusen Interessen möglicher Drittbetroffener in besonderer Weise auftreten. Im Mittelpunkt solcher Konflikte stehen in Deutschland vor allem die Atom- und die Gentechnik. Beide Techniken haben gemeinsam, dass hier (mittlerweile) eine breite gesellschaftliche Risikoperzeption existiert. Allerdings ist die Gentechnik im Vergleich zur Atomkraft in besonderem Maße eine Querschnittstechnologie. Sie wurde in unterschiedlichen Feldern kontextualisiert und berührte dabei eine Vielzahl von Anwendungsbereichen (vgl. Simonis/Droz 1999). Vor allem aber unterscheiden sich Atom- und Gentechnik in Bezug auf ihre Kontrolltiefe. Interessant an einem Vergleich ist daher, inwiefern die jeweiligen Anforderungen der Risikotypen tatsächlich zu unterschiedlichen Arrangements bei den Zulassungs- und Überwachungssystemen geführt haben. Mit anderen Worten: Folgen die Systeme der Sicherheitsregulierung von Atom- und Gentechnik tatsächlich der Problemwahrnehmung oder sind sie – trotz ihrer technischen Begründung – letztlich eher Ergebnis von Machtkämpfen beteiligter Akteure?

3.1 Öffentliche Verwaltung, Regierungen und Parlamente

Das Verhältnis zwischen öffentlicher Verwaltung, Regierungen und Parlamenten bei der technischen Sicherheitsregulierung wird wesentlich durch die Interpretationsspielräume bei der Umsetzung rechtlicher Vorgaben bestimmt (vgl. Mayntz 1978: 56–59). Die größere Kontrolltiefe der Atomtechnik müsste bei einer rein technischen Begründung der Sicherheitssysteme zu einer stärkeren Nutzung von Konditionalprogrammen führen, da bei der Gentechnik die konkrete behördliche Umsetzung rechtlicher Vorgaben schwerer messbar ist. Diese Erwartung wird allerdings bei einem Vergleich beider Systeme kaum bestätigt.

In beiden Feldern hat der Gesetzgeber einen weiten Interpretationsspielraum gewährt, so dass den Rechtsverordnungen der Bundesregierung (mit Zustimmung des Bundesrates) eine zentrale Bedeutung zukommt. Da aber auch die Rechtsverordnungen auf unbestimmte Rechtsbegriffe rekurrieren, darf zunächst ein großer Interpretationsspielraum der öffentlichen Behörden angenommen werden. Parlamente und Regierungen verzichten offenbar weitgehend auf die Möglichkeit, Verwaltungsentscheidungen unmittelbar zu determinieren.

Überraschenderweise verfügt die Verwaltung in beiden Feldern trotz der größeren Kontrolltiefe der Atomtechnik über ähnliche Handlungsspielräume. Die größere Kontrolltiefe ermöglicht lediglich die Nutzung des Grenzwertkonzeptes in der Strahlenschutzverordnung. Die Dosisgrenzwerte gehen aber – im Gegensatz zum klassischen Grenzwertkonzept – nicht von der Annahme unschädlicher Kleinstmengen aus. Vielmehr wird jede Strahlenexposition als potentiell schädlich gesehen und muss daher gerechtfertigt werden *(justification)*. Neben der *justification* und den Dosisgrenzwerten basiert das Atomrecht auf dem Prinzip der Optimierung (vgl. Huber 1998: 36). Danach muss jede Strahlenbelastung so niedrig wie möglich gehalten werden. Das Ausmaß des Möglichen bestimmt wiederum auch hier der unbestimmte Rechtsbegriff des Standes von Wissenschaft und Technik, der für die Umsetzung der Vorgaben durch die Verwaltung von zentraler Bedeutung ist. Insofern schränkt auch die Verwendung des Grenzwertkonzepts in der Strahlenschutzverordnung den Interpretationsspielraum bei der Rechtsumsetzung nicht wesentlich ein.

Im Vergleich zur Gentechnik-Sicherheitsverordnung (als wichtigster Verordnung auf Grundlage des Gentechnikgesetzes) bleibt die Strahlenschutzverordnung insgesamt sogar eher unpräzise. Anstelle konkreter Anforderungen verbleibt die Verordnung zumeist dabei, eine Berücksichtigung des „Standes von Wissenschaft und Technik" zu fordern. Die Gentechniksicherheitsverordnung gibt dagegen konkrete physische und biologische Vorsichtsmaßnahmen vor. Sie legt exakt fest, welche Pflichten die Betreiber jeweils zu erfüllen haben und lässt dadurch im Vergleich zur Strahlenschutzverordnung einen geringeren Spielraum für kurzfristige Anpassungen an den wissenschaftlichen Diskussionsstand. Neben den horizontalen Vorschriften des Gentechnikrechts bestehen vielfältige Regelungen für die verschiedenen Verwendungskontexte, die jeweils durch unterschiedliche Behörden überwacht werden (vgl. z.B. Behrens/Meyer-Stumborg/Simonis 1997).

Im Vergleich beider Systeme wird somit die eigentlich größere Kontrolltiefe der Atomtechnik durch vergleichsweise engere Rechtsvorschriften des Gentechnikrechts zumindest wieder ausgeglichen. Dies ist im Wesentlichen auf die jeweiligen historischen Kontexte bei der Entwicklung der Systeme zurückzuführen: Das Atomrecht hat seinen Ursprung in den fünfziger Jahren und entspringt somit einer Phase einhelliger Kernkrafteuphorie (vgl. Kitschelt 1980; Radkau 1983). Das Gentechnikrecht ist dagegen in den achtziger Jahren in einer Phase entstanden, in welcher der Gentechnikkonflikt bereits äußerst kontrovers öffentlich ausgetragen wurde (vgl. Gottweis 1998). Zwar basiert auch das Zulassungs- und Überwachungssystem des Gentechnikrechts im Kern auf Elementen, die von wissenschaftlichen Experten eingeführt wurden, es wurde aber infolge der politischen Diskussion zusätzlich um Elemente angereichert, die auf eine Verbesserung der öffentlichen Akzeptanz dieser Technik zielen. Dabei spielten Erfahrungen mit der legitimatorischen Wirkung der kerntechnischen Sicherheitsregulierung eine Rolle, da zentrale Akteure in beiden Arenen beteiligt waren (vgl. Radkau 1988).

Die relativ starke Verwaltungskontrolle im Gentechnikrecht ist also vor allem eine Folge der zunehmenden Ausweitung des Kreises interessierter Akteure bei technischen Zulassungsverfahren. Da immer mehr Gruppen gesellschaftliche Folgen von Grundsatzentscheidungen über Techniken antizipieren, müssen diese Entscheidungen auch zunehmend demokratischen Ansprüchen genügen. Offenbar bestehen auch Spielräume für eine Stärkung des Einflusses von Parlamenten und Regierungen im System der Zulassung und Überwachung riskanter Techniken, die bisher aber nicht vollständig genutzt werden.

Eine Verschiebung von Kompetenzen zugunsten der demokratisch unmittelbar legitimierten Institutionen setzt zunächst voraus, dass diese ihren Sachverstand verbessern. Diese Strategie wird bereits zunehmend verfolgt: So hat allein der Deutsche Bundestag zwischen 1979 und 1995 neun Enquête-Kommissionen zu technikbezogenen Themen einberufen (vgl. Kleinsteuber 1999: 279). Vor allem die Kommission zu „Chancen und Risiken der Gentechnologie" hat den Parlamentariern im Vorfeld des Gentechnikgesetzes die Möglichkeit gegeben, eigenen Sachverstand in die Gesetzesformulierung einzubringen.

Neben der Erhöhung des Inputs an Informationen für das Parlament durch verstärkte wissenschaftliche Beratung müssten die Parlamente auch eine stärkere Spezialisierung von Abgeordneten anstreben, um eine „Waffengleichheit" gegenüber den Experten des jeweiligen Regulierungsfeldes zu erreichen. Dies wurde bisher wenig beachtet: Sowohl im Gentechnikrecht als auch im Atomrecht wurde mehrfach die Ressortierung geändert – mit der Folge, dass die zuständigen Parlamentarier und auch die Regierungsvertreter zumindest teilweise als Laien auftreten mussten. Auch heute noch sind die Kontrollstrukturen sowohl auf Bundes- als auch auf Landesebene fragmentiert.

Auch diese Fragmentierung – die bei der immer noch fehlenden Öffentlichkeit der Entscheidungssysteme zumindest den Vorteil hat, der Herausbildung von stabilen Tauschbeziehungen („Klüngel") im Wege zu stehen – stellt aber die Möglichkeit zu einer politischen Steuerung der Techniküberwachung nicht in Frage. So zeigt zum Beispiel das de-facto-Moratorium für die Zulassung neuer genetisch veränderter Organismen (GMO) für Freisetzungen in der EU, dass es hier durchaus weitreichende und selten genutzte staatliche Steuerungskapazitäten gibt (vgl. Löhr 1999; Billig 1999). Auch der gegenwärtig auf Bundesebene vorbereitete Atomausstieg ist trotz der Kontroverse über die Mindestlaufzeiten ein Indiz dafür, dass zumindest die langfristige staatliche Handlungsfähigkeit bewahrt wurde.

Trotz dieser möglichen Strategien zur Stärkung der Parlamente kann die demokratische Legitimation der Zulassungs- und Überwachungssysteme kurzfristig nur durch erweiterte Partizipationsmöglichkeiten im zunehmend bedeutsamen Verwaltungsverfahren selbst erreicht werden. Im Folgenden soll daher untersucht werden, in welchen Formen sich das Verhältnis zwischen öffentlichen Behörden und ihren zentralen Ansprechpartnern im Bereich atom- und gentechnikrechtlicher Verfahren gestaltet.

3.2 Öffentliche Verwaltung, Regelungsadressaten und Sachverständige

Bei Verwaltungsakten zur Regulierung riskanter Techniken wird über Begünstigungen und Belastungen für Regelungsadressaten und Drittbetroffene entschieden.[5] Dabei sind die Regelungsadressaten als Sachverständige mitunter selbst am Entscheidungsprozess beteiligt. Angesichts der größeren Kontrolltiefe der Atomtechnik wäre hier eine zentrale Rolle von Sachverständigen eher zu legitimieren als bei der Gentechnik, bei der größerer Dissens über mögliche Fehler und deren Folgen besteht.

Tatsächlich nutzt im atomrechtlichen Zulassungssystem das zuständige Bundesumweltministerium bereits bei der Festlegung der Grenzwerte in der Strahlenschutzverordnung den externen Sachverstand von Experten der Strahlenschutzkommission (SSK). Auch bei allen weiteren Stufen des atomrechtlichen Genehmigungs- und Aufsichtsverfahrens ist ein komplexes System von Expertengremien sowohl beratend als auch entscheidend beteiligt (vgl. Abbildung 3).

Das Netzwerk von Sachverständigengremien der Atomaufsicht basiert allein auf technischen Regeln und integriert die Betreiber wesentlich in den Entscheidungsprozess. Es garantiert die lückenlose Nutzung aller Schutzmaßnahmen, die von internationalen Fachleuten gefordert werden und steht einer Politisierung der behördlichen Entscheidungsverfahren entgegen.

Auch in dem System der Zulassung und Überwachung gentechnischer Arbeiten kommt den Regelungsadressaten eine zentrale Rolle zu (vgl. Abbildung 4). Bereits im Antrag auf Genehmigung einer gentechnischen Arbeit nimmt der Antragsteller selbst eine Zuordnung zu einer Sicherheitsstufe vor (vgl. Art. 4.1. Satz 2, Anlage I Teil II, 4. Spiegelstrich GenTVfV; siehe auch Gill/Bizer/Roller 1998: 107). Die Zuordnung von Arbeiten zu einer der vier Sicherheitsstufen steht im Zentrum jedes Genehmigungsverfahrens, da die konkreten Anforderungen für die einzelnen Stufen rechtlich detailliert festgelegt sind und so nach der Zuordnung nur noch geringer Interpretationsspielraum besteht. Trotz der Landeszuständigkeit ist das Gutachterverfahren bei der gentechnischen Anlagenregulation im Vergleich zur Nuklearregulierung stärker zentralisiert: Als Expertengremium mit Monopolanspruch nimmt allein die Zentrale Kommission für Biologische Sicherheit (ZKBS) bei allen gentechnischen Anlagen und Arbeiten entwe-

---

5 Zur juristischen Unterscheidung zwischen Genehmigungs- und Zulassungsverfahren vgl. Schattke (1986: 63).

Abbildung 3: Zentrale Elemente des Systems der Zulassung und Aufsicht von Atomanlagen

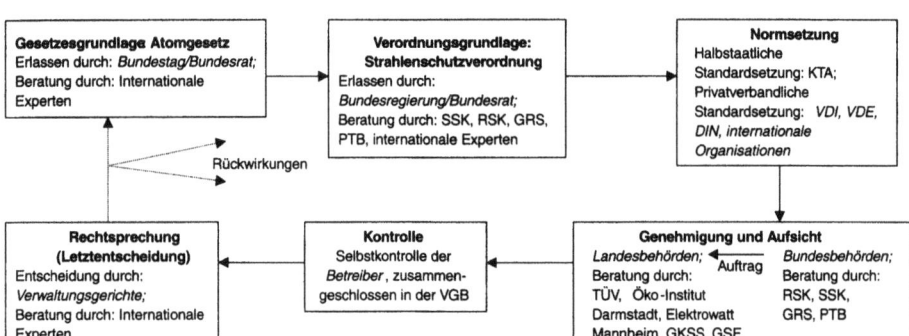

Institutionen mit formeller Entscheidungskompetenz sind kursiv gesetzt, beratende Institutionen in Normalschrift.

Abkürzungen: SSK: Strahlenschutzkommission; RSK: Reaktorsicherheitskommission; GRS: Gesellschaft für Reaktorsicherheit mbH; PTB: Physikalisch-Technische Bundesanstalt; KTA:Kerntechnischer Ausschuss; VDI: Verband Deutscher Ingenieure; VDE: Verband Deutscher Elektrotechniker; DIN: Deutsches Institut für Normung; TÜV: Technische Überwachungsvereine; GKSS: Forschungszentrum Geesthacht, GSF: Gesellschaft für Strahlen und Umweltforschung mbH; VGB: Technische Vereinigung der Großkraftwerkbetreiber

Für ausführliche Darstellungen der Hintergründe, Strukturen und Wirkungsweisen des Gesamtsystems vgl. Czada (1992) und Huber (1998).

der spezielle Einstufungen vor oder bestimmt die Einstufungen durch allgemeine Stellungnahmen.

Formal ist die ZKBS im Gegensatz zu den Kommissionen der Nuklearregulierung kein reines Expertengremium, sondern umfasst neben zehn Sachverständigen auch fünf fachkundige Mitglieder, die unter anderem die Bereiche Umweltschutz und Arbeitsschutz vertreten sollen. Die Mitglieder werden auf Vorschlag des Wissenschaftsrates durch den Bundesgesundheitsminister im Einvernehmen mit anderen Fachministern und im Benehmen mit den Landesregierungen berufen (siehe Bandelow 1999: 113). Da die ZKBS ihre Entscheidungen mit einfacher Mehrheit trifft, funktioniert sie mit ihrem zahlenmäßigen Übergewicht der naturwissenschaftlichen Sachverständigen aber faktisch ähnlich wie die Expertengremien in der Atomaufsicht, zumal ethische oder gesellschaftliche Bewertungskriterien ausgeschlossen sind (vgl. Gill 1991).

Die Stellungnahmen der ZKBS sind zwar rechtlich nicht verbindlich, sie werden aber fast immer von den Landesbehörden übernommen, da Abweichungen von den ZKBS-Einstufungen begründet werden müssen. Die zentrale Bedeutung der Landesbehörden liegt somit darin, dass sie überwachen, ob Betreiber, Projektleiter und Beauftragter für Biologische Sicherheit die Rechtsvorschriften für die jeweils genehmigten Sicherheitsstufen einhalten. Im Gegensatz zur atomrechtlichen Überwachung, die durch die Institution der Auftragsverwaltung des Bundes und das verflochtene Gutachternetz bundesweit relativ einheitlich ist, gibt es hier Unterschiede in den einzelnen Bundesländern. Diese Unterschiede basieren nicht allein auf gezielten politischen Vorgaben. Da die Behörden im Gegensatz zum Atomrecht zumeist selbst die Anlagen inspizieren,

Abbildung 4: Zentrale Elemente des Systems der Zulassung und Aufsicht gentechnischer Anlagen und Arbeiten

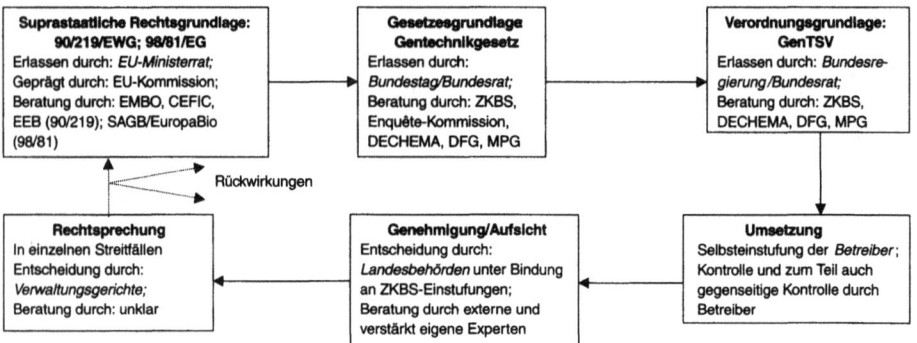

Institutionen mit formeller Entscheidungskompetenz sind kursiv gesetzt, beratende Institutionen in Normalschrift.

Abkürzungen: EMBO: European Molecular Biology Organization; CEFIC: Conseil Européen des Féderations de l'Industrie Chimique; EEB: European Environmental Bureau, SAGB: Senior Advisory Group Biotechnology, ZKBS: Zentrale Kommission für Biologische Sicherheit; DFG: Deutsche Forschungsgemeinschaft, MPG: Max-Planck-Gesellschaft; GenTSV: Gentechnik-Sicherheitsverordnung.

Für ausführliche Darstellungen der Hintergründe, Strukturen und Wirkungsweisen des Gesamtsystems vgl. Gill/Bizer/Roller 1998 und Bandelow 1999.

müssen sie über eigenen Sachverstand verfügen. Dies wurde etwa in Nordrhein-Westfalen deutlich, wo bis 1995 Gewerbeaufsicht und RP mit geringem Sachverstand kaum in der Lage waren, das Einhalten der Rechtsvorschriften in den Labors zu beurteilen. Erst durch die Einbeziehung des Umweltamts, das mit eigenen Biologen und Chemikern unangekündigte Kontrollen durchführt, konnte eine effektive Landesaufsicht erreicht werden.

In beiden Systemen übernimmt die öffentliche Verwaltung die Letztverantwortung für die Einhaltung aller Standards. Paradoxerweise liegt die Wirkung dieser politischen Kontrolle der Anwender darin, dass politische Elemente aus der Genehmigung und Aufsicht nahezu vollkommen eliminiert werden. Die Betreiber müssen die Errichtung ihrer Anlagen nicht mehr – wie etwa in dem in den USA verbreiteten System der reinen Selbstregulierung ohne öffentliche Aufsicht (vgl. Morone/Woodhouse 1986; Czada 1992) – gegenüber möglichen Drittbetroffenen legitimieren. Sie erhalten bei der Einhaltung der Vorschriften eine gewisse Rechtssicherung (inklusive Haftungsgrenzen) und zudem eine staatliche Unterstützung bei der Durchsetzung von Qualitätsansprüchen gegenüber den Herstellern. Dies gilt vor allem für das vernetzte System der Atomaufsicht.

Beide Systeme basieren dabei ausschließlich auf einem naturwissenschaftlich-technischen Risikoverständnis, das mit einfacher parlamentarischer Mehrheit durchgesetzt wurde. Obwohl aus den verbreiteten juristischen und rechtssoziologischen Perspektiven die so bewirkte Depolitisierung der Verwaltungsverfahren unverzichtbar und sinnvoll ist (vgl. z.B. Denninger 1990), kann aus demokratietheoretischer Sicht eine einfache parlamentarische Mehrheit hier noch keine ausreichende Legitimation bereitstellen (vgl. Guggenberger/Offe 1984; Oberreuter 1986).

Folgt man dem konstruktivistischen Risikobegriff der neueren Risikosoziologie (vgl. dazu etwa Banse 1996), dann müsste ein demokratisch orientiertes Genehmigungs- und Aufsichtssystem gewährleisten, dass alle betroffenen Gruppen und normativen Orientierungen am Entscheidungsprozess beteiligt werden. Die Entscheidungsregeln eines solchen Gremiums müssen der Tatsache Rechnung tragen, dass ihre Entscheidungen zugunsten einer Technik kaum umkehrbar sind. Diese Voraussetzung könnte ein Entscheidungsverfahren erfüllen, das jeder Gruppe ein einmaliges aufschiebendes Veto ermöglicht. Nach Ablauf der Vetofrist könnte dann eine erneute Mehrheitsentscheidung durch das Parlament erfolgen. Die Möglichkeit, durch Vetos Entscheidungsprozesse zu verzögern und erneute parlamentarische Beschlussfassungen zu erzwingen, würde auch dazu beitragen, Vertreter von Drittbetroffenen (also etwa Umweltschutzverbänden) zu stärken. Im Gegenzug würde die Legitimation der Entscheidungsprozesse steigen und damit das Risiko gesellschaftlicher Widerstände sinken. Mit anderen Worten: Verfestigte Dispute könnten in produktive Verhandlungen verwandelt werden (zur Begriffswahl vgl. Saretzki 1996). Eine solche „Entschleunigung" von Entscheidungsverfahren scheint zwar im Rahmen eines internationalen Standortwettbewerbs zu ökonomischen Nachteilen zu führen, sie kann aber auch dazu beitragen, Fehlentscheidungen zu vermeiden. Entscheidungen für technische Großanlagen, bei denen erst nach Baubeginn klar wird, dass sie (möglicherweise aufgrund fehlender Akzeptanz) nicht rentabel arbeiten können, führen zu Folgekosten, die auch aus ökonomischer Sicht ein iteratives Entscheidungsverfahren begründen können.

Iterative parlamentarische Entscheidungen mit der Möglichkeit aufschiebender Vetos durch gesellschaftliche Gruppen sind allerdings nur bei Erstzulassungen zu begründen. Die Überwachung bereits zugelassener Anlagen könnte dagegen auf Grundlage eines (allerdings pluralistisch ermittelten) wissenschaftlich-technischen Sachverstandes geregelt werden, um für die Betreiber Rechtssicherheit zu schaffen und den verfügbaren Sachverstand zu maximieren. Auch dabei könnte durch ein modifiziertes Konzept des interessierten Sachverstands (vgl. Lamb 1994: 229) in Beratungsgremien der Einfluss Drittbetroffener gestärkt und somit zumindest die Massenloyalität gesichert werden.

Es ist weiterhin anzustreben, die Transparenz und Klarheit der Verantwortung von Entscheidungen zu erhöhen. Dazu müssen die staatlichen Institutionen als Prinzipale des Normsetzungsprozesses ihr Informationsdefizit gegenüber den Expertengremien (die agenturtheoretisch als Agenten verstanden werden können) reduzieren (vgl. Majone 1998). Parlamente und öffentliche Behörden müssen also verstärkt eigenen Sachverstand einbringen (etwa durch eigene Labors der Behörden). Angesichts der juristischen, ökonomischen, politischen und praktischen Einwände gegen einzelne der genannten Vorschläge könnten auch alternative Modelle diskutiert werden. Hierzu gehören etwa prozedurale Formen des Rechts, die verstärkt Instrumente des Haftungsrechts nutzen. Solche Modelle nach US-amerikanischem Vorbild sind zumindest offen für politische Argumente bei Zulassungsverfahren, sie sind aber mit anderen Problemen verbunden (vgl. dazu Czada 1992).

3.3 Öffentliche Verwaltung, Drittbetroffene und Öffentlichkeit

Die Genehmigung von Atomanlagen fordert grundsätzlich Anhörungsverfahren nach § 10.3 BImSchG (§ 7.4 AtG). Allerdings verhindert die Form großer anonymer Anhörungsverfahren einen inhaltlichen Austausch zwischen Antragstellern und Kritikern (vgl. Pourroy 2000). Üblicherweise finden bereits vor der Einleitung eines Genehmigungsverfahrens Verhandlungen zwischen dem Antragsteller und den Behörden statt. In der Regel werden schon bei diesen Vorverhandlungen zentrale Entscheidungen wie Standort, Reaktortyp und Größe des Reaktors getroffen (vgl. Bohne 1981; Hiller 1994: 108; Huber 1998: 35). Da auch die Sachverständigengremien in der Atomaufsicht nicht beteiligungsorientiert sind, findet eine echte Mitwirkung der Öffentlichkeit an atomrechtlichen Entscheidungsprozessen nicht statt. Bürgerinitiativen, Umweltverbänden und anderen Vertretern potentieller Drittbetroffener bleibt lediglich die Möglichkeit, über massiven Widerstand die Massenloyalität des Gesamtsystems zu gefährden oder zumindest die Kosten der Anlagen zu erhöhen, um so den Bau oder zumindest die Nutzung einer Anlage zu verhindern – mit dem Ergebnis von Fehlinvestitionen in mehrstelliger Milliardenhöhe.

Im Vergleich zum Atomrecht nutzen gentechnische Zulassungsverfahren in Deutschland stärker zumindest symbolische Elemente der Einbindung von Drittbetroffenen. Dies gilt weniger für die formalen Anhörungsverfahren: Diese sind nur bei wenigen gewerblichen Anlagen vorgeschrieben, die faktisch nicht einmal ein Promille aller gentechnischen Arbeiten umfassen (vgl. Bandelow 1999: 131–132). Die Einbindung der Öffentlichkeit erfolgt über eine Vielzahl beteiligungsorientierter Verfahren unterschiedlichen Typs (vgl. Behrens 1997).

Die Bemühungen um eine Akzeptanzschaffung durch Beteiligungsorientierung waren zumindest kurzfristig wenig erfolgreich. Konsens wurde in den Verfahren zumeist nur in Bezug auf die Feststellung erreicht, dass Dissens herrscht. Wenig beachtet wird aber, dass diese Verfahren langfristig durchaus zur Ausdifferenzierung der Positionen beitragen können (vgl. Bandelow 1999). Entscheidungen über riskante Techniken, bei denen fundamentale Kontroversen bestehen, können langfristig nur dann effizient und mit breiter Akzeptanz gefällt werden, wenn Foren zum informierten Austausch zwischen Akteuren mit einer technischen und Akteuren mit einer politischen Bewertung existieren (vgl. Sabatier/Jenkins-Smith 1999: 124).

4. Fazit

Die öffentliche Verwaltung übernimmt im Rahmen der Zulassung und Überwachung riskanter Techniken Aufgaben, die über das klassische Verwaltungshandeln hinausgehen: Sie ist immer weniger Vollzugsträger demokratisch getroffener Entscheidungen, sondern zunehmend Teil eines Netzwerks, in dem Entscheidungen mit langfristigen Wirkungen getroffen werden. Angesichts der steigenden politischen Bedeutung des Rechtsvollzugs durch die Interpretation unbestimmter Rechtbegriffe muss die öffentliche Verwaltung ihre bisherige reaktive Grunddisposition (vgl. dazu Grimmer 1992: 146) aufgeben. Auch das Verwaltungshandeln in einer technisierten Gesellschaft ist somit an dem Maßstab der Sicherung von Input-Legitimität zu messen, da die notwendigerweise mangelnde Bestimmtheit der parlamentarisch gesetzten Rechtsnorm eine eigenständig bewertende Gestaltung bei der Politikimplementation unumgänglich macht (vgl. auch Herdegen 1989).

Im Rahmen der bestehenden Zulassungs- und Überwachungssysteme wird versucht, die legitimatorische Lücke durch den Verweis auf wissenschaftlich-technischen Sachverstand zu schließen. Dieser Verweis führt zu einer engen argumentativen Einbindung von Sachverständigenkommissionen in die Zulassungs- und Aufsichtssysteme. Diese Form der diskursiven Verwaltung ist aber nicht in allen Bereichen der Technikaufsicht zu legitimieren. Die dogmatische Trennung normativer Legitimation durch Parlamente und deren Konkretisierung durch empirisch-analytische Sachverständigenaussagen muss angesichts der Komplexität unbestimmter Rechtsbegriffe zur Diskussion gestellt werden: Grenzwerte und technische Normierung verbinden nämlich zwingend wissenschaftliche Hypothesen mit normativen Entscheidungen über akzeptable negative Folgen (vgl. Wolf 1987: insbesondere 373). Aus gesellschaftstheoretischer Sicht ist danach zu fragen, inwiefern sich mit den gegebenen Konstruktionen Legitimität oder zumindest Massenloyalität erreichen lässt. Bei der Zulassung von Techniken mit großer Risikoweite kann eine Anerkennung durch potentielle Drittbetroffene – und damit Legitimität im Sinne Max Webers – nur dann erreicht werden, wenn sich mögliche negative Folgen nicht als Betroffenheit oder Gefahren, sondern als Risiken manifestieren, da letztere die größte Akzeptanz oder zumindest den geringsten Widerstand erfahren. Das Ziel eines Zulassungssystems kann es dann nicht allein sein, Rechtssicherheit zu schaffen, sondern es muss auf eine Beteiligung Drittbetroffener ausgerichtet sein. Dabei mag es aus der Perspektive von Techniknutzern und Staat nicht von Bedeutung sein, ob Luhmann (1993) mit seiner zynischen These Recht behält, dass die Rückbindung von Entscheidungsprozessen nur symbolisch ist oder ob es wirklich gelingt, Entscheidungsprozesse so zu beeinflussen, dass die Anforderungen einer komplexen Demokratietheorie (Scharpf 1970) erfüllt werden.

Eine Verlagerung von Entscheidungskompetenzen auf gesellschaftliche Kommissionen ist nur bei Techniken mit hoher Kontrolltiefe zu legitimieren. Der Vergleich zwischen den atom- und gentechnischen Genehmigungs- und Aufsichtssystemen zeigt aber, dass die unterschiedliche Kontrolltiefe in diesen Systemen kaum Berücksichtigung findet. Trotz der unterschiedlichen Risiken sind beide Systeme überraschend analog konstruiert. Die starke Rolle der Regelungsadressaten und Sachverständigen ist daher zumindest nicht durchgängig mit naturwissenschaftlichen oder technischen Erfordernissen zu erklären. Der Steuerungsverzicht des Staates durch Verweis auf fehlenden und scheinbar allein ausschlaggebenden naturwissenschaftlich-technischen Sachverstand ist zumindest bei der Zulassung riskanter Techniken nicht Ausdruck einer „Unregierbarkeit", sondern vielmehr das Ergebnis selbst auferlegter Entscheidungsgrenzen des Staates (vgl. schon Offe 1987: 312).

Literatur

Alemann, Ulrich von, 1989: Grundbegriffe und Entwicklungsstufen der Technikgesellschaft, in: *Ulrich von Alemann/Heribart Schatz/Georg Simonis* (Hrsg.), Gesellschaft – Technik – Politik. Opladen, 11–33.

Bandelow, Nils C., 1999: Lernende Politik. Advocacy-Koalitionen und politischer Wandel am Beispiel der Gentechnologiepolitik. Berlin.

Banse, Gerhard (Hrsg.), 1996: Risikoforschung zwischen Disziplinarität und Interdisziplinarität. Berlin.

Beck, Ulrich, 1986: Risikogesellschaft. Frankfurt a.M.

Behrens, Maria, 1997: Konfliktbewältigung durch Diskurs?, in: *Wolfgang Bender* et al. (Hrsg.), Gentechnik in der Lebensmittelproduktion. Darmstadt, 227–263.

Behrens, Maria/Meyer-Stumborg, Sylvia/Simonis, Georg, 1997: Gen Food. Berlin: edition sigma.

Billig, Susanne, 1999: Resolute Worte, in: Gen-ethischer Informationsdienst (GID) 15 (134), 25.

Bohne, Eberhard, 1981: Der informale Rechtsstaat. Berlin.

Bonß, Wolfgang, 1995: Vom Risiko. Hamburg.

Bora, Alfons, 1999: Differenzierung und Inklusion. Baden-Baden.

Brennecke, Volker M., 1999: Demokratie und Technik im kooperativen Staat, in: *Renate Martinsen/Georg Simonis* (Hrsg.), Demokratie und Technik – (k)eine Wahlverwandtschaft? Opladen, 199–224.

Czada, Roland, 1992: Administrative Interessenvermittlung ... am Beispiel der kerntechnischen Sicherheitsregulierung in den Vereinigten Staaten und der Bundesrepublik Deutschland. Habilitationsschrift Universität Konstanz.

Czada, Roland, 1999: Technische Sicherheitsregulierung am Beispiel der Atomaufsicht in Deutschland und den Vereinigten Staaten, in: *Roland Czada/Susanne Lütz/Stefan Mette,* Regulative Politik. Studienbrief der FernUniversität Hagen.

Daele, Wolfgang van den, 1993: Sozialverträglichkeit und Umweltverträglichkeit, in: Politische Vierteljahresschrift 34, 219–248.

Dammann, Klaus, 1997: Vollzugsdefizite oder Vollzugsfehler?, in: *Petra Hiller/Georg Krücken* (Hrsg.), Risiko und Regulierung. Frankfurt a.M., 39–69.

deLeon, Peter, 1999: The Stages Approach to the Policy Process, in: *Paul A. Sabatier* (Hrsg.), Theories of the Policy Process. Boulder, Co., 19–32.

Denninger, Erhard, 1990: Verfassungsrechtliche Anforderungen an die Normsetzung im Umwelt- und Technikrecht. Baden-Baden.

Deutsches Institut für Normung e. V., 2000: Homepage: http://www.din.de, Stand vom 28.1.2000, zuletzt geändert am 25.1.2000.

Eijndhoven, Josée van, 1994: Desaster Prevention in Europe, in: *Sheila Jasanoff* (Hrsg.), Learning from Desaster. Philadelphia, 113–132.

Gill, Bernhard, 1991: Gentechnik ohne Politik. Frankfurt a.M./New York.

Gill, Bernhard/Bizer, Johann/Roller, Gerhard, 1998: Riskante Forschung. Berlin.

Gleich, Armin von, 1999: Vorsorgeprinzip, in: *Stephan Bröchler/Georg Simonis/Karsten Sundermann* (Hrsg.), Handbuch Technikfolgenabschätzung. Band 1. Berlin, 287–293.

Gottweis, Herbert, 1998: Governing Molecules. Cambridge, Ma./London.

Grimmer, Klaus, 1992: Introvertierte Verwaltungspolitik als Technologiepolitik?, in: *Klaus Grimmer* et al. (Hrsg.): Politische Techniksteuerung. Opladen, 137–152.

Guggenberger, Bernd/Offe, Claus (Hrsg.), 1984: An den Grenzen der Mehrheitsdemokratie. Opladen.

Hampel, Jürgen/Renn, Ortwin, 1999: Einleitung, in: *Jürgen Hampel/Ortwin Renn* (Hrsg.), Gentechnik in der Öffentlichkeit. Frankfurt a.M., 7–27.

Hasse, Raimund, 1997: Nicht-intendierte Effekte kooperativer Risikoregulierung bei der Implementation des Gentechnikgesetzes, in: Petra *Hiller/Georg Krücken* (Hrsg.), Risiko und Regulierung. Frankfurt a.M., 70–89.

Herdegen, Matthias, 1989: Gestaltungsspielräume bei administrativer Normgebung, in: Archiv des öffentlichen Rechts 114, 607–643.

Héritier, Adrienne, 1993: Policy Analyse. Kritik und Neuorientierung (PVS-Sonderheft 24). Opladen.
Héritier, Adrienne et al., 1994: Die Veränderung von Staatlichkeit in Europa. Opladen.
Hiller, Petra, 1994: Risiko und Verwaltung, in: *Klaus Dammann/Dieter Grunow/Klaus P. Japp* (Hrsg.), Die Verwaltung des politischen Systems. Opladen, 108–141.
Huber, Michael, 1998: Das regulative Netzwerk. Frankfurt a.M.
Kitschelt, Herbert, 1980: Kernenergiepolitik. Frankfurt a.M./New York.
Kleindiek, Ralf, 1997: Die Verantwortung für Entscheidungen über den „Stand von Wissenschaft und Technik" im Atom- und Gentechnikrecht, in: *Klaus Lange* (Hrsg.), Gesamtverantwortung statt Verantwortungsparzellierung im Umweltrecht. Baden-Baden, 117–133.
Kleinsteuber, Hans J., 1999: Technikberatung in der Demokratie, in: *Renate Martinsen/Georg Simonis* (Hrsg.), Demokratie und Technik – (k)eine Wahlverwandtschaft? Opladen, 271–303.
Krohn, Wolfgang/Krücken, Georg (Hrsg.), 1993: Riskante Technologien. Frankfurt a.M.
Krücken, Georg, 1994: „Risikosoziologie", in: *Werner Rammert/Gotthard Bechmann* (Hrsg.), Konstruktion und Evolution von Technik (Technik und Gesellschaft, Jahrbuch 7). Frankfurt a.M./New York, 207–225.
Kuhlmann, Albert, 1988: Kontrollaufgaben des Staates und Eigenverantwortung der Wirtschaft bei Nutzung der Technik mit Risikopotentialen, in: *Christoph Zöpel* (Hrsg.), Technikkontrolle in der Risikogesellschaft. Bonn, 33–45.
Lamb, Irene, 1994: Kooperative Gesetzeskonkretisierung. Baden-Baden.
Landfried, Christine, 1997: Beyond Technocratic Governance: The Case of Biotechnology, in: European Law Journal 3, 255–272.
List, Martin, 1999: Baustelle Europa. Opladen.
Löhr, Wolfgang, 1999: Gerangel um Kompetenzen, in: Gen-ethischer Informationsdienst (GID) 15 (134), 24.
Luhmann, Niklas, 1991: Soziologie des Risikos. Berlin/New York.
Luhmann, Niklas, 1993: Legitimation durch Verfahren. Frankfurt a.M.
Lundgreen, Peter, 1986: Standardization – Testing – Regulation. Bielefeld.
Majone, Giandomenico, 1998: The Regulatory State and its Legitimacy Problems. Institut für Höhere Studien (IHS), Reihe Politikwissenschaft, Nr. 56. Wien.
Mayntz, Renate, 1978: Soziologie der öffentlichen Verwaltung. Heidelberg/Karlsruhe.
Mayntz, Renate, 1980: Einleitung, in: *Renate Mayntz* (Hrsg.), 1980: Implementation politischer Programme. Empirische Forschungsberichte. Königstein/Ts., 1–19.
Mayntz, Renate, 1983: Implementation regulativer Politik, in: *Renate Mayntz* (Hrsg.), Implementation politischer Programme II. Opladen, 50–74.
Mayntz, Renate u.a., 1978: Vollzugsprobleme der Umweltpolitik. Stuttgart u.a.
Morone, Joseph G./Woodhouse, Edward J., 1986: Averting Catastrophe. Berkeley/Los Angeles/London.
Oberreuter, Heinrich (Hrsg.), 1986: Wahrheit statt Mehrheit? München.
Offe, Claus, 1987: Die Staatstheorie auf der Suche nach ihrem Gegenstand, in: *Thomas Ellwein* et al. (Hrsg.), Jahrbuch zur Staats- und Verwaltungswissenschaft. Band 1. Baden-Baden, 309–320.
Pourroy, Gustav Adolf, 2000: Die Moderation technischer Großprojekte, in: http://www.stratacom.de/modtech.html, Stand vom 2. März 2000, zuletzt geändert am 29. Februar 2000.
Preuß, Ulrich K., 1996: Risikovorsorge als Staatsaufgabe, in: *Dieter Grimm* (Hrsg.): Staatsaufgaben. Baden-Baden, 523–551.
Radkau, Joachim, 1983: Aufstieg und Krise der deutschen Atomwirtschaft 1945–1975. Reinbek bei Hamburg.
Radkau, Joachim, 1988: Hiroshima und Asilomar, in: Geschichte und Gesellschaft (Göttingen) 14, 329–363.
Sabatier, Paul A./Jenkins-Smith, Hank, 1999: The Advocacy Coalition Framework: An Assessment, in: *Paul A. Sabatier* (Hrsg.), Theories of the Policy Process. Boulder, Co., 117–166.
Saretzki, Thomas, 1996: Wie unterscheiden sich Argumentieren und Verhandeln?, in: *Volker von Prittwitz* (Hrsg.), Verhandeln und Argumentieren. Opladen, 19–39.
Scharpf, Fritz W., 1970: Demokratietheorie zwischen Utopie und Anpassung. Konstanz.

Schattke, Herbert, 1986: Abgrenzung der Genehmigungs- und Aufsichtsverfahren für kerntechnische Anlagen, in: *Deutsches Atomforum* (Hrsg.): Jahrestagung Kerntechnik 1986, Fachsitzung Atomrecht. Bonn, Informu, 62–100.

Schubert, Klaus, 1991: Politikfeldanalyse. Opladen.

Simonis, Georg, 1989: Bleiben die neuen Technologien sozial beherrschbar?, in: *Ulrich von Alemann/ Heribert Schatz/Georg Simonis* (Hrsg.), Gesellschaft – Technik – Politik. Opladen, 187–201.

Simonis, Georg/Droz, Ralf, 1999: Die neue Biotechnologie als Gegenstand der Technikfolgenabschätzung und Technikbewertung in Deutschland, in: *Stephan Bröchler/Georg Simonis/Karsten Sundermann* (Hrsg.), Handbuch Technikfolgenabschätzung. Band 3. Berlin, 909–933.

Voelzkow, Helmut, 1994: Verhandlungssysteme zwischen organisierten Interessen und Staat. Habilitationsschrift an der Fakultät für Sozialwissenschaft der Ruhr-Universität Bochum.

Vollmer, Hendrik, 1997: Zur Akzeptanzorientierung des Verwaltungshandelns bei Risikokonflikten, in: *Petra Hiller/Georg Krücken* (Hrsg.): Risiko und Regulierung. Frankfurt a.M., 11–38.

Wildavsky, Aaron, 1988: Searching for Safety. New Brunswick/London.

Windhoff-Héritier, Adrienne, 1980: Politikimplementation. Ziel und Wirklichkeit politischer Entscheidungen. Königstein/Ts.

Windhoff-Héritier, Adrienne, 1987: Policy-Analyse. Eine Einführung. Frankfurt a.M./New York.

Wolf, Rainer, 1987: Zur Antiquiertheit des Rechts in der Risikogesellschaft, in: Leviathan 15 (3), 357–391.

Legitimation durch Risiko –
Gefahrenvorsorge und Katastrophenschutz als Staatsaufgaben

Roland Czada

1. Einleitung

Der Beitrag verfolgt zwei Ziele. Erstens geht es um die Bestimmung des Stellenwertes technischer Risiken in der sozialwissenschaftlichen Technikforschung und in der Umwelt- und Technologiepolitik. Zum Zweiten werden die politischen Korrelate und Folgen von technischen Bedrohungsszenarien, Störfällen, Unfällen und Katastrophen untersucht. Es zeigt sich, dass der politische Umgang mit technischen Zivilisationsrisiken zu einer erstrangigen Legitimationsquelle politischen Handelns geworden ist. Zugleich lernten Staat und Industrie mit technischen Risiken umzugehen. So ist die Zahl der Störfälle in Kernenergieanlagen auf Grund sicherheitstechnischer Nachrüstungen, Verschärfungen der Atomaufsicht und einer verbesserten Organisation des Anlagenbetriebes seit Beginn der achtziger Jahre weltweit zurückgegangen. Anstoß dafür waren der Kernenergiekonflikt und die Katastrophen von Three Mile Island und Tschernobyl. Auch Luft und Wasser sind nach heftigen Debatten um das Waldsterben und um innerstädtische Ozon- und Smogbelastungen sowie nach mehreren Chemiekatastrophen sauberer geworden. Ein verstärktes umweltpolitisches Engagement äußerte sich in emissionsrechtlichen Auflagen wie der Einführung des Abgaskatalysators, der Großanlagenfeuerungsverordnung oder in verschärften Vorschriften zur Klärung von Abwässern und zur Gewässerreinhaltung, die auf Grund internationaler Regime und Konventionen häufig grenzüberschreitend wirksam sind. All dies sind Maßnahmen, die spezifische Formen der politischen Konfliktregelung und einen funktionierenden Verwaltungsstaat voraussetzen.

Gefahren der Technik und ihr gelegentliches Versagen hatten eine wichtige Auslöserfunktion sowohl für den politischen Wettbewerb als auch für die aus ihm hervorgehenden Problemlösungen. Die wachsende Bedeutung von Umwelt- und Gesundheitsrisiken für den Parteienwettbewerb und die Staatstätigkeit wirft allerdings die Frage auf, welche – möglicherweise widersprüchlichen – Abhängigkeiten zwischen gesellschaftlichen Risikodiskursen, politischen Machtspielen, gelegentlich eintretenden technischen Störfällen und Katastrophen sowie administrativen Problemlösungen entstanden sind. Das Argument, das ich im Folgenden entwickeln möchte, lautet, dass die technischen Versagens- und Bedrohungsszenarien der achtziger und neunziger Jahre Politik und Staat keineswegs geschwächt, sondern letztlich zu neuem Ansehen verholfen haben. Mehr noch: Sie haben zu einer Neukonstitution politischer Herrschaft im nationalen und internationalen Rahmen beigetragen.

Technikrisiken, die durch Umweltkatastrophen eindringlichst vermittelt werden, affirmieren eine neue Form *regulativer Staatlichkeit.* Der Diskurs über Technikrisiken erscheint politischer Herrschaft zuträglicher als die sozialwissenschaftliche Technokratiekritik der sechziger und frühen siebziger Jahre. Diese war ganz von der Furcht bestimmt, moderne Technik diene vornehmlich der Perfektionierung politischer und industrieller Herrschaft und degradiere zugleich den Menschen, weil sie ihm an Kraft, Präzision und Dynamik überlegen sei. Die von der Frankfurter Schule, Harry Bravermann (1974) oder Jaques Ellul (1954) vorgebrachten Ansätze verraten noch einen naiven Glauben an eine fehlerfreie, reibungslos funktionierende Technik und verbinden diesen Technikglauben mit sozial- und kulturkritischen, vor allem aber herrschaftssoziologischen Analysen. Gerade deshalb fielen ihre Analysen radikaler aus als die spätere, auf Umwelt- und Gesundheitsrisiken konzentrierte sozialwissenschaftliche Technikforschung. Vor diesem Hintergrund kann der vorliegende Beitrag als ein Versuch gesehen werden, die heute vorherrschende, mit bürgerschaftlicher Aktivierung, Reflexivität, Konfliktmediation und sozialer Akzeptanzgewinnung befasste Technikforschung politikwissenschaftlich zu fundieren und auf die Rolle des Staates und der Verwaltung zurückzukommen. Dabei zeigt sich eine paradox erscheinende Umkehrung: Die Festigung politischer Herrschaft resultiert nicht aus überlegener technischer Perfektion, sondern im Gegenteil, aus dem wiederkehrenden Versagen von Technik. Moderne Technologien erwiesen sich weder als ideale Instrumente politischer Herrschaft, wie es die kritische Theorie befürchtet hatte, noch ersetzen sie Herrschaft durch Sachentscheidung, wie es die Apologeten eines „technischen Staates" (Schelsky 1965; vgl. Lenk 1986; Greven 1987) voraussagten. Vielmehr verlangt offenbar die moderne Technik nach demokratischer Beteiligung und regulativer Staatlichkeit. Ohne ausreichende demokratische Legitimitätsressourcen und einen gut funktionierenden Staatsapparat könnten nämlich die Unsicherheiten, Gefahren und Unfälle, die ihr Gebrauch hervorruft, in keiner Weise bewältigt werden. Es wird im Folgenden zu zeigen sein, wie die technikgläubige Herrschaftskritik der sechziger und siebziger Jahre in technikkritische Staatsgläubigkeit und eine Renaissance des regulativen Ordnungsstaates umschlug, dessen Konturen beispielhaft in der Reaktion auf Katastrophen und Störfälle, am Wachstum regulativer Umweltpolitik und an der Regierungspraxis grüner Umweltminister in Bund und Ländern deutlich werden.

2. Von der Technokratiekritik zur Risikogesellschaft

Gegen Ende der siebziger Jahre avancierten Gesundheits- und Umweltrisiken zum zentralen, wenn nicht ausschließlichen Gegenstand sozialwissenschaftlicher Technikforschung. Sicherheitstechnische Probleme der Kernkraftnutzung bildeten ein Leitmotiv dieser Entwicklung. Die Kernenergie konnte über Jahrzehnte hinweg ihren herausgehobenen Platz in der Risikodebatte behaupten. Andere Bedrohungsszenarien der ausgehenden siebziger Jahre – saurer Regen, Waldsterben, Steinesterben – gerieten demgegenüber fast in Vergessenheit. Immerhin sind daraus etliche Maßnahmen zur Luftreinhaltung hervorgegangen. Während ein Verbrennungsmotor in den siebziger Jahren noch keineswegs als umweltgefährliche Anlage galt, befassten sich Politik und Verwaltung seit langem mit der Regulierung gefährlicher Giftstoffe und Chemikalien. Die Dioxinkatastrophe von Seveso (1976) brachte die damit zusammenhängenden Probleme schlagartig ans Licht der Öffentlichkeit. Sie hatte eine Fülle neuer Regelungen zur Lagerung, Verarbeitung und Beförderung giftiger Substanzen zur Folge; zuletzt die so genannte „Seveso II Richtlinie" des Europäischen Rates über die Begrenzung der Gefahren bei schweren Unfällen mit gefährlichen Stoffen vom Dezember 1996 (Richtlinie 96/082/EG). Die Chemiekatastrophe von Schweizerhalle mit ihren Folgen für die Trinkwasserentnahme aus dem Rhein (Tanner, 1988), die Bedrohung des Wattenmeeres (List 1991) und schwere Tankerunfälle (Lagadec 1987) führten zu neuen, internationalen Ansätzen der Gefahrenabwehr im Gewässer- und Küstenschutz, Auseinandersetzungen um die Biotechnologie und eine drohende Klimakatastrophe sind die bislang letzten Glieder in einer Kette von politischen Technikkonflikten, die seit nunmehr zweieinhalb Jahrzehnten die sozialwissenschaftliche Technikforschung und die Politik beschäftigen.

Die seit den frühen achtziger Jahren expandierende Literatur zur Technikfolgenabschätzung bis hin zur Rede von der Risikogesellschaft handelt von individuellen und gesellschaftlichen Bedrohungs- und Katastrophenszenarien, von Unsicherheit und vermeidbaren Risiken der Technik. Ihr Ausgangspunkt ist die „restriktive Verknüpfung von Risiko und Technik" (Bonß 1995: 18). Restriktiv deshalb, weil hier nicht Chancen, sondern inhärente, von der Technik selbst gesetzte Grenzen der Technikentwicklung in den Mittelpunkt der Analyse gerückt werden. Die sozialwissenschaftliche Technikkritik der 60er und frühen 70er Jahre hatte noch einen ganz anderen Fokus. Damals formulierten Horkheimer und Adorno eine aus heutiger Sicht unbegreiflich technikgläubige und doch denkbar radikalste Technikkritik. Sie hatte nicht das Versagen der Technik und dessen Folgen für Mensch und Natur zum Thema. Im Gegenteil: Horkheimer und Adorno gingen ebenso wie Schelsky mit seinem konservativen Konzept des „technischen Staates" von einer nahezu unbegrenzten technischen Beherrschbarkeit der Natur aus. Ihre Radikalität gewann die damalige Technikkritik der Frankfurter Schule dadurch, dass sie einen unentrinnbaren Zusammenhang zwischen der technischen Beherrschung der Natur und des Menschen behauptet. Der Siegeszug der technischen Zivilisation, der unaufhaltsame Erfolg und die Segnungen der Technik führten zur Unfreiheit und Entfremdung des Menschen von seiner inneren Natur, lautete die als „Dialektik der Aufklärung" bekannt These. Schelsky bot die konservative Gegenthese mit seiner affirmativen Aussage, der technische Fortschritt müsse den demokratischen Staat überflüssig machen, da alle wichtigen Fragen ohnehin nur noch am besten und durchaus zum allgemeinen Wohl durch Experten entschieden werden. Beide, die kritische Theorie der Frankfurter Schule und die konservative These vom technischen Staat waren zwei Seiten der gleichen, auf naiven Technikglauben gemünzten Medaille.

Der sozialwissenschaftliche Technikdiskurs der ersten Nachkriegsjahrzehnte stand ganz unter dem Eindruck von technischen Allmachtsphantasien, wie sie Ernst Bloch (1959: 775) in seinem Prinzip Hoffnung in voller Überzeugung so beschrieb:

„Wie die Kettenreaktionen auf der Sonne uns Wärme, Licht und Leben bringen, so schafft die Atomenergie, in anderer Maschinerie als der Bombe, in der blauen Atmosphäre des Friedens, aus Wüste Fruchtland, aus Eis Frühling. Einige hundert Pfund Uranium und Thorium würden ausreichen, die Sahara und die Wüste Gobi verschwinden zu lassen, Sibirien und Nord-Kanada, Grönland und die Antarktis zur Riviera zu verwandeln. Sie würden ausreichen, um der Menschheit die Energie, die sonst in Millionen von Arbeitsstunden gewonnen werden musste, in schmalen Büchsen, höchstkonzentriert, zum Gebrauch fertig darzubieten (Bloch, 1959)".

Dass all dies, die Verwandlung Sibiriens, Grönlands und der Arktis in Regionen der Sommerfrische, eine Klimakatastrophe bis hin zum Untergang der Menschheit heraufbeschwören könnte, lag damals offenbar außerhalb der Vorstellungskraft.

Die in den Gesellschaftstheorien der frühen Nachkriegszeit vorfindbare technokratische Haltung – ob nun affirmativ oder kritisch gewendet – verlor indes bereits in den siebziger Jahren deutlich an Einfluss. Mit dem Aufkommen der Anti-Atomkraft- und Ökologiebewegungen, mit zunehmenden Protesten und Konflikten um Energie-, Verkehrs- und Industrieprojekte gewann auch die sozialwissenschaftliche Technikforschung eine ganz neue Ausrichtung. Dieser Perspektivenwechsel erschien bereits unumkehrbar, als sich 1979 im amerikanischen Kernkraftwerk „Three Mile Island" bei Harrisburg ein Kernschmelzunfall ereignete und sieben Jahre später ein Super-GAU (Größter Anzunehmender Unfall) im ukrainischen Kernkraftwerk von Tschernobyl weite Teil Europas radioaktiv verseuchte. Am Abend des 26. April 1986 begann der die Kernbrennstäbe umschließende Moderator des Kernkraftwerks, ein 1.700 Tonnen schwerer, elf Meter langer und drei Meter breiter Graphitblock, zu brennen. Zehn Prozent des radioaktiven Kerninventars wurden in wenigen Tagen freigesetzt und größtenteils von dem Hitzesog des Graphitbrandes in die Atmosphäre getragen. Höhenwinde verteilten die radioaktiven Partikel zunächst über Polen und Skandinavien, später über dem westlichen und südöstlichen Europa (Kröger/Chakraborty 1989; Czada 1989). Spätestens nach Tschernobyl stellte sich auch in der breiten Öffentlichkeit die Frage, ob nicht der technische Fortschritt mit existenzbedrohenden Risiken zu teuer erkauft sei. Inzwischen hat nicht zuletzt die sozialwissenschaftliche Technikforschung gezeigt, dass der Fortschritt vom Risiko nicht zu trennen ist. Allerdings stellt sich der Zusammenhang zwischen beiden komplizierter dar als es auf den ersten Blick erscheinen mag.

3. Fortschritt und Risiko

Zahlreiche Ereignisse der vergangenen Jahrzehnte scheinen zu bestätigen, dass menschengemachte technische Risiken zunehmend außer Kontrolle geraten. Seveso, Harrisburg, Bhopal, Tschernobyl, Schweizerhalle, Zeebrugge, Hillsborough, Challenger, Exxon-Valdez, Estonia, Erika, Concorde und Kursk sind nur einige herausragende Namen in einer nicht enden wollenden Serie von Störfällen, Unfällen und Katastrophen, die mit Todesopfern, schweren Gesundheitsschäden oder dem folgenreichen Zusammenbruch sozio-technischer und politischer Strukturen verbunden sind.[1] David Landes (1998) vermutet, dass die Reaktorkatastrophe von Tschernobyl nahe der ukrainischen Hauptstadt Kiew der erste Todesstoß für das sowjetische Imperium gewesen sei. Auf dieses Ereignis des Jahres 1986 folgte eine Welle der Systemkritik, die erstmals über Dissidentenkreise weit hinausging, sich bei den Funktionseliten breit machte und nur drei Jahre später das Ende der sozialistischen Staatenwelt besiegelt hat. Der Start der Raumfähre Challenger am 28. Februar 1986 sollte die „state of the union address" des amerikanischen Präsidenten Reagan am Abend desselben Tages krönen. Die Rakete ex-

---

[1] Zu einigen der erwähnten Katastrophen finden sich Analysen in Rosenthal/Pijnenburg (1991) und Lagadec (1987).

plodierte wenige Minuten nach dem Start, weil ein Dichtungsring versagte, der auf Grund staatlicher Regulierung nicht mehr aus Asbest hergestellt worden war. Die Katastrophe führte zu einem grundlegenden Umbau der Raumfahrtbehöre NASA und unterbrach das Space-Shuttle-Programm, das nicht zuletzt die Machbarkeit der amerikanischen „*star wars Initiative*" zur Niederrüstung der Sowjetunion beweisen sollte.

3.1 Komplizierte Wechselspiele

Technische Katastrophen erwachsen oft aus nichtigen Anlässen. Im Kernkraftwerk von Three Mile Island war es ein Notizzettel, der ein Überwachungsinstrument verdeckte, in Tschernobyl sollte im Nachtbetrieb ein Kühlsystem getestet werden. Katastrophen sind freilich nur die „Spitze eines Eisberges", die aus einer Masse alltäglichen Versagens herausragt. Seit es Werkzeuge gibt, ist ihre Gebrauch mit Gefahren verbunden. Bereits die Kunst Feuer zu machen und eine Kochstelle einzurichten, kann eine Hütte oder ein ganzes Dorf niederbrennen. Seit Boote und Schiffe gebaut werden, können sie untergehen. Mit dem Bergbau wächst die Gefahr von Bergstürzen. Oberflächlich betrachtet lässt sich feststellen: Die Risiken einer Technik wachsen im gleichen Maß wie die Naturgewalten, die sie sich dienstbar macht, im gleichen Maß wie sie das natürliche Gestaltungs- und Zerstörungspotenzial von Menschen vervielfacht. Für diese Art der energetischen Naturbeherrschung gilt noch am ehesten ein Zusammenhang, der ansonsten oft unzulässig verallgemeinert wird, dass nämlich mit der Größe und Komplexität von Technik stets auch ihr destruktives Vermögen zunehme. Meist musste wiederum die Kernkraft zur Untermauerung dieser Behauptung herhalten. Tatsächlich bot sich mit der Nutzung der Atomkraft der Menschheit erstmals die technische Möglichkeit, sich selbst auszulöschen.

Der Zusammenhang zwischen Technik und Risiko ist bei weitem nicht so einfach wie es diese kurze Skizze vermuten lässt. Technik birgt nicht generell ein hohes Destruktionspotenzial. „Je mehr Technik, desto mehr Risiken" wäre ein falscher Zusammenhang. Einige Technologien, von denen die größten Produktivitätssprünge der Wirtschaftsgeschichte ausgingen, basierten auf ganz und gar harmlosen Erfindungen. Mit der Verbreitung der Nahbrille im 13. Jahrhundert verlängerten sich ein aktives Handwerkerleben oder die Aktivitätsspanne von Schreibern und Buchhaltern um 20 Jahre, weil diese Berufe nicht länger mit dem Problem der Altersichtigkeit konfrontiert waren (Landes 1998: 46–47). Auf diese Weise wurden wiederum weitere Erfindungen wie Uhrwerke und andere feinmechanische Geräte gefördert. Ein anderes Beispiel wäre der Buchdruck, ebenfalls eine rasch in ganz Europa verbreitete Technologie, deren Unfall- und Gesundheitsrisiken gering waren und erst mit dem Aufkommen des Bleisatzes und der Verbreitung von Bleisetzmaschinen gewisse Aufmerksamkeit erlangten. In Zeiten des Computersatzes ist auch diese Technik nur noch in Museen oder wenigen Spezialdruckereien zu finden. Es ließe sich eine Reihe weiterer Beispiele anführen, die zeigen, dass es keinen linearen Zusammenhang zwischen dem technischen Fortschritt auf einem Gebiet und den daraus erwachsenden Gefahren gibt. Im Gegenteil: Nicht selten reduzieren größere und komplexere neue Technologien unmittelbare Gesundheitsgefahren, die älteren, vorgängigen Verfahren anhafteten. Im Bergbau hat die Grubensicherheit mit dem Einzug großtechnischer Abbaumethoden und komplexer Sicherungsanlagen zugenommen. Das Düsenflugzeug ist um ein vielfaches sicherer als der viel einfacher konstruierte Zeppelin und auch sicherer als jedes mit Kolbenmotoren angetriebene Propellerflugzeug. Generell sind auch die großen, von elektronischen Leitsystemen gesteuerten schweren Düsenjets sicherer als kleine Flugzeuge. Wenn allerdings ein Großraumflugzeug abstürzt, ist der Einzelschaden größer. Damit steigt zugleich die öffentliche Aufmerksamkeit für Flugzeugkatastrophen, obwohl unter Anrechnung der Beförderungsleistung weit mehr Menschen in kleinen Flugzeugen zu Tode kommen als in großen.

3.2 Von der Gefahr zum Risiko

Mit solchen Vergleichen betreten wir das für den Umgang mit Katastrophen und Unfällen zentrale Feld der *Risikotheorie*. Die mathematische Formel, wonach sich Risiko aus der mit einem erwarteten Schaden multiplizierten Wahrscheinlichkeit des Schadensfalles errechnen lässt, ist noch keine Definition von Risiko, sondern eine Operationalisierung, die eine Definition voraussetzt (Luhmann 1990).[2] Damit mögen Versicherungsmathematiker zurecht kommen; für den politischen und gesellschaftlichen Umgang mit Risiken erweist sich die Formel als inhaltsleer (Wiedemann 1993). Die individuelle, gesellschaftliche und politische Relevanz von Schäden und die differenten Wahrnehmungen ihrer Eintrittswahrscheinlichkeit sind die eigentlichen Bezugspunkte der Risikodebatte.

Der Begriff *Risiko* hat erst in der industriegesellschaftlichen Moderne seine heutige Bedeutung erhalten. Diese Bedeutung ist mit zunehmender Techniknutzung insoweit verbunden, als Risiko stets auch eine Vorstellung von Machbarkeit und Handlungsautonomie voraussetzt. Risiken werden bewusst eingegangen, während Gefahren von außen, quasi als Naturereignisse auferlegt sind. Der Hinweis von Luhmann (1990), dass im Zivilisationsprozess an die Stelle von Gefahren kalkulierbare und damit potenziell beherrschbare Risiken getreten sind, bleibt freilich umstritten. Vor allem seit den Reaktorkatastrophen von Three Mile Island 1979 und Tschernobyl 1986 ist auch diese Entwicklungshypothese modifiziert worden. So argumentieren Nowotny und Evers (1986), dass zwar bis ins zwanzigste Jahrhundert immer mehr Gefahren in Risiken übersetzt worden seien, die wissenschaftliche und technologische Entwicklung habe jedoch zwischenzeitlich diese Entwicklung ins Gegenteil verkehrt: Es gebe wieder mehr Gefahren der Technik, weil insbesondere die Kernkraftnutzung unkalkulierbare und unbeherrschbare Folgen zeitige (Nowotny/Evers 1986; Beck 1987). Inzwischen haben allerdings in den meisten Industrieländern die Bedrohungsszenarien der Gentechnik und der Klimakatastrophe der Kernkraft den Rang abgelaufen.

---

2 Über die Eintrittswahrscheinlich kann erst dann eine verlässliche Aussage getroffen werden, wenn eine statistisch aussagekräftige Anzahl von Schadensfällen vorliegt oder probabilistische Sicherheitsanalysen auf der Basis empirischer Daten zur Komponentensicherheit und Interaktionsform komplexer Systeme möglich sind. Wie ein möglicher Schaden zu beziffern wäre, kann ebenfalls nur auf Grund statistischer Daten geschätzt werden.

Charles Perrow veröffentlichte 1984 mit „Normal Accidents. Living with High Risk Technologies" (zu deutsch: Normale Katastrophen. Die unvermeidlichen Risiken der Großtechnik) ein bis heute gültiges Standardwerk der sozialwissenschaftlichen Forschung über Technikrisiken. Perrow konzentriert sich auf den Zusammenhang von Konstruktionsmerkmalen technischer Anlagen, sozialen Organisationsstrukturen und Nutzungsrisiken spezifischer Technologien. Der Zusammenhang von Herrschaft und Technik, wie er in den fünfziger und sechziger Jahren von Ellul, Schelsky, der Frankfurter Schule, Bravermann etc. thematisiert wurde, kommt in seiner Arbeit aber nicht vor. Perrow steht in Sachen technokratischer Machbarkeitsillusionen den von ihm kritisierten Ingenieuren oft näher als er selbst wahrhaben mag. Er empfiehlt der Politik, welche Technik sie fördern und welche sie zurückdrängen sollte. Ob dies machbar ist und warum die Politik technischen Risiken in einer bestimmten, seinen Ratschlägen meist gerade zuwiderlaufenden Weise begegnet, kümmert ihn nicht. Ebenso wenig geht er auf die gesellschaftlichen und kulturellen Begleiterscheinungen von Risikotechnologien ein, wie sie zum Beispiel Beck (1987, 1988) behandelt.

Die Gefahrenpotenziale einer Technik können nach Perrow (1984) entlang weniger Dimensionen bestimmt werden. Die entscheidenden Differenzen liegen demnach in den Interaktionsmodi eines technischen Systems, die sich grob als linear oder komplex beschreiben lassen, und in Merkmalen der Verkoppelung von Systemteilen, die eng oder lose ausfallen können. Es liegt auf der Hand, dass ein komplexes großtechnisches System mehr Unsicherheit über sein Verhalten in kritischen Betriebszuständen enthält als ein lineares System, das bekannten, mit vorhandenen Mitteln durchschaubaren Ursache-Wirkungszusammenhängen gehorcht. Ebenso einsichtig erscheint, dass lose gekoppelte Komponenten fehlerfreundlicher sind, als eng gekoppelte Systeme, in denen ein Fehler beinahe zwangsläufig zahlreiche weitere nach sich zieht (vgl. Perrow 1987: 132–140). Die Tragweite dieser Zuordnungen erscheint in mehrerer Hinsicht zweifelhaft. Für die sozialen und politischen Korrelate technischer Risiken und Risikoperzeptionen spielen sie eine untergeordnete Rolle. Nach Perrow wären zum Beispiel der See- und Lufttransport lineare Systeme, deren Koppelung variiert, je nachdem, wo sich ein Schiff beziehungsweise ein Flugzeug gerade befindet und welche Systemleistungen (Navigationstechniken, Funk etc., vgl. Perrow 1987: 137) ihren Betrieb ermöglichen und daher auch stören könnten. Lagedec (1987: 126) zeigt nun aber unter anderem, dass die Wahrscheinlichkeit von Tankerunfällen und die daraus entstehenden Schäden nicht in erster Linie mit den Perrowschen Technikkategorien zusammenhängen. Hier spielen die Ohnmacht der Politik, die internationale Seeschifffahrt sicherheitstechnisch zu regulieren und die Umweltfolgen von Tankerunfällen zu bewältigen eine zentrale Rolle. Als 1967 die *Torey Canyon* sank gab sich der Staat noch selbstsicher, bei der darauf folgenden Ölverseuchung immerhin zuversichtlich, nach der *Amoco-Cadiz* realistischer. Inzwischen wissen auch Laien, dass die Möglichkeiten des Katastrophenschutzes bei hohem Seegang gegen Null tendieren. Kein Land der Welt verfügt über Mittel zur Bekämpfung von Ölverseuchungen nach Tankerunfällen, die sowohl effizient als auch vom ökologischen Standpunkt vertretbar wären (Lagadec 1987: 126). Unfälle und Katastrophen dieser Art kosten oft unmittelbar keine oder nur wenige Menschenleben. Ihre Vermögensschäden bleiben überschaubar. Die Umweltschäden sind schwer kalkulierbar. Trotzdem sind ihre wirtschaftlichen, politischen und kulturellen Folgen von sehr großer Tragweite.

4. Politik und Katastrophe

Am augenfälligsten wird die politische Seite der Technik in der Katastrophe. Dies gilt für Dampfkesselexplosionen, Bergstürze und Eisenbahnunglücke des vergangenen Jahrhunderts ebenso wie für atomare Kernschmelzen, Tankerunfälle, Arzneimittelskandale und Chemiekatastrophen der letzten Jahrzehnte. Die in den frühen siebziger Jahren aufgekommene Kernkraftkritik wurde dann am wirksamsten, als sie sich von den Problemen der Flusswassererwärmung oder der Strahlenbelastung im Normalbetrieb auf andere, unwahrscheinlichere, dafür aber umso bedrohlichere Szenarien verlagert hatte. Die Diskussion um den Super-GAU und das nukleare Restrisiko, dem durch regulative Gefahrenvorsorge nicht mehr beizukommen ist, brachte die zuvor schon schwach gewordene Problemlösungsinstanz des rational-wissenschaftlichen Diskurses zum Einsturz. Die in den USA zuerst auftretenden *Gegenexperten*, die Pluralisierung des Sicherheitsdiskurses erzeugten ein Expertendilemma (Schenk/Döbler 1996), dem sich die etablierten Fachleute, Naturwissenschaftler und Ingenieure in den geschlossenen Zirkeln von Beratungs- und Regulierungsgremien hilflos gegenübersahen. Techniker und technische TA-Experten erwecken oft den Anschein, als würde gerade der Staat zu einem Opfer des Expertendilemmas (vgl. Peters 1996). Mitnichten, alle Erfahrung in den amerikanischen Regulierungsbehörden und in den deutschen Behörden der Atomaufsicht zeigen, dass Expertenpluralismus auf eine Autonomisierung der politischen Entscheidungsebene hinausläuft (Czada 1992: 328).

Die in den USA mit dem Aufkommen der *Union of Concerned Scientists* schon seit den siebziger Jahren beobachtbare Pluralisierung der Expertenmeinungen wurde in Deutschland erst im letzten Jahrzehnt spürbar. Die Behörden der Atomaufsicht ausstiegswilliger Landesregierungen hatten noch vor zehn Jahren erhebliche Schwierigkeiten kernkraftkritische Gutachter zu finden. In dieser Situation waren sie den sozial geschlossenen Expertengremien und dahinter stehenden professionellen Verbänden ausgeliefert. Das mit der Öffnung der Gutachterszene für Gegenexperten entstandene Expertendilemma brachte insofern nicht den Staat, sondern die vormals geschlossenen Expertenzirkel in Nöte, die nun nicht mehr vorgeben konnten, allein nach Richtigkeitskriterien vorzugehen. Von Naturwissenschaftlern und Technikern wird das Expertendilemma oft als Einfallstor für sachfremde Argumente bis hin zur vollständigen Politisierung von technischen Sachentscheidungen dargestellt.[3] Wieweit dies zutrifft, hängt nicht zuletzt vom Risikopotenzial einer Technologie ab. In dem von „Hypothetikalität" (Häfele) beziehungsweise unbestimmbaren Restrisiken bestimmten Hochrisikobereich versagen die technischen Sicherheitsanalysen der Experten und es machen sich notgedrungen technikfremde Erwägungen breit.

---

3 Interviews (November 1991) mit Dr. Ludger Moorbach, Reaktoringenieur, Assistent des Geschäftsführers, Technische Vereinigung der Großkraftwerksbetreiber, Essen, und Lester Rogers, Berater und Ausbilder am amerikanischen Argonne National Laboratory.

Zwar ist die Vermeidung menschlich verursachter Risiken für den Preis des Fortschritts fast immer möglich. Selbst die Menschen des Mittelalters hätten im Prinzip darauf verzichten können Städte zu bauen, umso den Gefahren von Pest und Feuersbrünsten zu entgehen. Da aber die Stadt gleichzeitig Schutz gegen andere, noch gefährlichere und vor allem individuelle Risiken – des Erfrierens, Verhungerns, Beraubtwerdens etc. – bot, ist diese Frage vermutlich nie gestellt worden.[4] Wäre sie dennoch aufgekommen, hätte man die Gegner städtischer Siedlungsweise einfach aufs dörfliche Landleben verweisen können. Diese Überlegung führt zu der Differenz von individueller und kollektiver Rationalität sowie zu den verschiedenen Ausweichmöglichkeiten im Umgang mit subjektiv empfundenen Gefahren. Je schwieriger die „Exit"-Option wird, etwa im Fall nuklearen Fallouts mit anhaltender Luftradioaktivität, umso mehr erhält eine Gefahr die Merkmale eines Kollektivgutes und desto dringlicher werden kollektiv verbindliche Abmachungen und Maßnahmen der Gefahrenvorsorge; desto mehr wächst auch die Politisierung des Risikos.

Wenn die für Aufklärung und Einsicht nötige Gewissheit von Ursache-Wirkungszusammenhängen fehlt oder nicht vermittelt werden kann und die Kompensation von Schadensfolgen durch Versicherungen über den Markt nicht möglich ist, bleiben einzig die Mittel der ideologischen Integration oder Zwangsmaßnahmen als Mittel des Staates und der Politik übrig. Nun ist gerade der Staat ein Meister dieser Instrumente. Es liegt in seiner Natur, den Bürgern individuelle Risiken zuzumuten, um das Gemeinwesen zu schützen. Carl Schmitt (1922) geht soweit, aus eben diesem Anspruch die Notwendigkeit unumschränkter Souveränität abzuleiten. Schutz des Gemeinwesens heißt in unserem Fall jedoch nicht wie in der juristischen Souveränitätslehre, den Bestand des Staates gegen äußere oder innere Feinde zu verteidigen. Gleichwohl unterliegt die Technologie- und Umweltpolitik dem Zwiespalt von kollektiven und individuellen Bestandsinteressen in einer Weise, die dort, wo Risikoperzeptionen als unvereinbar gelten und gleichzeitig existenzielle Bedrohungsängste auslösen, tatsächlich an den politischen „Ausnahmezustand" erinnert.[5] Man könnte sogar von einem verschärften Souveränitätsproblem sprechen, da eine kompensatorische Umverteilung kollektiver Risiken nur sehr begrenzt möglich ist. Dies unterscheidet das Problem grundsätzlich von wirtschafts- und sozialpolitischen Verteilungskonflikten. Die handlungsstrategischen Bedingungen der technisch-industriellen Gefahrenvorsorge kommen einem Nullsummenspiel am Nächsten, wo individuelle Risikoeinschätzungen sehr weit auseinander laufen.

---

4 Der letztlich teuer zu stehen kommende Verzicht auf einen oft lebensrettenden und riskomindernden technischen Fortschritt ist das von Wildawsky (1988) gegen den Ausstieg aus Risikotechnologien ins Feld geführte Argument (vgl. Kerver 1997).
5 Dies hat freilich nichts mit dem Ende der siebziger Jahre verbreiteten Wort vom „ökologischen Bürgerkrieg" zu tun (Offe 1979) sondern meint, dass die rechtsstaatliche Entscheidung kaum im Stande ist, eine normale Situation zu schaffen und zu stabilisieren, d.h. es müssen in jedem Fall andere als rechtliche Kriterien, etwa technische, wissenschaftliche oder politische die Entscheidung von Fall zu Fall begründen (vgl. Drexler/Czada 1987).

4.1 Politische Steuerungsprobleme

Technisch-industrielle Risiken verursachen in Politik und Verwaltung neue Konflikte und Steuerungsprobleme. Während, ausgehend von der neoliberalen Wende der achtziger Jahre, ein Rückzug des Staates aus Gesellschaft und Wirtschaft gefordert wird, drängen die Gefahren der technischen Zivilisation den Staat zu neuen Aufgaben, auf die er in vieler Hinsicht nicht oder nur schlecht vorbereitet ist. Die Reaktion auf schleichende Gefährdungen wie abgasinduzierte Klimaveränderungen gehören ebenso in diesen Kontext wie die Risiken der Gentechnologie oder nuklearer Verseuchung. Sie unterscheiden sich von herkömmlichen Naturereignissen und alltäglichen Risiken industrieller Arbeit oder des Straßenverkehrs dreifach: durch ihr örtlich, zeitlich und sozial kaum eingrenzbares kollektives Bedrohungspotenzial, durch ihre weitgehende Unsichtbarkeit und deshalb Unfassbarkeit für den Laien und durch die Paarung von geringster Eintrittswahrscheinlichkeit mit einer im schlimmsten Fall menschheitsbedrohenden Schadenswirkung. Für den modernen liberal-demokratischen Staat ist diese Konstellation deshalb fatal, da hier eine sehr hohe Betroffenheit der Bevölkerung mit mangelnder administrativer Handhabbarkeit des Problems zusammentrifft. In gewisser Weise erinnert dies an die Situation des Katastrophenschutzes vor dem Gebrauch von Feuermeldern, Maschinenpumpen und Planierraupen oder der Seuchenpolitik vor Luis Pasteur und Robert Koch. Der Staat der Risikogesellschaft (Beck 1986) befindet sich in der Lage der mittelalterlichen Stadt, die einer Feuersbrunst oder einer Seuche nur durch Vorbeugung, kaum aber durch Schadensbekämpfung beikommen konnte.

Die Aufgabe der Gefahrenvorsorge durch regulative, auf technische Standards, Ausbildungs- und Sicherheitsvorschriften sowie eine auf Anlagenüberwachung basierende Politik können nur kontinuierlich und nach allgemein anerkannten Verfahren erfüllt werden. Fundierte Expertise und Gleichbehandlung der Adressaten, sprich Marktteilnehmer, ist hier Voraussetzung. Daher unterliegen regulative Konflikte spezifischen Mechanismen der Konfliktaustragung und Vollzugspraxis. In jede Forderung nach Regulierung ist die nach einem wirksamen Kontrollorgan schon eingebaut. Wer eine schärfere Sicherheitsregulierung fordert, wird daher – rationales Handeln vorausgesetzt – keinesfalls eine Revolte gegen die Prinzipien des staatlichen Gewaltmonopols oder jedweder autoritativer Selbstorganisation anzetteln. So konnte der „ökologische Bürgerkrieg" um die Kernkraft auf Dauer nicht gegen den Staat und ebenso wenig gegen die professionelle Expertenorganisation geführt werden. Er hat daher die politischen und gesellschaftlichen Institutionen der Bundesrepublik keineswegs so überfordert wie manche gefürchtet hatten.[6] Es war voraussehbar, dass die Grünen – selbst als sie die Abschaffung des staatlichen Gewaltmonopols diskutierten – nicht daran vorbei kamen, dass ihre umweltpolitischen Ziele letztlich nur ordnungsrechtlich zu erreichen sind. Die Grünen führten im Kernenergiekonflikt die Forderung nach mehr Demokratie *gegen* den Rechtsstaat ins Feld und haben sich doch sehr schnell rechtsstaatlicher Mittel

---

6 Das spannendste Krisenszenario hatte Claus Offe (1979) ausgebreitet, als er, die Rede des niedersächsischen Ministerpräsidenten Ernst Albrecht vom „ökologischen Bürgerkrieg" aufnehmend, fragte, ob seine Vorboten nicht „unser scheinbar noch intaktes System politischer Institutionen in Frage stellen". Solche Überlegungen hatten zweifellos etwas faszinierendes; indes, sie sind an der Wirklichkeit weit vorbeigelaufen.

der Atomaufsicht und des Ordnungsrechtes bedient, sobald sie an Regierungen beteiligt waren.

Der Kernenergiekonflikt, der die ökologische Staatskritik einst auslöste, hat später dem Staat zu neuer Wertschätzung verholfen; und zwar besonders bei denen, die dem staatlichen Gewaltmonopol vormals mit Argwohn begegnet waren. Der Energie-Umweltkonflikt und seine Institutionalisierung bewirkten nicht die „Paralyse des Staatsapparates" (Kitschelt 1980: 279) sondern eine Renaissance des regulativen Staates. Die von diesem Konflikt ausgehende Verankerung des Umweltschutzes als Staatsaufgabe eröffnete eine Legitimationsquelle für regulative Politik, wie sie für den Wohlfahrtsstaat mit seinem Schwerpunkt auf Verteilungspolitik längst versiegt schien.

In der Politik können die in der Risikogesellschaft neu auftretenden Konflikte – außerhalb des Katastrophenfalles – „konkurrenzdemokratisch", also durch Wahl, Diskurs, Problemverlagerung und Ausgrenzungsstrategien kleingearbeitet werden. Die Institutionalisierung des Energie-Umweltkonflikts in Gestalt der inzwischen in das deutsche Parteien- und Regierungssystem integrierten Grünen ist dafür ein Beispiel. Technische Risiken haben hier zur Legitimation des Staates beigetragen, weil sie die Befürworterkoalitionen von Kontroll- und Ausstiegsalternativen auf den Staat und seine Konfliktregelungsmechanismen festlegten und damit den politischen Umgang mit Technikrisiken einem formalen Verfahren unterworfen haben.

Den Ökonomie-Ökologie Konflikt von der Straße in den politischen Apparat geholt zu haben, ist aber nur die eine Seite des Problems. Wie steht es darüber hinaus um die politische Führung und Bürokratie, wenn sie direkt mit einer Katastrophe konfrontiert sind? Sie können die damit verbundenen politischen Probleme und Konflikte konkurrenzdemokratisch und bürokratisch nur abarbeiten, solange Gefährdungslagen nicht manifest werden. Sobald aber die Katastrophe eintritt oder auch nur ein Schulgebäude wegen einer vorbeiziehenden Giftwolke evakuiert werden muss, entsteht Handlungsbedarf, für dessen Erfüllung in den meisten Fällen gesetzlich nicht ausreichend vorgesorgt ist und auch nicht adäquat vorgesorgt werden kann. Dies liegt daran, dass technisch-industrielle Risiken, auch wenn sie Staat und Gesellschaft als Ganzes bedrohen, örtlich auftreten und dabei politische Konflikte aktualisieren, die mit den Maßnahmen der Schadensabwehr nicht in unmittelbarem Zusammenhang stehen. So stand der Industrie-Umweltkonflikt im Hintergrund der politischen und administrativen Reaktionen auf die Reaktorschmelze von „Tschernobyl" oder die Chemiekatastrophe von Basel. Die Schadensabwehr wurde dadurch politisiert.

Der Katastrophenschutz ist traditionell an einer räumlichen Betrachtungsweise orientiert. Im Zentrum steht die örtliche Schadensabwehr, und zwar mittels Organisation und Technik. Die Katastrophenschutzgesetze der Länder sind Vollzugsordnungen. Ob eine Katastrophe oder eine Gefährdungslage unterhalb der Katastrophenschwelle ausgerufen wird, ist zwar Sache der Politik. Die Situationsdefinition vor Ort bleibt streng genommen Angelegenheit der Institutionen des Katastrophenschutzes. Doch wie verhält es sich bei erhöhten Gefahrenlagen unterhalb der Katastrophenschwelle, die großflächig auftreten und zudem kaum durch administrative Maßnahmen beeinflussbar sind? Ausgehend von zwei gegenläufigen Traditionssträngen der öffentlichen Verwaltung, der Zentralisierung und der Orientierung an den örtlichen Verhältnissen (vgl. Ellwein 1986), stellte sich insbesondere nach dem nuklearen Fallout von Tschernobyl die Frage, welchem Prinzip der Vorzug in der Katastrophenvorsorge und -bekämpfung zu geben sei.

„Verwaltungsreaktionen nach Tschernobyl" war ein Forschungsprojekt, das ich 1986 und 1987 zusammen mit Alexander Drexler an der Universität Konstanz durchführte. Darin versuchten wir die Verschiedenheit von Verwaltungsreaktionen der Landkreise und kreisfreien Städte auf nuklearen *Fallout* möglichst umfassend zu erheben und die Determinanten behördlichen Handelns zu bestimmen. Die folgende Zusammenfassung der Ergebnisse zeigt die politischen Folgen einer Katastrophe, auf die niemand vorbereitet war.

4.2 Katastrophe und Staatlichkeitsnormen

Die Reaktorkatastrophe von Tschernobyl hat die Verletzlichkeit staatlicher Organisation durch technisch-industrielle Risiken vor Augen geführt. Es wurde deutlich, dass dem Staat angesichts eines so massiven Angriffs auf die materielle Wohlfahrt seiner Bürger, wie sie eine nukleare Verseuchung darstellt, zunächst nur symbolische Problemlösungen zur Verfügung stehen. Die Legitimation staatlicher Organe durch die versprochene Sicherung der materiellen Reproduktionsbedingungen bzw. der für sie konstitutiven Randbedingungen geriet in die Krise und erzeugte, wie auch andere Beispiele solcher Krisenphänomene belegen, zwangsläufig gesellschaftliche Selbstorganisations- und individuelle Ausweichstrategien. Im Fall „Tschernobyl" reichte dies von vielfältigen Flugblattaktivitäten diverser alter und neu entstandener Gruppierungen bis zur gemeinsamen Anschaffung von Gammaspektrometern und privaten Radioaktivitätsmessungen[7]. Anders als im Bereich individueller „Katastrophen" – Krankheit, Pflegebedürftigkeit, Armut – haben solche gesellschaftlichen Selbsthilfegruppen im Fall erhöhter kollektiver Gefährdungslagen keinen staatsentlastenden Effekt. Hier gilt nämlich wie im allgemeinen Ausnahmezustand die Verhinderung von partikularen, den staatlichen Maßnahmen möglicherweise entgegenstehenden Problemlösungen als oberste staatliche Regel. Auf Grund des Zusammentreffens von unsicherer Gefahreneinschätzung und kollektiver Betroffenheit könnte anders eine Verschärfung der Lage durch unkontrollierte Bevölkerungsreaktionen und Störungen behördlicher Maßnahmen der Gefahrenabwehr nicht ausgeschlossen werden. Mit eben diesem Argument ist zu erklären, dass beispielsweise in Baden-Württemberg eine erste Weisung der Regierungspräsidien an die Landratsämter und kreisfreien Städte darin bestand, die Bevölkerung nicht durch den Einsatz der ABC-Züge der Feuerwehren zusätzlich zu verunsichern.

Während des nuklearen Fallouts von Tschernobyl hatten Landräte, Landesminister und die Bundesregierung völlig widersprüchliche Belastungsgrenzwerte für Lebensmittel ausgegeben. Landräte ordneten im Einklang mit Kreistagsmehrheiten Vermark-

---

7 Neue Gruppierungen entstanden zumeist aus Personengruppen mit erhöhter Betroffenheit und Sensibilität, vor allem Eltern von Kleinkindern, Ärzte und Naturwissenschaftler. Soweit uns Daten vorliegen, haben die zunächst starken Aktivitäten dieser Gruppen ebenso wie der Zulauf bereits ein Vierteljahr nach „Tschernobyl" rapide abgenommen.

tungsstops für Milch oder Gemüse an, verfügten die strikte Sperrung von kontaminierten Filterkabinen in Krankenhäusern, sperrten Sportanlagen und rissen insgesamt die Initiative an sich. Sie handelten im Grunde gesetzeswidrig. Der Konstanzer Landrat Maus erklärte, er denke nicht daran Weisungen der Landesregierung zu befolgen. Vor der Presse rechtfertigte er sein Vorgehen mit dem Hinweis, er habe angesichts der Tatenlosigkeit der Landesregierung und des örtlichen Problemdrucks als Kreis-Polizeibehörde eingreifen müssen. „Für diesen Fall gab es einfach keine Pläne" (Südkurier v. 9.5.1986). Er hatte damit so eindrücklich die Bedeutung der Exekutive unterstrichen, dass er während der Folgezeit auch von den Grünen für seinen Einsatz gelobt wurde. Die noch kurze Zeit vorher das staatliche Gewaltmonopol in Frage stellten, unterstützten nun einen autokratischen Landrat, der als untere Polizeibehörde die Initiative an sich gerissen hatte. Dass einzelne Politiker ihren Kompetenzbereich schlagartig erweitern und sich eigenmächtig zu Krisenmanagern aufschwingen, ist ein in Katastrophensituationen immer wieder zu beobachtender Vorgang.

Katastrophen mit ihren räumlich und nach Betroffenengruppen ungleich verteilten Folgen und selektiv wirkenden Entscheidungen der Katastrophenbewältigung machen den Rechtsstaatsgrundsatz der *Gleichbehandlung* zum Problem. Dies erscheint besonders gravierend, wenn zunächst wenig selektive Maßnahmen auf Grund technischer Wirkungszusammenhänge ungleiche Belastungen verursachen. So wirkt sich dieselbe Strahlendosis auf Kinder anders aus als auf Erwachsene; einmal, weil sich radioaktive Isotope im Wachstumsalter vermehrt im Körper einlagern, und zum anderen, weil sich Kinder anders ernähren[8]. Die Eidgenössische Kommission für die Überwachung der Radioaktivität der Schweiz begründet damit den Verzicht auf feste Grenzwerte zu Gunsten differenzierter Empfehlungen für einzelne Bevölkerungsgruppen (vgl. NZZ v. 24./25.5.1987). Nach einem flexiblen Dosis-Maßnahmekonzept würden beispielsweise Milchimporte aus unbelasteten Gebieten bevorzugt Kindern zugute kommen. Ähnlich handelte man in Schweden, wo nach „Tschernobyl" umfangreiche Futtermitteltransporte von Süd- nach Nordschweden staatlich organisiert wurden. In der Bundesrepublik konnte man sich zu dieser Auslegung des Gleichheitsgrundsatzes vornehmlich aus praktischen Durchführbarkeitserwägungen nicht durchringen.

Schließlich wurde parallel zur Entwicklung materieller Probleme der Staatsapparat selbst dissoziiert: Die innere spezialisierte und formell gesatzte *arbeitsteilige Organisation* wurde im improvisierten Krisenmanagement vorübergehend aufgegeben. Ob nun mehr formelle oder informelle Prinzipien der Verwaltungstätigkeit den Alltag bestimmen – beide wurden durch spontane Organisationsbildung überlagert. Und es ist eine theoretisch wie praktisch reizvolle Frage, ob das ungewollte *Krisenexperiment Tschernobyl* nicht gerade in der Alltagsroutine unsichtbar wirkende Prämissen des Verwaltungshandelns bloßgelegt hat.

Von anderer Natur sind jene Fälle, in denen eine Verwaltung durch die unvorhergesehenen dramatischen Ereignisse zum Verlassen der Routine gezwungen wird. Ver-

---

[8] Hinzu kommen im Fall mehrerer Katastrophen die additiven Effekte nuklearer oder chemischer Verseuchung auf den menschlichen Organismus. Wenn bereits in einem Menschenleben zwei größere Schadensereignisse an unterschiedlichen Orten eintreten, können länder- oder gar europaweite Grenzwerte der regional unterschiedlichen Betroffenheit kaum mehr gerecht werden, da sich Belastungszonen aus unterschiedlichen Ereignissen überschneiden.

waltungshandeln nach Tschernobyl ist hier einzuordnen. Nicht nur Bund- und Länderverwaltungen taten sich schwer, zu einem einheitlichen Vorgehen zu finden, mehr noch waren die Verwaltungen „an der Basis", die Kommunen und Landkreise, und hier insbesondere die Ordnungsämter und Umweltdezernate gefordert. Sie standen unter direktem Legitimationsdruck, Schaden von der Bevölkerung abzuwenden, von dem sie nicht wussten, ob und in welchem Ausmaß er überhaupt drohte. Behördliche Eingriffe, von der Milchkontrolle über die Herausgabe von Ernährungsempfehlungen bis zur Schließung von Freibädern verlangten den Ausbruch aus Routine und formellem Regelwerk.

Für den nuklearen Fallout nach der Reaktorkatastrophe von Tschernobyl waren weder die oberen noch die unteren Verwaltungen durch gesetzliche und formal-organisatorische Regelungen gerüstet. Für den Einsatz des Zivilschutzes hätte der Verteidigungsfall ausgerufen werden müssen; für spezifische Maßnahmen des nuklearen Strahlenschutzes fehlte nicht nur die Voraussetzung eines kerntechnischen Unfalls in deutschen Anlagen, auf einen solchen Fall wären zudem nur die umliegenden Gebiete von Kernenergieanlagen vorbereitet gewesen. Denkbar wäre es eher gewesen, die (zivile) Katastrophe zu erklären, doch dies unterblieb. Die Weichen wurden auf freie Improvisation gestellt.

Als die unteren Behörden in den ersten Maitagen 1986 begannen, sich mit den Folgen des Reaktorunfalls auseinander zu setzen, reagierten sie erst einmal auf Meldungen in Zeitungen und Radio. Wissenschaftliche Expertisen fehlten zunächst, und als sie angefordert oder ungefragt zu haben waren, lieferten sie widersprüchliche Lagedefinitionen. Eine Situation trat ein, die der „Übersteuerung" von Verwaltung durch Gesetze und Verordnungen vergleichbar ist: Die Pluralität wissenschaftlicher Expertise gab den Verwaltungen die Definitionsmacht über die Situation zurück. Das konnte – und hier endet der Vergleich – aber durchaus nicht als Bereicherung der eigenen Handlungsmöglichkeiten verstanden werden, denn andauernde Kompetenzgewinne waren damit nicht verbunden, zumal die durch politische Einbindung begründete Autorität der Strahlenschutzkommission dezentraler Selbstversorgung mit Wissen und Information sehr bald enge Grenzen setzte. Immerhin eröffnete sich für die Dauer einer Woche – die ersten Gremien auf Landkreisebene wurden am 29. Mai eingerichtet, als Bundes- und Landesregierungen noch jede Gefahr verneinten – die Möglichkeit, eigenständig Legitimation zu gewinnen. Und zwar gestützt auf die Abwehr *vermuteter* Gefahrenpotenziale. Der Bürgermeister oder Landrat, dessen Einschätzung durch den Lauf der Ereignisse und die öffentliche Meinung bestätigt wurde, erzielte einen „Autoritätsgewinn post festum" (Fach 1982: 263).

4.3 Verwaltungsreaktionen und ihre Determinanten

Die unteren Verwaltungsbehörden reagierten nach „Tschernobyl" zwar vielfältig, aber nicht chaotisch. Trotz fehlender gesetzlicher Vorschriften und lange Zeit ausbleibender politischer Weisung folgten sie offenbar bestimmten Regeln[9]. In 90 Prozent der Land-

---

[9] Die Landesregierungen gaben detaillierte Empfehlungen erst ab dem 5.5.1986 heraus, sechs

kreise und Stadtkreise Baden-Württembergs, Bayerns und Hessens wurden verwaltungsintern organisatorische Vorkehrungen getroffen. 35 Prozent reagierten mit Informationsgremien, die lediglich dem schnellen Erfahrungsaustausch dienten; 41 Prozent hatten Koordinationsgremien eingesetzt, in denen behördliche Maßnahmen und Empfehlungen abgestimmt wurden. Parallel dazu schufen 45 Prozent der Kreise und Stadtkreise eine eigene Ressortzuständigkeit, meist bei den Ordnungs- oder Umweltämtern. Nur 26 Prozent der Befragten nannten als erste Reaktion die Einsetzung eines Krisenstabs mit Entscheidungskompetenz. Die meisten Krisenstäbe entfallen dabei auf Baden-Württemberg. Nachfragen ergaben, dass man unter Krisenstab die behördeninterne Zusammenkunft der in Katastrophenschutzplänen genannten Funktionsträger unter Leitung des Behördenchefs (Landrat oder Oberbürgermeister) zu verstehen hat. Dass hier weniger die Intensität der Reaktion bezeichnet ist als vielmehr eine im Südwesten bevorzugte Sprachregelung, zeigt die Bemerkung eines unserer Interviewpartner: „Das war kein Krisenstab, das hieß nur so".

Die Reaktionstiefe und -breite der Verwaltungen wurde durch Fragen zum zeitlichen Verlauf – Beginn, Dauer und Reichweite von Maßnahmen – und zu einer Anzahl spezieller unmittelbarer und längerfristiger Vorkehrungen erhoben. Letztere erfassten insbesondere das Maß behördeninterner Reorganisation sowie die Öffnung von Verwaltungen gegenüber gesellschaftlichen Gruppen, z.B. deren Vertretung in Gremien, und gegenüber den Bürgern, z.B. die Einrichtung telefonischer Auskunftsdienste.

Überall dort, wo Gremien eingerichtet wurden, umfassten sie eine Anzahl von Verwaltungsabteilungen. Hier finden sich z.B. Zivilschutzbehörde, Gesundheitsamt, Jugendamt, Schulamt, Hauptamt, Presseamt, Sportamt, Veterinäramt, Natur- und Umweltschutzabteilung und andere. In 65 Prozent der Fälle wurden staatliche Sonderbehörden (Landwirtschaftsamt, Gesundheitsamt, Wasserwirtschaftsamt, Zollbehörden, Landesanstalt für Umwelt etc.) zugezogen und dauerhaft in die Gremien integriert. Pressevertreter waren in 33 Prozent der Fälle in die Beratungen einbezogen, während ansonsten Pressemitteilungen und Pressekonferenzen zur Unterrichtung der Öffentlichkeit bevorzugt wurden. Zurückhaltend waren die unteren Verwaltungsbehörden gegenüber der Beteiligung von gesellschaftlichen Vereinigungen, Verbänden und Parteien. Nur in 16 Prozent der Fälle waren gesellschaftliche Gruppen (Bauernverband, Bund Naturschutz, Jägervereinigung) beteiligt.

Ein telefonischer Auskunftsdienst wurde in 80 Prozent der Kreise und Städte eingerichtet. Er bestand in den meisten Fällen nicht länger als drei Monate. 32 Prozent der Kreise und Kommunen geben an, in Eigeninitiative planerische Vorbereitungen für künftig ähnliche Situationen getroffen zu haben, 19 Prozent reagierten eigenständig durch personelle Maßnahmen und 38 Prozent durch die Festschreibung von Zuständigkeitsstrukturen, beispielsweise durch den Erlass einer Stabsdienstordnung, durch die Institutionalisierung von Wochenendbereitschaften und dergleichen. Darüber hinaus werden für 52 Prozent der Verwaltungen Vorkehrungen genannt, die in künftigen Fällen kürzere Reaktionszeiten sicherstellen sollen.

Tage nach Bildung des ersten Krisenstabes auf Landkreisebene. Die folgende Darstellung stützt sich auf Czada (1990a, 1990b, 1991a, 1991b) und Drexler/Czada (1988).

Gefragt nach den vordringlichsten Aufgaben bei der Regelung der Gefahrenabwehr im Bereich technisch-industrieller Risiken nennen 38 Prozent der Kreise und Städte an erster Stelle einen dichteren und schnelleren Informationsfluss, 35 Prozent Maßnahmen zur Verbesserung der Messmöglichkeiten und Situationsanalyse, 20 Prozent eine bessere politische Koordination und nur 7 Prozent genauere Verwaltungszuständigkeiten. Dies überrascht deshalb, da das in der Presseberichterstattung wiedergegebene Stimmungsbild vor allem die Kritik unterer Verwaltungsbehörden an politischen Koordinationsmängeln in den Vordergrund gerückt hatte. Möglicherweise bedeutet das hier ermittelte Antwortverhalten, dass auf dem Gebiet der politischen Koordination zum Zeitpunkt der Umfrage, immerhin ein Jahr nach dem Ereignis, die wesentlichen Maßnahmen bereits ergriffen wurden. Die Tabelle zeigt die detaillierte Verteilung der Prioritäten aus der Sicht der befragten Land- und Stadtkreise.

Tabelle 1: Bewertung von Schadensabwehrmaßnahmen

Verwaltungswünsche	Rangfolge der Wichtigkeit von Maßnahmen in Prozent der Nennungen			
	1. Rang	2. Rang	3. Rang	4. Rang
Dichterer Informationsfluss	38	31	31	–
Verbesserte Messmöglichkeiten	35	35	16	14
Bessere politische Koordination	20	10	10	60
Genauere Verwaltungszuständigkeiten	7	24	43	26

Aus: Drexler/Czada (1988).

4.4 Reaktionen auf den nuklearen Fallout von Tschernobyl

Bei der statistischen Analyse der Ergebnisse der Befragung unterer Verwaltungsbehörden nach ihren Reaktionen auf den nuklearen Fallout von Tschernobyl stand die Untersuchung der Determinanten von Verwaltungshandeln im Vordergrund. Das Skalenniveau der Daten – meist Rang- und Nominalskalen – legte in einem ersten Schritt die Bildung von Rangkorrelationskoeffizienten nach Spearman nahe. Die zentralen Variablen Bevölkerungs- und Risikostrukturen, Expertisemöglichkeiten und Verwaltungsreaktionen wurden durch die Zusammenfassung entsprechender Fragenkomplexe zu additiven Indizes kombiniert. Beispielsweise bezeichnet die Summe aller erhobenen Aktivitätsmerkmale (Informationsgremium, Ressortzuständigkeit, Koordinationsgremium, Krisenstab, Telefonauskunft, Verbändeeinbindung) das aggregierte Reaktionsniveau der Verwaltungen. Ähnlich wurden Reaktionsgeschwindigkeiten aus den Zeitpunkten, genauer, aus den Summen der zeitlichen Vorsprünge der schnelleren gegenüber den langsamer reagierenden Verwaltungen ermittelt. Die Reaktionsbreite wurde durch die Zahl der beteiligten Verwaltungsabteilungen, staatlichen Behörden und gesellschaftlichen Vereinigungen sowie durch Aktivitäten wie Telefonauskunft, Bereitschaftsdienste etc. gemessen, während die Variable Reaktionstiefe sich auf Schnelligkeit, Dauer und längerfristige Vorkehrungen (organisatorischer, personeller Art) bezieht. Schließlich interessierte uns insbesondere, ob sich Verwaltungen bei erhöhter Gefahrenlage nach außen öffnen oder sich gegenüber gesellschaftlichen Gruppen abschotten. Als Indikator für die Öffnung diente die zahlenmäßige Beteiligung gesellschaftlicher Vereinigungen und Verbände an Gremien sowie die Beteiligung der Presse (s.o.).

Leider gestattet die kleine Zahl der Fälle (n=31) nicht die Interpretation des Chi²-Tests für Zusammenhänge von kategorialen Daten. Zum Beispiel zeigt eine Vierfeldertafel aus den Variablen „Krisenstab" und „Pädagogische Hochschule", dass in unserem Sample überall dort, wo es Pädagogische Hochschulen gibt, auch Krisenstäbe eingerichtet wurden, bzw. die Verwaltungen diesen Begriff gebrauchten. Da in dem Sample allerdings nur drei PH-Standorte enthalten sind, reichen bei 8 Krisenstäben die Zellfrequenzen nicht aus, um daraus verlässliche Schlüsse ziehen zu können. Ähnliche Probleme treten beim Zusammenhang von bestimmten Erwerbsbranchen (z.B. Touristikbranche) und Verwaltungsreaktionen auf. Daher können verlässliche Schlüsse nur auf der Ebene globaler Variablen zu Risikostrukturen, Expertisemöglichkeiten, Parteizusammensetzung von Kreistagen oder Stadträten sowie zu diversen Reaktionsindizes getroffen werden.

Wir gingen davon aus, dass Verwaltungen bei fehlender Vorschrift durch Gesetz oder Weisung von oben ihr Handeln vor allem an vier Anhaltspunkten ausrichten werden:

1) Erfahrung, bzw. die Möglichkeit der Umdeutung von Routinen auf neue Sachverhalte
2) Expertisemöglichkeiten und messtechnische Ausstattung
3) Risikostrukturen bzw. Betroffenheit
4) Parteipolitische Zusammensetzung von Repräsentativorganen.

Diese Variablen wurden folgendermaßen operationalisiert: Als „Erfahrungen" wurden größere Schadensereignisse in der Nachkriegszeit gewertet. Genannt wurden hier Hochwasser, Chemieunfälle, Brandkatastrophen und Erdbeben. Eine Umdeutung von Routinen liegt vor, wenn man sich formal an einen Katastrophenschutzplan halten kann, obwohl keine Katastrophe im engeren Sinne vorliegt. Expertisemöglichkeiten sind in diesem Zusammenhang ausschließlich Messmöglichkeiten und Interpretationsmöglichkeiten. Risikostrukturen werden bestimmt durch die Nähe von Kernkraftwerken, Sondermülldeponien und Waffendepots, sowie durch einen hohen Anteil chemischer Industrie. Die objektive Betroffenheit im konkreten Fall wurde durch die radioaktive Bodenbelastung erhoben.

Der erwartete Zusammenhang von objektiver Problemlage und Verwaltungsreaktion konnte nicht bestätigt werden (r = .002). Land- und Stadtkreise handelten offenbar völlig unabhängig vom Ausmaß der tatsächlichen radioaktiven Bodenbelastung. Für jedes andere – sichtbare – Schadensereignis wäre dieses Ergebnis unerklärlich, zumal die dem Verwaltungshandeln zugrundeliegende Vorstellung der Verhältnismäßigkeit die problemadäquate, dem Anlass gemäße Reaktion vorschreibt. Im Falle radioaktiver Verseuchung wird das Ausmaß der Gefahr jedoch erst durch die Vermittlung von Messergebnissen und fachlicher Expertise erkennbar. Der Grundsatz der Verhältnismäßigkeit wurde suspendiert zu Gunsten des „Lieber mehr als zu wenig" oder „Lieber gar nichts als das falsche". Wofür man sich letztendlich entschied, wurde in den meisten Fällen durch die politischen Mehrheiten vor Ort, von der Verfügbarkeit wissenschaftlicher Beratung und von den durch bestimmte Risikostrukturen vermittelten Bedrohungserfahrungen bestimmt.

Der hohe bivariate Zusammenhang zwischen den parteipolitischen Kräfteverhältnissen auf lokaler Ebene und den Verwaltungsreaktionen nach Tschernobyl erstaunt. Ein Zusammenhang von r = −.39 zwischen den Anteilen der CDU in Kreis- und Stadträten und der Summe der Reaktionen (SPD-Reaktionen: r = .21, Grüne-Reaktionen r = .22) ist erklärungsbedürftig. Eine detailliertere Analyse zeigt:

1. Parteipolitische Differenzen bestanden nur hinsichtlich der Vielfalt der Reaktionen. Die negative Korrelation von CDU und Gesamtreaktionen ist im Wesentlichen darauf zurückzuführen, dass die Reaktionsbreite und Öffnung der Verwaltung nach außen mit steigenden CDU-Mehrheiten abnimmt (Öffnung-CDU: r = −.47). Je stärker die CDU in Kreis- und Stadträten ist, umso mehr beschränken sich Verwaltungen auf wenige Maßnahmen. Die stärkste Abneigung bestand dabei gegen die Schaffung eigener Ressortzuständigkeiten (r = −.43) und gegen die Einbeziehung außerbehördlicher Gruppen und der Presse (CDU-Verwaltungsöffnung: r = −.48). Demgegenüber zeigt sich mit steigenden SPD-Mehrheiten zwar nicht eine überdurchschnittliche Öffnung gegenüber dem Publikum (Presseeinbindung und eigene Auskunftsdienste), aber eine stark zunehmende Verbändeeinbindung (SPD-lokale Verbändebeteiligung an Gremien: r = .48).

2. Ein Teil der parteipolitischen Zusammenhänge beruht auf der Wirkung von Drittvariablen, insbesondere vorgängigen Risikostrukturen und Expertisemöglichkeiten. Die Einführung von parteipolitischen Variablen in eine multiple Regression von Reaktionen auf Expertise und Risikostrukturen erbringt nur eine minimale zusätzliche Varianzaufklärung von weniger als 10 Prozent. Bei näherem Hinsehen zeigen die Daten, dass die CDU-Anteile dort besonders hoch sind, wo Expertise- und Messmöglichkeiten unterdurchschnittlich ausgeprägt sind und zudem die unabhängig von dem Ereignis bestehenden technisch-industriellen Risiken gering sind. Umgekehrt war die SPD dort stark, wo die Risiken hoch ausgeprägt sind (SPD-Risiko: r = .64), die Grünen dort, wo die Expertise überdurchschnittlich ist, z.B. in Hochschulstädten (Grüne-Expertise: r = .27)[10].

Nach der multivariaten Analyse (multiple Regression auf internes und externes, ans Publikum gerichtetes Verwaltungshandeln, Abbildung 1) wurde Verwaltungshandeln nach Tschernobyl ursächlich im Wesentlichen durch die Möglichkeiten der Messung, wissenschaftlicher Auswertung und Beratung sowie durch gegebene Risikostrukturen bestimmt. 53 Prozent der Varianz von Verwaltungsreaktionen sind allein auf unterschiedliche Expertisemöglichkeiten und Risikostrukturen zurückzuführen. Diese Zusammenhänge sind mit einprozentiger Irrtumswahrscheinlichkeit überzufällig (F-Test). Die Daten erlauben hier verlässliche Schlüsse auf die Grundgesamtheit.

---

10 Die partielle Koorelation von CDU-Wahlanteilen und Verwaltungsöffnung (unter Konstanthaltung von Risikostrukturen und Expertise) ist −.32 gegenüber −.48 im bivariaten Fall.

Abbildung 1: Determinanten von Verwaltungsreaktionen auf radioaktiven Fallout

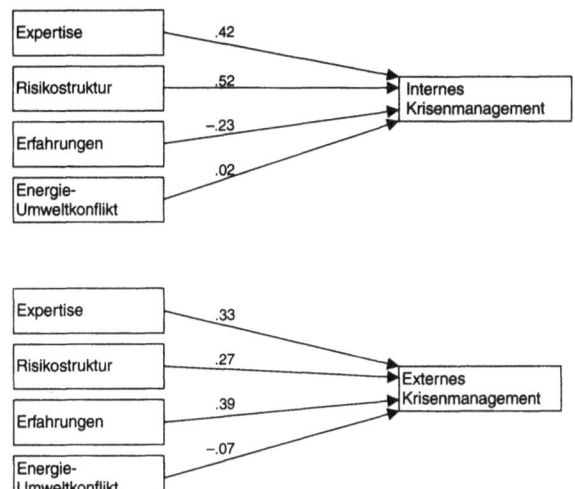

Aus: Czada (1991a: 311).

5. Implikationen für eine Theorie der Risikoverwaltung

Die Verwaltungsfolgen von Tschernobyl eignen sich nur indirekt dazu, Rückschlüsse auf die Frage nach dem Für und Wider zentraler oder dezentraler Formen der Schadens- und Katastrophenvorsorge zu ziehen. Denn für diesen Fall einer nuklearen Verseuchung lag keine vorgefertigte bürokratische Antwort mit einer entsprechenden vertikalen und horizontalen Differenzierung der Zuständigkeiten vor, die sich an der Wirklichkeit hätte bewähren können. Außer Zweifel steht wohl, dass es wenig Sinn macht, für unvorhergesehene bedrohliche Ereignisse *aller* Art *ein* gemeinsames „Bekämpfungs"-Schema zu finden. Das belegen auch amerikanische Erfahrungen mit einem breiten Spektrum erlebter Katastrophensituationen[11]. Zu unterscheiden ist zwischen vorbereitenden Maßnahmen einerseits, die die Bereitstellung von Ressourcen, Personalschulung, Einrichtung von Informations- und Messsystemen, Evakuierungspläne und dergleichen beinhalten, und der Verteilung von Entscheidungskompetenzen auf der anderen Seite. Zunächst zu letzterem.

Die Umfrage bei den unteren Verwaltungen ergab, dass eine Vielzahl einzelner Maßnahmen ergriffen wurde, die mit lokalen Besonderheiten zusammenhing. Darüber hinaus wurden innerhalb und außerhalb der Verwaltungen Individuen und Einrichtungen zur Lösung bestimmter Probleme auf freiwilliger Basis einbezogen; in vielen Fällen ging es um lokale Messungen, Beurteilung der Gefährdung durch Nahrungsmittel und die Aufklärung über mutmaßliche Gefährdungspotenziale. Das Spektrum reichte von der Befragung des örtlichen Gymnasiallehrers über physikalische Gesetzmäßigkeiten bis zur kontinuierlichen Inanspruchnahme des Physiklabors der örtlichen Universität für

---

11 Zum Überblick über die amerikanische Diskussion vgl. Dombrowsky (1989).

Kontaminationsmessungen. Die situationsspezifische lokal-regionale Anpassung des Verwaltungshandelns kann sicher als ein Vorteil dezentraler Zuständigkeiten angesehen werden, denen es in vermutlich größerem Maße als zentralen Weisungsstrukturen gelingt, gesellschaftliche Potenziale zur Unterstützung der Schadensabwehr zu aktivieren. Außerdem ist zentrale Informationsverarbeitung stets auch mit Informationsverlust verbunden, der sowohl in sachlicher als auch zeitlicher Hinsicht problemverstärkend wirkt. Problematisch ist allerdings die gewisse Beliebigkeit dezentraler Autonomie wie auch die Vermehrung der Kosten, die durch Verdoppelung allgemeiner Problemlösungen entsteht. Hier helfen Rahmenregelungen weiter, verbunden mit der erforderlichen materiellen und personellen Ausstattung. Als beispielhaft kann man die Forderung der Kommunen betrachten[12], größere Informationspflichten der Betreiber genehmigungspflichtiger Anlagen gegenüber dem lokalen Katastrophenschutz festzuschreiben. Dadurch würden die Möglichkeiten, die es den lokalen Stellen erlauben, im „Ernstfall" der spezifischen Situation angepasste, adäquate Maßnahmen zu ergreifen sinnvoll erweitert. Generell erschiene es angebracht, eine Anpassung der unteren, mit dem Problem unvorhergesehener Schadensereignisse konfrontierten Verwaltungen an örtliche Verhältnisse im Anschluss an Konzepte und Erfahrungen der Verwaltungsreformen seit den 60er Jahren zu versuchen (vgl. Ellwein 1976: 125 f.; Ellwein/Hesse 1985).

Die Gestaltung des *Informationsnetzes* erweist sich als eminent politische, mit gesellschaftlichen und inneradministrativen Konflikten behaftete Angelegenheit. In Schadensfällen, deren Beurteilung wissenschaftliche Expertise voraussetzt, erhält der zentrale „Informationsverwalter" zugleich die Definitionsmacht über das Geschehen. Dieser Typus betrifft viele industriell-technische Unfälle. Nach dem Strahlenschutzvorsorgegesetz von 1986 liegt die Festlegung von Messverfahren und die Zusammenfassung, Aufbereitung und Bewertung von Messergebnissen im Falle nuklearer Katastrophen beim Bund. Den Ländern verbleibt nur die Befugnis zu weiter gehenden Messungen ohne Wertungskompetenzen; bei Eilbedürftigkeit wird auch der Bundesrat aus dem Verfahren ausgeschaltet. Damit ist eine vergleichbare Irritation wie nach Tschernobyl bei Strahlenverseuchungen künftig ausgeschlossen, allerdings steht auch zu befürchten, dass eine effektive Kooperation der betroffenen Bevölkerung mit der sich dem Publikum öffnenden unteren Verwaltung damit teilweise obsolet wird. Die Kontrollierbarkeit des Verwaltungshandelns „von unten" schwindet, ohne dass die Legislative ersatzweise in ihr Recht gesetzt wird. Denn Katastrophen sind das ureigene Terrain der Exekutive. Die Einstellung der unteren Verwaltung selbst zur Frage der Zentralisierung ist nach der Umfrage als zwiespältig zu kennzeichnen. Die geringe Nachfrage nach „politischer Koordination" belegt einen technokratischen Zugang zum Problem, dem eine „Politisierung von oben" eher suspekt erscheint. Jedoch wurde aus den meisten Interviews eine Bereitschaft deutlich, lieber klare Weisungen und Empfehlungen der übergeordneten Behörde entgegenzunehmen anstatt selbst die Mühe spezieller örtlicher Problembearbeitung auf sich nehmen zu müssen.

Auch ein praktisches Problem steckt hinter dem Versuch, Entscheidungen nach oben zu delegieren. Wenn die unteren Verwaltungen Maßnahmen treffen, die private Interessen berühren und die sich im Nachhinein als unangemessen herausstellen, kom-

---

12 Zwölfte Verordnung zur Durchführung des Bundes-Immissionsschutzgesetzes.

men auf sie möglicherweise auch private Schadensersatzklagen zu. „Die Städte wehren sich dagegen, auf Grund zweifelhafter Gefährdungsabschätzungen Beschlagnahmeverfügungen zu erlassen, für die sie vom Ordnungspflichtigen regresspflichtig gemacht werden können", heißt es in einer Stellungnahme des Präsidiums des Deutschen Städtetages, der sich mit der Reaktorkatastrophe von Tschernobyl auseinander setzte.[13]

5.1 Erinnerung an den „Ausnahmestaat"

„Der Laie wird die Angst vor dem Unbekannten nicht ablegen können, daher wird von ihm bei Störfällen auch keine Unterstützung zu erwarten sein. So muss die Hauptverantwortung den Fachkräften zufallen". Dieses Statement eines Katastrophenschützers aus den sechziger Jahren (zit. nach Gerling/Lorenz 1970: 79) hat an Aktualität nichts eingebüßt. Unfälle und Katastrophen können, sind sie erst einmal eingetreten, durch Risikodiskurse oder Meditation nicht bewältigt werden. Der Katastrophenschutz folgt wie die Reaktionsmuster der Betroffenen und Helfer einer ganz anderen Handlungslogik: Frauen und Kinder sollen zuerst gerettet und in bereitstehende Evakuierungsräume verlegt werden. Männliche Hilfswillige können am Katastrophenort eingesetzt, bei entsprechender Eignung auch zwangsverpflichtet werden. Großvieheinheiten sind in die von den Landesbehörden ausgewiesenen, bevorzugt in Mittelgebirgstälern liegenden Räume zu evakuieren. Plünderungen ist nötigenfalls durch unmittelbare Gewaltanwendung entgegenzutreten. Ballungsgebieten gebührt in der Katastrophenbekämpfung der Vorrang vor schwach besiedelten Gebieten, Grenzwerte werden je nach Schadensfall und bezahl- und machbarer Schadensminderung flexibel festgesetzt[14], bei punktuellen Schadenseintritten sind innere und äußere Zonen festzulegen, die den Katastrophenschutz steuern etc. Diese technokratische Grundrechnungsart zehrt an den demokratischen Legitimationsgrundlagen, vielmehr: Sie entzieht sich ganz demokratischen Beteiligungsformen und setzt andere, effizienz- und outputorientierte Kriterien an ihre Stelle.

Im Moment der Katastrophenbekämpfung – der lange dauern kann – figurieren die Betroffenen nur noch als Objekte staatlicher Willkür, so sehr diese auch in der Sache oder vom Standpunkt des Unbeteiligten „rational" erscheinen mag. Die neuen Gefahrenlagen der „Risikogesellschaft" fordern aber nicht den Ausnahmestaat herkömmlicher Art. Sie fordern vielmehr, im Umgang mit Bedrohungen solange als möglich Normalität zu praktizieren, weil der tatsächliche Ausnahmezustand im Schmittschen Sinne nicht durch die Katastrophe sondern durch ihre Bekämpfung erst entstehen könnte. Bei Carl Schmitt ist es eine juristisch nicht begründbare, ausschließlich auf der „Ebene höchster, nicht abgeleiteter Herrschaftsmacht" angesiedelte politische Entscheidung, ob der Ausnahmezustand vorliegt oder nicht. Zu ihm gehört „eine prinzipiell unbegrenzte Befugnis, das heißt die Suspendierung der gesamten bestehenden Ordnung. Ist dieser Zustand eingetreten, so ist klar, dass der Staat bestehen bleibt, während das Recht zu-

---
13 Stellungnahme abgedruckt in „Der Städtetag" 7/1986: 459.
14 Nach der 1986 gültigen Strahlenschutzverordnung hätte Milch, die mit 500 Becquerel Cäsium belastet war, als Sondermüll behandelt werden müssen.

rücktritt" (Schmitt 1922: 13). Nun kann der wirkliche Katastrophenfall mit dem dann nicht aufzuhaltenden massiven Einsatz physischer Gewaltmittel bei Evakuierungen, Selektierungsmaßnahmen und dergleichen das Recht vollständig außer Kraft setzen. Was Tschernobyl und vergleichbare Krisenlagen vom diktatorischen Umschlag des staatlichen Gewaltmonopols bewahrt, ist das Bemühen um Normalität. Das schließt ein, dass basale Legitimationsvoraussetzungen nicht verletzt werden; dazu zählt der Grundsatz, Ängste der Bevölkerung zu antizipieren und kommunikative Elemente in die Schadensregulierung, Situationsdefinition, Engagement von Individuen und Gruppen, Berücksichtigung persönlicher und gruppenspezifischer Voraussetzungen, einzubauen[15]. Das von der Schweiz im Zusammenhang mit Tschernobyl entwickelte Schutzziel, auch unter ungünstigsten Voraussetzungen „praktisch ohne einschneidende Maßnahmen" allein durch Empfehlungen einen kerntechnischen Unfall zu überstehen, entspräche in etwa dieser Vorstellung (vgl. NZZ v. 24./25.5.1987 und 25.4.1987).

Instrumentelle Rationalität beherrscht die klassische staatliche Vorsorge. Grundrechte der Freiheit der Person, Unverletzlichkeit der Wohnung und der Freizügigkeit können beschnitten werden[16], dem Bürger wird misstraut: Die besonderen Pläne für technische Unfälle und Katastrophen sollten wegen der damit verbundenen Gefahr der missbräuchlichen Benutzung Privatpersonen nicht zugänglich gemacht werden[17]. Die Bunkerung von Lebensmittelbezugsscheinen und Notgeld, die Pflege von Notfallapparaturen, die Auswahl von Evakuierungsräumen und dergleichen mag in den USA ein öffentliches Thema sein, in Deutschland gehört diese Art der Vorsorge zum Arkanbereich.

Klassischer Katastrophenschutz war nicht die Wirklichkeit nach Tschernobyl, denn statt die Katastrophe auszurufen, stellte der Verwaltungsbetrieb auf unterer Ebene auf pragmatisches Krisenmanagement um. Das war die schleichende Novellierung des Ausnahmestaats, denn die Regression der Verwaltung auf obrigkeitliches „Durchgreifen" bis diktatorische Willkür unterblieb. Sie unterblieb nicht zuletzt deshalb, weil die Nuklearindustrie das nächste und sofortige Opfer der ausgerufenen Katastrophe geworden wäre.

Es ist zu beachten, dass die Wahl der Handlungsalternativen im Katastrophenfall nicht in einem Kontinuum gleitender Wahrscheinlichkeiten erfolgt. Vielmehr ist, um

---

15 Während es auf lange Sicht berechtigt sein mag, eine Verdinglichung kommunikativer Beziehungen, eine Deformation der Lebenswelt nicht zuletzt mit dem Eindringen staatlicher Bürokratie in die privaten Sphären in Zusammenhang zu bringen (vgl. Habermas 1981: 566f.), kehrt der Ausnahmezustand einer unvorhergesehenen Katastrophe die Verhältnisse vorübergehend um: lebensweltliche Prinzipien dringen in das Verwaltungshandeln ein, die Mütter zwingen das Baureferat zu Sandkastenspielen (Dekontamination), Bauern kontrollieren wechselseitig die Einhaltung von Weideempfehlungen und der Landrat lässt sich von Umweltschützern beraten.
16 Vgl. etwa Gesetz über die Erweiterung des Katastrophenschutzes (KatSG) vom 9.7.1968: 12.
17 Rahmenempfehlungen für den Katastrophenschutz in der Umgebung kerntechnischer Anlagen durch den Bundesminister des Innern, Beschluss der Länderausschusses für Atomkernenergie gemeinsam mit den Innenbehörden der Länder vom 10./11.3.1975, Abschnitt C.I., GMBl 1977 Nr. 31: 684. Auch die Störfallrichtlinien der Europäischen Union (Seveso II Richtlinie von 1996) verlangen keine der US-amerikanischen Praxis vergleichbare Publizität der Vorsorgemaßnamen.

die schmale Brücke zwischen sozialer Katastrophenwissenschaft und Katastrophentheorie anzudeuten (vgl. Bühl 1984; Gáspár-Ruppert 1983), zu unterstellen, dass bei massiven Schadensfällen die Reaktionen nicht mehr vorhergesagt werden können. Schon minimale Impulse reichen dann aus, um zwischen mehreren möglichen Extremen eine Entscheidung herbeizuführen. Vor allem gilt, dass auch Regressionen zum individuellen Prinzip des „Rette sich wer kann" aus der Geschichte bekannt sind (vgl. Borst 1981) und nichts an Aktualität eingebüßt haben, auf das Obrigkeiten mit der Befreiung der Herrschaft aus den Fesseln der Legalität antworten. „Technokratisch" gesprochen, tragen solche Reaktionen die Gefahr in sich, dass der Rückschritt in der Sozialorganisation, weil unterkomplexe Entscheidungsalternativen generierend, eher noch zu einer Verstärkung der physischen Gefährdungen beiträgt.

5.2 Von der Gefahrenabwehr zum Risikomanagement

Um mehr von den verwaltungswissenschaftlichen Implikationen von technischen Katastrophen zu erfahren, muss man über die geläufige Differenzierung von formeller und informeller Organisationsstruktur hinausgehen. Beides mag den Alltagsbetrieb in ein aussagekräftiges Raster fassen, die Verwaltungsfolgen von Tschernobyl bezeichnen hingegen gerade den Prozess spontaner Organisationsbildung (und: -zerstörung!). Wie erwähnt, wurden verwaltungsintern wie nach außen neue Verbindungen und Kooperationsstrukturen geschaffen. Etwa ein Drittel der Kontakte nach außen betraf nichtstaatliche Einrichtungen, die Kommunen eingeschlossen; der Anteil nicht-öffentlicher Kooperationspartner an Gremien zum Informationsaustausch, zur Koordination und an Krisenstäben betrug etwa ein Fünftel. Die Intensität der Umweltbeziehungen bei konkreten Maßnahmen wie Einholen von Messungen, Beratung zum Nahrungsmittelverzehr ist höher zu veranschlagen. Es ist zu vermuten, dass diese spontanen Organisierungstendenzen, die Herausbildung eines „situierten Aktivitätssystems" (Goffman 1973: 108) auf latente Beziehungen innerhalb und zwischen Verwaltung und Umwelt gewissermaßen zurückgreifen konnte.

Paradoxerweise ist es durchaus denkbar, dass gewisse rechtliche und organisatorische Vorkehrungen für den Katastrophenfall gerade das Gegenteil dessen bewirken, wozu sie geschaffen wurden, da sie die notwendige Flexibilität unter Unsicherheitsbedingungen einschränken. Dieser Fall tritt dann ein, wenn dadurch die Aktivierung der latenten Beziehungen blockiert, gehemmt oder verzögert wird. Zwei Bedingungen sind für paradoxe Reaktionsfolgen zu berücksichtigen, zum einen der Grad an organisationsbezogenen Innovationen im vorbeugenden Gefahrenschutz, zum anderen der Einsatz rechtlicher und organisatorischer Reformen zum Zweck *symbolischer* Politik (Edelmann 1975), welche im Ernstfall die Verwaltung lahm legen können. Detailregelungen für mögliche Schadensfälle mögen wohl Sicherheit vorspiegeln – „es ist vorgesorgt" – können aber Behörden wie auch betroffene Teile der Bevölkerung im Notfall durchaus daran hindern, das Nächstliegende und Notwendige zu tun. Abgesehen von wissentlich Gefahrenabwehr nur vortäuschender Politik: Das Problem der Übersteuerung stellt sich hier krasser als auf anderen Gebieten. Schadensabwehr kann nur gelingen, wenn einerseits die Prozessparameter der unteren Behörden weite Spielräume gewähren und andererseits mit (auch zentral zur Verfügung gestellten) Ressourcen nicht gegeizt wird. Wird die Symmetrie zwischen beiden zu Gunsten einer schärfer durchregulierten Schadensbekämpfung verschoben, dann droht die Verwaltung in eine „Rationalitätsfalle" zu geraten, wenn nämlich die „ernste" Wirklichkeit nicht den Vorwegnahmen der Planer gehorcht. Dass auf Tschernobyl nicht Tschernobyl II, sondern die Chemiekatastrophe von „Schweizerhalle" folgte, kennzeichnet die grundlegenden Unsicherheiten der „Risikogesellschaft" und damit der „Risikoverwaltung". Dennoch: Die Mahnung des Historikers Arno Borst, Improvisation nicht als Wunderwaffe gegen Katastrophen zu mythologisieren, ist ernst zu nehmen. Die Logik des Unvorhersehbaren legt es nahe, Vorsorge nicht als Vorbereitung auf alle denkbaren Ereignisse, sondern im Sinne des Ausschlusses der schlechtesten Handlungsalternativen zu betreiben. Gefahrenabwehr und Katastrophenschutz können dann aber nicht nur an technischen Kriterien orientiert sein. Noch wichtiger ist, dass ihre Organisation nicht intern eigene – darunter auch politische – Risiken produziert, die zu den vorhandenen hinzukommen und im Ernstfall situationsgerechtes Handeln erschweren. Unsicherheit stärkt den Staat nur dann, wenn er auf Vorkehrungen verweisen kann und demokratische Grundstrukturen – auch im Augenblick der Katastrophe – nicht preisgibt.

Bei all dem sollte nicht vergessen werden, dass die staatliche *Vorsorge* im Bereich von Gesundheits- und Umweltrisiken ebenso wie im Katastrophenschutz namentlich in den westlichen Verfassungsstaaten eine lange Tradition hat und auf entsprechende Erfahrungen zurückgreift (Büker 2000). Vorkehrungen zur Verhinderung und Bekämpfung von Seuchen und Feuersbrünsten oder zum Küstenschutz waren seit jeher Gegenstand politischen Gemeinschaftshandelns. Die historische Entwicklung von Aufgaben der unmittelbaren kollektiven Gefahrenabwehr zu nachhaltiger Risikovorsorge und aktivem Risikomanagement kann als ein Erfolg des neuzeitlichen Verwaltungsstaates verbucht werden. Ein typisches Beispiel hierfür ist die Rettung des Bodensees, dessen Eutrophierung in den sechziger Jahren so weit fortgeschritten war, dass aus dem Trinkwasserspeicher für heute vier Millionen Menschen ein totes Gewässer zu werden drohte. Die Bedrohung wuchs solange, bis ein groß angelegtes Programm zum Bau von Kläranlagen und Vorschriften zur Zusammensetzung von Waschmitteln und zur Begrenzung des landwirtschaftlichen Düngemittelaustrags diese Entwicklung umkehrte. So konnte der für das Algenwachstum maßgebliche Phosphorgehalt, der im Jahr 1979 mit 87 Milligramm pro Kubikmeter sein Maximum erreichte, bis zum Frühjahr 2000 auf 14 Milligramm gesenkt werden. Dies hätte ohne steuernde Eingriffe der Politik und eine funktionierende Wasserwirtschaftsverwaltung nicht gelingen können. Die dem Risikomanagement dienende politische Regelbildung muss ebenso wie die administrative Umsetzung umweltpolitischer Programme, Überwachung der Regeleinhaltung und juristische Sanktionierung von Regelverstößen als höchst voraussetzungsvoll bezeichnet werden. Dass Umwelt-, Gesundheits- und Katastrophenschutz zu den ältesten Gegenständen politischer Steuerung zählen, mag vielen nicht bewusst sein, die glauben, umweltpolitische Gefahrenvorsorge habe erst mit der Gründung von Umweltministerien in den 1980er Jahren angefangen. Der Staat kann – nicht zuletzt dank technischer Hilfsmittel – die Gesellschaft auf diesem Feld sogar außerordentlich wirksam steuern, wirksamer jedenfalls, als es der in Wissenschaft und Öffentlichkeit verbreitete Steuerungspessimismus erwarten ließe. Politisches Steuerungsvermögen ist freilich auch die wichtigste Voraussetzung dafür, allgegenwärtige technische Risiken in politische Legitimationsgewinne umzumünzen. Dazu gehören Präventionserfolge, ein wirksames, die Ängste Betroffener antizipierendes und materielle Schäden kompensierendes Krisenmanagement im Ernstfall sowie die Fähigkeit, Gefahren zu identifizieren und aus Störfällen und Katastrophen zu lernen.

Literatur

Bayrische Rück (Hrsg.), 1993: Risiko ist ein Konstrukt. Wahrnehmungen zur Risikowahrnehmung: Reihe: Gesellschaft und Unsicherheit; Band 2. München.
Bechmann, Gotthard (Hrsg.), 1993: Risiko und Gesellschaft. Grundlagen und Ergebnisse interdisziplinärer Risikoforschung. Opladen.
Beck, Ulrich, 1986: Risikogesellschaft. Auf dem Weg in eine andere Moderne. Frankfurt a.M.
Benedick, Richard Elliot, 1991: Ozone Diplomacy. New Directions in Safeguarding the Planet. Cambridge.
Bloch, Ernst, 1959: Das Prinzip Hoffnung. Band 2. Grundrisse einer besseren Welt. Frankfurt a.M.
Böhret, Carl, 1990: Folgen. Entwurf für eine aktive Politik gegen schleichende Katastrophen. Opladen.
Bonß, Wolfgang, 1995: Vom Risiko. Unsicherheit und Ungewissheit in der Moderne. Hamburg.
Borst, Arno, 1981: Das Erdbeben von 1348. Ein historischer Beitrag zur Katastrophenforschung, in: Historische Zeitschrift 233, 529–569.
Braverman, Harry, 1974: Labour and Monopoly Capital. The Degradation of Work in the Twentieth Century. New York.
Büker, Dieter, 2000: Mensch – Kultur – Abwasser. Ein kulturhistorischer Längsschnitt von den Anfängen bis zum Beginn des 20. Jahrhunderts. Bochum.
Bühl, Walter L., 1984: Die Dynamik sozialer Konflikte in katastrophentheoretischer Darstellung, in: Kölner Zeitschrift für Soziologie und Sozialpsychologie 36 (3), 641–666.
Clausen, Lars/Dombrowsky, Wolf R. (Hrsg.), 1983: Einführung in die Soziologie der Katastrophen. Bonn.
Czada Roland/Drexler, Alexander, 1988: Konturen einer politischen Risikoverwaltung. Politik und Administration nach Tschernobyl, in: Österreichische Zeitschrift für Politikwissenschaft 16, 53–66.
Czada, Roland, 1990a: Politics and Administration during a „Nuclear-political" Crisis. The Chernobyl Disaster and Radioactive Fallout in Germany, in: Contemporary Crises 14, 285–311.
Czada, Roland, 1990b: Politiika ja halinto ydinvoimapoliittisen kriisin aikana: Radioaktivinen laskeuma Länsi-Sakassa Tshernobilin onnettomuuden jälken, in: Politiikaa 32, 5–19.
Czada, Roland, 1991a: Muddling Through a „Nuclear-Political" Emergency. Multi-level Crisis Management after Radioactive Fallout from Chernobyl, in: Industrial Crisis Quarterly 5, 293–322.
Czada, Roland, 1991b: Aus Katastrophen lernen: Das Beispiel Tschernobyl, in: *Wolfgang Glatzer* (Hrsg.), 25. Deutscher Soziologentag. Die Modernisierung moderner Gesellschaften. Opladen, 846–849.
Czada, Roland, 1992: Administrative Interessenvermittlung am Beispiel der kerntechnischen Sicherheitsregulierung in den Vereinigten Staaten und der Bundesrepublik Deutschland. Habil.-Schrift, Fakultät für Verwaltungswissenschaft, Universität Konstanz.
Deutsche Shell Aktiengesellschaft Hamburg, 1995: Die Ereignisse um Brent Spar in Deutschland. Darstellung und Dokumentation mit Daten und Fakten. Die Hintergründe und Einflussfaktoren. Kommentare und Medienresonanzen. Ausgearbeitet im Auftrag der Deutschen Shell AG von Wolfgang Mantow Kommunikationsberatung. Hamburg.
Dombrowsky, Wolf, R., 1989: Katastrophe und Katastophenschutz. Eine soziologische Analyse. Wiesbaden.

Drexler, Alexander/Czada, Roland, 1987: Bürokratie und Politik im Ausnahmefall. Untere Verwaltungsbehörden nach „Tschernobyl", in: *Adrienne Windhoff-Heritiér* (Hrsg.), Verwaltung und ihre Umwelt. Festschrift für Thomas Ellwein. Opladen, 66–90.

Edelman, Murray, 1975: Die symbolische Seite der Politik, in: *Wolf-Dieter Narr/Claus Offe* (Hrsg.), Wohlfahrtsstaat und Massenloyalität. Köln, 307–322.

Ellul, Jacques, 1954: La Technique ou l'Enjeu du Siècle. Paris.

Ellwein, Thomas, 1976: Regieren und Verwalten. Eine kritische Einführung. Opladen.

Ellwein, Thomas, 1986: Zur Geschichte der öffentlichen Verwaltung in Deutschland. Zwei gegenläufige Prozesse: Zentralisierung und Orientierung an „Land und Leuten", in: *Thomas Ellwein* u.a. (Hrsg.), Verwaltung und Politik in der Bundesrepublik. Stuttgart u.a. (= „Bürger im Staat", Bd. 1075, herausgegeben von der Landeszentrale für politische Bildung Baden-Württemberg), 9–23.

Ellwein, Thomas/Hesse, Jens-Joachim (Hrsg.), 1985: Verwaltungsvereinfachung und Verwaltungspolitik. Baden-Baden.

Europäische Union 1996: 1.3.157. Richtlinie 96/82/EG des Rates über die Begrenzung der Gefahren bei schweren Unfällen mit gefährlichen Stoffen (Richtlinie „Seveso II"). Bulletin EU 12–1996. Umwelt (5/13).

Fach, Wolfgang, 1982: Ernstfälle und Unfälle. Die Katastrophe im konservativen Kalkül – eine Montage, in: Leviathan 2, 254–272.

Gáspár-Ruppert, Walburga, 1983: Usque ad nauseam? Anmerkungen zur Katastrophentheorie, in: Österreichische Zeitschrift für Soziologie 4.

Gerling, Eduard/Lorenz, Georg, 1970: Hilfsmaßnahmen bei radioaktiven Störfällen, in: Der Städtetag 2, 75–79.

Goffman, Erving 1973: Interaktion: Spaß am Spiel, Rollendistanz. München.

Greifelt, Werner, 1986: Tschernobyl aus der Sicht des Katastrophenschutzes, in: Unsere Sicherheit 32, 27–29.

Greven, Michael Th., 1986: „Technischer Staat" als Ideologie und Utopie, in: *Lutz Burkart* (Hrsg.), Technik und Sozialer Wandel. Frankfurt a.M., 510–521.

Habermas, Jürgen 1981: Theorie des kommunikativen Handelns, Bd. 2, Zur Kritik der funktionalistischen Vernunft. Frankfurt a.M.

Hiller, Petra/Krücken, Georg (Hrsg.), 1997: Risiko und Regulierung. Soziologische Beiträge zu Techniknkontrolle und präventiver Umweltpolitik. Frankfurt a.M.

Jäger, Wieland, 1979: Natur – Technik – Katastrophe, Grundprobleme einer Katastrophen- und Unfallsoziologie in der BRD, in: Angewandte Sozialforschung 1/2, 33–48.

Kitschelt, Herbert, 1980: Kernenergiepolitik. Arena eines gesellschaftlichen Konfliktes. Frankfurt a.M.

Kerver, Dieter, 1997: Mehr Sicherheit durch Risiko? Aaron Wildavsky und die Risikoregulierung, in: *Petra Hiller/Georg Krücken* (Hrsg.), Risiko und Regulierung. Frankfurt a.M., 253–278.

Kröger, Wolfgang/Chakraborty, Sabyasachi, 1989: Tschernobyl und weltweiten Konsequenzen. Köln.

Lagadec, Patrick, 1987: Das große Risiko. Technische Katastrophen und gesellschaftliche Verantwortung. Nördlingen.

Landes, David S., 1998: The Wealth and Poverty of Nations. Why Some are so Rich and Some so Poor. New York.

Lenk, Kurt, 1986: Theorie des Topos „Technischer Staat", in: *Hans-Hermann Hartwich* (Hrsg.), Politik und die Macht der Technik. Opladen, 45–51.

List, Martin, 1991: Umweltschutz in zwei Meeren: Vergleich der internationalen Zusammenarbeit zum Schutz der Meeresumwelt in Nord- und Ostsee. München.

Offe, Claus, 1979: Die Logik des kleineren Übels, in: Die Zeit vom 9.11.1979, 76 (wiederabgedruckt in: *Lutz Metz/Ulrich Wolter* (Hrsg.), Die Qual der Wahl. Berlin 1980, 135–146).

o. Verf., 1986: Kernkraft und überörtlicher Katastrophenschutz – Konsequenzen aus Tschernobyl, in: Städte- und Gemeindebund 8, 351.

Opolka, Michael, 1989: Gefahrenvorsorge durch untere Verwaltungsbehörden. Chemische Risiken als politisch-administrative Herausforderung am Beispiel der Maßnahmen zur Erfassung und Sicherung chemischer Betriebe und Lager. Diplomarbeit. Universität Konstanz. Sozialwissenschaftliche Fakultät. Fachgruppe Politik-/Verwaltungswissenschaft.
Perrow, Charles, 1988: Normale Katastrophen. Die unvermeidbaren Risiken der Großtechnik. Frankfurt a.M.
Peters, Hans Peter, 1996: Kommentar zu Hans Mohrs Studie über „Das Expertendilemma", in: *H.-U. Nennen/D. Garbe* (Hrsg.), Das Expertendilemma. Zur Rolle wissenschaftlicher Gutachter in der öffentlichen Meinungsbildung. Berlin, 61–74.
Prittwitz, Volker, 1990: Das Kathastrophenparadox. Elemente einer Theorie der Umweltpolitik. Opladen.
Rosenthal, Uriel/Pijnenburg, Bert (Hrsg.), 1991: Crisis Management and Decision Making. Simulation Oriented Scenarios. Dordrecht.
Schelsky, Helmut, 1965: Der Mensch in der wissenschaftlichen Zivilisation, in: *Helmut Schelsky*, Auf der Suche nach Wirklichkeit. Gesammelte Aufsätze. Düsseldorf/Köln, 439–480 (zuerst veröffentlicht in: Arbeitsgemeinschaft für Forschung und Lehre des Landes Nordrhein-Westfalen, Köln/Opladen 1961, Heft 96).
Schmitt, Carl, 1922: Politische Theologie. Vier Kapitel zur Lehre von der Souveränität. München.
Schomber, René von, 1995: Der rationale Umgang mit Unsicherheit. Die Bewältigung von Dissens und Gefahren in Wissenschaft, Wissenspolitik und Gesellschaft. Frankfurt a.M.
Tanner, Jakob, 1988: Die Chemiekatastrophe von „Schweizerhalle" und ihr Widerhall in der Schweizerischen Umweltpolitik, in: Österreichische Zeitschrift für Politikwissenschaft 16, 17–32.
Thompson, James, 1986: Nukleare Bedrohung. Psychologische Dimensionen atomarer Katastrophen. München.
Wiedemann, Peter M., 1993: Tabu, Sünde, Risiko: Veränderung der gesellschaftlichen Wahrnehmung von Gefährdungen, in: *Bayerische Rückversicherung* (Hrsg.), Risiko ist ein Konstrukt. Wahrnehmungen zur Risikowahrnehmung. München, 43–68.
Wildavsky, Aaron, 1988: Searching for Safety. New Brunswick/Oxford.
Windhoff-Héritier, Adrienne (Hrsg.), 1987: Verwaltung und ihre Umwelt. Festschrift für Thomas Ellwein. Opladen, 66–90.

4.

Vertikale Ausdifferenzierung der Handlungsebenen

Internationale Regime und Technologiepolitik

Daniel Barben / Maria Behrens

1. Einleitung

Das Titelthema bezeichnet eine klassische Fragestellung der Internationalen Beziehungen. In dieser Perspektive lautet die allgemeine Gegenstandsbestimmung, ob und wie internationale Regime Technologiepolitik beeinflussen oder sie selbst Ergebnis von Technologiepolitik sind. Da es sich bei internationalen Regimen um eine spezifische Form internationaler Beziehungen handelt, ist damit nicht die internationale Dimension von Technologiepolitik generell erfasst. Dafür sind sowohl weitere internationale Regulierungsformen als auch die anderen – nationalstaatlichen, supra- und subnationalen – Ebenen in den Blick zu nehmen, die für inter- oder transnationale Technologiepolitik relevant sind. In einer so erweiterten Perspektive kann dann die Frage nach der vertikalen Differenzierung von Handlungsebenen und der differenziellen Artikulation von Handlungsmöglichkeiten entfaltet werden.

Demnach wird zunächst die für unseren Zusammenhang einschlägige Analyse internationaler Regime rekapituliert, um sodann – entsprechend der Ausdehnung des analytischen Fokus – eine erweiterte Regimeanalyse vorzuschlagen (1.); daraufhin wird anhand unterschiedlicher internationaler Regime – Weltwirtschafts-, internationalen Umwelt- und Technologieregimen – deren technologiepolitische Relevanz herausgearbeitet (2.). Vor diesem Hintergrund wird die internationale Regimekonfiguration technologiefeldspezifisch untersucht; die zuvor technologiepolitisch diskutierten internationalen Regime werden nun im Hinblick auf strategische Konfliktfelder und Regulierungsmuster erörtert – angesichts der für die anschließende Analyse ausgewählten Technologiefelder handelt es sich um die Beziehungen zwischen Welthandelsabkommen, internationalen Umweltkonventionen und Standardisierung (3.). Die exemplarische Rekonstruktion der internationalen Regimekonfiguration wird für die Informations- und Kommunikations- (IuK) und die Biotechnologie durchgeführt. Dabei werden einerseits die relevanten internationalen Regime und Regulierungsmechanismen analysiert, andererseits diese in den internationalen Gliederungszusammenhang technologiespezifischer Regime eingebettet – sodass in Umrissen die globale Konfiguration von Technologieregimen deutlich wird (4.). Abschließend werden verallgemeinernde Schlussfolgerungen formuliert (5.).

Unsere analytische Perspektive ist auf Wechselbeziehungen zwischen technologischen und institutionell-politischen Entwicklungen gerichtet. Damit soll die „Eigentümlichkeit von Technik, das Spezifische an der Dynamik von Technikentwicklung, das technische Momentum in ihrer Verbreitung" – was in der Politikwissenschaft, so die Kritik vor 15 Jahren, „nur ausnahmsweise reflektiert" (Kohler-Koch 1986: 11) worden sei – berücksichtigt werden. Auch wollen wir einen Beitrag leisten zu den notwendigen „vergleichenden empirischen Studien und (...) systematischen Reflexionen allgemeiner Art über jene Spezifika von Technik und technologischer Entwicklung, die

die politisch relevanten Veränderungen generieren" (Kohler-Koch 1986: 13). Besondere Aufmerksamkeit gilt hierbei dem Gesichtspunkt der Gliederung des Politischen im Kontext seiner globalen Rekonfiguration, wodurch auch der Frage nach der Denationalisierung politischer Handlungskapazitäten zugearbeitet werden kann.

2. Internationale Regime

2.1 Politikwissenschaftliche Regimeanalyse

Regimeanalytische Konzepte sind in der Politikwissenschaft v.a. im Kontext der Internationalen Beziehungen entwickelt worden. Regime bezeichnen hier spezifische Formen internationaler Kooperation und Koordination: „Regimes can be defined as sets of implicit or explicit principles, norms, rules, and decision-making-procedures around which actors' expectations converge in a given area of international relations. Principles are beliefs of facts, causation and rectitude. Norms are standards of behaviour defined in terms of rights and obligations. Rules are specific prescriptions or proscriptions for action. Decision-making-procedures are prevailing practices for making collective choice" (Krasner 1983a: 2). Zur Akzentuierung und Verknüpfung der einzelnen Elemente gibt es eine ausgedehnte Diskussion; weitgehendes Einverständnis besteht in der Auffassung des Problem(lösungs)bezugs und der integrierenden Wirkung internationaler Regime. Entsprechend ausgeprägt werden Regimebildungen, -funktionen und -wirkungen im Zusammenhang bestimmter Problemfelder sowie multilateral ausgehandelter Interdependenz diskutiert. Sachlich am meisten thematisiert sind militärische Konfliktkonstellationen, insbesondere die des Kalten Kriegs zwischen den USA und der Sowjetunion, Weltwirtschafts- und internationale Umweltregime (vgl. bereits Keohane/ Nye 1977; diese schenkten allerdings dem Stellenwert von Technologien nur wenig Aufmerksamkeit). Abhängig von Handlungssphäre und historisch-politischem Kontext bestimmt sich der Stellenwert der jeweiligen Prinzipien, Normen, Regeln und Entscheidungsverfahren, ferner die Bedeutung der institutionellen und organisatorischen Arrangements, in denen sie betätigt werden.

Internationale Regime wirken nicht nur auf internationaler oder zwischenstaatlicher Ebene; ihre Wirksamkeit hängt gerade auch davon ab, inwieweit sie nationalstaatlich oder lokal umgesetzt werden. Zugleich sind sie nicht bloß durch das System internationaler Beziehungen, sondern wesentlich auch durch innergesellschaftliche Faktoren bestimmt – ein Aspekt, der allerdings oft vernachlässigt wird (Junne 1990). Da internationale Regime also keine aparte Realität bilden, sondern mit der globalen Konfiguration von Macht und Herrschaft auf verschiedenen Ebenen verwoben sind, empfehlen sich analytische Perspektiven, die der vertikalen und horizontalen Differenzierung von Handlungsebenen und -feldern und der entsprechenden differenziellen Artikulation politischer Handlungsmöglichkeiten und Akteure Rechnung tragen. Eine mögliche Theorieoption, diesen Gliederungszusammenhang zu erfassen, besteht in der Erweiterung der regimeanalytischen Begrifflichkeit – für die es Anregungen auch aus der in den Internationalen Beziehungen geführten Diskussion um einen engen oder weiten Regimebegriff gibt (Mürle 1998; Efinger u.a. 1990; Keeley 1990). Dadurch lassen sich verschiedene Kontexte, in denen Regime thematisiert werden, miteinander verbinden; in unserem Bereich sind das etwa technologische Regime und Innovationsregime, Regulierungsregime oder Regime politischer Herrschaft. Zudem können für die Technologieentwicklung und -politik relevante transnationale Wirkungen erfasst werden, die aus regionaler oder nationaler Regimekonkurrenz resultieren, welche der herausragenden Bedeutung technologischer Leistungsfähigkeit von Unternehmen, Branchen oder Ländern geschuldet ist. Dadurch lässt sich auch gut an die neuere Diskussion um Global Governance und die Reorganisation von Staatlichkeit anschließen (Kohler-Koch 1998; Brand u.a. 2000). Unter den verschiedenen Verfahren, einen verallgemeinerten Regimebegriff zu gewinnen, schlagen wir das der Generalisierung und Spezifikation vor: ein solcher Begriff folgt der Grundidee, dass es sich bei Regimen um Strukturen handelt, die einerseits Akteurshandeln determinieren und regeln, andererseits durch Akteurshandeln hervorgebracht oder modifiziert werden. Zur Spezifikation sind die so verstandenen institutionell-organisatorischen Formen der Regulierung, der Steuerung oder des Regierens für bestimmte Ebenen und Bereiche zu konkretisieren. Mit diesem Ansatz ist eine Akzentverschiebung verbunden: das Besondere liegt nicht mehr darin, überhaupt von Regimen zu sprechen, sondern vielmehr in deren Besonderheiten. Auf substanzialistische Zuschreibungen von Regimen verzichtend, sind ihre unterschiedlichen Existenzformen und Beziehungen untereinander das eigentlich Interessierende. In der Folge kann der technologiepolitische Stellenwert der verschiedenen Ebenen und Regime bestimmt und können Regime und Technologien in ihrer wechselseitigen Abhängigkeit gesehen werden, zum einen dadurch, dass die Konfiguration von Regimen auch durch die Spezifik von Technologiefeldern bestimmt wird, zum anderen dadurch, dass Technologien selbst Regimequalität besitzen, insofern sie Ergebnis und Ausgangspunkt sozialer Regelungswirkungen darstellen.

2.2 Weltwirtschafts-, internationale Umwelt- und Technologieregime

Für Technologiepolitik relevante internationale Regime sind neben internationalen Technologieregimen v.a. die Weltwirtschafts- und internationalen Umweltregime. *Weltwirtschaftsregime* setzen Bedingungen für Technologieentwicklung und -politik, indem sie die institutionelle Grundverfassung der Ökonomie, auch in ihrem Verhältnis zu Politik, Recht und Wissenschaft regulieren. Dabei geht es etwa um das Verhältnis zwischen Freiheit und Beschränkung von Forschung und Entwicklung, Produktion und Handel oder den Eigentumsschutz von Inventionen. Sie bestimmen die wirtschaftliche bzw. die wissenschaftlich-technische Dynamik sowie Herrschaftspositionen mit, wie sie umgekehrt von diesen bestimmt werden. Weltwirtschaftsregime – die in der Ordnung nach dem Zweiten Weltkrieg in erster Linie durch IWF und Weltbank, GATT sowie WTO charakterisiert werden – repräsentieren einerseits internationale Anarchie und damit Abwesenheit von der Ökonomie gewachsener Politik, andererseits sind sie Ergebnis von Politikprozessen und unterliegen selbst der politischen Aushandlung (Ruggie 1983; Senti 1994). Neben den genannten weitgehend technologieunspezifischen Bestimmungen gibt es technologiespezifische, vermittelt durch handelsrelevante Sonderregelungen für einzelne Branchen, Produkte und Produktionsverfahren oder durch die Förderung von technologischen Kapazitäten oder Produktionsweisen im Rahmen von Modernisierungs- oder Entwicklungshilfeprogrammen.

Internationale Umweltregime regulieren das Verhältnis von Nutzung und Schutz bestimmter Territorien, Umweltmedien oder Arten. Indem sie das Ob und Wie wirtschaftlicher Zugriffe betreffen, setzen sie auch Bedingungen für Technologieentwicklung und -politik. Bei ihnen handelt es sich um ein historisch neueres Phänomen. Konkret geht es etwa um die Ausbeutung von Rohstoffen in der Tiefsee oder der Antarktis, die Eindämmung des Gebrauchs von FCKW oder den Schutz von Walen (Oberthür 1997). Im Falle von Nutzungsverboten werden bestimmte Technologien nicht angewandt oder entwickelt, im Falle bedingter Nutzungserlaubnisse werden einzelne Technologien entwickelt, andere beschränkt oder ganz ausgeschlossen, im Falle stoffpolitischer Ziele werden bestimmte Produkte oder Produktionsverfahren nur noch bedingt zugelassen oder ganz ausgeschlossen und möglicherweise durch funktionale Äquivalente ersetzt. Da der hauptsächliche Gegenstand internationaler Umweltregime Objekte und Prozesse der natürlichen Umwelt sind, bleibt der Aspekt der Regulierung von Technologien untergeordnet. Ihre Institutionalisierungsform besteht v.a. in völkerrechtsverbindlichen Konventionen. Ein strategischer Anlass fortbestehender Disputs liegt in der Frage der Relationierung – Unter- oder Gleichordnung – mit den Regelwerken der liberal ausgerichteten Weltwirtschaft, da im Konfliktfeld von Ökonomie und Ökologie Grad und Ansatz der Einschränkung konstitutiver privater Freiheitsrechte auf dem Spiel stehen.

Internationale Technologieregime können eigenständig institutionalisiert oder Teil weltwirtschaftlicher oder internationaler Umweltregime sein. Auf Grund bestimmter Eigenschaften werden Technologien zum Gegenstand internationaler Politik: die Gefährdung der Sicherheit von Leben oder Gütern durch Waffen bzw. militärisch nutzbare Technologien; die Gefährdung von Überlebensbedingungen durch Umweltverschmutzung und Raubbau an Ressourcen. Hierbei handelt es sich um Fälle zwischenstaatlichen Konflikts, grenzüberschreitender oder globaler Gefahren und Risiken. Darüber hinaus ist es der transnationale Charakter wissenschaftlich-technischer Entwicklungen, der Standards zu einem wesentlichen Koordinationsmechanismus macht und auf grenzüberschreitenden Handel oder auf Innovationsschutz bezogene Wettbewerbsbedingungen zu einem zentralen Konkurrenzmerkmal.

Die hauptsächlichen *Problemfelder* technologierelevanter internationaler Regime sind also: Sicherheit vor kriegerischen Anwendungen oder der militärischen Entwicklung bestimmter Technologien (A-, B-, C-Waffen); Gesundheits- und Umweltschutz bei der Nutzung ziviler (Hoch-)Risikotechnologien (Kernkraft, Gentechnik, toxische Chemikalien); Umweltverschmutzung bzw. -zerstörung von Wasser, Luft, Boden (z.B. durch Schifffahrtsemissionen und havarierende Öltanker, durch Abbau der Ozonschicht mittels FCKW, durch Eindämmung der Erosion und Versiegelung von Böden), wie umgekehrt Ressourcenschonung (Rohstoffe, Trinkwasser, Wälder etc.); Wirtschaft in Bezug auf freien Handel, technologische Entwicklung und Technologietransfer sowie sog. geistigen Eigentumsschutz. Die *Institutionalisierungsformen* solcher Regime sind: zwischenstaatliche Abkommen oder Konventionen; internationale Organisationen und in ihrem Rahmen ausgehandelte Verträge; zwischen Unternehmen oder Verbänden getroffene Vereinbarungen oder von ihnen gegründete Organisationen, die eine private governance begründen. *Gegenstände* der Regulierung sind: Produkte, Produktionsprozesse und Techniken, Anwendungs- und Nutzungsmöglichkeiten, ein breites Spektrum von Folgen. *Ansatzpunkte* der Regulierung bestehen in Standards und Grenzwerten, Zielen und Prinzipien; und *Regulierungsmodi* in Fremdüberwachung von Ver- und Geboten, Selbstverpflichtungen und -kontrollen, Sanktionen und Anreizen.

3. Internationale Technologieregime

Die rasante Entwicklung der Informationstechnologie in den letzten Jahrzehnten ging mit einer verstärkten Internationalisierung einher (Rammert 1997). Die sich verdichtende internationale Interdependenz hat einen zunehmenden Bedarf an staatlicher Regulierung des grenzüberschreitenden Austauschs von Know-how und Produkten hervorgerufen. Allerdings vollziehen sich die Prozesse der Internationalisierung nicht für alle Technologien, Branchen und Unternehmen gleichermaßen. So ist z.B. bei der chemisch-pharmazeutischen Industrie eine stärkere internationale Verflechtung von Entwicklung, Produktion und Handel zu verzeichnen als bei der Nahrungsmittel- oder Druckindustrie.

Durch Formen horizontaler Steuerung versuchen Staaten im Rahmen internationaler Abkommen die verschiedenen nationalen Regulierungsmodi aufeinander abzustimmen (Rittberger 1996). Technologiespezifische rechtliche Regulierungen, wirtschaftliche Interessen und das kulturelle Wertegefüge der nationalen Ebene wirken auf die internationalen Verhandlungen ein und erschweren im Fall nationaler Technikkonflikte die Kompromissfindung. Die auf internationaler Ebene getroffenen Vereinbarungen wirken auf die nationalen Anwendungskontexte neuer Technologien zurück. Die Ergebnisse der zwischenstaatlichen Selbstkoordinierung sind von den Regierungen der jeweiligen nationalen Öffentlichkeit zu vermitteln und können wiederum Technikkonflikte hervorrufen oder verstärken. Dabei sind internationale Regime hinsichtlich ihrer Regimelogik, des Geltungsbereichs und der Durchsetzungsfähigkeit zu unterscheiden.

3.1 Internationale Regime und Regulierungsmuster

Die Regimelogik idealtypisch zuspitzend, begrenzen internationale Umweltkonventionen auf Grund erwarteter ökologischer Gefährdungen die Anwendung bestimmter Techniken (Begrenzungsnorm); das Welthandelsabkommen entgrenzt durch Deregulierung und Liberalisierung technische Anwendungen (Entgrenzungsnorm); die Standardisierung durch private Organisationen schreibt zur Sicherung der Kompatibilität technischer Anwendungen den Stand der Technik fest (Festschreibungsnorm).

3.1.1 Verhältnis Welthandelsabkommen und internationale Umweltkonventionen

Der Geltungsbereich ist bei den internationalen Umweltkonventionen nicht so eindeutig definiert wie beim GATT: So können sie sich nicht nur auf Produkte, sondern auch auf Herstellungs*prozesse* sowie auf Verfahren der Ressourcengewinnung beziehen. Das Welthandelsabkommen hingegen beschränkt sich auf den freien Handel mit *Produkten* und Dienstleistungen. Ein Importverbot ist nach den Regeln der WTO nur dann erlaubt, wenn wissenschaftlich nachgewiesen eine Gesundheitsgefährdung besteht oder das Leben von Pflanzen, Tieren oder Menschen bedroht wird (Art. XX (b) GATT). Die Kriterien für Importbeschränkungen von Produkten können umweltspezifisch ergänzt oder verändert werden und damit zu einem Wandel des Regimes führen. Problematischer ist hingegen, auch Eigenschaften der Herstellungsprozesse in das Norm- und Regelwerk der WTO aufzunehmen (Wolf 1998). Es ermöglicht jedem Staat, mit dem Verweis auf die eigenen Herstellungsstandards die Einfuhr von Produkten zu verhindern, deren Eigenschaften ansonsten identisch sind. Ein solcher ökologisch begründeter Protektionismus ist aber mit den zentralen Normen der WTO nicht vereinbar.

Mit dem Instrument des Streitschlichtungsverfahrens (Dispute Settlement Understanding) verfügt die WTO über eine hohe Geltungsmacht. Zur Durchsetzung von Beschlüssen wurde es durch unparteiische Standing Appellate Bodys ergänzt (Benedek 1998). Der rechtlich-diplomatische Doppelcharakter wurde damit um rechtlich-gerichtliche Elemente ausgebaut (Meng 1998). Die Effizienz der Streitschlichtung wurde zusätzlich durch die nun möglichen Linkage-Sanktionen gestärkt: Ein Staat, der sich vehement weigert, die Beschlüsse der WTO einzuhalten bzw. umzusetzen, kann auf einem anderen als dem verhandelten Gebiet mit empfindlichen Sanktionen belegt werden.

Mit der Stärkung des Welthandelsregimes in Form der WTO hat sich das Verhältnis zu internationalen Umweltkonventionen verändert: Es verfügt nicht nur über eine höhere Durchsetzungsfähigkeit, sondern auch der Geltungsbereich wird beständig erweitert. Neben dem Handel mit Produkten werden seit 1994 mit dem GATS (General Agreement on Trade in Services) auch der Handel mit Dienstleistungen sowie mit dem TRIPs (Agreement on Trade Related Aspects of Intellectual Property Rights) Fragen des geistigen Eigentums durch die WTO geregelt. Daher sind zunehmend institutionelle Überlappungen der unterschiedlichen Regimetypen bei der Regulierung von Technologien zu erwarten (Liebig 1999), die es den staatlichen Akteuren ermöglicht, bei sich abzeichnenden Konflikten den Regimetyp für Verhandlungen zu bevorzugen, der eine höhere Chance zur Durchsetzung ihrer Interessen bietet. Folglich muss im Fall konkurrierender Interessen im Vorfeld von Verhandlungen eine Verständigung über den zu wählenden Regimetyp stattfinden.

Die Geltungshierarchie beider Regimetypen ist also in Bewegung: Bisher konnte noch keine generelle Einigung darüber erzielt werden, wie das Verhältnis internationaler Umweltkonventionen zu den Regeln der WTO zu gewichten sei (Wolf 1998). Allerdings sind bei herausragenden Streitfällen immerhin ansatzweise Klärungen erzielt worden (vgl. Kapitel 4.2).

3.1.2 Verhältnis Welthandelsabkommen und Standardisierung

Die WTO steht zunehmend unter dem Druck sicherheits- und umweltpolitischer Forderungen, die im Zusammenhang mit neuen Technologien thematisiert werden. Da das Welthandelsregime die internationale Handelsliberalisierung zum Ziel hat, bietet es nur begrenzt einen Rahmen, eine z.B. aus umweltpolitischen Gründen angezeigte Re-Regulierung vorzunehmen. Zur Berücksichtigung von Herstellungsprozessen greift die WTO zunehmend auf internationale private Standardisierungsorganisationen zurück. Im Abkommen über technische Handelsbarrieren – beschlossen bei der WTO-Verhandlungsrunde in Tokio 1994 – wird auf die Bedeutung von internationalen Standards für die Harmonisierung des Handels hingewiesen und werden nationale Organisationen dazu aufgefordert, sich an der Formulierung internationaler Standards zu beteiligen. Internationale Standardisierungsorganisationen werden im Rahmen intergouvernementaler Entscheidungsprozesse aufgewertet, da die Einhaltung dieser Standards ansonsten auf Freiwilligkeit beruht. Als Entscheidungsgrundlage der WTO sind internationale Standards verbindlich und ermöglichen, Kriterien der Umweltverträglichkeit von Herstellungsprozessen zu berücksichtigen, ohne die grundlegenden Normen des Welthandelsregimes in Frage zu stellen. In den letzten Jahren sind neben Produkteigenschaften zunehmend auch Herstellungsprozesse zum Gegenstand internationaler Standardisierungsmaßnahmen geworden (vgl. die den Umweltschutz berücksichtigenden Standards der ISO 14.000). In der Einbeziehung privater Standardisierungsorganisationen im Politikfeld Umwelt sehen Finger und Tamiotti (1999) einen empirischen Beleg für einen Wandel internationaler Regulierung in Richtung private governance, da die konkrete Formulierung von Umweltschutzmaßnahmen zunehmend privaten Organisationen überlassen wird (vgl. auch Ronit/Schneider 1999 zu anderen Politikfeldern).

3.2 Technologiefelder

Im Vergleich der von Grewlich (1986) bezeichneten Hochtechnologien Raumfahrt-, Bio-, IuK- sowie Atomtechnologie lassen sich strukturell grob zwei Typen unterscheiden: Als großtechnischen Systemen (Mayntz/Hughes 1988) werden bei der Raumfahrttechnologie und der Atomtechnik vom Staat die Nachfrage bestimmt und das Angebot organisiert. Als Infrastrukturtechnik wurde in der Vergangenheit auch die Versorgung mit Telekommunikationsleistungen auf nationaler Ebene vom Staat über Postverwaltungen gewährleistet. Erst durch die Deregulierung und Privatisierung in den 1980er Jahren folgen Entwicklung und Diffusion der Telekommunikation zunehmend der Marktlogik. Bei der Biotechnologie und dem Internet hingegen werden von Beginn an Nachfrage und Angebot weitgehend auf dem Markt gebildet. Beide Technologiefelder werden als Schlüsseltechnologien mit hohen ökonomischen Potenzialen eingestuft (Schweigler 1999, Ernst & Young 1999), wobei die USA technologisch führend sind und daher ein hohes Interesse an einer Liberalisierung des europäischen Marktes haben.

Für IuK- wie Biotechnologie ist der Querschnittscharakter kennzeichnend, wonach ihre Verfahren und Produkte für eine Vielzahl von Branchen relevant sind. Im Hinblick auf die jeweilige Branchenstruktur sind jedoch technologiespezifische Unterschiede festzustellen: Die IuK-Technologien basieren auf einer überregionalen, großräumigen Telekommunikationsinfrastruktur (Datenleitungen und Vermittlungstechnik). Diese war zunächst als staatliches Monopol gemeinwohlorientiert organisiert. Nach der Privatisierung lassen sich die Unternehmen einer IuK-Branche zuordnen, die anderen Unternehmen, Organisationen und Privatpersonen Produkte und Dienstleistungen anbietet. Die Biotechnologie, deren Einheit als Branche fließender ist, ist als Laborwissenschaft und industrielle Technik nicht im selben Maße auf Infrastrukturleistungen angewiesen. Sie lässt sich als ein „in weiten Teilen kleinformatiges, technisch stark fragmentiertes und überdies extrem wissensbasiertes Technikfeld" charakterisieren (Dolata 2000: 35). Sie wird in den einzelnen Branchen dezentral weiterentwickelt, wobei Methodentransfers stattfinden und mit der Genomforschung ein feldübergreifendes Wissensgebiet entstanden ist, für das u.a. die Verbindung mit fortgeschrittenster IuK-Technologie grundlegend ist. Insofern die Biotechnologie nach Branchen bzw. Anwendungsfeldern differenziert ist, besteht ein je spezifischer rechtlicher Regulierungsbedarf; dieser ist im Vergleich zu den IuK-Technologien wesentlich höher. Die rechtliche Regulierung der Biotechnologie ist stark durch deren gesellschaftliche Wahrnehmung als Risikotechnologie mit hohen ökologischen, gesundheitlichen und ethischen Gefahrenpotenzialen beeinflusst, wohingegen bei den IuK-Technologien v.a. das Innovationspotenzial wahrgenommen wird. Gesundheitliche Risiken wie Elektrosmog oder das Risiko der Verletzung der Privatsphäre haben bisher nicht zu vergleichbaren öffentlichen Konflikten wie in der Biotechnologie geführt.

4. Internationale Regimekonfiguration: exemplarische Rekonstruktion zweier Technologiefelder

4.1 IuK-Technologien

Unter „IuK-Technologien" werden eine Vielzahl von Anwendungen wie Datenbankanwendungen, Bürokommunikation, Computer Aided Manufacturing zusammengefasst. Das Internet und die Telekommunikation zählen in Bezug auf ökonomische Bedeutung und Verbreitungsgrad (Anzahl der Anwender wie regionale Ausdehnung) zu den wichtigsten Anwendungen. Auf Grund ihrer unterschiedlichen Entwicklung und ordnungspolitischen Einbettung bis Anfang der 1990er Jahre werden sie kontrastierend als zwei Technologieregime behandelt.

4.1.1 Technologieentwicklung und Regulierungsmechanismen

Die Anfänge der Telekommunikation (Telegraphie) reichen bis Anfang des 19. Jhs. zurück. Das Internet ist eine relativ junge Entwicklung, die vom US-amerikanischen Verteidigungsministerium und der NASA finanziert und von Forschungseinrichtungen wie dem MIT in den 1970er Jahren entwickelt wurde. Seine weltweite öffentliche Ausbreitung beginnt erst Ende der 1980er Jahre. Der militärische Hintergrund der Genese des Internet prägt die technische Organisationsstruktur: Zur Zeit des Kalten Krieges sollte das Internet dezentral strukturiert sein, damit durch militärische Angriffe auf einige Knotenpunkte nicht das gesamte System zusammenbrechen konnte (Werle/Leib 1998: 12).

In einer international agierenden sog. Internet-Gemeinde wird das Internet überwiegend von Wissenschaftlern weiterentwickelt. Problemlösungen erfolgen in Form der Selbstregulierung: Es gelten informelle Regeln im Umgang mit technologischen Anwendungen, deren Verstoß von den Internet-Nutzern selbst sanktioniert wird. Durch technische Protokolle, die auch als „weiche" Standards bezeichnet werden können, wird der Entwicklungsstand festgehalten und damit eine Anwendungssicherheit gewährleistet. Die spezifisch dezentrale Technologieentwicklung spiegelt sich in einer ebenfalls dezentralen sozio-politischen Organisationsstruktur wider: Es bestehen eine Vielzahl von Organisationen, die in technologiespezifischen Netzwerken kooperieren und für jeden Interessierten offen zugänglich sind (Werle/Leib 1999). Weder von staatlicher noch privater Seite wird das Internet in den 1980er Jahren kontrolliert.

Die Telekommunikation entwickelt sich demgegenüber innerhalb nationaler Grenzen. Über mächtige Postverwaltungen, den Post-, Telefon- und Telegrafenbetrieben (PTT), wird die Telekommunikation zentral von den Staaten organisiert bzw. steht wie in den USA unter strenger staatlicher Aufsicht (Genschel 1996). Mit den technologischen Innovationen im unregulierten Internet-Bereich erhält die im Monopol regulierte Telekommunikation in den 1980er Jahren neue Entwicklungsimpulse (z.B. digitale computergesteuerte Vermittlung und Übertragung), die zu einer technologischen Verzahnung führen. Um die sich abzeichnenden vielfältigen Innovationschancen (v.a. bei Mehrwertdiensten und Endgeräten) nutzen zu können, wird aus industriepolitischen Gründen eine ordnungspolitische Anpassung beider Technologieregime als erforderlich angesehen. Zunächst in den USA und dann in Großbritannien wird in den 1980er Jahren die Telekommunikation dereguliert und privatisiert. Um negative Handelsbilanzen durch die Marktöffnung zu vermeiden, üben die USA verstärkt Druck auf Japan und die Staaten der EG aus, ihre Handelsschranken zu beseitigen.

Diesem Druckeffekt steht nach Schneider (1999) ein Sogeffekt gegenüber, der in den von ihm untersuchten europäischen Staaten (Deutschland, Frankreich, Italien und Großbritannien) wirkt: Zunächst haben die staatlichen Postverwaltungen auf Grund ihrer Monopolstellung Wettbewerbsvorteile gegenüber privaten Anbietern. Diese verlieren die staatlichen Postverwaltungen jedoch, je mehr private Unternehmen sich auf global ausgerichteten freien Märkten bewegen (Schneider 1999: 258). Für Deutschland lässt sich nachzeichnen, dass sich Bundespost und Postgewerkschaft zunächst gegen Privatisierungsbestrebungen wehren. Nach dem ersten Schritt der Postreform von 1989 ändert die Telekom aber ihre Haltung und setzt sich zur Sicherung ihrer internationalen Wettbewerbsfähigkeit für eine weitere Privatisierung und Liberalisierung ein. Nachdem der Bundesrat 1994 der für die Privatisierung der Telekommunikation notwendigen Gesetzesänderung zustimmt, erfolgt die Umwandlung der Telekom in eine Aktiengesellschaft, die nun den freien Zugang als Unternehmen zu privaten Kapitalmärkten ermöglicht (Schneider 1999: 186–187).

4.1.2 Institutionenwandel durch Internationalisierung

Die ordnungspolitische Entwicklung der Telekommunikation auf nationalstaatlicher Ebene bleibt nicht ohne Wirkung auf das internationale Institutionengefüge: In der internationalen Standardisierungsorganisation ITU (International Telecommunication Union) wurden vormals ausschließlich zwischen den Postverwaltungen Verhandlungen mit quasi intergouvernementalem Charakter geführt (Genschel 1996). Auf Grund des Drucks durch die Deregulierung und Privatisierung der Telekommunikation auf nationaler Ebene und durch die Öffnung der Märkte musste sich die ITU nun auch privaten Anbietern öffnen.

Die interessenspolitischen Probleme im Bereich Internet sind anders gelagert: Durch das Zusammenwachsen mit der Telekommunikation und durch die zunehmende Verbreitung und Kommerzialisierung des World-Wide-Web ist die Internet-Gemeinde mit verschiedenen Interessen aus der Wirtschaft, v.a. dem Telekommunikationssektor, konfrontiert. Die 1992 gegründete Internet Society (ISOC) versucht sich als internationale Organisation zwischen Telekommunikation und Internet zu positionieren und die Interessen der Internet-Gemeinde zu vertreten. Werle und Leib (1999) kommen zu dem Ergebnis, dass auf Grund unterschiedlicher Philosophien Telekommunikation und Internet jedoch nur schwer miteinander organisatorisch zu vereinbaren und die Bemühungen von ISOC daher als weitgehend gescheitert zu bewerten sind.

Um durch eine ordnungspolitische Anpassung auf internationaler Ebene die Innovationspotenziale beider Technologieregime nutzen zu können, werden von den Staaten technische Handelsbarrieren in beiden Regimebereichen auf die WTO-Verhandlungsagenda gesetzt. Im Februar 1997 organisiert die Group on Basic Telecommunication (GBT) unter der Schirmherrschaft der WTO multilaterale Verhandlungen mit dem Ergebnis, dass eine weitere Öffnung der Märkte und der Abbau technischer Handelsbarrieren bei Telekommunikationsdienstleistungen vereinbart werden konnten. Für Fragen der technischen Standardisierung ist nach wie vor die ITU zuständig, wobei sie die Vereinbarkeit der Standards mit den WTO-Verhandlungsergebnissen zu gewährleisten hat (Drake/Noam 1997). Die ITU ist somit durch die enge Verbindung mit der WTO fest im Telekommunikationsregime auf internationaler Ebene verankert.

Auch beim Internet wird von den Staaten internationaler Regelungsbedarf gesehen und technologische Anwendungen sind unter der Auspiz der WTO Verhandlungsgegenstand. Im Dezember 1996 wurde im Rahmen der WTO-Ministerkonferenz in Singapur das Informationsabkommen ITA (Information Technology Agreement) abgeschlossen, um technische Handelsbarrieren abzubauen. Auf der WTO-Konferenz in Seattle 1999 war Electronic Commerce ein strittiger Verhandlungsschwerpunkt: Im Gegensatz zur EU plädieren die USA für eine weitgehende Selbstregulierung des elektronischen Handels durch die Wirtschaft. Die USA sind weltweiter Marktführer preisgünstiger Computer-Hardware und -Software und davon überzeugt, dass ihre Unternehmen auch hier überlegen sein werden. Mit dem Argument des Verbraucherschutzes setzt sich die EU für eine weltweite intergouvernemental vereinbarte Regulierung ein, um so die technologischen Anwendungen europäischer Unternehmen als Sicherheitsstandards durchsetzen zu können. In Fragen des Schutzes der Privatsphäre zeichnen sich somit Handelskonfikte zwischen den USA und der EU ab, die mit einer Datenschutzdirektive bereits eine Regulierung des Internet vorgenommen hat. Es ist noch unklar, ob die Regimekonkurrenz zu einer internationalen Regulierung oder aber zu einer europäischen Deregulierung führen wird (Stokes 1999).

Die USA haben ihrerseits durch die Privatisierung der Verwaltung von Internetadressen erste Schritte in Richtung wirtschaftlicher Selbstregulierung eingeleitet, die international zu einem institutionellen Wandel beim Internet führen wird: Bisher waren Registrierung und Verwaltung von Adressen und den so genannten IP-Nummern (Internet Protocol) informell und dezentral organisiert; eine von kommerzieller Seite negativ bewertete Folge war, dass Marken- oder Firmennamen von Privatpersonen als Adressen angemeldet wurden und die Firmen diese Namen nicht mehr nutzen konnten. Mit einem Root-Server in den USA begann das Unternehmen Network Solutions Inc. (NSI) Schlüsseladressen zentral zu verwalten. Durch einen Vertrag mit der National Science Foundation (NSF) war die NSI organisatorisch aber noch bei der amerikanischen Regierung angesiedelt. Auf Grund des Drucks von Unternehmen und Wirtschaftsverbänden nach einer formal klaren Kompetenzverteilung zur Gewährleistung von Handlungssicherheit entschied sich die US-Regierung, die Adressenverwaltung zu zentralisieren (Krishnan/Chakravarti 1999). Damit entstand aber das Problem der organisatorischen Zuordnung; da das Internet weltweit genutzt wird, ist dessen Kontrolle allein durch einen Staat problematisch. Die US-Regierung löste das Problem, indem sie die Verwaltung des Internet an eine private non-profit Organisation übertragen hat. Im August 1999 folgte die Internet Corporation for Assigned Names and Numbers (Icann) der NSI als staatlich kontrolliertem Regulierungsunternehmen (CZ 2000). Damit wird der Zugang zum Internet international privat geregelt und die Icann bereits als „Herrscher über das Netz" (Der Spiegel, 13.03.00) bezeichnet. Die Entscheidung der US-Regierung hat zu einem Bedeutungsverlust der ISOC geführt, da nun die Icann der zentrale Ansprechpartner bei internationalen Verhandlungen sein wird.

Daneben sind noch weitere Fragen, die sich auf Transaktionen im Internet, Schutz der Privatsphäre, Besteuerung, Handelsliberalisierung, öffentliche Verfügbarkeit, geistiges Eigentum und Regulierung von Inhalten (Kinderpornografie, rechtsextremistische Propaganda) beziehen, zu klären und international zu regulieren (WTO Secretariat 1998). Hierbei wird die WTO durch zunehmende Erweiterung ihres Geltungsbereichs eine zentrale Rolle spielen.

4.2 Biotechnologie

Die Biotechnologie stellt in ihrer in den 1980er Jahren etablierten Bedeutung die integrierte Anwendung unterschiedlicher wissenschaftlicher und technischer Disziplinen – wie Molekularbiologie, Mikrobiologie, Zellbiologie, Biochemie, Verfahrenstechnik und Apparatebau – für die Nutzung der Stoffwechselprozesse von Organismen, Zellen oder Teilen davon zur Herstellung von Gütern oder Dienstleistungen dar (Bull u.a. 1982). Dabei ist sie als Querschnittstechnologie für Medizin, Landwirtschaft und Ernährung, Umweltschutz, Energie- und Rohstoffgewinnung u.a.m. relevant. Damit betrifft sie verschiedene technologische Entwicklungsniveaus, Markt- und Branchenstrukturen, institutionelle Regulierungsformen, Akteurskonstellationen, gesellschaftliche Praktiken und Wertigkeiten. Die Expansion und Restrukturierung von auf Lebensprozesse und -objekte bezogenen Interventions- und Konstruktionsmöglichkeiten in der Konsequenz v.a. von Molekularbiologie und Gentechnologie berühren verschiedene Aspekte in den gesellschaftlichen Beziehungen zur menschlichen und außermenschlichen Natur. Daraus entspringen vielfältige, in verschiedenen Politikfeldern zu bearbeitende Anforderungen, die sich in einer spezifischen Konfiguration biotechnologiebezogener Regime niederschlagen (Cantley 1995). Diese erstrecken sich über nationale und subnationale, supra- und internationale Ebenen und betreffen die Bereiche der Innovation, Risikoregulierung, Patentierung, Biodiversität, Bioethik und Akzeptanz (Barben 1998). Sie haben verschiedene Funktionen bei der Entwicklung, Implementation und gesellschaftlichen Aneignung der Biotechnologie, wobei sie sich in ihrem Funktionsbezug wie ihren Wirkungen überlappen, ergänzen oder widersprechen können – insgesamt konstituieren sie die Konfiguration der global governance der Biotechnologie.

In Bezug auf *Innovation* – einer unter kapitalistischer Produktionsweise notwendigen Funktion, neue Produkte und effizientere Produktionsverfahren hervorzubringen – machen sich im internationalen Vergleich Spezifika der nationalen Innovationssysteme geltend. Zugleich kann man als verallgemeinerte Regimecharakteristika neue Formen von Universitäts-/Industriekooperationen, forcierten Technologietransfer, Wissenschaftler als Unternehmensgründer, Risikokapitalfinanzierung von Start-ups und deren Fungieren als produktives Milieu für Industriekonzerne feststellen. Die Bedeutung der Regionen, d.h. regional konzentrierter Kompetenz- und Allianzbildungen zwischen Wissenschaft, Industrie, Administration und Finanziers, ist herausragend; im Falle nachholender Modernisierung werden diese oft durch nationalstaatliche Initiativen gefördert. Auf der supranationalen Ebene der EU hat ein zunehmender Auf- und Ausbau biotechnologischer F&E-Programme stattgefunden; diese nehmen sich allerdings im Vergleich mit den nationalen Mitteln bescheiden aus. Internationale Organisationen haben bei der Innovationsförderung nur eine geringe Rolle gespielt – sieht man von der bedeutenden Rolle der OECD bei der Projektierung der Biotechnologie als Schlüsseltechnologie sowie deren Funktion als Forum der Policy-Formulierung in den Bereichen Sicherheitsregulierung und Patentierung ab. Strategischer Fluchtpunkt für die Ausgestaltung des Innovationsregimes ist der weltmarktvermittelte Technologiewettlauf und die transnationale Regimekonkurrenz.

Risikoregulierung stellt eine institutionelle Form im Rahmen bürgerlich-liberaler Verfassungsstaaten dar, deren Funktion die Regulierung gegebener oder möglicher Gefährdungen ist, die aus Innovationstätigkeiten entspringen. Sie hat als strategisches Feld der Ent-/Begrenzung biowissenschaftlich-technischen Fortschritts gedient. Charakteristische Regimeelemente sind die Relationierung der Prinzipien der Freiheit der Forschung und der Freiheit des Marktes mit der Vorsorge für Gesundheits- und Umweltschutz, was von Anfang an Gegenstand von Auseinandersetzungen war. Zentraler regulativer Mechanismus der Bestimmung und Bewertung von Risiken ist der „herrschende Stand von Wissenschaft und Technik" – sowie, darauf bezogen, das „Vorsorgeprinzip". Im internationalen Vergleich zeigt sich ein stufenweise und ungleichzeitig vor sich gehender Aufbau der verschiedenen Sicherheitsregularien, wobei sich neben Adaptionen in den jeweils späteren Ländern oder Bereichen (bezogen auf geschlossene Systeme,

Freisetzungen, Inverkehrbringung) auch mehr oder weniger große Spezifika und Abweichungen geltend gemacht haben. Die EU ist eine zunehmend wichtige Regulierungsebene geworden – wobei die Gleichzeitigkeit des Aufbaus der EU als politischem System (mit all den Anforderungen zur Abstimmung unterschiedlicher nationaler Positionen) und biotechnologiebezogener Regularien komplizierend gewirkt haben. War die gentechnische Risikoregulierung zunächst durch eine historisch einmalige Höherregulierung auf Grund hoher Ungewissheit gekennzeichnet (motiviert auch durch Erfahrungen im Konflikt um die Atomtechnologie), so fand anschließend ein längerer Prozess der Deregulierung statt. Diese ist begründet einerseits durch Erkenntnis- und Erfahrungsfortschritte, andererseits transnationale Regimekonkurrenz. Auf internationaler Ebene gibt es neben Regelungen der Arzneimittelsicherheit das Biosafety-Protocol im Rahmen der Biodiversitätskonvention der UNO (CBD), zudem den Codex Alimentarius im Rahmen der FAO und der WHO, wo Lebensmittelstandards geregelt werden (Merkle 1994).

Patentierung ist eine institutionelle Form der privateigentümlichen Absicherung von Inventionen; sie umfasst eine breite Palette geistiger Eigentumsrechte wie Patente oder Sortenschutzrechte. Im Bereich der Biologie wurde sie erst seit 1980 schrittweise möglich – und stellt eine neue Dimension der Inwertsetzung von Natur dar. Prinzipien der Regulierung sind die im Patentrecht üblichen, wie Neuheit, Wiederholbarkeit und Nützlichkeit; doch gibt es konstitutive Schwierigkeiten bei ihrer Übertragung auf Grund biologischer Spezifika. Dieser Bereich ist v.a. durch das Problem der moralischen Zulässigkeit der Patentierung höherer Lebewesen ethisch überdeterminiert. Im internationalen Vergleich gibt es Unterschiede zwischen bestimmten Nationen; sie machen sich aber v.a. zwischen den großen Wirtschaftsblöcken USA, EU und Japan geltend. Entsprechend ist ihre Harmonisierung strategisch. Oberste Instanz ist die WTO geworden, speziell die TRIPs. Dabei gilt, dass Patentierung Folge und Voraussetzung des verwertungsorientierten Technologiewettlaufs ist – und dass sie politischer Aushandlung unterliegt, sei es beim Europäischen Patentübereinkommen, bei der Patentierungsrichtlinie der EU oder der WTO bzw. der Kompatibilisierung von TRIPs und CBD.

Biodiversität fungiert als ein Feld internationaler Politik an der Schnittstelle von Umwelt und Entwicklung und damit als strategischer Verhandlungsgegenstand zwischen Nord und Süd. Sie ist für biotechnologische F&E relevant und betrifft das Innovationsregime im globalen Maßstab; eine andere globale Dimension richtet sich gegen den Verlust biologischer Vielfalt. Die spezifische Themen- und Politikkonstellation, für die „Biodiversität" steht, hat sich erst seit den späten 1980er Jahren herausgebildet. In der internationalen Politik ist sie mit der UN-Konferenz zu Umwelt und Entwicklung in Rio 1992 prominent geworden (UNEP 1995; Flitner u.a. 1998). Im internationalen Vergleich vertreten die einzelnen Länder(gruppen) verschiedene Positionen zu den auszuhandelnden Streitfragen, z.B. der globalen Ausdehnung eines einheitlichen Patentregimes oder seiner sozial differenzierenden, etwa Ausnahmeregelungen für Entwicklungsländer anerkennenden Ausgestaltung. Zu diesem Bereich internationaler Politik – Gleiches gilt für die Klimapolitik – hat ein breites Spektrum „lokaler" Akteure in Form von NGOs Zugang gefunden; zudem NGOs, die wie Greenpeace transnational organisiert sind.

Bioethik stellt eine übergreifende Dimension der regulativen Reflexion der moralischen Wertigkeiten von Praktiken dar; damit betrifft sie das ganze Spektrum der Entwicklung, Implementation und gesellschaftlichen Aneignung von Biowissenschaft und -technik. Ihre Regelungsstruktur ist entsprechend komplex, umfasst sie doch neben Ethiken medizinischer Forschung, Diagnose und Therapie auch solche agrarischer Produktion oder der Umwelt; institutionalisierte, rechtsverbindliche oder -unverbindliche Normen und Werte auf organisatorischer oder verbandlicher (z.B. als Standesethiken), nationaler oder internationaler Ebene; schließlich die gesellschaftliche Kommunikation und Rezeption moralischer Wertigkeiten. Bioethik unterliegt international Prozessen der Standardangleichung nach unten oder oben; eine lückenlose Regelung scheint dabei weder möglich noch angestrebt zu sein. Auf internationaler Ebene sind v.a. die Bioethik-Konvention des Europarats sowie die Deklaration zum Humangenom und den Menschenrechten der UNESCO einschlägig (Braun 1998). Insgesamt handelt es sich bei der Bioethik um einen schwer prognostizierbaren Bereich – und bleibt damit, von gesellschaftlichen Kulturen und politischen Auseinandersetzungen beeinflusst, als Reflexions- und Resonanzmedium wichtig.

Akzeptanzpolitik stellt einen vornehmlich technokratisch verfassten Modus der kommunikativen Implementation neuer Technologien zwecks verbesserter sozio-kultureller Integration dar; dadurch beeinflusst sie auch Innovation. „Akzeptanz" ist ein zugleich politischer und wissenschaftlicher Filter der Problemwahrnehmung und -bearbeitung im Zusammenhang von Widerständen gegen neue Technologien geworden. Vorherrschend sind die auf praktische Ziele der Akzeptanzverbesserung gerichteten, hierbei sozialwissenschaftlich gestützten Ansätze der „Public Information" und der „Risk Communication". Die Konstellationen von Nicht-/Akzeptanz sind durch vielfältige Faktoren bedingt – über die teilweise Studien des „Public Understanding of Science and Technology" informieren – und unterliegen u.U. größeren, auch abrupten Schwankungen. Akzeptanzpolitik von Promotorenseite ist je nach Konfliktlage mit Gegenakzeptanzpolitik von Gegnerseite verwickelt, woraus soziale Strukturierungswirkungen mehr oder weniger großer Dauerhaftigkeit resultieren. Der Bezugsrahmen ist zumeist national – analog zur Struktur politischer Öffentlichkeiten. Auf supra- oder internationaler Ebene gibt es Initiativen akzeptanzpolitischer Koordination sowie Foren der Auseinandersetzung mit einflussreichen Vertretern gentechnikkritischer Organisationen.

Die verschiedenen Bereiche bilden ein sozio-historisch spezifisches Biotechnologie-Regime. Sie wie ihr wechselseitiges Verhältnis sind Bezugspunkte von Politik; umgekehrt schränken sie deren Möglichkeiten ein. Die *internationale Ebene* ist Teil eines Gliederungszusammenhangs und eine Wirkungsdimension, die in zwischenstaatlichen Beziehungen nicht aufgeht. Biotechnologiespezifische werden durch -unspezifische Regelungen ergänzt. Das gilt für die verschiedenen Ebenen, also auch für internationale Regime. Biotechnologierelevante internationale Regime stellen v.a. das Biodiversitäts- und Bioethikregime, Patentierungs-, Welthandels- und Risikoregulierungsregime dar. Auch wenn es bereichsspezifisch primäre Funktionen gibt, wirken funktionale Bezüge oft bereichsübergreifend. So werden beim Patentrecht nicht nur bestimmte innovative Leistungen geschützt, sondern je nachdem auch ethische Bestimmungen ihrer moralischen Zulässigkeit oder ihre harmonisierte Geltung in verschiedenen Rechtsräumen geregelt.

Am komplexesten sind die v.a. durch WTO und CBD repräsentierten Verbindungen zwischen Welthandels- und Biodiversitätsregime. Das Abkommen zur biologischen Sicherheit, das den grenzüberschreitenden Transfer und Gebrauch gentechnisch veränderter Organismen regelt, stellt das erste biotechnologiespezifische Risikoregulierungsregime auf internationaler Ebene dar. Der nach jahrelangen Verhandlungen im Januar 2000 in Montreal gefundene Kompromiss sieht vor, das Biosafety Protocol als multilaterales Umweltabkommen dem WTO-Regelwerk gleich- und nicht unterzuordnen. Demnach sind national verfügte Handelsbeschränkungen aus Gründen des Umwelt- und Gesundheitsschutzes möglich, bleiben aber an einen wissenschaftlichen Risikonachweis gebunden (von Schomberg 2000). Ähnliches ist auch schon im Rahmen des GATT generell vorgesehen (Artikel XX). Ob für solche Maßnahmen das Abkommen über sanitäre und phytosanitäre Maßnahmen der WTO auf biotechnologische Produkte angewandt werden kann bzw. soll, ist umstritten. Zudem gilt weiterhin das durch das WTO-Abkommen über technische Handelsbarrieren gesetzte Verbot der Diskriminierung fremder Produkte, etwa durch Kennzeichnungsregeln oder auf Grund agrarpolitischer Motive. Wie also die praktische Relationierung der unterschiedlichen Prioritäten und Kriterien sich gestalten wird, hat sich an zukünftigen Konflikten zu erweisen. Eine weitere strategische Verknüpfung besteht zwischen innovationsbezogenen Zielen und Mechanismen, wie sie einerseits in der CBD und andererseits in den TRIPs als einem konstitutiven Element der WTO formuliert sind. Während die CBD Ausnahmen vom Schutz geistigen Eigentums für Entwicklungsländer oder einen äquivalenten Rechtsschutz für nichtprivatförmiges Wissen indigener Gemeinschaften z.B. über heilkundliche pflanzliche Wirkstoffe postuliert, sieht das TRIPs-Abkommen zwar einen generellen Schutz geistigen Eigentums vor, gesteht aber z.Z. als Alternative zum Patentschutz die Möglichkeit länderspezifischer „sui generis-Systeme" etwa in Form von Pflanzenzuchtrechten zu. Während die Konfliktstruktur zwischen freiem Welthandel und seiner risikobegründeten Beschränkung global ist, betrifft das Regime geistiger Eigentumsrechte im entwicklungspolitischen Verhältnis von Nutzung genetischer Ressourcen und Technologietransfer v.a. Konflikte zwischen Nord und Süd (Henne 1998; Heins 2000). Die CBD fungiert insgesamt als ein wichtiges Forum zur Beförderung nachhaltiger Entwicklung – und hierbei als ein Element globalisierter Politik, das allerdings gegenüber der Bestimmung, in das System nationalstaatlich vermittelter Konkurrenz eingebaut zu sein, schwach ist.

Gleichsam einen Sonderfall des biotechnologischen Innovationsregimes stellt das internationale Regime zu *Biowaffen* dar (Lederberg 1999); denn mit ihm sollen hochgefährliche Entwicklungen und Anwendungen verhindert und zugleich mögliche Gegenmaßnahmen gefunden werden.

Anforderungen an internationale Politik bzw. Regime entspringen spezifischen Eigenschaften der Biotechnologie selbst sowie deren gesellschaftlichem Stellenwert und Wirkungspotenzial. Zugespitzt handelt es sich um potenziell globale ökologische und gesundheitliche Gefahren und Risiken, um Bedingungen transnationaler Technologieentwicklung unter den Gesichtspunkten der Innovationsfähigkeit und -organisation, der eigentumsrechtlichen Aneignung und internationalen Harmonisierung, des grenzüberschreitenden Handels mit transgenen Organismen oder Produkten, um Formen des Technologiewettlaufs und der Regimekonkurrenz auch in Bezug auf ethisch-moralische Standards.

5. Schlussfolgerungen

Der Vergleich zweier Technologiefelder hat zu dem Ergebnis geführt, dass die Bereiche und Funktionen technologischer Regimebildung wesentlich von den jeweiligen wissenschaftlichen und technischen Spezifika sowie deren gesellschaftlichen Bedeutungen abhängig sind. Dementsprechend werden die Ausdehnung und Gliederung der Regime auf den national- und suprastaatlichen sowie internationalen Handlungsebenen charakterisiert:

Spezifika der Technologien: Bei IuK- und Biotechnologie handelt es sich um Querschnittstechnologien, die für verschiedene Wirtschaftszweige und Lebensbereiche einschlägig sind. Die IuK-Technologien bauen auf einer großräumigen Infrastruktur auf, die Biotechnologie hingegen entwickelt sich weitgehend dezentral und stark fragmentiert. Da diese Lebensprozesse überhaupt betrifft, sind nicht nur ihre wahrgenommenen Risikopotenziale, sondern auch die Regulierungsanforderungen in den verschiedenen Bereichen höher.

Regulierungsmuster auf national- und suprastaatlicher Ebene: Die technologischen Spezifika, die in Diskursen reflektiert und als Regelungsanforderungen an das politische System auf (supra)nationaler Ebene herangetragen werden, prägen den jeweiligen Regulierungsmodus mit: Trotz der von den USA und Großbritannien ausgehenden Konjunktur des Neoliberalismus wird die Biotechnologie v.a. auf Grund des Einflusses neuer sozialer Bewegungen bis Anfang der 1990er Jahre recht restriktiv, wenn auch ungleichmäßig und kompromisshaft, reguliert. Mit zunehmender technologischer Erfahrung und unter dem Druck transnationaler Regimekonkurrenz folgt eine Phase der Deregulierung.

Bei der Telekommunikation, als Infrastrukturtechnik über Postverwaltungen auf nationaler Ebene staatlich organisiert, führt das neoliberale Paradigma beginnend in den USA Mitte der 1980er Jahre zu einem Deregulierungs- und Privatisierungsprozess. Das Internet hingegen ist von Beginn an weltweit ausgerichtet und staatlich unreguliert. Nachdem sich eine zunehmende technologische Verzahnung von Internet und Telekommunikation abzeichnet, wird zur Nutzung der neuen Innovationspotenziale eine ordnungspolitische Anpassung der divergenten Regulierungsmodi als notwendig angesehen. Anders als bei der Biotechnologie verzögern hier gesellschaftliche Konflikte die institutionellen Umbauprozesse nur unwesentlich.

Regulierungsmuster auf internationaler Ebene: Die an Technologien geknüpften gesellschaftlichen Interessen mitsamt dem dazugehörigen nationalspezifischen Institutionengefüge wirken auf die Prozesse internationaler Politik ein, wie sie selbst bei Verhandlungen zur Handelsliberalisierung oder Umweltpolitik deren Gegenstand sein können. Die unterschiedlich gelagerten Regelungsanforderungen der untersuchten Technologien spiegelt sich in Zuständigkeiten und Ausgestaltungen von Regimen auf internationaler Ebene wider. Im Fall der IuK-Technologien beschränken sie sich weitgehend auf den Abbau von technischen Handelsbarrieren sowie Fragen des geistigen

Eigentums. Daher ist die WTO das zentrale Regulierungsregime, das durch technologiespezifische Verhandlungsforen seinen Geltungsbereich ausdehnt. Im Fall der Biotechnologie sind die Regelungsanforderungen vielfältiger, da zwischenstaatlicher Klärungsbedarf in Bezug auf Handel, Risikoregulierung, Patentierung, Biodiversität sowie Bioethik besteht. Neben der WTO sind daher technologiespezifische Umwelt-, Sicherheits- und Ethikabkommen v.a. im Rahmen von UN-Organisationen wesentliche Regulierungsregime. Die internationalen Regime wirken wiederum in unterschiedlichem Maße auf die nationalstaatlichen Kontexte und Handlungskapazitäten zurück.

Einerseits beeinflussen also internationale Regime die Möglichkeiten und Grenzen technologischer Entwicklungen und darauf bezogener Politik, andererseits sind es einzelne Wissenschaften und Techniken, die die Anforderungen, Möglichkeiten und Grenzen internationaler Regime – wie die Architektur technologischer Regime überhaupt – bestimmen.

Literatur

Barben, Daniel, 1998: Genese und Wirkungen biotechnologischer Regime. Elemente einer erweiterten Regimeanalyse, in: Österreichische Zeitschrift für Politikwissenschaft (27) 1, 47–61.
Barben, Daniel/Abels, Gabriele (Hrsg.), 2000: Biotechnologie – Globalisierung – Demokratie. Politische Gestaltung transnationaler Technologieentwicklung. Berlin (i.E.).
Benedek, Wolfgang (Hrsg.), 1998: Die Welthandelsorganisation (WTO). München.
Brand, Ulrich/Brunnengräber, Achim/Schrader, Lutz/Stock, Christian/Wahl, Peter, 2000: Global Governance. Alternative zur neoliberalen Globalisierung? Münster.
Braun, Kathrin, 1998: Zivilisation oder Dehumanisierung? Menschenrechtsschutz und internationales Bioethik-Regime, in: Österreichische Zeitschrift für Politikwissenschaft (27) 1, 63–77.
Bull, Alan T./Holt, Geoffrey/Lilly, Malcolm D., 1982: Biotechnology: International Trends and Perspectives. Paris.
Cantley, Mark F., 1995: The Regulation of Modern Biotechnology: A Historical and European Perspective, in: *Hans-Jürgen Rehm/G. Reed* (Hrsg.): Biotechnology. Legal Economic and Ethical Dimensions, Vol. 12. Weinheim, 507–681.
CZ, 2000: Neue Domains nicht in Sicht, aus: Computer Zeitung v. 16. März.
Dolata, Ulrich, 2000: Die Kontingenz der Markierung. Akteure, Interaktionsmuster und strukturelle Kontexte der Technikentwicklung, artec-Paper 76, Forschungszentrum Arbeit-Umwelt-Technik. Universität Bremen.
Drake, William J./Noam, Eli M., 1997: The WTO Deal on Basic Telecommunications, Big Bang or Little Whimper?, in: Telecommunications Policy 9/10, 799–818.
Efinger, Manfred/Rittberger, Volker/Wolf, Klaus Dieter/Zürn, Michael, 1990: Internationale Regime und internationale Politik, in: *Volker Rittberger* (Hrsg.), Theorien der Internationalen Beziehungen. Bestandsaufnahme und Forschungsperspektiven. Opladen, 263–285.
Ernst & Young (Hrsg.), 1999: Biotech 99, Bridging the Gap. Palo Alto/Cal.
Finger, Matthias/Tamiotti, Ludivine, 1999: New Global Regulatory Mechanisms and the Environment. The Emerging Linkage between the WTO and the ISO, in: IDS Bulletin, 3, 8–15.
Flitner, Michael/Görg, Christoph/Heins, Volker (Hrsg.), 1998: Konfliktfeld Natur. Biologische Ressourcen und globale Politik. Opladen.
Genschel, Philipp, 1996: Variationen des Wandels. Institutionelle Evolution in der Telekommunikation und im Gesundheitswesen, in: Politische Vierteljahresschrift 3, 56–79.
Grewlich, Klaus, W., 1986: Kooperative Eindämmung möglicher Konflikte in der „Globalen Informationswirtschaft", in: *Beate Kohler-Koch* (Hrsg.), Technik und internationale Politik. Baden-Baden, 27–46.

Heins, Volker, 2000: Modernisierung als Kolonisierung? Interkulturelle Konflikte um die Patentierung von „Leben", in: *Daniel Barben/Gabriele Abels* (Hrsg.), Biotechnologie – Globalisierung – Demokratie. Politische Gestaltung transnationaler Technologieentwicklung. Berlin (i.E.).

Henne, Gudrun, 1998: Genetische Vielfalt als Ressource. Die Regelung ihrer Nutzung. Baden-Baden.

Junne, Gerd, 1990: Theorien über Konflikte und Kooperation zwischen kapitalistischen Industrieländern, in: *Volker Rittberger* (Hrsg.), Theorien der Internationalen Beziehungen. Bestandsaufnahme und Forschungsperspektiven. Opladen, 353–371.

Keeley, James F., 1990: Toward a Foucauldian Analysis of International Regimes, in: International Organization (44) 1, 83–105.

Keohane, Robert O./Nye, Joseph S., 1977: Power and Interdependence. World Politics in Transition. Boston/Toronto.

Klein, Martin/Meng, Werner/Rode, Reinhard (Hrsg.), 1998: Die Neue Welthandelsordnung der WTO. Amsterdam.

Kohler-Koch, Beate, 1986: Technik und internationale Politik als Gegenstand politikwissenschaftlicher Diskussion, in: *Beate Kohler-Koch* (Hrsg.), Technik und internationale Politik. Baden-Baden, 9–24.

Kohler-Koch, Beate (Hrsg.), 1998: Regieren in entgrenzten Räumen. Politische Vierteljahresschrift, Sonderheft 29. Opladen.

Krasner, Stephen D. (Hrsg.), 1983: International Regimes. Ithaca/London.

Krasner, Stephen D., 1983a: Structural Causes and Regime Consequences. Regimes as Intervening Variables, in: *Stephen D. Krasner* (Hrsg.), International Regimes. Ithaca/London, 1–21.

Krishnan, A.S.A./Chakravarti, A.K., 1999: Internet Domain Name Management: A Review, in: Electronic Information & Planing, Februar, 261–271.

Lederberg, Joshua, 1999: Biological Weapons: Limiting the Threat. Cambridge/Mass.

Liebig, Klaus, 1999: Die WTO im Spannungsverhältnis von Freihandel und Umweltschutz – (Neue) Politische Ökonomie des Welthandelssystems, in: Nord-Süd aktuell 1, 85–92.

Mayntz, Renate/Hughes, T.P. (Hrsg.), 1988: The Development of Large Technical Systems. Frankfurt a.M.

Meng, Werner, 1998: WTO-Recht als Steuerungsmechanismus der Neuen Welthandelsordnung, in: *Martin Klein* u.a. (Hrsg.), Die Neue Welthandelsordnung der WTO. Amsterdam, 19–74.

Merkle, Rüdiger, 1994: Der Codex Alimentarius der FAO und WHO. Die Entwicklung von Codex Standards und deren Auswirkungen auf das Europäische Gemeinschaftsrecht und die nationalen Lebensmittelrechte. Bayreuth.

Mürle, Holger, 1998: Global Governance. Literaturbericht und Forschungsfragen. INEF-Report, Heft 32. Universität-GH Duisburg.

Oberthür, Sebastian, 1997: Umweltschutz durch internationale Regime. Interessen, Verhandlungsprozesse, Wirkungen. Opladen.

Rammert, Werner, 1997: Innovation im Netz. Neue Zeiten für technische Innovationen: heterogen verteilt und interaktiv, in: Soziale Welt 4, 396–415.

Rittberger, Volker (Hrsg.), 1990: Theorien der Internationalen Beziehungen. Bestandsaufnahme und Forschungsperspektiven. Opladen.

Rittberger, Volker, 1996: Internationale Organisationen – Geschichte und Politik. Opladen.

Ronit, Karsten/Schneider, Volker, 1999: Global Governance through Private Organizations, in: Governance: An International Journal of Policy and Administration 3, 243–266.

Ruggie, John G., 1983: International Regimes, Transactions and Change: Embedded Liberalism in the Postwar International Order, in: *Stephen D. Krasner* (Hrsg.), International Regimes. Ithaca/London, 195–232.

Schneider, Volker, 1999: Staat und technische Kommunikation. Die politische Entwicklung der Telekommunikation in den USA, Japan, Grossbritannien, Deutschland, Frankreich und Italien. Opladen.

Schomberg, René von, 2000: Agricultural Biotechnology in the Trade-Environment Interface: Counterbalancing Adverse Effects of Globalisation, in: *Daniel Barben/Gabriele Abels* (Hrsg.), Biotechnologie – Globalisierung – Demokratie. Politische Gestaltung transnationaler Technologieentwicklung. Berlin (i.E.).

Schweigler, Gebhard, 1999: Globalisierung – eine Folge der Weltinformationsgesellschaft, in: Informationen zur politischen Bildung 263, 21–26.

Senti, Richard, 1994: GATT – WTO. Die neue Welthandelsordnung nach der Uruguay-Runde. Zürich.

Stokes, Bruce, 1999: Transatlantischer Handel in Gefahr, Belastungen durch neue Technologien, in: Internationale Politik 9, 65–72.

UNEP, 1995: Global Biodiversity Assessment. Cambridge/New York/Melbourne.

Werle, Raymund/Leib, Volker, 1998: Die Bedeutung der Wissenschaftsorganisationen für die Entstehung und die Entwicklung des Internet, in: Verbund Sozialwissenschaftliche Technikforschung, Mitteilungen Heft 20. München, 9–36.

Werle, Raymund/Leib, Volker, 1999: The Internet Society and ist Struggle for Recognition and Influence, Max-Planck-Institut für Gesellschaftsforschung, Working Paper 99/12. Köln.

Wolf, Reinhard, 1998: Ein Regime unter Druck? GATT, WTO und die „grüne" Herausforderung, in: *Martin Klein* u.a. (Hrsg.), Die Neue Welthandelsordnung der WTO. Amsterdam, 75–96.

WTO Secretariat, 1998: Electronic Commerce and the Role of the WTO. Genf.

Von der Technologie- zur Innovationspolitik – Europäische Forschungs- und Technologiepolitik im Zeitalter der Globalisierung*

Edgar Grande

1. Globalisierung und die institutionelle Ausdifferenzierung der Forschungs- und Technologiepolitik[1]

Die Globalisierung von Unternehmen, Märkten und Technologien hat die Steuerungsbedingungen und Steuerungsmöglichkeiten der staatlichen Forschungs- und Technologiepolitik in Hochtechnologie-Industrien entscheidend verändert (OECD 1992, 1999; Grande/Häusler 1994; Muldur/Petrella 1994; Gerybadze et al. 1997; Grimmer et al. 1999; Kuhlmann 1999; Meyer-Krahmer 1999; Niosi 1999).[2] Die Forschungs- und Technologiepolitik – wie auch ihre politikwissenschaftliche Analyse – war lange Zeit nahezu ausschließlich auf den Nationalstaat fixiert. Die staatliche Förderung und Finanzierung wissenschaftlich-technischer Innovationen wurde als eine der vordringlichsten Aufgaben des Nationalstaats angesehen. Der „technische Staat" (Schelsky 1965) war selbstverständlich der „nationale" Staat, „nationales Interesse" und die inter-„nationale" Konkurrenz zwischen Staaten und Unternehmen charakterisierten in allen großen Industrieländern die Entwicklung moderner Technologien – ob ziviler oder militärischer – nach dem Zweiten Weltkrieg. Diese „nationale Konstellation" zwischen nationaler Forschungs- und Technologiepolitik, inländischen Großunternehmen und einer nationalen wissenschaftlichen Infrastruktur hat sich seit den 80er Jahren zunehmend aufgelöst.

Die entscheidenden Impulse für diese Entwicklung kamen aus der Wirtschaft.[3] Die Unternehmen in Hochtechnologie-Industrien haben in den vergangenen zwanzig Jahren einen immer größeren Teil ihrer Aktivitäten globalisiert (vgl. BMBF/BMWi 1996; OECD 1999). Besonders deutlich zeigt sich dies in einer deutlichen Zunahme von transnationalen Firmenübernahmen und -zusammenschlüssen, einer intensiveren Nutzung internationaler Kosten- und Qualitätsvorteile bei Zulieferungen („global sourc-

---

* Der folgende Beitrag basiert auf Überlegungen, die der Verfasser im April 2000 im Rahmen eines Seminars am Institut für Höhere Studien entwickelt hat. Den Teilnehmern dieses Seminars, insbesondere Peter Biegelbauer, gilt mein besonderer Dank für die anregenden Diskussionen.

1 Zu den Ausführungen in diesem Abschnitt vgl. auch Grande (1999).

2 Unter ökonomischer Globalisierung wird im weiteren die Ausweitung und Intensivierung grenzüberschreitender wirtschaftlicher Aktivitäten jenseits des Nationalstaats verstanden. Dabei handelt es sich zwar um keine historisch gänzlich neuen Phänomene, im Unterschied zu den bisherigen Formen der „Internationalisierung" der Wirtschaft, bei der der Austausch von Gütern und Dienstleistungen zwischen zwei (oder mehreren) Nationalstaaten im Vordergrund stand, ist das eigentlich Neue der Globalisierung die grenzüberschreitende Integration wirtschaftlicher Aktivitäten, die „Entgrenzung" der Ökonomie (vgl. Held et al. 1999).

3 Damit soll nicht ausgeschlossen werden, dass die Politik zu dieser Entwicklung ebenfalls beigetragen hat, sei es intendiert, sei es nicht-intendiert.

ing"), dem Bau von Produktionsanlagen im Ausland, der sprunghaften Zunahme von internationalen Technologiekooperationen zwischen Unternehmen und, wenngleich in geringerem Umfang, der Internationalisierung von Forschungs- und Entwicklungsaktivitäten. Die FuE-Ausgaben der ausländischen Tochtergesellschaften deutscher Unternehmen lagen im Jahr 1995 bei ca. 10 Mrd. DM, das waren 17 Prozent der inländischen FuE-Aufwendungen der Unternehmen; umgekehrt kamen 16 Prozent der industriellen FuE-Ausgaben in diesem Jahr in Deutschland von den inländischen Tochtergesellschaften ausländischer Unternehmen (BMBF 1998b: 7). Am Beispiel der Firma Siemens, lange Jahre ein zentraler Akteur in den nationalen FuT-Förderprogrammen (z.B. Kernenergie, Datenverarbeitung, Mikroelektronik), läßt sich die Internationalisierung industrieller FuE deutlich nachvollziehen. Seit der Mitte der 80er Jahre hat sich der Anteil des ausländischen FuE-Personals von 15 auf 30 Prozent verdoppelt; im Jahr 1998 beschäftigte Siemens 14.000 FuE-Mitarbeiter im Ausland, die auf 28 Länder und 56 Standorte verteilt waren (Weyrich 1998: 62).

Die globale Erweiterung des Aktionsradius von Firmen ging vielfach einher mit der Dezentralisierung der Unternehmensorganisation („global localization"). Insgesamt mutierten die Unternehmen dadurch zu globalen Netzwerken, für deren externe Strategien und interne Transaktionen nationale Interessen und nationale Grenzen erheblich an Bedeutung verloren haben (Ohmae 1990; Reich 1991).[4] Dies hat in den Firmen zwar nicht zu einer völligen Konvergenz der Organisationsstrukturen und Unternehmensstrategien geführt (vgl. Doremus et al. 1998), dennoch hat sich die Wirtschaft als Objekt der staatlichen Forschungs- und Technologiepolitik grundlegend geändert. Während es der Staat in den 60er und 70er Jahren oftmals noch mit einem kleinen, überschaubaren und untereinander klar abgegrenzten Kreis von „nationalen" Unternehmen zu tun hatte, ist der Adressat der staatlichen Politik inzwischen ein immer unübersichtlicheres, äußerst wechselhaftes und interorganisatorisch hochgradig verflochtenes Netzwerk von Akteuren.

In steuerungstheoretischer Perspektive resultieren aus dem „Techno-Globalismus" insbesondere zwei Probleme: *erstens* die *zunehmende Inkongruenz* zwischen dem Aktionsradius von Wirtschaft und Wissenschaft einerseits und der Reichweite staatlicher Politik andererseits; und *zweitens* die rasch fortschreitende *Entgrenzung* der Unternehmen und ihrer Aktivitäten. Dies blieb nicht ohne Folgen für das Steuerungspotential der staatlichen Forschungs- und Technologiepolitik (vgl. Grande 1994). Diese basierte lange Zeit auf dem Territorialprinzip. Für den Bereich der industriellen Forschungs- und Entwicklungsaktivitäten folgte daraus, dass nur solche Aktivitäten (national)staatlich gefördert werden sollten, die von *nationalen* Unternehmen *im Inland* durchgeführt

---

4 Allerdings sollte nicht unerwähnt bleiben, dass der Großteil dieser „globalen" Aktivitäten auf den Bereich der OECD begrenzt bleibt. So konzentrieren sich die FuE-Aktivitäten deutscher Unternehmen auf Europa und die USA, während umgekehrt ein Großteil der FuE-Ausgaben US-amerikanischer Unternehmen im Ausland in europäische Länder geht (vgl. Meyer-Krahmer 1999: 50). Die daraus resultierenden Asymmetrien in der globalen Verteilung des Wissens in der sich herausbildenden „Wissensgesellschaft" dürften politisch höchst brisant und politikwissenschaftlich äußerst relevant sein, für die weitere Argumentation dieses Beitrags können sie jedoch vernachlässigt werden.

werden.⁵ Damit waren im Prinzip nicht nur ausländische Konkurrenzunternehmen von der Förderung ausgeschlossen, sondern auch solche unternehmerischen FuE-Aktivitäten inländischer Firmen, die im Ausland durchgeführt wurden, wie zum Beispiel die Beteiligung der Firma Siemens an der gemeinsam mit IBM in den USA durchgeführten Entwicklung des 64 Mb-Chips. Hinzu kommt, dass angesichts der Herausbildung multi-nationaler Unternehmen und Unternehmensnetzwerke in Hochtechnologie-Industrien nationale Grenzen für die Firmen an Bedeutung verloren haben und eine Unterscheidung zwischen „inländischen" und „ausländischen" Unternehmen immer schwieriger – wenn überhaupt – möglich ist. Für die staatliche Forschungs- und Technologiepolitik hätte die konsequente Anwendung des Territorialprinzips in der Forschungsförderung inzwischen zum einen zur Folge, dass ein immer größerer Teil industrieller FuE für eine staatliche Förderung überhaupt nicht mehr in Frage kommt. Zum anderen stellt sich für sie Problem, den Zugang zu ihren Förderprogrammen effektiv zu kontrollieren und zu regulieren, und den Nutzen ihrer Aktivitäten wirkungsvoll auf die „eigentlichen" Adressaten zu beschränken. Denn wenn der Ertrag staatlicher Förderpolitik in einem intransparenten Netzwerk global operierender Firmen versickert, dann lässt sich diese Politik immer schlechter mit einem wie auch immer definierten „nationalen Interesse" begründen und zur Schaffung von Wettbewerbsvorteilen für die nationale Ökonomie einsetzen.

Die staatliche Forschungs- und Technologiepolitik hat im Prinzip drei Möglichkeiten, auf die Schwierigkeiten, die sich aus der Globalisierung von Märkten, Unternehmen und Technologien für sie ergeben, zu reagieren. Sie kann:
- *erstens* ihre Steuerungsziele an die neuen Bedingungen anpassen und sich auf das noch „Machbare" beschränken;
- *zweitens* neue Steuerungsinstrumente entwickeln, die unter den neuen Bedingungen besser greifen;
- und *drittens* ihre institutionelle Architektur an die neuen Bedingungen anpassen.

Alles in allem wurde in Deutschland von allen drei Möglichkeiten Gebrauch gemacht, wenngleich in unterschiedlichem Maße. So hat sich die bundesdeutsche FuT-Politik seit Beginn der 80er Jahre zunehmend aus der Förderung von Forschung und Entwicklung in der gewerblichen Wirtschaft zurückgezogen und der Förderung der Grundlagenforschung und dem Ausbau der wissenschaftlich-technischen Infrastruktur größeres Gewicht gegeben; und gleichzeitig wurde die Förderung auf neue Adressaten (z.B. kleine und mittlere Unternehmen) und neue Förderinstrumente (u.a. Programme zur technologieorientierten Unternehmensgründung) umgestellt. Diese Entwicklung war zunächst zweifellos auch ordnungspolitisch motiviert, sie wurde in den 90er Jahren

---

5 Die Frage „Was unter Berücksichtigung der internationalen Verflechtung der Wirtschaft ‚deutsche Firmen' [sind] und welche weiteren Firmen unter diesen Begriff fallen könnten" (BMwF 1965: 4), beschäftigte die bundesdeutsche Forschungs- und Technologiepolitik seit der Mitte der 60er Jahre immer wieder. Seinerzeit wurde vom Bundeswirtschaftsministerium folgende Regelung entwickelt: "Als förderungswürdig sollten nur solche deutschen Firmen angesehen werden, die ihren Sitz im Geltungsbereich des Grundgesetzes haben, eigene Entwicklungen betreiben und diese selbst finanzieren und von einer anderen Regierung nicht gefördert werden bzw. wurden" (BMwF 1966: 7). Mit Hilfe dieser Regelung war es beispielsweise lange Zeit möglich, IBM von einer Beteiligung an den bundesdeutschen Informationstechnik-Förderprogrammen auszuschließen.

jedoch zunehmend als strategische Anpassung der nationalen Wirtschafts-, Forschungs- und Technologiepolitik an die neuen ökonomischen Rahmenbedingungen interpretiert (vgl. BMBF/BMWi 1996).

Im Mittelpunkt des folgenden Beitrags steht die dritte Möglichkeit, die staatliche Forschungs- und Technologiepolitik an die neuen Bedingungen des „Techno-Globalismus" anzupassen. Als eine Folge der Globalisierung von Unternehmen, Märkten und Technologien hat sich die institutionelle Architektur der staatlichen FuT-Politik deutlich geändert. Das Hauptmerkmal dieser Veränderung ist die *zunehmende Ausdifferenzierung staatlicher Handlungsebenen*. Dabei wurde der Nationalstaat, der bis dahin eindeutig das Zentrum der FuT-Politik bildete, von zwei Seiten herausgefordert: Zum einen durch die verstärkten Bemühungen, jenseits des Nationalstaates politische Steuerungskapazitäten aufzubauen, also der sich globalisierenden Ökonomie politisch-institutionell „nachzuwachsen" („Europäisierung"); und zum anderen durch die gleichzeitig einsetzenden Bemühungen, auf lokaler und regionaler Ebene Technologiepotentiale zu fördern und deren Einbettung in die regionalen Ökonomien zu unterstützen („Regionalisierung").

2. Die Europäisierung der Forschungs- und Technologiepolitik

Angesichts der großen – nicht nur ökonomischen, sondern auch militärischen – Bedeutung *nationaler* Interessen ist die Europäisierung der staatlichen FuT-Politik besonders bemerkenswert. Der Aufbau staatlicher Handlungskapazitäten jenseits des Nationalstaats hat in diesem Bereich zwar nicht erst mit der Globalisierung der Ökonomie eingesetzt, sondern bereits in den 50er Jahren in einer Reihe von Technologiebereichen und in unterschiedlichen institutionellen Formen begonnen (vgl. Krige/Guzzetti 1995). Hierzu zählt die Gründung der Europäischen Atomgemeinschaft (EURATOM) und der Aufbau zahlreicher internationaler Forschungseinrichtungen (u.a. CERN). Und bereits in den späten 60er Jahren wurde von Autoren wie Jean-Jacques Servan-Schreiber die Stärkung der technologiepolitischen Kompetenzen der Europäischen Gemeinschaft als die wichtigste Möglichkeit identifiziert, um der „amerikanischen Herausforderung" (Servan-Schreiber 1968) in Europa wirkungsvoll zu begegnen.[6] Aber die westeuropäischen Länder haben in der Folge bekanntlich zunächst nicht den von Servan-Schreiber (1968: 162) und anderen favorisierten „Weg der Sechs" in der Forschungs- und Technologiepolitik eingeschlagen, sondern den „engen nationalen Weg" gewählt. Die Forschungs- und Technologiepolitik wurde nach der Ölkrise 1973/74 als Instrument der „Modernisierung der Volkswirtschaft" (Hauff/Scharpf 1975) entdeckt – und damit war selbstverständlich gemeint: der *nationalen* Ökonomie. Europäische Aktivitäten, sofern man sich darauf überhaupt einigen konnte, erfolgten vor allem auf jenem „unbestimmten Weg der Kooperation, der nirgendwohin führt" (Servan-Schreiber 1968: 162).

---

6 „Wir stehen", so seinerzeit Servan-Schreiber (1968: 168), „mit dem Rücken zur Wand: Die Rückkehr zum Nationalstaat ist in der Expansion nicht mehr möglich; entweder wir entwickeln eine europäische Industriepolitik, oder die amerikanische Industrie wird weiterhin die Zukunft des Gemeinsamen Marktes bestimmen".

Die Globalisierung der Ökonomie und die damit verbundene Intensivierung der Konkurrenz zwischen den großen Wirtschaftsblöcken der „Triade" (Ohmae 1985) USA, Japan und Europa hat seit den 80er Jahren entscheidend dazu beigetragen, dass die europäischen Nationalstaaten zum Verzicht auf Kompetenzen und zur Intensivierung der Kooperation in diesem Bereich bereit waren (vgl. Sandholtz 1992). Die Folge war nicht nur eine beträchtliche Ausweitung der Kompetenzen der EG bzw. EU in der FuT-Politik (vgl. Grande 1994; Peterson/Sharp 1999), sondern gleichzeitig auch die Vereinbarung weiterer, inter-gouvernementaler Formen der Technologiekooperation, insbesondere von EUREKA (vgl. Peterson 1993). Die Europäisierung der FuT-Politik beschränkte sich also bei weitem nicht auf die Übertragung von Kompetenzen auf die EG bzw. EU. Und schließlich ist zu berücksichtigen, dass in den 80er Jahren nicht nur die FuT-Politik, sondern auch andere Bereiche europäisiert wurden, die für eine politische Techniksteuerung von Bedeutung sein können, beispielsweise die technische Normung und Standardisierung, die Regulierung von Märkten (z.B. im Telekommunikationssektor) und die öffentliche Beschaffungspolitik.

Das Ergebnis dieser institutionellen Ausdifferenzierung staatlicher Handlungsebenen ist nun nicht einfach ein neues Zentrum staatlicher FuT-Politik auf europäischer Ebene, ein europäischer „Superstaat", der die bisherigen Aufgaben der Nationalstaaten übernommen hat, sondern ein *Mehrebenensystem*, in dem jede Handlungsebene über eigene autonome Handlungsspielräume verfügt, um ihre Ziele zu realisieren (vgl. Jachtenfuchs/Kohler-Koch 1996; Kohler-Koch/Jachtenfuchs 1996; Leibfried/Pierson 1998; Grande 2000; Grande/Jachtenfuchs 2000). Diese „neue Architektur des Staates" (Grande 1993, 1994) in der FuT-Politik lässt sich in institutioneller Hinsicht durch mindestens drei Merkmale charakterisieren.

Die *erste* und wichtigste institutionelle Besonderheit des europäischen Mehrebenensystems ist zweifellos die *nicht-hierarchische Anordnung der Handlungs- und Entscheidungsebenen*. Die europäische Ebene überlagert nicht einfach die nationalen und regionalen Handlungsebenen der Politik; die Nationalstaaten und ihre Regionen sind der Europäischen Union nicht untergeordnet. Zwischen den verschiedenen Handlungsebenen bestehen vielmehr vielfältigste institutionelle und materielle Interdependenzen: Dazu zählt die intensive Beteiligung nationaler und regionaler Akteure an supranationalen Entscheidungsprozessen; dazu gehört aber auch die große Bedeutung nationaler und regionaler Akteure und Institutionen bei der Implementation europäischer Politik. Zur Charakterisierung eines solchen nicht-hierarchischen, interdependenten Mehrebenensystems hat Fritz W. Scharpf den Begriff der „Politikverflechtung" geprägt und auf die europäische Politik angewandt (vgl. Scharpf 1985). Folgt man dieser Begrifflichkeit, dann bestünde die institutionelle Besonderheit der Europäischen Union nicht nur in ihrer Mehrebenenstruktur, sondern vor allem in der Tatsache, dass es sich dabei um ein *verflochtenes Mehrebenensystem* handelt.

Es ist *zweitens* naheliegend, dass das Regieren in einem solchen nicht-hierarchischen, interdependenten Mehrebenensystem nicht über hierarchische Formen der Steuerung laufen kann, sondern sich in erster Linie der Techniken „indirekter Steuerung" (Lax/Sebenius 1986) bedienen muss, wenn es seine Ziele erreichen will. Die empirische Forschung zu den Entscheidungsprozessen in der EU hat gezeigt, dass dies für das europäische Mehrebenensystem in besonderer Weise gilt. Es ist nicht nur an seiner

Spitze, wenn die Regierungschefs der Mitgliedstaaten sich im Europäischen Rat treffen, durch Verhandeln charakterisiert, sondern in allen seinen Institutionen und Verfahren. Die Botschaft der vorliegenden Forschung lautet denn auch, „that the EC is, by nature, a non-majoritarian system. It is a negotiation system which embraces Community institutions as well as economic and social actors and defines the role of ‚the state', i.e. member state governments and the Commission, not as an apex of a decision making hierarchy, but as a mediator in the common endeavor to come to terms with competing interests and an activator pushing for designing common policies" (Kohler-Koch 1999: 30). Kurz gesagt: Das europäische Mehrebenensystem ist in erster Linie ein *Verhandlungssystem*, in dem Ergebnisse nicht durch Befehlsmacht oder durch Mehrheitsentscheidung, sondern durch Verhandlungsgeschick erzielt werden. In prodeduraler Hinsicht ist europäische Politik in diesem mehrdimensionalen Verhandlungssystem „interaktive Politik" (Kohler-Koch et al. 1997); ihre Ergebnisse sind das Produkt der Interaktion mehrerer Handlungsebenen mit ganz unterschiedlichen Funktionen, Interessen und Handlungsressourcen. Die Europäisierung ist damit ein wichtiger Bestandteil einer allgemeineren Entwicklung hin zu einem „interaktiven Staates", die sich, wie Georg Simonis (1995) gezeigt hat, gerade im Bereich der FuT-Politik beispielhaft beobachten lässt.

Schließlich ist, *drittens*, das europäische Mehrebenensystem dadurch charakterisiert, dass die Aufgabenverteilung zwischen den territorialen Handlungsebenen nicht eindeutig fixiert ist und wohl auch nicht eindeutig fixiert werden kann. Mit anderen Worten: Es ist ein *dynamisches System*. Dies gilt natürlich auch für föderative Systeme (Friedrich 1964; Benz 1985), im Fall des europäischen Mehrebenensystems erhält die Systemdynamik allerdings eine besondere Qualität. In föderativen Systemen spielt sich die Dynamik der staatlichen Handlungsebenen in einem konstitutionell vorgegebenen Rahmen ab. Der europäische Integrationsprozess dagegen ist ein in vielerlei Hinsicht offenes „Projekt" ohne Vorbild und ohne Vorgabe. Dadurch sind die Beziehungen zwischen den Handlungsebenen sehr viel variabler und flexibler, und es hat sich gerade auch im Fall der FuT-Politik gezeigt, dass das Subsidiaritätsprinzip in einem solchen dynamischen System kein effektives Regulativ zur Steuerung der Aufgabenverteilung zwischen den Handlungsebenen sein kann (vgl. Grande 1996). Dies hat zur Folge, dass sich europäische Politiken vielfach mit nationalen Kompetenzen, Programmen und Aktivitäten überschneiden und dass innerhalb eines Politikbereiches zwischen den einzelnen territorialen Ebenen ein beträchtliches Maß an Konkurrenz um Zuständigkeiten, Ressourcen und Klienten besteht.

Diese institutionelle Konstellation hatte nicht nur zur Folge, dass die Problemlösungsfähigkeit der EG/EU in der FuT-Politik immer wieder in Zweifel gezogen wurde (vgl. Behagel/Braun 1994; Grande 1995, 1999), sie war gleichzeitig auch Anlass zu grundsätzlichen Diskussionen darüber, welche Rolle die EG bzw. EU in diesem Mehrebenensystem spielen sollte. Welche spezifische Funktion besitzt die europäische Ebene in der FuT-Politik? Welche Ziele lassen sich in diesem Politikbereich auf der europäischen Ebene am wirkungsvollsten erreichen? Worin besteht der „Wettbewerbsvorteil" der europäischen FuT-Politik gegenüber nationalen oder regionalen Aktivitäten? Und mit welcher Strategie kann die Gemeinschaft ihren Wettbewerbsvorteil am besten nutzen? Im weiteren möchte ich zeigen, dass diese Fragen noch immer klärungsbedürftig sind. In den vergangenen zwanzig Jahren hat es zwar mehrere Änderungen der grundlegenden Ziele, Konzepte und Programme gegeben, aber – so meine zentrale These – die Europäische Union befindet sich im Bereich der FuT-Politik noch immer auf der Suche nach einer angemessenen Rolle und nach einer dafür geeigneten Strategie. Das liegt nicht daran, dass die Gemeinschaft in der Vergangenheit keine Strategie besaß, es lag eher daran, dass die Strategien, die sie hatte, nicht dazu geeignet waren, die damit verfolgten (industrie)politischen Ziele auch zu erreichen.

3. Europäische Forschungs- und Technologiepolitik in den 80er Jahren: Forschungs- und Technologiepolitik als Industriepolitik

Die Frage nach den strategischen Zielen der europäischen FuT-Politik hat die politische Diskussion insbesondere seit den frühen 80er Jahren ständig beschäftigt. Die europäische FuT-Politik verdankte in den frühen 80er Jahren ihren politischen Durchbruch einer ganz bestimmten strategischen Neuausrichtung und einer spezifischen Akteurkonstellation (vgl. Eberlein/Grande 1999). Wichtig war zunächst, dass die Europäische Kommission vor dem Hintergrund zunehmender industrieller Strukturprobleme in Europa („Eurosklerose") die FuT-Politik als Instrument der *Industriepolitik* entdeckte und gerade in diesem Bereich eine besondere Notwendigkeit *europäischer* Aktivitäten behauptet wurde. Beispielhaft hierfür war der Davignon-Bericht aus dem Jahr 1979, der zu dem Ergebnis kam, dass

„rein nationale Strategien nicht aus[reichen], um unsere Unternehmen auf das Niveau des Weltmarkts zu bringen. Die Ressourcen und Märkte entsprechen nicht mehr der Dimension dieser technologischen Revolution [in der Informationstechnik; EG]. Die bisher angewandten nationalen Maßnahmen, die spezifisch und nicht koordiniert waren, erstreckten sich auf Teilziele, die sich nicht deckten. Der begrenzte Umfang der nationalen Märkte hatte zur Folge, dass zu kleine Unternehmen erhalten wurden, die gegenüber den amerikanischen und japanischen nicht wettbewerbsfähig waren, dass ferner bei den für die Zukunft entscheidenden technologischen Entwicklungen ein Rückstand auftrat und amerikanische und japanische Firmen den Markt eroberten" (EG-Kommission 1979: 9).

In dieser Diagnose waren nicht nur die Defizite nationaler Technologiepolitik – fehlende Koordinierung, unzureichende Ressourcen, zu geringe Größe von Unternehmen und Märkten – benannt, damit waren gleichzeitig auch schon die Ansatzpunkte für eine europäische FuT-Politik angedeutet: Durch die Kooperation in umfangreichen europäischen Förderprogrammen sollten die Unternehmen einen „Technologieschub" erhalten und ihre Wettbewerbsfähigkeit gegenüber ihren US-amerikanischen und japanischen Konkurrenten auf diese Weise nachhaltig verbessert werden. Und dabei wurde selbstverständlich davon ausgegangen, dass „die Europäische Gemeinschaft – wenn nicht der einzige – so doch der am besten geeignete Akteur [ist], um die europäische Antwort auf die technologiepolitische Herausforderung zu organisieren" (Grewlich 1992: 252).

Die Europäische Kommission hat sich in den 80er Jahren konsequent bemüht, dieses strategische Ziel umzusetzen. Mit dem 1. Forschungsrahmenprogramm, das 1984 anlief, wurden ihre FuE-Aktivitäten stärker strategisch gebündelt und gleichzeitig eine neue Generation von Forschungsförderprogrammen initiiert. Diese neuen Programme (ESPRIT, BRITE, EURAM, RACE u.a.) unterschieden sich von früheren Aktivitäten nicht nur durch ihr weit größeres Fördervolumen, sondern auch durch ihre ausdrückliche Industrieorientierung. Mit der Einheitlichen Europäischen Akte, die 1987 in Kraft trat, wurden diese Aktivitäten auch vertraglich abgesichert. In den Artikeln 130f-q erhielt die EG erstmals eine eigene rechtliche Grundlage für ihre FuT-Politik, die allerdings noch weitgehend auf industriepolitische Ziele beschränkt war. Ziel der europäischen FuT-Politik sollte es sein, „die wissenschaftlichen und technischen Grundlagen der europäischen Industrie zu stärken und die Entwicklung ihrer internationalen Wettbewerbsfähigkeit zu fördern" (Art. 130 f Z. 1)

Besonders deutlich wurde diese neue Strategie im Fall des Informationstechnik-Programmes ESPRIT, das zum „Flaggschiff" der europäischen FuT-Politik avancierte (vgl. Grande/Häusler 1994: 218–245). Das ESPRIT-Programm besaß eine äußerst ambitionierte strategische Zielsetzung mit einer eindeutigen industriepolitischen Orientierung. Ziel war nicht weniger als die „Erreichung der technologischen Parität mit, wenn nicht gar die Überlegenheit über die internationalen Wettbewerber innerhalb von zehn Jahren" (EG-Kommission 1983:4). Der strategischen Zielsetzung des Programms entsprach sowohl die Laufzeit von zehn Jahren (und einer einjährigen Pilotphase) als auch die Ressourcenausstattung. Das ESPRIT-Programm hatte von 1984–1991 ein Gesamtvolumen von rund 9,4 Mrd. DM; das zur Hälfte (ca. 4,7 Mrd. DM) aus Fördermitteln der EG finanziert wurde.[7]

Die Durchsetzung und Durchführung großangelegter industriepolitisch orientierter Förderprogramme auf europäischer Ebene war in den 80er Jahren alles andere als selbstverständlich. Berücksichtigt man die Erfahrungen der 60er und 70er Jahre, dann war das Zustandekommen solcher Programme sogar höchst unwahrscheinlich. Um ihre Strategie *politisch* durchzusetzen, musste die EG-Kommission ein *doppeltes Kooperationsproblem* lösen:[8]

– Zum einen bedurfte es der *Zustimmung der EG-Mitgliedstaaten* zu den neuen Aktivitäten der Kommission. Diese war im Fall von „Schlüsseltechnologien" wie der Informationstechnik besonders schwierig zu erreichen, da gerade dieser Bereich bis dahin die Domäne der nationalen Förderadministrationen war (Arnold/Guy 1986). Zu Beginn der 80er Jahre, als die EG-Kommission ihr ESPRIT-Programm plante, waren in allen großen EG-Mitgliedstaaten (Frankreich, Großbritannien, Deutschland) neue, großangelegte Förderprogramme in Vorbereitung (vgl. Sandholtz 1992: 144–157). Nach der Süd-Erweiterung der EG kamen Zielkonflikte mit den industriell schwächer entwickelten südeuropäischen Ländern hinzu, die die europäische FuT-

---

7 In den 90er Jahren wurde die Förderung der Informationstechnik unter neuen Bezeichnungen fortgeführt. Insgesamt hat die EG in den ersten vier Forschungsrahmenprogrammen ca. 9 Mrd. ECU für die Förderung der Informations- und Kommunikationstechnik ausgegeben. Im 5. Forschungsrahmenprogramm, das 1999 anlief, sind dafür weitere 3,6 Mrd. ECU vorgesehen (BMBF 1998a: 25).

8 Einer der Fehler regulationstheoretisch inspirierter Analysen europäischer Technologiepolitik (Felder 1992; Esser et al. 1997) besteht darin, dass sie sich weitgehend auf die Beziehungen zwischen den Unternehmen und supranationalen Akteuren wie der Kommission konzentrieren und die politischen Kooperationsprobleme zwischen den Mitgliedstaaten mit den daraus resultierenden Komplikationen und Eigendynamiken unterschätzen.

Politik weniger zur Förderung von „Spitzentechnologien", sondern vor allem zur Verbesserung der „Kohäsion" der Gemeinschaft nutzen wollten.[9]
- Zum anderen war die *Beteiligung der Unternehmen* an einem Förderprogramm der EG erforderlich. Diese war in den 70er Jahren gering gewesen und konnte auch in den 80er Jahren nicht umstandslos vorausgesetzt werden. Gegen eine Kooperation der Unternehmen auf europäischer Ebene sprachen nicht nur die durchaus noch vorhandenen nationalen Fördermöglichkeiten, dagegen sprach vor allem die Tatsache, dass die Unternehmen gerade auf den europäischen Märkten in vielfältigen und zum Teil intensiven Konkurrenzbeziehungen zueinander standen.

Der strategische Ansatzpunkt zur Lösung dieser Kooperationsprobleme waren für die EG-Kommission die Großunternehmen der informationstechnischen Industrie (u.a. Siemens, Thomson, GEC, Olivetti und Philips). Diese Unternehmen waren für die Kommission nicht nur die vorrangigen Adressaten der neuen Förderprogramme, sie erhielten auch eine privilegierte Position bei der Konzeption und Vorbereitung des ESPRIT-Programms. Die Kommission initiierte zu Beginn der 80er Jahre die Einrichtung eines „Round Table" der Industrie, mit dem sie gemeinsam abklärte, „wie die Gemeinschaft die Tätigkeit dieser Unternehmen auf dem Gebiet der Forschung, der Normung, der Entwicklung neuer Produkte und Dienstleistungen usw. unterstützen kann" (EG-Kommission 1981: 12). Die Unternehmen reagierten zunächst zwar zögerlich auf die Initiative der Kommission, sie unterstützten sie in der Folge jedoch nachdrücklich. Dies zeigte sich nicht nur an ihrer intensiven Beteiligung an der Programmvorbereitung, sondern auch daran, dass sie bei den nationalen Regierung Unterstützung für das Programm mobilisierten.

Die Zustimmung der Mitgliedstaaten zu den europäischen Förderprogrammen und die Unterstützung durch die Industrie hatten freilich ihren Preis. Die hohen Konsensschwellen des europäischen Politikprozesses hatten nicht nur zur Folge, dass die Entscheidungsverfahren schwerfällig und langwierig waren (und auch nach Einführung qualifizierter Mehrheitsentscheidungen noch immer sind), gravierender war noch, dass bei Förderentscheidungen immer wieder auf die besonderen Interessen einzelner Mitgliedstaaten Rücksicht genommen werden musste. Aus der Sicht der beteiligten Unternehmen lagen die „Schwierigkeiten bei den EG-Programmen natürlich darin begründet, dass sie so vielen Zielvorstellungen und unterschiedlichen Interessen der Mitgliedsländer zu folgen versuchen". Aus diesem Grund sei die „technische und ‚politisch richtige' Formulierung der EG-Programme sehr viel schwieriger als im nationalen Bereich" (Moritz 1993: 3). Nicht von ungefähr beklagte das Davignon-Panel in seiner Evaluierung des 4. Forschungsrahmenprogramms, dass „the Programme turns out to be shopping lists of national priorities, often with low coherence and little European value added" (Davignon Panel 1997: 14).

---

9 Diese Zielkonflikte wurden in der Folge dadurch entschärft, dass in den Strukturfonds beträchtliche Mittel zur Verbesserung der wissenschaftlichen Infrastruktur in den wirtschaftlich weniger entwickelten Regionen der Gemeinschaft zur Verfügung gestellt wurden. Allein im Zeitraum von 1994 bis 1999 wurden hierfür 7 Mrd. ECU ausgegeben; das ist mehr als die Hälfte der Mittel für das gesamte 4. Forschungsrahmenprogramm, das für den Zeitraum von 1994 bis 1998 ein Budget in Höhe von 13,1 Mrd. ECU hatte (vgl. Colling 1997: 11).

Kooperationsprobleme ergaben sich aber nicht nur zwischen den Mitgliedstaaten, sondern auch zwischen den beteiligten Unternehmen. Für Förderprogramme der EG galt immer schon das Kooperationsprinzip, wonach nicht einzelne Unternehmen oder Forschungsorganisationen gefördert werden, sondern nur Verbundprojekte, deren Teilnehmer aus mindestens zwei Mitgliedsländern der EG (bzw. aus assoziierten Ländern) kommen müssen. Dies ist in jedem Fall mit nicht unbeträchtlichen Kooperationskosten verbunden, diese Kooperationskosten wurden durch den von der Kommission gewählten Förderansatz jedoch zusätzlich erhöht. Denn die EG-Kommission zielte in industrieorientierten Förderprogrammen wie ESPRIT vor allem auf eine ganz bestimmte – und besonders anspruchsvolle – Form der Kooperation ab, nämlich die *horizontale* Kooperation zwischen konkurrierenden Unternehmen. Um die damit verbundenen Kooperationskosten in einem für die Unternehmen erträglichen Rahmen zu halten, hat die Kommission den beteiligten Unternehmen eine große Autonomie bei der Definition der strategisch-technischen Ziele und der Arbeitsprogramme der Programme gelassen. Auf diese Weise ist es ihr zwar gelungen, dass solche horizontalen Kooperationen überhaupt zustande kamen; dieser Förderansatz hatte jedoch drei negative Konsequenzen: Erstens waren die zwischen den Unternehmen vereinbarten Projekte von geringer strategischer Relevanz; zweitens waren die Projekte thematisch breit gestreut, die Programme hatten insgesamt also eine geringe strategische Kohärenz; und drittens wiesen die durchgeführten Projekte eine erhebliche Marktferne auf.[10]

All dies hat dazu beigetragen, dass die europäische FuT-Politik ihre strategischen Ziele in den 80er Jahren weitgehend verfehlt hat. Die Programme konnten zwar dazu beitragen, dass die Kooperation zwischen Forschern und zwischen staatlichen wie industriellen Forschungseinrichtungen in den vergangenen zwanzig Jahren erheblich intensiviert wurde; und den Programmen wurde auch immer wieder bescheinigt, dass der größte Teil der Einzelprojekte durchaus erfolgreich war. Aber die internationale Wettbewerbsfähigkeit der europäischen Industrie ist gerade in „Schlüsseltechnologien" wie der Informationstechnik, die im Zentrum der Förderprogramme der EG standen, nach wie vor prekär. Den europäischen Unternehmen ist es nicht gelungen, ihre Weltmarktanteile nennenswert zu verbessern. Auch die Europäische Kommission musste 1995, nach zehn Jahren massiver Förderung feststellen, dass „over the last fifteen years its (i.e. the EU's; EG) technological and commercial performance in high technology sectors such as electronics and information technologies has deteriorated" (Europäische Kommission 1995: 5).

Für diese enttäuschende Bilanz der industrieorientierten Förderprogramme der 80er Jahre gab es mehrere Gründe. Ein wesentlicher Grund dürfte die von der Kommission gewählte Strategie, der „Technology-push"-Ansatz, gewesen sein. Aus der empirischen Innovationsforschung ist hinlänglich bekannt, dass dessen industriepolitische Wirkung

---

10 Der sog. „Dekker-Bericht", die bis dahin umfassendste und systematischste Evaluierung der Informationstechnik-Programme, kam ebenso wie die ersten beiden Evaluierungen des ESPRIT-Programms zu dem Ergebnis: „For the large companies, much of the work carried out in ESPRIT has been outside the mainstream of their business" (Dekker-Bericht 1992: 22). Außerdem stellte der Bericht fest, dass „the scope of ESPRIT has been so broad, and the number of objectives built into the Programme so numerous, that its sense of strategic direction has been dissipated" (Dekker-Bericht 1992: 33).

selbst unter günstigsten Bedingungen begrenzt ist (vgl. Nelson 1982; Lundvall 1985; Dosi et al. 1988; Porter 1990; Meyer-Krahmer 1992); und solche Bedingungen waren angesichts der genannten Kooperationsprobleme in der europäischen FuT-Politik zweifellos nicht gegeben. Durch diese Kooperationsprobleme verloren die europäischen Förderprogramme einen erheblichen Teil ihrer industriepolitischen Schubkraft. Vor allem ist es ihnen trotz weitreichender Zugeständnisse an die Unternehmen nicht gelungen ist, die *globale* Logik von Märkten, Unternehmen und Technologien außer Kraft zu setzen. Die ursprüngliche Hoffnung, dass die Unternehmen *innerhalb Europas kooperieren* und *außerhalb Europas konkurrieren* würden, erwies sich bald als illusionär. Tatsächlich entwickelten die Unternehmen komplexe Strategien mit einer komplizierten Mischung von nationalen, europäischen und internationalen Partnerschaften und Konkurrenzbeziehungen. Siemens zum Beispiel beteiligte sich im Bereich der Mikroelektronik nicht nur an den verschiedenen nationalen und europäischen Förderprogrammen, sondern kooperierte gleichzeitig mit US-amerikanischen (IBM, Motorola) und japanischen (Toshiba) Firmen bei der Entwicklung und Produktion von Halbleitern.

4. Europäische Forschungs- und Technologiepolitik in den 90er Jahren: Von der Technologiepolitik zur Innovationspolitik

Ende der 80er Jahre begann die EG-Kommission, auf die Defizite ihrer FuT-Politik mit einer Reformulierung ihrer Strategie zu reagieren. Das prioritäre Ziel der europäischen FuT-Politik, die Verbesserung der Wettbewerbsfähigkeit der europäischen Industrie, wurde zwar beibehalten, aber für die Wettbewerbsprobleme der Industrie wurde eine neue Diagnose gefunden, auf die die Kommission dann in den 90er Jahren mit einem neuen strategischen Ansatz reagierte. Die neue Strategie der Kommission basierte auf der Annahme, das die Wettbewerbsprobleme der europäischen Industrie nicht mehr die Folge technologischer „Lücken" sind, oder eines Mangels an FuE-Mitteln – beides sollte ja in den 80er Jahren mit Hilfe der europäischen Förderprogramme beseitigt werden. Wenn die Unternehmen ihre Wettbewerbsfähigkeit dennoch nicht verbessern konnten, dann lag das nach Meinung der Kommission nun vor allem daran, dass die europäische Industrie nicht in der Lage sei, das vorhandene Wissen *anzuwenden*. Die Kommission betonte wiederholt

„that the main problem of European firms is not primarily the amount of their R&D expenditures, but rather their inadequate ability to turn their inventions into market shares and profits". Die Folge sei „a distinct gap between Europe's effort in basic research and R&D investments on the one hand and the results in the area of innovation and competitiveness on the other" (EG-Kommission 1992: 10).

Dieses Problem, das von der Kommission als „europäisches Paradox" (Europäische Kommission 1995: 5; vgl. Andreasen et al. 1995) bezeichnet wurde, stand in den 90er Jahren im Mittelpunkt der FuT-Politik der EU. Es war Gegenstand mehrerer Expertenberichte an die Kommission (z.B. dem Ciampi-Bericht und dem Bericht der „Consultative Group on Competitiveness") und es wurde in verschiedenen Weiß- und

Grünbüchern thematisiert, die die Kommission zur Industrie-, Wirtschafts- und Innovationspolitik vorgelegt hat (EG-Kommission 1990, 1993; Europäische Kommission 1995).

Alle diese Überlegungen zielten im Kern auf eine Neukonzeptualisierung der europäischen FuT-Politik ab. Die FuT-Politik sollte ihren Schwerpunkt nicht mehr auf die Technikförderung legen; statt dessen sollte sie auf die „Initiierung von komplexen Innovationen" (BMBF/BMWi 1996: 7) abzielen. Dabei spielte die finanzielle Förderung von FuE-Projekten zwar nach wie vor eine gewisse Rolle, aber diese war nur noch ein Teil einer weit umfassender angelegten *Innovationspolitik*. Beispielhaft kam dieser Strategiewechsel von der FuT-Politik zur Innovationspolitik erstmals im Weißbuch zur Industriepolitik, dem sogenannten „Bangemann-Papier", zum Ausdruck, das die Kommission im Jahr 1990 vorlegte und das in der Folge in mehreren Branchenstudien (u.a. zur Elektronik- und zur Telekommunikationsindustrie) konkretisiert wurde (vgl. u.a. EG-Kommission 1991). In diesem Weißbuch wurde die FuT-Politik (in der Funktion eines „Akzelerators") in ein umfassendes industriepolitisches Konzept integriert, in das unter anderem auch die Wettbewerbspolitik, die Bildungspolitik, die Umweltpolitik, die Handelspolitik und die Mittelstandsförderung einbezogen waren. Im Weißbuch zur Innovationspolitik aus dem Jahr 1995 hat die Kommission diese Überlegungen systematisch weitergeführt und auf den Begriff gebracht. Innovationspolitik wurde in diesem Bericht als Querschnittspolitik definiert, die auf europäischer Ebene konzipiert, koordiniert und implementiert werden sollte:[11]

„Strengthening the capacity for innovation", so die EU-Kommission, „involves various policies: industrial policy, competition policy, regional policy and policy on support for SMEs (small and medium sized enterprises; EG), environment policy etc. Ways must therefore be found of identifying, preparing and implementing – in a coordinated fashion – the necessary measures covered by these various policies" (Europäische Kommission 1995: 3).

Für eine solche Neukonzeptualisierung der FuT-Politik und ihre Integration in ein umfasseneres innovationspolitisches Konzept gab es gute theoretische Gründe. Innovationsökonomische Analysen aus den späten 80er und frühen 90er Jahren hatten nicht nur den systemischen Charakter technischer Innovationsprozesse herausgearbeitet, und eine Vielzahl von Faktoren identifiziert, von denen die Funktionsweise von Innovationssystemen abhängt, sie hatten gleichzeitig auch gezeigt, dass der Staat über ein breitgefächertes Instrumentarium verfügt, um Einfluss auf Innovationsprozesse zu nehmen (vgl. Lundvall 1985; Dosi et al. 1988; Porter 1990; Nelson 1993). Die Europäische Kommission hat hieraus ein Mandat zur systematischen, koordinierten Nutzung ihrer verschiedenen Kompetenzen im Bereich der Innovationspolitik abgeleitet. Dadurch wurde nicht nur das Repertoire der Kommissionsaktivitäten weit über den engeren Bereich der finanziellen FuE-Förderung ausgedehnt; gleichzeitig veränderte sich auch der Adressatenkreis der FuT-Politik. In den „Technology-push"-Programmen der 80er Jahre, deren prioritäres Ziel die Entwicklung neuer Technologien in Hoch-

---

11 Bengt-Ake Lundvall und Susana Borrás geben folgende Definition von Innovationspolitik: „Innovation policy refers to elements of science, technology and industrial policy that explicitly aim at promoting the development, spread and efficient use of new products, services and processes in markets or inside private and public organizations" (Lundvall/Borrás 1998: 37).

technologie-Industrien war, war die prioritäre Zielgruppe der Kommissionsaktivitäten die Großunternehmen in „Schlüsselindustrien" wie der Informations- und Kommunikationstechnik. Mit dem Übergang zu einer umfassenderen Innovationspolitik verloren diese Großunternehmen merklich an Bedeutung. Damit ist nicht gesagt, dass die Großunternehmen der europäischen Industrie sich nicht mehr an EU-Programmen beteiligten oder dass die Kommission die Unternehmen nicht mehr regelmäßig konsultierte. Aber ihr Stellenwert wurde deutlich relativiert. Mit der Verlagerung des Schwerpunktes der Programmme auf die Anwendungsorientierung von Förderaktivitäten und die Diffusion von neuen Ideen gewannen zwei neue Zielgruppen für die Kommission an Bedeutung: kleinere und mittlere Unternehmen und die (nicht-industriellen) Anwender neuer Technologien. „Small and medium-sized enterprizes" (SMEs) und „user involvement" avancierten zu neuen Schlüsselbegriffen europäischer Förderaktivitäten. Die verstärkte Förderung kleiner und mittlerer Unternehmen schien dabei im Vergleich zum „ESPRIT-Ansatz" der 80er Jahre gleich mehrere Vorteile zu bieten. Kleine und mittlere Unternehmen galten erstens als zentrale Akteure bei der Diffusion und Absorption neuer Ideen und Technologien; zweitens waren sie im Unterschied zu den sich immer stärker globalisierenden Großunternehmen „seßhafter"; und drittens schließlich war ihre Förderung auch unter ordnungspolitischen Gesichtspunkten weniger bedenklich als die industriepolitisch motivierte Förderung von Großunternehmen (vgl. Starbatty/Vetterlein 1990).

Aber auch die neue innovationspolitische Strategie war nicht unproblematisch. Während die industriepolitisch orientierte FuT-Politik der 80er Jahre unter massiven Kooperationsproblem litt, war die Innovationspolitik der 90er Jahre mit einem doppelten *Koodinationsproblem* konfrontiert:
- Zum einen erforderte das neue innovationspolitische Konzept eine umfangreiche *horizontale Koordination innerhalb der Kommission*. Angesichts der Vielzahl von Politikbereichen, die in das Konzept der Innovationspolitik integriert waren, ging diese weit über die Ressortpolitik im üblichen Sinne hinaus. Innovationspolitik musste als Querschnittspolitik begriffen werden, deren Formulierung und Implementation ein beträchtliches Maß an „positiver Koordination" (Scharpf 1973) verlangte.
- Zum anderen erfordert eine integrierte Innovationspolitik in einem Mehrebenensystem ein höheres Maß an *vertikaler Koordination* zwischen den verschiedenen territorialen Politikebenen. Die Effektivität eines solchen Konzeptes hängt auch davon ab, dass „European, national and regional instruments and strategies are brought into line with this new approach, complementing and supporting each other in order to foster innovativeness throughout the EU" (Lundvall/Borrás 1998: 15). Und dies erfordert nicht zuletzt die Koordination der Gemeinschaftspolitiken mit den Mitgliedstaaten und den Regionen.

Die damit aufgeworfenen Probleme dürfen keinesfalls unterschätzt werden. Der Koordinationsbedarf umfassenderer innovationspolitischer Konzepte hatte in den 70er und 80er Jahren bereits die nationale FuT-Politik in einigen Ländern überfordert, die Bundesrepublik mit ihrer starken horizontalen und vertikalen Fragmentierung staatlicher Handlungskapazität war hierfür ein besonders typisches Beispiel (vgl. Grande/Häusler 1994). Mit der Europäisierung der FuT-Politik und ihrer Integration in eine umfassenderer europäische Innovationspolitik erhöhte sich der Koordinationsbedarf beträchtlich, und gleichzeitig verschlechterten sich die institutionellen Bedingungen positiver wie negativer Koordination merklich. Politische Entscheidungsprozesse im europäischen Mehrebenensystem sind generell durch ein hohes Maß an Sektoralisierung gekennzeichnet. Die „Abschottungsmentalität" der Kommissionsdienststellen ist altbekannt und wurde vielfach kritisiert. Für die Sektoralisierung der EU-Politik gibt es freilich gute Gründe, insbesondere den großen Abstimmungsbedarf politischer Entscheidungen und Programme mit nationalen Akteuren, aber auch mit sektoralen Interessengruppen. Deren Zustimmung ist für die politische Durchsetzbarkeit europäischer Politiken und Programme unverzichtbar. Aufgrund dieses hohen Maßes an sektoraler vertikaler Koordination sind in der Mehrebenenstruktur der EU die Handlungsspielräume horizontaler Koordination noch enger begrenzt als auf nationaler Ebene.

Auch die FuT-Politik ist von dieser Dominanz sektoraler Handlungsrationalitäten geprägt. Eine politikfeldübergreifende Innovationspolitik konnte auf europäischer Ebene zwar konzipiert, aber zu keinem Zeitpunkt effektiv koordiniert werden. Bereits in den 80er Jahren hatten Programmevaluierungen auf die unzulängliche Koordination der FuT-Politik hingewiesen, deren Zuständigkeiten auf verschiedene Generaldirektionen verteilt war (vgl. Aigrain et al. 1989). Mit dem Übergang zu einer integrierten Innovationspolitik haben diese Koordinationsprobleme nicht abgenommen, sondern zugenommen. Auch die zahlreichen „Task Forces", die Mitte der 90er Jahre mit großen Ambitionen eingerichtet wurden, um eine sektorübergreifende Koordination von Kommissionsaktivitäten in spezifischen Technologiefeldern zu erleichtern, konnten daran wenig ändern. Diese „Task Forces" hatten nur geringe Koordinationskompetenzen und blieben weitgehend folgenlos. Nicht von ungefähr kamen John Peterson und Margaret Sharp am Ende der 90er Jahre in ihrer Analyse europäischer FuT-Politik zu dem Ergebnis: „It is difficicult to see where RTD policy has been coordinated effectively with other EU policies – such as energy, transport, agriculture, the environment, or industry – despite the vastly increased importance of science and technology in all these sectors" (Peterson/Sharp 1999: 221).

Die gleichen Schwierigkeiten zeigen sich im Bereich der vertikalen Koordination der europäischen FuT-Politik mit den Politiken der Mitgliedstaaten. Die Koordinierung der nationalen FuT-Politik war schon das vordringlichste Ziel des ersten „Aktionsprogramms" der EG-Kommission im Bereich der FuT-Politik gewesen, das der Rat 1974 verabschiedet hatte (EG-Kommission 1973). Zu diesem Zweck wurde auch ein beratender Ausschuss bei der für Forschung in der Kommission zuständigen Generaldirektion XII eingerichtet, in dem je zwei Spitzenbeamte aus den Mitgliedstaaten vertreten sind. Dieser Ausschuss, CREST, hat seine Aufgabe in der Folge freilich weniger in der Koordinierung nationaler FuT-Politiken auf europäischer Ebene als in der Kontrolle europäischer FuT-Politik durch die Mitgliedstaaten gesehen. Eine effektive Koordinierung nationaler und europäischer FuT-Politik fand nicht statt. Die Folge ist, wie die Kommission nicht zu unrecht am Ende der 90er Jahre in ihrer kritischen Bestandsaufnahme der FuT-Politik in Europa beklagte, eine „fragmentation, isolation and compartmentalisation of national research efforts and systems". „National research policies and Union policy overlap without forming a coherent whole" (Europäische Kommission 2000: 7).

Die Kommission hat diese Defizite vertikaler Koordination zum Anlass genommen, das Problem der Koordinierung in den Mittelpunkt ihrer künftigen Aktivitäten im Bereich der FuT-Politik zu stellen. Dies fand seinen Ausdruck zuletzt im Vorschlag zur Schaffung eines „Europäischen Forschungsraumes", in dem die starre Trennung nationaler und europäischer FuT-Politiken zugunsten einer neuen, dynamischen, besser integrierten und koordinierten Struktur aufgegeben werden sollte (Europäische Kommission 2000). Der Europäische Rat hat dieses Thema auf seinem Gipfeltreffen am 23./24. März in Lissabon aufgegriffen und ausführlich behandelt. Die „Schaffung eines europäischen Raumes der Forschung und Innovation" wurde als ein zentrales Element zur Erreichung des neuen strategischen Ziels der Union für das kommende Jahrzehnt identifiziert: „das Ziel, die Union zum wettbewerbsfähigsten und dynamischsten, wissensbasierten Wirtschaftsraum in der Welt zu machen – einem Wirtschaftsraum, der fähig ist, ein dauerhaftes Wirtschaftswachstum mit mehr und besseren Arbeitsplätzen und einem größeren sozialen Zusammenhalt zu erzielen" (Europäischer Rat 2000: 2). Und das beste Mittel zur Realisierung dieses ehrgeizigen Ziels liege in einer stärkeren Koordinierung der Politiken der Mitgliedstaaten. „Koordinierung oder Konkurs" – auf diese griffige Formel brachte der Informationsdienst der Generaldirektion XII die Ergebnisse des Lissaboner Gipfels (Cordis, 10. April 2000, 1).

5. Europäische Forschungs- und Technologiepolitik im 21. Jahrhundert – Noch immer auf der Suche nach einer Strategie?

Die Vorschläge der Kommission zur Schaffung eines „Europäischen Forschungsraumes" zeigen deutlich, dass die europäische FuT-Politik knapp zwanzig Jahre nach ihrer Aufwertung und Ausweitung noch immer auf der Suche nach einer angemessenen Funktion und einer geeigneten Strategie ist. Der EG/EU ist es zu keiner Zeit gelungen, die selbstgesteckten, hochambitionierten Ziele zu erreichen. Das lag zum einen sicherlich an der zunehmenden Globalisierung von Unternehmen, Märkten und Technologien. Die sich intensivierende ökonomische Globalisierung hat in den 80er Jahren zwar eine Übertragung von Ressourcen und Kompetenzen auf die europäische Ebene begünstigt; gleichzeitig hat sie jedoch auch als Restriktion für die Kooperation der Unternehmen innerhalb der europäischen Förderprogramme gewirkt. Hinzu kam, dass die von der Kommission gewählten Strategien immer wieder mit typischen Problemen konfrontiert waren – Kooperationsprobleme zum einen, Koordinationsprobleme zu anderen –, die zwar nicht alle neu, aber auf europäischer Ebene besonderes schwierig zu lösen waren. Die europäische FuT-Politik hat darauf wiederholt mit Anpassungen ihrer Strategie reagiert. Dabei wurden zwar die strategischen Ziele beibehalten, aber neue Instrumente gewählt und die Aktivitäten auf neue Adressaten abgestellt. Die Impulse für diese strategischen Anpassungsleistungen kamen weniger von „außen", sie waren nicht die Folge des Drucks von Unternehmen, Forschungsorganisationen oder der Mitgliedstaaten. Die Initiative für diese Anpassungen kam eher von „innen", sie können durchaus als das Ergebnis *endogener Such- und Lernprozesse* begriffen werden, mit denen die Kommission auf Veränderungen im ökonomischen, technologischen und politischen

Umfeld ihrer Aktivitäten einerseits, auf typische Engpässe und Defizite ihrer Politiken andererseits reagierte.

Dieser Suchprozess ist mit der Einbettung der FuT-Politik in ein breiteres Konzept der Innovationspolitik noch keineswegs abgeschlossen. Damit wird, ganz im Gegenteil, die Frage nach der Bedeutung der europäischen Ebene in der FuT-Politik und der Rolle supranationaler Institutionen noch einmal auf grundsätzliche Weise aufgeworfen. Denn im Unterschied zu den frühen 80er Jahren, als mit der technologiepolitischen Zuspitzung der FuT-Politik die Europäisierung der FuT-Politik begründet und durchgesetzt wurde, kann nun mit dem Übergang von der Technologiepolitik zur Innovationspolitik ihre Regionalisierung und damit die Rückverlagerung von Kompetenzen auf die nationale und sub-nationale Ebene begründet werden. In neueren ökonomischen Analysen zu Innovationspolitiken und -systemen wird davon ausgegangen, dass der Wettbewerbsvorteil von Unternehmen „is created through a highly localized process" (Porter 1989: 73–74). Entsprechend wird der Schwerpunkt staatlicher Aktivität überwiegend auf die *nationale* Ebene gelegt (vgl. Lundvall 1992; Nelson 1993; Edquist 1997), in Untersuchungen zu regionalen Innovationssystemen sogar auf die regionale und lokale Ebene (vgl. Braczyk et al. 1998).

Vor diesem Hintergrund spricht einiges dafür, dass mit dem Übergang von einer industriepolitisch motivierten FuT-Politik zu einer umfassenden Innovationspolitik gleichzeitig eine Neugewichtung staatlicher Handlungsebenen und eine Ausweitung regionaler und lokaler Aktivitäten erfolgen sollte (vgl. Peterson/Sharp 1999: 233). Denn das innovationspolitische Instrumentarium, das die Kommission in den vergangenen Jahren konzipierte, ist zwar aus innovationsökonomischer Perspektive effektiv und aus ordnungspolitischer Sicht auch weitgehend unbedenklich, aber es ist fraglich, ob diese Aktivitäten auch tatsächlich auf *europäischer* Ebene am besten formuliert und implementiert werden. Ganz im Gegenteil: „Most of these measures are best designed and delivered at the regional or even subregional level of government" (Peterson/Sharp 1999: 233). Die jüngsten Vorschlägen der Kommission und des Rates wären mit einer solchen Neugewichtung staatlicher Handlungsebenen durchaus kompatibel. Denn darin werden für die EG/EU keine neuen Kompetenzen und auch keine zusätzlichen Finanzmittel gefordert. Statt dessen wird die Rolle der EG/EU weit bescheidener konzipiert: Zum einen als eines *Katalysators*, der Aktivitäten auf den unteren Ebenen anstößt und unterstützt, diese aber keinesfalls ersetzt; und zum anderen als *Koordinator*, der vor allem mit „weichen" Instrumenten wie dem „Benchmarking" nationaler Politiken die freiwillige Selbstkoordination der lokalen, regionalen und nationalen Aktivitäten anregt. All dies müssen keine Indizien dafür sein, dass der Prozess der Europäisierung in der FuT-Politik bereits an sein Ende gekommen ist. Die jüngsten Entwicklungen könnten auch die Einsichten der politikwissenschaftlichen Forschung zur Funktionsweise von Mehrebenensystemen bestätigen, die deren Vorzüge nicht zuletzt in ihrer Fähigkeit sehen, sich dynamisch an neue Bedingungen anzupassen.

Literatur

Aigrain, Pierre/Allen, Geoffrey/Arantes e Oliveira, Eduardo de/Colombo, Umberto/Markl, Hubert, 1989: The Report of the Framework Programme Review Board. Unv. Ms., Brüssel.

Andreasen, L.E./Coriat, B./Hertog F. den/Kaplinsky, R. (Hrsg.), 1995: Europe's Next Step: Organizational Innovation, Competition and Employment. London.

Arnold, Erik/Guy, Ken, 1986: Parallel Convergence: National Strategies in Information Technology. London.

Behagel, Katrin/Braun, Dietmar, 1994: Forschungsförderung der Europäischen Union: Probleme und Perspektiven für die Gesundheitsforschung. Opladen.

Benz, Arthur, 1985: Föderalismus als dynamisches System. Opladen.

Benz, Arthur, 1998: Politikverflechtung ohne Politikverflechtungsfalle – Koordination und Strukturdynamik im europäischen Mehrebenensystem, in: Politische Vierteljahresschrift 39, 558–589.

BMBF (Bundesministerium für Bildung und Forschung), 1998a: Das 5. Europäische Forschungsrahmenprogramm. Chancen für die Forschung in Deutschland. Bonn.

BMBF (Bundesministerium für Bildung, Wissenschaft, Forschung und Technologie), 1998b: Faktenbericht 1998. Bonn.

BMBF (Bundesministerium für Bildung, Wissenschaft, Forschung und Technologie)/BMWi (Bundesministerium für Wirtschaft), 1996: Aufwendungen der deutschen Wirtschaft für Forschung und Entwicklung und Produktion in Deutschland und im Ausland im Rahmen der globalen Verflechtung der Wirtschaftstätigkeit. Bestandsaufnahme, Bewertung, Konsequenzen für die Forschungs- und Innovationspolitik (http://www.bmbf.de/deutsch/veroeff/dokus/global/htm).

BMwF (Bundesministerium für wissenschaftliche Forschung), 1965: Kurzprotokoll der Vortrags- und Diskussionsveranstaltung über elektronische Datenverarbeitung im Bundesministerium für wissenschaftliche Forschung am 12. Juli 1965. Unv. Ms., Bad Godesberg.

BMwF (Bundesministerium für wissenschaftliche Forschung), 1966: Ergebnisniederschrift Ressortbesprechung über Forschung und Entwicklung auf dem Gebiet der Datenverarbeitung im Bundesministerium für wissenschaftliche Forschung am 22. Juni 1966. Unv. Ms., Bad Godesberg.

Braczyk, Hans-Joachim/Cooke, Philip/Heidenreich, Martin (Hrsg.), 1998: Regional Innovation Systems. London.

Colling, François, 1997: New management approaches in Research & Developpement. o.O.

Davignon-Panel, 1997: 5-Year Assessment of the European Community RTD Fraumework Programmes by an Independent Panel Chaired by Viscount E. Davignon. Unv. Ms., Brüssel.

Dekker-Bericht, 1992: The Report of the Information and Communications Technologies Review Board. Unv. Ms., Brüssel.

Doremus, Paul N./Keller, William W./Pauly, Louis W./Reich, Simon, 1998: The Myth of the Global Corporation. Princeton.

Dosi, Giovanni u.a. (Hrsg.), 1988: Technical Change and Economic Theory. London.

Eberlein, Burkard/Grande, Edgar, 1999: Integration with a Spluttering Engine: the Franco-German Relationship in Research and Technology Policy, in: *Douglas Webber* (Hrsg.), The Franco-German Relationship in the European Union. London, 93–110.

Edquist, Ch. (Hrsg.), 1997: Systems of Innovation. Technologies, Institutions and Organizations. London.

EG-Kommission, 1973: Entwurf der Kommission der Europäischen Gemeinschaften eines Aktionsprogramms für die Politik im wissenschaftlich-technischen Bereich, in: *Deutscher Bundestag,* 7. Wahlperiode, Drucksache 7/1026. Bonn.

EG-Kommission, 1979: Die Europäische Gemeinschaft und die neuen Informationstechnologien: Eine Antwort der Gemeinschaft. Brüssel (KOM[79] 650 endg.).

EG-Kommission, 1981: Zur Entwicklung der Industrie in Europa: Eine Strategie der Gemeinschaft. Brüssel (KOM[81] 639 endg.).

EG-Kommission, 1983: Vorschlag für einen Beschluß des Rates zur Annahme des ersten europäischen strategischen Programms für Forschung und Entwicklung auf dem Gebiet der Informationstechnologie (ESPRIT). Brüssel (KOM[83] 258 endg.).

EG-Kommission, 1990: Industriepolitik in einem offenen und wettbewerbsorientierten Umfeld. Brüssel (Kom[90] 556 endg.).
EG-Kommission, 1991: Die Europäische Elektronik- und Informatikindustrie: Situation, Chancen und Risiken, Aktionsvorschläge (Mitteilung der Kommission). Brüssel: (SEK[91] 565 endg.).
EG-Kommission, 1992: Die Forschung nach Maastricht – Bilanz und Strategie. Brüssel (SEK[92] 682 endg.).
EG-Kommission, 1993: Growth, Competitiveness and Employment: The Challenges and Ways forward into the 21th Century. White Paper. Luxembourg.
Esser, Josef/Lüthje, Boy/Noppe, Roland (Hrsg.), 1997: Europäische Telekommunikation im Zeitalter der Deregulierung. Münster.
Europäische Kommission, 1995: Green Paper on Innovation. Brüssel.
Europäische Kommission, 2000: Towards a European Research Area. Communication from the Commission. Brussels, Commission of the European Communities (COM [2000] 6).
Europäischer Rat (Lissabon), 2000: Schlussfolgerungen des Vorsitzes (http://europa.eu.int/comm/off/index-en.htm).
EUROSTAT, 1997: Research and Development. Annual Statistics, Series 9A. Luxemburg.
Felder, Michael, 1992: Forschungs- und Technologiepolitik zwischen Internationalisierung und Regionalisierung. FEG-Studien Nr. 1. Marburg.
Friedrich, Carl J., 1964: Nationaler und internationaler Föderalismus in Theorie und Praxis, in: Politische Vierteljahresschrift 5, 154–187.
Gerybadze, Alexander/Meyer-Krahmer, Frieder/Reger, Guido, 1997: Globales Management von Forschung und Innovation. Stuttgart.
Grande, Edgar, 1993: Die neue Architektur des Staates: Aufbau und Transformation nationalstaatlicher Handlungskapazität – untersucht am Beispiel der Forschungs- und Technologiepolitik, in: *Roland Czada/Manfred G. Schmidt* (Hrsg.), Verhandlungsdemokratie, Interessenvermittlung, Regierbarkeit. Festschrift für Gerhard Lehmbruch. Opladen, 51–71.
Grande, Edgar, 1994: Vom Nationalstaat zur europäischen Politikverflechtung. Expansion und Transformation moderner Staatlichkeit – untersucht am Beispiel der Forschungs- und Technologiepolitik. Habilitationsschrift Universität Konstanz.
Grande, Edgar, 1995: Forschungspolitik in der Politikverflechtungs-Falle? Institutionelle Strukturen, Konfliktdimensionen und Verhandlungslogiken europäischer Forschungs- und Technologiepolitik, in: Politische Vierteljahresschrift 36, 460–483.
Grande, Edgar, 1996: Die Grenzen des Subsidiaritätsprinzips in der europäischen Forschungs- und Technologiepolitik, in: *Roland Sturm* (Hrsg.), Europäische Forschungs- und Technologiepolitik und die Anforderungen des Subsidiaritätsprinzips. Baden-Baden, 131–142.
Grande, Edgar, 1999: Innovationspolitik im europäischen Mehrebenensystem: Zur neuen Architektur des Staatlichen, in: *Klaus Grimmer/Stefan Kuhlmann/Frieder Meyer-Krahmer* (Hrsg.), Innovationspolitik in globalisierten Arenen. Opladen, 87–103.
Grande, Edgar, 2000: Multi-Level Governance: Institutionelle Besonderheiten und Funktionsbedingungen des europäischen Mehrebenensystems, in: *Edgar Grande/Markus Jachtenfuchs* (Hrsg.), Wie problemlösungsfähig ist die EU? Regieren im europäischen Mehrebenensystem. Baden-Baden, 11–30.
Grande, Edgar/Häusler, Jürgen, 1994: Industrieforschung und Forschungspolitik. Staatliche Steuerungspotentiale in der Informationstechnik. Frankfurt a.M.
Grewlich, Klaus W., 1992: Europa im globalen Technologiewettlauf: Der Weltmarkt wird zum Binnenmarkt. Gütersloh.
Grimmer, Klaus/Kuhlmann, Stefan/Meyer-Krahmer, Frieder (Hrsg.), 1999: Innovationspolitik in globalisierten Arenen. Opladen.
Hauff, Volker/Scharpf, Fritz W., 1975: Modernisierung der Volkswirtschaft: Technologiepolitik als Strukturpolitik. Köln.
Held, David/McGrew, Anthony/Goldblatt, David/Perraton, Jonathan, 1999: Global Transformations. Politics, Economics, and Culture. Stanford, Cal.
Jachtenfuchs, Markus/Kohler-Koch, Beate (Hrsg.), 1996: Europäische Integration. Opladen.

Kohler-Koch, Beate, 1999: The Evolution and Transformation of European Governance, in: *Beate Kohler-Koch/Rainer Eising* (Hrsg.), Transformation of Governance in the European Union. London, 20–59.
Kohler-Koch, Beate/Jachtenfuchs, Markus, 1996: Regieren in der Europäischen Union – Fragestellungen für eine interdisziplinäre Forschung, in: Politische Vierteljahresschrift 37, 537–556.
Kohler-Koch, Beate u.a., 1997: Interaktive Politik in Europa. Opladen.
Krige, John/Guzzetti, Luca (Hrsg.), 1995: History of European Scientific and Technological Co-operation. Luxembourg.
Kuhlmann, Stefan, 1999: Politisches System und Innovationssystem in „postnationalen" Arenen, in: *Klaus Grimmer/Stefan Kuhlmann/Frieder Meyer-Krahmer* (Hrsg.), Innovationspolitik in globalisierten Arenen. Opladen, 11–39.
Lax, David A./Sebenius, James K., 1986: The Manager as Negotiator. New York.
Leibfried, Stephan/Pierson, Paul (Hrsg.), 1996: Standort Europa. Europäische Sozialpolitik zwischen Nationalstaat und europäischer Integration. Frankfurt a.M.
Lundvall, Bengt-Ake, 1985: Product Innovation and User-Producer Interaction. Aalborg.
Lundvall, Bengt-Ake, (Hrsg.), 1992: National Systems of Innovation: Towards a Theory of Innovation and Interactive Learning. London.
Lundvall, Bengt-Ake/Borrás, Susana, 1998: The Globalising Learning Economy: Implications for Innovation Policy. Luxembourg.
Meyer-Krahmer, Frieder, 1992: Strategische Industrien im internationalen Vergleich: Arbeitsteilung und politische Instrumente, in: *Werner Fricke* (Hrsg.), Jahrbuch Arbeit und Technik 1992. Bonn, 116–126.
Meyer-Krahmer, Frieder (Hrsg.), 1999: Globalisation of R&D and Technology Markets. Consequences for National Innovation Policies. Heidelberg.
Moritz, Jens, 1993: Bilanz der Wirkungen der Förderprogramme der EG aus der Sicht eines Industrieunternehmens. Vortrag im Rahmen der „Bestandsaufnahme der gegenwärtigen Forschung- und Technologiepolitik der EG" am 29.11.1993 in Bonn, Friedrich-Ebert-Stiftung, unv. Ms.
Muldur, Ugur R./Petrella, Ricardo (Hrsg.), The European Community and the Globalization of Technology and the Economy. Luxembourg.
Nelson, Richard R. (Hrsg.), 1982: Government and Technical Progress: A Cross-Industry Analysis. New York.
Nelson, Richard (Hrsg.), 1993: National Systems of Innovation: A Comparative Analysis. Oxford.
Niosi, Jorge, 1999: The Internationalization of Industrial R&D, in: Research Policy 28 (2–3), 107–117.
OECD, 1992: Technology and Economy: The Key Relationship. Paris.
OECD, 1999: Globalisation of Industrial R&D: Policy Issues. Paris.
Ohmae, Kenichi, 1985: Macht der Triade. Wiesbaden.
Ohmae, Kenichi, 1990: The Borderless World. Power and Strategy in the Interlinked Economy. New York.
Peterson, John, 1993: High Technology and the Competition State: An Analysis of the Eureka Programme. London.
Peterson, John/Sharp, Margaret, 1999: Technology Policy in the European Union. London.
Porter, Michael. E., 1989: The Competitive Advantage of Nations, in: Harvard Business Review, March-April, 73–93.
Porter, Michael E., 1990: The Competitive Advantage of Nations. New York.
Reger, Guido/Kuhlmann, Stefan, 1995: Europäische Technologiepolitik in Deutschland. Heidelberg.
Reich, Robert B., 1991: The Work of Nations: Preparing Ourselves for 21st-Century Capitalism. New York.
Sandholtz, Wayne, 1992: High-Tech Europe: The Politics of International Cooperation. Berkeley.
Scharpf, Fritz W., 1973: Komplexität als Schranke der politischen Planung, in: ders., Planung als politischer Prozeß. Aufsätze zur planenden Verwaltung. Frankfurt a.M, 73–113.
Scharpf, Fritz W., 1985: Die Politikverflechtungs-Falle: Europäische Integration und deutscher Föderalismus im Vergleich, in: Politische Vierteljahresschrift 26, 323–356.

Schelsky, Helmut, 1965: Der Mensch in der wissenschaftlichen Zivilisation, in: Ders., Auf der Suche nach Wirklichkeit. Düsseldorf, 439–471.
Servan-Schreiber, Jean-Jacques, 1968: Die amerikanische Herausforderung. München.
Simonis, Georg, 1995: Ausdifferenzierung der Technologiepolitik – vom hierarchischen zum interaktiven Staat, in: *Renate Martinsen/Georg Simonis* (Hrsg.), Paradigmenwechsel in der Technologiepolitik. Opladen, 381–404.
Stucke, Andreas, 1993: Institutionalisierung der Forschungspolitik: Entstehung, Entwicklung und Steuerungsprobleme des Bundesforschungsministeriums. Frankfurt a.M.
Starbatty, Joachim/Vetterlein, Uwe, 1990: Die Technologiepolitik der Europäischen Gemeinschaft. Baden-Baden.
Weyrich, Claus, 1998: Industrieforschung vor globalen Herausforderungen, in: *Werner Fricke* (Hrsg.), Innovation in Technik, Wissenschaft und Gesellschaft. Bonn, 55–74.

Regionale Innovationspolitik und innovative Regionalpolitik

Antje Blöcker / Dieter Rehfeld

1. Fragestellung

Eine dezentral ausgerichtete Politik zur Mobilisierung wirtschaftlicher Innovationen ist ohne Zweifel ein Kind der weltweiten angebotspolitischen Wende, die seit Ende der 1970er Jahre über Privatisierung, Deregulierung und Liberalisierung (Gruppe von Lissabon 1997) eine globale ökonomische Dynamik mit neuen Ungleichheiten und Ungleichzeitigkeiten freigesetzt hat (Yergin/Stanislav 1999). Unabhängig von den konzeptionellen und strategischen Zielen der unterschiedlichen Akteure haben der Aufbau und die weitere Entwicklung der Region als neues „technologiepolitisches Handlungsfeld" den wirtschafts- und gesellschaftspolitischen Strategiewandel der letzten 20 Jahre kontinuierlich begleitet und sich auch selbst mit ihm gewandelt.

Von daher ist es auch nicht überraschend, dass regionale Innovationspolitik keineswegs von der Globalisierungsdebatte mit ihrer Annahme zunehmend heimatloser globaler Konzerne überrollt wurde, sondern in den vergangenen Jahren eher neue Impulse erhalten hat. Egal, ob die Intention der Akteure hierbei in einer Abkopplung regionaler Kreisläufe von globalen Prozessen oder in einer Stärkung der regionalen Ebene im globalen Wettbewerb besteht, in der Debatte um regionale Innovationspolitik und innovative Regionalpolitik bündeln sich immer auch Fragen einer zukünftigen wirtschaftspolitischen und – auch wenn nicht immer explizit – gesellschaftspolitischen Perspektive, damit auch die Frage nach den Möglichkeiten politischer Steuerung.

Die gesellschaftspolitische Dimension regionaler Innovationspolitik lässt sich am Spannungsfeld zwischen Wachstums- und Ausgleichspolitik exemplarisch festmachen. Regionale Innovationspolitik als Wachstumspolitik kann mit dem Schlagwort „Stärken stärken" charakterisiert werden. Sie zielt darauf ab, das in der Regel geographisch konzentrierte Innovationspotenzial zur Entfaltung zu bringen und hofft, dass die so freigesetzten Impulse auch in den anderen Regionen wirksam werden. Regionale Innovationspolitik als Ausgleichspolitik zielt darauf ab, ein in tendenziell allen Regionen vermutetes Wachstumspotenzial zu mobilisieren und stellt so den Ausgleich regionaler Disparitäten als strategischen Kern in den Vordergrund. In einer weiteren Zuspitzung lassen sich diese beiden Pole auch so charakterisieren, dass ausgleichsorientierte Politik eine Einbindung der Innovationspolitik in umfassende gesellschaftspolitische Zielsetzungen anstrebt, regionale Innovationspolitik eher als Trias einer Modernisierung von Wirtschaft, Verwaltung und Politikstrategien verstanden wird, während die wachstumsorientierte Politik die ökonomischen Ziele in den Mittelpunkt stellt.

In analytischer Zuspitzung steht die Unterscheidung zwischen regionaler Innovationspolitik und innovativer Regionalpolitik für zwei Pole, zwischen denen sich die innovationspolitischen Maßnahmen auf regionaler Ebene seit Mitte der 1970er Jahre bewegen. Um die damit verbundenen Veränderungen zu verstehen, soll im folgenden Abschnitt zunächst die Entwicklung regionaler Innovationspolitik und innovativer Regionalpolitik in den vergangenen 20 Jahren nachgezeichnet werden. Der Argumentation liegt die Überlegung zu Grunde, dass die Entwicklung von Politikfeldern eher als reflexiver Prozess denn als konsequente Umsetzung einmal erarbeiteter Konzepte und Strategien zu verstehen ist. Analog zur Debatte um Innovationen ist davon auszugehen, dass sich hierbei Pfade herausbilden, die Erfahrungen und Interaktionszusammenhänge konstituieren und damit die weitere Entwicklung strukturieren.

Im anschließenden Abschnitt geht es dann um den innovativen Gehalt der regionalen Innovationspolitik. Dem liegt die These zu Grunde, dass die sich beschleunigenden Veränderungen von Zeit- und Raumstrukturen nur dann politisch gestaltbar bleiben, wenn sich komplementär neue organisatorische und strategische Strukturen entwickeln. Es wird gefragt, inwieweit mit der Entwicklung der regionalen Innovationspolitik auch die für die Realisierung notwendige innovative Regionalpolitik entstanden ist. Der Bezugspunkt ist also ein doppelter: es geht sowohl um die Frage nach den Effekten und Effizienzen der regionalen Innovationspolitik für die Mobilisierung innovativer Potenziale in den Regionen wie auch um den innovativen Gehalt der hierfür entwickelten politischen Strukturen.

Der abschließende Abschnitt geht auf die Perspektiven regionaler Innovationspolitik ein. Den Bezugspunkt bildet die jüngste wissenschaftliche Diskussion um die Potenziale regionaler Innovationspolitik in Form einer Gestaltung kollektiver Lernprozesse – damit in letzter Konsequenz um die systematische Verbindung von regionaler Innovationspolitik und innovativer Regionalpolitik. Gefragt wird nun in konzeptioneller Perspektive – vor dem Hintergrund einer realistischen Einschätzung politischer Steuerungskapazitäten – nach den Möglichkeiten der Umsetzung einer derartigen Weiterentwicklung und nach den damit verbundenen gesellschaftspolitischen Implikationen. Das Argument besteht auch hier darin, dass eine angemessene Weiterentwicklung nicht als „großer Wurf", sondern nur als reflexiver Prozess realisierbar ist, für deren Gestaltung sich Fixpunkte formulieren lassen. Er sollte in seinen konkreten Ausprägungen – und diese Unsicherheit ist nun einmal per Definition unmittelbarer Bestandteil innovativer Projekte – ergebnisoffen und das heißt auch regional differenziert sein.

2. Phasen und Pfade regionaler Innovationspolitik

2.1 Der Aufbau einer technologiepolitischen Infrastruktur

Bis Mitte der 1970er Jahre wurden die wesentlichen Krisenbewältigungsstrategien zentralstaatlich definiert: Mit dem Konzept „Modell Deutschland" (Hauff/Scharpf 1975) gelang es bisher letztmals in Deutschland auf zentralstaatlicher Ebene, Krisenbewältigungsstrategie und eine nicht ökonomisch reduzierte gesellschaftspolitische Zielsetzung zu verbinden: Forschungs- und Technologiepolitik, ergänzt um eine aktive Arbeitsmarktpolitik, sollten nicht nur neue Märkte und Arbeitsplätze schaffen, sondern auch zur sozialen und ökologischen Modernisierung der Gesellschaft beitragen. Insbesondere das Zukunftsinvestitionsprogramm von 1977 und das arbeitsmarktpolitische Sonderprogramm für Regionen mit besonderen Beschäftigungsproblemen von 1979 (Pollmeyer 1983) gaben Impulse, die den Spielraum für die dezentrale Umsetzung zentralstaatlicher Programme deutlich öffneten und mit ihrer Ausrichtung an gesellschaftlichen Bedarfsfeldern (Ausbau sozialer Dienste und sozialer Infrastruktur, Umwelt- und Naturschutz, Wohnumfeldverbesserung und Denkmalpflege) inhaltliche Impulse für die regionale Innovationspolitik Mitte der 1980er Jahre setzten. Die Umsetzung dieser Programme erfolgte in erster Linie vor Ort: die Neuorientierung der Forschungs- und Technologiepolitik brachten ebenso wie die Dezentralisierung der Arbeitsmarkt- und partiell auch der Konjunkturpolitik institutionelle Änderungen hervor, die den lokalen Handlungsspielraum entgegen dem damaligen Trend einer Zentralisierung öffentlicher Aufgaben deutlich erweiterten.

Der erneute weltweite wirtschaftliche Einbruch Anfang der 1980er Jahre offenbarte nicht allein das Scheitern dieses (bisher) letzten Ansatzes einer gesellschaftspolitisch motivierten Strukturpolitik. Er hatte auch in der Bundesrepublik den Übergang zur, wenn auch gegenüber den angelsächsischen Ländern moderaten, angebotsorientierten Ausrichtung der Wirtschafts- und Strukturpolitik zur Folge. Mit diesem Rückzug des Zentralstaates aus der strukturpolitischen Verantwortung entstand ein gesellschaftspolitisches Vakuum, das „von unten", zunächst von der lokalen Ebene zu füllen versucht wurde.

Ein zentraler Impuls für lokale bzw. regionale Initiativen hatte seine Wurzel in einer dezentralisierten Technologiepolitik (zusammenfassend Bruder/Ellwein 1982). So hatten bereits seit Mitte der 1970er die Industrie- und Handelskammern damit begonnen, Technologietransferstellen einzurichten, und die Gewerkschaften zielten in den 1980er Jahren mit der Gründung regionaler Entwicklungsagenturen wie z.B. ECOS (Entwicklungscenter Osnabrück) in Osnabrück oder ZATU (Zentrum für Arbeit, Technik und Umwelt) in Nürnberg auf die Verbindung von Technologie- und Beschäftigungspolitik in den Kommunen ab (Benz u.a. 1999: 62).

In den folgenden Jahren wurde das technologiepolitische Handlungsfeld weiter ausdifferenziert. Am spektakulärsten erwies sich dabei ohne Zweifel der mit dem 1983 gegründeten Berliner Technologie- und Innovationszentrum einsetzende Boom der Gründung von Technologiezentren (Dose/Drexler 1988 sowie die Bilanz bei Sternberg u.a. 1996).

Technologiepolitische Zielsetzungen wurden nun nicht mehr allein im Rahmen der Forschungs- und Entwicklungspolitik verfolgt. Auch in anderen zentralstaatlichen Programmen, vor allem im Rahmen der regionalen Wirtschaftspolitik, der Bildungs- und Weiterbildungspolitik, der Arbeitsmarktpolitik und der Mittelstandspolitik gewannen technologiepolitische Zielsetzungen eine wesentliche Bedeutung, sodass Technologiepolitik spätestens in der zweiten Hälfte der 80er Jahre zu einem neuen Paradigma der kommunalen und regionalen Wirtschaftspolitik (Blöcker/Rehfeld 1989) wurde. Und sofern das Netz regionaler technologiepolitischer Aktivitäten noch Lücken aufwies, wurden diese von den Bundesländern geschlossen (Klönne u.a. 1991; Blöcker u.a. 1992).

Von dem Aufbau einer technologiepolitischen Infrastruktur kann für diese Jahre deshalb gesprochen werden, weil erstens ein lineares Innovationsmodell dominierte. Die Vorstellung einer linearen Kette mit Basis in der Grundlagenforschung, Prototypenentwicklung in großen Forschungslabors und sich daran anschließende Diffusion industrieller Innovationen hatte ihren Ursprung in den amerikanischen technologischen Großprojekten des Zweiten Weltkrieges und wurde vor allem in den technologiepolitischen Reports der OECD in den 1950er und 1960er Jahren methodisch weiterentwickelt (Freeman 1995: 9). Zwar waren Gedanken der Vernetzung (etwa in der Metapher vom „Saatbeet" in Zusammenhang mit Technologiezentren) in der regionalen Technologiepolitik der 1980er Jahre bereits enthalten, generell dominierte aber die Perspektive eines von der Grundlagenforschung ausgehenden linearen technologiepolitischen Modells.

Zweitens wird von technologiepolitischer Infrastruktur deshalb gesprochen, weil es um den Aufbau von Institutionen ging, die allen potenziellen Adressaten (Unternehmen) zur Verfügung standen. Auch wenn diese immer seltener als rein öffentliche Einrichtungen sondern etwa als Public-Private-Partnership organisiert wurden, es handelte sich um kollektives Gut, das auf die Verbesserung der Rahmenbedingungen abzielte, wobei vor allem die kleinen und mittleren Unternehmen als Adressaten im Mittelpunkt standen.

2.2 Regionale Innovationspolitik als Teil von Regionalisierungsstrategien

Mit der Ausweitung der technologiepolitischen Aktivitäten stieg auch die Zahl der beteiligten Akteure. Technologietransfer oder Innovations- und Gründungsberatung wurden nicht allein, in der Regel nicht einmal primär, im Rahmen der kommunalen Wirtschaftsförderung durchgeführt, sondern von den entsprechenden Einrichtungen der Industrie- und Handelskammern und der Handwerkskammern, der Hochschulen oder von den Technologieberatungsstellen der Gewerkschaften.

Aus der Vielzahl der Programme und der wachsenden Bedeutung von Akteuren ergab sich fast zwangsläufig die Frage nach der Gefahr eines Nebeneinanders bzw. nach Koordination der verschiedenen Aktivitäten. Ausgehend von dem Gedanken der Public-Private-Partnership (Frey 1993; Mayer 1994) entstanden in dem Bemühen einer Koordination und problemgerechten Umsetzung einer dezentralisierten Technologiepolitik von den Kommunen und vor allem von den Kammern gemeinsam getragene Einrichtungen, die als Modelle wegweisend für die folgende Regionalisierungsdiskussion wurden. Zu nennen sind in erster Linie die 1984 zunächst als Betreibergesellschaft des Technologiezentrums gegründete Aachener Gesellschaft für Innovation und Technologietransfer (AGIT) sowie die 1987 ins Leben gerufene Technologieregion Karlsruhe (Hartmann 1994: 177 sowie Batt 1994).

Ungeachtet der spezifischen strategischen Zielsetzungen und Promotoren zeigen die unterschiedlichen Initiativen Gemeinsamkeiten, die sich in den folgenden Jahren zu einem neuen räumlichen Steuerungsmodell verdichteten (Rehfeld/Weibler 1998). Seinen ersten Ausdruck fand dieses neue Steuerungsmodell in den „Runden Tischen", die auf eine Koordinierung von Regional-, Arbeitsmarkt- und Technologiepolitik abzielten. Bundesweite Beachtung fand etwa die seit 1984 von der Stadt organisierte „Technologierunde Köln" (Hartmann 1994: 186), die mit ihrer breiten Besetzung (Industrie, Hochschulen, Kreditinstitute, Versicherungen, Gewerkschaften, Politik, Verwaltung) Impulse für die Regionalisierung der Strukturpolitik setzte.

Die mit diesen „Runden Tischen" verbundene Öffnung der kommunalen und regionalen Aktivitäten für gesellschaftliche Akteure war aus zwei Gründen zwangsläufig: Erstens waren in vielen Regionen nicht Akteure aus Politik und Verwaltung, sondern aus den Gewerkschaften und den Kammern die zentralen Promotoren einer Neuorientierung der Wirtschaftspolitik, wobei sich deren Aktivitäten bis in die Umsetzungsebene hinein entfalteten. Zweitens war mit dem Anspruch, sich auf die endogenen Potenziale zu beziehen, die Bedeutung unmittelbar problembezogenen Wissens evident, das nur von den jeweiligen Betroffenen selbst eingebracht werden konnte.

In den Argumentationen dieser Zeit dominierten weitgehend noch Dezentralisierungselemente, von der Region als explizit von der lokalen unterschiedenen Ebene mit einer spezifischen organisatorischen bzw. sozialen Qualität war noch nicht die Rede. Aber auch aus inhaltlichen Aspekten war ein Blick über die kommunalen Grenzen hinaus unausweichlich: Technologiezentren machten nur in einer begrenzten Zahl Sinn, mussten daher das Umland in ihre Aktivitäten einbeziehen. Die Technologietransferstellen der Universitäten öffneten sich im Zuge der Angebotspolitik für ihr Umfeld, das in der Regel über eine Kommune weit hinaus reicht.

Von der regionalen Innovationspolitik gingen in dieser ersten Phase also wesentliche Impulse für die Entstehung der Regionalisierung als einem neuen Steuerungsmodell aus. Das Neue an diesem Steuerungsmodell besteht darin, dass die „nach Territorien (Gebietskörperschaften, Verwaltungsbezirken), Funktionen (Gesetzgebung, Verwaltung, Rechtsprechung) und Politikbereichen (Fachaufgabe) arbeitsteilig organisierte Staatstätigkeit ... um eine weitere Dimension der Strukturierung, den Raum" ergänzt wird (Benz u.a. 1999: 20). Die spezifische Kompetenz des Raumes besteht, so die Erwartung, in ihrer Integrationsfähigkeit. Koordination durch Kooperation auf der Basis von Leitbildern auf Grundlage der bestehenden, fragmentierten anderen Dimensionen organisierter Staatstätigkeit, so lässt sich der Grundgedanke und Anspruch zusammenfassen (Rehfeld/Weibler 1998).

Dieser Ansatz der Regionalisierung fand in Form von Regionalkonferenzen, regionalen Leitbildern, Regionalbüros oder Entwicklungsgesellschaften seit Mitte der 1980er Jahre eine breite Akzeptanz und Umsetzung (Batt 1994; Lompe u.a. 1996). Für die regionale Innovationspolitik ergab sich hieraus, dass sie vom Anspruch her in einen auf umfassende, integrierte Modernisierung ausgerichteten Kontext eingebunden wurde. Sie erfolgte damit in einem wesentlich stärkeren ausgleichspolitischen Zusammenhang.

2.3 Regionale Innovationspolitik als strategischer Fokus einer innovativen Regionalpolitik?

Evaluierungen dieser ersten Phase der Regionalisierung zeigen jedoch, dass zwar durchaus innovative einzelne Projekte initiiert wurden und auch institutionelle Neuerungen in Form „korporativer Akteure" erfolgten, der umfassende Koordinierungsanspruch aber nicht eingelöst werden konnten (Hesse u.a. 1991; Heinze/Voelzkow 1991; EfAS 1992; MWMT NRW 1992; Fürst 1994; Kilper 1999). Als Konsequenz erfolgte eine wesentlich stärkere projektförmige Ausrichtung der Regionalisierung. Gleichzeitig ist eine steigende gesellschaftliche Dominanz der Innovationspolitik insgesamt zu konstatieren, die in der Standortdebatte und der Globalisierungsdebatte Mitte der 90er Jahre ihren Ursprung hat.

Vor diesem Hintergrund löst sich regionale Innovationspolitik wieder aus ihrer vorübergehenden Einbindung in umfassende Regionalisierungsstrategien, gewinnt aber im Rahmen der Regionalisierungsprojekte dadurch eine Schlüsselstellung, dass regionale Innovationspolitik die ökonomische Basis im Rahmen einer globalen Konkurrenz stärken soll. Mit anderen Worten: der gesellschaftliche Diskurs wird erneut wesentlich stärker ökonomisch ausgerichtet, wachstumspolitische Vorstellungen gewinnen gegenüber ausgleichsorientierten Vorstellungen erneut an Gewicht.

Regionale Innovationspolitik bleibt dennoch weiterhin eng mit der Frage nach den Möglichkeiten einer innovativen Regionalpolitik verbunden, weil sie selbst Elemente der Regionalisierungserfahrungen aufnimmt, gleichzeitig mit dem Wandel des Innovationsverständnisses (Vernetzung, Rückkopplungsschleifen, Lernen und Wissen) wesentliche dieser Elemente selbst fundiert und weiterentwickelt. Die neuen Ansätze der regionalen Innovationspolitik lassen sich an drei Beispielen verdeutlichen.

Erstens sind die seit 1993/94 praktizierten verbundspezifischen Ansätze im Rahmen der regionalisierten Strukturpolitik in NRW zu nennen. Die in diesem Rahmen geförderten Projekte (rd. drei Dutzend zwischen 1995 und 1999, vgl. Rehfeld u.a. 1999) sind zwar noch eng mit dem umfassenden Regionalisierungsanspruch verbunden, aber doch stark auf die Frage nach Innovationen fokussiert. Sie stehen im Kontext der Neuorientierung und Weiterentwicklung der regionalisierten Strukturpolitik in Nordrhein-Westfalen (Noll/Scharfenorth 1997), also dem Bundesland, das die Regionalisierung der Strukturpolitik als erstes flächendeckend umgesetzt hat. Die verbundspezifischen Ansätze zielen darauf ab, die verschiedenen Politikfelder der regionalisierten Strukturpolitik noch besser aufeinander abgestimmt und zielgenauer auszurichten. Das Ziel besteht darin, die Innovationsprozesse in den Regionen durch Verbünde von Unternehmen und Netzwerke zwischen Unternehmen, Verbänden, Forschungs-, Entwicklungs- und Qualifizierungseinrichtungen, Kommunen und Staat zu stärken.

Bisherige Elemente der Strukturpolitik, wie die Subvention von Investitionen oder der Aufbau einer technologieorientierten Infrastruktur, werden somit um eine prozedurale Komponente ergänzt. Angenommen wird hierbei, dass in einer Region durch das unkoordinierte Nebeneinander von unternehmerischen Aktivitäten Potenziale verschenkt werden, die durch eine stärkere Zusammenarbeit mobilisierbar sind. Der Initiierung bzw. Moderation dieser Zusammenarbeit kommt also eine Schlüsselrolle bei dieser neuen regionalpolitischen Komponente zu, wobei die regionalisierte Strukturpolitik mit ihren spezifischen institutionellen Kontexten nach wie vor den Rahmen dieser Verbundprojekte bildet. So sollen die Projekte in die regionalen Entwicklungskonzepte eingebunden werden und dazu dienen, dass die strukturpolitischen Aktivitäten besser aufeinander abgestimmt und zielgenauer ausgerichtet werden.

Ein zweites Beispiel ist der 1995 vom Bundesforschungsministerium ausgeschriebene BioRegio-Wettbewerb. Dieser Wettbewerb hatte zum Ziel, das Umfeld für die Entwicklung der Biotechnologie in den Regionen zu stärken. Anders als die verbundspezifischen Ansätze ging es allerdings nicht um eine geographisch breit gestreute Mobilisierung von Potenzialen, sondern in erster Linie um eine Stärkung der Regionen, die bereits vielsprechende Potenziale in diesem Bereich aufweisen. Das Ziel bestand darin, dass „die Regionen untereinander in Wettbewerb treten, die am Standort Deutschland die besten Voraussetzungen bieten, die Umsetzung von biotechnologischem Wissen in Produkte, Produktionsverfahren und Dienstleistungen zu organisieren und zu realisieren" (Bmb+f 1995: 1). Angesichts der expliziten Devise „Stärken stärken" überrascht es nicht, dass die drei Regionen (Rheinland, München, Rhein-Neckar) als Gewinner prämiert wurden (Wissenschaft und Forschung 12.9.1996; RNZ 21.11.1996; HB 21.11. 1996), die bereits auf eine mehrere Jahre laufende Erfahrung mit regionaler Zusammenarbeit zurückgreifen konnten.

Drittens ist der im April 1999 ebenfalls vom Bundesforschungsministerium ausgeschriebene InnoRegio-Wettbewerb zu nennen, in dem zum ersten Mal seitens der Bundesforschungsministeriums ausdrücklich ausgleichspolitische Zielsetzungen verfolgt wurden. Der Zielkatalog dieses Wettbewerbs stellt die „nachhaltige Verbesserung der Beschäftigtensituation und der Stärkung der Wettbewerbsfähigkeit in den neuen Ländern" in den Mittelpunkt. „Um dieses Ziel zu erreichen,
- sollen auf regionaler Ebene Konzepte und Projekte zur Erschließung von Innovationspotenzialen entwickelt werden. Hierzu werden Innovationsdialoge initiiert.
- soll der Aufbau regionaler Netzwerke angestoßen werden, in denen sich Menschen aus unterschiedlichen Aufgabenfeldern in gemeinsamen Innovations- und Lernprojekten engagieren." (Bmb+f 1999: 7).

Gemeinsam ist allen drei Beispielen, und hierin greifen sie Kernelemente der Regionalisierung auf, dass sie prozedurale Aspekte und inhaltliche Aspekte konsequent verbinden: Von spezifischen Formen der Zusammenarbeit, für die mehr oder weniger konkrete Kriterien formuliert werden, werden effektive Ergebnisse erwartet. Das prozedurale Ziel (effiziente Gestaltung der regionalisierten Strukturpolitik) und das sachliche Ziel (Aufbau industrieller Verflechtungsstrukturen) lassen sich – dies ist charakteristisch für den politischen Regionalisierungsprozess insgesamt – bestenfalls analytisch unterscheiden. Faktisch kann von einem engen Zusammenhang zwischen der Gestaltung des Verfahrens und der Zielerreichung ausgegangen werden.

In dreierlei Hinsicht unterscheiden die Beispiele sich jedoch deutlich von den Regionalisierungsaktivitäten bis Mitte der 1990er Jahre:
- Anstelle der Mobilisierung von Potenzialen tritt die Entwicklung von Kompetenzen, wobei letztere besonders in ihrer Bedeutung für (ökonomische) Innovationen verstanden werden.
- Konsequenterweise tritt an die Stelle eines umfassenden Koordinationsanspruchs eine strategische Fokussierung durch Leitprojekte.
- Mit dem Wettbewerbscharakter wird der Zugang prinzipiell (im jeweiligen Teilnehmergebiet) offen gehalten. Der Wettbewerb beinhaltet aber auch eine Selektion durch Qualitätsansprüche, die sich an prozeduralen Kriterien orientieren.

Auch wenn damit die regionale Innovationspolitik erneut gegenüber der innovativen Regionalpolitik an Dominanz gewinnt, so zeigen die Beispiele weiterhin, dass es sich hierbei keineswegs um einen Schritt zurück in die erste Phase regionaler Innovationspolitik handelt. Insbesondere das Bewusstsein für die Bedeutung prozeduraler Elemente hat dazu beigetragen, dass der Steuerungsanspruch weit über den damaligen infrastrukturellen Charakter hinaus geht.

3. Wie innovativ ist die regionale Innovationspolitik?

Bei Innovationen handelt es sich um komplexe, von vielfältigen Rückkopplungen bzw. Wechselwirkungen geprägte, in ihren Ergebnissen per Definition nicht vorhersehbare (vgl. Rehfeld 1999b) Wirkungszusammenhänge. Von daher stehen Evaluierungen innovationspolitischer Programme immer vor dem Problem, die Auswirkungen einzelner Interventionen im Rahmen eines komplexen Wirkungsgeflechtes angemessen beurteilen zu können (siehe z.B. die vergleichbare Diskussion um Mitnahmeeffekte im Rahmen der Gemeinschaftsaufgabe zur Verbesserung der regionalen Wirtschaftsstruktur, Becher/Rehfeld 1987).

Entgegen der methodischen Forderung nach operationalisierbaren Programmzielen (z.B. Gornig/Toepel 1998: 156) handelt es sich bei der Zielsetzung der Stärkung der Innovationsprozesse in den Regionen weiterhin um implizite Wirkungsmodelle mit überwiegend weichen Zielsetzungen wie Einstellungs- oder Verhaltensänderungen. Dies kann auch nicht anders sein, weil es sich bei der Umsetzung dieser Ziele um neuartige, mittel- bzw. langfristig wirkende Instrumente handelt. Diese Ziele können nur vermittelt bzw. im Rahmen eines komplexen Bedingungsgefüges erreicht werden, und das Erreichen dieser Ziele ist zudem von kollektiven Lernprozessen anhängig.

Eine Evaluierung regionaler Innovationspolitik sieht sich also mit methodischen Rahmenbedingungen konfrontiert, die eine klassische, d.h. einheitliche Methode der Zielabweichungskontrolle oder der Wirkungsforschung ausschließen (z.B. Kromrey 1995: 328 und Wollmann 1990: 567):
- schwer zu operationalisierende unabhängige (Programmziele) wie abhängige (beabsichtigte wie nicht-beabsichtigte Wirkungen) Variablen (Indikatoren- und Messproblem),
- kaum zu identifizierende exogene Einflüsse,
- Probleme der Validität der Ergebnis-Indikatoren und der nur langfristig zu identifizierenden Maßnahmenwirkungen und
- Fehlen von Kontrollgruppen, was die Zurechenbarkeit der Projektwirkungen („with-and-without") zusätzlich erschwert (Kausalitätsprobleme).

Evaluierungskonzepte für innovationspolitische Projekte und Programme stellen daher mittlerweile sehr stark den prozeduralen Aspekt in den Mittelpunkt und sind in ihrer Zielsetzung wesentlich stärker als bisher an einem Beitrag zur Reflexion des Programm- und Projektmanagements orientiert als an einer ex-post-Beurteilung (Rehfeld u.a. 1999). Selbstverständlich darf dies nicht heißen, dass der prozedurale Aspekt zum Selbstzweck wird, wie es sich in der Regionalisierung häufig findet: „Konkrete Ergebnisse haben wir zwar nicht, aber alle Beteiligten haben es sehr wohl tuend empfunden, dass nach langer Zeit einmal wieder miteinander geredet wurde", so sinngemäß eine häufig in Expertengesprächen zur Evaluierung von Regionalisierung protokollierte Aussage.

Trotz dieser Schwierigkeiten lassen sich einige zentrale Ergebnisse formulieren. Bezogen auf die erste Phase fällt zunächst der nahezu flächendeckende Charakter der technologiepolitischen Infrastruktur auf. So gab es Mitte der 1990er Jahre in Deutschland rund 120 Technologie- und Gründerzentren (Sternberg u.a. 1996) sowie 1150 Technologietransferstellen (HB vom 15.4.1999: 28). Infolge der breiten Streuung entstanden zum einen Überkapazitäten und eine hohe Unübersichtlichkeit bei den Adressaten. Zum anderen führte dies zu einem down-grading bei den Betreibern: Insbesondere Technologie- und Gründerzentren haben ihre Ansprüche oft sehr stark reduziert und stellen sich heute mehr als Gründer- denn als Technologiezentren dar. Die Technologiezentren können auf eindrucksvolle Zahlen von Unternehmensgründungen verweisen, ebenso auf eine entsprechende Beschäftigtenentwicklung. Offen ist aber, inwieweit es sich bei diesen Gründungen um zusätzliche, durch das Angebot von Technologiezentren initiierte Gründungen oder um Mitnahmeeffekte handelt. Und offen ist auch, inwieweit in der Tat Gründungen erleichtert wurden und inwieweit es sich um ein Umfeld für ohnehin geplante Gründungen handelt. Vieles spricht dafür, dass der über die Gründungen hinausgehende Anspruch eines Synergien hervorbringenden kooperativen und kommunikativen Umfelds nicht realisiert wurde (Sternberg u.a. 1996).

Die Ursachen für die in Unternehmensbefragungen immer wieder festgestellte geringe Nutzung von Technologietransferstellen, wobei kleine und mittlere Betriebe als Zielgruppe in Zusammenhang mit betrieblichen Innovationen relativ geringer als Nutzer auftreten als Großunternehmen, liegen dann auch weniger in einer mangelnden Kenntnis der Angebote, sondern in der Frage nach der passenden Einrichtung für die jeweils spezifischen Bedürfnisse.

Bezogen auf die zweite Phase ist festzuhalten, dass der mit einer innovativen Regionalpolitik verbundene Koordinationsanspruch „von unten" nur in wenigen Modellprojekten erfüllt wurde, von daher auch eine gesellschaftspolitische Einbindung regionaler Innovationspolitik die Ausnahme blieb. Ursächlich hierfür war erstens, dass die mit dem Aufbau regionaler Politiknetzwerke verbundenen Transaktionskosten erheblich unterschätzt wurden, und sich „Runde Tische" als lose Koordinationsinstanzen als weiche bzw. instabile Netzwerke erwiesen (vgl. Rehfeld/Weibler 1998; Lompe u.a. 1996).

Zweitens ist nicht zu unterschätzen, dass auf der für die Regionalisierung als innovative Regionalpolitik zentralen Landesebene, die regionale Innovationspolitik auch weiterhin unabhängig von den Regionalisierungsinitiativen konzipiert und umgesetzt wurde. Vor allem die in den meisten Bundesländern durchgeführten Landesinitiativen zu neuen Technologien (z.B. Landesinitiativen Informations- und Kommunikationstechnik, Multimedia, Biotechnologie, Mikrosystemtechnik etc.) waren zwar regional verankert, selten aber mit den parallelen Initiativen vor Ort verbunden (vgl. Rehfeld u.a. 1999).

Schließlich muss der für die dritte Phase charakteristische Wettbewerbscharakter nicht zwangsläufig – wie die Beispiele zeigen – ausgleichspolitische Zielsetzungen konterkarieren. Im Gegenteil, es ließe sich argumentieren, dass strukturschwache Gebiete durch die Entwicklung hoher politisch-strategischer Kompetenzen (prozedurale Innovationen) in der Lage sein könnten, wirtschafts- oder siedlungsstrukturelle Nachteile zu kompensieren. Empirisch fundierte Aussagen hierüber liegen allerdings bisher nicht vor.

Auch die mit dem Wettbewerbscharakter verbundene Selektionswirkung bleibt bisher gering, da oft auch die nicht prämierten Regionen weiter arbeiten – vor allem im Falle des BioRegio-Wettbewerbs. Diese Regionen können sich mit einem geringen Maß an Geschick, die regionale Zusammenarbeit aus anderen Töpfen (etwa EU-Strukturfonds) subventionieren. Eine besondere Rolle spielen hier die bisherigen Ziel-4 Mittel der Europäischen Strukturpolitik, die unabhängig von Fördertatbeständen, also letztlich flächendeckend, auf die innovative Zusammenarbeit ausgerichtet sind.

In gewisser Hinsicht drehen sich die Implementationsprobleme politischer Programme offenbar im Kreis: die Vielzahl der für eine regionale Innovationspolitik verfügbaren Programme und die Möglichkeit, mit ihnen zu jonglieren, die damit verbundenen Schwierigkeiten einer zielgenauen Ausrichtung und Selektion, entsprechen in vieler Hinsicht der unkoordinierten Situation der regionalen Strukturpolitik der 1960er und 1970er Jahre. Die Paradoxie besteht möglicherweise darin, dass durch die Vielzahl der Programme zwar Mittel für eine regionale Innovationspolitik flächendeckend, in strukturschwachen Regionen eher überproportional, zur Verfügung stehen, sich die strukturell bedingten Ungleichheiten aber lediglich generell verstärken. Der zentrale Grund hierfür liegt darin, dass angesichts der Vielzahl der Programme keinerlei Selektion stattfindet.

Hinter diesen allgemeinen Ergebnissen verbergen sich ohne Zweifel sehr differenzierte Entwicklungen. Auch ist keineswegs auszuschließen, dass durch die Zielsetzungen der dritten hier skizzierten Phase der regionalen Innovationspolitik (Netzwerkbildung, Aufbau von Verbundstrukturen) eine bessere Ausnutzung der vorhandenen technologiepolitischen Infrastruktur erreicht wird. In einer über die einzelnen Programme und Regionen hinausgehenden Perspektive besteht die entscheidende Frage aus innovationspolitischer Sicht allerdings darin, inwieweit es durch die regionale Innovationspolitik gelingt, neue Wege aus den Pfaden zu öffnen, die als charakteristisch für das nationale Innovationssystem und vor allem dessen Schwächen angesehen werden. Um diese Frage zu diskutieren, ist es notwendig, sich kurz die wesentlichen Merkmale des deutschen Innovationssystems vor Augen zu führen.

Die Abgrenzung dessen, was zum nationalen Innovationssystem gehört, ist nicht immer einheitlich. Als charakteristisch für das deutsche Innovationssystem werden Elemente angesehen wie eine ausgeprägte Ingenieur- und damit Technikdominanz, das duale Ausbildungssystem und darauf beruhende starke Facharbeitertraditionen mit entsprechenden Orientierungen der Arbeitsbeziehungen bzw. der Tarifpolitik (Naschold u.a. 1997) sowie ein hohes Maß an sektoralen und disziplinären Fragmentierungen. In gewisser Perspektive macht es aber auch Sinn, diese Elemente in einen weiteren gesellschaftlichen Zusammenhang zu stellen, wie es etwa im Konzept des „rheinischen Kapitalismus" (Albert 1992) erfolgt, das die ausgeprägte Konsensorientierung hervorhebt.

Als Konsequenz dieser Elemente ist davon auszugehen, dass das deutsche Produktionsmodell von „hochwertigen, inkrementellen Innovationsstrategien" geprägt ist (Soskice 1997: 319), die sich für die Entwicklung der Kernbranchen Automobilherstellung, Maschinenbau, Elektrotechnik und Chemische Industrie lange Zeit als erfolgreich erwiesen haben. Vor dem Hintergrund einer wachsenden Globalisierung wirtschaftlicher Beziehungen in den 1980er und 1990er Jahren wird das Festhalten an dieser Stärke als „industrieller Konservatismus' mit ,defensiven Investitionen'" (Naschold 1997: 46) interpretiert. Die Folge ist eine Parallelität von selektiver industrieller Modernisierung und anhaltender Massenarbeitslosigkeit, die sich als „Stagnovation" mit immer intensiverer Weiterentwicklung innerhalb bestehender Strukturen erweist. Sie bindet jedoch Ressourcen, die nötig wären, um echte Innovationen zu entwickeln (Jürgens/Lippert 1997: 91).

Wichtig ist hierbei auch der Befund, dass diese Verengung nicht allein die drei Kernbranchen betrifft, sondern das nationale Innovationssystem in Deutschland insgesamt. Naschold (1997: 34–35) sieht die Schwächen des bundesrepublikanischen Produktionsmodells in der strategischen Relevanz der drei Führungsbranchen (Chemie, Maschinenbau, Fahrzeugindustrie), ein Befund, der übrigens bereits in den 1970er Jahren formuliert wurde (Esser u.a. 1979). Diese strategische Dominanz der Kernbranchen geht auf Kosten der sektoralen Umstrukturierung in Richtung „Hochtechnologieökonomie" und Dienstleistungssektoren, vor allem auch im öffentlichen Bereich. Eine in den 1990er Jahren angestrebte organisatorische Umorientierung wurde weiterhin nicht zuletzt deshalb erschwert, weil sie im privaten wie im öffentlichen Sektor unter einem hohen Kostensenkungsdruck erfolgte, der die Personaldecke auf ein Mindestmaß reduzierte und damit auch für Innovation und Lernen immer notwendigen Redundanzen (Grabher 1994) oft nicht mehr vorhanden waren.

Regionale Innovationspolitik kann mit diesem Bezugspunkt dann an zwei Fragen gemessen werden: an der Frage, inwieweit sie die vorhandenen Potenziale des nationalen Innovationssystems optimiert, und an der Frage, inwieweit sie diesem Innovationssystem neue Impulse gibt, also zu dessen Innovation (im Sinne von Jürgens/Lippert 1997 „echte Innovation") selbst beiträgt.

Durch die Programme und Projekte der oben skizzierten dritten Phase der regionalen Innovationspolitik ist ohne Zweifel eine wesentlich stärkere Orientierung von Technik auf Umsetzung erfolgt, damit auch auf Organisations- und Marktkonzepte (also eine stärkere Betonung des market-pull gegenüber dem technology-push, vgl. Mayntz in diesem Band). Dies ist zugleich seit Jahren ein genereller Trend in der weltweiten Technologiepolitik.

In dieser Unterstützung der Umsetzung von Innovationen in neuen und alten Produktionsketten (auch in Verbindung mit Leitkunden) scheint die Stärke der neuen Programme und Projekte regionaler Innovationspolitik zu bestehen. Dies schließt nicht aus, impliziert möglicherweise sogar, dass regionale Innovationspolitik in den Pfaden des nationalen Innovationssystems verbleibt. So setzt sich hinter der Programmatik der neuen Programme und Projekte immer wieder eine starke Technikorientierung durch. Dies lässt sich zumindest bei den durch das Bundesforschungsministerium aufgelegten Wettbewerben vermuten: Der BioRegio-Wettbewerb setzt explizit an der Grundlagenforschung als Basis für die industrielle Nutzung an. Auch im Rahmen des InnoRegio-Wettbewerbs findet sich eine große Zahl von in der ersten Runde prämierten Projekten, die primär von den Universitäten getragen werden und/oder einen explizit technologiezentrierten Bezug aufweisen.

In diesem Zusammenhang ist bemerkenswert, dass die Förderprogramme, die vor allem auf Netzwerk- und Verbundbildung abzielen, noch immer wesentlich stärker die „Hardware" fördern und die personellen Voraussetzungen (und die damit verbundenen Kompetenzen) eines kontinuierlichen Netzwerkmanagements vernachlässigen. Zwar wird die externe Beratung und Moderation derartiger Projekte finanziert, nicht aber der Auf- und Ausbau der entsprechenden Kompetenzen in den Institutionen, die diese Aufgabe über die Projekte hinaus kontinuierlich fortsetzen müssen (Rehfeld u.a. 1999).

Auch die funktionale, territoriale und sektorale Fragmentierung scheint bisher nur sehr zögerlich überwunden worden zu sein. Entsprechende Kooperationen finden auf der Basis von Akteuren mit einem anhaltend hohen institutionellen Eigeninteresse statt und orientieren sich eher an den Pfaden der bestehenden Produktionsketten denn an deren Überwindung. In diesem Zusammenhang ist die Beobachtung von Kern (1996: 206) wichtig, der folgende Schwäche der dominierenden Produktionscluster in Deutschland sieht: „Nur insoweit, als die Innovation, um die es geht, durch Kombination von Wissensbeständen gelingen kann, die innerhalb des vertrauensstiftenden Milieus lokalisiert sind, kann das Milieu seine innovationsfördernde Wirkung entfalten." Die Grenzen werden dadurch festgelegt, „dass Basisinnovationen meistens nur dann zustande kommen, wenn es gelingt, Wissen zu kombinieren, welches gegenwärtig an verschiedenen Plätzen lokalisiert ist" (Kern 1996: 206).

Die Stärkung bzw. Unterstützung von Kooperation scheint dort besonders stark zu sein, wo sie projekt- und themenzentriert läuft; der Aufbau eines generell innovativen Umfelds gestaltet sich dagegen wesentlich schwieriger. Ein über die bestehenden Produktionsketten hinausgehendes Innovationspotenzial wird in den Projekten der regionalen Innovationspolitik sehr selten realisiert, der Pfad des deutschen Innovationsmodells nicht überwunden. Hierzu trägt auch die bei regionalen Projekten angesichts der fehlenden institutionellen Eigenlegitimation sehr hohe Konsensverpflichtung bei, die eher auf einem unverbindlichen Niveau allgemeine Entscheidungen zulässt als von den bestehenden Pfaden abweichende Aktivitäten.

4. Perspektiven regionaler Innovationspolitik

Die Frage nach den Perspektiven regionaler Innovationspolitik kann mittlerweile nicht mehr ohne eine Antwort auf die Frage nach der Rolle des Lokalen bzw. der Region im Rahmen einer sich zunehmend globalisierenden Ökonomie diskutiert werden.

Hierbei hat sich inzwischen die Überzeugung durchgesetzt, dass Regionalisierung und Globalisierung keine alternative sondern komplementäre Entwicklungen sind. Diese Einschätzung ergibt sich sowohl aus Analysen globaler Unternehmensstrategien (vgl. Rehfeld 1999c sowie die Beiträge in Research Policy 2–3/1999) wie auch aus Untersuchungen über regionale Innovationssysteme (vgl. die Zusammenfassung der Diskussion bei Sternberg 1999). Theoretisch werden diese Überlegungen fundiert durch die Bedeutung räumlicher Nähe für die Reduzierung von immer bei Innovationen auftretenden Unsicherheiten (vgl. Camagni 1991) und für die Mechanismen der Weitergabe impliziten Wissens (vgl. Nonaka/Reinmöller 1998) oder der anhaltend hohen Bedeutung von face-to-face-Kontakten gerade für kollektive Kompetenzentwicklung bzw. damit verbundenen Innovationspozessen (vgl. die Beiträge in Archibugi u.a. 1999).

Zugespitzt formuliert lässt sich argumentieren, dass die Nutzung des beschleunigt und weltweit generierten Wissens ein Können und eine strategische Kompetenz erfordert, deren Entwicklung von kultureller und/oder räumlicher Nähe abhängt, weil sie von direkten, informellen Interaktionsbeziehungen geprägt wird (Brödner u.a. 1999). Diese Mechanismen kommen bevorzugt dann zum Wirken, wenn ein spezifisches strukturelles Setting vorhanden ist, das spezialisiert genug ist, um eine gemeinsame sektorale Orientierung zu ermöglichen, gleichzeitig differenziert genug, um aus unterschiedlichen Kompetenzen resultierende Impulse hervorzubringen (vgl. Rehfeld 1999a).

Auch lock-in-Effekte (vgl. Granovetter 1992) sind zu vermeiden. So kann eine sich durch Austauschprozesse wie Arbeitskräftefluktuation, Netzwerke, Innovationskonkurrenz, Aus- und Neugründungen dynamisierende Entwicklung stattfinden.

Die wirtschaftspolitische Attraktivität dieser Überlegungen besteht darin, dass sie eine strukturpolitische Perspektive bieten, sich dem Standortwettbewerb als Kostenwettbewerb ein Stück weit zu entziehen. Die auf die Herausbildung von Innovationssystemen abzielende Entwicklung regionaler Kompetenzen macht sich die Vorteile räumlicher Nähe zu Nutze und ist nicht ohne weiteres imitierbar bzw. transferierbar. Dabei geht es darum, die an vor Ort vorhandenen Ressourcen und Akteure gebundenen Standortvorteile aufzubauen, die im Falle des Erfolgs sowohl die Innovationsfähigkeit der vor Ort vorhandenen Unternehmen stärkt wie auch die Attraktivität der Region als Standort für Ansiedlungen von außen erhöht.

Lässt sich somit argumentieren, dass die regionale Ebene in Zeiten einer sich globalisierenden Wirtschaft durchaus als Handlungsebene von Bedeutung sein kann, so ist damit noch nicht gesagt, dass dieser Spielraum bzw. die sich ergebenden „Fenster" (vgl. Kingdon 1984) auch politisch-strategisch genutzt werden können. Grundsätzlich ist bei der Diskussion um die Perspektiven regionaler Innovationspolitik von einer anhaltenden Kluft zwischen empirisch-theoretischem Wissen einerseits, Gestaltungswissen andererseits auszugehen.

Zur Verdeutlichung der hiermit angesprochenen Kluft ist zunächst festzuhalten, dass die in den vergangenen Jahren immer wieder analysierten regionalen Innovationssysteme in der Regel auf Entwicklungen basieren, deren Wurzeln Jahrzehnte zurückliegen. Im Verlauf dieser Entwicklungen haben politische Impulse bzw. Maßnahmen immer wieder eine entscheidende Rolle gespielt, sie sind aber so gut wie nie mit der Intention, ein regionales Innovationssystem zu initiieren oder auch nur Impulse hierfür zu setzen, konzipiert und implementiert worden. Historisch gesehen stellen sich regionale Innovationssysteme als Resultat komplexer Prozesse mit sehr unterschiedlichen Akteuren dar. Es liegt in der auf Konzentration ausgerichteten Logik der bei solchen Prozessen wirksamen Kräfte, dass derartige Innovationssysteme für einen Sektor oder eine Branche sich nur in sehr wenigen Regionen herausbilden können (vgl. ausführlich Rehfeld 1999a). „Best-practice-Modelle" haben daher immer nur sehr begrenzt aus Steuerungsperspektive Modellcharakter. Steuerungspolitisch relevant, und dies wird oft übersehen, ist der Prozess der Entwicklung derartiger Kompetenzen bzw. Innovationssysteme, nicht das wirtschaftliche bzw. technologische Feld.

Wie schwierig sich die Gestaltung von Innovationssystemen als Steuerungsaufgabe stellt, lässt sich am Beispiel vergleichbarer Fragestellungen illustrieren. Es geht darum, einen Kontext zu gestalten, der eine große Chance auf die Entstehung von „Neuem" bietet (vgl. Rehfeld 1999b). Hinweise liefern etwa die Erfahrungen mit den vergleichbaren Versuchen zur Gestaltung öffentlicher Räume als Orte der Entstehung von Urbanität. Seitens der Stadtplanung wurde immer wieder versucht, Räume zu schaffen oder anzubieten, die Urbanität hervorbringen, sie ist aber immer wieder – so ihre Kritiker – gescheitert. Zohlen (1995: 32) kommt zu dem Fazit, dass sich „kaum etwas weniger zum Planungsziel als Urbanität" eignet. Es ist mittlerweile anerkannt, dass Urbanität und Öffentlichkeit nicht geplant werden können, dass es bestenfalls möglich ist, Angebote zu machen, Spielräume zu lassen, die von den Nutzern mit Leben gefüllt werden und – dieser Aspekt wird in der Diskussion oft vernachlässigt – Fixpunkte und Konturen in einer sich ansonsten unstrukturiert entwickelnden Stadt zu setzen. Öffentlichkeit und Urbanität kann nicht geplant, organisiert oder vorgegeben werden, sie kann nur durch die Nutzung der Menschen geschaffen werden. Dies impliziert auch, dass „Öffentlichkeit ... sich oft in Räumen oder Orten ein(stellt), wo sie nicht erwartet wurde, wo der planerische Eingriff etwas ‚anderes' vorsah. Umgekehrt stirbt nicht selten dort Öffentlichkeit ab, wo sie geplant und ‚gestaltet' wurde" (Herczog 1996: 362).

Die Gestaltung von Urbanität, und dies gilt für die Gestaltung auch von regionalen Innovationssystemen, muss von einem Raumkonzept ausgehen, das durch informelle, kompetitive, auch verunsichernde Prozesse geprägt ist. Die Erfolgschancen einer derartigen Gestaltung sind – dies zeigen die bisherigen Erfahrungen mit Urbanisierung – offenbar ebenso riskant (also der Gefahr des Scheiterns ausgesetzt) wie Innovationen selbst. Dies heißt nicht, den Steuerungs- oder Gestaltungsanspruch aufzugeben, es heißt aber, ihn kontinuierlich zu reflektieren und weiterzuentwickeln.

Strategien der regionalen Innovationspolitik setzen vor allem auf kontinuierliche Zusammenarbeit bzw. Kooperation, auf den gemeinsamen regionalen Aspekt, etwa ein „regionales Produkt". Dies ist durchaus plausibel, da Kooperation wesentlich einfacher anzuregen oder zu gestalten ist als Konkurrenz oder gar Unsicherheit, greift aber auf jeden Fall zu kurz, weil eine solche Strategie, sollte sie erfolgreich sein, die Einengungen von Entwicklungspfaden oder betrieblichen Traditionen lediglich durch regionale Einengungen ersetzt. Die Problematik lässt sich an dem Versuch illustrieren, Konzepte des Wissensmanagements, die für den Betrieb entwickelt wurden, von der betrieblichen auf die zwischenbetriebliche bzw. regionale Ebene zu übertragen (Nonaka/Reinmöller 1998). Derartige Konzepte sind heute bereits innerhalb von Organisationen keineswegs selbstverständlich (Willke 1998: 81) und nur schwer umzusetzen. Wie dies auf der regionalen Ebene insgesamt gelingen könnte, ohne die Möglichkeit einer verbindlichen Koordination und vor dem Hintergrund immer auch vorhandener Konkurrenz, wird beim Konzepttransferversuch nicht bzw. nur selten von den Entscheidungsträgern thematisiert.

Für die weitere Diskussion um die regionale Innovationspolitik wäre vor diesem Hintergrund zunächst festzuhalten, dass Kontexte organisiert werden sollten, die die Chance für Innovationen erhöhen, nicht die einzelnen Innovationen selbst. Derartige Kontexte sollten in ökonomischer Perspektive differenziert und anregend sein, allerdings nicht beliebig und unstrukturiert, sondern dem oben skizzierten Setting entsprechen, das sich als sektorale Spezialisierung und funktionale Differenzierung beschreiben lässt (Rehfeld 1999a).

Weiterhin hat die Innovationsdiskussion gezeigt, dass derartige Kontexte auf keinen Fall technisch-ökonomisch verkürzt gedacht werden sollten. Es geht vielmehr darum, weit über das Ökonomische hinausgehende Freiräume in Form eines kulturellen urbanen Umfeldes zu schaffen. Und es ist von zentraler Bedeutung, wie nicht zuletzt die erfolgreichen Umstrukturierungen von New York oder Köln zeigen, dass dieses Umfeld eben nicht rein funktional auf innovationspolitische Ziele konzipiert wird, sondern dass es gerade die Redundanzen sind, die Spielräume für Neues schaffen.

Schließlich sollte, nicht zuletzt um von den Einengungen sektoraler Pfade und nationaler Innovationssysteme nicht immer wieder eingefangen zu werden, stets eine Öfnung für Impulse von Außen vorhanden sein. Auch dieser Bezug zur (Außen-)Welt war immer ein wesentlicher Aspekt urbaner Impulse.

Hier bietet es sich an, die Debatte um die Globalisierung noch einmal zu reflektieren. Möglicherweise bietet sich gerade mit der Öffnung für Impulse von Außen ein Hebel, der bisher nur in wenigen Regionen oder Städten genutzt wird. In dieser Hinsicht bestünde dann die Problematik nicht darin, dass eine zu weit getriebene Globalisierung die bestehenden Wirtschaftsstandorte bedroht, sondern dass ein zu enger Blickwinkel auf die Region oder Kommune die Nutzung produktiver Potenziale auch von Globalisierung als interkultureller Kommunikation (Rehfeld 1999b) und damit die Herausbildung von innovativen Räumen als Knoten in einem weltweiten Netz (Castells 1999) verhindert.

Literatur

Albert, Michel, 1992: Kapitalismus kontra Kapitalismus. Frankfurt a.M./New York.
Archibugi, Daniele/Howells, Jeremy/Michie, Jonathan (Hrsg.), 1999: Innovation Policy in a Global Economy. Cambridge.
Batt, Helge-Lothar, 1994: Kooperative regionale Industriepolitik. Frankfurt a.M. u.a.
Becher, Gerhard/Rehfeld, Dieter, 1987: Forschungsbericht zum Stand der Regionalplanung. Schriften der Stadt Braunschweig. Braunschweig.
Benz, Arthur/Fürst, Dietrich/Kilper, Heiderose/Rehfeld, Dieter, 1999: Regionalisierung. Theorie – Praxis – Perspektiven. Opladen.
Blöcker, Antje/Köther, Jörg/Rehfeld, Dieter, 1992: Die Region als technologiepolitisches Handlungsfeld?, in: *Klaus Grimmer/Jürgen Häusler/Stephan Kuhlmann/Georg Simonis* (Hrsg.), Politische Techniksteuerung. Leverkusen, 183–201.
Blöcker, Antje/Rehfeld, Dieter, 1989: Technologieförderung als „neue Dimension" kommunaler Wirtschaftsförderung, in: *Jochen Hucke/Hellmut Wollmann* (Hrsg.), Dezentrale Technologiepolitik? Basel u.a., 83–108.
Bmb+f (Bundesministerium für Bildung, Wissenschaft, Forschung und Technologie), 1995: Bekanntmachung über die Förderung BioRegio-Wettbewerb. Bonn.
Bmb+f (Bundesministerium für Bildung, Wissenschaft, Forschung und Technologie), 1999: InnoRegio. Bonn.
Brödner, Peter/Helmstädter, Erich/Widmaier, Brigitta (Hrsg.), 1999: Wissensteilung. Zur Dynamik von Innovation und kollektivem Lernen. München/Mering.
Bruder, Wolfgang/Ellwein, Thomas, 1982: Innovationsorientierte Regionalpolitik. Opladen.
Camagni, Roberto, 1991: Local „Milieu", Uncertainty and Innovation Networks: Towards a Dynamic Theory of Economic Space, in: *Roberto Camagni* (Hrsg.), Innovation Networks: Spatial Perspectives. London/New York, 121–144.
Castells, Manuel, 1999: Space flow – der Raum der Ströme, in: Kursbuch Stadt. Stadtleben und Stadtkultur an der Jahrtausendwende. München, 39 – 81.
Dose, Nicolai/Drexler, Alexander (Hrsg.), 1988: Technologieparks. Voraussetzungen, Bestandsaufnahme und Kritik. Opladen.
Esser, Josef/Fach, Wolfgang/Väth, Werner, 1979: Krisenregulierung. Frankfurt a.M.
Freeman, Charles, 1995: The „National System of Innovation" in Historical Perspective, in: Cambridge Journal of Economies 19, 5–24.
Frey, Rainer, 1993: Die Zukunft der regionalen Ebene, in: *Rainer Fey/Wolfgang Kuhr* (Hrsg.), Politik und Selbstverwaltung in Westfalen-Lippe. Münster, 345–372.
Fürst, Dietrich, 1994: Regionalkonferenzen zwischen offenen Netzwerken und fester Institutionalisierung, in: Raumordnung und Raumforschung 52, 184–192.

Gornig, Martin/Toepel, Kathleen, 1998: Methoden und Ergebnisse der Evaluierung wettbewerbsorientierter Fördermodelle in der Regionalpolitik, in: DIW-Vierteljahreshefte 67, 153–163.
Grabher, Gernot, 1994: Lob der Verschwendung. Berlin.
Granovetter, Mark, 1992: Problems of Explanation in Economic Sociology, in: *Robert G. Eccles/ Nithin Nohria* (Hrsg.), Networks and Organisations. Boston, 25–56.
Gruppe von Lissabon, 1997: Grenzen des Wettbewerbs. Die Globalisierung der Wirtschaft und die Zukunft der Menschheit. München.
Hartmann, Petra, 1994: Beziehungen zwischen Staat und Wirtschaft. Unter besonderer Berücksichtigung neuartiger Kooperationsformen im Bereich der regionalen und kommunalen Wirtschaftspolitik. Baden-Baden.
Hauff, Volker/Scharpf, Fritz W., 1975: Modernisierung der Volkswirtschaft. Frankfurt a.M.
HB (Handelsblatt) vom 21.11.1996 und 15.04.1999.
Heinze, Rolf G./Voelzkow, Helmut, 1991: Regionalisierung der Strukturpolitik in Nordrhein-Westfalen, in: *Bernhard Blanke* (Hrsg.), Staat und Stadt. PVS-Sonderheft 24. Opladen, 461–476.
Herczog, Andreas, 1996: Öffentlicher Raum und Erlebniswelt. Zur Planbarkeit falscher Urbanitätsversprechen, in: Informationen zur Raumentwicklung 6, 359–363.
Hesse, Joachim-Jens/Benz, Angelika/Benz, Arthur/Backhaus-Maul, Holger, 1991: Regionalisierte Wirtschaftspolitik: Das Beispiel „Zukunftsinitiative Montanregionen". Baden-Baden.
Jürgens, Ulrich/Lippert, Inge, 1997: Schnittstellen des deutschen Produktionsregimes. Innovationshemmnisse im Produktentstehungsprozeß, in: *Frieder Naschold* u.a. (Hrsg.), Ökonomische Leistungsfähigkeit und institutionelle Innovation – Das deutsche Produktions- und Politikregime im globalen Wettbewerb. WZB Jahrbuch 1997. Berlin, 65–94.
Kern, Horst, 1996: Das vertrackte Problem der Sicherheit – Innovationen im Spannungsfeld zwischen Ressourcenmobilisierung und Risikoaversion, in: *Werner Fricke* (Hrsg.), Jahrbuch Arbeit und Technik 1996. Bonn, 196–208.
Kilper, Heiderose, 1999: Die Internationale Bauausstellung Emscher Park. Opladen.
Kingdon, John W., 1984: Agendas, Alternatives and Public Policies. Boston/Toronto.
Kromrey, Helmut, 1995: Evaluation. Empirische Konzepte zur Bewertung von Handlungsprogrammen und die Schwierigkeiten ihrer Realisierung, in: Zeitschrift für Sozialisationsforschung und Erziehungssoziologie 15, 313–336.
Klönne, Arno/Borowczak, Wolfgang/Voelzkow, Helmut, 1991: Institutionen regionaler Technologieförderung. Opladen.
Lompe, Klaus/Blöcker, Antje/Lux, Barbara/Syring, Oliver, 1996: Regionalisierung als Innovationsstrategie. Berlin.
Lompe, Klaus/Blöcker, Antje, 1999: Mobilität und neue Beschäftigungsfelder. Allgemeine Trends und Beispiele aus drei Verkehrskompetenzregionen. Braunschweig.
Mayer, Margit, 1994: Public-Private-Partnership – eine neue Option und Chance für die kommunale Wirtschaftspolitik?, in: *Roland Roth/Hellmut Wollmann* (Hrsg.), Kommunalpolitik. Politisches Handeln in den Gemeinden. Opladen, 440–450.
MWMT NRW (Ministerium für Wirtschaft, Mittelstand und Technologie des Landes Nordrhein-Westfalen), 1992: Prozessuale Begleitforschung der Regionalisierung der Strukturpolitik. Düsseldorf.
MWMT NRW (Ministerium für Wirtschaft, Mittelstand und Technologie des Landes Nordrhein-Westfalen), 1994: Anregungen für die Erarbeitung verbundspezifischer Ansätze im Rahmen der regionalisierten Strukturpolitik. Ms. Düsseldorf.
Naschold, Frieder, 1997: Ökonomische Leistungsfähigkeit und institutionelle Innovation – Das deutsche Produktions- und Politikregime im globalen Wettbewerb, in: *Frieder Naschold* u.a. (Hrsg.), Ökonomische Leistungsfähigkeit und institutionelle Innovation – Das deutsche Produktions- und Politikregime im globalen Wettbewerb. WZB Jahrbuch 1997. Berlin, 19–62.
Naschold, Frieder/Soskice, David/Hancké, Bob/Jürgens, Ulrich (Hrsg.), 1997: Ökonomische Leistungsfähigkeit und institutionelle Innovation – Das deutsche Produktions- und Politikregime im globalen Wettbewerb. WZB Jahrbuch 1997. Berlin.

Noll, Wulf/Scharfenorth, Karin, 1997: Dezentrale Industriepolitik und Unternehmen, in: *Hajo Weber* u.a. (Hrsg.), City-Management. Städteplanung zwischen Globalisierung und Virtualität. Opladen, 168–176.
Nonaka, Ikujiro/Reinmöller, Patrick, 1998: Towards Endogeous Knowledge Creation for asian Economic Development, in: *Horst Albach* u.a. (Hrsg.), Organisationslernen – institutionelle und kulturelle Dimensionen. WZB-Jahrbuch 1998. Berlin, 401–432.
Pollmeyer, Bernhard, 1983: Arbeits- und Aktionsschwerpunkte der Verwaltungsausschüsse bei den Landesarbeitsämtern und Arbeitsämtern, in: Soziale Sicherheit 32, 137–142.
Rehfeld, Dieter, 1999a: Produktionscluster. Konzeption, Analysen und Strategien für eine Neuorientierung der regionalen Strukturpolitik. München/Mering.
Rehfeld, Dieter, 1999b: Innovative Räume. Überlegungen zu den Schwierigkeiten von Grenzüberschreitungen, in: *Peter Brödner/Erich Helmstädter/Brigitta Widmaier* (Hrsg.), Wissensteilung. Zur Dynamik von Innovation und kollektivem Lernen. München/Mering, 57–82.
Rehfeld, Dieter, 1999c: Globale Standortstrategien im Vergleich, in: *Gerhard Fuchs/Gerhard Krauss/Hans-Georg Wolf* (Hrsg.), Die Bindungen der Globalisierung – Interorganisationsbeziehungen im regionalen und globalen Wirtschaftsraum. Marburg, 224–254.
Rehfeld, Dieter/Baumer, Doris/Wompel, Mag, 1999: Verbundspezifische Projekte im Rahmen einer regionalisierten Strukturpolitik. Erfahrungen in Ziel 2-Regionen. Abschlußbericht. Braunschweig/Gelsenkirchen.
Rehfeld, Dieter/Weibler, Jürgen, 1998: Interkommunale Kooperation: Auf der Suche nach einem neuen Steuerungsmodell, in: *Dietrich Budäus* u.a. (Hrsg.), Managementforschung 8. New Public Management. Berlin/New York, 93–122.
Research Policy 1999 (Vol. 28) No. 2–3: Special Issue: The Internationalization of Industrial R&D.
RNZ (Rhein-Neckar.Zeitung) vom 21.11.1996.
Soskice, David, 1997: Technologiepolitik, Innovation und nationale Institutionengefüge in Deutschland, in: *Frieder Naschold* u.a. (Hrsg.), Ökonomische Leistungsfähigkeit und institutionelle Innovation – Das deutsche Produktions- und Politikregime im globalen Wettbewerb. WZB Jahrbuch 1997. Berlin, 319–348.
Sternberg, Rolf u.a., 1996: Bilanz eines Booms. Wirkungsanalyse von Technologie- und Gründerzentren in Deutschland. Dortmund.
Sternberg, Rolf, 1999: Innovative Netzwerke und Regionalentwicklung, in: *Akademie für Raumforschung und Landeskunde* (Hrsg.), Europäische Einflüsse auf die Raum- und Regionalentwicklung am Beispiel des Naturschutzes, der Agenda 2000 und des regionalen Milieus. Hannover, 78–104.
Willke, Helmut, 1998: Systemisches Wissensmanagement. Stuttgart.
Wissenschaft und Forschung vom 12.09.1996.
Wollmann, Helmut, 1990: Konzept und Methode von Begleitforschung, in: Informationen zur Raumentwicklung 10/11, 563–575.
Yergin, Daniel/Stanislaw, Joseph, 1999: Markt oder Staat. Die Schlüsselfrage unseres Jahrhunderts. Frankfurt a.M./New York.
Zohlen, Gerwin, 1995: Metropole als Metapher, in: *Gotthard Fuchs* u.a. (Hrsg.), Mythos Metropole. Frankfurt a.M., 23–34.

5.

Wandel der politischen Techniksteuerung

5.1 Neue Formen der Techniksteuerung

Liberalisierung und politische Techniksteuerung

Raymund Werle

1. Liberalisierung der technischen Infrastruktur als politisches Reformprojekt

Seit mehr als einem Jahrzehnt können wir einen *Wandel der Rolle des Staates in der Technologiepolitik* beobachten, auch wenn sich am grundsätzlichen Funktionskatalog des „technikfördernden" und „technikbeaufsichtigenden" Staates (Ronge 1986) wenig geändert hat. Dieser Wandel wird besonders in den technisch geprägten Infrastrukturbereichen deutlich, wo Förderung heute eher Koordination und Aufsicht eher Regulierung bedeutet und mit dem Staat nicht mehr der klassische Hierarch gemeint ist. Seit dem Ende der 1970er Jahre ziehen sich staatliche Verwaltungen und staatseigene Unternehmen aus dem (alleinigen) Betrieb der großen technischen Infrastruktursysteme wie Eisenbahn, Elektrizitätsversorgung oder Telekommunikation zurück. Die Politik der meisten westlichen Industriestaaten hat sich im Hinblick auf ihre Zielsetzung und ihre Institutionalisierung in diesen Bereichen grundlegend geändert. Liberalisierung, d.h. die Schaffung von Wettbewerbsmärkten, wo in der Vergangenheit in der Regel öffentliche Monopole vorherrschten, ist zu einem zentralen Reformprojekt dieser Staaten geworden. Ein wichtiger Aspekt der Entwicklung ist, dass bestimmte Leistungen der „Daseinsvorsorge", für die der Staat unmittelbar verantwortlich war, nun von Privaten über den Markt erbracht werden sollen (Eberlein 2000). Um die Leistungen garantieren zu können, reserviert sich der Staat das Recht, diese Märkte zu regulieren (Grande 1997).

Steuerung von Technik ist kein vordringliches Ziel der Liberalisierung, mit der Steuerungsmöglichkeiten, zumindest in Form von direkten Eingriffen in die Technik, vielmehr eingeschränkt werden. Die Technik erscheint insgesamt nicht als Objekt der Steuerung, sondern als ein Faktor, der den institutionellen Wandel mit ausgelöst hat. Dies gilt insbesondere für die Telekommunikation, in der grundlegende Innovationen geradezu einen Liberalisierungsdruck erzeugt haben. Dennoch übt die Politik auch hier wie in den anderen technischen Infrastrukturbereichen, etwa durch regulierende Vorgaben für die technische Auslegung bestimmter Systemkomponenten, eine steuernde Wirkung aus. Zudem versprechen sich die Befürworter von der Liberalisierung einen generellen Steuerungseffekt in Richtung auf mehr technische Innovationen. Sie vertrauen auf die „überlegene Innovationseffizienz" des Marktes (Wiesenthal 2000). Die Liberalisierung erfolgte also nicht mit dem Ziel der Techniksteuerung. Ihr ging und geht es vielmehr um Entstaatlichung und die Schaffung von Wettbewerb zum Zwecke einer effizienteren Erbringung von Dienstleistungen, die traditionell dem Staat vorbehalten waren. Von einer Wettbewerbsordnung verspricht man sich zudem wirtschaftliche Wachstumsimpulse. Mit der Liberalisierung verbunden ist eine Entfesselung der Technik, die bekannte Risiken vergrößern und neue schaffen kann. Damit entsteht Steuerungsbedarf, der letztlich auf beides zielt, die „Zähmung von Markt und Technik" (Czada u.a. 2000).

Im Folgenden wird untersucht, wie sich das Verhältnis von Liberalisierung und Techniksteuerung gestaltet, wo Steuerungsbedarf entsteht und wie er politisch-institutionell bearbeitet wird. Dabei beschränkt sich die Betrachtung im Wesentlichen auf die netzgebundenen Infrastruktursysteme Telekommunikation, Eisenbahn und Elektrizität, deren marktmäßige Organisation nicht nur Regulierungs-, sondern auch spezifischen Koordinationsbedarf verursacht. Ausführlicher wird die Telekommunikation behandelt, weil sie Modellcharakter für den Liberalisierungsprozess gewonnen hat.

2. Koordinierende und regulierende Steuerung von Technik

Verstehen wir unter Techniksteuerung die zielgerichtete politische Einflussnahme auf die Gestaltung technischer Artefakte einschließlich bestimmter Bedingungen ihrer Nutzung, so sind in der Regel die Produzenten und die (meist gewerblichen) Nutzer von Technik die Adressaten von Steuerungsmaßnahmen. Die Steuerung, die kein Selbstzweck ist, sondern wirtschaftlichen, sozialen und politischen Zwecken dienen soll, erfolgt häufig durch Regulierung, gelegentlich aber auch durch Koordination von Technik.

Abbildung 1: Steuerungsmodus von Technik

	Koordination	Regulierung
Ziel	Zusammenwirken technischer Komponenten in „Systemen"	Verhinderung negativer Externalitäten
Mittel	Freiwillige Vereinbarung, Konvention	Politische Setzung, Gebot, Verbot
Effekt	Senkung von Transaktionskosten	Internalisierung negativer Externalitäten

Während Regulierung, wie die Abbildung zeigt, in erster Linie darauf zielt, negative Externalitäten von Technik zu verhindern, soll Koordination in der Regel helfen, die Transaktionskosten zu senken, die sich vor allem ergeben, wenn viele technische Komponenten in größeren Systemen zusammenwirken sollen. Aus der Sicht ökonomischer Handlungsrationalität, die mit Blick auf die Gestaltung und Nutzung von Technik als dominant unterstellt werden soll (vgl. Schmid 1998; Werle 1995a), treffen die beiden Steuerungsarten auf grundlegend verschiedene Anreizstrukturen für das individuelle Handeln und die Kooperationsbereitschaft der Akteure. Negative Externalitäten bürden weder dem Produzenten noch dem Nutzer einer Technik unmittelbar Kosten auf, weshalb für ihre Verursacher kein Anreiz gegeben ist, sie zu vermeiden. Transaktionskosten hingegen belasten die Produzenten und die Nutzer der Technik, weshalb sie daran interessiert sind, diese zu reduzieren. In diesem Sinne reguliert sich Technik im Allgemeinen nicht von selbst; vielmehr müssen regulative Vorgaben hierarchisch gesetzt werden. Koordination hingegen erfolgt oft über den Markt oder über freiwillige Vereinbarungen in Verhandlungssystemen. Sie muss selten hierarchisch durchgesetzt werden.

Beispiele für negative Externalitäten von Technik sind Umweltbelastungen, aber oftmals auch die Folgen technischer Unfälle. Marktprozesse können diese externen Effekte nicht verhindern, weshalb reguliert werden muss. Dies ist der klassische Fall *regulativer Steuerung*, die *Risikoregulierung*. Doch lassen sich auch andere Fälle von Marktversagen beobachten. Sie sind für diejenigen kapitalintensiven technischen Infrastruktursysteme theoretisch postuliert worden, die in den letzten beiden Jahrzehnten liberalisiert wurden. Die ihnen zu Grunde liegenden Techniken haben den Charakter von Netztechnologien (Shapiro/Varian 1999), deren Komponenten komplementär und interdependent sind. Einzelne Komponenten stiften den größten Nutzen, wenn sie mit anderen zusammenarbeiten, allein sind sie oft unbrauchbar. Netztechnologien entwickeln Bündelungsvorteile im Sinne von Größen- und Verbundvorteilen. Deshalb, so argumentiert die ökonomische Theorie des natürlichen Monopols, können Leistungen im Infrastrukturbereich von einem einzigen Unternehmen kostengünstiger als von mehreren miteinander konkurrierenden Firmen erbracht werden (Baumol/Panzar/Willig 1982). In diesem Fall ist das Monopol also effizienter als der Wettbewerb. Als Beispiele werden die Netze der Elektrizitätsversorgung oder der Eisenbahn genannt, bei denen offensichtlich ist, dass parallel verlaufende Linien mit praktisch identischen Leistungen tendenziell unzureichend ausgelastet sind und ein bereits im Markt agierender Anbieter wegen der im Verhältnis zu den Fixkosten äußerst geringen Zusatzkosten für zusätzliche Leistungen neu in den Markt eintretende Konkurrenten bei kostengerechter Kalkulation jederzeit unterbieten kann. Hier setzt die staatliche *Marktregulierung* an, um Monopolbildung und hieraus resultierende negative Externalitäten zu verhindern. Die Marktregulierung des liberalisierenden Staates dient also der Schaffung und Sicherung eines funktionsfähigen Wettbewerbs. Dabei bedient sie sich eines Instrumentariums, das sich von demjenigen der üblichen Wettbewerbsaufsicht unterscheidet und auch Vorgaben für die Auslegung technischer Systeme macht.

Prototyp einer Netztechnologie ist das Telefonsystem, bei dem neben den Größen- und Verbundvorteilen noch erhebliche positive Netzexternalitäten auftreten. Hier steigt der Nutzen des einzelnen Teilnehmers ohne sein Zutun dadurch, dass sich weitere Kunden an das Netz anschließen, mit denen er dann ebenfalls kommunizieren kann. Je mehr Teilnehmer ein Telefonnetz hat, desto mehr neue Teilnehmer lockt es an. Umgekehrt kann ein Netz mit wenigen Teilnehmern so unattraktiv sein, dass es nicht wirtschaftlich ist. Es muss also erst einen Schwellenwert („kritische Masse") überschreiten, bevor ein sich selbst tragender Wachstumsprozess einsetzt. Insbesondere wenn sich mehrere Hersteller von technischen Komponenten, die in einem neuen System zusammenwirken sollen, über technische Spezifikationen wie z.B. Schnittstellenstandards verständigen und Produktionsprozesse synchronisieren müssen, kann die Diffusion einer Innovation gänzlich zum Erliegen kommen, falls die wirtschaftlichen Aussichten unsicher erscheinen. Die Unternehmen und auch die Konsumenten bilden ein „System von Abwartern", in dem unter Umständen niemand den ersten Schritt tun will (Werle 1998). Das Beispiel verdeutlicht, dass es schwer zu lösende Koordinationsprobleme gibt, die Anlass zu staatlicher Intervention bieten. Die Steuerungsaktivität zielt dann darauf, die Koordination unterstützend zu ermöglichen oder eine Koordinationslösung hierarchisch vorzugeben. In diesem Fall sprechen wir von *koordinativer Steuerung.* Sie kann helfen, Transaktionskosten zu senken und positive externe Effekte (Netzexternalitäten) zu generieren, was eine Wohlfahrtssteigerung bewirkt.

Die Koordinationsproblematik bei komplexen technischen Systemen und die Tendenz der Monopolbildung im Bereich der technischen Infrastruktur hängen eng zusammen. In der Zeit, in der Telekommunikationsnetze, Eisenbahnsysteme und Elektrizitätsversorgung noch in Form regionaler oder nationaler Monopole betrieben wurden, war die Systemkoordination praktisch internalisiert. Die historische Herausbildung der zunächst in der Regel privaten Monopole in den genannten Bereichen wird auch mit den Schwierigkeiten erklärt, unter Wettbewerbsbedingungen die für landesweit integrierte Netze notwendige technische Kompatibilität zu sichern (vgl. Chandler 1977; Hughes 1983). Wenn zwei Betreiber von Eisenbahnnetzen sich nicht auf eine bestimmte Spurweite der Gleise einigen, bevor sie diese verlegen, können Güter nicht auf denselben Waggons durch die beiden Netze befördert werden. In komplexer werdenden aus vielen Komponenten bestehenden Netzen vervielfältigen sich die Koordinationsprobleme, deren Problematik nicht unbedingt in schwer zu findenden technischen Lösungen, sondern eher in der freiwilligen Einigung auf eine bestimmte Lösung liegt, da die Lösungen mit unterschiedlichen Kosten für die Beteiligten verbunden sind. Dieses Problem „positiver Koordination" (Scharpf 1997: 116–150) stellt sich bei netzgebundenen Technologien im Markt, aber nicht in der Hierarchie. Vertikal und horizontal integrierte Unternehmen koordinieren hierarchisch, d.h., sie steuern die Technik zentral, wodurch Transaktionskosten gesenkt werden (Williamson 1975). Die Hierarchie leidet allerdings, insbesondere wenn die zu steuernden Systeme komplex sind, an unzureichender Verarbeitungskapazität und selektiver Wahrnehmung von Informationen, was zu Fehlsteuerungen führen kann (vgl. Scharpf 2000).

Es wäre verkürzt, technische Koordinationsprobleme als den zentralen Faktor zu betrachten, der die Herausbildung von Monopolen erklärt. Wichtiger ist das Interesse, Märkte zu kontrollieren und Konkurrenz zu eliminieren (vgl. Perrow 1981). Technik kann Unternehmen zwar „zwingen", bestimmte Strategien der Konzentration zu verfolgen, sie ermöglicht aber auch die Sicherung und Abschottung von Märkten gegenüber Konkurrenten z.B. mit Hilfe bestimmter Standards. Im Bereich der technischen Infrastruktur wurden die privaten Monopole entweder politisch geduldet und reguliert, oder es bildeten sich öffentliche Monopole heraus. Prinzipien der flächendeckenden Versorgung, des gleichen Zugangs zur Infrastruktur und der Tarifeinheit im Raum waren, zumindest in der Theorie, die handlungsleitenden Kriterien der Regulierung privater und des Betriebs öffentlicher Monopole. Die von den Unternehmen für ihre Leistungen erhobenen Entgelte lagen bei einigen Diensten deutlich über und bei anderen deutlich unter den Kosten ihrer Bereitstellung. Es wurden also vielfältige Formen der Quersubventionierung praktiziert, damit die genannten Prinzipien eingehalten werden konnten. Die in diesem Sinne „gutmütigen" Monopole wurden vor Konkurrenz geschützt, die gern in den lukrativen Marktbereichen Tarifarbitrage praktiziert hätte. Insgesamt dominierte eine „fordistische Technologienorm" (Esser u.a. 1997), die hierarchische Koordination und hochstandardisierte Technik mit Prinzipien der flächendeckenden Versorgung kombinierte, um sie sozialverträglich zu machen.

3. Koordination

Vor Beginn des Liberalisierungsprozesses waren in vielen europäischen Staaten Koordination und Regulierung miteinander vermischt und in den öffentlichen Monopolen weitgehend internalisiert. In Deutschland war z.B. der Bundesminister für das Post- und Fernmeldewesen gleichzeitig politischer (hoheitlicher) Regulierer und betrieblicher Leiter der Bundespost, die auch für die Telekommunikation zuständig war. Koordinations- und Regulierungsentscheidungen wurden intern getroffen und hierarchisch durchgesetzt. In den USA gibt es hingegen schon seit vielen Jahrzehnten institutionell ausdifferenzierte Regulierungsagenturen wie die Federal Communications Commission, die bis in die frühen 1980er Jahre das private Telefonmonopol AT&T regulierte und die nun auch für die Regulierung des Wettbewerbs auf dem amerikanischen Telekommunikationsmarkt zuständig ist.

Die Liberalisierung nahm innerhalb Europas und auch in den außereuropäischen Industriestaaten einen verschiedenartigen Verlauf (vgl. für die Telekommunikation Schneider 1999). Zudem gibt es im Hinblick auf Zeitpunkt und Geschwindigkeit der Liberalisierung auch zwischen den verschiedenen technischen Infrastruktursystemen deutliche Unterschiede. All diese Unterschiede sind nicht in erster Linie effizienzbedingt (Grande/Schneider 1991). Es wurde also nicht in denjenigen Ländern und Sektoren, deren Performanz relativ am niedrigsten lag, zuerst und am schnellsten liberalisiert. Dennoch lassen sich generelle Tendenzen der Liberalisierung erkennen, wobei die Europäische Union, speziell die EU-Kommission, diese seit Mitte der 1980er Jahre „beeinflusst, koordiniert und initiiert" (Schmidt 1998: 333). In einem ersten Schritt wurden die hoheitlichen von den betrieblichen Funktionen getrennt. Es kam zu einer institutionellen *Entflechtung von Regulierung und Koordination*, wobei für die Regulierung die Politik zuständig blieb. Öffentliche Unternehmen wurden privatisiert, und in einem nächsten Schritt wurden Wettbewerber zugelassen. Dies bedeutet eine *Privatisierung und Vermarktlichung der Koordination*. Der Staat hat sich aus den Bereichen weitgehend zurückgezogen, in denen Koordinationsprobleme zu lösen sind.

Die Effizienz des Marktes als Koordinator wirtschaftlicher Leistungserbringung ist unbestritten. Wo allerdings – wie in technischen Infrastruktursystemen – auf Grund technischer Interdependenzen Handlungen vielfältig interdependent sind bzw. erhebliche externe Effekte haben, erfüllt der Markt die technischen Koordinationsaufgaben oft nur unzulänglich. Die daraus resultierende Tendenz zur Monopolbildung wurde bereits angesprochen. Staatliche Koordinationsvorgaben wären ein Ausweg aus dem Dilemma, widersprächen aber dem Liberalisierungsprinzip.

Eine klassische Lösung von Koordinationsproblemen bieten technische Standards zur Sicherung der Kompatibilität von Netzen und Diensten (Schmidt/Werle 1998). Sie können zwischen Unternehmen ganz ohne staatliche Intervention freiwillig ausgehandelt werden. Voraussetzung ist ein gemeinsames Interesse an solchen Spezifikationen, das zumindest bei denjenigen Unternehmen gegeben sein müsste, die einen bestimmten Markt nicht allein versorgen können. Solche Koordinationslösungen sind allerdings nicht kostenlos zu erhalten. Einen großen Teil der Kosten der Standardisierung tragen die beteiligten Unternehmen, die Personal für diese Arbeit freistellen und neben den Gehältern auch die speziell in der internationalen Standardisierung nicht unerheblichen Kosten für die Teilnahme an den Sitzungen der Gremien tragen müssen. Damit bleiben kleinere Unternehmen von der Teilnahme an diesen Prozessen der *Selbstkoordination* ausgeschlossen.

Wegen der techniksteuernden Wirkung der Standards und der daraus resultierenden ökonomischen Vorteile und Nachteile, aber auch aus demokratietheoretischer Sicht, erscheint eine möglichst breite Beteiligung der von der Standardisierung Betroffenen notwendig, auch wenn die koordinativen Standards freiwillige Vereinbarungen sind, deren Einhaltung zudem nicht vorgeschrieben ist. Die offiziellen Standardisierungsorganisationen, aber auch regelsetzende Verbände haben sich, teilweise auf politischen Druck, zumindest formal für die Mitwirkung aller „interessierten Kreise" geöffnet. Hierbei erfreuen sie sich institutioneller Förderung, ohne dass eine umfassende Beteiligung kleinerer Firmen oder der Verbraucher realisiert werden konnte (Voelzkow 1996). Trotz solcher Defizite ist nicht damit zu rechnen, dass der Prozess der weitgehenden Privatisierung der koordinativen Techniksteuerung zum Stillstand kommt. Es entwickeln sich aber auch neue Formen der interaktiven Koordination von Staat und Privaten (Simonis 1995).

In Europa haben sich parallel zur Öffnung der nationalen Märkte viele Aktivitäten der technischen Koordination von der nationalen auf die europäische Ebene verlagert. So läuft die europäische Standardisierung zunehmend der nationalen technischen Regelsetzung den Rang ab (Falke 1999). Der größte Teil der offiziell anerkannten europäischen Standards entsteht in den inzwischen recht großen Europäischen Komitees für Normung bzw. Elektrotechnische Normung (CEN und CENELEC) sowie im Europäischen Institut für Telekommunikationsstandards (ETSI), das im Zuge der europäischen Liberalisierung der Telekommunikation auf Betreiben der EU-Kommission gegründet wurde (Genschel 1995: 138–157). Mit der Verlagerung der Standardisierung auf die europäische Ebene hat sich die Möglichkeit nationaler Regierungen verringert, auf die Koordination steuernd Einfluss zu nehmen. Diese Möglichkeit hat nun die EU-Kommission, die mit Blick auf die operativen und technischen Standards in verschiedenen Bereichen der Infrastruktur hiervon auch Gebrauch macht (vgl. Denkhaus/Schneider 1997). Um Marktsegmentierungen zu überwinden und damit Transaktionskosten zu senken, strebt die Kommission eine Harmonisierung der divergierenden nationalen Standards an, welche sie allerdings nicht selbst vornimmt. Vielmehr erteilt sie den europäischen Standardisierungsorganisationen Aufträge und trägt die Kosten der Harmonisierung. Dies stellt jedoch bereits den Extremfall politischer Intervention in den Prozess technischer Koordination dar.

Mit dem fortschreitenden Zusammenwachsen der nationalen Märkte zu einem gemeinsamen europäischen Markt erübrigt sich zudem die Harmonisierung koordinativer Standards, weil die neu entstehenden technischen Regeln genuin europäische sein werden. Politische Intervention, um technische Koordination zu erzwingen, wird dann meist überflüssig sein, weil es zumindest auf der Seite der größeren Unternehmen ausreichend Anreize gibt, um gemeinsame Standards zu erarbeiten (Werle 1997). Diese Konflikte um solche Lösungen gleichen, um es in der Sprache der Spieltheorie auszudrücken, einem „Kampf der Geschlechter", in dem sich die Beteiligten besser stellen, wenn sie sich einigen, allerdings die relativen Verbesserungen unterschiedlich groß ausfallen. In der koordinativen Standardisierung, lassen sich relative Vorteile und Nachteile oft unter den Beteiligten ausgleichen, und es wird eine Einigung erzielt, ohne dass es eines hierarchischen Eingriffs bedarf (Schmidt/Werle 1998). Viele Koordinationslösungen werden sich zudem als de facto Standards evolutionär im Markt entwickeln, auch wenn hier nicht immer alle Betroffenen relativ gewinnen.

Dennoch bleiben Probleme technischer Koordination, in denen steuernde Eingriffe auch des liberalisierenden Staates notwendig werden können. Beispiele aus der Telekommunikation sind die Frequenzvergabe im Mobilfunk oder beim terrestrischen Fernsehen sowie die Zuteilung von Telefonnummern. Hier haben sich *technische Koordinationsprobleme erst auf Grund der Liberalisierung* ergeben, weil mehr als ein Anbieter lizenziert wurde. Auch wenn es technisch möglich wäre, dass jeder Betreiber eines Telefonnetzes ein eigenes Rufnummernsystem benutzt, ist es unter dem Gesichtspunkt einer effizienten Nutzung der zusammengeschalteten Netze und einer nutzerfreundlichen Gestaltung des Gesamtsystems zweckmäßig, dieses einheitlich zu gestalten. Bei einer gegebenen technisch organisatorischen Struktur der Netze sind Rufnummern zudem grundsätzlich knapp. In Deutschland werden sie als ein öffentliches Gut betrachtet, über dessen Zuteilung eine Behörde wacht, obwohl vermutlich auch private Koordination funktionsfähig wäre. Dies belegt der der Nummernvergabe vergleichbare Fall der Vergabe von Domain Names im Internet. Nachdem lange Jahre von der amerikanischen Regierung beauftragte Agenturen die Domain Names zuteilten, ist diese Aufgabe nun in die Hände einer privatrechtlich verfassten Non-Profit Organisation, die Internet Corporation for Assigned Names and Numbers (ICANN), gelegt worden. Sie koordiniert das Domain Name System in letzter Instanz und lizenziert bzw. akkreditiert Registrierungsagenturen, die Namen und Nummern im Wettbewerb vergeben.

Anders als Telefonnummern oder Internetadressen sind Funkfrequenzen aus physikalischen Gründen knapp. Wollte man ihre Nutzung allein dem Markt überlassen, könnte „Chaos im Funkverkehr" entstehen, wie es das Bundesverfassungsgericht in seinem Ersten Fernsehurteil im Februar 1961 formulierte (BVerfGE 12, 205; 230). Wegen des Mangels an Frequenzen, so das Gericht damals, könnten nur wenige Sender betrieben werden, die öffentlich-rechtlich verfasst sein sollten. Die Knappheitssituation wurde mit der Einführung von breitbandigen Kabelsystemen und Satellitensystemen weitgehend überwunden. Anders ist es beim Mobilfunk, wo nur eine kleine Zahl bundesweit tätiger Anbieter im Markt agieren kann. Die Allokation der knappen Frequenzen ist ein Beispiel für ein klassisches Koordinationsproblem auf nationaler und internationaler Ebene (vgl. Krasner 1991). Wenn die Beteiligten sich nicht auf ein Aufteilungsmodell einigen, können sich die Sender in der Tat gegenseitig stören, was im Extremfall „Noise" auf allen Kanälen produziert. Die staatliche bzw. auch intergouvernementale Zuteilung von Frequenzen löst dieses Koordinationsproblem, wobei auch festgelegt wird, auf wie viele Anbieter und nach welchen Kriterien die Frequenzen verteilt werden. In vielen Ländern, auch in Deutschland, werden die Frequenzen inzwischen versteigert, was nicht nur ein der liberalen Marktphilosophie adäquates Verfahren darstellt, sondern gleichzeitig erhebliche Einnahmen in die öffentlichen Kassen spült.

Man kann diskutieren, ob die Koordination der Zuteilung von Frequenzen ohne staatliche Intervention scheitern muss. Wenn es jedoch darum geht, dass technische Netze einen Schwellenwert überschreiten, damit sie in einen sich selbst tragenden Wachstumsprozess eintreten, wird öffentliche Unterstützung vielfach als notwendig erachtet. Im letzten Abschnitt ist die Problematik bereits mit dem Bild des Systems von Abwartern skizziert worden. Ein aktuelles Beispiel bietet der Transrapid, der als fahrweggebundene Magnetbahn eine kapitalintensive Systeminnovation darstellt, die mit dem schienengebundenen Schnellverkehr im Personentransport konkurriert (Weyer u.a. 1997: 227–275). Die Herstellerfirmen der Systemkomponenten, die Deutsche Bahn als möglicher Betreiber des Transrapid und das Bundesministerium für Bildung und Forschung konnten sich bislang nicht über die Finanzierung einer Referenzstrecke einigen, welche die technische Effizienz und die Wirtschaftlichkeit dieses Verkehrssystems unter Beweis stellen soll. Zwar ist es möglich, dass es weltweit keinen Markt für den Transrapid gibt, doch ist auch nicht auszuschließen, dass das Projekt nicht an mangelnden Marktchancen, sondern daran scheitert, dass in diesem Fall keiner der Beteiligten ein aus seiner Sicht überproportional hohes Risiko eingehen will. Es gibt zahlreiche Beispiele dafür, dass der Staat bei solchen Risiken gelegentlich mit, oft ohne Erfolg in die Bresche gesprungen ist. *Koordinative staatliche Techniksteuerung war häufig nichts anderes als industriepolitisch motivierte Technologieförderung.* In liberalisierenden Staaten ist die bei weit reichenden Infrastrukturinnovationen notwendigerweise recht massive Subventionierung politisch immer weniger vermittelbar. Auch hier zieht sich der Staat zurück.

Steuernder Einfluss kann in manchen Fällen jedoch auch mit weniger Mitteleinsatz genommen werden. Hier liefert die EU-Kommission ein interessantes Beispiel – auch für die Art und Weise, wie koordinative und regulative Steuerung verquickt werden können. Das zu lösende Problem liegt in der Entwicklung eines neuen Standards für den Mobilfunk, um die Mobiltelefone multimediafähig zu machen. In einem Kontext hierarchischer polit-ökonomischer Koordination war in Europa der zurzeit gebräuchliche GSM Standard entwickelt und in einem Prozess der Vernetzung und Bündelung europäischer Kräfte durchgesetzt worden (Bender 1999). In den vergangenen Jahren hat sich GSM auch außerhalb Europas fest etabliert. Es gibt aber konkurrierende Systeme. Und auch für die Mobilfunkstandards der Dritten Generation sind unterschiedliche Spezifikationen entwickelt worden. Um möglichst schnell eine kritische Masse von Benutzern der neuen Mobilfunkdienste zu erreichen, erscheint es zweckmäßig, darauf hinzuwirken, dass ein einheitlicher Standard verwendet wird. Hier hat die EU-Kommission frühzeitig die Initiative ergriffen, um wie schon beim GSM die „Rolle des gewissermaßen mithelfenden Paten" zu spielen (Konrad 1997: 173).

Dabei überlagern sich allgemeine Harmonisierungsziele mit konkreten Plänen einer weiteren Liberalisierung der Kommunikationsmärkte sowie der Förderung der europäischen Telekommunikationsindustrie, die von einer frühzeitigen erfolgreichen Einführung eines Universalen Mobilen Telekommunikations-Systems (UMTS) besonders profitieren würde (Konrad 1997: 165–184). Die Kommission hilft bei der Koordination, indem sie mit Zustimmung des Europäischen Parlaments darauf hinwirkt, einen innerhalb von ETSI unter großem Einfluss der europäischen Industrie zu entwickelnden gemeinsamen UMTS-Standard verbindlich zu machen (Grindley u.a. 1999). Dabei legt sich die Kommission nicht inhaltlich auf einen Standard fest, sondern betont lediglich, dass sie nur einen und nicht mehrere Standards wünscht. Obwohl sie den Standard rechtlich verbindlich festlegen könnte, wird sie vermutlich auf diesen im globalen

Wettbewerb politisch problematischen Schritt verzichten, der auch der allgemeinen Liberalisierungsphilosophie widerspricht.

Weil der Mobilfunk mit dem Problem der Knappheit von Frequenzen konfrontiert ist, ergibt sich für die Kommission eine elegantere Möglichkeit, einen einheitlichen Standard durchzusetzen. Auf der Basis ihres Rechts, die Frequenzallokation europaweit zu koordinieren, kann die Kommission die Festlegung von Frequenzen sowie die Lizenzierung von europäischen Mobilfunkanbietern mit der Bedingung verknüpfen, dass ein gemeinsamer von ETSI beschlossener Standard benutzt wird (Grindley u.a. 1999). Diese Koordinationsleistung schafft in der Tat günstige Voraussetzungen für ein rasches sich selbst tragendes Wachstum des multimedialen Mobilfunks. Es wäre bei konkurrierenden Standards weniger wahrscheinlich, weil im Extremfall jeder Anbieter einzeln eine kritische Masse von Kunden erreichen müsste. Natürlich ist dieser von einem europäischen Politiknetzwerk (Schneider u.a. 1994) mitgetragene Akt eine Maßnahme koordinativer Techniksteuerung, auch wenn die konkrete Koordinationslösung nicht von der Steuerungsinstanz, sondern von den „Betroffenen" entwickelt wird. Der angestrebte industriepolitische Effekt liegt darin, dass sich der europäische Standard auf Grund der positiven Netzexternalitäten auf andere Märkte ausbreitet und damit der europäischen Industrie Wettbewerbsvorteile verschafft.

4. Regulierung

Regulative Steuerung zielt in erster Linie darauf, negative Externalitäten von Technik zu beseitigen oder gar nicht erst entstehen zu lassen. Umweltbelastungen oder Gesundheitsschäden sind typische Beispiele für solche Externalitäten, die der Markt nicht verhindert. Hier setzt die in der Regel staatliche Risiko- bzw. Sicherheitsregulierung an. Sie wird zunächst kurz analysiert. Anschließend sollen mit Blick auf die Marktregulierung solche potenziellen Probleme des Marktversagens betrachtet werden, die erst durch die Liberalisierung der technischen Infrastruktur virulent wurden.

4.1 Risikoregulierung

Kommt es bei Koordinationsproblemen technischer Art darauf an, dass man sich auf eine konkrete Lösung einigt (positive Koordination), so genügt es bei der Sicherheitsregulierung grundsätzlich, negativ zu regulieren. Es muss nicht festgelegt werden, mit welchen technischen Maßnahmen konkret ein bestimmtes Regulierungsziel erreicht wird, vielmehr reicht es aus, das Ziel zu spezifizieren, indem man z.B. Höchstwerte für Immissionen, Mindestwerte für die Wirksamkeit von Isolationsmaterial oder vergleichbare Sicherheitsparameter festlegt. *Sicherheitsregulierung, die in diesem Sinne technische Gestaltungsspielräume lässt, ist mit liberalen Regulierungsprinzipien vereinbar und kann Innovationen fördern.* In der Praxis besteht jedoch schon aus Gründen der einfacheren Kontrolle der Einhaltung von Sicherheitsstandards eine Tendenz, konkrete technische Lösungen verbindlich vorzugeben, wenn deren Wirksamkeit nachgewiesen wurde. Die Frage der Wirksamkeit bezieht sich aber lediglich darauf, dass z.B. bestimmte Höchstwerte in Abgasen bei Einsatz einer konkreten Filter- oder Katalysatortechnik effektiv nicht überschritten werden. Weitergehende Wirksamkeitsansprüche, wie sie etwa in vielen Ländern im Hinblick auf Medikamente gestellt werden, die nicht nur keinen Schaden anrichten, sondern Krankheiten heilen sollen, erfordern eine entsprechend intensive Regulierungsdichte (Feick 2000).

Die Gewährleistung der Sicherheit technischer Anlagen stellt eine der ältesten staatlichen Aufgaben dar. Sie wird gern den technischen Experten überlassen und bietet in der Regel wenig politischen Zündstoff. Dies gilt auch für die technischen Infrastrukturen, bei denen die Risiken jedoch ungleich verteilt sind. Insgesamt niedrig liegen die klassischen Sicherheitsrisiken der Telekommunikation und des Eisenbahnverkehrs, nicht zuletzt dank staatlicher Aufsicht und trotz gelegentlicher spektakulärer Unfälle. Ähnliches lässt sich für die elektrische Energie hinsichtlich der „alltäglichen" Risiken des Transports, der Verteilung und der Nutzung mit Hilfe von Elektrogeräten sagen. Solche Sicherheitsrisiken werden in Deutschland traditionell von Verbänden, technischen Überwachungsvereinen und Standardisierungsorganisationen kontrolliert.

Dies geschieht in der Regel mit Hilfe von technischen Standards. Im Gegensatz zur koordinativen muss regulative Standardisierung oft erzwungen und die Einhaltung der Standards durchgesetzt werden. Dies birgt besondere Schwierigkeiten für die internationale Festlegung solcher Standards. Im Bereich der Koordination kommt es häufig zu freiwilligen Vereinbarungen zwischen Firmen in Standardisierungskonsortien, ohne dass staatliche Stellen irgendeine Rolle spielen. Solche Konsortien haben aber im Allgemeinen kein Interesse, regulative Standards zu produzieren. Da andererseits keine globale politische Hierarchie existiert, die Standards verordnen kann, bleibt internationale Regulierung intergouvernementalen Organisationen, internationalen Regimen oder multilateralen Verhandlungssystemen überlassen (vgl. Stein 1990). In die Standardisierungsprozesse sind oft sowohl Unternehmen und andere private Organisationen als auch nationale Regierungen involviert, wobei letztere in den Verhandlungen nicht unbedingt ein höheres Gewicht als die anderen Spieler haben (Werle 1995b). Zudem ist die Verbindlichkeit der internationalen Standards oft nicht hoch. Auch deshalb sind regulative Standards immer noch zumeist nationale Standards, die allerdings nicht von den Regierungen, sondern von Unternehmen und anderen Interessenten erarbeitet werden. An dieser *Selbstregulierung im Schatten der Hierarchie* beteiligen sich Unternehmen vor allem deshalb, weil sie eine für sie möglichst kostengünstige Lösung anstreben und weil die Standards nicht wettbewerbsneutral sind, weshalb die Unternehmen sie zu ihren Gunsten beeinflussen wollen. Die bereits im Zusammenhang mit der koordinativen Standardisierung angesprochene demokratietheoretische Problematik wird bei der regulativen Standardisierung besonders evident, weil diese Standards in der Regel rechtlich verbindlich sind und deshalb demokratisch legitimiert sein sollten, was eine möglichst breite direkte oder indirekte Beteiligung der Interessierten und Betroffenen am Standardisierungsprozess erfordert (Voelzkow 1996).

Regulative Standardisierung in der skizzierten Form bearbeitet überwiegend die „alltäglichen" Risiken der Technik. Besondere Risiken finden wir vor allem im Bereich der Erzeugung elektrischer Energie, die hohe Umweltbelastungen und im Falle der Kernenergie auch verheerende Unfälle verursachen kann. Generell ist die Risikoregulierung überall dort, wo das Schadensausmaß groß und die Risikolage komplex ist, nicht mehr nur eine Angelegenheit eher „neutraler" technischer Experten, sondern Gegenstand offener politischer Auseinandersetzungen. Hierdurch bedingt haben sich in den Industriestaaten komplexe Systeme der Risikokontrolle herausgebildet, was besonders in der kerntechnischen Sicherheitsregulierung deutlich wird (hierzu Czada u.a. 2000). Sie sollen an dieser Stelle nicht analysiert werden. Im Zusammenhang mit der Liberalisierung der technischen Infrastruktur interessiert jedoch, ob sich das Spektrum der Risiken verändert hat und wie es um deren Kontrollierbarkeit bestellt ist.

Die Liberalisierung richtet sich auch auf den *Abbau so genannter regulativer Hemmnisse* und stellt gewachsene Regulierungstraditionen in Frage. Dies schließt die Sicherheitsregulierung ein, was in komplexen und riskanten Technikfeldern wie der Gen- und Biotechnik zu erheblichen politischen Auseinandersetzungen geführt hat (vgl. Bandelow 1999). Gelegentlich werden Befürchtungen geäußert, dass mit der Einführung privaten Wettbewerbs etwa im Eisenbahnverkehr die Gefahr von Unfällen zunimmt oder sich in der Elektrizitätsversorgung die Umweltbelastung erhöht (vgl. hierzu Holzinger 1999). Dies könnte einerseits darauf zurückzuführen sein, dass es in einem Markt mit vielen Anbietern schwieriger wird, die Einhaltung von Sicherheitsstandards zu kontrollieren. Andererseits *kann die Marktöffnung einen regulativen Wettbewerb zwischen Staaten auslösen, der zu einer Absenkung von Sicherheitsanforderungen führt*. Sowohl theoretisch als auch empirisch gibt es keine Basis für die generelle Richtigkeit dieser Annahme (vgl. Majone 1994; Vogel 1997; Werle 1997; Genschel/Plümper 1997). Grundsätzlich gilt, dass produktbezogene weniger stark als produktionsbezogene Sicherheitsregulierung für diesen Wettbewerbseffekt anfällig ist. So lässt sich die Sicherheit oder Umweltfreundlichkeit von Kraftwerken nicht über Bestimmungen regeln, die an dem ansetzen, was die Kraftwerke produzieren. Der Elektrizität ist nicht anzusehen, aus welchem Kraftwerk sie stammt und ob sie im Inland oder Ausland produziert wurde. Die sicherheitstechnische Ausstattung von Lokomotiven hingegen lässt sich am Produkt kontrollieren, ganz gleich wo und wie die Lokomotive hergestellt wurde. Soweit sich in Europa die regulative Standardisierung von der nationalen auf die europäische Ebene verlagert, wird dieser Unterschied allerdings in dieser Region irrelevant, weil kein unmittelbarer regulativer Wettbewerb mehr stattfindet (vgl. Scharpf 1999: 85–103).

Im Zuge der Liberalisierung sind speziell in der Telekommunikation *technische Risiken neu entstanden*, die den Datenschutz und die Datensicherheit betreffen. Die Computerisierung der Netze bietet Möglichkeiten, vielfältige geschäftliche Transaktionen und private Kommunikationen elektronisch abzuwickeln. Insbesondere das Internet und die darauf aufsetzenden Online Dienste breiten sich dank der Liberalisierung der Märkte mit hoher Geschwindigkeit aus. Erst allmählich verstärkt sich das Bewusstsein, dass der weitgehende staatliche Verzicht auf Regulierung und das Vertrauen auf die Selbstregulierungskräfte im Internet zwar in mancher Hinsicht förderlich für das Netz waren, dass aber bezüglich Datenschutz und Datensicherheit Risiken toleriert wurden, die die weitere Entwicklung des Netzes erheblich behindern können. Aber auch unabhängig von der Entwicklungsperspektive des Internet verdienen diese Risiken Aufmerksamkeit.

In den USA, wo zwar die Verwendung privater Daten durch öffentliche Stellen relativ strengen Regeln unterworfen ist, private Organisationen aber fast ungehindert Daten Dritter für ihre Zwecke verwenden können, hält sich der Staat bislang zurück. Noch appelliert man jenseits des Atlantiks an die Bereitschaft der Industrie zur Selbstregulierung, aber inzwischen sind mit den Appellen deutliche Warnungen verbunden. So forderte der Beauftragte der Federal Trade Commission beim „Global Internet Summit" im März 2000 die über 900 teilnehmenden Top-Manager von Unternehmen der Informations- und Kommunikationstechnik auf, sich um die Verbesserung von Privatsphäre und Sicherheit zu bemühen. Anderenfalls würde die Behörde die Regulierung übernehmen.

In Deutschland ist 1983 mit der Postulierung eines Grundrechts auf informationellen Datenschutz durch das Bundesverfassungsgericht im so genannten Volkszählungsurteil der Schutz personenbezogener Daten deutlich gestärkt worden (BVerfGE 65,1). Gesetzliche Regeln und Verordnungen präzisieren das Verfassungsgebot. Allerdings sind wie auch in den USA bislang keine regulativen Maßnahmen ergriffen worden, die direkt in die Technik eingreifen. So wird z.B. die Benutzung von Verschlüsselungssystemen im Datenverkehr nicht vorgeschrieben. Sie wird von den Regierungen eher kritisch betrachtet, weil die staatliche Überwachung von Datenströmen zum Schutz der öffentlichen Sicherheit durch die Verschlüsselung erheblich erschwert werden kann.

Die Liberalisierung wird Techniksteuerung im Bereich der Sicherheitsregulierung nicht überflüssig machen. Teils wird es schwieriger werden zu regulieren, teils werden auch neue Regulierungsprobleme entstehen, die allerdings ebenso sehr aus neuen technischen Möglichkeiten wie aus der Liberalisierung resultieren.

4.2 Marktregulierung

Anders als die Sicherheitsregulierung ist die Marktregulierung der früheren Monopolbereiche der technischen Infrastruktur eine neue Aufgabe. Hier brauchen, damit sie funktionieren, „freer markets" in der Tat „more rules", wie Steven Vogel (1996) das Phänomen der „Reregulierung" gerade auch mit Blick auf die Telekommunikation erklärt. Héritier (1998) unterscheidet zwei Typen von Marktregulierung. Bei dem einen geht es um „market-making", also um die Schaffung der Voraussetzungen und die Sicherung der Funktionsfähigkeit von Wettbewerb. Die Märkte sind durch krasse Asymmetrien gekennzeichnet, da der ursprüngliche Monopolist in der Regel noch für eine sehr lange Zeit der größte Netzbetreiber und Diensteanbieter sein wird. Hier soll verhindert werden, dass Marktmacht missbraucht wird und in diesem hierfür anfälligen Bereich erneut Monopole entstehen. Beim zweiten Typ der Marktregulierung geht es um „market-correction", also vor allem darum, (sozial-)politisch unerwünschte Effekte des Marktes zu kompensieren. Die in der Vergangenheit den Monopolen vorgegebenen Prinzipien wie flächendeckende Versorgung zu angemessenen Preisen, gleicher Zugang oder Tarifeinheit im Raum, die zusammen als Universaldienstverpflichtung bezeichnet werden, sollen auch nach der Liberalisierung nicht aufgegeben werden, zumal ihre Gewährleistung auch einen Preis dafür darstellte, dass ursprüngliche Gegner der Liberalisierung ihr schließlich zustimmten (vgl. Lehmkuhl 1996). Marktkorrektur zielt nicht auf die Verhinderung von Marktversagen, sondern soll die Versorgung derjenigen gewährleisten, die, etwa weil sie im dünn besiedelten ländlichen Raum wohnen, höhere

Marktpreise als in städtischen Regionen für die nachgefragte Leistung bezahlen müssten, dies aber nicht können.

Regulierung zum Zwecke der Marktschaffung und Wettbewerbssicherung zielt nicht auf Techniksteuerung, bedient sich aber technischer Vorgaben. Dies ist am ausgeprägtesten in der Telekommunikation zu erkennen. Hier sehen z.B. die Regeln für die Zusammenschaltung von Netzen vor, dass die ehemaligen Monopolisten und/oder dominante Wettbewerber Netzzugang und Zusammenschaltung auf der Basis harmonisierter offener Schnittstellen-Standards ermöglichen. Diese bereits 1990 erstmals in einer europäischen Richtlinie festgelegte Bestimmung des Open Network Provision (ONP) ist in den Folgejahren weiter spezifiziert (Schneider et al. 1994) und auf nationaler Ebene teilweise auch „verschärft" worden (Werle 1999). So muss die Telekom in Deutschland einen so genannten entbündelten Zugang zu ihrem Netz einschließlich der Anschlussleitungen im Ortsnetz (Teilnehmeranschluss) gewähren. Konkurrenten können also im Netz der Telekom eigene Vermittlungs- und Übertragungstechnik einsetzen und müssen nicht die Einrichtungen der Telekom (gegen Entgelt) benutzen. Solche Vorschriften dienen der Herstellung von Wettbewerb, haben aber Implikationen für das zu Grunde liegende technische System. Sie zwingen die Netzbetreiber, ihre Netze entsprechend bestimmter technischer Architekturen zu strukturieren, wodurch neue Möglichkeiten der Variation und Kombination von Teilfunktionen und damit innovative heterogene Netze entstehen. Sehr weitgehende technische Vorgaben können aber auch Innovationen verhindern, weil sie Netze in eine bestimmte Entwicklungsrichtung zwingen. Zudem können die Folgen liberalisierender Vorgaben das ökonomische Risiko so sehr erhöhen, dass Investitionen in Innovationen unterbleiben, weil diese nicht mehr vor der Mitnutzung durch die Konkurrenten geschützt werden können.

Auch marktkorrigierende Steuerungsmaßnahmen können techniksteuernde Wirkungen entfalten. Wenn z.B. Universaldienste extensiv definiert werden, kann dies helfen, dass bestimmte auf neuen Techniken basierende Dienste schneller als ohne politische Unterstützung in einen sich selbst tragenden Wachstumsprozess eintreten. Bisher ist in der europäischen Telekommunikation die Universaldienstverpflichtung praktisch auf den Telefondienst beschränkt. Eine Ausweitung auf andere Dienste gilt als verfrüht und scheint auch mit den allgemeinen Deregulierungszielen, die ja eine Reduktion staatlicher Steuerungsmaßnahmen bringen soll, zu kollidieren. In den USA ist die Sichtweise pragmatischer. Hier wurde bereits vor Jahren gesetzlich festgelegt, dass Grund- und Mittelschulen, Bibliotheken und bestimmte Gesundheitsversorger mit Hilfe von Finanzmitteln, die von den Anbietern von Kommunikationsdiensten erhoben werden, Zugang zu modernen Diensten der Telekommunikation bekommen sollen (Pisjak/Schrems 1997). Ein nächster Schritt könnte sein, den Zugang der Bevölkerung zum Internet zu erweitern, obwohl er in den USA schon am einfachsten und kostengünstigsten ist (Kahin 1995). Dies kann die Ausbreitung neuer Kommunikationsdienste fördern und damit schließlich auch denjenigen Firmen zu Gute kommen, die die Kosten hierfür tragen mussten. Natürlich können auch gegenteilige Effekte auftreten. Insgesamt ist die Beziehung zwischen Regulierung und technischer Innovation ambivalent, gelegentlich paradox (Roßnagel 1999) und theoretisch noch weitgehend ungeklärt (Hoffmann-Riem 1999: 242–245).

5. Institutionalisierung der Techniksteuerung

Im Zuge der Liberalisierung hat der Staat seine Möglichkeiten reduziert, die Technik zu steuern. Vielleicht hat er auch nur die Steuerungsillusion aufgegeben, denn zumindest hierarchische Beeinflussung der Entwicklung der Technik, also staatliche Steuerung im klassischen Sinne, war auch schon vor der Liberalisierung nicht sehr oft möglich und selten erfolgreich. Die besten Durchgriffsmöglichkeiten bestanden noch in den Bereichen öffentlicher Monopole, vor allem also bei der technischen Infrastruktur. Hier war der Staat jedoch eher Leistungsstaat als Steuerungsstaat.

Doch auch das hat sich geändert. Der Wandel vom Leistungsstaat zum Regulierungsstaat (Grande 1997) brachte einen erheblichen Funktionswandel in diesem Bereich. Der Staat reguliert in erster Linie die Leistungserbringung und nicht die Technik. Mit Blick auf die Technik, deren Koordination und Regulierung, lässt sich im Zuge der Liberalisierung zunächst eine Entflechtung dieser Funktionen und eine Vermarktlichung der Koordination feststellen. Der Staat konzentriert sich weitgehend auf die Regulierung. Gleichzeitig *externalisiert er die Regulierung institutionell*. Was in der Vergangenheit in der Abteilung eines Ministeriums, einer untergeordneten Behörde oder direkt innerhalb eines öffentlichen Unternehmens erledigt wurde, ist institutionell verselbstständigt worden. Vielfach wurden in Europa nach dem amerikanischen Muster relativ unabhängige Regulierungsagenturen eingerichtet, wobei es allerdings deutliche Unterschiede nach Sektoren und Ländern gibt (vgl. Majone 1994; Coutard 1994; Thatcher 1998). Am weitesten fortgeschritten ist die Verselbstständigung der Regulierung in der Telekommunikation.

Die Hauptaufgabe der neuen Regulierungsagenturen liegt in der Marktregulierung. Sie dient vor allem der Sicherung des Wettbewerbs, aber auch der Korrektur politisch unerwünschter Effekte des Marktes, wobei die Regulierung eher auf ökonomische Parameter zielt, als dass sie in die Technik steuernd eingreift. Anders als die öffentlichen Bürokratien sind die Regulierungsagenturen nicht nur politisch relativ unabhängig und damit auch schwer für politische Ziele der Techniksteuerung zu instrumentalisieren, sie versammeln auch beträchtliche ökonomische, technische und juristische Expertise in ihren Reihen (Majone 1996). Neben quasi gerichtlichen Entscheidungsprozeduren dienen wissenschaftliche Gutachten, öffentliche Anhörungen und auch direkte Verhandlungen zwischen der Regulierungsagentur und den von der Regulierung betroffenen Firmen der Erfüllung ihrer Aufgaben. In der Europäischen Union liegen Regulierungskompetenzen auch bei der EU-Kommission, und es ist nicht auszuschließen, dass zukünftig komplementär zu den nationalen auch europäische Regulierungsagenturen entstehen. Berücksichtigt man zudem, dass wettbewerbsregulierende Kompetenzen auch bei den nationalen und europäischen Kartellbehörden liegen, so stellt sich die Marktregulierung der liberalisierten technischen Infrastrukturbereiche als komplex und verflochten dar.

Grundsätzlich sind die neuen Regulierungsagenturen höchstens am Rande für die Sicherheitsrisiken von Technik zuständig. Risikoregulierung erfolgt in Deutschland über Standardisierungsorganisationen, technische Überwachungsverbände sowie Behörden und Ämter einschließlich der Datenschutzbeauftragten. Auch Gerichte spielen eine wichtige Rolle. Speziell im Hinblick auf die Harmonisierung von Standards kommt zudem der EU ein großes Gewicht zu (vgl. Héritier et al. 1994). Als negative Regulierung hat Sicherheitsregulierung eher unintendierte techniksteuernde Effekte. Wenn sie jedoch technische Lösungen zur Beseitigung technischer Risiken empfiehlt, kann sie neuen Techniken eine bestimmte Entwicklungsrichtung geben.

Viel schwächer als die regulative ist die koordinative Steuerung der Technik institutionalisiert, weil sich der Staat im Prozess der Liberalisierung speziell aus den Bereichen zurückzieht, in denen er ohnehin nicht gebraucht wird, wo also der Markt die Koordination übernehmen kann. Wo dennoch staatliche Koordinationshilfen erfolgen, sind sie oft industriepolitisch motiviert. Zunehmend ergreift hier die EU Kommission die Initiative, während sie nationale Maßnahmen unter Berufung auf das europäische Wettbewerbsrecht unterbindet.

Insgesamt hat die Liberalisierung, die gleichzeitig einen wichtigen Entwicklungspfad der europäischen Integration kennzeichnet, die *institutionelle Heterogenität der Techniksteuerung in Europa vergrößert* (vgl. Eberlein 2000). Die Heterogenität kann noch größer und die Steuerung damit komplexer werden, wenn die Infrastrukturen technologisch konvergieren. Solche Entwicklungen zeichnen sich im Verhältnis von interaktiven Medien zu Massenmedien bereits ab (Werle/Müller 2000) oder werden bei Telekommunikation und Elektrizitätsversorgung im Hinblick auf die Nutzung der gleichen Leitungen erwartet.

Unterscheidet man zwischen staatlicher Regulierung und Koordination einerseits und Selbstregulierung und Selbstkoordination andererseits, so zielt die Liberalisierung auf die Stärkung der letzteren. Dies bedeutet aber nicht den vollständigen Rückzug des Staates, da die Voraussetzungen für funktionierende Selbstkoordination einschließlich funktionierender Märkte geschaffen und gesichert werden müssen und Selbstregulierung ohnehin in der Regel den Schatten der Hierarchie benötigt, damit sie überhaupt stattfindet. Die Stärkung von Selbstregulierung und Selbstkoordination hat zur Folge, dass der Staat die konkreten Ziele der Steuerung von Technik nicht mehr vorgeben, sondern im Wesentlichen nur noch die *Kontexte gestalten* kann, die dann als kollektives Steuerungsergebnis innovative, effiziente, sichere oder saubere Techniken hervorbringen (sollen). Dies bedeutet nicht nur einen Paradigmenwechsel (Martinsen/Simonis 1995), sondern einen Strukturwandel der Technologiepolitik.

Literatur

Bandelow, Nils C., 1999: Lernende Politik: Advocacy-Koalitionen und politischer Wandel am Beispiel der Gentechnologiepolitik. Berlin.
Baumol, William J./Panzar, John C./Willig, Robert D., 1982: Contestable Markets and the Theory of Industry Structure. New York.
Bender, Gerd, 1999: Shaping Technology as a Means of Transforming Society: The Case of the GSM Standard for Mobile Telecommunication, in: Science Studies 12 (2), 64–82.
Chandler, Alfred D., 1977: The Visible Hand: The Managerial Revolution in American Business. Cambridge, MA.
Coutard, Olivier, 1994: Economics of Grid Systems in Reconfiguration: Competition in the Electricity Supply Industry, in: *Jane Summerton* (Hrsg.), Changing Large Technical Systems. Boulder, CO, 163–189.

Czada, Roland/Lütz, Susanne/Mette, Stefan, 2000: Regulative Politik. Zähmungen von Markt und Technik. Opladen.

Denkhaus, Ira/Schneider, Volker, 1997: The Privatization of Infrastructures in Germany, in: *Jan-Erik Lane* (Hrsg.), Public Sector Reform. Rationale, Trends and Problems. London, 64–113.

Eberlein, Burkard, 2000: Regulierung und die Konstitution von Märkten in Europa, in: *Roland Czada/Susanne Lütz* (Hrsg.), Die politische Konstitution von Märkten. Opladen, 89–106.

Esser, Josef/Lüthje, Boy/Noppe, Ronald (Hrsg.), 1997: Europäische Telekommunikation im Zeitalter der Deregulierung: Infrastruktur im Umbruch. Münster.

Falke, Josef, 1999: Standardization Activities on National, European and International Level. Empirical Trends and Legal Requirements, in: *Wilfried Hesser* (Hrsg.), Standardization – Challenges for the Next Millenium. Second Interdisciplinary Workshop on Standardization Research – Proceedings. Hamburg, 156–205.

Feick, Jürgen, 2000: Wissen, Expertise und regulative Politik: Das Beispiel der Arzneimittelkontrolle, in: *Raymund Werle/Uwe Schimank* (Hrsg.), Gesellschaftliche Komplexität und kollektive Handlungsfähigkeit. Frankfurt a.M., 208–239.

Genschel, Philipp, 1995: Standards in der Informationstechnik. Institutioneller Wandel in der internationalen Standardisierung. Frankfurt a.M.

Genschel, Philipp/Plümper, Thomas, 1997: Regulatory competition and international co-operation, in: Journal of European Public Policy 4, 626–642.

Grande, Edgar 1997: Vom produzierenden zum regulierenden Staat. Möglichkeiten und Grenzen von Regulierung bei Privatisierung, in: *Klaus König/Angelika Benz* (Hrsg.), Privatisierung und staatliche Regulierung. Bahn, Post und Telekommunikation, Rundfunk. Baden-Baden, 576–591.

Grande, Edgar/Schneider, Volker, 1991: Reformstrategien und staatliche Handlungskapazitäten: Eine vergleichende Analyse institutionellen Wandels in der Telekommunikation in Westeuropa, in: PVS 32, 452–478.

Grindley, Peter/Salant, David J./Waverman, Leonard, 1999: Standards Wars: The Use of Standard Setting as a Means of Facilitating Cartels. Third Generation Wireless Telecommunications Standard Setting, in: International Journal of Communications Law and Policy 2 (3) (http://www.digital-law.net/ijclp/3_1999/ijclp_webdoc_2_3_1999.html).

Héritier, Adrienne, 1998: After liberalization: public-interest services in the utilities. Preprint 5/98, Max-Planck-Projektgruppe Recht der Gemeinschaftsgüter. Bonn (http://www.mpp-rdg.mpg.de/deutsch/pdfdat/9805.pdf).

Héritier, Adrienne u.a., 1994: Die Veränderung von Staatlichkeit in Europa. Ein regulativer Wettbewerb: Deutschland, Großbritannien, Frankreich. Opladen.

Hoffmann-Riem, Wolfgang, 1999: Zur Notwendigkeit rechtswissenschaftlicher Innovationsforschung, in: *Dieter Sauer/Christa Lang* (Hrsg.), Paradoxien der Innovation. Perspektiven sozialwissenschaftlicher Innovationsforschung. Frankfurt a.M., 229–247.

Holzinger, Katharina, 1999: Optimal Regulatory Units: A Concept of Regional Differentiation of Enviornmental Standards in the European Union. Preprint 11/99, Max-Planck-Projektgruppe Recht der Gemeinschaftsgüter. Bonn (http://www.mpp-rdg.mpg.de/deutsch/pdfdat/9911.pdf).

Hughes, Thomas P., 1983: Networks of Power. Electrification in Western Society 1880–1930. Baltimore MD.

Kahin, Brian, 1995: The Internet and the National Information Infrastructure, in: *Brian Kahin/James Keller* (Hrsg.), Public Access to the Internet. Cambridge, MA, 3–23.

Konrad, Wilfried, 1997: Politik als Technologieentwicklung. Europäische Liberalisierungs- und Integrationsstrategien im Telekommunikationssektor. Frankfurt a.M.

Krasner, Stephen D., 1991: Global Communications and National Power. Life on the Pareto Frontier, in: World Politics 43, 336–366.

Lehmkuhl, Dirk, 1996: Privatizing to keep it public? The reorganization of the German railways, in: *Arthur Benz/Klaus H. Goetz* (Hrsg.), A new German public sector? Reform, adaptation and stability. Dartmouth, 71–92.

Majone, Giandomenico, 1994: Paradoxes of privatization and deregulation, in: Journal of European Public Policy 1, 53–70.

Majone, Giandomenico, 1996: A European Regulatory State? In: *Jeremy, J. Richardson* (Hrsg.), European Union. Power and Policy-Making. London, 263–277.
Martinsen, Renate/Simonis, Georg (Hrsg.), 1995: Paradigmenwechsel in der Technologiepolitik? Opladen.
Perrow, Charles, 1981: Markets, Hierarchies and Hegemony, in: *Andrew H. VanDeVen/William F. Joyce* (Hrsg.), Perspectives on Organization Design and Behavior. New York, 371–386.
Pisjak, Paul/Schrems, Alois, 1997: Elemente und Ansatzpunkte einer neuen Universaldienstkonzeption für den Telekommunikationssektor in Österreich, in: Wirtschaft und Gesellschaft 23 (1), 77–92.
Ronge, Volker, 1986: Instrumentelles Staatsverständnis. Die Rationalität von Macht, Markt und Technik, in: *Hans-Hermann Hartwich* (Hrsg.), Politik und die Macht der Technik. Opladen, 84–101.
Roßnagel, Alexander, 1999: Das Neue regeln, bevor es Wirklichkeit geworden ist – Rechtliche Regelungen als Voraussetzung technischer Innovation, in: *Dieter Sauer/Christa Lang* (Hrsg.), Paradoxien der Innovation. Perspektiven sozialwissenschaftlicher Innovationsforschung. Frankfurt a.M., 193–209.
Scharpf, Fritz W., 1997: Games Real Actors Play. Actor-Centered Institutionalism in Policy Research. Boulder, CO.
Scharpf, Fritz W., 1999: Regieren in Europa: effektiv und demokratisch? Frankfurt a.M.
Scharpf, Fritz W., 2000: Institutions in Comparative Policy Research. Max-Planck-Institut für Gesellschaftsforschung, Köln. Working Paper 3/2000 (http://www.mpi-fg-koeln.mpg.de/publikation/working_papers/wp00-3 /index.html).
Schmid, Michael, 1998: Rationales Verhalten und technische Innovation. Bemerkungen zum Erklärungspotential ökonomischer Theorien, in *Werner Rammert* (Hrsg.), Technik und Sozialtheorie. Frankfurt a.M., 189–224.
Schmidt, Susanne K., 1998: Liberalisierung in Europa. Die Rolle der Europäischen Kommission. Frankfurt a.M.
Schmidt, Susanne K./Werle, Raymund, 1998: Coordinating Technology. Studies in the International Standardization of Telecommunications. Cambridge, MA.
Schneider, Volker, 1999: Staat und technische Kommunikation. Die politische Entwicklung der Telekommunikation in den USA, Japan, Großbritannien, Deutschland, Frankreich und Italien. Opladen.
Schneider, Volker/Dang-Nguyen, Godefroy/Werle, Raymund, 1994: Corporate Actor Networks in European Policy-Making: Harmonizing Telecommunications Policy, in: Journal of Common Market Studies 32 (4), 473–498.
Shapiro, Carl/Varian, Hal R., 1999: Information Rules. A Strategic Guide to the Network Economy. Boston, MA.
Simonis, Georg, 1995: Ausdifferenzierung der Technologiepolitik – vom hierarchischen zum interaktiven Staat, in: *Renate Martinsen/Georg Simonis* (Hrsg.), Paradigmenwechsel in der Technologiepolitik? Opladen, 381–404.
Stein, Arthur, 1990: Why Nations Cooperate: Circumstance and Choice in International Relations. Ithaca, NY.
Thatcher, Mark, 1998: Institutions, Regulation and Change: New Regulatory Agencies in the British Privatised Industries, in: West European Politics 21, 120–147.
Voelzkow, Helmut, 1996: Private Regierungen in der Techniksteuerung. Eine sozialwissenschaftliche Analyse der technischen Normung. Frankfurt a.M.
Vogel, David, 1997: Trading up and governing across: Transnational goverance and environmental protection, in: Journal of European Public Policy 4, 556–571.
Vogel, Steven K., 1996: Freer Markets, More Rules. Regulatory Reform in Advanced Industrial Countries. Ithaca, NY.
Werle, Raymund, 1995a: Rational Choice und rationale Technikentwicklung. Einige Dilemmata der Technikkoordination, in: *Jost Halfmann/Gotthard Bechmann/Werner Rammert* (Hrsg.), Technik und Gesellschaft. Jahrbuch 8: Theoriebausteine der Techniksoziologie. Frankfurt a.M., 49–76.

Werle, Raymund, 1995b: Staat und Standards, in: *Renate Mayntz/Fritz W. Scharpf* (Hrsg.), Gesellschaftliche Selbstregelung und politische Steuerung. Frankfurt a.M., 266–298.

Werle, Raymund, 1997: Technische Standardisierung im deregulierenden Europa, in: *Karl-Ernst Schenk/Dieter Schmidtchen/Manfred E. Streit* (Hrsg.), Jahrbuch für Neue Politische Ökonomie, Bd. 16: Neue Politische Ökonomie der Integration und Öffnung von Infrastrukturen. Tübingen, 54–80.

Werle, Raymund, 1998: High Tech – Low Use. Probleme der Marktentwicklung bei Multimedia, in: *Manfred Mai/Klaus Neumann-Braun* (Hrsg.), Von den „Neuen Medien" zu Multimedia. Baden-Baden, 58–74.

Werle, Raymund, 1999: Liberalisation of telecommunications in Germany, in: *Kjell A. Eliassen/Marit Sjøvaag* (Hrsg.), European telecommunications liberalisation. London, 110–127.

Werle, Raymund/Müller, Ulrich, 2000: Der Kampf um den Markt: Technische Konvergenz, institutionelle Heterogenität und die Entwicklung von Märkten in der technischen Kommunikation, in: *Roland Czada/Susanne Lütz* (Hrsg.), Die politische Konstitution von Märkten. Opladen, 264–285.

Weyer, Johannes u.a., 1997: Technik, die Gesellschaft schafft. Soziale Netzwerke als Ort der Technikgenese. Berlin.

Wiesenthal, Helmut, 2000: Markt, Organisation und Gemeinschaft als „zweitbeste" Verfahren sozialer Koordination, in: *Raymund Werle/Uwe Schimank* (Hrsg.), Gesellschaftliche Komplexität und kollektive Handlungsfähigkeit. Frankfurt a.M., 44–73.

Williamson, Oliver E., 1975: Markets and Hierarchies: Analysis and Antitrust Implications. New York.

Die TA-Landschaft in Deutschland – Potenziale reflexiver Techniksteuerung

Georg Simonis

1. Fragestellung

Verglichen mit der Situation vor 30 Jahren hat sich Technikfolgenabschätzung (Technology Assessment) in Deutschland trotz aller Versuche, ihre Institutionalisierung zu verhindern oder auf Randzonen technologiepolitischer Entscheidungen zu beschränken, zu einem weitgehend akzeptierten reflexiven Mechanismus, der die Abklärung der Willensbildung über die Chancen bei Vermeidung der Risiken von Technik unterstützt, entwickelt. Auch wenn unbekannt ist, wie viele Mittel für TA-Forschung und TA-Projekte in Deutschland aufgewendet werden – die Angaben bewegen sich in einer Bandbreite von jährlich „2,2 Mio. DM für interdisziplinäre Folgenreflexion bis 110 Mio. DM für das Gesamtvolumen technikbegleitender Forschungsprojekte" (Weber u.a. 1999: 36) –, scheint bei Experten „auf nationaler und europäischer Ebene" die Meinung vorzuherrschen, dass „in jedem Fall" von „eine(r)" vergleichsweise „sehr gute(n) Ausstattung der deutschen TA-Landschaft" ausgegangen werden kann (Weber u.a. 1999: 36). Dennoch blühe die deutsche TA-Landschaft nicht, so die vom BMBF veranlasste Studie, sondern befinde sich wegen ausgeprägter „Mängel an Zielklarheit, Transparenz und Lernfähigkeit" sowie erheblicher „Koordinations- und Interaktionsdefizite" in einem „Teufelskreis aus verbesserungsfähiger Studienqualität, mangelndem Einfluss auf Entscheidungsprozesse sowie geringer Reputation und Attraktivität" (1999: 238). Nur durch rigorose Maßnahmen ließe sich Abhilfe schaffen: „Wir empfehlen daher eine konsequente Rückführung der institutionellen Förderung und das ‚Aufbrechen' der weitgehend in sich geschlossenen Community ..." (1999: 239).

Dieser Befund, aus betriebswirtschaftlicher Managementperspektive gewonnen, soll in diesem Aufsatz durch eine politikwissenschaftliche Betrachtungsweise differenziert werden. Allerdings lässt der aktuelle Forschungsstand nur eine grobkörnige Bestandsaufnahme zu. Eine methodisch befriedigende Studie müsste die Genese der deutschen TA-Landschaft nachzeichnen (Entstehungszusammenhang); dann müsste sie zu erklären versuchen, warum die TA-Landschaft sich zu reproduzieren vermag und welche Leistungen von ihr erbracht werden (Reproduktionszusammenhang); schließlich wäre zu zeigen, welche Wirkungen, intendierte und nicht-intendierte Folgen, von dem „nationalen TA-System" (Paschen u.a. 1978: 26), ausgehen (Wirkungszusammenhang). Um die Tiefenschärfe der Studie zu verbessern, wären darüber hinaus noch Vergleiche mit anderen nationalen TA-Systemen anzustellen und die internationalen Einflüsse (Institutionen, Diskurse, Regelungen etc.) angemessen zu berücksichtigen. Dies alles ist hier nicht möglich. Stattdessen soll nur ein kleiner Ausschnitt betrachtet werden.

Beabsichtigt ist in erster Linie eine Ausleuchtung der Topographie der TA-Landschaft. Während Weber u.a. (1999) Technology Assessment als homogenes Gut, das auf einem Markt der wissenschaftlichen Dienstleistungen gehandelt wird, begreifen, wird hier auf die Heterogenität von TA abgestellt. Das TA-System wird von korporativen Akteuren gebildet, die sich in ihrem Selbstverständnis, in den von ihnen durchgeführten TA-Verfahren, ihrer institutionellen Verortung sowie ihrem Aufgabenspektrum innerhalb des gesellschaftlichen Institutionengefüges stark unterscheiden. Der Hinweis auf die Intransparenz der Szene erspart nicht ihre Analyse. Es könnte ja sein, dass die vielgestaltige Topographie Steuerungschancen eröffnet, die einem weniger komplexen System strukturell nicht zur Verfügung stehen. Mit dieser Frage beschäftigt sich der Schlussteil des Beitrages.

2. Forschungsstand und Vorgehensweise

Über die Topographie der deutschen TA-Landschaft, die sich theoretisch-konzeptionell als ein interdependentes System, d.h. als ein funktional differenziertes Netzwerk unterschiedlicher TA-Verfahren, begreifen lässt, ist wenig bekannt. Der aktuelle Forschungsstand erlaubt keine empirisch gesicherten Aussagen. Lässt sich die Dechiffrierung der Metapher TA-Landschaft als System oder Netzwerk überhaupt empirisch begründen? Wie sehen die Zugehörigkeitsregeln aus? Welche Interdependenzen bestehen? Welcher Art ist die funktionale Differenzierung des Systems? Was leisten seine Komponenten, was leistet das System insgesamt?

Das Konzept „nationales TA-System" verwenden Paschen u.a. (1978) bereits in einem 1974 für den Deutschen Bundestag angefertigten Gutachten. Das nationale TA-System setze sich aus der „Gesamtheit der gesellschaftlichen Gruppen und Institutionen ..., die sich mit der Kontrolle der Folgewirkungen von Technologieanwendungen befassen" (1978: 26) zusammen. Teil dieses Systems seien „auch die Institutionen, die mit der Prioritätensetzung, d.h. mit der Auswahl der Fragestellungen für TA-Analysen, mit der Einleitung und Finanzierung von TA-Untersuchungen und mit der Entscheidung über die Implementierung der Ergebnisse solcher Untersuchungen befasst sind. Das ‚TA-Analysesystem' ist demnach ein Subsystem des TA-Systems, das seinerseits als Teil eines umfassenden technologiepolitischen Entscheidungssystems aufgefasst werden kann" (1978: 26).

Dieser makropolitische Ansatz hat keine Resonanz gefunden, wenn man von den eher theoretisch-konzeptionellen Überlegungen von Schmittel (1994: 324) absieht. In seiner vergleichend angelegten Untersuchung zur Institutionalisierung von TA konzentriert sich auch Schmittel, wie eine Reihe weiterer Studien, auf einzelne TA-Einrichtungen (vgl. Rapp/Mai 1989; Kuhlmann/König 1992 oder die Beiträge in von Westphalen 1988, 1997 sowie Bröchler u.a. 1999). Der Hauptgrund für diese Einschränkung der Untersuchungsperspektive dürfte in dem hohen Komplexitätsgrad der von Paschen vorgeschlagenen TA-System-Konzeption, der eine praktikable Operationalisierung ausschließt, zu suchen sein.

Um die Komplexitätsfalle zu vermeiden, wird zur Konturierung des TA-Systems eine analytische Vorgehensweise gewählt, die radikal vereinfacht sowie an vorhandene Untersuchungen und Selbstdarstellungen anzuschließen vermag. Das nationale TA-System wird im ersten Zugriff als eine Konfiguration von TA-Einrichtungen und TA-Verfahren, die je spezifische Koordinationsmechanismen der beteiligten Akteure beinhalten, begriffen. Die Annäherung an das reale nationale TA-System erfolgt also auf theoretischem Wege, indem TA-Verfahren idealtypisch rekonstruiert werden. Erst danach wird die faktische Umsetzung zu erfassen versucht, wobei es im Rahmen dieses Aufsatzes nur darum gehen kann, die Institutionalisierung eines bestimmten Verfahrens durch Hinweise auf TA-Einrichtungen, die seine Durchführung vorrangig betreiben, empirisch zu plausibilisieren. Dabei geht es auch um die Analyse relevanter Funktionsbedingungen institutionalisierter TA. Gesucht werden Hinweise auf Probleme, die gemeistert werden müssen, damit ein wie auch immer institutionalisiertes TA-Verfahren als reflexiver Mechanismus innerhalb eines technologiepolitischen Entscheidungssystems wirksam werden kann.

Das Netz der zwischen den Elementen des Systems, den institutionalisierten TA-Einrichtungen, bestehenden Beziehungen kann mit der gewählten Vorgehensweise nicht abgebildet werden. Nachzuzeichnen wären die sich zwischen den Einheiten vollziehenden Kommunikationsbeziehungen nur durch den Einsatz aufwendigerer Methoden (Analyse von Zitationen, von rezipierten Studien, gemeinsamen Aktivitäten wie Personalaustausch etc.). Erst dann wären die sozialen Subsysteme und die von Weber u.a. (1999) angeprangerten geschlossenen Zirkel, wie z.B. die beratende TA-Community, die Arbeits- und Technik-Community oder die IuK-Community, die alle in irgendeiner Weise Technikfolgenabschätzung betreiben, genauer erfassbar. Im Rahmen dieser Arbeit kann nur an Beispielen illustriert werden, dass sich um die verschiedenen TA-Verfahren herum Organisationen und handlungsrelevante Netzwerke gebildet haben, innerhalb deren verdichtete Kommunikation stattfindet.

Zur Rekonstruktion von TA-Konzeptionen, TA-Verfahren und deren Institutionalisierung gibt es einen umfangreichen Literaturbestand, der in dem Maße unübersehbar zu werden droht, wie der enge TA-Begriff, TA als strategischer Ansatz der Politikberatung, durch die Berücksichtigung anderer Formen reflexiver Technikbewertung und -gestaltung erweitert wird. In den einschlägigen Anthologien zum Stand der Technikfolgenabschätzung in Deutschland (vgl. von Westphalen 1988, 1997 und Bröchler u.a. 1999), in zahlreichen Sammelbänden (vgl. Petermann 1991; Bechmann/Petermann 1994; Bechmann 1996; Rapp/Mai 1989; Mai 1994) sowie in den TA-Datenbank-Nachrichten (1991 passim) werden sowohl einzelne TA-Institutionen und TA-Programme vorgestellt, als auch Institutionalisierungsprozesse von TA-Einrichtungen behandelt. Die meisten Beiträge zur Institutionalisierungsdebatte haben beschreibenden und dokumentierenden Charakter, sind Selbstdarstellungen von TA-Einrichtungen, nur wenige dringen in die Institutionalisierungsproblematik vertieft ein – wie z.B. die fast schon klassische Studie von Böhret/Franz (1982) und die Beiträge in Dierkes u.a. (1986) sowie Mayntz (1986), Bechmann (1991), Gloede (1991) und Baron (1995) – alles Studien, die sich auf die Etablierung einzelner TA-Einrichtungen konzentrieren, vorrangig im institutionellen Gefüge des Deutschen Bundestages – häufig im Vergleich zum klassischen Vorbild, dem 1995 deinstitutionalisierten Office of Technology Assessment (OTA) des amerikanischen Kongresses (vgl. Bimber 1996; Coates 1999). Die Institutionalisierung von TA in den gesellschaftlichen Systemen nationaler technologiepolitischer Entscheidungen als nationales TA-System wird in der Literatur nicht thematisiert.

Eine bemerkenswerte Ausnahme steht bald zur Verfügung: die bislang noch nicht publizierte Habilitationsschrift von Manfred Mai über Technikbewertung in Politik und Wirtschaft (2001: i.E.). Mai zeigt in seiner Studie, an wie vielen Orten in Staat und Gesellschaft – in der Exekutive, der Legislative, den Unternehmen und Verbänden sowie in gesetzlichen Bestimmungen – Technikbewertung institutionalisiert wurde. Allerdings differenziert er das Konzept der Technikfolgenabschätzung nicht, sondern spricht durchgängig von Technikbewertung. Mit dieser konzeptionellen Festlegung umschifft Mai zwar, wie alle Autoren, die mit dem Technikbewertungsbegriff arbeiten, die kantigen Klippen des sozialwissenschaftlich-scientistischen Bias und die gefährlichen Untiefen des Abschätzungsbegriffs, aber er vergibt auch die Chance, die langjährigen Debatten über den TA-Begriff und unterschiedliche TA-Verfahren für seine Untersuchung analytisch und empirisch fruchtbar zu machen – ein Ansatz, der hier im weiteren verfolgt werden wird.

Zuvor möchte ich noch einige Hinweise auf wichtige Beiträge zur Debatte über das TA-Konzept geben. Zur allgemeinen Orientierung sind die Sammelbände von Petermann (1991), Bullinger (1994), von Westphalen (1997), Bröchler u.a. (1999) sowie Petermann/Coenen (1999) hilfreich. Für die Diskussion über einzelne TA-Verfahren sei hier nur auf die nachfolgenden Ausführungen verwiesen. Die in einschlägigen Zirkeln geführten Debatten über TA-Konzepte und ihre Institutionalisierung lassen sich recht gut in den TA-Datenbanknachrichten nachvollziehen. Nur wenige kritische Stimmen sind zu registrieren (z.B. Bugl 1994; Klumpp 1996; Eijndhoven 1997; Grunwald 1998; Bröchler/Simonis 1998). Von den neueren sozialwissenschaftlich orientierten Monographien, die sich mit der Konzeptentwicklung von Technikbewertung und Technikgestaltung befassen, ist neben den Bänden von Alemann u.a. (1992), Witt-Barthel (1992), Zeilhofer (1995) und Baron (1995) vor allem die Studie von Zweck (1993) zu erwähnen. Die von ihm in die deutsche Debatte eingebrachte Idee, „Technikfolgenabschätzung als Vermittlungsinstrument zwischen gesellschaftlichen Subsystemen" zu begreifen (S. 210–251), ist theoretisch wie praktisch weiterführend. TA wird von ihm als Koordinationsmechanismus verstanden, der nicht alleine zwischen Wissenschaft und Politik, sondern auch zwischen Wissenschaft und Gemeinschaftssystem, zwischen den wirtschaftlichen und übrigen Interessen des sozialen Systems sowie dem Handlungssystem und dem physikalisch-chemischen System vermittelt.

Wenn man der von Zweck (1993) vorgenommenen Anhebung des Abstraktionsniveaus und seiner Klärung des funktionalen Kerns von TA folgt, lassen sich, allerdings nur auf einer theoretisch-abstrakten Ebene, mit Hilfe dieses TA-Konzepts intersystemische Koordinationsprobleme der gesellschaftlichen Techniksteuerung analysieren. Sobald das allgemeine Konzept operationalisiert und auf unterschiedliche gesellschaftliche Vermittlungsprobleme bezogen wird, muss es differenziert werden. Institutionalisierte TA-Verfahren, d.h. praktisch umgesetzte TA-Konzepte, unterscheiden sich, weil sie sich jeweils auf anders gelagerte Koordinationsprobleme und Vermittlungskonstellationen beziehen. Die von Weber u.a. (1999) vorgeschlagene Beseitigung der „intransparenten" Vielfalt durch „institutionelle Begradigung" könnte sich wegen einer damit verbundenen Reduktion der erforderlichen Varietät von Koordinationsmechanismen als eine konterproduktive Strategie erweisen.

3. TA-Projekte

Bei allen Differenzen über die genaue inhaltliche Bestimmung der strukturellen Merkmale von Technikfolgenabschätzungs- und -bewertungsverfahren, also des TA-Konzepts, wird nirgendwo in Frage gestellt, dass TA sich auf wissenschaftliche Forschung gründet. Die Ermittlung der Chancen und Risiken des Technikeinsatzes und deren Bewertung erfolgen gemäß der reflexiven Konzeption von TA unter Verwendung sachlich und zeitlich nachvollziehbarer, öffentlich kontrollierbarer, problemadäquater Verfahren, die dem jeweiligen Stand von Wissenschaft und Forschung entsprechen. TA ist nach dem hier geteilten Verständnis ein Vermittlungsinstrument zwischen Technik (Verfahren und Produkte) und ihren Anwendungsfeldern einschließlich der Wissenschaft selbst, also zwischen Technik und Gesellschaft, das dieses Verhältnis selbst zum Gegenstand von Forschung macht, um gestützt auf die so gewonnenen Erkenntnisse dazu beizutragen, die technische Entwicklung mit den Erfordernissen und Desideraten der gesellschaftlichen Entwicklung in Übereinstimmung zu bringen.

Das Vermittlungsinstrument TA ist ein wissensbasierter reflexiver Mechanismus, der das Verhältnis von Technik und Gesellschaft zum Gegenstand wissenschaftlicher Analyse und Reflexion sowie von praktischem Handeln, das sich auf diese Erkenntnisse stützt, macht. Forschung über reale oder potenzielle Technikfolgen ist somit nur eine notwendige Voraussetzung, damit das Vermittlungsinstrument TA zum Einsatz gelangen kann. Die zweite notwendige Voraussetzung dieser Konzeption verlangt, dass es auch tatsächlich und unter Verwendung des neugewonnenen Wissens zu einer Vermittlung – zu einem korrigierenden Abgleich – zwischen dem faktischen und dem für erforderlich erachteten Technikeinsatz kommt.

In der TA-Aktivitäten dokumentierenden Literatur (vgl. Coenen u.a. 1999; Rohr/Kaimer 1996, 1998; MWF-NRW 1995) wird zwischen den Forschungs- und den praktisch-vermittelnden oder koordinierenden Aspekten von TA nicht unterschieden. Dort werden in der Regel ohne Hinweise auf ihre Entstehungs- und Verwendungskontexte alle Forschungsprojekte, die sich in irgendeinem Aspekt auf TA-Probleme beziehen oder beziehen lassen, zu erfassen versucht. Diese Form der Dokumentation beleuchtet die Seite der Wissensgenerierung und blendet die Seite der ‚Vermittlung' von TA weitgehend aus. Auf diese Weise kann sich leicht die Vorstellung verfestigen, TA sei eine anwendungsorientierte Wissenschaftsdisziplin, und die Nutzung ihrer Ergebnisse sei das Geschäft der in Politik, Wirtschaft und Gesellschaft agierenden Entscheidungsträger.

Unterstützt wird diese einäugige Sichtweise durch eine ungenaue Verwendung des Institutionenbegriffs. Jede Forschungseinrichtung, die über Technikfolgen forscht, wird als Institution geführt, ob an ihr unter vielen anderen Aktivitäten auch „TA-Projekte" durchgeführt werden oder ob sie ausschließlich TA-Forschung betreibt und darüber hinaus sogar noch auf die Durchführung von TA-Verfahren spezialisiert ist. Um Fehldeutungen vorzubeugen, sollte zwischen Forschungseinrichtungen – Lehrstühlen, Instituten, Abteilungen, Zentren, Großforschungseinrichtungen –, die für einzelne oder auch zahlreiche TA-Projekte verantwortlich zeichnen, die aber eindeutig ihren Schwerpunkt in der Forschung, wenn auch in der angewandten Forschung haben, und institutionalisierten TA-Einrichtungen, deren Aufgabe neben der Forschung in der Erbringung von Koordinationsleistungen – Vermittlungsleistungen – in spezifischen Handlungskontexten besteht, sorgsam unterschieden werden. Die Existenz einer vielfältigen TA-Forschungslandschaft besagt noch wenig über Einsatz und Erfolg von TA als Vermittlungsinstrument; Forschung bildet zwar eine notwendige, aber keine hinreichende Voraussetzung für TA.

Noch eine weitere Unschärfe mindert die Qualität der Dokumentationen über die TA-Forschungsaktivitäten in Deutschland und in den Bundesländern, speziell in Baden-Württemberg und Nordrhein-Westfalen. Es existieren bislang keine anerkannten Kriterien, die TA-Forschungsprojekte von anderen Projekten der Technikforschung, vor allem der Sicherheitsforschung, der Forschung über Technikgenese, der Innovations- und Diffusionsforschung sowie der Akzeptanzforschung, trennscharf zu unterscheiden erlauben. Die Grauzone ist breit. Dies hat zur Folge, dass, ausgelöst vom Interesse möglichst vollständig zu dokumentieren, die TA-Forschungslandschaft überzeichnet wird. Randständiges vermischt sich mit dem Kernbereich. Dem flüchtigen Beobachter werden reiche Felder imaginiert, wo der kundige Betrachter nur von hochgeschossenem „Unkraut" zu berichten weiß.

Trotz dieser Vorbehalte ist ein kurzer Blick auf die neuesten von Coenen u.a. (1999) zusammengestellten Daten zur Struktur und Entwicklung der deutschen TA-Forschungslandschaft hilfreich. Die Daten spiegeln einerseits die Aktivitäten im Bereich der Technikfolgenforschung wider und können andererseits als Indikatoren für die thematische Struktur der Wissensbasis dienen, die von dem deutschen TA-System relativ leicht genutzt werden kann:

- Der Bestand der an die TA-Datenbank gemeldeten deutschen Institutionen, im Sinne von Forschungseinrichtungen, die TA-Projekte durchführen, hat sich von 1991 bis 1999 von 151 auf 360 erhöht. Von letzteren waren 1999 noch 307 aktiv. Im Vergleich zu Deutschland fallen die TA-Forschungsaktivitäten der anderen europäischen Länder stark ab. Auf dem zweiten Rang folgen die Niederlande mit 29 vor in Großbritannien 28 und in Österreich 24 aktiven Institutionen (S. 222f.).
- Die Zahl der aus Deutschland gemeldeten TA-Projekte stieg von 598 im Jahre 1991 auf 1.669 im Jahre 1999. Zwischen 1990 und 1999 wurden für Deutschland 1.037, für Großbritannien 254, für die europäischen Institutionen und Programme 163, für die Niederlande 130 und für Österreich 111 neue TA-Projekte registriert. Die Zahl der 1999 in Deutschland laufenden Projekte wird mit 325, für Europa insgesamt mit 670 angegeben (vgl. S. 222f.).
- Von den 307 im Jahr 1999 in Deutschland aktiven, TA-Forschung betreibenden Institutionen befanden sich 68 in NRW, 61 in Baden-Württemberg, 30 in Berlin, 28 in Sachsen und 21 in Bayern. Keine aktive Institution gab es in Mecklenburg-Vorpommern, nur eine im Saarland und ganze zwei in Schleswig-Holstein. 127 der insgesamt 325 laufenden Projekte befinden sich in Baden-Württemberg, 46 in NRW, 30 in Sachsen, 20 in Hessen und 19 in Berlin. Aus Bayern wurden lediglich 9 als laufend gemeldet (S. 225).
- Die institutionelle Zuordnung der 1999 aktiven deutschen TA-Einrichtungen (insgesamt 307) zeigt, dass über die Hälfte (155) der Einrichtungen den Hochschulen, 52 anderen öffentlich finanzierten Einrichtungen und 15 den Großforschungsein-

richtungen (HGF-Zentren) zuzuordnen ist. Der Anteil der privaten und gemeinnützigen Einrichtungen beläuft sich auf unter 30 Prozent (absolut 87) (S. 227).
– Von den bei der jüngsten Erhebung neu gemeldeten Projekten (insgesamt 273) liegt der Schwerpunkt im Umweltbereich (Auswirkungen auf die Umwelt 130, Umweltschutztechnologien 26 Projekte). Auswirkungen von Technologien auf die Gesellschaft untersuchen 74, auf die Wirtschaft 55, auf Recht und Gesetzgebung 51 Projekte. Weitere technologische Schwerpunkte bilden die Energietechnologien (56) und die Informations- und Kommunikationstechnologien (52). Auf die Biotechnologie entfallen 22 Projekte (S. 227f.).

Die von Coenen u.a. vorgenommene Auswertung der TA-Datenbank lässt drei Merkmale der deutschen TA-Landschaft deutlich hervortreten:

(1) Im Vergleich zu den anderen europäischen Staaten nimmt die deutsche TA-Forschung quantitativ eine Spitzenstellung ein, wobei die Aktivitäten innerhalb des Bundes sehr ungleich verteilt sind und sich auf Baden-Württemberg und Nordrhein-Westfalen konzentrieren.

(2) TA-Forschung findet innerhalb des öffentlich finanzierten Hochschul- und Forschungsbereichs statt. Nur ein geringer Anteil entfällt auf gemeinnützige und private Einrichtungen.

(3) Im Zentrum der TA-Forschung steht die Untersuchung von technikbedingten Umweltproblemen und wie diese vermieden werden können. Daneben werden aber auch Studien zu den Folgen, Chancen und Problemen des Einsatzes von Technik in zahlreichen anderen Technikfeldern (Biotechnologie, IuK-Technologie, moderne Produktionstechnologien) durchgeführt.

Diese umfangreichen Aktivitäten innerhalb der weitläufigen deutschen TA-Forschungslandschaft legen es nahe, zwischen TA-Forschung, die eng an den Kontext der Fach- und Spezialdisziplinen, die sich mit der Entwicklung und Anwendung von Technik befassen, gebunden ist, und TA-Verfahren, die auf dieser Wissensbasis mit dem Ziel der Vermittlung zwischen Technik und Gesellschaft durchgeführt werden, analytisch zu unterscheiden. Nicht jedes TA-Forschungsprojekt hat die Qualität eines TA-Verfahrens. Auch können in ein TA-Verfahren die Ergebnisse einer Vielzahl von TA-Forschungsprojekten einfließen. In ihrer Bestandsaufnahme von Technology Assessment in Deutschland erkennen Weber u.a. (1999) nicht die Bedeutung dieser Differenzierung. Sie empfehlen zwar der Bundesregierung eine „Informationsplattform für vorhandenes TA-Wissen" aufzubauen (S. 205), vergessen aber zu klären, was darunter zu verstehen ist.[1]

---

[1] Unstrittig ist, dass zum Gegenstand einer Bestandsaufnahme von TA auch die Dokumentation der in den verschiedenen Technikfeldern und Auswirkungsbereichen vorhandenen Forschungsstände gehört und damit der Wissensbasis, die von an TA-Verfahren beteiligten Akteuren herangezogen werden kann. Darüber hinaus müsste aber auch festgehalten werden, ob das vorhandene TA-Wissen in konkrete Vermittlungs- und Entscheidungsverfahren über die „zukunftsfähige" Nutzung von Technik einfließt und wie diese TA-Verfahren beschaffen sind.

4. Perspektivenwechsel: Analyse von TA-Verfahren

Technikfolgenabschätzung (TA) wird im weiteren als ein das technikbezogene Handeln in der Gesellschaft veränderter, es auf der Grundlage systematischer Forschung an den Belangen der Allgemeinheit orientierender, Steuerungsmechanismus – und damit nicht nur als eine spezielle, praxisbezogene Forschungsrichtung – begriffen. Diese steuerungstheoretische und zugleich realanalytische Ausdeutung von TA schließt an Überlegungen an, die die Leistungsseite und die Wirkungsmechanismen von TA zu erfassen versuchen, wie beispielsweise das System-Modell von Paschen u.a. (1978) oder das kybernetische Modell von Ropohl (1990, 1999). Natürlich haben viele Beobachter die politische Umsetzungsproblematik von TA-Studien klarsichtig analysiert (Mayntz 1983, 1986; Bechmann 1991), aber so lange unter TA nur ein „strategisches Rahmenkonzept für die Analyse und Bewertung von Technik" (Paschen/Petermann 1991) verstanden wird, liegt der Akzent bei der Forschung und nicht bei der Praxis. Aus der Erkenntnis, dass das TA-Konzept „in seinem Kern eine wissenschaftlich-analysierende, eine entscheidungsbezogene und eine institutionell-konsenserzeugende Komponente" (Bechmann 1991: 60) besitzt, wurden keine erkennbaren Konsequenzen gezogen: TA verblieb im Zuständigkeitsbereich der Wissenschaft und wird nicht als reflexiver Steuerungsmechanismus in Politik, Wirtschaft und Gesellschaft begriffen, dessen Institutionalisierungsgrad und dessen Leistungsfähigkeit der empirischen Überprüfung bedürfen.

Im Zentrum einer steuerungstheoretisch angelegten, auf die Erfassung realer Verhältnisse zielenden, empirischen Analyse des reflexiven Mechanismus TA steht logischerweise dessen Technisierungsprozesse modifizierende Wirkung: der durch gezielt ausgelöstes (gesteuertes) technikbezogenes Handeln erreichte „Impact".[2] Speziell ist nach der Steuerungsfähigkeit des technikbezogenen Handelns zu fragen. Reicht sie aus, um erkannte Technisierungsprobleme zu bewältigen, die möglichen negativen Folgen von Technisierungsprozessen zu vermeiden oder um sich abzeichnende Chancen zu nutzen? Dabei interessiert die Frage, wie sich die Leistungsfähigkeit einzelner TA-Verfahren und des TA-Systems insgesamt vielleicht noch steigern ließe. Um diese Frage beantworten zu können, ist ein besseres Verständnis der Funktionsweise von TA-Verfahren und ihrer Einbindung in technologiepolitische Entscheidungsprozesse erforderlich. Vor allem aber ist sehr viel genauer als bisher zwischen unterschiedlichen TA-Verfahren zu unterscheiden, sollen nicht Äpfel mit Birnen verglichen werden. Allein auf der Grundlage der Anerkennung der Differenzen zwischen speziellen TA-Verfahren lassen sich die Leistungsfähigkeit und die Möglichkeiten der Wirksamkeitssteigerung des nationalen TA-Systems ermitteln.

Die Steuerungsfähigkeit von TA-Verfahren, verstanden als reflexive Vermittlungsmechanismen, hängt von einer Reihe von Faktoren ab: dem Zweck des Verfahrens und seinem Gegenstand, dem Vermittlungsregime und der Stärke seiner Institutionalisierung, den Akteuren und ihren Handlungskapazitäten sowie den Kontextbedingungen. Mit TA-Verfahren verbinden sich ganz unterschiedliche Zwecke – von der Formulierung allgemeinverbindlicher Akzeptabilitätsnormen über die strategische Politikberatung bis zur zukunftsfähigen Gestaltung von Produktionssystemen. Entsprechend vari-

---

[2] Der Impact schließt die Erfassung der nicht-intendierten Folgen mit ein.

ieren die Vermittlungs- und Koordinationsformen wie auch die institutionellen Kontexte, in denen TA stattfindet. Die empirische Analyse von TA hat dieser Vielfalt Rechnung zu tragen und kann nicht davon ausgehen, dass sich das gleiche „Rahmenkonzept" an beliebige Kontexte anpasst (Paschen 1999: 83). Bei näherem Hinsehen lassen sich gemäß der mit ihnen verfolgten Zwecke unterschiedliche Typen von TA-Verfahren erkennen, die jeweils einer eigenen Funktionslogik gehorchen, so die These dieses Artikels (s.a. Eijndhoven 1997). Um diese empirisch erfassen zu können, brauchen wir vorgängig ein theoretisch-analytisches Verständnis des mit TA-Verfahren verbundenen Vermittlungsgeschehens. Welche Einflussgrößen (Faktoren) bestimmen neben dem Zweck und dem Gegenstand die Gestalt oder das Muster von TA-Verfahren?

Hier ist zunächst das Vermittlungsregime zu betrachten, das sich aus mehreren Funktionselementen (Komponenten) zusammensetzt. Im Anschluss an Bechmann (1991), diesen aber leicht modifizierend, sind die Informations- bzw. Wissenschafts-, die Koordinations- und die Entscheidungs-Komponente[3] zu unterscheiden (vgl. Schaubild 1). Jede dieser Komponenten kann als ein relativ eigenständiges, subsystemisches, Regime[4] mit eigenen handlungsleitenden Prinzipien, prozeduralen Bestimmungen (Verfahren) und einem materiellen Regelungsbestand begriffen werden. Form und Grad der Institutionalisierung eines TA-Verfahrens werden darum einerseits von diesen subsystemischen Regelungen bestimmt und sind andererseits abhängig von der Organisation der Interdependenz, dem Beziehungsmuster zwischen den Funktionselementen des TA-Verfahrens: seinem Vermittlungsregime, sowie seiner Einbindung in vor- und nachgelagerte, mehr oder weniger institutionalisierte Entscheidungsverfahren. Die institutionellen Rahmenbedingungen eines TA-Verfahrens ergeben sich also aus der konkreten (institutionellen) Form des Vermittlungsregimes, der institutionellen Einbindung sowie dem jeweiligen Institutionalisierungsniveau. Zur Operationalisierung der verschiedenen Funktionselemente eines Vermittlungsregimes werden die folgenden Variablen herangezogen: durchführende TA-Einrichtung, Koordinationsverfahren, Koordinationsgremien, Interaktionsform, Koordinationsergebnisse, Entscheidungsinstanz, Art des technikbezogenen Handelns[5].

Als weitere Faktorengruppe ist die Akteurekonstellation, insbesondere die Handlungskapazität der Akteure, bei der Bestimmung der Leistungsfähigkeit von TA-Verfahren zu berücksichtigen. Von den Handlungskapazitäten der beteiligten Akteure hängt es ab, in welcher Weise der institutionelle Rahmen des TA-Verfahrens, der in seiner Institutionalisierungsform den Akteuren vorgegeben ist, konkret ausgefüllt wird. Die Handlungskapazität der Akteure wird von ihren Zielen, Situationsdeutungen (strate-

---

3 An die Stelle der konsenserzeugenden Komponente tritt hier die Koordinationskomponente. Deren funktionale Leistung besteht in dem Systemgrenzen überschreitenden Abgleich von Wissen, Interessen, Werten, Situationsdeutungen, Risiko- und Chancenbewertungen etc., im Medium direkter Kommunikation. Konsenserzeugung findet notwendigerweise in allen drei Funktionskomponenten statt, vorrangig allerdings in der Entscheidungskomponente.
4 Der Regimebegriff wird hier verwendet, um dem nicht-hierarchischen, horizontalen Charakter der Interaktionsbeziehungen gerecht zu werden. Das TA-System ‚vermittelt' zwischen autonomen Akteuren unterschiedlicher sozialer Systeme.
5 Im Falle konkreter empirischer Analysen wären diese Variablen weiter zu differenzieren. Für den Zweck dieses Artikels, Illustration und Plausibilisierung unterschiedlicher TA-Verfahrenstypen, sollten sie ausreichen.

Schaubild 1: Struktur eines TA-Systems

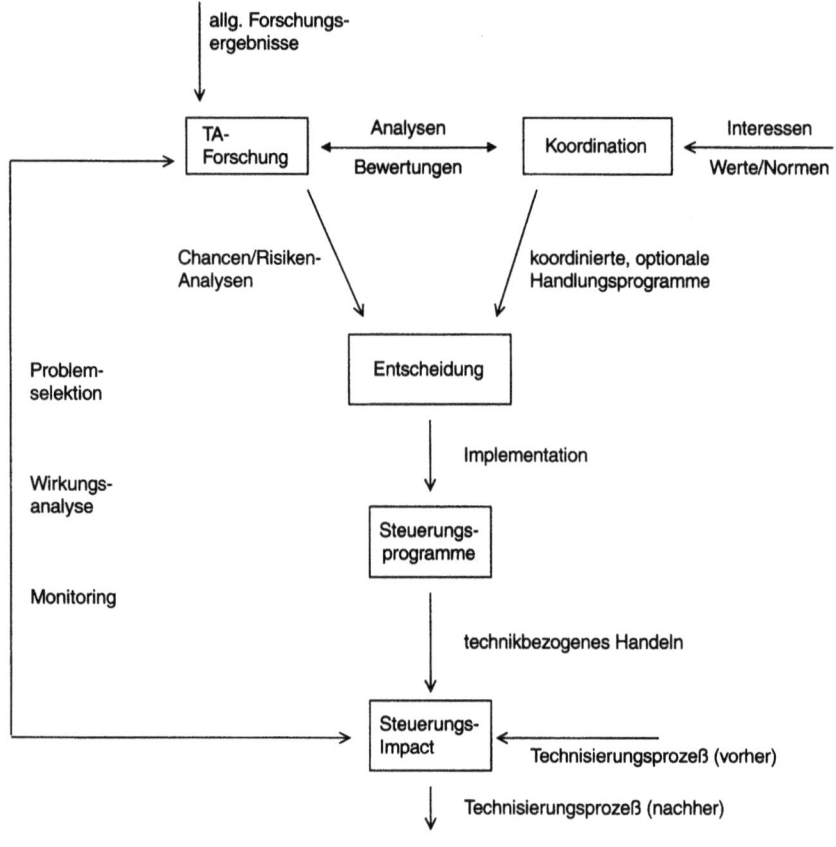

gisch, kognitiv, evaluativ), der fachlichen und sozialen Kompetenz sowie den von ihnen mobilisierbaren Handlungsressourcen bestimmt. Zu berücksichtigen ist auch, dass die Situationslogik institutionalisierter Technikfolgenbewertung von hoher Ungewissheit geprägt ist (vgl. z.B. Simonis 1999) und daraus resultierend von dem Zwang zur Kommunikation, zur Verständigung über die Eintrittswahrscheinlichkeit von Ereignissen, über deren Bewertung, über Bewertungsmaßstäbe, über Chancen und Risiken. Somit ist davon auszugehen, dass die Akteure weder nur strategisch, noch nur kommunikativ, verständigungsorientiert, handeln, sondern in Abhängigkeit von der Situation je spezifische Mischformen strategischen und kommunikativen Handelns entwickeln.

Neben den aufgeführten Faktoren – Zweck und Gegenstand des Verfahrens, institutionelle Rahmenbedingungen (Form des Vermittlungsregimes, institutionelle Einbindung, Institutionalisierungsniveau), Akteurekonstellation – beeinflussen auch Kontextvariablen die Steuerungsfähigkeit von TA-Verfahren. Zu erwähnen sind hier die Beziehung zur öffentlichen Technikdebatte – soll das Verfahren auf sie einwirken oder sie substituieren? – und die Anschlussfähigkeit der politischen Form des Vermittlungsregimes an entsprechende Regimestrukturen in der Gesellschaft. Es ist bspw. zu vermuten, dass die Effektivität von Verfahren partizipativer TA in Gesellschaften mit institutionalisierten Formen direkter Demokratie höher ist als in Gesellschaften mit dominanter Elitendemokratie[6].

Diese analytischen Überlegungen abschließend sei zur Klarstellung erwähnt, dass die Steuerungsfähigkeit eines TA-Verfahrens immer auch von der Steuerbarkeit des Steuerungsobjekts abhängt[7]. Je nach Technikfeld, geltenden Techniknormen und ihrer regulatorischen Absicherung trifft die (reflexive) Techniksteuerung auf unterschiedliche, vielfach von ihr überhaupt nicht beeinflussbare Verhältnisse. Vor jeder Kritik an ineffizienter TA müssen diese Verhältnisse angemessen berücksichtigt werden.

5. Typen von TA-Verfahren: Das Profil der deutschen TA-Landschaft

Mit Hilfe dieser analytischen Differenzierungen und der Auswertung von Literatur[8] sollen im Folgenden die charakteristischen Merkmale der deutschen TA-Landschaft dargestellt werden. Besonderes Kennzeichen der deutschen TA-Szene ist der Ende der 70er Jahre einsetzende – mal schneller, mal stockender verlaufende – Institutionalisierungsprozess unterschiedlicher Typen von TA-Verfahren.

Orientiert an Klassifikationen von TA-Verfahren von Eijndhoven (1997) sowie insbesondere von Brekke und Eriksen (1999) lassen sich in Anpassung an die deutschen Verhältnisse fünf Idealtypen von TA-Verfahren ausmachen, für die es jeweils empirische Beispiele dauerhafter Instituionalisierung gibt. Zu unterscheiden sind folgende Typen:
– strategische TA zur Steigerung der Rationalität (Zukunftsverträglichkeit, Reagibilität) staatlicher wie auch unternehmerischer Entscheidungen,
– konstruktive TA zur wirtschafts-, umwelt- und sozialverträglichen Gestaltung konkreter sozio-technischer Systeme,
– parlamentarische TA zur Unterstützung der parlamentarischen Willensbildung und Stärkung der parlamentarischen Handlungsfähigkeit bei technologiepolitischen Entscheidungs- und Kontrollprozessen,
– partizipative TA zur Förderung der gesellschaftlichen Konsensbildung und der Mitgestaltung von Technisierungsprozessen,
– deliberative TA zur „Erfindung" verallgemeinerungsfähiger technikbezogener Handlungsnormen.

Aus Platzmangel sowie zur Erleichterung von Vergleichen wurden die wichtigsten Merkmale der fünf Idealtypen im Wesentlichen entlang der im vorigen Abschnitt diskutierten Faktoren schematisch zusammengestellt (vgl. die Übersichten 1–5). Über die hier vorgelegte idealtypische Zuspitzung und abstrahierende Zusammenfassung einer sperrigen Empirie wird weiter zu diskutieren sein. Das gilt für den Typ der konstrukti-

---
6 Im Rahmen dieses Aufsatzes kann nur, ohne sie weiter zu verfolgen, auf die mögliche Relevanz dieser Kontextvariablen hingewiesen werden.
7 Zu dieser Problematik vgl. Mayntz (1991).
8 Auch wenn keine empirischen Studien zur Erfassung der Steuerungs- und Leistungsfähigkeit institutionalisierter TA-Verfahren vorliegen, so existiert eine umfangreiche selbstdarstellende, wie auch die Aktivitäten der TA-Einrichtungen dokumentierende Literatur. Auch sind einzelne TA-Projekte akribisch untersucht worden.

Übersicht 1: Strategische TA

Dimensionen	Merkmale
Zweck	Steigerung der Zukunftsverträglichkeit (Nachhaltigkeit) und der Reagibilität (auf technikinduzierte Chancen oder technikbedingte Gefährdungen) technologiepolitischer Entscheidungen des Staates (Förderung, Kontrolle, Selbstanwendung) oder von Unternehmen (Entwicklung, Produktion, Finanzierung)
Gegenstand des Verfahrens	Situationsanalyse; Ermittlung von Handlungsoptionen und ihren Implikationen (Chancen/Gewinn, Kosten, Risiken) sowie deren Bewertung; Klärung empirischer Fragen; Bewertung auf der Grundlage in der Regel unstrittiger Kriterien der Beteiligten
Beteiligte am TA-Verfahren	Experten (vor allem Technikwissenschaftler), Entscheider aus der Regierung und der Ministerialbürokratie bzw. aus den Unternehmen
durchführende Organisation (TA-Einrichtung)	spezialisierte Analyseeinrichtungen, z.B. Forschungsgruppe Technik und Gesellschaft (TEG) der DBAG oder der Projektträger VDI/VDE-IT, Berlin des BMBF
Koordinationsverfahren	gemäß hierarchischer Regelungen bei internen TA-Verfahren; gemäß Vereinbarung und internen Regularien bei extern betreuten TA-Verfahren
Koordinationsgremien	Planungskomitees, Workshops, informelle Netzwerke, bürokratische Formen negativer Koordination
Interaktionsform	Dialoge, Information, Beratung
Koordinationsergebnisse	bewertete Handlungsoptionen
Entscheidungsinstanz	Leitungsebene in Unternehmen, Behörden, Verbänden
Art des technikbezogenen Handelns	Umsetzung von Handlungs- und Steuerungsprogrammen hinsichtlich der Entwicklung, Erprobung, Produktion, Anwendung und Nutzung von Technik
Beziehung zur öffentlichen Debatte	Substitution öffentlicher Debatten
Politisches Regime	politische Technokratie
Vermittlungsproblematik	– Divergenz zwischen aktuellen Handlungskosten und möglichen zukünftigen Gewinnen – technische Risikokonstruktion – begrenzte Prognosefähigkeit, Unsicherheit – Gegenargumentation: Technology Arrestment

ven TA, der so breit gefasst wurde, dass er auch die Produktfolgenabschätzung (Minx/Meyer 1999) sowie die innovationsorientierte Technikfolgenabschätzung (Steinmüller u.a. 1999; Weydant u.a. 1999) einschließt. Das gilt auch für die deliberative TA, die hier abweichend von Brekke/Eriksen (1999) und den übrigen Beiträgen in Schomberg (1999) als Expertendiskurs konzipiert ist, als diskursive Beratung zwischen Fachkundigen in einer demokratischen Gesellschaft. Daher sind sowohl die ethische TA (Gethmann 1999) als auch die verbandliche Techniknormung und -bewertung (Voelzkow 1996; Brennecke 1996, 1999), soweit bei letzterer reflexive Mechanismen eine Rolle spielen, Anwendungsbeispiele deliberativer TA.

Übersicht 2: Konstruktive TA

Dimensionen	Merkmale
Zweck	Vereinbarung von Kriterien und Regeln zur Gestaltung je spezifischer sozio-technischer Systeme
Gegenstand des Verfahrens	Fragen der Verteilung von Nutzen/Gewinn, Kosten, Risiken, von Kontroll- und Entwicklungspotentialen eines Technisierungsvorhabens
Beteiligte am TA-Verfahren	je nach Projekt: Entscheider, Anbieter, Anwender, Betroffene, Nutzer
durchführende Organisation (TA-Einrichtung)	Forschungsinstitute, Beratungsunternehmen, Projektgruppen (Netzwerke)
Koordinationsverfahren	gemäß Vereinbarung, z.B. nach VDI-Richtlinie 3780 oder gemäß VDI-Handlungsempfehlung: Sozialverträgliche Gestaltung von Automatisierungsvorhaben
Koordinationsgremien	Projektgruppen, Beteiligungsgruppen, Workshops, strategische Netzwerke
Interaktionsform	Verhandeln zwischen unterschiedlichen Interessen über Maßnahmen konkreter Technikgestaltung, dialogische Klärung von Fakten und Bewertungsstandards
Koordinationsergebnisse	Verständigung über die Verteilung von Chancen und Risiken von konkreten Technisierungsprozessen, Formulierung von Gestaltungskriterien und Gestaltungsprogrammen (z.B. Lasten- und Pflichtenhefte)
Entscheidungsinstanz	projektspezifisches Entscheidungsgremium, vereinbartes Entscheidungsverfahren
Art des technikbezogenen Handelns	Konfigurierung eines sozio-technischen Systems, Qualifizierung und Ausbildung, Umsetzung (innerbetrieblich, überbetrieblich) von Sicherheits- und Schutznormen, Kompensationsmaßnahmen
Beziehung zur öffentlichen Debatte	Ergänzung und Entlastung der öffentlichen Debatte
regulatives Regime	Korporatismus, assoziative Demokratie
Vermittlungsproblematik	– Machtverteilung – institutionalisierter sozialer Habitus (Kooperationsfähigkeit, Dialogfähigkeit) – politische Rahmenbedingungen, Anreizstruktur

Die retrospektive Konturierung der TA-Landschaft könnte den Eindruck vermitteln, dass die Institutionalisierung von TA in Deutschland Ergebnis eines größeren und kohärenten politischen Projektes gewesen wäre. Dies ist nicht der Fall. Im Gegenteil, die Institutionalisierung von TA-Verfahren und TA-Kapazitäten erfolgte politisch reaktiv (Vorbildfunktion des Office of Technology Assessment (OTA) der USA, Reaktion auf die gesellschaftliche Technikkritik sowie auf Defizite der Techniksteuerung), unkoordiniert (zwischen den Gebietskörperschaften, zwischen den unterschiedlichen Typen von TA-Verfahren), inkrementell (also in kleinen Schritten und in Reaktion auf vorgängige Institutionalisierungen), intransparent (wegen des negativen Images von TA in der Wirtschaft grenzten sich viele Einrichtungen von der TA-Szene ab, obwohl sie faktisch TA-Aktivitäten betrieben) und pfadabhängig (die Dominanz bestehender Entschei-

Übersicht 3: Parlamentarische TA

Dimensionen	Merkmale
Zweck	Unterstützung der parlamentarischen Willensbildung bezüglich der Regulierung von Technisierungsprozessen; Steigerung der sachlichen Rationalität (Zukunftsverträglichkeit) parlamentarischer Entscheidungen; Stärkung der Handlungsfähigkeit des Parlaments gegenüber der Regierung und der Öffentlichkeit
Gegenstand des Verfahrens	Situationsanalyse; Ermittlung von Regulierungsoptionen und ihren Implikationen (Chancen, Kosten, Risiken) sowie deren Bewertung; Klärung empirischer Fragen; Bewertung auf der Grundlage parteipolitisch und gesellschaftlich differierender Kriterien
Beteiligte am TA-Verfahren	Experten: TA-Experten, Fachspezialisten, Abgeordnete und deren Assistenten (in manchen Ländern: repräsentativ ausgewählte Bürger/Laien)
durchführende Organisation (TA-Einrichtung)	TA-Sekretariat, in Deutschland: Das Büro für Technikfolgen-Abschätzung beim Deutschen Bundestag (TAB), im Europäischen Parlament das STOA-Programm (Scientific and Technological Options Assessment)
Koordinationsverfahren	gemäß gesetzlicher Vorgaben und der Amtspraxis
Koordinationsgremien	Expertenteams, Ausschüsse, formelle und informelle Netzwerke
Interaktionsform	Dialog, Information, Beratung
Koordinationsergebnisse	Ermittlung von Konsens- und Dissenszonen sowie von Handlungsbedarfen, Stellungnahmen, Verfahrensvorschlägen
Entscheidungsinstanz	Ausschüsse, federführend im DBT der Ausschuß für Bildung, Forschung und Technikfolgenabschätzung (BFTA), Fraktionen, Plenum
Art des technikbezogenen Handelns	Regelungen (Kontrolle, Förderung, Kompensation), Interpellationen, Einsetzen von Enquete-Kommissionen, Information der Öffentlichkeit
Beziehung zur öffentlichen Debatte	Konturierung wie auch Resonanz der öffentlichen Debatte
regulatives Regime	Parteiendemokratie
Vermittlungsproblematik	– parlamentarisches Machtgleichgewicht (Parteienwettbewerb) – Handlungsschranken des Parlaments sowie der Fraktionen – Politisierbarkeit von TA-Ergebnissen

dungsstrukturen blieb weitgehend intakt). Die beachtliche Vielfalt institutionalisierter TA-Verfahren kann als Folge dieses Politikmusters gedeutet werden.

Nach einer längeren Vorbereitungsphase in den 70er Jahren wurde 1982 nach der Übernahme des BMFT durch Heinz Riesenhuber, der in langjährigen Oppositionszeiten die Einrichtung von TA-Kapazitäten in Regierung und Parlament angemahnt hatte, mit der Erprobung des neuen Instrumentariums begonnen[9] (vgl. BMFT 1984).

---

9 So steht erstmalig im Bundesbericht Forschung 1984: „Um ... verantwortliche Entscheidung möglich zu machen und Vertrauen zu begründen, wird die Bundesregierung auf die Erforschung und Klärung von Chancen und Gestaltungsnotwendigkeiten neuer Technologien besonderen Wert legen" (BMFT 1984, 2.2.1, S. 18).

Übersicht 4: Partizipative TA

Dimensionen	Merkmale
Zweck	Beitrag zur Konsensbildung über Technisierungspfade und -projekte, Steigerung der Sozial- und Umweltverträglichkeit (Zukunftsverträglichkeit) von Technisierungsprojekten
Gegenstand des Verfahrens	Entwicklung von Vorschlägen zur Bewältigung eines Technisierungskonflikts, Bewertung von Technisierungsprozessen und technologiepolitischen Strategien
Beteiligte am TA-Verfahren	interessierte, häufig repräsentativ ausgewählte BürgerInnen, Experten, stake-holder, etc.
durchführende Organisation (TA-Einrichtung)	öffentliche Einrichtungen, vorrangig die Akademie für Technikfolgenabschätzung in Baden-Württemberg, aber auch Beratungsunternehmen
Koordinationsverfahren	gemäß Vereinbarung und Praxis der durchführenden Organisation
Koordinationsgremien	Bürgerforum, Konsens-Konferenz, Planungszelle, virtuelle Foren, Beteiligungsgremien
Interaktionsform	konsensbildender Dialog auf der Grundlage von Experten- und stake holder-Stellungnahmen
Koordinationsergebnisse	Bürgergutachten, Ermittlung von Konsenszonen, Gestaltungsvorschläge
Entscheidungsinstanz	politische Instanzen (jedoch: häufig nicht genau definiert) oder Management von Unternehmen
Art des technikbezogenen Handelns	entsprechend den Handlungsmöglichkeiten der Entscheidungsinstanz, Technikgestaltung/Technikregulierung
Beziehung zur öffentlichen Debatte	- Repräsentation der öffentlichen Debatte - Klärung von Anwender- und Nutzerinteressen
regulatives Regime	direkte Demokratie
Vermittlungsproblematik	- Institutionelle Schranken (Anbindung von „Nebenregierungen" an legitimierte Entscheidungsinstanzen) - Kommunikationsfähigkeit der Teilnehmer - Konflikteskalation durch Partizipation

Erst aus der Rückschau lässt sich erkennen, dass damals gleichzeitig die Entscheidungen vorbereitende, strategische, und die gestaltungsorientierende, konstruktive TA in das Handlungsrepertoire des Technologieministeriums aufgenommen wurden. Der Begriff der konstruktiven TA wurde erst später, außerhalb des deutschen Kontextes geprägt.[10] Damals wurde zunächst von Begleitforschung sowie von programmbegleitender TA[11] gesprochen. Erst nach und nach entstand aus diesen Ansätzen der „extrapara-

---

10 Als ausformulierter TA-Ansatz entstand die konstruktive TA in den Niederlanden als die 1987 gegründete Netherlands Organization of Technology Assessment (NOTA) in Studien über „Constructive TA" investierte und das dänische Konzept des gesellschaftlichen Lernens theoretisch und praktisch umzusetzen versuchte (vgl. Rip u.a. 1995: 6).
11 Im Programm Fertigungstechnik (1984–1987) wurde 1982 ein Programmschwerpunkt Technologietransfer und Technikfolgenabschätzung eingerichtet. Auch in anderen Technologiepro-

Übersicht 5: Deliberative TA

Dimensionen	Merkmale
Zweck	Erfindung verallgemeinerungsfähiger technikbezogener Handlungsnormen, Bewertung von Risikoverteilungen, Erzeugung von Orientierungswissen
Gegenstand des Verfahrens	normative Fragen zur Regulierung von Technisierungsprozessen (praktischer Universalismus)
Beteiligte am TA-Verfahren	Experten aus unterschiedlichen Wissenschaftsdisziplinen („stake-holder"-Experten)
durchführende Organisation (TA-Einrichtung)	Akademien, z.B. Europäische Akademie zur Erforschung von Folgen wissenschaftlich-technischer Entwicklungen Bad Neuenahr-Ahrweiler GmbH, Forschungseinrichtungen, z.B. WZB
Koordinationsverfahren	gemäß institutionellem Kontext (z.b. bei institutionalisierten Ethikkomitees) oder projektspezifischen Vereinbarungen
Koordinationsgremien	Projektgruppen, Ethikkomitees, Ausschüsse
Interaktionsform	Expertendialog
Koordinationsergebnisse	Verständigung über Bewertungskriterien, Normen, Standards
Entscheidungsinstanz	wissenschaftliche Deliberation, Beratungsgremien, Gremien politischer Techniksteuerung
Art des technikbezogenen Handelns	Kodifizierung von Normen, Standards, Richtwerten
Beziehung zur öffentlichen Debatte	Angebot von reflexiv geprüften Bewertungskriterien und Situationsdeutungen
regulatives Regime	Eliten-Demokratie
Vermittlungsproblematik	– Wertepluralismus, kulturelle Divergenz – Interessenpolitische Schranken diskursiver Ergebnisvermittlung – materiale (thematische) und soziale („Elitenzirkel") Schranken

digmatische" TA-Ansatz (Naschold 1987: 30), die „prozessorientierte" (Eijndhoven 1997), konstruktive TA (Rip u.a. 1995; Wynne 1995; Shot/Rip 1997; Sundermann 1999). In Deutschland entwickelte sich im Rahmen der Technologieprogramme Humanisierung der Arbeit (HdA) und Fertigungstechnik die konstruktive TA unter dem Label der Technikgestaltung. Dieser praxisnahe Ansatz wurde dann einerseits in NRW vom Programm „Mensch und Technik – Sozialverträgliche Technikgestaltung"[12] und andererseits von der VDI-Hauptgruppe[13] aufgegriffen und in Abhängigkeit vom jewei-

---

grammen (Energietechnologie, Mikroelektronik, Gentechnologie) wurden TA-Komponenten vorgesehen (BMFT 1984).

12 War das SoTech-Programm zunächst stärker als ein TA-Forschungsprogramm angelegt (vgl. MAGS 1985a), so wurde später nicht nur in der Rhetorik, sondern in vielen Einzelprojekten die Gestaltungsorientierung des Programms zunehmend betont (MAGS 1988; Alemann u.a. 1992; Böckler u.a. 1994). Viele der insgesamt geförderten Projekte (vgl. Böckler u.a. 1994) enthalten zahlreiche Komponenten des CT-Ansatzes. Leider wurde bis heute keine auswertende Analyse des Programms unter der TA-Perspektive vorgenommen. Weder das MAGS noch der Direktor des IAT, Prof. Lehner, waren interessiert daran, mit Konzepten der Technikfolgenabschätzung in Berührung gebracht werden zu können.

13 Der VDI hat sich seit Mitte der 70er Jahre intensiv mit den Möglichkeiten und der Institutio-

ligen Kontext ausformuliert, wobei insbesondere das SoTech-Programm auch Verfahren partizipativer TA im Sinne partizipativer Technikgestaltung zu integrieren verstand.[14]

Die politische Bühne beherrschte seit Mitte der 80er die Debatte um die Institutionalisierung von TA im Deutschen Bundestag, die schließlich 1989 nach zwei Enquetekommissionen zur Institutionalisierung der parlamentarischen TA in Deutschland und zur Gründung des Büros für Technikfolgen-Abschätzung beim Deutschen Bundestag (TAB) führte (Petermann 1994; Meyer 1999). Mit der Leitung des TAB wurde die Abteilung für Angewandte Systemanalyse (AFAS) – ab 1995 Institut für Technikfolgenabschätzung und Systemanalyse (ITAS) – des Forschungszentrums Karlsruhe beauftragt, einer TA-Einrichtung, die die Ausformulierung der strategischen TA in Deutschland – TA als „strategisches Rahmenkonzept für die Analyse und Bewertung von Technik" (Paschen/Petermann 1991) – maßgeblich bestimmt hatte.

Teilweise parallel (Debatte über die Gründung einer Wissenschaftsstadt in Ulm), teilweise in Reaktion auf die schleppende Kompromissbildung im Bund (Scheitern des Institutionalisierungsvorschlags[15] der vom 10. Deutschen Bundestag eingesetzten Enquete-Kommission „Einschätzung und Bewertung von Technikfolgen und Gestaltung von Rahmenbedingungen der technischen Entwicklung") kam es in Baden-Württemberg zu einer Initiative des Landesverbandes der Industrie (LVI) und nachfolgend zur Einrichtung einer vorbereitenden Kommission (sog. Mittelstraß-Kommission), die der Landesregierung Baden-Württemberg die Einrichtung einer TA-Akademie in der Rechtsform einer Stiftung empfahl (Nov. 1989). Zum 1. April 1992 nahm die Akade-

---

nalisierung von TA auseinander gesetzt (vgl. Rapp/Mai 1989; Detzer 1987) und legte als Ergebnis 1988 den Richtlinienvorentwurf: Empfehlungen zur Technikbewertung vor, der nach entsprechender Diskussion den Status einer VDI-Richtlinie (VDI 3780 „Technikbewertung. Begriffe und Grundlagen") erhielt (VDI 1991). Außerdem verabschiedete die VDI-Hauptgruppe nach der Durchführung eines SoTech-Progjekts unter der Leitung von Klaus Henning eine Handlungsempfehlung: „Sozialverträgliche Gestaltung von Automatisierungsvorhaben" (VDI 1989). Der in dieser Handlungsempfehlung formulierte Gestaltungsansatz (Dualer Entwurf, umfassende Planungsphase) enthält viele TA-Elemente, allerdings bezogen auf ein konkretes Automatisierungsvorhaben (im Sinne einer Produktfolgenabschätzung (vgl. Minx/Meyer 1999), und ist von CT-Ansätzen praktisch nicht zu unterscheiden. Zu dem TA-Verständnis des VDI vgl. auch Mai (1994), Brennecke (1996), Senghaas-Knobloch/Müller (1999), Stransfeld (1999), Henning (1999). Gegenüber der eher sozialwissenschaftlich ausgebildeten, politikberatenden und „praxisfernen" TA-Community bestehen erhebliche Vorbehalte: „Es besteht ... eine Gefahr, dass die Aufgaben der TA immer mehr an Institutionen, Akademien etc. ‚wegdelegiert' werden, um sich nicht mehr selbst den Anforderungen zu stellen." ... „Die TA-Debatte hat hier viele Grundlagen gelegt, die konstruktive Phase liegt aber noch vor uns. Gute Technikbewertung braucht eine ziemlich radikale Praxisorientierung" (Henning 1999: 43 und 46).

14 Einer der vier Leitgedanken des SoTech-Programms war darauf gerichtet, „Ansatzpunkte und Anlässe zur Mitwirkung, Mitbestimmung und Partizipation der von der Technik Betroffenen zu finden" (MAGS 1985: 2). Diese Zielsetzung wurde in vielen Publikationen zum SoTech-Programm herausgestellt (vgl. z.B. Alemann u.a. 1986; Tschiedel 1987; Böckler 1990) und wurde von Wiesenthal (1990) kritisch kommentiert. Tatsächlich gelang es dem Programm in vielen Projekten, Formen partizipativer Technikgestaltung zu entwickeln (vgl. Alemann u.a. 1992; Brödner u.a. 1991; Böckler u.a. 1994).

15 „... auf Grund massiver Interventionen von BDI-Funktionären und des damaligen BDI-Präsidenten Langmann bei den politischen Entscheidungsträgern ..." (Bugl 1994: 260).

mie ihre Arbeit mit dem satzungsgemäßen Auftrag auf ... „Folgen zu bewerten und den gesellschaftlichen Diskurs über die Technikfolgenabschätzung zu initiieren und zu koordinieren" (§ 2, 1 der Satzung, vgl. Rohr 1999: 488 sowie Bugl 1994; Schade 1994). Damit erfolgte auf der Landesebene von Baden-Württemberg der entscheidende Schritt zur Institutionalisierung von partizipativen, diskursiv angelegten TA-Verfahren in Deutschland (vgl. Renn 1999; Wachlin/Renn 1999).

Weitgehend unabhängig von den Entwicklungen im Bund und in den Ländern, jedoch in Abgrenzung, Ergänzung und Konkurrenz zu den bislang institutionalisierten TA-Verfahren[16], wurde 1996 die Europäische Akademie GmbH in Bad Neuenahr-Ahrweiler mit dem Ziel gegründet, „zu einem rationalen Umgang der Gesellschaft mit Folgen wissenschaftlich-technischer Entwicklung" beizutragen (Gethmann/Langenbach 1999: 438). In diskursiv arbeitenden Projekt- und Studiengruppen soll in dieser TA-Einrichtung die ethische Frage geklärt werden, „inwieweit es vertretbar ist, im Interesse der Allgemeinheit bestimmten Personen und Gruppen zuzumuten, eine technische Entwicklung zu akzeptieren" (Gethmann/Langenbach 1999: 439). Dieser TA-Typ wird hier als deliberative oder ethische TA bezeichnet. Seine Institutionalisierung gelang in der politischen Konjunktur Mitte der 90er Jahre, als einerseits wegen des Umzugs der Bundesregierung nach Berlin Finanzmittel bereitgestellt und Kompensationsfunktionen für den Raum Bonn (Wissenschaftsstadt Bonn) gesucht wurden und als andererseits die Formulierung diskursiv abgesicherter ethischer Standards einen überparteilichen Beitrag der Philosophie zur Lösung virulenter Technisierungskonflikte, u.a. in den Bereichen der Biomedizin und Biotechnologie, versprach. Im Gegensatz zur partizipativen TA, die im Diskurs betroffener Akteure konsensfähige Lösungen zur Beilegung von Technisierungskonflikten zu generieren versucht, „erfindet" und rechtfertigt die deliberative TA im Diskurs der Experten verallgemeinerbare – tendenziell universelle – Normen, deren Befolgung durch entsprechend konstruierte soziale Institutionen gewährleistet werden soll (Gethmann 1999: 141). Unter der Leitung von Carl Friedrich Gethmann sieht sich die EA diesem rein funktionell gerechtfertigten „praktischen Universalismus" verpflichtet (ebd.: 141).

Mit der Errichtung der Europäischen Akademie scheint die Phase der Institutionalisierung neuer TA-Verfahren für die absehbare Zukunft abgeschlossen zu sein: Die vom BMBF veranlasste Studie von Weber u.a. (1999) empfiehlt „die mittelfristige Rückführung der (quasi-)institutionellen Förderung und gleichzeitig das ‚Aufbrechen' der TA-Szene" durch einen „übergreifenden Diskussionsprozess" sowie die Einführung von „Wettbewerbselementen", 148). Das Bundesministerium für Bildung und Forschung (BMBF) hat inzwischen, wohl auch in Reaktion auf das Gutachten, einen Politikwechsel vorgenommen. Der Begriff der Technikfolgenabschätzung wurde aufgege-

---

16 Überlegungen zur Einrichtung einer „Akademie für europäische TA-Studien" gehen auf eine Untersuchung zur europäischen TA-Landschaft zurück, die beim VDI-TZ Physikalische Technologien 1993 im Auftrag des BMBF durchgeführt wurde. Eine neue TA-Institution sollte dazu beitragen, „die von den Autoren festgestellten Defizite der europäischen TA-Landschaft ... zu reduzieren", so Weber u.a. (1999: 76) gemäß der Studie von Strümper-Janzen/Zweck (1993).

ben. Es spricht jetzt von Innovations- und Technikanalyse (ITA) und kündigt an, sie verstärkt als „strategisches Politikinstrument" einzusetzen.[17]

Als Ergebnis dieser inkrementellen, weitgehend unkoordinierten und reaktiven Institutionalisierung von TA hat sich eine differenzierte TA-Landschaft herausgebildet. Spezialisierte TA-Einrichtungen, die in engem Kontakt zur TA-Forschung und zu den Technikwissenschaften einschließlich der geistes- und sozialwissenschaftlichen Technikforschung stehen, bieten dem politischen System (Regierung, Bundestag, EU-Parlament), den Unternehmen, der Gesellschaft sowie der Wissenschaft auf den jeweiligen institutionellen Kontext zugeschnittene, differenzierte TA-Leistungen an (vgl. Schaubild 2). Von den im Schaubild 2 aufgeführten TA-Einrichtungen sind nur vier ausschließlich mit TA befasst (AfTA, EA, ITAS sowie der für das BMBF tätige Projektträger ITA beim VDI/VDE-IT). Bei den anderen Einrichtungen beschäftigen sich einzelne Abteilungen mit TA (IAT, ISI, WIK) oder TA ist eine Aufgabe, die in das Tätigkeitsspektrum integriert ist, ohne inhaltlich und administrativ speziell ausgewiesen zu sein (IWE, VDI-TZ-ZT, WI). Bemerkenswert ist, dass die Einrichtungen in der Regel gänzlich oder doch zu wesentlichen Teilen[18] durch die öffentliche Hand finanziert werden. Die Unterhaltung der TA-Infrastruktur ist in Deutschland eine öffentliche Aufgabe.

Die Rechtsformen der Einrichtungen differieren stark. Nur das WIK, seit dem 1. Januar 1998 in der alleinigen Eigentümerschaft des Bundes, und das ITAS, das ein Institut des Forschungszentrums Karlsruhe (FZK) ist, das seinerseits der vom Bund zu 90% getragenen Hermann von Helmholtz-Gemeinschaft Deutscher Forschungszentren (HGF) angehört, sind Einrichtungen des Bundes. Reine Landeseinrichtungen sind die Akademie für Technikfolgenabschätzung in Baden-Württemberg in der Rechtsform einer Stiftung sowie die Institute des Wissenschaftszentrums NRW (IAT und WI), einer Landes-GmbH. Auch das Institut für Wissenschaft und Ethik, das von dem „Verein für Wissenschaft und Ethik", dem die Deutsche Forschungsanstalt für Luft- und Raumfahrt (DLR), das Forschungszentrum Jülich (KFA) sowie die Universitäten Bonn und Essen angehören, gegründet wurde, wird durch das Land NRW grundfinanziert. Die Europäische Akademie GmbH ist eine Bund-Länder-Einrichtung, jeweils zur Hälfte finanziert vom Land Rheinland-Pfalz und dem BMBF und rechtlich getragen von zwei Gesellschaften, der DLR und dem Land Rheinland-Pfalz. Das ISI mit Sitz in Karlsruhe wird von der Fraunhofer Gesellschaft betrieben. Das VDI Technologiezentrum Düsseldorf (VDI TZ) sowie das VDI/VDE Technologiezentrum Informationstechnik Berlin/Teltow (VDI/VDE-IT) in der Rechtsform einer GmbH sind Organisationseinheiten des Vereins Deutscher Ingenieure.

Das deutsche TA-System ist sowohl vertikal als auch horizontal fragmentiert. Als vertikale Fragmentierung wird die Spezialisierung von TA-Einrichtungen auf bestimm-

---

17 Ergebnisprotokoll einer Veranstaltung am 09.06.00 des Gesprächskreises „Zukunft der Innovations- und Technikanalyse ITA" im BMBF.
18 Von den im Land NRW 1995 dokumentierten 205 TA-Projekten wurden 146 über Drittmittel gefördert. Allein 104 Projekte wurden vom Bund oder dem Land NRW finanziert. Von der EU erhielten nur 10 Projekte Mittelzuwendungen. Diese Zahlen dokumentieren deutlich die Staatsabhängigkeit der Finanzierung von TA-Projekten (Ministerium für Wissenschaft und Forschung des Landes Nordrhein-Westfalen (MWF) 1995: 17f.).

Schaubild 2: Schematisierte Darstellung des deutschen TA-Systems

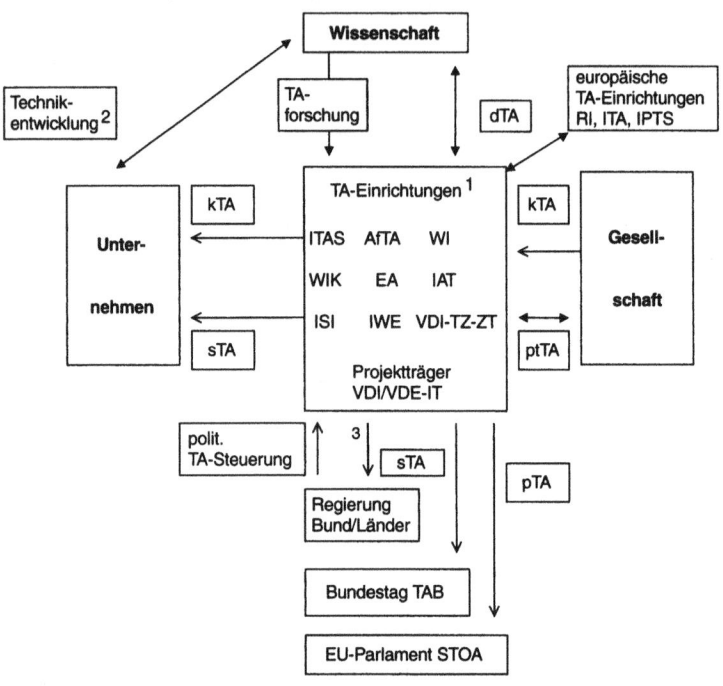

TA-Typen:
Legende
dTA = deliberative TA
kTA = konstruktive TA
pTA = parlamentarische TA
ptTA = partizipative TA
sTA = strategische TA

TA-Einrichtungen:
AfTA = Akademie für TA in Ba-Wü
EA = Europäische Akademie zur Erforschung von Folgen wissenschaftlich-technischer Entwicklungen
IAT = Institut Arbeit und Technik / WZN
IPTS = Institute for Prospective Technological Studies
ISI = Fraunhofer Institut für Systemtechnik und Innovationsforschung

ITA = Institut für TA der Österreichischen Akademie der Wissenschaften
ITAS = Institut für Technikfolgenabschätzung und Systemanalyse
IWE = Institut für Wissenschaft und Ethik
RI = Rathenau Institut
STOA = Scientific and Technological Options Assessment, GD IV/B
TAB = Büro für Technikfolgen-Abschätzung beim Deutschen Bundestag
WI = Wuppertal Institut für Klima, Umwelt, Energie / WZN
WIK = Wissenschaftliches Institut für Kommunikationsdienste
VDI/VDE-IT = Projektträger Innovations- und Technikanalyse (ITA)
VDI/VDE = Technologiezentrum Informationstechnik GmbH
VDI-TZ-ZT = Technologiezentrum, Abteilung Zukünftige Technologien

1 Bei den aufgeführten TA-Einrichtungen handelt es sich um eine Auswahl. Einige der Einrichtungen betreiben TA nur als eine Aufgabe neben anderen. Ausschließlich mit TA beschäftigen sich in Deutschland AfTA, EA, ITAS, TAB.
2 Der Doppelpfeil „Technikentwicklung" soll daran erinnern, dass der reflexive Mechanismus der TA gegenüber dem dominanten Modell der gesellschaftlichen Techniksteuerung durch Kooperation zwischen Wissenschaft und Wirtschaft bislang nur eine korrigierende Funktion unbekannter Größe hat.
3 Die Pfeile symbolisieren die intendierte Hauptwirkungsrichtung der verschiedenen TA-Typen.

te TA-Verfahren und/oder Technikfelder bezeichnet[19]. Mit vertikaler „Ausdifferenzierung" ist im Allgemeinen eine Steigerung der Leistungsfähigkeit eines Systems verbunden. So erleichtert die Spezialisierung die Konzentration und Anreicherung von Wissen über TA-Verfahren wie über die mit bestimmten Technologien verbundenen Anwendungsprobleme und schafft günstige Voraussetzungen für eine erfolgreiche Teilnahme an Kompetenznetzwerken.

Neben seiner vertikalen Fragmentierung (Spezialisierung hinsichtlich der Verfahren und der Technik) kennzeichnet das deutsche TA-System auch eine starke horizontale Fragmentierung. Seine asymmetrische Föderalisierung spiegelt die konfliktreiche Entstehungsgeschichte wider: dort eine Stuttgarter Akademie oder ein Wuppertal-Institut, hier eine Europäische Akademie in Bad Neuenahr-Ahrweiler oder ein Büro beim Bundestag in Berlin mit Leitung in Karlsruhe... Eine dezentralisierte TA-Landschaft muss nicht zu Leistungseinbußen führen; im deutschen Fall muss mit ihnen aber gerechnet werden. Es ist zu befürchten, dass die TA-Einrichtungen eine unterkritische Größe haben, nur auf den Landesmaßstab zugeschnitten[20] und vorwiegend in regionale Gestaltungsnetzwerke integriert sind, dass also ihre Ausstrahlung die EU oder gar die internationalen Netzwerke, in denen Technik entwickelt wird, nicht erreicht. Die Technikfolgenabschätzung tappte, wie Klumpp bemerkt, „in die Föderalismusfalle, obwohl sie wusste, dass Technikfolgen nun wirklich nicht an Landesgrenzen haltmachen" (1996: 33).

Als Zwischenfazit ergibt sich ein ambivalenter Befund: Einerseits konnte sich ein ausdifferenziertes, damit spezialisiertes und an vielen entscheidungskritischen Punkten ansetzendes nationales TA-System entwickeln; andererseits ist das TA-System fragmentiert und intransparent, vielfach unterkritisch ausgestattet und eher von einem regionalen Zuschnitt. Während in den Projekten der konstruktiven TA mit den Unternehmen häufig eng und gut kooperiert wird, hat die strategisch-beratende sowie die partizipative TA nur in Ausnahmefällen den Zugang zur Wirtschaft gefunden. Die zur Steigerung der Leistungsfähigkeit erforderliche Konzentration auf bestimmte Technikfelder steht in einem Spannungsverhältnis zu der Verfahrensorientierung von TA-Einrichtungen.

---

19 TA-Einrichtungen unterscheiden sich freilich in ihrem Spezialisierungsgrad. Die TA-Akademie in Stuttgart führt nicht nur unterschiedliche Formen partizipativer TA-Verfahren durch (Renn 1999), sondern organisiert auch Verfahren konstruktiver TA (z.B. regionale Innovations- und Gestaltungsnetzwerke). Das ITAS hat sich neben der TA-Forschung auf die strategisch-beratende TA spezialisiert und ist gleichzeitig für die parlamentarische TA in Deutschland federführend verantwortlich.

20 Beispiel für eine TA-Einrichtung mit unterkritischer Ressourcenausstattung ist der Arbeitskreis für Technikfolgenabschätzung und -bewertung (AKTAB) in NRW. Der Arbeitskreis war mit der Intention gegründet worden, durch gemeinsame TA-Projekte den Aufbau eines TA-Netzwerkes zwischen den Hochschulen des Landes NRW zu fördern, das auch die Politik – Landtag wie Ministerien – beraten sollte. Die Durchführung von innovativen TA-Verfahren, z.B. im Bereich der Anwendungen der Gentechnologie, scheiterte an mangelnder Unterstützung durch die Landesregierung (zum AKTAB vgl. auch Henning u.a. 1999).

6. Vermittlungsprobleme

Jeder Typ eines TA-Verfahrens weist, wie oben gezeigt wurde, ein ihn prägendes Vermittlungsregime auf. Soll die Steuerungsleistung eines TA-Verfahrens ermittelt werden, ist somit zunächst einmal – und vorgängig jeder empirischen Fallanalyse – die ihm eigene Vermittlungsproblematik zu entschlüsseln. Dies soll hier unter Verwendung des Begriffes der Vermittlungskonstellation versucht werden.

In jedem TA-Verfahren werden durch die Vermittlung und den Austausch von TA-Wissen mit anschließender Konsens- und Entscheidungsfindung zukünftige techniksteuernde und/oder direkt technikbezogene Handlungen koordiniert. Gemeinsam ist allen TA-Verfahren, dass Akteure aus der Wissenschaft reflexives Wissen generieren, das sie im Verlaufe des TA-Verfahrens an die Beteiligten vermitteln, um es gemeinsam mit ihnen weiter zu verarbeiten. Die Verfahren unterscheiden sich allerdings in zwei Dimensionen: der Zusammensetzung der beteiligten Akteure sowie dem Praxisbezug des behandelten Gegenstandes. Beide Dimensionen zusammen strukturieren die Vermittlungskonstellation eines TA-Verfahrens. Im Schaubild 3 wurden die fünf Vermittlungskonstellationen der hier behandelten TA-Verfahren graphisch lokalisiert, um die zwischen ihnen bestehenden Differenzen zu veranschaulichen.

Die Vermittlungskonstellation der konstruktiven TA wird in erster Linie durch ihre Nähe zur Praxis bestimmt. Konstruktive TA-Verfahren können dazu beitragen, dass bei der Einbindung sozio-technischer Systeme in ihre Anwendungs- und Nutzungskontexte (Rekontextualisierung[21]) neben den Kriterien der Wirtschaftlichkeit auch die Kriterien der Sozial- und Umweltverträglichkeit berücksichtigt werden. Wie dies geschehen kann aufzuzeigen, ist Aufgabe der das Technisierungsvorhaben begleitenden TA-Wissenschaftler. Allgemeine Gestaltungsnormen werden auf den Einzelfall bezogen, bei dem es sich um eine Produktionsanlage, eine Infrastruktureinrichtung oder ein Konsumgut handeln kann. Die Akteurekonstellation ergibt sich aus der praktischen Problemstellung sowie den fallspezifischen rechtlichen und sozio-politischen Rahmenbedingungen. Neben der Wissenschaft, der eine informierende, analysierende, bewertende und auch moderierende Rolle zukommt, sind, je nach konkretem Fall in unterschiedlicher Zusammensetzung, Entscheider, Konstrukteure und Entwickler, Anwender, Nutzer und Konsumenten, Betriebsräte und Vertrauensleute, Umweltbeauftragte und Betriebsärzte, etc. etc. am Verfahren beteiligt. Die Organisatoren des TA-Prozesses werden notwendigerweise, häufig ungewollt, zu Mitspielern in einer undurchsichtigen Handlungskonstellation, in der nicht nur informiert und debattiert, in der vielmehr verhandelt und um Machtpositionen gerungen wird (vgl. Ortmann u.a. 1990). Der externen Vermittlung und Umsetzung von Ergebnissen der begleitenden TA-Forschung kommt eine geringere Bedeutung zu. Die Chancen der Umsetzung von TA-Ergebnissen hängen von den Binnenverhältnissen des Technisierungsprojektes ab, vor allem der Machtverteilung, den Anreizstrukturen, der Kooperations- und Dialogfähigkeit der beteiligten Akteure. Die Vermittlungskonstellation konstruktiver TA hat sich vor allem im Bereich Arbeit und Technik bei der Modernisierung von Produktionssystemen bewährt (vgl. Brödner 1999). Trotzdem kann die Institutionalisierung der konstruktiven,

---

21 Vgl. zum Kontextualisierungskonzept Fleischmann/Esser (1989).

Schaubild 3: Vermittlungskonstellationen von TA-Verfahrenstypen

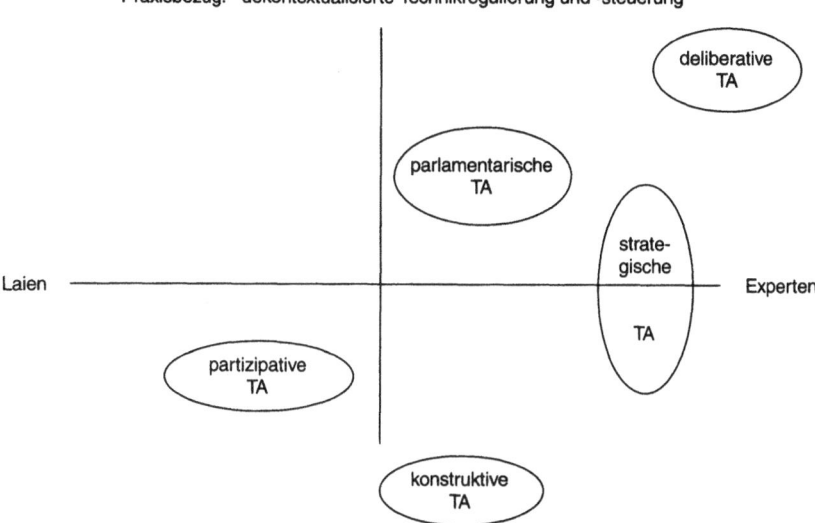

figurierenden und gestaltenden TA in Deutschland nicht als gesichert gelten. Weder gibt es ein auf Dauer gestelltes Angebot, noch eine private Nachfrage nach aufwendigen, sich an den Kriterien der Sozial- und Umweltverträglichkeit orientierenden, betrieblichen Modernisierungsprojekten. Ohne staatliche Programme findet konstruktive TA nur im Ausnahmefall statt.

Verfahren deliberativer (ethischer) TA unterscheiden sich in beiden Dimensionen der Vermittlungskonstellation radikal von konstruktiver TA. Die Deliberation findet dekontextualisiert auf einer theoretisch-abstrakten Ebene außerhalb des Bereichs praktischer Entwicklung, Produktion und Anwendung von Technik statt. Die beteiligten Akteure sind Wissenschaftler, die sich mit neuen technischen Möglichkeiten und den gesellschaftlichen, vor allem den normativen Problemen ihrer zukünftigen Nutzung befassen.[22] Die Aufgabe der das Verfahren organisierenden TA-Einheit besteht in der Veranstaltung von Diskursen unter Fachkundigen, z.B. in der Form gemeinsamer Projekte, um in diesem Deliberationsprozess Normen zu finden, die bei Anwendung der Technik allen Beteiligten zugemutet werden können (vgl. Gethmann 1999; Gethmann/Langenbach 1999; Grin/Grunwald 2000). Obgleich die interne Vermittlungsproblematik bei diesem Verfahrenstyp nicht leicht zu bewältigen ist, da ein interdiszi-

---

[22] Das in Deutschland bekannteste Verfahren deliberativer TA wurde vom WZB durchgeführt: „Verfahren zur Technikfolgenabschätzung des Anbaus von Kulturpflanzen mit gentechnisch erzeugter Herbizidresistenz" (van den Daele u.a. 1996; van den Daele 1997; Ammon/Behrens 1998). Zwar wird dieses Verfahren in Publikationen (z.B. van den Daele 1997) auch als partizipatives TA-Verfahren eingestuft (vgl. auch Saretzki 1999), nach der in diesem Aufsatz verwendeten Terminologie handelt es sich jedoch um ein deliberatives Verfahren. Seine Bezeichnung als partizipatives Verfahren gibt zu Missverständnissen Anlass.

plinärer Expertendiskurs zu moderieren ist, der zu einem verallgemeinerungsfähigen Ergebnis führen soll, scheint die externe Vermittlung und Umsetzung der Ergebnisse noch größere Probleme aufzuwerfen. Auch die in erlauchten Expertenzirkeln mit einem universalen Gültigkeitsanspruch „erfundenen" (Gethmann 1999: 141) Akzeptabilitätsstandards müssen sich in gesellschaftlichen, interkulturellen und politischen Diskursen bewähren. Die Pluralisierung der Lebensstile, kulturelle Divergenzen, die in demokratischen Gesellschaften vorherrschende pluralistische Partei- und Interessenpolitik stehen der Anerkennung universal geltender Akzeptabilitätsstandards entgegen. Dies gilt insbesondere für den Bereich der neuen Biotechnologien und ihre Anwendungen in der Medizin, der Reproduktion und Nahrungsmittelerzeugung. Die Vermittlungskonstellation der deliberativen (ethischen) TA mündet in eine prekäre äußere Vermittlungsproblematik. Dekontextualisierte Normen der Technikregulierung müssen rekontextualisiert werden. Wie die Europäische Akademie diesen Prozess begleiten wird, ist noch nicht abzusehen.

Auch die Vermittlungskonstellation der parlamentarischen TA bewegt sich in dekontextualisierten Räumen; jedoch etwas näher am soliden Grund, da nicht universal und jederzeit geltende, sondern nur europaweit bzw., in der konkreten Durchführung, nationalweit geltende und entsprechend dem Mehrheitswillen jederzeit veränderbare Normen zur Steuerung und Regulierung von Technik zur Debatte stehen. Die entscheidende Differenz besteht in der durch die Institution des Parlaments vorgegebenen Akteurekonstellation, die vom Parteienwettbewerb und dem Kampf um die Regierungsmacht zwischen Mehrheits- und Minderheitsfraktion beherrscht ist (vgl. Vig/Paschen 2000). Beide Dimensionen beschränken die Vermittlungsmöglichkeiten von TA-Wissen durch die Organisatoren des Verfahrens. Innerhalb des Verfahrens sind, abgesehen von Hintergrundwissen, nur Technisierungsprobleme und Handlungsoptionen diskussionsfähig und vermittelbar, die einerseits sachlich passgenau und andererseits von einem mittleren Politisierungsniveau gekennzeichnet sind (Petermann 1990; Dierkes u.a. 1986; Petermann 1999). Zwar scheint das TAB bei der Berücksichtigung dieser Handlungsrestriktionen recht erfolgreich zu agieren (vgl. Meyer 1999), aber mit der Konsequenz, dass die meisten der bisherigen TA-Themen „eher am Rande von möglichen Technikkontroversen angesiedelt" gewesen sind (so Catenhusen 1994: 294). Ob die im Vergleich zu anderen europäischen Parlamenten expertenlastige Anlage des TA-Verfahrens im Deutschen Bundestag (vgl. Peissl 1999: 475f.) die Vermittlungsleistung vom TAB erhöht oder nur seine institutionelle Anerkennung begünstigt hat, bleibt zu untersuchen. Dabei ist zu berücksichtigen, dass die parlamentarische Vermittlungskonstellation, sowohl was ihre internen Koordinationsleistungen, als auch was deren externe Umsetzung in die Machtspiele des Parlaments anbelangt, in hohem Maße von den politischen Rahmenbedingungen – den Prioritäten auf der politischen und öffentlichen Agenda – beeinflusst wird.

Zu der elitistischen Ausrichtung der deliberativen und der parlamentarischen TA setzt die partizipative TA einen Kontrapunkt. Ihre Akteurekonstellation ist durch die Einbeziehung von interessierten Laien, von besorgten Bürgern und stake-holdern – vor allem den Vertretern von Verbänden – in das TA-Verfahren bestimmt. In der Vermittlungskonstellation partizipativer TA treffen die Akteure aus der Wissenschaft und die Vertreter von privaten oder öffentlichen Technisierungsprojekten mit dem Normalbürger sowie den Vertretern gesellschaftlicher Interessengruppen zusammen. Je nach dem konkreten Zweck und der Methodik des Verfahrens variieren die soziale Zusammensetzung und die Art des Diskurses, der Vermittlung und der Wissensverarbeitung (vgl. Renn 1999; Wachlin/Renn 1999; Saretzki 1999). Gegenstand von partizipativen TA-Verfahren sind vor allem Technisierungsvorhaben, die gesellschaftlich umstritten sind und für die durch die Beteiligung Gestaltungspfade gefunden werden sollen, die einen breiteren gesellschaftlichen Konsens ermöglichen. Partizipative TA-Verfahren zielen somit auf die Konfigurierung von Technik im Prozess ihrer gesellschaftlichen Einbindung (Rekontextualisierung) (vgl. Krohn 1997). Der Erfolg dieser Vermittlungskonstellation, in der praxisnah diskutiert und auch verhandelt wird, hängt wesentlich von der institutionellen Anbindung ab. Die Erfahrungen in Deutschland sind in dieser Hinsicht nicht gerade ermutigend (vgl. Ammon/Behrens 1998; Saretzki 1999; Vorwerk 1999), da nicht entscheidungs-, sondern empfehlungsorientierte Verfahren die Regel sind und die Adressaten, vorwiegend Behörden, die Empfehlungen nur sehr zögerlich aufgreifen. Ob sich daher sowie aus Gründen des Kostenaufwands und immer absehbarer politischer Reibungsverluste partizipative TA-Verfahren in Deutschland außerhalb des Aufgabenspektrums der Stuttgarter Akademie weiter durchsetzen werden, ist aktuell nicht absehbar.

In der Akteurekonstellation strategischer TA dominieren die Experten. TA-Spezialisten, unterstützt durch ausgewiesene Fachwissenschaftler, beraten technologiepolitische Entscheidungsträger der Unternehmen und Spitzenbehörden. Die von den Entscheidungen direkt betroffenen Bürger, Anwender, Konsumenten, etc. sind nur indirekt, über die Ermittlung von möglichen Bedarfen, Einstellungsmustern (Akzeptanz), Konsumentenwünschen, Anwendungsfällen, beteiligt. Das Dekontextualisierungsniveau ist hoch, aber im Allgemeinen nicht so hoch wie bei den von der deliberativen TA erörterten normativen Fragen von Technisierungsprojekten. Das charakteristische Merkmal der strategisch-beratenden TA besteht in dem immer nur annäherungsweise erfolgreichen Versuch, die bekannten und noch nicht bekannten, unerwünschten wie auch erwünschten Nebenfolgen eines Technisierungsprojektes möglichst umfassend zu ermitteln, also das gesamte Spektrum an möglichen Folgen seiner Rekontextualisierung antizipativ abzuprüfen, und optionale Technisierungspfade vorzuschlagen. Wie dieses im Kern technokratische „Idealmodell" (vgl. Paschen/Petermann 1991; Bechmann 1991; Paschen u.a. 1991) in der Beratungspraxis zugeschnitten wird, hängt von vielen Einflussgrößen, aber nicht zuletzt von der Aufgabenstellung, den offenen und heimlichen Erwartungen des Auftraggebers, dessen Relevanzkriterien und seiner Entscheidungssituation ab. In der Vermittlungskonstellation strategischer TA besteht ein Dilemma: Zwischen dem Angebot an reflexivem, dekontextualisiertem Wissen, das von externen Beratern vorgetragen wird, und der Nachfrage der Entscheider nach passgenauem Wissen zur Lösung dringender Probleme besteht eine unüberbrückbare Diskrepanz. Dieses Dilemma systembedingter differenter Situationsdefinitionen lässt sich allein durch die Verstetigung von Beratungsbeziehungen abmildern. Den Weg der Internalisierung haben einige Unternehmen, ohne Nachahmer zu finden, beschritten (vgl. z.B. Garbe/Lange 1991; Minx/Waschke 1994). Das BMBF hat sich für ein Netzwerk von Beratungseinrichtungen sowie für längerfristig arbeitende Kommissionen entschieden (vgl. Binder 1997). Diese Lösungsvarianten mögen das Situationsdefinitionsdilemma vermeiden, fördern aber den technokratisch getrübten Blick auf die Gesellschaft, mit dem die Ängste des Bürgers zu Akzeptanzschwellen mutieren, die es mit TA – als neuer Orientierungswissenschaft – abzubauen gilt (Stötzel/Baron 1999).

Der knappe Überblick über die Vermittlungskonstellationen der in Deutschland institutionalisierten TA-Verfahren hat einige wichtige Ergebnisse erbracht: Die Vermittlungskonstellationen der fünf TA-Verfahren unterscheiden sich so beträchtlich, dass sie nicht als kontextspezifische Anwendungsfälle eines bestimmten TA-Rahmenkonzeptes gelten können. Jedes der Verfahren muss mit spezifischen Vermittlungs- und Umsetzungsproblemen rechnen. Kein Verfahren könnte das Leistungsangebot der anderen ersetzen. Zwischen den Verfahren besteht hinsichtlich des Zwecks und der Vermittlungsleistung keine Konkurrenzsituation, sondern eher ein Ergänzungsverhältnis.

7. Fazit

Die deutsche TA-Landschaft als ein nationales System zu begreifen, das sich aus institutionalisierten TA-Verfahren mit je eigenen Zwecken, Gegenständen, Vermittlungsregimen, Vermittlungskonstellationen und Steuerungsleistungen zusammensetzt, erlaubt den analytischen Rahmen für sondierende empirische Fallstudien wie für eine kritisch-evaluative Einschätzung der Strukturprobleme und der Leistungsfähigkeit des TA-Instrumentariums zu formulieren. Auf seiner Grundlage lassen sich, auch ohne empirische Studien über die Wirkung und Steuerungsleistung institutionalisierter TA-Verfahren und Einrichtungen zur Verfügung zu haben, einige, für die TA-Debatte möglicherweise hilfreiche, Feststellungen treffen:

Das deutsche TA-System ist von einer beachtlichen Varietät und Komplexität gekennzeichnet. Die Ausdifferenzierung des Systems steigert zumindest potenziell seine Leistungsfähigkeit. Alle Maßnahmen zur Verbesserung seiner Steuerungseffektivität sollten daher an dieser Vielfalt ansetzen, indem sie einerseits die Reibungsverluste innerhalb der Vermittlungsregime und bei der Umsetzung von Ergebnissen zu vermindern suchen und indem sie andererseits die Beseitigung von Koordinationsdefiziten zwischen den verschiedenen Verfahren in Angriff nehmen. Vor allem wäre zu überlegen, ob nicht durch die Verkoppelung von Verfahren Synergien freigesetzt werden könnten, z.B. durch eine fallweise Anbindung von Verfahren partizipativer TA an Verfahren parlamentarischer TA, wie dies in anderen europäischen Ländern bereits praktiziert wird, oder durch eine systematische Verbindung zwischen strategischer und konstruktiver TA.

Zwischen der Produktivität der deutschen TA-Forschung und dem Leistungsniveau institutionalisierter TA-Verfahren liegt eine beachtliche Diskrepanz. Das Vermittlungs- und Umsetzungsdefizit hat, wie gezeigt wurde, vielerlei Gründe. Jeder Verfahrenstyp trägt auf seine Weise dazu bei. Im Übrigen ist es unvermeidlich, dass bei einem wissensbasierten reflexiven Mechanismus das theoretische Wissen seiner praktischen Anwendung vorauseilt. Auch muss bedacht werden, dass sowohl der wissenschaftliche Diskurs über TA-Forschungsergebnisse als auch die öffentliche Technikdebatte, die Studienergebnisse aufgreift, wichtige Filterfunktionen für die regulative und praktische Technikgestaltung haben. Der Beitrag der „rationalen" Technikfolgenabschätzung

(Grunwald 1998, 2000) zur gesellschaftlichen Techniksteuerung liegt dann wohl auch eher in der Stimulierung des wissenschaftlichen Technikdiskurses als in der Durchführung deliberativer TA-Verfahren zur Homogenisierung der technologiepolitischen Willensbildung innerhalb der Eliten.

Darüber hinaus dringen die Ergebnisse von TA-Studien in die Gestaltungsdiskurse ein, die die Kontextualisierung von neuen Techniken begleiten (vgl. z.B. Simonis/Droz 1999 oder das Jahrbuch Telekommunikation und Gesellschaft 1991 passim). Im Rahmen dieses Papiers war es leider nicht möglich, auch einzelne Technikfelder in die Überlegungen mit einzubeziehen. Dies ist bedauerlich, weil doch zu recht angenommen werden kann, dass sowohl die Ergebnisse der TA-Forschung als auch von TA-Verfahren nur vor dem Hintergrund konkreter Technisierungsprojekte und der sie begleitenden öffentlichen und fachlichen Debatten in ihrer Relevanz für die Gestaltung und Steuerung von Technik angemessen eingeschätzt werden können.

Literatur

Alemann, Ulrich von/Schatz, Heribert/Viefhues, Dieter, 1986: Sozialverträgliche Technikgestaltung. Entwurf eines politischen, wissenschaftlichen, gesellschaftlichen Programms, in: *Ulrich von Alemann/Heribert Schatz:* Mensch und Technik. Grundlagen und Perspektiven einer sozialverträglichen Technikgestaltung. Opladen, 21–49.
Alemann, Ulrich von/Schatz, Heribert/Simonis, Georg, 1992: Leitbilder Sozialverträglicher Technikgestaltung. Opladen.
Ammon, Ursula/Behrens, Maria (Hrsg.), 1998: Dialogische Technikfolgenabschätzung in der Gentechnik. Bewertung von ausgewählten Diskurs- und Beteiligungsverfahren. Münster.
Baron, Waldemar M., 1995: Technikfolgenabschätzung. Ansätze zur Institutionalisierung und Chancen der Partizipation. Opladen.
Bechmann, Gotthard, 1991: Folgen, Adressaten, Institutionalisierungs- und Rationalitätsmuster: Einige Dilemmata der Technikfolgenabschätzung, in: *Thomas Petermann* (Hrsg.), Technikfolgenabschätzung als Technikforschung und Politikberatung. Frankfurt a.M./New York, 43–71.
Bechmann, Gotthard (Hrsg.), 1996: Praxisfelder der Technikfolgenforschung. Konzepte, Methoden, Optionen. Frankfurt a.M./New York.
Bechmann, Gotthard/Petermann, Thomas (Hrsg.), 1994: Interdisziplinäre Technikforschung. Genese, Folgen, Diskurs. Frankfurt a.M./New York.
Bimber, Bruce, 1996: The Politics of Expertise in Congress. The Rise and Fall of the Office of Technology Assessment. New York.
Binder, Norbert, 1997: Das TA-Konzept des Bundesministeriums für Bildung, Wissenschaft, Forschung und Technologie, in: *Raban Graf von Westphalen* (Hrsg.), Technikfolgenabschätzung als politische Aufgabe. 3. Aufl., München/Wien, 366–381.
BMFT, 1984: Bundesforschungsbericht 1984, hrsg. vom Bundesminister für Forschung und Technologie. Bonn.
Böckler, Michael, 1990: Sozialverträgliche Technikgestaltung. Zum Verhältnis von technologiepolitischer Reform- und sozialwissenschaftlicher Praxiswende. Bochum.
Böckler, Michael/Loss, Uwe/Weiß, Walter, 1994: „Mensch und Technik – Sozialverträgliche Technikgestaltung" – Eine Bilanz nach 10 Jahren Landesprogramm, Institut Arbeit und Technik, Projektträger SoTech. Gelsenkirchen.
Böhret, Carl/Franz, Peter, 1982: Technikfolgenabschätzung. Institutionelle und verfahrensmäßige Lösungsansätze. Frankfurt a.M./New York.

Brekke, Ole E./Eriksen, Erik O., 1999: Technology Assessment in a Deliberative Perspective, in: *René von Schomberg* (Hrsg.), Democratising Technology. Theory and Practice of a Deliberative Technology Praxis. Hengelo/Buenos Aires: International Centre for Human and Public Affairs, 93–119.

Brennecke, Volker M., 1996: Konfliktvermittlung in politikorientierten technikwissenschaftlichen Entscheidungsverfahren, in: *Hans-Hermann Hartwich* (Hrsg.), Entscheidungsprozesse im Spannungsverhältnis Technik-Gesellschaft-Politik, VDI-Report 25. Düsseldorf.

Brennecke, Volker M., 1999: Technikbewertung durch Normung, in: *Stephan Bröchler/Georg Simonis/Karsten Sundermann* (Hrsg.), Handbuch Technikfolgenabschätzung, Bd. 1. Berlin, 279–286.

Bröchler, Stephan/Simonis, Georg, 1998: Konturen des Konzepts einer innovationsorientierten Technikfolgenabschätzung und -bewertung, in: TA-Datenbanknachrichten 7 (1), 31–40.

Bröchler, Stephan/Simonis, Georg/Sundermann, Karsten (Hrsg.), 1999: Handbuch Technikfolgenabschätzung, 3 Bde. Berlin.

Brödner, Peter/Simonis, Georg/Paul, Hansjürgen (Hrsg.), 1991: Arbeitsgestaltung und partizipative Systementwicklung. Opladen.

Brödner, Peter, 1999: Zukunftsfähige Gestaltung von Arbeit und Technik, in: *Stephan Bröchler/Georg Simonis/Karsten Sundermann* (Hrsg.), Handbuch Technikfolgenabschätzung, Bd. 3. Berlin, 775–792.

Bugl, Josef, 1994: Technikfolgenabschätzung: Ein Instrument für Chancenmanagement in der Wirtschaft, in: *Hans-Jörg Bullinger* (Hrsg.), Technikfolgenabschätzung (TA). Stuttgart, 245–268.

Bullinger, Hans-Jörg (Hrsg.), 1994: Technikfolgenabschätzung (TA). Stuttgart.

Catenhusen, Wolf-Michael, 1994: Technikfolgenabschätzung beim Deutschen Bundestag – Erfahrungen und Perspektiven, in: Jahrbuch Arbeit und Technik, hrsg. von *Werner Fricke*. Bonn, 283–294.

Coates, Joseph F., 1999: Technikfolgenabschätzung in den USA – Vergangenheit und Perspektiven für die Zukunft, in: *Thomas Petermann/Reinhard Coenen* (Hrsg.), Technikfolgenabschätzung in Deutschland. Bilanz und Perspektiven. Frankfurt a.M./New York, 53–64.

Coenen, Reinhard/Fürniß, Beate/Kupsch, Christel, 1999: Technikfolgenabschätzung in Deutschland: eine Bestandsaufnahme in Zahlen, in: *Thomas Petermann/Reinhard Coenen* (Hrsg.), Technikfolgenabschätzung in Deutschland. Bilanz und Perspektiven. Frankfurt a.M./New York, 219–228.

Daele, Wolfgang van den/Pühler, Armin/Sukopp, Herbert, 1996: Grüne Gentechnik im Widerstreit. Modell einer partizipativen Technikfolgenabschätzung zum Einsatz transgener herbizidresistenter Pflanzen. Weinheim.

Daele, Wolfgang van den, 1997: Risikodiskussionen am „Runden Tisch". Partizipative Technikfolgenabschätzung zu gentechnisch erzeugten herbizidresistenten Pflanzen, in: *Renate Martinsen* (Hrsg.), Politik und Biotechnologie. Baden-Baden, 281–301.

Detzer, Kurt A., 1987: Von den zehn Geboten zu Verhaltenskodizes für Manager und Ingenieure. VDI-Report 11. Düsseldorf.

Dierkes, Meinolf/Petermann, Thomas/Thienen, Volker von (Hrsg.), 1986: Technik und Parlament, Technikfolgenabschätzung: Konzepte, Erfahrungen, Chancen. Berlin.

Eijndhoven, Joseé C.M. von, 1997: Technology Assessment: Product or Process?, in: Technological Forecasting and Social Change 54, 269–286.

Fleischmann, Gerd/Esser, Josef, 1989: Technikentwicklung als sozialer Prozess. Bedingungen, Ziele und Folgen der Technikgestaltung und Formen der Technikbewertung. Interdisziplinäre Technologieforschung Diskussionsbeiträge, Arbeitspapier 1/89. Frankfurt a.M./JWG-Universität.

Garbe, Detlef/Lange, Klaus (Hrsg.), 1991: Technikfolgenabschätzung in der Telekommunikation. Heidelberg.

Gethmann, Carl Friedrich, 1999: Die Rolle der Ethik in der Technikfolgenabschätzung, in: *Thomas Petermann/Reinhard Coenen* (Hrsg.), Technikfolgen-Abschätzung in Deutschland. Bilanz und Perspektiven. Frankfurt a.M./New York, 131–145.

Gethmann, Carl Friedrich/Langenbach, Christian J., 1999: Europäische Akademie zur Erforschung von Folgen wissenschaftlich-technischer Entwicklung Bad Neuenahr-Ahrweiler GmbH, in: *Stephan Bröchler/Georg Simonis/Karsten Sundermann* (Hrsg.), Handbuch Technikfolgenabschätzung, Bd. 2. Berlin, 437–441.

Gloede, Fritz, 1991: Rationalisierung oder reflexive Verwissenschaftlichung? Zur Debatte um die Funktionen von Technikfolgen-Abschätzung für Technikpolitik, in: *Thomas Petermann* (Hrsg.), Technikfolgenabschätzung als Technikforschung und Politikberatung. Frankfurt a.M./New York.

Grin, John/Grunwald, Armin (Hrsg.), 2000: Vision Assessment: Shaping Technology in 21st Century Society. Towards a Repertoire for Technology Assessment. Berlin/Heidelberg.

Grunwald, Armin, 1998: Rationale Gestaltung der technischen Zukunft, in: *Armin Grunwald* (Hrsg.), Rationale Technikfolgenbeurteilung. Methodische Grundlagen und Verfahren. Berlin/Heidelberg, 29–54.

Grunwald, Armin, 2000: Technology Policy Between Long-Term Planning Requierements and Short-Ranged Acceptance Problems. New Challenges for Technology Assessment, in: *John Grin/Armin Grunwald* (Hrsg.), Vision Assessment: Shaping Technology in 21st Century Society. Towards a Repertoire for Technology Assessment. Berlin/Heidelberg, 99–147.

Henning, Klaus, 1999: Gute Technikbewertung ist Technikgestaltung von morgen, in: *Thomas Petermann/Reinhard Coenen* (Hrsg.), Technikfolgen-Abschätzung in Deutschland. Bilanz und Perspektiven. Frankfurt a.M./New York, 41–46.

Henning, Klaus/Fuchs-Frohnhofen, Paul/Olbertz, Ellen, 1999: Der AKTAB NRW, in: *Stephan Bröchler/Georg Simonis/Karsten Sundermann* (Hrsg.), Handbuch Technikfolgenabschätzung, Bd. 2. Berlin, 451–457.

Jahrbuch Telekommunikation und Gesellschaft, 1991 passim, hrsg. von *Herbert Kubicek/Hans-Joachim Braczyk/Dieter Klumpp*. Heidelberg.

Klumpp, Dieter, 1996: Technikgestaltung in der Telekommunikation: Interdisziplinäre Zukunftsgestaltung oder multimediale Zeitgeistdiskussion?, in: *Franz Büllingen* (Hrsg.), Technikfolgenabschätzung und Technikgestaltung in der Telekommunikation, Wissenschaftliches Institut für Kommunikationsdienste (WIK). Rheinbreitbach, 29–47.

Krohn, Wolfgang, 1997: Die Innovationschancen partizipatorischer Technikgestaltung und diskursiver Konfliktregulierung, in: *Sabine Köberle/Fritz Gloede/Leonhard Hennen* (Hrsg.), Diskursive Verständigung? Mediation und Partizipation in Technikkontroversen. Baden-Baden, 222–246.

Kuhlmann, Stefan/König, Rainer, 1992: Policy Research Centers und Technikfolgenabschätzung – Bestandsaufnahme und Analyse, hrsg. vom VDI Technologiezentrum Physikalische Technologien. Düsseldorf.

MAGS, 1985: Sozialverträgliche Technikgestaltung. Materialien zum Programm, hrsg. vom Ministerium für Arbeit, Gesundheit und Soziales des Landes Nordrhein-Westfalen, Mensch und Technik – Sozialverträgliche Technikgestaltung. Düsseldorf.

MAGS, 1985a: Zielsetzungen und Handlungsfelder des Programms Mensch und Technik – Sozialverträgliche Technikgestaltung, Werkstattbericht 1, hrsg. vom Ministerium für Arbeit, Gesundheit und Soziales des Landes Nordrhein-Westfalen. Düsseldorf.

MAGS, 1988: Das SoTech-Programm nach drei Jahren, überarbeitete und aktualisierte Fassung des Zwischenberichts von 1987, Werkstattbericht 20, hrsg. vom Ministerium für Arbeit, Gesundheit und Soziales des Landes Nordrhein-Westfalen. Düsseldorf.

Mai, Manfred, 1994: Die technologische Provokation. Beiträge zur Technikbewertung in Politik und Wirtschaft. Berlin.

Mai, Manfred, 2001: Technikbewertung in Politik und Wirtschaft. Beitrag zum Problem ihrer Institutionalisierung. Habilitationsschrift. Universität Münster (i.E.).

Mayntz, Renate, 1983: Lessons Learned – Problems in the Acceptance of TA by Political Decision-Makers, in: Umweltbundesamt Berlin, 333–345.

Mayntz, Renate, 1986: Lernprozesse: Probleme der Akzeptanz von TA bei politischen Entscheidungsträgern, in: *Meinolf Dierkes/Thomas Petermann/Volker von Thienen* (Hrsg.), Technik und Parlament, Technikfolgenabschätzung: Konzepte, Erfahrungen, Chancen. Berlin, 183–203.

Mayntz, Renate, 1991: Politische Steuerung und Eigengesetzlichkeiten technischer Entwicklung – zu den Wirkungen von Technikfolgenabschätzung, in: *H. Albach/D. Schade/H. Sinn* (Hrsg.), Technikfolgenforschung und Technikfolgenabschätzung. Berlin/Heidelberg, 45–61.

Meyer, Rolf, 1999: Das Büro für Technikfolgen-Abschätzung beim Deutschen Bundestag (TAB), in: *Stephan Bröchler/Georg Simonis/Karsten Sundermann* (Hg). Handbuch Technikfolgenabschätzung, Bd. 2. Berlin, 459–467.

Minx, Eckard/Waschke, Thomas, 1994: Werkstattbericht zum probleminduzierten TA-Projekt *Lebensraum Stadt,* in: *Hans-Jörg Bullinger* (Hrsg.), Technikfolgenabschätzung (TA). Stuttgart, 393–421.

Minx, Eckard/Meyer, Harald, 1999: Produktfolgenabschätzung, in: *Stephan Bröchler/Georg Simonis/Karsten Sundermann* (Hrsg.), Handbuch Technikfolgenabschätzung, Bd. 2. Berlin, 601–615.

MWF-NRW, 1995: Technikfolgen-Forschung. Dokumentation 1995. Düsseldorf: Ministerium für Wissenschaft und Forschung des Landes Nordrhein-Westfalen.

Naschold, Frieder, 1987: Technologiekontrolle durch Technologiefolgenabschätzung? Köln.

Ortmann, Günther/Windeler, Arnold/Becker, Albrecht/Schulz, Hans-Joachim, 1990: Computer und Macht in Organisationen. Opladen.

Paschen, Herbert, 1999: Technikfolgenabschätzung in Deutschland – Aufgaben und Herausforderungen, in: *Thomas Petermann/Reinhard Coenen* (Hrsg.), Technikfolgen-Abschätzung in Deutschland. Bilanz und Perspektiven. Frankfurt a.M./New York, 77–93.

Paschen, Herbert/Gresser, Klaus/Conrad, Felix, 1978: Technology Assessment: Technologiefolgenabschätzung. Ziele methodische und organisatorische Probleme, Anwendungen. Frankfurt a.M./New York.

Paschen, Herbert u.a., 1991: Zur Umsetzungsproblematik bei der Technikfolgen-Abschätzung, in: *Thomas Petermann* (Hrsg.), Technikfolgenabschätzung als Technikforschung und Politikberatung. Frankfurt a.M./New York, 151–183.

Paschen, Herbert/Petermann, Thomas, 1991: Technikfolgen-Abschätzung – Ein strategisches Rahmenkonzept für die Analyse und Bewertung von Techniken, in: *Thomas Petermann* (Hrsg.), Technikfolgenabschätzung als Technikforschung und Politikberatung. Frankfurt a.M./New York, 19–41.

Peissl, Walter, 1999: Parlamentarische Technikfolgen-Abschätzung in Europa, in: *Stephan Bröchler/Georg Simonis/Karsten Sundermann* (Hrsg.), Handbuch Technikfolgenabschätzung, Bd. 2. Berlin, 469–477.

Petermann, Thomas (Hrsg.), 1990: Das wohlberatene Parlament. Orte und Prozesse der Politikberatung. Berlin.

Petermann, Thomas (Hrsg.), 1991: Technikfolgenabschätzung als Technikforschung und Politikberatung. Frankfurt a.M./New York.

Petermann, Thomas, 1994: Historie und Institutionalisierung der Technikfolgenabschätzung, in: *Hans-Jörg Bullinger* (Hrsg.), Technikfolgenabschätzung (TA). Stuttgart, 89–113.

Petermann, Thomas, 1999: Technikfolgenabschätzung als Politikberatung, in: *Thomas Petermann/Reinhard Coenen* (Hrsg.), Technikfolgenabschätzung in Deutschland. Bilanz und Perspektiven. Frankfurt a.M./New York, 147–164.

Petermann, Thomas/Coenen, Reinhard (Hrsg.), 1999: Technikfolgenabschätzung in Deutschland. Bilanz und Perspektiven. Frankfurt a.M./New York.

Rapp, Friedrich/Mai, Manfred (Hrsg.), 1989: Institutionen der Technikbewertung. Standpunkte aus Wissenschaft, Politik und Wirtschaft. Vorträge und Diskussionen. Düsseldorf.

Renn, Ortwin, 1999: Diskursive Verfahren der Technikfolgenabschätzung, in: *Thomas Petermann/Reinhard Coenen* (Hrsg.), Technikfolgenabschätzung in Deutschland. Bilanz und Perspektiven. Frankfurt a.M./New York, 115–130.

Rip, Arie/Mira, Thomas J./Shot, Johan, 1995: Constructive Technology Assessment: A New Paradigm for Managing Technology in Society, in: *Dies.* (Hrsg.), Managing Technology in Society. The Approach of Constructive Technology Assessment. London/New York 1–12.

Rohr, Manfred, 1999: Die Akademie für Technikfolgenabschätzung in Baden-Württemberg, in: *Stephan Bröchler/Georg Simonis/Karsten Sundermann* (Hrsg.), Handbuch Technikfolgenabschätzung, Bd. 2. Berlin, 487–493.

Rohr, Manfred/Kaimer, Martin, 1996: Technikfolgenforschung in Baden-Württemberg – Dokumentation 1995. Stuttgart: Akademie für Technikfolgenabschätzung in Baden-Württemberg.

Rohr, Manfred/Kaimer, Martin, 1998: Technikfolgenforschung in Baden-Württemberg – Dokumentation 1997. Stuttgart: Akademie für Technikfolgenabschätzung in Baden-Württemberg.
Ropohl, Günter, 1990: Technikbewertung als gesellschaftlicher Genprozeß, in: *Günther Ropohl/Wiegard Schuchardt/Rainer Wolf* (Hrsg.), Schlüsseltexte zur Technikbewertung. Dortmund, 197–210.
Ropohl, Günter, 1999: Innovative Technikbewertung, in: *Stephan Bröchler/Georg Simonis/Karsten Sundermann* (Hrsg.), Handbuch Technikfolgenabschätzung, Bd. 1. Berlin, 83–93.
Saretzki, Thomas, 1999: TA als diskursiver Prozess, in: *Stephan Bröchler/Georg Simonis/Karsten Sundermann* (Hrsg.), Handbuch Technikfolgenabschätzung, Bd. 2. Berlin, 641–653.
Senghaas-Knobloch, Eva/Müller, Wilfried, 1999: Technikfolgenabschätzung in der Ingenieurspraxis, in: *Stephan Bröchler/Georg Simonis/Karsten Sundermann* (Hrsg.), Handbuch Technikfolgenabschätzung, Bd. 1. Berlin, 95–104.
Schade, Diethard, 1994: Die Akademie für Technikfolgenabschätzung in Baden-Württemberg, in: *Hans-Jörg Bullinger* (Hrsg.), Technikfolgenabschätzung (TA). Stuttgart, 115– 133.
Schmittel, Wolfram von, 1994: Institutionalisierung von TA in international vergleichender Perspektive, in: *Gotthard Bechmann/Thomas Petermann* (Hrsg.), Interdisziplinäre Technikforschung. Genese, Folgen, Diskurs. Frankfurt a.M./New York.
Shot, Johan/Rip, Arie, 1995: The Past and Future of Constructive Technology Assessment, in: Technological Forecasting and Social Change 54, 251–268.
Simonis, Georg, 1999: Die Zukunftsfähigkeit von Innovationen: das Z-Paradox, in: *Dieter Sauer/Christa Lang* (Hrsg.), Paradoxien der Innovation. Perspektiven sozialwissenschaftlicher Innovationsfoschung. Frankfurt a.M./New York, 149–173.
Simonis, Georg/Droz, Ralf, 1999: Die neue Biotechnologie als Gegenstand der Technikfolgenabschätzung und Technikbewertung in Deutschland, in: *Stephan Bröchler/Georg Simonis/Karsten Sundermann* (Hrsg.), Handbuch Technikfolgenabschätzung, Bd. 3. Berlin, 909–933.
Sundermann, Karsten, 1999: Constructive Technology Assessment, in: *Stephan Bröchler/Georg Simonis/Karsten Sundermann* (Hrsg.), Handbuch Technikfolgenabschätzung, Bd. 1. Berlin, 119–128.
Steinmüller, Karlheinz/Tacke, Kirsten/Tschiedel, Robert, 1999: Innovationsorientierte Technikfolgenabschätzung, in: *Stephan Bröchler/Georg Simonis/Karsten Sundermann* (Hrsg.), Handbuch Technikfolgenabschätzung, Bd. 1. Berlin, 129–145.
Stötzel, Michael/Baron, Waldemar, 1999: TA-Aktivitäten des Bundesministeriums für Bildung, Wissenschaft, Forschung und Technologie (BMBF). Stand und Perspektiven, in: *Stephan Bröchler/Georg Simonis/Karsten Sundermann* (Hrsg.), Handbuch Technikfolgenabschätzung, Bd. 2. Berlin, 509–513.
Stransfeld, Reinhard, 1999: Verein Deutscher Ingenieure (VDI), in: *Stephan Bröchler/Georg Simonis/Karsten Sundermann* (Hrsg.), Handbuch Technikfolgenabschätzung, Bd. 2. Berlin, 515–524.
Strümper-Janzen, Peter/Zweck, Axel, 1993: Europäische Technikfolgenabschätzung als Chance für zukunftsrelevante Technologie, hrsg. vom VDI-Technologiezentrum Physikalische Technologien. Düsseldorf.
TA-Datenbank-Nachrichten (1991 passim), hrsg. vom Institut für Technikfolgenabschätzung und Systemanalyse. FZ Karlsruhe.
Tschiedel, Robert, 1987: Sozialverträgliche Technikgestaltung. Wissenschaftskritik für eine soziologische Sozialverträglichkeitsforschung, Habilitationsschrift. Universität Münster.
VDI, 1989: Handlungsempfehlungen: Sozialverträgliche Gestaltung von Automatisierungsvorhaben, hrsg. von der VDI-Hauptgruppe Der Ingenieur in Beruf und Gesellschaft. Bereich Technikbewertung. Düsseldorf.
VDI, 1991: Technikbewertung – Begriffe und Grundlagen. Erläuterungen und Hinweise zur VDI-Richtlinie 3780, hrsg. von der VDI-Hauptgruppe Der Ingenieur in Beruf und Gesellschaft, VDI Report 15. Düsseldorf.
Vig, Norman J./Paschen, Herbert (Hrsg.), 2000: Parliaments and Technology. The Development of Technology Assessment in Europe. Albany.
Voelzkow, Helmut, 1996: Private Regierungen in der Techniksteuerung – Eine sozialwissenschaftliche Analyse der technischen Normung. Frankfurt a.M./New York.

Vorwerk, Volker, 1999: Mediation. Konfliktvermittlung im Umweltbereich: Ein Verfahren zur Beteiligung, Verhandlung oder Konfliktlösung, in: *Stephan Bröchler/Georg Simonis/Karsten Sundermann* (Hrsg.), Handbuch Technikfolgenabschätzung, Bd. 2. Berlin, 705–712.

Wachlin, Klaus Dietrich/Renn, Ortwin, 1999: Diskurse an der Akademie für TA in Baden-Württemberg, in: *Stephan Bröchler/Georg Simonis/Karsten Sundermann* (Hrsg.), Handbuch Technikfolgenabschätzung, Bd. 2. Berlin, 713–722.

Weber, Jürgen/Schäffer, Utz/Hoffmann, Dirk/Kehrmann, Titus, 1999: Technology Assessment. Eine Managementperspektive. Wiesbaden.

Westphalen, Raban Graf von (Hrsg.), 1988: Technikfolgenabschätzung – als politische Aufgabe. München/Wien.

Westfalen, Raban Graf von, 1997: Technikfolgenabschätzung als politische Aufgabe. 3. gänzl. rev., neu bearbeitete und erw. Aufl., München/Wien.

Weydant, Dirk/Westerwick, Axel/Henning, Klaus, 1999: Neue praxisnahe Möglichkeiten zu einer prospektiven, innovativen Technikfolgenabschätzung, in: *Stephan Bröchler/Georg Simonis/Karsten Sundermann* (Hrsg.), Handbuch Technikfolgenabschätzung, Bd. 1. Berlin, 263–278.

Wiesenthal, Helmut, 1990: Ist Sozialverträglichkeit gleich Betroffenenpartizipation?, in: Soziale Welt 41, 28–47.

Witt-Barthel, Annegret, 1992: Chancen sozialorientierter Technikgestaltung. Opladen.

Wynne, Bryan, 1995: Technology Assessment and Reflexive Social Learning: Observations from the Risk Field, in: *Arie Rip/Thomas J. Mira/Johan Shot* (Hrsg.), Managing Technology in Society. The Approach of Constructive Technology Assessment. London/New York, 19–36.

Zeilhofer, Markus, 1995: Technikfolgenpolitik. Zur Gestaltbarkeit des Technischen Wandels. Opladen.

Zweck, Axel, 1993: Die Entwicklung der Technikfolgenabschätzung zum gesellschaftlichen Vermittlungsinstrument. Opladen.

Informationelle Techniksteuerung: öffentliche Diskurse und Leitbildentwicklungen

Weert Canzler / Meinolf Dierkes

1. Techniken im öffentlichen Diskurs

Spektakuläre Fälle gibt es immer wieder: das geplatzte ICE-Radlager, das geklonte Schaf Dolly oder der vermeintlich unaufhaltsame Computer-Virus Michelangelo. In schöner Regelmäßigkeit geraten einzelne Techniken oder technische Artefakte in die Schlagzeilen von Massenmedien und erfahren damit zumindest zeitweilig eine hohe öffentliche Aufmerksamkeit. Meistens sind es Negativmeldungen, in denen potenzielle Gefahren oder tatsächliche Schadenswirkungen eines bestimmten technischen Systems bzw. eines einzelnen Artefakts in den Medien und meist auch in der breiten Öffentlichkeit thematisiert werden. Diese Abfolge von medialen Schadens- und Gefahrenberichten ist es, die eine alarmistische Grundmelodie für die öffentliche Technikdiskussion spielt. Kaum zu finden sind heute demgegenüber breite und strukturierte öffentliche Diskurse über die Chancen und Risiken potenzieller großer technischer Entwicklungslinien. Die hier diskutierte Frage ist daher, ob und gegebenenfalls wie es gelingen kann, durch öffentliche Diskurse zu einer informationellen proaktiven Beeinflussung und Wahl technischer Entwicklungslinien zu gelangen. Die zugrundeliegende Hypothese lautet, dass technische Leitbilder und ihre diskursive Entwicklung einen verbindlichen Fokus und motivierenden Rahmen für öffentliche Technikdebatten darstellen und diese wiederum optimierend auf Entscheidungsprozesse über technische Entwicklungen zurückwirken können.

Die Hypothese, dass breite gesellschaftliche Leitbild-Diskurse Chancen für die informationelle Beeinflussung der Technikentwicklung bieten können, knüpft an die sozialwissenschaftliche Technikdiskussion und -forschung der letzten Jahre an. Darin hat sich der Blick nicht allein auf die einzelnen Techniken bzw. Artefakte und ihre materiellen und konstruktiven Eigenschaften gerichtet, sondern auch auf ihre politischen und gesellschaftlichen Kontextualisierungen (Memorandum zur sozialwissenschaftlichen Technikforschung in der Bundesrepublik Deutschland 1984; Lutz 1987; Rammert 1998). Dazu gehören in modernen Gesellschaften neben den institutionellen Bedingungen für Technikentwicklungen auch die organisationskulturelle Einrahmung und die soziale Aneignung durch die Nutzer und Konsumenten. Jede Realisation neuer Techniken ist in einen Prozess der gesellschaftlichen Bedeutungszuschreibung eingebaut (Dierkes/Knie 1994; Verbund sozialwissenschaftliche Technikforschung 1997). In einer Reihe von technikgenetischen Untersuchungen ist deutlich geworden, dass „die aktive Konstruktion von Anwendungsfeldern und Märkten selbst ein wesentlicher Faktor für den Erfolg von Innovationen ist" (Sauer 1999: 17). So kann beispielsweise die Erfolgsgeschichte des Automobils als eine Geschichte der gelungenen und nachhaltig wirksamen Einbettung einer Technik sowohl in die individuelle Alltagsorganisation als auch in die Organisation der gesellschaftlichen Arbeitsteilung gelesen werden (Canzler

1996; Kuhm 1997). Diese „kontextualistische", für die Innovationstheorie äußerst folgenreiche Perspektive muss auch die „Gefahren technologischer, ökonomischer, organisationaler, interorganisationaler und institutioneller Pfadabhängigkeiten und Verriegelungen (‚lock ins')" (Sauer 1999: 12) berücksichtigen, die technische Innovationen verhindern oder in einen zu engen Entwicklungspfad zwingen.

In der sozialwissenschaftlichen Technikforschung werden in den letzten Jahren die „Paradoxien der Innovation" hervorgehoben. Früher eigenständig erfolgreiche Innovationsinstanzen sind offenbar an ihre Grenzen gestoßen. Forschung und Entwicklung betreibende Unternehmen, aber auch öffentliche Forschungseinrichtungen bedürfen mehr denn je der organisierten gesellschaftlichen Resonanz; sie sind auf die Übersetzung von „Intermediären" angewiesen, um Verständnis und überhaupt Chancen zur Durchsetzung ihrer Innovationen zu erlangen. Sie sind „der Notwendigkeit der Einbettung technischer Erfindungen in mehrdimensionale Funktionsräume" (Verbund sozialwissenschaftliche Technikforschung 1997: 14) ausgeliefert.

Ähnliches gilt für die staatliche Technologiepolitik, wo nach diversen „Praxisschocks" (beispielsweise in der Informationstechnik) und nach ernüchternden Analysen zur Steuerungsfähigkeit des Staates im Mehrebenensystem (Grimmer et al. 1992; Mayntz 1995) eine „Neue Bescheidenheit" eingezogen ist. Das wird nicht zuletzt in einer forschungs- und technologiepolitischen Rhetorik deutlich, in der nicht mehr von „Forschungsprogrammen", sondern zurückhaltender von „Forschungsinitiativen" die Rede ist. Forschungs- und Technologiepolitik zielt, sofern sie nicht einfach die Fortführung einstmals begonnener Programmforschung mit festen Etatposten ist, in den letzten Jahren auf eine stärkere Vernetzung von Wissenschaft und Praxis und die Berücksichtigung verschiedener Interessen. Bevorzugt werden Verbundprojekte, in denen eine gewisse Interessenpluralität gegeben und Umsetzungspartner aus der Praxis beteiligt sind. Martinsen und Simonis sehen drei Entwicklungen in den 1990er Jahren, die „zu einer Rückbesinnung auf Fragen der Interessenartikulation, der Beteiligung an und der Legitimation von staatlicher Politik geführt" (2000: 12) haben: erstens ist vor allem die Gentechnik in ihrer bisherigen Entwicklung auf besonders schwierige Konsensbildungsprozesse in unterschiedlichen gesellschaftlichen Teilbereichen gestoßen, zweitens sind die klassischen Studien zur Technikfolgenabschätzung auf Grund von Implementationsproblemen durch Moderations- und Diskursverfahren ergänzt worden und drittens ist in direkter Folge der rasanten Verbreitung des Internet eine breite Diskussion darüber entstanden, „welche Auswirkungen das neue Medium auf den öffentlichen Raum und auf die politische Kommunikation haben werde" (2000: 12).

Damit ist die grundsätzliche Problematik der Ambivalenz in der Anwendung neuer Techniken angesprochen, die Simonis in Anspielung auf das Kardinalproblem aller Zukunftsstudien Z-Paradox nennt: „Wir müssen mit der paradoxen Situation umgehen, dass technische Innovationen mit der Lösung bekannter Probleme und der besseren Befriedigung bestehender Bedürfnisse neue Bedarfe und zuvor unbekannte Probleme hervorbringen" (1999: 149). Die Aufgabe einer umfassenden Antizipation eines zukünftigen Technikeinsatzes ist prinzipiell unlösbar, weil die Folgen der Einführung und Nutzung neuer Techniken nicht vollständig und vor allem nicht in ihren wechselseitigen Effekten gänzlich oder umfassend abgeschätzt werden können. Simonis sieht in diesem unvermeidbaren Prognosemangel ein zentrales Argument für eine vielfältige Interaktion zwischen Entscheidern und Nutzern/Betroffenen innerhalb einer verbindlichen Rahmensetzung durch das „regulative (politisch-administrative) System" (1999: 169). Dieses auf Beteiligungsverfahren und politische Regulierung zielende Argument korrespondiert mit der techniksoziologischen Erkenntnis, dass die Ambivalenz des technischen Fortschritts seit den 1970er Jahren gesellschaftlich stärker wahrgenommen wird und zu verbreiteten Risikosensibilitäten sowie zu einem bewussteren subjektiven Umgang mit Unsicherheit geführt hat (Dierkes 1981; Evers/Nowotny 1987). Zu dieser Ambivalenz sind eine komplexere Akteursbekonstellation und ein radikal erweiterter Referenzrahmen getreten. Rammert spricht hier von „Verteiltheit" und „globaler Verdichtung": „Verteiltheit' bedeutet Vielfältigkeit und Heterogenität der Handlungen, die an der Produktion einer neuen Technik beteiligt sind. Es kann kein Zentrum und kein zentraler Akteur für die technische Entwicklung identifiziert werden" (1997: 407). Die globale Verdichtung impliziert zudem die tendenzielle Aufhebung der Trennung von lokalen und globalen Handlungssphären.

Technikdiskurse außerhalb der massenmedial als Skandal inszenierten Einzelfälle waren und sind trotz der Entzauberung des technischen Fortschritts jedoch in aller Regel Fachdiskurse mit einem technikoptimistischen Grundton und der Melodie des technischen Optimierungswettbewerbs. Wissenschaftler und Ingenieure sind die Hauptträger von Auseinandersetzungen um Techniken und Technologien. Dabei ging und geht es fast immer um konkurrierende technische Einzellösungen, nur sehr selten um Richtungsentscheidungen oder darum, bestimmte Technikpfade zu verlassen bzw. gar nicht erst einzuschlagen. Betrachtet man die Technikdiskurse des 20. Jahrhunderts in Deutschland hinsichtlich ihrer gesellschaftlichen Beteiligung und öffentlichen Bedeutung, fallen wenige Fälle auf, in denen die Auseinandersetzungen um bestimmte Techniken und Artefakte aus der fachwissenschaftlichen Verengung herausgelöst und ein breites öffentliches Interesse gefunden haben; dazu gehören in den 1970er und 1980er Jahren die Diskussion um die Zukunft der Energietechniken, insbesondere der Kernenergie (Meyer-Abich/Schefold 1986; Michaelis/Pelz 1987), und die Auswirkungen des verstärkten Einsatzes von Informations- und Kommunikationstechnologien (Kubicek/Arno 1985; Roßnagel et al. 1989). Beide Diskussionen wurden durch soziale Bewegungen verstärkt bzw. haben diese mit hervorgebracht. Die Anti-Atomkraft-Bewegung und auch die Boykott-Bewegung gegen die Volkszählung Mitte der 1980er Jahre haben nicht nur bis dahin höchst marginale Positionen in die Öffentlichkeit getragen, sie haben darüber hinaus in die Wissenschaft zurückgewirkt und aus sich heraus Kapazitäten der „Gegen-Expertise" hervorgebracht.

Auch nachdem in den 1990er Jahren die neuen sozialen Bewegungen erheblich erodiert und in folge dessen die von ihnen vorangetriebenen breiten gesellschaftlichen Diskussionen um die Auswirkungen von bestimmten Techniken und mögliche Alternativen abgeebbt sind, bleiben gleichwohl eine Fülle von Themen, die des öffentlichen Interesses harren. So finden wir Technik-Auseinandersetzungen, teils von Gruppierungen der professionalisierten Überreste der sozialen Bewegungen gesteuert und teils ungesteuert, in dreifacher Weise: erstens um übergreifende technische Leitbilder, zweitens um die Effekte und die Akzeptanz einzelner Techniken und drittens um regionale bzw. lokale Auswirkungen bestimmter Techniken, in denen kleinräumige Interessen meistens negativ berührt werden. Unter dem Aspekt einer informationellen Techniksteuerung werden die beiden letzteren durch eine Vielzahl von Instrumenten und Vorgehensweisen abgedeckt. So werden einzelne Techniken in vielfältigen Studien der Technikfolgenabschätzung behandelt, während heikle lokale Technikprojekte nicht selten der Anlass für Mediationen sind. Das erste Feld dagegen, die Behandlung der Leitbildproblematik, scheint nur unzureichend geklärt und soll daher als Defizitbereich im Folgenden den Schwerpunkt dieses Beitrages bilden.

2. Was sind und wie entstehen technische Leitbilder?

Das Leitbild-Konzept ist im Rahmen von sozialwissenschaftlichen Untersuchungen zur Entstehung von Techniken und Artefakten entwickelt worden. Nach den empirischen Ergebnissen der Technikgeneseforschung kann die Entstehung neuer Techniken als „Schließungs- und Konsolidierungsprozess" generierter Erfahrungs- und Wissensbestände aufgefasst werden, der dann seinen Abschluss gefunden hat, wenn die neue technische Lösung als allgemeiner Standard etabliert ist (Dierkes/Knie 1994). Damit bilden die Ergebnisse dieser Schließungsphase als Resultate von Abstimmungs- und Verständigungsprozessen – so unterschiedlich diese auch zu Stande gekommen sein mögen – den Kristallisationspunkt für sinnstiftende Verständigungsräume zwischen Herstellern und Nutzern. Solche geronnenen Sinnzusammenhänge lassen sich als Leitbilder bezeichnen. Mit diesem Begriff werden Übereinkünfte mit hoher Verbindlichkeit und kollektiver Projektionskraft bezeichnet (Dierkes/Hoffmann/Marz 1992; Dierkes et al. 1995). Hierbei repräsentiert die „Bild"-Komponente des Begriffs den in Schließungsprozessen herausdestillierten Wissens- und Erkenntnisbestand, der nun als legitimes und insbesondere funktionserprobtes „Material" für die weitere Entwicklungs- und Konstruktionsarbeit zur Verfügung steht. Mit der „Leit"-Funktion wird angedeutet, dass damit nicht nur sinnvermittelnde und sinnstiftende Konstruktionshilfen verbunden sind, sondern mit der Definition von Leitbildern auch eine Art mentale Fixierung erfolgt und im Hersteller- wie im Verwendungskontext Produktprofile geprägt werden (Dierkes/Marz/Teele i.E.). Damit einigen sich die Akteure auf einen kollektiv für sinnvoll erachteten Projektionspunkt des beginnenden Entwicklungsprozesses. Für die zukünftigen Denk- und Handlungsmöglichkeiten sind so kognitive Muster festgeschrieben, die die konstruktive Kreativität wie die techniknutzenden Möglichkeiten vorformatieren und Korridore der Technikentwicklung im Sinne von Dosi schaffen (1982).

Leitbilder lassen sich auf der Mikro-Ebene von Technikfeldern und Branchen bzw. Unternehmen ebenso wie auf der gesellschaftlichen Makro-Ebene finden (Dierkes/ Marz 1998). Denkt man beispielsweise an solche Leitbilder wie die „Dienstleistungsgesellschaft", die „Informationsgesellschaft" oder die „Wissensgesellschaft", dann wird deutlich, dass es sich hierbei nicht einfach um leere Worthülsen handelt, sondern um Vorstellungen, die das Handeln von Menschen, ihre konkreten Wahrnehmungs-, Denk- und Entscheidungsprozesse beeinflussen und prägen. Es lassen sich allgemein drei wesentliche Funktionen von Leitbildern feststellen (Dierkes/Hoffmann/Marz 1992):
– Erstens, die Orientierungsfunktion: Leitbilder fungieren als eine Art Orientierungspunkt, an dem sich die Wahrnehmungs-, Denk- und Entscheidungsprozesse der

Menschen ausrichten, und zwar dergestalt, dass sie einen gemeinsamen Bezugspunkt im Zukunftsdenken bestimmen. Dieser Bezugspunkt enthält jenen Teil der eigenen Träume, Visionen und Hoffnungen, der wenngleich nicht problemlos, so doch prinzipiell erreichbar erscheint.
- Zweitens, die Koordinierungsfunktion: Leitbilder öffnen nicht nur spezifische Zukunftshorizonte und orientieren die Wahrnehmungs-, Denk- und Entscheidungsprozesse der Menschen in eine bestimmte Richtung, sie koordinieren diese auch, indem sie als Zielvorstellung die in den alltäglichen Kooperations- und Kommunikationsprozessen auftretenden Spannungen abmildern und das Handeln aller auf ein Ziel ausrichten. Nicht weniger wichtig hinsichtlich der Koordinationsfunktion von Leitbildern ist, dass sie für alle Beteiligten ein gemeinsames Grundverständnis schaffen.
- Drittens, die Motivierungsfunktion: Ein Leitbild residiert nicht nur in den Köpfen der Menschen, sondern auch in ihren Herzen. Leitbilder sprechen Menschen nie nur einseitig als rational kalkulierende Wesen an, sie berühren stets auch jene tief im Unbewussten verankerten Normen und Werte, die ihrem Wahrnehmen, Denken und Entscheiden zu Grunde liegen.

Alle drei Funktionen, die Orientierungs-, Koordinierungs- und Motivierungsfunktion, wirken nicht isoliert voneinander, sondern zeitgleich zusammen. Sie durchdringen sich wechselseitig und stützen einander ab. Es ist nicht zuletzt dieses filigrane Zusammenspiel, das Leitbilder so bedeutsam für das Handeln der Menschen macht. Leitbilder sind in hohem Maße verinnerlichte, bildhafte Vorstellungen, die inhaltlich ganz unterschiedliche Lebensbereiche ansprechen können und sich durch erhebliche Prägekraft auszeichnen, die sie aus einer präzisen Ausbalancierung der beiden prinzipiell widersprüchlichen Dimensionen der Machbarkeit und Wünschbarkeit beziehen.

Nun bleibt das Leitbild-Konzept nicht ohne Widerspruch. Ein wesentlicher Einwand bezieht sich auf die Spannbreite der Bedeutungen, die aus seiner vielfältigen, fast inflationären Verwendung resultiere (Hellige 1996). Der Leitbild-Begriff lade dazu ein, in phänomenologischer und analytischer, aber auch in normativer und praxeologischer Absicht verwendet zu werden. Vorgeschlagen wird daher, sowohl die Begriffsverwendung als auch das damit eng verbundene Erkenntnisinteresse empirischer Technikforschung auf „die Aufdeckung von Vorverständnissen und Fixierungen" sowie auf verborgene Interessen einzuschränken und sich auf „die Analyse impliziter Leitbilder" (Hellige 1996: 30) zu konzentrieren. Darin liegt jedoch eine Verkürzung des Leitbild-Konzeptes auf eine heuristische oder ideologiekritische Verwendung, die sich bewusst und willentlich von der Intention einer öffentlich verhandelten Technikfolgeneinschätzung und -bewertung distanziert.

Kontrovers wird der Charakter und die Rolle von Metaphern diskutiert. Mambrey, Pateau und Tepper unterscheiden strikt zwischen Leitbildern und Metaphern bzw. dem „metaphorischen Szenario", dem sie einen eigenständigen kategorialen Rang einräumen (1995: 106). Sie betonen vor allem die sprachliche Qualität und die Neutralität von Metaphern im Vergleich zu Leitbildern: „Thus the technical metaphor can express nothing of the need for, or the quantity or quality of this technology, i.e. the way in which society will adapt and incorporate this technology. A technical metaphor is, in contrast to visions, more or less value-neutral, it is ambiguous and polyvalent and does not touch the sphere of societal fears or hopes" (Mambrey/Tepper 2000: 40).

In diesem Verständnis von Metaphern spiegelt sich der spezifische empirische Untersuchungskontext der Autoren wider. Sie haben die Bedeutung von Metaphern in der Entwicklung von Softwareprodukten untersucht und herausgefunden, „that metaphors are necessary for technical development and are used not in a systematic way as tools but unreflectively as part of the natural language" (Mambrey/Tepper: 41).

Wir betonen hingegen gerade die große Bedeutung „guter Metaphern", d.h. passender und weithin verständlicher Sprachbilder für den öffentlichen Technikdiskurs (Dierkes/Marz/Teele i.E.). Ohne attraktive Sprachbilder kommen Leitbilder offenbar kaum aus, wie für die neuen Informations- und Kommunikationstechniken (Bockholt et al. 1993) und für die Computervernetzung (Klischewski 1996) exemplarisch gezeigt wurde. Ein Beispiel ist die Metapher der „Datenautobahn", die eine hohe Verbreitung innerhalb sehr kurzer Zeit gefunden hat (Canzler/Helmers/Hofmann 1995). Die steile Karriere dieser Metapher gründet weder auf der wissenschaftlichen Exaktheit des Begriffs noch auf seiner sprachlichen Originalität oder Eleganz. Der Begriff der Datenautobahn mobilisiert vielmehr Assoziationen der erfolgreichen Verbreitung einer technischen Infrastruktur. Er evoziert Eigenschaften wie Schnelligkeit, Gradlinigkeit, Effizienz und Leistungsvermögen.

Vieles spricht dafür, dass Wortschöpfungen wie die „Datenautobahn", aber auch das „papierlose Büro" oder die „menschenleere Fabrik", so unbestimmt und theoretisch-konzeptionell nichts sagend sie auf den ersten Blick auch erscheinen mögen, in einer Hinsicht doch sehr prägnant und präzise sind: solche Leitbilder, begrifflich als „gute Metaphern" geformt, bündeln die Intuitionen und das (Erfahrungs-)Wissen der Menschen darüber, was ihnen einerseits als machbar und andererseits als wünschbar erscheint. Die Spezifik des Leitbild-Konzeptes auf Akteursebene ist in seiner Interdiskursivität und auf der Funktionsebene in seiner Motivierungsfunktion zu suchen. Diese Einordnung nehmen indirekt auch Seeger und Kubicek vor: „Angesichts der wachsenden Komplexität in den Handlungsnetzwerken und der damit einhergehenden Kommunikations- und Koordinationsprobleme werden große Erwartungen in Leitbilddiskurse gesetzt. Diese können in unterschiedlichen Entwicklungsphasen von Technisierungsprozessen (Genesediskurs, Anwendungsdiskurs und Folgendiskurs) und in unterschiedlichen institutionellen Zusammenhängen und Akteurskonstellationen (in Unternehmen, Wissenschaft, Politik, sozialen Bewegungen etc.) stattfinden" (1993: 27).

Zusammenfassend und den Bedeutungszuwachs von kulturell adäquaten Metaphern aufnehmend, ist aus der Diskussion um die Wirksamkeit und Attraktivität von Leitbildern für öffentliche Technikdiskurse festzuhalten:
– Erstens: Metaphern bieten als sprachliche Abbilder und prägnante Repräsentationen von Leitbildern, wenn sie treffend und allgemein verständlich sind, oftmals einen realistischen Ansatzpunkt für eine breite gesellschaftliche Auseinandersetzung um Techniken und Technologien über die bereits involvierten wissenschaftlichen Disziplinen und Ingenieurprofessionen hinaus.
– Zweitens: Leitbilder bedürfen einer kulturellen „Passung". Damit ist gemeint, dass Leitbilder innerhalb des gemeinsamen Verständnis-, Ziel- und Werterahmens derjenigen sozialen Gruppen und Institutionen liegen müssen, die es tragen bzw. an die ein in Entstehung begriffenes Leitbild adressiert ist. In diesem Gebot der kulturellen Passung von Leitbildern liegt auch der entscheidende Grund dafür, warum Leitbil-

der endogen sind und nicht von außerhalb der involvierten Kontexte generiert oder verordnet werden können.
Wie eine solcherart konditionierte Leitbildentstehung konkret aussieht, soll im Folgenden an zwei Fallbeispielen veranschaulicht werden.

3. Das Zusammenwirken von Leitbildern und Technikgenese – Zwei Fallstudien zur Illustration

Technische Leitbilder markieren den Korridor von Innovationsaktivitäten und schließen häufig andere Pfade der Technikentwicklung gänzlich aus. Um die wissenschaftlich-technischen Fachzirkel verlassen zu können und eine größere Reichweite zu erlangen, bedarf ein technisches Leitbild jedoch der gesellschaftlichen Ausstrahlungskraft. Es bedarf des Widerhalls in den Medien und einer auf Dauer gesicherten gesellschaftlichen und politischen Akzeptanz. Treffende Metaphern und die Passung in den kulturellen Kontexten der involvierten Akteure sind dafür Voraussetzungen.

Eine Diagnose, welches Leitbild denn als etabliert gelten darf, ist jedoch nicht immer einfach. Die Grenze zwischen technischen Leitbildern und Ideen mit Leitbildpotenzial bzw. potenziellen Leitbildern ist oft fließend. Selbst scheinbar sehr erfolgreiche Leitbilder können sich als kurzlebig erweisen, wie z.B. das „papierlose Büro". Andere haben sich erst nach jahrzehntelanger Hegemonie überlebt – beispielsweise die „autogerechte Stadt". Noch andere wie das der „Automobilität" können auf eine mehr als 100 Jahre währende, tief gehende Prägung der Technikentwicklung zurückblicken. Leitbilder und Ideen mit Leitbild-Potenzial lassen sich beispielhaft nach folgendem Schema einordnen:

	Etablierte Leitbilder	Ideen mit Leitbildpotenzial/ potenzielle Leitbilder
Kurzfristig:	„papierloses Büro"	„Novel Food"
Langfristig:	„autogerechte Stadt"	„Solarwirtschaft"

Im Folgenden sollen aktuelle Leitbilder bzw. Ideen mit Leitbild-Potenzial in den beiden Technikfeldern Informations- und Kommunikationstechnik sowie Verkehrstechnik vorgestellt und ihre Entstehungsgeschichte skizziert werden.

3.1 Das Internet und der „Netzzugang für alle"

Offenbar ist die Informations- und Kommunikationstechnik neben der Bio- und Gentechnik das Feld mit der derzeit höchsten öffentlichen Aufmerksamkeit. Sie ist zudem mit großen wirtschaftlichen Hoffnungen und Erwartungen verbunden. Aktuell ist die Verknüpfung von Mobiltelefonie und dem WorldWideWeb in aller Munde. Übergreifende potenzielle oder bereits etablierte Leitbilder in diesem Technikfeld sind die „Informatisierung der Umwelt" bzw. das „Ubiquitous Computing" (Weiser 1993; Norman 1998) und, damit eng zusammenhängend und sektoral eingegrenzt, das „intelligente Haus" und die „Cyber-Kleidung". Basis und Impulsgeber all dieser Projekte ist das Internet. Seine enorme Verbreitungsdynamik beruht nicht zuletzt auf einer offenen Zweckstruktur: „Durch die Amalgamierung von Computer, Telekommunikation und digitalisierten Medien ist es offen für jedwede Form privater Kommunikation sowie kommerzieller Nutzung" (Büllingen 1998: 38). Auf Grund einer dramatisch verbesserten Datenübertragung und verbilligten -speicherung sowie ebenfalls dramatisch gesunkener Nutzungskosten lassen sich große Datenmengen günstig transferieren und permanente online-Verbindungen problemlos realisieren. Auch können leistungsfähige Teilnetze, so genannte Intranets, kostengünstig aufgebaut werden. Damit geraten Anwendungen in den Bereich der massenhaften Vermarktung, die bislang nur in exklusiven Nischen oder überhaupt noch nicht zu finden waren. Einzelne Geräte, aber auch ganze Systeme können nunmehr mit geringem Aufwand und zu geringen Kosten vernetzt und angesteuert werden. Netzförmige Anbindungen von der Fernüberwachung und Telesensorik bis hin zur Telearbeit und Telepräsenz sind technisch und finanziell einfach zu verwirklichen.

Es spricht einiges dafür, dass der „Netzzugang für alle" bereits zum neuen – nicht zuletzt auch politischen – Leitbild der Informations- und Kommunikationstechnik avanciert ist. Hieraus abgeleitet hat das bildungspolitische Ziel „Schulen ans Netz" bereits hohe Priorität erlangt. Um möglichst flächendeckend alle Schulen mit einem Zugang zum Internet auszurüsten, werden in den Industrieländern Implementationsprogramme aufgelegt und Kooperationen zwischen Unternehmen der Informationstechnik und Schulen initiiert. In einem nächsten Schritt sollen auch curriculare Ergänzungen und zusätzliche Weiterbildungsangebote für Lehrer geschaffen werden. Die Wirtschaft konkretisiert den „Netzzugang für alle" auf ihre Weise durch immer mehr Vertriebskanäle im „e-commerce". E-commerce hält Einzug in beinahe alle Branchen. Neben dem elektronischen Versandhandel sind es verstärkt Dienstleister aller Art, die elektronische Angebote im Internet aufbauen.

Das Internet veranschaulicht, dass technische Innovationen oft ganz ungeplant, aber nicht unvorhergesehen Voraussetzungen für neue Produktions- und Organisationsformen schaffen, die dann wiederum erkennbaren Einfluss auf die weitere Entwicklung der Technik selbst nehmen. Es hängt mit der Entstehungsgeschichte des Internet zusammen, dass seine spezielle Übertragungstechnik zu einem kollektiven internationalen Entwicklungsprojekt geworden ist, an dem sich mittlerweile auch nahezu alle großen Hersteller der Informations- und Kommunikationsindustrie beteiligen (Dierkes/Hofmann/Marz 1998).

Die Entwicklung der grundlegenden Übertragungsprinzipien, die das Internet von der Telefonwelt unterscheiden (darunter das Paketvermittlungsprinzip und die dezentrale Netzarchitektur), wurden zunächst durch das amerikanische Verteidigungsministerium, später mehr und mehr auch durch die National Science Foundation finanziert (Cerf 1993). Daraus erklärt sich, dass das Internet noch bis in die 90er Jahre hinein im doppelten Sinne ein Forschungsnetz war. Mehrheitlich an den Universitäten beheimatete Wissenschaftler entwickelten die Technologie und bildeten zugleich die wesentliche Nutzergruppe. Diese pflegen einen wissenschaftlichen, d.h. offenen Innovationstypus. Es gehört zu den unumstößlichen Regeln in der akademischen Community, dass Forschungsergebnisse generell veröffentlicht und zur Diskussion gestellt werden.

Neues setzt sich durch, weil es demonstrativ anderen zugänglich gemacht und mit diesen geteilt wird. Die Forschungs- und Entwicklungsarbeit ist in diesem Innovationstyp nicht von Exklusivität und einem Wettlauf um schützende Patente geprägt. Arbeitsteilig und in einer offenen Diskussionskultur entwickelten, testeten und implementierten die z.T. noch studierenden Physiker und Ingenieure neue Ideen, die den Datenaustausch zwischen den Rechnern komfortabler machen sollten.

Mit der Entstehung der typischen Internetdienste wie Filetransfer, Email und Mailinglisten entwickelte sich das Internet vom Forschungsobjekt auch zur Forschungsressource. Die verteilte Kommunikation durch Mailinglisten, die es erlaubt, Mitteilungen an eine beliebig große Anzahl von Empfängern zu versenden, bildete schnell das wichtigste Diskussions- und Kooperationsinstrument in der Internetentwicklung selbst. Weltweite, für jedermann zugängliche elektronische Archive stellen sicher, dass alle Diskussionsbeiträge und technischen Spezifikationen auch im Nachhinein nachgelesen werden können.

Mit dem Wachstum des Internet über die Forschungswelt hinaus begann eine allmähliche Formalisierung der Entwicklungsarbeit. 1986 wurde die Internet Engineering Task Force (IETF) gegründet, eine offene Institution ohne Rechtsstatus, mit deren Hilfe die Weiterentwicklung des Internet auf eine neue organisatorische Grundlage gestellt werden sollte. Die aktiven Mitglieder der Internetgemeinde wirken gewissermaßen „ehrenamtlich" an der Entwicklung neuer standardisierungsfähiger Internettechniken mit. Um Standards im amtlichen Sinne handelt es sich dabei allerdings nicht. In der Sprache des Internets ist deshalb von „Protokollen" die Rede. Ihre Verwendung steht jedem offen, sie ist kostenlos und freiwillig. Mittlerweile sind die Ingenieure, die aktiv an der Weiterentwicklung des Internet mitarbeiten, zu begehrten Spezialisten geworden, die sich ihre Arbeitgeber aussuchen können.

Der Wandel der IETF von einer akademischen Forschungsgemeinde zu einer internationalen, weitgehend von Unternehmen getragenen Plattform für die Weiterentwicklung des Internet ist allmählich von statten gegangen. Heute ist dieses Gremium die wichtigste technische wie ökonomische Institution zur Entwicklung neuer Netztechnik. Die akademischen „Spielregeln", die in der frühen Entwicklungsphase des Internet für eine offene Kooperation gesorgt haben, prägen auch heute noch die Zusammenarbeit. Die IETF ist offen geblieben für alle, die an einer Mitarbeit interessiert sind. Weder gibt es Mitgliedschafts-, noch formale Repräsentationsregeln. Alle Interessierten sind willkommen, sofern sie die notwendige technische Expertise mitbringen. Und jeder spricht nur für sich selbst, kann also für seine Position nur ein technisches Argument, nicht aber etwaige wirtschaftliche oder politische Macht in die Waagschale legen (Hofmann 1998). Das gewachsene Leitbild einer offenen Entwicklung des Internet, die bottom up verläuft, wird also durchgehalten. Begrifflich findet dieses Leitbild vielleicht am besten seinen Ausdruck in dem Schlagwort „open source", das für eine transparente Softwareentwicklung und -dokumentation steht (Dierkes/Hofmann/Marz 1998).

Darüber hinaus ist das Kooperationsmodell Internet durch Selbstbeschränkung gekennzeichnet. Die IETF sieht ihre wesentliche Aufgabe darin, technische Vorgaben zu entwickeln, die sicherstellen, dass die von Unternehmen entwickelten Produkte miteinander kompatibel sind. Ob die beschlossenen Standards tatsächlich aufgegriffen werden und sich durchsetzen, liegt außerhalb ihres Kompetenz- und Steuerungsbereichs. Große Zurückhaltung besteht deshalb gegenüber Fragen und Problemstellungen, die über die Sicherstellung von technischer Kompatibilität und Interoperabilität hinaus in den Kompetenzbereich betrieblicher Produktentwicklung hinein reichen. „The market decides" gehört zu den Standardformeln, die solchem Ansinnen entgegengehalten werden. Sämtlichen Formen politischen Aktionismus wird in der IETF mit Misstrauen begegnet, so auch gegenüber den Versuchen, die technischen Standards der International Organization for Standardization (ISO) zu etablieren. Viele der durch die ISO entwickelten Standards erreichen niemals den Punkt, dass sie bei kommerziellen Produkten zur Anwendung kommen oder im Stande sind, den offenen Internetstandards gegenüber die Oberhand zu gewinnen, und das trotz der konzertierten politischen Unterstützung durch die ISO-Mitgliedsstaaten. Die – zumindest bisher – misslungene Normierung der Internetentwicklung analog zum ISO-Prozess ist erklärlich. Dem ISO-Regularium fehlt die kulturelle Passung, es würde mit seinen Dokumentationsregularien und Zertifizierungsansprüchen wie ein Fremdkörper von der Internet-Kultur abgestoßen (Dierkes/Marz/Teele i.E.).

Zusammenfassend ist also festzuhalten, dass sich ein neuer Modus internationaler Technik- und Standardentwicklung herausgebildet hat (Kowack 1997; Reidenberg 1997). Es wird getragen von Unternehmen, die auf keine etablierten Modelle internationaler Kooperationsbeziehungen zurückgreifen konnten, sondern allmählich die Rolle als Nachfrager für Forschungs- und Entwicklungsleistungen übernahmen und transformierten, die zuvor die amerikanische Forschungsförderung inne gehabt hatte. Statt zentralistischer Organisationsmodelle wie bei vielen anderen Techniksystemen wird hier eine dezentrale Form der Koordination gepflegt, die sich durch verbindliche Zielsetzungen, Qualitätskriterien und Aufgabenbeschränkungen definiert (Willke 1997). Ob sich dieses Koordinationsmodell langfristig etablieren kann und welchen Einfluss es auf das Design und die Qualität der Technik nehmen wird, lässt sich freilich heute nicht sagen.

Unabhängig von der Zukunft dieses Modells zeigt sich, dass die Organisationsform der Technikentwicklung einen deutlichen Niederschlag in den Produkten findet. Die Netzwerktechnik unterscheidet sich substanziell von jenen, die bis zur Durchsetzung des Internet vorherrschend waren. Schufen die zentralistisch strukturierten Telefongesellschaften zentralistische Technikkonfigurationen, die einen einzigen Anbieter, eben die nationale Telefongesellschaft, und eine einzige Anwendungsform, das Telefonieren, vorsahen, reflektiert die Technik des Internet eine dezentrale Organisationsform, die multiple Nutzungsweisen unterstützt. Umso heterogener die beteiligten Branchen, desto anwendungsoffener und flexibler erweist sich offenbar die daraus resultierende Technik.

Gleichwohl bleiben die neuen Produktkarrieren auf Basis des Internet gefährdet. Der Grund ist die Unkalkulierbarkeit des Internet. „Die dezentrale und offene Bauweise des Internet ist bestimmend für alle Schichten der Netztechnologie. Die Kontrolle des Datenflusses liegt grundsätzlich an der Peripherie, genauer: bei den Anwendungen. Die Anwendungen sind ihrerseits ebenfalls dezentral organisiert. Sowenig wie die Kommunikationsdienste sind der Hostbetrieb oder die Übertragungstechnik des Netzes einer zentralen Steuerung zugänglich" (Helmers/Hoffmann/Hofmann 1998: 113). Die extrem steigende Komplexität und Unübersichtlichkeit des Internet bei den gleichzeitig geringen externen Steuerungsmöglichkeiten tun ein Übriges. Missbräuche, Ausfälle oder Blockaden in sensiblen Feldern können die latente Risiko- und Gefahrendiskussion um das Internet jederzeit plötzlich und unerwartet entfachen. Davon wäre das Leitbild der offenen Internetentwicklung ebenfalls heftig betroffen.

3.2 Das Automobil und der „intermodale Verkehr"

Das zweite Beispiel einer Leitbild-Genese zeigt einen vollkommen anderen Verlauf. Das Automobilitäts-Leitbild als Synonym für eine optimale persönliche Mobilität im Allgemeinen und in der Konkretion als Rennreiselimousine im Besonderen ist fest verankert. Es ist in den Unternehmen der Autoindustrie, im Staat und in Automobilverbänden und auch in Bereichen, die außerhalb der Organisationssphäre liegen, wie im alltäglichen Nutzungsverhalten der Autofahrer und ihren individuellen und kollektiven Wunsch- und Machbarkeitsprojektionen verbreitet (Canzler 1996). Das Leitbild der Rennreiselimousine ist im Übrigen eng mit der Antriebstechnik des Verbrennungsmotors verbunden. Der Elektroantrieb als Alternative zum Verbrennungsmotor und ebenso das eigenständig konzipierte Elektroauto sind immer wieder gescheitert, weil sie die vorgegebenen Mindestanforderungen an die Reichweite, Höchstgeschwindigkeit und Zuladungskapazität nicht erreicht haben. Diese von der etablierten Verbrennungsmotortechnik gesetzten Standards, die in die Lasten- und Pflichtenhefte der Entwicklungsingenieure Eingang gefunden haben, sind zu Markteintrittsbarrieren geworden, obgleich sie mit dem realen Nutzungsverhalten der Autofahrer nur noch wenig zu tun haben (Knie et al. 1999). Für den innerstädtischen Verkehr sind die obligatorischen Reichweiten und Höchstgeschwindigkeiten der konventionellen Autos ohne Belang. Bei einem durchschnittlichen Besetzungsgrad von weniger als 1,3 Personen pro Fahrzeug werden auch die geforderten fünf Sitze im Auto nur selten, in vielen Fällen gar nicht genutzt. Im Entwicklungspfad der Automobiltechnik ist jedoch dieser in der Frühphase der Automobilentwicklung entstandene Satz von Mindestanforderungen fest eingeschrieben. Er wirkt über Jahrzehnte wie ein Veto gegen automobiltechnische Alternativen, insbesondere gegen den Elektroantrieb.

Hinsichtlich Reichweite, Stabilität und Wirkungsgeschichte dürfte das Automobilitäts-Leitbild eines der erfolgreichsten Leitbilder überhaupt sein (Buhr et al. 1999). Nach dem zweiten Weltkrieg wurde das Auto in den westlichen Industrieländern unangefochtenes Symbol und Indikator des persönlichen und gesamtgesellschaftlichen Wohlstandes. Zwar gab es seit der erste Ölpreiskrise zu Beginn der 1970er Jahre immer wieder Zwänge und Trends, die auf einen Umbau der Autogesellschaft verweisen sollten, tatsächlich ist ein solcher Umbau jedoch niemals auf die politische Agenda gelangt. Ungeachtet aller Stauprobleme und hoher sozialer und ökologischer Kosten hat das Auto nicht an Attraktivität verloren.

Das ist bis heute so. Ein breiter inkrementaler Innovationsschub wird insbesondere vom Einsatz bisher autofremder neuer Technologien erwartet. Mit der Integration der Informationstechnik und der Sensorik sowie Optoelektronik in das Auto der Zukunft sind große Hoffnungen verbunden. Der Telematik wird eine hohe Modernisierungskapazität für den Verkehrssektor unterstellt. Das vernetzte, intelligente Auto ist das pro-

pagierte Zukunftsbild. Von einem solchen Auto werden in dreifacher Hinsicht Entlastungseffekte erwartet (Canzler 1999):
- Erstens sollen Verkehrsinformations- und Verkehrsleitsysteme bei entsprechender Verbreitung zu einer besseren Ausnutzung der bestehenden Straßen- und Parkflächen führen und damit die Packungsdichte auf der vorhandenen Kraftfahrzeuginfrastruktur erhöhen.
- Zweitens sollen im Zuge einer weiteren informationstechnischen Vernetzung so genannte „pre-trip-Informationssysteme" – online über den häuslichen PC – zu einer bewussteren persönlichen Verkehrsplanung und zu einer Entzerrung der heutigen Spitzenverkehre führen.
- Und drittens wird erwogen, die Nutzungszeiten und die Auslastung der Straßeninfrastruktur durch elektronisches „road-pricing" (bzw. congestion-pricing) zu steuern.

Wenn man sich die Richtung und Qualität der Telematisierung des Autos vor Augen führt, dann lässt sie sich vielleicht am besten als stagnierende Innovation beziehungsweise innovative Stagnation oder kurz als „Stagnovation" (Canzler/Marz 1997) bezeichnen. Bei diesem technischen Wandel handelt es sich weder um ein bloßes Konservieren oder Einfrieren der automobiltechnischen Grundkonfiguration, noch um deren durchgreifende Erneuerung oder gar Überwindung. Die technischen Entwicklungen sind innovativ, insofern ein breites Spektrum neuer Informations- und Kommunikationstechniken mobilisiert wird, um die vorhandenen aber eng bemessenen Spielräume der Automobilität bis zum Äußersten auszureizen. Ein Hineinwachsen der globalen Datennetze in das Automobil schafft nicht nur virtuelle, sondern auch reale Freiräume. Diese technischen Entwicklungen sind jedoch insofern stagnierend, als diese Innovationen kaum oder gar nicht auf eine schrittweise Auflösung, sondern primär auf ein effizienteres Management des automobilen Massenverkehrs ausgerichtet sind. Eine computertechnische Verflüssigung des Staus verzögert den Verkehrsinfarkt, beseitigt jedoch nicht dessen Ursachen.

Die automobile Stagnovation verschiebt und verschärft den Modernisierungsdruck. Die Bedeutung beider Effekte ist nicht gering zu veranschlagen. Durch das Verschieben der Automobilitätsprobleme wird mittelfristig Zeit gewonnen. Die Frage ist, wozu sie genutzt wird: zur langfristigen Lösung der Probleme oder zu ihrer kurzfristigen Verdrängung. Die automobile Stagnovation verschärft den Modernisierungsdruck insofern, als sie die Innovationspotenziale schwerpunktmäßig auf die restlose Ausschöpfung bestehender Spielräume und nicht gleichermaßen auf die Erschließung neuer konzentriert. Je länger dieser Trend anhält, desto schwieriger wird es, alternative Wege der Mobilitätspolitik zu finden und zu beschreiten, ohne dabei zu Fall zu kommen. Und die vielleicht größte Gefahr der Stagnovation besteht darin, dass sie den Zusammenhang von Problemverschiebung und -verschärfung verschleiert. Sie erschwert das Auffinden und Beschreiben alternativer Entwicklungspfade, weil sich die inkrementalen Innovationen selbst als die Alternative darstellen, die Suche nach anderen Wegen als überflüssiger Luxus erscheint und weil die Ausbetonierung traditioneller Strukturen die Denk- und Sachzwänge erhöht, weiter in ihnen zu verharren.

Seit wenigen Jahren hat das hegemoniale Automobilitäts-Leitbild nunmehr durch die Idee des „intermodalen Verkehrs" Konkurrenz bekommen. Damit ist die Verknüpfung von verschiedenen Verkehrsmitteln nach ihren jeweiligen Stärken gemeint. Die

Verkehrsteilnehmerinnen und Verkehrsteilnehmer können in intermodalen Angeboten zwischen den Verkehrsträgern wechseln, was durch bequeme Übergänge und eine integrierte Nutzung und Abrechnung per Mobilcard vereinfacht wird. In intermodalen Verkehrskonzepten ist das Auto nicht mehr das alles dominierende Verkehrsmittel, sondern nur mehr ein Baustein (vgl. Canzler/Knie 1998; Beutler/Brackmann 1999). Die Vorteile, auch die möglichen ökologischen Effekte, einer intermodalen Verkehrsintegration sind bestechend, gleichwohl fehlt bisher die nötige Schubkraft. Diese Schubkraft könnte eine überzeugende Metapher entfalten. Eine Metapher für die abstrakte Idee des intermodalen Verkehrs ist jedoch derzeit nicht in Sicht.

Wir stehen also beim Automobil vor der Frage, ob sich das alte Automobil-Leitbild in modifizierter Form als „Rennreiseinfolimousine" erhalten kann, nachdem das Auto eine telematische Aufrüstung erfolgreich hinter sich gebracht hat, oder ob es zur Etablierung eines gänzlich neuen Mobilitäts-Leitbildes unter Einschluss des Automobils kommt, das bisher eher unbeholfen als „intermodaler Verkehr" bezeichnet wird (Canzler 2000).

4. Leitbild-Assessment als Instrument informationeller Techniksteuerung

Aktuell kann man eine Fülle von technischen Ideen und sozialen Innovationen mit hohem Technikbezug entdecken, die ein hohes Leitbildpotenzial besitzen. Offen ist beispielsweise, ob das Eintauchen in künstliche Urlaubswelten ein neues Leitbild im Freizeitverkehr werden könnte. Erste Anzeichen sind auszumachen, wie ein solches „Holyspace"-Leitbild aussehen könnte (Dierkes/Rammler 2000). Holyspace, eine neue Wortschöpfung aus Holiday und Cyberspace, kann sowohl künstliche Urlaubsareale vor Ort in Weiterentwicklungen der bereits existierenden Centerparks als auch ein Eintauchen in komplette Urlaubssimulationen via Datenanzug und Cyberbrille umfassen.

Ein Kandidat für einen geregelten gesellschaftlichen Diskurs ist bereits seit einigen Jahren eine weitere Idee mit Leitbildpotenzial: Novel Food. Anhaltende Proteste gegen den Einsatz von genmanipulierten Lebensmitteln und die kaum abweisbare Forderung nach Kennzeichnungspflicht sind der Ausdruck für eine nur schwache Akzeptanz bei den Konsumenten. Die bislang angebotenen gentechnisch veränderten Lebensmittel treffen auf ein diffuses Unbehagen, das mit dem permanent wiederholten Hinweis auf Unbedenklichkeit bei Anbau und Verzehr nicht aus der Welt zu bringen ist (Hamstra 2000). Hinzu kommt, dass der Nutzen von Genmanipulationen bei Pflanzen, vielleicht abgesehen von der beabsichtigten Resistenz gegen Schädlinge, nicht hinreichend deutlich wird.

Schließlich laboriert ein weiteres Problemfeld auf der gesellschaftlichen Makroebene daran, öffentlich höchst ungenügend wahrgenommen zu werden: die aging society. Obgleich der demografische Trend zur Alterung der Gesellschaft mit ungebrochener Dynamik voranschreitet und eine Fülle von Problemen und sozialen Herausforderungen aufwirft (vgl. Deutscher Bundestag 1998), hat sich bislang noch kein Leitbild herausgeschält, das die Veränderungen in folge des demografischen Wandels positiv aufnimmt. Dies gilt auch für Techniken und Artefakte, die mit dem Prozess der Alterung moderner Gesellschaften in engem Zusammenhang stehen. „Altengerechte Produkte" sind zwar in Fachzirkeln ein intensiv behandeltes Thema, in ihnen wird ein großes Marktpotenzial gesehen. In einer breiten Öffentlichkeit wird allerdings kaum über eine älteren Menschen angemessene Produktgestaltung gesprochen. Vielmehr versuchen bestimmte Konsumgüterbranchen gerade den Eindruck zu vermeiden, sie entwickelten spezielle Produktangebote für ältere Menschen. Die Autoindustrie beispielsweise meidet den Begriff des Seniorenautos weitgehend, obgleich sie unter diesem Arbeitstitel erheblichen FuE-Aufwand, nicht zuletzt in der Sicherheitsforschung, betreibt. Auch die Informationstechnikanbieter zeigen sich sehr zögerlich, ausdrücklich die Zielgruppe der Alten anzusprechen. Es gibt weder einen eigenen „Senioren-PC" noch ein „Alten-Telefon". Die besondere Problematik der bisher nicht leitbildfähigen Entwicklung zur älter werdenden Gesellschaft mag damit zu tun haben, dass sie vor der Folie eines übermächtigen Jugendmythos abläuft. Die Orientierung auf Jugend und auf die ihr zugewiesenen Attribute Dynamik, Frische, Schnelligkeit und Flexibilität durchdringt beinahe alle gesellschaftlichen Diskurse. Unter der Oberhoheit des kulturellen Paradigmas der jugendlichen Gesellschaft hat ein „Senioren-Leitbild" wenig Spielraum, allenfalls in der Variante der „Jungen Alten".

Als Resümee können folgende Lehren aus den beiden Fallbeispielen Internet und Automobil gezogen werden: Das Internet-Beispiel zeigt auf der einen Seite die besondere Bedeutung „starker" Metaphern („Datenautobahn", „open source"), auf der anderen Seite auch deren Kuturadäquanz. Das ISO-Modell erfüllt dieses Kriterium offensichtlich nicht. Am Beispiel des Automobil-Leitbildes fällt die enorme Adaptionsfähigkeit dieses gefestigten Leitbildes und seine hohe Prägekraft auf. Konkurrierende Leitbilder bleiben im Verkehr über lange Zeit ohne realistische Chancen. Generell gilt, dass Leitbilder nicht außerhalb des jeweiligen technischen Entwicklungskontextes „konstruiert" und schon gar nicht von Externen implantiert werden können. Leitbildprozesse sind hochgradig kontextsensibel. Allenfalls können bestehende Leitbilder und Ideen mit Leitbildpotenzial im Blick auf ihre impliziten Voraussetzungen und potenziellen Alternativen zum öffentlichen Thema gemacht werden.

Das Leitbild-Konzept wird hier so ausführlich und beispielreich dargestellt, um das Modell des Leitbild-Assessments als Instrument informationeller Techniksteuerung zu begründen (vgl. Dierkes 1993): Leitbild-Assessments sollen die Grundlagen breiter öffentlicher Diskurse über die einzuschlagenden Technikpfade unter einem weiten Zielspektrum ermöglichen. Systematische Leitbild-Assessments fehlen bislang jedoch ebenso wie systematische und organisierte Leitbild-Diskurse. Betrachtet man somit Leitbild-Diskurse, wofür wir plädieren, als Foren für machbare und wünschbare technologiezentrierte Zukünfte, ist die Aufgabe zu lösen, wie diese aussehen können und wie sie zu strukturieren sind. Für diesen Zweck bietet es sich an, eine Bestandsaufnahme bereits bestehender Diskursformen, die meist im Rahmen der Partizipation in Planungsprozessen und im Rahmen der Technikfolgendiskussion in den 70er und 80er Jahren entwickelt und erprobt wurden, zu machen und die jeweiligen Vor- und Nachteile gegenüber zu stellen. Welche Diskursformen sind das?

1. Formen der partizipativen Technikfolgenabschätzung: Aus den politikwissenschaftlichen und soziologischen Technikdiskussionen der beiden letzten Jahrzehnte folgt quasi gleichlautend, dass die frühzeitige Partizipation aller von der Einführung und Nutzung neuer Techniken Betroffenen, nicht zuletzt der potenziellen Nutzer und Kunden, nicht

nur eine normative Lösung, sondern eine notwendige Voraussetzung für erfolgreiche Technikimplementationen ist (Sauer/Lang 1999; Martinsen/Simonis 2000). Ohne die Partizipation der avisierten Nutzer und potenzieller Kunden kann der Anwendungskontext für neue Produkte und Dienstleistungen oft nicht ausreichend erfasst werden. Nicht zuletzt der Zukunftsentwurf der „menschenleeren Fabrik", der in den 1970er Jahren die produktionstechnischen Konzepte dominierte, wird als Beleg dafür angeführt, dass der Anwendungs- und Nutzungsbezug viel zu kurz gekommen ist (Brödner 1985; Meyer-Krahmer 1999). Anlässe und gute Gründe für eine partizipative Folgenabschätzung von Techniken, deren Risikopotenziale und Nutzererwartungen notwendigerweise umstritten sind, gibt es genug. Zunehmend sind es nicht nur die direkten Folgen eines Technikeinsatzes, sondern die „Nebenfolgen" (Beck 1986), die eine zeitlich versetzte Thematisierung erfahren. Ernst zu nehmen sind gleichwohl Einwände, die gegen die partizipative Technikfolgenabschätzung vorgebracht werden. Diese zielen auf die Gefahren einer unzulässigen Komplexitätsreduktion einerseits und auf eine mögliche Instrumentalisierung von Technikdiskursen durch organisierte Partialinteressen andererseits (vgl. Baron 1997; Saretzki 1999).

2. Dialoge zwischen Wissenschaft und Politik mit hoher Transparenz: Ein Beispiel für diese Diskursform ist der Science Court. In diesem in den USA Ende der 1960er Jahren entwickelten Modell sollen in der Diskursformation des Kreuzverhörs die notwendigen Informationen zu dem zu begutachtenden Phänomen von wissenschaftlichen „Zeugen" und „Anwälten" ein möglichst umfassendes Bild entstehen. Auf dieser Grundlage sollen unabhängige Gutachter, hervorragende Wissenschaftler sowohl mit Bezug zur Grundlagenforschung als auch zur Praxis, Empfehlungen für die Regierung und das Parlament erarbeiten (vgl. ausführlich Dierkes/Thienen 1977)

3. Bürgerdialoge: Hierzu gehören kleinteilige Konzepte wie die Planungszelle (Dienel 1978), in der mit einer überschaubaren Gruppe von zufällig ausgewählten und mit einer Aufwandsentschädigung bedachten Bürgern an konkreten Lösungen für eingegrenzte Problemstellungen unter professioneller Moderation gearbeitet wird. Eine andere Form des Bürgerdialogs in einem weitaus umfangreicheren Maßstab war beispielsweise der Bürgerdialog zur Kernkraft in Schweden.

4. Enquete-Kommissionen: Insbesondere die Tradition der Enquete-Kommissionen des Bundestages birgt eine Fülle von Erfahrungen. In den Enquete-Kommissionen findet, vor dem Hintergrund parteipolitisch unterschiedlicher Positionen und einer entsprechenden Auswahl der Experten, die „organisierte Konfrontation" unterschiedlicher wissenschaftlicher Positionen statt, die dann in der Regel in Mehrheits- und Minderheitenvoten in den Ergebnisberichten ihren Ausdruck findet.

Wie sollten Leitbild-Diskurse realisiert werden? Sie sollen, dem allgemeinen Leitbild-Konzept folgend, große technische Entwicklungslinien zum Gegenstand haben. Sie sollten darüber hinaus von einer Fülle unterschiedlicher und kontroverser professioneller Leitbild-Assessments angeregt und angereichert werden. Damit können sie unserer Ansicht nach eine Lücke schließen, die die in aller Regel ex-post-ansetzende Technikfolgenabschätzung und die bisher lokal beschränkten Einführungsprojekte für einzelne Techniken oder technische Großanlagen mit ihren Mediationsstrategien nicht auszufüllen vermögen. Bisher sind TA-Studien zu künftigen technischen Entwicklungen üblicherweise Risiko- bzw. Negativabschätzungen, während Zukunftsstudien beispielsweise nach der Delphi-Methode zwar zu einer fundierteren Wissensbasis bei den Beteiligten und Rezipienten führen können, aber noch keine „Positiv-Abschätzungen" im Sinne von integrierten wünschbaren und machbaren Zukunftsentwürfen darstellen. Oft fehlt zudem meistens die gesamte Kostenseite. Seriöse Kostenkalkulationen und annähernd realistische Marktabschätzungen, so schwierig sie auch sind, müssen ebenso wie potenzielle soziale Kosten Berücksichtigung finden. Leitbild-Assessments können methodisch aus den vielfältigen Erfahrungen der TA, insbesondere aus den Anhörungen der 80er Jahre, beispielsweise zum Atommüllendlagerprojekt Gorleben, den Enquete-Kommissionen des Deutschen Bundestages oder aus einer Vielzahl von mittlerweile gut dokumentierten Mediationen schöpfen. Bewährte Verfahren sollen übernommen und in einen transparenten Ablaufplan eingearbeitet werden. In einer solchen „Assessment-Geschäftsordnung" sollte auch festgelegt werden, welchen Part die Akteure Staat, Wirtschaft und Wissenschaft sowie die Nutzer, die direkt Betroffenen und die interessierte Öffentlichkeit spielen. Ein Leitbild-Assessment wird sinnvollerweise in einem mehrstufigen Verfahren vorgenommen. Drei Stufen bieten sich an:

1. Die ausführliche Leitbilddarstellung,
2. die Entwicklung und Prüfung von Gegen- bzw. Alternativleitbildern und
3. Richtungsempfehlungen, die schließlich für die Medien aufbereitet und dort vermittelt werden.

Welche Verfahren in welchen Stufen adäquat und effektiv sind, muss einstweilen offen bleiben. Um hierauf Antworten zu finden, ist es notwendig, Experimente zu machen. Dies hat in den westlichen europäischen Ländern mit verschiedenen Initiativen zu so genannten Foresight-Prozessen, zunächst in Großbritannien, aber auch in Deutschland mit dem FUTUR-Projekt (vgl. www.futur.de), bereits begonnen. Offen bleiben für einen solchen Vorschlag der organisierten und regelhaften Leitbild-Diskursen noch eine Reihe von weiteren Fragen, insbesondere die nach den Akteuren: Wer soll sich an einem Leitbild-Diskurs beteiligen können? Wie finden die divergierenden Interessen Eingang in den Prozess? Wie können die Interessen zukünftiger Generationen Berücksichtigung finden? Wie wird mit qualifizierten Minderheitenvoten umgegangen? Wie kann eine Bürokratisierung und Ritualisierung von Leitbild-Diskursen vermieden werden?

Abschließend ist also festzuhalten: Die Beschäftigung mit technischen Leitbildern, ihrer Entstehung und den Hindernissen ihrer Verbreitung zeigt, dass sie der breiten öffentlichen Diskussion bedürfen. Die sprachliche Zuspitzung in Metaphern mit kultureller Passung in den Entstehungskontexten unterstützen und regen öffentliche Diskurse an. Öffentliche Technikdiskurse können einen wesentlichen Beitrag dazu zu leisten, zu einer „realistischen Einschätzung" der Folgen und Auswirkungen von Techniken zu gelangen und „Überziehungen" zu vermeiden. Sie bieten die Chance, Entwicklungen in bestimmten Technikfeldern zwischen Euphorie und lähmender Skepsis zu „moderieren". Im Erfolgsfall stehen am Ende ein hoher gesellschaftlicher Konsens und eine erhöhte Sensibilität gegenüber den Chancen für die soziale, wirtschaftliche, kulturelle und ökologische Entwicklung, die in den diskutierten Leitbildern liegen.

Literatur

Baron, Waldemar, 1997: Grundfragen und Herausforderungen an eine partizipative Technikfolgenabschätzung, in: *Raban Graf von Westphalen* (Hrsg.), Technikfolgenabschätzung als politische Aufgabe. München, 137–157.
Beutler, Felix/Brackmann, Jörg, 1999: Neue Mobilitätskonzepte in Deutschland. Ökologische, soziale und wirtschaftliche Perspektiven, wzb-discussion paper P99–503. Berlin.
Bockholt, Andrea/Kohl, Sandra/Schlosser, Horst Dieter/Schmid, Susanne, 1993: ISDN – Eine Technik auf dem Weg zur Allgegenwart. Sprachlich repräsentierte Leitbilder einer neuen Informations- und Kommunikationstechnik. Frankfurt a.M.
Brödner, Peter, 1985: Die Fabrik 2000. Berlin.
Buhr, Regina/Canzler, Weert/Knie, Andreas/Rammler, Stephan (Hrsg.), 1999: Bewegende Moderne. Fahrzeugverkehr als soziale Praxis. Berlin.
Büllingen, Franz, 1999: Das Internet als Leitbild für globale Kommunikation?, in: *Manfred Mai, Klaus Neumann-Braun* (Hrsg.), Von den „Neuen Medien" zu Multimedia. Baden-Baden.
Canzler, Weert, 1996: Das Zauberlehrlingssyndrom, Berlin.
Canzler, Weert, 1999: Telematik und Auto: Renn-Reiselimousine mit integrierter Satellitenschüssel, in: Verbund Sozialwissenschaftliche Technikforschung. Mitteilungen Nr. 20. München, 107–127.
Canzler, Weert, 2000: Das Auto im Kopf und vor der Haustür: Zur Wechselbeziehung von Individualisierung und Autonutzung, in: Soziale Welt 51, 151–168.
Canzler, Weert/Helmers, Sabine/Hoffmann, Ute, 1995: Die Datenautobahn – Sinn und Unsinn einer populären Metapher. discussion paper FS II 95–101. Wissenschaftszentrum Berlin für Sozialforschung.
Canzler, Weert/Knie, Andreas, 1998: Möglichkeitsräume. Grundrisse einer modernen Verkehrs- und Mobilitätspolitik. Wien.
Canzler, Weert/Marz, Lutz, 1997: Stagnovation. Der Automobilpakt und die gedopte Arbeitsgesellschaft, in: Universitas 52 (4), 359–371.
Cerf, Vinton, 1993: How the Internet Came to Be, in: *Bernard Aboda* (Hrsg.), The Online User's Encyclopedia. Reading.
Dienel, Peter, 1978: Die Planungszelle. Eine Alternative zur Establishment-Demokratie. Opladen.
Dierkes, Meinolf, 1981: Perzeption und Akzeptanz technologischer Risiken und die Entwicklung neuer Konsensstrategien, in: *Jürgen von Kruedener/Klaus von Schubert* (Hrsg.), Technikfolgen und sozialer Wandel. Köln, 125–144.
Dierkes, Meinolf, 1993: Ist Technikentwicklung steuerbar?, in: *Meinolf Dierkes* (Hrsg.), Die Technisierung und ihre Folgen. Zur Biographie eines Forschungsfeldes. Berlin, 277–297.
Dierkes, Meinolf/Canzler, Weert/Knie, Andreas/Marz, Lutz, 1995: Politik und Technikgenese, in: Verbund Sozialwissenschaftliche Technikforschung. Mitteilungen Nr. 15. Köln, 7–28.
Dierkes, Meinolf/Hofmann, Jenanette/Marz, Lutz, 1998: Technikgenese und organisatorischer Wandel: Divergierende Innovationsschemata, in: *OECD* (Hrsg.), Technologien des 21. Jahrhunderts. Herausforderungen einer dynamischen Zukunft. Paris, 97–121.
Dierkes, Meinolf/Hoffmann, Ute/Marz, Lutz, 1992: Leitbild und Technik. Zur Entstehung und Steuerung technischer Innovationen. Berlin.
Dierkes, Meinolf/Knie, Andreas, 1994: Geräte und ihr Sinn. Technikgenese im institutionellen Geflecht mächtiger Verständigungen, in: *Wolfgang Zapf/Meinolf Dierkes* (Hrsg.), WZB-Jahrbuch 1994: Institutionenvergleich und Institutionendynamik. Berlin, 83–105.
Dierkes, Meinolf/Marz, Lutz, 1998: Leitbilder als Katalysatoren des Organisationslernens, in: *Horst Albach/Meinolf Dierkes/Ariane Berthoin Antal/Kristina Vallaint* (Hrsg.), Organisationslernen – institutionelle und kulturelle Dimensionen, WZB-Jahrbuch 1998. Berlin, 373–397.
Dierkes, Meinolf/Marz, Lutz/Teele, Casey, i.E.: Technological Visions, Technogical Development and Organizational Learning, in: *Meinolf Dierkes/Ariane Berthoin Antal/John Child/Ikujiru Nonaka* (Hrsg.), Handbook of Organizational Learning and Knowledge. Oxford.
Dierkes, Meinolf/Rammler, Stephan, 2000: „Die weite Ferne nebenan?!" Freizeitmobilität und Tourismus im Spannungsfeld zwischen globalem Wachstum und Nachhaltigkeit, Ms. Berlin.

Dierkes, Meinolf/Thienen, Volker von, 1987: Science Court: Ein Ausweg aus der Krise? Mittler zwischen Wissenschaft, Politik und Gesellschaft, in: Wirtschaft und Wissenschaft 25 (4), 2–14.
Dosi, Giovanni, 1992: Technological Paradigms and Technological Trajectories, in: Research Policy 11, 147–162.
Deutscher Bundestag (Hrsg.), 1998: Zweiter Zwischenbericht der Enquete-Kommission Demographischer Wandel. Herausforderungen unserer älter werdenden Gesellschaft an den einzelnen und die Politik. Bonn.
Evers, Adalbert/Nowotny, Helga, 1987: Über den Umgang mit Unsicherheit. Die Entdeckung der Gestaltbarkeit von Gesellschaft. Frankfurt a.M.
Grimmer, Klaus/Häusler, Jürgen/Kuhlmann, Stefan/Simonis, Georg (Hrsg.), 1992: Politische Techniksteuerung. Opladen.
Grote, Claudia von/Dierkes, Meinolf, 2000: Public Understanding of Science and Technology: State of the Art and Consequences for Future Research, in: *Meinolf Dierkes/Claudia von Grothe* (Hrsg.), Between Understanding and Trust. The Pubic, Science and Technology. Amsterdam, 341–362.
Hamstra, Anneke, 2000: Studying Public Perception of Biotechnology: Helicopter or Microscope?, in: *Meinolf Dierkes/Claudia von Grothe* (Hrsg.), Between Understanding and Trust. The Public, Science and Technology. Amsterdam, 179–200.
Hellige, Hans Dieter, 1996: Technikleitbilder als Analyse-, Bewertungs- und Steuerungsinstrument: Eine Bestandsaufnahme aus informatik- und computerhistorischer Sicht, in: *Hans Dieter Hellige* (Hrsg.), Technikleitbilder auf dem Prüfstand. Leitbild-Assessment aus Sicht der Informatik- und Computergeschichte. Berlin, 15–35.
Helmers, Sabine/Hoffmann, Ute/Hofmann, Jeanette, 1998: Internet ... The Final Frontier: Eine Ethnographie. Schlußbericht des Projektes „Interaktionsraum Internet. Netzkultur und Netzwerkorganisation", wzb-discussion paper FS II 89–112. Berlin.
Hofmann, Jeanette, 1998: Am Herzen der Dinge – Regierungsmacht im Internet, in: *Winand Gellner/Fritz von Korff* (Hrsg.), Demokratie und Internet. Baden-Baden, 55–77.
Klischewski, Ralf, 1996: Systeme versus Akteure: Leitbildzyklen in der Computervernetzung, in: *Hans Dieter Hellige* (Hrsg.), Technikleitbilder auf dem Prüfstand. Leitbild-Assessment aus Sicht der Informatik- und Computergeschichte. Berlin, 187–203.
Knie, Andreas/Berthold, Otto/Harms, Sylwia/Truffer, Bernhard, 1999: Die Neuerfindung urbaner Automobilität. Elektroautos und ihr Gebrauch in Europa und den USA. Berlin.
Kowack, Glenn, 1997: Internet Governance and the Emerge of Global Civil Society, in: IEEE Communications Magazine 35, 52–57.
Kubicek, Herbert/Arno, Rolf, 1985: Mikropolis. Mit Computernetzen in die „Informationsgesellschaft". Hamburg.
Kuhm, Klaus, 1997: Moderne und Asphalt. Die Automobilisierung als Prozess technologischer Integration und sozialer Vernetzung. Pfaffenweiler.
Lutz, Burkart, 1987: Das Ende des Technikdeterminismus und die Folgen – soziologische Technikforschung vor neuen Aufgaben und neuen Problemen, in: *Burkart Lutz* (Hrsg.), Technik und sozialer Wandel. Verhandlungen des 23. Deutschen Soziologentages in Hamburg 1986. Frankfurt a.M./New York.
Mambrey, Peter/Tepper, August, 2000: Technology as Metaphor Assessment. Visions Guiding the Development of Information and Communications, in: *John Grin/Armin Grunwald* (Hrsg.), Vision Asessment: Shaping Technology in 21st Century Society. Berlin, 33–51.
Mambrey, Peter/Pateau, M./Tepper, August, 1995: Technikentwicklung durch Leitbilder. Neue Steuerungs- und Bewertungsinstrumente. Frankfurt a.M.
Martinsen, Renate/Simonis, Georg, 2000: Demokratie und Technik, in: *Renate Martinsen/Georg Simonis* (Hrsg.), Demokratie und Technik – (k)eine Wahlverwandtschaft? Opladen.
Mayntz, Renate, 1997: Soziale Dynamik und politische Steuerung. Theoretische und methodologische Überlegungen. Frankfurt a.M.
Memorandum zur sozialwissenschaftlichen Technikforschung in der Bundesrepublik Deutschland, 1984: Stand, Aufgaben, künftige Forschungen, vorgelegt von *Meinolf Dierkes/Ludwig von Friedeburg/Burkart Lutz/Renate Mayntz/Michael Schumann/Wolfgang Zapf.* o.O.

Meyer-Abich, Michael/Schefold, Bertram, 1986: Die Grenzen der Atomwirtschaft. Die Zukunft von Energie, Wirtschaft und Gesellschaft. München.
Meyer-Krahmer, Frieder, 1999: Anwendungskontexte: Technologie- und Innovationstreiber, in: *Dieter Sauer/Christa Lang* (Hrsg.), Paradoxien der Innovation. Perspektiven sozialwissenschaftlicher Innovationsforschung. München, 119–128.
Michaelis, Hans/Pelz, Waldemar, 1987: Grenzen der Kernenergie – Eine kritische Auseinandersetzung mit Meyer-Abich und Schefold. Düsseldorf u.a.
Norman, Donald, 1998: The Invisible Computer. Cambridge, Ma.
Rammert, Werner, 1997: Innovation im Netz, in: Soziale Welt 48, 397–416.
Rammert, Werner (Hrsg.), 1998: Technik und Sozialtheorie. Frankfurt a.M./New York.
Reidenberg, J., 1997: Governing Networks and Rule-Making in Cyperspace, in: *Brian Cahin/Charles Nesson* (Hrsg.), Borders in Cyperspace. Information Policy and the Global Information Infrastructure. Cambridge, Ma., 84–105.
Rossnagel, Alexander/Wedde, Peter/Hammer, Volker/Pordesch, Ulrich, 1989: Digitalisierung der Grundrechte? Zur Verfassungsverträglichkeit der Informations- und Kommunikationstechnik. Opladen.
Saretzki, Thomas, 1999: TA als diskursiver Prozess, in: *Stefan Bröchler/Georg Simonis/Karsten Sundermann* (Hrsg.), Handbuch Technikfolgenabschätzung, Bd. 2. Berlin, 641–653.
Sauer, Dieter, 1999: Perspektiven sozialwissenschaftlicher Innovationsforschung – Eine Einleitung, in: *Dieter Sauer/Christa Lang* (Hrsg.), Paradoxien der Innovation. Perspektiven sozialwissenschaftlicher Innovationsforschung. München, 9–22.
Seeger, Peter/Kubicek, Herbert (Hrsg.), 1993: Perspektive Techniksteuerung. Interdisziplinäre Sichtweisen eines Schlüsselproblems entwickelter Industriegesellschaften. Berlin.
Simonis, Georg, 1999: Die Zukunftsfähigkeit von Innovationen: das Z-Paradox, in: *Dieter Sauer/Christa Lang* (Hrsg.), Paradoxien der Innovation. Perspektiven sozialwissenschaftlicher Innovationsforschung. Frankfurt a.M./New York.
Verbund Sozialwissenschaftliche Technikforschung, 1997: Paradoxien der Innovation, Nr. 19.
Weiser, Mark, 1993: Some Computer Science Issues in Ubiquitous Computing, in: Communications of the ACM 36, 75–85.
Willke, Helmut, 1997: Informationstechnische Vernetzung als Infrastrukturaufgabe – Welche Rolle spielt die Politik?, in: *Raimund Werle/Christa Lang* (Hrsg.), Modell Internet. Entwicklungsperspektiven neuer Kommunikationsnetze? München, 115–132.

5.2 Das Subjekt als Grenze der Techniksteuerung?

Gewissen, Angst und radikale Reform – Wie starke Ansprüche an die Technikpolitik in diskursiven Arenen schwach werden

Wolfgang van den Daele

Von Diskursen (oder Deliberationen/Argumentationen) wird erwartet, dass sie institutionalisierte Politikprozesse entgrenzen. Sie erhöhen Partizipation, indem sie mehr Akteure einschließen; sie sehen gleiche Rechte für alle Beteiligten vor und verbieten den selektiven Rückgriff auf schiere Macht; sie sind offen für alle Themen und Probleme und vervielfältigen die zu berücksichtigenden Perspektiven und Bewertungen (Habermas 1983; Elster 1998; vgl. auch van den Daele/Neidhardt 1996). Für die Technikpolitik sollte daraus folgen, dass diskursive oder deliberative Verfahren in besonderer Weise geeignet sind, moralisch begründeten Widerstand gegen die Technisierung der Welt, Ängste vor unbekannten Risiken und Ansprüche auf demokratische Kontrolle der Technikentwicklung zur Geltung zu bringen. Faktisch entwickeln diskursive Verfahren jedoch eine Eigendynamik, welche die hoch gesteckten Erwartungen frustriert. Herausforderungen des Gewissens werden politisch verharmlost, indem sie privaten Freiheitsrechten und pluralistischer Toleranz zugewiesen werden; subjektive Angst bleibt unbeachtlich, wenn ihr kein objektives Risiko entspricht; verfassungspolitische Reformen werden durch die Vervielfältigung von Grundsatzproblemen unerreichbar gemacht.

Ich werde diese Diskursdynamik im Folgenden am Beispiel von Beratungen über die politische Steuerung der Gentechnik illustrieren, die man in Ethikkommissionen und in partizipativen Verfahren der Technikfolgenabschätzung beobachten kann. Natürlich kann man nicht ausschließen, dass sich die Befunde dem Umstand verdanken, dass solche Beratungen selbst bei gutem politischem Willen unter Bedingungen ablaufen, die ein schwacher Abglanz der Anforderungen eines idealen Diskurses sind. Plausibler ist es jedoch, sie darauf zurückzuführen, dass in Argumentationen Begründungen (Rationalitäten) mobilisiert werden müssen, die in der Gesellschaft gelten. Diese Begründungen aber setzen politische Ansprüche nicht nur frei, sie kanalisieren sie auch.

1. Der Anruf des Gewissens und die Regeln der Bioethik

1.1 Radikale Fragen, pragmatische Antworten

Die moderne Biologie ist im Begriff, sich der lebendigen Natur in ähnlicher Weise zu bemächtigen, wie Physik und Chemie sich der Materie bemächtigt haben. Das wirft moralische Fragen auf. Darf Leben beliebig technisch rekonstruiert werden? Wo liegen die Grenzen der technischen Manipulation des Menschen? Die Fragen sind moralische, weil sie Handlungsprobleme berühren, bei denen es nicht darauf ankommt, was man kann und will, sondern was man soll und darf. Moral verkörpert sich in Normen und Regeln, die jenseits aller Kodifizierung im Recht, als verbindlich anerkannt und als innerlich verpflichtend erlebt werden. Vielen Einwänden gegen Humangenetik und Fortpflanzungsmedizin dürfte die Erwartung zu Grunde liegen, dass man der Technisierung der menschlichen Natur einen Riegel vorschieben könnte, wenn es nur gelänge, Moral gegen die Interessen und Strategien von Wissenschaft und Industrie zur Geltung zu bringen. Aber diese Erwartung wird von den diversen Gremien und Kommissionen, in denen die Probleme der Bioethik behandelt werden, regelmäßig enttäuscht – was ihnen ebenso regelmäßig den moralischen Vorwurf einträgt, vor den Interessen der Betreiber der Technik in die Knie zu gehen (Gill 1991; Braun 2000).[1]

Der Vorwurf geht am Kern der Sache vorbei. Drastische moralische Kontrollen bleiben nicht deshalb aus, weil entgegenstehende Interessen übermächtig sind, sondern weil die geltende Moral solche Kontrollen nicht hergibt. In Beratungen, die sich nicht damit begnügen können, bloß Fragen aufzuwerfen, sondern die auch Antworten geben und ein Überlegungsgleichgewicht (considered judgement im Sinne von Rawls (1979) herstellen müssen, in dem alle einschlägigen Aspekten Berücksichtigung finden, kommen die Beteiligten zu differenzierten Lösungen – auch aus moralischen Gründen.

So ist es beispielsweise unstrittig, dass genetische Tests, die Anlagen für zukünftig ausbrechende Krankheiten und Krankheitsanfälligkeiten diagnostizieren, Gefahren der Ausforschung und Diskriminierung heraufbeschwören, vor denen Menschen geschützt werden müssen. Der beste Schutz wäre zweifellos, das sensible genetische Wissen gar nicht erst zu erzeugen, also prädiktive Gendiagnostik grundsätzlich auszuschließen. Bei näherer Betrachtung aber scheidet diese Radikallösung aus. Sie widerspricht dem legitimen Interesse von Patienten zu wissen, welche Krankheiten ihnen drohen, um sich präventiv darauf einstellen zu können. Man nehme an, es gäbe einen Genchip, mit dem Dutzende von Krankheitsdispositionen (für Krebs, Herz-/Kreislauf-Erkrankungen, neurologische Erkrankungen usw.) identifiziert werden können (was eine realistische Perspektive ist), und man unterstelle ferner (was gegenwärtig wenig realistisch ist), bei allen diesen Krankheiten könne man irgendwie präventiv intervenieren, würde man die Anwendung eines solchen Genchips verbieten wollen? Das würde dem Patienten Optionen einer langfristigen Lebens- und Gesundheitsplanung abschneiden und wäre ein kaum zu rechtfertigender Eingriff in das individuelle Recht auf Selbstbestimmung und Gesundheit. Lässt man solche Genchips jedoch zu, erledigen sich damit zugleich Versuche, Gentests dadurch zu minimieren, dass man ihre Anwendung an komplizierte Zusatzbedingungen knüpft, beispielsweise vom Vorliegen einer medizinischen Indikation (einem begründeten konkreten Krankheitsverdacht) abhängig macht und einen Beratungszwang einführt, um zu gewährleisten, dass Testpersonen auch wirklich bei je-

---

1 Zur Diskussion in Ethikkommissionen vgl. auch: van den Daele (1990). Der Verfasser war Mitglied der Enquetekommission des Deutschen Bundestages zu Chancen und Risiken der Gentechnologie (1985–87). Er gehört seit 1996 dem Ethikbeirat beim Bundesgesundheitsministerium an; dieser Beirat wurde 1999 von Ministerin Andrea Fischer etwa zur Hälfte mit ausgesprochenen Kritiker/innen besetzt (die auch den Vorsitz stellen); er ist insoweit zweifelsfrei repräsentativ für das Spektrum moralischer Stimmen zur Bioethik.

dem einzelnen Test über dessen Aussagekraft und über die Bedeutung des getesteten Merkmals aufgeklärt sind. Es dürfte schwer zu vermitteln sein, dass ein Arzt im Rahmen einer Vorsorgeuntersuchung ohne konkrete Indikation nach Krankheitsanzeichen fahnden darf, wenn er Ultraschalldiagnostik oder biochemische Tests verwendet, nicht aber, wenn er genetische Tests einsetzt. Und bei der Ultraschalldiagnostik darf der Patient pauschal seine Zustimmung zur Untersuchung erklären, ohne sich über jeden einzelnen Befund, der sich denkbarerweise ergeben könnte, vorher im Detail aufklären zu lassen – alles andere wäre auch nicht praktikabel. Es ist kein Grund ersichtlich, warum dem Patienten ein solcher Aufklärungsverzicht nicht auch bei genetischer Diagnostik erlaubt sein sollte.

Diese Überlegungen haben einen realen Hintergrund. Sie spiegeln den Gang der Beratungen in einer Ethikkommission, in denen ein klares Votum für eine möglichst restriktive Regulierung prädiktiver Gentests am Anfang stand. Im Zuge der Beratung wurde die restriktive Position schrittweise relativiert. Was am Ende noch zur Diskussion stand, waren eher konventionelle, jedenfalls unspektakuläre Beschränkungen: Um einer unkontrollierten Kommerzialisierung vorzubeugen und die Qualitätskontrolle zu sichern, sollen genetische Tests nur vom Arzt eingesetzt werden dürfen (Arztvorbehalt); das Angebot genetischer Beratung muss gewährleistet sein, damit Testpersonen, die sich mit genetischen Befunden konfrontiert sehen, professionelle Hilfe in Anspruch nehmen können – wann immer sie dies wünschen; die Zahl der auf Genchips zusammengefassten Tests sollte begrenzt sein, um zu vermeiden, dass bei jedem Einsatz der Chips eine Flut von Informationen erhoben wird, auf die es konkret gar nicht ankommt, die aber die Probleme des Datenschutzes verschärfen.[2]

1.2 Moralischer Konventionalismus in Ethikkommissionen

Wenn dies das Beratungsergebnis bleibt, endet diese Ethikkommission, ebenso wie national und international alle vergleichbaren Gremien[3], bei einem abgewogenen, ‚pragmatischen' Entscheidungsvorschlag, der die Techniken der genetischen Diagnostik zwar an vielen Rändern durch Regulierung einzäunt, ihnen aber letztlich doch den Weg in die Gesellschaft ebnet. Solcher Pragmatismus ist jedoch weder anrüchig, noch vermeidbar. In unserer Gesellschaft sind die Normen und Werte einer Ethik des „Nicht-Schaden!" hoch verankert. Sie stellen den Schutz der Rechte, der Würde und

---

2 Umstritten blieb in der Beratung, ob man Tests, die spät ausbrechende, aber unbehandelbare Krankheiten diagnostizieren, von den Genchips verbannen sollte. Diese Tests erzeugen besonders sensible Daten, die nicht nur für die betroffenen Individuen selbst ambivalent sind, sondern auch ein hohes Risiko des Missbrauchs durch Dritte begründen. Solche Daten sollten vielleicht nicht bei jeder Gelegenheit gleichsam am Rande mit erzeugt werden, nur weil aus Praktikabilitätsgründen alle verfügbaren Gentests auf einem einzigen Genchip untergebracht sind. Dagegen wird man solche Tests nicht grundsätzlich ausschließen können. Es dürfte ein legitimes Interesse der Selbstbestimmung sein, das eigene genetische Schicksal zu kennen und auf der Grundlage solcher Kenntnis beispielsweise darüber zu entscheiden, ob man Kinder haben will oder nicht.

3 Etwa der Wissenschaftliche Beirat der Bundesärztekammer 1998 oder das International Bioethics Committee der UNESCO 1997.

der Selbstbestimmung des Menschen ins Zentrum; im Grundrechtskatalog der Verfassung und in den Strafgesetzen sind sie positiv festgeschrieben. In dieser normativen Ordnung rücken die Erhaltung menschlichen Lebens und die Vermeidung von Leiden durch Krankheit in den Rang höchster Werte. Diese gesellschaftlichen Vorgaben kann man in moralischen Argumentationen nicht leicht überspielen. Das gilt vor allem im Kontext deliberativer Verfahren, die – qua wechselseitiger sozialer Kontrolle der Beteiligten – die Einhaltung formaler Regeln der Diskursivität erzwingen, und in denen man Gründe mobilisieren, konkurrierende Gesichtspunkte abwägen, Vergleiche anstellen und konsistent und gewissermaßen mit Augenmaß argumentieren muss. Es ist wahrscheinlich, dass solche Verfahren Regulierungen vorschlagen, die zwischen medizinischen und nicht-medizinischen Anwendungen einer Technik differenzieren und die Ersteren grundsätzlich freigeben.

Dieses Muster erklärt, warum in der Bioethik zwar oft radikale Fragen aufgeworfen, aber kaum je auch radikale Antworten gegeben werden. Das dürfte sogar für Eingriffe in die menschliche Keimbahn gelten. Zwar hat die Tatsache, dass solche Eingriffe (die sich auf die Gene der Nachkommen erstrecken) technisch möglich werden, kollektives moralisches Erschrecken ausgelöst und in Deutschland zu einem im Parlament einstimmig verabschiedeten Embryonenschutzgesetz geführt, das Keimbahneingriffe unter hohe Strafe stellt – bis zu fünf Jahren Gefängnis. Das darf jedoch nicht darüber hinweg täuschen, dass hier keineswegs ein wirksames Tabu, also eine unüberschreitbare moralische Grenze erreicht ist, jenseits der auch in unserer säkularisierten Kultur die „Natürlichkeit" der menschlichen Natur gewissermaßen geheiligt und gegen technische Manipulation immunisiert wird. Tabus der Natürlichkeit sind immer wieder beschworen worden, um der fortschreitenden Technisierung des Menschen entgegenzutreten. Gegen die Aussicht auf Heilung von Krankheiten hat sich solcher Widerstand nie lange halten können; man denke etwa an Operationen am Gehirn, Organtransplantationen oder Organersatz durch Maschinen. Auch das strikte Verbot von Keimbahneingriffen würde einem ernsthaften medizinischen „Angriff" wohl kaum standhalten (van den Daele 1997).

Gegen den Verweis auf die legitimierende Kraft medizinischer Zwecke wird gelegentlich der Vorwurf des „Totschlagarguments" erhoben. Es fragt sich, ob es einen vernünftigen Grund gibt, in einer argumentativen Auseinandersetzung „schlagende" Argumente, gegen die man schwer noch etwas einwenden kann, nicht zuzulassen. Im Übrigen beweist der Vorwurf, was er kritisiert. Es ist nicht bloße Taktik der Interessenpolitik, wenn man den überragenden Wert der Gesundheit gegen pauschale Verbote der Gentechnik ausspielt. Es ist ein Gebot der Abwägung, das nach der Moral, die in unserer Gesellschaft gilt, selbstverständlich und zwingend ist. Die Beweislasten für ein Verbot medizinisch nützlicher Techniken sind extrem hoch. Im Zweifel wird man immer dem individuellen Recht auf Gesundheit den Vorrang einräumen und (die Kontrolle möglicher Risiken für Dritte vorausgesetzt) die medizinische Anwendung neuer Techniken zulassen müssen. Jedenfalls hat man alle Aussicht, sich in unserer Gesellschaft politisch und auch moralisch ins Abseits zu manövrieren, wenn man die Heilung von Krankheiten verbietet, um ein Menschenbild zu verteidigen oder die Natürlichkeit der menschlichen Natur zu bewahren.

Diese Wertungen sind freilich nur plausibel, wenn man die geltende Moral als Richtschnur anerkennt. Diese Anerkennung mag qua kultureller Tradition und individueller Sozialisation weit verbreitet sein. Unangefochten ist sie nicht. Hier setzt die Kritik an den Regeln und Verfahren der Bioethik ein. Gegen diese wird gewandt, dass sie konventionell blieben und den mainstream der etablierten Moral der liberalen Gesellschaft als unhintergehbar und alternativlos voraussetzten. Damit verschenkten sie einerseits das kritische Potenzial der Reflexion auf Moral; andererseits trügen sie moralischen Ansprüchen, die vom Common Sense abweichen bzw. ihn übersteigen, zu wenig Rechnung (vgl. hierzu auch Martinsen in diesem Band). Der Vorwurf des moralischen Konventionalismus ist berechtigt (wenn es denn ein Vorwurf ist). In den Gremien der Bioethik herrscht tatsächlich eine Art Positivismus des moralischen Common Sense. Man orientiert sich durchweg an den in der Gesellschaft einigermaßen unumstritten geltenden Normen und Werten, ohne diese zum Thema zu machen. Die Bioethik fungiert als Instanz der Anwendung der etablierten Moral, nicht der Innovation dieser Moral. Nicht gerechtfertigt ist es jedoch, diese moralische Engführung Defiziten der Partizipation und Diskursivität in den Verfahren der Bioethik anzulasten. Diese Verfahren schließen weder die Kritik (oder die Kritiker) der geltenden Moral a limine von der Beratung aus, noch übergehen sie die Tatsache heterogener moralischer Urteile in der Gesellschaft. Und gleichwohl führen sie zu den beschriebenen „konventionellen" Ergebnissen.

1.3 Diskurs und Metadiskurs. Die Irrelevanz des philosophischen Relativismus

Die philosophische Reflexion der Moderne zwingt uns einzuräumen, dass die moralischen Gründe, die wir anerkennen, nicht ihrerseits immer weiter begründet und auf ein letztes sicheres Fundament zurückgeführt werden können. Die Gründe sind Setzungen (Institutionen) der Kultur, die unter historischen Bedingungen entstehen und gelten. Zwar mögen Grundregeln der Nicht-Schadens-Ethik zu allen Zeiten und überall verbreitet sein (Gert 1998) – weil sie elementaren Bedürfnissen des Menschen Rechnung tragen, also anthropologisch verankert sind. Die konkreten Ausformungen und Abwägungsprinzipien der geltenden Menschenrechtsmoral verdanken sich aber in starkem Maße der politischen Kultur (dem Welt- und Menschenbild) des modernen Liberalismus (Rawls 1993). Allein, die Einsicht in diesen Relativismus ist lediglich auf der Metaebene philosophischer oder soziologischer Reflexion ein Paradigmenwechsel. In sozialen Kontexten, in denen gewissermaßen auf der Objektebene mit Begründungen operiert wird, also in der Alltagskommunikation, in der ‚normalen' Wissenschaft, im Recht, in der politischen Debatte und in Ethikkommissionen, bleibt sie seltsam folgenlos. Der Grund dafür dürfte sein, dass die Einsicht in die kulturelle Relativität der Moral die gesellschaftliche Geltung der Moral nicht berührt – ebenso wenig wie die wissenssoziologische Analyse der sozialen Konstruktion einer Erkenntnis die Geltung dieser Erkenntnis außer Kraft setzt.

Menschen hängen in der Kultur ihrer Zeit wie in der Sprache. Dieser Kontext ist nicht alternativenlos, und man kann ihn durch Kritik in Bewegung setzen. Aber man kann ihn nicht durch Reflexion einfach abstreifen, wie man einen Irrtum auflösen kann, indem man genauer hinschaut. Nur wer wie Nietzsche „mit dem Hammer philosophiert", wird sich das Recht herausnehmen, die geltende Moral als gigantisches Vorurteil der Kultur abzutun und sich durch den philosophischen Beweis, dass sub specie eternitatis alle Gründe grundlos bleiben, auch von der Geltung aller Gründe dispensiert fühlen, um daraus zu schließen, dass man sich jederzeit eine eigene Moral und Wahrheit wählen kann. Mit einer solchen Philosophie rennt man buchstäblich an die Wand der Gesellschaft, sobald man sie aus dem Schonraum bloßer Reflexion herausträgt und zur Maxime sozialen Handelns macht. Soziologisch gesehen haben die „Vorurteile" der Kultur (soweit sie reichen) transzendentalen Charakter: Sie definieren, was in einer gegebenen Gesellschaft als Begründung gilt. Und wo immer „Begründen" in sozialen Prozessen eine Rolle spielt, wird normativ erwartet, dass man sich auf diese Geltungen als Ressourcen der Begründung bezieht. Das kritische Potenzial moralischer Reflexion liegt dann nicht darin, dass man das Repertoire kultureller Geltungen übersteigen kann, sondern dass man die guten Gründe, die dieses Repertoire bereitstellt, gegen die schlechte Realität der Gesellschaft ausspielen kann.

Theoretisch bleibt es allen Beteiligten in einem diskursiven Verfahren immer unbenommen, auf die Metaebene zu wechseln und den kontingenten Status von moralischen Geltungsansprüchen zum Thema zu machen. Dabei könnten sie einer Hermeneutik des Verdachts folgen, welche die in der Kultur geltenden Rationalitätsstandards als subtile Mechanismen der Repression zu enthüllen sucht, mit denen das subversive Potenzial des Subjekts gesellschaftlich eingefangen und einer durchschaubaren Disziplin unterworfen wird (Foucault 1978). Praktisch kommt ein solcher Ebenenwechsel jedoch so gut wie nie vor. Jedenfalls gibt es dafür weder aus Konsensuskonferenzen oder Planungszellen, noch aus den partizipativen Verfahren der Technikfolgenabschätzung unterschiedlicher Prägung oder den Beratungen von Ethikkommissionen irgendwelche Belege. Die Kommunikation in diesen Diskursen scheint einer Art Typenlogik zu unterliegen, die den Übergang zu Metadiskursen begrenzt und Hyperreflexion latent hält. Danach wäre es ein Kategorienfehler (der sozial durch die Verweigerung von Antwort – Luhmann würde sagen: von Anschlusskommunikation – sanktioniert wird), wenn man in Begründungsdiskussionen zu einem konkreten Sachproblem moralphilosophische, wissenschaftstheoretische oder wissenssoziologische Fragen nach der Möglichkeit von Begründung überhaupt aufwirft.[4] Es ist nicht wahrscheinlich, dass sich an dieser Kommunikationsstruktur etwas ändern würde, wenn mehr Beteiligte philosophisch geschult wären oder eine radikal konstruktivistische Perspektive einnehmen würden. Diskursive Verfahren, in denen Entscheidungsprobleme der Gesellschaft verhandelt werden, sind eben keine philosophischen oder soziologischen Seminare.

---

4 In den Risikodiskussionen unserer Technikfolgenabschätzung für transgene herbizidresistente Kulturpflanzen spielten Ungewissheiten und die Defizite und Grenzen wissenschaftlichen Wissens eine zentrale Rolle. Aber die Metaebene der Epistemologie wurde nie betreten. Nicht weil die Regie des Diskurses das ausgeschlossen hätte. Alle Beteiligten konnten vorbringen, was sie wollten. Vermutlich war den Beteiligten klar, dass es in einer Diskussion darüber, ob bestimmte Folgen transgener Pflanzen wahrscheinlich sind und was man darüber weiß, deplatziert ist, die Frage aufzuwerfen, ob man überhaupt etwas wissen kann und ob es vielleicht so etwas wie objektive Erkenntnis gar nicht gibt, vgl. van den Daele (1996).

1.4 Diskurs und Pluralismus

Die eigentliche Herausforderung für die etablierte Moral liegt nicht in Metadiskursen der Reflexion, die moralische Geltungsansprüche überhaupt relativieren und verunsichern. Sie liegt in Geltungsansprüchen, die in der Gesellschaft mit fragloser Sicherheit und Gewissheit (und Gewissen) vertreten werden, aber nicht durch Konsens gedeckt sind. Die Verfahren der Bioethik müssen sich diesen Ansprüchen stellen, wenn sie der Wirklichkeit moralischer Probleme Rechnung tragen wollen. Sie tun dies in aller Regel, indem sie den konkurrierenden Ansprüchen zwar moralischen Gehalt zuerkennen, ihnen aber durch das Postulat des Pluralismus zugleich die Spitze abbrechen.

Dass es Heterogenität der Moral gibt, ist aus der Perspektive der Beobachtung von Gesellschaft, eine Trivialität. Für die moralischen Personen, also gewissermaßen aus der Perspektive der Teilnehmer der Gesellschaft, ist es dagegen alles andere als selbstverständlich. Was moralisch geboten ist, gilt unbedingt und für alle; von seinen moralischen Ansprüchen lässt man sich (als Ansprüchen) so leicht nichts abhandeln. Das eben ist mit moralischen Geboten gemeint – im Unterschied zu wählbaren Zielen oder subjektiven Präferenzen der Lebensführung. Daher ist es moralisch einigermaßen unwahrscheinlich, dass man die Abweichung von der Moral, der man sich selbst verpflichtet fühlt, ebenfalls als eine (mögliche) Moral anerkennt, anstatt sie schlicht als Unmoral zu verurteilen. Diskursive Verfahren operieren aber genau auf der Prämisse dieser Anerkennung und schreiben sie den Beteiligten (solange der Diskurs läuft) unwiderleglich zu.

In diskursiven Verfahren gelten Normen der Sachlichkeit. Zwar ist niemand gehindert, Protest und Betroffenheit zu artikulieren, aber der Diskurs übersetzt jede Einlassung in ein Argument und fährt dann auf der Basis des Arguments fort – etwa, indem er Bedeutung, Begründungen und Konsequenzen diskutiert. Auf diese Weise entsteht reflexive Distanz zum Protest, Moral wird ohne die Emphase des Moralisierens thematisiert und persönliche Betroffenheit wird eingeklammert. Von den Beteiligten wird erwartet, dass sie diese Versachlichung mitmachen und damit eigentlich aus der Rolle der engagierten Verfechter in die Rolle der neutralen Beobachter ihrer Moral überwechseln – oder (wenn sie betroffen verstummen) es zumindest hinnehmen, dass ihr moralisches Anliegen im Verfahren von anderen Beteiligten als bloßes Argument behandelt und hin- und hergewendet wird.

Die Zumutung von Distanz kann den Widerstand des Gewissens provozieren. Es ist kaum zu erwarten, dass jemand seine tiefsten moralischen Überzeugungen einer Argumentation (mit offenem Ausgang) ausliefert; eher wird er den Diskurs verweigern.[5] Unbefangen und vorbehaltlos argumentieren kann man allenfalls bei moralischen Fragen, die zugestandenermaßen nicht das strikt Gebotene, sondern bloß das im Sinne eines Ideals Wünschenswerte betreffen. Da aber ist der Verpflichtungsgehalt der Moral ohnehin schon herabgestuft. Ob man einem moralischen Ideal folgen will, gilt als Frage der persönlichen Lebensgestaltung; dabei gesteht man sich – anders als bei morali-

---

5 Insofern ist jede Moral fundamentalistisch. Bei einer Moral, die gesellschaftsweit etabliert ist, wird dieser Fundamentalismus lediglich durch Konsens unsichtbar gemacht. Es kommt eben nicht vor, dass eine (nicht gerechtfertigte) Verletzung der Rechte anderer in diskursiven Verfahren neutral zur Diskussion gestellt wird.

schen Regeln – wechselseitig Wahlmöglichkeiten zu.[6] Was moralische Regel ist und was bloßes Ideal, unterliegt gesellschaftlichem Wandel und variiert individuell. Die Dynamik bioethischer Kontroversen rührt daher, dass die Beteiligten nicht nur Fragen des Umgangs mit anderen Menschen (Status von Embryonen, Abtreibung, Behandlungsabbruch bei schwerstbehinderten Neugeborenen und Sterbenden) im Sinne strikter Regeln moralisieren, sondern auch Fragen der Verfügung der Menschen über sich selbst (künstliche Befruchtung, gentechnische Eingriffe und prädiktive Gendiagnostik, Sterbehilfe) und des technischen Umgangs mit Natur überhaupt („Würde der Kreatur", Integrität von Leben). All diese Bereiche werden zunehmend moralisch aufgeladen, und es ist in ihnen mit dem Zusammenprall unvereinbarer Positionen zu rechnen, bei denen für wechselnde Beteiligte die Grenze des moralisch Erträglichen erreicht ist und die Letztinstanz der Gewissensüberzeugung in die Waagschale geworfen wird: „Hier stehe ich, ich kann nicht anders".

Diskurse weichen typischerweise dieser Konfrontation aus, indem sie von der inhaltlichen Frage, was im konkreten Fall moralisch geboten ist, zur prozeduralen Frage überwechseln, wie man verfahren soll, wenn unvermittelbare moralische Ansprüche aufeinander treffen. Die übliche Antwort ist der Verweis auf den Pluralismus unterschiedlicher Moralen (Mehrzahl!). Diese Antwort ist moralisch gesehen durchaus zwiespältig: Indem sie jede der vertretenen Positionen als legitime Moral anerkennt, setzt sie zugleich voraus, dass alle den Anspruch auf allgemeine Geltung aufgeben. Der Preis für die Anerkennung der eigenen Moral ist Toleranz – das Zugeständnis, dass andere Moral, die der eigenen entgegensteht, ebenfalls legitim sein kann. Dieser Preis ist hoch, er zieht der Moral den normativen Stachel. Wenn moralische Ansprüche, die man selbst als unbedingte Pflichten erlebt, für andere unverbindliche Ideale bleiben oder bloße Präferenzen, die sie wählen können oder auch nicht, dann gelten diese Ansprüche nur noch als Maximen persönlicher Lebensgestaltung, aber nicht mehr als Regeln der Gesellschaft. Moral wird, sofern sie nicht mit dem etablierten moralischen Konsens konvergiert, zur Privatsache.

Pluralismus ist die Lösung, die moderne liberale Gesellschaften für unauflösbare Überzeugungskonflikte bereithalten. Die Anerkennung von Pluralismus sichert friedliche Koexistenz unvereinbarer moralischer Positionen und entwaffnet den Absolutismus des Gewissens. Man darf jederzeit auf sein Gewissen pochen als die unhintergehbare, unerbittliche Instanz, vor der das eigene Handeln bestehen können muss. Aber man darf sich nicht unter Berufung auf sein Gewissen zum Gesetzgeber und Richter des Handelns anderer aufwerfen. Dem folgen liberale Verfassungen, indem sie die Gewissensfreiheit als Freiheitsrecht ausgestalten, mit dem man (negativ) staatliche Übergriffe auf die eigene Person abwehren, nicht aber (positiv) die gewissenskonforme Gestaltung der Gesellschaft einklagen kann.[7] Aber es ist keineswegs selbstverständlich, dass die Lö-

---
6 Vgl. dazu Gert (1998: 265). In liberalen Gesellschaften entspricht die Grenze zwischen moralischen Regeln und moralischen Idealen in etwa der Unterscheidung zwischen den zwingenden negativen Pflichten, nicht zu schaden (die Rechte anderer nicht zu verletzen) und den unvollkommenen positiven Pflichten, das Gute zu tun (gegen Unrecht anzugehen, mit anderen zu teilen usw.).

7 Nach Art. 4 Grundgesetz hat der Einzelne das Recht „sein gesamtes Verhalten an den Lehren seines Glaubens auszurichten und seiner inneren Überzeugung gemäß zu leben" (Bundesverfassungsgericht, Entscheidungen Band 32, 98 [106], Beschluss vom 19.10.1971 – Gesundbe-

sung des Pluralismus in moralischen Konflikten akzeptiert wird. Es ist im Gegenteil damit zu rechnen, dass die Beteiligten sich dagegen verwahren, dass ihre moralischen Ansprüche zu einer legitimen Privatsache herabgestuft und damit politisch verharmlost werden – das illustrieren die Auseinandersetzungen über die Abtreibung, über die Organtransplantation (Hirntodkriterium) und über genetische Eingriffe beim Menschen.

Allerdings kann man sich der Zumutung von Pluralismus nur schwer entziehen, wenn moralische Konflikte in diskursiven Verfahren verhandelt werden. Die Regeln des Diskurses unterstellen, dass die streitenden Parteien einander als kompetente und authentische Akteure respektieren und sich wechselseitig symmetrische Rechte einräumen. Diese Regeln erzwingen Perspektivenübernahme: Man muss die Position des anderen, selbst wenn man sie nicht teilt, zur Kenntnis nehmen, und zwar als eine moralische Position, die aus der Sicht des anderen ebenso verpflichtend ist, wie die eigene Position aus eigener Sicht. Und wenn man für sich das Recht reklamiert, aus Gewissensgründen (d.h. ohne eine von allen anderen akzeptierte Begründung) an seinen moralischen Überzeugungen festzuhalten, muss man das gleiche Recht auch dem anderen einräumen. Wer das nicht will oder moralisch nicht aushält, muss den Diskurs verlassen. Bleibt er im Diskurs, muss er umgekehrt die Tatsache des Pluralismus akzeptieren und seine eigenen moralischen Ansprüche zurückfahren, vor allem zugestehen, dass die eigene Gewissensentscheidung nicht andere binden kann. „Gleiche Gewissensfreiheit für alle!" ist die einzige Regel, die man bei moralischem Widerstreit noch gemeinsam in Kraft setzen kann (Rawls 1979: 236).

Diskurse sind Institutionen des Liberalismus; sie sprechen die „Sprache der Menschenrechte" (Walzer 1993: 169). Es kann daher eigentlich nicht verwundern, dass in pluralistisch zusammengesetzten Gremien, die Probleme der Bioethik beraten, die Regeln der liberalen Moral reproduziert werden. Wer mehr oder anderes für moralisch geboten hält, sollte nicht den Diskurs kritisieren – und nicht auf Diskurs setzen. Die mögliche Alternative zum Diskurs bleibt der moralische Kreuzzug. Dieser kann gegebenenfalls auch Mehrheiten für eine Moralpolitik mobilisieren, die in den Filtern des Diskurses hängen bleiben würde, weil sie nicht am Schutz von allgemein anerkannten Rechtsgütern orientiert ist, sondern an der Durchsetzung von partikularen Vorstellungen des „guten Lebens" und an bestimmten Menschen- und Naturbildern. Ob solche

---

ter). Das geht aber nicht so weit, dass man aus Gewissensgründen ablehnen kann, mit Beiträgen (oder Steuern) die Abtreibung auf Krankenschein (oder Atomstrom oder Rüstung) mit finanzieren zu müssen: Unter Berufung auf Art. 4 kann der Einzelne „nicht verlangen, dass *seine* Überzeugung zum Maßstab der Gültigkeit genereller Rechtsnormen oder ihrer Anwendung gemacht wird" (Bundesverfassungsgericht, Entscheidungen Band 67, 26 [37], Beschluss vom 18.4.1984). Daher kann man als Zeuge Jehovas aus religiösen Gründen zwar eine medizinisch indizierte Bluttransfusion für sich selbst, aber nicht für seine Kinder ablehnen (Oberlandesgericht Hamm, Neue Juristische Wochenschrift 1968: 212–215: „um des Schutzes derer Willen, die auf diese Ordnung vertrauen, kann das Recht seine Geltung nicht von der Gewissensbilligung des Einzelnen abhängig machen" (214). Anerkannt aber hat das Bundesarbeitsgericht den Gewissenskonflikt eines Arbeitnehmers, der rüstungsrelevante Aufgaben übernehmen sollte, mit denen er bei Vertragsschluss nicht zu rechnen brauchte. Der Arbeitgeber hat in diesem Fall nicht das Recht, wegen Arbeitsverweigerung zu kündigen, wenn ihm die anderweitige Beschäftigung des Arbeitnehmers zumutbar ist (Neue Juristische Wochenschrift 1990: 203–206, Urteil vom 24.5.1989).

Politik wünschenswert ist, ist eine andere Frage.[8] Umgekehrt ist es allerdings auch wenig aussichtsreich, moralische Konflikte, bei denen die Neigung der Beteiligten zum Kreuzzug ungebrochen ist, in diskursive Verfahren zu zwingen.

2. Angstkommunikation im Diskurs: Risiko als Recht der Angst

Es gibt Ängste in der Bevölkerung, dass gentechnisch veränderte (transgene) Kulturpflanzen zu Schäden führen könnten, die man weder gewollt noch vorhergesehen hat. Diesen Ängsten wird in Politik und Recht durch ein Regime von vorsorglichen Risikokontrollen Rechnung getragen. Die Kontrollen sind selektiv. Sie werden nicht schon durch die Wirklichkeit der Angst vor einem Schaden gerechtfertigt, sondern erst durch die (mögliche) Wirklichkeit eines Schadens – durch ein Risiko. ‚Risiko' wird so zur Formel für berechtigte Angst. Zum anderen zählt als Schaden nicht schon jede irgendwie unerwünschte Auswirkung, sondern nur die Beeinträchtigung klar umrissener Schutzgüter, insbesondere Leben und Gesundheit des Menschen und die Integrität der Umwelt. Im Diskurs einer Technikfolgenabschätzung zu transgenen herbizidresistenten Nutzpflanzen (TA-Verfahren) reproduzierten die Kontrahenten die Selektivitäten der Risikokontrolle. Insbesondere machten auch sie nicht die Angst, sondern das Recht auf Angst zum Thema.[9]

2.1 Die Herstellung von Unsicherheit

Die Gegner argumentierten, dass eine konsequente Anwendung des Vorsorgeprinzips zu einem vollständigen Verbot der Freisetzung transgener Pflanzen führen müsse. Beim gegenwärtigen Stand des Wissens seien die Auswirkungen solcher Pflanzen weder absehbar, noch kontrollierbar. Insbesondere könne man nicht sicher vorhersagen, welche Nebenwirkungen die Übertragung von Transgenen im komplexen Stoffwechsel der Empfängerpflanzen auslösen und wie diese Pflanzen, einmal freigesetzt, langfristig mit anderen Organismen im Ökosystem interagieren können. Die Befürworter hatten dieser Diagnose wenig entgegenzusetzen. Aber sie verwiesen darauf, dass die Raster der Risikoprüfung, die transgene Pflanzen vor ihrer Zulassung durchlaufen müssen (ebenso

---

8 Gefährdet ist der liberale Pluralismus sicher weniger durch militante Minderheiten als durch den Fundamentalismus von Mehrheiten, die ihre eigene besondere Moral der Gesellschaft im Wege der Gesetzgebung überstülpen. Dazu kann man im führenden Schweizer Verfassungskommentar unter dem Stichwort *Würde der Kreatur* Folgendes lesen: *„Man kann sich freilich fragen, ob das ‚Faktum' menschlichen Fleischverzehrs genüge zur Rechtfertigung des Tötens von Tieren. Solange aber die herrschenden Wertvorstellungen und mit ihnen die Gesetzgebung den Fleischverzehr nicht ausschließen, ist jene Rechtfertigung hinzunehmen"* (Saladin/Schweizer (1996, Nr. 131 zu Art. 24novies). Das ist eine klare Einladung an die Vegetarier, guten Gewissens in der Gesellschaft das Essen von Fleisch per Gesetz zu verbieten, sollte es ihnen gelingen, dafür eine Mehrheit zu bekommen. Zu deutschen Tendenzen einer Moralpolitik im Bereich der Bioethik vgl. auch Huster (1997).
9 Zu den einschlägigen Diskussionen im TA-Verfahren siehe auch van den Daele et al. (1996: 253–273); van den Daele (1997a).

wie die begleitende Sicherheitsforschung), gerade die Funktion haben, im Nachhinein zu erkennen und auszuschließen, was man im Vorhinein nicht prognostizieren kann.

Die Argumentation unter Anwesenden gewährleistet, dass jeder Risikoalarm gewissermaßen in Echtzeit mit den Optionen zur Risikokontrolle konfrontiert wird. So ist es zweifellos beunruhigend, dass durch Transgene neben den gewünschten Merkmalen unbeabsichtigt auch das allergene Potenzial des Spenderorganismus mitübertragen werden kann. Die Dramatik weicht jedoch, wenn man sofort hinzufügt, dass dieses Risiko routinemäßig abgeprüft wird, und dass keine solche Pflanze jemals zugelassen würde.

Im TA-Verfahren ließen sich allerdings die Kritiker durch den Hinweis auf die bestehenden Schleifen der Sicherheitsforschung und Risikoprüfung nicht nachhaltig beeindrucken. Sie setzten einfach die Unsicherheit transgener Pflanzen eine Ebene grundsätzlicher an und entwerteten das Regime der Risikokontrollen durch Hinweis auf die pragmatischen (Kosten, Zeitaufwand) und systematischen (methodische und theoretische) Grenzen der Risikoprüfung. Weder wird alles geprüft, was man prüfen könnte, noch kann man alles prüfen, was man zur Risikovorsorge eigentlich wissen müsste. Verfahren, die mögliche unbekannte Risiken prüfen (und ausschließen) können, gibt es nicht, denn was man noch gar nicht kennt, kann man auch nicht testen. Bei ökologischen Risiken kommt hinzu, dass sie sich möglicherweise erst nach vielen Jahrzehnten und auf Grund der Wechselwirkung mit einer sich ebenfalls wandelnden Umwelt einstellen.

Die Eskalation dieser Unsicherheitsargumente war unschlagbar. Aber sie schoss gewissermaßen über das Ziel hinaus. Sie stellte nämlich nicht nur für den Umgang mit transgenen Pflanzen unentrinnbare Unsicherheit her, sondern auch für den Umgang mit konventionell gezüchteten Pflanzen, wie sie seit je in der Landwirtschaft eingesetzt werden. An diesem Punkt hakten die Befürworter ein: Auch neue konventionell gezüchtete Pflanzensorten würden die Zulassungsprüfung nicht überstehen, wenn man an sie ähnliche strenge Anforderungen stellen würde wie an transgene Pflanzen.

2.2 Die Unabweisbarkeit von Risikovergleichen

Im TA-Verfahren tendierte der Vergleich mit den konventionellen Pflanzen dazu, die Risiken und Unsicherheiten transgener Pflanzen zu ‚normalisieren'. Was immer die Kritiker an Schadensszenarien für transgene Pflanzen entwarfen, die Befürworter lieferten dazu Befunde aus der klassischen Züchtung oder der bisherigen landwirtschaftlichen Praxis, die belegten, dass die Probleme keineswegs neu sind und bislang entweder in Kauf genommen oder durch Regulierung bewältigt worden sind. Auch konventionell gezüchtete Kulturpflanzen können aus Agrarökosystemen ausbrechen, ihre Gene durch Auskreuzung auf verwandte Wildpopulationen verbreiten oder typische Problemstoffe (Toxine, Allergene) akkumulieren. ‚Normal' ist auch, dass die Risikoprüfung an Test- und Wissensgrenzen endet. Auch bei konventionellen Pflanzen kann man nicht alle denkbaren unerwünschten physiologischen oder ökologischen Konsequenzen schon im Vorhinein erkennen und ausschließen, und man fordert keine Testprogramme, die von ihrer Größenordnung her jede Pflanzenzüchtung schon aus ökonomischen Gründen unmöglich machen würden.

Vergleiche setzen Risikoargumente unter Druck. Das gilt jedenfalls dann, wenn die Größe des Risikos Teil des Arguments ist.[10] Unter Vergleichsdruck reicht es nicht darzulegen, dass bei transgenen Pflanzen etwas passieren kann; man muss begründen, warum mehr oder anderes passieren kann als bei konventionell gezüchteten Pflanzen. Diese Begründungslast ist eine Diskursleistung; sie fehlt in Protestarenen und im massenmedialen Schlagabtausch öffentlicher Kontroversen. Hier müssen Argumente geradezu zugespitzt und einseitig präsentiert werden (Gerhards 1993). Jedenfalls werden Protestakteure in aller Regel ihre Position nicht dadurch schwächen, dass sie schon von sich aus relativierende Vergleiche anführen. Im Diskurs aber kann man solchen Vergleichen nicht ausweichen. Hier wird die Engführung der eigenen Darstellung unweigerlich durch die gewissermaßen physische Präsenz von Gegendarstellungen ausgeglichen. Wo der Protest Perspektiven voneinander isoliert und Kontexte ausblendet, führt der Diskurs Perspektiven zusammen und stellt Kontexte wieder her. Diskurse generalisieren, und wenn die Teilnehmer das Konfliktfeld vollständig abdecken, werden sie automatisch einen Argumentationsraum herstellen, in dem alle sachlich einschlägigen Gesichtspunkte zusammengeführt sind. Zu diesen Gesichtspunkten gehören relevante Vergleiche. Das schließt keineswegs aus, dass man sich mit den Themen des Protests nicht auch unter Diskursbedingungen behauptet – aber nur, wenn man sie im Licht (unter Integration) der vorgebrachten Gegenargumente, also in einer Argumentationsbalance verteidigen kann.[11]

Gegen die Normalisierung durch Vergleich ist die Position, dass transgene Pflanzen besonders riskant und daher pauschal zu verbieten sind, zunehmend schwer zu verteidigen. Je mehr (und je länger) sich zeigt, dass die neue Technik, die eben deshalb, weil sie neu ist, Ängste auslöst, alten Techniken gleicht, die vertraut und akzeptiert sind, desto eher liegt Deregulierung nahe.[12] Das Argument der Normalisierung durch Vergleich gewinnt durch Zeitablauf, denn tatsächlich könnte es ja jederzeit empirisch falsifiziert werden. Die zunehmende Erfahrung und die Sicherheitsforschung mit transgenen Pflanzen könnten ein neues gentechnikspezifisches, also nicht-normales Risiko zu Tage fördern. Tatsächlich werden bis heute neue Befunde zu Risiken bei transgenen Pflanzen regelmäßig auch als Beleg dafür in Anspruch genommen, dass diese Pflanzen ein besonderes Risiko darstellen. Bislang wird dem ebenso regelmäßig entgegengehal-

---

10 Wie die psychologische und soziologische Risikoforschung zeigt, hängt die faktische Akzeptanz eines Risikos allerdings nicht allein oder in erster Linie von der Größe des Risikos ab, sondern von Faktoren wie Freiwilligkeit, Vertrautheit, Nutzen oder Verteilungsgerechtigkeit, vgl. Jungermann/Slovic (1993); Rayner/Cantor (1987). Mit Ausnahme des Faktors ‚Vertrautheit' sind konventionell gezüchtete und transgene Pflanzen aber auch in diesen Dimensionen äquivalent – man denke etwa an schädlingsresistente Kartoffelsorten, die von Saatgutkonzernen auf dem Markt angeboten werden.
11 Näheres zur Logik der Argumentationsbalance (bei Piaget: Integration von Negationen) bei Döbert (1996).
12 Die Deregulierung der Gentechnik bis zur Mitte der 90er Jahre wurde genau mit diesem Argument legitimiert, vgl. OECD (1993), siehe auch van den Daele (1997b). Normalisierung durch Vergleich und Deregulierung bescheinigen keineswegs den transgenen Pflanzen pauschal Unbedenklichkeit. Normale Risiken können gravierend sein und im Einzelfall Verbote erforderlich machen. Das gilt aber für konventionell gezüchtete Pflanzen ebenso wie für transgene; die Sonderstellung der Gentechnik entfällt.

ten, dass es die entsprechenden Befunde auch bei konventionellen Pflanzen oder bei ansonsten in der Landwirtschaft üblichen Eingriffen gebe.

Das abschließende Argument der Kritiker war, dass besondere Risiken transgener Pflanzen jedenfalls theoretisch auch nicht auszuschließen seien, und gravierende Unterschiede zu konventionell gezüchteten Pflanzen, wenn sie jetzt nicht erkennbar seien, sich später, im Zuge der praktischen Anwendung solcher Pflanzen zeigen könnten. Dieses Argument war unter Vergleichsperspektiven unangreifbar. Aber es setzte sich einem anderen Einwand aus: Es verzichtet praktisch auf jede Begründung und macht die Behauptung von Risiken beliebig und gratis.

2.3 Besorgnis und Besorgnispotenzial: Begründeter Risikoverdacht

Im Diskurs über Risiken kann Angst ein wirksames Motiv sein, nicht aber eine hinreichende Begründung. Wer ‚Risiko' sagt, bringt nicht (nur) seine subjektive Befindlichkeit ins Spiel, sondern eine objektiv bestehende Gefahr. Risikoargumente beziehen sich auf den Zustand der Welt. Ihre Geltung wird nicht durch die Authentizität (Echtheit) der Betroffenheit verbürgt, sondern durch die Feststellung der Möglichkeit eines Schadens. Nur aus diesem Grunde binden Risikoargumente auch diejenigen, die sich nicht betroffen fühlen. Thema des Risikodiskurses ist daher nicht die Besorgnis, sondern das Besorgnispotenzial.[13]

Für die Feststellung eines Besorgnispotenzials aber ist der Rekurs auf Kausalität unverzichtbar. Dabei wird unter dem Vorsorgeprinzip des geltenden Rechts nicht der volle Kausalitätsnachweis verlangt, wohl aber ein begründeter Risikoverdacht.[14] Nach diesem Kriterium gerieten die Kritiker im TA-Verfahren mit dem Argument, dass besondere Risiken transgener Pflanzen zumindest denkbar und jedenfalls „theoretisch auch nicht auszuschließen" seien, in Bedrängnis. Wenn man weder empirische Anhaltspunkte noch ein theoretisches Modell dafür anzugeben braucht, worin der mögliche Schaden besteht und über welche Mechanismen er zu Stande kommen könnte, fehlt das Minimum an Begründung, das eine plausible Hypothese von einer beliebigen Behauptung trennt. Eine nicht widerlegbare (logische) Denkbarkeit kann man immer formulieren und jederzeit gegen alles ins Feld führen.[15]

---

13 Was als ‚Risiko' gilt, mag in juristischen, ökonomischen, psychologischen und soziologischen Analysen jeweils unterschiedlich zu konkretisieren sein. Die (Wahrnehmung der) Möglichkeit eines Schadens ist aus jeder Perspektive ein notwendiges Merkmal des Risikobegriffs. Wo diese Bedingung nicht erfüllt ist, sollte man von einer Äquivokation ausgehen, die man durch Einigung über den Sprachgebrauch auflösen muss.

14 Das Bundesverwaltungsgericht verlangt zum Immissionsschutz, dass „hinreichende Gründe für die Annahme bestehen, dass Immissionen *möglicherweise* zu schädlichen Umwelteinwirkungen führen" – Urteil vom 17.2.1984 (Heizkraftwerk); Entscheidungen 69, 37 (43). Die Anforderungen an die Begründung des Risikoverdachts variieren in der Zeit und zwischen den Rechtsordnungen, sie werden aber nirgends auf Null gesetzt, vgl. dazu van den Daele (1999: 264).

15 Dass transgene Pflanzen durch Auskreuzung verwildern und sich in naturnahen Ökosystemen etablieren können, ist eine Hypothese, man weiß, dass so etwas im Prinzip möglich ist und unter geeigneten Randbedingungen (Samenbildung, Kreuzungspartner in der Umgebung) passieren wird. Dass die verwilderten Pflanzen sich monokulturartig über die Natur verbreiten und

Die Kritiker haben gleichwohl an ihrer Warnung vor den denkbaren unbekannten Risiken transgener Pflanzen festgehalten. Aber sie haben eingeräumt, dass man, um sich legitimerweise jeder näheren Begründung entschlagen zu können, die Beweislast umkehren muss. Wenn man bei der Kontrolle transgener Pflanzen den Nachweis der Sicherheit verlangt, nicht den Nachweis des Risikos, dann müssen nicht die Kritiker (und die Zulassungsbehörden) einen Risikoverdacht begründen, die Betreiber müssen den Verdacht ausräumen.

2.4 Grenzen der Beweislastumkehr

Die Forderung nach einer radikalen Umkehr der Beweislast trägt der Angst vor den unabsehbaren Risiken transgener Pflanzen voll Rechnung und produziert das (aus der Sicht der Kritiker) erwünschte Ergebnis: Solange schädliche Auswirkungen nicht mit Sicherheit ausgeschlossen werden können, muss die Einführung transgener Pflanzen verboten bleiben. Aber: Nicht jede Forderung, die sich in politischen Arenen wirkungsvoll gegen eine konkrete Innovation platzieren lässt, lässt sich auch im Diskurs als Regel für den vorsorglichen Umgang mit neuer Technik verteidigen. Im TA-Verfahren wurden die Kritiker damit konfrontiert, dass bei radikaler Umkehr der Beweislast nicht nur transgene, sondern auch konventionell gezüchtete Pflanzen verboten werden müssten.

Tatsächlich operieren wir bei allen Techniken mit begrenzten Prognosekapazitäten und mit Prüfverfahren, die allenfalls relative, nicht aber absolute Sicherheit gewährleisten. Unbekannte Risiken lauern gewissermaßen überall an den Rändern unseres Wissens. Der nicht weiter begründungspflichtige Verdacht, dass es solche Risiken geben könnte und unvorhersehbare schädliche Langzeitfolgen drohen, lässt sich immer formulieren und ist praktisch nicht zu widerlegen. Die Regel, dass bei jedem nicht auszuräumenden Zweifel an der Sicherheit gegen die Zulassung einer Technik zu entscheiden ist, erschlägt unterschiedslos alle Innovationen – neue Medikamente, Werkstoffe, Lebensmittel, Bildschirme, Mobiltelefone. Da diese Konsequenz offenkundig unsinnig ist, kann die Strategie der Risikovorsorge nicht bis zur vollständigen Umkehr der Beweislast getrieben werden.[16]

---

einen ökosystemaren Zusammenbruch verursachen können, ist dagegen eine bloße Spekulation. Man mag es widerspruchsfrei denken können, aber man kann es weder erklären noch Beispiele dafür anführen.

16 Die etablierten Vorsorgeregimes enthalten daher nur eine begrenzte Umkehr der Beweislast: Wer neue Technik einführen will, muss einen definierten Satz von Risikovermutungen widerlegen, der in den Zulassungsbedingungen umschrieben ist. Kann er das nicht, bleibt die Technik verboten. Dagegen wird nicht auch der Nachweis verlangt, dass es keine sonstigen Risiken gibt, oder dass die geforderten Prüfungen ausreichend sind. Im Recht wird man keine Auslegung des Vorsorgeprinzips akzeptieren, die dazu führt, dass die Technik immer und ausnahmslos verboten werden muss. Wäre diese Konsequenz gemeint, hätte der Gesetzgeber ein direktes Verbot aussprechen, nicht aber die Zulassung an Maßnahmen der Risikovorsorge binden müssen. Dem Gesetzgeber steht es (im Rahmen der Verfassung) natürlich frei, die unbekannten Risiken einer neuen Technik dadurch zu vermeiden, dass er die Technik selbst verbietet. Eine konsistente Politik lässt sich daraus aber nicht machen. Man kann nicht die unbekannten Risiken aller Techniken vermeiden, indem man alle Techniken verbietet.

Im TA-Verfahren wurde deutlich, dass auch Kriterien wie Rückholbarkeit oder Reversibilität, die im Rahmen der Risikovorsorge oft als Schädlichkeitsindikatoren gehandelt werden (Wahl/Appel 1995: 92), über das Ziel hinaus schießen. Auch nach diesen Kriterien kann zwischen transgenen und konventionell gezüchteten Pflanzen nicht differenziert werden, denn letztere sind ja ebenfalls keine Chemikalien, sondern Organismen, die sich selbst reproduzieren und auf Ökosysteme und die natürliche Evolution der Arten einwirken können. Wo immer wir Formen der lebendigen Natur verändern, und das tun wir mit vielen unserer landwirtschaftlichen Techniken, müssen wir mit irreversiblen Folgen rechnen.[17]

In Diskursen muss man Regeln bilden und in ihren Konsequenzen durchspielen. Dann zeigt sich: Will man tatsächlich jedes auch nur erdenkliche Risiko transgener Pflanzen sicher ausschließen, muss man eine Regulierung wählen, die auch konventionelle Pflanzenzüchtung unmöglich macht. Will man aber an konventioneller Pflanzenzüchtung festhalten, muss man konsequenterweise umgekehrt auch gewisse Restrisiken bei transgenen Pflanzen in Kauf nehmen. Mit anderen Worten: Die Angst vor den möglichen Folgen transgener Pflanzen reicht weiter als der Schutz, den ein an Kriterien konsistenter Regelbildung orientiertes Regime der Risikovorsorge bieten kann.

2.5 ‚Preference Laundering' und ‚Rache der Angst'

Diskurse sind Foren, in denen man Ängste artikulieren kann. Aber sie erzwingen zugleich Distanz zu Motiven der Angst. Was zählt, ist nicht Angst, sondern Risiko. Im Risikodiskurs wird vom erlebten Schrecken der Angst abstrahiert und kühl das Recht der Angst geprüft. Dabei ist es sogar gleichgültig, ob jemand, der Angst sagt, wirklich Angst hat oder sich nur strategisch auf Angst beruft. Im Risikodiskurs geht es nicht um die Authentizität der Äußerungen, sondern um deren Geltung. Die Möglichkeit eines Schadens ist selbst dann ein valides Argument, wenn tatsächlich niemand Angst hat.

Nicht jede Angst aber hat auch Recht. Im Diskurs wird erwartet, dass man die Ansprüche der Angst zurücknimmt, wenn man das Recht der Angst nicht begründen kann, also der Besorgnis kein beschreibbares Besorgnispotenzial zugeordnet werden kann. Wer sich in einen Diskurs begibt, akzeptiert (qua Beteiligung), dass man nicht Betroffenheit oder politisches Wollen begründungslos in die Waagschale werfen kann, sondern Gründe anführen muss, die interaktiv geprüft werden, und dass man die Ergebnisse der Prüfung hinnehmen muss. Die Verpflichtung auf die Logik des Argumentierens erklärt, warum in deliberativen Politikarenen mit „preference laundering" also mit einer Transformation von politischen Interessen und Ansprüchen gerechnet werden kann (Elster 1998). Das Minimum von ‚preference laundering', das man von Deliberation erwarten darf, ist sicher, dass man inkonsistente Forderungen aufgibt, die

---

17 Man wird deshalb auch die Reversibilität (der Folgen) politischer Entscheidungen nicht zur Legitimitätsbedingung für demokratische Mehrheitsentscheidungen erklären können (so aber Offe 1984: 164). Was als ad-hoc-Rechtfertigung in der Anti-AKW-Bewegung funktioniert hat, zeitigt unsinnige Resultate, wenn man es (normativ oder empirisch) zur Regel macht.

man nicht einmal selbst konsequent anzuwenden bereit wäre. Im Diskurs kann man nicht, um das Verbot transgener Pflanzen zu retten, dem Vorsorgeprinzip eine Auslegung geben, der, als Regel angewendet, auch alle neuen konventionell gezüchteten Pflanzensorten zum Opfer fallen würden.

Der Diskurs kann das Recht der Angst verneinen. Das beseitigt nicht aber notwendigerweise auch die Erfahrung der Angst. Gefühle der Bedrohung können für Argumente unerreichbar sein.[18] Dann wird das Preference Laundering des Risikodiskurses eine schwer erträgliche Zumutung. Der Überschuss von Angst, der nicht durch ein Recht der Angst abgedeckt ist, bleibt im Diskurs folgenlos; die Betroffenen müssen irgendwie selber damit fertig werden. Das heißt aber auch: Eine Risikopolitik, die (nur) berechtigter Angst Rechnung trägt, läuft Gefahr, die Wirklichkeit der Angst zu verfehlen.

Die mögliche „Rache der Angst" (Martinsen 2000: 63) ist generalisiertes Misstrauen. Instanzen, die der Angst das Recht absprechen: wissenschaftliche Experten, Regulierungsbehörden, Zulassungsprüfungen, Sicherheitsforschung werden für unglaubwürdig erklärt. Wynne (1992) geht davon aus, dass bei neuer Technik ‚zero risk' gefordert wird, weil ‚zero trust' zu den etablierten Institutionen der Technikkontrolle besteht. Die Kausalität dürfte eher umgekehrt laufen. Man fordert Nullrisiko, weil man die Technik unter allen Umständen ablehnt, und wenn die Behörden diese Ablehnung nicht nachvollziehen, überzieht man sie mit Misstrauen.[19] Das Misstrauensverdikt trifft auch diskursive Verfahren, die nicht das gewünschte Ergebnis produzieren: Alibiveranstaltung, Scheinpartizipation, selektive Themenwahl, Machtasymmetrien unter den Beteiligten, manipulative Moderation sind mögliche Vorwürfe.[20]

Vor der Dringlichkeit der Angst versagt das Modell der Deliberation. Auch mehr und „offenere" Diskurse sind kein Ausweg. In keinem diskursiven Verfahren dürfte sich als Regel verteidigen lassen, dass wer Angst hat, Veto einlegen kann, ohne das Recht seiner Angst irgendwie zu begründen. Natürlich kann man im Diskurs auf die Meta-Ebene wechseln, und darüber reden, ob man nicht den Vetoansprüchen der Angst nachgeben sollte, auch wenn das zu ad-hoc-Lösungen führt, die sich als Regel nicht verteidigen lassen, anstatt auf konsistenter Begründung zu bestehen und argumentativ mit dem Kopf durch die Wand zu gehen. Das mag bei Konflikten nahe liegen, in denen sich Angstmotive epidemisch in der Bevölkerung verbreiten. Bei starkem

---

18 Das ist politisch nicht immer so vergleichsweise harmlos, wie der Widerstand gegen die Gentechnik. Die Angst vor Ausländern dürfte in der Bevölkerung ebenfalls weitgehend resistent gegen die Argumente sein, dass Ausländer keineswegs eher kriminell sind als Deutsche und den Deutschen nicht die Arbeitsplätze wegnehmen.
19 Bezeichnenderweise ist von zero trust eben keine Rede mehr, wenn die Regulierungsbehörden technikkritische Befunde produzieren oder wenn eine Technik nicht grundsätzlich abgelehnt wird, etwa bei der Zulassung neuer Medikamente.
20 Mit diesen Vorwürfen sind schließlich auch die Umweltgruppen im TA-Verfahren aus dem Diskurs ausgestiegen vgl. dazu Gill (1996); Döbert (1996a). Dieser Ausstieg war allerdings nicht Rache der Angst, sondern strategisches Kalkül: Die relative Entwarnung in Bezug auf die Risiken transgener Pflanzen wollte man nicht ratifizieren – und konnte es angesichts der Erwartungen der eigenen Basis wohl auch nicht (vgl. dazu Holzinger 1996). Politische Deliberation setzt streng genommen das ungebundene Mandat voraus (Elster 1998) – eine in der politischen Realität prekäre Unterstellung.

Konfliktpotenzial kann es rational sein, auf Rationalität zu verzichten. Für die Friedensfunktion der Politik ist es gelegentlich vielleicht förderlicher, erratisch zu entscheiden, anstatt systematisch zu diskutieren. Solche Überlegungen zeigen allerdings nur, dass Diskurse nicht immer das Mittel der Wahl politischer Problemlösung sind. Vom regulativen Ideal diskursiver Formulierung der Inhalte der Politik haben sie sich verabschiedet.[21]

3. Verfassungspolitik im Diskurs: Demokratie und Technikentwicklung

Da es im Diskurs des TA-Verfahrens nicht gelang, ein grundsätzliches Verbot transgener Pflanzen aus dem Prinzip der Risikovorsorge herzuleiten, brachten die Kritiker eine andere Begründung ins Spiel: Transgene Pflanzen sollten nicht eingeführt werden, solange es keinen wirklichen Bedarf für sie gibt und die Bevölkerung sie mehrheitlich ablehnt. An diesem Punkt trat die verfassungspolitische Dimension des Gentechnikkonflikts zu Tage: Steht die Dynamik der Technikentwicklung politisch zur Disposition? Kann (und soll) Innovation in der Gesellschaft demokratisch kontrolliert werden? Hier – und nicht in der Angst vor den Risiken – dürfte das Hauptmotiv für den Widerstand gegen die Gentechnik und die öffentliche Dramatisierung ihrer Risiken zu sehen sein. Es geht um den Versuch, eine technische Weichenstellung in der Gesellschaft dem Selbstlauf von Wissenschaft und Wirtschaft wieder zu entziehen und zu einem politischen Entscheidungsproblem zu machen, sie also gleichsam unter Parlamentsvorbehalt zu stellen (vgl. Roßnagel 1993, 463). Die Implikationen und Schwierigkeiten dieses Versuchs wurden im TA-Verfahren am Beispiel der so genannten vierten Hürde diskutiert.

3.1 Sozio-ökonomischer Bedarf als Kriterium für die Zulassung neuer Technik

Unter dem Stichwort „vierte Hürde" ist gefordert worden, bei der staatlichen Zulassung von neuen Techniken und Produkten nicht nur Sicherheit, Qualität und Wirksamkeit zu prüfen, sondern auch den sozio-ökonomischen Bedarf.[22] Eine solche risi-

---

21 Wenn man die Forderungen der Angst vollzieht, ohne nach dem Recht der Angst zu fragen, endet man bei inkonsistenten Regelungen und riskiert Niederlagen vor Gericht, Desavouierung durch die Wissenschaft sowie Konflikte der internationalen Harmonisierung. Das zeigt die Gentechnikpolitik der europäischen Regierungen: Diese haben die Kommerzialisierung transgener Pflanzen faktisch unterbunden – ohne die Gesetze zu ändern, die solche Kommerzialisierung zulassen. Die deutsche Regierung hat sich dabei öffentlich auf „neue Erkenntnisse" berufen, die zwar von Greenpeace, nicht aber von der etablierten Wissenschaft bestätigt werden. Unterdessen wird an einer Neufassung der Richtlinien gearbeitet, die aber, weil sie den Anforderungen konsistenter, begründeter Regelbildung genügen müssen, absehbar den status quo ante wiederherstellen, also die Zulassung transgener Pflanzen nach entsprechender Risikoprüfung vorsehen. Das politische Krisenmanagement gewinnt in dieser verworrenen Situation Zeit durch Konsensgespräche, mit denen die Unternehmen ersucht werden, freiwillig auf Anträge zur Kommerzialisierung transgener Pflanzen zu verzichten.
22 Die Forderung ist u.a. von der Grünen Partei im Europaparlament eingebracht worden, vgl.

kounabhängige politische Bedarfsprüfung ist im geltenden Technikrecht die große Ausnahme. Beispiele gibt es allenfalls dort, wo der Einsatz einer Technik faktisch verstaatlicht ist (wie bei der Kernenergie in Deutschland) oder die Nachfrage im Wesentlichen vom Staat ausgeht (Militärtechnik).[23] Die Verallgemeinerung der Bedarfsprüfung hat verfassungspolitische Brisanz. Sie sprengt das in liberalen Gesellschaften übliche, am Rechtsgüterschutz (Schadensvermeidung) orientierte System der Technikkontrolle und verschiebt die Gewichte zwischen Markt und staatlicher Planung. Sie setzt voraus, dass politisch definiert wird, wie und wohin die Gesellschaft sich entwickeln soll („wie wir leben wollen"); an diesen Definitionen ist dann die Zulässigkeit von Innovation zu messen.

Eine solche Politisierung der Technikentwicklung dürfte allerdings genau das sein, was den Kritikern der Gentechnik vorschwebt. Erste gesetzgeberische Schritte in diese Richtung werden als Modell angesehen. So bestimmt etwa das norwegische Gentechnikgesetz von 1993, dass bei der Entscheidung, ob gentechnisch veränderte Organismen freigesetzt werden dürfen, der Frage „erhebliche Bedeutung" zuzumessen sei, ob ein „Nutzen für die Gemeinschaft und ein Beitrag zur nachhaltigen Entwicklung" zu erwarten ist (§ 10). In Österreich gilt seit 1995 eine negative Variante der vierten Hürde, nach der gentechnische Produkte wegen „sozialer Unverträglichkeit" verboten werden können, wenn „eine nicht ausgleichbare Belastung der Gesellschaft" vorliegt, die aus volkswirtschaftlichen, sozialen oder sittlichen Gründen nicht annehmbar erscheint (§ 63 Gentechnikgesetz). Die Beispiele zeigen, dass man offenbar eine politische Bedarfsprüfung in Kraft setzen kann – man muss es nur wollen. Allerdings sind diskursive Verfahren kaum geeignet, den entsprechenden politischen Willen zu befördern. Das haben die Diskussionen im TA-Verfahren deutlich gemacht. Diskurse vervielfältigen im Gegenteil die Bedenken und Einwände in einer Weise, die verfassungspolitischen Stillstand wahrscheinlich macht.

3.2 Technikfolgenabschätzung als verfassungspolitisches Forum

Bedarfsprüfungen schließen Alternativenprüfungen ein. Es gibt keinen Bedarf für eine neue Technik, wenn man mit den schon verfügbaren Techniken ebenso gut oder besser auskommt. Alternativen der Bedarfsdeckung können aber auf sehr unterschiedlichen Ebenen liegen. Bei herbizidresistenten transgenen Pflanzen kommen andere (selektive) Herbizide in Betracht, die ohne transgene Resistenz funktionieren, oder nichtchemische Methoden der Unkrautbekämpfung, oder die Umstellung auf ökologischen Landbau. Bedarfsprüfungen führen zu gesellschaftspolitischen Richtungsentscheidungen. Genau darin mag ihr politischer Charme liegen. Aber die Regulierungsbehörden

---

Committee on Energy, Research and Technology EP 203.456/B vom 17.12.1992: 8; Berichterstatterin: Hiltrud Breyer.

23 Dagegen bieten die üblichen Risiko-Nutzen-Abwägungen, etwa im Arzneimittel-, Chemikalien- oder Gentechnikrecht, keine Handhabe für eine risikounabhängige Bedarfsprüfung. Sie erlauben die Zulassung der Technik, wenn der Nutzen den drohenden Schaden überwiegt. Die Abwägung setzt also voraus, dass zunächst ein Risiko festgestellt wird, vgl. Hirsch/Schmidt-Didczuhn (1991 Nr. 22 zu § 16).

scheiden damit als Instanzen der Bedarfsprüfung aus. Die Abwägung alternativer Entwicklungspfade für die Gesellschaft ist schwer vorhersehbar und rechtlich kaum programmierbar. Sie kann daher schon aus Gründen der verfassungsmäßigen Gewaltenteilung nur durch den Gesetzgeber erfolgen. Es war Konsens im TA-Verfahren, dass eine vierte Hürde, die die Verwaltung ermächtigt, neue Technik zu unterbinden, falls sie keinen relevanten gesellschaftlichen Bedarf befriedigt, keine akzeptable Regelung ist. Die Entscheidung müsste schon durch das Parlament oder durch Referendum erfolgen.

Nicht ausgeräumt sind damit die ordnungspolitischen Bedenken: Staatliche Bedarfsprüfungen hebeln zentrale Mechanismen der Marktwirtschaft aus. Bislang wird in unserer Gesellschaft über den Bedarf an neuen Techniken und Produkten auf Märkten entschieden. Dabei gilt kaufkräftige Nachfrage als hinreichender Indikator für Nutzen und Bedarf. Der Staat kontrolliert zum Schutz wichtiger öffentlicher Belange die Randbedingungen des Technikeinsatzes, nicht aber, ob die Nachfrage sinnvoll ist und ein „echter" Bedarf besteht. Danach geht es dem demokratischen Rechtsstaat eigentlich nichts an, ob „wir" Videorecorder, Industrieroboter, Luxuslimousinen, Tele-Banking – und eben auch matschfeste Gentomaten wirklich brauchen und nicht genauso gut oder sogar besser ohne sie leben würden. Diese „Arbeitsteilung" zwischen politischer Steuerung und gesellschaftlicher Selbstorganisation ist natürlich kein unumstößliches Naturgesetz. Im TA-Verfahren blieb strittig, ob man sie revidieren sollte. Unstrittig war jedoch, dass gewaltige Planungslasten und -risiken auf das politische System zukommen, falls man wirklich ein Mandat (und die Pflicht) zu staatlicher Bedarfsprüfung bei technischen Innovationen schafft.

Diskurse generalisieren. Im TA-Verfahren war das Thema nicht, ob Bedarfsprüfung eine mögliche Reaktion auf die Akzeptanzprobleme bei transgenen Pflanzen ist, sondern ob sie eine mögliche neue Regel für das Verhältnis von Politik und Technik sein kann. Bedarfsprüfung wurde als ein alternatives ordnungspolitisches Konzept diskutiert. Wenn man auf dieser Ebene diskutiert, wird aber unübersehbar, dass Bedarfsprüfung schlecht in die gegenwärtige politische Landschaft passt. In dieser wird vor allem darüber nachgedacht, wie man den Staat entlasten und Gestaltungsaufgaben an die Selbstorganisation der Gesellschaft zurückgeben kann. Offenkundig kann in Gesellschaften, die eine kapitalistische Wirtschaft ausdifferenziert haben, die supranational verflochten ist und auf offenen Märkten operiert, nicht mit einer ordnungspolitischen Kehrtwendung gerechnet werden, die technische Innovation flächendeckend staatlicher Regie unterstellt. Dass das Parlament in modernen, differenzierten Gesellschaften ein „Ort der Souveränität" ist und „über die Fähigkeit und die Mittel zur demokratisch legitimierten Beherrschung und Steuerung des gesamtgesellschaftlichen Prozesses verfügt" (so aber Dreier 1986, 44) ist eine wenig realistische Vorstellung (siehe auch Willke 1997).

Im TA-Verfahren wurde sozusagen noch eins drauf gesetzt mit dem Hinweis, dass politische Bedarfsprüfung, konsequent angewandt, auf staatliche Planwirtschaft hinauslaufen müsse. Tatsächlich dürfte sich die ‚Systemfrage' stellen, denn mit der Entscheidung über technische Innovation werden auch die Entscheidungen über Investition und Produktion sowie über die Entwicklung beruflicher Praktiken politisiert, also an Instanzen des politischen Systems delegiert. Die Beteiligten waren sich einig, dass es keine funktionierenden Modelle für eine solche Delegation gibt. Sie waren sich nicht einig, dass sich damit das Problem der demokratischen Kontrolle von technischer Dynamik erledigt. Ergebnis der Diskussion war, dass hier ein Problem liegen mag, dass man aber keine praktikable Lösung vorzuschlagen hat.

3.3 Politische Tat vs. Deliberation

Das TA-Verfahren zu den transgenen herbizidresistenten Pflanzen war kein elaborierter verfassungspolitischer Diskurs.[24] Extrapoliert man vorsichtig von den Ergebnissen, liegt folgender Schluss nahe: Politische Bedarfsprüfung für Innovationen kann man zwar unter geeigneten Umständen durch politische Tat (Parlamentsbeschluss oder Referendum) ad hoc in Kraft setzen, um eine Technik zurückzudrängen, die man als unerwünscht definiert, aber man kann sie (gegenwärtig) kaum als ein systematisches Konzept für die Neuordnung des Verhältnisses von Demokratie und Technik verteidigen. Die vierte Hürde im norwegischen und österreichischen Gentechnikrecht ist lediglich ein rechtstechnisches Instrument, um die Gesellschaft „gentechnikfrei" zu halten. Hätte man nicht das Ziel, die Gentechnik zurückzudrängen, würde man die Bedarfsprüfung nicht einführen. Bei systematischer Regelsetzung dreht sich das Bedingungsverhältnis um: Die politische Bedarfsprüfung wird das Ziel – und muss als solches gerechtfertigt werden; gentechnikfreie Gesellschaft ist eine Folge der Umsetzung des Ziels – aber keineswegs die einzige Folge. Diskurse (Deliberationen) verwickeln die Beteiligten in systematische Argumentation. Sie stellen reflexive Distanz zum Handlungsdruck aktueller politischer Krisen her und begünstigen oder erzwingen den Übergang von der Betrachtung des Einzelfalls zur Diskussion von Regeln. Sobald man aber politische Bedarfsprüfung als Regel ins Auge fasst, ‚explodieren' die Implikationen und Probleme.[25]

---

24 Das lag einerseits daran, dass die Kritiker nicht explizit machen wollten, dass eigentlich die Frage der demokratischen Kontrolle von Technik der Kern des Gentechnikkonflikts ist – damit hätten sie implizit eingeräumt, dass die Risikoargumente inkonklusiv sind und transgene Pflanzen eben nicht schon nach dem Vorsorgeprinzip zu verbieten sind. Andererseits fehlten gutachterliche Vorgaben und Anstöße für die verfassungspolitische Thematik, und den Beteiligten selbst fiel zum Thema wenig ein. Ob die Diskussionen des TA-Verfahrens repräsentativ dafür sind, wie verfassungspolitische Fragen in diskursiven Arenen verarbeitet werden, bleibt daher zu prüfen.

25 Es ist daher auch nicht zu erwarten, dass die gelegentlichen Rückgriffe auf die politische Bedarfsprüfung zur Regel werden. So hat zwar die Europäische Kommission den Einsatz von Rinderwachstumshormon (BTE) bei der Fleischmast letztlich deshalb verboten, weil sie eine weitere Erhöhung der Fleischproduktion für unerwünscht und überflüssig hält (weshalb die Entscheidung von den Befürwortern der „vierten Hürde" als Durchbruch gewertet worden ist, vgl. Cantley 1995: 639). Aber sie hat es zugleich abgelehnt, die vierte Hürde als Regel einzuführen und auch auf gentechnische Produkte anzuwenden (COM 1991, conclusion). Ein ähnliche Doppelstrategie fährt die Kommission übrigens bei der Risikovorsorge. Für die aktuelle Blockade transgener Pflanzen genügt ihr die bloße Unsicherheit über langfristige Folgen. Im Entwurf der allgemeinen Regeln für die Anwendung des Vorsorgeprinzips kehrt die Kommission dagegen zu den engeren Kriterien des begründeten Risikoverdachts zurück, vgl. COM (2000), Falke (2000).

4. Schlussbemerkung: Diskursdynamik und Konfliktdynamik

Diskurse (Deliberationen) vermitteln. Sie kehren im Streit verbindende Gemeinsamkeiten hervor, indem sie die Parteien auf Argumentation verpflichten. Wer im Konflikt argumentiert, kooperiert im Konflikt. Begründung führt auf gemeinsamen Grund: gültige Wahrheiten, konsentierte Werte, legitime Verfahren. Diskurse stellen Distanz zu Motiven der Empörung und Betroffenheit her. Sie unterlaufen die Zuspitzung von Konflikten durch Selektivität gegenüber den Konfliktmotiven. Moralische Absolutismen werden durch private Gewissensfreiheit zugleich individuell legitimiert und politisch harmlos gemacht; Ansprüche der Angst werden ausgeblendet, wenn ihnen kein Recht der Angst entspricht. Diese Selektivität ist friedensfördernd. Dass sie akzeptiert wird, ist aber nicht Leistung, sondern Bedingung des Diskurses. Deliberationen verlangen, dass man vom Aufstand des Gewissens absieht und auf die Rache der Angst verzichtet. Wem das eine zu große Konzession ist, oder wer sich nur von Glaubenskämpfen oder begründungslosem Widerstand der Angst, qualitative Sprünge in der Politik erhofft, muss den Diskurs verweigern oder abbrechen.

Auch bei verfassungspolitischen Konflikten, in denen die Reichweite und die Grenzen von Politik zur Disposition stehen, wird man mit mittleren, d.h. konservativen Lösungen rechnen müssen, wenn man sie in diskursiven Foren behandelt. Da solche Foren dem deliberativen Ideal folgen und auf systematische Argumentation setzen, werden die Beteiligten sich wie Mitglieder einer verfassunggebenden Versammlung gerieren, die konsistente und systematische Regelbildung im Auge hat, nicht nur das Management des gerade dringlichen Konflikts. Damit wird die Aufgabe leicht bis zur Unlösbarkeit vergrößert und der verfassungspolitische Schwung gelähmt. Experimente, in denen die Grenzen bisheriger Politik in Bewegung gesetzt werden, sind wohl eher von Verfahren zu erwarten, die nicht unter Imperativen systematischen Argumentierens stehen, sondern einen aktuellen Konflikt lösen können (und müssen), ohne sich um die Konsistenz und Verallgemeinerbarkeit der Lösung zu besorgen. Das gilt von Verhandlungen und Abstimmungen, nicht von Diskursen.

Literatur

Braun, Kathrin, 2000: Menschenwürde und Biomedizin. Zum philosophischen Diskurs der Bioethik. Frankfurt a.M./New York.

Bundesärztekammer (Wissenschaftlicher Beirat der Bundesärztekammer), 1998: Richtlinien zur Diagnostik der genetischen Disposition für Krebserkrankungen. Deutsches Ärzteblatt, 95 (Heft 22), Sonderdruck. Köln, 2–9.

Cantley, Mark, 1995: The regulation of modern biotechnology: A historical and European perspective, in: *Hans Jürgen Rehm* et al. (Hrsg.), Biotechnology (2nd edition), Vol. 12: *Dieter Brauer* (Hrsg.), Legal, economic and ethical dimensions. Weinheim, 505–681.

COM (Commission of the European Communities), 1991: Promoting the competitive environment for the industrial activities based on biotechnology within the Community, COM (91), 629.

COM (Commission of the European Communities), 2000: Communication from the Commission on the precautionary principle. COM (2000), 1. Brussels.

Döbert, Rainer, 1996: § 218 vor dem Bundesverfassungsgericht. Verfahrenstheoretische Überlegungen zur sozialen Integration, in: *Wolfgang van den Daele/Friedhelm Neidhardt* (Hrsg.), Kommunikation und Entscheidung. Politische Funktionen öffentlicher Meinungsbildung und diskursiver Verfahren, WZB Jahrbuch 1996. Berlin, 327–367.
Döbert, Rainer, 1996a: Verhandeln – Entscheiden – Argumentieren in welchem Kontext? Einige Notizen zu Th. Saretzkis „Verhandelten Diskursen", in: *Volker von Prittwitz* (Hrsg.), Verhandeln und Argumentieren. Dialog, Interessen und Macht in der Umweltpolitik. Opladen, 169–182.
Dreier, Horst, 1986: Der Ort der Souveränität, in: *Horst Dreier/Jochen Hofmann* (Hrsg.), Parlamentarische Souveränität und technische Entwicklung. Berlin, 11–44.
Elster, Jon (Hrsg.), 1998: Deliberative Democracy. Cambridge (UK).
EP (European Parliament), 1992: Committee on Energy, Research and Technology: Draft report on the Commission communication to the Parliament and the Council promoting the competitive environment for the industrial activities based on biotechnology within the community. (Rapporteur: Hiltrud Breyer) EP 203.456/B.
Falke, Josef, 2000: Aktuelles zum Vorsorgeprinzip und anderen programmatischen Orientierungen im Europäischen Umweltrecht, in: ZUR (Zeitschrift für Umweltrecht) 4, 265–271.
Foucault, Michel, 1978: Dispositive der Macht. Michel Foucault über Sexualität, Wissen und Wahrheit. Berlin.
Gerhards, Jürgen, 1993: Neue Konfliktlinien in der Mobilisierung öffentlicher Meinung. Eine Fallstudie. Opladen.
Gert, Bernhard, 1998: Morality. Its Nature and Justification. New York.
Gill, Bernhard, 1991: Gentechnik ohne Politik? Wie die Brisanz der Synthetischen Biologie von wissenschaftlichen Institutionen, Ethik- und anderen Kommissionen systematisch verdrängt wird. Frankfurt a.M.
Gill, Bernhard, 1996: Wider die technokratische Engführung der Risikodebatte. Defizite der Technikfolgenabschätzung zur gentechnisch erzeugten Herbizidresistenz, in: Wechselwirkung, (Oktober), 54–60.
Habermas, Jürgen, 1983: Moralbewußtsein und kommunikatives Handeln. Frankfurt a.M.
Hirsch, Joachim,/Schmidt-Didczuhn, Andrea, 1991: Gentechnikgesetz mit Erläuterungen. München.
Holzinger, Katharina, 1996: Grenzen der Kooperation in alternativen Konfliktlösungsverfahren: Exogene Restriktionen, Verhandlungsleitlinien und Outside options, in: *Wolfgang van den Daele/Friedhelm Neidhardt* (Hrsg.), Kommunikation und Entscheidung. Politische Funktionen öffentlicher Meinungsbildung und diskursiver Verfahren, WZB Jahrbuch 1996. Berlin, 232–274.
Huster, Stefan, 1997: Liberalismus, Neutralität und Fundamentalismus. Über verfassungsrechtliche und sozialphilosophische Grenzen rechtlicher Verbote und Regulierungen in der Gentechnologie und in der modernen Medizin, in: ARSP (Archiv für Rechts- und Sozialphilosophie), Beiheft 66, 9–25.
Jungermann, Helmut/Slovic, Paul, 1993: Charakteristika individueller Risikowahrnehmung, in: *Wolfgang Krohn/Georg Krücken* (Hrsg.), Riskante Technologien: Reflexion und Regulation. Frankfurt a.M., 79–100.
Martinsen, Renate, 2000: Angst als politische Kategorie. Überlegungen zum Verhältnis von Demokratie und Gentechnik, in: *Renate Martinsen/Georg Simonis* (Hrsg.), Demokratie und Technik – (k)eine Wahlverwandtschaft? Opladen, 53–69.
OECD (Organisation for Economic Cooperation and Development), 1993: Traditional Crop Breeding Practices: An Historical Overview to Serve as a Baseline for Assessing the Role of Modern Biotechnology. Paris.
Offe, Claus, 1984: Politische Legitimation durch Mehrheitsentscheidung?, in: *Bernd Guggenberger/Claus Offe* (Hrsg.), An den Grenzen der Mehrheitsdemokratie. Politik und Soziologie der Mehrheitsregel. Opladen, 150 – 183.
Rawls, John, 1979: Eine Theorie der Gerechtigkeit. Frankfurt a.M.
Rawls, John, 1993: Political Liberalism. New York.
Rayner, Steve/Cantor, Robin, 1987: How fair is safe enough? The cultural approach to societal technology choice. Risk Analysis 7, 3–9.

Roßnagel, Alexander, 1993: Technische und Parlamentarische Souveränität, in: *Jürgen Bellers/Raban Graf von Westphalen* (Hrsg.), Parlamentslehre. Das Parlamentarische Regierungssystem im technischen Zeitalter. München, 460–468.

Saladin, Peter/Schweizer, Rainer J., 1996: Art. 24novies Abs. 3, in: *François Aubert* et al. (Hrsg.), Kommentar zur Bundesverfassung der Schweizerischen Eidgenossenschaft. Basel, 58–73.

UNESCO (United Nations Educational, Scientific and Cultural Organization), 1997: International Bioethics Committee: Universal Declaration on the Human Genome and Human Rights.

van den Daele, Wolfgang, 1990: Regeldurchsetzung und Normbildung bei der Kontrolle biomedizinischer Forschung. Zur Funktion von Ethikkommissionen in der Bundesrepublik Deutschland, in: Kölner Zeitschrift für Soziologie und Sozialpsychologie 42, 3, 428–451.

van den Daele, Wolfgang, 1996: Objektives Wissen als politische Ressource: Experten und Gegenexperten im Diskurs, in: *Wolfgang van den Daele/Friedhelm Neidhardt* (Hrsg.), Kommunikation und Entscheidung. Politische Funktionen öffentlicher Meinungsbildung und diskursiver Verfahren. WZB Jahrbuch 1996. Berlin, 297–326.

van den Daele, Wolfgang, 1997: Bioethik – Versuchungen des Fundamentalismus, in: *Hans Magnus Enzensberger/Karl Markus Michel/Tilman Spengler* (Hrsg.), Kursbuch 120. Berlin, 85–100.

van den Daele, Wolfgang, 1997a: Risikodiskussionen am ‚Runden Tisch'. Partizipative Technikfolgenabschätzung zu gentechnisch erzeugten herbizidresistenten Pflanzen, in: *Renate Martinsen* (Hrsg.), Politik und Biotechnologie. Baden-Baden, 281–301.

van den Daele, Wolfgang, 1997b: Deregulierung: Die schrittweise „Freisetzung" der Gentechnik, in: *Peter Brandt* (Hrsg.), Zukunft der Gentechnik. Basel, 221–241.

van den Daele, Wolfgang, 1999: Von rechtlicher Risikovorsorge zu politischer Planung. Begründungen für Innovationskontrollen in einer partizipativen Technikfolgenabschätzung zu gentechnisch erzeugten herbizidresistenten Pflanzen, in: *Alfons Bora* (Hrsg.), Rechtliches Risikomanagement: Form, Funktion und Leistungsfähigkeit des Rechts in der Risikogesellschaft. Berlin, 259–291.

van den Daele, Wolfgang/Neidhardt, Friedhelm, 1996: „Regierung durch Diskussion" – Über Versuche, mit Argumenten Politik zu machen, in: *Wolfgang van den Daele/Friedhelm Neidhardt* (Hrsg.), Kommunikation und Entscheidung. Politische Funktionen öffentlicher Meinungsbildung und diskursiver Verfahren, WZB-Jahrbuch 1996. Berlin, 9–50.

van den Daele, Wolfgang/Pühler, Alfred/Sukopp, Herbert/Bora, Alfons/Döbert, Rainer/Neubert, Susanne/Siewert, Viola, 1996: Grüne Gentechnik im Widerstreit. Modell einer partizipativen Technikfolgenabschätzung. Weinheim.

Wahl, Rainer/Appel, Ivo, 1995: Prävention und Vorsorge: Von der Staatsaufgabe zur rechtlichen Ausgestaltung, in: *Rainer Wahl* (Hrsg.), Prävention und Vorsorge. Von der Staatsaufgabe zu den verwaltungsrechtlichen Instrumenten. Bonn, 1–126.

Walzer, Michael, 1993: Die kommunitaristische Kritik am Liberalismus, in: *Axel Honneth* (Hrsg.), Kommunitarismus: Eine Debatte über die moralischen Grundlagen moderner Gesellschaften. Frankfurt a.M., 157–180.

Willke, Helmut, 1997: Supervision des Staates, Frankfurt a.M.

Wynne, Brian, 1992: Risk and Social Learning: Reification to Engagement, in: *Sheldon Krimsky/Dominic Golding* (Hrsg.), Social Theories of Risk. Westport, 275–297.

Ethikpolitik als mentale Steuerung der Technik – Zur Kultivierung des Gewissens im Diskurs

Renate Martinsen

> „Werte und Diskurse können immer legitimieren,
> nur bleibt dabei noch unentschieden: was"
> (Luhmann 2000: 363).

1. Mentale Techniksteuerung als Fortsetzung der herkömmlichen politischen Technikgestaltung

Der große Vorteil des Kapitalismus, so lautet ein Credo von Claus Offe (1994: 16), sei seine moralische Anspruchslosigkeit: „das System erzeugt ohne Mühe die Personen, die es für die Realisierung seiner Regeln (‚enacting') benötigt."

Im liberal-kapitalistischen System hätte, wenn diese These zutrifft, Moral den Charakter einer Privatsache, um die sich Politik nicht zu kümmern bräuchte. Demgegenüber lässt sich festhalten, dass in der Realität Moral offensichtlich als gesellschaftliche Herausforderung an die Politik verstanden wird. *Moralpolitik* zum Thema machen, heißt dann, zu betrachten, wie in der Politik mit moralischen Ansprüchen umgegangen wird und was daraus abzuleiten ist. Der Terminus bezieht sich darauf, was im politisch-öffentlichen Raum an handlungsleitenden Sollensvorstellungen zirkuliert, protegiert und umgesetzt wird. Von diesem auf der „Realebene" angesiedelten Begriff der Moralpolitik kann man den der „Metaebene" der sozialwissenschaftlichen Reflexion zuzuordnenden Begriff der *Ethikpolitik* unterscheiden: in letzterem geht es darum, wie in den Sozialwissenschaften die Thematisierung von Moral(-politik) konzeptualisiert wird. Diese Unterscheidung hat zunächst heuristischen Wert: insofern in die sozialwissenschaftlichen Ethikpolitik-Konzeptionen politische Wirklichkeitsdeutungen eingelagert sind und insofern die Politik- und Sozialwissenschaften mit praktischem Anspruch auftreten, sind die Übergänge zwischen Moral- und Ethikpolitik naturgemäß fließend.

Moral- bzw. Ethikpolitik soll hier bezogen werden auf einen bestimmten Themenbereich, nämlich auf die technische Entwicklung. Dies stellt keinen beliebigen Anwendungsfall vor, sondern den nahe liegenden. Moral zeichnet sich bekanntlich dadurch aus, dass sie gegenüber den funktionsspezifischen Kommunikationen, die sich in der Moderne ausdifferenziert haben, eine spezifische Diffusivität aufweist – und diese Diffusivität einer funktionsunspezifischen Kommunikation prädestiniert Moral als Anlaufstelle für die im Wachsen begriffenen technikinduzierten Unsicherheitslagen. Den Umstand, dass moderne Gesellschaften moralanfälliger sind, hat Höffe (1993) auf die Formel von Moral als dem „Preis der Moderne" gebracht.

Diese Einsicht mag auch einen zunächst verblüffenden Befund plausibilisieren: die sozialwissenschaftliche Aufmerksamkeit verstärkt sich an den beiden scheinbar ins Extrem auseinandergetriebenen Polen – technikbasierte weltwirtschaftliche Entgrenzung einerseits und inneres Selbst des Menschen andererseits, bzw.: Globalisierung und Gewissen verzeichnen gleichermaßen Konjunktur im sozialwissenschaftlichen Diskurs (letzteres, also das Gewissen, häufig in der rationalistisch stilisierten Formel von der „Verantwortung"). Es lässt sich somit von einer *Wiederentdeckung des subjektiven Faktors in technisch dominierten Ordnungen* sprechen.

Im Folgenden soll näher ausgeführt werden, dass Ambitionen zur Formierung des moralischen Subjekts (Moral- und Ethikpolitik) nicht nur dort anzutreffen sind, wo man dies naheliegenderweise vermutet, also in der geistigen Strömung des Kommunitarismus und der ihr angegliederten Praxis. Unter dem Label „Kommunitarismus" firmiert, vereinfacht ausgedrückt, eine Reihe von Positionen, die für eine Rückbesinnung auf einen gemeinschaftlich geteilten Horizont von Werten plädiert (vgl. Martinsen 1995a). In Absetzung hiervon wird das liberale Lager durch die gedankliche Klammer verbunden, die Integration der Gesellschaft sei allein über Rechte ausreichend zu erwirken – hinsichtlich der öffentlich-politischen Thematisierung von Moral (i.S. des Fragens nach dem „guten Leben") stilisieren sich Liberale als abstinent.

Demgegenüber möchte ich die Ansicht plausibilisieren, dass der *liberalen Zugriffsweise auf Moral* lediglich ein anderer Bezugsmodus zu Grunde liegt: nicht die direkte Beeinflussung des moralischen Individuums steht im Vordergrund; vielmehr erfolgt die politische Erziehung des moralischen Charakters hier auf dem Wege einer indirekten (institutionellen) Kontextsteuerung. Rekurriert man auf die Ergebnisse der Implementationsforschung, so wurde seinerzeit deutlich, dass politische Steuerung mit den Medien Geld/Recht an definite Grenzen gelangt, da sie den „inneren Menschen" (seine Gefühlslagen und Motivationen) nicht erreicht. „Mentale Steuerung der Technik" bezeichnet eine Fortsetzung der herkömmlichen politischen Steuerung, die letztlich auf eine „Kultivierung des Gewissens" abzielt.

Die *These meines Beitrags* lässt sich wie folgt zusammenfassen: Techniksteuerung auch liberaler Provenienz versucht zunehmend den Moralaspekt in Rechnung zu stellen und die moralischen Dispositionen der Bürger und Bürgerinnen bedarfsgerecht zu modellieren – der Königsweg hierzu lautet „Diskurs". Dabei ist eine paradoxe Ausrichtung feststellbar: Einerseits wirkt die Verwicklung in Diskursdynamiken disziplinierend und kann als Gleitmittel der technischen Entwicklung interpretiert werden, andererseits wird in diesen konsensorientierten Diskursen und den sozialwissenschaftlichen Diskursen über TA-Diskurse ein gegenläufiger „Subtext" erzeugt, der eine innovationsaverse Mentalität transportiert.

Im vorliegenden Beitrag wird zunächst kurz der gesellschaftliche Rahmen exponiert, der die Zunahme des Rufs nach kommunikativen und diskursiven Politikmodellen verständlich macht sowie die Rolle der Gewissensformel in diesem Zusammenhang konturiert – sie gewinnt ihre Aktualität vor dem Hintergrund einer Entwicklung, die sich als „Soziologisierung der Moral" bezeichnen lässt. Sodann werden die spezifischen Strategien von Technikfolgenabschätzungs-(TA-)Diskursverfahren an einem paradigmatischen Fallbeispiel vorgestellt und insbesondere im Hinblick auf ihre Moral-modellierende Wirkung kritisch reflektiert. Dies wirft schließlich eine grundsätzliche Frage auf, nämlich die nach den Möglichkeiten von Kritik im wissenschaftlich-technischen Zeitalter.

2. Legitimation des technischen Fortschritts durch Demokratisierung: das Prinzip „Diskurs" und seine Schranken

Von Carl Schmitt (1996: 80–88) stammt die Idee, das europäische Denken lasse sich als „Stufenfolge der wechselnden Zentralgebiete" beschreiben. Der Kerngedanke dabei ist, dass es in Europa vom 16.–19. Jahrhundert eine Abfolge von sog. „Leitwissenschaften" gibt (Theologie, Metaphysik, Humanismus, Ökonomie) – die jeweilige Leitwissenschaft verdankt ihre Sonderstellung dem Glauben daran, dass mit der Lösung der Probleme in ihrem Bereich auch alle übrigen Probleme zu bewältigen sind. In diesem Sinne kann man das 20. Jahrhundert als das „technische Zeitalter" bezeichnen. Bis in die 60er und frühen 70er Jahre waren Technologiefragen depolitisiert: die Gleichsetzung „technischer Fortschritt = wirtschaftliches Wachstum = soziale Wohlfahrt" war weitestgehend unbestritten und bewirkte die Entschärfung von sozialen Verteilungkonflikten. Inzwischen verweisen die aktuellen öffentlichen Kontroversen über moderne Technologien darauf, dass das Bewusstsein von der Ambivalenz des technischen Fortschritts gewachsen ist, d.h.: Technik wird als unhinterfragte „neutrale Sphäre" nicht mehr akzeptiert (vgl. hierzu auch Fach 1995: 325).

Im Zuge der politischen Bestrebungen, die *Legitimation des technischen Fortschritts* auf eine breitere Basis zu stellen, kam es sukzessive zu einer Weiterentwicklung der ursprünglich stark expertenorientierten TA-Verfahren. Die Stoßrichtung dieser Tendenzen resultiert aus der Einsicht, dass Risikoanalysen nicht ausschließlich auf kognitive Dimensionen zu beschränken sind. Durch den Einbezug der Risikowahrnehmung von Laien, die qualitativen Momenten (wie etwa dem Vorsorgeprinzip) einen höheren Stellenwert zumessen, sollte eine Steigerung des Wertberücksichtigungspotenzials (gegenüber der bloß wissenschaftlichen Risikoabschätzung) erzielt werden. Hierzu wurde ein neuer kommunikativer Politikstil (erweiterte TA- bzw. Mediationsverfahren, Konsensuskonferenzen, Roundtable-Diskussionen, Planungszellen usw.) etabliert und propagiert. Der Anspruch dieser neuen Politikmodelle war insbesondere folgender: durch den argumentativen Einbezug von betroffenen bzw. interessierten Bürgern und Bürgerrinnen in den politischen Willensbildungs- und Entscheidungsfindungsprozess sollte eine „Demokratisierung der Technikpolitik" und zugleich eine Rationalisierung der Risikopolitik erreicht werden. Die zunehmende Ausbreitung von Diskursen in der Gesellschaft, die unter wissenschaftlicher Schirmherrschaft geführt werden, ist *ein* Hinweis darauf, dass sich im neuen Jahrhundert die Wissenschaft anschickt, sich als „neutrale Sphäre" anzubieten, die eine Basis für die Bereinigung der grundlegenden Konflikte in Aussicht stellt.

Die diskursiven Politikformen werden vorzugsweise in gesellschaftlich sensiblen Bereichen erprobt. Es kann nicht überraschen, dass die moderne („gengestützte") *Biotechnologie*, die die Möglichkeit eröffnet, gezielt in die Erbinformation von lebenden Organismen einzugreifen, in diesem Zusammenhang einen prominenten Platz einnimmt. Mit der gegenwärtig in den Sozialwissenschaften zu verzeichnenden Kontroverse um die Definition der Natur wird gewissermaßen auch „ethisches Neuland" betreten. Die Dynamik der gentechnischen Entwicklung evozierte in weiten Kreisen der Bevölkerung die Frage nach möglichen „Gegenhalten" i.S. von unverrückbaren Grenzen. Die potenzielle Tragweite der durch die Gentechnik sich eröffnenden Möglichkeiten der Veränderung des Menschen und seiner Umwelt lässt die in säkularisierten Gesellschaften üblicherweise verfemte Bezugnahme auf absolute Werte wieder „salonfähig" erscheinen. Wenn letztlich das Überleben der Gattung auf dem Spiel steht, muss die Frage der Gestaltbarkeit der Natur durch Technik neu gestellt werden.

Gibt es in der Gesellschaft aber noch normative „Stoppschilder", die Unterbrechungen der selbstläufigen technischen Entwicklungsdynamik herbeiführen könnten? Diese Fragestellung ist zu betrachten vor dem Hintergrund einer Wahrnehmungsverschiebung in der Moraltheorie, die sich als *Soziologisierung der Moral* bezeichnen lässt. Mit dem Wechsel der Disziplin von der Philosophie, die sich – letztlich wenig erfolgreich – um den Ausweis von Geltungsgründen für moralisches Handeln bemühte, hin zur Soziologie, die Moralfragen als „soziale Tatsachen" behandelt, zeichnet sich ein Paradox ab: Moral soll zukunftsweisende Handlungsorientierungen (richtig/falsch bzw. gut/böse) bereitstellen, bestimmt sich aber andererseits als das, was gesellschaftlich ohnehin Akzeptanz hat, d.h. Moral verliert in solchem Perspektivenwechsel (vom Sollen zum Sein) weitgehend das gesellschaftstranszendierende Moment, sie wird als „zahnlos" erkannt und behandelt. Nur in einer Finalisierungsperspektive, d.h. nur als nicht durch Vergesellschaftung einholbare „Restgröße" im Moralischen lässt sich ein modernes Apriori ausmachen: dieses Apriori heißt *Gewissen*. Beim Gewissen ist die Ursprünglichkeit des individuellen Impulses erhalten geblieben. Die Aktualisierung eines Gewissensspruchs geht einher mit Angstentwicklung, d.h. sie beruht auf einer emotionalen Basis, die dem Anliegen Dringlichkeit verleiht. Die Geschichte des Gewissens lässt sich – so das Ergebnis einer vielbeachteten kulturgeschichtlichen Studie von Kittsteiner (1995) – lesen als eine Geschichte der Versuche der normsetzenden Schichten, auf das Gewissen einzuwirken, es zu erziehen, es zu kultivieren.

Dies lenkt die Aufmerksamkeit auf einen bemerkenswerten Umstand: auszugehen ist von der grundlegenden *Ambivalenz* des Gewissens im Verhältnis zum politischen Gemeinwesen. Während in der Psychologie, etwa bei Freud (1997), der für das gegenwärtige Verständnis der inneren Stimme die dominierende Interpretationsweise bereitgestellt hat, das Gewissen lediglich als gesellschaftliche Repressionsinstanz erscheint (d.h. als verlängerter Arm der Macht), tritt bei den Klassikern der Gesellschaftswissenschaften – von Thomas Hobbes (1980: 269) bis Niklas Luhmann (1973) – das Gewissen auch in seiner eruptiven Qualität (d.h. als mögliche Gegenmacht) in den Fokus der Aufmerksamkeit. Die Anerkennung des Gewissens als eigentümliches, nämlich subjektives Wissen, markiert, wie Hegel (1996: § 136) in der „Rechtsphilosophie" gezeigt hat, den hohen „Standpunkt der modernen Welt" (im Unterschied zum Altertum und allen vorhergehenden Zeiten) – sie begründet die Stabilität des modernen Staates. Gleichzeitig ist die allgemeine Anerkennung des Prinzips der Subjektivität begleitet von der Sorge, dass die überschießenden Individualimpulse zu einer gesellschaftlichen Destabilisierung führen könnten – diese Sorge ist nicht in sog. „Normalzeiten" virulent, sondern bezieht sich auf *Grenzsituationen*, d.h. auf krisenhafte Zeiten eines gesellschaftlichen Wandels, in denen die herkömmlichen normativen Muster erodieren. Ein *politologischer Gewissensbegriff* steht somit als Platzhalter für eine mögliche *Einbruchstelle des Unvorhersehbaren ins System*, er liefert – mit anderen Worten – eine Suchformel für Resistenzen des Subjekts gegenüber der politisch-gesellschaftlichen Ordnung. Obwohl die „urpersönliche Instanz" intersubjektiven Einflüssen ausgesetzt ist, markiert sie auf

Grund ihrer existenziellen Bedeutung eine Grenze dessen, was politisch zur Disposition gestellt wird: der Verweis auf das Gewissen macht aufmerksam auf einen möglichen Abbruch der Rede (Diskursverweigerung bzw. -austritt).

3. Der Diskurs als politische Transformationsinstanz

In der neueren Zeit lässt sich eine topische Figur im sozialwissenschaftlichen Diskurs zum Diskurs ausmachen, die sich als Warnung vor einer Überforderung des Diskurskonzeptes beschreiben lässt (vgl. z.B. Henschel 1997: 59; Renn/Webler 1997: 91; Bora/Daele 1997: 125). Insbesondere im Hinblick auf die ursprünglich zentrale Funktion der Legitimationserhöhung von Modernisierungspfaden durch den Einbezug kommunikativer Politikmodelle (Stichwort: Demokratisierung der Technikpolitik) macht sich Ernüchterung breit (Stichwort: Grenzen des Diskurses). Dennoch ist der Ruf nach Diskursen als Königsweg zur Bearbeitung gesellschaftlicher Konflikte ungebrochen. Es zeichnet sich solchermaßen ein *Diskurs-Paradox* ab: Skepsis in die Leistungsfähigkeit von Diskursen im konkreten und – parallel hierzu – fortlaufende Hoffnung in das *Prinzip Diskurs*. Dieser widersprüchliche Befund ist erklärungsbedürftig: warum Diskurs? Und warum nicht etwas anderes?

Dass es in posttraditionalen Gesellschaften zur diskursiven Klärung von normativen Fragen, die durch die dynamische Wissenschafts- und Technikentwicklung aufgeworfen werden, „keine (demokratische) Alternative zu geben (scheint)" (Hennen 1997: 197), mag allenfalls als *halbe* Antwort gelten: als Verweis auf den Ausgangspunkt der diskursiven Idee, die den Aspekt der Legitimationsbedürftigkeit von Demokratie anvisiert. Es erklärt noch nicht, was denn – jenseits aller überzogenen Erwartungen – die spezifische Leistung von diskursiven TA-Verfahren im Politischen markiert. Anders formuliert: Wenn TA-Diskurse die offiziell deklarierte Hauptfunktion einer Demokratisierung von Technikgestaltung nicht wirklich zu leisten vermögen, so ist zu untersuchen, ob sich ihre unausgesetzte Popularität in der sozialwissenschaftlichen und öffentlichen Debatte möglicherweise mit Blick auf die *latenten Nebenwirkungen* plausibilisieren lässt.

Diese Aufgabenstellung wird hier an Hand eines prominenten Fallbeispiels weiter verfolgt: dem sog. partizipativen und diskursiven Verfahren des Wissenschaftszentrums Berlin zu transgenen herbizidresistenten Kulturpflanzen (kurz: *WZB-Verfahren*). Es handelt sich dabei um ein in den Jahren 1991–1993 durchgeführtes Technikfolgenabschätzungsverfahren mit dem Anspruch auf „Modellcharakter" (Daele 1994: 4), das mit einer sozialwissenschaftlichen Begleitforschung einherging. Die in der Folgezeit sich entwickelnde kritische Auseinandersetzung mit dem Verfahren fokussierte insbesondere auf folgende Aspekte:

(1) Wissensfrage: Welchen Status haben die empirisch gewonnen Wissensbestände im Hinblick auf gentechnisch veränderte Kulturpflanzen und wie ist mit den Bereichen von Nicht-Wissen in kognitiver und regulativer Hinsicht umzugehen? Beispielsweise wird die „Normalisierungs-These" als unangemessene Verallgemeinerung sicherheitsrelevanter Forschung kritisiert (vgl. Gleich 1996).

(2) Designfrage: Die Kritik an den Verfahrensbedingungen gipfelt in der Forderung nach einer vorgängigen und fortlaufenden Selbstreflexion der Verfahrensabläufe (vgl. Saretzki 1996: 162). Dieses demokratietheoretisch motivierte Ansinnen hat einerseits sicherlich seinen Stellenwert als Proklamation eines „Limeswertes"; aber andererseits ist auch argumentierbar, dass dezisionistische Momente in einem real in der Gesellschaft ablaufenden Diskurs nicht vollständig argumentativ „auflösbar" sind (vgl. Döbert 1996: 178).[1]

(3) Relevanzfrage: Die mangelnde Anbindung der gesellschaftlichen Meinungsbildungsprozesse an die politischen Entscheidungsprozesse bildet *den* neuralgischen Punkt in der politikwissenschaftlichen Diskursdiskussion. Ob daraus bereits geschlossen werden kann, dass sich der „gesamte Aufwand" des WZB-Verfahrens mit Blick auf die realpolitischen Entwicklungen als „folgenlos" erwiesen habe (Krohn 1997: 223), bedarf indes einer differenzierten Betrachtung, die neben den deklarierten Zielsetzungen auch die subkutan ablaufenden Wirkungen miteinbezieht.

Im Unterschied zu den in der ersten Runde der Kritik im Zentrum stehenden Issues der *Optimierung* der technikbezogenen Diskursmodelle in kognitiver, prozeduraler und gesellschaftspolitischer Hinsicht, soll hier ein anderer Zugang erprobt werden: nicht das *Misslingen* prätendierter Absichten bei der Erprobung neuer Politikformen steht im Mittelpunkt der Analyse; vielmehr wird fokussiert auf die *Positivität* der diskursiven Technologien: welche Mechanismen kanalisieren die kommunikativen Abläufe und wie wird dabei insbesondere mit Fragen der Moral verfahren? Und schließlich: inwieweit erscheint ein so verstandener diskursiver Erfolg wünschenswert?

Die zugrundeliegende Hypothese lautet, dass die TA-Diskurswelten ein Forum etablieren, das technikbezogene Konflikte durch die Herausdefinition des subjektiven Faktors „behandeln" – unter Zugrundelegung von Prämissen und der Generierung von Konsequenzen, die der näheren Analyse bedürfen. Dabei wird eine Stufe „tiefer" angesetzt als bei einem interessenzentrierten Untersuchungsdesign: nämlich bei der *deutungsorientierten Frage*, welche gesellschaftspolitischen Implikationen in das etablierte Diskurskonzept eingehen. Was sind die epistemologischen Bedingungen der Möglichkeit, dass Effekte des Diskursgeschehens als „Rationalisierungsgewinne" aufscheinen? Eine Prämisse ist auch in den dezidiert skeptischen Diskursanalysen stets außer Frage gestellt worden: nämlich *dass Diskurse legitimieren*. Darum gibt es ein von Befürwortern und Kritikern geteiltes *Tabu*: die Option des Diskursaustritts. Die Formel „Gewissen" kann in diesem Sinne als Platzhalter betrachtet werden, der die Infragestellung des Leitbildes Diskurs grundsätzlich aufzuwerfen vermag: sie signalisiert eine mögliche Grenze, den Abbruch der Rede, das Aufkündigen der tradierten Loyalitätsunterstellungen.

Bei Diskursen handelt es sich um *organisierte Kommunikationsprozesse*[2] – in der sozialen Interaktion unter Anwesenden werden die anarchischen Meinungsäußerungen der öffentlichen Arena durch ein bestimmtes „framing" in ein strukturiertes Redege-

---

[1] Rainer Döbert war Leiter der sozialwissenschaftlichen Begleitforschung des WZB-Verfahrens.
[2] Zur Unterscheidung von Diskurs- und Mediationsverfahren vergleiche Bechmann (1997): letztere werden eher eingesetzt zur Regulation eines lokalen Konfliktes zwischen ungleichen Partnern unter der Regie eines neutralen Mittlers, flankiert von kompensatorischen Angeboten.

schehen überführt. In TA-Diskursmodellen steht die auf den Themenkomplex „Technik – Umwelt – Risiko" zentrierte argumentative Auseinandersetzung im Vordergrund: durch bestimmte Verfahren und Prozeduren, die im TA-Ablauf zum Tragen kommen, soll die Rationalität der Ergebnisse erhöht werden.

Natürlich muss in methodologischer Hinsicht eingeräumt werden, dass Diskurs nicht gleich Diskurs ist (vgl. Wiedemann/Nothdurft 1997), sondern vielmehr von jeweiligen Besonderheiten des Diskurses etwa im Hinblick auf Ausgangslagen, Kontexte, Ziele, Teilnehmer, Themen, Beteiligungs- und Arbeitsformen ausgegangen werden kann ebenso wie von unterschiedlichen Konflikttypen bezogen auf Reichweite (lokal – überregional) und Streitkern (Verteilungsprobleme, Risikofragen) usw. Sicherlich wird eine sozialwissenschaftliche Aufgabe künftig auch darin bestehen, die Differenzierung unterschiedlicher Diskursformen auf der Basis empirischer Studien voranzutreiben. Thesen über Diskursdynamiken, die aus der eingehenderen analytischen Betrachtung von einzelnen Fallbeispielen resultieren, setzen demgegenüber an bei den *strukturellen Gemeinsamkeiten* von Diskursen.[3]

Das Fallbeispiel WZB-Verfahren bietet bei der verfolgten Fragestellung insofern günstige Voraussetzungen, als auch der maßgebliche Leiter des Verfahrens, Wolfgang van den Daele, sich mittlerweile in seinen Arbeiten mit Fragen von Angst, Moral und Gewissen in diskursiven Kontexten befasst hat.[4] Es handelt sich bei diesen Analysen, systemtheoretisch gesprochen, wesentlich um Selbstbeschreibungsoperationen aus der Perspektive des TA-Diskurses als sozialem System – wobei aus der Selbstbeschreibungsperspektive auch eine Auseinandersetzung damit erfolgt, wie das System „von außen" beschrieben wird. Insofern kann man inzwischen von dem Einläuten einer zweiten Runde der Diskussion sprechen. Die hier beabsichtigte Erörterung erfolgt als *Fremdbeobachtung* der „eigenbehavior"-Perspektive, gewissermaßen handelt es sich um eine Beobachtung zweiter Ordnung, denn:

„Die eigene Einheit kann einem System nur als Paradox gegeben sein, und das heißt: als Blockierung der Selbstbeschreibung. Die Quintessenz der Selbstbeschreibung, das Geheimnis ihrer Alchemie, ist die Unbeobachtbarkeit ihrer eigenen Operation" (Luhmann 2000: 322).

Ausgangspunkt ist also zunächst die *interne* sozialwissenschaftliche Auswertung des WZB-Verfahrens, in der die Eigendynamik des diskursiven Geschehens, die auf eine

---

3 So fallen etwa in dem von Renn/Webler (1997) beschriebenen Exempel des sog. „kooperativen Diskurses" im Kanton Aargau eine Reihe von Analogien zum WZB-Verfahren ins Auge. Die diskursiven Prozesse sind gleichfalls durch methodische Gesprächsregeln kanalisiert: Sachwissen wird eingebracht, zwischen Fakten und Werten wird geschieden, verpflichtet wird auf gemeinsam akzeptierte Begründungslogiken, gefragt sind substanzielle Rechtfertigungen für Positionen, ausgegangen wird von den „geltenden Normen", Werte werden in einer Zielhierarchie strukturiert („logischer Gesamtwertbaum"), vorausgesetzt werden Lernbereitschaft und Vertrauen, erstrebt wird Konsens usw. Nach Renn/Webler (1997: 66) kommt es bei der „diskursiven Steuerung" auf ein austariertes Mischungsverhältnis dreier Elemente (Verfahrensrationalität, muddling through bzw. Minimalkonsense, Diskurs) an, die den Verständigungsprozess strukturieren und das Spezifikum des jeweiligen Diskursverfahrens kennzeichnen.

4 Vergleiche hierzu auch den Beitrag von Wolfgang van den Daele in diesem Band. Ich bedanke mich beim Autor für das Zur-Verfügung-Stellen eines noch unveröffentlichten Manuskriptes (zit. als Daele 1999).

„Kaltstellung" von grundlegenden normativen Konflikten hinausläuft – in affirmativer Absicht – en detail vorgestellt wird (vgl. hierzu insb. Daele 1999 sowie Daele in diesem Band). Die diskursiven Mechanismen, die eine „Entwaffnung des Gewissens" (Daele 1999: 26) erwirken, können idealtypisch in einer Art *Drei-Stufenplan* vorgestellt werden:

(1) In der ersten Phase wird durch Prozeduralisierung (d.h. indem die ursprünglich anarchische Kommunikation durch rationale Filterverfahren geschleust wird) eine normative Verharmlosung von Konflikten im Diskurs herbeigeführt. Eine Phalanx von diskursiven Mechanismen, wie etwa: Wende zum Kognitiven, Themenwechsel vom Konkreten zum Abstrakten, Ausweichen auf Risikoargumente, Verschiebung auf „Folge"-Fragen, Verweis auf politisch-rechtliche Regulierung, Konterkarierung von Einwänden durch Konsensformeln, Zwang zu funktionalistischen Begründungen, Herabstufung der moralischen Ansprüche zu (bloßen) moralischen Fragen und Appellen usw. führt zu einer weitgehenden kollektiven *Vereinnahmung* der Technikgegner.

(2) Ergänzend hierzu greift in einer zweiten Phase eine weitere Logik des Diskurses, die sich der Behandlung normativer „Rest-Resistenzen" annimmt. Die Anhänger einer biozentrischen Ethik, die der diskursiven Einbindung in Begründungszwänge und dem daraus resultierenden Sog zu pluralistischer Relativierung trotzen, werden konfrontiert mit den Erwartungen des gesellschaftlichen Common Sense an eine legitime Sondermoral, die sich in zwei Merkmalen festhalten lassen: erstens die negatorische Verfasstheit (Gebot des Nicht-Schadens) und zweitens die Privatisierung der Geltungsansprüche. In der zweiten Phase geht es um *Ausgrenzung* von radikalen Technikskeptikern durch Privatisierung ihrer moralischen Ansprüche.

(3) In einer dritten Phase schließlich wird dem sog. „wahren Fundamentalisten", der sich durch die beschriebenen Strategien der Vereinnahmung bzw. Ausgrenzung nicht zähmen lässt und weiterhin seine warnende Stimme erhebt, damit begegnet, dass sein moralisches Anliegen in einen politischen Streit der Prioritäten überführt wird. Das Abwägungsfeste der Gesinnung wird so ins Feld der politischen Kompromisse verschoben – und damit schlussendlich durch die politische Mehrheitsregel besiegt.

Resümierend kann man davon sprechen, dass in den diskursiven Verfahren der Bioethik liberale Gesellschaften „durch demonstrative Praxis die Geltung ihrer Institutionen zelebrieren und verstärken" (Daele 1999: 32). Kurzum: Der Diskurs in liberalen Gesellschaften erscheint als *politische Transformationsinstanz*, bei dem durch ein institutionelles und semantisches Framing die Subjekte der öffentlich-anarchischen Technikdebatte von emotionalen und normativen Störfaktoren „gereinigt" werden. Als strukturelles Muster einer solchen politischen Erziehung lässt sich festhalten, dass radikale gesellschaftliche Veränderungsansprüche systematisch disprivilegiert werden. Das „Diskursrisiko", wenn sich Umweltgruppen der *Tyrannei des Diskurses* aussetzen, ist – so gesehen – durchaus kalkulierbar.

4. Lob des Zweifels: Fragen zum Fundamentalismus der Selbstverständlichkeiten

Sowohl im Hinblick auf Tatsachenbehauptungen als auch auf konfligierende Wertfragen soll das rationalitätsgestützte (d.h. auf Argumentation und Begründung fokussierte) TA-Diskursverfahren „mit maschinenmäßiger Sicherheit" (Döbert 1997: 208) eine Reihe von Rationalisierungseffekten generieren. Somit – und dies ist der eigentliche Clou der Argumentation – werden letztlich auch strategische Ambitionen der Beteiligten sekundär, da sich das Rationalitätspotenzial einer adäquaten TA-Diskursveranstaltung quasi „hinter dem Rücken" der Akteure erschließt und konsensual zur Transformation der Urteile über Technik zwingt.

Die sozialwissenschaftliche Suche nach Legitimation technikbezogener Entscheidungen durch den neuen Königspfad der politischen Problembearbeitung, den Diskurs, bezieht ihre „elegante" Note aus der Selbstläufigkeit des Diskursgeschehens – vorausgesetzt im „diskursiven Vorhof" werden die „üblichen" Verbindlichkeiten institutionell verankert.[5] Der mentale Vorraum einer solchen Legitimationskonzeption erscheint daher als der adäquate Ansatzpunkt einer grundsätzlichen kritischen Hinterfragung desselben.

Rekurriert wird hier als Kontrastprogramm zu einem sozialwissenschaftlichen Fundamentalismus der Selbstverständlichkeiten auf einen *Politikbegriff, der das Mögliche hervorkehrt*. Dabei wird der evolutionäre Entwicklungskorridor nicht geleugnet, aber das Interesse auf die Erprobung der Grenze gerichtet. Anregungspotenzial bezieht eine solche Ausleuchtung des politischen Raums nicht von traditionell als „humanistisch" apostrophierten Philosophien (Habermas und Rawls sind nachgerade die „Kronphilosophen" der Diskurstheoretiker), sondern von radikal modernen Theorien, die auf Begründungskonstruktionen fußende appellative Humanismuspostulate konsequent verabschieden. Erst die These vom „Tod des Subjekts" in Anbetracht einer epochal konstituierten Serie von Subjektivitäten (Foucault) bzw. vom „Vertreiben des Menschen" aus der Gesellschaft in die Umwelt (Luhmann) vermag – kontraintuitiv – neue Freiheitsmöglichkeiten in der Analyse aufzuzeigen.

In der Hervorkehrung des Umgangs mit Differenz, in der Gewichtung heterologischer Denkfiguren treffen sich postmoderne[6] und systemtheoretische[7] Ansätze: der zen-

---

5 In dieser Perspektive erscheint der TA-Diskurs als neue Form der (Sozial-)Technokratie: die alleinige Gültigkeit des Sachzwangs der Argumente liefert eine funktionelle Autorität für die Technikentwicklung: dabei wird der Gang des wissenschaftlich-technischen Fortschritts und „das – immer schon vorauszusetzende – Interesse am Bestehenden" zum Anliegen der menschlichen Gattung erklärt (vgl. zur historischen Darstellung der Technokratielehre Lenk 1993: 981–986).

6 Die pejorativen Auslassungen gegenüber postmodernen Ansätzen sind häufig gerade nach dem Muster gestrickt, das diesen Theorien vorgeworfen wird: „anything goes". So wird etwa unter Einebnung der Differenz von Kontingenz (Pfadabhängigkeit) und Beliebigkeit (Auflösung von Formbildung) behauptet „Jeder konstruiert, wie er will" (Döbert 1996: 181).

7 Interessanterweise werden mittlerweile auch in der sozialwissenschaftlichen Systemtheorie Ansätze unternommen, „das Problem ‚des Menschen' unter modernen wissenschaftlichen Bedingungen zu umkreisen" (vgl. Fuchs/Göbel 1994: 7). So vertritt Bergmann (1994: 107) die These, dass mittels des „Rückgriff(s) auf die Gefühle der Menschen" (Aussendung von Warnsignalen) eine *Kontingenzunterbrechung* evoziert werden kann, d.h. eine Unterbrechung der Selbstläufigkeit der systemischen Funktionslogiken.

trale Schwachpunkt herkömmlicher liberaler Diskurstheorien liegt hingegen in der *Unterkomplexität des Theoriedesigns*, die – und dies ist die zentrale These meines Beitrags – *den Blick für eine den gegenwärtigen Verhältnissen angemessene Thematisierung von Abweichung versperrt.*

Im Folgenden sollen einige implizite Annahmen, einseitige Wertungen, fragliche Konsequenzen der sozialwissenschaftlichen Aufbereitung von TA-Diskursen exemplarisch am Beispiel des WZB-Verfahrens diskutiert werden. Dass in unserer Gesellschaft Diskursverweigerung als eminent legitimationsbedürftige Entscheidung gilt, hat der Diskussion um Diskurse eine eingebaute Grenze (Versperrung der Option „Diskursaustritt") beigegeben. Diese soll gedanklich getestet werden in Form einer Auseinandersetzung mit zentralen – eng miteinander verwobenen – *Leitbegriffen und -vorstellungen der Diskursphilosophie*:

(1) Rationalität

Das zugrundeliegende Rationalitätskonzept bleibt *linearen* Vorstellungen von gesellschaftlicher Entwicklung verhaftet – im Modell der „Argumentationsbäume" (vgl. Bora/Daele 1997: 132) werden Pro- und Contra-Argumente im Hinblick auf eine bestimmte Technikentwicklung einander gegenübergestellt und sodann im Zuge einer „rationalen" Rekonstruktion verdichtet zu einer „begründeten" Synthese. Die Annahme einer widerspruchsfreien Ordnung von Gründen blendet ein zentrales Problem aus, das die gegenwärtige Forderung nach Diskursen gerade lanciert hat: die Einsicht, dass die Modernisierung durch einen grundlegend *ambivalenten* Charakter gekennzeichnet ist. In dem Maße, in dem die Erkenntnis gewachsen ist, dass sich mit zunehmendem Wissen ständig neue Horizonte des Nicht-Wissens eröffnen (vgl. Hegmann in diesem Band), wird die Weberianische Hoffnung auf eine „Entzauberung der Welt" i.S. ihrer zunehmenden Berechenbarkeit und Beherrschbarkeit brüchig. Die Theorie der rekursiven Systeme sowie das Konzept der nicht-trivialen Maschinen repräsentieren Versuche, auf die damit einhergehenden Herausforderungen („Problem der Zirkularität" bzw. „determiniertes, aber nicht vorhersehbares Verhalten", vgl. Teubner 1995: 141) zu reagieren – diese Herausforderungen lassen sich als die „Zumutung der Zukunft" (Martinsen 1997) bezeichnen. Ein weiterhin am juridischen Modell der Entweder-Oder-Zuordnung orientierter Rationalitätsbegriff greift angesichts der neuen Risiko-Problemlagen systematisch zu kurz. Der hierarchische bias des rationalistischen Denkkonzeptes erweist sich auch darin, dass die (inzwischen vielerorts verkündete) Verabschiedung des souveränen Leviathans nur halbherzig vollzogen wird. Wie wäre die Vorstellung einer *„gesamtgesellschaftlichen* Funktion" (Döbert 1997: 207), in dessen Dienst sich der TA-Diskurs stellt, letztlich plausibilisierbar, wenn nicht in der Rückbindung auf den hierarchischen Staat und seine Gemeinwohlkonzeption?[8] Wenn „Vorteile und Nachteile" der Technikentwicklung diskutiert werden, so ist stets zu fragen: wer spricht? Aus welcher Perspektive (politisch, wissenschaftlich, ökonomisch usw.) ist etwas rational? Die

---

8 Wenn man von dem gesamtgesellschaftlich „rücksichtslosen" Operieren von ausdifferenzierten Sozialsystemen ausgeht (Daele 1999: 11, Fn. 20), dann ist politische Regulierung konsequenterweise nicht eine „Lösung", sondern ein Teil des Problems, da auch dem politischen System eine expansive Verfolgung der Eigenlogik inhärent ist.

Pluralisierung von systemischen Eigenlogiken *ohne* überwölbendes Dach einer gesamtgesellschaftlichen Rationalität lässt zahlreiche Prämissen bisher für „selbstverständlich" gehaltener Gesellschaftstheoreme fraglich werden – auf ihnen fußen aber die auf Kohärenz und Konsistenz angelegten Diskurskonzepte.

Auch in der Ausgrenzung des emotionalen und normativen „Unterfutters" von Rationalität bewegt sich der diskurstheoretische Ansatz auf ausgetretenen Geleisen und setzt auf den Gewohnheitseffekt: schließlich beschreibt der hegemoniale abendländische Diskurs der Moderne den Triumphzug der Rationalität als einen Siegeszug über die affektiven „Störfaktoren". Rationalität, so die Gegenoptik, wurzelt in Schichten, die selbst nicht rational sind – und bleibt notwendig auf sie verwiesen! De Sousa (1997) hat in diesem Sinne das den Emotionen „eigene" Rationalitätspotenzial entfaltet: er belegt, dass Gefühle das notwendige Komplement für das Funktionieren der in der Gesellschaft ablaufenden rationalen Prozesse bilden und auch eine unentbehrliche Voraussetzung für eine ethische Lebensführung darstellen (vgl. hierzu auch Martinsen 2000). Die gegenwärtige Konjunktur des „Vertrauensbegriffs" in den Sozialwissenschaften (und auch in der Diskursliteratur) zur Auflösung von Pattsituationen bei doppelkontingenter Risikokommunikation ist nur *ein* Indiz dafür, dass engeführte Rationalkonzepte, die Gefühle und Werte nahezu ausschließlich als gesellschaftliches Bedrohungspotenzial thematisieren, schließlich zu parasitären Anleihen im Hinblick auf subjektive Ressourcen genötigt sind, die durch den eigenen Theorieansatz nicht gedeckt sind. Eine „rationalistische" Moraltheorie kann wohl Argumente und Appelle für bestimmte Positionen liefern – was aber sollte *motivieren*, diese Positionen einzunehmen?

(2) Konsens

Dass sich in partizipativen TA-Veranstaltungen auf der Basis von sich überlappenden Wissensbeständen ein (gegenüber selektiven Zugriffen) überlegenes Rationalitätspotenzial herauskristallisiert, ist das diskursive Grundcredo der Protagonisten des WZB-Verfahrens: hiervon ausgehend *muss* die diskursive Veranstaltung in den Konsens aller Vernünftigen münden.

Der Paradigmenwechsel, der sich in den Gesellschaftswissenschaften ankündigt – umgestellt wird primär von Verteilungs- auf Risikofragen – lässt indes die in den herkömmlichen politologischen Zugriffen unterstellte immanente okzidentale Erfolgsgeschichte der Rationalisierung fraglich werden: der (häufig implizit) an einem Modell „absoluter Rationalität" orientierte Mainstream der Risikoforscher, bei dem das Phänomen der „Uneindeutigkeit" zu einer bloßen Ordnungsfrage verkürzt wird (vgl. hierzu Bonß 1993: 27–28), stößt an definite Grenzen, wenn die Entwicklungsstörungen im Modernisierungsprozess nicht zufällig, sondern systematisch bedingt sind. Die von den Diskurstheoretikern beschworenen „Rationalitäts-" und „Planungsinseln" verdichten sich nicht zunehmend in Richtung „vernünftige" Gesamtgesellschaft; die kumulativ erstrebte gesellschaftliche Einlösung der Rationalitätsformel erscheint vielmehr als der Tanz ums goldene Kalb, der durch die Grundmelodie eines ständiges „noch nicht" getragen wird. Dies könnte eine veränderte Optik nahe legen, nämlich „das Ganze der Gesellschaft von ihren Gefährdungen her zu denken" (Bude 1993: 13). Jedenfalls ist der im WZB-Modell unterlegte *implizite Finalismus*, der im Falle einer repräsentativ rekrutierten und formal regelgerecht inszenierten TA-Diskursveranstaltung letztendlich zwingend einen rationalen Konsens zu erzeugen verspricht, selbst auf sein Rationalitätspotenzial zu befragen: wenn das zentrale Strukturprinzip der modernen Gesellschaft in Richtung Differenzierung verweist und Unsicherheit bzw. Uneindeutigkeit als ein Grundprinzip der gesellschaftlichen Erfahrung generiert, ist dann der finale Konsens, der mit einer Theorie des geschlossenen Diskurses („maschinenmäßiger" Ablauf) einhergeht, überhaupt eine sinnvolle Option?

Aber nicht nur ergebnisbezogen, auch im Hinblick auf die *vorgängigen* Annahmen, auf die das Diskurskonzept aufbaut, darf – mit guten Gründen – nachgefragt werden. Denn damit der TA-Diskurs in eine konsensuale Übereinkunft münden kann, müssen bestimmte Voraussetzungen gegeben sein: erst unter der Prämisse, dass ohnehin über „die basale(n) moralischen Ansprüche Konsens besteht" (Daele 1999: 12), können die Prozeduralisierungsmechanismen im Diskurs legitimiert eingesetzt werden. Die Selbstverständlichkeitsrhetorik, die die wissenschaftliche Rechtfertigung praktischer Diskursverfahren häufig auf der semantischen Ebene begleitet, speist sich von diesen als unproblematisch unterstellten Wertüberzeugungen der BürgerInnen. Die (quasi-)universalistische Note dieses (zumindest für die „westliche" Welt) als unstrittig deklarierten „moralischen Common Sense" (Daele 1997: 89) geht konform mit einem zweiten Merkmal aller sog. „Minimalmoralen": diese sind durch einen eminent hohen Abstraktionsgrad gekennzeichnet – mit den ersten Konkretisierungsschritten offenbart sich die geringe Tragfähigkeit der normativen Generalklauseln in konfligierenden Materien.[9] Zudem dürfte die Rangfolge von positiv besetzen Wertformeln (z.B. Gesundheit, Frieden, Freiheit, Würde) den eigentlichen Streitkern umreißen. Bechmann (1998: 30) vermutet, dass mittels der „ausgedünnte(n) Begrifflichkeit" von Konsenstheorien vor allem eines bewirkt werden soll: die „Ausklammerung der Dissense". Diese Annahme gewinnt umso mehr Brisanz, wenn man sich vergegenwärtigt, dass der Ausgangspunkt für das praktische Zustandekommen von TA-Diskursen nicht die Evidenz, sondern vielmehr der Mangel an Konsens ist. Nur wenn eine „Blockierung von Entscheidungsproduktion" (Gloede 1997: 118) erkennbar wird, liegt ein handfestes politisches Motiv zur Initiierung von gesellschaftlichen Deliberationsveranstaltungen vor.

Das Vorhandensein von normativen „Dissenszonen" in technikpolitischen Konflikten wird von den Diskursapologeten nicht bestritten, charakteristisch ist indes die Art und Weise ihrer (De-)Thematisierung. In der Definition der Konflikte wird zunächst die Tiefendimension wegkonzeptualisiert: nicht-triviale Konflikte sind dann Konstrukte der „Dramatisierung", d.h. um bestimmte strategische Ziele durchzusetzen verwenden soziale Bewegungen eine „Rhetorik der Inkommensurabilität" (Daele/Neidhardt 1996: 38) von Wertungen. In dieser TA-Thematisierungsperspektive herrscht in den wesentlichen Fragen in Wahrheit ein von allen geteilter substanzieller Monismus der Werte. Dissense gibt es dann ausschließlich an der Oberfläche, d.h. in Bezug auf teilbare, gradualisierbare, verhandelbare Konfliktmaterien. In einer zweiten Verteidigungsfront werden gesellschaftliche Konsense nicht als „faktische" eingeführt, sondern als „Konsensfiktionen" vorgestellt: zur Diskussion im Diskurs „freigegeben" sind dann lediglich ver-

---

9 Ein bezeichnendes Schlaglicht auf die ungeheure Vagheit der Menschenrechtsformeln liefert etwa Brauns (1998: 70) Hinweis darauf, dass die Bioethik-Konvention des Europarats „keine Definition der Begriffe ‚Mensch' und ‚jeder' enthalte, da in dieser Frage kein Konsens erzielt werden konnte"!

handelbare Konflikte, für die „unteilbaren" Konfliktmaterien wird demonstrativ Konsens fingiert (vgl. Daele 1999: 13). Die konsenstheoretische „als-ob"-Konstruktion erscheint legitimiert durch den Verweis auf ihre sozialintegrative Funktion: es geht um die Erhaltung des sozialen Friedens. Die Frage der Identität von Gesellschaft ist jedoch unter modernen Vorzeichen nicht mehr auf ein „homogenes" Gebilde zu beziehen, sondern nur noch einer *Perspektivenoptik* sich gegenseitig relativierender basaler Selbstbeschreibungen erschließbar. Damit entfällt für die diskurstheoretische Beschwörung des gesellschaftlichen Integrationserfordernisses in einem wertmäßigen Konsens die Voraussetzung. Gesellschaftliche Konflikte können dann ein neues Framing erhalten als *Kreativitätsgewinn*: die gesellschaftliche Entwicklung verweist in Richtung Komplexitätssteigerung, d.h. Zunahme von gegenläufigen Entwicklungen (Kontingenzsteigerung *und* Kontingenzunterbrechung) – dies legt es nahe zu prüfen, ob nicht der Raum für Heterogenität in Konsenstheorien systematisch unterschätzt wird.

(3) Wahrheit

Geht es in Diskursen um Wahrheitsfindung? Sibyllinisch heißt es hierzu in einem einschlägigen Beitrag: sie stellen „keine akademische Veranstaltung dar, bei der es *nur* um Wahrheitsfragen geht" (Daele/Neidhardt 1996: 24; Herv. d. R.M.). Die diskursive Gratwanderung zwischen dem systemübergreifenden Ideal einer Verständigung durch Dialog und den Referenzsystemen Wissenschaft bzw. Politik spannt den Horizont der Evidenzermittlung auf: je nach Bedarf kann in der diskursiven Wahrheitsermittlung selektiv auf die jeweilige Ebene zugegriffen werden. Die Kommunikationsmodi (begründungspflichtiges) „Argumentieren" und (strategisches) „Verhandeln" werden über zwei *Switch-Schienen* miteinander verknüpft:

(a) Wahrheit tritt in gesellschaftlich organisierten Kommunikationsmodellen in gedoppelter Funktion auf: als lebensweltlich verankerte Einsicht mit dem „Anspruch unparteilicher Wahrheitsgeltung" einerseits, und als wissenschaftlich-funktionale Kompetenz mit „bargaining-power" andererseits (vgl. hierzu Krohn 1997: 227). Die erste Funktion, Wahrheit als *systemübergreifendes* Medium auf der Basis personalisierter Verständigung, wie sie eine handlungstheoretisch unterlegte Kommunikationstheorie à la Habermas insinuiert, erscheint indes immer weniger plausibel angesichts der gesellschaftlichen Ausdifferenzierung heterogener Rationalitäten. Gilt Wahrheit aber als *systemfunktionale* Ressource im Diskurs, dann geht es um den Austausch von Experten- und Gegenexpertenurteilen – somit kommt die spezifische „Laienperspektive", die durch die kommunikative Erweiterung der ursprünglich expertokratisch orientierten TA-Verfahren einen Relevanzraum erhalten sollte, gar nicht zum Tragen: TA-Diskurse werden unter wissenschaftlichen Vorzeichen geführt.

(b) Eine weitere kommunikative Verknüpfung erfolgt sodann durch eine Art strukturelle Koppelung zwischen wissenschaftlichem und politischem System: was (als wahr) gilt, oszilliert ins Pragmatische. Der Link *Wahrheit-Macht* rückvermittelt den „Schonraum des Diskurses" (Bora/Daele 1997: 143) ans (politische) Erfolgskriterium und grenzt ihn so ab vom „Schonraum bloßer Reflexion" (Daele in diesem Band) mit potenziell „überschießenden" Kritikoptionen. Der doppelte Verwendungskontext des WZB-Verfahrens wird bereits im Finanzierungsantrag an das BMWF festgehalten (vgl.

Daele 1994: 3): neben der szientistischen Zielsetzung („Informationsbeschaffung" in zweifacher Hinsicht: natur- und sozialwissenschaftlich) wird auch ein politischer Beitrag („Konfliktbearbeitung") erwartet. Der Anspruch, diskursiv in das gesellschaftliche Konfliktfeld hineinzuwirken, präsentiert sich als „neutrale" Umsetzung des wissenschaftlich ermittelten Rationalitätspotenzials: doch sowohl das fachwissenschaftliche Geltungsgefälle innerhalb der Expertisen (das den kritischen Gegenexperten lediglich eine beschränkte Korrektivfunktion zubilligt) als auch der normative Bezugsrahmen einer etablierten Moral (die in historischer Perspektive eine Moral der „Sieger" darstellt; vergleiche hierzu Bauman 1995: 336–341) konterkariert den Habitus der Unparteilichkeit und versieht die vielbeschworene „Verfahrensgerechtigkeit" (vgl. etwa Bora/Daele 1997: 142) von vornherein mit einer Schieflage. Die Frage der Berechtigung von Konfliktmobilisierung mit dem Ziel einer *Veränderung* der gesellschaftlichen Prioritätensetzung ist apriori entschieden – aufkeimendes Konfliktpotenzial wird im Diskurs mit prozeduralen Mitteln entschärft, insbesondere durch den Verweis, dass das Neue (hier: einer Risikolage) so grundsätzlich neu nicht ist: Vergleiche sind das Sedativum im Heilmittelarsenal des Diskursarchitekten. Denn das Neue muss, um aus der Perspektive des Archivs der allgemein kanonisierten Techniken überhaupt als Neues Akzeptanz zu finden (und nicht einfach als „abwegig" ausgegrenzt zu werden), immer auch an „alte" Sichtweisen andocken (zur Innovationsproblematik vgl. auch Martinsen i.E.).[10] Allerdings darf bezweifelt werden, ob eine statisch ausgerichtete soziologische Analyse, die keinen inhärenten Ansatzpunkt zur Wahrnehmung von Wandel aufweist und als zentrale Ambition die Wahrung von politischer *Stabilität* (vgl. Daele 1999: 31, Fn. 44) verfolgt, ein brauchbares Instrumentarium zur adäquaten Erfassung „turbulenter" Umwelten liefert, wie sie gerade für Zeiten raschen technologischen Wandels kennzeichnend sind. Die Formel von der (verfassungsrelevanten) „Arbeit am Wertwandel" (Daele 1997a: 299) taucht gelegentlich auf wie „deus ex machina" – sie vermag im Rahmen der zugrundegelegten sozialwissenschaftlichen Konzeptualisierung jedoch keine Konturen zu gewinnen, d.h. sie erscheint als Leerformel.

Fazit: Durch Rekurs auf lebensweltlich abgestützte Legitimitätsmuster mit allgemeinverbindlichem Charakter erfolgt die theoretische Rechtfertigung des Diskurskonzeptes. Mittels semantischer Changiermanöver wird im Verlauf des diskursiven Geschehens die Ebene des „Sollens" kurzgeschlossen mit der Ebene des (wissenschaftlichen und politischen) „Seins": gemäß dem Hase- und Igel-Spiel gerät der mit politischen Veränderungsanliegen befrachtete Diskursteilnehmer stets ins Hintertreffen.[11] Wahrheitsfragen werden reduziert auf Konsens, der wissenschaftlich verwaltet wird.

---

10 Eine „Umwertung der Werte" gelingt nie *absolut* – wie Nietzsche (1968) in „Also sprach Zarathustra" eindrücklich aufgezeigt hat. Im Übrigen ist es natürlich nur die *halbe* Wahrheit, Nietzsche als Philosoph „mit dem Hammer" (Daele in diesem Band) zu bezeichnen – das Zerstören der alten Werte ist ein unabdingbares Durchgangsstadium um Raum zu schaffen für neue Wertsetzungen. Dieses Theorem hat in Schumpeters (1950) Analysen zur Innovationsdynamik eine populäre soziologische Fassung erhalten (vgl. hierzu auch Martinsen 1999: 138–139).

11 Der „Fundamentalist" der, um sich wirksam Gehör zu verschaffen, „Anschluss" an die etablierten Argumentationslogiken suchen muss, wird in Fußnoten zynisch beschieden: er befindet sich bereits auf dem Weg zur Übernahme liberaler Prämissen (so die Stoßrichtung der Argumentation bei van den Daele 1999: 30, Fn. 42 bzw. 18, Fn. 28).

(4) Werte

Die der Tradition des politischen Liberalismus nahe stehende Moralkonzeption, wie sie von van den Daele vertreten wird, gewinnt ihre (scheinbare) Evidenz aus dem Umstand, dass sie sich an dem vorherrschenden Wertekanon ausrichtet und im Stil des Positivismus beschreibender Soziologie zunächst lediglich eine moralische Bestandsaufnahme präsentieren möchte. Dabei wird von einem *zweistufigen Moralschema* ausgegangen: eine etablierte kollektiv verbindliche Moral, die einen (negatorischen) Minimalcode verkörpern soll, wird von einer pluralistischen Werteschicht überlagert, bei der die Dringlichkeit der moralischen Verpflichtung herabgestuft ist zu einer kontingenten Angelegenheit des Lebensstils: „die Stimme des persönlichen Gewissens" (Daele 1997: 86) wird als bloß subjektive Präferenz[12] in den Bereich der privaten Entscheidung verwiesen – auf diese Weise soll ihr potenziell „kriegerisches", repressives Potenzial entschärft werden. Parallel zur Stillstellung „widerständiger" Tendenzen kann die eigentliche bioethische Regulierung vorgenommen werden: sie folgt dem Konzept einer *differenzierend-relativierenden Betrachtungsweise*, das auf technokratisch orientierten Risikoüberlegungen, nutzenorientierten Abwägungen, der Bestimmung von Regel und Ausnahme, der Unterscheidung von berechtigten und unberechtigten Emotionen[13] usw. aufruht. Durch Kanalisierung der moralischen Impulse eröffnet die etablierte Bioethik den neuen Techniken den Einzug in die Gesellschaft: sie stützt sich gewissermaßen auf eine Art „Salamitaktik", indem sie die Grenzen des moralisch Erlaubten flexibel verschiebt.

Indes werden die pluralistischen Sondermoralen dann zum Problem, wenn sie die Herabstufung ins Quantifizierbare („mehr oder weniger Moral") nicht zu akzeptieren gewillt sind und auf einer Prinzipienethik à la Kant (die im Kern eine Gewissensethik darstellt) bestehen. Dass die im Diskurs intendierte *Aufhebung des Gewissens im Namen der Moral* nicht so ganz „aufgeht", bleibt nicht unbemerkt: auf Grund der untergründig existenziellen Dimension von Gewissensfragen ist mit einem unerbittlichen Moralkern zu rechnen (vgl. etwa Daele in diesem Band). In der Thematisierung dieser als „fundamentalistisch" bezeichneten Positionen[14] wird der scheinbar deskriptive Gestus

---

12 Diese Einschätzung entspricht der in der sozialpsychologischen und soziologischen Forschung vorherrschenden Tendenz, den „subjektiven Rest", der im Rahmen der liberalen, dem Pluralismus-Modell verpflichteten „Lösung" unbefriedigt bleibt, in der Sprache der Rollentheorie zu beschreiben: den subjektiven Präferenzen kann demgemäss durch flexibles Ausgestalten der Rollen Rechnung getragen werden. Durch dieses semantische Framing der Gewissensfrage wird jedoch das *Identitätsproblem* mit dem *Rollenproblem* unzulässig verquickt. Luhmann verweist zutreffend darauf, dass sich Gewissensfragen gerade dadurch auszeichnen, dass sie „die weitreichenden Konsequenzen einer Krise (haben), die das Steuerungssystem selbst und als ganzes betrifft" (1973: 232).
13 So z.B. mittels der Unterscheidung zwischen Furcht (sog. „berechtigter" Angst) als objektbezogenem Affekt und (neurotischer) Angst als frei flottierendem Grundgefühl (vgl. etwa Daele in diesem Band) – indes erweist sich diese Kategorisierung gerade auf dem Hintergrund der neuen Risikoproblemlagen in der Politik, für die unabänderliches Nicht-Wissen über die Folgen von Handlungen konstitutiv ist, als wenig tragfähig.
14 Fundamentalistisch (was zunächst soviel heißt wie „auf den Grund gehend") wird gleichgesetzt mit traditionalistisch i.S. von religiös-unvernünftig geprägtem „Nachhang". Im Übrigen verweist der forciert-aufgeklärte Habitus („religiöse Gewissheiten (sind) im Alltagsbewusstsein unserer Kultur noch nicht *restlos* getilgt", Daele 1999: 22, Fn. 32; Herv. d. R.M.) auf eine unzu-

einer bloßen Beschreibung der Art und Weise, wie in der Politik mit moralischen Ansprüchen umgegangen wird, von van den Daele immer wieder konterkariert durch die entschiedene Parteinahme für das Bestehende, die sich auch in der verbalen Polemik gegen alles von den etablierten Wertestrukturen bzw. gegebenen Mehrheitsverhältnissen „Abweichende" niederschlägt.[15] Wer gegenüber dem liberalen Grundcredo einer Allgemeinmoral Widerspruch einlegt, hat sich dadurch schon diskreditiert:

„Der wahre Fundamentalist ist sich selbst der Beleg dafür, dass die universalistische Minimalmoral, die nur Gründe anerkennt, die allgemein überzeugen können, eben ihrerseits nicht allgemein zu überzeugen vermag. Und er wird das Gespräch über die Moral umso eher verweigern, je deutlicher ist, dass dies systematisch zu Relativierungen zwingt ..." (1999: 29).

Es bezeichnet ein Paradox der liberal argumentierenden Protagonisten von Diskursverfahren, dass sie Diskursverweigerer als totalitär stigmatisieren, und somit in der Absolutsetzung der Prämissen des eigenen Systems die liberale Grundhaltung ad acta legen (müssen?). In strikt liberalistischer Perspektive verbleiben letztlich nur noch zwei Gruppen von Menschen: liberale Gesinnungsgenossen und Gesetzesbrecher – der moralische Fundamentalist erhält im Diskurs die Chance zur Belehrung; wenn er/sie nicht bereit ist, das Selbst entsprechend zu konditionieren, droht die gesellschaftliche Ausgrenzung.

Zur Abstützung der vorgetragenen Sichtweise des liberalen Diskursmodells werden üblicherweise Versatzstücke aus *philosophischen* und *soziologischen* Moraltheorien in einer problematischen Weise verquickt: der Verweis auf einen kontexttranszendierenden Rahmen (der Diskurs als verfahrenstechnischer Kunstgriff zur Herstellung einer „neutralen" Ausgangssituation) wird zur Legitimation für eine herrschende Moral verwandt, die unter sozio-ökonomisch verzerrten Bedingungen, d.h. im Raum von Machtbeziehungen, Überlieferung, Zufall usw. entstanden ist. So wird etwa im Zuge eines unbefangenen Disziplinenmix, bei dem philosophische Begründungskonstruktionen und soziologisch-pragmatische Faktizitätspostulate in Moralfragen eine Verbindung (wenn auch keine „Wahlverwandtschaft") eingehen, die „Überlegenheit" allgemeinverbindlicher Gründe, die faktisch Geltung haben, reklamiert („was für alle gilt, taugt zur Begründung", vgl. Daele 1999: 21). D.h.: die philosophischen „Letztbegründungen" werden verabschiedet, gleichwohl wird die Form der Argumentation übernommen und mit einer soziologischen „Füllung" versehen – durch die Rückbindung der Universalismusforderung auf die hegemoniale Kultur kommt es jedoch zu einer systematischen Disprivilegierung der emanzipatorischen Bestrebungen von Minderheiten.

---

reichende Wahrnehmung des Flurschadens, den der „Tod Gottes" in den Sozialwissenschaften hinterlassen hat, bzw. auf eine (borniete) Vernunft, die anstatt auf einen reflektierten Umgang mit ihren eigenen Grenzen zu setzen, den „Glauben" nährt, eines (baldigen) Tages wären die gesamtgesellschaftlichen Verhältnisse von Vernunft vollständig durchdrungen.

15 Die Redeweisen von „Fundamentalismus", „den Gläubigen/Ungläubigen", „moralischen Revolten", „moralischem Kreuzzug" usw. inszeniert durch die gezielten sprachlichen Anklänge eine Nähe von nicht-konsensuellen moralischen Positionen in westlichen Demokratien zu der Haltung von religiös-fanatischen Moslems – wenn man jedoch die „Kriegsmetapher" ins Spiel bringt, so wäre es angebracht, zu unterscheiden zwischen einem realen Krieg mit Waffeneinsatz und einem „Krieg der Gedanken", der nicht vorschnell durch einen wohlfeilen „Harmonismus" erstickt wird.

Die Möglichkeit einer „positiv" zu wertenden Differenz zur Bestandsmoral scheint von vornherein ausgeschlossen – aus der Sicht eines solchen Liberalismus gilt *jede* Abweichung vom liberalen Kanon kurzerhand als rückständig und gefährlich. Darum muss gesonderte Aufmerksamkeit darauf verwandt werden, den „Widerstand des Gewissens" (Daele in diesem Band) zu brechen – denn der Gewissensbescheid in seinem absolut gesetzten Einspruch öffnet sich nicht für die gängigen Verfahren des „Kleindiskutierens". Hier ist der Einsatz besonderer „Gegengifte" erforderlich: im Namen von Pluralismus und Toleranz soll der Revolte des Gewissens die Spitze gebrochen werden. Abgeschnitten von den emotionalen Antriebsquellen werden moralische Bindungen überführt in bloße Präferenzen – für deren Verwirklichung keine Dringlichkeitsverpflichtung geltend gemacht werden kann. Die Leidenschaft der Sachlichkeit wird aufgewandt, um die Leidenschaften in der Gesellschaft unter Kontrolle zu bringen: im TA-Diskurs wird „ausgefiltert", „versachlicht", „verschoben", „entwaffnet", „entfundamentalisiert", „ausgebremst", „verharmlost", „konterkariert", „entdramatisiert", es werden „Spitzen gebrochen", „Stachel gezogen", „Bomben entschärft" usw., usf. Die passivischen Formulierungen verweisen auf die Selbstläufigkeit der Diskursdynamik – wo diese indes ins Stocken gerät, wird im TA-Verfahren mit entsprechenden Steuerungsimpulsen nachgeholfen (so ist etwa das Lösungsangebot „Pluralismus" zur Entschärfung der moralischen Absolutismen im Diskurs „von den Moderatoren hineingesteckt worden", Daele 1999: 25).

Moral – so lässt sich festhalten – wird in der diskursiven Behandlung letztendlich gleichgesetzt mit Moralisierung[16] (= Störmanöver, die die gesellschaftliche Ausbreitung von Rationalität beeinträchtigen): sie wird in die Funktionslogiken von Recht und Politik eingespeist, was sich auf der sprachlichen Ebene beispielsweise in der Redewendung vom „Tatbestand einer Moralverletzung" (Daele 1999: 12) niederschlägt oder im Plädoyer für die „Politik des moralischen Kompromisses" (Daele 1997: 100),[17] das die inhärente Streitnähe der Moral absichtsvoll negiert – sie weist in solcher Konzeptualisierung eine zutiefst heteronome Struktur auf. Der genuine *Eigenwert des Moralischen* ist auf diese Weise nicht zu erfassen – vielmehr wird der moralische Impetus systematisch verzerrt, wenn das normative Engagement abgetrennt wird von der Autonomie des moralischen Selbst und nur unter Kriterien des Rechtsbruchs und der politischen Strategie quasi „dingfest" gemacht werden soll. Diese Zugriffsweise auf Moral ist grundiert von einer anthropologischen Entscheidung: dem Eigenwillen des Individuums wird grundsätzlich misstraut, eine „kritische Ethik hat daher immer die Bedeutung einer zu Unrecht mit seiner Selbständigkeit prahlenden Subjektivität" (so schon die Sicht Hegels in der Analyse von Mertens 1988: 490). Dementsprechend erscheint „Toleranz" in liberalen Diskurskonzeptionen in einer Light-Version: denn das paternalistische Misstrauen in die Urteilsfähigkeit der Masse setzt auf die Vorselektion der Kon-

---

16 Eine grundlegende Problematik in der Thematisierung von Moral- und Angstkommunikation besteht darin, dass deren authentischer Charakter nicht zweifelsfrei festgestellt werden kann. Allerdings ist davon auszugehen, dass in der Gesellschaft eine grundsätzliche Aufnahmebereitschaft („Resonanzboden") bereits vorhanden sein muss, damit ein in manipulativer Absicht verbreiteter normativer Diskurs überhaupt Fuß fassen kann (vgl. hierzu Martinsen 2000: 62).

17 Wer „moralisch" eine Extremposition einnimmt, stellt sich auch keineswegs „moralisch" ins Abseits (vgl. Daele 1997: 87), sondern allenfalls *politisch!*

fliktimpulse durch die Behauptung einer *definiten* Grenzlinie zwischen privat – öffentlich. Dabei wird unterschlagen, dass gerade die Grenzziehungen und Begriffsbildungen Resultat normativer Aushandlungsprozesse in der Gesellschaft darstellen. Der *Stillstellung dieses unendlichen Streits* um die bestmögliche Gestaltung der Gesellschaft gilt die unterschwellige Anstrengung des Diskursmanagements: die Forderung nach Anerkenntnis der Allgemeinmoral offeriert die Aussicht auf Überwindung des basalen Konflikts (darüber, was als „gesellschaftlich disponibel" zu gelten hat und was von „höherer Warte" geregelt wird). Zumindest im Prinzip soll dies so sein: es bleibt indes immer ein unbewältigter „Rest", der zur Wachsamkeit (und zur fortdauernden diskursiven Bearbeitung) anhält: denn es ist „(nicht) garantiert, dass der Aufstand des Gewissens definitiv ausbleibt" (Daele 1999: 33).

Demgegenüber gilt es festzuhalten: Es ist nachgerade der *Mehrwert* von Werten gegenüber Interessen, dass sie Gesichtspunkte der Bevorzugung/Zurücksetzung sichtbar machen und auch im Falle der aktuellen Vernachlässigung ihre Fortgeltung reklamieren: sie verhindern so die „Beschränkung der Irritationskapazität" im politischen System bzw. sie ermöglichen das „anmahnende Erinnern" durch die Unterstützung der „Legitimität der Desiderate" (Luhmann 1995: 117/120).

(5) Demokratie

Die gegenwärtige Erprobung und Diskussion von deliberativen Modellen etablierte sich auf dem Hintergrund von Steuerungs- und Legitimationsproblemen hierarchischer Entscheidungsverfahren im Politischen,[18] bzw.: die Suche nach kommunikativer Fundierung der technikpolitischen Entscheidungen verweist auf Strukturprobleme moderner Demokratien. Der Demokratiebegriff nimmt innerhalb der politischen Semantik gegenwärtig einen so zentralen Stellenwert ein, dass es gerechtfertigt erscheint, in ihm die Selbstbeschreibungsmatrix des politischen Systems zu verorten (vgl. hierzu Luhmann 2000: 356). Dies verdeckt leicht ein konstitutives Merkmal der Demokratie: sie ist immer noch ein Herrschaftsmodell, das den Symmetriebruch der Ordnung voraussetzt – fehlender (gesellschaftlicher) Konsens kann durch (staatlichen) Zwang ersetzt werden. Die grundlegende Paradoxie der Demokratie besteht darin, dass das Volk zugleich herrschen und gehorchen soll – weil dies so ist, „setzt die Diskursethik dann wenigstens für Legitimation auf die Prämisse der ‚Herrschaftsfreiheit'" (Luhmann 2000: 364). Die in den gesellschaftlichen Diskursen erfolgende faktische Unterstellung einer kontrafaktischen Anforderung („die Beteiligten (müssen) sich wechselseitig als gleichberechtigte und gleichwertige Gesprächspartner definieren", Daele 1999: 5) soll ein gesellschaftstranszendierendes (Korrektiv-)Potenzial bergen, das über den gegenwärtigen Zustand hinausweist.

Ein erster Hinweis auf die „Schwerkraft" der gesellschaftlichen Verhältnisse im WZB-Verfahren liefert indes die Beobachtung der Konstruktion der Leitproblematik: als Ausgangspunkt des TA-Diskurses werden die Teilnehmer auf die *Reproduktion* der

---

18 Tendenzen zu einer Dezentralisierung von politischen Willensbildungs- und Entscheidungsprozessen gehen auch konform mit der zunehmenden Bedeutung des Internet und seiner – gegenüber herkömmlichen Medien – andersartigen Kommunikationsstruktur, die zu einer Beförderung der Heterogenität von Meinungsäußerungen beiträgt (vgl. Geser 2000).

in der „öffentlichen" Diskussion vorfindbaren Relevanzstruktur verpflichtet (vgl. Bora/ Daele 1997: 125), die von den Umweltgruppen wesentlich aus strategischen Gründen im Kontext politischer Rationalitäten gewählt wurde (Risikoargumente genießen einen besonderen Status in der Verfassung). Ein Charakteristikum des etablierten pluralistischen Systems ist es bekanntermaßen, dass es Ansatzpunkte für die Austragung partieller Konflikte bietet, „jedoch (fehlen) die Arena und der Adressat zur Austragung fundamentaler Konflikte" (Scharpf 1970: 52) – etwa für die Erörterung von Fragen grundsätzlich alternativer Methoden der Landwirtschaft, wie sie von den Umweltgruppen als Ausgangsthema des WZB-Verfahrens gewünscht wurde (sog. „probleminduzierte Herangehensweise"; vgl. Stellungnahme 1996: 4). Ist aber die *erste* Unterscheidung, die im Zuge des Framings des TA-Verfahrens eingesetzt wird, die von Risiko/Nichtrisiko- Nachweis, dann „laufen" alle nachgelagerten Folgeprobleme unter dieser pragmatischen Prämisse – wer dann noch den Problem-Konsens verlässt und Grundsatzfragen aufwirft, wirkt entsprechend „deplatziert" (Daele in diesem Band). Die Legitimationsfunktion von Werten und Diskursen stellt sich somit folgendermaßen dar: „Sie werden in der Praxis nur angewandt, um Konflikte zu konstruieren und zu entscheiden" (Luhmann 2000: 363).

Diskurse sind zentriert um die Begriffe der „Argumentation" und „Begründung" – sie fingieren die Symmetrie der Kommunikation. Die *Symmetriefiktion* selbst gehört zu den Basalregeln des Diskurses, die grundsätzlich nicht in Frage gestellt werden dürfen, d.h.: sie ist gegen etwaige diskursive „Problematisierung" immunisiert. Das Redetabu verdeckt das zugrundeliegende Paradox, dass die Gleichen ungleich sind: alle dürfen gleichberechtigt reden, aber die Definitionsmacht der Konstruktion von Konflikten ist *asymmetrisch* verteilt.

Wie man aus der Geschichte des Umgangs mit Paradoxien weiß (vgl. Rapoport 1995), erfolgt ihre „Lösung" üblicherweise durch die sukzessive Verschiebung der Basalunterscheidung, die den „blinden Fleck" des Systems bezeichnet, auf ein anderes Beschreibungsschema, das eine Unterscheidung anbietet, mit der dann operiert wird. Im sozialen System TA-Diskurs wird der Hintergrund einer Herrschaftssemantik (kommunikative Machtüberlegenheit/Machtunterlegenheit) transformiert in das Norm/Abweichungs-Schema. Durch die Rückbindung der konsensualen Normgemeinde an (wissenschaftliche) Rationalitätsstandards erhält diskursive Devianz das *Odium des Unvernünftigen*. Solchermaßen erhöht sich durch das Diskursverfahren der Druck, sich dem etablierten gesellschaftlichen Konsens anzuschließen – denn wer dies nicht tut, wechselt vom Lager der politischen Opposition ins Lager der „Nicht-Vernünftigen".

Auch in einer weiteren Hinsicht verzeichnen diskursive Verfahren eine Tendenz zur Asymmetrisierung der Teilnehmerchancen. Die mittels Proceduralisierung betriebene Ausfilterung von emotionsbasierten Werten trifft nicht alle gleichermaßen, sondern beraubt vielmehr bestimmte gesellschaftliche Gruppen ihrer *genuinen* politischen Ressourcen: es sind die sozialen Bewegungen, die zur Wahrnehmung ihrer gesellschaftlichen Alarmierfunktion essenziell auf diese „Untergründe" des Rationalen angewiesen sind. „Reflexion" gleichzusetzen mit einem „abgehobenen" Standpunkt, in dem das nüchterne Selbst sich vom emotionalen Selbst distanziert, ist selbst eine politisch-pragmatisch unterlegte Verkürzung des Optionenraums von Reflexivität: die „Perspektivenübernahme und reflexive Distanz" (Daele 1999: 28) zur Erzielung sozialer Lernfortschritte wird so überführt in eine *gerichtete* Lernbewegung, d.h. in eine „Belehrung" der vom gesellschaftlichen Konsens Abweichenden. Das kreative Potenzial, das sich an den gesellschaftlichen Rändern ansiedelt, kann auf diese Weise kaum entfaltet werden. Die Figur des (von seinen Reisen zurückgekehrten) „örtlichen Richters", den die Motivationskraft des leidenschaftlichen Einspruchs zu einer Haltung der gesellschaftlichen Opposition bewegt, wie sie etwa von dem Liberalen Walzer (1993: 49) vorgestellt wird, ist in diesem Konzept bereits nicht mehr zu erfassen. Eine radikalere Version des Reflexionsverständnisses, die gleichfalls nicht auf motivierende Triebkräfte Verzicht leistet, offeriert Foucault im Bild eines „Denken des Außen": dabei wird die sprachliche Äußerung gerade nicht auf eine „zentrale und unverrückbare Sicherheit hin orientiert" wird, sondern „auf eine äußerste Grenze hin, an der sie sich immer wieder in Frage stellen muß" (Foucault 1991: 51), d.h. der Einspruch ist *formaler* Natur (Paradigma der Verweigerung gegenüber der Deutungsmacht, die als „Normalität" in die politischen Wirklichkeitsentwürfe eingegangen ist).

Kreativität und Innovation als gesellschaftliche Antriebskräfte gehören auch zur Standardrhetorik des Liberalismus – die Hauptsorge gilt indes zumeist der Regulation der sog. „überschießenden" Energien. Die Imprägnierung gesellschaftlicher Auseinandersetzungen mit der Norm/Abweichungssemantik in TA-Diskursen schafft ein *neues Paradox*: wissenschaftlich-technischer Fortschritt wird als rational ausgewiesen, zugleich wird eine Mentalität verbreitet, die Innovation (sprich: Abweichung) diskriminiert. Dieser Widerspruch ist umso bemerkenswerter als sog. „weichen Faktoren" (Wissen, Bildung, Information, Kultur, Kooperation usw.) im Rahmen von Innovationstheorien zunehmende Bedeutung eingeräumt wird.[19] Die angestrengte Bemühung diskursiver Verfahren, Konflikt- und Unsicherheitspotenzial zu absorbieren, stellt nicht in ausreichendem Maße in Rechnung, dass Evolution kein stabilitätsorientierter Prozess ist und das Prinzip der Demokratie nicht in einem Rationalitätsvorzug, sondern „im Offenhalten der Zukunft für Entscheidungslagen mit neuen Gelegenheiten und neuen Beschränkungen" (Luhmann 2000: 301) besteht. Der Aspekt des Prozesshaft-Unabgeschlossenen, der den modernen Demokratiebegriff auszeichnet, wird jedoch gerade durch die Art und Weise der Konsenserzeugung in Diskursen lahm gelegt: Konsense erscheinen dann nicht als zeitweilige Übereinkünfte aneinander *anschlussfähiger* (gemeinsamer aber je spezifischer) Kommunikationen mit eingebauter *Revisionsoption*, sondern als rational erzielte substanzielle Resultate, die eine Selbstbindungskraft für die DiskursteilnehmerInnen mit sich führen. Das Kappen des Widerrufsvorbehalts im Diskurs könnte möglicherweise sogar zu einem „allgemeinen Bürgerkrieg" führen, wenn eine andere Meinung nur noch als „Abweichung vom kollektiv Richtigen" gelten kann (Japp 1997: 216). Teubner (1996: 205) plädiert schließlich in einem rechtssoziologischen Beitrag dafür, die Kollision unterschiedlicher Diskursrationalitäten konsequenterweise zu steigern, um den „Konfliktreichtum" für die jeweiligen Partialrationalitäten offensiv zu nutzen.

Der organisierte TA-Disput läuft hingegen auf die Stilllegung des Streits der Meinungen hinaus: das „Gefühl" zu partizipieren offeriert quasi einen *Demokratisierungser-*

---

19 Das nicht-formalisierbare kreative Moment im Innovationsgeschehen ist schließlich ausschlaggebend dafür, dass „die Logik rationaler Handlungstheorien" die Thematisierung von Innovationen nur unzureichend erlaubt (vgl. Schmid 1998: 189).

satz – dies mag die fortdauernde Attraktivität von Diskursen plausibilisieren. Dabei soll die Relevanzstruktur des Diskurses nach dem pars-pro-toto-Prinzip sich tendenziell ausbreiten und gesellschaftliche Ausstrahlungseffekte („soziales Signal außerhalb des Diskurses", Bora/Daele 1997: 144) zeitigen. Zum Standardrepertoire der Legitimation von Diskursen gehört der Hinweis auf ihre *grundsätzliche* rationale „Überlegenheit" gegenüber den in der Gesellschaft ablaufenden anarchischen Kommunikationsformen – dieser Einschätzung wird hier nicht gefolgt. Die Hinterfragung der unterkritischen Politik der falschen Alternativen (Pluralismus – Radikalität) zielt ab auf die *Radikalisierung von Pluralität*. In der Methode der Reflexivität, die davon ausgeht, dass der Beobachter nicht sieht, dass er nicht sieht, was er nicht sieht, ist eine „implizite Ethik" enthalten – Sprache wird „zum Ursprung des Gewissens", wie es der Kybernetiker Heinz von Foerster (1997: 353/355) in „Wissen und Gewissen" formuliert hat. Wie ein Diskurstyp beschaffen sein könnte, der eine „Kompensierung von diskursivem Unrecht" (Teubner 1996: 218) im Politischen befördern könnte, ist eine offene Frage – dass Demokratietheorie vor dem Hintergrund der skizzierten Problemstruktur an Bedeutung gewinnen wird, scheint mir hingegen keine allzu gewagte Prognose.

5. Epilog: Zu den Möglichkeiten von Kritik im wissenschaftlich-technischen Zeitalter

Angesichts der nach 1989 eingetretenen „historisch einmaligen Konkurrenzlosigkeit des liberalen Glaubensbekenntnisses", lässt sich folgende Klarstellung treffen:

„Daß unsere politische Welt ohne attraktive Alternative ist, bedeutet eben nicht, daß es darin keinen Bedarf für Negativität gibt" (Lau 1998: 44).

Gestiegen sind gleichermaßen sowohl die Schwierigkeiten einen angemessenen Rahmen für demokratietheoretisch ausgerichtete Gesellschaftskritik zu formulieren als auch der Bedarf: denn ohne ein gewichtiges Korrektiv, das auch die liberale Lehre zu einer ständigen Auseinandersetzung mit inhärenten Widersprüchen anhält, besteht die Gefahr einer *totalisierenden Tendenz* im Liberalismus, in der ein unterlegter realitätsmächtiger Konsens die Mehrdeutigkeit gesellschaftlicher Phänomene unterbelichtet. Welche Optionen verbleiben gegenwärtig für Kritik?

(1) immanente („kontextualistische") Kritik

Für Liberale ist die Hauptrichtung einer angemessenen Kritik klar vorgezeichnet: wenn Bedarf an Kritik in der Gesellschaft vorhanden ist, dann sollte das kritische Potenzial der etablierten Moral genutzt werden. Angeknüpft wird hier an eine klassische Figur der Ideologiekritik – wie sie auch in der marxistischen Tradition verankert ist: die Kritik des Bestehenden beginnt mit Grundsätzen, die dem Bestehenden innewohnen – indem man etwa aufzeigt, dass es Widersprüche gibt zwischen den proklamierten moralischen Prinzipien und den sozialen Praktiken. Da die Ideologie der herrschenden Klasse als Funktionsvoraussetzung darauf angewiesen ist, entgegen ihrem eigentlich partikularen Interesse sich als universalistisch darzustellen, schleichen sich „Bruchstellen" in die hegemonialen Ideen ein.

Allerdings war die „Schubkraft" dieser kritischen Stoßrichtung eingebettet in eine geschichtsteleologische Konstruktion: dem Glauben an eine historische *Zuspitzung der Widersprüche*, die schließlich zu grundlegenden gesellschaftlichen Transformationen führen sollte. Die gegenwärtigen Demokratiediagnosen hingegen haben das „Vertrauen in das kreative Moment der Zuspitzung verloren" (so Buchstein 1996: 146). Es verbleibt die hilflose Attitüde der Reform – wobei die Frage der Beurteilung des Erfolgs/ Scheiterns von Reformplänen je nach den zugrundegelegten Kriterien und Zeitintervallen diffizile Probleme aufwirft. Auch von Beyme (1999) ortet im Kontext seiner politikwissenschaftlichen Überlegungen zur normativen Theorie eher „homöopathische Dosen der Erneuerung" (88). Erst jetzt in der „postmodernen Ära der Transformation" sei das eingetreten, was Linke bereits früher geargwöhnt hätten: „daß selbst die normative Theorie nur die phantasiearme Duplizierung einer tristen sozialen und politischen Realität sei" (93).

Kommunitaristische Positionen wiederum, die auf gemeinsame substanzielle Vorstellungen eines guten Lebens innerhalb einer Gemeinschaft rekurrieren, bergen beim Versuch ihrer gesellschaftlichen Umsetzung ein nicht unerhebliches repressives Potenzial – ihre Funktion liegt vorwiegend im Aufzeigen der Defizite liberaler Positionen (vgl. Walzer 1994).

(2) externe („kontexttranszendierende") Kritik

Nach dem aktuellen „Wegbruch" eines alternativen Gesellschaftsmodells, wie es der Marxismus offerierte, verbleiben die Versuche mittels prozeduralistischer Verfahrenskonstruktionen einen Standpunkt „jenseits" der Gesellschaft zu fingieren: die Schaffung einer idealen Sprechsituation (vgl. Habermas etwa 1973: 140–152) oder die Kreation eines Urzustands („original position") hinter einem Schleier der Unwissenheit (vgl. Rawls 1971) soll methodisch hervorgetriebene Maßstäbe der moralischen Kritik liefern, die sich nicht in den Fesseln des Partikularismus verfangen und ein erhellendes Licht auf die tatsächliche Welt zu werfen ermöglichen. Mit Walzer (1993a: 20) gesprochen handelt es sich um eine Art (moralischen) Schöpfungsakt: die Teilnehmer am Diskurs „erschaffen das, was Gott geschaffen hätte, gäbe es einen Gott".

Abgesehen davon, ob die Abstraktion von allen gesellschaftlichen Kontextbedingungen tatsächlich gelingen kann („wir sehen nicht, was wir nicht sehen"!), ergibt sich hier – wie bei allen rationalistischen Moraltheorien – ein unübersehbares *Transferproblem*: wenn der Schleier des Nichtwissens fällt bzw. der Diskurs verlassen wird, was sollte dann noch motivieren, sich an die konstruierten Moralgesetze zu halten?[20]

(3) subversive („differenzorientierte") Kritik

Eine Gesellschaftskritik aus dieser Warte zeichnet sich dadurch aus, dass sie den hegemonialen sozialwissenschaftlichen Interpretationen die Gefolgschaft verweigert – und

---

20 Kant (1997), der mit dem „kategorischen Imperativ" auch eine (monologische) verfahrenstechnische Generierung des Sittengesetzes offeriert hat, wusste sehr wohl um dieses zentrale Problem der Motivation: mittel eines „Gefühls eigener Art" (534), das durch die Vernunft selbst erwirkt sein soll („der Achtung"), hoffte er einen Ausweg zu finden (vgl. hierzu Martinsen 2000a).

die auf Einheit fixierten, durch eine bestimmte Art und Weise des Umgangs mit Differenzen gekennzeichneten Ethik- bzw. Wahrheitspolitiken genauer betrachtet.

In einer systemtheoretischen Variante stellt sich Kritik dar als ständiges Verschieben des „blinden Flecks": Beobachtungen erster Ordnung (z.B.: „das Kleindiskutieren grosser Ansprüche an die Politik in diskursiven Arenen") werden in einer Beobachtung zweiter Ordnung daraufhin analysiert, zu welchem Zweck mit bestimmten Unterscheidungen gearbeitet wird.

In einer postmodernen Variante wird ein bestimmter Denkgestus (eine „Grenzhaltung") anvisiert, der jene gesellschaftlichen Deutungsmuster, die uns zur zweiten Natur geworden sind, einem verfremdenden Blick aussetzt und die „Wahrheitspolitik", die auf einer bestimmten Verknüpfung von Wissen, Macht und Subjektivität beruht, unterläuft. Das heterologische „Überschusspotenzial" wird hier – anders als in der systemtheoretischen Variante – nicht funktionalistisch im Hinblick auf die Gesellschaft eingerahmt, sondern als „Eigenwert" („Erfindung neue(r) Formen der Individualität", vgl. Foucault 1985: 110) formuliert.

Gegen die subversiven Positionen wird bisweilen eingewandt, dass sie keine Durchschlagkraft für die Gestaltung der Gesellschaft besitzen – sozialwissenschaftliche Meta- und Hyperreflexionen, so der pragmatische Einwand, verzeichneten in sozialen Kontexten keine Folgen. Auch wenn darauf zu verweisen ist, dass hier der Zeitfaktor zu berücksichtigen ist, der avantgardistischen Positionen „on the long run" oft zu unerwarteter gesellschaftlicher Validität verhilft (Nietzsches Nihilismusthesen sind erst ein gutes Jahrhundert später breitenwirksam „angekommen"), so ist die Frage nach den Bedingungen der Möglichkeit von Kritik dennoch nicht von der Hand zu weisen.

Offensichtlich besteht – so das Resümee – ein *umgekehrt proportionales Verhältnis* zwischen der Tiefendimension und den Realisierungspotenzialen von Gesellschaftskritik: mit der gesteigerten Reichweite von Kritik scheinen ihre Erfolgschancen eher zu schwinden. Hieraus ergibt sich folgendes Dilemma: gemäßigte Kritik (die sich um Anschlussfähigkeit bemüht) wird vereinnahmt, radikale Kritik (die auf das Paradigma der Verweigerung setzt) wird ausgegrenzt. Sloterdijk (1983: 33) erblickt in „der eklatanten Erschöpfung der Ideologiekritik" die Wurzeln eines zynischen Bewusstsein, das in seiner diffus-abgeklärten Robustheit an die Grenzen der Aufklärung erinnert: es ist von der „braven Rationalität" der Kritikverfasstheit herkömmlicher Provenienz nicht mehr zu treffen.

Angesichts einer solch schwierigen Lage, in der sich die Politologin/der Politologe versetzt findet, welche(r) das Vorhaben einer Kritik der (in TA-Diskursverfahren eingelagerten) liberalen Selbstverständlichkeiten ins Visier nimmt, macht es Sinn, entlang des gesamten *Kontinuums von Kritikoptionen* zu versuchen, flexibel Schneisen zu schlagen für einen *sozialwissenschaftlichen Paradigmenwechsel*, der an Stelle der „Beschwörung" von Eindeutigkeit, Konsens, Linearität, Hierarchie, Homogenität mehr Raum schafft für Ambivalenzen, Dissense, Paradoxien, Heterologie, Disparität.

Zwar kann auch eine politikwissenschaftliche Sicht, die das Mögliche betont, nicht darüber hinwegsehen, dass der Mensch die technische und soziale Evolution nicht eigenmächtig steuern kann, sondern sich allenfalls am „Spiel der Evolution beteiligt" (Daele 1997a: 299), doch bleibt die politische Frage virulent, *wie* die Ränder des evolutionären Korridors zu vermessen sind und *wer* sich am Spiel der Evolution beteiligen darf.

Literatur

Bauman, Zygmunt, 1995: Postmoderne Ethik. Hamburg.
Bechmann, Gotthard, 1997: Diskursivität und Technikgestaltung, in: *Sabine Köberle/Fritz Gloede/ Leonhard Hennen* (Hrsg.), Diskursive Verständigung? Mediation und Partizipation in Technikkontroversen. Baden-Baden, 151–163.
Bechmann, Gotthard, 1998: Im Land der unbegrenzten Zumutbarkeiten. Anmerkungen zum Kapitel 5: „Innovation" des Zwischenberichtes der Enquete-Kommission „Schutz des Menschen und der Umwelt" des 13. Deutschen Bundestages, in: TA-Datenbanknachrichten 7 (1), 26–31.
Bergmann, Werner, 1994: Der externalisierte Mensch. Zur Funktion des Menschen für die Gesellschaft, in: *Peter Fuchs/Andreas Göbel* (Hrsg.), Der Mensch als Medium der Gesellschaft. Frankfurt a.M., 92–109.
Beyme, Klaus von, 1999: Zur Funktion normativer Theorie in der politikwissenschaftlichen Forschung, in: *Michael Th. Greven/Rainer Schmalz-Bruns* (Hrsg.), Politische Theorie – heute. Ansätze und Perspektiven. Baden-Baden, 81–99.
Bonß, Wolfgang, 1993: Ungewißheit als soziologisches Problem oder: Was heißt „kritische" Risikoforschung?, in: Mittelweg 36 (1), 15–34.
Bora, Alfons/Daele, Wolfgang van den, 1997: Partizipative Technikfolgenabschätzung. Das Verfahren des Wissenschaftszentrums Berlin zu transgenen herbizidresistenten Kulturpflanzen, in: *Sabine Köberle/Fritz Gloede/Leonhard Hennen* (Hrsg.), Diskursive Verständigung? Mediation und Partizipation in Technikkontroversen. Baden-Baden, 124–148.
Braun, Kathrin, 1998: Zivilisation oder Dehumanisierung? Menschenrechtsschutz und internationales Bioethik-Regime, in: Österreichische Zeitschrift für Politik 27 (1), 63–77.
Buchstein, Hubertus, 1996: Demokratietheorie – Sammelbesprechung, in: Politische Vierteljahresschrift 37 (3), 129–148.
Bude, Heinz, 1993: Die Rhetorik der Sozialwissenschaften und die Rückkehr der Geschichte, in: Mittelweg 36 (1), 5–14.
Daele, Wolfgang van den, 1994: Technikfolgenabschätzung als politisches Experiment. Diskursives Verfahren zur Technikfolgenabschätzung des Anbaus von Kulturpflanzen mit gentechnisch erzeugter Herbizidresistenz (Heft 1), WZB-papers FS II 94–301.
Daele, Wolfgang van den, 1997a: Bioethik – Versuchungen des Fundamentalismus, in: Kursbuch 128: Lebensfragen, 85–100.
Daele, Wolfgang van den, 1997: Risikodiskussionen am „Runden Tisch". Partizipative Technikfolgenabschätzung zu gentechnisch erzeugten herbizidresistenten Pflanzen, in: *Renate Martinsen* (Hrsg.), Politik und Biotechnologie. Die Zumutung der Zukunft. Baden-Baden, 281–301.
Daele, Wolfgang van den, 1999: Von moralischer Kommunikation zur Kommunikation über Moral – Entfundamentalisierung im Diskurs, Berlin (Manuskript; erscheint in: Zeitschrift für Soziologie).
Daele, Wolfgang van den/Neidhardt, Friedhelm, 1996: „Regierung durch Diskussion" – Über Versuche, mit Argumenten Politik zu machen, in: *Wolfgang van den Daele/Friedhelm Neidhardt* (Hrsg.), Kommunikation und Entscheidung. Politische Funktionen öffentlicher Meinungsbildung und diskursiver Verfahren. Berlin, 9–50.
Döbert, Rainer, 1996: Verhandeln – Entscheiden – Argumentieren in welchem Kontext? Einige Notizen zu Th. Saretzkis „Verhandelten Diskursen", in: *Volker von Prittwitz* (Hrsg.), Verhandeln und Argumentieren. Dialog, Interessen und Macht in der Umweltpolitik. Opladen, 169–181.
Döbert, Rainer, 1997: Rationalitätsdimensionen von partizipativer Technikfolgenabschätzung, in: *Sabine Köberle/Fritz Gloede/Leonhard Hennen* (Hrsg.), Diskursive Verständigung? Mediation und Partizipation in Technikkontroversen. Baden-Baden, 200–213.

Fach, Wolfgang, 1995: Verkehrte Welt – Risiko und Kultur in der Gentechnik, in: *Renate Martinsen/Georg Simonis* (Hrsg.), Paradigmenwechsel in der Technologiepolitik? Opladen, 325–340.
Foerster, Heinz von, 1997, Wissen und Gewissen. Versuch einer Brücke, hrsg. v. *Siegfried J. Schmidt.* 4. Aufl., Frankfurt a.M.
Foucault, Michel, 1985: Warum ich Macht untersuche: Die Frage des Subjekts, in: Freibeuter 85, 103–110.
Foucault, Michel, 1991: Das Denken des Außen, in: ders., Von der Subversion des Wissens, hrsg. v. *Walter Seitter.* Frankfurt a.M., 46–68.
Freud, Sigmund, 1997: Das Unbehagen in der Kultur. Und andere kulturtheoretische Schriften. 4. Aufl., Frankfurt a.M.
Fuchs, Peter/Göbel, Andreas, 1994: Einleitung, in: *Peter Fuchs/Andreas Göbel* (Hrsg.), Der Mensch als Medium der Gesellschaft. Frankfurt a.M., 7–14.
Geser, Hans, 2000: Auf dem Weg zur Neuerfindung der politischen Öffentlichkeit. Das Internet als Plattform der Medienentwicklung und des sozio-politischen Wandels, in: *Renate Martinsen/Georg Simonis* (Hrsg.), Demokratie und Technik – (k)eine Wahlverwandtschaft? Opladen, 405–429.
Gleich, Arnim von, 1996: Äquivalente Risiken – mit und ohne Gentechnik. Ein Kommentar zum „Verfahren zur Technikfolgenabschätzung des Anbaus von Kulturpflanzen mit gentechnisch erzeugter Herbizidresistenz", in: TA-Datenbanknachrichten 5 (1), 92–103.
Gloede, Fritz, 1997: Das TAB-Projekt „Biologische Sicherheit bei der Nutzung der Gentechnik", in: *Sabine Köberle/Fritz Gloede/Leonhard Hennen* (Hrsg.), Diskursive Verständigung? Mediation und Partizipation in Technikkontroversen. Baden-Baden, 101–123.
Habermas, Jürgen, 1973: Legitimationsprobleme im Spätkapitalismus. Frankfurt a.M.
Hegel, Georg Wilhelm Friedrich, 1996: Grundlinien der Philosophie des Rechts oder Naturrecht und Staatswissenschaft im Grundrisse, Werke, Bd. 7, hrsg. v. *Eva Moldenhauer/Karl Markus Michel.* 5. Aufl., Frankfurt a.M.
Hennen, Leonhard, 1997: Technikdiskurse: Auf der Suche nach dem „gemeinsamen Guten"?, in: *Sabine Köberle/Fritz Gloede/Leonhard Hennen* (Hrsg.), Diskursive Verständigung? Mediation und Partizipation in Technikkontroversen. Baden-Baden, 189–199.
Henschel, Carsten, 1997: Planungsbegleitende Öffentlichkeitsbeteiligung bei der Standortsuche für eine Sonderabfalldeponie im Freistaat Sachsen, in: *Sabine Köberle/Fritz Gloede/Leonhard Hennen* (Hrsg.), Diskursive Verständigung? Mediation und Partizipation in Technikkontroversen. Baden-Baden, 47–63.
Hobbes, Thomas, 1980: Leviathan. Erster und zweiter Teil, bibliogr. erg. Ausg. Stuttgart.
Höffe, Otfried, 1993: Moral als Preis der Moderne. Ein Versuch über Wissenschaft, Technik und Umwelt. Frankfurt a.M.
Japp, Klaus P., 1997: Intersystemische Diskurse – Sozial- und Systemintegration, in: *Sabine Köberle/Fritz Gloede/Leonhard Hennen* (Hrsg.), Diskursive Verständigung? Mediation und Partizipation in Technikkontroversen. Baden-Baden, 214–221.
Kant, Immanuel, 1997: Die Metaphysik der Sitten, in: Werkausgabe, Band VIII, hrsg. v. *Wilhelm Weischedel.* 11. Aufl., Frankfurt a.M.
Kittsteiner, Heinz D., 1995: Die Entstehung des modernen Gewissens. Frankfurt a.M.
Köberle, Sabine/Gloede, Fritz/Hennen, Leonhard (Hrsg.), 1997: Diskursive Verständigung? Mediation und Partizipation in Technikkontroversen. Baden-Baden.
Krohn, Wolfgang, 1997: Die Innovationschancen partizipatorischer Technikgestaltung und diskursiver Konfliktregulierung, in: *Sabine Köberle/Fritz Gloede/Leonhard Hennen* (Hrsg.), Diskursive Verständigung? Mediation und Partizipation in Technikkontroversen. Baden-Baden, 222–246.
Lau, Jörg, 1998: Artikel „Ein Gespenst geht um in der Wall Street. Über das höchst merkwürdige Revival eines deutschen Denkers", in: Die Zeit, Nr. 21 vom 14.05.1998, 43–44.
Lenk, Kurt, 1993: Probleme der Demokratie, in: *Hans-Joachim Lieber* (Hrsg.), Politische Theorien von der Antike bis zur Gegenwart. 2. Aufl., München, 933–989.
Luhmann, Niklas, 1973: Das Phänomen des Gewissens und die normative Selbstbestimmung der Persönlichkeit, in: *Frank Böckle/Ernst-Wolfgang Böckenförde* (Hrsg.), Naturrecht in der Kritik. Mainz, 223–243.

Luhmann, Niklas, 1995: Das Gedächtnis der Politik, in: Zeitschrift für Politik 42 (2), 109–121.
Luhmann, Niklas, 2000: Die Politik der Gesellschaft, hrsg. v. *André Kieserling*. Frankfurt a.M.
Martinsen, Renate (Hrsg.), 1995: Das Auge der Wissenschaft. Zur Emergenz von Realität. Baden-Baden.
Martinsen, Renate, 1995a: Der Staat als moralische Anstalt? Überlegungen zum Kommunitarismus, in: *Renate Martinsen* (Hrsg.), Das Auge der Wissenschaft. Zur Emergenz von Realität. Baden-Baden, 175–195.
Martinsen, Renate (Hrsg.), 1997: Politik und Biotechnologie. Die Zumutung der Zukunft. Baden-Baden.
Martinsen, Renate, 1999: Erosion der politischen Gestaltungsräume? Biotechnologiepolitik vor dem Hintergrund von Innovationswettlauf und Globalisierung, in: *Klaus Grimmer/Stefan Kuhlmann/Frieder Meyer-Krahmer* (Hrsg.), Innovationspolitik in globalisierten Arenen. Opladen, 135–161.
Martinsen, Renate, 2000: Angst als politische Kategorie. Überlegungen zum Verhältnis von Gentechnik und Demokratie, in: *Renate Martinsen/Georg Simonis* (Hrsg.), Demokratie und Technik – (k)eine Wahlverwandtschaft? Opladen, 53–69.
Martinsen, Renate, 2000a: Immanuel Kant: Tugendgesinnung als Gegenwart des Gesetzes, (Manuskript).
Martinsen, Renate, (i.E.): Das politische System der Bundesrepublik Deutschland aus einer Perspektive der Innovation: Ein politikwissenschaftlicher Zugang zum Konzept der nationalen Innovationssysteme und der Innovationsnetzwerke (erscheint in: Zeitschrift für Politik).
Martinsen, Renate/Simonis, Georg (Hrsg.), 2000: Demokratie und Technik – (k)eine Wahlverwandtschaft? Opladen.
Mertens, Thomas, 1988: Recht und Unrecht des Gewissens in Hegels Rechtsphilosophie. Über Moralität und Sittlichkeit, in: Archiv für Rechts- und Sozialphilosophie LXXIV (4), 477–490.
Nietzsche, Friedrich, 1968: Also sprach Zarathustra. Ein Buch für alle und keinen, in: Nietzsche Werke. Kritische Gesamtausgabe, hrsg. v. *Giorgio Colli/Mazzino Montinari*, Abtlg. VI, Bd. 1. Berlin/New York.
Offe, Claus, 1994: Der Tunnel am Ende des Lichts. Erkundungen der politischen Transformation im Neuen Osten. Frankfurt a.M./New York.
Prittwitz, Volker von (Hrsg.), 1996: Verhandeln und Argumentieren. Dialog, Interessen und Macht in der Umweltpolitik. Opladen.
Rapoport, Anatol, 1995: Paradoxe der Entscheidungstheorie, in: *Renate Martinsen* (Hrsg.), Das Auge der Wissenschaft. Zur Emergenz von Realität. Baden-Baden, 57–73.
Rawls, John, 1971: A Theory of Justice. Cambridge, Mass.
Renn, Ortwin/Webler, Thomas, 1997: Steuerung durch kooperativen Diskurs. Konzept und praktische Erfahrungen am Beispiel eines Deponieprojektes im Kanton Aargau, in: *Sabine Köberle/Fritz Gloede/Leonhard Hennen* (Hrsg.), Diskursive Verständigung? Mediation und Partizipation in Technikkontroversen. Baden-Baden, 64–100.
Saretzki, Thomas, 1996: Verhandelte Diskurse? Probleme der Vermittlung von Argumentation und Partizipation am Beispiel des TA-Verfahrens zum „Anbau gentechnisch erzeugter Herbizidresistenz" am Wissenschaftszentrum Berlin, in: *Volker von Prittwitz* (Hrsg.), Verhandeln und Argumentieren. Dialog, Interessen und Macht in der Umweltpolitik. Opladen, 135–167.
Scharpf, Fritz, 1970: Demokratietheorie zwischen Utopie und Anpassung. Konstanz.
Schmid, Michael, 1998: Rationales Verhalten und technische Innovation. Bemerkungen zum Erklärungspotential ökonomischer Theorien, in: *Werner Rammert* (Hrsg.), Technik und Sozialtheorie. Frankfurt a.M., 189–224.
Schmitt, Carl, 1996: Das Zeitalter der Neutralisierungen und Entpolitisierungen, in: ders.: Der Begriff des Politischen. Text von 1932 mit einem Vorwort und drei Corollarien. 6. Aufl., Berlin, 79–95.
Schumpeter, Joseph, 1950: Kapitalismus, Sozialismus und Demokratie. 2. erw. Aufl., Bern.
Sloterdijk, Peter, 1983: Kritik der zynischen Vernunft. Erster Band. Frankfurt a.M.
Sousa, Ronald de, 1997: Die Rationalität des Gefühls. Frankfurt a.M.

Stellungnahme, 1996: Stellungnahme der kritischen Umweltgruppen und Institute, die am „Verfahren zur Technikfolgenabschätzung des Anbaus von Kulturpflanzen mit gentechnisch erzeugter Herbizidresistenz" des WZB beteiligt waren, o.O.

Teubner, Gunther, 1995: Wie empirisch ist die Autopoiese des Rechts?, in: *Renate Martinsen* (Hrsg.), Das Auge der Wissenschaft. Zur Emergenz von Realität. Baden-Baden, 137–155.

Teubner, Gunther, 1996: Altera Pars Audiatur: Das Recht in der Kollision anderer Universalitätsansprüche, in: *Hans-Martin Pawlowski/Gerd Roellecke* (Hrsg.): Der Universalitätsanspruch des demokratischen Rechtsstaates. Stuttgart.

Walzer, Michael, 1993: Die Praxis der Gesellschaftskritik, in: *Michael Walzer*, Kritik und Gemeinsinn. Frankfurt a.M., 43–79.

Walzer, Michael, 1993a: Drei Wege in der Moralphilosophie, in: *Michael Walzer*, Kritik und Gemeinsinn. Frankfurt a.M., 9–42.

Walzer, Michael, 1994: Die kommunitaristische Kritik am Liberalismus, in: *Axel Honneth* (Hrsg.), Kommunitarismus. Eine Debatte über die moralischen Grundlagen moderner Gesellschaften. 2. Aufl., Frankfurt a.M., 157–180.

Wiedemann, Peter M./Nothdurft, Werner, 1997: Alle Macht den Diskursen? Über Mißverständnisse von Diskursen am Beispiel von umweltbezogenen Mediationsverfahren, in: *Sabine Köberle/Fritz Gloede/Leonhard Hennen* (Hrsg.), Diskursive Verständigung? Mediation und Partizipation in Technikkontroversen. Baden-Baden, 175–188.

Zusammenfassungen

Renate Mayntz, **Triebkräfte der Technikentwicklung und die Rolle des Staates,** S. 3–18.

Die Technikentwicklung wird in diesem Beitrag als historischer Prozess gesehen, der sich seit der ersten industriellen Revolution stark beschleunigt und zu enormen Leistungssteigerungen geführt hat. Die Kräfte, die diesen Prozess vorangetrieben haben und weiter treiben, sind sowohl endogener wie exogener Natur. Technikentwicklung vollzieht sich in Form eines mehrstufigen Selektionsprozesses, der von einer Basisinnovation bis hin zur verbreiteten Nutzung reicht. Dabei bestimmen technikimmanente Faktoren, insbesondere der jeweilige technology pool, vor allem zu Beginn den Möglichkeitsraum der weiteren Entwicklung, während ökonomische, politische und kulturelle Faktoren darüber entscheiden, welche der sich eröffnenden Möglichkeiten realisiert werden. Seit dem 17. Jahrhundert ist die zunächst relativ autonom verlaufende Technikentwicklung immer stärker vom wissenschaftlichen Fortschritt bestimmt worden. Ökonomische Faktoren (Nachfrage) sind immer bedeutsam gewesen, wirken sich aber besonders in der Phase praktischer Durchsetzung einer neuen Technik aus. Die staatliche Einflussnahme auf die Technikentwicklung durch selektive Förderung und Regulierung ist seit dem Zweiten Weltkrieg ein zunehmend wichtiger Faktor geworden.

Horst Hegmann, **Die Konsequenzen des wissenschaftlich-technischen Fortschritts für die normative Demokratietheorie,** S. 19–33.

Die mit dem wissenschaftlich-technischen Fortschritt einhergehende Wissensexplosion zwingt die modernen Demokratien paradoxerweise zunehmend zum Umgang mit Wissensdefiziten. Unabhängig davon, ob die Bürger die Demokratie als gemeinsame Suche nach dem für alle Besten begreifen oder als Ausgleich individueller Interessen, zunehmend sind sie übereinander und über die sie umgebende Welt unzureichend informiert. Aus diesem Grunde sind sie einerseits zunehmend auf ehrliche Verständigung angewiesen, eine Verständigung, die freilich andererseits mehr denn je durch strategisches Handeln bedroht ist. Auch das Verhältnis der Bürger zu den Experten ändert sich. Während einerseits deren Wissen immer wichtiger wird, zeigt sich andererseits, dass auch Experten ganz partikulare Ziele verfolgen und dabei auf der Grundlage durchaus begrenzter Wissensbestände handeln. Für die Demokratietheorie folgt daraus eine Konvergenz der traditionellen Ansätze und damit einhergehend eine Renaissance des Pragmatismus.

Ulrich Dolata, **Risse im Netz – Macht, Konkurrenz und Kooperation in der Technikentwicklung und -regulierung**, S. 37–54.

Industrielle Technikentwicklung und politische Technikregulierung finden längst nicht mehr vornehmlich innerhalb einzelner Organisationen und Instanzen statt, sondern sind hochgradig interaktiv betriebene Unterfangen, bei denen sich alle relevanten Akteure eines Technikfeldes in der einen oder anderen Weise aufeinander beziehen. Während die sozialwissenschaftliche Technikforschung dies ausgangs der achtziger Jahre noch eher unspezifisch als ebenso kontingenten wie komplexen sozialen Prozeß thematisierte, werden mittlerweile ausgreifende industrielle, politische oder soziale Netzwerke, in denen sich deutlich mehr als zwei Akteure systematisch, stabil und vertrauensvoll aufeinander beziehen, als zentrale Orte und Organisationsformen technischer Genese- und Formierungsprozesse ausgemacht. Damit einher geht in der Regel eine starke Fokussierung auf die kooperative Dimension von Technikentwicklung und -regulierung sowie eine große Bedeutungszuschreibung so genannter „weicher" Faktoren – Vertrauen, Fairness, Lernen, Informalität, persönliche Beziehungen u.a. – als konstitutiver Elemente innovationsbezogener sozialer Interaktionen. In diesem Aufsatz soll überprüft werden, wie tragfähig der seit einigen Jahren so populäre Netzwerk-Begriff als interpretierende Kategorie für sozialwissenschaftliche Technikanalysen ist.

Josef Esser / Roland Noppe, **Von nationalen Technologienormen zur transnationalen Technologienormenkonkurrenz. Das Beispiel Telekommunikation**, S. 55–70.

Der Aufsatz analysiert die Transformation von national ausgerichteten Technologienormen zu einer transnationalen Technologienormenkonkurrenz am Beispiel der europäischen Telekommunikationsindustrie. Er kommt zu dem Ergebnis, dass im Telekommunikationsbereich mit der Krise des Nachkriegsfordismus Kompetenzverschiebungen nicht nur zwischen verschiedenen Ebenen politischer Einflussnahme, sondern vor allem zu Gunsten der Interessenartikulation privater Akteure zu verzeichnen sind. Die daraus folgenden Auswirkungen sind als Resultat politisch-technischer Lösungsstrategien der Krise des Fordismus zu verstehen. Dabei kommt der Entwicklung und Implementation neuer Technologien eine wachsende Bedeutung im transnationalen Wettbewerb zu. Am Fallbeispiel werden in Deutschland und auf europäischer Ebene technische, regulierungspolitische und diskursive Strategien der Restrukturierung identifiziert.

Ulrich Hilpert, **Zwischen Kompetenz und Umsetzung. Zu den Möglichkeiten und Grenzen befähigender staatlicher Politik. Das Beispiel Deutschlands nach der Wiedervereinigung**, S. 71–90.

Die deutsche Vereinigung traf 1990 auf eine Situation, in der die Prozesse der Globalisierung und Europäisierung endgültig zum Durchbruch gekommen sind. Mittels staatlicher Befähigung zu modernen technologisch-industriellen Entwicklungen sollte die Umwandlung der Wirtschaftsstruktur erfolgen. Dabei stellt sich die Frage, ob derartige Prozesse unter den Bedingungen von Defiziten bei Marktzugängen und inkompatiblen industriellen Kompetenzen politisch induzierbar sind und welche Konstellationen dadurch politisch herbeigeführt werden müssen: Erfordert erfolgreiche Innovations- und

Industriepolitik über die wissenschaftlich-technische Kompetenz hinaus auch die entsprechenden Arrangements für eine erfolgreiche und marktbezogene Umsetzung?

Vor diesem Hintergrund werden Globalisierungsmuster globaler und europäischer Innovationsprozesse sowie die Bedingungen für die Partizipation in verschiedenen technologischen Zusammenhängen diskutiert. Innerhalb dieser Arrangements werden die Möglichkeiten intergouvernementaler Arbeitsteilung für staatliche Befähigung und die Bedeutung sozio-kulturellen Wandels für die Realisation der Innovationsprozesse behandelt. Angesichts der Optionen staatlicher Gestaltung stellt sich die Frage nach dem Zusammenhang zwischen der gouvernementalen Struktur und befähigender Innovationspolitik. So zeigt das Beispiel der Entwicklung Ostdeutschlands nach der Vereinigung: Dem föderalen Regierungssystem der BR Deutschland wohnt eine eigene Innovationskraft inne, die beim Blick auf die Entwicklungen in Ostdeutschland in Ansätzen zum Tragen kommen konnte.

Sylke Nissen, **Global Cities: Technik und Stadtentwicklung,** S. 91–107.

In der Diskussion um die neuen Weltmetropolen herrscht Einmütigkeit darüber, dass die technische Entwicklung der vergangenen Jahre erheblich zur Herausbildung von global cities beigetragen hat. Dennoch fehlt eine überzeugende Analyse des Verhältnisses von global cities und Technik, da in den spezifischen Untersuchungen zu global cities informierte Beschreibungen dominieren. Dieser Mangel wird auch von der technikinteressierten Stadtforschung nicht wettgemacht. Der vorliegende Beitrag skizziert das Defizit sowohl in der global cities- als auch in der Stadtforschung und weist auf ein weiteres analytisches Problem hin, das über die Technikdimension in der sozialwissenschaftlichen Stadtforschung hinausgeht.

Rainer Schmalz-Bruns, **Internet-Politik. Zum demokratischen Potenzial der neuen Informations- und Kommunikationstechnologien,** S. 108–131.

Die rasante Entwicklung der neuen Informations- und Kommunikationstechnologien und insbesondere des Internet haben vielfach zu hochgestimmten Erwartungen bezüglich einer grundlegenden Transformation der politischen Kommunikationsverhältnisse und damit der Demokratie geführt. Dieses Ausmaß an Zuversicht ist jedoch deshalb irritierend, weil einerseits eine deutliche Diskrepanz zwischen diesen Erwartungen und den empirisch nachweisbaren Wirkungen in allen angenommenen Wirkungsdimensionen unübersehbar ist und andererseits damit zusammenhängende normative und institutionelle Fragen selten in der erforderlichen Breite thematisiert werden. Aus diesem Grund versucht der folgende Artikel, primär in einer politikwissenschaftlichen Perspektive Klärungen vorzuschlagen, die sowohl am normativen Profil wie am empirischen Gehalt und an institutionellen Implikationen dieser jüngsten Runde der Debatte zum Verhältnis von technologischem und politischem Wandel ansetzen. Im Ergebnis werden dabei neun Einwände herausgearbeitet, die der utopischen Transformationsthese deutlich widersprechen und jenseits scheinradikaler Gesten eine bescheidenere und pragmatische Perspektive auf die neuen Medien favorisieren.

Hans J. Kleinsteuber, **Neue Medien im Prozess der Globalisierung. Zum Verhältnis von Medientechnik und Politik am Beispiel des Deutschen Auslandsrundfunks,** S. 132–146.

Dieser Beitrag geht von der Einsicht aus, dass (Massen-)Medien immer technischer Natur sind, gleichwohl bleibt diese oft verborgen. In der Technikgeschichte der Print- und Funkmedien bleibt der Staat ein ständig begleitender Faktor, sei es als Förderer neuer Techniken (Technologie- und Standortpolitik), Nutzer von Medien (z.B. Militär), als Zensor oder Regulator. Politische Akteure (in Deutschland traditionell die Parteien) schalteten sich nach 1945 ein, um über Medien die politische Kommunikation kontrollieren zu können. Dabei präferierten sie bestimmte Technikspezifikationen, z.B. die CDU in den 70er und 80er Jahren das Koaxialkabel, die SPD den Rundfunksatelliten. Mit den elektronischen Medien begann, historisch gesehen, die Globalisierung der Kommunikation, heute vorangetrieben vor allem von Satelliten und Internet. Am Beispiel des deutschen Auslandsrundfunks wird verdeutlicht, wie sich parteipolitische Proporzpolitik auswirkt und in bestimmten Situationen als technisches Modernisierungshemmnis wirkt. Obwohl die interaktive Logik des Internet sich ideal eignet, um das neue Paradigma „Dialog der Kulturen" in der auswärtigen Kulturpolitik zu unterstützen, bleibt die Deutsche Welle vor allem der herkömmlichen „Aussendung" verhaftet.

Frank Marcinkowski, **Öffentliche Kommunikation als präventive Risikoerzeugung – Politikwissenschaftlich relevante Ansätze der Risikokommunikationsforschung und neue empirische Befunde,** S. 147–166.

Der Beitrag fragt nach der Bedeutung des Umstands, dass über Technik und ihre Risiken öffentlich kommuniziert wird, für die Fähigkeit staatlicher Politik, auf die technische Entwicklung einzuwirken und ihre Folgen zu regulieren. In Auseinandersetzung mit vorliegenden Ansätzen der Risikokommunikation entwickelt er ein Konzept öffentlicher Kommunikation als präventiver Risikoerzeugung. Das Konzept erscheint politikwissenschaftlich insoweit interessant, als es die kommunikative Partizipation an der gesellschaftlichen Risikoverteilung in Aussicht stellt und inkrementales Lernen im Umgang mit Technik befördern könnte. Die empirische Realität öffentlicher Technikkommunikation in Deutschland ist allerdings weit davon entfernt, die dafür notwendigen Voraussetzungen zu schaffen.

Wolfgang Fach, **Der umkämpfte Fortschritt – Über die Codierung des Technikkonflikts,** S. 167–184.

Der Technologiekonflikt, so sieht es aus, hat hierzulande mehrere Stadien durchlaufen. Am Anfang ist er als *Krieg der Kulturen* verstanden worden, in dem sich „Ingenieure" und „Literaten" gegenüberstanden, wobei jede Seite sich durch eine spezifische Haltung gegenüber dem Fortschritt auszeichnete: Pessimus und Ressentiment hier, Optimismus und Pragmatismus dort. Dieser Konflikt verwandelte sich in einen *Kampf um Macht*, als die „Fortschrittsfreunde" erkannten, dass in Demokratien Konflikte dadurch gewonnen werden, dass man Wahlen gewinnt. Der Kampf um die politische Macht war daher ein Kampf um den gesunden Menschenverstand, der sich als weniger „progressiv" herausstellen sollte, als seine selbst ernannten Advokaten erwartet hatten. In Phase drei konnte man erleben, wie die Kontroverse in eine *Debatte über Risiken* mutierte. Zu diesem Zeitpunkt wurde deutlich, dass aus dem prinzipiellen Konflikt ein rein immanenter Streit geworden war: darüber, mit welcher Geschwindigkeit der riskante Fortschritt „vernünftigerweise" vorangetrieben werden sollte. Am Ende steht die Überlegung, dass sich der Technologiekonflikt auch deswegen so entwickelt hat, weil er mit einem mehr oder weniger verborgenen Alltags-Diskurs über Technik gekoppelt ist. Wenn Ärzte neue Behandlungsmethoden verschreiben, Lehrer naturwissenschaftliche Neuigkeiten vorführen oder Eltern mit Hilfe moderner Gentests für die Zukunft ihrer Kinder sorgen wollen, verwandeln sie sich allesamt in Garanten des Fortschritts – oder „ehrliche Makler", wie der *Economist* meint.

Thomas Saretzki, **Entstehung, Verlauf und Wirkungen von Technisierungskonflikten: Die Rolle von Bürgerinitiativen, sozialen Bewegungen und politischen Parteien,** S. 185–210.

Seit den 1970er Jahren ist es in der Bundesrepublik Deutschland und in vielen anderen demokratischen Industriestaaten immer wieder zu Konflikten um neue Technologien gekommen. Einen herausragenden Fall bildet dabei der Konflikt um die Nutzung der Kernenergie. Für das Entstehen von Technisierungskonflikten werden insbesondere Bürgerinitiativen, soziale Bewegungen und politische Parteien verantwortlich gemacht. In dem Beitrag geht es um die Rolle dieser Akteure in Technisierungskonflikten. Gefragt wird umgekehrt auch nach der Bedeutung von Technisierungskonflikten für Bürgerinitiativen, soziale Bewegungen und politische Parteien. Die Diskussion über den Kernenergiekonflikt zeigt, dass Entstehung, Verlauf und Wirkungen von Technisierungskonflikten nicht angemessen zu erklären sind, wenn die Konfliktanalyse lediglich akteursbezogen ausgerichtet ist und dabei nur die konfliktinitiierenden Akteure in den Blick rückt. Für eine angemessene Erklärung von Technisierungskonflikten muß die politikwissenschaftliche Analyse einerseits umfassender, andererseits spezifischer ansetzen. Nötig ist ein mehrdimensionaler analytischer Bezugsrahmen, der alle drei Politikdimensionen und die gesellschaftlichen Kontexte eines Konfliktfeldes berücksichtigt und den spezifischen Implikationen unterschiedlicher Technisierungsprozesse Rechnung trägt.

Stephan Bröchler, **Does technology matter? Die Rolle von Informations- und Kommunikationstechniken in Regierung und Parlament,** S. 213–231.

Der Beitrag „Does technology matter?" diskutiert die Frage, ob der Einsatz der IuK-Technik für die Arbeit von Regierung und Parlament eine Rolle spielt. Aus politikwissenschaftlicher Sicht wird die Frage, die ein Ja oder Nein geradezu herausfordert, differenzierter beantwortet. Die Ausgangsfrage wird verneint, sofern sie eine technische Eigenlogik unterstellt, die Regierung und Parlament technisch neu erfindet. Der Beitrag zeigt, dass IuK-Technik weder der Regierungsplanung zum Durchbruch verhelfen konnte noch den Machtverlust des Parlaments induzierte. In einem anderen Sinn, so wird argumentiert, spielt Informations- und Kommunikationstechnik sehr wohl eine Rolle. „Technology matters" im Bereich der Aufgabenerfüllung von Regierung und

Parlament. Der Blick in die Parlamentsdienste und Regierungskanzleien Deutschlands und der Schweiz verdeutlicht, dass IuK-Technik mittlerweile als verbreitetes Arbeitsinstrument Einzug gehalten hat. Der Beitrag plädiert dafür, die Mitte der 80er Jahre abgebrochene politikwissenschaftliche Diskussion über die Bedeutung der IuK-Technik für Regierung und Parlament wieder aufzunehmen.

Klaus Grimmer / Martin Wind, **Wandel des Verhältnisses von Bürger und Staat durch die Informatisierung der Verwaltung,** S. 232–247.

Öffentliche Verwaltungen verwenden zur Erfüllung ihrer Aufgaben in großem Umfang Informations- und Kommunikationstechnik. Die Nutzung der Technik hat tiefgreifende Auswirkungen auf die Produktions- und Arbeitsprozesse sowie die Leistungen der Verwaltungen. Sie beeinflusst die Art und Weise, wie und mit welchen Instrumenten der Staat gesellschaftliche Probleme bearbeitet. Drei übergeordnete Trends sind dabei festzustellen. Der funktionale Verwaltungsaufbau wird stärker prozess- und produktbezogen, bestehende Kommunikationswege werden durch Angebote im Netz ergänzt, vernetzte Techniksysteme eröffnen neue Wege, um die verwaltungsinterne Arbeitsteilung effektiver zu gestalten. – Mit diesen unmittelbaren Veränderungen im Verhältnis Verwaltung und Bürger zeichnen sich auch grundsätzliche Veränderungen der Staatlichkeit ab.

Frank Nullmeier, **Zwischen Informatisierung und Neuem Steuerungsmodell. Zum inneren Wandel der Verwaltungen,** S. 248–267.

In der Literatur zum „New Public Management" wird die Rolle der Informatisierung nicht hinreichend beachtet und analysiert. Dieser Artikel gibt einen Überblick zur Forschung über Informatisierungsprozesse in der deutschen öffentlichen Verwaltung und prüft die divergierenden Erklärungsansätze. Besondere Aufmerksamkeit wird auf „Visionen" gelegt, die sowohl in den Implementationsprozessen der neuen Informationstechnologien als auch für die verwaltungswissenschaftliche Forschung von großer Bedeutung sind. Informatisierung wird geprägt von der sozialen Konstruktion von Optionen und Leitbildern sowie der Mikropolitik öffentlicher Verwaltungen. Ein Weg in Richtung „Infokratie" ist schon deshalb nicht zu erwarten.

Hans-Jürgen Lange / Volker Mittendorf, **Innere Sicherheit und Technik. Die Bedeutung technologischer Adaptionen im Hinblick auf Spezialisierung und Aufgabenwandel der Polizei,** S. 268–292.

Der Beitrag untersucht die Bedeutung der Adaption von technischen Entwicklungen und die daraus resultierenden Wechselwirkungen auf Spezialisierung und Aufgabenwandel insbesondere der Polizei als wichtigstem Akteur im Politikfeld Innere Sicherheit. Dabei zeigen sich historische Kontinuitäten: Einerseits reagiert die Polizei überwiegend inkrementell durch die Implementation vorfindlicher Techniken. Andererseits fördert die zunehmende Verwissenschaftlichung und Techniknutzung den Prozess einer stärkeren Spezialisierung, wie sie etwa in der Ausdifferenzierung der Kriminalpolizeien zu Beginn des 20. Jahrhunderts zu beobachten ist.

Die aktuellen Entwicklungen werden unter vier Aspekten betrachtet: (1) Die zunehmende Durchdringung der Gesellschaft mit Computern stellt die Polizei vor neue Probleme, die z.T. erst mit großer Verzögerung erkannt werden. (2) Die Technikausstattung folgt auch heute überwiegend auf Grund von Rekonfiguration und Implementation von entwickelten Techniken. (3) Polizeiliche Forschungsanstrengungen finden v.a. im Bereich der Spurensicherung und erst relativ spät auch für andere Einsatz- und Ermittlungszwecke statt. (4) Die Adaption von Techniken ist ambivalent: Der Einsatz von Technik zum Zwecke der Repression und gesellschaftlichen Kontrolle hat auch bei eher reaktiver Technologisierung Rückwirkungen auf Datenschutz und andere Individualrechte.

Die sich abzeichnende Spezialisierung der Polizei führt zu einem Rückzug der Polizei aus Aufgabenbereichen mit geringerem Qualifikationsniveau. Diese Bereiche werden, ähnlich wie sich insgesamt im Leitbild der neueren Verwaltungsmodernisierung abzeichnet, von privaten Sicherheitsanbietern und gesellschaftlichen Gruppen (Sicherheitswachen) übernommen. Die daraus resultierende schleichende Erosion des staatlichen Gewaltmonopols führt zu einer Neubestimmung des staatlichen Aufgaben- und Sicherheitsverständnisses, welches in der politikwissenschaftlichen Diskussion bislang noch wenig berücksichtigt ist.

Ulrich Albrecht, **Neue Technologien der Kriegsführung und ihre Auswirkungen auf die internationale Ordnung, S. 293–301.**

Technischer Wandel und seine Auswirkungen auf politische Angelegenheiten findet im Moment besonders auf dem militärischen Sektor statt. Die so genannte „Revolution in military affairs", der Gebrauch von high-tech im täglichen Leben der Truppen, führen zu einem radikalen Wandel im Erfüllen militärischer Pflichten. Hierarchie, das klassische Merkmal der militärischen Organisation, wird flacher. Territorialität, die zu verteidigen die traditionelle Aufgabe von Armeen war, verliert drastisch an Bedeutung für global operierende Streitkräfte. Der Artikel konzentriert sich auf die Wahrnehmung solcher Entwicklungen in Deutschland, konkret am Beispiel einer detaillierten Studie des Büros für Technikfolgenabschätzung im Bundestag. Dieser Bericht folgt der allgemeinen Wahrnehmung der zunehmenden Bedeutung von Informationskriegsführung: wie die Abkürzung des amerikanischen C4ISR schon vermuten lässt: Ihre tragenden Säulen sind die „C4", „command, control, communication, computers" plus „intelligence, surveillance and reconnaisence". Das Sammeln und Verarbeiten von Informationen durch militärische Institutionen wird zur übergeordneten Aktivität. – Cyberkrieg so verstanden zielt auf eine Ausübung von Zwang ohne Anwendung körperlicher Gewalt.

Dieser Artikel zieht Parallelen zwischen diesen Entwicklungen und sonstigen allgemeinen technischen Trends: Robotisierung in der Fertigung, Auslagern von Produktionsorten, die zunehmende neoliberale Privatisierung von Aufgaben, die eigentlich traditionellerweise im öffentlichen Sektor verbleiben sollten. Das Hauptmotiv für den Aufbruch des Militärs liegt im Streben nach Überlegenheit, wie insbesondere aus US-Quellen deutlich wird.

Nils C. Bandelow, **Systeme der Zulassung und Überwachung riskanter Techniken: Machtverluste diskursiver Verwaltung und Gegenstrategien**, S. 302–318.

In Deutschland existieren komplexe Systeme der Zulassung und Überwachung riskanter Techniken, deren institutionelle Ursprünge bis in das 19. Jahrhundert zurückgehen. Die Systeme basieren auf einer engen Einbindung von Sachverständigen, welche oft mit den Regelungsadressaten verbunden sind. Diese Form der kooperativen Verwaltung lässt sich auf Grund der besonderen Rolle von Argumenten als diskursive Verwaltung bezeichnen. Die diskursive Verwaltung entscheidet in der technisierten Gesellschaft zunehmend über Grundsatzfragen von langfristiger Bedeutung. In der gegenwärtigen Form wird sie demokratietheoretischen Ansprüchen nicht gerecht, da politische Kontroversen unter dem Verweis auf wissenschaftliche „Wahrheit" entschieden werden. Das Papier schlägt verschiedene Strategien zur Stärkung der demokratischen Legitimität vor, die einen konstruktivistischen Risikobegriff zu Grunde legen.

Roland Czada, **Legitimation durch Risiko – Gefahrenvorsorge und Katastrophenschutz als Staatsaufgaben**, S. 319–345.

Moderne Technologien erwiesen sich bislang weder als Mittel grenzloser Machtsteigerung, wie es die kritische Theorie befürchtet hatte, noch ersetzen sie demokratische Herrschaft durch Sachentscheidung, wie es die Verkünder eines „technischen Staates" voraussagten. Vielmehr tragen sie zur Stärkung des demokratischen Staates bei. Ohne ausreichende demokratische Legitimitätsressourcen und einen autonomen Verwaltungsstaat können die Unsicherheiten, Gefahren und Unfälle, die mit dem Gebrauch moderner Technik einhergehen, nicht bewältigt werden. Der Beitrag zeigt, wie die technikgläubige Herrschaftskritik der sechziger und siebziger Jahre in eine neue Wertschätzung des regulativen Ordnungsstaates umschlug, dessen Konturen in politischen Reaktionen auf Katastrophen und Störfälle, am Wachstum regulativer Umweltpolitik und an der Regierungspraxis grüner Umweltminister in Bund und Ländern deutlich werden.

Daniel Barben / Maria Behrens, **Internationale Regime und Technologiepolitik**, S. 349–367.

Die Ausgangfrage des Beitrags ist, inwieweit spezifische Eigenschaften von Technologien Veränderungsprozesse in der internationalen Regimekonfiguration generieren und wie umgekehrt diese deren Entwicklungsbedingungen politisch gestalten. Dazu wird ein Vergleich zweier Technologiefelder (IuK-, Biotechnologie) vorgenommen. Ein erweiterter Regimebegriff, der die vertikale Differenzierung von Handlungsebenen nationaler, suprastaatlicher und internationaler Politik einbezieht, ermöglicht, Wirkungszusammenhänge zwischen technologischen und institutionellen Genese- bzw. Restrukturierungsprozessen herauszuarbeiten. Im Ergebnis werden die Konturen verschiedener Technologieregime deutlich, die für die jeweiligen Politikebenen und abhängig von technologiespezifischen Regulierungsanforderungen je unterschiedlich ausgeprägt sind. Neben der v.a. wirtschaftlich bedingten Regimekonkurrenz zwischen den USA und der EU sind auf das Welthandelsregime, internationale Umweltkonventionen und Standardisierungsorganisationen bezogene Politikprozesse von herausragender Bedeutung für die untersuchten Technologieentwicklungen wie für die Anordnung politischer Handlungskapazitäten.

Edgar Grande, **Von der Technologie- zur Innovationspolitik – Europäische Forschungs- und Technologiepolitik im Zeitalter der Globalisierung, S. 368–387.**

Als Reaktion auf die Globalisierung von Unternehmen, Märkten und Technologien wurden seit den 80er Jahren die Bemühungen intensiviert, jenseits des Nationalstaats technologiepolitische Steuerungskapazitäten aufzubauen. Dies hat inzwischen zu deutlichen Veränderungen der institutionellen Architektur der staatlichen Forschungs- und Technologiepolitik geführt. Ein zentraler Aspekt dieser Veränderung von Staatlichkeit ist die Ausdifferenzierung staatlicher Handlungsebenen und die Herausbildung eines Mehrebenensystems staatlicher Techniksteuerung. Die Frage, welche Rolle die EG bzw. EU in diesem Mehrebenensystem spielen sollte, ist jedoch noch immer klärungsbedürftig. Dies zeigt sich nicht zuletzt daran, dass es in den vergangenen zwanzig Jahren bemerkenswerte Änderungen in den grundlegenden Strategien der EG/EU gegeben hat, die sich als Übergang von einer industrieorientierten Technologiepolitik zu einer umfassenderen Innovationspolitik begreifen lassen. Da beide Strategien auf europäischer Ebene große Umsetzungsprobleme aufwerfen, befindet sich die Europäische Union im Bereich der FuT-Politik noch immer auf der Suche nach einer angemessenen Rolle und nach einer dafür geeigneten Strategie.

Antje Blöcker / Dieter Rehfeld, **Regionale Innovationspolitik und innovative Regionalpolitik, S. 388–404.**

Die Unterscheidung zwischen regionaler Innovationspolitik und innovativer Regionalpolitik steht für zwei Pole, zwischen denen sich innovationspolitische Maßnahmen im neuen technologiepolitischen Handlungsfeld Region bewegen. Im Verlauf von drei Phasen zeigt sich das Wechselspiel von wachstums- und ausgleichspolitischen Orientierungen einer derartigen Politik. Die erste Phase kennzeichnet den Aufbau einer technologiepolitischen Infrastruktur, ihr folgt in der zweiten – zeitlich partiell parallelen – eine Orientierung an umfassenden Regionalisierungsstrategien, die in der dritten Phase um eine prozedurale Komponente erweitert wird, deren wesentliche Merkmale die Netzwerkbildung und der Aufbau von Verbundstrukturen sind. Dabei weichen Mobilisierung von Potenzialen und umfassende Koordination der Entwicklung von Kernkompetenzen und der Fokussierung auf Leitbilder. Für eine systematische Verbindung von regionaler Innovationspolitik und innovativer Regionalpolitik reichen diese Ansätze jedoch nicht aus. Vielmehr geht es darum, über das oftmals dominante Ökonomische hinaus, Freiräume für Kontexte, nicht nur für einzelne Innovationen, und eine Öffnung der regionalisierten Politik für Impulse von Außen zu schaffen.

Raymund Werle, **Liberalisierung und politische Techniksteuerung, S. 407–424.**

Die Liberalisierung der technischen Infrastruktur hat die Fähigkeit des Staates reduziert, technische Entwicklungen und die Nutzung von Technik zu steuern. Unterscheidet man zwischen Koordination und Regulierung von Technik, so lässt sich jeweils ein Rückzug des Staates feststellen. Was die Koordination betrifft, ist staatliche Intervention bis auf die Ausnahme der Realisation positiver Netzexternalitäten auch überflüssig, da es in der Regel im individuellen Interesse der privaten Akteure liegt, ihre Handlungen zu koordinieren. Hinsichtlich der Regulierung von Technik bedarf es der staatlichen Aufsicht oder Intervention, um negative Externalitäten zu verhindern (Risikoregulierung). Viele Risiken sind nicht neu, einige sind allerdings erst im Zuge der Liberalisierung entstanden. Völlig neu ist die Aufgabe der Marktregulierung, die oft von spezialisierten politisch unabhängigen Agenturen wahrgenommen wird. Sie zielt vor allem darauf, in den früheren Monopolbereichen Wettbewerb zu sichern, dient aber auch sozialpolitischen Zielsetzungen, insbesondere der universellen Versorgung mit Infrastrukturdienstleistungen. In beiden Fällen bedient sie sich auch technischer Vorgaben und beeinflusst dadurch die Technik.

Georg Simonis, **Die TA-Landschaft in Deutschland – Potenziale reflexiver Techniksteuerung,** S. 425–456.

In den 80er und 90er Jahren des vergangenen Jahrhunderts konnte sich in Deutschland eine vielfältige Landschaft der Technikfolgenabschätzung (Technology Assessment) entwickeln. Herausgebildet hat sich ein differenziertes nationales TA-System, dessen Grad an Institutionalisierung und dessen Leistungsfähigkeit noch nicht untersucht wurden. Der Beitrag beschäftigt sich mit der analytischen Vermessung dieses Systems als Voraussetzung für eine spätere Untersuchung seiner Leistungs- und Steuerungsfähigkeit. So wird zunächst zwischen TA-Forschung und institutionalisierten TA-Verfahren unterschieden. Dann werden fünf TA-Verfahren analytisch isoliert und grobkörnig beschrieben (strategische, konstruktive, parlamentarische, partizipative und deliberative TA-Verfahren). Abschließend werden spezifische Funktionsprobleme dieser fünf Verfahren vergleichend herausgearbeitet. Als Fazit ergibt sich, dass zwischen der in Deutschland beachtlich entwickelten TA-Forschung und der schwachen Institutionalisierung und Leistungsfähigkeit von TA-Verfahren eine erhebliche Diskrepanz besteht.

Weert Canzler / Meinolf Dierkes, **Informationelle Techniksteuerung: öffentliche Diskurse und Leitbildentwicklungen,** S. 457–475.

In dem vorliegenden Beitrag soll die Hypothese begründet werden, dass technische Leitbilder und ihre diskursive Entwicklung einen verbindlichen Fokus und motivierenden Rahmen für öffentliche Technikdebatten darstellen und diese wiederum optimierend auf Entscheidungsprozesse über technische Entwicklungen zurückwirken können. Diese Hypothese knüpft an die sozialwissenschaftliche Technikdiskussion und -forschung der letzten Jahre an. Darin hat sich der Blick nicht allein auf die einzelnen Techniken bzw. Artefakte und ihre materiellen und konstruktiven Eigenschaften gerichtet, sondern auch auf ihre politischen und gesellschaftlichen Kontextualisierungen. Jede Realisation neuer Techniken ist in einen Prozess der gesellschaftlichen Bedeutungszuschreibung eingebaut. Leitbilder sind das Ergebnis eines kollektiven Verständigungsprozesses darüber, was sowohl für wünschbar als auch für machbar gehalten wird. Die sprachliche Zuspitzung in Metaphern mit kultureller Passung in den Entstehungskontexten unterstützen und regen öffentliche Diskurse an. Für die Umsetzung öffentlicher Leitbildprozesse kann an eine Vielzahl erprobter Diskursformen angeknüpft werden. Im Erfolgsfall stehen am Ende ein hoher gesellschaftlicher Konsens und eine erhöhte Sensibilität gegenüber den Chancen für die soziale, wirtschaftliche, kulturelle und ökologische Entwicklung, die in den diskutierten Leitbildern liegen.

Wolfgang van den Daele, **Gewissen, Angst und radikale Reform – Wie starke Ansprüche an die Technikpolitik in diskursiven Arenen schwach werden, S. 476–498.**

Nach der Theorie sind diskursive oder deliberative Verfahren geeignet, die in liberalen Gesellschaften institutionalisierten Politikprozesse zu entgrenzen, indem sie moralisch begründeten Widerstand gegen neue Technik, Ängste vor unbekannten Risiken und Ansprüche auf eine demokratische Kontrolle von Innovation zur Geltung zu bringen. In der Praxis entwickeln die Verfahren jedoch eine Eigendynamik, die diese Erwartung enttäuscht. Am Beispiel der Regulierung der Gentechnik wird gezeigt, wie Deliberationen Appelle des Gewissens pluralistisch relativieren, Ängste zurückweisen, sofern sie nicht den Kriterien des plausiblen Risikoverdachts genügen, und verfassungspolitische Reformansprüche ins Leere laufen lassen, indem sie Konsistenz und Systembildung erzwingen und die Folgeprobleme, die zu berücksichtigen sind, vervielfältigen.

Renate Martinsen, **Ethikpolitik als mentale Steuerung der Technik – Zur Kultivierung des Gewissens im Diskurs, S. 499–525.**

In Reaktion auf die wachsenden Unsicherheitslagen im Gefolge der dynamischen Technikentwicklung kam es zur Propagierung und Etablierung von deliberativen Politikmodellen, die der Technikpolitik eine breitere Legitimationsbasis verschaffen sollten. Die Betrachtung eines paradigmatischen Fallbeispiels verdeutlicht, dass die Kanalisierung der kommunikativen Abläufe im TA-Diskurs darauf hinauslaufen, den subjektiven Faktor „auszufiltern". Indem der gesellschaftliche Konflikt um die Gestaltung der technologischen Entwicklung transformiert wird in die Suche nach einem rationalen Konsens, erscheint „Abweichung" mit dem Odium des Unvernünftigen behaftet. Konsensorientierte Diskursmodelle transportieren einen impliziten Finalismus: abgezielt wird auf die Stillstellung des Streits um die bestmögliche Gestaltung der Gesellschaft. Die Formel „Gewissen" steht für eine Grenzlinie, die die Option des Austritts aus bzw. der Verweigerung gegenüber einem solchermaßen organisierten Diskurs markiert.

Der vorliegende Beitrag argumentiert, dass das dem liberalen Diskursmodell zugrundegelegte Rationalitätskonzept unterkomplex ist und einem hierarchischen Bias verhaftet bleibt: Im Rahmen von modernen differenzorientierten Gesellschaftstheorien erhält der offensive Umgang mit Abweichung ein neues Framing als Kreativitätsgewinn und Zuwachs an gesellschaftlichem Innovationspotenzial.

Abstracts

Renate Mayntz, **Driving Forces of Technology Development and the Role of the State,** pp. 3–18.

Technology development is seen in this article as a long historical process that gained speed with the first industrial revolution. The forces driving this process are both endogenous and exogenous. Technology development takes place in a sequence of steps reaching from basic innovation to wide-spread utilization of a new artifact or technical system. At each step, a selection among the technologically feasible paths opening up takes place, guided by political, cultural, and economic factors. Since the birth of modern science in the 17th century, technology development, at first a relatively autonomous process, has become linked ever more closely to developments in science. Economic factors, especially in the shape of demand pull, have never fully determined technological development; especially in the invention phase, technology push often dominates over demand pull, which becomes decisive in the later phase of wide-spread adoption and utilization. Political factors, especially technology policy (selective promotion) and regulation, have become influential factors after World War II.

Horst Hegmann, **The Consequences of Scientific and Technological Progress for Normative Democratic Theory,** pp. 19–33.

The immense progress of scientific and technological knowledge confronts modern democratic societies paradoxically with an increasing need to deal with lacking knowledge. Democratic theory treats citizens essentially in two different ways. Either it depicts them as striving collectively for the common good or it sees them as individuals looking for compromise. In either case they need more honest communication and in either case such communication is endangered to an increasing extent by strategic behaviour. A similar statement can be made for the status of experts in society. Here as well, the two approaches end up with converging results. Democrats are more then ever forced to rely on experts and they have to learn at the same time that experts pursue particular ends on the basis of quite restricted stocks of knowledge. In both approaches, therefore, scientific and technological progress leads to a change of traditional democratic theory and, therewith, to a revival of pragmatism.

Ulrich Dolata, **The Cracking Net – Power, Competition and Cooperation in the Development and Regulation of Technology,** pp. 37–54.

The industrial development and political regulation of new technologies are procedures which do not only involve as a rule all relevant actors of a technology field but also constitute complex patterns of social interaction between them. Industrial or policy networks are prominent categories to interpret such collaborative arrangements. This article discusses three objections against a too broad use of the network category in this context: First of all, it has to be recognized that multilateral networks are only a subset of a wide range of industrial cooperations and political negotiations. Fluidity, fragmentation and pluralism are also main characteristics of social interaction in highly dynamic and uncertain new technology fields. Secondly, cooperations and negotiations do not mainly depend on soft factors such as trust, fairness, informality and interactive learning between equal partners but have to be seen and analyzed first as asymmetric structured power relations in which these soft factors are incorporated. Finally, industrial cooperations and political negotiations are not only reactions of growing industrial, technological and political complexities but also integral parts of fierce competitive industrial struggles, technology races and political competitions between regions and nations. Cooperations, negotiations and networks evolve in the shadow of competition and rivalry.

Josef Esser / Roland Noppe, **From National Technology Standards to Transnational Competition in Technology Standards. The Example of Telecommunication**, pp. 55–70.

The paper analyses the transformation of national norms of technologies to a transnational competition about norms of technologies. It is argued that during the crisis of post-war fordism competences not only shifted between different levels of political influence but mainly in favour of private actors in the telecommunications sector. The effects of this shift are results of political and technological strategies to overcome the crisis of fordism. The development and implementation of new technologies gained a growing importance in transnational competition. In the case of telecommunications technical, political and discoursive strategies at the German and European level are identified.

Ulrich Hilpert, **Between Competence and Application. On the Opportunities and Limitations of Government Policies. The Example of Germany After Unification**, pp. 71–90.

In 1990 the German unification took place in a situation that increasingly became characterised by processes of globalization and Europeanization. It was anticipated that changes in economic structures would be realised utilising governmental policies that enable techno-industrial innovation. This leads to the guiding question: whether such processes can be induced politically, even under conditions of both a lack of available markets and of industrial capabilities that are incompatible with existing market opportunities. In order to launch successful innovation and industrial policy is there a need not only for techno-scientific competencies, but also for appropriate arrangements that may provide for successful application according to market opportunities?

On this basis, patterns of globalization, of international, and of European processes of innovation will be discussed, as well as paying attention to participation in different technological opportunities. These arrangements provide the grounds for understanding both the opportunities for intergovernmental divisions of labour among government policies enabling processes of development, and the role of socio-cultural change when realising such processes of innovation. In the light of the possible role of government in development, a question is raised concerning the relationship between both the governmental structure and the launching of enabling innovation policies. So, the case of East Germany's development after the unification indicates: that the federal system of Germany developed a genuine innovative capability that has been at least partially effective when inducing socio-economic development in East Germany.

Sylke Nissen, **Global Cities: Technology and City Development,** pp. 91–107.

Today's global cities have been widely shaped by recent technological developments. Although this is generally accepted the discussion on global cities lacks a serious analysis of the particular relationship between global cities and technological developments. Instead research rather concentrates on the profound description of global cities. Urban studies that are interested in technological developments cannot make up for this deficit. This article discusses some insufficiencies of urban studies and global cities research and draws the attention to another analytical problem that goes beyond the technological dimension of social scientific urban research.

Rainer Schmalz-Bruns, **Internet Politics. On the Democratic Potential of the New Information and Communication Technologies,** pp. 108–131.

The rapid development and deployment of ICTs and especially the Net since 1995 have also been accompanied by great expectations concerning the transformation of representative democracy into a more participatory and deliberative form of government. This level of confidence is not only confusing because at least up to now there remains a remarkable discrepancy between the utopian expectations on the one hand and the provable impact of ICTs on political practice on the other; what is more, it also seems to be unjustified when normative and institutional questions are taken into account. Against this background the article tries to clear the conceptual ground on which more accurate estimations of the real impact of ICTs on the political process become possible. Using the analytical distinction between polity, politics and policy nine systematic reasons are emphasized that clearly contradict the over-optimistic views on the transformative force of ICTs and instead suggest a more modest and pragmatic perspective.

Hans J. Kleinsteuber, **The New Media in the Process of Globalization. The Relationship between Media Technology and Politics: The Example of the German Foreign Broadcasting,** pp. 132–146.

This article starts with the insight that (mass-)media are always of a technical nature, even though they are rarely seen as such. In the history of print and electronic media, the active state accompanied the development as a promoter of new technologies (technology and industrial policy), user of media (e.g. the military), as censor and regulator. Political actors (in Germany traditionally the parties) became active after 1945 in order to control political communication through the media. During these activities, they preferred certain technical specifications, e.g. in the 70ies and 80ies the CDU supported coaxial cable, the SPD broadcasting satellites. Seen in historical terms, with electronic media began the globalization of communication, today mainly driven by satellites and the internet. Based on the example of German foreign broadcasting, it is demonstrated, how a party policy of proportional representation can produce a blockade of technological modernization. Even though the interactive logic of the Internet is ideally suited to support the new paradigm of foreign cultural policy described as "dialogue of cultures", the Deutsche Welle follows mainly the pattern of one-directional broadcasting.

Frank Marcinkowski, **Public Communication as a Preventive Method of Creating Risks – Research Approaches on Risk Communication Valid for Political Science and their New Empirical Results,** pp. 147–166.

This essay asks for the importance of the fact that there is public communication about technology and its risks and the capability of the state to influence the development of technology and to regulate its consequences. Dealing with present research approaches on risk communication the essay develops a concept of public communication as a preventive method of creating risks. The concepts seems to be interesting for political science, because it holds out the prospect of communicative participation in the social distribution of risks and to improve the incremental learning in dealing with technology. But the empirical reality of public technology communication in Germany is certainly too far away from creating the necessary preconditions.

Wolfgang Fach, **Progress Besieged – Coding the Technology Conflict,** pp. 167–184.

The technology conflict in this country seems to have evolved through different stages. It started out as a war of cultures, setting "engineers" against "literati", with each side displaying a peculiar attitude towards progress. Optimism stood against pessimism, and pragmatism was to face resentment. This initial stage was followed by a second one, the fight for power. At this point, the supporters of "progress" began to realize that in democracies conflicts are won by winning elections. Hence the battle for power was a battle for shaping the common sense – which proved to be less "progressive" than assumed by its self-styled advocats. A third stage was reached when the controversy turned into a debate on risks. By then it became evident that the conflict had become completely immanent, i.e., the only question left was about the "reasonable" pace of progress in view of its possible dangers. Finally, it is argued that all this has been linked to a more or less hidden discourse taking place on those countless occasions when technology is at issue on the everyday level. When doctors prescribe new treatments, science teachers introduce new experiments, or parents try to secure their children a better future by having them genetically tested, they all turn into promoters of progress – "honest brokers", as they have been called by *The Economist.*

Thomas Saretzki, **Origin, Development and Impacts of Technological Conflicts: The Role of Citizen Groups, Social Movements and Political Parties,** pp. 185–210.

Since the 1970s processes of technization have repeatedly been contested in the Federal Republic of Germany and many other democratic industrial states. The most striking case in point is the conflict on the use of nuclear energy. Often citizen groups, social movements and political parties are hold accountable for these conflicts to occur. From the point of view of empirical research it is, however, not entirely clear, if and how these actors matter. The role of these actors in conflicts of technization is the topic of the article. It also raises the reverse question: how relevant are technological conflicts for citizen groups, social movements and political parties? As the discussion of the nuclear energy conflict in the social sciences shows, the origin, development and impacts of technological conflicts cannot be explained appropriately, if the analysis of the conflict is merely concerned with actors, especially if it looks only at those actors who initiated the conflict. An appropriate approach for the study of technological conflicts in political science has to be broader on the one hand and more specific on the other. What is required is a multidimensional frame of analysis that includes the dimensions of politics, polity and policy as well as societal contexts and takes the specific features of different processes of technization into account.

Stephan Bröchler, **Does Technology Matter? The Role of Information and Communication Technologies in Government and Parliament,** pp. 213–231.

The article raises the question whether the use of ICTs matters for government and parliament. The question calls for a simple yes or no, but from a political-science perspective it requires a more sophisticated answer. If by "matter" we mean to imply that ICTs cause a change for government and parliament – for better or for worse – the answer to the question is no. The article shows that in the past ICTs neither helped to establish governmental planning nor caused a loss of power for parliament. However, as it will be argued, ICTs do impact the ways in which government and parliament fulfil their work. The article focuses on two examples which seek to show how ICTs are currently used and their impact on government: the parliamentary services and chief executive offices in Germany and Switzerland.

Klaus Grimmer / Martin Wind, **Changing Relationships between Citizens and the State because of the Informatization of Public Administrations,** pp. 232–247.

On a large scale public administrations use information and communication technology (ICT) to perform their responsibilities. The use of ICT has profound effects on production- and working-processes of the administrations and their performances. ICT influences the manner and the instruments the government uses to process social problems. There are three superordinate trends to be realised: the administrative structures are changed towards a more process- and product-oriented organisation, existing ways of communication will be complemented by the opportunities of the internet, interlaced systems of ICT open up new ways to organise the division of labour in the public administration and citizens herald fundamental modifications in the opposition of state-being.

Frank Nullmeier, **Informatization and New Public Management. Transformation of Public Administration?,** pp. 248–267.

A weakness of the literature on New Public Management is that it largely ignores informatization as an important dimension in the recent reforms of public administration. The paper surveys the research on informatization in German public administration and scrutinizes the divergent approaches how to explain informatization. It pays particular attention to the role of "visions" both in implementation processes of new information technologies and in the scientific discipline of public administration. Informatization is shaped by the social construction of options and the micropolitics of administrative organization. That is why public administrations will not transform to "infocracies".

Hans-Jürgen Lange / Volker Mittendorf, **Domestic Security and Technology. The Importance of Technological Adaptations with Regard to the Police, its Specializations and Change of Tasks,** pp. 268–292.

The article examines the relevance of the adaptation in the field of technological development and the resulting impacts on specialization and change of tasks. It concentrates on the police as the most important actor for the policy of domestic security. Historically there can be found some continuities: on the one hand police is predominantly responding incrementally by the implementation of existing technologies. On the other hand the process of professionalization is supported by increasing scientific rationality and the qualified use of technology. Thus can be found in the differentiation of departments of investigation since the beginning of the 20th century.

The article emphasises on these four aspects: (1) For the police new problems are produced by the growing use of computers anywhere in the society, which sometimes are recognised with delay. (2) Reconfiguring and implementing ready-to-use-technologies is the dominant way to equip the police staff. (3) Research in the police has its focus on forensic issues; police operation and investigation is a minor topic of scientific attentiveness. (4) The adaptation of technologies reveals ambivalent effects: Even the delayed implementation of technologies for repressive purposes has its impacts on privacy and civil rights.

The tendency of specialization in the police is followed by a retreat from those tasks which need minor qualification. Similar to models of lean administration, these tasks are provided by security services and private neighbourhood watch. This causes a slight erosion of the national monopoly on the use of force. Furthermore it leads to a reformulation of governmental definition of tasks and security, which should be more often an issue for the discussions in political science.

Ulrich Albrecht, **New Warfare Technologies and their Effects on the International Order,** pp. 293–301.

Technological change and its impact on political affairs are presently extremely felt in the military sector. The so-called "Revolution in military affairs", the advent of information age high-tech in the everyday life of the troops, tends to change the centuries-old conduct of military duties in a radical manner. Hierarchies, the epitome of military organization, become flattened out. Territoriality, which standing armies once were created to defend, loses drastically in significance for globally operating forces.

The article focuses upon the perception of those developments in Germany, namely with regard to an in-depth study by the "Büro für Technikfolgen-Abschätzung" (Office of technology assessment), associated to the Bundestag. This report follows the general perception of emerging infowarfare: as the U.S. acronymium C4ISR indicates: the building blocks are "command, control, communication, computers" (the "C4"), plus "intelligence, surveillance and reconnaissance". The collection and processing of information by military institutions becomes the overarching activity. – Cyberwar beyond that aims at the application of coercion without using physical force.

The article parallels these emerging lines of development with general technological trends elsewhere: robotization in manufacturing, disembedding of production sites, the enhanced neoliberal privatization of tasks which traditionally have been considered to remain in the arcanum of public services. The main motive for the decided move of the military into information age is seen in the will to prevail, for which evidence is submitted particularly from U.S. sources.

Nils C. Bandelow, **License and Supervision of Hazardous Technologies: Loss of Power by the Discursive Public Administration and Counter-strategies,** pp. 302–318.

There are extensive systems of license and supervision of hazardous technologies in Germany which date back to the 19th century. They include experts and applicants by many forms. We call this special form of co-operative administration discursive administration to stress the particular role of arguments. The co-operation of public administration and applicants is analysed by using the lens of the theory of democracy. The paper argues, that the idea of scientific truth, which forms this co-operation, leads to a loss of social participation. So we have to find ways to strengthen the position of environmental groups but also of the public administration itself. This can be done by introducing the sociological concept of risk into the legal system. This concept presents several strategies to strengthen democracy.

Roland Czada, **Legitimation by Risk – The Politics of Risk Management and Disaster Prevention,** pp. 319–345.

Critical theory expected modern technology to become a means of unbounded political control. At the same time advocates of a "technical state" proclaimed democratic decision-making to become replaced by dispassionate expertise. Both predictions underestimated the importance of democracy and autonomous statehood for the political handling of risks and failures of todays technology. The article shows, how common faith in technology and anticipations of democratic decline have changed into a widespread awareness of risks and a new approval of the regulatory state. This is shown by political reactions on technical incidents and environmental disasters as well as by the rise of safety regulations and technical surveillance.

Daniel Barben / Maria Behrens, **International Regimes and Technology Policy,** pp. 349–367.

The main questions of this paper are, firstly, to what extent specific characteristics of technologies generate changes in the configuration of international regimes; secondly, how the regimes, on the other hand, exercise political influence on the conditions of the development of technologies. This will be shown by comparing two fields of technology (Information/Communication Technology, Biotechnology). A broader notion of regimes, which takes into account the vertical differentiation of national, supra- and

Edgar Grande, **From Technology to Innovation Policy – European Research and Technology Policy in the Age of Globalization,** pp. 468–387.

Since the 1980s, as a reaction to the globalization of companies, markets and technologies, efforts to build up state capacities in R&D policy beyond the nation state have been intensified. As a consequence, the institutional architecture of R&D policy has been changing significantly. One of the major aspects of this transformation of stateness is the evolution of a multi-level system of governance in technology policy. However, the role of the EC/EU in this multi-level system of governance is still unclear. This is indicated by the fact that there have been remarkable changes in the EC/EU's basic strategies, most important a shift from an industry oriented technology policy to a more comprehensive innovation policy. Since both strategies are confronted with serious problems when implemented on the European level, the European Union is still searching for an appropriate role and an adequate strategy in R&D policy.

Antje Blöcker / Dieter Rehfeld, **Regional Innovations Policy and Innovation in Regional Policy,** pp. 388–404.

Innovative measures of technology policy range from regional policy of innovation to innovative policy for regions. Three paths mark the complex interrelationship of policies of growth and policies of compensation. Building-up an infrastructure for technology policy is followed by a comprehensive regional strategy which in the third stage will be broadened by a process of network and structure-building. The focus shifts from mobilizing potentials and comprehensive coordination towards developing core-competences and concentrating on models. However, these approaches are not sufficient in linking regional policies of innovation and innovative policies for regions. Facing structural change in the long run, it seems to be crucial to open regional urban and economic systems to external stimulus.

Raymund Werle, **Liberalization and Political Control of Technology,** pp. 407–424.

Liberalization of technical infrastructures has reduced the government's capacity to control the development and usage of technology. Starting from the distinction between coordination and regulation of technology we can observe a retreat of the government in both areas. As far as coordination is concerned the private actors' interests usually provide incentives to coordinate with one another. Government intervention, however, may be beneficial if positive network externalities shall be realized. Concerning regulation governmental action is essential whenever negative externalities of technology are to be avoided (risk regulation). This is not an essentially new task, liberalization, however, accounts for several new risks. Another type of regulation, the regulation of markets, is new. It is often provided by specialized politically independent agencies. Market regulation emerged as a consequence of liberalization and aims at securing competition in former monopoly industries. But it is also designed to achieve social political objectives such as the provision of universal services. In both cases market regulation may impose technical rules and by this shapes technology.

Georg Simonis, **The Landscape of Technology Assessment in Germany – Potentials of Reflexive Technology Control,** pp. 425–456.

During the 1980s and 90s a multifacetted landscape of Technology Assessment (TA) has developed in Germany. The degree of institutionalization and effectiveness of this TA system has not been investigated so far. The paper tries to provide a first analytical assessment of this system as a precondition for later in-depth research on its effectiveness and control capacity. In doing so, a first distinction is made between TA research and institutionalized TA procedures. Then, five TA procedures are distinguished analytically and given a rough description (strategic, constructive, parliamentary, participatory and deliberative TA procedures). Finally, specific functional problems of these five procedures are discussed. In conclusion, a considerable discrepancy is established in Germany between TA research which is considerably developed and TA procedures which are weakly institutionalized and of low effectiveness.

Weert Canzler / Meinolf Dierkes, **Informed Decision-Making on Technology: Public Discourses and the Development of Technological Visions,** pp. 457–475.

Shared visions of the outcomes of technological development serve to orient and contain public discussions of technological development. The article validates the hypothesis that technological guiding visions (Leitbilder) and their discursive development provide a binding focus and a motivating framework for public technology debates; moreover, they can serve to optimise the decision-making processes about the technical innovations themselves. This hypothesis arises out of the discussions and research on technology within the social sciences in recent years. This research does not focus solely on particular technologies or artefacts and their material and constructive characteristics, but also investigates their political and societal contextualization. The development of every new technology is embedded in a process which ascribes societal meaning to that technology. Technological visions are the result of a collective process of understanding what is not only desirable, but also feasible. Rhetorically overstated metaphors, which are appropriate to the cultural context in which a new technology emerges, serve to elicit and support public discourses. A number of tried and tested forms of discourse can be applied to the process of launching and implementing the development of a new technological vision in the public sphere. In the best case scenario, the result is a high degree of social consensus and a heightened sensitivity to the prospects for the social, economic, cultural and ecological developments which lie in these technological visions.

Wolfgang van den Daele, **Conscience, Fear and Radical Reform – How Strong Demands on Technology Policy Get Weak in Discursive Arenas**, pp. 476–498.

Theory suggests that discursive or deliberative procedures might extend the boundaries of politics in liberal societies by giving more weight to moral resistance against new technology, accepting fears of unknown risks as reason for precaution, and empowering the quest for democratic control of the dynamics of innovation. However, these expectations are hardly borne out by the practice of such procedures. Taking examples from the regulation of gene technology the paper illustrates how deliberations tend to submerge moral rigorism in the relativism of pluralistic tolerance, reject fears that do not stand the test of reasonable risk and disencourage constitutional change by insisting on systematic rule-making and multiplying the issues and problems to be considered.

Renate Martinsen, **Ethics Policy as Mental Regulation of Technology – the Cultivation of Conscience in Discourses**, pp. 499–525.

In reaction to a growing potential of uncertainty as a consequence of the dynamic technology development, there have been deliberative policy models proclaimed and established which should strengthen the legitimacy of technology policy. The analysis of a paradigmatic example makes clear that the channelling of communicative processes in technology assessment discourses results in an exclusion of the subjective factor. By transforming the social conflict concerning the shaping of technology development into the search for a rational consensus, "deviation" is afflicted with the odium of being unreasonable. Consensus orientated discourse models transport an implicit finalization: the aim is to close down the dispute to achieve the best possible options for shaping society. The formula "conscience" stands for a borderline which marks the step-out option respectively the refusal of such an organized discourse.

This article argues that the concept of rationality which is underlying the liberal discourse model is undercomplex and is linked with a hierarchical bias: in the context of modern theories of society, which are focussing on differences, the offensive dealing with deviation wins a new framing as creativity gain and growth of innovation potential in society.

Autorenverzeichnis

Herausgeber:
Martinsen, Renate, Dr., Institut für Höhere Studien (IHS), Stumpergasse 56, A-1060 Wien, rena@ihs.ac.at
Saretzki, Thomas, PD Dr., Universität Lüneburg, Institut für Umweltstrategien, Scharnhorststr. 1, 21335 Lüneburg, thomas.saretzki@uni-lueneburg.de
Simonis, Georg, Prof. Dr., FernUniversität Hagen, Lehrgebiet Internationale Politik/ Vergleichende Politikwissenschaft, Feithstraße 140, 58084 Hagen, Georg.Simonis@ FernUni-Hagen.de

Autoren:
Albrecht, Ulrich, Prof. Dr. Freie Universität Berlin, FB Politische Wissenschaft, Institut für Internationale Studien und Regionalstudien, Kiebitzweg 3, 14195 Berlin, ualbr@zedat.fu-berlin.de
Bandelow, Nils, Dr., Ruhr-Universität Bochum, Lehrgebiet Vergleichende Regierungslehre/Politikfeldanalyse, 44780 Bochum, nb@pw2.ruhr-uni-bochum.de
Barben, Daniel, Dr., TU Berlin, Zentrum Technik u. Gesellschaft, Hardenbergstraße 4-5, 10623 Berlin, barben@ztg.tu-berlin.de
Behrens, Maria, Dr., FernUniversität Hagen, Lehrgebiet Internationale Politik/Vergleichende Politikwissenschaft, Feithstraße 140, 58084 Hagen, Maria.Behrens@ FernUni-Hagen.de
Blöcker, Antje, Dr., Technische Universität Braunschweig, Institut für Sozialwissenschaften, Wendenring 1, 38114 Braunschweig, a.bloecker@tu-bs.de
Bröchler, Stephan, Dr., FernUniversität Hagen, Lehrgebiet Internationale Politik/Vergleichende Politikwissenschaft, Feithstraße 140, 58084 Hagen, Stephan.Broechler@ FernUni-Hagen.de
Canzler, Weert, Dr., Wissenschaftszentrum Berlin, Forschungsschwerpunkt II, Technik – Arbeit – Umwelt, Reichpietschufer 50, 10785 Berlin, canzler@medea.wz-berlin. de
Czada, Roland, Prof. Dr., FernUniversität Hagen, Lehrgebiet Politikfeldanalyse und Verwaltungswissenschaften, Feithstraße 140, 58084 Hagen, Roland.Czada@ FernUni-Hagen.de
Daele, van den, Wolfgang, Prof. Dr., Wissenschaftszentrum Berlin, Abt. Normbildung und Umwelt, Reichpietschufer 50, 10785 Berlin, daele@medea.wz-berlin.de
Dierkes, Meinolf, Prof. Dr., Wissenschaftszentrum Berlin, Forschungsschwerpunkt II, Technik – Arbeit – Umwelt, Reichpietschufer 50, 10785 Berlin, Dierkes@medea. wz-berlin.de
Dolata, Ulrich, Dr., Interdisziplinäres Kolleg für Wissenschafts- und Technikforschung, Kopernikusgasse 9, A-8010 Graz, Dolata@artec.uni-bremen.de

Esser, Josef, Prof. Dr., J.W. Goethe-Universität Frankfurt, FB Gesellschaftswissenschaften, Institut für Gesellschafts- und Politikanalyse, Robert-Mayer-Straße 5, 60054 Frankfurt, esser@soz.uni-frankfurt.de

Fach, Wolfgang, Prof. Dr., Universität Leipzig, Institut für Politikwissenschaft, Augustusplatz 9-11, 04109 Leipzig, Wfach@aol.com

Grande, Edgar, Prof. Dr., TU München, Institut für Sozialwissenschaften, Politische Wissenschaft, Lothstraße 17, 80335 München, grande@pol.wiso.tu-muenchen.de

Grimmer, Klaus, Prof. Dr., Universität GH Kassel, Forschungsgruppe Verwaltungsautomation, Mönchebergstraße 17, 34125 Kassel, verwaut@hrz.uni-Kassel.de

Hegmann, Horst, Dr., Universität Witten/Herdecke, Institut für Wirtschaft und Politik, Alfred-Herrhausen-Straße 50, 58448 Witten, hegmann@bluewin.ch

Hilpert, Ulrich, Prof. Dr., Friedrich-Schiller-Universität Jena, Lehrgebiet Vergleichende Regierungslehre, Otto-Schott-Straße 41, 07740 Jena, s6hiul@rz.uni-jena.de

Kleinsteuber, Hans J., Prof. Dr., Universität Hamburg, Institut für Politische Wissenschaft, Allende Platz 1, 20146 Hamburg, hjk@sozialwiss.uni-hamburg.de

Lange, Hans-Jürgen, PD Dr., Philipps-Universität Marburg, Institut für Politikwissenschaft, Wilhelm-Röpke-Straße 6, 35032 Marburg, langeh@mailer.uni-marburg.de

Marcinkowski, Frank, Priv.-Doz. Dr.habil., Liechtenstein-Institut, Auf dem Kirchhügel, St. Luziweg 2, FL-9487 Liechtenstein, fm@liechtenstein-institut.li

Mayntz, Renate, Prof. Dr. Dr., Max Planck Institut für Gesellschaftsforschung, Paulstraße 3, 50676 Köln, mayntz@mpi-fg-koeln.mpg.de

Mittendorf, Volker, Phillipps-Universität Marburg, Institut für Politikwissenschaft, Wilhelm-Röpke-Straße 6, 35032 Marburg, mittendv@mailer.uni-marburg.de

Nissen, Sylke, Dr., Cöthner Str. 48, 04155 Leipzig, nissen@rz.uni-leipzig.de

Noppe, Ronald, J.W. Goethe-Universität Frankfurt, Fachbereich Gesellschaftswissenschaften, Institut für Gesellschafts- und Politikanalyse, Robert-Mayer-Straße 5, 60054 Frankfurt, noppe@soz.uni-frankfurt.de

Nullmeier, Frank, PD Dr., Universität Essen, FB 1-Politikwissenschaft, Universitätsstraße 12, 45117 Essen, frank.nullmeier@uni-essen.de

Rehfeld, Dieter, Dr., Institut für Arbeit und Technik, Munscheidstr. 14, 45886 Gelsenkirchen, rehfeld@iatge.de

Schmalz-Bruns, Rainer, Prof. Dr., TU Darmstadt, Institut für Politikwissenschaft, Residenzschloß, 64283 Darmstadt, rsb@pg.tu-darmstadt.de

Werle, Raymund, Dr., Max Planck Institut für Gesellschaftsforschung, Paulstraße 3, 50676 Köln, werle@mpi-fg-koeln.mpg.de

Wind, Martin, Universität GH Kassel, Forschungsgruppe Verwaltungsautomation, Mönchebergstraße 17, 34109 Kassel, Wind@hrz.uni-kassel.de

GPSR Compliance
The European Union's (EU) General Product Safety Regulation (GPSR) is a set of rules that requires consumer products to be safe and our obligations to ensure this.

If you have any concerns about our products, you can contact us on

ProductSafety@springernature.com

In case Publisher is established outside the EU, the EU authorized representative is:

Springer Nature Customer Service Center GmbH
Europaplatz 3
69115 Heidelberg, Germany

www.ingramcontent.com/pod-product-compliance
Lightning Source LLC
LaVergne TN
LVHW010332260326
834688LV00036B/668